세계평화를 위한
신실용주의적 해법

임양택 저

박영사

초록

본 연구의 목적은 <가설(假說)>: "강대국들의 패권(霸權) 경쟁→ 신(新)그레이트 게임 (The Great Game)→ 세력 균형(Balance of Power)→ '협력적 게임 체제'(Cooperative Great Game)로의 전환에 의한 존 내시(John Forbes Nash Jr.) 교수의 '내시 균형'(Nash Equilibrium) → 탈(脫)이데올로기적 및 신실용주의적(新實用主義的, Neopragmatic) '지구촌 문화공동 체'(Global Cultural Community)→ '글로벌 정의'(세계적 공감)→ 요한 갈퉁(Johan Galtung)의 '평화론'(소극적 평화→ 적극적 평화)→ '세계평화'(World Peace)"를 논리실증주의(論理實證主義, Logical Positivism)의 분석방법에 의거하여 철학적/역사적으로 검증(檢證)함으로써 세계 평화(世界平和)를 위한 '신(新)실용주의적'(Neopragmatic) 해법을 역사적/철학적 시각에서 제시하기 위함이다.

상기 가설(假說)을 검증하기 위한 철학적 기초로서, 본 연구는 4개 이론: (1) 임마누엘 칸트(Immanuel Kant, 1724~1804)의 『영원한 평화를 위하여』(Zum ewigen Frieden. Ein philosophischer Entwurf, 1795년), (2) 존 내시(John Forbes Nash Jr., 1928~2015, 1994년 노벨 경제학상 수상자)의 '내시 균형(Nash equilibrium)', (3) 요한 갈퉁(Johan Galtung, 1930~현재) 의 '평화론', (4) 저자(林陽澤)의 '신실용주의(新實用主義, Neopragmatism)'를 도입한다.

임마누엘 칸트(Immanuel Kant, 1724~1804)는 그의 마지막 저서『영원한 평화를 위하여』 (Zum ewigen Frieden. Ein philosophischer Entwurf, 1795년)에서 "만약 평화(平和)를 원한다 면, 정의(正義)를 구현하라"(Si vis pacem, paraiustitiam)라고 갈파했었다.

본 연구자는 <'정의로운 국가와 행복한 사회'를 위한 신(新)실용주의(實用主義) 철학과 정책, 도서출판: 박영사, 2021년>에서 동·서양의 '정의론'(正義論)을 개관했다. 사실, 정 의(正義, Justice)의 개념은 일찍이 공자(孔子, BC 551~479)의 견리사의(見利思義)와 플라톤 (Plato, BC 427~347)의 '정의론(正義論)'에서 시작하여 존 롤즈(John Rawls, 1921~2002)의 「정의론」(Theory of Justice, 1971년)과 마이클 샌델(Michael Sandel, 1953~현재)의 『성의란 무엇인가?』(Justice: What's the right thing to do?, 2014년)에 이르기까지 약 2,400년 동안 동· 서양을 막론하고 인류가 고민해온 주제이다.

경험주의(Empiricism)의 창시자인 데이비드 흄(David Hume, 1711~1776)은 그의 저서『Essays on Moral, Political and Literary』(1748년)에 실려있는 그의 논문 <원초적 계약에 대하여 (Of the Original Contracts)>에서, 또한 '경제학의 아버지'로 불리는 아담 스미스(Adam Smith, 1723~1790)는 그의 저서: 「도덕감성론」(1759년)·「국부론」(1776년)·「법학강의」(1762년)에서, 공통적으로 정의(正義)를 도덕적 승인을 위한 근거인 공감(共感)이라고 정의(定義)했었다. 상기 2개 정의론의 차이점은 전자(데이비드 흄)는 '도덕적 승인'을 위한 근거로서 정의(正義)를, 후자(아담 스미스)는 '경제적 효율성'을 위한 조건으로서 사회적 정의(Social Justice)를 각각 주장했다는 점이다.

현대에서 존 롤즈(John Rawls, 1921~2002) 교수는 임마누엘 칸트(Immanuel Kant)의 '인간관' 및 '정언명령'(Categorical Imperative)을 토대로, 사회적 합의에 참여하는 개인은 '합리적 존재'임과 동시에 '이기적 존재'로서 도덕적 인격, 권리, 기회, 자유, 협동 등과 같은 사회적 기본가치에 대해서는 알고 있다는 전제하에, 개인이 맺는 사회계약(社會契約)은 자신의 '이익을 극대화하는 원리'가 아니라 '피해를 최소화하는 원리'를 추구하게 된다고 주장했다.

상기한 임마누엘 칸트(Immanuel Kant, 1724~1804)의 『영원한 평화를 위하여』(Zum ewigen Frieden. Ein philosophischer Entwurf, 1795년)와 존 롤즈(John Rawls, 1921~2002)의 '정의론'(正義論, Theory of Justice, 1971년, 1985년, 1993년, 1999년, 2001년)에 의거하여, 본 연구는 '글로벌 부(不)정의'(Global Injustice)와 관련된 강대국들의 반(反)인류적 죄상(罪狀)에 관한 사례로서 6가지: (1) 아프리카에서 유럽 열강의 죄상(罪狀), (2) 중국의 조선(朝鮮) 수탈과 한국(韓國) 안보 위협, (3) 미국의 일방적 군사행동: 코소보 전쟁(1998년), 아프가니스탄 침공(2001년), 이라크 공격(2003년), (4) 한국전쟁(1950~1953): 미국, 소련, 중국의 책임, (5) 미국 발(發) 글로벌 금융위기: ① 세계 대공황(1929~1939), ② 2008년 하반기 '글로벌 금융위기'를 야기했었으나 이에 대한 미국정부의 무(無)책임 의식, (6) 미국 도널드 존 트럼프(Donald John Trump, 1946~현재) 대통령(제45대: 2017~2021)의 '2015년 파리기후변화협약' 탈퇴(2019. 11. 04)에 관하여 각각 논술한다.

나아가, 본 연구는 요한 갈퉁(Johan Galtung, 1930~현재)의 '적극적 평화'(Positive Peace) 즉, 전쟁(戰爭)이 없을 뿐만 아니라 인류의 당면과제: 글로벌 경제위기, 대량살상무기(핵무기) 위기, 환경 위기, 식량위기, '문명의 충돌'과 종교분쟁, 이슬람국가(IS) 테러 위기 등의 상황을 논술하고 상기한 위기들이 해결된 '지구촌 문화공동체'(Global Cultural Community)를 지향하는 방향을 제시한다.

본 연구는 저자의 신(新)실용주의(Neopragmatism) 철학을 인류사회의 7가지 주요 당면

과제: ① 글로벌 경제위기, ② 에너지·환경 위기, ③ 식량위기, ④ 핵무기 위기, ⑤ 영토분쟁(南중국해의 난사군도, 東중국해의 센카쿠열도, 북방 4개 도서 등), ⑥ '문명의 충돌'과 종교분쟁, ⑦ 이슬람국가(IS) 테러 위기에 대하여 각각 적용하여 세계평화(世界平和)가 정착되고 '지구촌 문화 공동체'(Global Cultural Community)의 공동번영을 추구할 것을 주장한다. 상기한 신(新)실용주의적(新實用主義的, Neopragmatic) 해법(解法)은 '정의(正義)'를 강조하는 임마누엘 칸트(Immanuel Kant)의 『영구 평화론』과 대조적으로 존 내시(John Forbes Nash Jr., 1928~2015)의 '내시 균형(Nash equilibrium)'을 위한 '협력(協力)'을 강조한다.

본 연구는 '내시 균형(Nash equilibrium)'에 의한 세계평화(世界平和)를 구축하기 위하여 '신(新)그레이트 게임'(New Great Game)을 '협력적 게임 체제'(Cooperative Great Game)로 전환해야 할 필요성으로서 (1) 미국 패권주의(覇權主義)의 구조적 한계{① 이스라엘과 중동(中東)의 갈등, ② 미국과 이란의 갈등}와 (2) 중국 패권주의(覇權主義)의 도전과 그 한계를 지적한다. 따라서 본 연구는 미·중(美·中) 군사적 갈등을 조율함으로써 협력적 게임 체제'(Cooperative Great Game)에 의한 '내시 균형(Nash equilibrium)'의 가능성을 논술한다. 또한, 본 연구는 미·중(美·中)이 '협력적 게임 체제'(Cooperative Great Game)로 전환할 수밖에 없는 미·중(美·中)의 현실적 제약과 한계를 지적한다.

또한, 본 연구는 실천철학(實踐哲學)인 '신실용주의(新實用主義, Neopragmatism)'의 적용 대상으로서 다음과 같은 2가지: (1) 동아시아 지역의 영유권 분쟁과 (2) 북한(北韓) 핵무기 문제의 해결방안을 위한 해법(解法)을 제시한다.

첫째, 동아시아 지역은 최근에 영토분쟁을 겪고 있다. 중국·일본·대만의 동(東)중국해 다오위다오(센카쿠열도) 영유권 분쟁 및 남(南)중국해 난사군도(스프래틀리군도) 영유권 분쟁, 일본과 러시아 사이에 쿠릴 열도 남단 4개 섬들을 중심으로 각각 영유권 분쟁이 심화 내지 잠복되어 있다. 또한, 일본이 주장하는 영해와 배타적 경제수역(EEZ)과 한·중·일 사이에 방공식별구역(ADIZ)에 따른 분쟁으로 대두될 가능성도 있다. 특히, 중국이 앞마당으로 여기는 남(南)중국해 자유 통항(通航)에 대한 국가적 이해를 내세워 미국이 난사(南沙)군도와 시사(西沙)군도 영유권 분쟁에 개입하였다. 나아가, 미국은 동아시아정상회의(EAS) 참여를 공식화하고, 아세안(동남아국가연합)과의 관계를 강화하고 있다. 남(南)중국해는 7개국(중국·대만·필리핀·말레이시아·브루나이·인도네시아·베트남 등)에 둘러싸인 주머니 모양의 해역이다. 면적은 350만km²로 수심이 대부분 200m 이하로 얕고 하이난(海南)섬을 제외하면 큰 섬도 없다. 그 대신에 작은 섬들과 만조 때 수면 아래로 가라앉는 산호초와 암초로 이뤄진 군도가 흩어져 있다. 서쪽으로는 말레이 반도 남부(말레이시아)와 수마트라 섬(인도네시아) 사이에 있는 말라카(Malaka) 해협을 통해 인도양으로, 동쪽으로는 대만 해협을 통해 동(東)중국해와 서(西)태평양으로 이어지는 길목이다. 즉, 물류가 오가는 해상 수송로로 전략적 요충지인 셈이다. 한국과 일본의 원유 수입량의 90%, 중국 원유 수입량의 80%가 남(南)중국해를 통과한다. 세계 해운물동량의 4분의 1인 연간 5조 달러(약 5,800조 원)어치가 남(南)중국해를 통과한다. '아시아 복귀'(Pivot to Asia)를 선언한 미국은 호주에 해병대를 주둔시키기로 하는 등 남(南)중국해 제해권(制海權)을 강화하고 있고, 유럽연합도 분쟁이 격화될 경우 개입을 시사했다. 인도와 일본도 베트남·필리핀과 군사·경제 협력을 확대하면서 중국 견제에 나서고 있다.

둘째, 한반도(韓半島)의 경우, 현재까지는 한·미·일 3각 관계를 뒷받침하고 있는 한·미 상호방위조약(1953. 10. 01), 미·일 방위조약(1978. 11 및 1979. 04), 미국의 대만관계법(1979. 04)과, 북·중·러 3각 관계를 뒷받침하고 있는 북·중 우호조약(1961. 07), 북·러 우호조약(2000. 02)이 '절묘한' 세력균형을 유지하고 있다. 다행히, 몰타회담(1989. 12. 02~03)에 의하여 냉전(冷戰)이 종식된 후, 한반도 주변 4대 강국 중에서 특히 미국과 중국은 제1차 미·중(美·中) 전략경제대화(SAED: Strategic and Economic Dialogue, 2009. 07. 27~28, 워싱턴)에서, 또한 G20 정상회의(2011. 11. 11~12)에서 '동북아 안정'을 위협할 수 있는 한반도 위기상황이 발생하지 않도록 상호협력하기로 합의한 바 있다. 그럼에도 불구하고, 천안함 침몰 사건(2010. 03. 26)을 놓고 미국과 중국이 정면 충돌하면서 동아시아에서 미·중(美·中)의 패권(霸權) 경쟁이 노골화되었다. 급기야, 미국의 핵(核) 항공모함 등 20여 척의 전함과 200여 기의 공중전력이 동원된 사상 최대 규모의 한·미(韓·美) 연합훈련이 동해(東海)에서 실시되었다.

북한(北韓) 핵무기 문제의 해결 시도로서, 도널드 트럼프(Donald Trump) 전(前)대통령(당시)의 대(對)북한 전략의 핵심적 목표: '인도 모형'(2006. 03. 02) + 북한의 친미화(親美化) + 제2베트남화(化)→ '중국 포위망' 구축인 것으로 추측된다. 그러나 세계 핵무기 문제 해결 모형들 중에서 '인도 모형'(2006. 03. 02)은 북한이 오랜 기간 동안 소망해온 것이다. 그러나 북한의 친미화(親美化) + 제2베트남화(化)는 역사적으로, 또한 지정학적으로 북한이 도저히 수용할 수 없는 것이다. 설혹, 그러한 가능성이 있더라도, 중국이 북한의 친미화(親美化) + 제2베트남화(化)→ '중국 포위망' 구축을 도저히 용인할 수 없을 것이다. 그러나 북한 김정은 국무위원장은 '현대판 극동(極東)의 제로 니모'(Geronimo, 1829~1909)의 운명을 답습하지 않도록 하기와 같은 신(新)실용주의(Neopragmatism) 해법을 수용하여 미국의 양해 혹은 지원하에서 중국의 덩샤오핑(鄧小平, 1904~1997) 개방 개혁 혹은 베트남의 '도이도미 개혁'을 수용할 것을 본 연구는 제안한다.

한반도(韓半島) 평화(平和)를 위한 신(新)실용주의(Neopragmatism)의 해법은 다음과 같다: 북한 핵무기 문제를 근원적으로 해결하기 위한 제도적 장치로서 남·북한＋미국·중국 ＋ 러시아·일본이 본 연구의 '10개항 동북아평화조약'(Northeast Asian Peace Treaty) 체결과, 이를 뒷받침하기 위한 '동북아 안보협력회의'(CSCNEA: Conference on Security Cooperation in Northeast Asia) 설치 및 운용할 것을 UN 총회에서 천명하는 방안이다. 참고로, 동·서독이 1972년 기본조약을 체결하고 공존·협력관계를 정착시킬 수 있었던 것은 북대서양조약기구(NATO)와 바르샤바조약기구(WTO) 간의 정치·군사적 균형을 통해서 유럽질서를 안정적으로 유도하고 상기 제도하에서 동독과 서독의 안보가 보장되었기 때문이었다. 환언하면, 유럽의 다자간 안보기구인 '유럽안보협력회의'(CSCE)와 북대서양조약기구(NATO)는 탈(脫)냉전 후 유럽지역의 갈등해결과 분쟁예방을 위해서 포괄적 안보(Comprehensive Security)와 협력적 안보(Cooperative Security) 개념을 적용하고 있다. 북대서양조약기구(NATO)는 냉전시대의 집단안보기구였으나 탈(脫)냉전 후에도 해체되지 않고 오히려 구(舊)동구권 국가들을 동 기구(NATO)의 회원국으로 포함시킴으로써 확대되었다.

이와 반면에, 남·북한 정상은 판문점 남북정상회담(2018. 04. 27)을 통하여 '정전협정(停戰協定)→ 평화협정(平和協定)→ 남북연방제 통일→ 주한미군(駐韓美軍) 철수→ 공산화(共産化) 통일'을 추구한다. 그러나 본 연구는 상기 방향의 위험성과 남·북한의 평화협정(平和協定)은 허구(虛構)임을 지적한다. 상기 주장을 뒷받침하기 위하여, 본 연구는 인류 역사상 평화조약: (1) 베르사유 강화조약(1919년), (2) 뮌헨협정(1938. 09. 30), (3) 영·독 불가침조약(1939년), (4) 독·소 불가침조약(1939년), (5) 베트남 평화협정(1973년), (6) 중동 평화협정(1979년)의 허구와 한계를 역사적 자료로써 각각 논술한다.

상기한 6개 평화협정(平和協定)들과 대조적으로, 본 연구의 '10개항 동북아평화조약'(Northeast Asian Peace Treaty)은 상기 조약을 뒷받침할 선결조건으로서 '동북아 안보협력회의'(CSCNEA: Conference on Security Cooperation in Northeast Asia)를 남·북한과 한반도 주변국(미·중·러·일)이 동시적으로 체결하고 UN 총회에서 6개 당사국들이 '10개항 동북아평화조약'(Northeast Asian Peace Treaty)을 선언함으로써 정착될 수 있을 것이다. 본 연구가 '동북아 평화'를 위하여 제시하는 '동북아안보협력회의(CSCNA: Conterence on Security and Cooperation in Northeast Asia)'는 '유럽안보협력회의(CSCE: Conference on Security and Cooperation in Europe)'와 대칭적인 것이다.

'동북아 안보협력회의'(CSCNEA)는 전통적 군사적 안보뿐만 아니라 경제, 환경, 인권 등을 포함하는 '포괄적 안보'(comprehensive security)를 대상으로 한다. 또한, '동북아 안보협력회의'(CSCNEA)는 '다자간 안보기구'로서 관련 국가들이 공동안보이익을 위해 협력하고 분쟁을 사전에 방지하기 위해서 예방조치를 취하며 갈등해결방안을 공동으로 강구하는 '협력적 안보'(cooperative security)를 지향한다. 이것은 존 내시(John Forbes Nash Jr., 1928~2015)의 '내시 균형(Nash equilibrium)'의 정수(精髓)이다.

나아가, '동북아 안보협력회의'(CSCNEA)는 난민문제, 테러방지문제, 해적퇴치, 해난구조, 환경보전 등과 같은 비(非)군사적 문제들과, 한걸음 더 나아가 군사정보, 군사훈련참관, 핵확산금지, 군비통제 및 감축 등의 문제들을 논의 및 협력할 것이다. 이러한 다자간 안보협력기구(CSCNEA)를 통하여, 세계 최대 규모의 신흥시장으로 부상하고 있는 동아시아 지역에서 최근 전개되고 있는 군사·정치·경제 분야의 패권적 지위를 다투는 군비증강 경쟁을 완화시킬 수 있을 것으로 기대된다.

한편, 다자간 경제협력(經濟協力)의 차원에서, 본 연구는 장단면(長端面) '남·북한 경제특구'(Yang-Taek Lim: 1997a, 2000, 2002a, 2007b, 2010; 임양택: 1990, 1991, 1992, 1993, 1994, 1995e, 1998, 1999c, 2000, 2002, 2005c, 2007, 2009, 2011, 2013), 북한(北韓) 산림 및 환경 복구를 위한 남·북한 환경협력, 남·북한 + 미국의 3각 협력구도로서 산업기술협력과 광물자원(특히 稀土類와 油田) 공동개발을 각각 추진할 것을 주장한다. 이것이 북한(北韓) 핵무기 문제 해결과 한반도 평화 정착을 위한 신(新)실용주의(Neopragmatism)의 해법이다.

나아가, 본 연구는 신(新)실용주의(Neopragmatism)의 측면에서 간도(間島)의 '옛' 주인(한국)과 '새' 주인(중국)이 '동아시아 경제공동체'(EAEC: East Asian Economic Community)라는 공동번영의 목표를 지향하면서 평화와 경제협력을 위한 실질적인 윈-윈(win-win) 전략을 제시한다. 간도(間島) 지역은 향후 남·북한과 중국의 미래를 개척할 수 있으며, 나아가 동아시아 평화와 경제협력(특히 식량문제 해결)에 크게 기여할 수 있다. 특히, 정치군사적 측면에서 보면, 중국에게 간도(間島)는 대만(臺灣) 못지않게 매우 중요한 전략적 가치를 갖고 있다. 즉, 간도(間島)는 일본으로 진출할 수 있는 지름길이고 동(東)으로 블라디보스토크와 인접하고 북(北)으로 길림(吉林)에 가까워 북쪽으로 진출하는 데 중요한 지역으로서 동아시아의 세력균형을 유지하는 전략적인 요충지이다. 따라서 중국은 압록강과 두만강을 따라 러시아 연해주 접경까지 연결되는 1,380km의 동부 변경(邊境) 철도를 신설하여 이미 건설된 동북 지역의 11개 철도와 연결시켜 교통의 중심지로 부각시키려 하고 있다. 중국은 나진항 1호 부두의 독점 사용권을 확보(2009. 10. 07)함에 따라 중국 동북지역의 풍부한 지하자원을 물류비가 저렴한 동해(東海)를 통해 남쪽으로 운송할 수 있게 됐다. 한국의 입장에서 간도(間島)라는 실지(失地) 회복이 아니라, 간도(間島) 지역의 한·중(韓·中) 공동개발 프로젝트를 추진함이 보다 실리적이고 가능할 것이며 또한 바람직할 것이다. 또한, 중국은 러시아와 협력하여 한반도에 '아시아 파이프라인'을 건설함으로써 북한의 에너지 문제를 근본적으로 해결할 수 있다. 이와 함께, 중국 횡단철도(TCR)를 한반도 종단철도(TKR)와 시베리아 횡단철도(TSR)를 연계하여 아시아와 유럽을 잇는 한반도의 '물류 중심지'를 건설하는 것이다. 모름지기, 21세기 세계화(Globalization)는 '共生回家'(Symbiotic State)를 추구한다. 즉, 영토라는 국경과 심지어 전통적 개념의 민족의 벽(壁)을 뛰어 넘어 동질적 문화권의 공생(共生)과 협력(協力)을 추구하는 것이다.

상기한 신(新)실용주의(Neopragmatism)의 해법은 바로 임마누엘 칸트(Immanuel Kant, 1724~1804)의 『영원한 평화를 위하여』(Zum ewigen Frieden. Ein philosophischer Entwurf, 1795년): "평화(平和)를 원한다면, 정의(正義)를 구현하라"(Si vis pacem, paraiustitiam), 존 내시(John Forbes Nash Jr., 1928~2015)의 '내시 균형(Nash equilibrium)', 본 연구의 '신실용주의(新實用主義, Neopragmatism)' 철학을 토대로 동아시아 지역의 평화를 구현할 수 있는 청사진인 것이다.

탈(脫)이데올로기적 및 신실용주의적(新實用主義的, Neopragmatic) 협력(協力)을 위한 구체적 방안은 강대국들(예로서 미국, 중국, 일본)을 비롯한 관련 국가들이 해당 지역의 천연자원들을 공동개발하여 해당 국가들{예로서 남(南)중국해의 경우 중국, 베트남, 필리핀, 인도네시아, 말레이시아, 브루나이 등}에게 경제적 혜택을 보상하는 것은 물론이고 세계평화를 위한 각종 프로젝트에 투자하는 것이다. 상기한 해당 지역의 천연자원들은 다음과 같다:

첫째, 아프가니스탄에 매장된 리튬·철(추정 가치 4,209억 달러)·구리(2,740억 달러)·나이오븀(초전도체의 소재로 사용되는 희귀 금속, 812억 달러)·코발트(508억 달러)·금(250억 달러) 등으로 분석되었다. 또한, 「신(新)그레이트 게임(The New Great Game)」의 저자 루츠 클레브먼(Lutz Kleveman)은 카스피 해(海) 연안 국가 중 카자흐스탄과 아제르바이잔에 묻혀 있는 원유량만 사우디아라비아의 4배인 1조 배럴에 달하는 것으로 추산했다. 이어서, 미국 국방부가 종합적으로 작성한 아프가니스탄 광물 자원 보고서에는 "아프가니스탄은 리튬의 사우디(최대 매장 국가)였다. 세계적인 광업 중심지가 될 것이다."라고 적혀 있다고 뉴욕타임스가 보도(2010. 06. 13)했다. 리튬은 휴대전화와 전기자동차 배터리의 주 원료로 그 수요가 폭증하고 있지만 볼리비아 등 극소수 국가에만 매장돼 있는 희귀 자원이다. 리튬 매장량은 아프가니스탄 중서부 가즈니주(州)의 소금 호수 한 곳이 볼리비아 전체(세계 리튬의 약 50% 매장)와 맞먹는 규모이다. 금액으로 환산하면 거의 1조 달러(약 1,224조 원)

에 이르는 것으로 추산됐다.

둘째, 세계 해운(海運) 물동량의 4분의 1인 연간 5조 달러(약 5,800조 원)어치가 통과하는 남(南)중국해에 매장되어 있는 석유, 가스, 주석, 망간 등 천연자원을 중국해양석유총공사(CNOOC)는 2010년 남(南)중국해 석유 매장량을 230억 톤으로 추산하며 "제2의 페르시아 만"이라고 발표했다. 또한, 동(東)중국해 다오위다오 영유권 분쟁의 요인은 이 지역 주변에서 가스유전이 발견되었기 때문이었다. 중국이 경계선 주변에서 개발에 나서자 일본은 해저로 연결된 부분을 통해 일본 자원이 없어질 우려가 있다면서 공동개발을 요구해 왔었다. 마잉주(馬英九) 대만 총통은 "이해 관계국이 분쟁을 제쳐 놓고 개발 성과를 공동으로 누리는 유럽의 북해 유전 개발 방식이 부럽다"고 말했다(중앙일보, 2010. 11. 02).

셋째, 북한 지역에는 철광석 · 무연탄 · 마그네사이트 · 흑연 등 총 220여 종의 광물자원이 묻혀 있고, 동 · 아연 등 경제성이 있는 광물만도 20여 종이 분포되어 있다. 텅스텐 · 몰리브덴 등 희유금속과 흑연 · 동(銅) · 마그네사이트 등의 부존량은 세계 10위권으로 추정된다. 또한, 북한 서해(西海)에 매장된 석유가 최대 1경 5,800조 원 어치이며, 북한 동해(東海)에 매장된 석유와 가스 9,500조 원 어치이고, 북한 전역에 산재한 희토류는 세계 매장량의 66%, 우라늄은 세계 매장량의 5배가 있다고 분석되었다.

그렇다면, 상기한 해당 지역의 천연자원(天然資源)들을 공동개발하여 해당 국가들에게 경제적 혜택을 보상할 뿐만 아니라 인류의 생존과 세계평화(世界平和)를 위한 각종 프로젝트에 투자함이 바람직할 것이다. 예를 들면 다음과 같다:

첫째, 인류의 생존을 위협하는 환경적 재앙의 기후변화 즉 지구온난화를 방지하는 대책(연구개발 등)에 투자함이 바람직할 것이다.

둘째, 인류 사회는 심각한 식량위기 상황에 처해 있다. 특히, 아프리카에서만 매년 4천만 명 가까운 인구가 기아(飢餓)로 죽어가고 있으며 굶어죽는 아이가 5초에 1명씩 발생하고 있다. 지구촌 인구가 2050년에는 90억 명으로 전망되는데, 현재의 식량체계로는 인류 전체를 먹여 살릴 수 없다. 따라서 작물 재배방식을 위한 3가지 즉 안정적인 기후, 풍부한 물, 저렴한 에너지 공급을 위한 투자를 필요로 한다.

셋째, 사실, 21세기 문명 시대에서 세계 인류가 바이러스(virus)에 의하여 대량 사망하고 있다는 것은 '우스운' 비극이다. 예로서, 2003년 4월 중국(中國) 발(發) 중증급성호흡기증후군, 일명 사스가 유행해 사망률 9.6%를 기록하며 많은 사람이 사망했으며, 2015년에는 중동호흡기증후군, 일명 메르스가 중동(中東)에서 전 세계로 퍼지면서 사망률 약 36%로서 사망자가 다수 발생하였으며, 2019년 12월부터 중국 우한 발(發) 신종 코로나바이러스 감염증(코로나19, COVID-19)이 전 세계로 확진되면서 감염자가 늘어나고 있으며, 치사율은 2020년 2월까지 집계된 자료에 따르면 2.6%로 그나마 낮은 편이지만 전 세계에서 확진자가 폭증하고 있다. 최근에 백신이 개발되어 보급되고 있으나 크게 부족하다. 따라서 치명적인 감염병을 일으키는 대표적인 바이러스에 대한 예방 또는 치료를 위한 백신이나 항바이러스제 후보 물질 개발에 지속적이고 대대적인 투자가 필요하다.

따라서 이젠, 강대국들은 온갖 미사여구(美辭麗句)로 포장된 탐욕(貪慾)과 위선(僞善)을 떨쳐버리고 창조주(創造主) 앞에서 과거 저질렀었던 온갖 죄악(罪惡)들을 회개함과 동시에 인간의 양심(良心)을 회복하고 '글로벌 정의'(Global Justice)를 구현함으로써 진실로 평화(平和)스러운 '지구촌 문화공동체'(Global Cultural Community)를 구현하는 새로운 인류 역사로 출발해야 한다.

머리말

인생은 '선택의 연속'이라고 말할 수 있다. 인생의 주인공에겐 선택의 자유도 있지만 선택에 대한 책임도 있다. 또한, 선택으로 인한 결실은 그 인생의 성과임과 동시에 사회적 자산이 될 수 있다. 그러나 한 생애의 선택과 결실을 위한 노력은 온전히 자신의 몫이다.

● 평생 학문으로서 '경제학'의 선택

저자의 인생도 수많은 '선택의 연속'이었다. 그중에서 가장 중요한 선택은 한평생의 학문으로서 '경제학'(Economics)을 전공분야로 선택한 것이었다. 서구(西歐)사회는 '경제학'(Economics)을 사회구성원의 복지극대화를 위한 효율적 자원배분에 관한 학문이라고 정의한다. 한편 동양사회의 용어를 빌리면, 경제학(經濟學)은 '정치'(政治)의 목적가치인 경세제민(經世濟民)을 위한 학문이라고 정의될 수 있다.

저자는 경세제민(經世濟民)의 목적가치와 과학적 방법론을 다루는 경제학(Economics)을 평생의 전공으로 선택하였기 때문에 잠시도 '공허감'을 느끼지 않고 *"놀라움에 끌리는 마음, 젖먹이 아이와 같은 미지(未知)에 대한 끝없는 탐구심"*(사무엘 울만의 「청춘」 중에서 일부 인용)으로써 '정의로운 국가와 행복한 사회'라는 궁극적 가치를 향해 끊임없는 도전을 할 수 있었다고 생각한다.

잠시 회고해 보면, 저자가 정치외교학 학부생으로서 20대 청년 시절, 최루탄이 난무하고 눈물과 콧물을 흘렸던 당시, 대다수 한국의 대학생들은 깊은 고뇌에 빠져 방황하였었다. 사실 1960년대 말과 1970년대 초, 한국 사회에는 양호한 직장(decent job)의 기회가 많지 않았었다. 더욱이, 당시에는 정치외교과 졸업생에게는 '말썽꾸러기'라고 아예 취업원서조차 제출할 기회가 없었다. "하나님, 저는 어떠한 길을 걸어야 합니까? 저에게 주신 사명은 무엇입니까?"하고 저자는 수없이 하나님을 찾았다. 때로는 밤 늦게 굳게 닫힌 교회 문을 두드리기도 했다.

고심 끝에, 도미(渡美) 유학을 떠나 경제학을 학부에서부터 시작하였다. 저자는 다시 태어나 학자의 길을 또 다시 걷는다고 하더라도 '경제학'(經濟學)을 전공으로 선택할 것이다. 저자는 1979년 가을에 귀국한 후 약 36년 동안 줄곧 「한양대학교」에서 경제학 교수로서 연구와 강의에 종사해왔으며 2014년 가을에 정년 퇴임했다. 이어서, '명예교수'로서, 퇴임 직후부터 현재까지 이 저서의 집필에 전력 투구해 왔다. 1948년 생(生)인 저자가 곧 칠순(七旬)을 바라보고 있으니, 실로 세월은 쏜살같다는 것을 새삼 느낀다.

● 평생 직업으로서 '교수'의 선택

저자는 평생의 직업으로서 '경제학 교수'를 선택했다. 그 선택의 덕분에, 저자는 대학교 캠퍼스에서 상대적으로 '맑은 공기'를 호흡하고 강의실에서 '신선한 영혼'들과 교류할 수 있었다.

1978년 미국 조지아주립대학교(Georgia State University)를 졸업한 후, 박사학위 지도교수님이셨던 John J. Klein 교수님(2008년 작고)의 배려로, 만 30세에 미국의 조그만 대학교(Union University, Tennessee)에서 생애 처음으로 교수 생활을 시작했다.

'파란 눈'의 미국인 학생들이 갓 고용시장에 나온 '새내기'일 뿐만 아니라 영어능력이 변변찮던 저자에게 "Dr. Lim" 혹은 "Professor Lim"이라고 부르면서 무척 따라주었을 때, "7년 전 미국으로 출국할 때, 감히 미국대학교 경제학 교수가 될 수 있을 것이라고는 꿈에도 상상하지 못했었는데…."하고 가슴이 두근거렸다.

1978년 7월, 교수로서 첫 여름방학을 맞이하여 고국의 부모님을 뵙기 위해 소위 금의환향(錦衣還鄉)했었다. 그러나 김포공항(당시)에서 마중 나와 주셨던 아버님의 건강 상태에 놀라 「한양대학교 부속병원」에서 종합검진을 받게 해드렸더니만 '위암 말기'로 판정받으셨다. 저자는 아버님께 '짧은' 효도라도 해드리기 위해, 미국 교수 생활을 과감히 청산하였고 1979년 9월(10·26 사태 1개월 전) 귀국하였다.

결국, 아버님은 「한양대학교 부속병원」에서 돌아가셨다. 마치, 천지(天地)가 무너지는 듯한 심리적 공황으로 약 3년 동안 괴로움과 그리움으로 보냈었다. 한편, 당시 「한양학원」 이사장이셨던 백남 김연준(白南 金演俊) 총장님의 권유로 저자는 한양대 상경대학 교수로 근무하게 되었다.

그 후 2014년까지 줄곧 만 36년을 한양대학교 교단을 지켰다는 것은 저자 개인의 의지 만으로써는 불가능했었다는 것을 잘 알고 있다. 그렇기 때문에, 저자는 '교수'가 저자에겐 천직(天職)이었다는 것을 확신하고 있다. 따라서 저자로 하여금 교단에서 한평생을 보낼 수 있도록 인도해 주시고 지켜주신 하나님의 사랑을 항상 감사드린다.

1978년 가을, 고색창연한 테니시 주(州)의 유니온 대학교(Union University)에서 경제학 조교수를 시작하여 만 36년 동안, 저자는 훌륭한 학문적 업적을 남길 수 있는 '능력의 은

혜'(성령)를 베풀어 주십사하고 수많은 기도를 드려 왔다. 그러나 기도에 대한 응답은 '능력'이 아니라 '노력'이었으며 '자부심'이 아니라 '소명감'이었다. 저자의 가슴에는 불꽃 같은 지적 탐구욕이 용암류(鎔巖流)처럼 흐르고 있는 것 같다. 부디 마지막 숨을 거둘 때까지, 진리를 탐구하고 하늘의 이치를 깨닫는 '축복'이 주어지기를 기원한다.

● 부모님께 대한 사죄와 가족에 대한 감사와 축복

본 저서가 생애의 '마지막 저술'이라고 예감하고 있다. 따라서 저자는 이 기회를 빌려 하늘에 계신 부모님의 명복을 빌며 두 분의 기대에 못 미치는 큰 아들의 부족함을 사죄드린다. 실로, 큰 아들인 저자에 대한 아버님(故 林甲守 국회의원)의 기대는 끝이 없었다. 못난 아들은 아버님의 기대를 도저히 충족해드릴 수가 없었다. 다만, '독립운동가의 자손'이라는 긍지를 지키면서 불우한 일제(日帝)시대에서 학업의 기회를 갖지 못하셨던 아버님의 몫까지 채워야 하겠다고 저자는 한평생 열심히 공부했을 뿐이다. 어느덧, 저자가 시인 천상병(千祥炳) '귀천'(歸天)을 염두에 두지 않을 수 없는 칠순(七旬)이 되었으니, 더욱더 부모님이 무척 그립다.

한편, 다소 쑥스러운 이야기이지만, 학부시절 열애에 빠졌던 대상인 권오련(權五蓮)을 내자(內子)로 선택하였다는 것은 앞서 학문으로서 경제학의 선택과, 직업으로서 교수의 선택에 못지 않게 매우 중요한 선택이었다. 저자의 2007년도 저서인『한국의 비전과 국가경영전략』(나남출판사)의 서문에서도 남겼듯이, 저자는 "다시 태어나더라도 '그녀'를 찾아 현세(現世)의 가정을 똑같이 꾸리겠다"는 고백을 남기고 싶다.

실로, 아내는 남편에게 헌신적이었다. 미국 유학생 시절, 명화(名畵)인 '바람과 함께 사라지다'('Gone with Wind')로 유명한 아틀란타(Atlanta) 소재 ADP 회사에 근무하면서 7년 동안 남편의 유학생 생활을 뒷바라지하였다. 귀국 후에도, 아내는 일(日)요일을 제외한 주 6일, 「한국예탁결제원」(KSD) 상임감사 재직기간(2012.08.12~2014.10.29)을 제외한 만 33년 동안(1979~2014) 남편의 도시락을 챙겨주었다. 이 결과, 저자는 하루에 1시간을, 한 달에 하루를, 한 해에 약 12일을 각각 절약함에 따라 지난 36년 동안 추가적으로 1년 반(半)을 더 산 셈이다.

가장(家長)이 선비이니 물질적 넉넉함을 주지 못하였지만 풍파(風波) 없이 사랑하는 채숙(采淑)·채윤(采潤)·채하(采河)를 낳아 기르고 해로(偕老)하고 있다는 것은 인간의 노력으로써만 가질 수 없는 하나님의 축복임을 깊이 깨닫고 항상 감사드리고 있다.

아내는 성격상 남편과는 이질적이지만 그것이 오히려 상호보완적이어서 다이나믹

(dynamic)한 저자에겐 유일한 '안장점(鞍裝點, Saddle Point)'이었다. 나이 칠순(七旬)이 되어, 왜 하나님께서는 인간에게 두 눈을 주셨는가를 깨닫게 된다. 저자는 제자들에게 "한 눈은 현재를 직시하는 육안(肉眼)이며 다른 눈은 미래를 바라보는 혜안(慧眼)이다"라고 가르쳤지만, 두 눈의 '비밀'을 부부의 경우에 적용해 보면 "한 눈을 감아도 상대를 바라 볼 수 있는 다른 눈이 있다"는 것을 의미하는 것 같다. 부디 아내도 그렇게 깨달아, 여러모로 부족한 남편이지만, 남편을 '하늘이 맺어준 짝'으로 생각해 주기 바랄 뿐이다.

어느 자식이 부모님의 기대를 한껏 충족시켜 드릴 수 있으랴! 그러나 남편은 아내의 사랑에 보답할 수 있다고 믿어왔다. 그러나 세월이 갈수록, 한평생 묵묵히 뒷바라지해온 아내의 사랑마저도 보답할 수가 없다는 것을 최근에 깨닫고, 가끔 무기력하게 먼 산을 바라볼 때도 있었다. 그러나 매우 다행스럽고 크게 위로가 되는 것은 우리들이 낳아 길러온 자식들이 건전하게 성장하고 있다는 점이다.

잠시 지난 세월을 회고해보면, 저자가 미국에서 유학생 시절 낳은 큰딸(采淑)이 조지아 공과대학(Georgia Institute of Technology)에서 산업디자인 학위를 받아 「협성대학교」에서 산업디자인 교수로 재직하고 있고, 사랑과 배려가 깊은 큰 사위 홍성의 군을 만나 따뜻한 둥지를 틀어 늦은 나이에 외손주(준서)를 낳아 온 집안이 기쁨과 감사로 가득 차 있다. 또한, 저자가 미국 유니온 대학교(Union University)에서 경제학 조교수 시절 낳은 작은 딸(采潤)이 중학교 교사로 재직하였다가 사랑과 책임감이 강한 작은 사위 문준석 군을 만나 낳은 두 외손녀(용주·용원)가 온 집안의 활력을 불어넣고 있다. 불과 1년 전에 조기 도미 유학을 떠난 외손녀들(용주와 용원)이 미국에서 두각(高 3년생으로서 미국 연방정부가 수여하는 'National Honor Society'와 'Science National Honor Society'을 수상; 초등학교 1년생으로서 'Student of the Year'을 수상)을 나타내고 있으니 좀 더 건강하게 오래 살아 그들의 미래를 지켜보고 싶다.

그리고 저자가 귀국(1979년 가을)하여 한국에서 낳은 아들(采河)이 고려대학교 법대를 졸업하고 고려대학교 법학대학원에서 법학 박사학위과정을 이수하고 학위논문을 준비하면서 연성대학교 기획처에서 근무하고 있다. 저자는 아들 采河가 아버지를 대신하여, 가문을 빛내주고 행복하기를 소망한다. 한국의 대문호(소설가)이셨던 고 이병주(李炳注) 선생께서 이를 지어주셨던 의미처럼!

지난 세월이 쏜살과도 같지만, 결코 허무한 것은 아니라고 저자는 생각한다. 부디, 형제들끼리 의좋게 지내고 각자 부부끼리 돈독한 가정을 가꾸면서, '빛나는 강'을 위한 꿈을 갖고 도전함으로써 생애의 보람을 거두고 이웃에게 베푸는 행복한 삶을 향유하기를 아비는 기도한다.

● 「박영사」(博英社)의 안종만(安鐘萬) 회장님과 편집부 직원과 제자들에 대한 감사

2019년 말에 사고로 「한양대학교 부속병원」에 입원/수술(왼쪽 어깨 골절)하고 퇴원 후 1년 동안 집에서 정양(靜養)하고 있었던 저자는 친지와 친구들을 가끔 만났을 때, 다음과 같이 심회(心懷)를 토로했다:

"이제, 우리의 나이는 떠날 준비를 해야 하지 않겠습니까?", "저는 인생의 목적함수가 '행복(幸福) 극대화(極大化)'가 아니라 '후회(後悔) 극소화(極小化)'라고 사유해왔습니다. 따라서 귀천(歸天)할 준비는 우선 과거 알게 모르게 지은 많은 죄(罪)들을 회개(悔改)하고 향후 후회(後悔)될 것 같은 일들을 미리 가능한 많이 제거해두는 것이 현명한 일이 아니겠습니까?"

곰곰이 생각해보니, 저자가 죽기 전에 꼭 해야 할 숙제는 3가지로 꼽았는데, 그 중에서 가장 중요한 것은 다음과 같다: 저자의 인생에서 '마지막' 저서(著書) 3권(박영사 2021.06 출간): ① <'정의로운 국가와 행복한 사회'를 위한 신(新)실용주의(實用主義) 철학과 정책>, ② <세계평화(世界平和)를 위한 신(新)실용주의적(實用主義的) 해법: 동아시아지역의 군사안보와 경제협력을 중심으로>, ③ <조선(朝鮮)의 망조(亡兆), 대한제국(大韓帝國)의 자멸(自滅), 대한민국(大韓民國)의 위기(危機)> 중에서 ③을 제외한 나머지: ①과 ②를 영문/중문/일문으로 각각 출판하여 세계 도서관에 꽂아두는 것이다. 여기서 ③을 제외한 이유는 한국의 치부(恥部)를 세계에 노출하고 싶지 않기 때문이다.

상기한 소원을 이루지 않고 훌쩍 떠나버리면 한 줌의 재(災)로 산화(酸化)해버릴 것이니 너무나도 억울하고 허망할 일이 아니겠는가? 만약 저자가 2019년 말 13층 아파트 계단에서 뒤로 넘어졌을 때, 만약 '왼쪽 어깨 골절'이 아니라 '뇌진탕'으로 죽었거나 식물인간이 되었다면, 지난 43년 동안 축적해두었던 지식들은 그 순간 무산(霧散)되어 버렸을 것이다.

저자는 2014년 2월 정년퇴임 후 2021년 3월 말까지 만 7년 동안, 칩거(蟄居)하여 하루 평균 15시간(오전 9시~다음날 새벽 1시 혹은 2시)을 집필에 쏟아부었다. 저자는 1978년 경제학 박사학위를 수여받자마자 미국 테네시 주(州) Union Uiversity 경제학 교수가 된 이후 지난 43년 동안 머리에 낙엽처럼 어지럽게 쌓여 있는 '지식 조각'들을 '용광로'에 집어넣어 '굵은 쇠물'을 쏟아내고 싶었다. 그리고 하나님께 '좋은 출판사'를 만나게 해주십사 기도했었다.

(1) 박영사(博英社)에 대한 감사 인사

결국 하나님의 은총(恩寵)으로, 금년 3월 8일, 「박영사」(博英社) 회장실에서 존경하는 안종만(安鍾萬) 회장님을 만나 상기 저서 출판 문제를 논의했었다. 회고하면, 30년 전에 「박영사」(博英社)는 저자의 <경제학 원론>(초판: 1991년, 3판: 1995년)을 발간해주었다.

이번에 참으로 고마운 것은 원고 분량이 너무 방대하여 염려하는 저자에게 "내용이 좋고 시의적절하니 큰 판(版)으로 만들면 됩니다"라고 호쾌하게 결정해주셨다는 점이다. 그리고 「박영사」(博英社)의 실무 책임자 조성호 기획이사님은 고맙게도 당시 미(未)완성된 제3권을 3월 28일까지 기다려주셨고 친절하게 출판계약으로 인도해 주셨다.

이 결과, 저자는 이번에 출판 역사에 신기록(新記錄)을 세운 셈이다: 무려 3권의 대작(大作)을 '동시적으로' 출판하게 되었다는 사실이다. 저자는 2014년 2월 정년퇴임한 명예교수일 뿐이다. 마치, 당(唐)나라 시인 왕창령(王昌齡, 798~756)이 읊었던 '부용루송신점(芙蓉樓送辛漸)'에 나오는 시(詩) 구절: 一片氷心在玉壺("玉 항아리 속에 있는 한 조각 얼음 같이 살고 있는") 七旬의 노(老)선비이다. 그럼에도 불구하고, 상기 3권 작품들을 「박영사」의 시민계몽을 위한 '전략적 상품'으로 다루겠다고 하니, 저자는 3월 8일(월) 「박영사」 회장실에서 나와 귀가(歸家)하면서 울먹였다. 나이가 드니, 자주 눈물이 쏟아진다.

사실, 꿈만 같았다. 2014년 2월 정년퇴임 후 8년 동안 피곤 및 수면과 싸우면서, 1년 전 골절 수술한 왼쪽 어깨의 통증을 참으면서, 오른손가락의 독수리 타법으로 줄달음쳐 왔었던 기억들이 쓰나미처럼 몰려왔다. 상기 3권의 원고들을 다시 훑어보면, 세계사(한국의 경우 조선 → 대한제국 → 대한민국/북한의 역사를 포함)/동양(중국)·서양 철학/방대한 경제이론/국제정치 이론/수학(저의 철학을 입증하기 위한) 등을 총망라하였다.

따라서 저자는 「박영사」의 3권 저서 동시적 출판은 분명코 '세계평화(世界平和)'를 원하시는 하나님의 뜻을 글로써 피력한 사명이자 은총이라고 확신한다. 사실, 자신이 제창하는 사상/철학[저자의 경우 신(新)실용주의(實用主義) 철학(Neopragmatism)]을 무려 250여 개의 수학 방정식으로 증명한 사례는 없다. 또한, 세계적 천재 수학자이자 1994년도 노벨 경제학상 수상자/2015년도 아벨상 수상자이며 영화 '뷰티풀 마인드(A Beautiful Mind)'의 주인공인 존 내시(John Forbes Nash Jr., 1928~2015) 교수(MIT 대학, 프린스턴 대학)의 '내시 균형(Nash equilibrium)' 이론을 '세계평화(世界平和)' 문제 해설에 적용하고자 시도한 예는 단연코 없다. 저자는 벤허(Ben-Hur) 영화(1959년)의 감독 윌리엄 와일러(William Wyler, 1902~1981)가 시연(試演)에서 "주여! 이 영화를 과연 제가 만들었습니까?"라고 고백한 말에 참으로 실감을 느낀다.

상기와 같은 장정(長征)의 길을 마치면서, 저자는 이 기회를 빌려 그동안 본 저서가 출판되기까지 헌신적 수고를 해 주신 많은 분들에게 감사한다. 우선, 본 연구의 결과물이 하나의 저서(著書)로서 세상에 나와 햇빛을 볼 수 있도록 배려해 주신 「박영사」(博英社)의 안종만(安鐘萬) 회장님께 깊은 감사와 존경을 표한다.

모든 역사의 장막에는 무대의 연출을 위한 숨은 공로자들이 있게 마련이다. 특히,「박영사」(博英社) 편집부 직원(황정원/최은혜/탁종민 편집자)의 수고가 매우 컸었다. 황정원 편집팀장의 프로다운 편집 실력과 솔선수범의 리더십(Leadership)은 최은혜/탁종민 편집자의 도전적 의욕과 실력 발휘를 촉구하고 이번 저자의 3권 저서들이 '상품'으로서 동시적으로 햇빛을 보게한 산파(産婆)였다. 그 과정에서 가사(家事)로 퇴직한 황정원 편집팀장의 바통을 이어받은 최은혜 편집팀장 역시 탁종민 대리와 함께 3권의 저서들이 '완성품'이 될 때까지 초지일관 헌신적으로 수고해 주셨다. 만약 사명감과 책임감을 바탕으로 한 전문적 편집기술을 갖춘 상기 두 분을 만나지 못했었다면, 짧은 기간 내에 3권의 대작(大作)이 햇빛을 볼 수 없었을 것이라고 저자는 단언한다. 참으로, 저자는 훌륭한 인재들을 만났다고 생각한다.

감히, 성경(聖經) 말씀: "너희는 세상의 소금과 빛이다"(신약 성서의 산상 수훈의 하나, 마태복음서의 5:13~16)을 인용하면, 저자가 강대국(특히 미국과 중국), 남·북한 국가 지도자에게 실로 따갑고 쓰디 쓴 '소금'을 뿌렸다면 최은혜 편집팀장과 탁종민 대리는 '빛'을 비추었으며, 안종만(安鐘萬) 회장님과 조성호 기획이사님께서는 '소금과 빛'을 담을 '큰 바구니'를 제공하셨다.

「박영사」(博英社)는 한국의 척박한 독서 환경에서 현재까지 수만 권의 양서(良書)를 보급해 온 한국의 대표적 출판사이다. 한국전쟁(1950~1953)의 포화(砲火) 속에서 1952년 대중문화사(博英社의 前身)가 설립(1954.09.01)되었으며, 선친(先親)의 유업(遺業)을 이어 받은 안종만(安鐘萬) 회장님(사장 취임: 1983.08.01; 회장 취임: 2000.05.03)이 '출판 & 문화 & 미래를 생각하는 박영사'로 도약하여 대한민국의 출판업계를 이끌고 있다. 나아가, 독서인구가 빈약한 한국을 벗어나서 2018년 베트남(Vietnam)에서 「벤스토리」를, 2019년 일본(日本)에서 「하쿠에이샤」를 각각 설립하여 '글로벌 출판사'로 웅비(雄飛)의 날개를 펼치고 있다. 가히 「박영사」(博英社)는 대한민국의 문화 창달은 물론이고 해외에서 한국이 '문화 국가'임을 홍보하고 있다.

(2) 사랑하는 제자들에 대한 감사

또한, 저자는 이 기회를 빌려 이번 3개 원고 집필과 관련하여 수고해주었던 사랑하는 옛 제자들을 축복하고 싶다. 그들의 대부분은 저자의 2개 강의과목: <세계경제와 한국의 비전>과 <과학기술과 경제사>를 수강했었던 한양대학교 제자들이다. 최현호 군(2015년 수강생)·김영일 군(2016년 수강생)·최원혜 양(2016년 수강생)·김성종(2017년 수강생) 등은 컴퓨터에 미숙한 스승과 함께 방대한 원고의 정돈 작업을 충실히 수행해 주었다. 김영일 군(2016년 수강생)은 무려 130여 개의 그림들과 표들을 정돈해 주었다. 또한, 수업조교 김종윤 군은 '세계경제와 한국의 비전'의 정규 강의와 '토요일 특강'을 잘 수행할 수 있도록 헌신적 수고를 해 주었다.

마지막 단계에서, 저자가 한양대에서 정년 퇴임 후 방대한 원고를 손질할 때, 김찬일 군(한양대학교 경영학과 재학 중, 저자의 강의과목:「과학기술과 경제사」를 수강했었던 제자)과 그의 「일산교회」 소속의 교우인 이원준·이태형·김성경 군이 함께 꼼꼼히 컴퓨터 작업을 헌신적으로 마무리 해주었다. 특히 이태형 군은 홀로 방대한 신문 스크랩 자료들을 컴퓨터로 정리해주었다. 또한, 저자의 지인(知人) 김선환 선생의 딸 김도연 양(동국대학교 경영학과 졸업)이 아빠의 명(命)을 받아 상기한 도우미들과 함께 컴퓨터 작업을 도와 주었다. 그들은 곧은 성품에다가 뿌리 깊은 기독교 신앙을 갖고 있는 유망한 청년들이다. 저자는 척박한 세상에서 '보석과 같은 인물'들을 만났다고 항상 생각하고 있다. 마지막으로, 스승은 어려운 시기에 사회로 진출한 제자들의 성공을 축원하며 그들의 행복을 기원한다.

목차

Ⅰ. 서언

Ⅱ. 강대국의 경제적 현황과 군사전략

01 미국 ··· 17

  1) 미국 자본주의 경제구조의 전환기적 위기 ····························· 18

  2) 미국 경제 현황 ··· 24

    (1) 미국의 본질적 위기: 재정적자 누증→ 공공부채＋무역적자 ····················· 26

    (2) 셰일가스 혁명 ·· 29

    (3) 새로운 돌파구로서 '아시아 시장'에의 진출 ······················· 30

    (4) 미국의 환태평양경제동반자(TPP) 추진 ······················· 33

    (5) 미국의 '아시아 중심축' 전략 ································· 34

  3) 미국 대외정책의 본질: '펜타곤 시스템(Pentagon System)' ···················· 36

    (1) 미국과 영국의 폭격기 800여 대가 독일 동부의 드레스덴에 대규모 공습(空襲)을 단행(1945. 02. 13)하여 20~25만 명 사망 ······················· 38

    (2) 히로시마와 나가사키에 대해 인류 최초의 핵(核) 공격 단행(1945. 08. 06/09)하여 20여만 명 사망, 방사능 후유증까지 포함 총 70여만 명 사망 ······················· 39

  4) 미국의 국방전략 ·· 40

    (1) 중거리 핵전력 조약(INF) 파기 선언(2018. 10. 22) ··················· 42

    (2) 미국의 전략방위구상(SDI): 미군 우주사령부 창설(2018. 12) ············· 48

    (3) '새 미사일 방어 검토보고서(MDR)(2019. 01. 17)' ··················· 52

  5) 미국의 인도-태평양 전략: '다이아몬드' ································· 53

02 중국 ··· 58

  1) 중국의 개혁·개방 ··· 60

  2) 중국의 '군사강국'으로 굴기(屈起)와 군사전략 ······················ 63

  3) 기축통화(基軸通貨)로서의 위안화 ··· 70

  4) 중국의 일대일로(一帶一路)와 아시아인프라투자은행(AIIB) ······· 73

    (1) 중국 대외전략의 변화 ··· 74

    (2) '일대일로(一帶一路)' ·· 78

    (3) 아시아인프라투자은행(AIIB) ·· 81

  5) '중화경제권'의 부상 ·· 83

    (1) 중국경제의 최근 동향과 전망 ·· 86

    (2) 3대 딜레마(투자, 재정, 인플레이션) ································· 91

    (3) 전망 ··· 92

      ① 비관적 전망 ··· 92

      ② 낙관적 전망 ··· 93

    (4) 중국의 발전방향 ·· 96

      ① 제조강국 → 무역대국 → 금융강국으로 도전 ················ 97

      ② 사회경제적 불균형 심화: '선부론(先富論)'→'공부론(共富論)' ······· 99

      ③ 중국경제의 경(硬)착륙 가능성 해소: 지방정부의 부채 감축 ······· 105

03 러시아 ·· 109

  1) 미하일 고르바쵸프(Mikhail Gorbachev)의 냉전(冷戰) 종식 ··········· 111

  2) '소련 부활' 꿈꾸는 블라디미르 푸틴(Vladimir Putin) 대통령 ········· 114

  3) 러시아의 아시아·태평양 진출 전략 ······································ 115

  4) 러·미 관계 ··· 117

  5) 러·중 관계 ··· 119

04 일몬 ·· 123

  1) 개관 ·· 123

  2) 아베노믹스(Abenomics): '세 개의 화살' ······························· 126

3) 일본경제의 당면과제와 '새로운 일본 경제시스템' 추구 ················· 129
  (1) 당면과제 ·· 130
  (2) 지역경제 통합 추구 ·· 134
4) 일본의 핵무장 가능성 ··· 137
  (1) 북한의 핵무기 보유와 일본 핵무장의 함수관계 ············· 137
  (2) 일본의 핵무장 준비태세 ··································· 138
  (3) 핵무장 억제요인과 촉진요인 ······························ 143

Ⅲ. '세계평화(World Peace)'를 위한 '글로벌 정의(Global Justice)'

01 '21세기 묵시록(Apocalypse)' ······································ 151
1) 사무엘 헌팅턴(Samuel Phillips Huntington) 교수 ················ 152
2) 브루킹스연구소 ·· 153
3) 남(南)중국해에서의 미·중(美·中) 대립과
  동(東)중국해에서의 중·일(中·日) 영유권 분쟁 ···················· 154
4) 북한의 핵무기 위협 ··· 156

02 '세계평화'를 위한 '글로벌 철학' ····································· 158
1) 평화(平和)의 개념과 철학 ·· 159
2) 요한 갈퉁(Johan Galtung): '소극적 평화' vs '적극적 평화' ········· 162

03 임마누엘 칸트(Immanuel Kant)의 『영구평화론』과 '국제연맹(國際聯盟)' 및
'국제연합(UN)' ·· 167
1) 임마누엘 칸트(Immanuel Kant)의 『영구평화론』: '평화(平和)를 원한다면,
  정의(正義)를 구현하라(Si vis pacem, paraiustitiam)' ·············· 168
2) 임마누엘 칸트(Immanuel Kant)의 『영구평화론』 의의: '국제연맹(國際聯盟)' 및
  '국제연합(UN)'의 결성 ·· 176
  (1) '국제연합(國際聯合, UN)'의 출범과 한국전쟁에서의 활동 ········ 177
  (2) '국제연합(國際聯合, UN)'의 한계 ··························· 179
    ① UN의 재정난 ··· 181
    ② 유엔(UN)활동 강화를 위한 개혁: 안보와 경제 분야 ·········· 183

③ 국가주권과 인도적 개입 ·· 183

04 '글로벌 정의(Global Justice)': 강대국의 반(反)인류적 죄상(罪狀) ·········· 185

1) 아프리카에서 유럽 열강의 죄상(罪狀) ··· 185

2) 중국의 조선(朝鮮) 수탈과 한국(韓國) 안보 위협 ····························· 189

3) 미국의 일방적 군사행동 ··· 192

(1) 코소보 전쟁(1998년) ·· 193

(2) 아프가니스탄 침공(2001년) ··· 195

(3) 이라크 전쟁(2003. 03. 20~2011. 12. 15) ································· 198

4) 한국전쟁(1950~1953): 미국, 소련, 중국의 책임 ···························· 200

(1) 냉전 체제와 한반도 ··· 201

(2) 애치슨 라인(Acheson line) 선언(1950. 01. 10) ························· 206

(3) 김일성(金日成)의 남침(南侵) ··· 208

5) 미국발(發) 글로벌 금융위기에 대한 미국의 무(無)책임 의식 ············· 211

(1) 세계 대공황(1929~1939) ·· 212

① 촉발요인 ·· 212

② 세계 대공황(大恐慌)으로부터의 회복 ······································ 218

③ 1930년대 세계 대공황(大恐慌)의 정책적 교훈 ························· 220

(2) 2008년 하반기 '글로벌 금융위기' ··· 222

① 원인 ··· 222

② 파급경로 ·· 226

③ 특징 ··· 229

④ 전망 ··· 231

(3) 유럽의 재정위기 ··· 232

6) 미국 도널드 트럼프의 '파리기후협약' 탈퇴(2017. 06. 01) ··············· 233

IV. 세계평화(世界平和)를 위한 '신실용주의(新實用主義)'의 해법

01 세력 균형(Balance of Power) 이론 ··· 239

1) 19세기 유럽의 '세력균형' 체제 ·· 241

2) 제1,2차 세계대전과 냉전(冷戰) ·· 243

(1) 제1차 세계대전(1914~1918) ··· 243

　　　　(2) 제2차 세계대전(1939~1945) ··· 244

　　　　(3) 냉전(冷戰) 구조의 전·후 ··· 245

　　3) '세력균형(Balance of Power)' 이론에 대한 한스 요아힘 모르겐타우(Hans J.
　　　　Joachim Morgenthau) ··· 248

　　4) 네빌 체임벌린(Arthur Neville Chamberlain)의 세력균형 회복을 위한
　　　　'유화정책(宥和政策, Appeasement Politik)'에 대한 평가 ··············· 249

　　5) 한국 정부의 '균형외교'에 대한 저자의 논평 ······························· 253

02 존 내시(John Forbes Nash)의 '내시 균형(Nash Equilibrium)' ··············· 255

　　1) '내시 균형(Nash Equilibrium)'의 개념 ··· 256

　　2) '내시 균형(Nash Equilibrium)'의 적용 ··· 258

03 '신(新)그레이트 게임(The New Great Game)' → '협력적 게임 체제(Cooperative
Game)'에 의한 '내시 균형(Nash equilibrium)' → 세계평화 체제 구축 ········· 260

　　1) 강대국의 '그레이트 게임(The Great Game)' ································· 261

　　　　(1) 영국과 러시아의 패권(霸權) 경쟁 ··· 261

　　　　(2) 미·중(美·中) 패권(霸權) 경쟁 ··· 263

　　2) 미국과 중국의 2극 체제(2009. 11, G20 출범 이후~현재) ··············· 268

　　　　(1) 미·중(美·中) 환율전쟁 ··· 268

　　　　(2) 중국의 일대일로(一帶一路) vs 미국의 인도-태평양 전략 ········· 272

　　　　　　① 중국의 일대일로(一帶一路): '진주목걸이' ······················· 272

　　　　　　② 미국의 인도-태평양 전략: '다이아몬드' ························· 278

　　　　(3) 저자의 논평 ··· 283

　　3) '협력적 게임 체제(Cooperative Game System)'로의 전환 필요성 ········· 285

　　　　(1) 미국 패권주의(霸權主義)의 구조적 한계 ····························· 285

　　　　　　① '중동(中東)의 늪'에서 진퇴양난(進退兩難) ······················· 286

　　　　　　② 미국과 이란의 갈등 ··· 296

　　　　　　③ 중국과 러시아의 군사연합 ··· 301

　　　　(2) 중국의 패권주의(霸權主義) 도전과 그 한계 ························· 302

　　4) '협력적 게임 체제(Cooperative Great Game)'에 의한 '내시 균형(Nash
　　　　equilibrium)'의 가능성: 미·중(美·中) 군사적 갈등의 조율 ········· 308

04 영유권(領有權) 분쟁 ··· 311

1) 중국·일본·대만의 동(東)중국해 다오위다오(센카쿠 열도) ·············· 311

2) 남(南)중국해 난사군도(스프래틀리군도) ············· 315

3) 독도(獨島) ················· 319

4) 남(南)쿠릴열도(kuril Islands, 北方 4개 섬) ············· 324

 (1) 연역 ················· 326

 (2) 러·일 간 쟁점 ··········· 333

 (3) 국제 시각 ··········· 335

05 영유권(領有權) 분쟁에 대한 신(新)실용주의적(實用主義的) 해법 ·········· 337

1) 남(南)중국해 지역의 천연자원 공동개발 제안 ·········· 338

2) 본 연구의 제안: 한·중·일(韓·中·日) FTA→
 '동(東)아시아 경제(經濟)공동체(EAEC)' ·········· 340

 (1) 한·중·일(韓·中·日) FTA ·········· 341

 (2) '동아시아경제공동체(EAEC)'의 추진방향 ·········· 347

 (3) 미국의 대승적 용단과 참여 기대 ·········· 349

06 요한 갈퉁(Johan Galtung)의 '적극적 평화'를 위한
 강대국의 솔선수범적 '기후/환경 협력' ·········· 352

Ⅴ. 한반도(韓半島)에서의 '신(新)그레이트 게임'과 남·북한 및 주변국의
합종연횡(合縱連橫)

01 한반도의 분단과 대립 ·········· 357

1) 미 군정(美 軍政)의 시책과 남한 정정(政情)의 혼미 ·········· 360

2) 반탁(反託) 운동의 전개와 미소공동위원회(美蘇共同委員會)의 실패 ·········· 362

3) 남·북한 각자 정부 수립 과정 ·········· 366

 (1) 대한민국 정부이 수립과정 ·········· 366

  ① 이승만(李承晩)의 단독정부 수립 추진과 김구(金九)와의 노선 분열 ·········· 366

  ② 남북협상의 과정과 실패 ·········· 368

  ③ 1948년 5·10 총선 → 1948. 07. 20, 대통령 및 부통령의 선거 →
   대한민국 정부 수립 ·········· 371

(2) 북한인민민주주의공화국 정부의 형성 ·············· 375

① 제1단계: 토착 공산 및 민족주의 세력과의 연합 ··············· 375

② 제2단계: 공산당의 실권 장악을 위한 연립행정기구 수립 ·············· 377

③ 제3단계: 공산당의 정치권력의 완전장악과 정권수립 ··············· 378

④ 국내파 공산세력 숙청 ················ 380

⑤ 1956년 8월 '종파 사건'과 김일성(金日成) 독재체제의 공고화 ·············· 381

02 한반도 주변국의 합종연횡(合縱連橫) ·············· **388**

1) 미·일(美·日) 관계 ··············· 392

2) 한·미(韓·美) 관계 ··············· 397

(1) 군사동맹(상호방위조약) ··············· 398

(2) 경제적 관계 ··············· 403

3) 중국과 남·북한의 관계 ··············· **404**

(1) 한·중(韓·中) 관계 ··············· 405

① 역사적 관계 ··············· 405

② 정치·군사적 관계 ··············· 409

③ 경제적 관계 ··············· 411

(2) 중·북(中·北) 관계 ··············· 413

① 개관 ··············· 413

② 정치·군사적 관계 ··············· 416

③ 경제적 관계 ··············· 423

4) 중국과 러·일의 관계 ··············· **425**

(1) 중·러 '전략적 동반자' 관계 ··············· 425

① 소련 붕괴 전(前) ··············· 428

② 소련 붕괴 후(後) ··············· 428

③ 2010년대 이후 ··············· 429

(2) 중·일(中·日) 경쟁적 관계 ··············· 430

5) 러시아와 남·북한의 관계 ··············· **433**

(1) 한·러 관계 ··············· 436

① 개관 ··············· 437

② 정상회담 ··············· 439

③ 경제협력 현황 ··············· 441

(2) 북·러 관계 ··············· 443

① 개관 ··············· 443

② 정상회담 ·· 445

6) 일본과 남·북한의 관계 ··· **447**

　(1) 한·일(韓·日) 관계 ·· 449

　① 경제교류 동향 ·· 451

　② 최근 일본의 수출무역관리령 개정: '백색국가(화이트 리스트)' 명단에서
　　한국을 제외 ·· 452

　③ 한국정부의 한·일 군사정보보호협정(GSOMIA) 파기 ············· 460

　(2) 북·일(北·日) 관계 ·· 461

03 본 연구의 종합적 논평 ··· **465**

VI. 핵확산금지조약(NPT)과 핵무기 문제 해결 사례

01 핵확산금지조약(NPT: Non-Proliferation Treaty)
(1968. 07. 01, UN에서 채택; 1970. 03. 05, 정식 발효) ············· 481

　1) 핵확산금지조약(NPT) 체제 ··· 481

　2) 핵확산금지조약(NPT)의 한계와 불평등 ····························· 488

02 핵무기 문제 해결사례 ··· 490

　1) 남아프리카공화국 모형(1993. 01) ··································· 490

　2) 리비아 모형(2004. 06. 28) ·· 492

　3) 인도 모형(2006. 03. 02) ·· 493

　4) 이란 모형(2017. 07. 14) ·· 495

　5) 파키스탄 모형(미국이 암묵적으로 개발 용인) ······················ 504

　6) 이스라엘 모형(미국이 알고도 덮어준 케이스) ······················ 508

Ⅶ. 북한의 핵(核)무기 개발과 핵 협상 과정

01 북한의 핵(核)무기 개발 ·· 519

　　1) 북한의 핵무기 개발 배경 ··· 521

　　　(1) 한겨레(2016. 01. 29): "김정은의 핵실험이 '무모한 장난'이 아닌 이유"

　　　··· 521

　　　(2) 뉴욕타임즈(NYT, 2016. 09. 10):

　　　　'North Korea, Far From Crazy, Is All Too Rational' ······················ 529

　　　(3) 'Statement from Former U.S. President Jimmy Carter on Current U.S.–

　　　　North Korea Relations: FOR IMMEDIATE RELEASE'(August 10, 2017)('현

　　　　북·미(北·美) 관계에 관한 지미 카터 미국 전 대통령의 성명')

　　　　··· 539

02 남한의 북방외교(北方外交) ··· 543

　　1) 배경 ··· 543

　　2) 내용 ··· 545

　　3) 전개 ··· 545

　　4) 평가 ··· 547

03 북·미(北·美) 핵(核) 협상: 과정과 현황 ···································· 550

　　1) 북한의 외교 전략 ··· 551

　　2) 북·미(北·美) 협상의 전개 ··· 552

04 도널드 트럼프(Donald John Trump) 전(前)대통령의 대(對)북한 전략 핵심 목표:
　　'인도 모형(2006. 03. 02)' + 북한의 친미화(親美化) + 제2베트남화(化)→ '중국
　　포위망' 구축 ··· 569

　　1) 미국의 딜레마: '파키스탄의 덫': '핵 동결 프로그램' 합의→
　　　북한을 핵보유국으로 인정 ··· 575

　　2) 도널드 트럼프의 재선(再選)을 위한 정치 이벤트: '북한의 최종적이고 완전하게
　　　검증된 비핵화(FFVD) 진전을 위한 '핵 동결 프로그램' 합의 유도 ······· 579

05 최근 남·북한 합의 사항: 판문점 선언(2018. 04. 27)과
평양 공동선언(2018. 09. 19) ·· 586

06 저자의 논평 ·· 594

Ⅷ. 본 연구의 북한 핵무기 해결방안: '동북아평화조약(Northeast Asian Peace Treaty)'과 '동북아 안보협력회의(CSCNEA)'

01 인류 역사상 '평화조약(平和條約)'의 허구와 한계 ·················· 607

   1) 베르사유 강화조약(1919. 06. 28) ································ 609

   2) 독일·폴란드 불가침 조약(1934. 01. 26) ···················· 613

   3) 뮌헨협정(Munich Agreement, 1938. 09. 30) ·········· 616

   4) 독·소(獨·蘇) 불가침 조약(1939. 08. 23) ··················· 634

   5) 베트남 평화협정(1973. 01. 27) ································ 651

   6) 중동(中東) 평화협정 ·· 656

      (1) 중동(中東) 평화협정(1979년) ····························· 656
      (2) 오슬로 평화협정(1993. 12) ······························· 661

02 본 연구의 '북한 핵무기 해결방안' ······························· 666

   1) '동북아평화조약'(案) ·· 669

   2) '동북아 안보협력회의(CSCNEA)' ······························ 678

      (1) 배경 ·· 678
      (2) 필요성 ··· 682
      (3) 추진 전략 ·· 686
      (4) 기대효과 ·· 689

03 실용주의적(實用主義的) 남·북한 경제교류/협력 ············· 693

   1) 본 연구의 장단면(長端面) '남·북한 경제특구'와 '동북아 평화시(東北亞 平和市)'
··· 694

      (1) 개성공단 ·· 694
      (2) 장단면(長端面) '남·북한 경제특구' ····················· 698

2) 남·북한＋미국의 3각 협력구도: 광물자원 및 유전 공동개발 ······················· 708

   (1) 희토류(稀土類) ·· 709

   (2) 유전(油田) ·· 713

3) 북한(北韓) 산림 및 환경 복구를 위한 남·북한 환경 협력 ····························· 718

   (1) 북한의 환경 오염·파괴 실태와 '파괴적' 환경정책 ····························· 720

   (2) 남·북한 환경협력 ··· 723

4) 중국과 남·북한의 공동개발: 간도(間島)지역 ·· 725

IX. 남·북한 국가 지도자에게 보내는 공개서한

01 기본 시각 ·· 733

1) 철학적 시각: 신(新)실용주의(Neopragmatism) ·· 734

2) 역사적 시각: '6번째 민족사적 비극'의 가능성 ·· 736

3) 이데올로기(Ideology)의 종언(終焉) ··· 738

4) 신(新)실용주의적 '남·북한 통합 모형' ··· 740

   (1) 역대 대통령의 남·북한 통일 정책 기조 ··· 740

   (2) 본 연구의 '남·북한 통일 프로그램'(案) ··· 742

02 김정은 국무위원장에게 보내는 공개서한 ·· 755

03 문재인 대통령에게 보내는 공개서한 ·· 763

X. 요약 및 결론

01 본 연구의 목적 ·· 779

02 세계평화를 위한 신(新)실용주의적 해법 ·· 783

1) 동아시아 지역 ··· 783

2) 북한 지역 ··· 785

03 북한 핵무기 문제 해결을 위한 신(新)실용주의적 해법 ·································· 786

  1) 기본 방향: '동북아 안보협력회의(CSCNEA)'와 '10개항 동북아 평화 조약
  (Northeast Asian Peace Treaty)' ·· 786

  2) 다자간 경제협력 ·· 788

04 남·북한 국가지도자에 대한 충고 ··································· 790

  1) 김정은(金正恩) 국무위원장 ··· 790

  2) 문재인(文在寅) 대통령과 향후 국가지도자 ······················· 791

에필로그 ··· 793
참고문헌 ··· 795

표 목차

[표 1] 중국의 개혁 · 개방 30년 ··· 62

[표 2] 북한의 광물자원과 남한의 내수 규모 ··· 709

[표 3] 본 연구의 '한반도 통일 프로그램'(案) ······································· 746

그림 목차

[그림 1] 서브프라임 모기지 금융위기의 발생 구조 ····························· 222

[그림 2] 미국발(發) 글로벌 금융위기의 원인 ······································· 223

[그림 3] 이스라엘의 이란 공격 시뮬레이션 ··· 298

[그림 4] 일본이 주장하는 영해와 배타적 경제수역(EEZ) ··················· 314

[그림 5] 중국 · 일본 영토분쟁 지역: 댜오위댜오(센카쿠 열도) ··········· 314

[그림 6] 난사군도(南沙群島 · 스프래틀리군도) 영토 분쟁 지역 ·········· 318

[그림 7] 신(新)한일어업협정 ··· 322

[그림 8] 러 · 일 영유권 분쟁 지역: 남(南)쿠릴열도(kuril Islands, 北方 4개 섬) ·········· 325

[그림 9] 본 연구의 '동북아 평화조약'의 도해(圖解) ··························· 678

[그림 10] 본 연구의 '동북아 안보협력회의(CSCNEA: Conference on Security and
　　　　　 Cooperation in Northeast Asia)'의 배경: 유럽안보협력회의(CSCE) ·········· 683

[그림 11] 남 · 북한 군사통합 효과와 비용 ··· 690

[그림 12] 본 연구의 '남 · 북한 경제특구'와 '동북아 평화시(東北亞 平和市)' ·········· 699

[그림 13] 본 연구의 '남·북한 경제통합 모형' ····································· 707

[그림 14] 간도(間島)지역의 위치 ··· 726

[그림 15] 본 연구의 '한반도 통일 프로그램': 개요 ····························· 744

[그림 16] 본 연구의 '남 · 북한 5단계 통합모형' ································· 745

부록 목차

부록 1   핵 확산 금지 조약(NPT) ··· 483

부록 2   포괄적 공동행동계획(JCPOA) ·· 498

부록 3   제네바 북·미(北·美) 기본합의서(1994. 10. 21) ······························ 556

부록 4   2000년 북·미(北·美) 공동코뮤니케(2000. 10. 12) ························· 559

부록 5   2005년 베이징 공동성명(2005. 09. 19) ·· 565

부록 6   한반도의 평화와 번영, 통일을 위한 판문점 선언(2018. 04. 27, 판문점) ······· 588

부록 7   '9월 평양공동선언(2018. 09. 19, 백화원 영빈관)' ··························· 591

부록 8   본 연구의 '10개항 동북아평화조약'(案) ··· 672

부록 9   본 연구의 '남·북한 경제통합 모형' ··· 705

I

서언

세계평화(世界平和)를 위한
신(新)실용주의적(實用主義的) 해법:
동아시아지역의 군사안보와
경제협력을 중심으로

The 'Neopragmatic' Solution to World Peace:
with special focus on Regional Security and
Economic Cooperation in East Asia

우선, 저자는 자신의 '정체성(正體性)'을 밝히기 위해 다니엘 벨(Daniel Bell, 1919~2011) 교수의 '정체성 고백'을 인용한다. 그분은 2011년 1월 25일 91세의 나이로 미국 매사추세츠 주(州) 케임브리지 자택에서 세상을 떠나셨다. 그는 생전에 자신을 "정치적으로는 자유주의자, 경제적으로는 사회주의자, 문화적으로는 보수주의자"라고 규정했다. 이에 대응하여, 저자는 정치적으로는 '자유 민주주의자', 경제적으로는 '슘페테리언'(Schumpeterian), 문화적으로는 '전통주의자', 사상·철학적으로는 '롤지언'(Rawlsian)이라고 불리우고 싶다.

우선, 저자가 사상·철학적 측면에서는 '롤지언'(Rawlsian)이라고 말하는 이유는 저자가 자유(自由)와 평등(平等)의 통합을 추구한 존 롤즈(John Rawls, 1921~2002년)의 「정의론」(A Theory of Justice, 1971년) 및 「정치적 자유주의」(Political Liberalism, 1993년)에 크게 공감하기 때문이다.[1] 또한, 조셉 스티글리츠(Iosif Stiglitz, 1943~현재)의 '세계화'(Globalization)에 대한 예리한 비판과 발전지향적 통찰력을 깊이 존경하기 때문이다.[2]

다음으로, 저자가 경제학적 측면에서 슘페테리언(Schumpeterian)이라고 말하는 이유는 저자가 조셉 슘페터(J, A, Schumpeter)의 「경기변동론: 자유주의 발전 과정에 대한 이론적·역사적·통계적 분석」(1933년), 「경제발전론」(1934년), 「자본주의·사회주의·민주주의」(1942년), 「경제분석사(史)」(1954년)를 신봉하기 때문이다.[3]

---

1) Rawls, John(2001), Justice as Fairness: A Restatement, Cambridge: Harvard University Press; Rawls, John and Erin Kelly, ed.(2001), Justice as Fairness: A Restatement, Cambridge, MA: The Belknap Press of Harvard University Press; Rawls, John(1999), A Theory of Justice, revised. ed., Cambridge: The Belknap Press of Harvard University Press; Rawls, John(1995), "Justice as Fairness: Political not Metaphysical", Philosophy and Public Affairs Vol. 14; Rawls, John(1993), Political Liberalism, New York: Columbia University Press; Rawls, John(1985), "Justice as Fairness: Political Not Metaphysical", Philosophy and Public Affairs Vol. 14, No. 3; Rawls, John(1980), "Kantian Constructivism in Moral Theory", Journal of Philosophy Vol. 77, No. 9. 한편, 마이클 센델(Michael Sendal, 1953~현재)은 정의(正義)의 한계를 지적하였고 「자유주의의 한계와 정의」(Liberalism and the Limits of Justice, 1982)을 통해 존 롤즈(John Rawls)의 「정의론」(A Theory of Justice, 1971)을 반박하였다. Sandel, Michael J.(2010), Justice: What's the Right Thing to Do?, Farrar Straus Giroux. 다시, 상기 반박에 대하여 저자는 반론을 제기했다. 저자는 존 롤즈(John Rawls)의 철학이 실천방법론을 제시하지 않은 근본적 문제를 임양택, <'정의로운 국가와 행복한 사회'를 위한 신(新)실용주의(實用主義) 철학과 정책>(도서출판: 박영사, 2021)에서 이론적으로 보강하였다.

2) Stiglitz, Iosif E.(2002), Globalization and Its Discontents, London: W.W. Norton & Co., Inc.; Stiglitz, Iosif E.(2006), Making Globalization Work, London: W.W. Norton & Co., Inc.; Stiglitz, Iosif E.(2007), Fair Trade for All, London: W.W. Norton & Co., Inc.; Stiglitz, Iosif E, (2008), The Three Trillion Dollar War, London: W. W. Norton& Co. Inc.; Stiglitz, Iosif E.(2010), Freefall: America, Free Markets, and the Sinking of the World Economy, London: W.W. Norton & Co., Inc.

3) J. A. Schumpeter(1933), Business Cycles: A Theoretical Historical and Statistical Analysis of the

본 연구: <세계평화(世界平和)를 위한 신(新)실용주의적 해법: 동아시아지역의 군사안보와 경제협력을 중심으로>와 관련하여, 저자는 가장 최근 2개 저서: (1) 임양택, <'정의로운 국가와 행복한 사회'를 위한 신(新)실용주의(實用主義) 철학과 정책>(도서출판: 박영사, 2021)과 (2) 임양택, <조선(朝鮮)의 망조(亡兆), 대한제국(大韓帝國)의 자멸(自滅), 대한민국(大韓民國)의 위기(危機)>(도서출판: 박영사, 2021)을 저술했다. 전자는 저자의 철학(哲學): 신(新)실용주의(實用主義)를 정립한 것이며, 후자는 상기 철학을 한국의 경우에 적용한 것이다. 이어서, 본 연구: <세계평화(世界平和)를 위한 신(新)실용주의적 해법: 동아시아지역의 군사안보와 경제협력을 중심으로>는 상기 철학을 한반도(韓半島)를 포함한 동아시아 지역에 적용한 것이다.

인류는 평화(平和, Peace)를 갈구한다. 전쟁(戰爭)이 인간의 탐욕에 따른 것인 반면에, 평화(平和)의 대한 갈망은 인간의 생명 존중의 본능적 욕구에 따른 것이다. 평화(平和)는 좁은 의미로는 '전쟁을 하지 않는 상태'이지만 일반적으로 '분쟁과 다툼이 없이 서로 이해하고, 우호적이며, 조화를 이루는 상태'라고 정의할 수 있다. 그러나 인류 역사상 평화(平和)의 시기는 거의 존재하지 않았거나 극히 짧았다. 예로서 30년 전쟁, 12년 전쟁, 그리고 수많은 전쟁을 들 수 있다.

본 연구의 분석대상인 '세계평화(世界平和)'는 전쟁(戰爭)이 없을 뿐만 아니라 기아, 차별 등의 간접적·구조적 폭력까지 제거된 태평성대(太平聖代)이다. 다행히, 유엔(UN) 총회는 1981년 매년 9월 21일을 전쟁 및 폭력 행위에 대한 중단을 지지하고 평화에 대한 이상을 기념하는 날로서 '세계평화의 날(World Peace Day)'로 지정했다.

모름지기, 인류사회의 궁극적 목표는 인간의 삶이 정신적으로 아름답고, 물질적으로 편익하고 풍요로우며, 인간적으로 보람을 느끼는 사회를 이루는 것이다. 그렇다면, 인류가 추구해야 할 공동목표인 '지구촌 문화공동체'(Global Cultural Community)는 어떠한 형태가 바람직할 것인가? 그것은 동양(東洋)과 서양(西洋)의 문화(文化)가 조화되고 동서(東西) 이념(理念)이 융화되어 분쟁이 해소되고 자유(自由)와 평등(平等)이 함께 보장되어 인류가 공영하는 '지구촌 문화공동체'(Global Cultural Community)가 되어야 할 것이다. 이와 함께 각 국가에서 인간의 삶이 정신적으로 아름답고, 물질적으로 편익하고 풍요로우며, 인간적으로 보람을 느끼는 사회일 것이다. '지구촌 문화공동체'(Global Cultural Community)의 실현

Capitalist Process, New York: McGrow-Hill, Inc.;J. A. Schumpeter(1942), Capitalism, Socialism and Democracy, New York: Harper & Row, Harper Colophon, ed.; J A. Schumpeter, 「The Theory of Economic Development(경제발전론)」(1934년), 「History of Economic Analysis(경제분석사(史))」(1954년)

은 동·서양의 정치철학에서 공히 찾아볼 수 있다.[4]

　예로서, 동양(東洋)의 경우 고대 중국 정치철학에 나타난 '대동사회(大同社會) 사상'과 '사해동포사상'을, 서양(西洋)의 경우 '호모노이아(homonoia)', 현대에 이르러 '세계시민주의(cosmopolitanism)'을 각각 들 수 있다. 일찍이, 중국에서는 유가(儒家)의 '대동사상(大同思想)'과 강유위(康有爲, 1858~1927)의 유명한 저서인 「대동서」(大同書), 서양에서는 앨리기에리 단테(Alighieri Dante, 1265~1321)의 「모나르키아」(Monarchia)에서 설파했던 '세계정부의 이상' 즉 '보편군주제하의 세계제국론', 윌리암 펜(William Penn)의 '세계연방론', 임마누엘 칸트(Immanuel Kant, 1724~1804)의 『영구평화론』(Zum ewigen Frieden)에서 주창한 '세계공화국론', 버트란드 러셀(Bertrand Russell, 1872~1970)의 '정치적 세계공동체' 등이 주장되었으나 그 실현 가능성의 결여로 인해 모두 '이상론(理想論)'에 그쳤다.

　본 연구의 목적은 <가설(假說)>: '민족주의적 헤게모니' → 강대국(美·中)의 신(新)그레이트 게임(The Great Game) → 세력 균형(Balance of Power) → '협력적 게임 체제(Cooperative Great Game)'에 의한 '내시 균형(Nash Equilibrium)' → 탈(脫)이데올로기 문화적 세계(시민)주의 → '글로벌 정의(Global Justice)' → '세계평화'(World Peace)를 논리실증주의(論理實證主義, Logical Positivism)의 분석방법에 의거하여 철학적/역사적으로 검증(檢證)함으로써 세계평화(世界平和)를 위한 신(新)실용주의적'(Neopragmatic) 해법(解法)을 역사적/철학적 시각에서 제시하기 위함이다.

　상기 가설(假說)을 검증하기 위하여, 본 연구는 4개 이론: (1) 임마누엘 칸트(Immanuel Kant, 1724~1804)의 『영원한 평화를 위하여』(Zum ewigen Frieden. Ein philosophischer Entwurf, 1795년), (2) 존 내시(John Forbes Nash Jr., 1928~2015)의 '내시 균형(Nash equilibrium)', (3) 요한 갈퉁(Johan Galtung, 1930~현재)의 '평화론', (4) 저자(임양택)의 '신실용주의(新實用主義, Neopragmatism)'를 도입한다.[5]

---

4) 임양택, <'정의로운 국가와 행복한 사회'를 위한 신(新)실용주의(實用主義) 철학과 정책>, 도서출판: 박영사, 2021.

5) Lim, Yang–Taek(2012), "A Philosophical Foundation for Neopragmatism", Journal of Global Issues and Solutions, November/December; Lim, Yang–Taek(2012), Neopragmatism as an Alternative for New Liberalism, The Institue of Business and Economic Research Inha University; Lim, Yang–Taek(2011), "Neopragmatism as an Alternative for New Liberalism", Inha–LeHavre International Symposium, 10.20; Lim, Yang–Taek(2010), "Neopragmatic Solutions to the Structural Problems of South Korean Economy, the Korean Peninsula and the East Asian Community", The International Institute for Advanced Studies in Systems Research and Cybernetics, Symposium, Baden–Baden, Germany; 임양택(2021), <'정의로운 국가와 행복한 사회'를 위한 신(新)실용주의(實用

본 연구는 저자의 신(新)실용주의(Neopragmatism) 철학을 인류사회의 7가지 주요 당면 과제: ① 글로벌 경제위기, ② 에너지·환경 위기, ③ 식량위기, ④ 핵무기 위기, ⑤ 영토분쟁(南중국해의 난사군도, 東중국해의 센카쿠열도, 북방 4개 도서 등), ⑥ '문명의 충돌'과 종교분쟁, ⑦ 이슬람국가(IS) 테러 위기에 대하여 각각 적용하여 세계평화(World Peace) 특히 요한 갈퉁(Johan Galtung, 1930~현재)의 '적극적 평화'가 정착되고 '지구촌 문화 공동체'(Global Cultural Community)의 공동번영을 추구할 것을 주장한다.

본 연구는 상기할 4가지 이론을 토대로, 특히 한반도를 포함한 동아시아지역의 평화와 공동번영을 위하여 신(新)실용주의적(구체적/실천적) 방안을 다음과 같이 제시한다:

(1) 동아시아 지역의 경우, 동(東)중국해 다오위다오(센카쿠 열도)와 남(南)중국해 난사군도(스프래틀리군도)에서 벌어지고 있는 중국의 일대일로(一帶一路) vs 미국의 인도 -태평양 전략의 충돌과 상기 도서(島嶼)들에 대한 주변국들의 영유권(領有權) 분쟁에 대한 신(新)실용주의적(實用主義的) 해법이다.

상기 해법은 강대국들(예로서 미국, 중국, 일본)을 비롯한 관련 국가들이 해당 지역의 천연자원들을 공동개발하여 해당 국가들{예로서 남(南)중국해의 경우 중국, 베트남, 필리핀, 인도네시아, 말레이시아, 브루나이 등}에게 경제적 혜택을 보상하는 것은 물론이고 세계평화를 위한 각종 프로젝트에 투자하는 것이다.

(2) 한반도의 경우, 북한의 핵(核)무기 위협에 대응하여 본 연구가 제창하는 '동북아 안보협력회의'(CSCNEA: Conference on Security Cooperation in Northeast Asia)에 기초한 '10개항 동북아평화조약'(Northeast Asian Peace Treaty), 장단면(長端面) '남·북한 경제특구'와 '東北亞 平和市' 건설, 남·북한 + 미국의 3각 협력구도: 산업기술협력과 광물자원(특히 희토류) 및 유전(油田) 공동개발, 북한(北韓) 산림 및 환경 복구를 위한 남·북한 환경제협력력, 중국과 남·북한의 간도(間島)지역 공동개발이다.

본 연구는 실천철학(實踐哲學)인 '신실용주의(新實用主義, Neopragmatism)'의 적용대상으로서 다음과 같은 2가지: (1) 동아시아 지역의 영유권(領有權) 분쟁과 (2) 북한(北韓) 핵무기 문제의 해결방안을 위한 해법(解法)을 제시한다. 상기한 연구목적 목표를 위하여, 본 연구는 다음과 같은 순서로 분석 및 논술할 것이다.

제Ⅱ장에서 한반도 주변의 강대국(미국, 중국, 러시아, 일본)의 경제적 현황과 군사전략에 관하여 논술할 것이다. 우선, 미국은 세계 대공황(1929~1933)에 이어서 2008년 하반기 글로벌 금융위기에서 적나라하게 나타났듯이 자본주의 경제구조의 전환기적 위기를 겪고

主義) 철학과 정책>, 도서출판: 박영사.

있다. 미국 경제의 본질적 위기는 재정적자 누증 → 공공부채＋무역적자의 악순환이다. 따라서 새로운 돌파구로서 떠오르는 '아시아 시장'에 진출하기 위하여 환태평양경제동반자(TPP)을 추진했으나 지지부진하다. 미국 대외정책의 본질은 '펜타곤 시스템(Pentagon System)'이다. 이와 관련된 미국의 국방전략은 3가지: (1) 중거리 핵전력 조약(INF) 파기 선언(2018. 10. 22.), (2) 전략방위구상(SDI): 미군 우주사령부 창설(2018. 12), (3) '새 미사일 방어 검토보고서'(MDR) (2019. 01. 17)으로 집약된다.

다음으로, 중국은 개혁·개방 이후 제조강국 → 무역대국 → 금융강국(기축통화로서의 위안화)으로, 또한 '군사강국'으로 굴기(屈起)하고 있으며, 대외적으로는 일대일로(一帶一路)와 아시아인프라투자은행(AIIB)을 추진하고 있다. 중국의 일대일로(一帶一路)는 미국의 인도태평양 전략과 대비된다. 한편, 국내 경제적으로는 3대 딜레마(투자, 재정, 인플레이션)에 빠져 있으며 지방정부의 부채가 과다하고 사회경제적 불균형이 심화되고 있다. 중국경제의 미래에 관하여 비관적 전망도 많이 제기되고 있으나 낙관적 전망(조셉 나이 하버드대 교수와 후안강(胡鞍鋼) 칭화(淸華)대학 교수)도 있다.

러시아는 '소련 부활'을 꿈꾸고 아시아/태평양 지역(특히 한반도)으로 진출을 도모하고 있다. 일본은 '환태평양 시대'를 선언하였으며 일본 내 지역경제 통합을 추구하고 새로운 일본형 경제시스템을 모색하고 있다.

제Ⅲ장에서 '세계평화'(World Peace)를 구현하기 위한 철학적 토대로서 '글로벌 정의(Global Justice)'를 '글로벌 철학'(Global Philosophy)의 차원에서 논술할 것이다. 우선, '세계평화'를 위협하는 '21세기 묵시록(Apocalypse)'으로서 4가지: (1) 사무엘 헌팅턴(Samuel Phillips Huntington) 교수, (2) 브루킹스연구소, (3) 남(南)중국해에서의 미·중(美·中) 대립과 동(東)중국해에서의 중·일(中·日) 영유권 분쟁, (4) 북한의 핵무기 위협에 관하여 간략히 논술하고자 한다.

여기서 근본적으로 제기될 수 있는 문제는 세계평화(World Peace)를 위하여 글로벌 정의(Global Justice)를 어떻게 철학적으로, 또한 현실적으로(국제정치학적으로) 관련지을 것인가이다. 우선, 임마누엘 칸트(Immanuel Kant, 1724~1804)는 『영원한 평화를 위하여』(Zum ewigen Frieden. Ein philosophischer Entwurf, 1795년): "만약 평화(平和)를 원한다면, 정의(正義)를 구현하라"(Si vis pacem, parafusitiam)고 길파하였다. 그의 도덕론(道德論)에 의하면 전쟁은 악(惡)이며 영구평화(永久平和, Perpetual Peace)야말로 인류가 도달해야 할 의무라고 한다. 그 이유는 전쟁이 인격의 품위를 파괴하고 자유를 손상시키기 때문이라고 한다.

그러나 존 롤즈(John Rawls)는 그의 '정의론(Theory of Justice)'에서 '차별화 원리(The

Difference Principle)'는 오직 국내의 경우에서만 적용 가능하되 세계적으로는 적용할 수 없다고 주장했다.[6] 이에 대응하여, 알렌 부케넌(Allen Buchanan)과 토마스 포게(Thomas Pogge)는 상기한 존 롤즈(John Rawls)의 주장을 정면 비판하였다. 알렌 부케넌(Allen Buchanan)은 정의(Justice)란 국제법상 도덕적 가치로서 인간의 존엄성을 위한 인권(人權)이 세계 문화로 확장되어야 한다고, 나아가 평화(平和)를 얻기 위해서는 인권(人權)을 보장함으로써 정의(正義)를 구현해야 한다고 주장했다.[7] 또한, 토마스 포게(Thomas Pogge)는 정의(Justice)는 세계적으로 빈부 격차 문제에 적용되어야 한다고 주장했다.[8]

여기서 본 연구의 기본 입장은 알렌 부케넌(Allen Buchanan)과 토마스 포게(Thomas Pogge)의 주장에 의거하여 정의(正義)는 세계적으로는 적용할 수 있다는 전제하에서 '글로벌 정의(Global Justice)'를 세계적 공감(共感, Empathy)에 합당한 도덕적 가치로. 평화(平和)의 개념은 '전쟁'이 부재한 상태로 각각 규정한다. 상기한 전제하에서, 본 연구는 임마누엘 칸트(Immanuel Kant)의 영구평화론(永久平和論)에 의거하여 국제관계의 윤리가 전쟁의 패러다임으로부터 법적 평화의 패러다임으로, 즉 국가 간의 정당하거나 부당한 무력사용의 기준을 제시하는 정당한 전쟁의 윤리로부터 평화지향적 법원리의 차원으로 전환될 수 있다고 주장한다.

본 연구는 '글로벌 부(不)정의'(Global Injustice)와 관련된 강대국의 반(反)인류적 죄상(罪狀)에 관한 사례로서 6가지: (1) 아프리카에서 유럽 열강의 죄상(罪狀), (2) 중국의 조선(朝鮮) 수탈과 한국(韓國) 안보 위협, (3) 미국의 일방적 군사행동: 코소보 전쟁(1998년), 아프가니스탄 침공(2001년), 이라크 공격(2003년), (4) 한국전쟁(1950~1953): 미국, 소련, 중국의 책임, (5) 미국 발(發) 글로벌 금융위기: ① 세계 대공황(1929~1939), ② 2008년 하반기 '글로벌 금융위기'를 야기했었으나 이에 대한 미국정부의 무(無)책임 의식, (6) 미국 도널드 트럼프 대통령(당시)의 '파리기후변화 협약' 탈퇴에 관하여 각각 논술할 것이다.

제IV장에서 세계평화(世界平和)를 위한 '신실용주의(新實用主義)'의 해법: '신(新) 그레이트 게임'(New Great Game) → '협력적 게임'(Cooperative Game)에 의한 존 내시(John Forbes Nash Jr.) 교수의 '내시 균형(Nash equilibrium)' → 세계평화 체제 구축을 제시한다. 상기한 '신실용주의(新實用主義)'의 해법(解法)은 '정의(正義, Justice)'를 강조하는 임마누엘 칸트

---

6) John Rawls(1999), The Law of Peoples, Cambridge, MA: Harvard University Press.

7) Allen Buchanan(2004), Justice, Legitimacy, and Self-Determination: Moral Foundations for International Law, Oxford: Oxford University Press.

8) Thomas Pogge(2002), World Poverty and Human Rights, Malden, MA: Polity Press.

(Immanuel Kant)의 『영구 평화론』과 대조적으로 '협력(協力, Cooperation)'을 강조한다.

강대국의 '그레이트 게임(The Great Game)'은 19세기 영국과 러시아의 패권(霸權) 경쟁에 이어서 美·中 패권(霸權) 경쟁으로 변모하였다. 우선, 경제적 측면에서는 미국과 중국의 2극 체제(2009. 11, G20 출범 이후~현재)하에서 미·중(美·中) 환율전쟁과 중국의 일대일로(一帶一路) vs 미국의 인도－태평양 전략의 대립이 전개되고 있다. 한편, 군사적 측면에서는 동(東)중국해 다오위다오(센카쿠 열도)와 남(南)중국해 난사군도(스프래틀리군도)의 영유권(領有權) 분쟁, 쿠릴열도에 대한 러·日과 영유권 분쟁, 한·일간 독도(獨島) 영유권 분쟁을 들 수 있다.

그러나, 세계평화(世界平和)를 위하여, '신(新) 그레이트 게임'(The New Great Game)을 '협력적 게임 체제(Cooperative Great Game)'로 전환해야 할 필요성으로서 (1) 미국 패권주의(霸權主義)의 구조적 한계 (① 이스라엘의 존재와 ② 미국과 이란의 갈등)과 (2) 중국 패권주의(霸權主義)의 도전과 그 한계를 지적한다. 따라서 본 연구는 미·중(美·中) 군사적 갈등을 조율함으로써 협력적 게임 체제'(Cooperative Great Game)에 의한 '내시 균형(Nash equilibrium)'의 도출 가능성을 논술한다. 또한, 본 연구는 요한 갈퉁(Johan Galtung, 1930~현재)의 '적극적 평화'(Positive Peace)를 위한 강대국의 '기후/환경 협력'을 강조한다.

제Ⅴ장에서 한반도(韓半島)에서 전개되고 있는 '신(新)그레이트 게임(The New Great Game)'과 남·북한 및 주변국의 합종연횡(合縱連橫)을 각각 논술할 것이다. 우선, 한반도(韓半島)의 분단과 대립 과정을 美 軍政의 시책과 남한 政情의 혼미 → 反託 운동의 전개와 미소공동위원회(美蘇共同委員會)의 실패 → 남·북한 각자 정부 수립 과정의 순서로 논술할 것이다. 대한민국 정부의 수립 과정은 ① 이승만(李承晩)의 단독정부 수립 추진과 김구(金九)와의 노선 분열, ② 남북협상의 과정과 실패, ③ 1948년 5·10 총선 → 1948년 7월 20일 대통령 및 부통령의 선거 → 대한민국(大韓民國) 정부 수립이다. 한편, 북한 인민민주주의(人民民主主義) 공화국 정부의 형성 과정은 ① 제1단계: 토착 공산 및 민족주의 세력과의 연합, ② 제2단계: 공산당의 실권 장악을 위한 연립행정기구 수립, ③ 제3단계: 공산당의 정치권력의 완전장악과 정권수립, ④ 국내파 공산세력 숙청, ⑤ 1956년 8월 종파 사건과 김일성(金日成) 독재체제의 공고화이다.

다음으로, 남·북한과 주변국이 합종연횡(合縱連橫) 현황은 다음과 같다. 한·미(韓·美) 관계(군사동맹, 경제적 관계; 한·미 FTA), 중국과 남·북한의 관계, 한·중(韓·中) 관계: 역사적 관계, 경제적 관계: 한·중(韓·中) FTA, 정치·군사적 관계; 중·북(中·北) 관계: 정치·군사적 관계, 경제적 관계), 중국과 러·일의 관계(중·러 '전략적 동반자' 관계; 중·일(中·日) 경쟁적 관계), 러시아와 남·북한의 관계(한·러 관계, 북·러 관계), 일본과 남·북한의 관계: (1) 한·일(韓·日) 관계: 교역/투자/산업 기술 협력 동향, 최근 일본의 수출무역관리령 개정: '백색국가(화이트 리스트)' 명단에서 한국을 제외, 한·일(韓·日) 신(新)어업협정(1998. 09. 25); (2) 북·일(北·日) 관계이다.

제Ⅵ장에서 핵확산금지조약(NPT)과 핵무기 문제 해결 사례에 관하여 논술할 것이다. 우선, 핵확산금지조약(NPT: Non－Proliferation Treaty)은 1968년 7월 1일, UN에서 채택되어 1970년 3월 5일 정식 발효되었다. 그러나 핵확산금지조약(NPT)의 한계와 불평등이 제기되어 왔다.

다음으로, 핵무기 문제 해결사례로서 모두 6가지: (1) 남아공화국 모형(1993. 01), (2) 리비아 모형(2004. 06. 28), (3) '인도 모형'(2006. 03. 02), (4) 이란 모형(2017. 07. 14), (5) 파키스탄 모형(미국의 암묵적으로 핵무기 개발을 용인), (6) '이스라엘 모형'(미국이 알고도 덮어준 케이스)에 관하여 각각 논술한다.

제Ⅶ장에서 북한(北韓)의 핵무기 개발, 북한의 외교 전략과 벼랑 끝 전술, 북·미(北·美) 핵(核)협상 과정: 제네바 기본합의서(1994. 10. 21), 2000년 공동코뮈니케(2000. 10. 12), 2005년 베이징 공동성명(2005. 09. 19), 최근 남·북한(南·北漢) 합의 사항: 대북 특사(정의용 청와대 국가안보실장)와 김정은(金正恩) 국무위원장의 합의 내용(2018. 03. 05), 한반도의 평화와 번영, 통일을 위한 판문점 선언(2018. 04. 27, 판문점), '9월 평양공동선언'(2018. 09. 19, 백화원 영빈관)에 관하여 각각 논술한다.

특히, 도널드 트럼프(Donald John Trump) 전(前)대통령의 대(對)북한 전략의 핵심적 목표: '인도 모형'(2006. 03. 02) + 북한의 친미화(親美化) → 제2베트남화(化) → '중국 포위망' 구축에 관한 본 연구의 비판은 다음과 같다: (1) 상기 전략은 도널드 트럼프(Donald John Trump)의 재선(2020. 11. 03)을 위한 정치 이벤트: '북한의 최종적이고 완전하게 검증된 비핵화(FFVD) 진전을 위한 '핵 동결 프로그램'으로서 북한을 핵보유국으로 인정하는 미국의 딜레마('파키스탄의 덫')이다; (2) 북한의 핵무기 보유는 '정치군사 대국화'를 노려온 일본의 핵무장을 자극/유발할 것이다.

또한, 본 연구는 판문점 남북정상회담(2018. 04. 27)이 지향하는 '정전협정(停戰協定) → 평화협정(平和協定) → 남북연방제 통일 → 주한미군(駐韓美軍) 철수 → 공산화(共産化) 통일'이 허구(虛構)임을 논술한다.

제Ⅷ장에서 본 연구는 북한의 핵무기 해결 방안으로서 '10개항 동북아 안보협력회의'(CSCNEA: Conference on Security Cooperation in Northeast Asia)에 기초한 '10개항 동북아 평화조약'(Northeast Asian Peace Treaty)을 제시한다.

상기 평화조약의 필요성을 강조하고 현실적 적합성을 담보하기 위하여 인류 역사상 평화조약: (1) 베르사유 강화조약(Treaty of Versailles, 1919. 06. 28), (2) 독일·폴란드 불가침조약(1934. 01. 26) (3) 뮌헨협정(1938. 09. 30), (4) 독·소 불가침조약(1939. 08. 23), (5) 베트남 평화협정(1973. 01. 26), (6) 중동 평화협정(1979년)과 오슬로 평화협정(1993. 12)의 허구와 한계를 각각 지적한다.

나아가, 본 연구는 '신실용주의적'(新實用主義的, Neopragmatic) 남·북한 경제교류/협력을 추진할 것을 제안한다. 구체적으로, 본 연구는 '장단면(長端面) 남·북한 경제특구'와 '東北亞 平和市', 남·북한 + 미국의 3각 협력구도: 산업기술협력과 광물자원(특히 희토류(稀土類)) 및 유전(油田)의 공동개발, 북한(北韓) 산림 및 환경 복구를 위한 남·북한 환경제협력력, 중국과 남·북한의 간도(間島)지역 공동개발을 제시한다.

제IX장은 탈(脫)이데올로기적 신(新)실용주의적 시각에서, 남·북한의 정치지도자에게 저자는 공개서한(公開書翰)의 형식으로 '한민족의 6통일 철학'과 '공동 비전'으로서 본 연구의 '남·북한 5단계' 통일(1984~현재) 프로그램: ① 준비단계 → ② 경제통합 → ③ 사회통합 → ④ 군사통합 → ⑤ 정치통합을 제시하고 남·북한의 특수 상황을 고려한 합리적 대안을 각각 제시한다.

우선, 김정은(金正恩) 국무위원장에게 북한의 핵무장 동가를 객관적으로 이해하기 위하여 다음과 같은 문건들을 연구했음을 전한다: (1) 북한의 핵무기 개발 배경: 북한(北韓)의 입장을 뉴욕타임즈(NYT, 2016. 09. 10) 보도: "North Korea, Far From Crazy, Is All Too Rational"(서울의 소리, 2016. 09. 14), 한겨레(2016. 01. 29): "김정은의 핵실험이 '무모한 장난'이 아닌 이유", 'Statement from Former U.S. President Jimmy Carter on Current U.S.-North Korea Relations: FOR IMMEDIATE RELEASE(August 10, 2017), (2) 북한의 핵무기 보유와 '평화협정' 체결 주장에 대한 남한(南韓)의 비판, (3) 최근 남·북한 합의 사항: 대북 특사(정의용 청와대 국가안보실장)와 김정은(金正恩) 국무위원장의 합의 내용(2018. 03. 05), 한반도의 평화와 번영, 통일을 위한 판문점 선언(2018. 04. 27, 판문점), '9월 평양공동선언'(2018. 09. 19, 백화원 영빈관)을 각각 균형 있게 평가한다.

이어서, 저자는 북한의 김정은(金正恩) 국무위원장에게 본 연구의 북한의 핵무기 해결 방안. '동북아 안보협덕회의(CSCNEA)'와 '10개항 동북아평화조약'(Northeast Asian Peace Treaty)과 '신실용주의적'(新實用主義的, Neopragmatic) 남·북한 경제교류/협력을 적극적으로 검토하고 주변 관련국들과 진지하게 논의하며 선도적으로 추진함으로써 자신이 동아시아(특히 '동북아 평화')를 희구한다는 의지를 보여줄 것을 당부한다.

그렇지 않을 경우, 북한의 김정은(金正恩) 국무위원장은 '현대판 극동(極東)의 제로니모' (Geronimo, 1829~1909)의 운명을 답습할 수 있다는 것을 충고한다. 그 배경으로서, 저자는 미국 대외정책의 본질적 특성인 '펜타곤 시스템(Pentagon System)'을 지적하고 그것의 사례 (Gabriel Kolko(2009), Jacques R. Pauwels(2017)로서 2가지: (1) 미국과 영국의 폭격기 800여 대가 독일 동부의 드레스덴에 대규모 공습(空襲)을 단행(1945. 02. 13)함으로써 20~25만 명이 사망하였으며, (2) 히로시마와 나가사키에 대해 인류 최초의 핵(核) 공격(1945. 08. 06/09)함으로써 20여만 명 사망, 방사능 후유증까지 포함해 총 70여만 명이 사망했었다는 역사적 실례를 각각 논술한다.

다음으로, 문재인(文在寅) 대통령(2017. 05~현재) 및 한국 정치인들에게 한반도 평화를 위한 한국 측의 접근 방향 및 전략으로서 다음과 같이 제안한다:

첫째, 북한이 평화협정(平和協定) 체결을 줄기차게 주장하는 이유는 평화협정(平和協定) 이 체결되면 한·미동맹(韓·美同盟)이 파기되고 주한미군(駐韓美軍)의 주둔 근거가 소멸되 기 때문이라고 지적한다. 주한미군(駐韓美軍)이 철수하면 그 결과는 '베트남의 비극'이 재 현될 것이 명약관화(明若觀火)하다. 북한의 과학백과사전출판사가 발행한 '백과전서', 북한 의 대남선동 기구인 '반제민전', 평양 인민문화궁전 결의 서한은 평화협정(平和協定)의 개 념을 '미군 철수'라고 못 박아 놓고 있다. 문재인(文在寅) 대통령은 '뮌헨 협정(Munich Agreement)의 굴욕'의 전철을 밟지 않아야 한다고 강조한다. 상기 협정은 제2차 세계대전 (1939~1945) 발발 1년 전인 1938년 9월 30일 독일의 수데텐란트 병합문제를 수습하기 위 해 체결되었으나 평화는커녕 인류역사상 최악의 전쟁을 불러온 대표적 사례이다.

둘째, 미국과 중국 사이에서 균형외교의 접점을 모색해야 한다. 미국과의 군사동맹인 한국은 지리적으로 너무 가까이 있고 경제적으로 크게 의존하고 있는 중국과의 관계를 의 식하지 않을 수 없다. 그렇다면, 대한민국의 생존을 위한 묘수(妙手)는 무엇인가? 그것은 중국과 대만의 '정경분리(政經分離) 원칙'을 한반도에서 적용하는 것이다. 한국의 지정학적 중요성을 제대로 인지한다면, 미국과 중국은 각각 한국의 새로운 정책기조: '정경분리(政 經分離) 원칙'을 이해 및 수용해야 할 것이다.

중국과 대만은 한족(漢族) 중심의 민족주의 사상인 '중화사상'(中華思想)을 바탕으로 '일 국양제'(一國兩制)라는 현실을 수용하고 정경분리(政經分離) 원칙하에서 3통(通商, 通航, 通 郵) → 금융기관(金融機關)의 상호 진출 → 「양안 경제협력협정」(ECFA: Economic Cooperation Framework Arrangement) 체결(2010. 06. 29) → 양안 간 경제통합(Economic Integration)은 추 진해오고 있다.

중국과 대만의 관계 개선 과정을 요약하면, 정경분리(政經分離) 원칙하에서 '중화사상'

(中華思想) → 정경분리(政經分離) → '일국양제'(一國兩制) → 3통(通商, 通航, 通郵) → 금융기관 (金融機關)의 상호 진출 → 「양안 경제협력협정」(ECFA: Economic Cooperation Framework Arrangement) 체결(2010. 06. 29) → 양안 간 경제통합(Economic Integration) 추진이다.

제Ⅹ장에서 요약 및 결론을 맺는다.

Ⅱ

강대국의
경제적 현황과
군사전략

세계평화(世界平和)를 위한
신(新)실용주의적(實用主義的) 해법:
동아시아지역의 군사안보와
경제협력을 중심으로

The 'Neopragmatic' Solution to World Peace:
with special focus on Regional Security and
Economic Cooperation in East Asia

01 미국
02 중국
03 러시아
04 일본

01 미국

　본장에서 한반도 주변의 강대국(미국, 중국, 러시아, 일본)의 경제적 현황과 합종연횡(合縱連橫)을 논술할 것이다. 우선, 미국은 1929~1933년 대공황에 이어서 2007~2008년 글로벌 금융위기에서 적나라하게 나타났듯이 자본주의 경제구조의 전환기적 위기를 겪고 있다. 미국 경제의 본질적 위기는 재정적자 누증 → 공공부채＋무역적자의 악순환이다. 따라서 새로운 돌파구로서 떠오르는 '아시아 시장'에 진출하기 위하여 환태평양경제동반자(TPP)을 추진했으나 지지부진하다. 미국 대외정책의 본질은 '펜타곤 시스템'이다. 미국의 국방전략은 3가지: (1) 중거리 핵전력 조약(INF) 파기 선언(2018. 10. 22), (2) 전략방위구상(SDI): 미군 우주사령부 창설(2018. 12), (3) '새 미사일 방어 검토보고서'(MDR) (2019. 01. 17)으로 집약된다.

　중국은 제조강국 → 무역대국 → 금융강국으로, 또한 '군사강국'으로 굴기(屈起)하고 있으며, 대외적으로는 일대일로(一帶一路)와 아시아인프라투자은행(AIIB)을 추진하고 있다. 중국의 일대일로(一帶一路)는 미국의 인도태평양 전략과 대비된다. 한편, 국내 경제적으로는 3대 딜레마(투자, 재정, 인플레이션)에 빠져 있으며 지방정부의 부채가 과다하고 사회경제적 불균형이 심화되고 있다. 중국경제의 미래에 관하여 비관적 전망도 많이 제기되고 있으나 낙관적 전망[조셉 나이 하버드대 교수와 후안강(胡鞍鋼) 칭화(淸華)대학 교수]도 있다. 러시아는 '소련 부활'을 꿈꾸고 아시아·태평양 진출을 도모하고 있다. 일본은 일본 내 지역경제 통합을 추구하고 새로운 '일본형 경제시스템'을 모색하고 있다.

　저자는 세계경제사에서 미국의 위치 변화 과정을 구도화(構圖化)하기 위하여 세계경제의 근·현대사 100년을 편의상 다음과 같이 6개 시대로 구분한다[1]:

　① 유럽 열강의 경쟁시대(제1차 세계대전~제2차 세계대전 직전)

　② 미국의 강대국 부상 시대(제2차 세계대전~1978. 04, 킹스턴 체제)

　③ 미국·유럽·일본의 공존시대(1978. 04, 킹스턴 체제 후~1992년 일본의 자산 버블 붕괴)

---

1) Lim, Yang−Taek(2012), "Quo Vadis Domine: A Blueprint for Growth−Welfare−Unification", The Bi−Monthly Journal of Global Issues & Solutions, May−June Issue, The BWW Society & The Institute for the Advancement of Positive Global Solutions, 2012; 임양택(2013), 「글로벌 경제와 한반도 위기: 한국의 비전 및 전략」, 파주: 나남.

④ 미국의 호황시대(일본의 '잃어버린 10년'의 시작, 1992년~2001년 9·11 테러 사건)

⑤ 미국의 1극 체제하에서 유럽·동북아와의 공존 시대(2001년 9·11 테러 사건~2008년 하반기 글로벌 금융위기)

⑥ 미국·중국의 2극 체제(2009. 11, G20 출범 이후~2050년경)

1) 미국 자본주의 경제구조의 전환기적 위기

슈퍼 파워(Super Power)인 미국은 '미국적 가치'의 확산을 중시하면서 세계 각국에 시장개방과 글로벌 스탠더드(Global Standards)의 수용을 요구해 왔다. 이에 대응하여, 반(反)세계화(Anti-Globalization)와 반미(反美)주의가 확산되다가 급기야 9·11 테러(2001년), 이라크 전쟁(2003. 03. 20), 북한의 1994년 미사일 발사(제1차 북핵 위기), 2006년 제1차 핵실험(제2차 북핵위기), 2009년 미사일 발사 및 제2차 핵실험(제3차 북핵위기), 2012년 미사일 발사 및 제3차 핵실험(제4차 북핵위기) 등의 사건이 발생했다.

특히 2001년 9·11 테러사태를 체험한 미국은 자국 주도로 핵·미사일 등 대량살상무기의 반(反)확산(non-proliferation) 및 대(對)확산(counter-proliferation) 대책인 '대량살상무기확산방지구상'(PSI: Weapons of Massdestruction proliferation Security Initiative)을 강화하고 있다.

또한, 미국은 비록 '인권보호'(UN 헌장 1조 3항 55조)와 '자위권 발동'(UN 헌장 제7조)에 의거한 것이지만, UN 안보리의 승인이 없는 상태에서 미국은 코소보 군사개입(1998년), 아프가니스탄 공격(2001년), 이라크 침공(2003년)을 감행하였다. 이 결과, 중동 및 중앙아시아 지역에서 반미(反美) 정서가 확산되어 왔으며, 현재 미국은 정치·군사적 딜레마에 빠져 있다.

미국은 미·일(美·日) 가이드라인(1997. 09)에 의거해 한국 주둔의 미군 일부를 철수하고 그 대신 한반도 방위를 일본에 위탁·관리하며, 대(對) 중국 경제적 영향력(기술·투자·수입 등)과 대만과의 방위협약(1950년)을 통해 중국으로 하여금 북한 핵문제를 타결하도록 종용하고, 주한미군 군사력의 여력을 대(對) 동남아(중국 포함) 석유 수송로인 인도양 지배를 추구하고 있다.

한편, 미국의 앞마당인 중남미(中南美)에서는 2006년 베네수엘라의 자원국유화로부터 불붙은 '자원민족주의'와 '에너지 동맹'(예로서 2000년 카라카스 에너지 협정, 2005년 카리브 동맹, 2007년 남미 가스파이프라인 프로젝트 등)과 더불어 반미(反美)정서가 확산되고 있다. 이러한 분위기 속에서, 미주(美洲)개발은행(IDB: Inter−American Development Bank) 및 미주(美洲)국가기구(OAS: Organization of American States)를 통하여, 중남미(中南美)는 이웃 미국의 '유혹'을 뿌리치고 오히려 아시아의 신흥강대국인 중국(中國)과 자원개발협력을 추진하고 있다. 예로서 베네수엘라, 브라질, 페루, 에콰도르, 콜롬비아 등에서 중국의 국영석유기업(CNPC: China National Petroleum Corporation) 및 컨소시엄(Andes Petroleum) 등이 활동하고 있다. 이와 같이, 중남미(中南美)에서는 신(新)자유주의적 모델인 워싱턴 컨센서스(Washington Consensus)와 중국식 발전모델인 베이징 컨센서스(Beijing Consensus)가 충돌하고 있다. 심지어, 반미(反美)의 핵심국가인 베네수엘라는, 과거 쿠바 사태(1962. 10)를 연상케 하듯이, 핵무기가 실린 러시아의 전략폭격기(Tu−160, 일명 '블랙 잭')를 불러들였다(2008. 09. 10).

상기한 시대적 배경하에서, 미국은 2001년 9·11 테러 사건을 계기로 2003년 국내 안보 강화법을 채택하여 환경보호주의자, 동물보호주의자, 정부를 불편하게 하는 자, 노동조합을 만드는 자들을 통제하고 있다. 예방전쟁의 일반전략을 일반화하였고, 미국의 무제한적인 무력사용은 정당성을 얻었으며, 테러와 대량 살상무기 사용의 압도적인 유인을 한다.

한편, 대외적으로는 (1) 대(對)테러 전에 전 세계적 전(全)방위적 전략 수립, (2) 테러지원국가 및 배후집단에 대한 정치적 경제적 제재, (3) 테러지원국의 미국 내 자산 절차 없이 동결, (4) 국제원자력기구의 핵사찰을 기피하는 나라에 대한 강제 사찰 내지는 폭격 감행, (5) 세계은행을 통한 감시국의 달러보유 및 이동추적, (6) 미군의 군비 증강과 국방예산의 증액, (7) 중동정책의 강경노선 유지, (8) 팔레스타인 분쟁에 따른 미국의 소극적 입장, (9) 러시아와 중국의 중동지역 개입 및 진출을 억제, (10) 석유자산 확보를 위한 중동지역 석유시장의 미국화 정책으로 요약할 수 있다.

회고하면, 1980년대 후반 미국 몰락론(沒落論)이 유행했었다. 미국은 더 이상 세계 제1의 강대국의 지위를 유지하기 어렵다는 것이 1980년대 후반의 압도적 다수설(多數說)이었다. 정치가·학자·일반인들이 모두 그렇게 될 것이라고 믿었다. 1980년대 말, 미국의 뒤를 이어 세계1위가 될 것으로 점쳐졌던 나라는 일본이었다. 폴 케네디(Paul Michael Kennedy, 1945~현재) 교수의 1988년 <강대국의 흥망(Rise and Fall of the Great Powers)>은 미국 몰락론(沒落論)을 확산시켰던 대표적 저서였다. 1987년 나온 이 책의 초판본 표지에는 지구의 頂上(정상)에서 성조기를 어깨에 걸고 아래로 막 내려가려는 미국을 상징하는 엉클 샘(Uncle Sam)의 모습이 그려져 있고, 그의 앞에는 이미 아래로 내려가 있는, 유니언 잭(영국국기)을 어깨에 메고 있는 영국인의 모습이 그려져 있다. 미국의 뒤를 이어 지구의 정상으로 막 오르려 하고 있는 사람은 일본 국기를 든 일본 사람이었다.

그러나 폴 케네디(Paul Michael Kennedy) 교수가 거의 예상하지 못했던 것은 소련의 급격한 붕괴였다. 그뿐만 아니라 당대의 초일류 소련 전문가들 중에서 소련의 붕괴를 예언한 사람은 거의 없었다. 오히려 로널드 레이건(Ronald Wilson Reagan, 1911~2004) 40대(1981~1989) 대통령(당시)이 소련의 몰락을 가장 정확하게 예측한 사람이었다.

소련이 몰락한 이후 1990년대로부터 2000년대 초반에 이르는 10여 년 동안 미국은 타의 추종을 압도하는 유일 초강대국(Hyper Power)의 지위를 누렸다. 1999년 간행된 <미국은 외교정책이 필요한가?>라는 도발적인 제목의 책에서 헨리 키신저(Henry Alfred Kissinger, 1923~현재) 前(전) 국무장관은 "새로운 천년을 맞는 이 시점에서 미국은 역사상 어떤 위대한 강대국도 누릴 수 없었던 압도적인 힘의 우위를 향유하고 있다"라고 말했다.

그럼에도 불구하고 미국 몰락론(沒落論)은 1990년대 이후에도 지속됐다. 그런데 1990년대 이후 미국의 몰락을 초래할 도전국은 일본이 아니라 중국이다. 2008년 9월 중순 미국發(발) 금융위기가 시작되고, 그 여파로 세계 경제가 급속히 침체된 상황에서 미국 몰락론(沒落論)은 더욱 점증(漸增)하고 있다.

그 후, 도널드 트럼프(Donald John Trump) 대통령(45대: 2017~2021)은 신(新)고립주의(新孤立主義, New Isolationism)를 추진했었다. 그의 공약은 '국제주의(國際主義, Internationalism)'에서 '미국 우선주의(America First)'로 전환하여 미국의 국력을 기르고 미국의 이익을 최우선으로 추구하자는 것이었다.[2] 즉, 그는 미국의 군사력 증강, 제조업 복원, 백인들의 고용 증대를 위한 반(反)이민정책, 대(對)테러 대책으로서 반(反)이슬람정책을 공약했었다.

사실, 도널드 트럼프(Donald John Trump) 대통령(45대: 2017~2021)의 '신(新)고립주의(新孤立主義, New Isolationism)' 즉 '국제주의(國際主義, Internationalism)'에서 '미국 우선주의(America First)'로의 전환은 새삼스러운 것은 아니다. 미국의 초대 대통령(1789~1797) 조지 워싱턴(George Washington, 1732~1799)은 고별사(告別辭)에서 "우리의 진정한 정책은 세계 어느 곳과도 영구적 동맹을 맺지 않는 것"이라고 했고, 제6대 대통령(1825~1829) 존 퀸시 애덤스(John Quincy Adams, 1767~1848)은 "해외 괴물을 부수러 나간다면 미국은 세계의

---

2) 도널드 트럼프(Donald John Trump) 대통령(당시)은 영국·독일·프랑스 등이 시리아에서 미군에 붙잡힌 자국 출신 이슬람 테러 조직 이슬람국가(IS) 대원 2,000여 명의 본국 송환에 난색을 표하자 "쿠바 관타나모 미군 수용소에 50년간 감금하고 수십억 달러를 쓰라고? 노! 당신네 국경에 떨어뜨릴 테니까, 다시 잡아들이는 즐거움을 누리라"고 조롱했다. 아프가니스탄의 이슬람 테러 집단에 대해서도 "우리가 7,000마일 떨어진 그들과 싸우는 동안 바로 이웃인 인도와 파키스탄은 거의 아무것도 안 했다"고 비판했다. 미국에만 부담을 지우는 국제질서 유지에선 발을 빼겠다는 것이다.

독재국이 될 것"이라고 경고했다.

100년 전 당시 태동한 국제연맹 가입을 놓고도 미국 사회는 크게 분열됐었다. 고립주의자들은 "무질서한 세계에서 미국은 발을 빼야 하며 일본·중국·인도인 노동력으로부터 미국을 지키자"고 주장했다. 이와 반면에 국제주의자들은 "고립주의 시대는 지나갔는데도 미국이 외부와 절연(絶緣)될 수 있다고 생각하는 건 망상"이라며 "과수원의 과실(果實)을 지키려면 동맹을 통해 울타리를 크게 쳐야 한다"고 맞섰다.

바야흐로, 영국의 유럽연합(EU) 탈퇴(2016. 06. 23)에 이어서, '45대 미국 대통령 트럼프' 취임(2017. 01. 20)을 기점으로, 세계는 국제주의(國際主義, Internationalism)에서 '반(反)세계화'(Anti‒Globalization), 정치적으로는 '신고립주의(新孤立主義, New Isolationism)'로, 경제적으로는 '보호무역주의(保護貿易主義, Trade Protectionism)'로 각각 전환되고 있다. 구체적으로 살펴보면, 도널드 트럼프(Donald John Trump) 대통령은 북대서양조약기구(NATO)에서 한·미동맹까지 기존의 동맹체제에 의문을 제기하였으며, 북·미(北·美)자유무역협정(NAFTA)에서 환태평양경제동반자협정(TPP)까지 자유무역 질서에 대해서도 부정적이며 멕시코 이민자와 무슬림에 대한 국경 통제 의지를 적극적으로 밝혔었다.[3]

여기서 유의할 것은 도널드 트럼프(Donald John Trump) 대통령이 추구하려는 '미국의 파워'란 르네상스 시대의 이탈리아 사상가, 정치철학자 니콜로 마키아벨리(Niccolò Machiavelli, 1469~1527)가 예찬하는 군사력과 경제력의 '하드 파워', 경성권력(硬性權力)이라는 점이다. 이것은 타인 혹은 타국의 마음을 사로잡는 힘인 '소프트 파워', 연성권력(軟性權力)과 대조적이다. 미국의 건국이념(자유·평등·청교도 정신)이 바로 '소프트 파워'라고 하버드대학교 케네디 스쿨의 학장 조지프 나이(Iosif Samuel Nye, Jr., 1937. 01. 19~현재) 교수(국제정치학)는 정의했다.

참고로, 저자는 도널드 트럼프(Donald John Trump) 대통령의 취임(2017. 01. 20) 직전에 칼럼: "도날드 트럼프 대통령에게 바란다: 인류문화공동체를 위한 시대적 사명의 실천을!"(경인일보 특별기고, 2017. 01)을 통하여 다음과 같이 비판했다: *"미국이 자국 중심의 팍스 아메리카나(Pax Americana)의 유지에만 몰입할 것이 아니라 '지구촌 문화공동체'라는 인류사회의 보편적 가치를 대국답게 정립 및 확산해 주기를 소망한다. 구체적으로, 트럼프 대통령은 오지 미국시민을 위한 것이 아니라 지구촌 평화와 번영을 위해 세계 도처에 만연되어 있는 지역 간·종교 간·인종 간 갈등을 해결함으로써 윌리엄 펜(William Penn,*

---

3) 도미니크 모이시 프랑스 국제문제연구소 고문, 해외칼럼: "아시아 시대의 미국", 중앙일보, 2011. 11. 28(민경원 기자 정리).

1644~1718)의 '세계연방론'과 임마누엘 칸트(Immanuel Kant, 1724~1804)의 '세계공화국론' 이 그렸던 이상적 인류사회를 건설할 수 있는 초석을 다져준 인류역사상 위대한 정치지도 자로 기록되기를 소망한다. 또한, 이를 위한 당면과제인 '글로벌 에너지·환경·식량 위기' 로부터, 또한 핵무기를 포함한 대량살상무기·테러리즘의 위협으로부터 각각 인류를 해방 시킬 수 있는 '평화의 사자'가 되어 주기를 기대한다."

저자는 주장한다: *"미국은 인류사회의 화합과 번영이 바로 '미국의 가치'(워싱턴 컨센서 스, Washington Consensus)라는 점과, 이를 실현하기 위한 기준이 바로 '글로벌 스탠다드' (Global Standards)라는 것을 지구인의 가슴 속에 심어주어야 한다. 이 경우, 비로소 미국의 변화(change), 개혁(reform), 다양성(diversity), 화합(unity), 새로운 세대(new generation)는 '미국의 변화'뿐만 아니라 '세계의 변화', 나아가 '인류의 희망' 메시지가 될 수 있을 것이 다. 또한, 링컨(Abraham Lincoln)의 노예 해방(1863년), 케네디(John F. Kennedy)의 '뉴 프론 티어'(1960년), 존슨(Lyndon B. Johnson)의 '위대한 사회'(1964년) 등과 같은 '未完의 꿈'은 실현될 수 있을 것이다."*

미국의 건국이념은 '자유, 평등, 청교도 정신'으로 집약된다. 이것은 미국의 독립선언서 (1776. 07. 04)에 장렬하게 서술되어 있다. 서문에 해당되는 제1장은 신(神)이 부여한 자연 권 및 민족자결의 이념을 내세우며 독립의 필연성을 간략하게 설명한다. 제2장은 미국의 건국이념을 독립선언의 사상적 배경으로서 다음과 같이 명시하고 있다: *"우리는 다음과 같은 것을 자명한 진리라고 생각한다. 즉, 모든 사람은 평등하게 태어났으며, 창조주는 몇 개의 양도할 수 없는 권리를 부여했으며, 그 권리 중에는 생명과 자유와 행복의 추구가 있다. 이 권리를 확보하기 위하여 인류는 정부를 조직했으며, 이 정부의 정당한 권력은 인 민의 동의로부터 유래하고 있는 것이다. 또 어떠한 형태의 정부이든 이러한 목적을 파괴 할 때에는 언제든지 정부를 변혁 내지 폐지하여 인민의 안전과 행복을 가장 효과적으로 가져올 수 있는, 그러한 원칙에 기초를 두고 그러한 형태로 기구를 갖춘 새로운 정부를 조직하는 것이 인민의 권리인 것이다. (후략)"*

모름지기, 인류사회의 궁극적 목표는 인간의 삶이 정신적으로 아름답고, 물질적으로 편익하고 풍요로우며, 인간적으로 보람을 느끼는 사회를 이루는 것이다. 이러한 인류문명 사회를 이루기 위해 인류의 공동규범(Common Norm)을 세워 공동의 가치기준을 세우고, 화해의 장(場)을 마련해야 하며, 공동목표를 정립함으로써 인류는 분열과 투쟁·갈등으로 부터 벗어나 '지구촌 문화 공동체'(Global Cultural Community)의 가족이 되어야 한다. 인류 가 추구해야 할 공동목표인 '지구촌 문화 공동체'(Global Cultural Community)는 어떠한 형태가 바람직할 것인가? 이는 동양과 서양의 문화가 조화되어 정신과 물질이 인격적으로 승화되고 동서 이념이 융화되어 분쟁이 해소되고 자유와 평등이 함께 보장되는 인류사회이다.

그러나, '지구촌 문화 공동체'(Global Cultural Community)의 보편타당한 '글로벌 철학'(Global Philosophy)의 부재(不在)로 인하여, 인류사회(人類社會)는 현재 5개 위기: ① 글로벌 경제위기, ② 에너지·환경 위기, ③ 식량 위기, ④ 핵무기 위기, ⑤ '문명의 충돌'과 테러 위기에 직면하고 있다. 이러한 위기들을 해결하는 데 미국이 앞장서는 것이라 저자는 주장한다.[4]

저자는 신임 제46대 대통령 조지프 바이든(Iosif Robinette Biden Jr., 1942~현재)에게 다음과 같이 당부한다: 미국이 자국 중심의 팍스 아메리카나(Pax Americana)의 유지에만 몰입할 것이 아니라 '지구촌 문화 공동체'(Global Cultural Community)라는 인류사회의 보편적 가치를 대국(大國)답게 정립 및 확산해 주기를 소망한다.

참고로, 로널드 레이건(Ronald Reagan) 대통령(1981년)은, "정부는 해결책이 아니라 해결해야 할 문제입니다.(Government is not the solution. Government is the probelm.)"라고, 조지 H. W. 부시(George H. W. Bush) 대통령(1989년)은, "우리의 힘은 선을 향한 힘입니다.(Our strength is a force for good.)"라고, 빌 클린턴(Bill Clinton) 대통령(1993년)은 "우리가 봄을 만들고 있다.(We force the spring.)"라고, 조지 W 부시 전(前) 대통령(2001년)은 취임 연설에서 '강한 미국(Strong America)'을 내걸고 "이 나라의 자유를 위협하는 적들은 오판하지 말아야 합니다(The enemies of liberty and our country should make no mistake.)"라고 각각 대통령 취임사 메시지를 던졌다. 그는 "미국은 전 세계에 개입해 왔고 자유를 위한 힘의 균형을 만들어 왔다"며 "우리는 동맹과 국익을 수호할 것"이라고 강조했었다.

신임 제46대 대통령 조지프 바이든(Iosif Robinette Biden Jr., 1942~현재)은 다음과 같은 상호 갈등적 조합들 중에서 각각 '미국의 선택'과 '세계 역사의 발전방향'을 결정해야 한다. 즉, 자유 대 평등(정의), 성장 대 분배(복지), 시장의 자원배분기능 대 정부의 관리·감독의 역할, 금융('베짱이')에 의한 세계지배전략의 유지 대 국내 고용창출을 위한 제조업('개미')의 부활, 자유무역주의 대 보호무역주의, 개입주의와 고립주의, 세계화(Globalization) 대 지역주의(Regionalism), 글로벌 에너지·환경·식량문제에 있어서 미국의 실리적 이익 대 도덕적 명분 등이다. 모름지기, 정의와 도덕의 회복은 진정 '21세기 팍스 아메리카나

---

4) 임양택(2021), <'정의로운 국가와 행복한 사회'를 위한 신(新)실용주의(實用主義) 철학과 정책>, 도서출판: 박영사.

(Pax Americana)'의 정당성이 될 수 있다.

상기한 '역사적 사명과 꿈'을 실현하기 위해서는 미국 시민의 단합과 G20의 협조가 필요함은 물론이지만, 그것보다 더욱 중요한 것은 신임 제46대 대통령 조지프 바이든(Iosif Robinette Biden Jr., 1942~현재)의 통치철학의 정립이다. 그의 통치 철학은 신(新)자유주의(New Liberalism)에서가 아니라 신(新)실용주의(Neopragmatism)에서 찾아야 한다. 신(新)자유주의는 최근에 '글로벌 경제위기'를 야기시켰듯이 미국시민(3억 450만 명)뿐만 아니라 세계 인구(67억 4,000만 명)를 위한 '금과옥조'가 될 수 없음이 판명되었다. 이와 반면에, 신(新)실용주의[5]는 존 듀이(John Dewey, 1859~1952)의 '진화론적' 실용주의(弱肉强食 혹은 適者生存)와 등소평(鄧小平, 1904~1997)의 '목표지향적' 실용주의(南坡北坡 혹은 黑猫白猫)와 다르다. 신(新)실용주의는 인간의 존엄성·자율성·창의성을 신봉하는 인본주의(人本主義)에 바탕을 두고 '중산층 중심의 사회' 즉 다이아몬드형 사회경제구조를 추구한다. 이것은 또한 미국의 연방헌법 정신인 자유주의(Liberalism)와 공화주의(Republicanism)와 부합된다.[6]

2) 미국 경제 현황

한편, 경제적 측면에서, 2008년 9월 서브프라임 모기지 사태(Sub-prime Mortgage Turmoil)가 발생하여 미국뿐만 아니라 전(全) 세계가 '글로벌 금융위기'와 그것의 여파로서 '글로벌 실물위기'(경기침체와 대형실업 등)를 겪고 있다. 물론, 경제적 불평등은 모든 국가에 존재한다. 이제 자본주의(資本主義)는 스스로를 내파(內波)하고 있다. 자본주의를 대체할 세력이 존재하지 않는 상황에서 자본주의는 거대한 자산을 잃고 있다.

여기서 유의할 것은 2008년 하반기 '글로벌 금융위기'의 발생 원인은 신(新)자유주의(New Liberalism)가 풍미(風靡)해왔던 지난 30년 동안 통제되지 않았던 금융기관의 관리·감독 기능의 부족(특히 규제철폐)과 이로 인한 금융시스템의 위험성, 단기 수익 추구 방식의 주주자본주의 기업경영의 문제점이다. 세계 각국은 재정지출, 제로 금리, 통화량의 양적 완화(Quantitative Easing), 수조 달러의 구제 금융, 은행 유동성 공급 등을 추진해왔다. 그러나 2008년 하반기 글로벌 금융위기는 수습된 것이 아니라 정부와 중앙은행의 경기부

---

5) 임양택(2008), "신실용주의 철학의 논리 구조에 관한 연구: 동·서양 철학을 중심으로", 「경제연구」, 제29권 제2호, 한양대학교 경제연구소, 11.30.

6) 임양택(2021), <'정의로운 국가와 행복한 사회'를 위한 신(新)실용주의(實用主義) 철학과 정책>, 도서출판: 박영사.

양 정책으로 일시적으로 잠복되어 있다.

다시 말하면, 2008년 하반기 글로벌 금융위기 당시 미국의 금융시스템의 불건전성과 가계부채가 심각한 당면과제였던 반면에 2019년부터는 기업부채로 인한 경기후퇴가 당면 과제로 대두되고 있다. 현재 기업 투자의 증가폭이 상당 부분 감소했고 주택 투자 또한 감소되고 있다. 최근의 유가 하락 영향으로 에너지 관련 투자가 위축되고 금융긴축 기조 하에 기업부채 규모 및 부채의 질이 악화되고 있다. 비(非)금융기업들의 부채 규모가 2008년 금융위기 당시 이상으로 상당폭 증가하고 있다. 그러나 개인소비는 노동시장에서의 고용 호조세와 도널드 트럼프(Donald John Trump) 대통령(45대: 2017~2021)의 감세정책과 세금 환급으로 가처분소득이 증가하여 호조세를 보였다.

한편, 대외적 측면에서, 도널드 트럼프(Donald John Trump) 대통령(당시)은 환태평양 경제동반자 협정(TPP)에서 미국의 탈퇴, 한·미(韓·美) FTA 및 북·미(北·美) FTA의 재협상, 중국과 멕시코로부터의 수입품에 대한 고율의 관세부과를 추진 및 천 명하였다. 이에 대응하여 중국도 자국 산업보호에 나섰다. 이러한 국면이 지속될 경우 세계경제는 장기침체 (Secular Stagnation) 국면으로 빠져들 것이다. 이것은 마치 세계 대공황(1929~1939) 당시 미국의 스무트 홀리 관세법(Smoot－Hawley Tariff Act)과 같이, 보호무역주의(保護貿易主義)를 세계에 확산시켜 세계 경제에 치명적 타격을 가할 것이다.

'스무트－홀리 관세법(Smoot－Hawley Tariff Act)'이란? 미국이 세계 대공황 직후 자국 산업을 보호하려는 명목으로 1930년에 제정한 관세법이다. 미국은 1929년 세계 대공황이 시작되자 2만 개 이상의 수입품에 대해 최고 400%에 이르는 관세를 부과하는 법안을 마련해 국내 산업을 보호하려 했었다. 경제사학자인 존 스틸 고든(John Steels Gordon)은 경제대공황이 1929년 10월 29일 주가 대폭락 때문이 아니라 1930년 6월 17일 '스무트－홀리 법' 제정 후 시작되었다고 주장한다.

여기서 유의할 것은 다음과 같다: 1870~1914년의 기간 동안에 영국, 프랑스, 독일은 당시 세계시장을 두고 각축하였다가 결국 제1차 세계대전(1914~1918)을 야기했었다. 이젠, 1980년 이후 현재까지 미국은 세계화(Globalization)를 확산시켜 왔으나 도널드 트럼프(Donald John Trump) 대통령(당시)의 '미국 우선주의'(America First)를 따른 '보호무역주의'와 중국의 부복관세로 인하여 글로벌 자유무역 진서는 2008년 하반기 미국발 글로벌 금융위기 이후 10년 만에 또다시 교란되고 있다. 그 귀추가 '제3차 세계대전'이지 않기를 저자는 바란다.

(1) 미국의 본질적 위기: 재정적자 누증 → 공공부채+무역적자

미국 경제성장의 둔화 요인에 관한 유명한 경제학자들의 의견을 요약하면 다음과 같다[7]:

제프리 프랭켈(Jeffrey Frankel) 교수(하버드대): "미국 경제는 최근 몇 년간 인위적인 재정 완화 정책 덕분에 강하게 성장했다"며 "그러나 감세와 재정 부양이라는 '슈거 하이(sugar high·일시적 흥분 상태)' 효과가 사라질 것"이라고 말했다. 다시 말하면, 미국은 2008년 글로벌 금융위기 이후 달러를 풀고 정부의 지출을 늘리는 통화·재정 완화 정책을 통해 성장세를 회복했다. 도널드 트럼프 미국 대통령은 법인세율을 35%에서 21%로 내리는 등 기업 세금을 깎아주고 각종 규제를 없애면서 성장에 날개를 달았다. 하지만 이제 감세정책의 효과는 끝나고 있는 반면, 재정지출 확대는 미국 정부의 부채 증가로 돌아오고 있다.

스티븐 로치(Stephen Roach) 교수(예일대): "미국의 금리 인상과 물가 상승이 세계경제성장의 발목을 잡을 수 있다"고 지적했다. 미국이 금리를 올리면 미국 내 투자가 줄어들 수 있을 뿐만 아니라, 달러 강세로 글로벌 자금이 신흥국에서 미국으로 빠져나가면서 신흥국의 성장 동력도 꺼질 수 있다.

배리 아이컨그린(Barry Eichengreen) 교수(UC버클리대)는 "미국의 긴축 정책이 미국 경제를 둔화시키겠지만, 그것만으로 세계경제가 큰 충격을 받지는 않을 것"이라고 보았다.

마크 파버(Marc Faber) 글룸붐앤드둠 발행인은 "수년간 완화 정책 덕분에 주식, 채권, 부동산, 석유 등 모든 자산의 가격이 팽창해 왔지만, 통화 긴축, 경기 둔화로 여러 투자 전략이 동시다발적으로 실패할 수 있다"고 지적했다.

앤디 셰(Andy Xie) 이코노미스트(전(前) 모건스탠리 수석 이코노미스트)는 "미국의 정부 부채 거품이 터질 수 있다"며 "새해에 잘해야 2% 성장할 것"이라고 내다봤다.

그렇다면, 저자는 다음과 같은 문제를 제기한다: 미국경제의 본질적(本質的) 문제는 무엇인가? 글렌 허바드(컬럼비아대학 경영대학원장)는 그의 최근 저서 「강대국의 경제학」(원제: Balance)에서 미국의 지나친 세계화(世界化)와 패권 확대가 미국의 재정수지(財政收支)를 악화시켰으며, 미국의 가장 큰 문제는 재정 불균형이라고, 따라서 재정수지(財政收支) 균형을 회복해야 한다고 주장했다.

---

7) <조선일보>는 세계경제 전망과 함께 위험 요인은 무엇인지에 대해 제프리 프랭켈(Jeffrey Frankel) 하버드대 교수, 스티븐 로치(Stephen Roach) 예일대 교수, 배리 아이컨그린(Barry Eichengreen) UC버클리대 교수, 마크 파버(Marc Faber) 글룸붐앤드둠 발행인, 앤디 셰(Andy Xie) 전(前) 모건스탠리 수석 이코노미스트을 이메일로 인터뷰했다(조선일보, 2011. 08. 10.)

상기와 같은 맥락에서, 미국 대통령 경제자문위원장(Chair of the Council of Economic Advisers)을 역임(레이건 행정부 시기였던 1982. 10~1984. 07)한 마틴 펠드스타인(Martin Feldstein)는 <1983년 대통령 경제 보고서>((Economic Report of the President, Ch3)에서 재정적자(Budget Deficit)가 강(强)달러 및 무역적자(貿易赤字)를 초래한다고 지적했다. 상기 보고서는 38년 전에 작성된 것이지만 미국경제의 구조적 문제를 여과 없이 서술했었다는 점에서 현재에서도 유효하다. 따라서 마틴 펠드스타인(Martin Feldstein)의 주장을 요약하면 다음과 같다:

첫째, 미국의 경쟁력을 둘러싼 우려가 어느 때보다 높다. 미국 기업들이 세계시장에서 주도권을 잃게 된 원인으로서 미국 기업들의 경영실패와 자국 정부의 지원을 받는 외국 기업 등이 지목되고 있다. 미국의 경쟁력이 쇠락하고 있다는 인식은 제조업 상품 무역수지 적자가 지속됨에 따라 더욱 확산되고 있으며, 특히 일본과의 무역 불균형이 주요 우려 대상이다. 그러나 장기 경쟁력을 둘러싼 우려는 대부분 잘못된 인식에 기반을 두고 있다. 비록 최근의 달러가치 상승이 일시적 경쟁력 상실을 초래하긴 했으나, 미국이 세계시장에서 물건을 판매할 능력을 잃어버린 건 아니다. 생산성 향상 둔화와 국제시장에서의 경쟁은 뚜렷한 관계가 존재하지 않는다. 느린 생산성 향상이 실질임금 상승률 둔화에 의해 상쇄되지 않을 때에만 경쟁력에 문제가 발생한다.

최근 10년 동안 무역흑자(貿易黑字)에서 무역적자(貿易赤字)로의 전환은 경쟁력 상실의 징표로 잘못 해석되곤 한다. 사실, 미국 국제수지 구조 변화는 느린 생산성 향상 때문이 아니라 미국 내 총저축과 총투자가 변화한 결과물이다. 즉, 미국의 본질적 위기 요인은 공공부채(公共負債)이다. 미국의 공공부채(公共負債)는 글로벌 금융위기를 극복하는 과정에서 2008~2016년 동안 9조 5,487억 달러(약 1경 799조 원)가 늘었다. 하루에 32억 7010만 달러(약 3조 7,462억 원)꼴이다. 이 결과, 2011년 국가신용등급이 떨어졌고 2014년에는 국가부채 한도를 증액했어야 했다. 그럼에도 불구하고, 미국의 재정적자(財政赤字)는 매년 눈덩이처럼 늘어나고 있다.

둘째, 1950~60년대 초반까지만 하더라도, 미국은 무역흑자(貿易黑字)를 유지했으며 다른 나라에 대규모 투자를 하였다. 그러나 1973년 이후, 미국은 무역적자(貿易赤字)로 전환되었으며 외국인의 미국 내 투자가 미국인의 내외투자 규모를 넘어섰다. 이처럼 미국 무역수지 변화는 투자흐름 변화와 밀접한 관련이 있다. 미국 무역흑자(貿易黑字)에서 무역적자(貿易赤字)로 바뀐 것은 자본수지(資本收支) 계정에 의해 상쇄된다. 1970년대가 되자 다른 산업국가들은 더 이상 새로운 자본을 필요로 하지 않게 되었다. 같은 시기에, 미국 내

저축은 낮은 국민저축률에 의해 제약되었다. 이로 인해, 미국은 자본수출국이 아니라 자본유입국이 되었다.

특히, 미국의 대(對)일본 무역적자(貿易赤字)가 확대되었다. 1980년 미국 GDP 대비 무역적자(貿易赤字) 비중은 0.7%였으나, 1985년 2.8%, 1987년 3.1%로 대폭 증가하였는데, 이 중에서 대(對)일본 무역적자(貿易赤字)가 차지하는 비중은 절반 가까이에 달했다. 미국인들은 무역적자(貿易赤字) 폭 확대를 '세계 상품시장에서 미국의 국가경쟁력이 악화됨을 보여주는 상징'으로 인식했으며, 특히 전자·반도체 등 하이테크 산업(high-tech) 및 제조업(manufacturing)에서 미국 기업이 일본 기업과의 경쟁에서 패배했다고 받아들였다.

사실, 미국은 세계 최강의 금융회사와 IT회사를 갖고 있지만 일자리 창출에는 실패했다. 선진국 중에서 실업률이 비교적 낮은 나라가 일본과 독일이다. 두 나라는 금융도, IT도 아닌 제조업 강국이라는 공통점이 있다. 미국의 제조업 일자리는 1998년 1,760만 개에서 최근 1,200만 개 안팎으로 줄었다. 월마트에서 값싼 중국산 제품이 미국산 제품을 몰아내고 미국의 기업들은 저렴한 생산기지를 찾아 외국으로 속속 빠져나가면서 일자리가 줄어든 것이다.

미국의 금융기관들은 한때 M&A(인수·합병)와 파생상품 등을 통해 천문학적 수익을 냈지만, 고용 등 파급효과는 제한적이었다. 미국의 금융은 오히려 부실대출을 초래한 '서브프라임 모기지' 같은 괴물을 만들어 부동산 거품을 키우고 세계경제를 파탄 직전으로 내몰았다. 그럼에도 불구하고, 미국 금융계는 정부의 구제금융을 받았을 뿐만 아니라 천문학적인 보너스 잔치까지 벌여 미국 시민들의 분노를 폭발시켰다.

미국은 애플·구글·마이크로소프트 등 세계 최강의 IT회사를 갖고 있지만, 이 역시 산업 특성상 일자리 창출은 제한적이다. 애플은 아이팟·아이폰·아이패드 등 전 세계인의 라이프스타일을 송두리째 바꾼 혁신 상품들을 만들어 천문학적 이익을 내는 초우량기업이지만 직원은 4만 명도 되지 않는다. 부품생산과 조립이 미국이 아니라 외국에서 이뤄지기 때문이다. 세상을 바꾸는 첨단산업만으로는 충분한 일자리를 만들 수 없다는 사실을 미국이 증명하고 있다.

따라서, "국가경쟁력을 회복하고 일본과의 경쟁에서 승리하기 위해서 보호주의(protectionism) 및 산업정책(industrial policy)이 필요하다"는 주장이 정치인·관료·대중들에게 영향력 있는 학자들 사이에서 강하게 제기되었다. 이처럼 1980년대 초중반 미국에서는 어느 때보다 보호주의(保護主義) 압력이 증대되었고 자유무역 사상을 비판하는 목소리가 커지고 있다.

(2) 셰일가스 혁명

현재, 미국에서 셰일가스(Shale gas)[8] 발(發) 에너지 혁명이 일어나고 있다. 이 결과, 미국 내 천연가스 가격은 15달러에서 2달러대로 급락했다. 제조업체의 원가절감 효과가 지대하다. 미국은 석유생산량에서도 2017년에는 미국의 석유 생산량이 일일 1,110만 배럴을 기록하여, 현재 최대의 원유생산국인 사우디아라비아의 일일 1,060만 배럴 생산량을 능가할 것으로, 2020년 경에 세계 최대 산유국인 사우디아라비아를 제칠 것이라고 국제에너지기구(IEA)는 '새로운 정책 시나리오'(New Policies Scenario)라는 보고서에서 전망했다.[9]

미국은 OPEC 국가들로부터의 원유(原油) 수입을 점차 감소시키고 있으며, 2035년까지 에너지 자급자족이 가능할 것으로 전망된다. 이 결과, 미국의 에너지 수입 비중은 2010년 22%에서 2035년 13%로 급감할 것으로 예상되며, 그간 미국에서 수입해왔던 중동 오일 90% 이상이 2035년까지 아시아 시장으로 유입될 것으로 전망된다. 이라크는 2030년경 러시아에 이어 세계 2위의 원유 수출국으로 부상할 것이며, 아시아 시장의 핵심 원유 공급국이 될 것으로 전망된다.

만약 전체 매장량이 천연가스와 맞먹는 셰일가스(Shale gas)가 본격적으로 개발되면 세계 에너지 지형이 변화할 것으로 전망된다. 아비에제르 터커 텍사스대 에너지연구소장은 워싱턴타임스에 기고한 글(2012. 07. 13)에서 "셰일가스를 두고 새로운 냉전(冷戰)이 벌어질 것"이라고 전망했다. 즉, 과거 미국과 러시아가 자본주의와 공산주의를 앞세워 주변국을 자기편으로 끌어들이려 했다면, 이제는 셰일가스와 천연가스를 놓고 양측이 진영(陣營) 싸움을 하게 될 것이라고 한다.

---

8) '셰일가스'(Shale gas)란 진흙퇴적암층(셰일)에 붙어 있는 천연가스나 원유를 말한다. 그동안 경제성이 떨어져서 개발이 미뤄졌으나 최근 물을 강력한 압력으로 분사시켜 퇴적암층에서 가스만 분리시키는 기술이 선보이면서 차세대 에너지원(源)으로 각광받고 있다. 로스차일드 가문 계열의 한 금융 회사가 록펠러 금융 서비스 지분 37%를 인수하기도 했다. 유럽과 미국을 대표하는 두 자본주의 왕가(王家)가 새로운 천연자원을 통제하기 위해 손을 잡은 것은 의미심장하다. 록펠러 가문이 세운 스탠더드 석유는 세계 최대 석유회사인 엑손 모빌의 전신이다.

9) 또한, 미국을 비롯한 북·미(北·美) 지역 셰일가스(Shale gas) 생산이 증가하면서 천연가스 강국인 러시아의 시장 점유율이 점차 축소될 것이다. 2011년 미국의 천연가스 시장 점유율은 20%인 반면에, 러시아의 그것은 18.5%를 기록했다. 2011년 기준으로 세계 전체의 천연가스 매장량은 187.2조㎥로 조사됐다 (조선일보, 2012. 07. 21). 이 중 러시아가 44.8조㎥를 보유해 가장 많았고 이란이 29.6조㎥로 그 뒤를 이었다. 특히 러시아는 유럽 전체 가스 소비량의 25~30% 정도를 담당하고 있어 이를 기반으로 이 지역에서 영향력을 확대해왔다. 대표적인 사례로서 2006~2007년 우크라이나에 가스 공급을 중단시킴으로써 우크라이나 정치권이 친(親)러시아 성향으로 돌아서도록 했다.

그동안 러시아와 중동 국가들이 주도권을 쥐고 있던 화석에너지 자원 시장에 천연가스 수입국이었던 미국이 뛰어들면서 에너지자원 헤게모니를 잡기 위한 신(新)냉전이 시작될 것이다. 중동 지역이 석유를 앞세워 누려온 위상도 축소될 것이며 미국의 대(對)중동 전략도 장기적으로 변화할 것으로 전망된다.

미국이 1977년부터 2011년까지 중동(中東)에 투입한 총 군사비는 9조 달러로 전체의 53%를 차지한다. 미국이 중동(中東)에 본격적으로 개입한 것은 1970년대 오일쇼크가 계기였다. 그러나 당시 30%에 육박했던 미국의 중동(中東) 석유 의존도가 현재 22%까지 떨어졌다. 이에 따라 중동(中東)에 대한 군사비 지출을 줄여 셰일가스(Shale gas)에 대한 투자를 더 늘리고 미국 경제에 더 투자해야 한다는 논리다.

장기적으로 셰일가스(Shale gas)가 석유와 천연가스의 경쟁력을 떨어뜨려 중동(中東) 국가들을 약화시킬 수 있다. 현재 미국과 유럽의 대(對)이란 경제제재로 인해 이란의 석유·천연가스의 수출이 중단되어 있다. 만약 미국의 셰일가스(Shale gas) 개발이 본격화되면, 이란에 대한 경제제재가 풀리더라도 주요 소비시장인 유럽에서 판로를 찾기 힘들게 될 것이다.

(3) 새로운 돌파구로서 '아시아 시장'에의 진출

오스발트 슈펭글러(Oswald Spengler)의 「서양의 몰락」, 아놀드 토인비(Arnold Toynbee)의 '유럽 문명의 위기', 존 나이스비트(John Naisbitt)의 '미국 파워의 퇴로', 프렌시스 후쿠야마(Francis Fukuyama)의 '미국 주식회사의 몰락', 다니엘 벨(Daniel Bell)의 '미국 자본주의의 위기' 등에 이어서, 최근에 '아시아 시대의 부상'이 회자(膾炙)되고 있다. 참고로, 다음과 같은 전문가들은 한결같이 '아시아 시대의 도래'를 전망한다:

제프리 삭스(Jeffrey Sachs) 교수(컬럼비아대학)는 "2050년쯤 중국 경제 규모가 미국을 넘어서면서 세계의 경제 중심은 아시아로 이동하고, 미국의 우월성은 사라지게 될 것이다"라고 주장했다. 그는 21세기의 2사분기 어느 시점에 '미국의 세기'는 종말을 고(告)할 것이며, 아시아가 세계 소득의 절반 이상을 생산함으로써 세계경제의 새로운 중심으로 부상할 것이라고 전망했다.

누리엘 루비니(Nouriel Roubini) 교수(뉴욕대학) 역시 "과거가 미국의 시대였다면 이제 아시아의 시대가 도래할 것이다"라고 주장했다(조선일보, 2010. 01. 04).

중화권의 경제 분석가 앤디셰(謝國忠)는 "글로벌 금융위기 이후 뉴욕 중심의 경제 축이 아시아로 빠르게 이동하면서 아시아의 4~5개 도시가 새 중심축이 되기 위한 경쟁이 전개되고 있다"고 주장했다.

사카키바라 에이스케(榊原英資) 교수(와세다대학)는 "응용 기술이 뛰어난 아시아가 세계 경제 성장의 엔진이 될 것이다"라고 전망했다.

사실, 21세기에 들어서서 아시아·태평양 지역은 세계에서 가장 빠른 발전속도로, 또한 변화의 폭이 가장 큰 지역으로 각각 부상하고 있다. 아시아·태평양 지역 중에서 아시아는 38억 인구(세계 인구의 52%), 세계 국내총생산(GDP)의 21%, 세계 교역의 26%를 각각 차지함으로써 북·미(北·美) 자유무역협정(NAFTA), 유럽연합(EU)와 함께 세계 3대 경제권이다. 아시아 지역 중에서 특히 동북아시아(특히, 중국·일본·한국)는 세계경제의 중심지로 부상하고 있다.

구체적으로, 한국·중국·일본과 아세안(ASEAN: Association of Southeast Asian Nations) 10개국 등 동아시아 경제권 규모는 세계경제에서 차지하는 비중이 약 20%(17조 3,400억 달러)로서 유로존(Euro Zone·유로화를 쓰는 16개국) 경제규모(12조 7,000억 달러)를 넘어섰으며 세계 최대 경제대국인 미국(17조 4,200억 달러)에 근접하고 있다고 IMF는 전망하였다. 또한, 2010년 동아시아 경제권의 성장속도(성장률 6.8%)가 유로존 성장속도(성장률 3.5%)의 두 배에 달한다.

따라서, 2008년 하반기 글로벌 금융위기 후, 세계의 경제중심축이 세계 최대의 인구와 시장을 갖고 있는 동아시아로 빠르게 이동되고 있다. 동아시아 경제는 무역과 투자에서 상호 연계되어 있고, 시간이 흐름에 따라 그 연계성이 더욱 높아지고 있다. 국제무역패턴을 설명하는 모형 중 하나인 교역중력모형(Trade Gravity Model)이 시사하는 바와 같이,[10] 인근 국가 간 경제적 긴밀도가 높아지는 것은 세계적인 현상이겠지만, 비록 동아시아는 제도적 통합이 미비함에도 불구하고 시장메커니즘에 의한 경제적 의존성이 높아지고 있다.

HSBC 은행은 다음과 같이 전망하고 있다: 2050년 세계에서 가장 큰 경제규모를 자랑하는 30개 국가 중 19개국은 현재 '이머징 마켓'이라고 부르는 국가들이 될 것이며, 중국·인도 등을 필두로 한 9개 아시아 국가가 여기에 포함될 것이며 2050년에는 여가와 미래를 위해 투자할 충분한 재력을 가진 아시아 중산층(中産層)은 2억 가구 이상이 될 것이다.

---

10) Evenett, R. C. and W. Keller(2002), "On Theories Explaining the success of Gravity Equation", Journal of Political Economy, Vol. 110; Markusen, J. A., Feenstra, R. C., and Rose, A. K.(1999), "Understanding the Home Market Effect and the Gravity Equation: The Role of Differentiating Goods", National Bureau of Economic Research Working Paper: 6804; Krugman, P.(1991), Geography and Trade, MIT Press.

경제협력개발기구(OECD)는 세계 중산층 소비 규모가 2009년 21조 3,000억 달러에서 2030년에는 55조 7,000억 달러에 이를 것이며, 이 중 아시아태평양 지역이 차지하는 비중은 2009년 23%에서 2030년에는 59%로 크게 증가할 것이라고 보았다.

따라서 미국은 경기침체의 새로운 돌파구로서 과거 20년 동안 중점을 두어 온 외교의 주안점을 중동(中東)에서 아시아로 전환하고 있다. 지금껏 중국의 앞마당으로 여겨지던 동남아시아 시장을 미국의 대안적인 미래 시장으로 보고 동남아시장의 선점에 나서겠다는 것이다.

버락 오바마(Barack Obama) 대통령(44대: 2009~2011)은 2009년 11월 14일 일본 도쿄의 산토리홀에서 그의 '신(新)아시아 정책'을 밝혔다. 그는 이날 연설 앞부분부터 자신과 아시아의 연관성을 강조했다. 그는 "미국 최초의 태평양 지역(하와이) 출신 대통령으로서, 이 중요한 지역에서 (미국의) 지도력을 강화하겠다"고 했다. 그는 미국을 '아시아·태평양 국가'로 소개하면서, 엄청 빠르게 성장하고 있는 아태 지역과 미국의 미래는 불가분의 관계라고 강조했다. 즉, '미국과 아시아는 하나'라는 것이다.

이어서, 버락 오바마(Barack Obama) 대통령(당시)은 "아시아·태평양 국가로서 미국은 이 지역의 미래상을 정립하는 논의에 전적으로 참여할 것"이라고 선언했다. 특히 아세안(동남아국가연합)과 한·중·일 및 인도·호주·뉴질랜드 등 16개국이 참여하고 있는 동아시아정상회의(EAS)와의 협력 관계를 기대한다고 밝혀 동아시아정상회의(EAS)를 통한 동아시아 공동체 논의 참여가 미국의 입장임을 드러냈다. 그러나 미국의 소비와 아시아의 수출로 세계 경제의 성장을 주도하는 데는 한계가 있다며 글로벌 균형 성장을 강조하였다.

구체적으로, 미국의 리더십을 새롭게 하고 상호이해에 기반을 둔 동참(engagement)의 새 시대를 추구하기 위해서 일본과 한국 같은 전통적 우방은 물론이고, 인도네시아나 말레이시아 같은 신흥국들을 중시하겠다는 것이다. 그리고 APEC이나 ASEAN 같은 다자기구에도 과거와 달리 보다 적극적 관심을 보일 것을 약속하였다. 그리고 관심 분야도 경제, 환경, 군사, 인간존엄의 다양한 무대로 넓혀 나갈 것을 강조하였다.

특히, 중국과의 관계에서 버락 오바마(Barack Obama) 대통령(당시)은 "미국은 중국을 봉쇄하지 않을 것이며 상호 관심사에 대해 실용적 협력을 추구할 것"이라고 선언했었다. 21세기의 문제는 어느 국가도 홀로 대처할 수 없고, 미국과 중국이 서로 협력해 대처할 때 더 좋은 결과를 얻을 수 있다는 것이다. 즉, 중국을 파트너로 인정하고, 글로벌 이슈에 대해 서로 협력하는 실용적 동반자 관계를 추구하겠다는 구상이다. 그러면서도 버락 오바마(Barack Obama) 대통령(당시)은 "중국과의 대화에서 미국이 소중하게 여기는 근본가치를 분명히 표현하기를 주저하지 않을 것"이라며 자유·인권 등의 문제에 대해서는 확실히 선을 그었다. 그는 "중국의 부상을 환영한다"면서도 "모든 나라는 개인의 인권과 종교적 자유를 존중해야 한다"며 중국 인권 문제를 우회적으로 지적했었다.

여기서 유의할 것은 비록 미국의 파워가 퇴조하고 '아시아 시대'가 대두한다고 하더라도 미국이 아시아 지역으로부터 소외되는 것은 결코 아니라는 점이다. 상기 전망은 힐러리 클린턴(Hillary Clinton) 국무장관(당시)과 로버트 게이트(Robert Gates) 국방장관(당시)의 천명에서 잘 나타나있다. 또한, 힐러리 클린턴(Hillary Clinton) 국무장관(당시)은 "미국이 아시아로 돌아왔다는 사실에 의심의 여지가 없으며 앞으로 계속 머물기 위해 돌아왔다"고 했다. 그리고 로버트 게이츠(Robert Gates) 국방장관(당시)은 최근 "미국은 아시아에 잠시 머무는 게 아니라 상존할 것"이라고 말했다(조선일보, 2010. 01. 20). 이것은 '미국 없는 아시아, 아시아 없는 미국'은 상상도 하지 말라는 경고로 해석된다.

헨리 키신저(Henry Kissinger) 전(前) 국무장관은 그의 저서 『중국에 관하여』(On China, 2011년)에서 미국은 반드시 태평양 지역의 전망을 고려할 것이라고 단언했다. 왜냐하면 대서양의 냉전 시대와 달리, 태평양 지역은 동일한 문화와 가치관을 공유하고 있진 않지만 세계질서가 재편되는 시점에서 공동의 이해를 갖고 있기 때문이라고 한다.[11]

실제로, 미·일(美·日) 동맹의 실체로서, 미국은 일본 열도 남단에 위치한 오키나와 섬에 주일(駐日)미군기지의 74% 가량이 주둔해 있으며, 이 섬에 주둔하고 있는 미군은 한반도 유사시 가장 먼저 투입되는 '신속가동군' 역할을 맡고 있어 한반도의 안보와 직결되어 있다.

(4) 미국의 환태평양경제동반자(TPP) 추진

버락 오바마(Barack Obama) 대통령(44대: 2009~2011)은 아시아태평양경제협력체(APEC) 정상회의(2011. 11. 12, 하와이)에서 미국이 수출을 배가하여 국내 일자리를 창출할 핵심 수단으로 환태평양경제동반자협정(TPP: Trans-Pacific Partnership)을 강조하였다. 이를 확장하여 종국적으로는 아시아-태평양 FTA(FTAAP)를 완성하겠다는 것이었다.[12]

---

11) 도미니크 모이시 프랑스 국제문제연구소 고문, 해외컬럼: "아시아 시대의 미국", 중앙일보, 2011. 11. 28(민경원 기자 정리).

12) 힐러리 클린턴(Hillary Rodham Clinton) 국무장관(당시)은 2010년 1월 이래 수차례의 연설을 통해서 아시아에서 미국의 물리적 능력이 상대적으로 쇠퇴하는 가운데 지도력을 유지하기 위한 방책으로 '지역 아키텍처'(regional architecture)란 개념을 활용하여 지역질서를 재건축하고자 노력해왔다.

환태평양경제동반자협정(TPP)은 싱가포르, 브루나이, 뉴질랜드, 칠레 등 소국 간 FTA에 호주와 미국이 뛰어든 후 페루, 베트남, 말레이시아를 끌어들여 덩치를 키우고 있는 다자간 무역협정이다. 환태평양경제동반자협정(TPP)는 미국의 이익이 강하게 담겨 있는 만큼 아시아−태평양지역의 고(高)수준 개방을 지향하고 있다. 상품무역 전분야의 개방을 견지하고 있어 농수산업도 예외가 될 수 없다. 또한 한·미(韓·美) FTA처럼 사회제도와 규제시스템의 포괄적 개혁도 담고 있다.

환태평양경제동반자협정(TPP)은 기존의 군사동맹 네트워크로 팽창하는 중국의 군사력을 억지하는 한편, 세계경제의 견인차 역할을 하고 있는 동아시아 경제가 중국 중심으로 통합되는 추세를 견제하기 위해 태평양의 남쪽 주위를 엮고 동북아의 일본으로까지 FTA 네트워크를 확장하여 중국의 경제적 영향력 확산을 저지한다는 전략을 내포하고 있다.

또한, 미국은 외교·안보 전략의 초점을 유럽에서 아시아·태평양으로 옮기겠다는 뜻을 여러 차례 천 명해왔다. 버락 오바마(Barack Obama) 대통령(당시)이 2011년 말 '미국은 태평양 국가'라고 선언했고, 2012년 1월 발표한 미국의 신(新)방위 전략도 기존의 중동·유럽 우선 정책에서 아시아로 전환하겠다고 했다. 물론, 미국의 신(新)방위 전략은 다분히 '중국에 대한 견제'가 담겨 있다.[13]

그러나, 전술한 바와 같이, 도널드 트럼프(Donald John Trump) 대통령(당시)은 환태평양경제동반자협정(TPP)에서 미국의 탈퇴, 한·미(韓·美) FTA 및 북·미(北·美) FTA의 재협상, 중국과 멕시코로부터의 수입품에 대한 고율의 관세부과를 추진 및 천 명하였다.

(5) 미국의 '아시아 중심축' 전략

버락 오바마(Barack Hussein Obama, 44대: 2009~2011) 대통령은 2011년 11월 하와이, 호주, 인도네시아 방문하고 2011년 11월 17일 호주 의회 연설에서 "아시아·태평양을 최우선으로 놓겠다"고 소위 '오바마 독트린'을 천 명했었다(중앙일보, 2011. 11. 28). 즉, 미국이 중국의 부상과 정치·군사적 영향력 확대에 맞서 아시아로 대외정책의 좌표를 옮기겠

---

13) 실제로, 버락 오바마(Barack Obama) 대통령은 지난 태평양 순방의 첫 기착지인 하와이 APEC에서 일본과 캐나다, 멕시코를 TPP 교섭상대로 끌어들여 덩치를 키웠고, 환율 문제와 중국의 시장개방을 겨냥하며 규제개혁을 강조했다. 호주 방문에서는 호주를 지구적 동맹국으로 치켜세우면서 동(東)중국해 해상로를 지키기 위해 호주 다윈에 2,500명 병력 규모의 미(美) 해병대 기지를 설치하는 결정을 이끌어냈다. 곧이어, 인도네시아 발리의 동아시아정상회의에서, 오바마(Barack Obama) 대통령은 남(南)중국해 영유권 문제를 정식으로 거론하여 급속히 해군력을 확장하는 중국에 견제구를 날렸다.

다는 것이었다.[14] 즉, 미국은 이라크와 아프가니스탄에서 발을 빼면서 '아시아의 중심축'이 될 것임을 강조했었다.

미국 외교 역사 전 과정에서 아시아는 다른 지역에 비해 뒷자리에 있었던 것이 사실이다. 제1차 세계대전(1914~1918) 당시 토머스 우드로 윌슨(Thomas Woodrow Wilson, 1856~1924) 미국의 대통령(28대: 1913~1921)은 일본이 아시아에서 팽창하는 것을 방치했었다. 왜냐하면 독일이 유럽에서 승리함으로써 대서양과 미국을 위협하는 것을 막는 데 몰두했었기 때문이다. 제2차 세계대전(1939~1945) 때는 미국의 프랭클린 델러노 루스벨트(Franklin Delano Roosevelt, 1882~1945) 대통령(32대: 1933~1945)과 영국의 윈스턴 처칠 경(Sir Winston Leonard Spencer-Churchill, 1874~1965) 총리(1940~1945, 1951~1955)가 일본보다 독일의 아돌프 히틀러(Adolf Hitler, 1889~1945)를 쳐부수는 것이 우선이라는 '유럽 우선' 전략에 합의했었다. 한국전쟁(1950~1953) 직전 해리 S. 트루먼(Harry S. Truman, 1884~1972) 대통령(33대: 1945~1953년)은 아시아에 대한 안보 관여를 한반도(韓半島)로 한정했었다. 왜냐하면 서독(당시)에 대한 러시아의 공격 가능성을 차단하는 데 주력했었기 때문이다.

이와 같이, 지난 40여 년 동안 모든 여론조사에서 미국인 대다수는 아시아보다 유럽을 중시하는 것으로 나타난 것이 사실이다. 그러나, 이젠 모든 것이 달라졌다. 독일마셜기금이 실시한 여론조사에 따르면 미국인 과반수 이상이 아시아가 미국에 가장 중요한 지역이라고 생각하고 있다. 미국 기업들은 성장의 기반을 주로 아시아에서 찾고 있다. 또한, 미(美) 행정부는 국방비가 삭감되는 와중에도 군사력 감축은 아시아가 아닌 유럽에서 진행될 것이라는 점을 미국 정부는 태평양사령부에 분명히 밝혔다. 따라서 버락 오바마(Barack Hussein Obama, 44대: 2009~2011) 대통령(당시)은 아시아 순방에 나서기 전, 한·미(韓·美) 자유무역협정(FTA)을 비준하고 환태평양경제동반자협정(TPP)을 진전시켰으며, 호주에 2,500명의 해병대를 파견했다(중앙일보, 2011. 12. 03).

그러나 미국의 '아시아 중심축' 전략은 미국 내에선 물론 아시아에서도 무리하다는 비판을 받는다. 예컨대 서남아시아의 상황은 미국이 다른 지역에 시선을 돌릴 수 있을 정도로 쉽사리 개선되지 않을 것이다. 특히 이란이 갈수록 핵무기 개발에 속도를 내고 있다.

---

14) 2009년 버락 오바마(Barack Hussein Obama, 44대: 2009~2011) 대통령은 대(對)아시아 메시지에서 '핵심 이익'의 상호존중이나 '전략적 보장'을 바탕으로 '전략경제대화'를 통해 중국과 협력하겠다고 강조했다. 이는 중국의 도전에 대한 응답이었다. 그러나 그 전략은 중국은 물론 아시아의 미 동맹국들에도 먹히지 않았다. 현실적으로 미국의 대중국 전략은 필연적으로 관여와 견제라는 힘과 균형의 조합이 될 수밖에 없는 것이다. 시어도어 루스벨트의 격언은 "부드럽게 말하되 큰 몽둥이를 들고 있어야 한다"는 것이다.

더욱이 미(美) 정부는 태평양사령부의 군사력을 감축하지 않을 것이라고 강조하고 있지만 향후 10년간 4,500억 달러의 군사비를 감축하면 전(全) 세계에 주둔한 미(美) 군사력에 영향을 줄 수밖에 없다. 그 결과 미국의 항공모함과 함대가 배치되지 못한 상태에서 유럽과 서남아시아에서 긴장이 고조되면 태평양사령부의 군사력이 파견될 수밖에 없다. 결국, 미국이라는 초강대국이 유지해야 하는 안보 수요를 감안하면 미국의 '아시아 중심축' 전략은 한계 상황에 봉착할 수 있다.

3) 미국 대외정책의 본질: '펜타곤 시스템(Pentagon System)'

과거 냉전체제(冷戰體制)는 엄청난 미국 군산복합체(軍産複合體)를 살리고 그들의 이익을 지켜주던 원천이었다. 그러나 소련(蘇聯)이 붕괴되면서 그들의 젖줄이었던 냉전체제(冷戰體制)가 무너지고 더 이상 미사일방어체계(MD)[15]를 비롯하여 엄청난 군비예산을 더 이상 세울 명목이 없어져 버렸다. 따라서 군산복합체(軍産複合體)와 연관된 미국의 정치지도자들이 군산복합체(軍産複合體)를 유지하기 위한 예산을 확보하기 위해서 다른 방편이 필요하게 되었는데, 그것이 바로 냉전체제(冷戰體制)를 대신하는 '테러와의 전쟁'이다. 즉, 2001년 9·11 테러 사건이후, 조지 워커 부시(George Walker Bush, 1946~현재; 대통령 재임기간: 2001~2009)[16]은 미국 국민을 비롯한 세계를 냉전체제(冷戰體制)를 대신한 '테러와의

---

15) 미국의 미사일 방어 시스템(MD: Missile Defense)이란 미국 땅에 적국의 미사일이 도달하기 전에 요격미사일을 발사해 이를 파괴한다는 구상으로, 러시아와 중국의 대륙 간 탄도미사일(ICBM) 외에 불량국가들의 중·단거리 탄도미사일 방어를 포함한 것이다. 미국을 비롯한 중국, 영국, 러시아, 프랑스, 이스라엘, 인도 등이 이를 갖춘 것으로 알려졌다. 요격체계는 러시아가 미국 본토로 미사일을 발사하면 미국의 적외선조기경보위성과 지상의 정보레이더에서 이를 탐지하고, 콜로라도 스프링스와 알래스카주 포트 그릴리에 있는 MD 작전센터에 알려주면, 캘리포니아주 반덴버그 및 알래스카 주(州) 포트 그릴리에서 요격미사일을 발사해 대기권 밖에서 격추하는 것이다. 1,000억 달러 가까운 예산이 투입되어 2007년 2월 기준으로 알래스카주 포트 그릴리 기지 13기, 캘리포니아주 반덴버그 공군기지 2기 등 모두 15기의 지상발사용 요격미사일을 배치했다.

16) 아버지와 아들 부자(父子) 모두 이라크의 사담 후세인을 상대로 전쟁을 치루었다. 아버지 조지 허버트 워커 부시(George Herbert Walker Bush, 1924~2018; 재임기간: 1989~1993)는 '걸프 전쟁'을 치루었다. 이라크가 먼저 쿠웨이트를 먼저 침략하여 전쟁을 일으켰었다. 그러나 아들 조지 워커 부시(George Walker Bush, 1946~현재; 대통령 재임기간: 2001~2009)는 '이라크 전쟁'을 일으켰었다. 아버지 조지 허버트 워커 부시(George Herbert Walker Bush)는 석유 사업가로 일하다가 정계에 입문하여 하원의원, 유엔 주재 대사, 중국 연락사무소 소장(대사격), CIA 국장 등을 지내다 1981~1989 로널드 레이건 대통령 시절 부통령을 거친 후 1989~1993 제41대 대통령으로 재직했다. 1992년 재선에서 빌 클린턴에게 패

전쟁' 공포에 몰아넣어 계속적으로 군비확장을 위한 엄청난 예산을 집행하고 있으며, 냉전체제(冷戰體制)의 붕괴로 아무 소용이 없어진 미사일 방어 시스템(MD: Missile Defense)[17]을 2001년 5월 1일 강경하게 밀어붙여 통과시켰었다.

2010년 미국의 합동참모본부 의장이던 마이클 멀린(Michael Mullen)은 중국·러시아의 군사력 증강보다는 미국의 군사비 지출의 증대를 우려했다. 현재 미국은 7,500개의 핵탄두, 1만4,000여 대의 전투기, 10대의 항공모함 등을 보유하고 있다. 참고로, 2009년 12월 10일 스웨덴의 싱크탱크인 스톡홀름국제평화연구소(SIPRI) 자료에 따르면 제2차 세계대전(1939~1945)이 종료된 1945년부터 지금까지 대기권과 지하에서 행해진 핵실험은 각각 530회, 1,524회로 총 2,054회인 것으로 조사됐다. 국가별로는 미국이 1,032회(대기권 217회, 지하 815회)로 가장 많았고, 러시아 715회, 프랑스 210회, 영국 45회, 중국 45회, 인도 3회, 파키스탄 2회, 북한 4회였다.

특히, 미국의 '펜타곤 시스템(Pantagon System)'[18]은 동북아 평화를 위한다는 명분을 내세워 평양(平壤)을 비롯한 북한 핵무기 기지들을 초토화(焦土化)시킬 수 있다. 평양을 비롯한 북한 핵무기 기지들이 초토화(焦土化)된 후, 동북아에서는 엄청난 핵폭탄의 회오리가 그동안 기다렸다는 듯이 물리적 측면에서뿐만 아니라 국제 정치·군사적 측면에서 광풍(狂風)처럼 휘몰아칠 것이다. 그 여파는 2001년 9·11 테러 사건 이후 미국의 군사안보전략[19]과

해 1993년 대통령직에서 퇴임했다. 2018년 향년 94세로 타계했다. 한편, 아들 조지 워커 부시(George Walker Bush)는 아버지와 마찬가지로 석유 사업을 하다 정계에 입문했다. 텍사스 주지사를 거쳐 2001~2009년 제43대 대통령으로 재직하였고 아버지와 달리 2004년 재선에도 성공하여 8년 임기를 마쳤다. 그의 재임 중 여러 가지 논란을 불러일으키는 일이 많이 일어났었는데, 현재 이라크는 물론 미국에 악영향을 끼쳤다.

17) 미국의 본격적인 MD(미사일 방어) 계획은 로널드 레이건 행정부 시절인 1983년 시작했다. 이어서 조지 W. 부시 행정부는 2002년 이란을 '악의 축'으로 규정하면서 동유럽 미사일 방어 시스템(MD) 기지 구축 계획을 본격적으로 추진했다. 이란의 핵/미사일 공격을 가정한 조지 워커 부시(George Walker Bush, 1946~현재; 대통령 재임기간: 2001~2009) 행정부는 2013년까지 폴란드와 체코에 미사일 방어 시스템(MD) 기지를 설치하기로 하고 2008년 체코에는 레이더 기지를, 폴란드에는 10기의 요격 미사일 설치를 합의했었다. 그러나 기술적 타당성과 천문학적인 비용, 러시아의 반발 등을 이유로 동유럽 MD 체제에 회의적이었던 버락 오바마 행정부는 출범 이후 동유럽 MD 체제 전반에 대한 재검토 작업 끝에 결국 동유럽 미사일 방어 시스템(MD) 기지 구축계획은 백지화(白紙化)했다. 그 후 2010년 11월 미국과 NATO (북대서양조약기구)회원국들은 유럽 남동부 지역에 미사일방어(MD)망을 배치해 미국의 요격미사일과 레이더의 일부 시스템 및 확대된 유럽 자체의 미사일방어(MD)망 연결을 위한 유럽 미사일방어망 협정을 추진하고 있다.

18) Jacques R. Pauwels(2017): The Myth of the Good War: America in the Second World War Gabriel Kolko(2009): World in Crisis: the End of the American Century

국제안보환경의 변화를 반추하면 쉽게 이해할 수 있다.

(1) 미국과 영국의 폭격기 800여 대가 독일 동부의 드레스덴에 대규모 공습(空襲)을 단행(1945. 02. 13)하여 20~25만 명 사망[20]

얄타 회담 직후인 1945년 2월 13일, 미국과 영국의 폭격기 800여 대가 독일 동부의 드레스덴에 대규모 공습(空襲)을 단행했었다. 이 공습(空襲)은 사흘 밤낮 동안 소이탄을 비롯해 75만 발의 폭탄이 투하됐고 이로 인해 20~25만 명이 사망한 것으로 추정된다. 독일의 남자, 여자, 노인, 어린이, 그리고 동유럽의 수많은 난민들이 그렇게 죽어갔다. 어떤 의미에서 드레스덴 공습은 역사상 최악의 공습으로서 히로시마와 나가사키에 대한 원폭(原爆) 공격보다 더 잔인한 공격이었다.

'독일의 플로렌스'로 불리는 문화 도시, 이렇다 할 군수공장도 없고 전략적 요충지도 아닌 드레스덴, 게다가 독일의 패망이 사실상 기정사실화된 전쟁 말기에 이토록 잔인한 공습을 퍼부어야 했던 이유는 무엇이었을까? 그것은 소련의 이오시프 스탈린(Iosif Vissarionovich Stalin, 1878~1953)에 대한 영국의 윈스턴 처칠 경(Sir Winston Leonard Spencer－Churchill, 1874~1965) 총리(1940~1945, 1951~1955)과 미국의 프랭클린 델러노 루스벨트(Franklin Delano Roosevelt, 1882~1945) 대통령(32대: 1933~1945)의 무력시위였다. 당시 소련군은 드레스덴에서 100킬로미터 이내에 있었으며, 드레스덴을 지날 예정이었다. 따라서 소련군은 무시무시한 화염을 목격했었을 것이다.[21]

---

19) 2001년 9·11 테러 사건은 미국 군사전략(軍事戰略)의 일대 전환점이 되었다. 미국은 냉전이후 미국 안보에 새로운 위협을 암중모색 중이었다. 그러던 중 9·11 테러 사건은 미래의 미국에 대한 위협을 명확하게 정의하고, 이에 대한 전략을 수립하게 하였다. 새로운 위협은 은밀하고 기습적인 비정규전 위협을 주는 테러 등의 비정규전 위협이며, 새로운 위협의 규모는 작으나 질적으로는 치명적이다. 미국은 이러한 위협에 대하여 범세계적 테러 전쟁(GWOT) 전략이라는 안보전략을 선택하였다. 이 전략은 장기적이고, 지속적이며, 누적적인 효과를 지향하는 전략이다. 이에 따른 군사전략으로서, 미국이 주력을 본토에 집결시키되 주안을 두는 지역은 발칸 반도로부터 지중해 연안, 중앙아시아를 포함하고 중국과 북한을 포함하는 지역이다. 미국은 전략적 목표를 냉전시대 억제 및 방어에서 9·11 이후에는 억제 및 격퇴로 공세적으로 전환하였다. 이것은 소련(蘇聯)이라는 거대한 위협이 소멸되고 그 대신 나타난 국지적 비정규전 위협에 대응하려고 설정한 군사전략 목표이다. 미국의 군사전략(軍事戰略)은 수세적 방어 전략에서 공세적 방어 전략으로 전환하게 하였다.

20) Jacques R. Pauwels(2017): The Myth of the Good War: America in the Second World War

21) 미군 병사로 참전했다 독일군에 잡혀 드레스덴 포로수용소에 감금돼 있었던 미국 작가 커트 보네거트(1922~2007)는 드레스덴 공습을 소재로 <제5도살장>이라는 작품을 써냈다. 영국 언론인 겸 역사학자 필립 나이틀리는 당시 드레스덴 공습의 참상을 이렇게 전한다:

(2) 히로시마와 나가사키에 대해 인류 최초의 핵(核) 공격 단행(1945. 08. 06./09)하여 20여만 명 사망, 방사능 후유증까지 포함 총 70여만 명 사망

이어서, 1945년 8월 6일 헤리 트루먼Harry S. Truman, 1884~1972) 대통령(33대: 1945~1953)의 명령에 의해 우라늄(Uranium)을 이용한 원자 폭탄 '리틀 보이'(Little Boy)가 히로시마에, 8월 9일에는 플루토늄(Plutonium)을 사용한 '팻 맨'(Fat Man)이 나가사키에 각각 투하됐었다.

상기 두 원자 폭탄들은 인류 역사상 최초로 전쟁에 쓰인 핵무기들이었다.[22] 원폭이 투하된 후 히로시마에서는 140,000명에 이르는 사망자가, 나가사키에선 70,000명에 이르는 사망자가 집계됐다. 그중 15~20%가 피폭으로, 20~30%가 섬광화상으로, 50~60%가 질병과 부상으로 인해 각각 사망했었다.

이때 히로시마에 투하된 원폭의 피해만을 세부적으로 보면 참혹하다는 표현 외에 사용할 단어가 없다. 히로시마 상공 580m 지점에서 폭발 후 삽시간에 도시 건물 7만 6,000채 가운데 92%를 파괴한 원자폭탄은 섭씨 수백만도, 압력 수십만 기압의 에너지로 히로시마를 강타했었다. 폭발 에너지의 50%를 폭풍으로, 35%를 열선으로, 15%를 방사선으로 각각 변화시키며 지상을 습격한 원자폭탄으로 인해 폭심지(爆心地) 반경 1km 이내에 있던 출근길 시민 8만여 명은 열선에 타죽거나 최대 풍속 44m의 폭풍에 압사했고, 약 4km 지점에 있던 사람 대부분이 전신 화상을 입었다. 순간 방사선 혹은 잔류 방사능에 의한 세포 파

"폭탄이 뿜어내는 뜨거운 열기 속으로 빨려 들어가는 무시무시한 인공 폭풍은 갈수록 사나워졌다. 섭씨 1,000도가 넘는 폭심 속으로 사람은 물론 모든 것들이 시속 160킬로미터의 속도로 빨려 들어갔다. 화염은 사람이든 물건이든 탈 수 있는 모든 것을 삼켜버렸다. 사람들은 수천 명씩 태워지고 질식됐다. 다음 날 미국 전투기들이 드레스덴에 나타나, 살기 위해 엘베강둑을 따라 뛰어가는 생존자들에게 기총소사를 가했다."

또한, 미국 역사가 마이클 셰리는 "공격할 만한 군수공장도 거의 없는" 드레스덴에 대한 미국과 영국의 과도한 공습은 어떠한 명분으로도 정당화될 수 없다고 지적했다. 폭격으로 인한 불길은 300킬로미터 떨어진 곳에서도 보였다고 한다.

22) 인류사상 최초로 실전에 사용된 핵무기인 원자폭탄은 실전에서 최초로 투하되기 20여 일 전인 1945년 7월 16일 오전 5시 30분 미국 뉴멕시코주 로스 알라모스(Los Alamos)에서 폭발에 성공하였다. 이는 미국 정부가 제2차 세계대전 중 비밀리에 추진한 암호명 「맨해튼 계획」의 결실이었다. 이 프로젝트는 녹일이 원자폭탄을 먼저 개발할 것을 우려한 아인슈타인이 1939년 8월 미국 과학자 질라드와 위그너의 권유로 당시 프랭클린 루스벨트 미국 대통령에게 보낸 개발 촉구 편지가 발단이 됐다. 1942년 9월 로스 알라모스 국립연구소 오펜하이머와 시카고 대학의 엔리코 페르미를 중심으로 원폭개발을 위한 연구실, 실험실, 제조시설이 건설됐으며 1943년에는 영국 리버풀대학의 핵물리학연구소장 조셉 롯블랫 박사팀도 합류했었다.

괴는 훨씬 광범위하게 일어났었다. 방사능에 피폭되어 그 증상과 함께 서서히 죽어간 사람들에 비하면 폭발과 동시에 열상으로 즉사했던 사람이 차라리 행운아라고 불릴 정도로 살아남은 사람들에게 끼친 방사능의 후유증은 처참했었다.[23] 학계에서는 그동안 히로시마와 나가사키 원폭 투하로 후발성 방사능 후유증까지 포함해 총 70여만 명이 사망한 것으로 추정하고 있다.

여기서 유의할 것은 미국 정부는 일본에 대한 핵(核) 공격으로 태평양전쟁이 당초 예상보다 일찍 종식됐으며 이에 따라 수많은 인명 피해를 줄일 수 있었다고 주장한다는 점이다. 즉, 일본에 대한 핵(核) 공격은 불가피한 선택이었다는 것이다.

그러나 전후 미국 정부가 작성한 '미국 전략 폭격 조사' 보고서는 "원폭(原爆) 공격이 없었어도, 소련(蘇聯)의 참전이 없었어도, 그리고 미국의 일본 본토 침공이 없었더라도, 일본은 1945년 12월 31일 이전에 항복했을 것이 분명"했다고 지적했다. 따라서 미국의 핵(核) 공격은 일본의 항복을 앞당기기 위한 것보다는 소련(蘇聯)에 대한 '경고형 무력시위'의 성격이 강하였다.[24]

4) 미국의 국방전략

미·소(美·蘇) 냉전(冷戰)은 1991년 소련의 몰락으로 막을 내렸다. 훗날 역사가들은 2019년을 '제2의 냉전(冷戰)'이 시작된 해로 기록할 가능성이 크다. 왜냐하면 기존 패권국인 미국과 신흥 강국 중국(中國)이 전면적 무역전쟁과 함께 본격적인 군비 경쟁에 들어간 해이기 때문이다. 그 핵심은 미사일이다.

강대국 간 그레이트 게임(The Great Game)의 승부처는 해양(海洋)이다. 중국은 미(美) 해상 전력의 접근을 막기 위해 다오렌(島錬·Island Chain)이라는 가상의 선(線)을 설정하고

---

23) 방사선에 노출된 피해 유형은 장·단기로 구분된다. 강한 방사선에 노출되면 짧은 시간 안에 즉사한다. 그보다 약한 방사선에 노출되어도 피부손상과 후유증으로 고통 받는다(주로 악성빈혈·메스꺼움·구토·불면증 등). 상당 기간 치료를 받아 회복되어도 몸속에 축적된 방사능 미세물질이나 방사선 에너지를 전이 받은 세포들의 영향으로 2차적인 암 또는 백혈병으로 이어진다. 더욱이 방사능으로 인한 유전 장애의 경우에는 한 세대의 피폭 영향이 세대를 넘어 자손에까지 신체적 장애로 나타나므로 다른 단순 재해나 사고와는 비교할 수 없이 심각하다. 원폭(原爆) 투하의 참상을 겪은 지 반세기를 훌쩍 넘긴 아직까지도 돌연변이에 의한 염색체 이상으로 유전적 영향(Genetic Effect)의 질병이 발생하는 것이다

24) 자크 파월(Jacques R. Pauwels)의 저서: <좋은 전쟁이라는 신화, 미국의 제2차 세계대전, 전쟁의 추악한 진실> (원제: The Myth of the Good War: America in the Second World War. revised ed.).

이 선(線)을 방어하는 전략에 주력해왔다. 중국 연안에서 약 1,000km 떨어져 있는 제1다오렌은 일본 열도−대만−필리핀−인도네시아−베트남으로 이어지는 선(線)이다. 제2다오렌은 중국 연안에서 약 2,000km 거리인 오가사와라 제도−이오시마 제도−마리아나 제도−괌−팔라우 제도로 이어진다.

중국의 다오렌(島鍊·Island Chain) 전략의 핵심목표는 제1다오렌을 내해화(內海化)하고 제2다오렌의 제해권을 확보하는 것이다. 그 일환으로 중국이 항공모함을 필두로 해군력을 대폭 강화하고, 남중국해에 인공섬을 만들어 군사기지를 구축하였다. 중국의 다오렌(島鍊·Island Chain) 전략을 떠받치는 핵심 수단은 미국의 항모전단과 동아시아 전진기지를 겨냥한 중거리(中距離) 미사일이다. 실전 배치를 완료한 DF(東風·둥펑)−21D는 1,800~3,000km의 사거리를 가진 세계 최초의 대(對) 함 탄도미사일(ASBM)이다. 항공모함 격침을 주목적으로 개발됐기 때문에 '항공모함 킬러'로 불린다.

또한, DF(東風·둥펑)−21D는 지상 목표도 공격할 수 있다. 일본 열도 전역과 오키나와 주일 미군기지가 사정권에 들어간다. DF−21D의 개량형인 DF−26도 2017년 실전 배치했다. 사거리가 3,000~4,000km인 개량형 DF−26은 서(西)태평양의 미(美) 핵심전략기지인 괌을 타격할 수 있어 '괌 킬러'로 통한다. 최근 산둥반도에 실전 배치된 사거리 1,000km의 DF−16은 평택 주한(駐韓) 미군기지와 성주 사드(THAAD) 기지를 오차 범위 10m 이내에서 정밀타격할 수 있다. 중국 동남부 해안에 배치된 사거리 600~1,000km의 DF−15 탄도미사일은 대만을 겨냥하고 있다. 중국은 중거리(中距離) 핵(核) 전력(INF) 조약에 가입하지 않았기 때문에 미국과 러시아가 갖지 못한 지상 발사 중·단거리 미사일에서 대륙간탄도미사일(ICBM) 같은 장거리 미사일까지 완벽하게 구비하였다.

이에 대응하여, 미국은 중국의 전략을 '반(反)접근(Anti−Access)·지역거부(Area Denial)'(A2/AD)로 규정하고, 항모전단을 동원해 무력화하는 대응전략을 추진해왔다. 동·남 중국해에서 벌여온 '항행(航行)의 자유(自由)' 작전도 그 일환이다. 그동안 미국은 중국의 중·단거리 미사일 위협에 중거리(中距離) 핵(核) 전력(INF) 조약이 예외로 인정해온 해상 및 공중 발사 미사일로 대처해 왔다.

그러나 해상 및 공중 발사 미사일은 임시 배치에 불과하다는 점에서 안정적인 지상 발사 미사일과는 큰 차이가 있다. 동아시아 지역에서 군사위기가 발생할 때마다 미군이 파견하는 항공모함, 잠수함, 구축함 또는 전략폭격기 등은 전개 후 철수가 원칙이다. 한 곳에 붙박이처럼 묶어둘 수 없다. 지상 발사 미사일은 한번 배치하면 영구적, 상시적 전력이 될 수 있다. 따라서 동아시아에서 중국과의 미사일 격차를 해소하기 위해서는 중거리(中距

離) 핵(核) 전력(INF·Intermediate-range Nuclear Forces) (INF: Intermediate-range Nuclear Forces Treaty) 조약 파기가 불가피하다고 미국은 판단했던 것이다.

(1) 중거리 핵전력 조약(INF) 파기 선언(2018. 10. 22)

중거리(中距離) 핵(核) 전력(INF·Intermediate-range Nuclear Forces) 조약의 정식 명칭은 '미·소(美·蘇) 중·단거리 미사일 폐기에 관한 조약'이다. 1987년 12월 미국 로널드 레이건(Ronald Wilson Reagan) 대통령(1981. 01~1989. 01)과 소련 미하일 고르바초프(Mikhail Gorbachev) 공산당 서기장(1985. 03~1990. 03)이 체결해 이듬해 1988년 6월 발효된 상기 조약은 재래식 또는 핵 탄두를 장착할 수 있는 사거리 500~5,500km의 지상 발사 중·단거리 탄도 및 순항미사일의 생산·실험·배치를 전면 금지하는 것을 골자로 하고 있다. 발효 후 3년에 걸쳐 미국 846기, 소련 1,846기 등 2,692기의 해당 미사일을 모두 폐기했다. 냉전 종식의 계기가 된 INF 조약은 역사상 가장 성공적인 군축 조약으로 평가받아 왔다.

우선, 중거리(中距離) 핵(核) 전력(INF·Intermediate-range Nuclear Forces) 조약의 배경은 다음과 같다: 냉전(冷戰) 막바지인 1980년대 소련(蘇聯)은 중거리 탄도미사일인 SS-20을 배치했었다.[25] 미국은 퍼싱-Ⅱ 미사일로 대응하면서 미·소(美·蘇) 간 핵(核) 경쟁이 극에 달했었다. 중거리 핵전력조약(INF)은 이런 파국 상황을 해소하고 냉전(冷戰) 종식에 결정적으로 공헌했었다.

이에 대응하여 미국은 사거리가 1,800km로 짧지만 명중 오차가 30m에 불과한 경이적 정확도를 가진 퍼싱-Ⅱ 탄도미사일을 서독에 배치했었다. 또한, 더 정교한 순항 핵미사일인 그리폰을 유럽 전역에 배치하면서 소련(蘇聯)과 바르샤바조약기구의 공산국가들을 압박했었다.

그러다 마침내 1987년 12월 8일 소련(蘇聯)이 먼저 손을 들었다. 사거리 500~5,500km의 중거리 탄도미사일을 폐기하는 중거리 핵전력조약(INF)을 미국과 체결하였다. 미국과 소련은 상대의 본토를 공격하는 대륙 간 탄도미사일보다 동맹국들을 공격하는 중거리 핵무기를 먼저 폐기하는 슬기를 보여준 셈이었다. 국제사회는 미국과 소련을 지지했었고 이것이 냉전(冷戰) 종식의 바탕이 됐었다. 미국은 퍼싱-Ⅱ와 그리폰 등 846기를 없앴고, 소

---

25) 소련(蘇聯)의 SS-20은 최장 사거리 5,000km에 3개의 탄두를 가진 다탄두 핵미사일이다. 북극 근방에서 발사되면 미국 북부지역이 사정권에 들어간다. 나아가, 미국의 핵심 동맹국인 유럽의 북대서양조약기구(NATO) 전역을 타격할 수 있다. 특히 이동식 발사 차량에서 발사되기 때문에 생존성과 은밀성이 강하고 탄두가 3개로 쪼개지므로 유럽 국가에는 공포의 대상이다.

련(蘇聯)은 SS-20 등 1,846기를 폐기했었다. 다만, 중거리 핵전력조약(INF)은 지대지(地對地) 미사일만을 대상으로 삼았고, 공대지(空對地)·함대지(艦對地)·잠대지(潛對地) 무기엔 적용되지 않았다.

그러나 중거리(中距離) 핵(核) 전력(INF) 조약은 러시아 블라디미르 푸틴(Vladimir Putin, 1952~현재) 대통령이 약속을 위반하면서 흔들리기 시작했다. 러시아는 사거리 2,500km 함대지(艦對地) 순항미사일 칼리브르의 지상발사형을 배치했다. 이는 중거리(中距離) 핵(核) 전력(INF) 조약의 주요 원인이 된 미국의 지상발사 순항미사일 그리폰과 사거리가 같다. 나아가 러시아는 SS-26 익스칸데르-M을 배치했는데, 이것이 논쟁의 결정타가 됐다. 익스칸데르-M은 변칙적으로 기동하는 탄도미사일이기 때문에 요격이 대단히 어렵다. 러시아는 최장 사거리가 450km에 불과해 중거리 핵전력조약 위반이 아니라고 주장했다. 이와 반면에 미국은 익스칸데르-M 미사일의 실제 사거리가 600km이므로 중거리(中距離) 핵(核) 전력(INF) 조약을 위반한 것이라고 반박했다.[26]

러시아는 칼리브르 순항미사일 지상발사형을 배치한 것에 대해 "미국 책임"이라고 주장했다. 2014년 러시아가 우크라이나의 크림반도를 침공하자, 러시아의 위협에 불안해하는 NATO 국가들을 안심시키기 위해 미국은 루마니아와 폴란드에 탄도미사일 방어시스템인 '이지스 어쇼어'를 배치했다. 이지스 어쇼어는 탄도미사일 전문 요격 군함인 이지스함의 레이더, 전투체계, SM-3 요격미사일을 군함에서 떼어내 지상에 배치한 것이다.

그러나 논란은 요격미사일인 SM-3의 발사대에서 비롯됐다. SM-3는 수직발사 시스템인 MK-41에서 발사된다. 미 해군 이지스함은 MK-41을 90~122개씩을 장착하는데, 여기서 SM-3 같은 요격미사일은 물론 사거리 2,500km인 토마호크 함대지 순항미사일도 장착할 수 있다. 실제로 미국의 이지스함은 통상 30여 발의 토마호크 순항미사일을 장착하고 다닌다.

러시아는 MK-41 발사관에 토마호크가 장전돼 있는지 알 수 없으니 자신들의 SS-26 익스칸데르-M 배치도 동등한 입장이라고 했다. 미국은 이지스 어쇼어의 MK-41 발사대에는 요격미사일인 SM-3만 장착돼 있다고 항변했다. 그러나 러시아는 발사관을 열어보기 전에는 알 수 없으니 이지스 어쇼어를 철수하라고 맞섰다. 서로 아전인수(我田引水) 격으로 해석하니 접점이 없고 감정만 나빠지는 상황이 시속됐다.

---

26) 이렇게 양측 주장이 엇갈린 것은 익스칸데르-M의 편심탄도비행에 기인한다. 이 비행은 종말 단계에서 고도를 변칙적으로 틀어버려 연료 소모가 많다. 러시아는 편심탄도비행 기준으로 450km를 날아간다고 말하는 것이고, 미국은 편심탄도비행을 하지 않으면 600km까지 날아간다고 보는 것이다.

이 와중에 러시아는 블라디미르 푸틴(Vladimir Putin, 1952~현재) 대통령의 지시로 동시 다발적으로 핵미사일 발사훈련을 감행했다. 미국 알래스카의 코앞인 오오츠크해와 북극 근처인 바렌츠해에서 SLBM(잠수함 발사 탄도미사일)을 쐈다. 또한 극동지역인 우크라인카 공군기지, 알타이산맥 부근 엥겔스 공군기지, 발트3국 인접의 샤이코프스카 공군기지에서 출격한 TU−95와 TU−160 폭격기들이 순항미사일 발사훈련을 했다.

미국은 상기 군사훈련에 분노했고, 이것이 11일 후(2018. 10. 22) 도널드 트럼프(Donald John Trump) 대통령의 중거리(中距離) 핵(核) 전력(INF) 조약 파기로 이어진 것이다. 나아가 미국은 영국에 F−22 스텔스 전투기를 전진 배치했다. 10월 25일엔 헤리 트루먼Harry S. Truman) 항모타격전단과 이오지마 강습상륙전단 같은 대규모 해군력을 동원해 노르웨이 일원에서 21세기 최대 NATO 연합군 훈련인 '트라이던트 정처 2018' 훈련을 실시했다. 외견상 미국과 러시아는 냉전(冷戰)시대로 회귀하는 듯하였다.

상기한 배경하에서, 미국은 2018년 2월 '핵 태세검토보고서'(NPR)를 공개하면서 러시아와 중국을 겨냥한 저(底)강도 핵무기 개발을 핵심으로 하는 핵무기 현대화 계획을 발표했다. 이어서, 2018년 10월 22일 미국 백악관 발(發) '폭탄선언'이 나왔다: 제45대 대통령 2017~2021) 도널드 트럼프(Donald John Trump)은 러시아가 미·러 중거리(中距離) 핵(核) 전력(INF) 조약을 위배하고 있다며 모든 중거리(中距離) 핵무기를 폐기하도록 하는 중거리(中距離) 핵(核) 전력(INF) 조약을 파기한다고 선언했다. 이에 당황한 러시아에 미국은 회심(會心)의 일격을 날렸다. 중거리(中距離) 핵(核) 전력(INF) 조약에 복귀하는 조건으로 중국과 북한을 언급했다. 이 조약을 체결한 1987년 당시 미국을 핵(核)으로 위협하는 나라는 소련(蘇聯) 뿐이었지만, 이젠 중국과 북한도 핵(核)으로 미국을 위협하니 중거리(中距離) 핵(核) 전력(INF) 조약을 부활시키려면 중국과 북한도 중거리(中距離) 핵(核) 전력(INF) 조약에 들어와야 한다는 논리였다.[27]

27) 중국의 핵미사일은 대륙간탄도미사일인 DF−31과 DF−41 등을 제외하면 대부분이 중·단거리용이다. 중국은 DF−11(600km), DF−15(800km), DF−16(1,500km), DF−21(1,700km), DF−25(4,000km) 같은 탄도미사일과 CJ−10(2,500km) 같은 순항미사일까지 다양한 지대지미사일을 보유하고 있는데, 이 모든 것이 중거리핵전력조약의 범주에 들어간다. 설령, 중국이 이 조약에 가입하지 않더라도 국제사회에서 "중국 정도의 패권국은 세계평화를 위해 이 조약에 가입해야 한다"라는 공감대가 형성될 수 있다. 이렇게만 되어도 미국에는 이익이다. 북한도 마찬가지다. 북한은 핵보유국으로서 미국과 핵군축협상을 해야 한다고 오만스럽게 주장하고 있다. 당연히 북한에도 "중거리핵전력조약에 가입하라"는 압박이 들어가게 된다. 북한의 미사일 중에 스커드C(550km), 스커드ER(700km), 익스칸데르형(600km), 노동(1,300km), 북극성2(2,500km), 무수단(3,500km), 화성12(5,000km) 등이 중거리핵전력조약의 범주에 들어간다. 미(美) 본토를 공격할 수 있는 화성14(8,000km), 화성15(1만 2,000km)는 미국이 보유를 허용하지 않는다고 했으니 이 대륙간탄도미사일도 폐기 대상이다. 결국 중거리핵전력조약에 의해 북한은 사

제45대 대통령(2017~2021) 도널드 트럼프(Donald John Trump)의 중거리핵전력(INF) 조약을 파기 선언 결과, 러시아는 미국과 부딪치려니 군비경쟁으로 몰락한 소련(蘇聯)의 전철이 떠오르고, 물러서려니 중국과 북한을 데리고 오라는 데에서 능력의 한계를 절감하고 있다.

도널드 트럼프(Donald John Trump) 대통령(당시)은 중거리핵전력(INF) 조약을 파기 선언 의사를 존 로버트 볼턴(John Robert Bolton) 국가안보보좌관(당시)을 러시아 모스크바로 보내 전달했다. 이에 대응하여, 러시아도 미국의 중거리핵전력조약(INF) 탈퇴에 맞서 극(極)초음속 미사일 시스템인 '아방가르드'의 2019년 실전배치를 선언했다. 러시아가 해상 발사 장거리 순항미사일 '칼리브르'의 지상 발사형 버전 개발과 양산 준비를 2019년 말까지 마칠 수 있다고 타스 통신이 보도했다.

상기한 도널드 트럼프(Donald John Trump) 대통령(당시)의 새로운 미사일 방어(MD) 전략은 1983년 로널드 레이건(Ronald Reagan, Ronald Wilson Reagan) 행정부가 발표한 전략방위구상(SDI), 이른바 '스타워즈' 계획의 재판이나 마찬가지다. 이 전략방위구상(SDI)은 천문학적인 비용과 기술적 어려움 등으로 수년 뒤 공식 폐기됐다.

여기서 유의할 것은 도널드 트럼프(Donald John Trump) 대통령(당시)의 중거리 핵전력(INF: Intermediate-range Nuclear Forces) 조약 파기 선언(2018. 10. 22)은 사실상 러시아 보다는 중국에게 일격을 가한 셈이라는 점이다[28]. 즉, 중국이 미국과 러시아의 탄도미사일

실상 모든 탄도미사일을 제거당하는 것이다.

[28] 2019년 8월 4일 시드니에서 미국·호주 동맹에 대해 연설한 뒤, 폼페이오 국무 및 국방장관이 인도·태평양 전략의 핵심국인 호주에서 중국의 위협을 경고하는 직설적인 메시지를 냈다: "호주가 강대국 중국을 얼마나 걱정해야 하느냐"는 질문에 "우리는 너무 오랫동안 중국의 예전과 다른 행동에 방심한 채 눈을 감고 있었다" 특히 5G와 관련하여, "호주는 용감하고 자주적으로 중국의 5G 야욕 위험에 대해 우리가 간파하기도 전에 먼저 경종을 울렸다. 호주가 5G 네트워크 주권 보호를 위해 리더십을 발휘했다"고 밝혔다. 호주가 2018년 8월 자국 기업들이 중국 통신장비 업체 화웨이와 ZTE로부터 5G 통신장비를 구매하지 못하도록 금지한 결정을 언급한 것으로 보인다. 그러면서 "인터넷망을 통한 데이터 절도든, 남중국해 군사기지화든, 돈을 빌미로 자산이 절실한 국가들을 부채의 늪에 빠뜨려 정치적 통제를 하든 이런 모든 행동을 눈을 크게 뜨고 지켜봐야 한다", "미국과 중국 중 한 나라를 선택하라고 요구하는 것은 아니다"면서도 "당신은 콩 한 무더기에 영혼을 팔 수도 있고 아니면 사람들을 보호할 수도 있다. 중국에 물건을 팔고 무역한다고 해서 좋은 일들을 모두 포기할 필요는 없다"고 말했다(중앙일보, 2019. 08. 06).
에스퍼 장관도 "미국은 태평양 국가이며 우리의 국가 방어 전략은 이곳이 우리가 최우선을 두는 현장(priority theater)이라는 점을 명확히 밝히고 있다"고 강조했다. "미국은 앞으로도 국제법이 허용하며 어느 곳에서든 비행하고, 항해하고, (군사)작전을 펼칠 것"이라면서다. 또 "지구의 공공재(희토류)의 무기화" 등도 거론하며 "미국은 인도·태평양에서 한 나라가 다른 나라들을 희생시키면서 지역을 재편하려

보다 더 진보된 미사일을 마음껏 만드는 행태에 급제동이 걸리게 됐다. 러시아를 핑계로 사실은 중국을 겨냥한 셈이다. 또한, 덤으로 북한에게도 큰 압박이 되었다.

따라서 미국의 중거리 핵전력(INF) 조약 파기는 미·중 신(新)냉전 시대의 개막을 알린 신호탄이라고 말할 수 있다. 중거리 핵전력(INF) 조약의 족쇄에서 풀려나기가 무섭게 미국은 중국과의 '미사일 격차(missile gap)' 해소에 본격 돌입했다. 상기 선언(2018. 10. 22)한 지 16일만인 2018년 11월 18일, 미국은 사거리 500km의 순항미사일 발사 실험을 했다. 연내에 중·단거리 탄도 및 순항미사일 생산에 착수해 2019년부터 아시아 지역 배치를 시작할 계획이다. 즉, 중국을 겨냥한 상시적이고 영구적인 미사일 포위망을 구축함으로써 미사일 전력에 기반을 둔 중국의 '반(反)접근(Anti Access)·지역거부(Area Denial)'(A2/AD) 전략을 분쇄하겠다는 것이다.[29] 따라서 아시아 지역 패권을 확보하려는 중국과 이를 막으려는 미국의 미사일 경쟁은 한반도를 비롯한 동아시아 전체에 큰 파장을 몰고 올 것으로 전망된다.

다시 말하면, 소련을 승계한 러시아와 미국이 중거리 핵전력(INF) 조약에 발이 묶여 있는 동안 조약 당사국인 아닌 중국은 지상 발사 중·단거리 탄도미사일과 순항미사일 보유고를 마음껏 늘려왔다.[30] 제45대 대통령2017~2021) 도널드 트럼프(Donald John Trump) 행정부는 러시아가 2017년 평균 사거리가 2,500km에 이르는 SSC-8 순항미사일을 실전 배치한 것은중거리(中距離) 핵(核) 전력(INF) 조약 위반이라고 주장하며 조약 파기의 명분으로 삼았다. 하지만 실제로는 동아시아에서 중국 미사일 전력의 절대우위를 더 이상 방치할 수 없다는 위기의식 때문이다.[31]

사실, 중국은 미국과 소련이 체결한 중거리(中距離) 핵(核) 전력(INF) 조약은 물론, 핵탄두 숫자와 종류, 다탄두 미사일 탄두 수를 제한하는 전략무기감축협정(START)에도 가입하지 않았다. 따라서 중국은 그동안 제약 없이 방대한 재래식 군비를 구축하고 각종 다탄두 미사일을 최고 수준으로 개발했다. 미(美) 국방부는 2019년 5월 말 '중국의 군사력과 안보

는 시도를 수수방관하지 않을 것"이라고 강조했다. 그러면서 "우리의 동맹과 파트너들도 그렇게 두지 않을 것이라는 점을 안다"고 말했다. 아시아에 재래식 중거리 미사일을 배치하겠다는 의사를 밝힌 데 이어 중국 압박에 동맹국도 참여해야 한다는 점을 명확히 밝힌 셈이다(중앙일보, 2019. 08. 06).

29) 중앙일보(2019. 08. 06), 미국 미사일은 중국 견제용 "일국이 인도·태평양 지배 안 돼".

30) 해리 해리스 주한 미 대사는 미 태평양사령부 사령관 재임 시절 "중국이 INF조약에 가입했다면 중국이 보유한 미사일의 95%가 협정 위반이다"고 지적했다.

31) 미국은 중국의 전략을 '반(反)접근(Anti Access)·지역거부(Area Denial)'(A2/AD)로 규정하고, 항모전단을 동원해 무력화하는 대응전략을 추진해왔다. 동·남중국해에서 벌어온 '항행의 자유' 작전도 그 일환이다.

발전' 보고서에서 중국이 2016년 둥펑(东风)－26 중장거리 미사일을 실전 배치한 이래, 정밀타격용 중·단거리 미사일만 2,500기 이상을 보유한 것으로 평가했다. 물량 면에서 미·러보다 규모가 작기 때문에 핵무기 소형화, 탄두 정교화, 타격 정확도를 높이는 데 전력을 기울여 왔다. 실제로, 중국은 2014년 9월부터 2017년 12월 사이 모두 200여 회 핵무기 모의실험을 했다. 같은 기간 미국의 5배에 해당한다. 특히 핵미사일 탑재 전략 핵 추진 잠수함(SSBN) 전력 강화에 공을 들이고 있다(중앙일보, 2019. 08. 06).

상기한 중국의 미사일 중에서 미국이 가장 불쾌하게 여기는 것은 미(美) 항공모함을 공격할 수 있는 중국의 최신형 대륙간탄도미사일(ICBM)인 둥펑(東風)－41이다.[32] 사거리 2,000km의 둥펑(東風)－미사일은 압록강 건너 중국 동북지역 통화(通化)에 집중 배치돼 있다. 한반도에서 전쟁이 발발하거나 미국과 중국 간 전쟁이 나면, 미국의 증원군과 항공모함전단이 동(東)중국해를 통해 한반도 주변으로 올 터인데, 중국은 둥펑(東風)－41 미사일로 미(美) 항모전단을 타격하겠다는 뜻이다. 둥펑(東風)－41 미사일은 마하 10의 속도로 돌입하는 탄도미사일이라 가뜩이나 요격하기 힘든데 회피기동까지 하고 핵무기까지 탑재하고 있다. 둥펑(東風)－41 미사일은 종말 단계에서 레이더를 켜고 해당 지역의 가장 큰 선박을 표적으로 삼아 내리꽂는다. 선박 중 덩치가 가장 큰 것은 당연히 항공모함(航空母艦)이다. 항모에 정확히 명중하지 않더라도 중간에 요격당하지만 않으면 공중에서 핵탄두가 폭발해 반경 수십km 지역이 파괴되고 전자기펄스(EMP)의 영향으로 항모전단이 무력화될 수 있다.

따라서 중거리(中距離) 핵(核) 전력(INF) 조약 파기가 현실화되면 태평양 지역에서 미군이 중국 세력권을 직접 타격할 수 있는 중거리(中距離) 미사일 전력을 대거 강화할 수 있다. 특히 미국과 동맹국들의 인도양과 남중국해에서의 대(對)잠수함 작전은 중국이 추진하

---

32) 중국이 개발하고 있는 대륙간탄도미사일. 1999년 8월 처음 실험 발사된 '둥펑－31(東風－31)'은 기본 3단형으로 핵탄두를 운반할 수 있는 사정 8,000km의 대륙 간 탄도탄이다. 700kg 중량의 핵탄두를 장착할 수 있는 이 미사일의 위력은 1945년 히로시마에 떨어진 원자폭탄의 수십 배에 달한다. 이후 중국은 2000년대 초반 들어 본격적인 개발에 착수하여 신형 대륙간탄도미사일(ICBM) '둥펑－41(東風－41)'을 만들었다. 이 미사일은 최대 사정거리가 1만4,000km로 중국 동부 해안에서 발사할 경우 미국 본토 전역을 타격할 수 있는 위력을 지녔다. 목표물을 공격하는 핵탄두 10개(총중량 1,200kg)를 동시 탑재하여 각기 다른 목표를 향해 비행할 수 있는 다핵탄두미사일(MIRV)이며, 3단 고체연료 추진제가 장착되어 있고 차량탑재 상태에서도 발사가 가능한 이동형 미사일이다. 군사전문가들은 최대 음속의 10배로 비행하는 핵탄두들이 최대 10개 목표물을 동시에 타격하면 미국의 첨단 미사일방어(MD) 시스템으로도 완벽한 요격이 불가능할 것이라고 분석하였다. 미국 전역을 공격 범위로 두고 있는 둥펑－41의 이전 모델이자 1999년 실전 배치된 둥펑－31은 사거리가 7,200~8,000km로 미국 서부 일부와 유럽 등을 사정권으로 두고 있다.

는 핵잠수함 전력 강화에 치명적인 위험이 될 수 있다. 만약 미국이 중국을 중거리(中距離) 핵(核) 전력(INF) 조약에 끌어들이는 데 성공한다면 미국은 중국의 무장을 해제시키는 것과 같은 효과를 얻게 된다. 항공모함 타격용인 DF−21D를 제거하는 데 그치지 않고 중국의 지대지(地對地) 미사일 대부분을 폐기시킬 수 있기 때문이다.

이에 대응하여, 중국이 1964년 첫 핵실험 이후 유지해온 '핵 선제 불사용' 원칙('핵 공격을 받지 않는 한 핵무기를 먼저 사용하지 않는다')을 재검토할 수 있다고 홍콩 사우스차이나모닝포스트(SCMP)가 보도(2019. 08. 07)했다. 중국은 강력 반발하고 있다. 중국 외교부는 "미국이 아시아에 중거리(中距離) 미사일을 배치하면 중국은 좌시하지 않을 것"이라며 한국, 일본, 호주 등에 미국의 중거리(中距離) 미사일 배치를 허용하지 말 것을 촉구했다. 중국 관영 매체 환구시보는 "한국과 일본은 미국의 총알받이가 되지 말라"며 "어느 나라든 미국의 미사일을 배치한다면 중국을 적(賊)으로 간주하는 것"이라고 으름장을 놓기도 했다.

특히 한국의 평택(平澤) 미군기지는 중국을 겨냥한 미사일 배치의 최적 후보지 중 하나로 꼽힌다. 그런 만큼 미국이 평택 기지에 미사일 배치를 요구해올 가능성이 있다. 북한의 미사일 공격에 대비한 방어용 장비임에도 사드 배치 때 중국이 보인 패악적 행태를 똑똑히 기억하고 있는 한국으로서는 곤혹스러울 수밖에 없다. 미국은 동아시아에 배치하려는 미사일이 재래식이라고 하지만, 핵 탄두만 탑재하면 바로 핵 미사일이 될 수 있다. 미국이 배치를 요구해올 경우 북한의 핵 위협이 실제화하는 상황이 되면 핵 공유를 조건으로 미국의 요구를 수용하는 방법도 있다. 이 경우 중국도 무조건 반대하긴 어려울 것이다(중앙일보, 2019. 08. 29).

상기한 바와 같이, 러시아의 중거리(中距離) 핵(核) 전력(INF) 조약 위반 논란에 이어 미국의 중거리핵전력조약(INF) 탈퇴 선언으로 핵 긴장이 고조되는 가운데 중국의 '핵 선제 불사용' 원칙 폐기 관측이 나오면서 핵(核) 강국 간 핵무기 경쟁이 격화될 것이다. 중국의 궁극적 목표는 미국을 서태평양 밖으로 밀어내 배타적인 아시아 지역 패권을 확보하는 것이다. 밀어내려는 중국과 밀려나지 않으려는 미국의 치열한 수 싸움 속에 군비경쟁이 가속화하면서 그 불똥이 동아시아 곳곳으로 튈 것으로 전망된다.

(2) 미국의 전략방위구상(SDI): 미군 우주사령부 창설(2018. 12)

2019년 1월 17일, 제45대 대통령(2017~2021) 도널드 트럼프(Donald John Trump)은 미사일 방어 검토보고서 내용을 발표하면서 우주 공간에서 적(敵) 미사일의 움직임을 탐지해 이를 조기에 파괴하는 내용을 핵심으로 하는 새로운 미사일 방어(MD) 전략을 발표했다. 그는 "언제, 어디서든 미국을 겨냥해 발사된 어떤 미사일도 탐지, 파괴할 수 있도록 하기 위한 것"이라며 "모든 형태의 미사일 공격으로부터 미국민을 보호할 것"이라고 했다.

회고해보면, 소련 니키타 흐루쇼프(Nikita Khrushchyov, 1894~1971)[33] 정권은 소련 내에서 추락된 위상 강화와 중국 마오쩌둥(毛澤東, 1893~1976)의 도전 등으로 위기에 처하자 이를 군사적 우위를 통해 돌파하고자 쿠바에 미사일 기지 건설을 추진하다 1962년 10월 14일 미군 U-2기에 의해 발각되었다. 이에 위기를 느낀 미국 존 피츠제럴드 ("잭") 케네디(John Fitzgerald ("Jack") Kennedy, 1917~1963) 대통령은 구소련이 선전포고를 한 것으로 간주하여 '제3차 세계대전'도 불사하겠다는 공식성명을 발표하였다. 결국, 양국의 합의 하에 구소련은 쿠바의 미사일 기지를 철거하고, 미국도 터키와 중동 국가들에 배치하였던 대륙간탄도탄(ICBM)기지를 폐쇄하는 것으로 쿠바 미사일 위기는 일단락되었다.

이어서, 소련은 1968년 이후 15차례에 걸쳐 코스모스 위성과 대륙 간 탄도미사일의 발사체를 사용하여 '킬러 위성'이 고도 1,100km 이하의 목표를 향해 스스로 궤도를 변경, 접근하여 자폭함으로써 적(敵) 위성에게 다수의 금속파편 세례를 퍼붓는 방식으로 실험에 성공하였다.

이에 대응하여, 미국은 뒤늦게 위성공격 무기를 개발하였는데 소련 방식과 다르게 인공위성에 소형 미사일을 발사하여 파괴시키는 방식으로 실험에 성공하였다. 상술하면, 1983년 3월 미국 로널드 레이건(Ronald Wilson Reagan, 40대; 1980~1989) 대통령은 미국으로 날아오는 구소련의 핵 미사일을 막겠다며 탄도미사일 방위구상 계획을 발표하였다. 상술하면, 대륙간탄도탄(ICBM)을 비롯한 소련의 핵(核)미사일을 그것이 발사된 직후 엔진이

---

[33] 소련의 정치 지도자 니키타 흐루쇼프(Nikita Khrushchyov, 1894~1971)는 1918년 공산당에 입당하여 1939년 정치국원이 되었다. 그는 1941년에 독일이 소련을 침공하자 우크라이나 저항 운동을 조직하고 1949년에 모스크바주 당 제1서기가 되었고 농업 문제 전문가가 되었다. 1953년에 당 제1서기 말렌코프를 교체한 후 1955년에는 말렌코프를 장관 위원회 의장에서 축출하고 자기 계열의 불가닌을 그 자리에 앉혔다. 1955년에는 유고슬라비아를 방문하여 스탈린이 유고슬라비아를 비난한 것을 사과하는 한편 1956년 스탈린을 비난하고 서방과의 평화 공존 원칙을 전면에 내세웠다. 한편, 이므르 나기가 바르샤바 조약 기구로부터의 철수를 선언하자 헝가리에 군사적으로 개입하였다. 1957년에는 자기를 축출하려는 기도를 분쇄하고 불가닌의 뒤를 이어 장관 위원회 의장(국가 수반)이 되었다. 1959년에는 미국을 방문하여 아이젠하워를 만났지만 미국의 비행기가 소련 상공에서 격추됨으로써 정상 회담은 무산되었다. 1961년에 케네디를 만났지만 베를린 문제를 해결하지는 못하였다. 1962년에는 쿠바에 미사일 기지를 건설하려 하였지만 이것은 미국과의 대결을 초래하였다. 1963년 소련, 미국, 중국은 핵실험 금지 조약을 체결하였다. 소련에 농업 경제의 실패가 있은 뒤 1964년에 축출되었다.

연소중인 상승(boost) 단계에서 파괴하는 방법에 관한 연구계획: 전략방위구상(SDI: Strategic Defense Initiative) 이른바 '별들의 전쟁(Star Wars)' 계획을 발표했다. SDI는 이러한 미사일이나 핵탄두의 파괴가 현재 및 가까운 장래의 기술로 가능한지의 여부를 약 10년에 걸쳐 연구하는 계획으로 총 300억 달러가 투입됐다.[34]

이에 대해 소련(당시)은 우주의 군사화를 초래하게 된다고 하여 정면으로 반발하였다. 상기 이슈는 1985년 3월 미·소(美·蘇) '포괄군축협상'(제네바)에서 최대의 쟁점이 되었다. 또한, 서구나 미국 내 일부에서도 SDI가 우주군비확장을 초래하는 '별들의 전쟁(Star Wars) 계획'이라는 비판이 거세게 일었다. 스타워즈(Star Wars) 계획은 경제력이 약했던 소련(당시)이 우주개발에 천문학적인 예산을 투입하도록 유도하여 결국 소련(蘇聯)을 파산시켰다.

제45대 대통령(2017~2021) 도널드 트럼프(Donald John Trump)의 새로운 미사일 방어전략(MDR, 2019. 01. 17)은 제40대 대통령(1981~1989) 로널드 윌슨 레이건(Ronald Wilson Reagan, 1911~2004) 행정부가 1983년 발표한 전략방위구상(SDI), 이른바 '스타워즈' 계획의 재판이나 마찬가지다. 뉴욕타임스(NYT, 2019. 01. 17)는 트럼프 대통령(당시)이 '우주군 창설'과 함께 "냉전 노선을 채택했다"고 평가했다.

이어서, 도널드 트럼프(Donald John Trump) 대통령(당시)은 2018년 6월 독립적인 우주군 창설을 국방부에 지시했으며, 이어서 8월 우주군사령부 창설 계획을 처음 밝혔으며, 12월에는 미군 우주사령부 창설을 지시하는 내용의 행정각서에 서명하기도 했다. 우주군사령부를 창설하는 데 초기 5년 동안에만 129억 달러(약 14조4,621억 원)의 비용이 소요될 것으로 미(美) 공군은 추정한다.

나아가, 2019년 1월 17일, 도널드 트럼프(Donald John Trump) 대통령(당시)은 우주 공간에서 적(敵) 미사일의 움직임을 탐지해 이를 조기에 파괴하는 내용을 핵심으로 하는 새로운 미사일 방어(MD) 전략을 발표했다. 그는 미사일 방어 검토보고서 내용을 발표하면서 "언제, 어디서든 미국을 겨냥해 발사된 어떤 미사일도 탐지, 파괴할 수 있도록 하기 위한 것"이라며 "모든 형태의 미사일 공격으로부터 미국민을 보호할 것"이라고 했다.

기존 미사일 방어(MD) 전략이 지상 발사 요격미사일에 기반을 뒀다면 새로운 미사일 방어(MD) 전략은 우주 공간으로 진출해 적(敵)의 미사일을 더 신속히 탐지하고 요격 능력

---

34) 일부에서는 우주기술 개발에 천문학적인 예산을 투입하였지만 적(敵)의 핵 미사일을 막을 수 있는 기술을 확보하지 못하였기 때문에 실패한 계획이라고 주장한다. 그러나 이 계획을 통해서 첨단기술들을 미국이 확보할 수 있게 되었고 1990년 8월 2일 발발한 걸프전에 첨단 무기체계들을 대거 동원할 수 있었다. 월남전 당시만 하더라도 미군은 첨단 군대가 아니라, 물량으로 승부를 보는 군대였다. 그러나 1990년 걸프전을 통해서 최첨단 군대로 재탄생한 것이어서 스타워즈 계획이 실패했다고 보기는 어렵다.

을 극대화하는 것이 골자다. 새로운 MDR 공개는 버락 오바마 행정부 때인 2010년 이후 9년 만이다. 새 MD 전략은 상대 미사일을 발사 단계에서 탐지해 파괴하는 데 초점을 맞추고 있다. 이를 위해 우주 공간에 탐지용 센서와 파괴용 요격무기를 배치할 계획이다. 가상의 적(敵)을 적시하진 않았지만 러시아와 중국의 미사일 공격 능력에 대응하기 위한 것이다.[35]

그러나 도널드 트럼프(Donald John Trump) 대통령(45대: 2017~2021)의 새로운 미사일 방어(MD) 전략은 1983년 로널드 레이건 행정부가 발표한 전략방위구상(SDI), 이른바 '스타워즈' 계획의 재판이나 마찬가지다. 이 전략방위구상(SDI)은 천문학적인 비용과 기술적 어려움 등으로 수년 뒤 공식 폐기됐었다.

도널드 트럼프(Donald John Trump) 대통령(당시)의 새로운 미사일 방어(MD) 전략에 대하여, 미국 상원 외교위원회 에드워드 마키 의원은 "미국이 전과 다른 미사일 위협에 직면하고 있는 것은 사실이지만 우주를 무기화하겠다는 성급한 행동은 30년 전과 마찬가지로 비효율적이고 위험하다"며 "스타워즈의 나쁜 후속편"이라고 말했다. 뉴욕타임스(NYT, 2019. 01. 17)는 트럼프 대통령이 '우주군 창설'과 함께 "냉전 노선을 채택했다"고 평가했다. WP(2019. 01. 17)는 트럼프 행정부가 소련 붕괴 이후 포기한 미사일방어 기술에 대한 새로운 투자에 들어간 것이지만, 충분한 자금을 확보했는지는 의문이라고 전했다. 국방부 계획이 실현되려면 의회의 지지가 필수적이다.

요컨대, 상기한 '트럼프 판(板) 스타워즈' 계획은 미국과 중·러 간 미사일 개발 경쟁을 가속화하고 긴장을 고조시킬 것으로 예상된다. 도널드 트럼프(Donald John Trump) 대통령(45대: 2017~2021)은 2018년 10월 러시아가 미·러 중거리핵전략조약(INF)을 위배하고 있다며 탈퇴를 선언했었다. 이에 러시아는 극초음속 미사일 시스템인 '아방가르드'의 2019년 실전배치를 선언했다. 중국도 현재 미사일방어 망(網)을 무력화할 수 있는 신형 탄도미사일 개발에 성과를 내고 있다.

상술하면, 블라디미르 푸틴(Vladimir Putin, 1952~현재) 러시아 대통령은 2019년 2월 2일(현지시간) 미국의 'INF 이행 중단 및 6개월 후 탈퇴' 선언에 맞서 상기 조약 참여 중단을 선언하면서 세르게이 쇼이구 국방장관과 세르게이 라브로프 외무장관에게 우주 공간에 기반을 둔 미국의 '새 미사일 방어 검토보고서'(MDR)에 맞설 대응 계획을 조만간 조치에

---

35) 미(美) 국방부 청사에서 발표(2019. 01. 17)된 '미사일 방어 검토보고서(MDR)'는 북한(北韓)에 대해선 최근 북·미(北·美) 대화 분위기가 반영된 듯 "평화로 향하는 새로운 길이 존재한다"면서도 "계속해서 특별한 위협을 가하고 있다"고 적었다.

서 열릴 국방 조달회의 전까지 마련하라고 지시했으며 음속(音速)의 20배 속도로 비행해 누구도 요격할 수 없는 극(極) 초음속(超音速) 전략무기를 이미 개발했다고 밝혔다(연합뉴스, 2019. 02. 03).

또한, 중국 역시 미국의 '새 미사일 방어 검토보고서'(MDR)에 대응하기 위해 보다 정교한 유도미사일 탄두 및 극(極) 초음속(超音速) 전략무기를 개발하고 있다. 중국은 2019년 3월 3일부터 개최되는 '양회'에서 20~30%의 국방비 지출 증액을 통해서 '군사굴기'를 달성한다는 계획을 추진한다고 발표하였다. 이것은 경제성장률이 6%대를 꾸준히 유지한다고 가정했을 때 가능한 계획이다. 따라서 현재 6%대 이하의 경제성장률을 보이고 있는 중국으로서는 달성하기 버거운 군사목표이다.

주지하다시피, 미국의 로널드 레이건(Ronald Wilson Reagan, 40대; 1980~1989) 대통령(당시)은 소련(蘇聯)을 '악(惡)의 제국(帝國)'이라고 비난하고 '힘에 의한 평화'를 강조하여 우주무기 등 스타워즈 계획을 발표하여 막대한 군사비를 투입함으로써 소련에게 군사, 외교적으로 압박하였는데, 이에 대응하여 소련이 군사비를 과도하게 사용을 하여 결국 망(亡)하고 말았다. 1993년 클린턴 정부는 소련의 붕괴로 더 이상 SDI의 존재 이유가 없어졌다고 보고 이 계획을 대폭 축소 조정하여 새로운 탄도미사일방위계획(BMD)을 발표했다.

(3) '새 미사일 방어 검토보고서(MDR) (2019. 01. 17)'

제45대 대통령(2017~2021) 도널드 트럼프(Donald John Trump)은 중거리핵전력조약(INF) 파기 선언(2018. 10. 22)하고 미군 우주사령부 창설(2018. 12)과 '새 미사일 방어 검토보고서'(MDR)(2019. 01. 17)를 제시했다.

상기 전략(MDR)은 1983년 로널드 레이건(Ronald Wilson Reagan, 40대; 1980~1989) 행정부가 발표한 전략방위구상(SDI), 이른바 '스타워즈'(Star Wars) 계획의 재판이나 마찬가지이다. 뉴욕타임스(NYT, 2019. 01. 17)는 도널드 트럼프(Donald John Trump) 대통령(45대: 2017~2021)이 '우주군 창설'과 함께 "냉전 노선을 채택했다"고 평가했다.

공화당 출신 대통령 로널드 레이건(Ronald Wilson Reagan) 대통령(당시)은 소련(蘇聯)을 '악의 제국'이라고 비난하며 '힘에 의한 평화'를 강조하여 우주무기 등 '별들의 전쟁(Star Wars)' 계획(1983. 03)을 발표하여 막대한 군사비를 준비하였고 소련에게 군사·외교적으로 압박하였는데, 이에 대응하여 소련은 군사비를 과도하게 사용한 결과, 결국 소련(蘇聯)이 패망하고 말았다.

이어서 공화당 출신인 도널드 트럼프(Donald John Trump) 대통령(45대: 2017~2021)은 중거리핵전력조약(INF) 파기를 선언(2018. 10. 22)하고 미군 우주사령부 창설(2018. 12)과 '새 미사일 방어 검토보고서'(MDR, 2019. 01. 17)를 제시했다. 도널드 트럼프(Donald John Trump) 대통령(당시)의 새로운 미사일 방어 전략(MDR, 2019. 01. 17)은 1983년 로널드 레이건(Ronald Wilson Reagan, 40대; 1980~1989) 행정부가 발표한 전략방위구상(SDI), 이른바 '스타워즈' 계획의 재판이나 마찬가지이다. 뉴욕타임스(NYT, 2019. 01. 17)는 도널드 트럼프(Donald John Trump) 대통령(당시)이 '우주군 창설'과 함께 "냉전 노선을 채택했다"고 평가했다.

5) 미국의 인도-태평양 전략: '다이아몬드'[36]

중국의 '일대일로(一帶一路: One Belt, One Road, 육·해상 실크로드)'에 대응하여, 미국의 '인도－태평양(Indo－Pacific) 전략'이 발표되었다. 미국 버락 오바마(Barack Hussein Obama, 44대: 2009~2017) 정부는 아시아 재균형 전략 즉 '아시아 중시'(pivot to Asia) 정책을 내놓았고, 도널드 트럼프(Donald John Trump) 대통령(45대: 2017~2021)는 이를 더 발전시켰다.

도널드 트럼프(Donald John Trump) 대통령(당시)이 2017년 12월 18일 발표한 미(美) 국가안보전략(NSS) 보고서에 적시된 것처럼 "자유롭고 열린 '인도－태평양(Indo－Pacific)' 전략"으로 유지하겠다는 것이다. 인도의 서해안부터 미국 서부 해안 사이 지역에서 한국·일본·호주·뉴질랜드·필리핀 등의 동맹국을 규합하고 인도·대만·싱가포르·베트남·인도네시아·말레이시아 등과 파트너십을 강화해서 주권의 존중, 항행의 자유, 법치(rule of law) 등을 기본 규범으로 하는 기존의 자유로운 세계질서를 수호하겠다는 것이다(조선일보 2017. 12. 20).

미국은 NSS 보고서에서 '일대일로(一帶一路: One Belt, One Road, 육·해상 실크로드)'를 직접 거론하지 않았지만 '일대일로(一帶一路)'는 중국의 동쪽이 태평양에서 우위를 점한 미·일(美·日)에 의해 막혀 있다고 보고 서진(西進)하려는 구상이라고 간주한다. 따라서 "중국

---

36) Chia－yi Lee and Su－Hyun Lee. "Trump's Asia Trip: Inconsistent US Foreign Policy?" RSIS, Nov. 16, 2017; Iosif Chinyong Liow. "Trump's Asia Visit: New Momentum in US－Asia Ties?" RSIS, Nov. 16, 2017; Sarah Zheng. "'Indo－Pacific': containment ploy or new label for region beyond China's backyard?" SCMP, Nov. 12, 2017; Prashanth Parameswaran. "Trump's Indo－Pacific Strategy Challenge." The Diplomat, Oct. 27, 2017.

의 인프라 투자와 무역 전략은 지정학적 야심을 강화한다", "중국은 이를 호혜적인 것처럼 묘사하지만 중국의 우월적 지위는 '인도-태평양(Indo-Pacific) 전략' 지역의 많은 국가의 주권을 약화시킬 위험이 있다"와 같은 표현으로 '일대일로(一帶一路: One Belt, One Road, 육·해상 실크로드)'를 겨냥하고 있다는 점을 드러냈다(조선일보 2017. 12. 20). 중국이 자신의 해역이라고 억지를 부리는 남중국해에서도 누구든 자유롭게 항행할 수 있도록 하겠다는 생각이다. 이를 위해 미국-일본-호주-인도를 연결해 중국의 패권 확장에 대응하겠다는 구상이다. 이 나라들을 연결하면 '다이아몬드'처럼 보인다. 그래서 일본 아베 총리(당시)는 이를 '다이아몬드' 전략이라고 불렀다.[37]

결국, 중국의 '진주목걸이' 모양인 '일대일로(一帶一路: One Belt, One Road, 육·해상 실크로드)'와 미국의 다이아몬드 모양인 '인도-태평양(Indo-Pacific) 전략'이 충돌하는 형국이다. 미국의 '인도-태평양(Indo-Pacific)' 전략은 동맹국 일본·호주에 인도 등 다른 우방국의 힘을 합쳐 이런 중국의 '일대일로(一帶一路: One Belt, One Road, 육·해상 실크로드)'를 견제하자는 것이다. NSS 보고서는 인도양과 태평양 간 해로를 자유롭고 개방된 상태로 유지하고 영토·해양 분쟁을 국제법에 따라 해결할 것을 강조했는데, 중국의 남중국해 독점과 영향권 확대를 막는 데 그 목적이 있다. 또한 미국은 인프라 건설 투자의 투명성을 지향하고, 어떤 적의 도발도 억제·제압할 수 있는 군사력을 유지하겠다고 밝혔다. 향후 '인도-태평양(Indo-Pacific)'과 '일대일로(一帶一路: One Belt, One Road, 육·해상 실크로드)'의 충돌이 불가피할 것임을 보여주는 대목이다.

인도(印度)는 자신의 앞마당인 인도양에서 중국이 영향력을 행사하는 게 달갑지 않아 미국의 전략에 합세했다. 19세기 말 미(美) 해군 제독이자 해양전략가 마한의 "21세기 인도양을 지배하는 국가가 아시아를 통제할 것이며 결국 세계 운명은 인도양에 의해 결정될 것"이라는 예상도 미국의 전략 수립에 한몫했다. 미국은 이를 위해 인도양을 담당하고 있는 미(美) 해군 6함대와 일본에 있는 7함대를 연계시키고 있다. 또 미(美) 해군 전력의 60%를 이 해역에 할당할 계획이다.

그러나 '인도-태평양(Indo-Pacific) 전략'의 개념은 도널드 트럼프(Donald John Trump) 정부 출범 이후 처음 소개되는 용어는 아니다.[38] 본래 상기 개념은 1990년대 후반부터 아

---

37) 사실, '인도-태평양(Indo-Pacific) 전략'은 아베 신조 일본 총리가 2016년 8월 케냐에서 열린 아프리카 개발회의 기조연설에서 처음으로 발표한 외교 전략이다. 미국·일본·인도·호주 4개국이 중심이 돼 아시아·태평양 지역에서의 항행의 자유와 법의 지배, 공정하고 호혜적인 무역 등을 추진한다는 구상이다. 이를 띄운 건 트럼프다. 지난해 11월 취임 후 첫 아시아·태평양 순방에서 인도·태평양 전략을 공식 천명했다. 하지만 8개월이 지난 현재까지도 이 새로운 전략의 분명한 구상은 나오지 않은 상태다.

시아지역에서 인도·호주 등의 정치적 중요성이 증대되고 중동과 아시아를 연결하는 인도양의 해상교통로(sea lanes of communication)로서의 역할이 부각됨에 따라 기존의 '아시아－태평양' 개념보다 광역적인 의미에서 일부 국제정치학자들에 의해 제기되어 왔다.

그러나 도널드 트럼프(Donald John Trump) 대통령(당시)의 방한(訪韓) 이후 아시아·태평양 경제 협력체(APEC) 정상회담 연설을 통해 나온 '자유롭고 개방된 인도－태평양'(a free and open Indo－Pacific) 개념은 단순한 지리적 차원보다는 다음의 3가지 전략적 의도를 담고 있는 것으로 평가된다.

첫째, '인도－태평양(Indo－Pacific) 전략'의 개념은 공간적 차원에서 종전의 아시아－태평양 지역을 뛰어넘어 인도(印度)까지 포함하도록 확장했다는 것이다. 인도(印度)는 현재 세계 제2위의 인구대국이며 미국에게는 아홉 번째로 큰 교역국으로서 미국과 인도의 교역은 해마다 늘고 있다.

둘째, '인도－태평양(Indo－Pacific) 전략'의 개념은 중동지역과 아시아를 잇는 해상교통로로서의 인도양을 포함함으로써 전략적 차원에서의 해양(海洋)의 중요성을 부각시키고 미국이 중시하는 공해(公海)에서의 '항행의 자유'를 강조하고 있다. 즉, '인도－태평양' 개념은 말 그대로 '해양 아시아'(maritime Asia)를 표현하고 있다.

셋째, '인도－태평양(Indo－Pacific) 전략'의 개념은 이 지역에서 증대하는 중국의 영향력을 견제하려는 의사를 숨기지 않고 있다. 미국은 APEC 정상회담 이후 마닐라에서 개최된 동아시아와 아세안과의 정상회담에서 인도·호주·일본과 테러·해양안보·북한문제 등에 대한 협력을 다짐했으나 '관련 있는 당사자'로서 중국을 제외시킨 것이다. 이러한 이유로 '인도－태평양(Indo－Pacific) 전략'의 개념은 미국이 위의 3개국과 '다이아몬드' 형태의 4각 협력을 강화해 중국을 견제하는 것이 골자라는 오해를 받고 있다. 즉, 비판적인 일부 학자들은 '인도－태평양(Indo－Pacific) 전략'의 개념이 아시아－태평양 지역에서 '포용보다는 우군과 적군을 가르는 지정학적 틀'로 변모될 가능성이 있다고 지적하고 있다. 따라서 도널드 트럼프(Donald John Trump) 대통령(당시)이 내세운 미국의 '신(新)아시아 전략'인

---

38) 인도·태평양 구상은 아베 신조 일본 총리가 2016년 8월 케냐에서 열린 아프리카개발회의 기조연설에서 처음으로 발표한 외교 전략이다. 미국·일본·인도·호주 4개국이 중심이 돼 아시아·태평양 지역에서의 항행의 자유와 법의 지배, 공정하고 호혜적인 무역 능을 추진한다는 구상이다. 이를 띄운 건 도널드 트럼프(Donald John Trump)이다. 2017년 11월, 취임 후 첫 아시아·태평양 순방에서 인도·태평양 전략을 공식 천 명했다. 그러나 상기 전략의 분명한 구상은 나오지 않은 상태다. 제주국제컨벤션센터에서 열린 제13회 제주포럼 '인도·태평양 구상과 동아시아 해양안보 질서' 세션에서 그레고리 폴링 미 전략국제문제연구소 아시아해양투명성기구 소장은 "미 정부가 다음달 인도·태평양 정책 구상을 발표할 것으로 안다"며 "그러나 아직 행정부 내에서도 이 구상의 성격을 놓고 이견이 있다"고 전했다.

'자유롭고 개방된 인도－태평양(Indo－Pacific) 전략'이 중국에 대한 견제 성격을 띨 경우 새로운 형태의 냉전(冷戰)을 야기할 수 있다는 우려가 나왔다(중앙일보, 2018. 06. 29). 즉, 미국과 미국을 지원하는 일본·인도·호주가 중국 및 동남아시아·중앙아시아·중동의 개발도상국들과 대립할 수 있다는 것이다.

상기한 3가지 의도 중 첫 번째와 두 번째 의도는 아시아지역 전체의 공동번영과 평화 안정을 추구하여 이제까지 제대로 평가 받지 못했던 지역과 분야(예를 들면, 해상교통로 보호)에 대한 중요성을 부여하는 것이나 세 번째 의도는 다분히 과거의 냉전적 사고를 반영한다. 그리하여 중국과 '인도－태평양' 개념에 대해 비판적인 일부 학자들은 이 개념이 아시아－태평양 지역에서 '포용보다는 우군과 적군을 가르는 지정학적 틀'로 변모될 가능성이 있다고 지적하고 있다. 또한 트럼프 대통령은 '인도－태평양' 구상하에 경제 분야에서는 '미국 우선'을 내세우는 양자주의, 안보 분야에서는 미국의 부담을 줄이고 관련국 협력을 이끌어내는 다자주의를 추구하는 모순을 드러내고 있다고 지적되고 있다.

결국, 미(美) 해군 구축함이 2015년 10월 27일 남(南)중국해의 중국 인공섬 12해리(약 22km) 이내로 사상 처음으로 진입하자 중국은 구축함 2척(란저우함·타이저우함)을 파견해 '불법'으로 들어온 미 군함에 경고했다. 미(美) 국방부는 이날 "구축함 라센함이 남중국해의 인공섬인 수비 환초(중국명 주비자오·渚碧礁) 12해리 이내를 항해했다"고 밝혔다. 일본에 주둔하는 라센함은 9,200톤 급의 이지스 구축함이다. 미(美) 해군은 최신 대잠(對潛) 초계기 P－8A와 초계기 P－3를 투입해 라센함을 엄호했다고 로이터통신이 전했다. 미국은 '항행·비행의 자유'를 지키기 위해 인공섬에 접근했으며 '특정한 국가(중국)'를 겨냥한 조치가 아니라고 밝혔다. 중국은 남중국해에 7개의 인공섬을 만들고, 활주로·항만·레이더 등을 설치했다.

이어서, 미국은 전폭기로, 중국은 미사일로 남(南)중국해에서 긴장이 고조되면서 미국과 중국 양국은 상대에게 치명적인 타격을 주는 전략무기를 잇달아 선보이고 있다. 중국은 미국 항공모함 전단을 기습할 수 있는 사거리 4,000km의 탄도미사일인 둥펑－26을 2015년 9월 열병식 때 공개하고, 잠수함에서 발사되는 핵탄두 미사일 쥐랑－2 시험발사와 잠수함 항행 훈련도 끝냈다. 이처럼 양대 강국의 힘겨루기는 탐색전을 지나 본게임을 향해 치닫고 있다.

과거 중국군의 국방 전략은 연안 방어였다. 하지만 중국은 경제 영토를 확장하면서 미국의 해·공군력을 위협으로 보기 시작했다. 1982년 덩샤오핑(鄧小平)의 오른팔이었던 류화칭(劉華淸) 당시 해군 제독은 지구적 차원에서 중국의 안보전략을 다시 짜는 이른바 '열도선' 개념을 내놓았다. 원양 방어로의 전환이다. 먼저 일본 규슈·오키나와·대만·필리핀·남중국해를 잇는 가상의 선(제1열도선)을 그은 뒤 중국에서 봐서 그 안쪽의 제해권을 2010년까지 장악한다는 것이다. 제1열도선 안에는 남중국해와 대만이 포함된다. 이어 조금 더 먼 바다인 오가사와라제도·사이판·괌·파푸아뉴기니를 잇는 가상선(제2열도선) 내부의 제해권을 2020년까지 장악한 뒤 2040년에는 미 해군의 태평양·인도양 지배 체제를 저지한다는 장기 전략이다. 이를 위해 제1열도선 안에서는 미국 함대의 접근을 차단하는 A2(Anti−Access·접근 저지) 전략을, 제2열도선 안에서는 미국 함대의 자유로운 작전을 방해하는 AD(Area Denial·영역 거부) 전략을 구사한다는 게 당면 목표다.

중국이 인공섬을 조성하고 있는 난사군도(南沙群島)는 제1열도선 내에서도 전략적 요충지대로 꼽힌다. 왜냐하면 대만 유사 사태 등에서 미(美) 전력의 남(南)중국해 진입을 저지할 수 있기 때문이다. 또한, 중국은 대만 동쪽 바다인 동(東)중국해에서도 제1열도선을 따라 16개의 해상 플랫폼을 세워 유사시 레이더 시설 및 무인기 이착륙장으로 활용할 수 있게 만들었다. 2013년 선포한 동(東)중국해 방공식별구역(ADIZ)과 플랫폼, 남(南)중국해 인공섬 조성 등을 통해 제1열도선 내 바다와 하늘을 장악해 나가고 있는 것이다. 군사 전문가들은 중국이 남(南)중국해에서 방공식별구역(ADIZ)를 선포하는 것도 시간문제로 보고 있다.

02 중국[39)]

    중국 국가주석 시진핑(習近平, Xí Jinpíng, 1953~현재)은 2014년 3월 "중국이라는 사자(獅子)는 깨어났다(睡醒的 獅子)"고 선언했다. 19세기 초 보나파르트 나폴레옹(Bonaparte Napoléon, 1769~1821)[40)]은 경고했었다: "잠자는 사자(獅子)를 깨우지 말라. 깨어나면 세계가 흔들린다." 즉, 나폴레옹(Napoléon)은 중국의 잠재력을 간파했었던 것이다. 당시 중국은 발톱 빠진 사자(獅子)였다.

    덩샤오핑(登小平, Dengxiaoping, 1904~1997)의 1978년 개혁·개방 정책 이후, 중국은 약 30년 동안 연평균 10%대의 고도성장을 지속함으로써 경제강국(2005년 기준으로 GDP 규모 세계 4위; 교역규모 세계 3위; 2006. 6월 말 기준으로 외환보유고 세계 1위 등) 및 군사대국으로 급부상했고, 동북아 패권의 탈환을 위해 총력을 기울이고 있다. 또한, 중국은 2001년 세계무역기구(WTO)에 가입하였고, 이젠 경제적으로나 군사적으로도 강대국의 반열에 서게 되

---

39) 임양택(1999), 「아시아의 대예측」, 서울: 매일경제신문사; 林陽澤(1999), 「21世紀 亞洲經濟的 展望与 挑戰」, 北京: 中國社會科學院; 임양택(2021), <'정의로운 국가와 행복한 사회'를 위한 신(新)실용주의(實用主義) 철학과 정책>, 도서출판: 박영사.

40) 나폴레옹(Napoléon, 1769~1821)은 '내 사전에 불가능이란 없다'로 잘 설명된다. 그는 프랑스령의 외딴 섬 코르시카 출신으로 가난과 설움 속에서 군사학교를 졸업하고 뛰어난 능력으로 프랑스 구국의 영웅이 되었다. 그는 오합지졸의 군대를 단 며칠 만에 최정예 부대로 변화시키는 탁월한 지도력으로 1797년 10월까지 16만 명의 포로와 2천대 이상의 대포를 전리품으로 주머니에 넣고 귀국했다. 프랑스의 영웅, 우상이 탄생하였다. 프랑스의 군인·제1통령·황제. 프랑스혁명의 사회적 격동기 후 제1제정을 건설했다. 제1통령으로 국정을 정비하고 법전을 편찬하는 등 개혁정치를 실시했으며 유럽의 여러 나라를 침략하며 세력을 팽창했다. 30대 초반에 프랑스 황제로 등극해 유럽의 절반을 제패하고, 교육, 종교, 문화, 법률 등 오늘날 프랑스의 초석을 남긴 인물이다. 지난 세기 프랑스 위인열전에서 항상 1등의 자리를 고수한(그도 결국 20세기 드골에게 선두 자리를 내준다.) 위대한 인물이다. 나폴레옹(Napoléon, 1769~1821)은 단 한 번도 전투에 임하지 않았다고 하더라도 프랑스에 남긴 행정체제와 시민개혁 만으로도 여전히 역사상 가장 위대한 지도자의 하나로 평가될 것이다. 이는 영국의 역사학자 앨리스테어 혼의 나폴레옹(Napoléon, 1769~1821)에 대한 평가이다. 오늘날까지 영웅의 아이콘인 나폴레옹(Napoléon, 1769~1821)이라는 인물은 매우 다면적인 사람이다. 정복자로서, 정치인으로서, 군인으로서, 그리고 황제로서 각 방면에 뛰어난 업적을 남겼다. 나폴레옹(Napoléon, 1769~1821)에 대한 책이 60만 종이 넘는다는 사실만 보아도 그가 프랑스와 유럽에 미친 영향력을 짐작하기 어렵지 않다. 베토벤은 나폴레옹을 영웅으로 여겼다(훗날 나폴레옹이 황제가 되자 속았다면서 이러한 생각을 버렸지만). 그러나 러시아 원정 실패로 엘바섬에, 워털루전투 패배로 세인트 헬레나섬에 유배되었다.

었다.

　중국은 지난 베이징 올림픽(2008. 08)을 기존의 인구대국, 군사대국과 같은 '하드파워 대국'에서 문화대국을 포함한 '소프트파워 대국'으로 도약할 수 있는 계기로 삼고 '세계 속의 중국'을 홍보하였다. 지금까지 아시아에서 올림픽이 개최된 것은 1964년 도쿄올림픽, 1988년 서울올림픽, 2008년 베이징 올림픽의 세 번뿐이다. 일본은 도쿄올림픽(1964년) 개최를 계기로 세계 2위의 경제대국으로서 명실상부한 아시아 대표국가의 자리를 확보하였다. 한국은 서울 올림픽(1988년)을 계기로 선진국 진입의 발판을 마련하였다. 중국도 베이징 올림픽(2008년)의 성공적 개최를 통해 지역강국을 넘어 명실상부한 세계대국(global power)으로 부상하였다.

　영국의 역사학자 겸 저널리스트인 마틴 자크(Martin Jacques)는 그의 저서, <중국이 세상을 지배하는 날>(When China Rules The World, 2009년)에서 중국이 미국에 필적하는 초강대국 지위를 확보하는 것은 의심의 여지가 없다는 확신을 갖고 '팍스 시니카'(Pax Chinica)의 미래를 다음과 같이 묘사하고 있다: 위안화가 달러화를 밀어내고, 뉴욕과 런던을 대신하여 상하이가 세계 금융의 중심지로 떠오르고, 유럽의 주요 도시들이 오늘날의 로마 혹은 아테네처럼 영광스러웠던 과거의 유물로 전락하고, 중국어와 영어가 나란히 세계 공용어로 자리 잡고, 공자(孔子, BC 551~479)가 플라톤(Platon, BC 428~347)만큼 세계 시민에게 친숙한 존재가 된다는 것이다.

　그렇다면, 세계대국이 된 중국이 향후 어떤 행보를 취할 것인가? 2008년 중국과학원은 <중국 현대화 보고>(中國 現代化 報告)를 통해 '평화의 비둘기 전략(和平鳩戰略)'을 제안하였다. 이 전략은 그 하위체계로서 아시아를 대상으로 하는 '작은 평화의 비둘기 전략'(小和平鳩戰略)을 포함하고 있다. 이 전략에 따르면, 중국은 2050년까지 중등 선진국, 2100년까지 명실상부한 선진국을 지향하고 있다. 이를 위해 중국은 유엔(UN)을 앞장세우고, '아시아국가연합'을 몸통으로 하며, 좌우 날개에 '아시아·태평양 경제협력기구'와 '아시아·유럽 경제협력조직', 그리고 꼬리부분에 남미, 대양주, 아프리카를 포진시키고 있다. 이러한 중국의 구상이 진정한 '조화세계'(和諧世界)를 이루려는 것인지, 아니면 중화(中華)제국의 부활을 통한 세계패권을 추구하려는 것인지는 두고 보아야 할 것이다.

　마틴 자크(Martin Jacques)는 '이네올로기'(Ideology) 대신에 '문화'(Culture)가 미래의 가치 기준이 될 것이며, 이것이 바로 중국이 21세기의 '수퍼 파워'(Super Power)가 될 수 있는 가장 핵심적 이유라고 주장한다. 그리고 중국의 광대한 영토와 인구, 한족(漢族)이 중국전체 인구의 92%를 차지하는 문화적 동질성과, 중국문명이 세계의 중심이라는 뿌리 깊은 중화(中華) 사상은 새로운 문화적 지배력의 원천이 될 것이라고 주장한다. 즉, 지난 200년의 굴욕을 딛고 부활하는 중국은 미국의 이미지를 모방한 중국이 아니라 유구한 중국 문명의 이미지에 충실한 중국이 될 것이라고 주장한다.

1) 중국의 개혁·개방

2008년 12월 18일은 중국 공산당(제11기 중앙위원회 제3차 전체회의)이 '개혁·개방'을 선언(1978. 12. 18)한 지 30주년이 된 역사적인 날이었다. 중국 공산당 산하 중앙당교(中央黨校)가 발행하는 주간 '학습시보' 최근호는 "개혁·개방은 '어쩔 수 없이 선택한 역사적 필연'이었으며, 여기엔 크게 3가지의 역사적 배경이 작용했다"고 주장했다.[41]

① 가장 직접적인 배경은 문화대혁명(1966~1976)의 좌경적 오류에 대한 반작용이다. 문화대혁명의 10년간 중국은 약 5,000억 위안(약 100조 원)의 국내총생산(GDP) 손실을 본 것으로 추산됐다. 이는 중국 건국 이후 30년간 투자한 기초 인프라 건설비의 80%에 이르는 막대한 금액이다.

② 중국의 경제와 과학기술이 크게 낙후됐다는 자각이었다. 건국 초기에 세계 40위권이었던 1인당 GDP 역시 175위까지 떨어졌다. 특히 당시 중국의 무역액이 1950년대 중국 산둥(山東) 성의 경제규모와 비슷했던 한국의 무역규모에도 뒤처졌다는 사실은 중국 지도부를 분발케 했다.

③ 중국 공산당이 지금 개혁을 하지 않으면 중국의 사회주의는 멸망할 것이라는 위기의식이었다.

그러나 마오쩌둥(毛澤東, Máo Zédōng, 1893~1976)이 제기한 정책은 굳건히 옹호해야 하고 그의 지시는 시종일관 따라야 한다'는 이른바 '량거판스(兩個凡是)'의 사회 기류가 여전히 위세를 떨치고 있던 당시, 덩샤오핑(邓小平, Dengxiaoping, 1904~1997)은 진리를 검증하는 유일한 기준은 마오쩌둥(毛澤東)의 지시 여부가 아니라 실천이 돼야 한다고 사상의 해방을 역설했다. 예젠잉(葉劍英), 이셴녠(李先念), 천원(陳雲) 등이 덩샤오핑(邓小平)의 사상해방을 지지하면서 중국의 개혁·개방은 점차 세력을 얻기 시작했다. 1978년 11월 10일부터 12월 15일까지 격렬한 토론을 거듭한 중국 공산당의 중앙공작회의에서는 당의 업무 중점

---

41) 동아일보, "[中 개혁개방 30년]<上>: 성장의 빛과 그늘", 2008. 12. 16을 참조.

을 계급투쟁보다 경제건설에 두며 진리의 표준은 실천이라는 개혁·개방의 핵심 내용이 채택됐다. 그 이후, 중국의 개혁·개방 30년을 정돈하면 다음과 같다:

중국의 대내적 개혁은 인민공사를 가족경영책임제로 전환했다. 이 개혁의 파고는 이내 도시로 밀려들었고 노동·생산·생활의 공동체였던 도시의 단위 체제를 해체했다. 노동시장은 유연화되었고, 상당수 국유기업은 주식회사로 전환되었으며, 농민들에게는 토지 사용권과 양도권이 허용됐다. 또한, 이러한 변화는 대중의 의식구조를 근본적으로 개혁했다.

1980년대 개혁·개방 당시, 중국경제에는 자본과 기술, 시장이 절대적으로 부족하였다. 사실, 대약진운동(1958~1960)과 문화대혁명(1966~1976)으로 국민경제는 붕괴 일보직전이었다. 따라서, 당시의 중국이 채택할 수 있었던 전략은 외자기업에 의존한 수출 주도형 불균형 성장 전략 밖에 없었다. 1980년대부터 본격적으로 추진되었던 '점(點) → 선(線) → 면(面)'[42]의 외자유치 정책은 1990년대 미국 클린턴 정부의 대(對)중국 우호전략과 맞물리면서 크게 성공을 거두었다.

외자유입액이 1990년 불과 35억 달러에서 2000년 이후에는 매년 600억 달러대로 급증하였으며 연간 투자건수도 1990년대 초 7천여 건에서 2000년대에는 4만여 건으로 증가하였다. 2005년 말까지 중국에 유입된 외국인직접투자(FDI) 규모는 6,224억 달러, 중국정부가 설립을 허가한 기업 수는 약 55만 개에 달한다. 미국의 격주간 경제종합지 포춘(Fortune)이 선정한 세계 500대 기업중 450개 기업이 중국에서 생산을 하고 있다. 2005년 기준으로, 외자기업은 중국 제조업 부가가치 중에서 29%를, 수출의 58%를 각각 차지하고 있었다.

특히, 중국의 세계무역기구(WTO) 가입(2001. 11)은 중국을 세계경제의 궤도에 올려놓았던 역사적 사건이었으며 중국경제의 고도성장에 결정적 역할을 하였다. 중국은 저렴한 생산비를 바탕으로 '세계의 공장' 역할을 담당하면서 미국계 다국적 기업이 주도하는 국제분업 구조에 적극 참여하였다. 이 결과, 중국의 교역규모는 지난 5년간 무려 2.8배나 증가하였으며, 그 결과 2005년도 GDP 대비 교역의존도는 63%로 세계 평균치보다 15% 포인트나 증가하였다.

임가공 위주의 수출주도형 성장전략 결과, 중국은 1990년대 중반부터 무역수지 흑자를 창출하였나. 2005년에는 무역수지 흑자 규모가 1,000억 달러를 넘어섰다. 여기에 연간

---

42) 點은 선전(深圳)을 비롯한 5개의 경제특구, 線은 북쪽의 다롄(大連)에서부터 남쪽의 베이하이(北海)까지 연안 12개 도시의 14개 경제기술개발구를 의미하며, 面은 주장(珠江) 삼각주, 창장(長江) 삼각주를 비롯 랴오둥(遼東)반도, 교동반도 등 경제개방구를 의미함.

600억 달러대의 외국인직접투자(FDI)가 가세하면서 중국의 외환보유고는 급격하게 증가하였다. 중국의 외환보유고는 1조 9,500억 달러(2009. 01 기준)로 일본(1조 109억 5,800만 달러, 2009. 01 기준)을 제치고 세계 제1위를 기록하였다.

그러나, 최근에 들어, 지난 5년간(2002~2007) '고성장(성장률 10% 이상)·저물가(물가상승률 2% 이내)' 기조가 퇴조하고 있다. 경제성장률은 2007년 2분기 12.6%를 정점으로 하락 추세(2008년 2분기 10.1%, 2009년 1분기 6.3%)이며, 물가상승률은 2007년 하반기부터 뚜렷한 상승 추세 나타내다가 최근 다소 하락하고 있다.

[표 1] 중국의 개혁·개방 30년

1978년 12월	중국 공산당 제11기 중 앙위원회 제3차 전체회의 개혁개방 선언
1980년 8월	선전(深, Shenzhen), 주하이(珠海)를 경제특구로 지정
1984년 4월	상하이(上海) 등 동남부 14개 연안도시 개방
1989년 6월	톈안먼(天安門)사태로 자오쯔양(趙紫陽) 총서기 실각
	장쩌민(江澤民), 당 총서기로 취임
1992년 1~2월	덩샤오핑의 남순강화(南巡講話)
1992년 10월	중국 공산당 제14차 전국대표대회, 사회주의 시장경제 공식화
1997년 2월	덩샤오핑의 사망
2001년 12월	중국의 세계무역기구(WTO) 가입
2002년 11월	중국 공산당 제16차 전국대표대회, 3개 대표론 당장(黨章) 삽입
	후진타오(胡錦濤) 당 총서기 취임
2004년 3월	사유재산권 보호조항을 헌법에 삽입
2005년 6월	상하이 푸둥(浦東)신구를 종합개혁시험구로 지정
2007년 3월	제10기 전국인민대표 대회 제5차 전체회의에서 물권법(物權法) 통과,
	사유재산과 국유재산을 똑같이 보호
2008년 8월	베이징(北京) 올림픽 개최

자료: 동아일보, "[中 개혁개방 30년]〈上〉: 성장의 빛과 그늘", 2008. 12. 16.

한편, 국내적으로도 2002년 말 등장한 후진타오(胡錦濤) - 원자바오(溫家寶) 체제는 2002년 11월, 제16기 全人大에서 제기된 '과학발전관'을 통해 "전면적 小康사회"와 "사회주의 和諧사회" 건설이라는 경제발전 전략 방침을 수립하였고, 이에 근거하여 2006년 3월에는 "11·5 규획"안(案)을 통해 경제성장의 방식에 있어서 기존의 '선부론(先富論)'으로 대표되는 고도성장 위주에서 '공동부유'(共同富裕) 추구의 안정적인 성장으로의 전환을 강조하고 있다.[43)]

사실, 2009년은 중국에게는 지난 개혁·개방의 30년 중에서 가장 어려운 한 해였다. 예로서, 티베트(西藏) 봉기 50주년, 톈안먼 사태(1989년) 20주년 등 갖가지 악재가 겹쳤다. 2009년 7월에는 신장(新疆) 위구르 자치구에서 소수민족 폭력사태가 발생해 1,000명 이상의 사상자가 발생했다.

그러나 중국은 글로벌 금융위기가 세계로 확산됐던 2009년을 무사히 넘겼을 뿐만 아니라, 이 위기를 경제대국으로 발돋움하는 기회로 활용하는 데 성공했다. 중국경제는 개혁·개방 후 약 30년간 연평균 10%대에 근접하는 고도성장을 지속한 결과, GDP 규모 세계 2위, 교역규모 세계 3위의 경제대국으로 부상하였다.

2008년 글로벌 금융위기 후, 중국에서 유행하는 말은 다음과 같다: '1979년엔 자본주의만이 중국을 구할 수 있었다(只有資本主義才能救中國). 2009년엔 중국만이 자본주의를 구할 수 있었다(只有中國才能救資本主義)'. 즉, 30여 년 전의 중국 개혁·개방이 서방의 자본주의 도움을 받았지만 현재 세계경제는 중국 덕분에 먹고 산다는 이야기다. 중국은 이제 맘에 들지 않는 서방의 경제 스탠더드에 대해선 '뿌(不·NO)'라고 말한다.

2) 중국의 '군사강국'으로 굴기(屈起)와 군사전략

2008년 하반기의 글로벌 금융위기 후, 2009년 11월 오바마 대통령이 후진타오(胡錦濤) 국가주석을 방문한 데 이어 2011년 1월 19일 후진타오(胡錦濤, Hú Jǐntāo, 1942~현재) 국가주석(당시)이 버락 오바마(Barack Hussein Obama, 44대: 2009~2017) 대통령을 국빈으로 방문하여 41개항 공동성명을 채택함으로써 G2(미국과 중국)시대의 개막이 공식화되었다.

원자바오(溫家寶) 중국 총리(당시)가 북한을 방문(2009. 10. 07)하였을 때 「한국동란」 (1950. 06. 25~1953. 07. 27)에 240만 명의 중국군이 참전하였다가 전사한 중국 인민지원군 열사 묘(평안남도 화창군)를 참배하여 마오쩌둥(毛澤東, Máo Zédōng, 1893~1976) 전(前) 국가 주석의 장남 마오안잉(毛岸英)의 묘소에 헌화하며 '이제 조국은 강대국이 되었다'고 告하였다.

중국은 건국 60주년 기념행사(2009. 10. 01)에서 19세기 중반 이후 100년 동안 겪었던

---

43) 2006년 3월 제10기 全人大에서 통과된 『국민경제와 사회발전 제11차 5개년 규획 요강』(國民經濟和社會 发展第十一次午年規劃要綱)은 2006~2010까지의 중국 경제·사회정책 운영의 청사진으로서, 중국경제의 국제경쟁력 강화는 물론 빈부격차 해소와 사회안정화 및 환경친화적이고 지속가능한 발전을 동시에 추구하고 있다. 『人民日報』, 2006年 3月 17日.

외침과 내란을 끝내고 1949년 「중화인민공화국」 수립을 선언한 이후 힘겹게 쌓아온 군사력을 상기의 기념식장에서 유감없이 과시하였다. 예로서 전략 핵무기를 실어나를 수 있는 신형 대륙간탄도미사일(ICBM) DF-31A를 비롯해 공중조기경보통제기, 장거리 지대지 미사일 등 50여종의 최신 무기를 선보였다. 중국이 그간 베일에 가려져 있던 군사력과 기술수준을 세계 앞에 드러내기 시작한 것은 '중국의 힘'에 대해 그만한 자신감을 갖게 됐다는 것을 의미한다.

중국은 2011년 국방예산을 2010년보다 12.7% 늘린 610억 위안(약 102조6,000억 원)으로 책정하는 등 군사력 강화에 매진하면서 미국 군사 패권 독주체제에 도전하고 있다. 이에 대응하여, 미국은 아프가니스탄에서는 빠지지만, 안보의 축을 동아시아로 옮기면서 중국과의 '태평양 패권 경쟁'을 가속화하고 있다. 특히 한국·일본·호주·필리핀·태국 등 '핵심 동맹', 인도·싱가포르·인도네시아 등 '핵심 파트너'들과의 협력을 통해 최대 경쟁자인 중국을 포위하는 전략을 쓰고 있다.

시진핑(習近平, Xí Jinpíng, 1953~현재) 국가주석은 2012년 중국공산당 18차 전국대표대회(당대회) 이후 군사 현대화 개혁을 추진하며 국방력 강화에 주력해 왔다. 2019년 10월 1일 톈안먼 광장에서 열린 건국 70주년 열병식은 중국이 '군사강국'의 면모를 드러낸 자리였다.[44] 이날 열병식엔 160대 군용기와 580여 대 군사 장비가 동원돼 톈안먼 광장을 수놓았다. 최신식 무기도 대거 눈에 띄었다. 그중 하이라이트는 중국의 차세대 대륙간탄도미사일(ICBM)인 둥펑-41의 '첫선'이었다. 사거리가 1만4,000km에 달하는 둥펑-41은 핵탄두를 10기까지 탑재하는 다탄두 미사일로 전 세계의 어떤 전략목표도 타격 가능한 것으로 알려졌다. 이외에도 중국이 과거 열병식 때 선보인 바 있는 둥펑-5B, 둥펑-31AG 등 신형 ICBM도 이날 등장했다.[45]

실제로, 중국 중·단거리 미사일 발사실력은 위협적이다. 중거리핵전력(INF) 조약은 미

---

44) 70년 전인 1949년 10월 1일, 마오쩌둥(毛澤東)이 베이징 톈안먼 광장에서 중화인민공화국 건국을 선언했을 당시만 해도 중국의 열병식은 초라했다. 톈안먼 광장을 누볐던 탱크는 모두 미국제 전리품이었고, 하늘을 날던 전투기는 일본군과 대만 국민당으로부터 몰수한 것이었다.

45) 2008년 10월 1일. 중국이 건국 60주년을 맞아 군사 열병식(퍼레이드)을 벌인 베이징 톈안먼 광장에 세계 언론과 군사전문가들의 이목이 집중됐다. 왜냐하면 중국이 신형 대륙간탄도미사일(ICBM)과 장거리 지대지(地對地) 순항미사일을 처음 공개한 것을 비롯하여, 50여 종의 육·해·공군 최신 무기들을 선보였기 때문이다. 예로서, DF-31A는 사정거리 1만2,000km 이상인 다탄두(多彈頭) 각개유도(MIRV) ICBM으로, 중국의 대표적인 신세대 전략 핵무기. 미국이 군사 초강대국 역할을 하는 데 중추적 존재인 항공모함 전단(戰團)을 공격할 수 있는 사정거리 2,000여km의 탄도미사일 DF-21, 수백km 떨어져 있는 적기의 움직임을 추적·감시하는 공중조기경보통제기 KJ-2,000·KJ-200 등이 공개됐다.

국과 소련(러시아)이 1987년 맺은 것으로, 핵탄두 장착이 가능한 양국의 중·단거리 미사일을 모두 폐기하는 것을 주요 내용으로 한다. 이에 따라 미국과 러시아가 핵탄두 미사일 개발을 중단한 반면에, 중거리핵전력(INF)에 참여하지 않는 중국은 그동안 미사일 전력을 증강시켜 왔다. 중국의 커지는 군사 위협에 도널드 트럼프(Donald John Trump) 대통령(45대: 2017~현재)이 2018년 중거리핵전력(INF) 조약을 깨고 중거리 미사일 발사 실험에 매진하기 시작한 이유다.

홍콩 명보(明報)는 "중거리핵전력(INF) 조약 제약을 받지 않는 중국의 미사일 기술 수준은 이미 미국을 뛰어넘었다"고, 600대 주력탱크와 1만여 대 장갑차를 보유한 중국 장갑기계화부대는 전 세계 육군 중 규모로만 보면 으뜸이라고 보도했다. 또한, 미국 외교·안보 전문지 더 내셔널 인터레스트(The National Interest)는 99A를 중국의 가장 치명적인 5개 신무기 가운데 최고라고 극찬했다. 중국의 99A는 최고의 성능을 자랑하는 중국의 주력전차다. 화력·기동력·방호력·화력 제어 및 조준 등에서 세계적 성능을 구비했다. 독일 주간지 포커스(FOCUS)도 세계 10대 최강 탱크 순위에서 99A를 독일의 전차 레오파르트 2(Leopard 2 Main Battle Tank)와 미국의 M1A2 다음으로 우수한 전차로 선정했다. 이 매체는 중국의 99A가 이미 러시아의 T-90과 영국의 챌린저2(Challenger 2)를 능가한다고 평가했다.

이날 건국 70주년 열병식에 등장한 대형수송기 윈(運·Y)-20, 최신예 스텔스기인 전투기 젠-20을 비롯해 홍(轟·H)-6N 폭격기, 젠-15 항공모함 함재기 등도 중국 공군의 현대화 수준을 보여줬다는 평가가 나온다. 이밖에 중국 해군이 현재 보유한 전함은 모두 714척(약 90만 톤)이며, 첫 번째 항모 랴오닝(遼寧·5만860t)에 이어 첫 자국산 항공모함인 7만톤 급 '001A함'도 이미 진수돼 2020년쯤 취역할 전망이다. 물론 이는 415척(350만 톤) 함선과 11척 항공모함을 보유한 1위 미국과 아직 커다란 차이가 있지만 그래도 위협할 만한 수준이다.

또한, 홍콩 명보(明報)는 600대 주력탱크와 1만여 대 장갑차를 보유한 중국 장갑기계화부대는 전 세계 육군 중 규모로만 보면 으뜸이라고 보도했다. 중국의 99A는 최고의 성능을 자랑하는 중국의 주력전차다. 화력, 기동력, 방호력, 화력 제어 및 조준 등에서 세계적 성능을 구비했다.[46]

---

46) 포탑 정면에 1m가 넘는 두께의 장갑을 탑재해 방호력도 대폭 강화했다. 99A는 일반 추가장갑을 탑재한 독일의 레오파르트, 프랑스의 르클레르(Leclerc Main Battle Tank)보다 훨씬 방호력이 우수하다는 것이 중국의 자체 평가다. 평황망은 99A에 신형 폭발반응 장갑과 기타 장갑을 추가로 탑재하면 1,000mm급 관통력을 가진 포탄에 견딜 수 있다고 설명했다. 기동력도 미국과 러시아의 전차에 비해 우수하다고 강

중국 바이두바이커(百度百科)의 소개에 따르면, 미국 외교·안보 전문지 더 내셔널 인터레스트(The National Interest)는 99A를 중국의 가장 치명적인 5개 신무기 가운데 최고라고 극찬했다. 독일 주간지 포커스(FOCUS)도 세계 10대 최강 탱크 순위에서 99A를 독일의 전차 레오파르트2(Leopard 2 Main Battle Tank)와 미국의 M1A2 다음으로 우수한 전차로 선정했다. 이 매체는 중국의 99A가 이미 러시아의 T-90과 영국의 챌린저2(Challenger 2)를 능가한다고 평가했다.

미국 국방부도 2019년 5월 '중국 군사력 보고서'를 발표해 "중국군 위협이 나날이 커지고 있다", "중국 인민해방군이 육·해·공·미사일 등 방면에서 미국과 우위를 다투고 있다"고 중국의 군사력 증강에 우려를 표했다. 미국을 비롯한 세계 각국의 중국 군사굴기를 향한 우려 섞인 시선에 중국은 패권(霸權)을 도모하지 않겠다고 주장해 왔다.

중국 국방부는 2019년 7월 발표한 '국방백서'에서도 방어적 국방정책을 강조하면서 패권 및 확장을 도모하지 않겠다는 뜻을 피력했다. 하지만 동시에 국제 정세와 안보가 불안한 상황 속에서 국가 주권과 안전을 확고히 지키겠다고도 했다. 특히 대만을 겨냥해 평화통일과 일국양제(一國兩制·한 국가 두 체제) 방침을 견지한다면서도 누군가 대만을 중국에서 분리시키려 한다면 중국군은 그 어떤 대가를 치르고서라도 국가통일을 수호할 것이라고도 경고했다. 사실상 무력통일 가능성도 완전히 배제하지 않는 것이다. 미·중(美·中) 무역전쟁 속에서 미국이 대만에 22억 달러(약 2조6,000억 원) 규모의 무기 판매를 강행하고, 홍콩 소요 사태로 인한 정국 불안을 우려한 중국이 강력한 국방력을 통해 존재감을 드러내고 있는 것으로 풀이된다.

한편, 미국은 중국 본토의 아킬레스건인 대만(臺灣)과의 군사협력을 강화하기 위하여 ① '대만관계법'(1979년)의 제정[47], 대만에 대한 첨단무기 판매, 미국-대만 간의 군사회담의 개최 등 군사안보적 측면에서의 대만과의 관계 강화, ② '핵태세 검토 보고서'(NPR: Nuclear Posture Review)의 작성과 인권보고서를 통한 중국에 대한 외교적 압력을 직·간접적으로 행사해 왔다. 이에 대한 중국의 대응전략으로서 1980년대 덩샤오핑(邓小平, Dengxiaoping, 1904~1997)의 오른팔이었던 중국 해군제독 류화칭(劉華淸)의 3가지 장기전략을 참고할 수

조했다. 미국의 M1A2와 러시아의 T-80전차는 모두 제트엔진을 사용하지만, 99A는 디젤엔진을 사용한다. 제트엔진을 탑재한 전차는 엄청난 속도를 자랑하지만 도하(度河) 능력은 현저히 떨어진다.

47) 부시(George W. Bush) 대통령은 아시아 순방(2002. 02) 중 일본과 중국에서 잇따라 미국은 '대만관계법'을 지킬 것이라고 명확하게 천명한 바 있다. '대만관계법'(1979년)은 중국이 대만을 침공하거나, 중국의 대만에 대한 군사적 위협에 대처하기 위해 미국이 대만에 무기를 의무적으로 팔도록 강제하고 있으며 1979년 중·미(中·美) 외교관계 수립에 맞추어 제정됐다.

있다:

① 오키나와 제도를 기점으로, 대만·필리핀·보르네오에 이르는 선을 '제1열도선'으로 정하고, 이 해역에서 미군의 영향력을 배제한다는 것이다.

② 2030년까지 항공모함 부대를 완성해 오가사와라 제도에서 괌·사이판·파푸아뉴기니에 이르는 '제2열도선'의 해역에 제해권을 확립한다는 것이다.

③ 2040년까지 서(西)태평양과 인도양에서 미국의 지배권을 꺾는다는 것이다.

중국은 상기한 목표 달성 시기는 다소 늦을 지라도 착실하게 실현되어 왔다.(長島昭久, 前 자위대 방위정무관, 2010. 04. 19, 일본잡지 <주간신조> 보도 번역) 2009년 5월 중국 최고위 해군 장교가 미(美) 태평양사령관 키팅 대장에게 제의한 말이다: "중국이 항모를 갖게 되면 중국과 미국이 인도양과 태평양을 분할해 관리하자"고 제의했다는 점이다(중앙일보, 2011. 09. 08) 드디어, 이를 실현하려는 듯 첫 중국 항모가 시험항해를 시작했다. 그러자 해양에서 세력균형이 무너질 것을 우려한 미국이 항모 사용목적을 밝히라고 중국에 압박의 포문을 열었다. 중국 국방부는 연구·훈련용이라고 자세를 낮추고 있지만 궈젠웨(郭建躍) 중국군 대령은 해방군보 기고를 통해 중국 항모는 영토분쟁 등 국익보호에 사용할 것임을 분명히 했다.

중국은 동아시아 해양에서 미(美) 해군의 개입을 저지하는 '접근거부 전략'을 강화하고 있다. 이는 대만 등 중국 근해에서 분쟁 시 미군의 접근을 억제, 지연, 거부하는 전략으로서 지금까지 미국 중심의 해양질서를 깨트리는 것이다. 중국이 드디어 미국의 해양패권에 노(No)라고 말하기 시작했다. 대만의 독립 제지는 물론 남(南)중국해를 핵심이익으로 규정하고 영유권 분쟁에 미국 개입 시 일전불사의 의지를 보이고 있다. 중국은 남(南)중국해에서 중국 전투기의 미 해군 정찰기 EP-3에 대한 공중 충돌을 시작으로 21세기 들어 5회에 걸쳐 미 해군 활동을 물리적으로 제지했다.

중국의 해양 팽창 전략은 미국의 해양패권에 중대한 도전이다. 제2차 세계대전 이래 미국의 세계전략은 해양통제를 전제로 한 개입전략이다. 만약 중국의 도전으로 미국 중심의 해양질서가 무너지면 미국의 세계전략은 전면 수정이 불가피하다. 따라서 미국은 결코 중국의 해양패권 도전을 용납하지 않을 것이다. 미국은 전진방어를 강화하고 태평양에 미 해군 세력의 60%를 배치했다. 괌기지를 확장하고 싱가포르에 최신형 스텔스 전투함을 배치하는 등 중국 견제를 강화하고 있다.

따라서 미국과 중국의 해양패권 경쟁은 불가피하게 되었다. 그러나 대양에서 양국 간의 한판 승부로까지 갈 가능성은 희박하다. 정면 충돌 시(時) 중국은 경제가 후퇴할 뿐 아니라 지상 국경에 잠재 적국을 두고 있어 해양에 전력투구가 어렵다. 더욱이 20년 이상 미국에 뒤진 군사기술을 단기간에 따라잡기도 쉽지 않다. 미국 또한 금융위기로 경제가 침체되고 늘어난 국가부채로 사상 첫 국가신용등급이 강등되는 위기를 맞았다. 경제회복을 위해 향후 10년간 6,000억 달러의 국방예산을 삭감할 처지다.

물론, 미·중 간 해양에서의 전면 무력 충돌은 어려우나 우발적 국지분쟁 가능성은 상존한다. 그 시기는 미국이 중국을 독단적이며 침략적이라고 생각하고, 중국은 미국이 쇠퇴하고 있다는 인식이 강해질 때다. 이럴 때 핵심이익이 위협받으면 분쟁으로 이어진다. 대표적인 것이 서해상 남·북한 무력충돌이다. 이때 미(美) 항모 진입에 대항해 중국이 자국 안보를 이유로 개입해 상황 악화 시 중국은 북한 카드를 언제든지 전면에 내놓을 수 있다.

다른 한편으로, 1997년 중·러 양국 정상은 모스크바에서 '다극적 세계와 새로운 국제질서의 형성에 대한 중·러 공동선언'을 통해 양국의 공동목표로 21세기 전략적 상호관계를 위한 '동반자 관계'를 선언했다.[48] 러시아의 이바노프(Igor Ivanov) 전(前) 외무부 장관은 "러·중 양국은 이 지역에서의 안전보장을 최우선과제로 생각하고 있고 포괄적인 다자간 정치적 협력을 위한 조건을 만들려고 노력하고 있다"[49]고, 또한 러·중 양국 간의 동반자 관계가 아시아의 안정을 강화하고 국제관계 체제를 균형있게 만드는 데 중요한 기여를 했다고 각각 설명했다.[50]

상기한 중·러 양국 간의 전략적 유대 강화는, 전술한 바와 같이 미국의 일극(一極)주도를 견제한다는 의도에서 비롯된다. 러시아 측에서 보면 중국은 아-태지역에서 러시아의 입지를 강화시켜 주는 데 의존할 수 있는 유일한 세력인 반면에 중국 측에서 보면 러시아는 이 지역에서 힘의 균형을 유지하기 위한 요소라고 할 수 있다.[51]

미국의 독주를 견제하기 위한 러시아와 중국 간의 전략적 협력은 다음과 같은 경제력과 군사력의 상호보완성에서 더욱 큰 의미를 갖고 있다. 즉, 러시아에 있어서 중국은 핵발전소 건설을 위한 설비와 기술 제공, 군사무기 판매, 에너지 자원의 수출 등 러시아 경제 발전을 위해 대상국가로서 중요성을 갖고 있다. 또한, 해군 및 공군력이 약한 중국에 있어

---

48) 또한, 러시아는 중국과의 '전략적 동반자' 관계뿐만 아니라 인도와의 '전략적 동반자' 관계를 추구하였다. 2000년 10월 푸틴대통령의 인도방문을 계기로 '러시아와 인도의 전략적 동반자 관계에 대한 선언'을 통해 양국 간의 관계를 강화했다.

49) Igor S. Ivanov(2002), The New Russian Diplomacy, Washington, D. C.: The Nixton Center, p 122.

50) Igor S. Ivanov(2002), Ibid, p 123.

51) 최태강(2004), 「러시아와 동북아」, 서울: 오름, p 63.

서 러시아는 첨단 군사무기 및 제조기술을 제공받을 수 있는 유일한 국가이다.[52] 또한 중·러 양국은 1996년 '상하이 협정'(Shanghai Agreement)을 통해 경제협력을 강화하고 있으며 2005년 양국은 최초로 대규모 합동 군사훈련을 실시하는 등 안보협력도 강화해 가고 있다.[53]

한편, 중·일(中·日)의 세력갈등은 최근에 시진핑(習近平, Xí Jìnpíng, 1953~현재) 주석의 '구동존이(求同存異) 즉, 같은 것을 추구하고 다른 것은 남겨두자'에 의하여 수면 아래에 잦아들고 있다. 그는 2015년 4월 22일 아시아·아프리카 정상회의(이른바 반둥회의) 기조연설에서 강조했다. 즉 "일제 침략으로 큰 피해를 본 중국이 일본에 보복 대신 포용하는 모습을 보이는 것은 '관용적 대국' 이미지를 만드는 데 도움이 된다"고 했다.

다른 한편으로, 중국은 동북3성의 경제개발과 동해 및 태평양으로의 진출을 위해 북한의 나진항에 눈독을 들이고 있다.[54] 그 요인은 동북 지역의 수출·입 창구인 다롄(大連)항이 포화상태이며, 북한의 나진항이 지린(吉林)과 헤이룽장(黑龍江) 지역에 근접(훈춘~다롄은 1,300km인 반면에, 훈춘~나진은 93km)해 있어 동해로 진출할 수 있기 때문이다.[55]

또한, 중국은 끊임 없이 만리장성(萬里長城)을 늘이며 역사 왜곡을 자행하고 있다. 2009년부터는 만리장성 동단(東端)이 압록강변이란 터무니없는 주장을 계속하고 있다. 상술하면, 2009년 이전까지는 만리장성 동단의 허베이성(河北省) 친황다오시(秦皇島市)의 산해관(山海關), 서단은 간쑤성(甘肅省) 가욕관(嘉峪關)으로 알려져 왔다. 그런데 이런 정설을 뒤집고 만리장성 동단이 산해관이 아니라 압록강 하구라고 주장하는 것이다. 그 근거(根據)로서, 2015년 1월 27일 중국 랴오닝성(遼寧省) 지역 일간지 화상신보(華商晨報)는 <랴오닝성(遼寧省) 문물고고연구소>가 2014년에 추진했던 중대 사업으로 압록강 유역 명(明)의 요새 유적 발굴을 꼽았다. 상기 연구소는 2014년 랴오닝성(遼寧省) 단둥(丹東)시 러우팡(樓

---

52) 최태강(2004), Ibid, pp. 59~62.

53) 이에 대응하여, 미국과 일본은 중-러 합동군사훈련에 맞서 2006년 1월 중순 센카쿠 열도(釣魚島) 일대에서 합동군사훈련을 실시하였다. 이것은 중국을 가상적으로 규정한 훈련이었다.

54) 나진항은 총면적 38만㎡(약 11만 5천 평)이며 총 10개 선석을 갖추고 있다. 연간 화물처리 능력은 300만 HEU로 추정된다. 나진항은 한반도·중국·러시아를 잇는 전략적 요충지며, 수심이 깊어 항만 개발에 유리한 조건을 갖추고 있다. 북한은 1991년 12월 나진·선봉지역을 자유경제무역지대로 설정했으나 뚜렷한 성과를 거두지 못했다. 최근 중국은 총 10억 달러 이상 투자할 의사를 북측에 통보했는데, 투자 항목은 훈춘~나진구간 철도 건설, 나진항 부두 건설, 도로망 건설과 재정비, 보세구 및 공업구 건설 등이다.

55) 대외경제정책연구원(KIEP, 2007)은 최근<북핵과 북중 경제관계 전망>보고서에서 "중국은 북한과의 도로·항만·지역 일체화라는 전략목표에 따라 단둥(丹東)~신의주, 지안(集安)~만포, 훈춘~나진·선봉 등 접경도시간 연계 인프라 개발사업에 집중투자할 가능성이 크다"고 주장했다.

房)진 둥청(東城)촌 동쪽의 압록강 지류 하천변에 있는 요새 유적 1만8,800㎡를 발굴한 후 1565년 명(明)이 세운 만리장성 동단이라고 주장했다. 상기의 주장은 중국 영토 만주(滿洲)에 세워졌던 나라는 모두 중국 변방 소수민족의 지방 정권이란 억지 주장을 펴기 위한 것이다. 중국이 집요하게 황당무계한 역사 왜곡과 날조를 자행하는 근본 원인은 중국 역사의 뿌리가 한국역사보다도 짧기 때문이다.

또한, 중국 정부는 최근 동북지역의 창춘(長春)－지린(吉林)－투먼(圖們)시를 연결하는 '창지투(長吉圖) 개발·개방 선도구'의 사업을 승인했다(조선일보, 2009. 11. 18). 중국 정부는 특히 옌볜시와 훈춘시 등 두만강 유역을 집중 개발한 뒤 북한의 나진항을 통한 동해 항로도 개척한다는 계획이다. 중국은 이미 훈춘과 나진을 연결하는 도로 개설 조건으로 나진항 1호 부두 독점 사용권을 북한으로부터 받아냈다. 훈춘－나진－동해 항로를 이용하면 지린 성(省)과 헤이룽장(黑龍江) 성(省)에서 생산되는 광물자원과 농산물, 공산품을 수송하는 물류비를 대폭 절감할 수 있다.

3) 기축통화(基軸通貨)로서의 위안화

2009년 후진타오(胡錦濤, Hú Jǐntāo) 전(前) 국가주석과 저우샤오촨(Zhou Xiaochuan) 런민(人民)은행장은 주요 20개국(G20) 런던 회의 등에서 국제금융 체계의 개혁을 촉구했다[56]. 마침내 2010년 열린 서울 G20 회의는 중국의 국제통화기금(IMF) 내 쿼터를 늘리는 개혁안을 채택했다. 그러나 이 개혁안은 미국의 반대로 연기됐다. 이어서, 중국은 달러, 유로, 파운드, 엔화에 이어 위안화를 IMF 특별인출권(SDR) 통화 바스켓에 포함시키려고 시도해 왔었다.

드디어 2016년 10월 1일, 국제통화기금(IMF)은 위안화를 국제통화기금(IMF)의 특별인출권(SDR) 기반통화에 편입(비율: 위안화 10.92%, 미국 달러화 41.73%, 유로화 30.93%)시켰다. 이 결과, 세계 최대 무역 대국 중국이 미국(달러), 유럽(유로)과 함께 세계 3대 '기축(基軸)통화국'으로 등극했다. 특별인출권(SDR)은 IMF가 만든 가상 국제통화이다. 무역 거래나 금융 거래에는 사용되지 않고, IMF와 각국 정부·중앙은행 간 거래에만 사용된다. 특별인출권(SDR)을 구성하는 화폐에 위안화가 포함된 것은 준(準)기축 통화의 지위를 획득한 것으로 볼 수 있다.[57]

---

56) 동아일보(2015. 04. 20), "달러와 위안화의 정면 승부 AIIB"

미국이 주도하는 IMF가 위안화의 특별인출권(SDR) 편입을 허용한 이유는 중국의 금융 파워가 급격하게 커지고 있기 때문이다. 중국의 국내총생산(GDP)은 11조2,119억 달러 (2014년 IMF 기준)로 18조1,247억 달러인 미국의 61.8% 수준까지 추격한 상태다. 2010년까지 통계상 미미하던 위안화의 국제 결제 통화 비중도 지난 8월 2.79%까지 상승해 엔화 (2.76%)를 제치고 세계 4위가 됐다.

여기서 유의할 것은 아시아의 대(對)중국 교역이 급증해 위안화는 달러를 대신해 아시아 중심통화로 성장할 여지가 크다는 점이다. 2008년 중국의 대(對)아시아 교역규모는 1조 125억 달러로 미국의 5,539억 달러의 2배에 근사하다. 2000년의 경우 중국의 대(對)아시아 교역은 2,407억 달러였던 반면에, 미국의 그것은 3,044억 달러이었다. 중국과 아시아가 협력하여 위안화를 결제통화로 사용한다면 아시아 국가들도 달러 보유의 필요성이 그만큼 줄어들어 혜택을 볼 것이다.

중국은 장기적으로 위안화를 기축통화(基軸通貨, key currency)로 만들기 위해 위안화의 자유태환과 국제화 → 아시아 지역 중심통화 → 기축통화(基軸通貨) 순으로 전략을 추진해 왔다. 상술하면, 중국은 아시아에서 1차적으로 대만 및 홍콩 등 중화경제권과의 교역 시 위안화 사용을 확대하고 그 이후 동남아 전역으로 확대해 왔다. 그 이후 한국과 일본과의 교역에서도 위안화 결제 확대를 추구해 왔다.[58] 만약 동아시아 전체 국가가 중국과 통화동맹을 창설하면, 후생은 5.77% 증가하지만 일본과 창설하면 3.67% 증가에 그치는 것으로 분석되었다.[59]

실제로, 위안화 결제는 1차적으로 교역규모가 많고 경제적 통합이 심화된 홍콩과 대만을 중심으로 추진되고 있으며 점진적으로 동아시아 전체로 확대되고 있다. 홍콩과는 실질적으로 경제통합이 이루어지고 있고, 대만 국민당정부와의 관계도 급속히 개선되고 있다. 중국이 무역적자를 기록하고 한국 및 동남아 국가와 위안화 결제를 한다면 위안화의 해외

---

57) 박번순(2009), "중국 위안화의 기축통화 가능성?", SERI 경제포커스 제241호, 삼성경제연구소, 5. 6.

58) 일본은 아시아 외환위기 이후인 1999년 대장성에 엔화국제화촉진연구그룹을 구성해 엔화의 국제화 추진을 연구했다. 이를 위해 경제 및 금융 회복, 개방 지속, 엔화 사용을 촉진하는 환경 조성 등에 나섰다. 특히 일본기업의 무역 및 투자에서 엔화 사용을 강조했으며 일본의 경제적 영향력이 큰 아시아 지역을 중심으로 엔화의 국제화를 추진하기도 했다. 그러나 10여 년이 지난 현재 세계의 군비자산으로서 엔화의 비중은 더욱 감소하는 등 엔화의 국제화는 성공하지 못했다. 박번순(2009), "중국 위안화의 기축통화 가능성?", SERI 경제포커스 제241호, 삼성경제연구소, 5. 6.

59) Kazuko Shirono(2009), "Yen Bloc or Yuan Bolc: An Analysis of Currency Arrangements in East Asia" (IMF Working Paper WP /09/3), IMF. 박번순(2009), "중국 위안화의 기축통화 가능성?", SERI 경제포커스 제241호, 삼성경제연구소, 5. 6.

확산은 더욱 효과적일 것이다.

중국은 동아시아 지역을 대상으로 공적개발원조(ODA)에서 위안화 차관을 확대하며 통화스와프도 확대할 것으로 전망된다. 대만, 홍콩, 동남아의 아시아 역내 내수기업들은 위안화 거래로 인하여 거래비용이 줄어들어 교역이 증가하고 경쟁력이 제고될 것으로 전망된다. 대(對)중국 교역투자의 증가 및 위안화 차관의 증가로 동남아도 급속히 중화경제권에 편입될 것이다. 또한, 교역투자에서 대(對)중국 의존도가 높은 한국기업들도 조만간에 위안화 결제 문제에 직면하게 될 것으로 전망된다.

결국 세계적으로 보면, 달러화, 유로화, 위안화의 위상 강화를 위한 경쟁이 가속화될 것으로 전망된다. 이와 동시에, IMF의 역할에 대응하여 동아시아에서 아시아통화기금(AMF)의 출범에 관한 논의가 활발히 전개될 것이다.

여기서 유의할 것은 아시아의 대(對)중국 교역이 급증해 위안화는 달러를 대신해 아시아 중심통화로 성장할 여지가 크다는 점이다. 2008년 중국의 대(對)아시아 교역규모는 1조 125억 달러로 미국의 5,539억 달러의 2배에 근사하다. 2000년의 경우 중국의 대(對)아시아 교역은 2,407억 달러였던 반면에, 미국의 그것은 3,044억 달러이었다. 중국과 아시아가 협력하여 위안화를 결제통화로 사용한다면 아시아 국가들도 달러 보유의 필요성이 그만큼 줄어들어 혜택을 볼 것이다.

한편, 일본은 아시아 외환위기 이후인 1999년 대장성에 <엔화국제화촉진연구그룹>을 구성해 엔화의 국제화 추진을 연구했다. 이를 위해 경제 및 금융 회복, 개방 지속, 엔화 사용을 촉진하는 환경 조성 등에 나섰다. 특히 일본기업의 무역 및 투자에서 엔화 사용을 강조했으며 일본의 경제적 영향력이 큰 아시아 지역을 중심으로 '엔화의 국제화'를 추진하기로 했다. 그러나 10여 년이 지난 현재 세계의 준비자산으로서 엔화의 비중은 더욱 감소하는 등 '엔화의 국제화'는 성공하지 못했다.

그러나 아시아 지역이 특정 통화(위안화 혹은 엔화) 중심의 통화체제를 갖추기에는 아직 무리가 있다. 따라서 그 대안으로서 'ASEAN＋3(한·중·일)' 중심의 아시아 통화로서 소위 아시아통화단위(ACU: Asian Currency Unit)를 도입할 수 있을 것이다. 그러나 ASEAN＋3의 13개국이 새로운 통화체제를 도입하기 위해서는 상호 간의 이해가 충돌할 가능성이 높다. 이 가능성은 치앙마이이니셔티브(CMI)와 같은 역내협력 논의를 고려해보면, 각국의 상이한 이해와 협력에 대한 정치적 의지의 차이 및 경제 수준이나 규모 등의 차이가 심하여 협력을 위한 합의를 도출하기가 어려웠다는 경험으로써 입증될 수 있다. 따라서 좀 더 소수의 국가들이 아시아 지역통화권 형성을 주도하는 것이 현실적인 대안이다. 즉, 한·중·

일 간 통화협력을 추진하는 것이다. 이들 3국은 이미 700억 달러 규모의 통화스왑을 체결하여 거시경제적 협력을 시작했다. 대외경제정책연구원(2011)은 한·중·일 통화협력을 위해 동아시아통화단위(EACU: East Asian Currency Unit)를 도입할 것을 제안했다. EACU의 구성은 치앙마이이니셔티브 다자화협정(CMIM)에서 3국의 비중만큼 한·중·일이 1:2:2의 가중치를 가지도록 하는 것이 바람직하다.

EACU를 중심으로 환율 안정을 위한 협력을 하는 경우 상대적으로 변동성을 줄일 수 있을 뿐 아니라 달러화에 대한 의존도도 축소할 수 있다. 따라서 미(美)달러 중심의 통화 체제가 불안해지더라도 아시아 국가들은 이 통화를 매개로 하여 거시경제적 안정을 도모할 수 있으며 역내거래의 지속성을 보장할 수 있다. 또한, 3국 간 환율 조정을 위한 환율 메커니즘을 도입하는 것도 가능하다. 완전한 통화통합이 아니더라도 통화통합이 제공할 수 있는 이점의 상당 부분을 향유할 수 있을 것이다. 따라서 한·중·일 3국 중심의 통화협력을 추진하고 EACU를 도입하는 것이 가장 빠른 기간에 동아시아통화권을 구성하고 그 효과를 볼 수 있는 계기가 될 것이다.

4) 중국의 일대일로(一帶一路)와 아시아인프라투자은행(AIIB)

시진핑(習近平, Xí Jìnpíng, 1953~현재) 국가주석은 2014년 5월 21일 상하이에서 열린 제4차 '아시아 교류와 신뢰구축회의(CICA: Conference on Interaction and Confidence Building Measures in Asia) 정상회의'[60]의 기조연설에서 '새로운 아시아 안보 콘셉트'를 주제로 아시아 지역의 안보협력기구 창설을 제안하였다.[61] 즉, *"아시아 문제를 주관하고 해결하며 아시아 안보를 책임지는 건 아시아 국가들이어야 한다"*는 것이다.

---

60) 아시아 교류와 신뢰구축회의(CICA: Conference on Interaction and Confidence Building Measures in Asia)는 유럽안보협력기구(OSCE)를 모델로 아시아 지역 내 상호 신뢰구축 및 분쟁 예방을 위해 1992년 10월 카자흐스탄 주도로 출범한 지역협의체로서 총 27개 회원국으로 구성되어 있다. 한국은 2006년 6월 가입했다.

61) 시진핑(習近平, Xí Jìnpíng, 1953~현재) 국가주석은 기조연설에서 다음과 같이 강조했다: *"중국은 각측과 함께 공동, 종합, 협력, 지속가능한 아시아 안보관을 적극 창도하고 지역 안보와 협력의 새로운 기틀을 구축하며 공동건설, 공유, 상생의 아시아 안보의 길을 개척해야 한다. 중국의 평화발전은 아시아에서 시작되고 아시아에 의지하고 아시아에 복지를 마련해주었다. 중국인민은 각측과 함께 노력하여 항구적으로 평화롭고 공동으로 발전하는 '아시아의 꿈'을 실현할 용의가 있다".*

(1) 중국 대외전략의 변화

덩샤오핑(登小平, Dengxiaoping, 1904~1997)은 "자신을 드러내지 않고 때를 기다리며 실력을 기른다"는 이른바 '도광양회(韜光養晦)'을 향후 100년간 이 기조를 유지하라"는 특별한 당부를 내리기까지 했었다. 이것은 중국의 경제성장을 위해선 불필요한 마찰을 줄여야 한다는 것이었다. 따라서 중국은 덩샤오핑(鄧小平)의 지침대로 지난 1980년대 말부터 도광양회(韜光養晦, 빛을 감춰 밖으로 새지 않도록 하면서 은밀하게 힘을 기른다)가 외교정책의 기본 철칙이었다. 즉, 중국의 역대 정권들은 이에 기초해 발톱을 드러내다가도 빠르게 이를 감추는 행동을 반복해 왔다. 사실, 개혁·개방을 추진하던 1980년대에도 중국 외교는 숨을 죽여야 했다.

그러나, 1990년대 중국 외교가에선 '책임대국론(責任大國論)'이 제기됐다. 1997년 장쩌민(江澤民) 국가주석은 "대국으로서 책임지는 자세를 보이겠다"고 선언했다. 이것은 덩샤오핑(登小平)의 오랜 도광양회(韜光養晦) 기조에서 벗어나 "필요한 역할은 한다"는 '유소작위(有所作爲)'로 변신한 것이었다.

나아가, 후진타오(胡錦濤, Hú Jīntāo, 1942~현재) 국가주석(당시)시기에는 한동안 '평화로운 굴기(和平崛起)'가 나오더니 이제는 거침 없이 상대를 압박한다는 뜻의 '돌돌핍인(咄咄逼人)'이라는 말이 나오고 있다. 즉, 세계 2위 경제대국이 된 중국의 외교는 후진타오(胡錦濤) 국가주석 시절 이미 '도광양회(韜光養晦)'를 벗어던졌다. 그는 2009년 제17차 APEC 연설에서 최근의 글로벌 경제위기를 국제사회와 협력해서 해결할 것이며 특히 화평과 공동번영의 조화세계 건설을 위해 노력하고 있다고 밝혔다. 이어서, 그는 2011년 신년사에서 "세계는 지금 대발전·대변혁·대조정의 시기를 맞고 있다"고 말했다. 아마도, 이 신년사는 세계 문제를 미국과 단둘이 한 테이블에서 논의하는 현재의 G2 위상에 만족하지 않고 미국을 제치고 세계를 선도하겠다는 '팍스 차이나(PAX CHINA·중국의 시대)'의 꿈을 표현했던 것 같다.

이젠, 중국의 외교전략의 기조는 '대국굴기'(大国崛起)로 전환(2006. 11)하였고 미국에 대한 '신형 대국관계'(新型 大國關係)을 주장한다. 즉, 2006년 11월 중국중앙방송 경제채널(CCTV-2)을 통해 방송된 12부작 역사 다큐멘터리의 제목이인 '대국굴기'(大國崛起)는 글자 그대로 '대국이 일어서다'라는 의미다. 즉, '대국굴기'는 중국이 '패권국가'로 부상하고 있음을 대중에게 알리는 신호였다. 2013년 3월 시진핑(習近平, Xí Jīnpíng, 1953~현재) 정부의 등장과 더불어 중국은 기존 패권(hegemony) 국가인 미국에 '신형 대국관계(新型大國關係)'를 요구하였고, 국제관계 일반에서는 '중국식 대국외교'란 개념을 사용하고 있다[62].

시진핑(習近平, Xí Jìnpíng, 1953~현재) 국가주석의 야망은 '중국몽(夢)'이다. 그 꿈은 역사적이다. 한반도에서 조공(朝貢)과 사대(事大)의 기간은 길었다. 그런 중국이 19세기 말 한반도에서 밀려났었다. 청일전쟁(淸日戰爭, 1894. 06~1895. 04)[63]의 패배 때문이다. '중국몽(夢)'은 청일전쟁 이전에 누렸었던 지위의 회복이다. 한반도에서 독점적인 영향력의 복원이다. 그 목표는 신(新)중국의 건설자 마오쩌둥(毛澤東, Máo Zédōng, 1893~1976)의 비원(悲願)이었다. 또한, 장제스(蔣介石)의 염원이기도 했었다. 그러나 장제스(蔣介石)는 마오쩌둥(毛澤東)에게 패배했었다.

1978년 덩샤오핑(鄧小平, Dengxiaoping, 1904~1997)의 개혁·개방 정책 선포 후 개혁·개방 40주년을 맞이한 2019년 12월 18일 중국에서 시진핑(習近平, Xí Jìnpíng, 1953~현재) 국가주석이 기념 연설을 했다. 당 기관지 인민일보는 2018년 11월까지 일어났던 중요한 사건들을 정리하여 '개혁·개방 40년 연표'를 보도했다. 특히 중국은 2018년 3월 헌법을 개정해 시진핑(習近平) 중국 국가주석의 연임 제한을 없애고 헌법에 '시진핑(習近平)의 신시

62) '대국'과 '패권국'이 같은 말은 아니다. 미국패권을 정당화하는 담론인 '패권안정론'에 따르면, 패권국은 압도적 군사력을 가지고 있으면서도 국제적 공공재를 공급하는 역할을 통해 세계정치경제의 안정을 가능하게 하는 존재다. 패권국 역할의 부재 시기(interregnum)였던 1930년대에, 쇠퇴하는 패권국 영국은 세계 대공황을 해결할 능력이 없었고, 부상하는 패권국 미국은 그 위기를 해결할 의지가 없었다는 분석이 그 담론의 한 사례다. 어떤 국가가 국제적 공공재를 제공할 능력과 의지가 있을 때, 그리고 다른 국가들이 그 지위를 인정할 때 그 국가는 패권국이 될 수 있다.

63) 조선(朝鮮)에서 패권 다툼보다 큰 분쟁은 조선(朝鮮) 문제를 둘러싼 양국 간의 세력 다툼이었다. 일본은 유신 직후 청국의 간섭을 배제한 채 조선(朝鮮)과 수호조약을 강제로 체결하고(1876), 부산·인천·원산을 개항시켰다. 한편, 청(淸)은 일본의 조선(朝鮮) 진출을 견제하기 위해 조선(朝鮮)으로 하여금 서양 각국과도 조약을 맺도록 조언하였다. 조선(朝鮮)에서 1882년 임오군란(壬午軍亂)이 일어나자, 출병하여 적극적인 개입으로 조선(朝鮮)에서 주도권을 잡았고, 1884년에도 조선(朝鮮)에서 일본의 지원을 받은 개화파가 갑신정변(甲申政變)을 일으키자, 청나라 군사는 이를 3일 만에 진압하였다. 두 사건에서 청(淸)나라가 우세하고 일본이 약세를 보이자, 일본은 이를 만회하기 위한 전략을 추진하였다. 다음 해 1885년 청·일 양국은 톈진조약(天津條約)을 체결하여, 양국 군대의 철수를 약속하고 이후 조선(朝鮮)에 출병할 때는 상호 통고하기로 약속하였다. 이리하여 청국과 일본의 군대는 조선(朝鮮)으로부터 철수하였으나, 청(淸)은 위안스카이(袁世凱)를 조선(朝鮮)에 상주시키고 조선(朝鮮)의 내치·외교에 대한 간섭을 강화하고, 경제적으로도 청국의 진출이 크게 향상되는 등, 청(淸)은 조선에서의 패권을 계속 유지하려고 하였다. 그러나 일본도 경공업 등이 발달하여 조선(朝鮮) 시장에 크게 진출하게 되어, 조선(朝鮮)은 청·일의 경제대립의 장이 되었다. 그러던 차 1894년 조선(朝鮮)에서 동학농민운동(東學農民運動)이 발생하였다. 위기에 처한 조선(朝鮮) 정부는 청(淸)나라에 지원을 요청하였고, 양력 6월에 청(淸)나라가 파병하자 일본도 1885년 톈진조약(天津條約)에 근거하여 동시에 조선에 파병함으로써 세력 만회의 기회를 놓치지 않았다. 동학농민운동(東學農民運動)이 진압된 이후에도 일본은 철병(撤兵)을 거부하고 오히려 조선(朝鮮)에 대한 침략 야욕을 드러내어, 조선 내 개혁(갑오개혁)을 강요하고, 동시에 조·청간에 맺은 통상무역장정(通商貿易章程)을 폐기하라고 요구하며 내정을 간섭하는 등 지배권 확보를 도모하였다.

대'를 명시했다.[64]

마오쩌둥(毛澤東, Máo Zédōng, 1893~1976)이 중국에 사회주의 국가를 세웠던 반면에 덩샤오핑(鄧小平, Dengxiaoping, 1904~1997)은 사회주의에 시장경제를 도입해 국가를 발전시켰다. 지금 중국이 미국에 이어 '주요 2국'(G2)이라고 떵떵거릴 수 있는 이유는 덩샤오핑(鄧小平)의 '개혁·개방' 정책 덕이다. 지난 40년 동안 중국은 연평균 9.5%의 경제성장률을 기록했다.

상술하면, 1950년대 말부터 1960년 초까지 마오쩌둥(毛澤東, Máo Zédōng, 1893~1976)은 중공업(重工業)에 우선적으로 투자해 경제·산업을 발전시키겠다는 '대약진 운동(大躍進運動, 1958년부터 1961년 말~1962년 초)'을 추진했었다. 그렇지만 중공업(重工業) 우선주의 때문에 생필품을 생산하는 경공업(輕工業)은 쇠퇴했었다. 농민은 열심히 일하지 않았었다. 왜냐하면 함께 밭을 일궈 결과물을 똑같이 나누는 방식의 공산주의식 농업 때문이었다. '대약진 운동(大躍進運動) 기간 중국은 식량도, 생필품도 구하기 어려운 상황이었다. 게다가 가뭄까지 겹치면서 무려 3,000만 명 이상이 굶어 죽기도 했었다.

당시 덩샤오핑(鄧小平, Dengxiaoping, 1904~1997)은 사회주의 이념을 고집하기보다는 경제를 살리기 위해 자본주의 체제를 일부 도입해야 한다는 실용주의적(實用主義的) 자세를 주장했었다. 하지만 마오쩌둥(毛澤東, 1893~1976)은 반대했었다. 그는 유교 문화와 자본주의를 타파하고 사회주의를 실천하자는 문화대혁명(1966~1976)을 일으켜 다시 권력을 회복했었다. 당시 덩샤오핑(鄧小平)은 '주자파(走資派·자본주의 노선을 추구하는 세력)'로 몰려 직무에서 해임됐었다. 그는 1973년 정계에 복귀할 때까지 공장에서 노동하다가 마오쩌둥(毛澤東, Máo Zédōng, 1893~1976)이 1976년 사망한 후 문화대혁명(1966~1976)이 끝나서야 비로서 그의 뜻을 펼칠 수 있었다.

덩샤오핑(鄧小平, Dengxiaoping, 1904~1997)의 개혁·개방 정책은 '흑묘백묘론(黑猫白猫論)'과 '선부론(先富論)'으로 요약된다. '흑묘백묘론(黑猫白猫論)'은 '검은 고양이든 흰 고양이든 쥐를 잘 잡으면 좋은 고양이'라는 뜻이다. 즉, 자본주의든 공산주의든 국민을 잘살게 하면 된다는 말이다. 그는 자본주의적 시장경제를 도입해 생산력을 높이는 것이 우선이라

---

64) 덩샤오핑(鄧小平)은 마오쩌둥(毛澤東)과 같은 독단적 지도자를 막기 위해 국가주석의 임기를 10년으로 제한하고 개인숭배를 금지했었다. 그는 살아 생전 자신에 관련된 동상이나 포스터도 제작하지 못하게 했었다. 그러나 개혁·개방 40년의 성과가 시진핑(習近平) 중국 국가주석의 공(功)으로 돌아갔다. 앞서 말한 개혁·개방 연표에 시진핑(習近平)은 125번 나왔는데 덩샤오핑(鄧小平)은 60번만 언급됐다. 그동안 중국이 덩샤오핑(鄧小平)이 '개혁·개방의 총설계사'라고 추앙했던 움직임과 대조적이다. 현재 지도자인 시진핑(習近平)의 업적을 더욱 부각시켰다.

는 것이다.

'선부론(先富論)'은 "일부 엘리트가 먼저 부유하게 하고 이들이 가난한 사람을 도우면 된다"는 뜻이다. 돈을 투자할 대상과 지역에 우선순위를 정한 것이다. 모두가 균등하게 부(富)를 나눠 갖는 공산주의식 평등주의(平等主義)를 극복하겠다는 것이다. 능력 있는 일부 엘리트가 먼저 부자가 되고, 이들이 가난한 사람을 도우면 된다는 것이다. 지역적으론 무역이 쉬운 동남 연해 도시부터 개발한다는 방침이었다.

농촌에서도 실패한 공산주의식 공동 생산, 공동 분배 정책을 폐기했었다. 각자 농사를 짓고 의무 할당량을 나라에 낸 뒤 나머지 수확물은 농민이 갖도록 했다. 농민이 열심히 일할 이유가 생기면서 생산량도 늘기 시작했었다. 도시에서는 경제특구(經濟特區) 지역을 개방하고 해외 투자자들을 유치했었다. 이 과정에서 덩샤오핑(登小平, Dengxiaoping, 1904~1997)은 중국의 주요 인재를 서유럽 5국으로 보내 자본주의 경제를 연구하고 중국 상황에 맞게 적용했었다. 덩샤오핑(鄧小平)이 시장경제를 배우기 위해 직접 자본주의 선진국인 미국·일본 등을 방문하기도 했었다. 이념이나 정치적으론 대립했던 자본주의 국가와 협력을 마다하지 않았다. 그 후 중국은 미국의 패권을 위협할 정도로 눈부시게 성장했다. GDP(국내총생산) 규모가 세계 2위이다. 그러나 최근 미국과의 무역 전쟁, 빈부 격차, 국가 부채, 인터넷 통제 등 경제 성장의 이면인 여러 부작용도 드러나고 있다.

한편, 1978년 개혁·개방 이후, 중국을 중심으로 형성된 '중화경제권'은 줄곧 세간의 주목을 받았다. 현재 '중화경제권'은 중국이 중심이 되어 홍콩·마카오·타이완 경제를 이끌고 이제 그 영향력을 동남아 및 세계로 확장하는 추세다. 2003년 중국과 홍콩간의 '포괄적 경제동반자 협정'(CEPA: Comprehensive Economic Partnership Arrangement)과 2010년 중국과 타이완 간의 '양안 경제협력 기본협정'(ECFA: Economic Cooperation Framework Agreement)이 체결되는 등 '중화경제권'이 제도적 차원에서 구체화됐다.

최근에는 이들 '중화경제권'의 통합이 빨라지고 규모가 커지고 있다. '중화경제권'의 개념은 베이징대 마룽(馬戎) 교수가 주장하는 '대(大)중화경제권'과 같은 의미다. 즉, 중화경제권은 중국·홍콩·마카오·타이완 외 싱가포르·태국·말레이시아·인도네시아 등 동남아 화교 경제를 모두 포함한다. 동남아 화교까지 포함된 중화경제권의 경제규모는 정확한 집계를 내기 어렵다. 다만 중국·홍콩·마카오·타이완 등 네 개 지역만 보더라도 2011년 현재 전체 면적은 963.7만km²(세계의 7.2%), 인구는 13억8천만 명(세계의 20%), 국내총생산(GDP) 규모는 8조450억 달러(세계의 11.5%)에 달한다. 2,000~2009년 10년간 중국·홍콩·마카오·타이완의 국내총생산 연평균 성장률은 각각 10.3%, 4.2%, 12.4%, 2.7%를 기록해 세계 평균 2.6%보다 높다.

또한, 중국은 또한 동남아 미개척 국가를 대상으로 메콩강유역개발계획(GMS: Great Mekong Subregion)을 발표해 대대적인 인프라 투자에 나서고 있다. 또한 베트남, 태국, 말레이시아, 싱가포르를 잇는 아세아횡단철도(TAR: Trans-Asian Railway Network)를 이용해 광시 북부만 개발에도 매진하고 있다. 다시 말하면, 중국을 중심으로 진행되고 있는 이러한 프로젝트는 중국과 화인 경제권 간의 연계를 강화해 중화경제권의 기반을 공고히 하고 그 역할을 더욱 부각시킬 것으로 전망된다. 현재 중국을 중심으로 한 중화경제권의 부상은 동남아 지역 경제의 통합에도 크게 기여할 것으로 기대된다. 또한, 미국, 유럽, 일본 등 주요 선진국 경제가 침체되어 경제위기 우려가 커지는 상황에서 중화경제권이 세계경제의 새로운 활력소가 되고 있다.

(2) '일대일로(一帶一路)'

시진핑(習近平, Xí Jìnpíng, 1953~현재) 국가주석은 제13차 경제개발 5개년 계획(13.5 규획)의 핵심 과제를 지역경제 발전으로 정하고, 이를 위한 실천 방안으로 '일대일로(一帶一路, One Belt One Road)' 계획을 추진해왔다.[65] 중국은 아시아 인프라 건설이 경제성장의 새로운 동력이 될 것으로 기대하고 있다. 중국 기업이 육상 실크로드 구출을 위한 철도·도로 등 건설 공사를 주도해 내수 활성화 효과를 내고, 중국 기업의 해외 진출도 촉진할 것으로 전망된다. 중국의 언론은 신(新)실크로드 경제벨트 계획을 중국판 '마샬플랜'에 비유했다. 즉, 제2차 세계대전 후 황폐한 유럽 국가를 지원하는 미국의 원조 계획인 마샬플랜처럼, 육·해상 실크로드 경제벨트 구축을 위해 중국의 천문학적 규모의 자금이 해외에 투자될 것으로 전망했다.[66] 가히 해외판 '4조 위안 경제부흥책'으로 평가된다.

---

65) '일대일로(一帶一路, One Belt One Road)'는 육상과 해상 실크로드를 결합한 거대 경제벨트 구축안으로, 지역 균형발전과 산업구조조정, 에너지 안보와 국방 강화 등 중국의 핵심 전략을 응축하고 있는 중요 국가 정책이다. 과거 서역과 중국의 무역로 였던 '비단 길(실크 로드)'과 명(明)나라 정화의 해상 원정 길의 영광을 재현한다는 의미에서 신(新)실크로드 경제권으로 불린다. '일대일로' 구상은 시진핑(習近平) 중국 국가주석이 2013년 9월 7일 카자흐스탄의 한 대학 강연에서 "실크로드 경제벨트를 만들어 공동 번영과 협력의 시대를 열자"로 제안한 것으로 시작됐다. 한 달 뒤인 10월 3일 시 주석은 인도네시아 국회 연설에서 해양 실크로드 경제벨트 구축에 아세안 국가의 협력을 제안하면서 '일대일로' 구상의 윤곽이 잡혔다.

66) 천문학적 규모의 자금이 해외에 투입된다는 차원에서 해외판 '4조위안 경제부흥책'으로도 분석되고 있다. 자금 조달을 위해 중국은 10월 24일 아시아인프라개발은행(AIIB)을 발족하고, 자본금 1,000억 달러 가운데 절반인 500억 달러를 부담하기로 했다.

신(新)실크로드 경제벨트의 육상(陸上) 노선은 중국의 중서부 주요성(省)인 산시(陝西)·간쑤(甘肅)·칭하이(靑海)·닝샤(寧夏)·신장(新疆)을 관통하고, 러시아·카자흐스탄·벨라루스·폴란드를 거쳐 독일까지 이어진다. 이를 위해 시진핑(習近平) 국가주석은 중국~독일을 연결하는 위신어우(渝新歐) 철도 건설을 추진하고 있다.

또한, 신(新)실크로드 경제벨트의 '21세기 해상(海上) 실크 로드'로 불리는 해상 경제벨트는 중국에서 출발해 동남아시아(싱가포르·말레이시아·인도네시아)와 몰디브 등 인도양을 거쳐, 유럽에 이르는 해상 무역로 건설이 핵심이다. 따라서 중국은 아시아 인프라 건설이 경제성장의 새로운 동력이 될 것으로 기대하고 있다. 중국 기업이 육상 실크로드 구출을 위한 철도·도로 등 건설 공사를 주도해 내수 활성화 효과를 내고, 중국 기업의 해외 진출도 촉진할 것으로 전망된다.

실제로, 2014년 6월 중국의 중부 란저우와 서부 우루무치를 잇는 란신 고속철도가 개통됐다. 1,776km에 달하는 거리를 불과 9시간 만에 이동할 수 있었다. 중국은 2016년 란저우에서 중국 동부 쉬저우까지 1,400km의 구간을 추가로 연결했다. 이 목표는 총 3,176km의 세계에서 가장 긴 고속철도를 갖는다는 것이다. 나아가, 시진핑(習近平) 국가주석은 중국 동서(東西) 지역을 철도로 연결하고 이를 다시 중앙아시아와 유럽으로 연결하는 '신(新)실크로드' 구상을 구체화하고 있다. 동·서양을 잇는 실크로드를 새롭게 구축해 '중화민족의 위대한 부흥'을 실현하겠다는 구상이다. 육상과 해상으로 30억 인구를 아우르는 '유라시아 경제벨트'는 지역 균형발전과 산업구조 조정, 에너지 안보 등 중국의 핵심 전략을 응축하고 있는 중요 국가 정책으로 꼽힌다. 시진핑(習近平) 국가주석도 중앙아시아와 유럽 국가를 방문할 때마다 직접 신(新)실크로드의 중요성을 설파하고 있다.[67]

중국은 '일대일로(一帶一路)'에 대해, 미국이 패권구축을 위해 서유럽에 제공했던 「마셜 플랜」(Marshall Plan)과 근본적으로 다르다는 입장을 강조하고 있다. '유럽부흥계획'인 마셜 플랜이 참여자들의 비(非)평등적 관계와 냉전질서의 구축이란 정치적 목적을 가지고 있던 반면에, 중국은 '일대일로(一帶一路)'가 냉전질서가 아니라 "협력을 통해 공동안보를 촉진하는 데 도움이 되는 평화와 발전, 평등과 공영을 추구하는 전략"이라고 주장하고 있다. '일대일로(一帶一路)'의 추진과정에서 "각국이 선택한 자국 발전의 길을 존중한다"라는 언명도 중국식 국제관계의 평등을 상징한다. 이것은 중국이 미국과 다른 형태의 패권전략을

---

67) 시진핑(習近平, Xí Jìnpíng, 1953~현재) 국가주석은 2013년 9월 카자흐스탄을 방문해 현지 대학생들과 만나 "실크로드 벨트를 만들어 공동번영과 협력의 시대를 열자"며 '신(新)실크로드' 구상을 처음 공개했다. 이어 10월에는 인도네시아 국회를 찾아 중국과 싱가포르, 탄자니아, 지중해를 연결하는 21세기 해상 실크로드 건설을 제안했다.

추구하겠다는 의미로 읽힌다.

그렇다면, 시진핑(習近平, Xí Jinpíng, 1953~현재) 국가주석이 강력하게 추진하는 '일대일로(一帶一路)'의 목적은 중국의 패권 장악인가? 아니면 유라시아 국가들의 경제공동체인가? 중국 사회에 영향력 있는 중진학자인 거젠슝(葛劍雄) 중국 푸단대 석좌교수 초청강연이 2017년 12월 18일 서울 강남구 역삼동 한국고등교육재단에서 개최되었다. 그는 '일대일로(一帶一路) 정책'의 역사적 배경과 방향을 다음과 같이 설명했다.[68]: "'일대일로(一帶一路, One Belt One Road)' 계획을 육상·해상 실크로드의 '재건'으로 생각하지만 실제로는 직접 관련이 없다"고 말했다. 그에 따르면 19세기 후반 독일 학자 리히트호펜이 장안(현재 시안)에서 사마르칸트까지 교역로에 이름 붙인 실크 로드(Silk Road)의 주역은 중국이 아니라 중앙아시아였다. 중국은 옥문관·양관 너머는 이민족 세계로 생각했다. 또 상인의 지위가 낮고 국경 통제가 엄해서 중국인이 외국에 가서 교역하는 일은 거의 없었다. 한(漢)나라 때 장건이 서역(西域)에 간 것도 흉노를 협공하기 위한 군사·정치적 목적이었고 그가 가져간 비단도 서역 군주들에게 주는 하사품으로 무역용은 아니었다. 실크로드 무역으로 이익을 챙긴 것은 중앙아시아·페르시아·아랍 상인이었다. 이들은 로마 제국의 거대한 비단 수요에 적극 부응했었다. 당(唐)나라 때 안사(安史)의 난(亂)으로 실크로드가 막히자 해상 실크로드를 개척하고 장악한 것도 페르시아·아랍인이었다. 따라서 거젠슝(葛劍雄) 교수는 '일대일로(一帶一路, One Belt One Road)' 계획은 중국인에게는 실크 로드(Silk Road)의 '연속'이 아니라 '창신(創新)'"이라고 주장했다. 다른 나라가 만들었던 실크 로드(Silk Road)를 이번엔 중국이 중심이 돼 다시 발전시키겠다는 것이다. 그는 "'일대일로(一帶一路, One Belt One Road)' 계획을 중국의 대외 전략으로 보는 시각을 거부했다. 또한, 중국이 일방적으로 추진할 것이 아니라 호혜·공영의 이익공동체를 구축해야 한다는 것이다.

그러나 2015년 당시 중국식 '대국(大國)외교'의 구호인 '일대일로(一帶一路)'는 '실크 로드 경제벨트'(중국－중앙아시아－유럽을 연결하는)와 '21세기 해상 실크 로드'(중국과 동남아시아에서 서남아시아를 거쳐 아프리카와 유럽을 잇는)를 건설하는 '전략 로드맵'이다. 상기 전략은 중국의 정치경제적 필요 때문에 구상된 경제협력 전략이지만, 이와 동시에 미국 패권에 대한 도전으로도 해석될 수 있다.

중국은 '일대일로(一帶一路: One Belt, One Road, 육·해상 실크로드)'에 대해, 미국이 패권 구축을 위해 서유럽에 제공했던 「마셜플랜」(Marshall Plan)과 근본적으로 다르다는 입장을

---

68) 거젠슝(葛劍雄) 중국 푸단대 석좌교수는 중국을 대표하는 역사지리학자이다. 그는 전국인민정치협상회의 상무위원으로 중국 정부의 대내외 정책에도 관여하고 있다.

강조하고 있다. '유럽부흥계획'인 「마셜플랜」(Marshall Plan)이 참여자들의 비(非)평등적 관계와 냉전질서의 구축이란 정치적 목적을 가지고 있었던 반면에, 중국은 '일대일로(一帶一路)'가 냉전질서가 아니라 "협력을 통해 공동안보를 촉진하는 데 도움이 되는 평화와 발전, 평등과 공영을 추구하는 전략"이라고 주장하고 있다. '일대일로(一帶一路)'의 추진과정에서 "각국이 선택한 자국 발전의 길을 존중한다"라는 언명도 중국식 국제관계의 평등을 상징한다. 이것은 중국이 미국과 다른 형태의 패권 전략을 추구하겠다는 의미로 읽힌다.

(3) 아시아인프라투자은행(AIIB)

시진핑(習近平, Xí Jìnpíng, 1953~현재) 국가주석은 2013년 '아시아인프라개발은행(AIIB: Asian Infrastructure Investment Bank)'을 만들겠다고 결심했다. 여기에는 '중국이 이미 달라졌는데 왜 국제금융 질서는 중국을 인정하지 않는가' 하는 생각이 깔려 있다. 미국 주도의 견고한 기존 국제금융 체제에서 받은 냉대와 설움을 설욕하겠다는 의지가 담긴 것이었다. 중국이 달러에 도전해도 되겠다는 자신감을 갖게 된 계기는 2008년 글로벌 금융위기였다. '월스트리트 제국' 미국은 리먼브러더스 파산 이후 휘청거렸지만 중국은 당시 9% 이상의 성장률을 달성하며 승승장구했다.

중국은 미국이 주도하는 국제무역질서 속에서 미국의 재정적자와 경상수지 적자를 향유하는 '태평양수지 균형'을 유지해왔다. 그러나 미국의 '국가안보전략'도 인정하는 것처럼 미국이 세계경제를 견인할 세계적 수요, 즉 신성장동력을 창출하지 못하는 상황에서 중국은 '아시아인프라개발은행(AIIB: Asian Infrastructure Investment Bank)'라는 의제를 제기했다. 이것은 미국 패권(霸權)의 가장 취약한 지점에 대한 공략으로 간주된다.

미국의 제1동맹인 영국마저 '아시아 인프라 투자은행'(AIIB) 가입을 결정한 시점에서 미국 내부에서조차(네오콘적 성향이 지배적인 미국 의회가 냉전적 관성 때문에 승인하지 않겠지만) '아시아 인프라 투자은행'(AIIB)에 가입해야 하는 것 아닌가 하는 목소리까지 나오고 있다. 또한, 미·일(美·日)동맹의 공고화를 지향하는 일본까지 '아시아 인프라 투자은행'(AIIB) 가입을 고려할 수 있다는 입장을 표명하고 있다.

상술하면, 중국은 2014년 10월 24일 베이징에서 인도·싱가포르·카타르 등 21개국 대표들이 모여 자본금 500억 달러(약 56조 원) 규모로 아시아인프라개발은행(AIIB) 설립을 공식 선언하였다. 아시아인프라투자은행(AIIB)는 사무국을 중국 베이징에 둔다. 5년 임기로 연임할 수 있는 초대 총재는 중국 출신인 진리췬(金立群) 전(前) <아시아개발은행>(ADB)

부총재이다. 당초엔 중국이 절반 이상의 지분을 가져 조직을 좌지우지할 거란 우려가 있었지만, 참가국이 늘면서 중국 지분은 30% 정도로 내려갔다. AIIB는 단독 혹은 금융기관과 공동으로 채권을 발행해 재원을 마련한다. 이 돈으로 아시아·태평양 지역의 개도국 인프라 사업에 빌려주거나, 지분 투자를 한다. 투자한 도로, 철도 등 인프라에서 추후 수익이 생기면 이를 거둬들이는 형식이다. AIIB 협정문에 따르면 모든 투자 결정에 대한 권한은 이사회가 갖는다. 아시아인프라투자은행(AIIB) 이사회는 12명으로 구성되며, 아태 지역에서 9명, 역외국에서 3명을 뽑기로 했다. 아시아인프라투자은행(AIIB)는 사안의 경중에 따라 다수결의 구조가 달라진다. 총재를 선출하거나, 자본금을 늘리거나, 북한과 같은 비(非)회원국을 지원하는 등의 중요 사안은 투표권의 75%가 찬성해야 한다. 바꿔 말하면 투표권 25%를 넘게 가지고 있는 중국이 반대하는 사안은 통과될 수 없다는 뜻이다.

결국, 2015년 6월 29일, 아시아인프라투자은행(AIIB)의 창립 협정문 서명식이 열렸다. 전(全) 세계 50여 개국의 재무장관 등 관료들이 중국 베이징에 있는 인민대회당에 집결했다. 이날 아시아인프라투자은행(AIIB) 창립 서명식을 보는 중국과 미국 언론의 시각은 확연히 달랐다. 실로, 아시아인프라개발은행(AIIB)은 금융산업의 개편을 가져올 중대한 사안이다. 만약 아시아인프라개발은행(AIIB)이 정식 출범하여 제대로 운영된다면 미국주도하의 <아시아개발은행>(ADB)은 엄청난 타격을 받게되고 이지역 경제질서 개편이 시도될 것이고 미국의 영향력은 반감(半減)될 것이다.

"*AIIB 설립은 세계 경제와 금융의 중심이 서방에서 동방으로 이동한다는 것을 보여준다.*"(중국 관영 경제주간지 國際金融報). "*아시아인프라투자은행(AIIB) 체결은 베이징의 국제적인 영향력을 보여준 기념비적인 사건이다. 하지만 베이징이 과연 국제 기준을 지키는지 확인해야 할 때다.*"(미국 월스트리트저널).

아시아인프라개발은행(AIIB)에 대하여, 중국 쪽에선 '자부심'이, 미국 쪽에선 '견제 심리'가 각각 엿보인다. 중국이 미국·일본 등 기존 국제 금융기구 패권국의 견제를 뚫고 성공적으로 아시아인프라개발은행(AIIB) 출범 준비를 마무리하면서 중국이 앞으로 세계 금융 질서 재편을 시도할 것이란 전망이 나오고 있다. 미국은 아시아인프라투자은행(AIIB)를 줄곧 견제해 왔다.[69] 아시아인프라개발은행(AIIB)의 운영 체제가 중국의 입맛대로 흘러갈 수 있다는 점을 지적하고 AIIB가 환경을 무분별하게 파괴하거나 노동력을 착취하는 개발

---

69) 중국이 한국에게 아시아인프라투자은행(AIIB) 가입을 권하는 것은 TPP(Trans－Pacific－Partnership 환태평양경제협력동반자협정)와 같다. 미국이 이 또한 반대하는 이유도 중국의 성장을 경계하는 것으로 보인다.

사업에 돈을 넣을 수 있다는 점을 반대 명분으로 내세웠다. 이 때문에 2014년 10월 열린 AIIB 양해각서 서명식에는 중국·인도 등 21개국만 참여한 채 진행됐다. 그러나 2015년 초 영국·독일 등 유럽 주요국이 AIIB 참여를 선언하며 분위기가 급변했다. 미국은 중국이 주도하는 새 프로그램에 올라타 이익을 챙기고자 하는 유럽 주요국을 막지 못했다. 결국, AIIB에는 역외(域外)국 20개국 등 총 57개국이 앞다퉈 참여했다.

5) '중화경제권'의 부상

중화경제권[70]은 일반적으로 중화(中華) 민족이라는 혈연적 유대관계를 바탕으로 정치·경제·문화적 통합을 강조하는 성향을 갖고 있다. '중화경제권' 형성에는 크게 지리·문화적 및 제도적 요인과 지역 간 상호보완적 요인이 있다:

우선, 지리적으로 보면 중국 남부지역과 기타 화인경제권은 바다를 사이에 두고 있어 경제 활동에서 거래 비용이 절감되는 장점을 갖고 있다.

다음으로, 문화적으로 무엇보다도 동일 언어권으로 구성되었기에 이들 간의 유대감은 강했고, 상호 간 교류도 용이했다. 또한 이들은 근면하고 인내력이 강하며 화목한 인적관계를 추구하는 화위귀(和爲貴)라는 공통된 성향을 갖고 있어 상호 신뢰를 바탕으로 윈윈(win-win)이 가능한 협력 메커니즘을 형성할 수 있었다.

또한, 제도적으로 볼 때, 개혁·개방 이후 중국 정부는 화인(華人) 기업을 포함한 외자기업에 많은 우대정책을 제공했고, 이는 화교(華僑)들이 중국시장에 뿌리 내릴 수 있는 기반을 마련해주었다. 예를 들어 1990년 중국 정부는 "화교(華僑)와 홍콩·마카오 동포투자 격려를 위한 규정"을 발표했고, 1994년에는 "타이완동포투자보호법"을 제정했다. 이러한 법제도 개선은 화인(華人) 기업가들이 중국에 투자를 결정하는 중요한 요인이었다.

---

70) 여기서 사용하는 '중화경제권'의 개념은 베이징대 마룽(馬戎) 교수가 주장하는 '대중화경제권'과 같은 의미다. 즉 중화경제권은 중국, 홍콩, 마카오, 타이완 외 싱가포르, 태국, 말레이시아, 인도네시아 등 동남아 화교경제를 모두 포함한다. 그러나 중화경제권의 범위 및 경제규모를 어떤 수준에서 규정할 것인가에 대해서는 아직도 모두가 공감하는 합의점을 얻지 못한 상태다. 현재까지 주요 논쟁을 보면 크게 네 가지로 분류된다: 첫째, 중국을 제외한 홍콩, 타이완과 동남아 지역의 화교경제권에 한해서만 '화인경제권'이라 부르는 견해다. 둘째, 중국과 홍콩, 마카오, 타이완 지역을 포함해 이른바 '중국인경제권'이라 하는 주장이다. 셋째는 '중국인경제권'에 싱가포르, 태국, 말레이시아, 인도네시아 등 동남아 화교들을 아우르는 이른바 '대중화경제권' 주장이 있다. 마지막으로 동남아뿐만 아니라 유럽과 미국의 화교 모두 아우르는 이른바 '해외화인경제권'을 주장하는 견해도 있다.

    마지막으로, 중국과 화교(華僑)들은 상호 보완적인 관계를 구축했다. 즉, 중국이 풍부한 자원과 노동력 및 거대한 시장을 제공했고 홍콩·타이완 등 해외 화교(華僑)들은 방대한 자본과 기술력 및 서구적 관리경험을 이전해왔다. 이러한 상호보완적 관계는 중화경제권이 빠르게 부상하는 데 크게 기여했다.

    1978년 개혁·개방 이후 중국을 중심으로 형성된 '중화경제권'은 제도적 차원에서 구체화됐다. 예로서 2003년 중국과 홍콩 간의 '포괄적 경제동반자 협정'(CEPA: Comprehensive Economic Partnership Arrangement)과 2010년 중국과 타이완 간의 '양안 경제협력 기본협정'(ECFA: Economic Cooperation Framework Agreement)의 체결을 들 수 있다. 최근에는 이들의 통합이 빨라지고 규모가 커지고 있다.

    현재 '중화경제권'은 중국이 중심이 되어 홍콩·마카오·타이완 경제를 이끌고 이제 그 영향력을 동남아 및 세계로 확장하는 추세다. 2003년 홍콩 및 마카오와는 '포괄적 경제동반자 협정'(CEPA) 체결을, 타이완과는 '양안 경제협력 기본협정'(ECPA)을 체결해 경제통합을 가속화하고 있다.

    또한, 중국은 동남아 미(未)개척 국가를 대상으로 메콩강 유역 개발계획(GMS: Great Mekong Subregion)을 발표해 대대적인 인프라 투자에 나서고 있다. 또한 베트남, 태국, 말레이시아, 싱가포르를 잇는 아세아 횡단철도(TAR, Trans-Asian Railway Network)를 이용해 광시 북부만 개발에도 매진하고 있다. 이러한 프로젝트는 중국과 화인경제권 간의 연계를 강화해 '중화경제권'의 기반을 공고히 하고 있다.

    한편, 동남아 화교까지 포함된 중화경제권의 경제규모는 정확한 집계를 내기 어렵다. 다만 중국, 홍콩, 마카오, 타이완 등 네 개 지역만 보더라도 전체 면적은 963.7만㎢(세계의 7.2%), 인구는 13억8천만 명(세계의 20%), 국내총생산(GDP) 규모는 8조450억 달러(세계의 11.5%)에 달한다.

    그동안 해외 화교들은 중화경제권 부상에 중요한 역할을 해왔다. 현재 화교 인구는 경제권 범위 설정에 따라 최소 3천만 명에서 최대 8,700만 명에 달한다. 중국 샤먼대(廈門大) 좡궈투(庄國土) 교수의 연구결과에 따르면, 동남아 화교는 약 3,349만 명으로 전체 화교 인구의 73.5%를 차지하며 동남아 인구의 6%를 차지한다. 특히 이들은 동 지역 상권의 50% 이상, 대외무역의 40%를 장악하고 있는 것으로 집계됐다. 게다가 2010년 1월 중국-아세안 자유무역협정(FTA)이 체결되면서 동남아에서 중국을 중심으로 하는 중화경제권의 영향력이 크게 확대되고 있다.

    지금까지 중화경제권의 경제 교류는 주로 중국을 중심으로 이루어져 왔다. 왜냐하면 중국이 외국 자본, 기술 및 경영관리 도입에서 적극적으로 나섰고, 또한 수출기지로서 매력이 컸기 때문이다. 초창기 중국의 대외수출은 화교 기업들이 견인했다고 해도 과언이 아니다. 중국과 화교 간의 협력은 궁극적으로 중국 동남 연해지역의 민영 기업 및 지역 경제를 활성화 시키는 데 큰 기여를 했다.

2011년 중국 정부가 발표한 「화인화교청서」(華人華僑蘭皮書)는 '중화경제권'이 갖고 있는 경제 교류의 특징을 다음과 같이 요약했다.

첫째, 중국의 외국인 직접투자 규모에서 화인 자본이 차지하는 비중이 상당히 높다. 예를 들면, 1998~2003년 중국의 외국인직접투자(FDI) 유치에서 화교자본이 차지하는 비중이 88.6%(2,476억 달러)에 달했고, 2004~2009년에도 84.3%(3,718억 달러)를 기록했다. 뿐만 아니라 최근에는 아세안 국가 및 아랍에미리트 등 지역의 화교들의 대(對)중국 투자가 급증하는 추세를 보인다.

둘째, 화교거주국 또는 지역이 중국 제품의 주요 수출대상지역이 되고 있다. 1998~2003년 중국 대외 수출의 약 81.5%가 화교 거주국 또는 지역을 목표로 했다. 2004~2009년에는 75.4%로 다소 하락세를 보이지만 아세안 및 중동 등 새로 부상한 화교 거주 지역에 대한 수출은 증가추세다.

셋째, 화교 거주 지역이 중국 기업의 주요 투자지역으로 부상하고 있다. 2009년 말 현재 중국 해외 투자의 79%가 화교 거주 국가를 대상으로 이루어졌다. 2004~2009년 5년 간 화교 거주 지역에 대한 중국 기업의 투자 증가율은 총 대외 투자 증가율의 6.4배에 달했다. 특히 아세안 지역에 대한 투자 증가율은 평균 증가율의 15.3배에 달했다.

넷째, 화교 기업과 중국의 경제교류(투자 및 무역)는 중국 산업구조 고도화에도 큰 기여를 한다. 화교 기업들은 주로 전통산업과 부동산 등 산업에 투자하는 것으로 알려졌지만, 2000~2008년 중국국무원화교판공실(國務院僑辦)에서 선정한 '전국 100대 화교기업'을 분석한 결과 첨단기술 및 기계전기 산업의 기업이 21%를 차지했다. 전통 산업 기업의 비중은 24.3%, 소비품 산업 기업 비중은 21.8%, 부동산 및 건축기업이 17%를 차지했다.

다섯째, 화교 기업과 중국의 경제 교류는 중국 민영 기업과 지역 경제 발전을 크게 촉진시켰다. 중국 정부가 선정한 2008년도 300대 첨단기술 관련 민영기업 중 32%가 푸젠(福建), 광둥(廣東), 저장(浙江)등 화교들의 고향이라고 하는 지역에서 나왔다. <포브스>가 발표한 2010년 400대 중국의 부자 중 37.8%도 푸젠, 광둥, 저장 등에서 배출됐다. 또한 중국 해외 투자기업의 70%는 저장과 푸젠의 민영 기업들이다.

나아가, '중화경제권'의 부상은 동남아 지역 경제의 통합에도 크게 기여할 것으로 기대된다. 물론, 외부에서 볼 때, 거대한 민족경제권 형성은 역내 국가들의 경제적 발전에 긍정적 역할을 할 수도 있겠지만 대(對)중화민족 패권에 의한 경제적 종속 가능성도 우려된다. 따라서 무엇보다 중화경제권 지역 및 세계 경제를 견인할 수 있도록 제도적인 협력체제를 구축해 보편적이고 국제적 기준에 맞는 규칙 내에서 보다 긍정적인 역할을 할 수 있도록 해야 한다.

(1) 중국경제의 최근 동향과 전망

최근 중국 경제는 실물과 금융 전반에서 안정 및 회복 양상을 보이는 가운데, 과잉생산 능력, 기업 부문의 높은 부채율, 부동산 재고, 그림자 금융 등 중점 관리가 필요한 리스크 요인도 상존한다[71].

최근에 소비가 다소 저조하였으나, 투자와 수출이 개선되고 기업 부문의 이익률 개선도 뚜렷하게 나타나는 등 성장 모멘텀 회복 가능성이 커지고 있다. 미국, 일본, 한국 등 중국의 주요 수출대상국에 대한 수출이 크게 회복되면서 전체 수출 증가율도 증가세로 돌아섰다. 또한, 과잉 설비 축소에 따른 공급량 감소로 인해 제품 가격이 상승하여 기업 부문의 이익 구조가 개선되면서 기업 수익성도 개선되었다. 더욱이 구매담당자가 기업 업황을 느끼게 해주는 제조업 PMI(Purchasing Managers' Index)도 꾸준한 회복세를 보이고 있다.

생산능력의 과잉 문제가 기업부문의 수익성, 경쟁력 등에 직접적으로 영향을 미치면서 올해에도 중국 정부의 적극적인 구조조정이 이어질 것으로 보인다. 중국은 글로벌 금융위기 이후부터 과잉 생산에 의한 제품시장 가격 하락, 품질 저하 등 문제를 해결하기 위해 노후설비 및 유휴설비를 강제로 폐쇄하는 조치들을 매년 실행하고 있다. 중국 정부는 적극적인 시장 개입으로 과잉공급 능력을 해소하고 공급 조절을 통해 제품 가격을 안정적으로 유지하여 기업 부문의 경쟁력을 강화하고 있다.

위안화 환율과 주가가 안정세를 찾으면서 자본 유출 압력도 완화되는 등 금융시장 불안정성도 다소 해소되었다. 2016년부터 시작된 제조업황 회복에 힘입어 상하이 종합지수는 완만한 회복세를 이어가다가 2017년 2월부터는 3,200p선을 돌파하면서 안정세를 찾았다. 또 위안화 환율도 6.8위안/달러 선에서 안정세를 보이는 등 추가 약세에 대한 불안감도 해소되었다. 실물 경기 회복 기대감과 더불어, 위안화 환율도 안정세를 보이고 있다.

---

71) 현대경제연구원, 두 얼굴의 중국경제: 최근 중국경제 점검과 시사점, VIP 리포트, 17-16(통권 689호) 2017. 04. 17.

한편, 중국의 외환보유액은 2021년 4월 말 현재 3조1,980억 달러(약 3,583조3,590억 원)를 기록했다(중국인민은행 국가외환관리국 발표). 그 요인은 중국이 다른 주요국에 앞서 코로나19 시대에서 벗어남에 따라 중국 증시와 채권 시장에 자금이 유입되고 미(美) 달러가 약세를 보이면서 달러 표시 외환 보유액이 증가했기 때문이다. 세계적으로 외환 보유액을 비교해 보면, 중국의 외환 보유액은 1위이고, 2위가 일본(1조2,188억 달러), 3위가 스위스(8,004억 달러), 4위가 사우디아라비아(4,900억 달러), 5위가 러시아(4,871억 달러), 6위가 대만(4,639억 달러), 7위가 홍콩(4,345억 달러), 8위가 한국(4,181억 달러)이다.

국제통화기금(IMF)의 통계에 의하면, 2017년 말 중국의 총부채 규모는 GDP 대비 약 250%를 상회하고 있다. 특히, 기업부채는 GDP 대비 약 166%로 전 세계에서 가장 높은 수준으로 급증했다. 이에 중국 정부가 2016년부터 레버리지율 감소를 위한 각종 정책을 제시하고 있으나, 가시적인 효과는 당분간 어려울 것으로 예상된다.

중국 경제의 최대 리스크는 정부 부채(負債)이다. 무리한 인프라 투자와 국가 주도 모델이 정부부채 위기를 야기했다. 중국은 막대한 인프라 투자를 통해 성장률을 높여왔지만, 세수(稅收)가 충분하지 않기 때문에 정부 재원으로 인프라 투자에 필요한 자금을 감당하는 것은 전체의 20%밖에 되지 않는다. 나머지 80%는 지방정부가 'LGFV'(local government financing vehicles)로 불리는 특수법인을 만들어 그 법인이나 인프라 건설사에 부채(負債)를 떠넘기는 방식 등으로 자금을 조달한다. 이러한 부채는 중앙정부의 승인을 받은 부채가 아니므로 정부 부채(負債)로 분류되지 않으며, 결국 중국의 공식적인 정부 부채(負債)는 실제보다 훨씬 축소될 수밖에 없다. 특히, '빚내서 빚 갚는' 지방정부 부채(負債)가 심각하다.[72]

중국 사회과학원 산하 싱크탱크인 국가금융발전실험실(NIFD)에 따르면 2020년 말 기준 중국의 총부채 비율(정부 · 비금융기업 · 가계 합산)은 270.1%로 2019년 말보다 23.6%p 상승했다. 상승 폭은 글로벌 금융위기 속에서 중국이 경기를 살리고자 돈을 급격히 풀던 2009년의 31.8%P 이후 가장 높은 수준이다. 2019년 4월 3일 홍콩 <사우스차이나모닝포

---

[72] 장쑤(江蘇)성 전장(鎭江)시는 부채를 더는 상환하기 힘들다고 보고 국영은행인 중국개발은행에 'SOS'를 보냈고, 중국개발은행은 전장시의 부채를 장기 저금리 대출로 전환해주기로 했다. 최근에는 북한과 첩경 지역인 단둥(丹東)의 항만을 운영하는 기업이 지방정부 대신 간척사업과 인프라 투자를 벌였다며 단둥시 정부에 228억 위안(약 3조9천억 원)의 부채 상환을 요구했지만, 시(市) 정부가 이를 거부하는 일이 벌어졌다. 후난(湖南)성의 경우 올해 만기가 돌아오는 부채 규모가 지난해 재정수입의 62.6%에 달한다. 장쑤, 산시(陝西), 윈난(雲南), 충칭(重慶) 등도 올해 만기 부채의 규모가 2020년 재정수입의 절반을 넘는다.

스트(SCMP) >에 따르면 중국 재정부는 2018년 말 기준으로 지방정부의 부채 규모가 18조 4천억 위안(약 3천100조 원)으로 명목 국내총생산(GDP)의 20% 수준이라고 밝혔다.

중국 정부는 중앙정부와 지방정부 부채(負債)를 합쳐도 GDP의 37%에 불과해 충분히 통제 가능하다고 주장한다. 그러나 중국 정부 산하기관인 중국사회과학원의 장샤오징 연구원은 최근 한 심포지엄에서 '숨겨진 빚'을 고려하면 중국 정부의 부채(負債)가 2017년에 이미 92%에 이르렀다고 주장했다. 만성적 재원 부족에 시달리는 중국 지방정부의 '숨겨진 빚'이 많다는 것이다. 더구나 정부, 국영기업, 지방정부 특수법인 등의 부채를 합치면 중국의 공공 부문 부채는 GDP의 140%에 달한다고 그는 추산했다.

상기와 같이, 국가 주도 모델은 한때 중국경제의 성장에 기여하는 중요한 요인이었으나 이제 시스템 전반의 부채(負債) 누적과 위험을 불러오는 요인이 되고 있는 것이다. 중국국제금융공사(CICC)의 추산에 따르면 중국 전역의 지방정부 특수법인은 1만1천566개에 이르며, 이들 법인의 현금흐름으로는 2021년 상환해야 할 부채 원리금의 40%밖에 감당할 수 없다. 이제 중앙정부가 나서서 지방정부의 부채(負債)를 중앙으로 귀속시키는 등 과감한 재정개혁을 할 필요가 있다.

급기야 시진핑(習近平) 국가주석은 과도한 부채(負債)가 중국 경제의 발목을 잡을 수 있다며 부채 감축을 최우선 국정과제 중 하나로 내세웠다. 2021년 3월 15일 개최된 국무원 회의에서 리커창 총리는 "총부채 비율을 안정적으로 유지하는 가운데 정부부채 비율을 일부 낮춰야 한다"고 밝혔다. 그 후 중국 지도부는 부채(負債) 감축을 통한 선제적 위험 제거를 핵심 경제 정책 목표로 삼았는데 그간 이뤄낸 부채(負債) 감축 성과가 코로나19 충격에 급격히 약화되었다. 따라서 중국은 비상시기 통화 정책을 정상 시기의 통화 정책으로 전환하는 '출구 전략'을 모색 중이다. 중국 경제가 전체적으로 회복 추세를 보이고는 있지만 중소기업과 개인 사업자 등 많은 중국의 경제 주체가 코로나19의 충격에서 벗어나지 못한 상황이어서 중국인민은행은 통화 정책 정상화 시행 시점과 강도를 놓고 고심하고 있다. 이강(易綱) 인민은행장은 경기 회복 지원과 금융 위험 방지라는 양대 목표 사이에서 균형을 찾는 것이 중요하다고 강조했다.

일반적으로, '그림자 금융(Shadow Banking)'이란 정부의 통제를 넘어 고위험 채권에 투자하여 고수익을 얻는 유사 금융을 의미한다. 즉, 은행시스템이 아닌 제2금융권 등에서 이뤄져 제대로 관리되지 않는 대출을 말한다. '그림자'라는 이름은 '그림자 금융(Shadow Banking)'이 금융과 유사한 모습임에도 불구하고 눈에 잘 띄지 않는 특징 때문에 규제의 사각지대(死角地帶)에 놓여있기 때문에 붙은 이름이다. 그림자 금융의 대표적인 상품으로서 머니마켓펀드(MMF), 환매조건부채권(RP), 신용파생상품, 자산유동화증권(ABS), 자산유동화기업어음(ABCP), 헤지펀드 등을 들 수 있다. '그림자 금융(Shadow Banking)'의 자금은 그 경로가 길고 복잡하여 손익구조를 파악하기 어려운 특징을 갖고 있다.

한편, 중국 은행보험감독위원회(CBIRC·은보감회)는 '중국 그림자 금융 보고서'(2019. 07. 04)를 발표하면서 '그림자 금융(Shadow Banking)'을 정의할 수 있는 4가지 기준을 제시했다: ① 신용대출 발행 기준이 은행 신용 공여보다 낮다는 점, ② 복잡한 사업구조이거나 지나치게 높은 레버리지(차입), ③ 낮은 투명성과 불완전한 정보공개, ④ 높은 상환압박 및 리스크 전염성이다. 또한, 중국 은행보험감독위원회(CBIRC·은보감회)는 '그림자 금융(Shadow Banking)'을 2가지: 넓은 의미와 좁은 의미로 나눠서 정의했다. 넓은 의미의 '그림자 금융(Shadow Banking)'에는 위탁 대출, 자본투자신탁, 은행자산관리 상품, 증권자산관리 상품, 온라인 P2P(개인 간) 대출, 소액대출, 무허가 기관의 소비자 금융 등이 포함됐다. 좁은 의미의 '그림자 금융(Shadow Banking)'은 은행 간 자산관리 상품, 온라인 P2P 대출 등 넓은 의미에서의 그림자 금융 가운데 리스크가 더 큰 상품만을 포함했다.

중국 은행보험감독위원회(CBIRC·은보감회)에 따르면 넓은 의미에서의 '그림자 금융(Shadow Banking)' 규모는 2018년 말 기준 84조8천억 위안(약 1경4천조 원)으로 집계됐다. 이는 사상 최대치인 2017년(100조4천억 위안)보다 약 16조 위안 감소한 것이다. 같은 기간 은행업 총자산의 29%에 달하는 수치다. 한편, 좁은 의미에서의 '그림자 금융(Shadow Banking)'은 2018년 말 기준으로 39조1,400억 위안이었다. 이것은 역사적 고점을 찍었던 2016년 51조 위안 대비 약 12조 위안이 줄어든 수치다. 2020년 말 기준으로 넓은 의미에서의 '그림자 금융(Shadow Banking)'이 중국 국내총생산(GDP)에서 차지하는 비중은 86%였다. 최근 코로나19 여파로 그림자 금융은 다시 확산세를 보였다.

최근 월스트리트저널(WSJ, 2019. 07. 11)에 따르면 국제 신용평가사 무디스는 2019년 1분기 말 기준 68개 중국 펀드업체의 자산관리상품(WMP) 자산이 22조5천억 위안(3조3천억 달러)에 이르는 것으로 파악했다. 자산관리상품(WMP)는 고금리를 내걸고 투자자들로부터 자금을 모은 뒤 부동산 프로젝트파이낸싱(PF)과 회사채 등에 투자하는 상품이다. 신용도가 낮은 기업들이 자금 차입 통로로 활용하는 사례가 많아 중국 '그림자 금융(Shadow Banking)' 확대의 주범으로 꼽혀왔다. 펀드업체의 자산관리상품(WMP) 자금이 '그림자 금융(Shadow Banking)'의 주요 대출 자금원으로 이용되는 실정을 감안할 때 개인 투자자들에까지 영향을 미칠 가능성이 크다.

만약 '그림자 금융(Shadow Banking)' 업계에 문제가 발생하면 결국 이들과 거래하는 펀드의 투자자들이 피해를 입게 된다. 고(高)수익률을 확보하기 위해 이들 업체에 투자한 자산관리상품(WMP) 상품이 된서리를 맞을 수 있다. 국제 신용평가사 무디스는 최근 중국의 실물 경기와 부동산 시장 둔화로 대출을 받은 기업들이 원리금 상환에 차질이 빚는 사례가 급증하고 있다고 전했다. 디폴트(채무 불이행) 위험이 높은 비은행권 금융 자산은 2019년 1분기 말 기준 2,800억 위안에 달한 것으로 파악됐다. 이것은 비(非)은행권 전체 자산의 1.26%에 불과하지만 2020년 같은 기간보다 90% 늘어난 수치다. 또한, 2014년 통계를 집계하기 시작한 이후 최고치이다.

여기서 유의할 것은 다음과 같다: 중국의 경우, '그림자 금융(Shadow Banking)'이 건설업과 제조업, 인프라 투자 등 산업 전반에 걸쳐 광범위하게 연결돼 있을 뿐만 아니라 펀드 업계와도 맞물려 있기 때문에 문제가 발생하면 중국의 전체 금융시장을 뒤흔들 수도 있다는 점이다. 2013년 중국의 '그림자 금융(Shadow Banking)'이 세계적인 논란으로 떠오르면서 헤지펀드의 개척자로서 국제금융계에서 '마이더스의 손'으로 불리는 조지 소로스(George Soros, 1930~현재) 회장(소로스 펀드 매니지먼트)은 '그림자 금융(Shadow Banking)'으로 인한 '중국판 서브 프라임 사태'의 위험성을 경고하였다: "그림자 금융(Shadow Banking)을 통제하는 것이 중국 정부의 중요한 임무 중 하나이며, 중국 정부가 1~2년 이내 리스크를 해소하지 못할 경우 버블이 터질 수 있고, 이는 글로벌 경제에 커다란 충격을 줄 것이다".

사실, 미·중 무역전쟁에 따른 중국 경기 둔화와 부동산 시장 하강 추세로 인하여 중국 기업들이 '그림자 금융(Shadow Banking)'을 활용해 조달한 자금을 상환하지 못하는 사례가 늘고 있다. 최근에 월스트리트저널(WSJ, 2019. 07. 11)은 중국에서 기업 디폴트가 2020년부터 가파른 증가세를 보이는 가운데 상황이 악화되면 '그림자 금융(Shadow Banking)'이 뿌리째 흔들리면서 건설업과 제조업을 중심으로 유동성 공급이 마비되고 실물 경기에 한파를 몰고 올 것이라고 경고했다.

'그림자 금융(Shadow Banking)'은 2008년 하반기 글로벌 금융위기의 주범으로 지목되면서 그동안 부정적인 인식을 키워온 반면에, 중소기업들의 자금 조달을 담당해왔다는 순기능 역시 무시할 수 없다. 사실, '그림자 금융(Shadow Banking)'은 최근 지속되고 있는 저(低)금리 기조와 함께 금융시장 내에서의 은행 비중이 줄어들면서 그 입지를 넓혀가고 있다. 자금조달이 어려운 영세기업들의 자금난을 충족시켜주고, 투자자에겐 새로운 투자처를 제공한다는 점에서는 긍정적인 면도 갖고 있다. 그러나 '그림자 금융(Shadow Banking)'의 높은 레버리지로 인해 자산 가격에 거품을 발생시킬 수 있고, 복잡한 구조로 인해 위험을 높여 자산을 부실하게 만들 수 있다. 자산의 거품은 실물경제의 비용 증가로 이어질 수 있다.

2015년 중국의 단기 이재(理財, li cai, 리차이) 상품(중국에서만 판매되는 금융상품의 일종으로서 비교적 금리가 높은 MMF 형태를 띤다)의 규모는 23조5천억 위안으로 중국 경제의 35%를 차지했으며, 이는 3년 전 7조1천억 위안에 비해 무려 3배 넘게 늘어난 수준이다. 중국 정부는 순자본 50억 위안(한화 약 8,500억 원) 이상 규모의 은행에서 발행한 이재(理財, li cai, 리차이) 상품에만 주식 투자 자격을 갖게 하는 내용을 골자로 규제 방안을 제시했다. 이 결과, 중국의 2,500개 은행 가운데 250개 정도의 은행이 발행한 이재(理財, li cai, 리차이) 상품만이 주식 투자 자격을 갖게 될 것이다. 과연 중국은 '그림자 금융(Shadow Banking)'에 대한 규제와 함께 후(後)폭풍을 최소화할 수 있는 방법을 동시에 찾을 수 있는가의 여부가 중국경제의 지속적 경제성장 가능성의 여부를 결정할 것으로 본 연구는 전망한다.

여기서 유의할 것은, 국제통화기금(IMF) 부총재인 데이비드 립턴(David Lipton)이 2013년 6월 초 베이징에서 긴급 기자회견을 열고 "중국의 신용거품이 위험 수준에 이르렀다"고 경고했다는 점이다. 그 주범은 중국판 '그림자 금융'(Shadow Banking)이라고 지목했다. 그 중심에 투신사 67개가 자리잡고 있다. 이들 금융회사는 부유층으로부터 유치한 돈과, 시중은행이나 단기자금 시장에서 빌린 돈을 갖고 머니게임(Money Game)을 벌이고 있다고 비판받고 있다.

서방과 중국의 '신용거품'을 비교해보면 다음과 같은 특징을 발견할 수 있다: '신용 거품'의 근본적 요인은 서방의 경우 '자유방임'인 반면에 중국의 경우 '정부규제'이다. 즉, 중국의 경우, 인민은행과 감독 당국이 은행 대출 등을 통제함에 따라 '정부규제 밖 금융시장' 즉 '그림자 금융'이 불어났다. 또한, 서방의 '그림자 금융'은 '시중은행권 밖의 금융시장'(즉, 투자은행·보험사·헤지펀드 등)에서 형성되며 그것의 주요 수단은 '파생금융상품'인 반면에 중국의 '그림자 금융'은 수출기업, 시중은행, 인민은행, 콜시장 등과 연결되어 '은행 시스템 내 금융시장'에서 형성된다.

(2) 3대 딜레마(투자, 재정, 인플레이션)

미국 발(發) 글로벌 금융위기와 그에 뒤이은 유럽의 재정위기로 인해 해외시장이 위축되자 중국의 전통적 수출산업들은 판로가 막히면서 설비과잉 문제에 직면했다. 한층 더 치열해진 수출시장 경쟁에서 살아남을 수 있는 경쟁력 있는 고부가가치 산업의 발전이 더

디고 수출시장을 대체할 수 있는 내수시장이 정체되어 있어 성장 부진을 피하기 어려운 상황이다.

경제성장률 방어를 위한, 시의적절했지만 결과적으로 과도한 것으로 드러난 공격적인 경기부양책들은 전통산업의 설비과잉 문제를 악화시키고 부동산 버블을 키우고 인프라 투자의 수익성을 악화시키는 부작용을 낳았다.

부동산 경기가 과열로 치닫자 1년 여 만에 정책을 정반대로 뒤집어 긴축과 행정규제로 대응하자 부동산 시장이 급랭하는 과정에서 지방정부들의 취약한 재무구조에 대한 우려가 높아지고, 전반적인 경기부진 속에서 제도 금융권이 외면한 민간기업 들은 한계 상황으로 내몰리게 되었다.

중국 기업들에 타격을 준 것은 선진국 재정위기에 따른 대외 시장조건의 변화만이 아니었다. 대내적으로 농촌 잉여노동력이 점차 줄어들면서 저임금을 더 이상 유지하기가 어려워진 점, 중국 경제가 어느덧 추격 전략(Fast Follower Strategy)이 먹혀들지 않게 되는 발전단계에 접근했으나 산업 업그레이드에 필요한 고부가가치 기술은 외국기업의 수혈(FDI)을 통해서든 본국기업들의 혁신을 통해서든 적시에 제공되지 않은 점 등 요소 부존 조건에 있어서의 변화는 이미 금융위기 전부터 중국 산업들의 경쟁력을 잠식해 들어가기 시작했다. 임금 급등은 동부 수출지대의 피폐화를 가져오면서 그동안 작동되어왔던 동부(일자리 제공)와 중서부(노동력 제공) 간의 지역적 분업구조에 균열을 낳고, 새로운 여건에 부합하는 분업구조 재조정(동부의 산업 업그레이드, 과거 동부 산업의 중서부 이전)이 지체됨에 따라 지역 간 경쟁(중서 부로의 인구회류, 지방정부 간 기업유치 경쟁)을 부추기기도 했다.

(3) 전망

역사적으로 보면, 중국의 5,000년 역사에서 '태평성세'는 두 번뿐이었다. 첫 번째는 당(唐) 태종에서 현종에 이르는 약 100년이었으며, 두 번째는 청(淸) 왕조(1636~1912) 중기의 강희·옹정·건륭으로 이어지는 약 100년이었다. 만약 중국이 미국을 능가하는 경제대국이 된다면 중국 역사의 황금기는 다시 올 것인가?

① 비관적 전망

2008년 하반기 글로벌 금융위기의 발발을 예측했었던 누리엘 루비니(Nouriel Roubini) 교수는 "중국은 2013년경 경착륙을 맞게 될 것이다. 과도한 투자는 언제나 금융위기와 장기 저(低)성장으로 막을 내렸다."고 예언했었다. 그 논거는 다음과 같다: "GDP의 50%가 재차 투자되고 있는데도 생산과잉과 부실채권 문제를 피해갈 수 있을 정도로 높은 경제성장률을 지속적으로 유지해나갈 수 있는 국가는 존재할 수가 없다". "투자주도형 성장을 지속해 나간다면, 이미 뚜렷하게 나타나고 있는 제조업, 부동산 및 인프라의 포화 현상이 더욱 악화될 것이며, 고정자산투자의 증가 속도를 더 이상 끌어올리기 어렵기 때문에 결국 경제성장은 둔화되고 말 것".

그렇다면, 중국도 한국이나 미국처럼 금융위기를 겪을 것인가? 베이징대 광화관리학원(光華管理學院)의 마이클 페티스(Michael Pettis) 교수는 "결코 아니다. 한국이나 미국이 겪었던 형태의 위기가 중국에선 일어나지 않을 것으로 본다"라고 단언했다(중앙일보, 2013. 06. 27). 왜냐하면 중국 정부가 기업이나 지방정부의 금융부실이 은행을 뒤흔들도록 방치하지 않을 것이기 때문이다. 그 대신에, 중국은 일본 유형의 '잃어버린 10년이나 20년'의 경기 후퇴를 겪을 것으로 전망된다. 왜냐하면 중국경제는 구조조정이 제대로 이뤄질 수 없는 구조이기 때문이다.

상술하면, 과잉 생산시설과 도로·항만 등을 헐어 없애지 못하며 기업들은 이자도 못 내는 수익을 내면서도 생산은 계속할 수밖에 없다. 따라서 리커창(李克强) 경제팀이 내수(內需) 확충을 필사적으로 추진하고 있으나 내수(內需)가 성장엔진이 되기까지는 적어도 10년 이상 걸린다. 그때까지 중국경제는 저(低)성장(약 3% 경제성장률) 시대로 진입하면서 일본경제의 전철을 밟을 것으로 전망된다.

상기와 같은 맥락에서, 2013년 3월 출범한 시진핑(習近平) 정부는 출범과 동시에 중국경제의 방향을 기존의 고속(高速) 성장이 아닌 중속(中速) 성장으로, 경제의 중심축을 수출이 아닌 내수(內需)로 각각 전환하겠다고 선언했다. 리커창(李克强) 총리와 주소천(周小川) 인민은행장은 '경제 살리기'보다 '반(反)부패 운동'과 '신용거품 제거'를 위한 경제구조 개혁에 더 힘을 쏟고 있다. 즉, 2008년 글로벌 금융위기 후, 중국경제에 낀 '신용거품'을 빼고, 중국 경제구조를 개혁하겠다는 것이다. 예로서, 연간 80억 위안(1조5,000억 원)에 달하는 중국 공무원의 판공비를 규제함에 따라 연간 14%대였던 소비 성장률이 12%대로 떨어질 것이라고 한다(조선일보, 2013. 06. 24).

② 낙관적 전망

후안강(胡鞍鋼) 교수[73]는 중국경제가 장기적으로 고도성장을 유지할 수 있을 것으로

---

73) 후안강(胡鞍鋼) 중국 칭화(清華)대 공공관리학원 교수는 중국 정부의 '경제정책 브레인'이다. 20여 년 동

전망했다. 그 근거로서 중국의 5가지 성장동력: 도시화, 신흥공업화, 정보화 및 지식화, 기초설비 현대화, 국제화를 들었다. 2012년처럼 국제화(즉, 해외수요)의 수요가 줄면 나머지 다른 4개의 발전기(성장동력)가 강하게 움직여 중국경제의 발전을 이끌어 낼 수 있다는 것이다. 세계 어느 국가도 상기한 5개의 발전기를 보유한 국가는 없다고 한다. 지난 10년간 중국의 노동인구 증가율은 1.18%밖에 안된다. 그러나 같은 기간 대학(전문대 포함) 졸업 학력자의 인구 증가율은 연평균 10.1%나 된다. 인구증가는 둔화됐지만 우수한 인력자본은 오히려 크게 늘었다.

영국의 역사학자 겸 저널리스트인 마틴 자크(Martin Jacques)는 그의 저서, <중국이 세상을 지배하는 날>(When China rules the world, 2009년)에서 중국이 미국에 필적하는 초강대국 지위를 확보하는 것은 의심의 여지가 없다는 확신 아래 '팍스 시니카'(Pax Chinica)의 미래를 다음과 같이 묘사하고 있다: 위안화가 달러화를 밀어내고, 뉴욕과 런던을 대신하여 상하이가 세계 금융의 중심지로 떠오르고, 유럽의 주요 도시들이 오늘날의 로마 혹은 아테네처럼 영광스러웠던 과거의 유물로 전락하고, 중국어와 영어가 나란히 세계 공용어로 자리 잡고, 공자(孔子, BC 551~BC 479)가 플라톤(Platon, BC 428/427~BC 348/347)만큼 세계 시민에게 친숙한 존재가 된다는 것이다.

여기서 유의할 것은 '근대화(近代化)'는 곧 '서구화(西歐化)'를 의미한다는 종전의 상식이 깨진다는 마틴 자크(Martin Jacques)의 통찰이다. 그는 '이데올로기'(Ideology) 대신에 '문화'(Culture)가 미래의 가치 기준이 될 것이며, 이것이 바로 중국이 21세기의 '수퍼 파워'(Super Power)가 될 수 있는 가장 핵심적 이유라고 주장한다. 또한, 그는 중국의 광대한 영토와 인구, 한족(漢族)이 중국전체 인구의 92%를 차지하는 문화적 동질성과, 중국문명이

안 정부의 각종 정책 입안에 중요한 역할을 해온 인물이다. 30대부터 두각을 나타내 중국 경제학계에서는 '앙팡테리블'(무서운 아이)로 불렸다. 1985년부터 사회과학원의 국정연구소조에 참여했고 2000년부터 칭화(淸華)대 국정연구센터 주임을 맡아 국정연구분야에서 40여 권의 책을 출판하는 등 독보적인 업적을 쌓았다. 그의 국정보고는 중국의 최고지도자들이 필독하고 정책에 반영하는 것으로 유명하다(한국경제, 2013. 01. 02). 그가 1993년 왕샤오광(王紹光) 홍콩중문대 교수와 함께 쓴 <중국국가능력보고>는 중국 세제개혁의 교과서 역할을 했다. 1998년에 나온 <중국의 실업문제와 취업전략>도 당시 주룽지(朱鎔基) 총리가 적극 정책에 반영해 한때 주 총리의 '꾀주머니'로 불리기도 했다. 2011년 말에는 「제2대 민족정책, 민족융합과 번영의 촉진」이라는 책에서 중화민족의 일체화를 주장했다. 최근 시진핑(習近平) 총서기가 말하는 '중화민족의 위대한 부흥'은 바로 이 책에서 등장하는 문구다. 그는 2012년 출판된 《2020년 중국》을 통해 "중국이 고도성장을 지속해 2020년에는 미국을 제치고 세계 최대 경제대국이될 것"이라고 전망했다. 시진핑(習近平) 공산당 총서기의 역사적 임무 역시 중국을 세계 경제대국으로 올려 놓는 것이라고 강조했다. 중국 경제의 최대 리스크를 지방정부 지도자들의 과욕으로 인한 경기과열로 꼽기도 했다.

세계의 중심이라는 뿌리 깊은 중화(中華)의식은 새로운 문화적 지배력의 원천이 될 것이라고 주장한다. 즉, 지난 200년의 굴욕을 딛고 부활하는 중국은 미국의 이미지를 모방한 중국이 아니라 유구한 중국 문화(文化)의 이미지에 충실한 중국이 될 것이라고 주장한다.

따라서, 경제력과 군사력을 바탕으로 팽창주의를 지향했던 '팍스 브리타니카'(Pax Britanica)나 '팍스 아메리카나'(Pax Americana)와 달리, '팍스 시니카'(Pax Chinica)는 조화와 안정을 중시하는 평화주의적 성격을 띨 것으로 낙관한다. 나아가, 중국 자신이 세계의 중심, 곧 중원(中原)이라고 믿기 때문에 공격적 팽창주의를 지향할 필요성을 느끼지 않을 것이라고 마틴 자크(Martin Jacques)는 말한다.

'메가트렌드 시리즈'로 유명한 세계적 미래학자 존 나이스비트(John Naisbitt)는 중국이 경제적으로는 물론 정치적으로 21세기 지구촌에 기회의 땅이 될 것이다라고 주장한다. 그가 중앙일보와의 e-메일 인터뷰(2010. 04. 10)를 통해 다음과 같이 말했다: "중국 모델은 아직 초기 단계다. 그럼에도 불구하고 30년 만에 수 억 명의 인구를 기아에서 구해낸 것은 세계사의 거대한 성과다. 서구식 민주주의만이 국민을 먹여 살릴 수 있다는 독선에 경종을 울린 것이다" 또한, "중국이 발전하면 할수록 중국식 민주주의 모델은 서방의 저항에 부딪칠 것"이라고 덧붙였다.

존 나이스비트(John Naisbitt)가 말하는 '중국 모델'은 무엇일까? 그는 자신의 최근 저서 <차이나 메가트렌드>[74]에서 '수직적 민주주의'(Vertical Democracy)를 답으로 제시했다. 이는 '권력의 양단, 즉 지도부와 피지배층이 상하 관계를 유지하면서 발전하는 통치'로 요약될 수 있다. 개인의 자율과 경쟁을 강조하는 서방의 '수평적 민주주의'와 반대되는 개념이다. "이 사회에서는 지도부의 하향식(top-down)전략과 국민의 상향식(bottom-up)참여로 의사가 결정된다. 국가를 운영할 자격은 선거가 아닌 목표의 달성 여부에 따라 주어진다. 정치인들은 선거를 위해 투쟁하는 대신 목표 달성을 위해 전력투구한다"(중앙일보, 2010. 04. 10).

존 나이스비트(John Naisbitt)는 중국이 세계를 지배할 기술혁신자가 되리라 예측한다. 그는 더 나가 '중국이 서구 민주주의의 대안을 만들어 낼 수도 있다'는 말도 던졌다. 그는 "중국을 서구인의 관점이 아닌 중국인의 시각에서 보라"고 강조한다. 그가 중국의 시각으로 본 중국인들은 '자신을 개인보다는 집단의 일부로 생각하는 사람'들이나. 충국인들은

---

74) <차이나 메가트렌드>는 2009년 1월 중국어로 출판된 후 중국에서 선풍적 인기를 누렸다. 인민일보는 '2009년 올해의 책'으로 선정하기도 했다. 그러나 미국에서는 달랐다. 시사주간지 '타임'은 2010년 3월 22일자에서 '왜 차이나 메가트렌드가 실망스러운가'라는 기사를 통해 그의 주장을 조목조목 비난했다. 중국은 호주 리오틴토 직원 체포 사건, 구글의 철수 등으로 서방언론의 공격받았다.

훌륭한 성과를 보장해주는 강력하면서도 신중한 지도자를 원한다는 것이다. 이 같은 특성을 바탕으로 생성된 '수직적 민주주의' 속에서 중국 경제·사회·문화가 어떻게 발전했는지를 흥미로운 사례를 들어 묘사하고 있다.

(4) 중국의 발전방향

후안강(胡鞍鋼) 중국 칭화(清華)대 공공관리학원 교수는 2012년 출판된 그의 저서 <2020년 중국>을 통해 "중국이 고도성장을 지속해 2020년에는 미국을 제치고 세계 최대 경제대국이 될 것"이라고 전망했다. 그리고 후진타오(胡錦濤)의 역사적 임무는 중국을 '세계 2위 국가'에 올려놓는 것이었으며, 이제 시진핑(習近平) 공산당 총서기의 역사적 임무는 중국을 '세계 제1위 경제대국'으로 올려 놓는 것이라고 주장했다.

'1단계 샤오캉'(小康) 중 일부 지역 편차는 있지만 기본적 욕구를 해결하는 것은 2000년을 기점으로 달성됐다. 전체 인민이 먹고살 만한 '전면적 샤오캉'(1인당 소득 5,000달러 안팎) 단계는 2020년까지 이뤄질 예정이다. 현재 중국 가정의 '싼다젠'(三大件, 3대 재산)은 아파트와 자가용, 컴퓨터다. 중국 건국 초기인 1950년대 싼다젠은 손목시계와 자전거, 녹음기였으며, 개혁·개방 초기인 1980년대의 싼다젠은 냉장고, 컬러TV, 비디오 카메라였고, 1990년대의 싼다젠은 휴대전화, 에어컨, 음향기기였다.

그러나, 후진타오(胡錦濤, Hú Jǐntāo, 1942~현재) 시대에서 10년간 중국 사회는 모순이 심화됐고, 경제는 독점이 판을 쳤으며, 개혁은 진전이 없었다는 것이다. 1840년 아편전쟁(阿片戰爭)에서의 패배 이후 중국의 목표는 크게 3가지였다: 첫째는 민족독립, 둘째는 국가강성, 셋째는 현대화(現代化)다. 민족독립은 1949년 중화인민공화국 건설로 달성됐고, 국가강성은 후진타오(胡錦濤) 집권 기간 중국이 세계 2위의 경제체로 발돋움하며 어느 정도는 이뤄졌다. 이제 남은 건 현대화(現代化)다.

중국 중앙당교가 발행하는 학습시보(學習時報)의 부편집 덩위원(鄧聿文)은 후진타오(胡錦濤) 10년간 중국 사회는 모순이 심화됐고, 경제는 독점이 판을 쳤으며, 개혁은 진전이 없었다고 주장한다. 후진타오(胡錦濤) 10년의 문제점은 시진핑(習近平) 국가주석이 맞닥뜨려야 할 10대 난제가 되었는데, 구체적으로 다음과 같다: ① 소비주도형 경제구조가 아쉽다. ② 중산층 양성이 절실하다. ③ 농민의 거주이전 자유를 제한하는 호구(戶口)제도 개혁이 필요하다. ④ 한 자녀 정책과 고령화 등 인구문제가 심각하다. ⑤ 교육과 과학연구의 질이 낮다. ⑥ 환경오염이 큰 문제다. ⑦ 에너지 공급체계가 불안하다. ⑧ 사회도덕이 붕괴됐다. ⑨ 외교 시야가 좁다. ⑩ 정치개혁과 민주화가 지지부진하다.

또한, 후안강(胡鞍鋼) 교수는 2012년 출판된 그의 저서 <2020년 중국>을 통해 "중국이 고도성장을 지속해 2020년에는 미국을 제치고 세계 최대 경제대국이 될 것"이라고 전망했다. 그리고 후진타오(胡錦濤)의 역사적 임무는 중국을 '세계 2위 국가'에 올려놓는 것이었으며, 이제 시진핑(習近平) 공산당 총서기의 역사적 임무는 중국을 '세계 제1위 경제대국'으로 올려 놓는 것이라고 주장했다.

후진타오(胡錦濤)는 전형적인 기술 관료다. 마오쩌둥(毛澤東)의 건국, 덩샤오핑(鄧小平)의 개혁개방, 장쩌민(江澤民)의 성장 일변도에 이어 그는 성장의 그늘을 살피는 조화사회 건설에 무게를 뒀다. 중국에 '강산은 시대마다 인물을 낳는다(江山代有人才出)'는 말이 있다. 이젠 시진핑(習近平)이 무대에 오를 차례다. 그가 부를 곡목은 후진타오(胡錦濤)가 이루지 못한 '중국의 현대화(現代化)'다.

① 제조강국 → 무역대국 → 금융강국으로 도전

중국의 최종목표는 '경제강국'을 실현하는 것이다. 이를 위해 중국정부는 '제조강국', '무역대국', '금융강국'의 길을 갈 것이다. 특히 위안화의 국제화 전략을 실시하여 홍콩과 상해 두 지역을 국제금융시장으로 육성할 것이며 세계적 금융기관을 배출하기 위해 노력할 것이다.

중국의 자본주의 발전모델은 수출주도 및 국가주도로 요약될 수 있다. 수출주도성장 모델은 아시아 네 마리 용(龍)의 신화에 이어 중국의 성공까지 이끌며 후발국 경제발전 모형이 되었다. 중국의 '국가' 자본주의 모델 역시 위기에 직면한 서구의 신(新)자유주의 (New Liberalism)와 대비되며 2008년 글로벌 금융위기 이후 오히려 주목받고 있다.

그러나 2008년 글로벌 금융위기는 중국이 아무리 강력한 국가자본주의(國家資本主義) 체제를 유지하더라도 세계자본주의의 국제분업구조에 편입될수록 세계소비시장 침체의 충격을 통제할 수 없다는 사실을 확인시켜주었다. 즉, 중국 내에서 생산과 소비 간의 균형 성장의 중요성을 일깨운 것이다. 이와 같은 발전패러다임의 변화는 금융시스템에서 상당한 변화를 야기할 가능성이 높다.[75] 중국의 금융은 철저히 실물경제에 종속된 경제단위로서 기능했다. 실물이 금융을 선도하는 개도국일수록 금융발전은 금융의 산업적 유동구조에 의해 결정된다. 그렇기 때문에 발전패러다임의 변화 가능성은 곧 중국 금융시스템의

---

75) 송홍선(2010), "금융위기 이후 중국 금융시스템의 발전 전망", 중국 금융시장 포커스, 자본시장연구원, 4월.

변화가능성을 의미한다.

　　은행중심의 금융발전은 국가주도성과 수출주도성의 산물이다. 다수 투자자에게 잔여청구권이 분산된 시장중심 금융시스템은 국가주도성이나 수출주도성과는 조화되기 어렵다. 금융자산 기준으로 은행이 99%, 증권이 0.3%, 보험이 0.6%를 차지하고 있다. 한국과 미국 등과 비교할 때, 중국의 금융산업은 매우 심각한 불균형 상태에 놓여있다. 은행의 예금잔액은 경제규모(GDP)와 비교할 때 1.2배 수준인데 주식 시가총액은 GDP와 비교할 때 0.7배 수준, 채권 발행잔액은 GDP와 비교할 때 0.2배 수준에 머물러 있다.

　　중국 금융시스템의 불균형은 금융자원의 수요조건, 즉, 금융의 실물적 유통 조건에 의해 규정된 측면이 있다. 수출주도 발전패러다임의 전환은 이 같은 수요조건을 변화시킬 수 있는데, 내수주도 발전패러다임에 대한 논의는 이미 내부적으로 제기되어 왔다. 무엇보다 중국 자본주의의 생산력 기반을 이루는 저임금 유휴노동력이 소진되고 있다. 농촌으로부터의 노동력 공급이 소진되는 루이스 전환점(Lewisian turning point)[76]이 도래하면서 저임금·저부가가치 기반의 수출모델이 위협받고 있다는 것이다. 수요조건의 변화도 관찰된다. 1인당 국민소득이 4천 달러에 육박하는 가운데 몇몇 도시는 일만 달러를 넘어서는 등 내수기반이 투자주도에서 소비주도로 전환될 수 있는 구매력 기반이 갖추어지고 있다.

　　현재 중국의 금융산업[77]은 은행, 증권, 보험을 동일 법인격에서 겸영하는 것을 원천적으로 금지하고 있을 뿐만 아니라 동일인 지배 계열회사를 통해 겸영하는 것조차 원칙적으로는 허용하지 않고 있다. 한국의 금융지주회사법 같은 법령이 존재하지 않을 뿐만 아니라 개별 금융법에서 겸영, 겸업을 원칙적으로 불허하고 있다. 법제도로 보면 철저하게 전업주의를 고수하는 나라이다. 그럼에도 불구하고, 다음과 같은 2가지 관점에서 상업은행이 CIB(commercial & investment banking)를 통해 금융혁신과 자본시장 발전을 리드할 가능성이 높다.

　　첫째, 은행 중에서도 은행시장의 53%를 차지하고 있는 3대 국유상업은행이 될 가능성

---

76) 루이스 전환점(Lewisian turning point)이란 1979년 노벨 경제학상 수상자인 아서 루이스가 제시한 것으로 개발도상국에서 농촌의 저렴한 인력으로 급속한 산업발전을 이루지만 농촌의 노동력이 도시로 이동하면서 노동력이 고갈되는 시점에 임금이 급등하고 성장이 둔화되는 것을 말한다. 특정 국가가 루이스 전환점에 이르게 되면 노동의 수요와 공급의 불일치(mis-match)가 발생하고, 이로 인해 임금이 급격하게 상승하게 되면, 사회 전반에 고비용-저효율 구조가 자리잡게 된다. 개발도상국에서 농촌 잉여노동력이 고갈되면 임금이 급등, 성장세가 꺾이는 현상을 일컫는다.

77) 중국의 금융시장 규모는 2010년 말 기준 명목 GDP대비 금융자산 비중을 비교했을 때 중국이 285%로 미국 165%, 일본 211%에 비해 크게 앞서 있지만 자본시장 규모를 대표하는 시가총액은 일본의 그것보다 작다.

이 높다. 무엇보다 자본력 측면이다. 자기자본도 2007년 기준으로 3대 국유상업은행은 1.6조 위안, 증권회사 전체가 3천억 위안 정도로 비교가 되지 않는다. 수익능력도 은행이 금융산업 전체 수익의 70%를 차지하고 있다. 그렇다고 외국자본이 유력한 대안이 되기에는 시기상조 같다. 은행업이나 증권업에 대한 지분제한이 현존하고 있고 금융위기 이후에도 정부는 은행업 개방에 대해 현 수준이 적절하다는 견해를 언론을 통해 밝힌 바 있다.

둘째, 겸업주의 법령의 부재에도 불구하고, 금융겸업화가 이미 상당한 정도로 진전되고 있다. 중국인민은행이 금융기관의 업무범위에 대해 심사권한을 가지고 재량적으로 심사를 하고 있기 때문이다. 중국 정부로서도 외국계 겸 영금융기관의 중국 금융기관 인수, 합자회사 설립, 업종 간 업무제휴 등 금융업무의 겸영, 겸업화가 불가피함에 따라 사안별로 이런 추세를 인정하고 있다. 특히, 정부는 2008년 장강삼각주 지역을 대상으로 은행, 증권, 보험 간 겸업을 우선적으로 시범 시행하였다. 은행에서 증권계좌를 개설하거나, 보험상품을 판매하는 방카슈랑스, 보험회사의 주식투자 허용 등 핵심업무를 제외한 부수업무에 대한 업종 간 겸영이 강화되고 있다.

다만, CIB(commercial & investment banking) 주도의 자본시장발전이 바람직한가에 대해서는 국제적으로 논란이 있다. 2008년 글로벌 금융위기 이전만해도 벤치마크처럼 인식되던 CIB 모델이 금융위기 이후 재평가 과정에 있고, 미국은 CIB에 대한 상당한 업무영역 제한을 볼커 룰(Volcker rule)이란 이름으로 추진 중에 있다. 중국도 이 점을 잘 알고 있는 듯하다. 2008년 글로벌 금융위기 이후 중국정부는 금융지주사의 부채비율을 60% 미만으로 규제하고, 이중레버리지(double leverage) 규제를 강화하였다.

② 사회경제적 불균형 심화: '선부론(先富論)' → '공부론(共富論)'

중국은 사회주의 정권 수립 이후 29년간 거듭된 무모한 사회주의 경제운영 실험에 실패한 뒤 덩샤오핑(鄧小平·1904~1997) 주도로 1978년 개혁·개방의 길로 나서면서 '저(低) 발전의 발전', 즉 가난의 악순환에서 벗어날 수 있었다. 개혁·개방의 이념은 덩이 주창한 '선부론(先富論)'이었다. 즉, '다 함께 잘 살기 위해서는 일부가 먼저 부자가 되고, 가난한 사람이 따라 배우게 해야 한다'는 것으로, 그 때까지 중국 사회의 운영 원리였던 '한솥밥 (人鍋版)'정신(생신 싱파와 무권인 긍평분배를 글자로 힌 사회주의적 평균주의)을 정면으로 부정한 노골적인 불균형 성장 전략이었다.

경제성장의 스타터로 선택을 받은 곳이 당시 중국에 부족했던 자본과 기술을 수입하기에 유리했던 동부 연안 지역이었다. 이 지역 지방정부들이 갖가지 특혜를 앞세워 외국기업들을 불러 들여 중국 국유기업들과 합작을 성사시키고, 중국이 압도적 비교우위를 갖고 있던 저임 노동력을 이용해 상품을 생산, 해외시장에 수출하는 방식으로 선부론은 실행에 옮겨졌다. 이 같은 성장전략은 선택받은 일부 부문과 선택 받지 못한 나머지 부문들 간의 모순이 원천적으로 내재된 것이었으며, 이러한 모순은 점차 현실의 발전 격차로 드러나기 시작했다.

지역적으로는, 동부 연안과 중서부 내륙 간의 격차가 날로 확대되었고, 실효성이 입증된 동부 연안의 경제개 발 모델이 점차 내륙의 도시들로 확산되어가는 과정에서 저임 노동력 공급지인 농촌지역과 수출 제조업의 거점인 도시지역 간의 격차가 확대되었다. 저임금 기반의 저가 수출상품의 대량생산은 중국 내 생산능력과 소비능력 간의 갭을 확장시켜 과도한 대외의존을 낳았다. 아울러 국제분업 체계에서 요소집약형 산업에 대한 특화가 장기간 지속되면서 기술집약형 산업 발전에 대한 실기(失期) 우려가 확산되고, 수출 제조업 위주의 자원배분에 따라 서비스업을 비롯한 내수산업은 저발전 단계를 벗어나지 못하는 등 산업 간 격차가 확대되었다. 그 과정에서 내수산업(시장)은 국유기업의 독점적 시장 지배와 지방정부의 수익성을 무시한 '공적 쌓기용' 인프라 투자 및 이에 결부된 무분별한 부동산 투자에 휘둘리면서 건전한 발전의 기회를 놓쳐버렸다. 기존 성장전략에 내재된 모순들과 거기서 비롯되는 현실의 각종 격차는 2008년 금융위기를 전후로 한층 악화되면서 다음과 같은 구조적 문제들을 야기했다.

첫째, 거시경제적 측면에서는 내수와 수출 간, 투자와 소비 간 불균형이 갈수록 심화되고 있다. 중국은 의료·보건·교육 등 사회보장제도(社會保障制度)가 미비해 노후 등 장래를 걱정하는 중국인이 많은 탓에 40% 이상의 저축률을 보이는 등 내수가 상대적으로 부진하다. 따라서 높은 경제성장을 견인한 것은 투자와 수출이었다. 그리고 고속성장의 주역은 외자기업이었다. 수출이 전체 GDP의 34%를 차지하여 세계 평균치를 10% 포인트 이상을 웃돌고 있는 반면에, 내수 비중은 53%에 불과하여 미국, 유럽 등 주요 선진국과의 심각한 통상마찰로 인하여 수출주도형 성장전략 추진에 부담으로 작용하고 있다. 따라서 중국이 달성해야 할 구조조정의 방향은 다음과 같이 집약적 경제성장, 내수 견인형 경제성장, 산업구조의 고도화 등으로 요약할 수 있다.

외연적(外延的 즉 '粗放型') 성장에서 집약적(集約的) 성장으로 전환하는 것이다. 즉, 자본 및 노동력 투입 증가를 통한 성장에서 생산성(효율)향상을 통한 성장으로의 전환이다. 이를 위해서는 자주적 기술개발(소위 自主創新)이 중요하다.

내수견인형 성장으로 전환하는 것이다. 즉, 기존의 투자, 수출 견인형 성장에서 투자와 국내소비가 견인하는 성장으로의 전환이다. 이 과정에서 도시화의 진전이 중요하다.

산업구조를 고도화하는 것이다. 즉, 노동집약적 제조업 및 자원다소비형 중공업 중심에서 기술집약적 제조업과 서비스업 중심으로의 전환이다. 특히, 에너지 등 자원 효율성 개선 등이 중요하다. 2007년 중국의 GDP는 세계의 6%에 불과했으나 2007년 중국은 세계 에너지 소비량의 16.8%를 사용했다. 결국, 세계 평균의 3배의 에너지를 소모한 셈이다. 예를 들어 석유의 경우, 중국은 현재 세계 2위의 석유 소비국인데 자체 생산으로 충당할 수 없는 1억3천만 톤의 석유수요로 인해 중국의 석유 수입의존도는 지난 몇 년간 43%로 증가하였다. 이러한 수입의존도는 2020년 즈음에는 연간 3억 톤의 석유수입으로 55.8%~62.15%까지 증가할 것으로 전망된다. 이 결과, 석유값이 배럴 당 1달러 상승할 때마다 중국 GNP는 0.046% 축소될 것으로 분석된다.

둘째, 도시와 농촌, 지역발전의 불균형 문제가 심각하다. 개혁개방 이후, 도시와 농촌 주민의 수입과 생활수준이 모두 종전보다 나아졌으나 도농(都農) 간 소득격차는 오히려 증가하는 추세이다. 2007년 농촌 주민의 순수입은 4,140위안(약 80만 원)으로 도시 주민의 가처분 소득 1만3,786위안(약 267만 원)의 30%에 그쳤다. 후자가 전자에 비하여 1989년 2.3배에서 2005년에는 3.2배로 증대되었다.

도시지역의 지니계수(Gini coefficient)는 0.42로 국제적 안정수치로 간주되는 0.4를 초과하였다. 전체 인구의 20%에 달하는 빈곤층은 소득과 소비의 4.7%만을 점유하는 반면에, 전체 인구의 20%인 부유층은 50%의 소득과 소비를 점유하고 있다. 게다가 도시지역에서는 매년 8백만 명의 새로운 노동력이 쏟아지는데 여기에 매년 농촌지역에서 온 1천만 명이 보태져 중국의 도시실업률은 높은 수준이다. 따라서 도농(都農) 간 소득격차는 중국 정부가 시급히 해결해야 할 중요한 정치적 이슈로 대두되었다.

중국 개혁·개방의 상징적 집단이자 중국만이 갖고 있는 특유의 계층은 '농민공'(農民工)이다.[78] 현재 중국 전역의 농민공(農民工)은 도시 농민공 1억 2,600만 명과 향진(鄕鎭) 기업 농민공 1억 명을 포함해 2억2,600만 명으로 추산된다. 이들이 도시로 나온 이유는 농촌에 잉여 노동력이 넘쳐나기 때문이다. 최근 세계적인 경제위기로 중국의 노동집약적 기업들이 잇따라 도산하면서 사회 최하계층인 농민공이 직격탄을 맞았다. 2008년에 들어 실직해 고향으로 돌아간 농민공(農民工)은 지그마치 1,100만 명으로서 전체 도시 농민공(農民工)의 8.7%에 이른다.

---

78) 농민공(農民工)이란 도시에서 일하는 농민 출신 노무자를 말하는 것으로 1984년 사회과학원의 장위린(張雨林) 당시 교수가 사용한 후 일반화됐다.

농민공(農民工)의 대량 귀향은 농민 수입의 감소와 직결된다. 중국 농민 수입의 49%는 외부 노무활동에서 벌어들인 것이다. 특히 최근 농민 수입 증가분의 70%는 농민공의 월급이다. 농민공의 귀향은 여전히 1억5,000만 명의 잠재 실업자를 갖고 있는 중국 농촌에 또 다른 부담이 된다.

상기한 도농(都農) 간 소득격차 외에 지역(地域) 간 소득격차가 극심하다. 동부·중부·서부의 지역경제 역시 모두 크게 발전하였으나 발전조건이 다르기 때문에 발전 속도에서도 차이가 발생하였고 이로 인하여 지역(地域) 간 발전 격차도 점점 커지고 있다. 2007년 간쑤(甘肅) 성의 주민 1인당 국내총생산(GDP)은 6,835위안으로 6만5,347위안인 상하이(上海)의 10.5%에 불과했다. 구체적으로 살펴보면, 동부 10개 성의 면적이 전 국토 면적에서 차지하는 비율이 9.5%이고 인구는 총인구의 35.4%이지만, 동 지역의 생산총액이 GDP에서 차지하는 비율은 55.6%에 달한다. 이와 반면에, 서부 12개 성의 면적이 전 국토의 71.5%에 이르고 인구는 27.6%에 이르지만 동 지역 생산총액이 중국전체 GDP에서 차지하는 비율은 16.9%에 불과하다. 또한, 2001~2006년 동안 중국에 대한 외국인직접투자(FDI) 총액 중에서, 동부지역이 차지하는 비율은 전체의 86% 이상인 반면 서부지역의 비율은 약 3%이다. 중국 전체 수출·입에서 동부지역 10개 성이 차지하는 비율은 88%이고, 중·서부지역과 동북지역의 동 비율은 12%이다.

이 결과, 동부연안 지역과 중·서부 내륙지역 간 소득격차 문제가 이제는 경제적 차원을 벗어나 민족 간 갈등으로까지 비화되고 있다. 예를 들어, 동부지역 上海市(1인당 생산총가치가 가장 높은 도시) 주민 한 사람의 생산총액은 귀주(貴州省, 1인당 생산총가치가 가장 낮은 도시) 주민 한 사람의 생산총액보다 1990년 7.4배에서 2005년에는 9.9배로 확대되었다.79)

이와 같이, 지난 30년 동안 거침 없이 달려온 개혁·개방은 고도성장을 이루었지만, 이로 인한 불균형 발전은 죽도록 일해도 가난을 면치 못하는 빈곤집단(working poor), 갈수록 늘어나는 실업, 황금만능주의가 만든 부패와 도덕적 해이를 확산 및 심화시켰다. 이것은 사회주의의 호소나 복고적 애국주의로 풀 수 없는 문제이다.

중국의 대표적인 사회문제는 양로·의료·실업·산재보험 등 사회안전망 구축이다. 현재 대도시의 사회안전망은 어느 정도 갖춰진 편이다. 2007년 말 현재 도시의 양로 및 의료보험 가입자는 각각 2억137만 명과 2억2,311만 명으로 2007년 말 전체 도시근로자 2억9,350만 명의 70%에 이르고 있다. 그러나 농촌은 상황이 크게 다르다. 양로보험 가입자는 5,171

---

79) 중국의 경제잡지 '차이징'(財經)이 최근 보도한 자료에 따르면, 2007년 중국의 상위 10%가 벌어들인 소득은 하위 10%가 벌어들인 소득의 무려 55배였다. 중국 정부의 공식 통계 21배를 훨씬 상회한다.

만 명으로 전체 농촌 인구 7억2,750만 명의 7%에 불과하다. 의료보험 가입자 역시 3,131만 명(농민의 4.3%)에 불과하다. 병에 걸린 농민이 아파도 병원에 가지 않고 참다 병을 키우는 것도 이 때문이다. 국민 전체의 14.7%에서 16.7%가 신설된 연금 및 의료보험제도의 혜택을 받고 있으나 아직도 중국의 사회보장제도에는 해결할 문제점이 많다. 예로서 사회보장제도의 공평한 적용문제, 사회보장제도로 인한 국가재정부담 등을 들 수 있다.

따라서 중국은 이제 새로운 개혁·개방이 필요한 시기라고 말할 수 있다. 그것은 '선부론(先富論)'에서 '공부론(共富論)'으로 전환이다. 상술하면, 1978년 12월 중국공산당 중앙공작회의 폐막 연설에서 덩샤오핑(鄧小平·1904~1997)은 '선부론(先富論)'을 제창했었다. 평등주의(平等主義)에서 벗어나 시장경제하의 경쟁과 차등을 인정한 '선부론(先富論)'은 '흑묘백묘론(黑猫白猫論)'("검은 고양이든 흰 고양이든 쥐만 잡으면 된다")와 함께 중국 개혁·개방 정책의 이론적 기둥 역할을 했었다. 이를 통해 중국이 지난 30여 년간 고도성장을 거쳐 세계 2위의 경제대국으로 올라서는 데 크게 기여했다.

이젠 '선부론(先富論)'이 요즘 존폐(存廢) 기로에 놓여 있다. 고도성장 과정에서 빈부·도농(都農)·지역 간 격차가 급격히 확대되고, 이로 인한 사회적 갈등이 갈수록 격심해져 중국 사회의 존립 기반이 흔들리고 있다. 토지와 집, 일자리와 교육받을 권리 같은 기본적인 생존권(生存權)을 요구하는 기층 근로자와 농민들의 시위는 거세다. 따라서 중국 최고지도부는 요즘 '공부론(共富論)'을 입에 달고 산다. 시진핑(習近平) 국가주석은 아시아 정당포럼에 보낸 축하 글에서 "흔들림 없이 공동부유의 길을 걸어야 한다"면서 교육·의료·소득·양로·주택 분야에서 사회보장(社會保障)을 강조했다. 상기 회의에 참석한 저우융캉(周永康) 상무위원 역시 "개혁과 발전의 성과가 전체 국민에게 미치도록 해야 한다"며 '공부론(共富論)'을 거론했었다. 원자바오(溫家寶) 총리도 다롄(大連)에서 열린 하계 다보스포럼 개막연설에서 "공동부유를 견지하면서, 공평과 정의의 가치를 지켜나가야 한다"고 주장했었다.

그러나 '공부론(共富論)'으로 가는 길은 녹록지 않다. 중국 부유층들은 이미 이런 흐름을 예상한 듯, 2000년대 중반부터 중국에서 번 돈을 챙겨 미국·캐나다·호주 등지로 물밀듯이 이민을 떠나고 있다. 영화배우 리롄제(李連杰)나 궁리(鞏俐)처럼 싱가포르에 자리를 잡는 이들도 있다. 분배 위주의 좌파 정책이 본격화된다면 이런 탈(脫)대국 행렬은 더 가속이 붙을 것이다. 인건비만큼이나 빠른 속도로 오르는 물가로 근로계층이 임금상승 효과를 체감하고 어렵고, 기업들의 자동화 투자로 일자리가 줄어드는 문제마저 대두하고 있다. 위정자들은 '공부론(共富論)'을 제창하지만, 아직은 정치구호 수준을 넘기 어려운 게 중국 현실이다. 시대는 중국 지도자들에게 '선부론(先富論)'에 버금가는 또 다른 정치적 지혜를 요구하고 있다.

1차 분배 개선을 위한 정책대안들은 성장의 과실 중 가계(근로자와 농민)가 가져가는 몫을 키우는 데 초점을 맞췄다. 근로자들의 소득 향상을 위해 취업 기회 확대, 임금 인상, 재산소득 증가 등의 방안이 제시되었고, 농민 소득 향상을 위해서는 토지 수용제도 개선, 농업 보조금 확대, 도시 유입 인구의 시민화 추진 등의 정책을 추진하기로 했다.

임금 인상 방안은 중·저소득층의 임금을 끌어올리고 고(高)소득층의 과도한 임금 상승을 억제하고 전문직 근로자들에게 합리적 인센티브를 부여하는 것이 골자다. 고소득층에 대해서는 국유기업 고위직의 임금 인상 폭이 직원 임금의 평균 증가 폭을 초과하지 않도록 하는 등 강력한 규제 의지를 실시하고 있다. 기술 인재에 대해서는 협의임 금제, 프로젝트 임금제, 스톡옵션제를 도입하여 '기술 요소의 분배 참여'를 확대하기로 했다.

상기한 임금제도들은 이번에 처음으로 도입이 추진되는 것으로, 기술이 체화된 인력들의 경우 임금의 시그널링 기능을 최대한 발휘해 산업별 및 기업별 최적배분을 유도하려는 의도가 반영된 정책방향이다. 1차 분배에서 직접 가계의 몫을 키우는 것은 아니지만, 간접적으로 동일한 효과를 발휘할 수 있는 것이 중앙국유기업의 상납(上納) 비율, 즉 정부에 대한 이익배당 비율을 2015년까지 5%p 인상시킨다는 방안이다. 이는 기업과 정부 간의 배분 비율을 조정하는 것이지만, 상납금의 일정부분을 사회보장 등 민생 부문에 투입한다면 가계의 소비여력을 제고시키는 효과를 발휘할 수 있다. 현재 국유중앙기업의 상납비율은 평균 15% 정도이며, 국유기업 전체로는 10%에도 못 미친다. 더욱이 배당금의 대부분은 국유기업 구조조정 지원 등의 명목으로 또 다시 국유기업들의 호주머니로 회류하고 있는 실정이다.

한편, 소득재분배 개선 정책으로 '방안'은 민생 부문에 대한 재정투입 확대와 사회보장제도 완비, 조세의 재분배 기능 강화 등을 추진하기로 했다. 구체적으로, 누진세율이 적용되는 개인소득세 과세 대상 소득을 제반소득으로 확대한 점, 일부 고급 오락소비 및 고급 사치품을 소비세 징수 범위에 포함시킨 점, 상속세 도입을 검토하기로 한 점 등이 전혀 새로운 내용이며, 자원세 징수 대상 품목 확대와 부동산세 시행 범위 확대 등은 기존 정책 방향을 재차 강조한 것이다. 중국에서는 개인소득세가 전체 세수의 5~6%에 불과한 반면에 부가가치세와 영업세 등 생산 단계에서 기업을 통해 거둬들이는 세금의 비중이 40% 남짓으로 압도적으로 높다. 개인소득제 세수가 기업소득세 세수의 5배에 이르는 미국의 경우와 크게 대비되는 이러한 세제 구조는 재분배 기능을 발휘하기 어렵다. 이번 개혁 방안은 세제를 과세 편의 중심에서 소득 재분배 기능 강화 방향으로 재편하겠다는 중국 정부의 의지를 담고 있다.

1, 2차 소득분배 이외에 이번에 중국 정부가 공을 들인 것이 '소득분배 질서의 합리적 개선' 부분이다. 불법, 음성, 과당 소득을 엄단 또는 규제하되 합리적 소득은 보호하겠다는 것으로, 그동안 말 많았던 정부와 공공부문의 불법과 부패를 척결하고 낭비 요소들을 줄이는 것이 핵심 포인트다. 이와 관련해 정부기구 수와 간부 인원 수를 줄이고 금권거래 및 뇌물수수 행위 엄단, 고위직 간부 재산신고제 실시, 고위직 재취업에 대한 관리 등을 엄격히 시행해 나간다는 계획이다.

요컨대, 시진핑(習近平) 시대의 중국의 국정방향은 신형 도시화 추진을 필두로 대기업 육성 정책, 소득 분배 정책, 부동산 정책 등이다. 이 중에서도 소득분배 개혁은 그 중심축에 있다. 소득분배 개혁은 중국 5세대 지도부의 7대 핵심 개혁 패키지에 있어 개혁의 시동장치이자 시금석으로서의 성격을 띠고 있다. 소득분배 개혁 없이 내수 중심의 차세대 성장동력을 활성화시킬 수 없고 산업구조 개혁, 지역 균형발전, 사회안정을 이룰 수도 없기 때문이다.

중국의 소득분배 개혁 방안은 분배 구조를 현재의 '피라미드형'에서 올리브(타원)형으로 전환시키는 것을 목표로 삼고 있다. 1차 분배 개선 (GDP 대비 가계부문의 소득 비중 향상)을 위해 지속적인 임금 인상과 재산소득 향상, 국유기업의 개혁 등을 추진할 계획이다. 소득 재분배 정책으로는 민생 지출을 늘리고 사회보장 제도를 완비해 가는 한편 개인소득세와 소비세 확대, 상속세 도입 등을 통해 조세의 재분배 기능을 강화할 방침이다. 아울러 불법소득과 음성소득을 엄단하고 과당 소득을 규제하고 정부의 낭비 요인들을 줄여나가겠다는 것이다.

③ 중국경제의 경(硬)착륙 가능성 해소: 지방정부의 부채 감축

후안강(胡鞍鋼) 교수는 중국 경제의 최대 리스크를 지방정부 지도자들의 과욕으로 인한 경기과열과 이로 인한 지방정부의 부채라고 지적했다. 그 논거는 중국 경제의 침체가 채무불이행을 촉발하고 금융시스템을 흔드는 결과를 가져올 수 있다는 것이다. 이 결과, 중국경제가 부정적 신용등급을 받을 수 있다. 따라서 지방정부의 부채문제는 단기적으로 중국의 경기회복에 걸림돌로 작용할 소지가 있으며 중장기적으로도 지방정부 부채가 누적된다면 중국 금융시장의 시스템 리스크로 전이될 가능성도 완전히 배제할 수 없다.

중국 지방정부의 부채 문제는 2009년부터 부각되어 시간이 갈수록 이 문제에 대한 우

려가 확산되고 있다. 2010년 말 현재, 지방정부의 부채규모는 10.7조 위안 규모로 GDP대비 27%에 달하고 있으며 2011년도 지방정부의 부채규모는 전년도 수준을 상회한 11조 위안 내외로 추정되고 있다. 이렇게 지방정부의 부채 규모가 급격히 확대되고 있는 요인은 지방정부의 재정수입을 초과하는 지방정부의 재정지출이 지속되고 있기 때문이다.

특히, 2008년 하반기 글로벌 금융위기 이후, 중국 지방정부는 중앙정부의 대규모 유동성 공급조치로 지방의 경제성장을 제고하기 위한 투자프로젝트용 자금을 손쉽게 조달할 수 있는 여건이었고 부동산가격 급등으로 토지양도를 담보로 은행대출도 대폭적으로 늘릴 수 있었다.

중국 국가발전개혁위원회는 2012년 9월 5일과 6일에 걸쳐 전국 25개 도시철도 및 지하철 건설 프로젝트에 8,427억 위안 규모의 투자를 승인한 데 이어 13개 도로건설, 10개 인프라 정비, 7개 항만공항 프로젝트 등 2,250억 위안 규모의 투자를 추가 승인한 바 있다. 지방정부 또한 7월 이후로 10개 성과 시에서 총 12.5조 위안 규모의 투자계획을 발표한 바 있다.

그러나 중앙은행의 자금 공급을 통한 시중 유동성 개선, 선별적인 경기부양(중소기업 지원책) 등은 중국 경기 하강을 방어해주는 역할을 해줄 것으로 기대하고 있다. 더욱이 인민은행의 지급준비율 인하 가능성도 여전히 열려있다. 물론, 중국 정부가 통화긴축 완화에 대해서는 여전히 신중함을 유지하고는 있지만 앞서 언급한 중앙은행의 자금 공급을 통한 시중 유동성 개선과 선별적인 경기부양(중소기업 발전을 위한 150억 위안 규모의 지원방안) 등도 중국 경기 하강을 방어해주는 역할을 해줄 것으로 기대하고 있다.

한편, 중국경제의 경(硬)착륙 가능성과 관련하여, 중국 외환당국이 가장 우려하는 리스크는 자금의 유출에 따라 위안화가 평가절하(平價切下)되고, 환차손 및 추가적 평가절하 기대가 확대되면서 다시 국내자금의 해외유출이 가속화되고 부동산 및 주식 등 자산시장의 붕괴가 현실화되는 악순환이다.

사실, 중국 외환당국은 위안화가 평가절하(平價切下) 압력을 강하게 받을 때마다, 평가절상(平價切上) 압력을 행사함으로써 평가절하 폭을 축소하고자 노력했다. 상술하면, 2011년 9월 이후, 글로벌 금융시장의 불안이 확대됨에 따라 중국 경제의 경(硬)착륙 가능성이 우려되고 불거지며 위안화의 평가절하 양상이 나타나자, 중국 정부는 기준환율을 시장환율보다 낮은 수준으로 고시함으로써, 위안화의 인위적 평가절상(平價切上)을 도모했다. 또한, 위안화의 평가절하가 사회적 이슈로 부각됐던 2011년 12월에는 고시환율을 시장환율보다 더욱 큰 폭으로 낮게 설정함으로써 위안화의 평가절하 추세를 강력하게 제어했다.

그러나 위안화의 평가절상(平價切上) 추세가 약화됨에 따라 그 부작용으로서 위안화 수요가 약화되고, 따라서 중국정부가 원대하게 추진 중인 '위안화의 국제화'의 속도는 감속(減速)하고 있다. 특히, 홍콩에서 발행되는 위안화 표시채권(딤섬 본드)의 인기가 시들해지고 홍콩의 위안화 예금잔액 증가율도 급격히 낮아지고 있다. 이와 같은 위안화 수요 약화는 위안화의 국제화에는 부정적인 요인이며, 아시아 경제블록화를 추진하기 위한 위안화의 무역결제통화화(化)도 자칫 정체국면을 맞을 수 있다.

상기와 같이, 중국은 환율관리정책의 덕분으로 환율의 안정성을 확보할 수 있었으나 그 대가로 그 대가로 불가피하게 자본의 자유로운 이동을 제한해야 하는 딜레마[80])에 직면했다. 즉, 소위 '삼각 딜레마'(Trilemma)에 따르면 개방경제하에서 한 국가가 3가지: ① 자본의 자유로운 이동, ② 환율의 안정성, ③ 통화정책의 자율성을 동시에 달성할 수 없다는 것이다.

그동안 중국의 자본자유화(capital liberalization)의 진전이 저조했던 이유는 다음과 같이 3가지를 들 수 있다: ① 환율의 신축성이 미흡하기 때문이다; ② 금융 규제가 과도하기 때문이다; ③ 전반적 사회제도의 미(未)성숙 등으로 인하여 자본자유화(Capital Liberalization)의 비용(금융위기)이 그것의 편익(경제성장)보다 클 것이라고 중국정부가 추정하기 때문이다.

전술한 바와 같이, 중국은 자본시장 개방을 늦추면서 과도한 금융규제를 지속하여 왔으나 내부적으로는 '그림자 금융'의 만연, 직접금융시장의 발달 저해, 은행업의 발전가능성 제약 등의 여러 부작용이 누적되어 왔다. 이러한 점에서 중국은 IMF(2005)[81])가 '규제를 통한 보호'라는 관점에서 벗어나 환율제도 등을 개혁하고 금융규제를 완화해야 한다고 주장하는 점에 유의하여 금리자유화, 환율자유화, 위안화 국제화("3化")를 연계하여 추진할 필요가 있다.

중국은 1993년부터 경상거래의 개방을 추진하였고 1996년 12월부터 경상거래의 대부분 자유화하였지만 반면에 대외 자본거래는 상당부분 제한하고 있다. 이와 같이, 중국이 자본자유화(Capital Liberalization)를 통한 위안화의 통용 확대 등의 편익을 잘 알고 있음에도 불구하고 자본자유화(capital liberalization)를 서두르지 않는 이유는 그에 따른 금융불안과 금융위기의 촉발 가능성을 우려하기 때문이다.

---

80) 소위 '삼각 딜레마'(Trilemma)에 따르면 개방경제하에서 한 국가가 자본의 자유로운 이동, 환율의 안정성 및 통화정책의 자율성을 동시에 달성할 수 없다는 것이다.

81) IMF(2005), "Putting the cart before the horse? Capital account liberalization and exchange rate flexibility in China"; Peterson Institute for International Economics(2011), "Capital account liberalization and the role of the Renminbi".

중국은 2000년까지 자본거래를 자유화하겠다는 계획을 발표하였으나 1998년 아시아 외환위기를 계기로 2020년 이후에나 자본자유화(Capital Liberalization)가 가능하다고 입장을 전환했다. 그 배경은 자본자유화(Capital Liberalization)로 인해 투기성 단기자금의 유·출입이 늘어나 경기변동이 단기화되고 금융위기가 발생하는 등의 부작용을 우려하기 때문이다.

다행히, 중국은 자본거래의 개방화가 매우 낮으나 속도를 내고 있으며, 은행부문에 비해 자본시장의 규모도 주요 선진국의 그것에 비해 작다. 중국은 2008년 기준, 11개의 자본항목 중 모든 항목에서 통제하고 있어 자본 개방도는 매우 낮게 나타나고 있다.

그러나 중국기업의 위안화 해외직접투자가 허용(2011. 01)되었고 동년 10월 외국인의 위안화 직접투자 역시 허용되면서 자본계정의 개방이 앞으로 가속화될 것으로 예상된다. 중국 정부는 2020년까지 상해를 국제금융센터로 건립할 계획이어서 자본계정의 실질적인 개방도 이 기간 안에 진행될 것으로 전망된다.

전술한 바와 같이, 중국은 자본거래의 개방을 늦추면서 과도한 금융규제를 지속하여 왔으나 내부적으로는 '그림자 금융'(shadow banking)의 만연, 직접금융시장의 발달 저해, 은행업의 발전가능성 제약 등의 여러 부작용이 누적되어 왔다. 이러한 점에서 중국은 IMF(2005)가 '규제를 통한 보호'라는 관점에서 벗어나 환율제도 등을 개혁하고 금융규제를 완화해야 한다고 주장하는 점에 유의하여 3化 즉 ① 금리자유화, ② 환율자유화, ③ 위안화의 국제화를 연계하여 추진할 필요가 있다.

또한, 자본자유화(capital liberalization)가 기업 및 공공부문의 지배구조 개선, 부패 방지, 공시의 투명성 제고 등을 촉진하여 민간기업의 자금조달비용을 낮추고 사회제도를 선진화시키는 데도 기여할 수 있다는 점을 고려하여 자본자유화와 금융규제 완화를 병행 추진할 필요가 있다.

03 러시아

　1970년대 초부터 지속되어온 경기침체, 농업과 공업 분야에서의 생산성 저하는 소련 (당시)의 모든 분야에 있어서 사회적 병리현상을 더욱 가속시켰다.[82] 게다가 1980년대 초 반부터 거세게 불어 닥치는 동유럽의 민주화 운동은 소련(당시)의 지도력 자체에 대한 도 전이었을 뿐만 아니라 소련(당시) 내의 민족분규에도 지대한 영향을 미쳤다.

　상기한 시대적 상황에서 등장하였던 미하일 고르바초프(Mikhail Sergeevich Gorbachev) 서기장(재임: 1990. 03~ 1991.12)의 개혁(Perestroika)과 개방정책(Glasnost)은 소련이 가지고 있는 대내·외적 모순과 문제점들을 개선 및 해결하려는 시도였다. 더욱이 소련 사회의 개 혁과 개방을 대외적으로 추구하고자 하였던 것이 소위 '신(新)사고 외교'였다. 그런데 바로 이 외교정책은 미국의 이해관계와 부합되어 양국이 신(新)데탕트를 수립하게 되었고, 결국 은 '냉전의 종식'을 고(告)하게 되었다.

　이어서, 미하일 고르바초프(Mikhail Gorbachev)는 신(新)베오그라드 선언(1988)과 동구 개혁 불간섭 선언(1989)을 통하여 제국주의 노선을 포기함에 따라 동구권은 민주화 개혁 과 함께 시장경제체제로 급속한 변화를 보였으며, 결국 이 변화는 베를린 장벽을 붕괴 (1989. 11. 09)시켰다.

　이로써, 얄타체제(1945. 02)하의 냉전은 조지 부시(George Walker Bush, 재임: 2004~2009) 대통령과 미하일 고르바초프(Mikhail Sergeevich Gorbachev, 재임: 1990. 03~1991. 12) 서기장 의 미·소(美·蘇) 몰타 정상회담(1989. 12. 02)에 의하여 공식적으로 종식되었다. 이어서, 동· 서독이 통일(1990. 10. 03)되었으며, 이 변화는 다시 부메랑 효과가 되어 소련 연방을 해체 (1991. 09)시켰다.

　그 후, 러시아는 구(舊)소련 시절의 국위를 회복하기 위해 1990년대 초 경제력 증강을 최우선시하면서 친(親)서방 외교노선을 추진했으나 1990년대 중반 이후 외교노선을 수정 하면서 전방위 강대국 외교라는 노선을 주진하였다. 즉, 러시아는 친(親)서방을 벗어나 러 시아의 국익과 안보에 가장 중요한 국가 및 지역에 집중하는 외교노선을 추진해 나가고

---

82) Timothy Colton(1986), The Dilemma of Reform in the Soviet Union, NY: Council on Foreign Relations, Ch. 2.

있는 것이다.[83]

러시아 경제는 1998년 모라토리엄(국가부도 사태)[84]을 경험했으나, 1990년대의 마이너스 성장에서 벗어나 2003년 이후 최근까지 국제유가 상승에 힘입어 연평균 6.3%의 고도성장을 지속하고 있다. 러시아는 풍부한 원유, 가스, 석탄 등 에너지 자원을 바탕으로 상기와 같이 2000년 이후 연 7% 이상의 GDP 성장률을 보이면서 경제성장 속도가 가속화되고 있다. 그러나 자본주의 경제로 전환된 시기가 짧아 아직은 경쟁력을 가진 경제구조를 갖추지 못한 상태이다. 러시아의 경제성장 잠재력은 중국과 비교하여 크지 못한 편이다. 왜냐하면 내수시장의 규모가 작고 수출의 주력상품도 원유나 가스 등 에너지 자원에 치중되어 있기 때문이다. 따라서 향후 러시아의 경제성장은 지속될 것이지만 중국을 추월하지는 못할 것이며 동북아에서 일본과 경쟁하는 수준으로 성장할 것이다. 그러나 러시아는 2050년경 일본의 GDP에 근접하게 될 것으로 전망된다.[85]

러시아의 고도성장은 고(高)유가뿐만 아니라 2000년에 집권한 블라디미르 푸틴(Vladimir Putin, 1952~현재) 대통령(제2대: 2000~2008; 제3대: 2012~2018; 제4대: 2018~현재)의 강력한 리더십하에서 추진된 경제개발정책의 성과이다. 과거의 중동 산유국과는 달리 러시아는 막대한 오일머니를 국가 현대화 작업에 집중적으로 투입해 성장기반을 공고히 했다.

특히, 2011년 11월 10일, WTO(세계무역기구) 가입 작업반 회의에서 러시아의 WTO 가입이 승인됨으로써, 지난 1993년 이래 18년간 진행돼온 러시아의 WTO 가입 협상이 사실상 마무리됐다. 이에 따라 제8차 WTO 각료회의(2011. 12. 15~17, 스위스 제네바)에서 러시아의 WTO 가입이 공식 확정되었다. 당시, 러시아는 GDP 규모 세계 11위(1조5,000억 달러), 수출 규모 세계 12위(4,000억 달러), 수입 규모 세계 18위(2,480억 달러)다. WTO(세계무역기구)는 실질적으로 세계 무역의 99%를 관장하게 된다. 러시아는 G20 회원국 중 WTO에 가입하지 않은 유일한 국가였으나, 이젠 세계 무역 질서 형성에 주도적인 역할을 해나갈 수 있다. 예로서 미국·EU·중국·인도·브라질 등 5개국이 주도하는 도하개발어젠다(DDA) 협상에도 러시아가 참여하게 된다.[86]

83) 강봉구(1999), 「현대 러시아 대외정책의 이해」, 서울: 한양대학교 출판부, p 240.

84) 모라토리엄은 전쟁·천재(天災)·공황 등에 의해 경제계가 혼란하고 채무이행이 어려워지게 된 경우 국가의 공권력에 의해서 일정 기간 채무의 이행을 연기 또는 유예하는 조치이다.

85) Global Economics Paper(2003), Ibid., p 19.

86) 러시아는 국내 산업·농업계의 반발에도 해외시장 개척과 국내 산업 구조조정, 투자 유치 등을 목적으로 WTO 가입을 국가적으로 추진했다. 국내 장애물을 슬기롭게 극복하면서 무역을 통한 성장을 추구하는

또한, 러시아는 1990년대 초 경제력 증강을 최우선시하면서 친(親)서방 외교노선을 추진했었으나 1990년대 중반 이후 외교 노선을 수정하면서 전방위 강대국 외교라는 노선을 추진하였다. 즉, 러시아는 구(舊)소련 시절의 국위를 회복하기 위해 친(親)서방을 벗어나 러시아의 국익과 안보에 가장 중요한 국가 및 지역에 집중하는 외교노선을 추진해 나가고 있다.[87]

1) 미하일 고르바쵸프(Mikhail Gorbachev)의 냉전(冷戰) 종식

1986년 소련 미하일 고르바초프(Mikhail Sergeevich Gorbachev) 서기장(재임: 1990. 03~1991.12)이 개혁 및 개방정책을 채택하였고 블라디보스토크에서 태평양 선언(Pacific doctrine)을 한 후, 지난 반세기 동안 세계사를 지배하던 냉전(冷戰)의 논리가 사라졌고 새로운 세계질서가 형성되고 있었다.

미하일 고르바초프(Mikhail Sergeevich Gorbachev)는 블라디보스토크 및 크라스노야르스크 연설에서 아시아지역의 집단안전보장 체제와 신뢰구축장치의 수립을 제안하였고 경제협력의 당위성을 강조하였다. 특히, 그는 중국·일본·인도와의 협력을 호소하였다. 또한, 그는 인도양을 평화구역으로 지정할 것과 한반도의 긴장 완화를 위하여 '한반도 비핵화'를 제안하였다.[88]

미하일 고르바초프(Mikhail Sergeevich Gorbachev)는 냉전구조의 개편을 선언한 후 실제로 중국을 방문하여 정치적 화해 및 양국의 교역을 주장하였고, 일본과 남한을 각각 방문하여 경제협력의 중요성을 역설하였다.

이어서, 미하일 고르바초프 (Mikhail Gorbachev)는 신(新)베오그라드 선언(1988)과 동구개혁 불간섭 선언(1989)을 통하여 제국주의 노선을 포기함에 따라 동구권은 민주화 개혁과 함께 시장경제체제로 급속한 변화를 보였으며, 결국 이 변화는 베를린 장벽을 붕괴(1989. 11. 09)시켰다.

이로써, 얄타체제(1945. 02)하의 냉전은 조지 부시(George Walker Bush, 재임: 2004~2009) 대통령과 고르바쵸프(Mikhail Sergeevich Gorbachev, 재임: 1990. 03~1991. 12) 서기장이 미·

게 올바른 선택임을 역사가 증명했다.

87) 강봉구(1999), 「현대 러시아 대외정책의 이해」, 서울: 한양대학교 출판부, p 240.

88) 고르바초프 크라스노야르스크 연설 전문, 「신동아」, 1988년 11월호, pp. 270~279.

 소(美·蘇) 몰타 정상회담(1989. 12. 02)에 의하여 공식적으로 종식되었다. 이어서, 동·서독이 통일(1990. 10. 03)되었으며, 이 변화는 다시 부메랑 효과가 되어 소련 연방을 해체(1991. 09)시켰다.

 이어서, 미국 클린턴 대통령(Bill Clinton, 재임: 1993. 01~2001. 01)은 브란덴부르크에서 행한 연설을 통해 반세기에 걸친 미군의 중부 유럽지역 주둔의 종료를 선언(1994. 01)했었다. 베를린 장벽의 붕괴(1989. 11. 09)에 이어서 미군 및 러시아군 등 제2차 세계대전 당시 연합군이 베를린에서 철수되었다. 독일은 러시아 옐친(Boris Nikolayevich Yeltsin) 대통령(재임: 1991~1999)과 함께 적군 이별식을 개최(1994. 08. 31)했었다. 프랑스 미테랑(Franois Maurice Marie Mitterrand) 대통령(재임: 1981. 05~1995. 05), 영국 메이저(John Major) 총리(재임: 1990. 11~1997. 05), 미국 크리스토퍼(Warren Christopher) 국무장관이 참석한 가운데 점령군 고별식(1994. 09. 08)이 거행되었다. 이것은 냉전체제의 완전한 종식을 의미했었다.

 여기서 우리는 다음과 같은 논질적 문제를 고찰하지 않을 수 없다: 동·서 이데올로기가 쇠퇴하게 된 요인은 무엇인가? 이것은 크게 3가지, 즉 ① 미(美) 국력의 상대적 쇠퇴, ② 소련 사회의 구조적 모순과 경제실패로 인한 개혁과 개방정책 추구, ③ 동구의 민주화 운동 등이 복합적으로 상호작용한 결과라고 말할 수 있다.

 상술하면, 1917년 러시아 혁명 이후 사회주의와 자본주의, 공산주의와 민주주의 대립은 가시화되었고, 제2차 세계대전(1939. 09~1945. 09) 이후 미국과 소련이 초강대국으로 등장함에 따라 첨예화되었다. 미·소(美·蘇) 양국은 세계를 두 진영으로 양분하였으며, 상호 배타적이고 경쟁적인 군사·정치적 동맹관계를 형성하였다. 따라서 세계정치는 '경직된 양극체제'(tight-bipolar system)에 의한 특징들을 보였다.[89]

 미국은 핵무기의 독점과 절대적인 경제우위로 미국 위주의 세계적 군사·정치·경제질서를 완성시켰다.[90] 미국은 반(反)소련적인 북대서양조약기구(NATO), 동남아시아조약기구(SEATO), 중앙조약기구(CENTO) 등의 집단안전보장체제와 상호방위조약 등의 양자 간 안전보장체제를 구축하였다. 이러한 군사·정치적 결속의 바탕 위에 브레튼우즈(Brettonwoods) 조약이나 IMF(세계통화기금), IBRD(세계은행), GATT(관세 및 무역에 관한 일반협정) 등의 국제경제기구들을 설립하여 세계적인 자유무역체제를 완성시켰다.

---

89) '경직된 양극체제'와 '이완된 양극체제' 개념은 모턴 카프란에 의하여 정의되었다. Morton Kaplan(1957), System and Process in international Politics, NY: Robert Krieger Publishing Com., pp. 36~45.

90) 소련의 GNP는 미국의 그것에 비하여 1913년 및 1928년에 6.9%, 32년에 27.3%, 38년에 45.1%에 불과하였다. David Lane(1985), State and Politics in the USSR, London: Basil Blackwell Pub., p 69.

따라서 공산권을 제외한 거의 대부분의 세계는 미국이 주도하는 반(反)소련적인 정치·경제적 질서로 통합되었다. 즉, 미국의 패권적 질서(Pax Americana)가 완성되었던 것이다.[91]

그러나 1960년대의 비동맹적인 제3세계의 등장과 1970년대 초의 미국의 베트남전 패배는 국제정치질서를 '이완된 양극체제'(loose-bipolar system)로 전환시켰다. 1970년대에는 미·소(美·蘇)는 정치적 및 군사적 화해를 통한 평화공존의 가능성을 시험하기도 하였다. 그럼에도 불구하고, 미·소(美·蘇)의 대립은 제3세계(특히 중동과 아프리카 지방)에 대한 경쟁적 외교에 의하여 1980년대 초까지 지속되었다.

1980년대 중반 이후 미국과 소련의 국력이 동시적으로 약화됨에 따라 냉전체제도 급격히 약화되었다. 사실 미국이 군사적으로 또한 경제적으로 누렸던 1970년대 이전의 절대적 우위는 상대적 우위로 탈바꿈하였다. 따라서 미국의 패권은 세계적인 자유무역 질서의 유지와 국방비 지출 분야에서 도전받게 되었다.[92] 즉, 1년에 약 3천억 달러의 국방비 지출은 미국으로 하여금 경제적으로나 정치적으로 어렵게 하였던 근본 요인이었던 것이다.

게다가 미국은 1994년에 사상 최대 규모의 상품 무역수지 적자 1천663억 달러를 기록하였다. 이것은 1993년의 그것보다 25% 증가한 액수였다. 특히 1994년도 대(對)일본 무역수지 적자가 1993년보다 11% 증가한 657억 달러, 1994년도 대(對)중국 무역수지 적자는 1993년보다 30% 증가한 295억 달러로 각각 사상 최대 규모였다. 이러한 미국의 엄청난 무역수지 적자는 미(美) 달러화 가치의 폭락을 야기했었다.

결국, 미국은 안보와 무역에 있어서 '무임승차 불허용'(no free-ride)을 천명하였고, 독일과 일본을 비롯한 동맹국들은 미국의 군사비를 분담해야 하는 책임을 자발적으로 혹은 강압적으로 인식하게 되었다. 그러나 상기 동맹국들은 이제까지 미국이 유지하여 온 국제질서의 가장 큰 수혜자임에도 불구하고, 체제 유지를 위한 비용의 분담과 시장의 완전 개방이라는 미국의 끈질긴 요구에 대하여 국내 여론을 이유로 들어 소극적인 태도를 보여 왔었다.

한편, 소련에 있어서는 1970년대 초부터 지속되어온 경기침체, 농업과 공업 분야에서의 생산성 저하는 소련의 모든 분야에 있어서 사회적 병리현상을 더욱 가속시켰다.[93] 게

---

91) 미국의 패권은 길핀(R. Gilpin)의 주장처럼 "19세기 영국이 누렸던 경제적 팽창정책에는 영국의 군사·정치적 패권이 선행되어 있었던 것"과 같은 맥락에서 이해될 수 있다. Robert Gilpin(1971), "The Politics of Transnational Economic Relations," International Organization, Vol. 25, No. 3, Summer, p 413.

92) Robert Keohane(1984), After Hegemony, NJ: Princeton University Press, pp. 32~41.

다가 1980년대 초반부터 거세게 불어 닥치는 동유럽의 민주화 운동은 소련의 지도력 자체에 대한 도전이었을 뿐만 아니라 소련 내의 민족분규에도 지대한 영향을 미쳤다.

상기한 시대적 상황에서 등장하였던 미하일 고르바초프(Mikhail Sergeevich Gorbachev)의 개혁(Perestroika)과 개방정책(Glasnost)은 소련이 가지고 있는 대내·외적 모순과 문제점들을 개선 및 해결하려는 시도였다. 더욱이 소련 사회의 개혁과 개방을 대외적으로 추구하고자 하였던 것이 소위 '신사고 외교'였다. 그런데 바로 이 외교정책은 미국의 이해관계와 부합되어 양국이 신(新)데탕트를 수립하게 되었고, 결국은 '냉전의 종식'을 고(告)하게 되었던 것이다.

2) '소련 부활' 꿈꾸는 블라디미르 푸틴(Vladimir Putin) 대통령

블라디미르 푸틴(Vladimir Putin, 1952~현재) 대통령(제2대: 2000~2008; 제3대: 2012~2018; 제4대: 2018~현재)은 2000년 집권 초기부터 몰도바의 트란스니스트리아, 아르메니아·아제르바이잔에 걸쳐 있는 나고르노카라바흐 등 구(舊) 소련권의 약소국 영토 내 친러 성향 지역을 군사·정치·경제적으로 지원했다. 2008년에는 조지아와 전면전을 치르면서까지 조지아 영토 내의 압하지야·남오세티야를 러시아 세력권에 두는 등 영향력을 넓히고 있다.

러시아는 2013년 발발한 우크라이나 내전에 군대를 보내 크림반도를 병합했다. 크림반도 사태 이후 러시아와 미국 간 긴장감은 극도로 높아졌다. 북대서양조약기구(NATO)는 러시아의 군사적 위협에 대처하기 위해 기존 1만3,000명이던 신속대응군을 4만 명으로 늘리기로 했다. 러시아가 크림반도를 강제 합병한 지난해 러시아와 서방 진영 유럽 국가들의 전투기가 영공 침범 등의 문제로 공중에서 대치한 횟수가 400여 차례로 집계돼 전년대비 50% 증가했다고 북대서양조약기구(NATO)가 밝혔다(조선일보, 2015. 11. 04).

동아시아도 예외는 아니다. 2015년 9월엔 러시아 전투기가 홋카이도 영공을 침범해 일본이 전투기 4대를 긴급 출격시켰다. 2015년 10월 22일에는 세르게이 쇼이구 러시아 국방장관이 일본과의 영토 분쟁 지역인 쿠릴열도 내 군사 기지 증강 계획을 밝혔다. <미국의소리(VOA)> 방송은 최근 아시아·태평양 지역에서 상기한 러시아의 군사 동향을 미국 오바마 행정부(당시)의 아시아 중시 정책 이름에 빗댄 '러시아판 아시아 재균형 정책

---

93) Timothy Colton(1986), The Dilemma of Reform in the Soviet Union, NY: Council on Foreign Relations, Ch. 2 참조.

(Russia's Asia Pivot)'이라고 비판했다.

2015년 10월 27일 동해상에서 한국 해군과 훈련 중이던 미(美) 항공모함 로널드 레이건 호에 긴장감이 돌았다. 러시아 전투기 TU−142 베어 2대가 모습을 드러내 고도를 500피 트(152m)까지 낮추고 항공모함과 불과 1마일(1.6km) 거리까지 근접한 것이다. 미(美) 전투 기 FA−18 4대가 출격해 러시아 전투기들을 훈련 구역 바깥으로 유도하면서 상황은 종료 됐다. 그러나 이번 일을 계기로 이른바 '신(新)냉전(New Cold War)' 구도가 유럽을 넘어 중 동과 아시아·태평양으로 확대되는 게 아니냐는 우려가 제기되었다. 미군 예비역 중장 출 신 마크 허틀링 군사 분석가는 2015년 10월 30일(현지 시각) CNN 인터뷰에서 "블라디미르 푸틴 러시아 대통령은 이웃 국가뿐 아니라 멀리 떨어진 나라에까지 군사적으로 개입하며 새로운 소련(new Soviet Union)의 구축을 꾀하고 있다"고 말했다(조선일보, 2015. 11. 04).

3) 러시아의 아시아·태평양 진출 전략

유라시아 국가인 러시아는 풍부한 에너지 자원을 미끼로, 또한 2012년 APEC 정상회담 을 디딤돌로 삼아 동(東)아시아 및 태평양으로 진출하기 위하여 남진(南進)을 획책하고 있 다. 러시아는 언제나 한국의 운명을 좌우하는 중요한 변수로 작용하였다. 구한말(舊韓末) 아관파천(俄館播遷, 1896년), 제2차 세계대전 후 국토분단, 한국전쟁(1950~1953)에서 그랬다.

러시아의 대(對)한반도 대외정책은 ① 한반도의 평화 유지, 동북아의 안전보장 및 중· 장기적 관점에서 동북아 다자간 안보체제의 형성, ② 남·북한에 대해 '잘 균형 잡힌' 관 계를 유지하는 것이다. 모스크바가 말하는 소위 "잘 균형 잡힌 대(對)남·북한 관계"란 양 측으로부터 러시아의 국가이익을 극대화하는 것을 목표로 한다.[94]

상술하면, 냉전(冷戰) 종식 이후 다극화된 국제질서의 창출 노력에도 불구하고, 미국이 주도한 북대서양조약기구(NATO: North Atlantic Treaty Organization)의 확대 및 유고 공습, 미국의 '국가미사일방어체제'(NMD: National Missile Defense) 및 '전역미사일방어체제'(TMD: Theater Missile Defense) 개발 등이 추진됨에 따라 미국 등 서방국가들과의 외교·안보 협 력에 한계가 있음을 러시아는 인식하였다. 이에 대한 대응으로 러시아는 중국·인도·일본 등 아시아 국가들과 협력확대를 필요로 하게 되었고, 그 과정에서 미·일·중 3국의 이해

---

94) 강봉구(2004), "푸틴정권 2기의 동북아 정책과 한반도", 「월간 아태지역동향」, 6월호, 서울: 한양대학교 아태지역연구센터.

관계가 교차하는 한반도에 눈을 돌리게 되었다.

러시아는 아시아와 유럽에 걸쳐 광활한 영토를 가지고 있는 유라시아(Eurasia) 국가임에도 불구하고 그동안 러시아 대외정책의 무게 중심은 유럽에 편향되어 왔다. 이를 탈피하기 위해, 러시아는 1996년 '극동 및 자바이칼리예' 사회경제발전 프로그램을 수립하였고, 1997년 말 아시아·태평양경제협력체(APEC)에 가입함으로써 아태지역 국가들과의 협력을 추진해 왔다.

러시아 정부는 낙후된 동(東)시베리아와 극동 지역(Siberian and Far Eastern Area)의 발전이 동아시아 경제권으로의 통합에 의하여 가능하다고 보고, 이미 2002년부터 "바이칼이동 및 극동 지방의 경제·사회 발전 프로그램"을 추진한 바 있다. 러시아는 동(東)시베리아 및 극동 지역의 발전이 러시아의 국토 균형 발전을 저해하는 경제사회적·인구학적 문제를 해소하는 차원뿐만 아니라, 경제사회적 통합성 강화, 영토적 완전성의 보장이라는 국가안보의 차원에서도 중차대한 문제라고 인식하였던 것이다. 그러나, 당시에, 분명한 전략의 부재로 인해, 러시아는 기대한 만큼의 효과를 거두지 못했다.

2000년 5월, 블라디미르 푸틴(Vladimir Vladimirovich Putin) 체제가 출범하면서, 러시아 정부는 정국안정과 경제회복에 기반하여 다소 분명하고 구체적인 러시아의 아태지역 진출전략을 수립하기 시작하였다. 러시아는 아태지역 국가 중에서 지리적 인접성과 경제적 상호보완성을 감안하여 특히 한국, 중국, 일본 등 동북아 국가들과의 국제협력을 중심축으로 상정하고 있다. 이와 관련하여, 블라디미르 푸틴(Vladimir Vladimirovich Putin) 대통령은 중국, 일본, 인도, 북한, 남한 및 베트남을 방문하였고 아시아·태평양경제협력체(APEC) 정상회의(2000. 11. 15~16, 브루나이)에 참석하였다.

블라디미르 푸틴(Vladimir Vladimirovich Putin) 대통령의 강력한 지원하에 이르쿠츠크(Irkutck)에서 개최된 제1차 바이칼경제포럼(2000. 09. 19~09. 22)에서는 21세기 러시아와 아태지역의 공동발전전략이 공식화되었다. 그 핵심내용은 러시아가 유럽과 아태지역을 연결하는 유라시아적인 역할을 수행하고, 동(東)시베리아·극동지역(Siberian and Far Eastern Area)의 경제발전을 위해 동아시아 경제권에로의 통합과정에 적극적으로 참여한다는 것이다.

상기의 전략은 향후 러시아의 대외전략이 유럽연합(EU)뿐만 아니라 아태지역과의 협력을 동시 병행적으로 진행한다는 것을 의미한다. 구체적으로, 서(西)시베리아와 서부지역은 유럽연합과, 동(東)시베리아 및 극동지역은 아태지역 경제권과 각각 협력을 추구한다는 것이다. 즉, 러시아는 자원(특히 에너지 자원)의 수출과 연해주의 경제개발을 패키지로 생각하고, 이른바 '에너지 서감동증(西減東增)' 전략을 펼치고 있는 것이다. 즉, 석유·가스 공급을 서쪽 유럽에는 감축하는 대신에 동쪽 동북아로는 증폭한다는 것이다. 이 전략의 일환으로, 러시아는 2012년 아시아·태평양경제협력체(APEC) 블라디보스토크(Vladivostok) 정상회의에 맞춰 연해주 개발에 박차를 가하고 있다. 러시아는 그동안 흑해와 북해 무르만스크(Murmansk) 항을 통해 석유를 수출했다. 그러나 러시아 정부의 '에너지 전략'(2002년)에 따르면 러시아는 극동지역에 원유·가스 파이프라인을 건설하여 동북아·유럽에 영향력을 행사하려 한다. 푸틴 대통령은 "러시아 전략무기는 핵무기가 아니라 석유와 가스"라고 공공연히 말하고 있다.

그리고 러시아는 동(東)시베리아·극동 지역의 에너지자원 개발, 동북아 국가로의 에너지공급망 창설, 시베리아횡단철도(TSR)와 한반도종단철도(TKR)의 연결을 통한 유럽과 동북아의 국제 컨테이너 운송망 구축을 동북아 국가와의 경제협력의 가장 중요한 수단으로 간주하고 있다. 따라서 러시아는 유럽과 아시아 대륙을 잇는 유라시아 철도(TAR: Trans–Asian Railway)의 연결을 통해 아시아의 물류허브로 부상할 준비를 하고 있다. 이를 위해 러시아는 2006년 11월 개최된 '유엔 아·태 경제사회이사회'(UN ESCAP) 교통장관회의에서 아시아횡단 철도망 연결에 합의했으며, 시베리아 횡단철도(TSR), 중국 횡단철도(TCR), 만주 횡단철도(TMR), 몽골 횡단철도(TMGR), 한반도 종단철도(TKR) 등을 연결할 계획을 세우고 있다.

한·러 정상회담(2008. 09. 29)에서 이명박 대통령(2008. 02~2013. 02)과 드미트리 메드베데프(Dmitry Anatolyevich Medvedev) 대통령(제5대: 2008. 05~2012. 05)은 양국 관계를 '상호신뢰하는 포괄적 동반자 관계'에서 '전략적 협력 동반자 관계'로 격상시키는 공동성명을 발표했다. 이로써, 양국은 26건의 각종 양해각서를 체결했다. 예를 들면, 「한국가스공사」는 러시아「가즈프롬」(Gazprom)을 통하여 연간 750만 톤(가스 수요의 20%에 해당)의 천연가스를 2015년 이후부터 매년 도입키로 하고, 북한을 통과하는 가스관 설치를 위한 공동연구를 추진키로 했다. 그리고 서(西)캄차카(Kamchatka) 해상광구 개발과 한반도종단철도(TKR)과 시베리아횡단철도(TSR)의 연결 사업을 위해 협력하기로 했다.

4) 러·미 관계

러시아는 미국의 동유럽 미사일방어(MD: Missile Defense) 기지 건설 계획, 구(舊) 소련권으로의 북대서양조약기구(NATO: North Atlantic Treaty Organization) 확장 등에 불만을 품고 그루지야 사태를 계기로 거침 없는 공세를 펼치고 있다. 이와 관련하여, 영국의 일간지 타임스(2008. 08. 21)는 "그루지야 전쟁을 계기로 러시아가 중동에서 구(舊)소련 동맹국들을 규합해 반(反)서방 전선을 형성하는 신냉전의 우려가 커지고 있다"고 보도했다.

미국은 체코와 레이더 기지 설치에 합의(2008. 08. 08)한 데 이어 폴란드와 요격미사일 10기를 폴란드에 배치하는 내용의 미사일방어(MD) 기지협정에 서명(2008. 08. 20)했다. 이에 대해 러시아는 이 협정이 군비 경쟁을 초래해 유럽대륙의 안보를 해칠 수 있다고 경고하고 나섬에 따라 미국과 러시아 사이에 긴장이 고조되고 있다.[95]

사실, 러시아의 침략은 정당화될 수 없다. 왜냐하면 러시아는 불법적인 무력행동으로 유엔선언, 헬싱키 선언을 비롯한 유럽안보협력 원칙 등을 무시했기 때문이다. 러시아는 전쟁 도발 직전 그루지야 정부와 언론의 웹사이트를 마비시키고 올림픽 개막식에 맞춰 공격을 시작하는 등 치밀한 준비를 해왔다. 올림픽 기간에 전쟁을 벌여 고대 그리스에서도 지켰던 휴전 원칙을 깼다. 러시아는 2014년에 소치(Sochi)에서 겨울올림픽을 개최했다. 전쟁이 일어난 츠한발리는 소치(Sochi)로부터 불과 40km 떨어진 곳이다. 러시아는 이제 올림픽 정신을 주장할 자격이 없다. 아마도 러시아는 미국 대통령 선거를 앞두고 전쟁을 일으킨 점으로 보아 다음 미국 대통령과 그루지야의 관계를 방해할 계획이었던 것으로 짐작된다.[96]

러시아는 2015년 10월 초 미국의 반대에도 불구하고 시리아 내전(內戰)에 개입했다(조선일보, 2015. 11. 04). 극단주의 무장단체 이슬람국가(IS) 격퇴와 시리아 아사드 정권 보호를 명분으로 내걸고 시리아 공습을 단행했다. 이것은 1989년 아프가니스탄에서 철수한 이후 26년 만의 첫 중동 지역 군사 개입이었다. 미국은 시리아 반군을 지원하고 있기 때문에 시리아 내전은 미국과 러시아의 대리전 양상으로 전개되고 있다. 최근에 미국도 시리아 내전 발발 이후 처음으로 지상군 특수부대 파견 방침을 밝혔다. 이것은 시리아를 우크라이나와 함께 '신(新)냉전(New Cold War)의 최전선'으로 간주될 수 있다.

러시아는 과거 소련의 해군 기지가 있던 시리아 타르투스 항에 러시아 항공모함을 재배치하는 방안을 추진하고 있다. 또한, 사정거리 280km의 '이스칸데르(Iskander)' 준(準)탄도 미사일(quasi−ballistic missile)과 S−300 대공(對空)미사일 배치도 재추진하고 있다.

---

95) 국제유가가 급등해 배럴당 120달러 선을 넘어섰다.

96) 리처드 홀브룩 아시아소사이어티 이사장·전 유엔 주재 미국대사 칼럼, '흑해의 위기', 중앙일보, 2008. 08. 19.

시리아의 바샤르 알 아사드(Assad) 대통령은 러시아 소치(Sochi)에서 러시아의 드미트리 메드베데프(Dmitry Anatolyevich Medvedev) 대통령과 정상 회담(2008. 08. 21)을 갖고 *"러시아의 미사일 기지를 시리아에 유치할 용의가 있다"*고 말했다. 그는 *"이스라엘이 그루지야에 군사 지원을 한 사실이 드러난 이상 시리아와 러시아와 군사 협력을 막을 명분은 없다"*고 말했다. 사실, 이스라엘은 2000년 이후 그루지야에 무인 정찰기·로켓·야간 투시경 등 2억 달러(약 2,096억 원)어치의 무기와 장비를 판매했다(조선일보, 2008. 08. 22).

러시아는 핵문제로 서방과 대치중인 이란에 대해서도 S-300 대공미사일 판매 가능성을 저울질하고 있다. 이러한 러시아의 미사일이 이란에 배치될 경우 이란 핵시설에 대한 이스라엘의 공습은 사실상 어려워진다. 러시아가 이란과 손잡을 경우, 미국의 중동정책은 위기에 봉착한다. 이란은 이라크 내 다수인 이슬람 시아파 정파(政派)와 시리아로 이어지는 반미(反美) 전선을 이미 구축했다. 아프가니스탄에서도 탈레반 반군(反軍)의 저항이 거세지고 있다.

5) 러·중 관계

러시아와 중국의 관계는 1960~1970년대에 적대적 대립의 관계로까지 악화되었으나 신생 러시아의 탄생(1991. 12. 31)과 중국의 개혁과 개방 등이 양국 간의 관계를 새롭게 정립하는 계기가 되었다.

1997년 중·러 양국 정상은 모스크바에서 '다극적 세계와 새로운 국제질서의 형성에 대한 중·러 공동선언'을 통해 양국의 공동목표로 21세기 전략적 상호관계를 위한 '동반자 관계'를 선언했다.[97] 러시아의 이바노프(Igor Ivanov) 전(前) 외무부 장관은 "러·중 양국은 이 지역에서의 안전보장을 최우선과제로 생각하고 있고 포괄적인 다자간 정치적 협력을 위한 조건을 만들려고 노력하고 있다"[98]고, 또한 러·중 양국 간의 동반자 관계가 아시아의 안정을 강화하고 국제관계 체제를 균형있게 만드는 데 중요한 기여를 했다고 각각 설명했다.[99]

---

97) 또한, 러시아는 중국과의 '전략적 동반자' 관계뿐만 아니라 인도와의 '전략적 동반자' 관계를 추구하였다. 2000년 10월 푸틴대통령의 인도방문을 계기로 '러시아와 인도의 전략적 동반자 관계에 대한 선언'을 통해 양국 간의 관계를 강화했다.

98) Igor S. Ivanov(2002), The New Russian Diplomacy, Washington, D. C.: The Nixton Center, p 122.

99) Igor S. Ivanov(2002), Ibid, p 123.

미국을 견제해 왔던 구(舊)소련이 붕괴(1991년)된 이후 가장 두드러진 국제현상은 미국의 독주이다. 미국은 코소보 군사개입(1998년), 아프가니스탄 침공(2001년), 이라크 공격(2003년) 등 일련의 국제적 사건을 주도하면서 자국위주로 국제질서를 만들어 가고 있다. 상술하면, 미국은 '인권보호'를 위한 것이라는 명분으로 유엔(UN)의 절차를 무시하고 '북대서양조약기구'(NATO)를 동원하여 코소보(Kosovo)에 대해 무력개입(1998년)하였다. 2001년 9·11 테러에 대한 보복으로 아프가니스탄(Afghanistan)을 침공(2001년)하여 반미(反美) 탈레반 정권을 무력화 시켰다. 또한, '테러지원 및 대량살상무기 개발을 차단한다'는 명목 하에 이라크(Iraq)를 침공(2003년)하여 사담 후세인(Saddam Hussein al-Majid al-Awja) 정권을 무력화시켰다. 물론, 미국은 아프가니스탄 및 이라크에의 침공은 방어전쟁의 차원이 아니라 예방의 차원에서 이루어진 전쟁이라고 주장한다. 그러나 이것은 국제법으로 인정받고 있는 방어를 목적으로 한 정당한 전쟁의 원칙에 어긋난다.

상기한 미국의 일방적인 독주 즉, 코소보 군사개입(1998년) 및 이라크 전쟁(2003년)에 대해 러시아와 중국 등은 상당한 거부반응을 보였으나 단독적으로 미국을 견제할 만한 위치에 서지 못하였다. 그동안 중·러 양국의 정상회담을 통해서 표출되었던 많은 선언적 내용들이 분명 미국의 패권을 반대하고 있다. 그러나 러시아와 중국이 군사력을 합하여 대응한다거나 혹은 경제력으로 미국에 승부를 걸었다는 것은 아니다.

한편, 동북아 지역을 국한하여 보면, 중국과 러시아가 전략적 유대를 강화하고 있지만 양국의 관계강화를 미국에 대결할 수 있는 하나의 세력을 형성하기 위한 것으로 보기는 어렵다. 그러나 국제사회에서 또는 동북아 지역에서 과거와 같은 대결형 세력균형 관계는 형성되기는 어렵겠지만 중국과 러시아의 전략적 유대가 미국의 독주를 견제할 수는 있는 것이다. 왜냐하면 중·러 양국은 유엔(UN) 안보리 상임이사국이기 때문에 유엔(UN) 최고의 결정기관인 안보리의 결정에 상당한 영향력을 행사할 수 있기 때문이다. 따라서 중·러 양국 간의 전략적 유대 강화는 미국의 일극(一極)주도를 견제한다는 의도에서 비롯된다. 러시아 측에서 보면 중국은 아-태지역에서 러시아의 입지를 강화시켜 주는 데 의존할 수 있는 유일한 세력인 반면에 중국 측에서 보면 러시아는 이 지역에서 힘의 균형을 유지하기 위한 요소라고 할 수 있다.[100]

그러나 러시아와 중국과의 '전략적 동반자' 관계는 외교적인 측면이 강하며 사실상 '군사적 동맹' 관계로의 발전 가능성은 희박하다. 또한 러시아와 중국의 경제적 비중으로 볼 때 세계경제에 미칠 수 있는 영향력은 미약하다. 중·러 양국 모두 경제력 증대에 주력하

---

100) 최태강(2004), 「러시아와 동북아」, 서울: 오름.

고 있는 상황에서 군사적 대결과 같은 불안정한 상황을 원하지 않고 있으며 경제적인 측면에서도 미국을 비롯한 서방과의 관계를 중시하고 있다.

그러나 민족과 문화의 이질성 때문에 중국과 러시아가 '전략적 동반자'가 되는 것은 쉬운 일이 아닐 것이다. 장기적으로 볼 때, 헌팅턴(Samuel P. Huntington)[101] 교수가 그의 저서 <문명의 충돌>에서 *"새로운 세계에서의 지역정치는 민족성의 정치학이며, 세계정치는 문명의 정치학이다"*라고 말했듯이, 이 두 국가에 내재된 민족성과 문명은 충돌할 가능성이 매우 높다.

무엇보다 중국의 중앙아시아 진출에 최대 걸림돌은 러시아가 될 수 있다. 러시아 내에서 중국 위협론이 제기된 것이 어제 오늘 이야기는 아니지만, 최근 그러한 경향이 더욱 가속화되고 있는 것이 사실이며 그 경쟁의 장이 중앙아시아가 될 여지는 충분히 있다. 러시아는 그동안 중앙아 지역 국가들과의 개별적인 양자 관계를 통해 주로 경제 교류를 해왔지만 최근 들어 경제 관련 다자기구의 창설에도 적극성을 보이기 시작했다.

블라디미르 푸틴(Vladimir Putin, 1952~현재) 대통령(제2대: 2000~2008; 제3대: 2012~2018; 제4대: 2018~현재)이 제안한 '유라시아 동맹' 구상이다. 한동안 관세동맹 창설에 적극성을 보이지 않던 그가 구(舊) 소련권 국가들 사이의 경제 및 통화 정책을 조정할 새로운 지역기구 창설에 의욕을 보였던 것이다. 현재로서는 카자흐스탄과 벨라루스 그리고 러시아만이 관세동맹의 회원국이지만, 타지키스탄과 키르기스스탄도 동맹 가입에 관심을 표명하고 있어 앞으로 회원국 수가 늘어날 것이다.

사실, 러시아가 수년 전 카스피해 경제협력기구(CECO)의 창설을 강력히 주장한 적이 있었다. 2007년에 테헤란에서 개최된 카스피해 정상회담에서도 경제협력기구(CECO)를 만들자는 데 합의가 도출된 바 있다. 그러나 그 후 중앙아시아 국가들은 아무런 움직임을 보이지 않았고 러시아 또한 여태껏 이렇다 할 조치를 취하지 않고 있다. 소련 해체 이후 지금까지 중앙아시아에서 창설된 다양한 지역 기구들이 모두 형해화(形骸化)한 것을 상기하면, 카스피해 경제협력기구(CECO)의 창설과 중앙아시아 국가들의 적극적인 참여를 기대하기는 힘들 것이다.

중국은 이 같은 러시아의 전략이 자국의 중앙아시아 진출에 대해 미칠 수 있는 영향을 고려해야 할 것이다. 특히 키르기스스탄은 중국 상품이 중앙아시아 지역으로 들어가는 중심 루트이며 이렇게 들어간 중국 상품은 해외로 재수출되기도 하는데 그 액수는 연간 500

---

101) Huntington, Samuel P.(1996), The Clash of Civilizations and the Remarking of World Order, Simon& Schuster.

만 달러에 달한다. 중국의 대외무역 총액이 연간 3조 달러 규모인 것을 고려하면 이 액수는 크다고 할 수 없지만, 키르기스스탄의 경제에서 차지하는 비중은 결코 작지 않다.

04 일본

1) 개관

일본은 청일전쟁(淸日戰爭, 1894. 06~1895. 04)을 통해서 '아시아 속의 일본'이 되었던 반면에 조선(朝鮮)은 일본의 경제 식민지가 되었다. 나아가, 일본은 러·일전쟁(Russo-Japanese War, 1904. 02. 08~1905. 가을)을 통해서는 '세계 속의 일본'이 되었던 반면에 대한제국(大韓帝國)은 경제적으로뿐만 아니라 정치·외교적으로, 또한 군사적으로 국권을 완전히 강탈당하였다.

일본은 제1차 세계대전(1914. 07~1918. 11)을 통해서는 어부지리(漁父之利)로 시베리아에 처음으로 진출할 수 있었던 반면에 당시 조선(朝鮮)은 이를 위한 일본의 병참기지로 전락하였다. 나아가, 일본은 제2차 세계대전(1939~1945)을 통해서는 패전 때문에 오히려 민주화될 수 있었던 반면에 대한민국은 겨우 광복을 얻었으나 국토는 분단됐다. 일본은 1970년대 오일쇼크를 통하여 산업구조조정을 할 수 있었으며, 1980년대 엔고 압력을 통하여 경제구조조정을 할 수 있었던 반면에 대한민국(大韓民國)은 산업화에 의한 고도성장과 민주화 과정을 선택하였다.

상기한 역사적 배경하에서 일본은 40여 년을 거치는 동안 논쟁을 통하여 국가존립을 위해서, 외부충격을 감당하기 위해서, 어떠한 국가발전 전략을 세울 것인가 그리고 어떻게 추진해 나갈 것인가를 고민해 왔다. 일본의 경우 1950년대 초에는 무역입국을 계속해 나갈 것인가 아니면 국내개발을 위주로 할 것인가 하는 논쟁이 있었다. 1960년대 초에는 개방논쟁이, 1970년대 초에는 성장의 한계론에 대한 논쟁이, 1980년 초에는 일본의 국제공헌에 대한 논쟁이 있었다.

일본은 제1, 2차 석유파동을 겪으면서 산업구조 조정을 달성했고 1985년 9월 22일 '플라자 합의'(Plaza Accord)로 엔高를 당하였지만 오히려 서구의 엔高 압력을 이용하여 경제구조 조정을 완결할 수 있었으며, 1997년 '아시아 금융위기'와 2008년 하반기 '글로벌 금융위기'를 기술강국 및 저축강국으로서 버티어내었고 2011년 8월 글로벌 경제위기를 최근 미국·유럽과 더불어 양적완화 정책으로써 엔高를 엔低로 전환하여 자국의 제조업 경쟁력을 드높이고 있다. 이젠, 일본은 세계에 대한 독점적 자본재 수출로써 무역수지흑자국·경제대국·채권대국이 되었다.

일본은 플라자 합의(1985. 09. 22) 이전의 탈아(脫亞)에서 아시아 금융위기(1997~1998) 이후 귀아(歸亞)로 전환하였다. 일본의 하토야마 유키오(鳩山由紀夫) 총리(2009. 09~2010. 06)는 제17차 APEC 정상회의(2009. 11. 15, 하와이)에 참석 후 한 연설에서 '동아시아공동체구상'(EAC)의 실현을 위해서 공동번영, 녹색 아시아, 인간생명, 그리고 우애의 바다를 만들기 위한 협력들을 제안했다. 하토야마 유키오(鳩山由紀夫) 총리(당시)의 탈(脫) '대일본주의' 외교 정책을 요약한다: ① 중국을 '가상의 적(敵)'으로 지목하는 것을 중단한다. ② '동아시아공동체 구상'을 추진한다. ③ 주일(駐日) 미군기지를 단계적으로 축소하며, 주둔군 지위협정의 전면적 개정을 시도한다. ④ 미국의 최고 동맹국이라는 배경을 바탕으로 한, 정치대국이 되려는 길을 단념한다. ⑤ UN 상임이사국 가입을 추진하지 않으며, 다국간 국제 협조주의에 입각한다. 특히, 하토야마 유키오(鳩山由紀夫)의 '동아시아공동체 구상'은 '우애(友愛)'라는 윤리적인 개념에서 출발한다. 여기서 '우애(友愛)'는 프랑스 혁명의 슬로건인 '박애(博愛)'다. 즉, *"일본의 자연과 전통에 자부심을 가지면서도 세계의 다양성을 이해하고 존중하는 태도, 요컨대 자립과 공생을 목표로 하는 우애의 정신이야말로 성숙기 일본의 시대정신"*이다.

이어서, 2011년 11월 12일, 노다 요시히꼬(野田佳彦) 총리(당시)가 미국 주도의 환태평양경제동반자협정(TPP)에의 참여를 선언하면서 과거 메이지유신(明治維新, 1868~1889 헌법 제정)이 제1의 개국, 1945년 패전 후 경제재건이 제2의 개국, 이번 환태평양경제동반자협정(TPP)는 '제3의 개국'에 해당한다는 역사적 의의를 부여하였다. 환태평양경제동반자협정(TPP)에의 일본 가입은 고령화에 따른 생산성의 저하와 산업공동화, 엔고(高)로 고전하고 있는 일본경제에 대한 일종의 충격요법이라고 주장했다. 일본 경제사회총합연구소는 일본이 미국을 포함한 환태평양 10개국과 환태평양경제동반자협정(TPP)를 체결할 경우 자국의 GDP가 약 0.48~0.65% 늘어날 것으로 전망했다. 이를 금액으로 환산하면 약 2조7,000억 엔(약 39조1,000억 원)의 생산증가 효과가 나온다는 추산이다(조선일보, 2011. 11. 14).

아베 신조(Abe Shinzo, 安倍晋三) 총리(당시)는 미·일(美·日) 방위조약(1978. 11 및 1979. 04)과 美·日 안보동맹(1997. 09)를 지렛대로 삼아 아시아에서 미국과 함께 패권을 노리고 있다. 최근에는 미국의 아시아 중시의 신(新)국방전략(2012. 01. 05)을 지렛대 삼아 '환태평양 경제동반자 협정'(TPP)를 중심으로 美·日 경제동맹을 위한 공동비전을 발표(2015. 04. 28~29)하였고 그 대가로 '군사대국'으로 발돋움하고 있다. 일본 참의원이 헌법 개정을 위한 국민투표법을 통과(2007. 05. 14) 시켰듯이, 향후 일본은 현행 「평화헌법」의 제9조 2항(전력 불(不)보유와 교전권 부인)을 개정함으로써 '싸울 수 있는 군대'를 갖고있는 '보통국가'가 되기를 소망하고 있다.

특히, 일본은 대외관계조치법(2004. 06. 14)[102]을 제정하여 전수방위(專守防衛)에 묶여있던 자위대의 해외파병을 추진하였으며 이젠 「평화헌법」 제9조 2항을 개정하여 '일본군' 창설을 구체화하고 있다. 또한, 일본은 미국의 지원을 등에 업고 UN안보리 상임이사국 진출도 목전에 두고 있으며 미국의 양해와 지원하에 일본의 대외영향력(특히 군사력)이 급속히 증대될 것임은 명약관화(明若觀火)한 일이다.

사카이 나오키 코넬대학 교수는 그의 저서 <희망과 헌법>에서 전후 일본 헌법의 특징을 독특한 시각으로 고찰하고 미·일 관계를 '신식민지 체제'로 간주한다. 그는 신(新)식민주의의 특징을 다음과 같이 들고 있다: *"점령지역에서 미국은 직접 통치하지 않고 주민의 대표에게 주권을 이양한다. 형식상, 미국과 그 국가는 대등한 외교관계를 맺는다. 동맹 혹은 집단 안전 보장을 구실로 그 지역에 미국의 군사시설을 설치하고 지위협정으로 군사활동에 관한 치외법권(治外法權)을 보장한다. 종래 종주국과 식민지 사이에 보이는 직접통치를 피하고 그 지역의 국가에 표나게 간섭하는 것을 가능한 한 회피한다."*

시카이 나오키 교수의 주장을 요약하면 다음과 같다: 현재의 일본 헌법은 1946년 11월 3일에 반포되고 이듬해 5월 3일 시행됐다. 미국을 중심으로 하는 연합국에 의한 일본 점령이 종료되기 5년 전에 발효됐다. 헌법에는 국민주권의 범위를 일본 국민과 일본 국가의 영토에 한정한다고 표명하고 있음에도 불구하고 피점령으로 주권을 상실한 상태인 일본이 사실상 배제된 채 연합국, 특히 미국의 의중이 대거 반영됐다. 당시 중국이 공산화되었고 유럽뿐만 아니라 동아시아에서도 냉전체제가 정착되자 미국으로서는 아시아의 유일한 근대화된 공업사회인 일본을 반공과 민주화의 교두보로 자유주의 진영에 묶어 두는 일이 극동정책의 핵심으로 대두됐다. 그런 의미에서 '사실상의 새로운 식민지체제'가 필요했었다.

현행 일본 헌법 특징 중 하나는 천황제 유지다. 연합국의 일본 점령에 가장 필요한 조치는 바로 일본이라는 국체 수호와 국민통합 구심점 확보였다. 이를 위해서는 히로히토(쇼와) 천황에게 전쟁 책임을 귀속시켜서는 안 된다는 요구가 강했고 이는 실제로 받아들여졌다. 전후 일본의 보수주의자들은 민족주의에 호소하면서 농시에 미국의 지배로 인한

---

102) 유사법제(有事法制) 7개가 통과됐다. 이것은 일본이 타국으로부터 공격받을 때를 가정한 전시동원법으로 2003년 6월 참의원을 통과했다. 패전 58년 만에, 그리고 일본 정부가 '1977년 연구'라는 이름으로 검토에 착수한 이후 4반세기 만에 '전시'(戰時) 대비의 국가체제 정비를 목적으로 한 법안이 효력을 갖게 된 것이다.

혜택을 입게 된다. 여기에서 바로 '태평양 횡단적인 제국적 국민주의의 공범성'을 발견할 수 있다. 독립 후 일반적으로 일본은 미국의 식민지로 간주되지 않았지만 지금도 일본 영토 내에는 '반(半)영구적인' 미군 기지가 있다. 뿐만 아니라 자위대(自衛隊)라고 불리는 군대가 기본적으로 미국의 명령체계에 들어가 있기 때문에 실질적으로 자위대(自衛隊)는 식민군이나 다름없다. 교전권을 금지한 '잘못'을 뒤늦게 후회한 미국은 이후 줄곧 일본 헌법의 개정, 특히 9조(일본의 전력 보유 금지와 국가 교전권 불인정)의 파기 혹은 대폭적인 교체를 목표로 극동정책을 생각해 왔다.

2) 아베노믹스(Abenomics): '세 개의 화살'

최근에, 스가 요시히데(菅義偉, 1948~현재) 일본 전(前) 관방장관(2012~2014)이 2020년 9월 16일 아베 신조(安倍晋三) 총리의 뒤를 이어 제99대 총리로 취임했다. 본 연구는 일본의 국내정치 문제를 분석하는 것이 아니라 강대국의 하나인 일본의 대외관계를 세계평화 문제와 관련지어 분석하는 것이기 때문에 2012년 12월 26일 취임한 후 7년 8개월 동안 집권했었던 전(前)총리 아베 신조(安倍晋三, 1954~현재) 시대에서 발생했었던 관련 대내외 정책들을 분석하고자 한다.

상기한 배경하에서, 주목할 것은 아베노믹스(Abenomics) 정책으로 일본은 20년 가까이 이어져온 디플레이션에서 탈출했다는 점이다. 아베노믹스(Abenomics)는 흔히 '세 개의 화살'로 비유된다. 즉, ① 대담한 금융정책, ② 기동적인 재정정책, ③ 새로운 성장전략이다. 하나의 화살은 부러뜨릴 수 있지만 세 개의 화살을 묶으면 부러뜨릴 수 없다는 일본의 옛 이야기에서 따온 표현이다.

첫 번째 화살인 '대담한 금융정책'은 돈을 목표 인플레이션인 연 2%를 달성할 때까지 무제한 풀겠다는 것이었다. 아베노믹스(Abenomics)의 설계자로 불리는 구로다 하루히코(黑田東彦) 일본은행 총재는 취임 직후인 2013년 4월 "지금까지와는 완전히 차원이 다른 금융 완화를 하겠다"며 돈을 찍어내기 시작했다(동아일보, 2015. 06. 27). 이 결과, 넘치는 돈이 주식시장으로 밀려들면서 주가가 폭등했고, 버블 이후 침체되던 부동산 시장에도 온기가 돌았다. 어느 정도 약발이 먹히는 기미가 보이자 연간 자금 공급 규모를 10조 엔(약 90조 원) 이상 더 늘어난 80조 엔(약 720조 원)으로 확대했었다. 엔화가 넘치는 만큼 미국 달러화에 대한 엔화 환율이 치솟았다. 취임 때 달러당 85엔 정도였던 환율은 최근에는

123엔 이상이다. 엔화 약세(弱勢) 덕분에 좋은 실적을 올린 수출기업들은 고용을 늘리고 임금을 올릴 여력이 생겼다. 일반적인 경우 자국 화폐가치 하락은 수입 물가를 높여 국민이 반발할 수 있지만 때맞춰 국제유가가 하락하며 이를 상쇄했다. 운이 좋았다. 국제유가 하락은 원자재를 수입하는 일본 기업들의 실적을 호전시키는 역할도 했다.

두 번째 화살인 '기동적인 재정정책'은 정부가 직접 돈을 풀겠다는 것이었다. 아베 신조(安倍晋三) 총리는 취임 이후 지금까지 20조 엔(약 180조 원) 이상의 천문학적인 규모의 재정을 추가경정예산으로 풀었다. 아베노믹스(Abenomics)의 온기가 주로 자산을 가진 부유층과 수도권에 집중된다는 비판을 감안해 사용처는 지역경제 활성화, 중소기업 지원, 소외계층 복지대책 등에 집중됐다. 그러나, 첫 번째 화살과 달리, 두 번째 화살의 약발은 갈수록 떨어지고 있다. 중앙은행은 돈을 계속 찍을 수 있지만 정부가 재정을 늘리려면 국채를 발행해 돈을 빌려야 한다. 특히 일본은 국가부채 규모가 국내총생산(GDP)의 두 배가 넘는 상황이어서 더 악화될 경우 신용등급 하락 등의 우려가 있다.

세 번째 화살인 '새로운 성장전략'은 '환태평양동반자협정'(TPP)이다. 2011년 11월 12일, 노다 요시히꼬(野田佳彦) 총리(당시)는 미국 주도의 환태평양경제동반자협정(TPP: Trans-Pacific Partnership) 교섭에 참여하겠다는 결정을 내렸다. 그는 과거 메이지유신이 제1의 개국, 1945년 패전후 경제재건이 제2의 개국, '환태평양동반자협정'(TPP)는 제3의 개국에 해당한다는 역사적 의의를 부여하였다. '환태평양동반자협정'(TPP)에의 일본 가입은 고령화에 따른 생산성의 저하와 산업공동화, 엔고로 고전하고 있는 일본경제에 대한 일종의 충격요법이라고 주장했다.[103] 물론, 일본 농민들이 TPP에 강력히 저항하고 있고 '환태평양동반자협정'(TPP)보다는 미·일(美·日) FTA를 추진하자는 대안론, 일본의 최대 무역상대국인 중국을 견제하는 FTA 네트워크는 국익에 위배된다는 유보론 등 다양한 비판이 제기되었다.

그럼에도 불구하고, 아베 신조(安倍晋三) 총리(당시)는 '환태평양동반자협정'(TPP)에 참여하는 것은 경제적으로 옳은 결정임에도 불구하고, 국내 보호주의 정치 때문에 좌고우면해 왔던 상황을 반전시키고 2013년 초 전격적으로 '환태평양동반자협정'(TPP) 참여를 결정했다. 돈을 확 풀어 고질화된 디플레 심리를 바꾸고 확장적 재정정책으로 경기를 부양한다 해도, 일본경제 구조를 개혁하지 않고 새로운 성장동력을 찾지 못하면 일본경제는 다시 침체의 터널 속으로 들어갈 것이기 때문에 그의 '세 번째 화살'인 '환태평양동반자협

---

103) 일본 경제사회총합연구소는 일본이 미국을 포함한 환태평양 10개국과 TPP를 체결할 경우 자국의 GDP가 약 0.48~0.65% 늘어날 것으로 전망했다. 이를 금액으로 추산하면 약 2조7,000억 엔(약 39조 1,000억 원)의 생산증가 효과가 나온다는 것이다(조선일보, 2011. 11. 14).

정'(TPP)은 아베노믹스(Abenomics)의 성패를 좌우한다. 아직까지 이렇다 할 성과를 내지 못하고 있다. 야마구치 유타카(山口泰) 전(前) 일본은행 부총재는 최근 아사히신문과의 인터뷰(동아일보 보도, 2015. 06. 27)에서 친정인 「일본은행」에 쓴소리를 했다. 그는 "금융 완화로 물가만 올리면 된다는 환상을 버리고 인구 감소에도 성장력을 유지하도록 구조를 바꾸는 정공법으로 대응해야 한다"고 지적했다. 또 재정 악화에 대비해 '신뢰할 수 있는 재정 재건 계획을 추진할 것'을 제언했다.

또한, 아베노믹스(Abenomics)의 혜택이 일부에만 몰리며 양극화가 심화되고 있다. 그 혜택의 대부분은 대기업에 집중되었으며, 고용 개선 효과는 거의 정규직에 국한되었다. 이런 상황에서 중·하위층은 미래에 대한 불안 때문에 지갑을 선뜻 열지 못하고 있다. 즉, 기업 수익이 사상 최대라고 말하지만 연금생활자나 비정규직이 많아 가계 부문까지 그 돈이 흘러가지 못하고 있다.

한편, 아베 신조(Abe Shinzo, 安倍晋三, 1954~현재) 총리(당시)는 2015년 4월 26일부터 일주일간 미국을 방문해 미·일(美·日) 동맹 강화를 위한 전례 없는 움직임에 나섰다. 27일 미·일(美·日) 방위협력지침(가이드라인) 개정으로 양국 군사동맹을 격상시키는 데 이어 28일 버락 오바마 미국 대통령과의 정상회담으로 환태평양경제동반자협정(TPP) 체결을 앞둔 경제동맹을 세계에 과시했다. 29일에는 일본 총리로서는 처음으로 미국 상·하원 합동연설대에 올라 70년 전 제2차 세계대전의 전범(戰犯) 국가였던 일본과 승전국(勝戰國) 미국이 함께 이끌어갈 미래 비전을 제시했다.[104] 그는 "아시아·태평양 지역의 평화와 안전을 위한 미국의 '재균형' 정책을 철두철미하게 지지한다"고 밝힌 뒤 "일본은 호주·인도와 전략적 관계가 깊어졌다. 아세안 국가와 한국과도 다방면에 걸친 협력을 강화하고 있다"고 했다.

아베 신조(Abe Shinzo, 安倍晋三, 1954~현재) 총리(당시)의 상기 연설은 '태평양 국가'라는 그의 목표를 다시 확인한 것이다. 그는 버락 오바마 미국 대통령의 일본 방문을 앞둔 2014년 4월 구미(歐美) 언론에 기고한 '일본의 두 번째 개국(開國)'이란 글에서 "일본은 더 이상 자신을 극동(極東·Far East)으로 생각하지 않는다. 우리는 환(環)태평양 지역의 중심에 있다"고 했다. 아베 신조(安倍晋三) 총리(당시)는 미·일(美·日) 간 오랜 현안이었던 오키나와 미군 기지 문제 해결의 장애물부터 걷어치웠다. 미·일 방위협력 지침 개정 방향도 미국의

---

104) 미국 상·하원 합동회의는 일본이 1941년 12월 7일 선전포고 없이 진주만을 기습했고 다음 날 루스벨트 대통령이 "12월 7일은 '치욕의 날'로 기억될 것이다"란 대일(對日) 선전포고 연설을 했던 장소였다. 한국의 경우 이승만 초대 대통령이 1954년 7월 28일 첫 연설을 한 이래 여러 대통령이 그 자리에 섰다.

뜻을 받들었다.[105] 중국과 영토 분쟁을 벌이고 있는 센카쿠(尖閣) 열도에 대한 미국의 구체적이고 확실한 방위 언약도 받아냈다. 또한, 오바마 미국 대통령과 '환태평양동반자협정(TPP)' 협상도 타결했다. 또한, 아베 신조(安倍晋三) 총리(당시)는 중국을 견제하듯이 자유와 민주주의라는 '공통의 가치관'에 따른 연대를 간판으로 내세워왔다. 그가 처음 총리가 된 직후인 2006년 10월 한국을 방문해 "한·일 양국은 자유, 민주주의, 기본적 인권, 그리고 법의 지배, 시장경제라는 기본적 가치를 공유한다"고 강조한 것은 그 일환이었다.

3) 일본경제의 당면과제와 '새로운 일본 경제시스템' 추구

그동안 일본경제는 전쟁의 폐허를 딛고 계열, 하청, 메인뱅크 등 물품 및 자본에 있어서 '조직화된 시장거래'를 한 축으로, 장기 안정적 일본적 고용시스템을 다른 축으로 하여 역사상 유례가 없는 고속성장을 지속해 왔다. 미국 상무국(1983년), MIT(1989년)가 미국산업의 국제경쟁력을 분석했을 때에도, 언제나 비교대상은 일본이었으며, 일본기업, 산업 시스템의 장점을 부각시키는 것이었다. 즉 1980년대까지는 일본경제의 성공신화가 전 세계의 선망의 대상으로 되었던 시대였던 것이다.

그러나 1990년부터 100조 엔에 달하는 막대한 재정지출과 대형 감세, 전후 최대의 금리인하에도 불구하고 경기는 살아날 조짐을 보이지 않고 있다. 장기불황 과정에서 일본인들은 자신의 경제체제에 대한 자신감이 극도로 약화되고 있다. 거시경제적 차원에서 볼 때 현재의 장기불황을, 버블경제의 후유증과 이에 대한 정부의 정책실패로 보던(日本經濟新聞社 1999년), 수요부족 불황(吉川洋 1999년)으로 보던, 아니면 금융부문 주도의 경기후퇴(複合不況, 宮崎義一 1992년)로 보던 간에 이러한 매크로 경제변수 배후에 있는 소위 '일본적 경제시스템'에 기능장애가 일어나고 있다는 점에는 많은 사람들이 동의하기 시작했다.

여기서 '일본적 경제시스템'이란 노사관행, 기업집단 및 계열하청구조의 기업 간 관계, 기업집단 내 중추기관으로서의 메인 뱅크 시스템, 행정지도(공적규제) 등의 총칭을 말한다. 노사관행은 연공임금, 종신고용, 기업별노조 등의 고용시스템을, 메인뱅크 시스템은 일본 시 간접금융방식하에서 메인뱅크가 관련기업에 장기 안정적인 자금과 정보를 제공해 주며, 또한 관련기업이 경영상 어려움을 당했을 때에는 적극적인 구제와 감시행위를 해 나

---

105) 영국 파이낸셜타임스가 최근 칼럼에서 "워싱턴은 약간의 '아베망각증'(Abenesia·일본이 전쟁에 대해 충분히 사과하지 않는 것)을 용인할 준비가 돼 있다"고 썼을 정도다(동아일보, 2015. 04. 25)

가는 것을 말한다. 기업 간 관계의 특징으로서는 기업집단, 계열·하청구조에 따른 장기적인 거래관행의 정착을 말한다. 행정지도로 불리는 정부에 의한 공적규제는 주로 산업별로 해당 사업자단체를 통해 미세한 부분까지 '행정지도'를 이용하여 해당 산업을 보호·육성·감독하는 것을 의미한다. 상기한 '일본적 경제시스템'하에서, 일본은 전쟁의 폐허를 딛고 계열, 하청, 메인뱅크 등 물품 및 자본에 있어서 '조직화된 시장거래'를 한 축으로, 장기안정적 일본적 고용시스템을 다른 축으로 하여 역사상 유례가 없는 고속성장을 지속해 왔다. 1980년대까지는 일본경제의 성공신화가 전(全) 세계의 선망의 대상으로 되었던 시대였다.

그러나, 상기한 '일본적 경제시스템'하에서, 1990년대 연평균성장률 1%는 일본의 역사적 경험에서 보나, 선진국 간의 국제비교 측면에서 보나 이례적으로 낮은 것이었다. 불황(不況) 과정에서 수요부족과 과잉생산능력에 고민하고 있는 일본기업이 생산조정을 위한 노동시장의 유연화와, 이를 실현하기 위한 노동관행 및 관련법규의 개정을 요구하고 있다는 것은 당연한 일이다. 또한, 기업 간 관계에 있어서도 장기안정적인 거래관행을 보다 시장의 변화에 민감히 대응하는 단기적 거래관행으로 변화시켜 가는 것도 충분히 이해할 수 있는 일이다.

따라서, 최근에 일본산업의 국제경쟁력을 회복시키기 위한 경제구조개혁이 본격적으로 논의되었다. 하토야마 유키오(鳩山由紀夫) 총리(2009~2010)은 국회시정연설(1997. 01. 21)에서 행정개혁, 재정개혁, 경제구조개혁, 사회보장개혁, 금융개혁, 교육개혁의 6대 개혁을 추진한다고 밝혔으며, 그 후 오부찌 전 총리, 모리 전 총리에 이르기까지 일본의 구조개혁은 그대로 이어졌다.

여기서 유의할 것은 상기한 일본의 경제구조 개혁은 단순한 불황(不況)으로부터 탈출하기 위한 임시방편적인 개혁이 아니며, 전후의 일본을 이끌어온 경제시스템이 한계에 직면했다는, 즉 일본경제시스템의 '제도 피로 현상(system fatigue)'에 대한 사실인식으로부터 출발하여 '새로운 일본 경제시스템'을 구축하려는 노력으로 평가된다는 점이다.

(1) 당면과제

현재 일본경제가 직면한 문제는 (1) 경제의 글로벌리제이션과 산업구조의 정보화로 인해 국내외적인 경쟁이 격화되고 있으며, 이에 대한 대응이 시급히 요구되고 있다는 점, (2) 금융 및 산업의 공동화(空洞化) 위기가 심화되고 있다는 점, (3) 고령화·저출산에 의

해 일본경제의 성장잠재력이 급속히 저하되고 있는 점, (4) 기존의 '일본식 시스템'에 대한 국제적 압력이 강화되어감에 따라 이에 대응하는 새로운 경제체제의 창출이 요구되고 있다는 점이다.

첫째, 1990년대에 들어와 경제의 글로벌리제이션과 산업구조의 정보화로 인해 일본경제가 직면하는 시장경쟁과 시장의 불확실성은 더욱 증대되고 있다. 이 결과 국경에 의해 보장되어졌던 지금까지의 경쟁 제한적인 환경은 일소되어 가며 시장경쟁은 세계적인 차원에서 치열해지고 있다.

또한, 산업구조가 정보화되며 그 기술개발속도도 가속화되어 가는 상황은 기존의 산업조직을 더욱 경쟁적이며 유동적으로 변화시켜 가고 있다. 즉, 산업구조의 정보화는 기존의 중후장대(重厚長大) 산업과는 달리 시장으로의 진입장벽을 저하시킴으로써 산업조직의 형태를 보다 경쟁적인 형태로 변화시키고 있다. 정보화에 의해 산업기술의 깊이와 넓이가 급속히 확대되어 감에 따라 아무리 독점적인 대기업일지라도 모든 기술에 있어서 우위에 서는 것은 불가능하다. 이러한 환경에서 새로운 기술로써 매몰비용(sunk cost)을 최소화시켜 가며 시장에 신규 진입할 여지는 확대되고 있다. 더구나 인터넷 등을 이용한 전자상거래의 발달은 유통에 있어서의 진입장벽을 낮추고 있다.

상기한 글로벌리제이션과 정보화에 의해 야기된 시장경쟁의 격화는 결국 (1) 불확실한 시장상황에 민감히 반응하면서 기업의 인수합병(M&A) 등을 신속히 추진할 수 있는 기업 관련의 규제완화(독점금지법 및 상법의 개정), (2) 기업의 구조조정을 촉진시키고 노동시장의 유연성을 확보하기 위한 노동관련 법규의 규제완화(노동자파견사업 및 직업소개사업에 관한 규제완화), (3) 일본기업의 고비용구조를 개선하기 위한 금융, 유통 등에 관한 각종 규제완화 등을 일본경제에게 새롭게 요구하고 있는 것이다.

둘째, 일본경제가 직면하는 또 하나의 문제점은 산업공동화(産業空洞化) 위기가 심화되고 있다는 점이다. 1985년 이후 급격히 진행된 일본의 아시아에 있어서의 생산기반 구축, 1990년대에 들어 본격화된 아시아에 있어서의 생산거점 간 네트워크의 확충 과정 속에서 최근 들어 일본의 산업공동화(産業空洞化)가 급속히 진행되고 있다. 즉, 해외생산법인의 확충과 함께 수출대체효과 및 역수입효과가 수출유발효과를 초과함으로서 결국 해외생산이 국내생산을 내제하게 되는 현상이 현재 진행 중에 있는 것이다.

주지하다시피, 일본경제의 확고한 기반은 제조업이다. 1995년의 엔고(円高), 고베지진, 미·일(美·日) 자동차전쟁의 소위 트리플 펀치(triple punch) 속에서도 일본이 견디어 내는 저력은 물건 만드는 기술로부터 이룩된 자본재(資本財) 수출국으로서의 지위를 확고하게 이룩하였기 때문이다.

　일본의 자본재는 이미 가격, 공급할 수 있는 수량, 품질 납기 등에서 다른 어떤 나라의 자본재보다도 월등한 위치에 있다. 일본은 제조업의 핵심기술 확보로 밀어닥친 엔고의 압력, 고베지진의 충격, 미·일 간 통상마찰 등의 트리플 펀치(triple punch)에서도 끄떡하지 않고 견디어내고 있다.

　일본 자본재의 공급현황을 몇 가지만 예로 들어보면 그 이유를 확연하게 알 수 있다. 즉, 자동차 엔진의 밸브스프링 제조에 쓰이는 선재(線材)는 세계시장의 90%, 자동차 타이어의 코드선재(cord 線材)의 70%, 액정패널(LCD)의 95%, 공작기계의 자동화에 쓰이는 NC장치의 100%, 반도체 케이싱의 90%, 전자시계의 무브먼트(movement)의 100%, 수정 공진자의 100%, 전화기 마이크로폰의 80% 등을 전 세계에 독점 공급하고 있다. 특히 이들 부품이나 소재는 4가지 기본요소인 품질, 가격, 수량, 납기에서 다른 어떤 나라의 제품보다 월등한 경쟁력을 갖고 있기 때문이다.

　일본의 수출 내용을 살펴보면 자본재 즉 기계류의 부품, 소재와 상산기계의 수출이 일본수출의 70%를 훨씬 상회하고 있다. 일본기업은 이와 같은 자본재를 수출해줌으로써 상대방 국가의 경제성장을 돕고 있다고 큰소리를 내고 있다. 마치 중동에서의 원유 수출과 같다는 것이다. 일본이 그들의 자본재를 수출해주지 않으면 상대방 국가의 공장이 문을 닫게 된다는 사실을 깨달아야 한다고 외치고 있다.

　일본의 제조업은 여전히 강력하다. 아이폰과 같은 세계적인 히트상품은 없지만, 일본 기업들은 그 부품을 생산하고 있다. '아이폰 4'에 대해 부품 제조국별 부가가치 비율을 평가한 결과 일본이 34%로 1위를 차지했다. 세계시장을 독과점하는 부품업체들이 많다 보니 대지진으로 공장가동을 중단하자 해외업체들이 오히려 아우성을 쳤다.[106]

　그럼에도 불구하고, 일본 재계는 엔고로 제조업체들이 해외로 빠져나갈 수 있다고 아우성이다. 일본 정부도 "모든 수단을 총동원하겠다"며 대책 마련에 부심하고 있다. 그러나 수출이 일본 경제에서 차지하는 비중이 16%에 불과한 데다가, 장기간 디플레로 인한 임금 하락 등을 감안하면 '엔고＝제조업 몰락론'은 엄살이라는 주장도 나온다. 엔고가 오히

---

[106] 1995년 초 일본 고베에서 대지진이 일어나 일거에 고베의 공장들이 파괴되었다. 이 당시에 일본사람보다 더 놀란 사람들은 세계에 흩어져있던 첨단 제조업체 사람들이었다. 일본으로부터의 자본재의 공급이 중단되면 공장의 문을 닫을 수밖에 없었던 것이다. 예를 들어 비행기조정석의 계기판이나 노트북 컴퓨터에 쓰이는 액정(液晶)패널은 일본이 독점공급하고 있었다. 만일 이것이 공급 중단되면 세계의 항공기업체가 문을 닫을 수밖에 없었던 것이다. 액정판넬의 발명은 미국이 했다. 그러나 미국제품은 가격이 턱없이 비쌀 뿐만 아니라 품질이 떨어져서 아예 사용할 수 없어 생산이 중단된 지 오래되었다.

려 해외 기업들을 싼 가격에 인수하고 경쟁력을 높일 기회라는 것이다.

셋째, 일본의 고령화·저출산 추세에 따라 일본경제의 성장잠재력이 급속히 저하되어 가고 있는 것도 최근 일본경제가 구조개혁을 급속히 추진할 수밖에 없는 요인으로 작용하고 있다. 일본경제가 고령화·저출산에 따른 잠재성장률의 하락요인을 보전하고 성장력을 높이기 위해서는 기술진보에 강한 영향을 받는 투자율의 상승에 기대를 걸 수밖에 없는 것이며, 이러한 측면에서도 새로운 산업을 창출시키며 기술개발에 의한 경제활성화를 추진하기 위한 경제구조개혁이 시급히 요구되는 것이다.

넷째, 복지 포퓰리즘(Populism)에 의하여 야기된 재정위기의 결과, 국가채무는 당연히 증가했다. 겐바 고이치로(玄葉光一郞) 국가전략상은 최근 민주당 의원총회에서 "집권 1년차엔 3조3,000억 엔을, 2년차엔 6,000억 엔을 각각 마련하는 데 그쳤다. 선거공약을 총점검해야 한다"고 고백했다.

상술하면, 2009년 8월 일본 총선은 반세기 만의 정권교체 열기로 후끈 달아올랐었다. 일본 민주당은 과거 50여 년 동안 여당이었던 자민당으로부터 정권을 빼앗기 위해 장밋빛 복지를 공약을 전면에 내걸었다. 예로서, 중학생까지 모든 어린이에게 1인당 매월 2만 6,000엔의 수당 지급, 출산 격려금을 42만 엔에서 55만 엔으로 인상, 공립고등학교의 전면 무상화, 사립고교생에게 연간 12만 엔 지급, 저소득 가구 고교생에게 연간 24만 엔 지급 등이다. 또한, 월 7만 엔의 최저보장연금 신설, 유가(油價)에 대한 잠정세율 폐지, 연금 수급자의 세금 부담 경감, 구직자 생활비 지원, 최저임금 인상, 2012년부터 고속도로 통행료 전면 철폐 등이 공약됐었다.

지난 20년 동안 장기 불황(不況)에 쪼들려 왔었던 일본 국민은 상기의 장밋빛 선거공약에 열광했었다. 그러나 복지공약을 실행하기 위해선 무려 16조8,000억 엔(약 227조 원)이라는 천문학적 돈이 필요했었다. 이는 2009년 총 예산의 8%, 국내총생산(GDP)의 3.4%에 해당하는 규모였다. 일본의 언론과 민간연구소가 재원에 대해 꾸준히 의문을 제기했었지만, 정권 쟁취를 코앞에 두었던 일본 민주당의 눈은 '돈 계산'보다 '표 계산'에 혈안이 되어 있었다.

결국, 일본 민주당은 집권 후 아동수당 인상과 고속도로 무료화·고교 무상화 등의 선심형 복지정책들을 추진하면서 심각한 재정적자에 봉착했었다. 공공사업 축소와 예산낭비 척결, 공평과세, 공무원 인건비 절감 등을 통해 복지재원 16조8,000억 엔(약 227조 원)을 마련하겠다고 큰소리쳤지만 그것은 불가능했었다. 게다가 중소기업 지원을 위해 법인세율 인하를 공약한 데다 경기침체가 계속돼 세수(稅收)는 더욱 감소했었다. 또한, 일본 민주당은 당초 아동수당 지급을 공약으로 내걸면서 전액 국비로 충당하겠다고 약속했지만, 예산 부족으로 인하여 지방자치단체가 그 일부를 부담해 왔었다. 그러나 40여 개의 지방자치단체들은 일본 민주당 정권의 복지정책에 반기를 들고 지방자치단체가 아동수당의 일부 부담을 거부하였다.

상기한 배경하에서, 일본 민주당 정권이 선택할 수 있었던 것은 2가지였다. 즉, 세율을 한껏 올리느냐 혹은 복지공약을 대폭 축소하느냐였다. 그러나 일본 국민은 복지부담의 증가뿐만 아니라 복지혜택의 축소도 모두 반대하였다.[107] 급기야, 일본 민주당의 간 나오토 (菅直人) 총리는 사회보장 개혁과 세제 개혁(소비세 인상 등)을 추진하였다. 즉, 아동수당 인상과 고교 무상화 등 각종 복지예산을 늘리되 세금을 올리고 공적연금 지급액을 줄이겠다는 것이었다. 그러나 이 개혁에 대한 시민의 반응은 부정적이었다. 이 결과, 일본 민주당의 집권 초기에는 70%에 달했던 민주당 지지율이 30%대로 추락했었다. 결국, 2010년 7월 참의원 선거에서 일본 민주당은 참패했었다.

다섯째, 일본의 대미(對美) 무역흑자를 중심으로 막대한 무역흑자의 누적 등은 국제적으로 격렬한 비난을 받고 있으며 이로 인해 일본시장 폐쇄성의 원인으로 지적되어 왔던 각종 규제를 완화시키려고 하는 국제적 압력도 1980년대 중반 이후 지속적으로 강화되었다. 전형적 예로서 미·일(美·日) 구조문제협의(SII:Structural Impediments Initiative)를 들 수 있다. 그 내용을 살펴보면, 일본정부는 일본의 과잉저축을 시정시킴으로서 결과적으로 과다한 경상수지의 흑자를 축소시키기 위해 1990년부터 10년간 430조 엔에 달하는 공공투자를 실시하였으며, 토지 이용의 촉진에 따른 수입기회를 증대시키기 위해 농지의 토지세율 인상을 기본으로 하는 세법개정에 착수하였다. 또한 유통부문의 규제완화를 위해 대규모소매점포법(大規模小賣店鋪法)을 폐지하는 등 각종 규제완화 정책과 소비촉진 정책을 실시하였다.

(2) 지역경제 통합 추구

전술한 바와 같이 아베 신조(Abe Shinzo, 安倍晋三) 총리(당시)의 세 번째 화살인 '새로운 성장전략'은 '환태평양동반자협정'(TPP)이듯이, 최근 일본의 대외경제정책의 변화 중에서 두드러진 특징 중의 하나는 바로 지역경제협력체의 형성에 적극적으로 나서기 시작했

---

107) 일본 정부의 부채 규모는 유로존 주요국에 비해 심각한 수준임에도 사회보장지출 규모는 상대적으로 낮다. 하지만 높은 정부부채 부담을 가지고 있는 일본이 고령화로 인해 사회보장지출 규모도 확대되고 있음을 감안하면 일본의 재정경직성은 높아질 것이며 재정건전성은 악화될 가능성이 높다.

다는 것이다.

지금까지 세계무역기구(WTO)라는 다국 간 통상시스템하에서 무역자유화를 통상정책의 중심에 두고 그 전제조건인 무차별원칙에 원리적으로 상충되는 지역경제통합에 대해서는 오히려 반대해 왔다. 또한 1980년대 후반 엔 국제화에 대한 정부와 민간차원의 논의는 있었으나 그것을 실현시킬 구체적인 행동에 나선 것은 아니었다.

그러나 일본-싱가포르 간의 FTA 체결(2001. 12), 일본-한국, 일본-멕시코 간 FTA 추진, 엔의 국제화 및 아시아 통화기금(AMF) 창설 논의 등은 외형적으로 관련 지역의 공동선(共同善) 추구에 기본목표를 맞추고 있지만 이 같은 논의가 단기적으로 현재의 불황국면에서의 탈출을 유도하고 중장기적으로 역내시장을 확대해 가는 데 동인의 하나가 될 것으로 기대하고 있다.

나아가, 일본은 1997~1998년의 아시아 경제위기가 '엔화의 국제화'를 위한 절호의 찬스라고 인식하고 '아시아통화기금(AMF)'의 창설을 중심으로 '엔의 국제화'를 적극 추진하려고 하였다. 당초 '아시아통화기금(AMF)' 구상은 일본이 1,000억 달러 상당의 달러 및 엔 기금을 출연하여 아시아통화기금을 창설하고, 이를 통해 아시아에 있어서의 긴급유동성 위기에 대응하려고 한 것이었다. 그러나 이러한 구상이 기존의 IMF를 중심으로 유동성 위기를 극복하려는 미국의 입장과 크게 대립하게 되자 1998년 일종의 우회전략인 '신 미야자와 구상'을 통해 직접적인 자금지원을 통한 엔화의 국제화를 추진하게 된다. 엔화 국제화를 위해서는 엔화 가치의 안정과 운용·조달의 용이성을 확보해야 한다.

엔화 가치는 희한하게도 글로벌 위기가 발생할 때마다 어김없이 치솟는다. 신용평가회사들이 국가부채가 GDP의 200%가 넘는 선진국 최악의 재정적자국이라며 일본의 신용등급을 낮췄지만, 지금 일본이 미국이나 영국보다 더 위기라고 보는 전문가는 없다. 글로벌 위기 때만 되면 엔화가 안전자산으로 급부상하며 엔화 가치가 치솟는 역설(逆說)이 되풀이되는 이유는 뭘까? 우선 '저축의 힘'이다. 1,400조 엔이 넘는 가계금융자산 등 일본 국내자금이 국채의 95%를 소유하고 있다. 외국자본이 국채를 팔면 요동치는 부채대국 미국과 정반대로, 일본은 해외에 돈을 빌려주는 채권대국이다. 고령자 증가로 인해 평균저축률이 급락했다고 하지만, 30~40대의 저축률은 오히려 상승추세이다. 1년에 한 번씩 총리가 바뀔 정도로 일본 정치가 무능해도 일본이 위기에 강한 이유는 이처럼 1970~80년대에 축적한 엄청난 기술과 저축이 뒷받침하고 있기 때문이다.

사실, 엔화가 기축통화(基軸通貨)로서 자리매김받으려면 상기한 두 가지 요건 외에도 지역권 내에서 군사력과 정치력 측면에서 패권자적 지위를 인정받아야 한다. 그런데 역내에서 중국의 경제력이 커지면서 군사력과 정치력 면에서 일본의 지위가 점차 약해지고 있다. 따라서 엔화의 국제화, 특히 동아시아권에서의 기축통화화 작업에는 넘어야 할 장벽이 적지 않다. 대(對)달러 환율을 좀더 안정시키고 은행이 금융중개 능력을 회복하며, 지속적인 경제력 향상을 통해 군사적, 정치적 발언력을 강화해 나가야 엔화의 국제화가 실현가능한 논제가 될 수 있을 것이다.

이러한 가운데 최근 불황(不況)을 타개하기 위한 수단으로 적극 활용하고 있는 것이 아시아 각국과 자유무역협정(FTA)과 쌍무투자협정(BIT)을 체결하는 것이다. 일반적으로 자유무역협정(FTA)를 포함하는 지역경제통합에 따른 무역과 투자의 활성화를 통해 경제에 활력을 불어넣으려는 것이다. 더구나 평균관세율이 아시아 타국과 비교해 낮은 점을 생각해 보면 아시아 타국과 자유무역협정을 체결했을 때 예상되는 수출시장의 확대는 경제회생의 기폭제로 작용할 수 있다.

또한, 투자협정은 투자와 관련된 안전장치 및 각종 우대조치를 국제법적으로 보장하는 것으로써 일본기업의 아시아 생산거점의 안정성을 높이는 데 큰 역할을 할 것이다. 이러한 이유로 2001년 12월 싱가포르와 자유무역협정(FTA)를 체결하였으며 한국, 멕시코, 칠레 등과도 체결을 위한 조정작업을 진행 중에 있다. 한국과 쌍무투자협정(BIT)를 체결한 후 인도네시아, 멕시코 등과도 쌍무투자협정(BIT)의 체결을 위해 협상을 진행하고 있다.

자유무역협정(FTA) 체결에 있어서 일본 측의 가장 큰 걸림돌은 농업분야이다. 농업인구는 2000년 현재 총경제활동인구의 4.5%이며 총 GDP에서 점하는 비중도 1.6%에 불과하다. 그러나 농수산성을 위시한 농업계는 농업의 '비(非)교역적 관심사항(NTC, non－trade concerns)'에 배려할 필요가 있다고 주장하며, 농업을 양자 간 교섭이 아닌 세계무역기구(WTO)의 다자간 교섭원칙에 입각해 추진할 것을 주문하고 있다. 세계무역기구(WTO) 규정 24조에서의 '실질적으로 모든 제품(substantially all trade)'이라는 자유무역협정(FTA)의 자유화 조건을 만약 수출입의 10% 이상이 되는 상품 중에서 전혀 예외품목을 허락하지 않는다는 규정으로 해석한다면 일·싱가포르 자유무역협정(FTA) 이후 체결을 검토하고 있는 협정에서는 어떤 것이든 간에 적어도 일부 농산물·식료가공품의 역내 무역자유화가 불가피해진다. 만약 농산물·식료가공품 중 일정부분을 자유화 대상으로 뽑아내지 못하면 향후 자유무역협정(FTA) 네트워크 구축은 어려워 보인다.

장기적 차원에서 일본의 대외경제정책 목표가 아시아내 리더십 구축, 지역 경제통합의 허브(herb) 지향으로 간주되는 상황에서 중요한 것은 농업개방과 같은 민감한 부분에 대해 과감히 양보하고 이에 대한 국민적 합의를 도출할 수 있는 정치적 리더십을 지닌 인물이 있느냐는 것이다.

4) 일본의 핵무장 가능성

(1) 북한의 핵무기 보유와 일본 핵무장의 함수관계

북한의 핵(核)무기 보유는 일본의 핵(核) 무장을 자극할 가능성이 높다. 물론, 일본이 미·일(美·日)동맹 체제하에서 핵(核)무장을 시도할 가능성은 희박하나, 북한의 핵 및 미사일을 자국에 대한 심대한 안보위협으로 인식하고 이미 대응책들을 강구하고 있다. 여기서 간과할 수 없는 또 하나의 문제는 일본이 북핵을 빌미로 일본 스스로가 원하는 정치군사 대국화의 길을 가고 있는 측면도 있다는 점이다.

일본이 공식적으로 북한의 핵무기 및 미사일 개발로 인한 위협을 중시하고 있지만, "북한이 일본을 공격할 가능성이 있는가"에 대해 의문을 표시하고 있으며, 일본이 북핵 위협을 적절한 수준으로 증폭시켜 스스로의 군사 현대화를 위한 명분으로 활용하고 있는 것으로 보인다. 이러한 시각은 현재 일본에서 진행 중인 우경화 및 보수화 경향과 시기적으로 맞물려 있다. 이 연장선에서 제기되고 있는 문제는 "일본이 언제까지 현재의 비핵정책을 유지할 것인가"하는 것이며, 이는 일본 원자력 산업이 축적한 막강한 군사적 잠재력과 무관하지 않다.

일본이 후일 북핵 문제 또는 기타 명분을 활용하여 핵무장을 결정하거나 혹은 현재보다 공세적인 핵정책을 취한다면 동북아에 미치는 영향은 엄청날 것이며, 지금은 어렴풋하게나마 그런 가능성을 우려하지 않을 수 없는 상황이 되었다. 북핵 문제는 일본 핵정책의 방향 전환을 초래할 수 있는 변수로 다가오고 있다.

현재 기준으로 일본의 재무장은 확률이 희박하지는 않지만 상당히 가능성이 낮다. 게다가 일본의 재무장은 중국이나 한국 등 이웃국가들의 반발도 불러일으키기 때문에 일본이라고 개헌을 하면서까지 강력한 군사를 보유하는 게 쉬운 것은 아니다. 그러나 미국의 지지와 중국의 부상 등 여러 이유가 있기 때문에 일본의 재무장 가능성은 점점 높아질 가능성이 높다.

중국은 세계적 강대국으로 부상했다. 현재 중국의 군사력은 세계 2~3위 수준으로 평가를 받을 뿐만 아니라 핵보유국이다. 게다가 군사력은 인구와 경제력의 뒷받침이 있어야 하는데 중국은 세계 1위의 인구대국이고 경제도 세계 2위의 경제대국이다. 일본은 이제

군사력과 인구도 중국에 밀리고 경제도 세계 3위로 밀리면서 일본이 가졌던 경제적 우위도 점점 사라지고 있다. 이에 따라 일본은 중국의 군사력이 일본을 향해 겨눌 수 있다는 불안감을 갖고 있다. 이것이 중국위협론이다. 이에 따라 일본은 강력한 군사력을 보유하려고 한다.

게다가 미국 혼자서 중국을 견제하기에는 너무 많은 비용과 힘이 든다. 따라서 미국은 일본과 연대해서 중국을 견제하려고 한다. 따라서 미국은 일본과 연대하고 있고 일본이 강력해지기를 원한다. 이와 마찬가지로 일본은 현재 중국을 견제할 수 있는 힘이 부족하기 때문에 미국과 연대해서 중국을 견제하려고 한다. 이에 미국과 일본 두 국가의 이해관계가 일치한다.

따라서 북한의 핵무기 보유에 대한 일본의 대응은 대단히 기민하다. 일본은 1998년 북한의 대포동 미사일 실험발사를 계기로 미·일(美·日) 전역미사일방어망(TMD) 공동연구에 착수한 이래 북한으로부터의 위협에 대처한다는 명분하에 정보 수집 및 분석능력을 강화하면서 미국과의 협력하에 이지스함 및 AWACS 전개 및 운용체제를 강화하고 MD의 실전배치 추진하여 2007년까지 PAC-2 개량형 27기를 배치하겠다고 밝혔다. 이와 함께 괴선박 식별 선박자동식별시스템(AIS) 강화, 해상보안청 내 '육상국(陸上局)' 신설, 정찰위성 2기 발사(2003. 03. 28) 등의 정보력 강화조치들을 연달아 내놓았다.

(2) 일본의 핵무장 준비태세

법적으로도 주변사태법(1999년), 대테러 특별조치법(2001년), 유사법제(2003년) 등을 통해 자위대의 활동범위를 지리적 및 개념적으로 크게 확대했다. 주변사태법은 1997년 신방위협력가이드라인에 의거한 미·일(美·日) 군사협력의 지리적 한계를 제거한 것이다. 대(對)테러 특별조치법은 '주변사태'의 범주를 넘어 반(反)테러에 대한 자위대의 독자대응을 허용하는 것이다. 유사법제는 기발생 위협뿐 아니라 '예상되는 위협사태'에 대해 조치를 취할 수 있도록 함으로써 일본 자위대가 수동적·대응적 역할을 넘어 공세적·선제적 조치를 취할 수 있는 길을 열어놓았다.

그러면서도 일본은 역사교과서 왜곡, 독도 영유권 주장, 센카쿠 열도 영유권 주장, 북방 4개도서 반환 요구 등을 통해 주변국에 대한 외교적 목소리를 높이고 있다. 과거 제국주의 시절 이웃국가들에게 엄청난 피해를 끼친 일본이 오히려 과거사를 정당화하고 외교적 목소리를 높이는 현상은 '미일(美日)동맹에 편승한 우경화'로 해석할 수 있다. 이는 결국 구조적 현실주의적 시각의 설득력을 높이는 계기가 되고 있다.

상기한 시각에서 볼 때, 오늘날 일본의 움직임은 과거 소극형·수동형 방위정책에서 탈피하여 평화헌법의 굴레를 벗고 정치군사적으로 강대한 세계의 지도국으로 재탄생하려는 것으로 해석할 수 있다. 그렇다면, "일본은 어떠한 경우에도 핵무장을 시도하지 않을 것"으로 결론짓는 것은 무리이며, 이보다는 "현재로서 핵무장 가능성은 없으나 특정한 여건이 주어진다면 가능성이 생길 것" 정도로 보는 것이 타당하다. 이를 위해 일본은 경제적 실리와 함께 군사적 잠재력을 쌓아왔으며, 이것이 곧 일본 핵정책의 저력이다. 일본이 축적한 엄청난 저력은 '한반도비핵화공동선언'에 의해 '핵포기 및 농축/재처리 포기'라는 굴레를 쓰고 있는 한국의 경우와는 대별된다.

현재, 일본은 상업용 원전 54기에 4천5백만Kw의 용량을 가진 세계 제3위의 원전국이다. 가동원전 20기에 약 1천7백7십만kw의 발전용량을 가진 한국에 비하여 3배의 원전용량을 가진 셈이다. 일본 통산성이 제시하는 장기계획을 보면 2030년까지 총 120기의 원전을 건설하는 것으로 되어 있다. 일본의 원자력 산업은 규모의 방대함에 더하여 3가지의 중요한 특징을 가진다.

첫째, 일본은 급속한 국산화와 함께 단기간 내 세계 최첨단으로 발전했다는 특징을 가지고 있다. 세계 유일의 원폭 피해국인 일본은 1955년 '민주·자주·공개'라는 원자력 3원칙을 발표했으며, '자주' 원칙에 따라 정책목표를 에너지자원의 안정적 공급에 두고 이를 달성하기 위해 핵연료사이클의 자국화 및 핵심 원자력산업 시설 및 장비의 국산화에 박차를 가했으며, 이에 따라 1961년 일본원자력위원회가 수립한 원자력개발 장기계획에 입각한 정책 및 투자가 반세기가 지난 오늘날까지 일관성 있게 집행되고 있다. 이와 함께 1956년 이래 일본 원자력위원회와 과기청은 5년마다 "핵에너지 개발 및 이용을 위한 장기계획"을 발표해 왔으며, 이 계획에 따라 일본은 일관성을 가지고 원자력산업의 선진화를 추진해왔다.

일본은 1966년 가동한 최초의 가스냉각로(GCR)인 도카이 발전소를 포함한 3기를 외국에 의뢰하여 건설했으며, 7기를 외국과의 협력을 통해 건설한 바 있다. 이후의 원자력 시설은 모두 일본기술로 건설되었다. 일본의 원전 개발을 단계별로 나누어 본다면, 1960년내 기술노입 단계와 1970년내 노방 단계를 거쳐 1970년내 後반부터 국산화 단계에 들입한 것으로 볼 수 있다. 1980년대 이후 국산화 완성단계를 거쳤으며, 현재는 세계 선두주자로서의 기술혁신 단계를 구가하고 있는 것으로 볼 수 있다. 이는 기존의 경수로 체계를 뛰어넘어 MOX 등 새로운 연료를 사용하는 신형 원자로의 상용화를 목표로 원자력에너지의 혁신을 추구하고 있음을 의미한다. 이러한 구상에 따라 일본은 1990년대 중반에는 개량형 경수로와 고속증식로 원형로를 가동했으며, 2000년대 중반에는 차세대 경수로를 그리고 2030년까지 고속증식로에서 생산되는 플루토늄을 경수로에 재활용한다는 계획을 가지고 있다.

일본이 보유 중인 원자로는 대개가 비등경수로(BWR) 또는 가압경수로(PWR)이나 차세대 원자로로 후겐 신형전환로(ATR)(16.5만kwe, 1979), 대간 신형전환로(60.6만kwe, 1998), 조요 고속증식로(FBR)(10만kwt, 1977 가동), 몬주 고속증식로(FBR)(28만kwe, 1994), JT−60 핵융합로(1985) 등을 추진하여 상당 부분을 실천했다. 몬주 원형로는 1995년 냉각수 유출로 인한 화재로 가동이 중단되었으나, 현재 후쿠이현은 재가동을 위한 수리보수를 진행하고 있다. 후겐 원자로는 2003년 가동을 중단하고 해체 중이며, 대간 신형전환로는 MOX를 사용하는 경수로로 대체 추진 중이다.

신형 전환로란 사용후핵연료에서 추출한 플루토늄을 천연 우라늄과 혼합하여 만든 MOX연료를 사용하는 것으로서 획기적인 자원 재활용을 가능하게 한다. 미래의 에너지원으로 각광받고 있는 융합로에 있어서도 1976년의 제2단계 핵융합연구개발기본계획 및 1987년의 원자력개발이용 장기계획을 근거로 실험장치 JT−60를 가동하고 있다. 융합로 연구는 미국 및 유럽과 비슷한 수준으로 진행되고 있다.

고속증식로도 플루토늄을 우라늄과 혼합해서 사용하는 원자로이며, 처음 장전한 양보다 연소 후에 더 많은 플루토늄을 생성시키는 장치이다. 이는 우라늄자원의 효용성을 극대화할 수 있어 부존자원이 부족한 국가들에게는 차세대 전력원으로 부각되고 있다. 고속증식로 내에서의 중성자 속도는 기존 원자로보다 훨씬 더 빨라 제어하기가 어렵고 핵연료도 기존의 개념과는 상이하여 조작에 고도의 기술을 요한다. 따라서 고속증식로를 운영하는 국가는 핵탄제조에 기술적 문제가 없는 것으로 인정받고 있다. 일본은 고속증식로의 실험로인 조요에 이어 몬주 원형로를 1994년에 가동했는데 일본은 원래 2000년대 초반에 첫 고속증식로 실증로를 완공하고 2020~2030년대에 2−3기의 실증로를 추가하여 고속증식로 실용로 시대를 열 것을 계획했으나, 몬주 사고로 약간의 차질을 빚고 있다.

현재 일본의 고속증식로 기술은 프랑스와 소련을 제치고 선두를 달리고 있다. 일본은 핵연료용 저농축우라늄 확보를 위해 초기에는 미국 및 프랑스로부터의 수입에 크게 의존했으나 1884년에는 아오모리에 대규모 농축공장을 가동시킨 이후 획기적인 국산화를 이룩하고 있다. 일본은 1985년 분자레이저법으로 첫 저농축우라늄 6 mg을 회수한 이래 레이저 농축도 연구 중인데, 이 시설을 군사용으로 사용할 경우 단시일 내 무기급 고농축우라늄을 얻을 수 있다. 일본의 재처리도 높은 수준에 도달해 있다. 일본은 1959년에 플루토늄 분리에 성공하여 일본원자력연구소, 동경공대와 같은 연구소와 학교에서 실험실 규모의 재처리시설을 운영해왔으며, 본격적인 재처리는 1977년 연간 210톤 규모의 도카이 재처리공장을 가동하면서부터이며, 현재는 아오모리에 대규모 재처리공장을 운영하고 있다. 이 외에도 일본은 15기의 연구용 원자로와 9기의 임계실험장치를 일본원자력연구소 (JAERI)를 비롯한 국가출연 연구기관과 여러 대학에서 운영하고 있다. 이렇듯 2차대전 패전국인 일본은 전쟁의 폐허를 딛고 세계 최고의 원자력산업을 육성하는데 성공했다. 일본은 무서운 일관성을 가지고 원자력산업 전 부분의 자국화를 서둘렀으며, 이제는 융합로, 고속증식로, 레이저 농축시설, 대규모의 재처리 및 농축시설, 최첨단 핵폐기물 비축시설 등 첨단 핵시설들이 일본 열도에 널려있다.

둘째, 일본의 원자력 정책은 막대한 량의 플루토늄 확보를 전제로 하고 있다. 일본은 과거 재처리 용량이 부족하던 시절 자국에서 생산된 사용후핵연료를 영국의 BNFL사와 프랑스의 COGEMA사에 보내 재처리했으나, 지금은 아오모리에서 재처리하고 있다. 일본은 플루토늄을 신형전환로, 개량형 경수로, 고속증식로 등에 사용한다는 명분을 내세우고 있으며, 추후 경수로에도 MOX 연료를 사용한다는 계획을 세워두고 있다.

이를 위해 일본은 1986년 '포괄적 사전동의 방식'에 의해 30년간의 플루토늄 사용계획을 토대로 플루토늄 확보를 용인받은 바 있다. 이는 매 건수마다 미국의회의 동의를 받던 과거방식과는 전혀 다르며, 미국이 일본의 플루토늄 비축을 인정한 조치였다. 이에 따라 일본은 2005년 4월 현재 약 40톤의 플루토늄을 확보한 상태이다. 일본은 2010년까지 약 85톤의 플루토늄을 확보하는 계획을 가지고 있으며, 그때까지 82 내지 90톤의 플루토늄을 소비한다는 계획을 가지고 있다. 필자가 1994년 5월 일본 과기청 방문 시 받은 브리핑 내용 중 일부이다.

물론 여기서 결정적인 질문은 "일본이 확보하는 플루토늄의 전량을 소비할 것인가" 또는 "비축중인 플루토늄으로 핵탄을 만들지 못하게 할 방법은 있는가"라는 것이다. 이 질문에 대해서는 일본 정부만이 가장 확실하게 답할 수 있다. 그럼에도 세계는 일본의 대량 플루토늄 확보 정책이 경제성이나 세계추세에 부합하지 않는다는 점을 주목해야 한다. 현 새보선 플루토늄을 연료화해서 사용하는 핏은 농축우라늄을 외국에서 구입해서 경수로에 사용하는 것보다 6배나 비싸므로 경제성은 없다. 일본은 물론 자원빈국임을 내세워 추후 플루토늄 연료사용 극대화의 불가피성을 주장하고 있다. 세계적으로도 미러 간 핵군축 조약(START-I, START-II, SORT) 등으로 인한 핵무기 해체로 플루토늄 잉여사태가 벌어지고 있다.

셋째, 일본 원자력산업의 이면에는 지도자들의 눈부신 정책입안 및 외교적 역할이 있었다. 일본의 원자력산업은 긴 안목을 가진 지도자들에 의해 입안·주도되었고, 정부나 수상의 교체와 관계없이 일관성 있게 지속되었다. 예를 들어, 일본이 고속증식로 운용계획을 입안한 것은 제1차 핵에너지 개발 및 이용을 위한 장기계획(1956~1960)에 의해서였으며, 도카이 재처리공장 건설을 구상한 것도 이 시기였다. 도카이 재처리공장은 1968년 착공되어 1975년 완공되었으나 미국이 전면가동을 허용하지 않아 부분가동을 해오다가 1980년대에 들어서면서 본격적인 가동이 가능했다. 일본의 수상들은 재처리공장 입안, 건설, 부분가동, 그리고 전면 가동을 위해 빈번하게 미국을 설득했으며, 정상회담에서도 이 문제를 빼놓지 않고 다루었던 것으로 알려져 있다. 요컨대, 오늘의 도카이 공장이 있기까지 입안에서 가동에 이르는 30년 동안 수상들이 집요한 대미외교를 펼친 것이다. 포괄적 사전동의방식을 위해서도 일본은 10여 년 동안 미국과 협상을 벌였다. 당시 미국은 SDI 계획을 위해 일본의 기술참여가 필요했는데, 이를 이용한 일본의 집요한 외교가 포괄적사전동의 합의를 끌어낸 것으로 보인다.

아시아 최고의 원자력 정책 전문가이자 '일본 원자력의 아버지'라 불릴 수 있는 나카소네가 펼친 원자력입국 정책은 눈물겨운 것이었다. 해군중위로 참전 중 히로시마와 나가사키의 피폭을 목도한 나키소네 야스히로(1918~2019)는 종전 후 최연소 중의원이 되었고, 이후 미국으로부터 일본 원자력산업 추진을 허락받기 위해 줄기찬 대미외교를 전개했다. 나카소네는 1954년 최초로 원자력 예산을 수립했으며, 이때 국회에서 통과된 금액이 2억3천5백만 엔이었다. 이는 U235를 상징적으로 나타낸 것으로 히로시마의 한(恨)을 담은 나카소네 야스히로(1918~2019)의 심정을 대변하고 있었다. 나카소네 야스히로(1918~2019)는 방위청장관 시절 방위산업을 육성하면서 다른 한편으로는 일본 최초의 핵전략을 구상했으며, 수상 재직 시 '불침항모론'을 주창하기도 했다.

아울러, 일본은 1955년에 발표한 공개원칙 및 사토 수상의 '비핵 3원칙'에 의거하여 원자력개발과 관련해서 철저하게 투명성을 제공하는 자세로 임했으며, 그 결과 일본은 국제원자력기구(IAEA) 사찰에 있어서 B급 국가가 되었다. B급 국가는 국제사찰을 받되 신뢰성을 인정받아 상당부분 자율화가 이루어진 나라를 의미한다. 이에 비해 A급은 핵확산금지조약(NPT)에 의해 핵보유가 공식적으로 인정되고 있는 5대 강대국을 말한다.

일본은 두 달에 한번 꼴로 국제원자력기구(IAEA) 관련 국제회의를 유치하면서 핵외교를 주도하는 나라로 부상했으며, 외통부 군축비확산과의 일부 인원이 원자력외교를 담당하는 한국과 달리 외무성 내에 원자력국을 두어 수십 명의 전문 인력으로 하여금 핵외교를 전담케 하고 있다.

넷째, 일본 원자력산업이 가지는 가장 중요한 특징은 핵무장 능력이다. 앞서 밝힌 바와 같이 일본은 재처리시설 및 플루토늄 확보는 물론, 비밀가동이 가능한 레이저농축까지 확보함으로서 핵연료사이클의 자국화를 완성했다. 자체기술로 핵융합장치를 개발한 점에 미루어 핵융합 기술을 확보했음도 의심할 여지가 없다.

전자, 전기, 통신, 기계, 소재산업 등에서의 일본의 수준은 세계 최고이며, 일본의 원자력잠수함 건조능력을 의심하는 사람은 없다. 일본이 개발한 로켓은 대륙간탄도탄으로 전환될 잠재력을 가진다. 인공위성 발사용이나 군사용 미사일이나 그 발사체는 사실상 동일하다. 1960년대 미국도 우주개발용으로 사용되던 아틀라스 로켓으로 대륙간탄도탄을 제작했다.

일본의 우주산업은 1970년 국립우주개발청(NASDA) 설립 이래 급성장하여 1970년대 중반부터 로켓을 시험 발사했다. 일본은 유인우주계획, 화성탐사계획 등을 위해 타네가시마섬에 대규모 우주발사대를 설치했으며, 1990년대 초반에 발사된 지구궤도진입 로켓 H−2 발사는 28분 만에 9,500km의 비행거리를 과시했다. 요컨대, 일본의 원자력 시설, 산업기반, 자본력, 로켓기술 등을 종합할 때 일본이 본격적으로 핵무장을 시작한다면, 조만간 중국을 능가하는 제3의 핵무장국이 될 수 있을 것이다.

일본이 보유한 플루토늄의 질, 미·일동맹에 의한 일본 핵보유 억제 역할, 장거리 미사일 부재 등을 감안할 때 일본이 C3I를 갖춘 신뢰할만한 핵군사력을 갖추는 데에는 다소의 시간이 걸릴 것이나, 신속하게 핵탄두를 생산할 수 있는 기반을 갖추고 있다는 사실을 부인하기는 어렵다. 결국 일본은 핵확산금지조약(NPT)가 허용하는 범위 내의 부분에 대해서 확실하게 사찰을 받으면서 그리고 일체의 군사적 징후를 보이지 않으면서 세계 최첨단의 수준으로 육성하는 '무증후 전략'을 구사한 것이며, 그 결과 원자력 선진화와 함께 자동적으로 양성되는 상당한 수준의 군사적 잠재력도 함께 보유하게 되었다.

(3) 핵무장 억제요인과 촉진요인

물론, 일본이 핵무장을 결정할 것인가에 대해서는 이견이 많으며, 일단은 핵무장을 억제하는 요인(retarding variables)과 촉진하는 요인(facilitating variables)을 분석해 볼 필요가 있다.

첫째, 일본의 지도자들은 히로시마와 나카사키를 기억하는 일본인들에겐 핵에 대한 알레르기를 가지고 있다고 주장한다. 일본인들이 어떤 수준의 알레르기를 가지고 있고 그것이 과연 일본 핵무장을 가로막는 장애물이 되고 있는지에 대해서는 정확한 검증이 필요한 상태이나, 공산당, 사회당 등 일부 정치세력들이 여전히 평화헌법 개정이나 핵무장에 반대하는 것은 사실이다.

둘째, 국제정치적 장애물이 있다. 과거 군국주의 시절 주변국들에 엄청난 피해를 끼친 적이 있는 일본이 핵무장을 강행하는 경우 중국과 러시아를 크게 자극함은 물론, 대만과 동남아에까지 여파가 미칠 것이다. 일본이 이러한 국제정치적 파장을 무릅쓰고 핵무장을 결심하기는 쉬운 일이 아니다.

셋째, 법적인 장애물도 있다. 일본은 핵무기확산방지조약(NPT)의 회원국으로서 핵보유를 위해서는 이 조약을 탈퇴해야 하며, 1967년 일본 스스로 발표했던 '비핵 3원칙'도 철회해야 한다. 일본의 핵보유가 평화헌법에 위배되는가에 대해서는 여전히 논란이 있으나, 교전권을 포기한 평화헌법의 정신에 비추어 볼 때 핵보유에 앞서 헌법개정이 선행되어야 할 필요성도 있다고 봐야 할 것이다.

넷째, 기술적 장애물도 있다. 일본이 40톤의 플루토늄을 보유하고 있지만 이는 원자로급 플루토늄(RGPu)은 당장 핵무기 원료로 사용되기에는 제약점들을 가지고 있다. 여기에는 불순물격인 $Pu240$과 $Pu241$이 많이 함유되어 있어 제조과정이 어려우며 핵무기로 만들어지더라도 불안정하기 때문에 폭탄으로서의 신뢰성이 떨어진다. 현재까지 원자로급 플루토늄으로 핵무기를 제조한 사례는 없는 것으로 추정된다. 따라서 원자로급 플루토늄으로 무기급 플루토늄(WGPu)을 만들려면 $Pu240$과 $Pu241$을 $Pu239$로부터 분리해내야 하는데 이 과정이 쉽지 않다. 사용가능한 투발수단을 개발하는 데 있어서도 기술적 제약이 존재한다. 일본이 개발한 $H-2$ 로켓은 대륙간탄도탄이 될 수 있는 충분한 사정거리를 확보할 수 있는 추진체이나, 연료로 쓰이는 액체 산소와 액체 수소는 군사용 미사일로 사용되기에는 너무 까다롭다. 이 연료는 초저온에서 관리되어야 하는데, 발사 직전에 거대한 발사체를 냉각시키고 수 시간에 걸쳐 액체연료를 주입하는 것은 매우 까다로운 과정이다. $H-2$ 로켓이 장거리 미사일로 변신할 잠재력을 가지고 있다는 사실과는 별개로, 유용한 군사 미사일이 되기에는 어려운 변신작업이 선행되어야 한다.

다섯째, 일본 핵무장의 최대 억제요인으로 미·일동맹(美日同盟)을 들 수 있다. 반세기가 넘는 세월 동안 미·일동맹은 일본의 안전을 지켜주는 안보방패의 역할과 함께 일본의 과도한 군사력 보유를 억제하는 '병마개(bottle cap)' 역할도 함께 수행해왔다. 이 과정에서 미국이 제공하는 핵우산(positive security assurance; PSA)은 일본의 독자적 핵무장 명분을 배제하는 역할을 해왔다. 일본 역시 확고한 미·일동맹을 바탕으로 하는 안보외교 정책을 지속하고 있기 때문에, 현 상태에서 일본이 동맹의 틀을 깨고 핵무장을 강행할 가능성은 없다고 볼 수 있다.

다른 한편으로, 상기한 억제요인들은 최근 강화되고 있는 일본 핵무장을 위한 촉진요인들에 의해 상쇄되고 있다.

첫째, 우경화이다. 최근 일본이 보이고 있는 역사 교과서 개악 움직임, 댜오위다오(일본명 센카쿠) 열도를 둘러싼 중국과의 영토 분쟁, 러시아에 대한 북방 4개 도서 반환 요구, 독도 영유권 주장 등은 미·일동맹을 등에 업고 실리를 취하겠다는 의도인 측면도 있으나, 우경화의 결과인 측면도 할 수 없다. 이 연장선에서 최근 일본의 주요 언론들이 실시한 여론조사에서 과반수가 평화헌법 제9조의 개정에 찬성하고 있는 것이나 2004년 니혼 게자이 신문이 실시한 여론조사에서 응답자의 55%가 헌법개정에 찬성했으며, 아사이 신문의 조사에서도 비슷한 결과가 나왔다. 마이니찌 신문이 일본 국회의원들을 대상으로 실시한 조사에서도 응답자의 75%가 개정에 찬성했는데, 이는 공산당 및 사회당 의원들을 제외한 나머지 정정 소속 의원들의 대부분이 헌법개정을 원하고 있음을 의미한다.

일본의 주요 지도자들이 핵보유가 위헌이 아니라는 언급을 지속하고 있는 것은 놀라운 사실이 아니다. 키시(1957), 오히라(1979), 나카소네(1984) 등 일본 수상들은 "일본의 비핵정책은 바뀔 수 있으며 일본의 핵보유는 위헌이 아니다"라는 발언을 한 적이 있다. 2002년도에도 야수오 후쿠다 관방장관은 "국제 안보환경 변화에 따라서 일본국민은 핵무장을 요구할 수 있다"라고 말한 적이 있다고 발언했다.

이러한 우경화 움직임은 국내정치적 및 국제정치적 핵무장 억제요인들을 상쇄하고 있으며, 오늘 날 일본 국민의 대다수가 여전히 강력한 핵알레르기를 가지고 있는가 하는 것은 정밀한 검정이 필요하다.

둘째, 중국의 경제적·군사적 부상은 일본의 군사현대화를 정당화해주는 훌륭한 빌미가 되고 있다. 중국은 미국이 미·일동맹, 미호동맹, 한·미동맹 등을 발판으로 중국을 에워싸는 전략을 구사하는 것으로 보고 적극적으로 이를 돌파하는 움직임을 보이고 있다. 중국은 미·일의 영향력이 강하다고 간주하는 아세안안보포럼(ARF)에서는 상대적으로 소극적인 자세를 취해왔으며, 반면 자신이 주도하고 러시아가 지원하는 상하이협력기구(SCO)를 통해 러시아 및 구 소련 신생국들과의 관계를 강화하고 있고, 인도네시아와 우호협력조약을 서명하고 협상을 통해 EU의 대중 무기수출 금지 조치를 해제하기 위한 노력도 기울이고 있다. 그러면서도 중국은 매년 국방비를 증액하면서 군사현대화를 지속하고 있다. 중국의 이러한 움직임에는 미·일동맹에 의한 포위망을 돌파하려는 대응적 측면도 있지만, 스스로 성장하는 경제력을 바탕으로 정치군사 대국화를 이루어 아시아의 맹주로 부상하려고 하는 '중화패권(中華覇權)' 의식도 작용하고 있는 것으로 봐야 한다. 이러한 현상이 지속된다면 이는 결국 대륙세력과 해양세력 간의 대결적 국제질서의 부상으로 나타날 것이다.

이러한 움직임은 일본의 군사력 강화를 정당화시키는 명분이 되고 있다. 이는 결국 중·일 간 지역패권 경쟁을 유발할 가능성이 높으며, 어떤 의미에서는 중·일 간 패권전쟁이 이미 시작된 것으로 보는 것이 옳다. 요컨대, 미국패권을 견제하기 위해 중국과 러시아가 협력하고 중국의 부상을 견제하기 위해 미국이 일본과 협력하는 대결적 질서와 함께 일본의 핵무장 명분은 강화되고 있다. 일본 역시 아시아에서의 맹주를 꿈꾸며 정치군사 대국화를 시도하는 측면이 있으나, 미국은 이 보다는 중국의 전략적 경쟁자 부상을 견제하기를 원하여 일본의 군사력 강화를 지지할 가능성이 있으며, 이와 함께 미·일동맹이 가지는 일본 핵무장 억제요인도 약화될 것이다.

셋째, 북한의 핵무기 및 대량살상무기 역시 일본의 핵무장을 촉진하고 미·일동맹이 가지는 일본 핵무장의 억제요인을 약화시키고 있다. 북한은 핵무기, 미사일, 화생무기 등 대량살상무기를 정권 및 체제를 지키는 최후의 보루로 보고 필사적으로 고수하고 있으며, 북한이 이러한 자세를 취하는 한 일본이 이를 핵무장의 빌미로 사용할 여지는 남게 된다. 일본은 북한의 대량살상무기를 직접적인 위협으로 인정하고 대응책을 강구할 수 있으며, 경우에 따라서는 위협을 느끼는 것으로 가장하면서 스스로의 군사력을 확충하는 명분으로 이용할 수 있다. 동시에 미국은 북한의 핵보유를 만류하기 위해 중국의 대북 압박을 기대해왔으며, 이 과정에서 "중국이 북한의 핵보유를 막지 못하면 미국도 대만과 일본의 핵무장을 반대하지 않을 것"이라는 식의 논리로 중국을 압박할 가능성이 있다.

상기한 억제요인과 촉진요인을 종합하여 내릴 수 있는 잠정적 결론은 적어도 단기적으로 볼 때 억제요인이 촉진요인을 압도하고 있으며, 이에 따라 일본이 당장 핵무장을 결행할 가능성은 없다는 점이다. 일본이 미·일(美·日)동맹을 중시하고 있고 미국이 일본의 핵무장을 반대하는 한 일본이 이러한 틀을 깨고 핵무장을 결행할 가능성은 없으며, 핵무장은 유엔안보리 상임이사국 진출 등 일본이 원하는 외교적 목표들과도 상충된다. 따라서 일본은 북핵 위협과 중국으로부터의 도전을 적절히 활용하면서 미국이 묵인하는 한도 내에서의 군사현대화를 지속하면서 후일을 기약하는 현재의 행보를 지속할 것으로 보는 것이 타당하며, 앞으로도 상당기간 동안 '투명한 비핵국'으로 남게 될 전망이다. 요컨대, 일본의 핵정책은 북핵문제와 중국의 부상에도 불구하고 아직은 결정적인 계기를 맞이한 것이 아니며, 보다 장기적인 차원에서 일본이 핵무장을 결정할 것인가 하는 것은 현재 진행 중인 우경화·보수화의 정도에 달려 있다고 볼 수 있다. 물론, 북핵이나 중국 문제가 조속한 시기에 일본에게 기로를 제공할 수 있지만, 일본이 이를 활용하여 핵무장으로 갈 것인가 아니면 최적의 타이밍이라고 판단되는 시점까지 핵무장 결정을 보류할 것인가는 우경화·보수화의 정도에 따라 해답이 달라질 것이다.

만약 후일 어떤 계기가 주어지고 일본이 핵무장을 결정하게 된다면, 비교적 짧은 시일 내에 세계 제3위의 핵무장국으로 부상하게 될 가능성이 높다. 일본의 산업력, 기술력, 자금력 등을 종합할 때 이미 대량으로 확보하고 있는 원자로급 플루토늄을 무기급 플루토늄(WGPu)으로 변환하는 문제, 레이저농축을 통해 무기급 고농축 우라늄을 확보하는 문제 등은 심대한 걸림돌이 되지 않을 것으로 보이며, 일본의 정보통신 기술을 감안할 때 러시아보다 더 우수한 C3I 체계를 갖춘 핵군사력을 탄생시킬 수 있을 것이다. 일본의 본격적인 핵무장은 동북아시아의 안보환경이 요동치게 만들 것이다. 중국과 러시아가 적극적인 대응에 나서게 되고 대만까지 핵보유국 대열에 뛰어들게 되면 동북아는 세계의 화약고로 부상할 것이다. 이는 물론, 상상하기도 싫은 최악의 시나리오이지만 일단 북핵문제의 악화가 촉발할 수 있는 하나의 시나리오인 것은 틀림이 없다.

III

'세계평화(World Peace)'를 위한 '글로벌 정의 (Global Justice)'

세계평화(世界平和)를 위한
신(新)실용주의적(實用主義的) 해법:
동아시아지역의 군사안보와
경제협력을 중심으로

The 'Neopragmatic' Solution to World Peace:
with special focus on Regional Security and
Economic Cooperation in East Asia

01 '21세기 묵시록(Apocalypse)'
02 '세계평화'를 위한 '글로벌 철학'
03 임마누엘 칸트(Immanuel kant)의 『영구 평화론』과
'국제연맹(國際聯盟)' 및 '국제연합(UN)'
04 '글로벌 정의(Global Justice)':
강대국의 반(反)인류적 죄상(罪狀)

01 '21세기 묵시록(Apocalypse)'

우선, 본 연구가 제기하는 근본적 문제는 세계평화(World Peace)를 위하여 글로벌 정의 (Global Justice)를 어떻게 철학적으로, 또한 현실적으로(국제정치학적으로) 관련지을 것인가 이다. 우선, 임마누엘 칸트(Immanuel Kant, 1724~1804)는 『영원한 평화를 위하여』(Zum ewigen Frieden. Ein philosophischer Entwurf, 1795년): "만약 평화(平和)를 원한다면, 정의(正義)를 구현하라"(Si vis pacem, paraiustitiam)고 갈파하였다. 그의 도덕론(道德論)에 의하면 전쟁은 악(惡)이며 영구평화(永久平和, Perpetual Peace)야말로 인류가 도달해야 할 의무라고 한다. 그 이유는 전쟁이 인격의 품위를 파괴하고 자유를 손상시키기 때문이라고 한다.

그러나 존 롤즈(John Rawls)는 그의 '정의론(Theory of Justice)'에서 '차별화 원리(The Difference Principle)'는 오직 국내의 경우에서만 적용 가능하되 세계적으로는 적용할 수 없다고 주장했다.[1] 이에 대응하여, 알렌 부케넌(Allen Buchanan)과 토마스 포게(Thomas Pogge)는 상기한 존 롤즈(John Rawls)의 주장을 정면 비판하였다. 알렌 부케넌(Allen Buchanan)은 정의(Justice)란 국제법상 도덕적 가치로서 인간의 존엄성을 위한 인권(人權)이 세계 문화로 확장되어야 한다고, 나아가 평화(平和)를 얻기 위해서는 인권(人權)을 보장함으로써 정의(正義)를 구현해야 한다고 각각 주장했다.[2] 또한, 토마스 포게(Thomas Pogge)는 정의(Justice)는 세계적으로 빈부 격차 문제에 적용되어야 한다고 주장했다.[3]

여기서 본 연구의 기본 입장은 알렌 부케넌(Allen Buchanan)과 토마스 포게(Thomas Pogge)의 주장에 의거하여 정의(正義)는 세계적으로는 적용할 수 있다는 전제하에서 '글로벌 정의(Global Justice)'를 세계적 공감(共感, Empathy)에 합당한 도덕적 가치로. 평화(平和)의 개념은 '전쟁'이 부재한 상태로 각각 규정한다. 상기한 전제하에서, 본 연구는 임마누엘 칸트(Immanuel Kant)의 영구평화론(永久平和論)에 의거하여 국제관계의 윤리가 전쟁의 패

---

1) John Rawls(1999), The Law of Peoples, Cambridge, MA: Harvard University Press.

2) Allen Buchanan(2004), Justice, Legitimacy, and Self-Determination: Moral Foundations for International Law, Oxford: Oxford University Press.

3) Thomas Pogge(2002), World Poverty and Human Rights, Malden, MA: Polity Press.

러다임으로부터 법적 평화의 패러다임으로, 즉, 국가 간의 정당하거나 부당한 무력사용의 기준을 제시하는 정당한 전쟁의 윤리로부터 이성주의적으로 근거지어진 평화지향적 법원리의 차원으로 전환될 수 있다고 주장한다.

본 연구는 '글로벌 부(不)정의'(Global Injustice)와 관련된 강대국의 반(反)인류적 죄상(罪狀)에 관한 사례로서 6가지: (1) 아프리카에서 유럽 열강의 죄상(罪狀), (2) 중국의 조선(朝鮮) 수탈과 한국(韓國) 안보 위협, (3) 미국의 일방적 군사행동: 코소보 전쟁(1998년), 아프가니스탄 침공(2001년), 이라크 공격(2003년), (4) 한국전쟁(1950~1953): 미국, 소련, 중국의 책임, (5) 미국 발(發) 글로벌 금융위기: ① 세계 대공황(1929~1939), ② 2008년 하반기 '글로벌 금융위기'를 야기했었으나 이에 대한 미국 정부의 무(無)책임 의식, (6) 미국 도널드 트럼프 대통령(당시)의 '파리기후변화 협약' 탈퇴에 관하여 각각 논술할 것이다.

'세계평화'를 위협하는 '21세기 묵시록(Apocalypse)'으로서 3가지: (1) 사무엘 헌팅턴(Samuel Phillips Huntington) 교수, (2) 브루킹스연구소, (3) 남(南)중국해에서의 미·중(美·中) 대립과 동(東)중국해에서의 중·일(中·日) 영유권 분쟁, (4) 북한의 핵무기 위협에 관하여 간략히 논술하고자 한다.

1) 사무엘 헌팅턴(Samuel Phillips Huntington) 교수

사무엘 헌팅턴(Samuel Phillips Huntington, 1927~2008) 교수가 그의 저서 <문명의 충돌>(The Clash of Civilizations and the Remaking of World Order, 1996년)에서 서술한 '21세기 묵시록(Apocalypse)'은 다음과 같다: 중국이 유전(油田) 확보를 노려 남(南)중국해에 대한 주권을 선포한다. 중국의 침공을 당한 베트남은 미국에 지원을 요청한다. 미국이 남(南)중국해에 항공모함을 배치하자, 중국은 미국을 공습한다. 이 틈을 타서 인도는 파키스탄을, 아랍국가는 이스라엘을 각각 공격한다. 중립을 지키던 일본은 중국 쪽으로 기울어 미국과 교전한다. 러시아는 반(反)중국 대열에 합류해 시베리아로 진군한다. 중국은 보스니아와 알제리 등에 핵(核)미사일을 배치하고 유럽의 중립을 강요한다. 동(東)유럽에서는 인종 폭동이 재연되고, 알제리의 미사일이 프랑스를 강타함으로써 세계는 핵(核)전쟁에 돌입한다.

사무엘 헌팅턴(Samuel Phillips Huntington) 교수의 '21세기 묵시록(Apocalypse)'은 어디까지나 학자의 '가상 시나리오'(세계대전이 시작되는 시기를 2010년으로 가상)이지만, 사실 2010

년 벽두부터 미국은 중국과 동시다발적으로 충돌하고 있다. 예로서 미국은 중국산 철강제품에는 반덤핑 관세를 부과했고 대만에는 무기판매를 승인했다. 이 바람에 중국이 항의 표시로 지상 미사일 요격실험을 강행하는 일까지 벌어졌다. 또한, 미국은 전가(傳家)의 보도(寶刀)인 '인권문제'를 끄집어내어 징역형을 선고받은 중국 인권운동가들을 석방하라고 요구했다. 예로서 인권운동가의 e-메일 계정이 해킹당한 게 발단이 되어 검열을 위해 소스코드를 공개하라는 요구를 구글이 거부하면서 미국은 중국의 양국 정부 간 분쟁으로 번졌다.

그럼에도 불구하고, 미국과 중국은 모두 경제협력(Economic Cooperation)의 필요성을 절실히 느끼고 있다. 중국은 2조 달러가 넘는 외환보유액 대부분이 달러다. 미국 국채도 전체 발행액의 12%나 갖고 있다. 미국이 흔들리면 중국경제가 위험해진다는 것을 알고 있다. 또한, 중국이 엄청 커졌다지만 엄밀히 따지면 그리 높게 평가할 일도 아니다. 대부분의 수출이 다른 나라에서 부품과 소재를 수입해 조립한 가공무역 형태이다. 한편, 미국 역시 중국의 협력이 절실하다. 중국이 달러와 국채를 내다 팔기 시작하면 미국에겐 재앙이다. 왜냐하면 달러 위기와 재정 위기가 동시에 닥칠 것이기 때문이다.

2) 브루킹스연구소

윌리엄 매컨츠 브루킹스연구소 연구원은 또 하나의 '21세기 묵시록(Apocalypse)'을 발표했다. 그는 월스트리트저널에서 "이슬람국가(IS)가 '국가'의 확장을 방해하는 누구든 벌하겠다는 결단을 내린 것"이라고 밝혔다(조선일보, 2015. 11. 18). 이슬람국가(IS)는 시리아에 이어 리비아·이집트까지 영향력을 확대한 데 이어 최근엔 터키·요르단·레바논 등에도 지부를 만들고 있다.

2014년 9월 이후 미국·유럽 연합군이 시리아 내 이슬람국가(IS) 소탕 작전을 펼쳐 왔고 최근 러시아까지 합세했지만 이슬람국가(IS) 테러에 대한 지구촌 불안은 점점 커지고 있다. 이와 같이 세계 테러 세력의 맹주가 된 이슬람국가(IS)는 진화를 거듭하고 있지만, 그에 맞선 서방 측의 전략이 제대로 서 있지 않다. 파리 동시다발 테러는 이슬람국가(IS)가 지금까지 시리아·이라크 내 세력 확장에 쏟았던 역량을 서방을 직접 겨냥한 테러 쪽으로 확대시키는 일대 전환점이라고 할 수 있다.

한편, 이슬람국가(IS) 테러와 관련하여, 호주 경제평화연구소가 발표한 세계 테러리즘

보고서(2015. 11. 17)에 따르면 2014년 테러로 목숨을 잃은 사람은 3만3,658명으로 1년 전보다 80%나 급증했고, 15년 전에 비해 10배나 증가했다. 2014년 세계가 테러에 대응하기 위해 치른 비용은 529억 달러로 역대 최대였다. 상기 비용은 2001년 9·11 테러가 일어났던 515억 달러보다도 많았다. 또한, 미국 메릴랜드대학 국제테러연구기관 START는 100명 이상 사망자를 낸 대규모 테러가 2014년에는 26차례 일어나 1978~2013년 연간 평균치인 4.2회를 크게 웃돌았다고 밝혔다.

3) 남(南)중국해에서의 미·중(美·中) 대립과 동(東)중국해에서의 중·일(中·日) 영유권 분쟁

남(南)중국해에 일고 있는 긴장의 파고가 심상치 않다.[4] 중국이 베트남·필리핀·말레이시아·브루나이와 영유권 다툼을 벌여 온 난사군도(스프래틀리 군도)에 대대적 매립공사를 진행하고 비행장을 세 군데나 건설하면서 남(南)중국해 분쟁이 발화(發火)했다.[5] 중국의 거침 없는 위압적 행보에 주눅 든 연안국들은 미국의 등 뒤로 숨어들고 있다. 미국은 영유권 분쟁에서는 중립을 지키면서도 남(南)중국해에 대한 실효적 지배를 강화하려는 중국의 조치에 대해서는 휴고 그로티우스(Hugo Grotius, 1583~1645)의 '해양자유론'으로 맞서는 모습이다.[6]

또한, 일본과 중국이 동(東)중국해 센카쿠 열도(중국명 댜오위다오)를 두고 영유권 분쟁을 벌이고 있다. 그 요인은 이 지역 주변에서 가스유전이 발견되었기 때문이다. 센카쿠 열도(중국명 댜오위다오)는 청일전쟁(淸日戰爭, 1894. 06~1895. 04)에서 승리한 후 일본이 점

---

4) 남(南)중국해는 한국의 사활적 이해관계가 걸린 생명선이다. 국내에서 소비하는 에너지의 90% 이상을 남중국해를 통해 들여오기 때문에 휴고 그로티우스(Hugo Grotius, 1583~1645)의 '해양자유론'은 에너지 안보의 근간이다.

5) 중국이 남중국해 군도를 U자형의 '9단선(段線)'으로 연결해 그 안에 있는 모든 도서(島嶼)의 영유권을 주장하는 것과, 이를 실력으로 점거한 것은 다른 문제다. 특히 썰물 때만 수면 위로 나타나는 간조노출지(low-tide elevation·LTE)인 수비 환초(Subi Reef)와 미스치프 환초(Mischief Reef)에 활주로를 건설하면서 법적 논란이 가열되고 있다. LTE는 중국이 가입한 해양법협약상 섬으로 인정될 수 없고 독자적 영해를 가질 수 없음에도 불구하고 중국은 인공섬 주변 12해리 이내 수역을 영해로 간주한다.

6) 항행(航行)의 자유는 공해에선 제약을 받지 않지만 영해(領海)에서는 연안국의 평화와 공공질서 또는 안전에 해가 되지 않는 무해통항(innocent passage)만 허용된다. 따라서 완전한 항행의 자유를 주장하는 미국과 중국은 충돌을 피할 수 없을 것이다.

령하였지만, 제2차 세계대전 후 1951년 9월 8일 샌프란시스코 강화조약(Treaty of San Francisco, Treaty of Peace with Japan)에 참여하지 못한 중국으로 귀속되지 못하였다. 센카쿠 열도와 대만은 불과 100km밖에 안 떨어졌다. 400km 밖의 일본 오키나와나 350km 떨어진 중국 본토보다 훨씬 가깝다.

미국은 1972년 오키나와와 함께 센카쿠 열도(중국명 댜오위다오)를 일본에 반환하였는데, 현재 일본의 실효적 지배하에 있다. 최근 수년간 이 열도를 둘러싼 중국과 일본의 분쟁은 끊이지 않았다. 중국은 일본의 실효적 지배 및 2012년 9월 말 국유화 조치에 맞서 무력시위로 대응하였다. 중국은 2013년 3개 함대를 동원하여 미야코(宮古) 해협을 지나 서(西)태평양 일대에서 원양훈련을 5회 이상 실시하였다. 이에 대응하여, 일본은 중국이 경계선 주변에서 개발에 나서자 해저(海底)로 연결된 부분을 통해 일본 자원이 없어질 우려가 있다면서 공동개발을 요구해 왔다.[7]

동(東)중국해 센카쿠 열도(중국명 댜오위다오)를 두고 영유권 분쟁이 중·일(中·日) 간 무력 충돌로 발생할 개연성을 높인 사건은 중국이 동(東)중국해 상공에 선포한 '방공식별구역(ADIZ)'이다. 중국의 ADIZ는 한국의 관할인 이어도, 일본과 영유권 분쟁이 첨예한 센카쿠 열도(중국명 댜오위다오)를 포함한 동(東)중국해 상공을 포함한다. 사실상 공해(公海) 지역에서 타국의 항행 자유를 제한하는 이 조치는 이 구역으로 진입하는 비행체가 국적과 비행 계획을 사전에 통보하지 않을 시에 선포 당사국은 비행체를 통제하게 된다. 중국의 상기 조치는 국력 증대와 함께 해상에서 자국의 영향력을 확장하려는 의도이며, 동시에 센카쿠 열도(중국명 댜오위다오)에 대한 일본의 영유권 주장을 약화시키고 서(西)태평양에 대한 중국의 장기적인 접근권을 확장하려는 것이다. 따라서 중국의 '방공식별구역(ADIZ)' 선포를 계기로 센카쿠 열도(중국명 댜오위다오)를 둘러싼 중국과 일본의 무력 충돌 가능성이 상시적으로 존재하는 시기로 진입하였다.

사실, 난사군도(스프래틀리 군도)에 비행장을 세 군데나 건설하면서 "군사화는 않겠다"는 중국의 약속을 신뢰할 나라는 없다. 인공섬에 건설한 비행장이 미국과의 전쟁에서는 군사적 가치가 별로 없는 취약한 고정 표적에 불과하지만 평시(平時)에는 남(南)중국해와 인근 지역에 군사력을 투사하고 지배권을 확립할 거점으로 활용될 수 있고, 이는 '자유 항행'을 위숙시킬 수밖에 없다. 남(南)중국해 분쟁은 언뜻 특징 도서(島嶼)의 영유권과 그 지역 항행질서에 관한 국제법적 시비로 보일 수 있으나 그 바탕에는 동(東)아시아의 안보질

---

7) 마잉주(馬英九) 대만 총통은 "이해 관계국이 분쟁을 제쳐 놓고 개발 성과를 공동으로 누리는 유럽의 북해 유전 개발 방식이 부럽다"고 말했다. (중앙일보, 2010. 11. 02)

서 재편을 둘러싼 미·중(美·中) 간 대립과 전략적 경쟁이 자리 잡고 있다. 상술하면 다음과 같다:

첫째, 중국이 동(東)아시아 질서를 중국에 유리한 방향으로 재편하는 과정에서 걸림돌이 되는 세력은 실력으로 제압하거나, 상대의 주권과 국익을 침해하는 것도 개의치 않겠다는 의도를 드러낸 것이다. 즉, '화평굴기(和平굴起)'가 아니라 힘의 논리가 지배할 중화질서의 예고편을 보여준 것과 다름없다.

둘째, 중화사상(中華思想) 즉 중국식 일방주의(unilateralism)의 부활을 예고한 것이다. 중국은 역외 세력이라는 이유로 미국의 남(南)중국해 개입을 거부할 뿐만 아니라 동아시아 정상회의나 아세안지역안보포럼(ARF) 같은 다자회의에서 의제로 삼는 것조차 반대한다. 왜냐하면 이해관계를 공유하는 국가들이 연대해 중국에 대항하는 구도를 막고, 분쟁 당사국들과 개별 협상을 통해 각개 격파하는 것이 유리하기 때문이다. 심지어, 필리핀 정부가 중국을 제소함에 따라 네덜란드 헤이그의 상설중재재판소는 남(南)중국해 분쟁에 대해 관할권이 있다고 결정하고 법적 시비를 가리는 절차에 착수했으나 중국은 이를 거부했다.

4) 북한의 핵무기 위협

북한의 핵무기 위협 발사는 한반도 위기를 고조시키고 있다. 2008년 10월 워싱턴에서 열린 군사위원회(MCM)에서 한·미(韓·美)는 개념계획 5029의 보완 필요성을 공감했는데, 그 주요 내용은 2009년 10월 서울에서 열린 군사위원회(MCM)에서 다시 보고됐다.[8] 한·미(韓·美)가 보완한 급변사태 계획이 상정하는 유형은 6가지다: ① 핵과 미사일, 생화학 무기 등 대량살상무기(大量殺傷武器, Weapons of Mass Destruction, WMD)의 유출, ② 북한의 내전 상황, ③ 북한 정권 교체, ④ 북한 내 한국인 인질사태, ⑤ 식량 부족 등으로 인

---

8) 개념계획 5029이란 존 틸럴리 주한미군사령관이 1999년 북한의 붕괴 시 한미연합사 차원에서 대비책을 세울 필요성을 제기한 것이 마련 계기가 됐다. 이후 한·미는 2003년 한·미 안보협의회(SCM)에서 북한 붕괴에 대비한 별도의 우발 계획을 만들기로 합의했다. 2004년 미 정부의 승인에 따라 한미연합사는 개념계획 5029를 '작전계획'으로 전환하는 작업을 시작했다. 그러나 2005년 국가안전보장회의(NSC)는 미국에 의한 주권 침해 등을 들어 이 작업을 중단시켰다. 개념계획과 작전계획의 차이는 다음과 같다. 개념계획은 말 그대로 개념적이고 개략적인 대응을 담고 있다. 군사작전의 지침서인 '작전계획'처럼 구체적이지 않다. '작전계획'은 임무를 수행할 부대와 수단이 지정돼 있다. 한·미 양국이 이번에 '개념계획 5029'를 작전계획 수준으로 발전시킨 것은 북한 급변사태가 일어났을 때 곧바로 대응하기 위한 것이다. 다만 '작전계획'으로서의 효력을 갖기 위한 절차는 남아 있다. 한·미는 급변사태 시 한·미 군사회의 등을 열어 보완된 개념계획을 작전계획으로 전환하는 과정을 밟을 것으로 예상된다.

한 대규모 주민 탈북사태, ⑥ 대규모 자연재해다.[9]

상기 6가지 유형 중에서 대량살상무기(大量殺傷武器, WMD)를 제외하고는 한국이 주도하기로 한·미 간에 공감대가 이뤄져 있다. 미국은 WMD가 과격 테러단체로 흘러가는 상황을 악몽으로 보고 있다. 전형적인 예로서, 미국은 핵 보유국 파키스탄이 아프가니스탄과 접경한 탈레반에 의해 장악되는 것을 막는 데 외교적·군사적 노력을 기울이고 있다.

대량살상무기(大量殺傷武器, WMD) 유출 사태는 북한 정권이 핵과 미사일, 생화학 무기 등에 대한 통제력을 잃어 이것이 북한 외부로 반출되는 상황이다. 이 경우, 미국은 WMD를 제거할 수 있는 모든 수단을 투입할 것이다. 1차로 WMD가 배치된 시설을 토마호크 미사일 등으로 정밀 타격할 것이다. 이어 미군의 수송 수단으로 특수부대가 투입돼 WMD 시설을 장악할 것이다. 특수부대가 WMD를 확보하면 분해·해체하거나 제3국(특히 미국 본토 혹은 미군 주둔지역)으로 이동시킬 것이다.

북한의 핵무기 전략은 언뜻 '꽃놀이 패'를 잡은 듯하지만 그 패는 '자충수(自充手)'이며 '자멸(自滅)'의 길이라고 저자는 확신한다.

---

9) 상기 6가지 유형 중에서 북한의 내전 상황과 북한 정권 교체는 쿠데타나 주민 봉기, 순조롭지 않은 권력 승계 등을 염두에 둔 것이다. 또한, 북한 내 한국인 인질사태는 금강산 관광객이나 개성공단 근로자 등 한국인이 대규모로 북한의 인질로 잡히는 상황이다.

02 '세계평화'를 위한 '글로벌 철학'

　모름지기, 인류사회의 궁극적 목표는 인간의 삶이 정신적으로 아름답고, 물질적으로 편익하고 풍요로우며, 인간적으로 보람을 느끼는 사회를 이루는 것이다. 그렇다면, 인류가 추구해야 할 공동목표인 '지구촌 문화공동체'(Global Cultural Community)는 어떠한 형태가 바람직할 것인가? 그것은 동양(東洋)과 서양(西洋)의 문화(文化)가 조화되고 동서(東西) 이념(理念)이 융화되어 분쟁이 해소되고 자유(自由)와 평등(平等)이 함께 보장되어 인류가 공영하는 '지구촌 문화공동체'(Global Cultural Community)가 되어야 할 것이다. 이와 함께 각 국가에서 인간의 삶이 정신적으로 아름답고, 물질적으로 편익하고 풍요로우며, 인간적으로 보람을 느끼는 사회일 것이다. '지구촌 문화공동체'(Global Cultural Community)의 실현은 동·서양의 정치철학에서 공히 찾아볼 수 있다.[10]

　예로서, 동양(東洋)의 경우 고대 중국 정치철학에 나타난 '대동사회(大同社會) 사상'과 '사해동포 사상'을, 서양(西洋)의 경우 '호모노이아(homonoia)', 현대에 이르러 '세계시민주의(cosmopolitanism)'을 각각 들 수 있다. 일찍이, 중국에서는 유가(儒家)의 '대동(大同)사상'과 강유위(康有爲, 1858~1927)의 유명한 저서인 <대동서>(大同書), 서양에서는 앨리기에리 단테(Alighieri Dante, 1265~1321)의 <모나르키아>(Monarchia)에서 설파했던 '세계정부의 이상' 즉 '보편군주제하의 세계제국론', 윌리암 펜(William Penn)의 '세계연방론', 임마누엘 칸트(Immanuel Kant, 1724~1804)의 <영구평화론>(Zum ewigen Frieden)에서 주창한 '세계공화국론', 버트란드 러셀(Bertrand Russell, 1872~1970)의 '정치적 세계공동체' 등이 주장되었으나 그 실현 가능성의 결여로 인해 모두 '이상론(理想論)'에 그쳤다.

　인류는 평화(平和, Peace)를 갈구한다. 전쟁(戰爭)이 인간의 욕구에 따른 자연적인 것이라면, 평화(平和)의 대한 갈망 또한 인간의 생명 존중의 본능적 욕구에 따른 당연한 것이기에 역사상으로는 전쟁이 발생한 처음부터 존재하고 있었다. 평화(平和)는 좁은 의미로는 '전쟁을 하지 않는 상태'이지만 일반적으로 '분쟁과 다툼이 없이 서로 이해하고, 우호적이며, 조화를 이루는 상태'라고 정의할 수 있다. 전통적 의미에서 평화는 '전쟁의 부재', '세

---

10) 임양택, <'정의로운 국가와 행복한 사회'를 위한 신(新)실용주의(實用主義) 철학과 정책>, 도서출판: 박영사, 2021.

력의 균형' 상태로 설명된다. 인류 역사상 평화(平和)의 시기는 거의 존재하지 않았거나 극히 짧았다. 예로서 30년 전쟁, 12년 전쟁, 그리고 소소한 수많은 전쟁을 들 수 있다.

인류가 목표로 하는 가장 완전(完全)한 상태인 평화(平和, peace)는 원래 '전쟁을 하지 않는 상태'이지만 현대에서는 평화(平和)를 '분쟁과 다툼이 없이 서로 이해하고, 우호적이며, 조화를 이루는 상태'로 이해한다. 좁은 의미로는 '전쟁이 없는 상태'를 '세계평화(世界平和)'라고 부른다. 그러나 전쟁 이외에도 정치, 경제, 사회까지 이루어진 광범위한 부분을 이룬, 즉 기아, 차별 등의 간접적, 구조적 폭력까지 제거된 것을 '세계평화(世界平和)'라고 부르기도 한다. 후자의 의미에서 가장 유사한 표현을 찾자면 태평성대(太平聖代)가 될 것이다. 당연히 후자가 더 높은 가치로 취급 받는다. 유엔(UN) 총회는 1981년 매년 9월 21일을 전쟁 및 폭력 행위에 대한 중단을 지지하고 평화에 대한 이상을 기념하는 날로서 '세계평화의 날(World Peace Day)'로 지정했다.

1) 평화(平和)의 개념과 철학

평화(平和)란 무엇인가? 평화(平和)란 정확히 정의할 수 없는 개념이다. '유토피아', '행복'과 같이 개념으로만 존재한다. 대부분의 종교에서 평화(平和)는 적극적으로 이루어야 하는 목표이다.

구약성서(舊約聖書)에서는 평화(平和)라는 말로 '샬롬(Shalom)'이라는 말을 쓴다. '샬롬(Shalom)'은 모든 사람을 위한 전쟁과 갈등의 종식, 평안과 구원을 뜻하는데, 개인과 개인, 사람과 국가, 하느님과 인간의 관계에 적용된다.[11] 나아가 '샬롬(Shalom)'은 정의(正義)와도 관련이 있는데, 그 이유는 평화(平和)가 정의(正義)로운 인간관계를 통해 이루어지기 때문이다. 여기에는 자신의 원수까지도 사랑하고 그를 위해 평화와 안정을 기원하는 보편적인 사랑도 포함된다.

신약성서(新約聖書)에서는 예수 그리스도를 평화(平和)의 상징이자 평화(平和)를 위한 도구로, 또한 하느님의 평화(平和)를 담고 있는 존재로 해석한다. 그리스도의 십자가와 성(聖)육신을 통해 만물이 화해와 일치가 이루어졌다고 고백한다.

---

11) 이슬람에서 인사할 때에는 이마에 손바닥을 대고 '살람'(Salaam)이라고 인사하면 된다. 무슬림의 교리에 따르면 인간은 처음 태어날 때 '이슬람(Islam)' 상태로 태어난다. '이슬람(Islam) 상태'는 사랑으로 충만하고, 평화롭고, 나쁜 생각으로 더럽혀지지 않은 상태를 뜻한다. 인간이 갖는 증오와 미움, 공격적인 성향은 사탄(Shaytan)의 영향이며, 수양으로 극복해야 할 대상이다.

"평화를 위하여 일하는 사람은 행복하다. 그들은 하느님의 아들이 될 것이다"(마태오복음서 5:9/공동번역성서)

"그리스도야말로 우리의 평화(平和)이십니다. 그분은 자신의 몸을 바쳐서 유다인과 이방인이 서로 원수가 되어 갈리게 했던 담을 헐어버리시고 그들을 화해시켜 하나로 만드시고 율법 조문과 규정을 모두 폐지하셨습니다. 그리스도께서는 자신을 희생하여 유대인과 이방인을 하나의 새 민족으로 만들어 평화(平和)를 이룩하시고 또 십자가에서 죽으심으로써 둘을 한 몸으로 만드셔서 하느님과 화해시키시고 원수되었던 모든 요소를 없이 하셨습니다. 이렇게 그리스도께서는 세상에 오셔서 하느님과 멀리 떨어져 있던 여러분에게나 가까이 있던 유다인들에게나 다 같이 평화(平和)의 기쁜 소식을 전해 주셨습니다. 그래서 이방인 여러분과 우리 유다인들은 모두 그리스도로 말미암아 같은 성령을 받아 아버지께로 가까이 나아가게 되었다. 이제 여러분은 외국인도 아니고 나그네도 아닙니다. 성도들과 같은 한 시민이며 하느님의 한 가족입니다."(에페소인들에게 보낸 편지 2:14 – 19/공동번역성서)

한편, 16세기 유럽은 밖으로는 오스만 제국의 전쟁 위협이 끊이지 않았고, 안으로는 로마가톨릭과 프로테스탄트의 대립으로 갈등이 고조되고 있었던 격변의 시대에서, 그리스도교 인문주의자 에라스무스(Erasmus)는 그의 저서 <평화의 탄식>(Querela pacis)에서 전쟁을 반대하며 평화주의(Pacifism)를 설파했다: 어떠한 형태의 전쟁에 대해서도 비판적이다. 탐욕으로 시작되는 전쟁은 말할 것도 없고, '정당전'(just war)이나 '성전'(holy war) 개념도 비판하였다. 따라서 에라스무스(Erasmus)는 '정당한 전쟁'보다 차라리 '부당한 평화'를 선호했다.[12]

다른 한편으로, 인도의 정신적·정치적 지도자인 모한다스 카람찬드 간디(Mohandas Karamchand Gandhi, 1869~1948)[13]는 평화(平和)란 '진리에의 충실(사티아그라하)'이라고 주

---

12) 에라스무스(Erasmus)가 <평화의 탄식>(Querela pacis)에서 근본적 평화주의자의 입장을 드러냈던 반면 <투르크족에 대항하는 전쟁에 관하여>(De bello turcico)에서는 현실적 평화주의자의 면모를 보였다. 다시 말하면, <평화의 탄식>은 어떠한 형태의 전쟁에 대해서도 비판적이다. 탐욕으로 시작되는 전쟁은 말할 것도 없고, '정당전'(just war)이나 '성전'(holy war) 개념도 비판하였다. 그러나 <투르크족에 대항하는 전쟁에 관하여>는 투르크족의 침공이라는 역사적 상황 가운데서 마지막 수단으로서 전쟁의 가능성을 인정하였다. 박경수, 에라스무스의 평화주의: <평화의 탄식>과 <투르크족에 대항하는 전쟁에 관하여>를 중심으로; 박경수, "에라스무스의 평화주의: <평화의 탄식>과 <투르크족에 대항하는 전쟁에 관하여>를 중심으로"(Erasmus' Pacifism: A Study on Querela pacis and De bello turcico). 2016.

13) 모한다스 카람찬드 간디(Mohandas Karamchand Gandhi, 1869~1948)는 인도의 정신적·정치적 지도자로, 마하트마 간디(Mahatma Gandhi)라는 이름으로 널리 알려져 있는데 '마하트마'는 위대한 영혼이라는 뜻으로 인도의 시인인 타고르가 지어준 이름이다. 영국 유학을 다녀왔으며, 인도의 영국 식민지 기간

장했다. 즉, 진리와 비폭력은 사티아그라하의 주요한 기둥이다. 진리(眞理)는 비폭력이나 사랑의 형태로 기능한다. 진리를 사랑하는 자는 폭력에 반대해야 하지만, 그러한 반대는 '악(惡)과는 싸우지만', '악(惡)을 행하는 자를 사랑하는' 것을 의미한다. 그것은 자기 고난이라는 개념에 근거한 역동적인 영혼의 힘이다. 예를 들면 비협력, 시민 불복종, 단식, 불매 동맹, 피케팅, 보이콧, 직함, 명예, 지위의 포기 등이다.

여기서 유의할 것은 다음과 같다: 평화주의자(平和主義者) 모한다스 카람찬드 간디(Mohandas Karamchand Gandhi, 1869~1948)는 평화(여기서 '적극적 평화')를 단순히 전쟁이 없는 상황이 아니라, 정의(正義)가 구현된 상황이라고 규정했다는 점이다. 그는 "눈에는 눈을 고집한다면 모든 세상의 눈이 멀게 될 것입니다"라고 말했다.[14]

상기와 같은 맥락에서 마틴 루터 킹(Martin Luther King, Jr.1929~1968) 목사는 "진정한 평화는 단지 긴장이 없는 상태만을 말하는 것이 아니라, 정의(正義)가 실현되는 것을 말한다"라고 말했다. 정의(正義, Justice)란 사회를 구성하고 유지하기 위해 사회구성원들이 공정하고 올바른 상태를 추구해야 한다는 가치이다. 또한, 넬슨 만델라(Nelson Rolihlahla Mandela, 1918~2013)는 "평화란, 인류가 개발해야 할 가장 강력한 무기입니다."라고 말했다.

(1859~1948) 중 대부분을 영국으로부터의 인도 독립 운동을 지도하였다. 그는 1890년 영국 런던 대학교 법학과를 중퇴한 그는 이후 1916년 영국 런던 대학교 법학과에서 명예 학사 학위를 받았다. 영국의 제국주의에 맞서 반영 인도 독립운동과 무료 변호, 사티아그라하 등 무저항 비폭력 운동을 전개해 나갔다. 인도의 작은 소공국인 포르밴더의 총리를 지냈던 아버지 카람찬드 간디의 셋째 아들로 태어났으며, 종교는 부모의 영향으로 힌두교이다. 인도의 화폐인 루피의 초상화에도 그의 그림이 그려져 있다. 그의 종교 사상의 근본은 아힘사(무상해)였고, 인류애에 의한 폭력 부정만이 최후의 승리임을 확신하고 이를 그대로 정치 활동에 실천하였다. 육체적 욕망을 극도로 제한하고, 때로는 금식에 의해 속죄하였다. 또한 인도 인습인 사회적 계급 제도의 타파에 노력하였으며 불가촉천민의 해방을 실천하였다. 진실을 사랑하고 기만을 증오하였으며, 사회악에의 철저한 반항이 정치 활동의 강한 원동력이 되었다.[5] 그는 일생 동안 정치적인 목적을 위한 폭력을 거부했는데, 그의 비폭력주의는 나라 안뿐만 아니라 국제적으로도 큰 영향을 주었다. 1918년 인도 국민회의의 지도자 역할을 맡은 것을 전후로 자유를 얻기 위한 투쟁의 선봉에 서면서, 산디는 빈노의 상성 숭 아나가 되있나고 평가뢴나. 또 그 때무디 '위내힌 영혼'이라는 뜻의 '마하트마(Mahatma)'로 불리게 되었다. 간디 자신은 이런 명예를 좋아하지는 않았지만 지금도 마하트마 간디로 불린다. 1999년 4월 18일 미국의 뉴욕타임스는 지난 1천 년간의 최고의 혁명으로 영국의 식민통치에 저항한 간디의 비폭력 무저항운동을 선정하였다.[6]뉴욕타임스 1999년 4월 18일자 "Best Revolution; The Peacemaker"

14) 강원희 지음, <평화주의자 간디>, 지경사, 2006년.

2) 요한 갈퉁(Johan Galtung): '소극적 평화' vs '적극적 평화'

노르웨이의 평화학자인 요한 갈퉁(Johan Galtung, 1930~현재)은 그의 저서 <평화적 수단에 의한 평화>(2000년)[15]에서 평화(平和)는 합의를 통해 도달할 수 있는 가치라는 가정에 근거해야 한다고 주장한다. 그는 평화(平和)와 관련하여 '구조적 폭력' 및 '문화적 폭력'의 개념을 제시했다. 전자는 사회적 불평등이나 차별처럼 법이나 제도 등에 의해 구조적으로 자행되는 폭력을 일컫는다. 인종차별이나 성차별에서 보듯이 사회 구조가 저지르는 폭력인 것이다. 후자는 물리적 폭력이나 구조적 폭력을 정당화하거나 합법화하는 데 사용될 수 있는 문화적 측면이다. 이는 종교와 사상, 언어와 예술, 과학과 학문 등을 통해 직접적 폭력 행위나 구조적 폭력의 실체가 정당하다거나 최소한 잘못된 것은 아니라고 간주되어 폭력이 합법화되거나 일반적으로 용인되는 것을 가리킨다.

상기한 요한 갈퉁(Johan Galtung)의 평화(平和) 개념에 따라 평화연구자 또는 평화학자들은 평화(平和)를 크게 2가지로 나누어 전쟁을 포함한 직접적 또는 물리적 폭력이 없는 상태를 '소극적 평화(negative peace)'라고, 갈등을 비폭력적 방식으로 해결하여 간접적 또는 구조적 폭력 및 문화적 폭력까지 없는 상태를 '적극적 평화(positive peace)'라고 각각 구분한다.

다시 말하면, '소극적 평화(negative peace)'는 강자가 폭력으로 약자를 억누름으로써 유지되는 평화, 비판적으로 말한다면 평화유지를 명분으로 약자의 저항을 억누르는 폭력(Pax Romana, Pax Americana)이 소극적 평화이다. 그러므로 단순히 전쟁이 없는 상태를 유지하려면 타인으로부터 공격당하지 않기 위한 전쟁 억지력이 반드시 필요하다. 그래서 비폭력주의 교회의 하나인 후터라이트교회의 장로인 요한 크리스토프 아놀드(Johann Cristoph Arnold)는 '소극적 평화(negative peace)'는 약자의 목을 조르면서 "조용히 해. 평화를!"이라고 윽박지르는 '가짜 평화'라고 비판했다.[16]

여기서 유의할 것은 다음과 같다: 본 연구가 추구하는 평화(平和)는 직접적인 폭력이 없는 상태인 '소극적 평화(negative peace)'와 (2) 갈등을 비폭력적 방식으로 해결하는 '적극적 평화(positive peace)'라는 점이다. 안보(安保)라는 뜻의 'Security'는 라틴어 'Securitas'에서 어원을 찾을 수 있는데 'Se(벗어나다)+Curitas(불안, 근심, 위협, 공포)' 라는 뜻으로서

---

15) 요한 갈퉁, 강종일 외 역, 평화적 수단에 의한 평화, 들녘, 2000.

16) 요한 크리스토프 아놀드, 이진권 역, <평화주의자 예수>, 샨티, 414년, <탐욕의 시대>/장 지글러 지음/양영란 옮김/갈라파고스 펴냄.

'공포에서 벗어나다'는 의미가 있다. 'Security'는 제1차 세계대전(1914. 06~1918. 11) 직후 창설된 국제연맹의 규약(規約) 전문에서 선언되어 있다.

우선, '소극적 평화(negative peace)'를 위하여, 인류사회는 현재 당면하고 있는 2개 위기: ① 핵무기 위기, ② '문명의 충돌'과 테러 위기를 해결해야 한다. 이를 위해서 특히 미국과 중국의 역사적 사명과 UN의 역할이 강조된다. 특히, 핵무기 위기는 최근 미국의 (1) 중거리 핵전력(INF) 조약 파기 선언(2018. 10. 22), (2) 미국의 전략방위구상(SDI): 미군 우주사령부 창설(2018. 12), (3) '새 미사일 방어 검토보고서'(MDR, 2019. 01. 17)로써 심화되고 있다. 또한, 이슬람국가(IS) 테러 위기와 관련된 '문명의 충돌'과 종교분쟁은 강대국들의 이해관계로 야기 및 확산되고 있다. 이 문제를 미국 정책당국에게 러시아를 끌어들여 '이이제이'(以夷制夷)로써 해결할 것을 제안한 세계적 국제정치학자 헨리 키신저(Henry Alfred Kissinger)는 마이키아벨리스트이다.

본 연구는 다음과 같이 주장한다: 버락 오바마(Barack Hussein Obama, 44대: 2009~2017) 대통령 당선소감 연설(2008. 11. 05)에서 "국력은 무기나 돈에서 나오는 것이 아니라 자유와 민주주의로부터 나온다"는 웅변적 메시지를 세계에 던졌듯이 인류사회의 화합과 번영이 바로 '미국의 가치'라는 점과, 이를 실현하기 위한 기준이 바로 '글로벌 스탠다드'(Global Standards)라는 것을 지구인의 가슴 속에 심어주어야 한다. 이 경우, 비로소 버락 오바마(Barack Hussein Obama) 대통령(당시)이 주장했었던 변화(change)·개혁(reform)·다양성(diversity)·화합(unity)·새로운 세대(new generation)는 '미국의 변화'뿐만 아니라 '세계의 변화', 나아가 '인류의 희망' 메시지가 될 수 있을 것이며, 링컨의 노예 해방(1863년), 케네디의 '뉴 프론티어'(1960년), 존슨(Lyndon B. Johnson)의 '위대한 사회'(1964년) 등과 같은 '未完의 꿈'은 실현될 수 있을 것이다.

다음으로, '적극적 평화(positive peace)'를 위하여, 인류사회는 현재 당면하고 있는 3개 위기: ① 글로벌 경제위기, ② 에너지·환경 위기, ③ 식량 위기를 해결해야 한다. 사실, 서구 근대 과학문명은 자원고갈·생태계파괴·도덕과 인간성 상실·국제범죄의 증가·대량 살상무기의 발달 등 부작용 및 한계성을 노정하고 있다. 또한, 지구촌 사회(Global Village) 곳곳에 기아·질병·범죄·환경파괴가 만연하고 있으며 지진(고베, 후쿠시마, 네팔 등)과 같은 자연 재잉이 엄습하고 있다. 또한, 최근에 들어, 기존의 국제질서가 와해되고 새로운 국제질서와 구조가 태동되지 않은 과도기에서 미래에 대한 불확실성이 높아지고 있으며, '지구촌 문화공동체'(Global Cultural Community)의 가치와 목표가 설정되지 않은 상황에서 인류는 방황하고 있다. 따라서, 이제, 인류사회는 세계평화와 인류사회의 번영을 위해 시대조류에 따라서 새로운 가치기준과 규범을 마련하고 바람직한 미래사회를 건설하기 위한 공동목표의 설정이 시급하고 절실하게 요구되고 있다.

모름지기, '적극적 평화(positive peace)'는 인류가 목표로 하는 가장 완전(完全)한 상태이다. 인류는 평화(平和, Peace)를 갈구한다. 평화(平和)는 좁은 의미로는 '전쟁을 하지 않는 상태'이지만 현대에서는 '분쟁과 다툼이 없이 서로 이해하고, 우호적이며, 조화를 이루는 상태'로 이해한다. 평화(平和)는 신체와 마음, 영혼의 상태로도 해석된다. 'Sevi Regis'에 따르면 내적 평화에 필요한 요소는 '평온(restfulness), 조화(harmony), 균형(balance), 평정심(equilibrium), 장수(longevity), 정의(justice), 결단력(resolution), 시간에 구애받지 않음(timelessness), 만족(contentment), 자유(freedom), 성취(fulfillment)'이다.

그리스도교적인 평화주의 사상가인 데스몬드 투투(Desmond Tutu, 1931~현재) 성공회 대주교는 <용서없이 미래없다>(홍성사 刊)에서 아프리카에는 다른 사람의 잘못을 용서할 수 있는 '너그러움'을 뜻하는 '우분투(Ubuntu)'라는 전통이 있다고 설명한다. 그 근거로 남아프리카 공화국의 인종차별이 법으로는 종식된 이후 진행된 과거사 청산은 우분투 전통에 의해 인종차별 시대 당시 백인정권에 의해 자행된 반인권적인 폭력의 가해자들이 죄를 고백하면 사법적인 면책을 허용하는 정직과 용서 위주로 진행되었다. 이러한 노력은 남아프리카 공화국이 인종차별로 인한 갈등을 해소함으로써 남아프리카 공화국에 평화가 정착되게 하였다.

본 연구는 프랑스 역사상 가장 비참한 대학살로 이어졌었던 1572년 8월 18일의 '피의 결혼식'과 앙리 드 나바르(Navarre), 앙리 4세(1553~1610)의 '위대한 용서'를 '적극적 평화(positive peace)'의 사례로서 들고자 한다.17)

---

17) 16세기에 유럽은 종교 때문에 분열됐고 다퉜다. 15세기에 절정을 이룬 교황청의 부패와 무능은 여러 국가와 다양한 계층의 반발을 샀다. 로마의 성 베드로 성당 건설에 필요한 자금을 마련하기 위해 독일에서 행해진 조직적인 면벌부 판매는 특히 증오의 대상이 됐고, 마르틴 루터(Luther·1483~1546)의 '95개조 반박문'(1517년)으로 파국을 맞았다. 교황으로부터 벗어난 새로운 교회가 생겼고 이 교회는 순식간에 유럽 전역으로 번졌다. 신앙의 분열은 피비린내 나는 전쟁으로 이어졌다. 프랑스도 예외는 아니었다. 오히려 더 심했다. 종교 간 분쟁에 부르봉, 기즈, 몽모랑시 등 대(大)귀족 가문들 간의 권력 싸움, 권력 집중을 추구하는 중앙정부와, 자치를 원하는 지방 세력 간의 다툼이 더해졌다. 1562년부터 양측은 전쟁에 돌입했다. 당시 프랑스의 권력자는 카트린(Catherine, 1519~1589)이었다. 이탈리아 메디치 가문 출신인 모후(母后) 카트린은 급사한 남편이 남긴 분열된 나라를 구하기 위해 자신의 딸 마르그리트(Marguerite, 1553~1615)과 신교도의 수장인 앙리 드 나바르(Navarre, 1553~1610)의 결혼을 추진했다. 그는 프랑스의 왕족으로 강력한 부르봉 공작 가문의 수장이며 남프랑스의 작은 왕국 나바르의 왕이기도 했다. 문제는 그 과정에서 아들인 샤를 9세(Charles IX)에 대한 콜리니(Coligny·1519~1572) 제독의 영향력이 지나치게 커진 데 있었다. 어려서 아버지를 잃고 오만한 귀족들 틈에서 자랐던 왕은 강직하고 단호한 콜

상술하면, 노트르담 대성당에서 거행된 신교도의 수장 앙리 드 나바르(Navarre, 1553~1610)와 왕의 여동생 마르그리트(Marguerite, 1553~1615)의 결혼식에 하객으로 참석했었다. 왕의 어머니인 카트린(Catherine, 1519~1589)과 가톨릭 귀족들은 결혼식을 정적을 제거하는 기회로 활용하고자 했다. 그들은 왕을 거세게 압박했고 드디어 재가를 얻어낸 것이다. 당시 국왕 샤를 9세(Charles Ⅸ)는 콜리니(Coligny, 1519~1572) 제독을 비롯한 신(新)교도 우두머리 스무 명을 모두 죽이라고 명령했었다. 그 후, 왕의 명령도, 법의 권위도 파리 시민들의 광기 앞에선 무력했다. 몇몇 광신적인 사제들이 부추기는 가운데, 인간사냥은 사흘 동안 계속됐다. 센강 쪽으로 내리막을 이룬 골목길마다 마치 폭우라도 쏟아진 듯 피가 급류처럼 흘렀다고 한다. 파리의 심장 노트르담 대성당 파리의 학살 소식은 바람처럼 지방으로 퍼져나갔다. 학살의 비극은 지방에서는 석 달 동안 계속됐다. 전국에서 1만~1만4천 명이 희생됐다.

파리의 신교도 대부분이 죽음을 맞았지만 새신랑 앙리 드 나바르(Navarre)는 살아남았다. 그는 신성(神聖)한 프랑스 왕의 핏줄이었기 때문이다. 대신 가톨릭으로 개종해야 했다. 앙리는 살아남는 게 더 중요하다고 판단했다. 가톨릭으로 종교를 바꾸고 연금 상태에서 불안한 삶을 이어가던 그는 신교도들의 도움으로 파리를 탈출했다. 대학살 후 프랑스의 내전은 더 격렬해졌다. 전투, 약탈, 무질서, 기근이 전국을 강타했다. 그 후, 1589년 앙리 드 나바르(Navarre)에게 기회가 찾아왔다. 발루아(Valois) 왕가의 마지막 왕인 앙리 3세(Henri Ⅲ)가 후사(後嗣) 없이 사망했다. 앙리 3세(Henri Ⅲ)의 뒤를 이어 가장 가까운 혈족인 앙리 드 나바르(Navarre)가 왕위에 올랐다. 그는 정통성을 갖춘 국왕인 동시에 막강한 군사력과 탁월한 리더십까지 갖추고 있었다. 무력으로 가톨릭을 굴복시키고 내전을 끝낼 수도 있었다.

그러나 앙리 4세(Henri Ⅳ)는 나라를 위해 자신의 신앙을 포기하고 20여 년 전 사랑하는 친구와 동지들을 자신이 보는 앞에서 무참하게 학살한 사람들을 모두 용서했다. 맺힌 한(恨)의 크기는 컸지만 왕은 프랑스가 더 이상 전쟁을 감당할 수 없다는 것을 알고 있었

리니(Coligny·1519~1572) 제독에게서 아버지와 보호자의 이미지를 함께 느꼈다. 모후(母后)는 권력 상실에 대한 쉬기심, 콜리니에 대한 질투, 이들에 대한 배신감으로 치를 떨었다. 고뇌 끝에 모후(母后)는 콜리니(Coligny·1519~1572) 제독을 제거하기로 하고 암살을 사주했다. 암살이 실패로 끝나면서 사태는 파국을 향했다. 분노한 왕은 암살과 관련된 모든 이를 색출해 법정에 세우겠다고 맹세했다. 모후(母后)는 승부수를 던졌다. 왕 앞에서 진실을 밝힌 것이다. "어머니가 왜요?"라고 절규하는 아들에게 모후(母后)는 맞받아쳤다. "왜냐하면 이 왕국을 몰락시킨 무능한 왕을 낳은 사람이 바로 나이기 때문이다." 샤를 9세(Charles Ⅸ)는 무너졌다.

다. 자신은 종교를 바꿨지만 신교도(칼뱅주의 개신교 교파인 위그노)에게도 종교의 자유를 보장해 줬다. 그것이 바로 '낭트의 칙령'(Edict of Nantes, 1598. 04. 13)이다. 그렇게 전쟁은 끝났다. 평화가 찾아왔고 재건이 시작됐다. 내전으로 찢겼던 프랑스는 10년 만에 다시 유럽의 강국으로 거듭났다. 프랑스 사람들은 앙리 4세(Henri Ⅳ)를 지금도 사랑한다. 왜냐하면 그의 선택이 나라를 구했기 때문이다. 조국을 위해 자신을 버리는 게 얼마나 어려운 일인지 알기 때문이다. 앙리 4세(Henri Ⅳ)가 결혼식을 올렸던 노트르담 대성당에서 서쪽으로 시테섬을 따라 십 여분을 걸어가면 유명한 퐁뇌프 다리 앞에 당당한 앙리 4세의 기마상이 서 있다.

요컨대, '적극적 평화(positive peace)'는 '용서와 화해'로써 구현될 수 있다. 그러나, 한 걸음 더 나아가, 본 연구는 '협력(協力)'을 통하여 '적극적 평화(positive peace)'를 추구해야 하고 '합리적 이성'을 기반으로 '협력(協力)'의 필요성과 '구체적 청사진'에 합의함으로써 '적극적 평화(positive peace)'를 구현할 수 있다고 주장한다.

03 임마누엘 칸트(Immanuel Kant)의 『영구평화론』과 '국제연맹 (國際聯盟)' 및 '국제연합(UN)'

우선, 임마누엘 칸트(Immanuel Kant, 1724~1804)의 『영구평화론』: '평화(平和)를 원한다면, 정의(正義)를 구현하라(Si vis pacem, paraiustitiam)'에서 진정한 진보를 위해서는 도덕(道德)과 정치(政治)가 합일(合一)되어야만 영구평화(永久平和)에 도달할 수 있다고, 비록 이 과정이 더디게 진행되는 점진적 과정일지라도 인간은 천천히 한 발자국씩 나아갈 것이며, 이를 위해 목소리를 내리는 것이 바로 "참된 용기"라고 칭송했다. 임마누엘 칸트(Immanuel Kant)의 『영구평화론』 외에 정의(正義, Justice)와 관련된 주요 어록(語錄)을 살펴보면 다음과 같다:

<구약성서> 이사야서(Book of Isaiah) 32.117: "정의(正義)의 공효는 화평이요, 정의(正義)의 결과는 영원한 평안과 안전이라".

소크라테스(Socrates, BC 470~399): "정의(正義)는 보이지 않지만 분명히 존재한다. 정의(正義)란 각자 마땅히 받아야 한다고 생각하는 것을 받는 것이다".

플라톤(Plato, BC 427~347): "정의(正義)는 자신에게 어울리는 것을 소유하고 자신에게 어울리도록 행위하는 일이다".

아리스토텔레스(Aristotle, BC 384~322): "정의(正義)는 사회의 질서이다".

에피쿠로스(Epicurus, BC 341~271): "의로운 사람만이 마음의 평화를 누린다".

빅토르 위고(Victor-Marie Hugo, 1802~1885)의 레 미제라블(Les Miserables): "정의(正義)는 그 안에 분노를 지닌다. 정의(正義)에서 나오는 분노는 진보의 한 요소가 된다".

블레즈 파스칼(Blaise Pascal, 1623~1662)의 <팡세(Pensées, '생각')>, 192(298): "힘없는 정의(正義)는 무력하고 정의(正義) 없는 힘은 폭력이다. 힘없는 정의(正義)는 반대에 부딪힌다. 왜냐하면 사악한 자들이 항상 존재하기 때문이다. 정의 없는 힘은 규탄받는다. 그러므로 정의(正義)와 힘이 함께 있어야 한다. 그렇기 위해서는 정의(正義)가 강해져야 하며 강한 것은 정의(正義)로워야 한다. 정의(正義)는 논란의 대상이 되지만 힘은 매우 용이하게 식별되고 논란의 여지도 없다. 인간은 정의(正義)를 강하게 할 수 없었으므로 강한 것을 정의(正義)로 만들었다".

조지프 애디슨: "정의(正義)란 급류나 군대로도 무너트릴 수 없는 산꼭대기에 세운 무적의 요새다. 정의만큼 위대하고 신성한 미덕은 없다".

마틴 루터 킹: "어느 곳의 불의(不義)는 모든 곳의 정의(正義)에 대한 위협이다".

존 롤스: 사상체계의 제1덕목을 진리(眞理)라고 한다면 사회제도의 제1덕목은 정의(正義)이다.[18]

1) 임마누엘 칸트(Immanuel Kant)의 『영구평화론』: '평화(平和)를 원한다면, 정의(正義)를 구현하라(Si vis pacem, paraiustitiam)'[19]

임마누엘 칸트(Immanuel Kant, 1724~1804)는 독일 철학의 효시이자 비판 철학의 창시자이다. 그의 모든 이론은 이성(理性)에 입각한 이론이다. 당시는 중세 철학이 막을 내리고 이성(理性)을 최고의 가치로 간주하던 계몽주의(啓蒙主義) 시기였다. 그의 철학은 인간 지성의 능동적이고 자발적 능력을 강조한다는 점에서 '감히 스스로 생각하는(Sapere Aude)' 계몽주의적 주체의 철학적 완성이라고 말할 수 있다.[20]

---

18) 임양택, <'정의로운 국가와 행복한 사회'를 위한 신(新)실용주의(實用主義) 철학과 정책>, 도서출판: 박영사, 2021.

19) 임마누엘 칸트(Immanuel Kant, 1724~1804)의 『영구평화론』(원제: 《영원한 평화를 위하여》(Zum ewigen Frieden. Ein philosophischer Entwurf, 1795년). 이한구 옮김, 서광사, 1992.

20) 임마누엘 칸트(Immanuel Kant, 1724~1804)의 위대한 업적은 인식에서 선험적 요소와 감각적 요소를 관련시킴으로써 고트프리드 빌헬름 라이프니츠(Gottfried Wilhelm von Leibniz, 1646~1716)의 '극단적 합리론(Rationalism)'과 데이비드 흄(David Hume, 1711~1776)의 '극단적 경험론(Empiricism)' 사이의 갈등을 해소하고 종합하고 '순수이성 비판'·'실천이성 비판'·'판단력 비판'을 통하여 근대 철학의 새로운 지평선을 열었다는 점이다. 그는 이성(理性)을 어느 한 영역만이 아니라 그것을 사용하는 각 영역에서 고찰하였는데, 이성(理性)을 비판적으로 고찰하는 일은 사유(과학)에서는 「순수이성 비판」(Kritik der reinen Vernunft, 1781년)을, 의지(윤리학)에서는 「실천이성 비판」(Kritik der praktischen Vernunft, 1788년)을, 감성(미학)에서는 「판단력 비판」(Kritik der Urteilskraft, 1790년)을 각각 다루었다. 그는 '머리 위에는 별이 빛나는 하늘, 마음 속에는 도덕법칙'을 말하며 도덕적 의무를 강조하였다. 즉, 지고(至高)의 도덕원리 및 의무로서 지상명령(至上命令)을 "자신의 행위의 격률(格率)이 보편법칙과 일치하도록 하라"는 내용으로 규정하고 이로부터 여타의 도덕률들이 파생되어야 한다고 주장했다. 또한, 이에 근거하여 인간은 자신을 포함한 모든 인간을 목적 그 자체로 취급해야 하며, 나아가 보편법칙의 입법자로서의 자율성과 존엄성을 '목적의 왕국'(The Kingdom of Ends)의 일원이라는 자기정체성 인식을 통해

임마누엘 칸트(Immanuel Kant)가 가장 관심을 가졌던 것은 '인간은 어떤 존재인가'였다. 당시 철학자들은 인간의 '이성'(理性)을 굳게 믿고 있었고, 이성(理性)으로 진리(眞理)에 도달할 수 있다고 사유했었으며, 심지어 신(神)의 존재처럼 과학으로 증명할 수 없는 부분도 이성(理性)으로 밝혀낼 수 있고, 인간이 죽고 난 뒤의 세계까지도 알 수 있다고 사유했었다. 이성(理性)이란 인간을 동물과 구분해주는 능력이다. 이성(理性)은 인간이 사물을 옳게 판단하고 사고할 수 있도록 해준다. 다만, '진리를 아는 방법'에 대해 차이가 있었는데, '합리론'(Rationalism)은 인간의 순수하고 논리적인 생각을 통해 진리를 알 수 있다는 반면에 '경험론'(Empiricism)은 실험과 관찰을 통한 경험에 의해 진리에 도달할 수 있다는 것이다.

한편, 임마누엘 칸트(Immanuel Kant)가 노년에 접어들었을 때, 프리드리히 빌헬름 2세(Friedrich Wilhelm Ⅱ, 1744~1797)의 종교적 불관용, 프랑스 혁명과 유럽 각국의 영토 획득과 왕위 계승 분쟁 등은 정치 문제에 관심을 갖는 계기가 되었다. 특히 1795년 4월 러시아와 프랑스 사이에 체결된 바젤 조약(Basel Treaty)은 평화를 위한 확실한 보장에서 거리가 먼 휴전조약(休戰條約)이라고 비판하면서 진정한 영구평화(永久平和)를 달성하기 위한 가상적인 평화조약안을 제시했다. 즉, 전쟁이 없는 세계평화(世界平和)에 대한 임마누엘 칸트(Immanuel Kant)의 소망이 『영구평화론』(원제: 《영원한 평화를 위하여》(Zum ewigen Frieden. Ein philosophischer Entwurf, 1795년)으로 탄생하게 된 것이다.

임마누엘 칸트(Immanuel Kant, 1724~1804)의 『영구평화론』은 2개 논문으로 구성되어 있다: 1975년에 「영원한 평화를 위하여」(Zum ewigen Frieden)라는 논문을 발표하고 그 이듬해 다시 보완된 논문을 출간했다. 1976년 보완된 논문에는 「영원한 평화를 위한 비밀조항」이 덧붙여져 있다.

상기 논문은 당장 평화를 실현하기 위한 구체적인 행동의 지침을 제공해 주지는 않는 대신에 진정한 평화를 실현하기 위한 방향과 목표를 다음과 같이 제시했다: ① 개인의 선험적 원리의 문제, ② 공화정 정치체제 형성의 문제, ③ 평화 연맹을 위한 국제법 형성의 문제, ④ 세계시민법 작동의 문제이다.

임마누엘 칸트(Immanuel Kant)의 『영구평화론』(원제:《영원한 평화를 위하여》(Zum ewigen Frieden. Ein philosophischer Entwurf, 1795년)은 그의 역사철학과 정치철학의 정점이며 서구

자각하고 이러한 자각 즉, '계몽'(Enlightenment)을 바탕으로 사회적 행위를 해야 한다고 주장했다. 임마누엘 칸트(Immanuel Kant)의 묘비명(墓碑銘)에는 "생각하면 할수록, 날이 가면 갈수록 내 가슴을 놀라움과 존경심으로 가득 채워주는 것이 두 가지 있는데, 그 중에 하나가 '밤하늘의 반짝이는 별'이었다"라고 새겨져 있다. 임양택, <'정의로운 국가와 행복한 사회'를 위한 신(新)실용주의(實用主義) 철학과 정책>, 도서출판: 박영사, 2021.

고전적인 시민 휴머니즘의 정점이라고 말할 수 있다. 그는 1976년 보완된 논문에는 「영원한 평화를 위한 비밀조항」에서 '우리 모두가 도덕적으로 정화된 법률(法律)의 지배하에서 사는 데 기여한다면, 전쟁(戰爭)의 고통 없이도 살 수 있다'고 주장한다. 그는 오직 법(法)의 이념과 실천을 따르는 사상적·정치적 노력들만이 평화(平和)를 촉진할 수 있다고 생각했다. 요컨대, 로마 시대부터 이어져 온 '평화(平和)를 원한다면, 전쟁(戰爭)을 준비하라(Si vis pacem, para bellum)'는 격언 대신에 '평화(平和)를 원한다면, 정의(正義)를 챙기라(Si vis pacem, paraiustitiam)'고 말했다.

회고하면, 고대인들은 대체로 전쟁(戰爭)을 질병이나 죽음 같이 불가피한 운명으로 받아들였다. 때로는 전쟁(戰爭)이 필요악(必要惡)으로 간주되기도 했다. 전쟁(戰爭)을 피할 수 있는 것으로 생각하지는 않았다. 그럼에도 불구하고, 전쟁(戰爭)은 거의 언제나 참혹함과 비극으로 귀결되었다. 로마(Rome) 제국(BC 753 건국; 로마 共和政 BC 600~27; 帝政 로마 BC 27~AC 395)이나 원(元) 제국(1271~1388) 같은 세계적인 초강대국의 등장에 의해 일시적으로 큰 전쟁이 발생하지 않은 적은 있지만, 전제주의 아래에 자유(自由)를 희생한 평화(平和)는 참다운 평화라고 하기에는 어렵다.

전쟁(戰爭)은 패배자에게는 말할 것도 없고 때로는 승리자에게까지도 엄청난 고통과 비극을 가져다주는 재앙(災殃)이다. 18세기 근대 계몽주의(啓蒙主義) 시대에 와서야 사람들은 전쟁(戰爭)이란 피할 수 있고 또 피해야만 한다는 생각들을 하게 되었고 전쟁(戰爭)을 피할 수 있는 여러 가지 구상들이 제기되었다. 장 자크 루소(Jean-Jacques Rousseau, 1712~1778)을 비롯한 여러 사람에 의하여 이러한 형태의 세계평화(世界平和)를 이룩하여 지속적으로 유지하자고 주창되어 왔다.

상기한 배경하에서, 임마누엘 칸트(Immanuel Kant, 1724~1804)의 『영구 평화론』(Zum ewigen Frieden, 1975년)은 폭력과 무기의 힘이 아니라, 법(法)에 복종하는 동시에 법(法)을 지지하는 정치(政治)의 힘이 근본적으로 전쟁(戰爭)을 배제하고 평화(平和)를 보장한다는 것이다. 그는 "이로써 평화(平和)는 모든 적의(敵意)를 종식시키고, 그런 점에서 '영원(永遠)하다'고 말할 수 있다"고 주장했다. 또한, '이런 생각이 과연 실제적인가? 현실 정치가 실제로 법의 이념 아래 실천적으로 작동될 수 있는가?'를 비판적으로 고찰했다.

사실, 임마누엘 칸트(Immanuel Kant, 1724~1804)의 『영구평화론』(Zum ewigen Frieden, 1795년)은 그의 역사철학과 정치철학의 정점이며 서구 고전적 휴머니즘의 정점이라고 말할 수 있다. 그는 상기 저서에서 '영원한 평화' 만이 정치의 최고선(最高善)이며, 인류가 이성(理性)을 지니고 있는 한 계속 노력해야 할 '도덕적 실천' 과제라고 강조했다. 따라서 그의 '영구평화론'은 단순한 법제도의 문제가 아니라 그의 정치철학적 토대에 근거하고 있다. '우리 모두가 도덕적으로 정화된 법률(法律)의 지배하에서 사는 데 기여한다면, 전쟁(戰爭)의 고통 없이도 살 수 있다. 오직 법(法)의 이념과 실천을 따르는 사상적·정치적 노력들만이 평화(平和)를 촉진할 수 있다고 주장했다. 요컨대, 로마 시대부터 이어져 온 '평화(平和)를 원한다면, 전쟁(戰爭)을 준비하라(Si vis pacem, para bellum)'는 격언 대신에, '평화(平和)를 원한다면, 정의(正義)를 구현하라(Si vis pacem, paraiustitiam)'고 갈파했다.

임마누엘 칸트(Immanuel Kant, 1724~1804)의 「영원한 평화를 위하여」(Zum ewigen Frieden, 1975년)와 「영원한 평화를 위한 비밀조항」(1976년)으로 구성된 『영구평화론』(Zum ewigen Frieden, 1975년, 1976년)은 '평화조약안'이기 때문에 일반 저술과 다른 구성을 갖고 있다. 상기 논문은 당장 평화를 실현하기 위한 구체적인 행동의 지침을 제공하지는 않는 대신에 '진정한 평화'를 실현하기 위한 방향과 목표를 다음과 같이 제시했다: ① 개인의 선험적 원리의 문제, ② 공화주의적 정치체제 형성의 문제, ③ 평화 연맹을 위한 국제법 형성의 문제, ④ 세계시민법 작동의 문제이다.

제1장은 '국가 간의 영구평화(永久平和)를 위한 예비 조항'을 통해, 국가 간 적대 행위의 휴전이 아닌 종식을 뜻하는 평화(平和)가 '어떻게' 이루어져야 하는지 설명한다. 영구평화(永久平和)의 실현에 장애가 되는 6개의 금지 조항을 제시하고 있다. 전쟁을 야기할 비밀 조항 금지, 다른 국가로의 강제적 통합의 문제, 상비군의 점진적 폐지, 국채 발행 금지, 내정 간섭 금지, 비열한 적대 행위의 금지 등이다.

제2장은 '국가 간의 영구평화(永久平和)를 위해 확정된 조항' 3개를 바탕으로 영구평화(永久平和)를 실현하기 위한 적극적인 조건을 논하고 있다.

(1) 영구평화(永久平和)를 위한 제1확정 조항은 각 국가의 시민적 체제는 공화 체제여야 한다는 것이다. 이를 위해 그는 다음과 같은 세 단계의 논리적 추론 과정을 거친다: ① 한 사회의 구성원이 (인간으로서) 자유로워야 한다는 원리이고, ② 모든 구성원이 유일 공통적인 입법에 (시민으로서) 종속된다고 하는 제 원칙이며, ③ 모든 구성원이 (국민으로서) 평등하다는 원칙이다 상기 세 원칙에 기초하여 설립된 체제 – 이것은 근원적인 계약의 이념에서 비롯된 유일한 체제로서, 한 민족의 모든 합법적인 입법은 이러한 이념에 토대를 두지 않으면 안 되니, 바로 이러한 체제가 공화주의적 정치체제인 것이다(J7쪽).

(2) 영구평화(永久平和)를 위한 제2확정 조항으로 국제법은 자유로운 제(諸) 국가의 연방제에 기초를 두어야 한다. 인간의 사악함을 규제하기 위해 정부의 공법이 필요하듯이, 국가 간의 전쟁 도발을 억제하기 위해서는 법적 구속력으로서의 국제법이 필요하다는 점

을 강조하고 있다. 자유로운 국가들의 상위에 특별한 종류의 연맹을 구성하는데, 바로 평화 연맹(foedus pacificum)이다. 세계공화국이라는 적극적인 이념 대신에 소극적 대안으로서 연맹을 제안한 것이다.

"*왜냐하면 각각의 국가는 각기 상위자(입법자)와 하위자(복종자, 곧 국민)의 관계를 함유하되, 다수의 민족이 한 국가 안에서 단지 하나의 국민을 이룬다는 것, 이것은 전제와 모순되는 일이기 때문이다*"(《영원한 평화》, 백종현 옮김, 아카넷, 2013, 125쪽).

(3) 영구평화(永久平和)를 위한 제3확정 조항으로 세계시민법은 보편적인 우호를 위한 제반 조건에 국한되지 않으면 안 된다. 세계공민법의 입장에서 모든 국민 상호의 '방문권'의 확립을 요청하고 있다. 하지만 열강의 식민지 경영을 엄격하게 금지했다. 여기서 우호의 조건이란 이방인이 낯선 땅에 도착했을 때 적으로 간주되지 않을 권리를 뜻한다. 이런 우호의 조건을 수용할 때 세계의 각 지역이 서로 평화적으로 관계를 맺게 되고, 이런 평화로운 관계가 공법으로 뒷받침되면 인류는 세계 시민적 체제에 점차 다가갈 수 있게 된다는 것이다. 이러한 권리는 모든 인간에게 속해 있는 권리인데, 과거 유럽의 문명국가들이 아메리카와 아프리카 등지의 정복 과정에서 보여 준 야만에 대한 자성에서 나온 것이다.

끝으로, 『영구평화론』(Zum ewigen Frieden, 1795년)의 부록(附錄)은 정치와 도덕의 관계를 논하고 있다. 그의 실천이성(實踐理性)은 인간을 합목적인 도덕적 존재로 다루고 있는데, 도덕적 존재란 이성적 존재의 행위가 선의지와 의무에 결부된다는 것이다. 임마누엘 칸트(Immanuel Kant, 1724~1804)의 기본 태도는 도덕을 근거로 하지 않으면 참다운 정치는 행해지지 않는다는 것이다. 모든 정치는 인간의 권리 앞에 무릎을 꿇을 수 있어야 하며, 비록 더디긴 해도 정치가 계속 끈기 있게 광채를 발휘할 단계에 이르기를 희망하면서 그렇게 해야 한다는 것이다. '정치와 도덕의 갈등은 단지 주관적으로 존재할 뿐 객관적으로 존재하지 않는다'는 정언 명령에서 정치적 행위를 '도덕적 의무'가 아니라 '법적 의무'와 결부시킨 것도, 그가 정치와 도덕의 긴장을 해소하기 위해 부단히 노력했음을 보여 준다. "영구평화는 절대 공허한 이념이 아니라, 점진적으로 해결되면서 지속적으로 목표에 접근해 갈 하나의 과제"라고 끝맺고 있다.

상기한 임마누엘 칸트(Immanuel Kant)의 『영구 평화론』(Zum ewigen Frieden, 1975년)의 사상을 요약하면 다음과 같다:

첫째, '국가들 사이의 영원한 평화를 위한 예비 조항들'이라는 제목 아래 정언적 금지 조항 6개를 담고 있다. 그는 "이 예비조항들은 암시적 또는 명시적으로 영구적 평화 구축을 위한 도덕철학적이고 법철학적인 전제들을 주제화하고, 평화 구축을 손상시키는 정치

·법률·도덕·경제적 길에 대해 민감하게 반응하고 있다"고 밝혔다. 이 6개항은 ① 단순한 휴전 상태를 뜻하는 '제한적 평화 체결'을 금지한다 ② 한 국가의 주권 파괴를 금지하고, 그 국가의 시민들은 도덕적 인격들로서 존중받아야 한다 ③ 상비군을 점차적으로라도 철폐한다 ④ 과도한 경제적 이익이나 위기 상황으로 인한 전쟁 도발 위험을 의식하면서, 다른 나라들이 과도하게 부유하게 되는 '유리한 부채'를 금지한다 ⑤ 타국의 헌정체제와 통치에 간섭하기 위한 폭력적 개입을 금지한다 ⑥ 평화를 배제하는 반(反)도덕적 형태의 전쟁을 금지한다 등이다.

둘째, '국가들 사이의 영원한 평화를 위한 확정 조항들'인데, 이는 '영원한 평화'는 법률적으로 제도화된 사회, 각 국가의 자유를 보존하고 보호하는 국제연맹, 외국인이 환대받을 권리를 포함한 세계시민법 등을 포함한다.

셋째, 저항권을 비폭력적이고 도덕적·법률적으로 논증될 수 있는 것으로 제한하기를 원한다. 문제는 국가들 간에 의견이 불일치할 때 강자들이 규칙을 준수할 것인가 하는 것인데, 칸트는 작고 약한 나라들을 보호하고 강대국들이 도덕적·정치적 수준을 유지하기 위해 국제연맹을 만들고 국제법을 완성시키는 것 말고 대안이 없기 때문에, 이를 위한 도덕적·법률적·정치적 교육과정이 필요하다는 것이다.

한편, 임마누엘 칸트(Immanuel Kant, 1724~1804)는 그의 『영구평화론』(Zum ewigen Frieden, 1795년)에서 '언어와 종교'(Sprachen und Religionen)의 차이가 민족 간 갈등과 전쟁의 원인이라고 갈파한 적이 있다. 국가(國家)란 하나의 인격체(人格體)로 취급되며, 따라서 각 국가들에게는 바로 정언명령(定言命令, Categorical Imperative)이 적용된다. 즉, 예비조항 2: "어떠한 독립국가도 어떤 다른 국가에 의해 상속, 교환, 매매 또는 증여를 통해 취득될 수 있어서는 안 된다"는 것과, 즉각적으로 시행되어야 한다고 강조한 예비조항 5: "어떠한 국가도 다른 국가의 [헌정]체제와 통치[정부]에 폭력으로 간섭해서는 안 된다"는 것은 모두 정언명령(定言命令, Categorical Imperative)의 제2명령: "타국을 수단이 아닌 인격체로서 마땅히 가져야 할 목적(目的)으로 대우해야 한다"는 조항에 기초하고 있는 것이다.

그리고 영구평화(永久平和)를 위한 상기 조항들은 모두 정언명령(定言命令, Categorical Imperative)의 제1명령에 기초한다. 즉, 단순히 다수결에 휩쓸려 중우정치(衆愚政治)로 변질될 수 있는 도덕률이 아니라, 합리적 이성의 발현에 의해 보편적 법칙으로 존중받는 도덕률 위에서 영구평화(永久平和)가 성립된다는 것이다. 따라서 영구평화(永久平和)를 위해 임마누엘 칸트(Immanuel Kant)는 왕정(王政)을 부정한다. 국가구성원들을 한낱 군주의 욕망에 의해 움직이는 장기짝 같은 사물로서 취급하는 왕정주의 자체가 가지는 정언명령(定言

命令)의 제2명령에 위배될 뿐만 아니라 전쟁이라는 막대한 결정을 혼자만의 독단으로 결정할 수 있다는 군주의 절대권력은 전쟁이라는 선택지에서 자신이 직접적으로 전투의 한복판에 뛰어들지 않는 한 직접적인 피해를 입지 않는다는 점에서, 그리고 군주 주위의 계몽된 이성들의 판단과도 상관없이 야욕에 이성(理性)을 잠재운 군주의 우매함에 보편법칙으로서의 도덕률이 정치적 휴지조각으로 전락할 수 있다는 우려에서도 반드시 금지되어야 하는 것이다. 또한, 절대권력은 절대적으로 부패한다는 것이다.

따라서 임마누엘 칸트(Immanuel Kant)가 제1확정 조항으로서 "각 국가에서 시민적 [헌정]체제는 공화적이어야 한다"는 공화주의(共和主義)를 강력히 채택하고 있는 것은 정언명령(定言命令, Categorical Imperative)의 제1명령의 실효성과 영구평화(永久平和)의 이념을 위해서 필수적인 것이다. 특히, 공화정(共和政) 체제 내에서는 국가의 주체가 국민이므로, 전쟁의 발발 시(時) 그 모든 비용과 막대한 피해들이 시민들에게 직접적으로 부과된다는 점에 있어서 좀처럼 전쟁을 승인하지 않게 된다. 누군들 포탄이 쏟아지는 전쟁터로 나가고 싶을까? 게다가 공화정(共和政)은 정치가 대중선동가의 선동에 의해 농단되는 우민들의 전제주의로 흐르는 것을 미연에 방지하기 위하여, 철저하게 입법권과 집행권을 분리하는 권력분립을 통한 권력의 상호견제와, 아울러 통치의 유연화와 계몽주의적 입법의 확립을 위해 대의제를 지지하는 존 로크(John Locke, 1632~1704)의 의회민주주의 모델을 채택한다.

요컨대, 임마누엘 칸트(Immanuel Kant, 1724~1804)의 『영구평화론』(Zum ewigen Frieden, 1795년)은 관념적이고 유토피아적인 전통에 근거하고 있다. 그에게 있어서 국가(國家)란 하나의 인격체(人格體)로 취급된다. 그의 『영구평화론』(Zum ewigen Frieden, 1795년)에서 각 국가들에게는 바로 이 정언명령(定言命令)이 적용된다. 즉각적으로 시행되어야 한다고 강조했던 "어떠한 국가도 다른 국가의 헌정체제와 통치에 폭력으로 간섭해서는 안 된다"라는 예비조항과 "어떠한 독립국가도 어떤 다른 국가에 의해 상속, 교환, 매매 또는 증여를 통해 취득될 수 있어서는 안 된다"라는 예비조항2는 모두 정언명령(定言命令)의 제2명령인 타국을 수단이 아닌 인격체로서 마땅히 가져야할 목적으로 대우해야 한다는 조항에 기초하고 있는 것이고, 상비군(常備軍)에 대한 완전한 폐지를 말했던 예비조항 역시도 단순한 군비경쟁에 대한 부담을 넘어서, 전쟁터에서 누군가를 죽이거나 죽임을 당하기 위해 군인을 고용한다는 의미에서 한 인간을 국가 수중에 있는 한낱 기계나 도구로서 취급한다는 점이 지극히 비(非)윤리적이고 비(非)인간적이라는 이유에 기초하고 있다.

그리고 영구평화(永久平和)를 위한 위의 조항들은 모두 제1정언명령(定言命令)에 기초한 바, 단순히 다수결에 휩쓸려 중우정치(衆愚政治)로 변질될 수 있는 도덕률이 아닌 합리적

이성의 발현에 의해 보편법칙으로 존중받는 도덕률 위에서 오로지 그 가능성을 인정받는다. 따라서 인간애(人間愛)에 희망을 걸지 않는 임마누엘 칸트(Immanuel Kant, 1724~1804)는 오로지 계몽된 합리적 이성의 사유가 만들어낸 권리/법에 기대를 건다. "도대체 좋은 국가체제를 도덕성에서 기대할 수 있는 것이 아니라, 오히려 거꾸로, 좋은 국가체제에서 비로소 한 국민의 좋은 도덕적 형성을 기대할 수 있는 것이다." 폭력과 무기의 힘이 아니라, 법(法)에 복종하는 동시에 법(法)을 지지하는 정치(政治)의 힘이 근본적으로 전쟁(戰爭)을 배제하고 평화(平和)를 보장한다는 것이다. 그는 "이로써 평화(平和)는 모든 적의(敵意)를 종식시키고, 그런 점에서 '영원(永遠)하다'고 말할 수 있다"고 주장했다. 또한, '이런 생각이 과연 실제적인가? 현실 정치가 실제로 법의 이념 아래 실천적으로 작동될 수 있는가?'를 비판적으로 고찰했다.

그렇다면, 임마누엘 칸트(Immanuel Kant)가 구상한 영구평화(永久平和)를 어떻게 보장할 것인가? 이것은 미완(未完)의 숙제다. 그는 제1보충 조항을 통해 "영구평화(永久平和)를 보장해 주는 것은 다름 아닌 바로 위대한 기교가인 자연(自然)이다"라고 말한다. 여기서 '자연'은 인간의 이성적 의지와 도덕적 본능과 같은 '섭리'를 뜻한다. 그는 인류 역사가 전체적으로 자연의 은밀한 계획에 따라 도덕적 완성과 그 목적을 성취하기 위해 완전한 국가조직을 이룬다고 사유했다. 물론, 현실은 이와는 반대로 전개됐다. 따라서 그는 1796년에 '영구평화(永久平和)를 위한 비밀 조항'을 추가하여, 각 국가들은 행동 원칙에 관해 철학자들의 충고를 받아들이라는 주장을 펼쳤다.

따라서 "목적이 수단을 정당화한다"는 마키아벨리즘(Machiavellism)이란 것은 오로지 실질적 이익만을 노린다는 점에 있어서 근시안적 시각을 가질 수밖에 없는 것이고, 또한 이는 필연적으로 영구평화(永久平和)에 도달할 수 없다는 치명적인 결함을 지닌 주장("목적이 수단을 정당화한다")이기도 하다. 그 이유는 다음과 같다: 마키아벨리즘(Machiavellism)은 결과중심주의에 기초하고 있는 논리이다. 또한, 마키아벨리즘(Machiavellism)은 그 결과에 도달하는 수단이라는 과정 자체부터가 지극히 비인간적인 작태를 띨 수밖에 없다.

그러나 임마누엘 칸트(Immanuel Kant)는 계몽된 인간의 이성(理性)이 상기한 마키아벨리즘(Machiavellism)의 실체를 필연적으로 통찰할 수 있을 것이라고 사유했다. 따라서 모든 인산들의 궁극적인 평화(平和)를 위해 이성(理性)이 모빌해야 할 지점은 마키아벨리즘(Machiavellism)의 실체를 폭로함으로써 결과(結果)중심주의적 사고방식을 동기(動機)중심주의 사고방식으로, 즉 결과와 상관없이 정언명령(定言命令, Categorical Imperative) 자체를 존중하고 무조건적으로 지키는 사고방식에 도달해야 한다는 것이다. 따라서 결과가 아닌 의

무에 기초한 도덕률(道德律) 만이 진정한 평화(平和)를 보장해줄 수 있다는 것이다.

여기서 유의할 것은 다음과 같다: 본 연구는 한반도를 포함한 동아시아지역의 평화와 공동번영을 위하여 임마누엘 칸트(Immanuel Kant)의 영구평화(永久平和)를 보장할 수 있는 신(新)실용주의적(구체적/실천적) 방안으로서 '동북아 안보협력회의(CSCNEA)'에 기초한 '동북아 평화조약'(Northeast Asian Peace Treaty)을 제시한다는 점이다.

2) 임마누엘 칸트(Immanuel Kant)의 『영구평화론』 의의: '국제연맹(國際聯盟)' 및 '국제연합(UN)'의 결성

임마누엘 칸트(Immanuel Kan, 1724~1804)의 『영구평화론』(Zum ewigen Frieden, 1795년)은 무려 2천만 명이 사망했었던 제1차 세계대전 이후 '국제연맹(國際聯盟)'의 결성과, 이어서 4천만 명이 사망했었던 제2차 세계대전(1939~1945) 이후 항구적인 국제평화와 안전보장을 위한 '국제연합(國際聯合, UN)'의 창설을 위한 사상적 토대기 되었다. 이로써, 모든 국가들이 영구평화(永久平和)를 위한 조항들의 준수를 위해 하나의 '국제연맹(國際聯盟)'을 만들 것이라는 임마누엘 칸트(Immanuel Kant)의 『영구평화론』(Zum ewigen Frieden, 1795년)이 현실화된 것이다. 물론, 그 후에도 지구전역에서 전쟁이 완전히 종결되진 않았고, 모든 비극이 다 끝나지도 않았다. 하지만 전쟁의 빈도수는 분명 과거보다 줄어들었고, 평화의 이념을 위한 공중(公衆)의 목소리는 계속 커져왔다는 것 역시 엄연한 사실이다.

'국제연합(國際聯合)'의 영문 명(名)인 "United Nations"(유나이티드 네이션스)는 미국의 프랭클린 델러노 루스벨트(Franklin Delano Roosevelt, 1882~1945) 대통령(32대: 1933~1945)과 영국의 윈스턴 처칠 경(Sir Winston Leonard Spencer-Churchill, 1874~1965) 총리(1940~1945, 1951~1955)이 추축국에 대항해 계속 싸울 것을 결의하고자 발표한 연합국 선언에서 처음으로 사용됐다. 이 선언은 1943년 승인됐으며 연합국 기구를 결성하기로 했다. 이듬해 1944년 연합국 주요국 대표들이 모여 덤바턴오크스 회의를 열었다. 2년 동안의 논의를 통해 유엔(UN)의 주요 목적, 회원국, 구조, 평화, 안보, 공조에 대한 목표를 설정하기에 이른다. 1945년 샌프란시스코에서 열린 연합국 회의에 참석한 50개국 대표는 초안을 바탕으로 유엔(UN) 헌장을 작성해 6월 26일 조인했다. 같은 해 1945년 10월 24일 헌장이 미국, 영국, 프랑스, 소비에트 연방, 중화민국과 46개의 동의로 발효하면서 '국제연합(國際聯合, UN)'이 출범했다. 유엔(UN)의 창설일인 10월 24일(유엔의 날)은 각국에서도 기념일로 지정되고 있다. 최초 51개 회원국이 모두 참석한 최초의 유엔 정기총회는 1946년 1월 런던에서 열렸다.

상기와 같은 배경하에서 '국제연합(國際聯合, UN)'은 국제 협력을 증진하고 세계평화(世界平和)를 유지하기 위한 목적으로 설립된 국제기구로, 인류 역사상 가장 큰 규모의 국가 간 연합체이자 범(凡)세계적 회의 기구이다. 사실상 모든 국가와 민족을 아우르는 범(凡)세계적 기구로서의 역할을 담당하고 있다. 현재 주권국으로 인정되는 거의 대부분의 국가가 유엔 회원국이다. 창립 당시 회원국은 총 51개국이었지만 현재(2020년) 193개국에 달한다.

(1) '국제연합(國際聯合, UN)'의 출범과 한국전쟁에서의 활동

상기한 국제연맹(國際聯盟, League of Nations)은 1920년 토머스 우드로 윌슨(Thomas Woodrow Wilson, 1856~1924) 대통령(28대: 1913~1921)의 제안으로 만들어진 국제기구이다. 그러나 국제연맹(國際聯盟)은 제1차 세계대전과 같은 더 큰 전쟁을 막기 위해 설립되었지만, 정작 제2차 세계대전을 막지 못했었다.

따라서 국제연맹(國際聯盟)의 역할을 대신하여 '국제연합(國際聯合, UN)'이 1945년 10월 24일 제2차 세계대전 종전 이후에 연합국들을 중심으로 향후 더 큰 전쟁을 막고, 안정적인 국제질서를 유지하기 위해 설립되었다. '국제연합(國際聯合, UN)'은 국제연맹(國際聯盟)과는 달리 군사력을 동원할 수 있는 등 세계적으로 행사할 수 있는 힘을 가지게 되었다. 즉, 유엔(UN) 헌장은 유엔(UN) 자체의 다국적군 또는 국제군의 설치를 상정하고 있다.

'국제연합(國際聯合, UN)' 본부는 뉴욕시 맨해튼에 있으며, 이 본부는 사실상 미국의 영토가 아닌 국제적인 지역이다. 본부에서는 매년 총회를 열어 주요 안건을 상정 및 논의한다. 본부 외의 주 사무소는 제네바, 나이로비 및 빈에 위치하고 있다. 또한, 네덜란드 헤이그에 국제법원을 두고 있다. 사무국은 케냐 나이로비(나이로비 사무국), 오스트리아 빈(빈 사무국), 스위스 제네바(제네바 사무국)에 위치하고 있다. 유엔의 운영 자금은 회원국들의 자발적 기부금으로 운영된다. 이 기부금으로 유엔의 한 해 예산이 편성되며, 그 쓰임은 국제평화아 안전 유지, 인권 증진, 사회 경제적 개박 육성, 환경 보호, 기구을 비롯한 자연재해 및 무력 충돌 시 인도주의적 원조 제공 등에 주로 쓰인다.

'국제연합(國際聯合, UN)'은 안보리의 결정에 따라 평화유지 군병력을 분쟁 발생지역에 파견하고 있다. '국제연합(國際聯合, UN)'은 독자적인 군사 체계가 없으므로 대개 국가의 자발적인 병력 지원에 따라 파견되며 발생하고 있는 평화 협정의 진행 상황에 따라 전쟁이 다시 일어나지 않도록 치안 상황을 점검하는 역할을 수행한다. 유엔 평화유지군은 1988년 노벨평화상을 수상했다.

'국제연합(國際聯合, UN)' 창설 때부터 창설국들은 국가 간 분쟁 상황이 일어나면 산발적인 전쟁의 재발이 일어나지 않도록 예방하자는 데 동의했다. 그러나 냉전(冷戰)의 지속과 함께 여러 국가의 유지 병력 파병 및 결의는 극도로 이루어지기 어려웠다. 탈냉전에 이르면서 유엔 자체적으로 과거 동의안에 대한 결의가 이뤄졌으며 현재 16곳에 파견되어 있다. 대개는 민족 간 분쟁, 정치적 상황으로 인한 치안 붕괴에 해당한다.

'국제연합(國際聯合, UN)'은 1950년부터 1953년까지 벌어졌던 한국전쟁에 개입했다. 1950년 조선민주주의인민공화국이 대한민국을 침략한 직후에 안보리는 이를 침략 행위로 규정하고 즉각 철수를 요구했다. 이어서 7월, 처음으로 유엔군을 결성하여 참전했는데, 6.25전쟁 당시 참전국은 1951년 초까지 총 16개국이었다. 군대 파견을 신청한 국가 21개국 중 실제로 파병을 한 16개 국가의 분포는 미국, 캐나다 북·미(北·美) 2개국, 콜롬비아 남미 1개국, 오스트레일리아, 뉴질랜드, 필리핀, 태국 아시아 4개국, 남아프리카 공화국, 에티오피아 아프리카 2개국, 영국, 벨기에, 프랑스, 그리스, 룩셈부르크, 네덜란드, 터키 유럽 7개국이다. 현재 기준으로 다시 집계해보면 프랑스령으로 참전한 나라도 있다. 이들 참전국들은 유엔이 요구하는 최소 규모인 1개 대대 병력(약 1,200명) 이상을 파견하였다. 주요 참전 병력은 1953년을 기준으로 영국 약 1만4,200명, 캐나다 약 6,100여 명, 터키 약 5,500여 명, 오스트레일리아 2,200여 명 등이다. 1953년까지 한국전쟁에 참여한 연합군은 미국을 제외하고 총 3만9천여 명에 이르며, 미국을 포함할 경우 총 34만1천여 명에 이른다.

또한, 유엔(UN) 결의문에 따라 회원국 및 국제기구들이 각종 지원을 하기 시작했다. 5개국(스웨덴, 인도, 덴마크, 노르웨이, 이탈리아)이 병원 혹은 병원선 등 의료 지원을, 그리고 40개 회원국과 1개 비회원국(이탈리아)과 9개 유엔 전문 기구가 식량 제공 및 민간 구호 활동에 참여하였다. 중국의 개입 이후에 미국은 북대서양 조약 기구(NATO, 나토) 증강 등의 약속에 비추어 유럽 국가와 기타 회원국들의 참전을 요청하였으나, 중남미, 아시아, 아프리카 국가들로부터의 참전은 콜롬비아, 에티오피아, 필리핀, 태국 등 4개국에 국한되었다. 대부분의 제3세계 국가들은 그들이 집단안보에 대한 정치적 지지를 보냈음에도 불구하고 실질적으로는 참전 여건이 되지 못하였다. 유엔은 또한 1951년 8월 총회 결의 제500호를 통해 중국과 조선민주주의인민공화국에 대한 경제제재를 채택하는 등 다각도의 전쟁 지원책을 강구하였다.

(2) '국제연합(國際聯合, UN)'의 한계

1950년대 이후 '국제연합(國際聯合, UN)'의 조직과 그 활동에 대하여 다음과 같은 논란과 비판이 제기되어 왔다: 미국에서는 초기의 유엔 반대자였던 존 버치 협회(John Birch Society)는 '국제연합(國際聯合, UN)'의 목적은 "하나의 세계 정부"를 이루는 것이라며, 1959년 "UN에서 US(미국)을 몰아내라"는 캠페인을 전개했다. 1967년 리처드 밀하우스 닉슨(Richard Milhous Nixon, 1913~1994) 대통령은 미국 대선 중에 유엔(UN)을 당시 냉전과 같은 당면 문제를 해결하기에 "쓸모없고 부적절"하다고 비판했다. 로널드 윌슨 레이건(Ronald Wilson Reagan, 1911~2004) 대통령(40대: 1981~1989)이 미국의 유엔(UN) 대사로 임명한 잔 커크패트릭(Jeane Kirkpatrick)은 1983년 뉴욕 타임즈에 유엔안전보장이사회의 토론 과정을 두고 정치적 논의나 문제 해결 노력보다는 미국의 "강도짓과 비슷하다"고 기고한 바 있다.

2003년 2월 미국의 이라크 침략이 임박하자(미국은 이라크 전쟁에 대해 유엔의 승인을 얻지 못했다), 조지 워커 부시(George Walker Bush, 1946~현재; 대통령 재임: 2001~2009)는 "자유국가는 무능하고 부적절한 말싸움 집단 때문에 미국이 역사에서 사라지게 놔두지 않을 것이다"라고 말했다. 2005년 부시 대통령(당시)은 존 볼턴을 유엔 대사로 임명했는데, 존 볼턴도 '국제연합(國際聯合, UN)'을 수차례 비판했다. 1994년 "유엔 같은 것은 없다. 단지 국제 공동체가 있을 뿐이며, 오직 지금의 최강국 미국만이 세계를 이끌 수 있다."고 말하기도 했다. 또한 총회에서 모든 나라가 찬성하더라도 상임이사국 다섯 나라가 반대한다면 그 의제는 부결된다. 그 중 미국과 러시아는 유엔의 의사 결정에 크게 영향을 미치고 있다.

'국제연합(國際聯合, UN)'이 본래 제2차 세계대전의 피해를 겪은 국가들이 전쟁을 벌이지 않도록 결성하였던 기구였다는 점이 있지만 아쉽게도 이와는 달리 창설 이래 여러 전쟁들이 발발하게 되었고 그 전쟁들을 사전에 막아내지 못하였다. 대표인 사례로서 1950년 한국전쟁(1950~1953)을 지적할 수 있다. 이것은 유엔(UN)이 창설된 지 5년 만에 일어난 전쟁이자 미국 정부가 당시 국무장관이었던 에치슨(Dean Gooderham Acheson)이 소위 '에치슨 라인'(Acheson line)을 발표하여 한국을 방위선에서 제외시키고 1949년 주한 미군의 전투병력을 본국으로 철수한 것을 사전에 방지하지 못한 점으로 인해 결국 1950년 6월 25일에 한반도에서 남·북 간 전쟁이 일어나는 비극을 만들었던 점이 있다. 이에 대해 미국을 주력으로 창설 이래 다국적 전투파병 16개국과 의료지원 5개국으로 결성된 UN 지원군이 결성되어서 대한민국에 급파되었던 계기가 되었다.

또 하나의 예로서, 한국전쟁(1950~1953) 이후에는 베트남 전쟁(1955. 11. 01~1975. 04.

30)이 발발하였다. 이어서 중동전쟁(제2차: 1956. 10. 29~1956. 11. 07; 제3차: 1967. 06. 05~ 06. 10)과 사담 후세인(Saddam Hussein, 1937~2006)의 이라크가 쿠웨이트를 무력침공하는 걸프전쟁(1990. 08. 02~1991. 02. 28)이 발발하였다. 과거 국제연맹(國際聯盟)의 시대에서는 나치 독일이나 이탈리아 왕국, 일본 제국 등 정(正)회원국이 국제연맹(國際聯盟)을 탈퇴하 였으나, 국제연합(國際聯合)의 시대에서 이라크는 전쟁을 일으킨 이후에도 유엔(UN) 정회 원 지위를 유지하며 쿠웨이트를 침공했었다.

전술한 배경하에서, 유엔(UN) 활동의 확대 및 변화는 유엔(UN)의 개혁에 관한 논의를 보다 촉진시켰다. 그중에서도 유엔(UN)자체의 군사적 역량 강화를 위한 제안은 브로스트 -갈리(Boutros Boutros-Ghali) 유엔(UN) 사무총장(당시)이 제출한 '평화를 위한 의제'(An Agenda for Peace) 보고서에서 다루어지고 있다.[21] 상기 보고서는 특히 PKO활동과 더불어 보다 적극적 군사제재를 수행하는 이른바 '평화강제군'(Peace Enforcement Unit)의 창설을 제안하고, 또한 헌장 제43조에 명시되어 있듯이 'UN 상비군'(UN Standing Army)의 설치를 위한 안보리와 유엔(UN)회원국 간의 특별협약체결을 촉구하고 UN군사참모위원회(MSC)의 활성화 등을 제안하였다.

유엔(UN)이 집단안보의 발동이나 무력제재를 행사함에 있어서 유엔(UN)의 가장 큰 한 계는 'UN 상비군'의 결여이다. 이러한 상황에서 유엔(UN)은 자발적, 임시적, 다국적 합동 군에 의존할 수밖에 없다. 이러한 기본구조는 1950년의 한국전쟁이나 1990년의 걸프전쟁 에서도 마찬가지였다. 예로서 1992년 소말리아의 개입에는 초기단계에서 '희망회복작전' 을 수행한 2만 명 이상의 미국군에 의존하였고, 1993년 이래 유고연방에 대한 제재에서도 유엔(UN)은 NATO군의 군사적 협력을 받았다.

PKO(Peace Keeping Operation) 활동의 전개에 있어서도 유엔(UN)은 다국적 군대를 지 휘 및 명령하는 체계의 혼란 등 많은 PKO제도의 문제점을 안고 있다. 이러한 문제점을 시정하기 위한 일환으로 유엔(UN)은 'PKO상시준비체제'(Stand-by Arrangements)제도를 설치하였다. 이 제도하에서 각 국가는 PKO 활동에 즉각 참여할 수 있는 군사요원을 별도 로 획정(earmarked) 및 훈련시켜 놓게 되며 유엔(UN)의 요청이 있을 시 PKO 활동에 참여 하게 된다. 현재 약 80개 회원국가가 이 제도에 참여하고 있다.

이와 같이, 유엔(UN) 헌장은 유엔(UN) 자체의 다국적군 또는 국제군의 설치를 상정하 고 있으나, 그 후속조치의 실패로 인하여 자체의 군사력을 보유하지 못하고 있다. 탈(脫) 냉전시대에 효과적인 분쟁의 관리 및 해결을 위하여 그러한 군사력의 확보를 위한 많은

---

21) Boutros-Ghali(1993), pp.323~332; 유엔(UN)한국협회 편(1996), p 52.

제안들이 제기되어 왔으나, 현실적으로 그 실현 가능성은 크지 않다. 그 이유는 대부분의 회원국들이 유엔(UN)이 독립된 혹은 강력한 군사력을 가진 국제기구 또는 행위주체자가 되는 것을 원하지 않기 때문이다. 특히 미국을 비롯한 대부분의 강대국들은 유엔(UN)관할 하의 자국군대가 미국의 지휘 및 통제를 벗어나는 것을 원치 않는다. 설혹 어떠한 형태의 유엔(UN)군이 설치된다 하더라도, 강대국들은 지휘·통제권을 확보하기를 원하고 있다.

한편, 대부분의 제3세계 국가들은 유엔(UN)산하의 군사력이 결국 강대국들의 정치적 및 전략적 목적에 이용되어 제3세계에 대한 부당한 개입을 용이하게 하는 등 유엔(UN)의 이름하에 오히려 강대국들의 입장만을 정당화시켜 줄 것뿐이라고 믿고 있다. 즉, 이들 제 3세계 국가들은 기본적으로 유엔(UN)자체의 군사적 능력 강화가 그들의 주권을 제약할 수 있는 것으로 여기고 'UN 상비군'의 설치에 대하여 부정적인 입장을 취하고 있다.

일반적으로, 유엔(UN)이 안고 있는 문제는 다음과 같이 6가지로 요약될 수 있다: ① 유엔(UN) 헌장의 해석·개정·보완문제, ② 회원국 문제, ③ 재정 문제, ④ 안보리의 확대 및 거부권 문제, ⑤ 지역주의 문제, ⑥ 사무국의 구성과 운영문제 등이다. 상기한 6가지 개혁 대상 중에서 특히 심각한 문제는 유엔(UN)의 재정위기와 안보리 개편이다.[22]

① UN의 재정난

유엔(UN)의 재정은 기본적으로 정규예산, PKO예산, 자발적 기여금으로 이루어지고 있다. 유엔(UN)의 정규예산은 18개국으로 구성된 '기여금위원회'(Special Committee on Contributions) 가 정한 '분담률 표'(scale of assessment)에 따라 회원국들이 납부하는 분담금으로 충당된 다. 각 UN 회원국의 분담률은 지불능력, 즉 국내총생산(GDP), 국민개인소득, 대외부채 등 을 고려하여 3년 단위로 결정하는 방식을 취하고 있다. 그 분담비율은 총예산중 최하 0.01%부터 최고 25%까지이다.

그러나 문제는 UN 회원국들이 각자의 분담금을 완납하지 않는 데 있다. 전체 193개 회원국 중에서 2018년 7월 현재 112국만이, 2019년 10월 현재 129개국만이 각각 분담금 을 완납했다. 평화유지 활동비가 제외된 2018~2019 유엔의 운영 예산은 54억 달러인데, 이 중 미국이 22%를 부담하고 있다. 그러나 도널드 트럼프(Donald John Trump) 대통령(제 45대: 2017~2021)이 '미국의 부담이 너무 크다'면서 2018년부터 납부를 거부해왔다.

유엔(UN)의 재정위기는 1985년 미국의회에서 통과된 3개의 미국의 유엔(UN) 지원 감 축안에서 시작되었다. 그 내용은 3가지 즉 ① 미국의 유엔(UN) 예산지원을 25%에서 20%

22) 이대우(1997), "유엔개혁과 한국", 「정세와 정책」(97−03), 세종연구소, p 11.

로 감축하고(the Kassebaum Amendment), ② 공산권 출신의 유엔(UN) 직원에 대한 급여지원을 중단하며(the Sundquist Amendment), ③ 연방정부의 유엔(UN) 예산지원 및 43개 국제기구 예산지원을 감축하는 것(the Gramm－Rudman Act)이다.

이에 대응하여, 갈리(Boutros Boutros－Ghali) 전(前) 유엔(UN) 사무총장(당시)은 유엔(UN)직원채용 동결, 사무실 축소 등 경비절감을 위한 노력을 하는 한편, 분담금 완납이 되지 않으면 유엔(UN)의 폐쇄를 개시하겠다고 경고하였다(조선일보, 1995. 10. 14). 이어서, 코피 아난(Kofi Atta Annan) 유엔(UN) 사무총장(당시)은 '유엔(UN)의 르네상스'를 주창하며 유례없는 혁명적 개혁안("Refom is a process, not an event")을 발표했다. 즉, 기구개편에서 예산제도, 새로운 기금조성에 이르기까지 그 폭이 무척 광범위하면서도 다양하다. 그의 표현대로 '작지만 효율적인 유엔(UN)'이 그 요체인데, 우선 비만한 조직을 통·폐합하여 더 능률적인 기구로 만들겠다는 것이었다.

특히, 2019년 10월 7일(현지시간) AFP에 따르면, 안토니오 구테헤스(Antonio Guterres) 유엔 사무총장은 3만7,000명의 유엔사무국 직원들에게 서한을 보내 "유엔이 거의 10년 만에 최악의 현금 위기에 직면했다"고 밝히면서 "회원국들이 2019년 유엔 정기 예산 운영에 필요한 금액의 70%만 지불했다"며 "이는 9월 말 2억3,000만 달러(약 2,747억 원)의 현금 부족을 의미하기 때문에 이달 말이면 예비 유동성 보유고가 고갈될 위험이 있다"고 설명했다. 그는 월 말까지 비용을 줄이기 위해서 컨퍼런스와 회의를 연기하고, 서비스를 줄이며, 공식 출장도 필수적인 것들로만 제한할 것을 제안했다. 그리고 '내전 중인 시리아도 분담금을 완납했다'면서 납부를 촉구했다. 참고로, 미국을 비롯해 몇몇 국가는 회계연도가 달라 일반적으로 하반기에 분담금을 납부한다.

따라서 유엔(UN)의 활동과 관련하여 유엔(UN)이 직면하고 있는 가장 시급한 과제는 재정난(財政難)을 해소하는 것이다. 여기서 유의할 것은 최대 분담금 미납(未納) 국가들이 바로 미국과 러시아라는 점이다. 특히 미국의회는 유엔(UN) 활동의 비(非)효율성을 이유로 12억 달러에 달하는 분담금 지불에 제동을 걸었다. 1993년도 및 1994년도 정규예산 분담금 미납액은 각각 1억2,700만 달러와 3억5,200만 달러에 달하며, 1994년 말 현재 분담금 미납금 총액은 18억 달러에 달하고 있다[한국유엔(UN)협회 편 42~43]. 이는 1994~1995년 예산이 29.1억 달러인 것을 감안하면 매우 심각한 문제가 아닐 수 없다.

버트런드 럿셀(Bertrand Russell, 1872~1970)은 지구상에 정치적 세계공동체를 수립하여 인류가 공존공영할 수 있는 가능성에 대해 "세계가 외계로부터 온 낯선 침략자의 위협하에 놓이지 않는 한, 불가능할 것"이라고 비관적으로 전망했다.[23]

② 유엔(UN)활동 강화를 위한 개혁: 안보와 경제 분야

브트로스-갈리(Boutros Boutros-Ghali) 유엔(UN) 사무총장(당시)은 1992년과 1994년 '평화를 위한 의제'(An Agenda for Peace)와 '발전을 위한 의제'(An Agenda for Development) 를 각각 발표함으로써 안보와 경제 분야에서 유엔(UN)활동 강화를 위한 개혁을 주장하였 다. 그러나 유엔(UN)의 개혁이란 쉽게 이루어질 수 있는 것이 아니다. 그 이유는 수많은 정부와 이익집단들이 각기 다른 목적을 갖고 존재하기 때문이다. 예를 들면 유럽과 북아 메리카 국가들의 주된 관심은 평화유지와 안보문제에 있는 반면에, 라틴아메리카, 아프리 카, 아시아 국가들은 경제발전을 위해 유엔(UN)의 경제사회이사회, 세계은행, 국제통화기 금(IMF) 등에 보다 많은 경제적 지원을 요구하고 있다. 그러므로 유엔(UN)의 역할에 대한 기본적인 원칙에 대한 합의가 이루어지지 않는 한, 유엔(UN)의 개혁을 통한 발전을 기대 하기는 어렵다는 것을 알 수 있다.

③ 국가주권과 인도적 개입

국제법의 가장 중요한 원칙의 하나는 국가주권의 원칙이며, 이것은 유엔(UN) 헌장에서 명백히 수용되어 있다(제2조). 이로부터 파생된 것이 이른바 '국내문제 불간섭의 원칙'인 데, 유엔(UN) 헌장은 '본질적으로 국가의 관할 내에 속하는 사항'에 대한 간섭을 배제한다 고 규정하고 있다(제2조 7항). 여기서 유엔(UN)활동과 관련하여 자주 문제가 되는 것은 UN의 '인도적 개입'(Humanitarian Intervention)이다. 이것은 자국민 혹은 해당국민의 인권 침해가 있을 경우, 그 해당국가의 동의 없이 개별국가 혹은 유엔(UN) 등 국제기구의 개 입, 특히 강제적 개입이 허용될 수 있는가의 문제이다. 즉, 주권(Sovereignty) 보호 및 국내 문제 불(不)간섭원칙과, 국제안보개념의 확대에 따른 인도적 재난에 대한 국제사회의 책임 이라는 대립적 문제를 국제사회가 어떻게 다루느냐에 관한 논의이다.[24]

유엔(UN)에 의한 집단안보의 발동의 경우에는 유엔(UN) 헌장의 규정에 의하여 국내문 제에 관한 간여가 허용되고 있음이 명백하다(제2조 7항 단서). 그러나 많은 경우에 과연 무 엇이 국내관할권에 속하는지는 상대적 개념이며, 국제관계의 변화 및 국제사회의 발달에 따라 변하게 된다. 탈(脫)냉전시대의 유엔(UN)의 활동 팽창은 한편으로는 유엔(UN)의 역 할 강화를 가서왔지만, 그럼에도 불구하고 적정한 유엔(UN)의 역할과 국제규범에 관하여

---

23) 라종일 (1985), "세계시민의 이상", 「세계시민론」 조영식 편저, 서울: 경희대학교 출판부, p 35.

24) Adam Roberts(1993), "Humanutarian War: Military Intervention and Human Rights", Interventional affairs, Vol.65, No.3 pp.429~449,

국제사회의 합의가 이루어지지 않았다. 유엔(UN)이 인도적 이유로 제한적 개입을 한 경우는 이라크, 소말리아, 구(舊)유고연방에서 각각 나타났다.

우선, 1991년 4월 유엔(UN) 안보리는 이라크 정부가 이라크 내 쿠르트족에 대한 혹심한 탄압을 하고 있음을 비난하고 그러한 탄압행위에 대하여 미국이 주축이 되어 이라크의 동의 없이 안전지대 및 비행안전구역을 설치하였다.

다음으로, 유엔(UN)은 1992년 소말리아의 무정부상태하의 내전에서 극심한 인간적 비극상황이 유엔(UN) 헌장 제7장에 해당된다고 선언하고, 미국을 주축으로 한 평화유지군이 개입하였다.

마지막으로, 구(舊)유고연방의 경우, 세르비아 군으로부터 회교 난민을 보호하기 위한 안전지역 및 비행금지구역을 설정하고, 또 이를 강제하기 위해 NATO 군의 전투기 사용이 허용되고 또한 실제 위반에 대한 제재가 이루어졌다.

그러나 상기한 유엔(UN)의 '평화강제 활동'에도 불구하고 이러한 '합법적이고 정당한' 유엔(UN)의 활동이 근본적으로 국가주권의 원칙이나 국내문제 불간섭의 원칙을 위배하는 것은 아니다. 물론, 국제사회는 내전이나 국제분쟁 자체에 대한 유엔(UN)의 관여가 증가하고 있는 것을 지원할 뿐만 아니라 인도적 지원을 이유로 한 평화강제활동에 관용적이라고 할 수 있다.[25]

그럼에도 불구하고, 유엔(UN)의 인도적 지원이 국제사회의 보편적 규범이나 원칙으로 발전되었다고 보는 것은 시기상조이다. 왜냐하면 일부 강대국들은 인도적 지원 명분하에 실제로는 그들 국가들의 전략적 및 경제적 목표를 추구할 가능성이 있으며, 따라서 대부분의 제3세계 국가들은 '긴급사태'의 경우 인도적 구호원조 등을 위하여 협력하는 것을 제외하고는 그들 국가들의 주권이 침해되는 가능성에 대하여 극도로 경계하고 있다.

---

25) Barry M. Blechman(1995), "The Intervention Dilemma, ", The washington Quarterly, vol. 18, no. 3

04 '글로벌 정의(Global Justice)':
강대국의 반(反)인류적 죄상(罪狀)

이제, 본 연구는 '글로벌 부(不)정의'(Global Injustice)와 관련된 강대국의 반(反)인류적 죄상(罪狀)에 관한 사례로서 6가지: (1) 아프리카에서 유럽 열강의 죄상(罪狀), (2) 중국의 조선(朝鮮) 수탈과 한국(韓國) 안보 위협, (3) 미국의 일방적 군사행동: 코소보 전쟁(1998년), 아프가니스탄 침공(2001년), 이라크 공격(2003년), (4) 한국전쟁(1950~1953): 미국, 소련, 중국의 책임, (5) 미국 발(發) 글로벌 금융위기: ① 세계 대공황(1929~1939년), ② 2008년 하반기 '글로벌 금융위기'를 야기했었으나 이에 대한 미국정부의 무(無)책임 의식, (6) 미국 도널드 트럼프 대통령(당시)의 '파리기후변화 협약' 탈퇴에 관하여 각각 논술하고자 한다.

1) 아프리카에서 유럽 열강의 죄상(罪狀)[26]

1884년 프로이센의 철혈 재상(鐵血宰相, IronChancellor) 오토 에두아르트 레오폴트 폰

---

26) 존 로버츠, 『The History of the World』, 도서출판 까치, 2013년., 저명한 역사학자 J. M. 로버츠는 1928년 영국 바스에서 태어났다. 그는 톤턴과 옥스퍼드를 졸업했다. 이후 1953년부터 1955년까지 미국에서 커먼웰스 재단의 특별연구원으로 활동하다 다시 옥스퍼드로 돌아와 1979년까지 머튼 칼리지에서 학생들을 가르쳤다. 1979년 사우스햄튼 대학교의 부총장이 되었고, 1985년 머튼으로 돌아가 학장을 역임하다가 1994년 은퇴했다. 퍼넬 출판사의 『20세기 역사』의 편집책임자였던 로버츠는 수많은 역사서를 출간했다. 그가 출간한 역사서 가운데 『서양의 승리』는 BBC 방송의 시리즈로 방영되었고, 직접 출연하여 해설을 맡기도 했다. 1967년부터 1978년까지는 『영국 역사개관』의 편집에 참여했고, 두 개의 총서 『옥스퍼드 간추린 현대사』와 『뉴 옥스퍼드 영국사』의 편집책임을 맡았다. 가장 최근 작품으로 『유럽의 역사』가 있다. 세계사에 대한 새로운 접근을 시도한 <히스토리카세계사> 시리즈이며, 한국사에 치중된 현재의 역사교육에서 벗어나 인류 전체의 역사를 바라보는 기회를 제공한다. 지식 전달의 수준을 넘어, 역사 속 인류의 성공과 실패를 녹녹한 시각으로 넘나나. 각 권에는 다양한 사진과 듬빛이 새겨진 화려한 지도 및 그림들을 함께 실어 역사를 살아 있는 모습으로 전해준다. 이 시리즈는 다양한 시대와 지역을 아우르며, 역사 속 인류의 변화 과정 및 이를 통한 성취에 중점을 두고 있다. 단순히 고대 문명의 특징을 서술하는 것이 아니라, 그 문명들 간의 교류와 공통점 및 차이점을 비중 있게 다루었다. 친절한 용어 설명과 교과과정과 연계된 보충 설명을 통해 청소년들은 물론 성인들도 쉽게 접근할 수 있도록 구성하였다('유럽 열강이 아프리카에 뿌린 비극의 씨앗', 조선일보, 2017. 03. 23).

비스마르크(Otto Eduard Leopold von Bismarck, 1815~1898)가 주도했었던 '베를린 콘퍼런스'는 유럽인들의 아프리카 나눠 먹기 매뉴얼이었다. 미개한 아프리카를 문명으로 인도해야 한다는 백인들의 사명감 끝에 자유와 평등의 나라 프랑스는 아프리카 대륙의 3분의 1을 먹어치웠다. 그렇게 유럽인들은 제멋대로 선(線)을 그어놓고 떠났고 그어진 선(線)마다 고랑이 되어 피가 흘렀다.

아프리카 56개국은 대부분 1950년대 말부터 1960년대 초반에 독립했다. 이들의 공통적인 패턴은 독립운동 지도자가 대통령이 되고 이들이 독재를 하다가 쿠데타 세력(대부분 군부)에 뒤집히고 더 끔찍한 독재가 이어지는 식이다. 고문이 취미였던 중앙아프리카공화국의 독재자 보카사나 냉장고에 인육을 재어두고 먹었던 우간다의 이디 아민이 대표적인 인물이다.

나이지리아 내전을 배경으로 하는 영화 '태양의 눈물'에서 주연 월터 브루스 윌리스(Walter Bruce Willis, 1955~현재)는 이렇게 말한다: "신은 아프리카를 버렸어." 그의 뒤에는 배가 열린 임신부가 허옇게 눈을 치뜬 채 죽어 있다. 가장 많은 사망자를 낸 것은 아프리카판(版) 세계대전이라 불리는 '콩고 전쟁'이다. 1998년부터 5년 동안 진행된 이 전쟁에는 8개국 25개 무장 세력이 참가했고 500만 명 이상 사망자를 냈다. 1,2차 세계대전에 이어 3등이다.

예로서 시에라리온 공화국(Republic of Sierra Leone)은 영국에서 돌아온 노예들이, 라이베리아는 미국 출신 노예들이 각각 건설했다. 그러나 노예제도 폐지 후 노예들이 귀찮아지자 잡아왔던 곳으로 돌려보낸 것이다. 혹독한 시집살이를 겪은 며느리가 더 악독한 시어머니가 된다. 즉, 자신들도 노예였던 주제에 그래도 문명의 맛을 봤다고 원주민들을 노예처럼 부렸다. 심지어, 자기들은 피부가 덜 까맣다는 이유로 못살게 굴었다.

아프리카의 풍부한 자원은 이들에게 축복이 아니라 저주였다. 그것은 처음에는 후추였고 고무나 금이나 석유였다가 지금은 다이아몬드다. 리어나도 디캐프리오가 다이아몬드 사냥꾼으로 나오는 영화 '블러드 다이아몬드'(분쟁 지역에서 생산되는 다이아몬드)는 시에라리온이 무대다. 시에라리온 공화국(Republic of Sierra Leone)은 '손 절단 부대'가 가장 활성화된 나라로 반군(叛軍)들은 투표를 못 하고 다이아몬드를 캐지 못하게 민간인의 손을 자른다. 전체 시장에서 블러드 다이아몬드의 유통량은 15% 정도다. 그러나 액수로 치면 수억 달러이다. 대부분 반군들의 군자금으로 흘러든다. 2003년, 블러드 다이아몬드의 유통을 막는 '킴벌리 프로세스'가 통과되었지만 선진국에 다이아몬드를 팔아넘긴 수익으로 다시 선진국들에서 무기를 구입하는 프로세스에는 별 영향을 미치지 못했다. 심지어, 시에라리온 공화국(Republic of Sierra Leone)의 어른들은 아이들의 죄의식을 흩어놓고 마약을 먹여 손에 총을 쥐여준다. 소년병들은 친척을 쏘고 친구를 쏘고 또래 여자 아이들을 강간 한다. 아프리카에는 지금도 20만 명의 소년병이 있다.

한편, 아프리카 대륙 남단에 있는 남아프리카공화국에는 한때 아파르트헤이트(Apartheid) 라는 악명 높은 정책이 있었다. 남아공 국민을 백인과 흑인, 유색인종으로 나누어 인종 간 거주 지역을 통제하고 흑인이 대중 버스나 공공시설을 이용할 때 여러 제한을 두는 인종 차별 정책이었다. 국제사회의 비난에도 아파르트헤이트(Apartheid)는 1993년까지 지속되었 고, 이듬해 1994년 넬슨 롤리랄라 만델라(Nelson Rolihlahla Mandela, 1918~2013)는 대통령 이 취임한 뒤에야 사라졌다.

15세기 전까지 남부 아프리카에는 수천 년 전부터 반투족(반투는 '인간'이라는 뜻)이 살 고 있었다. 이들은 짐바브웨 왕국, 콩고 왕국 등 찬란한 문명을 세워 번영을 누리기도 했 었다. 18세기 후반에는 반투족의 한 갈래인 줄루족에서 '검은 나폴레옹'이라 불린 샤카 왕 이 등장해 줄루 왕국을 세웠다. 그런데 15세기부터 인도로 가려는 포르투갈인들을 시작으 로 유럽인들이 하나둘 남아프리카로 이주하기 시작했다. 17세기 중엽에는 동인도회사를 앞세운 네덜란드인들이 오늘날 케이프타운 일대에 케이프 식민지를 건설하고 대거 정착 하였다. 네덜란드인들은 그 일대에 살던 흑인을 노예로 삼고 농장을 운영하였다. 18세기 말 영국이 케이프 식민지를 점령하자 영국인들이 대거 케이프 식민지로 이주해왔다. 이후 영국 식민 정부가 영국인을 중시하는 통치를 펼치면서 네덜란드인들은 불만을 품기 시작 했었다. 특히 식민 정부가 흑인 노예를 해방하는 조치를 내리자 불만이 극에 달했었다. 백 인 우월 의식을 갖고 있던 네덜란드인들은 흑인 노예 해방을 결코 받아들일 수 없었다. 이에 네덜란드인들은 하나둘 케이프 식민지 북쪽으로 이주해 식민 정부의 지배에서 벗어 나 살기 시작했었다. 이들을 가리켜 네덜란드어(語)로 '농장주'를 뜻하는 '보어(Boer)'인이 라고 불렀었다. 또한, 흑인 노예를 해방한 영국 식민 정부도 '통행법'을 만들어 해가 지면 흑인은 거리에 다니지 못하게 할 정도로 엄격한 통제와 감시, 차별을 하였다. 보어인들도 비슷한 흑인 차별을 계속하였다. 이런 관행과 악법이 이어져 훗날 아파르트헤이트(Apartheid) 로 발전했었다.

한편, 케이프 식민지 북쪽으로 이주한 보어인들은 줄루족과 미주치게 되었다. 당시 줄 루 왕국의 왕 딩가네는 의심이 많고 흉포한 성품을 가졌는데, 그는 북쪽으로 이주한 보어 인들이 줄루 왕국을 노리는 것이라 의심했었다. 결국 딩가네는 보어인들을 잔치에 초대한 뒤 잔혹하게 죽이는 '통곡의 학살'로 선제공격을 하였다. 기습을 당한 보어인들은 전열을 가다듬어 줄루 왕국과 전쟁을 벌였지만 패하고 말았다. 보어인들을 돕는다는 명분으로 전쟁에 뛰어든 '세계 최강' 영국군도 줄루 전사(임피·impi)의 용맹함을 당해내지 못했었다. 재차 전열을 가다듬은 보어인들은 신중한 군사작전을 펼쳐 줄루 왕국으로부터 항복을 받아냈고, 케이프 식민지 북쪽에 보어인의 나라인 나탈리아 공화국을 수립하였다. 하지만 나탈리아 공화국은 영국 식민 정부의 압력에 굴복해 케이프 식민지로 편입되고 말았다. 이에 보어인들은 다시 북쪽으로 이동하여 트란스발 공화국(1852년)과 오렌지 자유국(1854년)을 세웠다.

그러나 보어들인이 세운 두 나라와 영국 식민 정부, 줄루족 간 평화는 오래가지 못했다. 왜냐하면 트란스발 공화국과 오렌지 자유국에서 다이아몬드와 금이 대거 발견되었기 때문이었다. 농장을 운영하던 보어인들도 너나 할 것 없이 광산으로 달려갔고, 케이프 식민지에 사는 영국인들도 두 나라로 넘어가 광맥을 찾을 정도로 남아프리카에는 다이아몬드 열풍이 불었다. 이에 영국인과 보어인 사이에 다이아몬드와 금 광산을 둘러싼 이권 다툼이 벌어지기 시작했다. 다이아몬드를 탐낸 영국은 이권을 차지하기 위해 트란스발 공화국과 오렌지 자유국을 상대로 전쟁을 일으켰었다. 이 전쟁이 바로 보어전쟁(1899~1902)이다. 초반에는 지형을 이용해 게릴라 전술을 펼친 보어인 군대가 선전하였지만, 3년 만에 항복하고 말았다. 당시 보어인 인구는 50만 명, 군대는 7만 명 정도였는데 영국 정부가 무려 45만 명의 군대를 투입해 보어인의 농장과 집을 깡그리 불태우는 전멸 작전을 펼친 결과였다.

줄루 왕국도 무사하지 못했었다. 줄루 전사(임피, impi)에게 뼈아픈 패배를 당했었던 영국군은 1879년 줄루 전쟁에서는 개틀링 기관총을 가져가 대승을 거두었다. 줄루 왕국은 여러 부족으로 분할되었고, 마지막 왕 세츠와요가 사망하면서 역사 속으로 사라졌다. 영국은 1909년 줄루 왕국의 땅과 케이프 식민지, 트란스발 공화국, 오렌지 자유국 전체를 하나로 묶어 '남아프리카연방(남아연방)'을 수립하였다. 남아연방은 영국의 지배를 받다가 1961년 자치령에서 벗어나 남아프리카공화국으로 독립하였다. 하지만 케이프 식민지 시절부터 시작된 보어인과 영국 백인의 흑인·유색인 차별은 남아공 수립 이후에도 계속되었다.[27]

---

27) 보어인과 영국인, 줄루족 땅 빼앗고 흑인 차별했어요(조선일보, 2017. 03. 22)

2) 중국의 조선(朝鮮) 수탈과 한국(韓國) 안보 위협

우선, 한국과 중국의 역사적 관계를 보면, 삼국시대(BC 18~AD 668)·고려시대 (918~1392)·조선시대(1392~1910)를 거쳐 1780년 동안 중국은 한국을 침략하여 수많은 물자와 약 52만 명의 한국인들을 포로로 삼아 자국으로 끌고 가 노예로 부렸다.

(1) 삼국(三國)시대(BC 18~AD 668): 백제(百濟) 멸망(660년) 후 1만2천8백7명의 백제인들이 당(唐)나라의 포로가 됐다. 또한, 고구려(高句麗) 멸망 후 보장왕(寶藏王)과 그의 가족, 그리고 백성 3만8천3백 호(약 20만 명)의 주민들이 중국으로 끌려갔었다.

(2) 고려(高麗)시대(918~1392): 몽골의 침입으로 20만6천8백 여명의 고려인들이 포로가 되어 중국으로 끌려갔었다. 현재 중국은 몽골 역사를 자국의 역사로 간주한다.

(3) 조선(朝鮮)시대(1392~1910): 병자호란(1636~1637)으로 약 10만 명의 조선인들이 중국으로 끌려가 노예가 됐었다.

중국은 한국의 운명을 결정하는 데 가장 오래된 상시변수(常時變數)이다. 멀리는 2천1백 년 전인 BC 108년 고조선(高朝鮮) 멸망 때부터 그랬고 가까이로는 1882년 임오군란(壬午軍亂)[28]과 6·25 전쟁(1950~1953) 때도 그랬다. 최근에 국·내외의 거센 논란 속에서도 추진되고 있는 중국의 군비증강, 동북공정(東北工程)[29], 중국인민해방군의 압록강 도하훈련 등은 이러한 우려를 증대시켜 주고 있다.

한편, 현대시대의 한·중(韓·中) 관계를 살펴보면, 중국은 끊임없이 만리장성(萬里長城)을 늘이며 역사 왜곡을 자행하고 있다. 최근에 만리장성(萬里長城) 동단(東端)이 압록강변이란 터무니없는 주장을 계속하고 있다. 상술하면, 2009년 이전까지는 만리장성(萬里長城) 동단의 허베이성(河北省) 친황다오시(秦皇島市)의 산해관(山海關), 서단은 간쑤성(甘肅省) 가욕관(嘉峪關)으로 알려져 왔다. 그런데 중국은 이런 정설(定說)을 뒤집고 만리장성(萬里長城) 동단이 산해관(山海關)이 아니라 압록강 하구라고 주장하고 있다.

우선, 17세기 한·중(韓·中) 관계를 회고해 보면, 광해군 집권(1608년) 당시 조선(朝鮮)과 명(明)은 임진왜란(1592~1598)과 정유재란(1597~1598)을 함께 치른 혈맹 관계였다. 위

---

28) 임오군란(壬午軍亂)이란 1882년(고종 19) 6월 일본시 군제(軍制) 도입과 민씨정권에 대한 반항으로 일어난 구식군대의 군변(軍變)이다. 이 사건은 대외적으로 청나라와 일본의 조선에 대한 권한을 확대시켜 주는 국제문제로 변하였고 대내적으로는 갑신정변의 계기를 마련해 주었다.

29) 동북공정(東北工程)이란 중국 국경 안에서 전개된 모든 역사를 중국 역사로 만들기 위해 2002년부터 중국이 추진하고 있는 동북쪽 변경(만주) 지역의 역사와 현상에 관한 연구 프로젝트이다. 원래 '동북변강사여현상계열연구공정'(東北邊疆史與現狀系列研究工程)을 줄여 동북공정(東北工程)이라고 부른다.

로부터 아래에 이르기까지 왜구의 침략에 맞서 조선(朝鮮)을 구해준 명(明)의 은혜(再造之恩)를 저버려선 안 된다는 여론도 팽배했다. 아직 후금(後金)은 요동 지역도 평정하지 못한 상태였다. 인조반정(1623년)을 전·후한 시점에 여진(女眞)은 더 이상 명(明)나라와 조선이 맞설 수 없을 만큼 강한 제국이 돼 있었다.

17세기 조선의 국왕 광해군(光海君)은 명(明)과 후금(後金) 사이에서 줄타기를 했다. 당시 후금(後金)은 '떠오르는 태양'으로, 명(明)은 '지는 해'로 각각 간주했다. 광해군(光海君)은 말했다: *"중원의 형세가 참으로 위급하다. 이런 때에는 안으로 자강(自强)하면서 밖으로 견제하는 계책을 써서 한결같이 고려(高麗)가 했던 것처럼 한다면 나라를 보전할 수 있을 것이다."* 그렇지만 행동이 따르지 않았다. 광해군(光海君)은 성곽을 쌓고 장병을 기르는 데 써야 할 소중한 재원을 궁궐을 짓는 데 탕진했다.

또한, 사대사상에 매몰된 조선 신료들은 명(明)에 대한 의리를 내세우며 광해군(光海君)에 맞섰다. 신료들은 틈만 나면 광해군(光海君)을 흔들었고 광해군(光海君)은 왕권 강화를 위해 정적(政敵)을 내치는 권력투쟁에 몰두했다. 급기야 광해군(光海君)을 폐위하고 인조(仁祖)를 옹립(1623년 인조 반정)했던 조선은 친명(親明) 노선을 고수하다 끝내 대청(大淸)제국으로 강성해진 여진의 침략 즉 병자호란(1636년)을 자초했다.

조선(朝鮮)과 명(明)의 연합군이 후금(後金)군에게 격파된 이후에도 조선은 단결하지 않았다. 쿠데타로 광해군(光海君)을 내쫓은 서인(西人) 정권도 입으로만 전쟁을 외쳤을 뿐, 전쟁을 준비하지 않고 화친(和親)만을 반대했다. 후금(後金)이 쳐들어오자 인조(仁祖)는 수도를 버렸고 장졸은 창을 버렸다. 군(軍) 최고통수권자와 지도층이 꽁무니를 빼고 달아나자 조선(朝鮮)은 유린됐다. 결국, 인조(仁祖)는 송파의 삼전도(三田渡)에서 오랑캐 수장이라고 멸시했던 청(淸) 태종 홍타이지 앞에서 세 번 절하고 아홉 번 머리를 조아렸다. '삼배구고두례(三拜九叩頭禮)'의 치욕이다. 조선(朝鮮) 백성은 인조(仁祖)나 조정 신료보다 더 참혹한 수난을 당했다. 청군은 철수할 때 조선(朝鮮) 백성 수십만 명을 끌고갔다.

병자호란(1636년)으로부터 314년이 경과한 후 6·25 전쟁(1950~1953)에서 서로 총구를 겨눴었다. 그로부터 40년 후 1992년 8월 24일 한·중(韓·中) 국교정상화가 이루어졌다. 1992년 수교 당시 63억7,000만 달러였던 교역량은 매년 평균 15.7% 증가하여 2016년엔 33배인 2,114억 달러가 됐다. 미국·일본과의 교역량을 합친 것보다 많다. 한 해에 한·중(韓·中) 두 나라를 오가는 사람이 600만 명을 넘는다. 양국 외교관계는 1997년 협력 동반자 관계, 2003년 전면적 협력 동반자 관계, 2008년 전략적 협력 동반자 관계로 격상돼 왔다.

그러나 한·중(韓·中) 관계는 2010년을 기점으로 크게 삐걱대고 있다. 2010년 천안함 폭침 사건과 연평도 포격 사태 때 중국이 급속히 확대돼 온 한·중(韓·中) 상호 의존 관계는 아랑곳하지 않고 핵(核) 개발과 군사 도발로 동북아 안정을 위협하는 북한만 감싸고 돌면서 중국의 한반도 정책의 진정한 의도가 무엇이냐는 의문이 제기됐다.

한·미(韓·美) 양국은 2016년 7월 북한의 위협에 대응해 방어 차원에서 '고고도 미사일 방어(THAAD: Terminal High Altitude Area Defense)' 체계 도입을 결정했다. 이때부터 시작된 중국의 부당한 보복 조치가 지금까지 이어지고 있다. 급기야 문재인(文在寅) 정부 들어 2017년 10월 강경화 외교부 장관은 '미국의 미사일 방어(MD) 참여, 사드(THAAD) 추가 배치, 한·미·일 군사동맹'을 하지 않겠다는 이른바 '사드(THAAD) 3불(不)' 입장을 표명했다. 이를 계기로 한·중(韓·中) 양국이 교류를 정상화하기로 한 이후 학술교류는 정상화되었으나 관광·문화 분야에서 '한한령(限韓令)'이 지속되었다.

'사드(THAAD: Terminal High Altitude Area Defense)'는 최종단계 고고도 지역방어 마지막 비행최종단계에 돌입한 적의 대륙 간 탄도 미사일(ICBM)을 고고도에서 조준하여 사거리200km의 요격 미사일을 발사·파괴·충돌 기술(hit-to-kill-technology)을 이용하여 최고150km 상공에서 파괴하는 미사일이다. 미국은 한국배치를 적극 지지하고 중국은 절대 반대한다.

여기서 문제는 사드(THAAD) 미사일이 아니라 X밴드 레이더('AN/TPY-2')가 가장 핵심적인 장비라는 것이다. 즉, 만약에 사드(THADD)가 한반도에 배치된다면 고성능 X밴드 레이더가 자동으로 따라오고, 인접 국가인 중국의 거의 모든 지역이 이 레이더의 감시하에 놓인다는 것이 중국 측의 주장이다. 최대 탐지 거리는 1,000km를 넘어서고 파장도 짧아 정밀한 탐지가 가능하다. 사드(THAAD) 미사일이 한반도에 배치되면, 이것을 운용하는 주한미군은 중국의 심장부라고 할 수 있는 베이징을 샅샅이 뒤져볼 수 있게 된다. 그리고 X밴드 레이더의 크기도 작아 수송기로 실어나를 수도 있다. 현재 미국의 X밴드 레이더는 일본 오키나와 지역에 배치되어 있으며, 중국의 연안 지역까지 탐지하고 있다.

또한, 사드(THAAD) 배치는 곧 한국의 미국MD(미사일방어) 체제 편입 가능성을 시사한다. 이는 MD 운용의 '핵심인상호통합운용 원칙'에 따라 한·미·일 3개국의 군사 교류가 활발해질 수 있다는 것을 시사한다. 한국 국방부는 먼저 탄도탄 조기경보 레이더, 이지스 구축함 레이더를 추가 확보해 보는 방향의 미사일에 대한 탐시능력을 확보한다는 계획이다. 나아가 패트리엇과 철매-II를 성능개량하여 배치함과 동시에 장거리 지대공미사일(L-SAM) 연구개발을 완료해 다층·다중 방어 능력을 구축함으로써 최근 북한이 발사한 신형 단거리 탄도미사일 등에 대해 충분한 요격 능력을 갖춘다는 복안이다.

한 걸음 더 나아가, 중국은 한국에 대해 이른바 '회색 지대(Gray zone) 전략'을 동원하고 있다.[30] 즉, 군사적 충돌을 촉발하는 임계점에 도달하지 않으면서 특정 목표를 달성하기 위해 민간인의 행위인지, 정부의 정치·군사적 행위인지 헷갈리는 조치를 하는 전략이다.[31] 한국에 대한 중국의 정책은 상업행위인지 군사적 도발 행위인지 모호한 회색 지대에서 이뤄지고 있다. 사드(THADD) 배치에 대한 부당한 경제 보복에 군사적 위협이 '적절히' 가미되고 있다.

그럼에도 불구하고, 최근에(2021. 05) 경상북도 성주 주한미군 사드(THAAD) 기지에 생필품과 공사 자재 반입이 재개되었다. 이것은 높게 날아오는 공격용 미사일을 요격하는 방어체계이다. 그러나 사드(THAAD)는 미사일이 낙하하는 종말 단계에서의 요격이기 때문에 북한의 대륙 간 탄도 미사일(ICBM)을 요격할 성능을 갖추고 있지 않다. 단지, 사드(THAAD) 레이더를 통해 대륙 간 탄도 미사일(ICBM)을 탐지할 수 있을 뿐이다. 따라서 사드(THAAD)의 한반도 배치는 어떤 형태이든 간에 미국 미사일 방어체계(MD)의 편입으로 간주된다. 이에 대하여 중국의 왕이(王毅) 외교부장은 사드(THAAD)의 한반도 배치를 '유방(劉邦, BC 247~195)' 앞에서 항장(項莊)이 칼춤을 추었지만 실은 항우(項羽, BC 232~202)가 유방(劉邦)을 죽이려 했다고 맹비난하였다. 그러나 '항장의 칼춤(項莊舞劍 意在沛公)'은 실패했었다. 그 고사(古事)를 인용하는 것은 적절하지 않다.

3) 미국의 일방적 군사행동

미국은 코소보 전쟁(1998년), 아프가니스탄 침공(2001년), 이라크 공격(2003년) 등과 같은 일련의 정치군사적 분쟁을 주도하면서 자국위주로 국제질서를 만들려고 시도했다. 미

---

30) 중국이 남중국해와 동중국해 등지에서 어선 또는 해상민병과 같은 (민간도 아닌) 민간 행위자들이 해경과 같은 관용 선박을 영유권 분쟁 중인 해역에 투입해 마치 영해에서 이뤄지는 것과 같은 행위를 반복함으로써 이 지역을 사실상 중국의 주권 지역화하는 것도 이런 전략의 일환이다.

31) 미국 로체스터대학 음대 오케스트라가 2019년 12월에 중국 순회공연을 할 예정이었으나 한국인 유학생 단원 3명에 대한 비자 문제가 불거지면서 결국 공연을 연기했다. 음대학장은 "중국 측 파트너가 '한국인 단원은 비자를 받을 수 없다'고 알려왔다"고 이유를 설명했다. 세계적인 소프라노 조수미 씨도 비자 발급에 필요한 공식 초청장이 오지 않아 2년을 준비한 중국 공연을 접어야 했다. 또한, BTS를 비롯한 한국의 아이돌 그룹이나 가수의 중국 공연도 불가능하다. 중국은 한국 여행 상품에 '인터넷 광고, 크루즈 이용, 전세기 이용, 롯데면세점 포함 금지'를 조건으로 내세워 유커(중국인 단체 관광객)의 한국 행을 막고 있다(중앙일보, 2019. 11. 06).

국 외교정책의 기조를 이루고 있는 '민주평화론'은 임마누엘 칸트(Immanuel Kant)의『영구평화론』(Zum ewigen Frieden, 1795년)을 왜곡한 것이다. '민주평화론'의 기본적 논리는 민주주의 국가의 성격상 이들끼리는 전쟁하는 경우가 거의 없어 오랜 기간 동안 평화를 유지할 수 있다는 것이다. 그러나 '민주주의 국가'라는 기준은 상대적이며 주관적이다.

(1) 코소보 전쟁(1998년)

코소보(Kosovo)는 중세(中世) 세르비아 왕국의 발상지이자 중심지로서 세르비아의 영토였으나 오스만 제국과 벌인 코소보 전투를 기점으로 전세(戰勢)가 오스만 제국 측으로 기울고 그 후에 세르비아가 오스만 제국에 통치하에 들어가게 되면서부터 무슬림계 알바니아인들이 유입되기 시작하였다. 근대시기 이후에 코소보(Kosovo)에서는 알바니아인이 상당 부분을 차지하게 되었고, 1974년 유고슬라비아의 요시프 브로즈 티토(Josip Broz Tito, 1892~1980) 대통령에 의해 연방내 자치주로 승격되었다.

그러나 1980년 요시프 브로즈 티토(Josip Broz Tito)가 죽고, 1989년 '발칸의 도살자'로 불리던 슬로보단 밀로셰비치(Slobodan Milošević, 1941~2006)가 유고 내 세르비아 공화국에서 집권하자 코소보(Kosovo)는 세르비아 민족의 성지(聖地)라는 이유로 코소보(Kosovo)의 자치권을 박탈해버렸다. 이러한 세르비아 측의 자치권 박탈에 분노한 코소보(Kosovo) 내 알바니아계는 분리독립을 주장했고, 1995년 아뎀 야샤리, 하심 타치 등 일단의 급진파 인사들을 중심으로 코소보(Kosovo) 해방군이 결성되어 무장 투쟁에 돌입하면서 사태는 더욱 악화되었다. 여기서 문제는 독립군인 코소보(Kosovo) 해방군의 실체도 또 막장이라, 이탈리아 마피아, 알바니아 마피아까지 연계된 현지 산적조직이었다. 코소보(Kosovo) 해방군이 결성되고 코소보(Kosovo) 사태가 일어나기 전까지 이들은 미(美) 국무부로부터 인신매매와 마약거래를 일삼는 위험한 범죄조직, 즉 산적으로 분류되어 있었다.

1998년 3월 코소보(Kosovo) 해방군은 코소보(Kosovo) 지역을 순찰 중인 세르비아 경찰을 사살하였고 이에 세르비아 중심의 신(新) 유고 연방 정부는 군대를 코소보(Kosovo)로 파견해 대규모 소탕작전을 펼치면서 코소보(Kosovo) 전쟁이 발발했다. 개전 초기 신(新)유고 연방군은 코소보 해방군을 비롯하여 비무장 알바니아인들을 대량학살하였고 이에 코소보(Kosovo) 내 알바니아계가 코소보(Kosovo) 해방군에 합세하여 신(新)유고 연방군에 저항하였다. 결국, 코소보(Kosovo)는 세르비아 주축의 신(新)유고 연방군과 코소보 해방군 간 전투와 보복을 거듭했다.

　이러한 코소보(Kosovo)에서의 전쟁상은 국제사회와 서방세계를 경악시켰다. 1998년 6월 미국과 유럽연합은 코소보(Kosovo) 전쟁에 대한 개입을 선언하고 신(新)유고 연방군의 코소보(Kosovo) 철수와 학살 중단을 촉구했다. 그러나 세르비아는 이를 무시하고 1998년 8월 코소보 해방군의 주요 거점지들을 함락했다. 결국 1998년 10월 북대서양 조약기구(NATO)는 세르비아에 대한 무력사용을 결정했으며, 이듬해 1999년 3월 24일 신(新)유고 연방 세르비아 공화국에 대한 공습에 나서면서 전세는 세르비아에게 불리해졌다. 몬테네그로는 중립을 선언했지만 몬테네그로군 역시 일부 코소보(Kosovo)에 참전했기 때문에 NATO는 포드고리차(4차례)와 체티네(2차례)도 6차례 폭격하였다. 체티네 폭격이 끝난 이후 몬테네그로는 전쟁에서 완전히 이탈하여 NATO에 항복했다.

　그러나 코소보(Kosovo) 전쟁의 예상은 미국과 NATO가 바라지 않는 방향으로 흘러갔다. 원래 NATO의 계획은 3－4일, 아니 길어도 1주일 폭격으로 세르비아를 회담장으로 끌어내 마무리 지을 생각이었다. 문제는 몬테네그로와는 달리 폭격을 당해도 세르비아가 버틴다는 것이었다. 게다가 상기 작전 중 초기 상당 기간이 악천후(惡天候)라 제대로 된 폭격 작전이 힘들었고, 설상가상으로 F－117 나이트호크가 격추되는 망신까지 당했다. 상기 작전 중반 이후 기상이 좋아지면서 공습량도 증가했으나 여전히 세르비아는 버티기로 일관했다. 거기에 설상가상으로 마케도니아에 주둔하던 미군 3명이 순찰 중 유고군에 생포되어, 유고－세르비아 방송에 초췌한 모습이 그대로 공개됨에 따라 NATO를 당혹스럽게 만들었다. NATO군은 알바니아에 처음에 1천 명, 나중에 8천 명을 더 상륙시켰고 4월 말에는 영국군 4만 명이 코소보(Kosovo)에 파견되었다.

　상기와 같은 상황에서, 미국은 핀란드 대통령과 함께 미국 외교관을 특사로 러시아에 파견, 다시 보리스 니꼴라예비치 옐친(1931~2007)을 압박했다. 암울한 시기라 국력이 밀렸던 보리스 니꼴라예비치 옐친(Boris Nikolayevich Yeltsin)은 이번에도 미국이 원하는 대로 슬로보단 밀로셰비치(Slobodan Milošević)를 압박해 회담장으로 끌어냈으며, 6월 종전이 이루어졌다. 이 경우에도 러시아군이 종전 직후 세르비아의 후견인으로 파견되어 코소보(Kosovo)에서 UN군과 함께 평화유지 임무를 수행했다. 다만 옐친은 NATO군의 알바니아 상륙에 대해서 '제3차 세계대전'을 경고하는 등 나름의 불쾌함을 처음부터 드러내고 있었고 최소한의 명분은 보장할 수 있었다.

　NATO군의 공습은 총 78일간 실시되었고, 코소보(Kosovo) 지역에 주둔하던 세르비아 제3군단의 안전한 철수가 보장되었다. 이 와중에 NATO는 자신들이 폭격 동영상까지 공개하며 대대적으로 선전했던 것과 달리 상당수의 기갑차량과 항공기가 세르비아로 철수하는 충격적인 광경을 목도하게 되었다. 이는 세르비아 측이 NATO군의 공습에 대비해 상당량의 디코이들을 만들어 노출시킴으로써 폭격의 피해를 줄인 것도 한몫했다. 이후 폭격 성과에 관해 논란이 생긴 것은 당연했다. 심지어, 오폭(誤爆)으로 인해 중국 대사관 직원들과 코소보(Kosovo) 난민들(100여 명)이 사망하는 경우도 있었다.

미국은 인권보호를 위한 것이라는 명분으로 UN의 절차를 무시하고 북대서양조약기구(NATO)를 동원하여 코소보(Kosovo)에 대해 무력개입(1998년)을 하였다. 즉, 코소보(Kosovo) 전쟁(1998년)은 러시아의 거부권 행사 위협으로 안보리의 승인 없이 개전되었던 것이다. 이 전쟁은 이슬람교도들의 '인종 청소'를 중단하기 위한 인도주의적 차원에서 이루어진 경우였다.

(2) 아프가니스탄 침공(2001년)

미국은 세계인이 경악하였던 2001년 9·11 테러에 대한 보복으로, 아프가니스탄(Afghanistan)을 침공(2001년)하여 반미(反美) 탈레반(Taliban) 정권을 무력화시켰다. 즉, 아프가니스탄 전쟁(2001년)은 2001년 9·11 테러를 자행한 알카에다(Al-Qaeda)를 비호하는 아프가니스탄의 탈레반(Taliban) 정권에 대하여 미국이 자위권을 발동하여 아프가니스탄을 공격한 것이었다. 결국, 알카에다(Al-Qaeda)의 지도자, 오사마 빈 라덴(Osama Bin Laden)이 사살(2011. 05. 02)되었다.[32]

이젠, 뒤늦게 미국은 아프가니스탄 전쟁에서 발을 빼려는 '출구전략'(Exit Strategy)으로서 아프가니스탄에 주둔 중인 9만 병력의 일부를 2011년 7월부터 철군하기 시작했었고 2014년까지 단계적으로 완전히 철수시켰다.

이어서, 미국은 테러지원 및 대량살상무기 개발을 차단한다는 명목하에, 이라크(Iraq)를 침공(2003년)하여 사담 후세인(Saddam Hussein) 정권을 붕괴시켰다. 그리고 사담 후세인(Saddam Hussein) 대통령(당시)은 2006년 12월 30일 처형됐다.

여기서 유의할 것은 미국의 아프가니스탄과 이라크에의 침공은 '방어를 위한 전쟁'의 차원이 아니라 '예방을 위한 차원'에서 이루어진 전쟁이라고 미국은 강변하고 있다는 점이다. 그러나 미국의 대(對)이라크에 대한 선제공격(2003. 03. 20)은 세계적인 반전(反戰) 여론에도 불구하고 감행되었다. 물론, 미국정부는 유엔 안전보장이사회의 사전 승인 없이 실

---

32) 오사마 빈 라덴(Osama Bin Laden)은 '이슬람의 황금시대'를 부활시키고자 새로운 제국주의 시대를 개막한 세력인 미국에 대하여 무모한 테러리즘을 감행하였던 '문명의 충돌'의 희생자였다. 그는 미국이 주도하는 세계화가 이슬람 문명을 파멸로 이끈다고 믿었던 '확신범'이었다.

행되었던 미국의 대(對)이라크 공격에 대한 명목상 근거는 조지 워커 부시(George Walker Bush, 1946~현재; 대통령 재임: 2001~2009)의 대(對)국민 연설(2003. 03. 17)에서 잘 나타나 있다. 즉, 이라크는 2001년 9·11 테러의 주범인 알카에다(Al-Qaeda)와 여러 테러 집단을 지원해왔고 대량 살상 무기를 보유하고 있기 때문에 세계 평화를 위해 이를 사전에 저지 하기 위해 이번 공격을 감행한다는 주장이었다. 그러나 현행 국제법상 무력사용의 정당성이 인정되는 경우는 다음과 같이 2가지 경우뿐이다:

첫째, 유엔 헌장 제7조에 규정한 '자위권 발동' 차원에서 무력을 사용하거나 안전보장 이사회가 승인하는 경우이다.

둘째, 그 밖의 예외 조항으로 '인권 보호'라는 전제(유엔 헌장 1조 3항, 55조)하에 무력 사용을 인정하는 경우이다. 예로서 코소보 전쟁(1998년)과 아프가니스탄 전쟁(2001년)을 들 수 있다.

여기서 제기될 수 있는 문제는 과연 미국의 이라크 전쟁(2003년)이 상기한 2가지 요건을 충족했었던 것인가이다. 유엔 사찰단은 이라크가 당시 미국에 위협이 되지 않는다고 보고했었다. 사실, 이라크는 유엔의 요구를 받아들여 알 사무드(Al Samoud) 미사일을 대량 으로 파기하는 성의도 보였다. 미국의 이라크 공격 정당성은 이라크가 전쟁(2003년) 과정 에서 미국과 영국이 주축이 되는 연합군을 향해 생화학 무기를 사용하거나, 걸프전쟁 (1991년) 때처럼 쿠르드족(Kurd) 반군이나 국내 저항 세력에 대해 독가스를 사용하게 되거 나, 전쟁 중이나 종전 후 이라크가 은닉한 대량 살상무기를 찾아낼 경우이다. 그러나 사실 상, 대(對)이라크 침공(2003년)에 대한 미국의 명분은 오직 미국의 실리적 입장에서만 찾을 수 있을 뿐이었다.

미국이 2001년 9·11 테러의 주범인 알카에다(Al-Qaeda)의 지도자, 오사마 빈 라덴 (Osama Bin Laden)을 체포하기 위해 시작한 아프가니스탄 전쟁이 2021년으로 만 20년째 로 접어들었다. 미국과 북대서양조약기구(NATO)는 아프가니스탄 전쟁에서의 승리를 위해 10만 명 이상의 병력을 파견했지만 승리는 요원하다. 알카에다(Al-Qaeda)를 지원하는 탈 레반(Taliban)은 아프가니스탄에서 많은 지역을 장악한 상태다. 그동안 연합군과 아프가니 스탄 군 6,600여 명이, 탈레반(Taliban)과 알카에다(Al-Qaeda)의 무장세력 2만2,000명 이 상이 각각 사망했다. 민간인 희생자도 1만2,000명에 달한다. 따라서 아프가니스탄이 '제2 의 베트남'이 될 것이라는 우려가 높아지고 있다.

아프가니스탄은 북(北)으로 중앙아시아의 구(舊)소련 국가들과 중국, 서쪽으로 이란, 남 서쪽으로 아라비아반도, 남동쪽으로 파키스탄과 인도에 접한 요충지다.[33] 이란과 카스피해의 석유를 원한다면, 반드시 아프가니스탄을 통과해야만 한다. 미국 역시 석유수출국기구(OPEC)의 영향력에서 벗어나기 위해서는 카스피해의 석유가 필요하다.

따라서 아프가니스탄을 둘러싸고 각국의 '신(新)그레이트 게임(The New Great Game)'이 시작됐다. '그레이트 게임'이란 영국과 러시아가 19세기 초부터 한 세기에 걸쳐 아프가니스탄을 비롯한 중앙아시아를 놓고 벌인 막전·막후의 충돌을 일컫는다. 19세기 영국과 러시아 두 제국이 '그레이트 게임'을 벌였을 때의 '판돈'은 인도와 면화와 영토였다. 그러나 '신(新)그레이트 게임'의 전리품은 막대한 에너지 및 천연자원과 이를 수송할 통로다.[34]

그러나 아프가니스탄은 '제국의 무덤'으로 불리운다. 아프가니스탄에서 전쟁을 벌였던 영국과 소련은 막대한 희생을 치르고 철수해야만 했다. 영국은 러시아의 남진을 막기 위해 1839년 아프가니스탄을 식민지로 삼았다. 그러나 토착세력의 필사적인 저항으로 영국은 1919년 물러서야 했다. 그 이후 영국은 두 차례 더 아프가니스탄과의 전쟁을 벌였지만 모두 패배했다. 한편, 소련이 아프가니스탄의 내분을 틈타 공산정권 수립을 위해 1979년 아프가니스탄을 침공했다. 이슬람 무장세력과 10년간 전쟁을 벌였지만 1만5,000명의 희생자만 낸 채 역시 철수했다. 당시 미국은 소련의 침공에 맞선 탈레반(Taliban) 등의 무장세력을 지원했었다.

다른 한편으로, 미국은 2001년 '9·11 테러'를 계기로 탈레반(Taliban) 정권을 몰아내고 친미(親美) 정권을 세웠으나 소기의 성과를 얻지 못하고 전쟁의 수렁에서 벗어나지 못하고 있다. 미하일 고르바초프(1931~현재) 전(前) 소련 대통령은 "미국은 아프간 추가 파병 대신 철수 방안을 모색해야 한다"며 "소련의 경험으로 볼 때 아프간 주민들의 고통을 끝내려면 추가 파병이 아닌 대화와 화해에 중점을 둬야 한다"고 충고했다(중앙일보, 2009. 11. 13).

참고로, 미국 국방부가 최근 작성한 아프가니스탄 광물 자원 보고서에는 "아프가니스탄은 리튬의 사우디(최대 매장 국가)였다. 세계적인 광업 중심지가 될 것이다"라고 적혀 있다고 뉴욕타임스가 보도(2010. 06. 13)했다.[35] 리튬은 휴대전화와 전기자동차 배터리의 주

---

33) 아프가니스탄은 동(東)과 서(西)가 만나는 길목이고, 중앙아시아·남아시아·중동의 접점이다. 아프가니스탄을 장악하면 이란·이라크에서 인도·파키스탄까지 장악할 수 있다. 따라서 19세기 아프가니스탄은 남진(南進) 정책을 추구하는 러시아 제국과 이를 막으려는 영국령 인도 제국이 벌인 '그레이트 게임'의 승부처였다.

34) 아프가니스탄을 둘러싼 열강들의 쟁탈전을 다룬 책 '신그레이트 게임'의 저자 루츠 클레브먼은 카스피해 연안 국가 중 카자흐스탄과 아제르바이잔에 묻혀 있는 원유량만 사우디아라비아의 4배인 1조 배럴에 달하는 것으로 추산했다(중앙일보, 2009. 11. 13).

35) 미국 지질학자들과 국방부 조사팀은 지난 2004년부터 항공기와 지하 광물 3차원 입체 판독기를 동원해 아프가니스탄 전역에 매장된 광물 자원을 조사해왔다. 그 결과는 조사에 참여한 학자들도 깜짝 놀랄 정

원료로 그 수요가 폭증하고 있지만 볼리비아 등 극소수 국가에만 매장돼 있는 희귀 자원이다. 라튬 외에 철·구리·코발트·금 등 다양한 광물이 엄청난 규모로 아프가니스탄에 매장돼 있다.[36] 금액으로 환산하면 거의 1조 달러(약 1,224조 원)에 이르는 것으로 추산됐다.[37]

(3) 이라크 전쟁(2003. 03. 20.~2011. 12. 15)

미국이 이라크 전쟁(2003. 03. 20~2011. 12. 15)을 개시하기 6개월 전인 2002년 9월, 백악관 경제담당 보좌관 래리 린지는 전쟁 비용이 2,000억 달러(약 203조 원)에 이를 것이라고 추정했다. 그러나 당시 국방장관 도널드 럼즈펠드(Donald Rumsfeld)는 '헛소리'라며 래리 린지 보좌관을 백악관에서 내몰았다. 그 이유는 럼즈펠드가 스스로 추산한 전쟁 비용은 500억~600억 달러에 불과했기 때문이다.[38]

미국 의회 예산사무국(CBO)이 추산한 이라크 전쟁 수행 비용은 미(美) 정부의 재정지출 규모만을 기초로 최소 4,130억 달러(2007. 09 기준)이다. 노벨경제학상 수상자인 조셉 스티글리츠(컬럼비아 대학) 교수가 최근 저서 『3조 달러의 전쟁』(The Three Trillion Dollar War)에서 밝힌 전쟁 비용은 월 120억 달러, 총 비용은 최소 3조 달러(약 3,030조 원)에 달한다. 이것은 이라크 전쟁 상이군인 6만 명에 대한 치료 및 보상금액(3,710억~6,300억 달러), 생산성 감소 등 간접적인 사회비용(2,950억~4,150억 달러), 유가 상승분 등 거시경제에 미친 비용(1,870억~1조9,000억 달러)까지 계산한 결과다.

이라크에서 조기 철군이 이뤄지지 않을 경우 비용은 눈덩이처럼 불어날 전망이다. 이자 비용만 2017년까지 2,900억 달러가 들어간다. 미(美) 상·하원 합동경제위원회의 추산에 따르면 이라크 전쟁으로 인한 한 가정(4인 가족 기준)당 경제적 부담은 현재의 1만6,900달러에서 2017년엔 3만7,000달러로 증가한다. 파이낸셜 타임스는 "이라크 전쟁은 제2차

도였다. 상기의 조사 보고서는 최근 로버트 게이츠(Gates) 미 국방장관과 하미드 카르자이(Karzai) 아프가니스탄 대통령에게 제출했다(중앙일보, 2009. 11. 13).

36) 아프가니스탄에 매장된 주요 광물은 리튬 외에 철(추정 가치 4,209억 달러)·구리(2,740억 달러)·나이오븀(초전도체의 소재로 사용되는 희귀 금속·812억 달러)·코발트(508억 달러)·금(250억 달러) 등이다. 리튬 매장량은 아프가니스탄 중서부 가즈니주(州)의 소금 호수 한 곳이 볼리비아 전체(세계 리튬의 약 50% 매장)와 맞먹는 규모라고 한다(중앙일보, 2009. 11. 13).

37) 1조 달러는 아프가니스탄 연간 GDP(120억 달러)의 약 83배에 달하는 금액이다.

38) 하기의 내용은 중앙일보, 2008. 03. 19 기사: '이라크전 5년, 9만 명 숨지고 3조 달러 날아가'를 인용 및 요약한 것임을 밝힌다.

세계대전을 빼고는 미(美) 역사상 가장 많은 돈을 쏟아 부은 전쟁으로 기록될 것"이라고 밝혔다.

한편, 브라운대학 왓슨국제문제연구소가 아프가니스탄－이라크 전쟁을 분석한 '전쟁비용' 보고서는 2001년 9·11 테러 이후 2011년 6월까지 미국이 전쟁에 투입한 비용은 약 4조 달러(약 4,264조 원)에 달한다고 밝혔다.[39]

이라크 전쟁(2003. 03. 20~2011. 12. 15)은 금전적 비용뿐 아니라 막대한 인명을 대가로 치른 전쟁이기도 하다. 미군 부상자의 숫자는 최소 25만 명에 달하며, 2011년 6월까지 6,051명의 미군이 전사했다(조선일보, 2011. 09. 01). 한편, 지난 5년간(2002~2007) 사망한 이라크 민간인은 최소 5만 명에서 최대 100만 명까지 이르는 것으로 추정된다. 이라크 측이 병원·시체공시소 기록만 집계한 수치가 9만 명을 웃돈다. 미군 주도 연합군의 공습, 이라크 내 반란 세력의 공격으로 목숨을 잃은 이들 외에 질병·범죄로 인한 사망자까지 따진다면 사망자 숫자는 크게 늘어날 수밖에 없다.

이와 관련하여, 가브리엘 콜코(Gabriel Kolko)는 그의 저서 「제국의 몰락」(World in Crisis: The End of the American Century, 2009년)에서 '미국 역사상 최악의 대통령'인 조지 부시(George Walker Bush)를 다음과 같이 비판했다: 조지 워커 부시(George Walker Bush, 1946~현재; 대통령 재임: 2001~2009)는 미국의 대부분 고속도로들에 깊은 구멍이 패이고 7만 개의 교량에 위험 징후가 있다는 조사결과가 나오는데도 오로지 자국 군대가 세계 최강이기만 바랐던 인물이다. 이런 비이성적인 사명감이 미국 시민을 멍들게 하고 우방들로 하여금 거리를 두게 만들었으며 이슬람 근본주의를 더욱 강화시켰다.

사실, 미군은 제2차 세계대전(1939~1945)이 끝난 이후 세계 곳곳에서 전쟁에 개입했었지만 한 번도 군사적으로 승리를 거두지 못했다. 물론, 단기적인 전투에서는 미국이 승리했었지만 장기적으로 보면 미국의 전쟁은 항상 참패로 끝났다. 그럼에도 불구하고, 미국 국방부를 중심으로 한 미국의 매파들은 군사기술에만 집착함으로써 사안을 호도해왔었다.

베트남 전쟁(1960~1975)에서 미군 55만 명이 파견됐었던 반면에 이라크 전쟁(2003. 03. 20~04. 14)에서는 미군 14만 명이 파견되었으나 다섯 배나 많은 전쟁비용이 소요됐었다. 그 이유는 최첨단 무기 때문이었다. 그러면서도 미국은 동맹국들에 병력은 파견하되 지휘는 미군이 한다는 원칙을 견지한 결과 유럽 주요 국가들로부터 거부감을 유발했었다. 그

---

39) 이와 반면에, 미(美) 의회 조사국의 2011년 3월 말 보고서는 2001년 9·11 테러 이후 미국이 이라크 전쟁, 아프가니스탄 전쟁, 테러와의 전쟁에 쏟아 부은 금액이 무려 1조2,920억 달러이며, 테러와의 전쟁에 한 달에 100억 달러가 지출되었다고 분석했다.

러나 러시아 송유관에 의존할 수밖에 없는 유럽과, 이란 석유에 의존하는 일본은 앞으로 점점 더 미국에 대해 고분고분하지 않을 수밖에 없다. 그러나 "세계는 미국에 상당히 불리하게 변하고 있다"며 한국도 점점 중국과 가까워질 수밖에 없다고 가브리엘 콜코 (Gabriel Kolko)는 진단했다.

4) 한국전쟁(1950~1953): 미국, 소련, 중국의 책임40)

한국전쟁(1950~1953)은 한민족의 3대 근·현대사적 비극41): ① 국권피탈(1910년), ② 국토분단(1945년), ③ 한국전쟁(1950~1953)의 하나로서 동족상잔(同族相殘)을 치루었다.

한국전쟁(1950~1953)에서 우리 민족은 수십만 명의 사망자와 수백만 명의 부상자를 냈다. 부모와 자식, 친척과 헤어져야 했던 이산가족은 무려 1천만 명을 넘는다. 많은 사람들이 고아가 되었고 불구가 되었다. 전화(戰火)로 인해 잃어버린 집과 재산은 엄청난 규모의 것이었다.

이렇게 참혹한 전쟁은 왜 일어났으며, 누가 이러한 전쟁을 시작하였는가? 1950년 4월 초, 모스크바는 김일성(金日成)의 '조선 통일 계획'을 찬성했고, 중국도 지원을 약속했다. 그리고 6월 25일, 북한의 침공을 시작으로 한국전쟁(1950~1953)이 발발했다. 1950년부터 휴전

---

40) 군사관학교 『韓國戰爭史』 세경사 1991; 국방부 『韓國戰爭史研究』 국방부 1960; 라종일 『증언으로 본 한국전쟁』 예진 1991; 김철범 『韓國戰爭』 평민사 1989; 공보처 『증언과 자료로 본 한국전쟁』, 공보처, 1991; 박명림 『한국전쟁의 발발과 기원 Ⅰ.Ⅱ』, 나남출판, 1996; 가브릴 코로트코프 지음, 어건주 옮김, 「스탈린과 김일성」 I, II (서울: 동아일보사, 1993); 국방군사연구소, 「한국전쟁피해통계집」 (서울: 국방군사연구소, 1996); 국방부 군사편찬연구소 역/편, 「소련고문단장 라주바예프의 6·25전쟁 보고서」 1−3권 (서울: 국방군사편찬연구소, 2001); 국방군사편찬연구소 편, 「(6·25전쟁 북한군) 전투명령」 (서울: 국방군사편찬연구소, 2001); 김광수, "한국전쟁 개전 당시 북한군의 작전계획과 옹진전투," 「군사」 제41호 (2000. 12); 와다 하루끼 지음, 서동만 옮김, 「한국전쟁」 (서울: 창작과비평사, 1995); 전쟁기념사업회, 「한국전쟁사: 제1권 요약통사」 (서울: 행림출판사, 1992); Cumings, Bruce, The Origins of the Korean War, Vol. II: The Roaring of the Cataract 1947~1950 (Princeton, New Jersey: Princeton University Press, 1990); 하기와라 료 지음, 최태순 옮김, 「한국전쟁: 김일성과 스탈린의 음모」 (서울: 한국논단, 1995); Mansourov, Alexandre Y., "Communist War Coalition Formation and the Origins of the Korean War," (Ph. D. Dissertation, Columbia University, 1997); Torkunov, A. V., Zagodochnaia voina: Koreiskaia konflikt 1950~1953 godov (수수께끼 전쟁: 한국분쟁 1950~1953년) (Moskva: ROSSPEN, 2000). 허남성·이종판 역, 「한국전쟁의 진실: 기원, 과정, 종결」 (서울: 국방대학교 안보문제연구소, 2002).

41) 임양택, <조선(朝鮮)의 망조(亡兆), 대한제국(大韓帝國)의 자멸(自滅), 대한민국(大韓民國)의 위기(危機)>, 도서출판: 박영사, 2021.

협정이 체결된 1953년까지 남·북한은 안보를 중심으로 전시(戰時) 외교를 펼치며 공방전을 이어나갔다.

(1) 냉전 체제와 한반도[42)

1945년 8월 15일, 일본제국이 패망하면서 북위 38도선을 중심으로 북쪽은 소련이, 남쪽은 미군이 한반도에 각각 진주했었다. 이미 독일 문제로 인해 서로의 위험성을 확인한 양국이 한반도에서는 타협할 수 있으리라 추측하기는 어려웠다.

한반도(韓半島)는 미·소(美·蘇) 체제 경쟁의 '진열대'였고 국가를 수립하는 과정에도 이처럼 두 거대 강국의 외교 전략이 반영되었다. 1950년까지의 제1공화국은 자유민주주의 수호를 위한 적극적 반공이라는 입장에서 대외정책을 전개했다. 새로이 태어난 남한 정부는 국제적으로 지지 세력을 확보하기 위해 '승인외교'를 중점으로 체제 내에서 정통성을 인정받고자 했다. 한편, 북한도 이와 별반 차이를 가지지 않아 소련을 시작으로 중국, 동구권 국가들을 상대로 수교를 맺으며 국가 승인에 주력했다(한국정치외교사학회, 1993, pp. 321~325). 남·북한은 진영 논리에 입각해 서로를 인식했으며 반공(反共) 또는 반미(反美)의 이데올로기가 사회 전체에 만연했다.

결국, 1948년 5월 10일 총선거로 미(美)군정의 감독하에 남한에서는 단독 정부가 수립되었고, 9월 9일에는 북한에서 조선민주주의인민공화국 정부가 출범했다. 유엔(UN) 총회는 1948년 12월 12일 결의안을 통해 대한민국을 '유엔한국임시위원회가 감시한 선거가 실시된 지역에서의 유일한 합법정부'라고 승인했다(United Nations General Assembly, 1947). 이는 최소한 남한 내에서라도 봉쇄 권역을 고수하려는 미국의 시도라 해석할 수 있다. 그러나 소련도 한반도를 극동의 안보 보루로 삼으려 했었다. 김일성(金日成)은 북한 정부를 구성했으므로 상기 유엔(UN) 결의안(1948. 12. 12) 발표에 크게 개의치 않았다.

상기한 시대적 배경하에서, 남북관계를 본질적으로 논하기 위해서는 우선 한반도 분단을 논해야 하며, 나아가 한반도 분단을 논하기 위해서는 그 연원인 국제 구조적 요인을 추적할 필요가 있다.

제2차 세계대전(1939~1945)이 종결되자 이전의 유럽과 세계를 관통했던 다극체제는 사라졌고 소련과 미국을 중심으로 한 양극체제가 나타났다. 한때 파시스트 제국에 맞서 함

---

42) 임양택, <조선(朝鮮)의 망조(亡兆), 대한제국(大韓帝國)의 자멸(自滅), 대한민국(大韓民國)의 위기(危機)>, 도서출판: 박영사, 2021.

께 싸운 전우였지만 이념과 체제의 근본적인 차이는 양자 간의 균열을 야기했다.

그러나 미·소(美·蘇)는 현상유지를 추구했었기 때문에 냉전(冷戰)이 발생했으며, 이들의 냉전(冷戰)은 핵(核) 억지력으로 말미암아 더욱 강화되었다.[43] 1949년에 소련이 핵실험에 성공하며 미국은 1차 핵(核) 공격력의 우위를 상실했고, 상호파괴의 두려움은 새로운 형태의 전선을 형성하도록 유도했었다. 미·소(美·蘇)는 서로를 붕괴시키려 노력하기보다는 상대방의 진출을 억제하여 현상유지하는 데에 주안점을 두었다.

우선, 미국은 소련과의 적대적 공존을 택했고 '봉쇄(Containment)' 전략을 취했으며 이 전략은 헤리 트루먼(Harry S. Truman, 1884~1972) 대통령의 '트루먼 독트린'(Truman Doctrin)으로 구체화되었다. 미국 정부는 소련이나 그 동맹국에 곧장 전력을 투사하지 않고, 자유권 내의 동맹국에게 경제·군사 원조를 해주어 간접적으로 압박했었다. 이러한 미국의 기조는 모스크바 주재 미국대사인 케넌(Kennan)의 저서, <소련 행동의 원천(The Sources of Soviet Conduct)>(1947년)에서 잘 드러나고 있다. 그는 상기 저서에 미국이 "정당한 확신을 가지고 확고한 '봉쇄(Containment)' 정책으로 나아가야 마땅하다"고 역설했다. 그 후 한국전쟁(1950~1953)이 발발하고 헤리 트르만(Harry S Truman) 대통령이 'NSC-68'을 승인하며 더 공격적인 정책이 펼쳐지기는 했었으나, 그래도 '봉쇄(Containment)'라는 기본 교리는 변함이 없었다. 'NSC-68'이 냉전(冷戰)의 군사화를 부각했지만 *"우리는 전쟁을 초래하지 않는 방법으로 일반적인 목표를 달성하도록 노력해야 한다."*라는 조항을 분명히 명시함으로써 소련과의 협상 가능성을 언제나 전제하고 있었다(National Security Council, 1950). 이러한 미국의 전략은 기본적으로 소련이 지속적으로 세계혁명을 위해 팽창하려 한다는 시각에서 출발했다.

다음으로, 소련도 미국과 별반 다르지 않았다. 워싱턴 주재 소련대사인 노비코프(Nikolai Vasilevich Novikov)는 전쟁을 선호하는 미국 제국주의의 순환 구도가 향후 있을 새로운 전쟁에서 세계 재패의 승리를 위해 준비하고 있다고 경고했었다. 그러나 소련도 미국을 상대로 가시적인 군사행동을 보여주지는 않았다. 비록 한국전쟁(1950~1953)에서 북한에게 군수물자를 지원하기는 했지만 중국과는 달리 소련은 실질적으로 전쟁에 참전

---

43) 냉전(冷戰)의 기원에 관해서는 크게 세 가지 주장이 존재한다. 전통주의자와 수정주의자는 미국 또는 소련이 현상타파국가였으며, 어느 한 쪽의 팽창으로 인해 냉전(冷戰)이 발생했다고 말한다. 그러나 탈(脫)수정주의는 이러한 책임 논쟁은 무의미하며 냉전(冷戰)에는 구조적 원인이 작용했고 그 핵심은 불확실성임을 강조한다(Nye, 2,000, pp.189~192). 실제로 미국과 소련 가운데 어느 국가도 직접적으로 공격성을 드러내거나 영토를 확장하려는 시도를 한 적은 없다. 냉전(冷戰) 기간 동안 일어난 모든 전쟁은 간섭전쟁의 형태로 전개되었다.

하지는 않았다. 소련이 완충지대를 형성하기 위해 제3세계와 동구권으로 진출하였지만, 니키타 세르게예비치 흐루쇼프(Nikita Sergeyevich Khrushchev, 1894~1971)는 주로 제국주의 세력 내부의 모순을 이용함으로써 공산권의 이익을 증대시키려 했다.

한편, 한국전쟁(1950~1953)을 기점으로 남·북한의 국내 정치도 유사한 변동을 겪었다. 우선, 이승만(李承晚)은 1951년에 '사유정당(私有政黨)'으로 <자유당(自由黨)>을 창당했고 이듬해에 부산정치파동을 일으켜 발췌개헌안을 통과시켰다. 이때부터 대한민국의 헌정사는 자유민주주의 가치를 보장하지 못한 상태로 독재 정권에게 유린당했다. 결국, 이승만(李承晚) 정권은 1960년의 4.19 혁명에서 각각 결정적 위기를 맞이했었다. 이승만(李承晚)은 국민적 요구를 이기지 못하고 하와이로 망명했었으며, <자유당(自由黨)> 정권은 붕괴되었고 5.16 쿠데타가 일어나기까지 일시적이나마 자유민주주의 가치를 담보한 장면 내각이 구성됐다.

다음으로, 북한에서도 김일성(金日成)을 중심으로 한 파벌이 당내 권력 장악을 위한 움직임을 시동했다. 박헌영(朴憲永)의 국내파 세력은 남한에서 남로당이 숙청당함에 따라 위세가 크게 추락했으며, 연안파의 거두였던 김무정(金武亭)은 평양 방어전의 책임을 지고 강등 당한 뒤 중국으로 망명했으며, 소련파의 고위층이었던 허가이도 관문주의(關門主義)의 죄명으로 숙청당했다.

한국전쟁(1950~1953) 이후 북한 정계에 남아있던 세력은 국내파·소련파·연안파 그리고 김일성(金日成)의 빨치산 파벌이었다. 김일성(金日成)은 전시(戰時) 위기를 이용해 오히려 당내 권력 강화를 이루었지만 그는 만족하지 않았다. 실로, 1956년 말부터 1960년까지 북한 정치는 광풍의 시대였다. 중국과 소련은 냉전 체제하에서 북한을 유지하는 데에 없어서는 안 될 필수적인 동맹국이었으므로, 소련파·연안파의 섣부른 제거는 되레 독(毒)으로 작용할 수도 있었다. 따라서 빨치산파는 우선 외세의 후원을 받고 있지 않는 국내파를 일차 공격 대상으로 삼았다. 1953년 전쟁 후반기에 이승엽을 비롯한 남로당 지도부가 체포당하고, 1955년에 박헌영(朴憲永)이 처형당하며 국내파는 소멸했다. 그 과정에서 일제(日帝)하 조선 공산주의 운동의 주요 분파였던 화요파, ML파 출신들이나 연안 독립동맹 출신들은 극소수를 제외하고는 거의 다 숙청되었다. 소련계 한인들도 대부분 숙청되어 소련으로 놀아갔다. 이로써 북한 내에서 이견을 밝힐 수 있는 집단은 모두 사라졌다. 이제 북한 정치 과정에 남은 것은 김일성(金日成)이라는 한 지도자를 향한 강한 구심력뿐이었다.

그 후 1950년대 중반부터 시작된 국제정세의 변화는 김일성(金日成)에게 거대한 위기를 가져다주었지만 동시에 독주의 활로를 열어주었다. 1956년 2월, 니키타 세르게예비치 흐루쇼프(Nikita Sergeyevich Khrushchev, 1894~1971)는 이오시프 스탈린(Iosif Vissarionovich Stalin, 1878~1953)이 정당 규범을 무시하고 레닌주의 원칙을 짓밟았다고 주장하며 반(反)스탈린주의의 물결을 일으켰다. 반(反)스탈린주의는 개인숭배의 위험성을 우려했는데 이 때문에 당시 김일성(金日成)도 '수령'의 호칭이나 '경애하는' 등의 수식어를 사용하지 못했었다. 이러한 조류는 당시 권위의 절대 확보를 추구하고 있던 김일성(金日成)의 빨치산파에게 위협적으로 다가왔다. 김일성(金日成)은 북한에서 이루어진 개인숭배의 책임을 숙청당한 국내파에게로 돌렸지만, 6월 1일부터 떠난 동구권 순방에서 소련 지도부로부터 비판을 받고 반성을 표해야만 했다. 김일성(金日成)의 반대파는 이런 기회를 놓치지 않았다.

1956년 8월 30일, 8차 당대회에서 윤공흠은 김일성(金日成)의 개인숭배가 여전히 교육과 문화 분야에서 이루어지고 있으며, 마르크스−레닌주의에 위배되는 이러한 행태를 배격해야 한다고 연설했다. 그러나 오히려 당중앙위원회는 최창익, 박창옥, 윤공흠 등을 반당(反黨) 종파(宗派) 분자로 규정하고 윤공흠은 출당, 최창익과 박창옥은 각각 간부회의와 중앙위원회에서 제명시켰다. 이는 1950년대 중반에는 이미 김일성(金日成)의 빨치산파가 당내에서 우위를 점하고 있었음을 보여준다. 하지만 김일성(金日成)은 국내파의 경우와는 달리 이들을 바로 처벌할 수는 없었다. 왜냐하면 모스크바와 베이징의 반발을 염두에 두었기 때문이었다.

그럼에도 불구하고, 중국과 소련은 북한의 정치적 사태에 개입하기로 결정했다. 1956년 9월 18일, 미코얀(Anastas Mikoyan)과 마오쩌둥(毛澤東, Máo Zédōng, 1893~1976) 사이의 회담 기록에 따르면, 김일성(金日成)이 당내에서 실수를 저질렀고 이를 조정하기 위해 중국과 소련은 뜻을 모으기로 합의했다. 다음날, 미코얀(Anastas Mikoyan)과 펑더화이(彭德懷)는 평양에 도착하여 1956년 8월 전원회의의 결과를 번복했고, 조선로동당 지도부는 소련과 중국의 압력을 이겨낼 수 없었다. 이는 과거 김일성(金日成)이 《사회주의 혁명의 현계단에 있어서 당 및 국가사업의 몇 가지》에서 소련과 중국, 남한에서의 활동을 근거로 종파주의를 조성하는 파벌을 공개적으로 비판했음을 생각하면 굉장히 획기적인 태도 변화였다. 북한이 이처럼 중·소(中·蘇)의 내정간섭 요구에 저(低)자세로 나왔던 이유는 전후 복구와 경제 건설, 그리고 대외 안보에 필요한 비용들을 소련과 중국의 원조로 상당 부분 해결하고 있었기 때문이었다. 이 결과, 최창익과 박창옥은 당 중앙위원직으로 복귀했었고 중국으로 도피했던 윤공흠, 이필규, 서휘의 당적도 회복되었다. 펑더화이(彭德懷)는 김일성(金日成)에게 직접 1956년 8월 전원회의는 당 규약 위반의 소산이며, 빨치산파가 주장한 원인 따위로는 그들을 출당(黜黨)시킬 수 없다고 비판했다.

그러나 김일성(金日成) 지도부는 중·소(中·蘇)의 제안을 원칙적으로만 수용했을 뿐, 미코얀(Anastas Mikoyan, 1895~1978)과 펑더화이(Péng Déhuái, 彭德懷, 1898~1974)가 평양을 떠나자마자 이를 준수하지 않았다. 당내 숙청 사업은 멈추지 않고 진행되었고 조선로동당은 1958년에 이르러서 '종파 청산'을 공식적으로 선언했다. 이후 북한은 1956년 '8월 종파(宗派) 사건' 시기의 자료들을 축소하고 말소했다. 북한 사학계도 체제의 가장 큰 동요를 '반당종파분자와의 투쟁'으로 짧게 언급하는 데에 그쳤다. 결국, 1956년 '8월 종파(宗派) 사건'으로 김일성(金日成)에게 저항할 능력을 가진 반대 세력은 북한 사회 내에 더 이상 존재하지 않았다. 이후 1967년, 김일성(金日成)의 후계 문제에 따른 갑산파 숙청으로 북한의 권위주의화는 그 정점을 맞이했었다.

　김일성(金日成)이 중·소(中·蘇)의 압박을 극복할 수 있었던 요인은 바로 당시 국제정세의 변화였다. 마오쩌둥(毛澤東, Máo Zédōng, 1893~1976)과 중국 지도부 역시 이오시프 스탈린(Iosif Vissarionovich Stalin) 체제를 모방한 상태에서 소련의 평화공존 노선과 스탈린 격하 운동에는 불안감을 가질 수밖에 없었기 때문에 니키타 세르게예비치 흐루쇼프(Nikita Sergeyevich Khrushchev, 1894~1971) 집권 이후 중·소(中·蘇)의 연대는 불안정한 상태였다. 또한, 1956년 10월에 발생한 헝가리 혁명은 이러한 경향을 더욱 촉진했었다. 실제로 마오쩌둥(毛澤東·1893~1976)은 이 시기 유럽 사회주의 국가들로부터의 소련군 철수를 권고하며 대국(大國)의 주권 침해 행위를 공격했었다. 중국은 프롤레타리아 국제주의에 입각해 진영 내부의 평등한 관계를 주장했고 소련을 향한 완벽한 추종을 거부했었다.

　상기와 같이 국제정세가 일변하자 북한의 위상은 극동 지방에서의 중요한 전략적 동맹국으로 격상되었고 중·소(中·蘇)는 김일성(金日成)을 견제할 동인을 상실했었다. 중·소(中·蘇)는 우호 세력의 정권 획득을 기다리기보다, 이미 충분한 권위를 점유하고 있는 김일성(金日成) 파벌과의 관계 증진을 선택했었다. 1957년, 알렉산더 푸자노프(Alexander Puzanov) 북한 대사는 "소련과 조선 인민 사이의 영원하고 깨지지 않을 우정"을 제안했었고, 1958년에는 저우언라이(Zhóu Enlai, 周恩來, 1898~1976) 총리가 공식적으로 북한을 방문하여 중국군 철수를 논의했다.

　김일성(金日成) 정권의 공고화는 이처럼 국내 정치보다 국제정세의 변화에 기인한다. 공산권의 정치 환경은 소련의 일극체제로부터 중·소(中·蘇)의 양극체세로 변화했있으며, 이 과정에서 북한은 자주적인 외교 전략을 펼칠 수 있었다. 김일성(金日成)은 중국과 소련 어느 쪽에도 편승하지 않기로 했으며 대외적인 중립을 지켜 중·소(中·蘇)로부터 얻을 수 있는 이익을 극대화하려 했다. 원조의 측면에서도 북한은 중공업 발전을 위해 소련을 중심으로 많은 기계 장비를 지원받는 한편, 중국군 철수 이후로 북·중(北·中) 협력을 강화하여 안보 지원을 약속받고 주한미군(駐韓美軍) 철수 요구의 명분까지 얻어냈었다.

여기서 북한은 더 나아가 오히려 동맹국들에게 고압적인 요구를 하는 데에 주저치 않았다. 북한은 원조를 요청하며 중국과 소련의 내부 사정을 크게 고려하지 않고 당사국 내의 부족 품목을 요구하거나 인도 일시 등을 수시로 변경했었다. 김일성(金日成) 정권은 무역관련 협정 또한 제대로 지키지 않았으며 중·소(中·蘇) 양국이 제공한 차관을 상환할 의지도 없었다.

이처럼 대결 구도를 가진 중·소(中·蘇)의 세력이 비등한 상태에서, 북한은 독자 노선을 취하며 역으로 대국(大國)을 이용할 수 있었으며, 결국 김일성(金日成)은 '주체'의 가치를 내걸고 일인독재체제를 완성했었다. 이러한 양상은 일견 유고슬라비아의 요시프 브로즈 티토(Josip Broz Tito, 1892~1980)가 내세운 비(非)동맹주의와 비슷해 보일 수도 있었다. 그러나 요시프 브로즈 티토(Josip Broz Tito)는 권역 밖에서 자주성을 담보했지만 김일성(金日成)은 권역 내에서의 자주 전략을 수립하고 실행했다는 데에서 차이가 있었다.

(2) 애치슨 라인(Acheson line) 선언(1950. 01. 10)[44]

제2차 세계대전(1939~1945) 후, 미국은 핵무기와 막강한 공군력을 믿고 재래식 군사력을 대폭 감축하기로 결정했었다. 병력 재배치를 위해 국방부가 각 지역의 전략적 가치를 평가했었데, 한국은 대상 국가 16곳 중 13위였다. 당시, 미국 국무장관 딘 애치슨(Dean Gooderham Acheson)은 1950년 1월 12일 백악관 인근 내셔널 프레스 클럽에서 다음과 같이 연설하였다: *"아시아에서 미국의 방어선은 알류샨 열도에서 일본을 지나 류큐(오키나와)를 거쳐 필리핀으로 그어진다."*

즉, 태평양지역에서의 미국의 방어선(防衛線)을 알류샨 열도-일본-류큐슈-필리핀으로 설정하고 스탈린·마오쩌둥의 공산화 야욕에 맞선 미국의 필수 방어 지역에서 한국·대만을 제외하였다.

딘 애치슨(Dean Gooderham Acheson) 국무장관은 상기 방어선(防衛線) 밖의 안보에 대해서는 "공격을 받으면 최초 책임은 그 국민에게 있다. 그 다음은 유엔 헌장에 의거해 전(全) 문명 세계의 책임이 되는 것"이라고 했다. 다시 말하면, 상기 방어선(防衛線)에 포함

---

44) 임양택, <조선(朝鮮)의 망조(亡兆), 대한제국(大韓帝國)의 자멸(自滅), 대한민국(大韓民國)의 위기(危機)>, 도서출판: 박영사, 2021.

된 지역의 군사적 안보는 미국이 보장하며 기타 다른 지역에 대해서는 군사적 안전보장을 약속할 수 없다고 말하고 그러한 지역의 군사적 안보의 제1차적인 책임은 당사국에 있고 제2차적으로는 유엔헌장 하에 있는 전(全)세계 문명국들의 공약에 의존할 수 있다는 것이다. 또한, 딘 애치슨(Dean Gooderham Acheson) 국무장관은 '기타 다른 지역'에서는 군사적 안전보장의 문제보다는 내부전복이나 간접침략에 대한 취약성이라는 문제가 더 시급하며 이러한 문제는 군사적 수단으로 해결될 수 없다고 진술하고 있다.

그러나 상기 딘 애치슨(Dean Gooderham Acheson) 국무장관의 연설(1950. 01. 12)은 한국을 미국의 방어선에서 제외함으로써 북한에 침략을 유발하였다. 즉, 애치슨(Dean Gooderham Acheson) 국무장관이 무책임하게 한국을 태평양지역에서의 미국의 방어선(防衛線)에서 제외시킴으로서 한국을 버릴 듯한 태도를 취하여 소련－북한으로 하여금 한국을 침략할 계기를 만들어주었다. 심지어, 좌파와 수정주의도 딘 애치슨(Dean Gooderham Acheson) 국무장관은 북한을 유도하기 위해 고의로 남한을 미국의 방어선(防衛線)에서 제외하는 연설을 하였고 결국 이 유도에 북한이 말려들었다고 주장한다. 즉, 김일성(金日成)이 '미군 불개입'을 확신하는 계기가 됐다는 것이다.

결과적으로, '애치슨 라인'(Acheson line) 발표(1950. 01. 12) 후 불과 5개월 만에 6·25 남침(南侵)이 터지면서 딘 애치슨(Dean Gooderham Acheson) 국무장관은 수십 년간 "북한의 남침(南侵)에 '청신호'를 준 장본인"이라는 비난을 받았다. 미(美) 야당 의원들은 물론 6·25 전쟁 영웅 리지웨이 사령관도 딘 애치슨(Dean Gooderham Acheson) 국무장관에게 책임을 물었다. 1952년 대선 유세 때는 드와이트 아이젠하워(Dwight Eisenhower)가 딘 애치슨(Dean Gooderham Acheson)을 공개 비판하였다. 이에 대하여, 딘 애치슨(Dean Gooderham Acheson)은 훗날 회고록에서 '한국 포기설'을 강하게 부인하며 억울함을 토로했었다. 그러나 '애치슨 라인'(Acheson line)을 공개적으로 천명(1950. 01. 12)한 것이 전략적 대실수였다는 사실은 변하지 않는다.

아무튼, '애치슨 라인'(Acheson line)을 1905년 7월 29일 가쓰라－태프트 밀약(Taft-Katsura secret agreement), 한반도 분할과 함께 '미국의 3대 배신'으로 일컫기도 한다. 공산주의와 자본주의의 진영에서 38선이 생길 수밖에 없었고 또한, 그 때문에 전쟁이 일어났던 것이나. 제2차 세계대전(1939~1945) 직후, 미국은 소련과 한반도를 반(半)으로 나누어 국토 분단의 한 원인을 제공했다.

물론, 그렇다고 미국이 '애치슨 라인(Acheson line)' 밖 지역을 포기한다는 의미는 아니었다. 실제로 미국은 딘 애치슨(Dean Gooderham Acheson) 국무장관의 연설(1950. 01. 12)

2주 후 한국에 대한 방위 원조를 명문화한 조약을 체결했다. 또한, 김일성(金日成)은 '애치슨 라인(Acheson line)'이 그어지기 한참 전부터 남침(南侵)을 결정했음이 소련 문건 등을 통해 드러났다. 한국 근·현대사 석학인 제임스 매트레이(James I. Matray) 교수의 저서:「한반도 분단과 미국: 미국의 대한정책, 1941~1950」(을유문화사, 1989년)에 의하면 더글러스 맥아더(Douglas MacArthur) 사령관(당시)은 1949년 한국에 머물던 미군을 일본으로 재배치하기 위해 '애치슨 라인(Acheson line)'과 똑같은 미국의 방어선(防衛線)을 이미 그었다고 주장했다(조선일보, 2019. 08. 28).

(3) 김일성(金日成)의 남침(南侵)[45]

한국전쟁(1950~1953)은 김일성(金日成)과 박헌영(朴憲永)이 군사적 수단에 의해 남한과 북한을 통일하려는 의지에서 구상하게 되었으며, 이를 이오시프 스탈린(Iosif Vissarionovich Stalin, 1878~1953)에게 제의하여 동의를 얻고, 이어서 중국의 마오쩌둥(毛澤東·1893~1976)의 동의에 의해 최종적인 합의에 의하여 저질러졌었다.[46] 결국, 이오시프 스탈린(Iosif Vissarionovich Stalin)과 마오쩌둥(毛澤東)도 전쟁을 지원했었다.

상술하면, 조선민주주의인민공화국의 김일성(金日成)은 1948년 일단 북한에 사회주의 체제를 수립한 후, 그의 권력을 남한까지 확장하기 위해 혈안이 되어있었다. 그는 소련으로부터 무기를 구매하기 위해 1949년부터 비밀리 북한에서 금·은·동·모나자이트 등 귀금속·희귀 광산물을 소련에 보냈다. 또한, 북한에서 귀한 쌀들이 무기결제대금으로 소련에 보내졌다.

1949년 3월 5일, 김일성(金日成)은 모스크바를 방문하여 이오시프 스탈린(Iosif Vissarionovich Stalin, 1878~1953)과 회담하였다. 이 자리에서 김일성(金日成)은 대한민국에 대한 무력침공과 통일에 관해 소련 지도부의 의견을 문의하였다. 이오시프 스탈린(Iosif Vissarionovich Stalin)은 인민군이 대한민국 군사력에 대해 절대적인 우위를 확보하지 못하는 한 공격해서는 안된다고 답변하고 대한민국에 미군이 아직 주둔하고 있음(소련군은 1948년 12월 조선

---

45) 임양택, <조선(朝鮮)의 망조(亡兆), 대한제국(大韓帝國)의 자멸(自滅), 대한민국(大韓民國)의 위기(危機)>, 도서출판: 박영사, 2021.

46) 그럼에도 불구하고, 북한은 50년 동안 변함없이 '국방군'의 '북침(北侵)'에 대한 인민군의 '반격'에 의해 전쟁이 일어났다고 주장해왔다. 또한 소위 '수정주의 학자들'은 남한의 '북침(北侵)'에 의해 전쟁이 일어났을 가능성이 있다는 주장을 펴왔다. 이러한 북한과 수정주의 학자들의 주장은 전쟁 발발의 실상과 전쟁 책임자의 규명에 많은 혼란과 억측을 자아내었다. 오늘날 한국사회에는 한국전쟁(1950~1953) 발발의 실상에 대해 알지못한 채, 북한과 수정주의 학자들의 설명을 신뢰하고 있는 사람들조차 있다.

민주주의인민공화국에서 철수)과 미·소(美·蘇) 간 38선 분할에 관한 합의를 상기시켰다. 또한, 이오시프 스탈린(Iosif Vissarionovich Stalin)은 조선민주주의인민공화국의 대한민국에 대한 공세적 군사활동은 대한민국의 북진 침략을 물리치는 경우에만 이루어질 수 있다고 강조하였다. 그가 김일성(金日成)의 남침을 반대했었던 이유는 주한미군(駐韓美軍)이 1949년 갑자기 철수한 것은 미국의 함정일 수 있다는 것이었다(KBS, 2010).

1950년 1월 17일 박헌영(朴憲永, 1900~1956)의 관저에서 열린 만찬에서 김일성(金日成)은 조선민주주의인민공화국 주재 소련 대사 티렌티 포미치 스티코프(Terenti Fomitch Stykov, 1907~1964, 金日成을 픽업한 인물, 미·소공동위원회 소련 측 수석대표: 1947~1948, 북한 주재 초대 대사: 1948~1951)에게 남침(南侵) 문제를 다시 제기하고 이를 논의하기 위하여 이오시프 스탈린(Iosif Vissarionovich Stalin)의 면담을 희망한다는 의사를 피력했다. 이 대화에서 김일성(金日成)은 국공(國共) 내전에서 중국 공산당이 승리한 다음에는 대한민국(남조선)을 해방시킬 차례라고 강조하고, 조선민주주의인민공화국은 기강이 세워진 우수한 군대를 보유하고 있다고 주장했다. 또한, 김일성(金日成)은 대한민국의 선제공격에 대한 반격만을 승인한 1949년 3월의 이오시프 스탈린(Iosif Vissarionovich Stalin)의 결정에 불만을 토로했다.

김일성(金日成)이 이오시프 스탈린(Iosif Vissarionovich Stalin)에게 남침(南侵) 허가를 무려 48번이나 시도했다는 점으로 미뤄보면, 이오시프 스탈린(Iosif Vissarionovich Stalin)이 김일성(金日成)에게 남침을 지시한 입장은 아니고 김일성(金日成)의 고집을 꺾지 못해서 마지못해 허락한 것이라고 짐작할 수 있다. 결국, 1950년 4월 초에 모스크바는 김일성(金日成)의 '조선 통일 계획'을 찬성했고, 중국도 지원을 약속했다(Korotkov, 1992, p.14).

결국, 1950년 6월 25일, 북한의 침공을 시작으로 3년간의 한국전쟁(1950~1953)이 발발했다. 1950년부터 휴전협정이 체결된 1953년까지 남·북한은 안보를 중심으로 한 전시(戰時) 외교를 펼치며 공방전을 이어나갔다. 그러나 한국전쟁(1950~1953)을 소련의 팽창성을 증명한다고 해석하기에는 무리가 있다. 김일성(金日成)은 딘 애치슨(Dean Gooderham Acheson)의 선언(1950. 01. 12)을 근거로 이오시프 스탈린(Iosif Vissarionovich Stalin)을 설득하려 했었지만 그는 48차례나 남침 승인을 거절했다(KBS, 2010). 마침내 김일성(金日成)의 공격을 묵인하기는 했었지만 이 또한 결국 미국의 동아시아 방어선이 일본과 대만을 핵심으로 하며 남한은 봉쇄의 대상에 들어가지 않으리라는 예측이 있었기 때문이었다. 실제로 미국은 국공(國共) 내전에서 국민당을 지원하기는 했었지만 직접 개입하지는 않았다. 하지만 미국은 중국 공산당의 승리와 소련 핵실험의 성공에 따른 국제 정세의 급변에 우려하고 있었다. 그 결과, 해리 트루먼(Harry S. Truman, 1884~1972) 행정부는 북한의 기습 공격을 소련의 군사적 팽창 신호로 받아들였고 유엔(UN)을 통해 적극적으로 전쟁에 참여했었다.

해리 트루먼 대통령(Harry S. Truman, 33대: 1945~1953)은 북한이 1950년 6월 25일에 남침하자 곧 바로(1950. 07. 01) 미군과 유엔군을 투입해 한국전쟁(1950~1953)에 참전했었다. 그는 북한이 소련의 지원을 받아 한반도를 공산화하려는 의도를 간파하고 있었던 것 같다. 만약 그가 소련이 거부권 행사의 일환으로 불참하였던 유엔 안전보장이사회에서 유엔군의 한국 파견 결정을 조금만 머뭇거렸더라면 한반도는 북한에 의해 적화통일(赤化統一)이 됐었을 것이다.

워싱턴 DC에 조성된 한국전 기념공원 비석에 *"생전에 몰랐던 나라, 만나본 적 없는 국민들로부터 부름을 받은 우리의 아들과 딸을 존경하며."*라는 구절이 새겨 있다. 미국인 사망자 5만4,246명, 실종자 8,177명은 생면부지의 한국인을 위해 청춘을 이 땅에 묻었다. 과연 이들(6만2,423명)이 미국의 국익을 위해 희생됐다고 말할 수 있을까?

또한, 드와이트 아이젠하워(Dwight Eisenhower, 34대: 1952~1961)는 1952년 11월 대선 유세에서 정전협상이 지루하게 계속되고 있는 한국전쟁(1950~1953)을 조속히 종식시키기 위해 대통령 취임 전(前) 한국을 방문하겠다고 공약했었다. 그는 1952년 12월 여의도 공항으로 입국해 동숭동 8군사령부에 머물면서 미군 장성과 병사들로부터 전쟁 상황을 경청하고 군용기로 전선의 지형지세를 직접 관찰했다. 그러나 그는 '북진통일'을 외치는 이승만(李承晚) 대통령을 만나는 것을 애써 피했다.

이승만(李承晚) 대통령(초대: 1948. 07~1960. 04)과 드와이트 아이젠하워(Dwight Eisenhower) 대통령(제34대: 1953~1961) 10개 사단의 한국군을 20개 사단으로 증강하고 한·미 상호방위조약을 체결한다는 원칙에 합의했다. 전쟁은 1953년 7월 휴전협정 조인으로 끝나고 동년 10월에는 한·미 상호방위조약이 체결됐다.

사실, 드와이트 아이젠하워(Dwight Eisenhower) 대통령(당시)을 포함한 미군 수뇌부는 제2차 세계대전을 유럽에서 치른 장군들이어서 아시아의 중요성을 깨닫지 못했다. 이승만(李承晚) 대통령(당시)은 미국이 다시 한국을 버리려 한다고 믿고 있었다. 사실 그의 판단이 옳았음은 20여 년 뒤 미국이 자유월남을 배신함으로써 증명되었다.

따라서 1953년 6월 이승만(李承晚) 대통령은 반공포로들을 기습적으로 석방했었다. 휴전회담의 걸림돌이었던 포로 교환 문제를 아예 파탄시켜버렸다. 이승만(李承晚) 대통령은 휴전 협상을 받아들이는 대가로 한국의 안전 보장을 요구했었다. 결국, 미국은 1953년 8월 한국과 「한미상호방위조약」을 체결하고 경제 원조와 한국 지상군 증강과 같은 실질적

지원을 한다고 약속했었다. 사실, 미군이 태평양을 건너는 것은 어렵고 다시 온다는 보장도 없었다. 이에 대한 대응이 한·미 동맹이었다. 한·미 동맹은 처음부터 중공(中共)의 위협에 대응하는 자유주의 동맹이었다. 그것이 바로 한·미 동맹의 참뜻이었다[47].

1953년 「한미상호방위조약」이 체결된 이후 반세기 동안, 한·미동맹은 약간의 우여곡절을 겪으면서도 대체로 안정되어 왔다. 한국은 냉전체제하에서 미국이 제공하였던 안보·자본·시장의 기회를 경제발전의 자산으로 적극 활용하였다. 특히 경제개발 초기단계부터 미국이 제공해온 '안보 우산'은 한반도에 60여 년 이상의 평화상태를 유지하는 데 기여했다. 이것은 한국의 지속적 경제성장의 바탕이 되었다.

5) 미국발(發) 글로벌 금융위기에 대한 미국의 무(無)책임 의식

2008년 하반기 미국 발(發) 글로벌 금융위기나 유럽의 재정위기도 모두 돈을 '탐욕'(Greed)으로 보고 자기의 이익만을 위해 돈을 과도하게 소비하고 투자하다가 초래된 문제인 것이다. 그러나 2008년 하반기 글로벌 경제위기를 야기시켜 지구촌의 수많은 기업들과 선량한 시민들을 파산시키고 심지어 수많은 사람들을 자살시켰음에도 불구하고 미국 정부는 세계인을 향하여 '공식적 사과'가 없다. 이것은 국가의 도덕성(道德性) 문제이다.

벤 버냉키(Ben S. Bernanke) 미(美) 연준 의장이 2002년 11월 밀턴 프리드먼(Milton Friedman) 경제학 교수의 90회 생일 기념 콘퍼런스 발표문 중 마지막 문단에서 다음과 같이 말했다.

"연방준비제도의 공식적인 대표인 나의 신분을 조금 남용함으로써 나의 발표를 마치려 합니다. 밀턴과 안나에게 말하고 싶습니다. 대공황에 대하여, 당신들이 옳았습니다. 우리가 잘못했다. 우리는 이를 매우 유감으로 생각합니다. 하지만 당신들에게 감사합니다. 우리는 다시는 그런 잘못을 반복하지 않을 것입니다."

또한, 2012년 1월 세계 각국 정계·관계·재계의 리더가 스위스의 다보스(Davos)에서 모여 세계 경제위기의 해법을 모색했지만 뾰족한 대책을 도출해내지 못하고 끝나면서 지

---

47) '무슨 일이 있어도 전쟁은 안 된다'는 전제로 시작된다. 그럴듯하지만 이것은 속임수다. 최고의 가치는 전쟁을 막는 것이 아니라 '우리와 후손들의 삶을 지키는 것'이다. 자신의 삶을 시키려면 개인이나 국가나 공격해오는 적들을 물리칠 힘이 있어야 한다. 전쟁을 막는 일이 그렇게 중요하다면 왜 한·미 동맹만 깨뜨리나? 아예 국군을 해체하는 것이 궁극적 해결책 아닌가? 미국은 웜비어의 사망을 항의하려고 전략 폭격기 '죽음의 백조' 두 대를 한반도 상공에 띄웠다. 정작 한국인의 반응은 뜻밖이었다. 2017년 10월 24일, '사드 철회 평화행동' 시위대가 미국대사관을 둘러쌌고 '사드 가고 평화 오라!'는 구호를 외쳤다. 과연, 사드가 가면 평화가 올까?

구촌을 더욱 불안하게 만들었다. 그러나 세계경제포럼 회장 클라우스 슈바프(Klaus Schwab)는 신(新)자유주의(New Liberalism)의 실패를 인정하고 "우리가 죄를 지었다"고 고백했다.

(1) 세계 대공황(1929~1939)

세계 대공황(1929~1939)을 다른 경기침체와 구분하는 특징은 일단 시작된 하강국면이 여느 불황에 비해 매우 오래 지속되었다는 점이다. 세계 대공황(大恐慌)의 심화되고 확산된 중요한 요인으로는 금본위제(金本位制)를 유지하기 위한 긴축정책이 경기침체를 더욱 악화시켰다는 점과, 노동시장의 유연성을 저해한 일련의 정책들이 실질임금을 상승시켜 실업을 높은 수준에서 유지시켰다는 점이 각각 지적된다.

① 촉발요인

세계 대공황(1929~1939)의 촉발요인에 대한 전통적인 견해는 총수요의 부족, 주식시장 붕괴의 효과, 통화량의 감소 등을 지적한다. 이 중 총수요의 부족과 주식시장의 붕괴 효과는 그 크기가 얼마나 컸을지 의문시되고 통화량의 감소는 세계 대공황(大恐慌)의 촉발요인이라기보다는 그 심화요인으로 받아들여지고 있다. 최근에는 주식시장 과열을 막기 위한 1928~29년 미국의 긴축정책이 유럽과 남미의 채권국에 미친 영향이 고려되고 있다. 최근의 연구들은 불가피한 외생적인 충격(예컨대 자본주의 경제의 구조적 문제에 기인하는 수요부족 등)보다는 제1차 세계대전의 유산으로 인한 세계경제환경의 취약성(예컨대 불안정적인 국제채무관계)과 정책적인 실수(예컨대 긴축정책) 등에 초점을 맞추고 있다.

상기와 같이 1930년대 세계 대공황(1929~1939)의 직접적 촉발원인은 대공황(大恐慌)의 심화 및 확산에 영향을 미친 요인에 비해 명확하지 않다. 그러나 일반적으로, 국제채무관계와 금본위제의 특성에 기인한 세계적 경기침체의 확산, 1928~1929년의 미국의 긴축정책, 주식시장 붕괴에 따른 심리적 충격이 겹쳐서 복합적으로 나타난 결과로 추론된다.

첫째, 1930년대 세계 대공황(1929~1939)의 촉발요인에 대한 전통적인 견해로서 '총수요 부족'이다[48]. 우선, 소비수요의 감소가 대공황을 촉발했다는 견해는 다음과 같다: 슘페

---

48) 한편, 정부수요와 관련하여, 미국의 경우 1930년대 초까지 정부지출의 규모가 크지 않았을 뿐더러 균형재정이었다. 따라서 정부수요의 변화가 대공황을 촉발했을 가능성은 매우 낮다. 또한, 해외수요와 관련하여, 미국의 경우 1929년 수출액이 GNP의 10%, 무역흑자의 규모가 GNP의 2%를 차지하여 해외부문의 중요성이 높지 않았다. 한편, 관세정책과 관련된 인근 궁핍화 이론도 있다. 이는 1930년 의회를 통과한 Smoot-Hawtley 관세법이 세계적인 관세전쟁을 유발하여 국제무역 규모를 줄이고 세계 대공황의

터(Iosif Schumpeter)의 주장에 의하면 1920년대에 노동생산성은 크게 향상되어 기업이윤은 빠르게 증가한 데 비해 실질임금은 그만큼 증가하지 않았기 때문에 생산의 증대가 소비로 흡수되기 어려웠으며 과소소비(underconsumption)의 문제가 발생하였다. 한편, 피터 테민(Peter Temin)은 설명하기 어려운 소비수요의 감소가 농업부문의 불황과 겹쳐 1929년 소비가 크게 감소했고 이것이 1930년대 세계 대공황을 촉발했다고 주장했다.[49]

다음으로, 민간투자수요의 감소가 1930년대 세계 대공황(大恐慌)을 촉발했다는 주장은 케인즈(John Maynard Keynes)가 그의 <일반이론>에서 특히 강조한 것이다. 즉, 사업가들이 미래의 경제에 대한 자신감을 상실하여 민간투자가 감소했다는 것이다. 실제로, 총 국내투자는 1929~1932 사이 1929년의 1/7 수준으로 감소하였다. 국내 총 민간투자는 1930년대 세계 대공황이 시작되기 이전인 1926년부터 감소하기 시작했었다. 이는 건축경기의 후퇴에 크게 기인한 것이었다. 그리고 1920년대 후반의 건축경기 후퇴는 1920년대 초반의 주택초과공급과 인구적인 변화에 따른 주택수요의 감소에 기인하였다. 민간투자의 감소가 1930년대 세계 대공황을 촉발한 외생적인 요인이었는지는 확실하지 않다.[50]

둘째, 1930년대 세계 대공황(1929~1939)의 촉발요인으로서 '주식시장의 붕괴'이다. 이것은 총수요부족 가설만큼이나 오랜 전통을 지닌 1930년대 세계 대공황 촉발요인에 대한 가설이다. 주식시장의 붕괴가 여러 명의 투신자살을 불러일으킬 만큼 사회적인 충격을 준 것은 사실이었다. 이는 아직까지도 1930년대 세계 대공황(大恐慌) 시작의 상징적인 사건으로 간주되고 있다. 그러나 주식시장의 붕괴가 실물경기의 하강을 촉발한 요인이었는지는 여전히 확실하지 않다. 주식시장의 붕괴를 1930년대 세계 대공황의 촉발요인과 연결시키는 세 가지 설명과 이에 대한 평가는 다음과 같다:

심화에 일조했다는 설명이다. 실제로 무역규모는 크게 감소했지만, 미국의 경우 대외의존도는 낮았고 총수출 액수의 감소분도 1929~1930년 사이에는 거의 없었다. 또한 관세가 내수를 진작시켰을 것을 감안한다면 인근궁핍화이론은 설득력이 없다.

49) 소비수요 감소설에 대해서는 다음과 같은 몇 가지 의문이 제기된다: a) 실질임금의 상대적 정체, 농업부문의 불황은 1920년대 후반을 통해 나타난 현상이다. 그런데 왜 소비수요가 1929년 이후 감소하기 시작했는가? b) 만약 가격이 신축적이라면 과소소비의 문제는 시장의 가격메커니즘을 통해 해결될 것이다. 즉, 물가의 하락은 수요 증가와 공급의 감소를 가져왔을 것이다. 1929~1933년 사이 물가가 경직적이었다는 증거는 없다. 사실 이 기간 동안 물가가 25%나 하락했었다. c) 소비의 감소와 경기의 하락 간의 인과관계가 분명하지 않다. 실제로 소득이 감소해서 이에 따라 소비가 감소했을 가능성이 있다.

50) 피터 테민(Peter Temin)에 따르면 1929년 이전에 나타난 투자의 감소는 그 규모로 보아 그다지 특별하게 심각하지 않았고 공황 초기의 소득감소를 설명할 만큼 크지 않았다. 그리고 1929년 이후의 투자 감소는 공황의 원인이 아니라 결과일 가능성이 높다.

주식시장 붕괴의 자산효과(wealth effect)이다. 이는 주식가치의 하락으로 보유자산의 실질가치가 감소하여 소비지출이 감소했다는 설명이다. 그러나 당시 주식소유자는 약 500만 명에 불과했다. 실제로는 약 50만 명이 75−85%의 주식을 소유하고 있었으므로 주식시장 붕괴의 여파는 상대적으로 소수의 사람들에게만 적용되었을 것으로 짐작된다. 통계수치를 보면 부(富)의 감소효과는 약 10% 미만이었다. 1987년 주가 대폭락 때의 낙폭은 1929년의 낙폭과 매우 유사하다. 그러나 주식시장의 대중화에도 불구하고 1987년의 주가 폭락은 1930년대 세계 대공황(大恐慌)을 촉발하지 않았다.

유동성 효과(liquidity effect)이다. 이는 주식시장 붕괴로 인해 자산가치가 하락하여 부채/자산 비율이 증가하고 이로 인해 주택 및 기타 내구재에 대한 소비가 감소했다는 설명이다. 실제로 1920년대를 통해 주식가격이 빠르게 오르고 소액(10−20%)의 증거금만으로 주식을 구입할 수 있었기 때문에 주식에 대한 레버리지 투자가 크게 증가했었다. 따라서 주식가격의 하락은 유동성 효과를 경로로 실물경기의 하강에 일정한 영향을 미쳤을 가능성이 있다.

불확실성의 증가이다. 이는 주식시장의 붕괴로 인해 장래에 대한 불확실성이 커지로 이것이 내구재에 대한 소비지출을 감소시켰을 것이라는 설명이다. 크리스티나 로머(Christina Romer)의 연구에 따르면 주식시장 붕괴 이후 동 시대인들이 제시한 경제전망이 악화되었다는 것이 확인됐다. 또한 주가변동성이 증가할 때 내구소비재의 생산이 감소한다는 실증적인 결과가 도출됐다. 이를 종합할 때 그 규모를 정확하게 추정할 수는 없지만 주식시장의 붕괴가 불확실성의 증가를 통해 실물경기를 악화시켰을 가능성이 있다고 말할 수 있다.

셋째, 1930년대 세계 대공황(1929~1939)의 촉발요인에 대한 전통적인 견해로서 '통화량의 감소'이다. 통화주의자들은 통화의 공급량과 명목소득 간에 안정적인 관계가 있다고 가정한다. 통화주의자들인 Friedman and Schwarz는 1930년대 세계 대공황은 통상적인 경기하강으로 시작되었으나 1929년 이후의 통화 공급의 감소 및 정체로 말미암아 대공황으로 발전했다고 주장했다. 통화량의 감소를 촉발한 사건으로는 다음의 2가지가 지적됐다:

1928~29년 연방준비이사회(Fed)의 긴축적인 통화정책

1920년대 말 주식시장의 과열을 조정하기 위해 Fed는 공채의 판매와 재할인율의 인상을 통해 긴축적인 통화정책을 실시했었다. 이자율의 인상은 차입자본을 이용하여 자본이득을 위한 투기를 하는 행위를 억제하기 위한 것이었다. 이 결과, 1927~1928년 3.8% 증가

했던 통화량(M2)은 1928~1929년에는 0.4% 성장하는 데 그쳤었다. Friedman and Schwarz 에 따르면 이와 같은 예상하지 못한 통화의 긴축은 하강국면에 있는 경기를 더욱 악화시 켰었다.[51]

제1차 은행위기(1930. 10~1931. 02)

1929년의 주식시장 붕괴와 1930년에 일어난 일련의 은행파산은 금융부문의 기능(신용 의 창출을 통한 통화의 공급)을 마비시킴으로써 추가적으로 통화 공급을 수축시켰었다. 1930년의 은행공황은 테네시 주의 Caldwell 은행과 뉴욕의 Bank of United States 등 두 거대 은행이 부실채권으로 파산했기 때문에 발생했다는 설이 유력했었다. 이는 이들 은행 들이 주식 및 부동산 등에 했던 투자가 큰 손실을 보게 되면서 발생했었다. 이에 따라 상 기 두 은행들에 연계된 농촌지역의 은행들이 이어서 파산하게 되고 은행제도에 대한 신뢰 도가 떨어지게 되었다. 이는 부실하지 않은 은행에 대해서도 bank run이 일어나게 했었 고 그 결과 많은 은행들이 파산하였다.

일반적으로, 은행위기가 공황을 촉발하게 되는 경로는 다음과 같다: (a) 은행들이 보수 적인 경영을 하고(지급준비율이 높아지게 됨) 소비자들이 은행을 믿지 못함에 따라(예금－통 화 비율이 낮아짐) 통화승수가 낮아지게 되어 통화량이 감소하고 이자율이 상승하게 된다; (b) 전반적으로 비관론이 만연하여 소비와 투자를 위축시키게 된다; (c) 금융중개비용이 증가하여 금융경색 현상이 나타나게 된다. 이는 직접적으로 기업의 투자에 부정적인 영향 을 미치게 된다.

넷째, 1930년대 세계 대공황의 촉발요인에 대한 전통적인 견해로서 '미국의 긴축정책 과 국제채무관계'이다.

국제 금본위제(金本位制)의 비대칭성

금본위제(金本位制)하에서 흑자국에서는 통화량이 증가하여 물가가 상승하고 이자율이

---

51) 통화주의자들의 견해에 대해서 테민(Peter Temin)은 다음과 같은 반론을 제기한다: a) 실질통화량이 감 소하지 않았음. 통화 공급의 부족 여부는 명목통화가 아니라 실질통화(M/P)에 의존함. 이시기 물가가 하락하여 실질통화량은 감소하지 않았음; b) 만약 통화수요가 통화수요를 초과했다면 실질이자율이 상 승했을 것. 그러나 1929년 10월에서 1930년 9월 사이 단기이자율은 상승하지 않았음. 확실한 결론을 내 기는 여전히 어렵지만 1929년의 긴축정책에 의한 통화량 감소와 1930년의 은행공황이 대공황의 촉발원 인이라고 보기는 어려울 것. 1930~1933년의 일련의 은행위기가 대공황의 심화에 영향을 미쳤다고 보는 것이 더 타당할 것으로 보임.

하락하는 인플레이션이 나타나고 적자국에서는 그 반대로 디플레이션이 발생함으로써 국제수지의 불균형이 해소된다. 그러나 이 관계에는 비대칭성이 존재한다. 국제수지 적자국은 선택의 여지가 없이 긴축정책을 쓰지 않을 수 없는 반면에 국제수지 흑자국은 불태화정책을 사용하여 인플레이션을 억제할 수 있는 여지가 있다. 이 경우 국제수지 적자국은 국제수지 균형 회복을 위해 더 심한 디플레이션을 감수해야 할 수밖에 없다.

고전적 국제 금본위제(金本位制)

제1차 세계대전 이전의 세계경제는 금본위제(金本位制)가 운영되는 데 있어서 매우 좋은 환경이었다. 선진국들 간의 채권, 채무관계가 상대적으로 안정적이었고 단기적인 불안정 요인이 생길 경우 각 국가의 중앙은행들 긴밀하게 협력하여 이를 극복하였다. 정부는 통화정책에 있어 국내 이해집단의 압력으로부터 상대적으로 자유로울 수 있었다. 안정적인 통화가치의 유지가 가장 중요한 목표였다. 또한 기축통화국인 영국경제가 강건하여 단기적으로 유동성이 부족한 국가에 자금을 공급하는 역할을 하였다.[52]

그러나 제1차 세계대전 이후의 세계는 금본위제(金本位制)의 운영을 불안정적으로 만드는 환경을 제공하였다. 우선 국내경제정책의 우선순위가 높아져 통화당국의 정책결정이 국내 상황으로부터 자유롭지 못하게 되었다. 특히 노동계급의 영향력이 증대하고 영국에서는 전후 실업률이 상승하면서 긴축적인 통화정책을 시행하는 데 대한 내부의 압력에 직면하게 되었다. 또한 국제적인 채권 채무 관계의 불균형이 심화되었다. 많은 나라들이 금본위제(金本位制)로의 복귀 및 통화가치 안정에 있어 미국으로부터의 자본유입에 크게 의존하고 있었다.

국제 금본위제(金本位制)와 대공황(大恐慌)의 확산

1929년 이전 독일, 아르헨티나, 브라질, 오스트레일리아, 캐나다, 폴란드 등의 나라에서는 경기침체의 조짐이 나타나고 있었다. 이들 국가들은 모두 1920년대를 통해 미국의 자본이 대규모로 유입된 국가들이었다. 1928~1929년 미국은 주식시장의 과열이라고 하는 국내 상황 때문에 긴축정책을 시행하였다. 미국의 긴축정책에 따른 금리상승에 따라 대부(貸付)가 중단되자 이들 국가들은 극심한 국제수지의 악화를 경험했다. 이들 국가들의 중앙은행들은 금본위제(金本位制)의 유지를 위해서는 더 심한 긴축정책을 사용할 수밖에

---

52) 아이켄그린(Eichengreen)에 따르면 금본위제는 어느 시대나 안정적일 수 있는 제도가 아니라 19세기 말 20세기 초의 상황에서 비교적 안정적일 수 있었던 역사적으로 특정한 통화체제였다.

없었고 이는 경기하강 국면에 있는 이들 국가들을 더욱 심한 불황(不況)에 빠지게 하였다.[53] 이들 국가들의 경기침체는 미국의 수출 수요를 다소나마 감소시켰고 경제에 대한 비관적인 심리를 확산시켰다. 이처럼 금본위제(金本位制)의 불안정적인 요인은 공황(恐慌)을 세계로 확산시키는 데 일조하였다.

---

53) 미국 브라운 대학 마크 블라이스 국제정치경제 교수가 쓴 <긴축: 그 위험한 생각의 역사>를 보면 우리의 생각을 정리하는 데 도움이 될지 모른다. 우선 '긴축'의 정의부터 다시 보자. "긴축은 임금과 가격 그리고 공공 지출 삭감을 통해 국가경제의 경쟁력을 회복한다는 취지의 자발적 디플레이션 정책이다. 이를 가장 효과적으로 달성하는 방법은 국가 예산, 부채, 그리고 재정적자를 줄이는 것이라고 알려져 있다." 블라이스 교수가 하려는 말은 지금부터다. "긴축정책이 필요한 이유로 제시된 것들과 긴축정책이 긍정적 효과를 가져오는 이유라며 장황하게 제시된 논리들은 대체로 위험한 헛소리다." 대표적으로 1920~1930년대 각국의 사례들이 그의 주장을 뒷받침해주고 있다. 1930년대 미국 허버트 후버 대통령은 '흥청망청 쓰면 번영에 이를 수 없다'며 긴축을 실행했다가 대공황을 낳았다. 영국은 인플레이션 극복을 위해 5년에 걸친 긴축정책을 시행한 끝에 1925년 금본위제(금에 연동해 통화가치를 정하는 고정환율제도)로 복귀했다가 실업률 상승과 재정적자 악화 등의 결과만 초래했다. 독일은 1930년 총리에 오른 하인리히 브뤼닝이 전쟁 불황을 극복하고자 2년에 걸쳐 긴축정책을 시행했지만 경제적 혼란만 가중됐다. 이는 경제적 고통에 시달리던 국민들이 2년 후 선거에서 나치당을 지지해 나치의 집권을 가져온 비극으로까지 이어졌다. 일본도 마찬가지다. 1929년 출범한 하마구치 내각의 긴축정책은 일본을 역사상 최악의 불황으로 몰고 갔고, 결과적으로는 군국주의로 가는 길을 열었다. "긴축은 그저 실패만 했던 것이 아니라 전 세계를 망가뜨리는 데 일조했다"는 게 저자의 생각이다. 우리가 1930년대의 교훈을 잊어버린다면 역사는 얼마든지 되풀이될 수 있다. 그 불길한 징조는 이미 곳곳에서 나타났다. 2010년 그리스, 아일랜드, 스페인, 포르투갈, 이탈리아 등 이른바 '피그스(PIIGS)' 국가들의 국가부채 위기가 터지면서 다시 '긴축의 시대'가 도래했다. 특히 이들 국가들의 과도한 복지 지출 등 방만한 재정 운영이 집중포화를 맞았다. 저자는 여기서 세간의 오해를 바로잡는다. 유럽 국가들의 부채 문제는 잘못된 재정 운영 탓이 아니라 2008년 금융위기 당시 대형은행 구제에 드는 비용을 정부가 떠안았기 때문이다. 당초 유럽 은행들이 위험요소를 생각하지 않고 수익률이 높은 피그스 국가의 국채를 대규모로 사들인 것부터가 문제의 시작이다. 이들 은행들은 '대마불사(too big to fail)'를 내세우며 국가가 자신들을 파산하도록 내버려두지 않는다는 확신에 '자산 불리기'에 몰두했다. "거대한 도덕적 해이"다. 결국 이 과정에서 은행위기가 재정위기로 둔갑하게 됐고, 긴축정책이 시행됐다. 탐욕스러운 은행의 잘못을 온 국민이 뒤집어쓰게 된 셈이다. 저자는 이처럼 현재의 긴축정책으로는 "하위 소득 계층이 상위 계층이 초래한 문제의 해결 비용을 내라는 불공정한 요구를 받게 되는 상황"을 초래할 뿐이라고 주장한다. 이는 다시 양극화 심화, 포퓰리즘, 극단적 민족주의로 우리를 이끈다. 아이슬란드의 사례도 눈여겨 볼만하다. 금융위기 당시 아이슬란드는 과감하게 부실 은행을 청산했고, 그 결과 건전한 실업율과 경제성장률로 회복하는 데 성공했나. 투사은행을 구제하는 데 엄청난 채성을 부입할 게 아니라 고봉을 감수하더라도 은행이 파산하도록 두는 게 더 현명하다고 저자는 강조한다. 대신 국가부채 문제는 채권자에게 세금을 물리는 '금융억압'과 최고 소득 계층을 겨냥한 세금 등 증세로 해결할 것을 제안한다. "노동자들이 은행가들을 구제하는 시대를 사는 현 세대"에게 '긴축'은 불공정한 일이다. '긴축의 시대'에는 스코틀랜드 시골 출신의 아이가 후에 아이비리그 대학 교수가 되어 '긴축'의 위험성을 이야기하는 책을 내는 상황도 불가능해지니까 말이다.

② 세계 대공황(大恐慌)으로부터의 회복

대부분의 국가들이 1932년 이후, 미국의 경우 1933년 초를 전환점으로 해서 경기는 상승국면에 접어들었다. 각국 경기회복의 시기와 그 속도 등은 금본위제(金本位制)로부터의 이탈했다, 그 이후의 경제정책의 기조, 체제변화(regime change)의 효과에 의해 설명되고 있다.

뉴딜(New Deal) 재정지출

이는 적어도 미국에 있어서 세계 대공황(大恐慌)으로부터의 회복을 설명하는 가장 전통적인 설이다. 케인지언(Keynesian) 수요관리정책의 효시가 대공황기에 나타났다는 오해는 아직까지도 팽배해 있다. 즉 정부가 빈민구호 및 공공취로사업의 확대를 통해 유효수요를 증가시켜 경기의 회복을 도왔다는 주장이 그것이다.

뉴딜(New Deal) 재정정책은 다른 면에 있어서의 평가를 차치하고라도 적자재정의 규모로 보아서 경제회복의 주요 원인이었다고 보기는 어렵다. 재정지출 자체는 크게 증가했지만 적자의 폭은 1936년 정점에 달했을 때도 GNP의 2.1%에 불과했다. 참고로, 경제가 호황이었던 1990년대에도 재정적자는 GNP의 2~4.5%였다. 1936년에 재정지출이 증가한 것은 루스벨트 대통령이 반대한 퇴역군인연금법(veterans' compensation program)을 의회가 통과시켰기 때문이다. 그리고 증가한 정부지출의 대부분은 구호지출에 이용되었다. 이는 정부의 직접구매에 비해 경기부양효과가 낮았다.

이와 같이 약간 늘어난 연방정부 적자재정은 주 정부 및 지방정부의 재정이 보수적으로 변화함에 따라 상당부분 상쇄되었다. 이처럼 재정지출은 일단 규모면에 있어서 회복의 주요 요인이었다고 보기는 어렵다. 달리 말하면 정부가 적극적인 팽창정책으로 나서지 않았던 것이 회복이 느렸던 이유였다고 할 수 있을 것이다.

뉴딜(New Deal) 재정지출 배분의 효율성에 관해서도 많은 논란이 있다. 경기부양의 효과가 크려면 생산 및 고용창출의 효과가 큰 부문에 정부지출이 이루어져야 하는데 그것이 높지 못한 건설 및 토목 사업에 집중적으로 지출이 이루어졌다. 이는 이 부문에서 공공취로사업을 벌이기가 용이했음에 부분적으로 기인한다.

금본위제(金本位制) 이탈과 평가절하

1930년대 세계 대공황(大恐慌)이 시작된 이후 많은 국가들이 금본위제(金本位制)를 이탈하여 평가절하(平價切下, Devaluation)를 단행하였다. 주요 국가들의 금본위제(金本位制) 이탈시기를 살펴보면, 독일(1931. 06), 영국(1931. 09), 미국(1933. 04), 체코(1934년), 벨기에(1935년), 프랑스, 네덜란드, 스위스(1936년) 등과 같다.

평가절하(平價切下, Devaluation)는 국제경쟁력을 높여 수입을 줄이고 수출을 늘림으로써 자국 생산물의 수요를 증대하는 역할이다. 따라서 금본위제(金本位制)를 일찍 포기한 나라들은 더 빨리 수출이 회복되었다. 그러나 많은 나라들이 잇달아 평가절하를 단행했으므로 그 효과는 일시적일 뿐이었다.

오히려 평가절하(平價切下, Devaluation)의 더 중요한 효과는 각 국가가 더 이상 금본위제(金本位制)의 고수라는 사슬에 얽매이지 않고 독자적으로 팽창정책을 실시할 수 있게 되었다는 것이다. 즉 정부는 더 이상 국제수지 및 통화가치의 안정을 걱정하지 않아도 되었다. 또 환율을 유지하기 위해 정부지출을 감축하고 세금을 올려야 하는 압박도 제거되었다.

얼마만큼 효과가 있었는가? 대체적으로 평가절하가 빨랐던 나라에서 경제의 회복이 빨랐다. 1932년 비교적 일찍 평가절하를 단행했던 영국의 회복속도가 빨랐던 것이 그 예임. 프랑스의 회복이 지연된 것은 비교적 늦게(1936년) 금본위제(金本位制)를 이탈한 것과 관련이 있다.

그렇다면 왜 좀 더 회복이 빠르지 못했는가? 대부분의 국가에서 정부는 과거의 정책적인 경직성을 빨리 탈피하지 못하고 새롭게 얻은 자유를 마음껏 누리는 것을 주저하였다. 물가가 하락하는 시기였음에도 불구하고 통화당국자들은 1920년대 인플레이션의 경험의 기억을 떨쳐버리지 못하고 팽창적인 화폐정책을 주저하였다.

미국의 경우 1933년 4월의 금(金) 수출 금지와 1934년 1월의 평가절하 이후에도 공개시장 매입 등을 통한 팽창적인 통화정책을 체계적으로 사용하지 않았다. 그럼에도 불구하고, 통화량은 증가한 것은 값싸진 달러를 구입하기 위한 외국으로부터의 금(金) 유입 때문이었다. 또한 통화당국은 1920년대와는 달리 유입된 금(金)을 불태화하지 않음으로써 통화량이 2년 동안 50% 가까이 증가하였다. 이는 실길이자율의 하락과 투자와 내구재의 수요가 증가를 통해 경기회복에 도움을 주었다. 경기회복이 느렸던 것은 정책의 소극성 때문이었다.

정책체제(policy regime)의 변화

미국의 프랭클린 델러노 루스벨트(Franklin Delano Roosevelt, 1882~1945) 대통령(32대: 1933~1945)은 1933년 3월 취임 후 100일 동안(100 days of FDR) 과거와 단절된 혁신적인 경제정책들을 쏟아 내었다. 독일 역시 아돌프 히틀러(Adolf Hitler) 집권 이후 새로운 경제 정책들을 추진하였다. 이러한 정책의 급진적인 변화가 경제주체들로 하여금 미래에 대한 전망을 바꾸게 함으로써 경기회복에 긍정적인 영향을 미쳤다는 주장이 제기되고 있다. 금 본위제(金本位制) 이탈과 평가절하(平價切下) 역시 직접적인 경제적 효과 이외에 경제주체 들로 하여금 기대를 바꾸게 하는 효과가 있었다.

③ 1930년대 세계 대공황(大恐慌)의 정책적 교훈

세계 대공황(1929~1939)의 초기 당시에, 미국 정부의 정책무능이 민간의 기대심리를 더욱 위축시켜 불황의 골을 깊게 했다는 점에 유의할 필요가 있다. 따라서 정부는 불황 극복의 정책적 확신과 일관성을 보여줘야 한다. 한편, 양극화 해소의 문제는 단기적 시각 을 넘어서 인구, 교육, 산업구조 등 구조적 요인들에 대한 정책적 접근을 통하여 근본적 치유를 도모해야 한다.

국제관계와 세계경제

1930년대 세계 대공황(大恐慌)의 경험은 세계경제가 성장과 번영을 누리기 위해서는 국제 간의 협조가 매우 중요하다는 것을 보여준다. 역사적으로 볼 때 다국 간 무역이 활 발하게 이루어지고, 국가 간의 금융·재정적인 협조가 긴밀하게 이루어지며, 국제통화체제 가 원활하게 작동할 때 세계경제가 번영하는 경향이 있었다.

이러한 교훈은 제2차 세계대전(1939~1945)의 사후처리에 반영되었다. 제2차 세계대전 의 피해는 여러모로 제1차 세계대전의 그것을 능가한다. 그러나 전쟁 이후 전간기와 같은 혼란과 정체가 아닌 세계경제의 황금기를 맞았다. 이는 전간기의 경험을 교훈 삼아 국제 적인 협력이 이루어졌기 때문이었다. 그 주요 내용을 살펴보면 다음과 같다:

(a) 전쟁배상의 부담을 지우지 않고 국가 간 전시(戰時) 부채가 너그럽게 처리되었다.

(b) 브레튼 우즈(Bretton Woods) 체제가 정립되어 원활한 국제통화체제의 운영, 단기 및 장기의 국제금융상의 불균형 조정, 자유무역의 추구를 지원하였다.

마샬 플랜(Marshall Plan)의 독일과 유럽의 재건 지원

제2차 세계대전(1939~1945) 이후 서방세계의 긴밀한 협력에는 냉전의 심화도 일정한 역할을 하였다. 1980년대 말 이후 냉전체제의 종식은 여러모로 세계대전의 종식이 낳은 것과 비슷한 문제를 했었는데, 몇 가지 예를 들면 다음과 같다:

(a) 구조조정의 문제: 과거 공산국가들이 군비의 축소와 시장경제로의 전환과정에서 많은 어려움을 겪었다. 서방국가들의 군비지출도 축소되었다.

(b) 영토상의 조정: 구소련 영토의 분할과 소 독립국들의 출현으로 과거 오스트리아－헝가리제국의 분할이 가져온 것 같은 경제적 비효율성의 문제가 제기되었다.

(c) 동유럽이 세계 농업시장에 다시 편입되었다. 이러한 경향은 일부 동유럽 국가들이 EU에 편입되면서 더욱 강화되었다.

(d) 유럽연합(EU): 각 국가의 신축적이고 독립적인 경제정책이 어려워진다. 이는 과거의 금본위제의 제약에 비견될 수 있다.

(e) 냉전의 종식과 함께 국제협력의 유인이 줄어들었다. 특히 미국은 세계의 리더 역할을 점차 축소하려는 움직임을 보였다.

경제위기 출구 전략

1930년대의 세계 대공황(1929~1939)이 여러 국가의 많은 부문을 영구적으로, 그리고 근본적으로 변화시킨 규정적인 시기(defining moment)였다는 견해는 현재 광범위하게 공유되고 있다. 미증유의 경제적 재난에 대응하는 과정에서 중앙정부의 규모와 기능이 크게 확대되었고 시장에 대한 정부의 개입도 크게 늘었다. 그런데 단기적인 위기에 대한 대응으로 만들어진 일부 제도들은 경제적인 여건이 바뀐 이후에도 계속 존속하는 경향을 보인다. 예컨대 금융위기의 경험에 기초하여 투자은행과 상업은행의 겸업을 금지하고 상업은행의 영업에 대한 여러 가지 규제를 명시한 Glass－Steagall Acts는 이후 경제적 환경의 급격한 변화에 불구하고 1999년 폐지될 때까지 60여 년 동안 지속되었다. 산업부흥법(National Industrial Recovery Act), 농업조정법(Agricultural Adjustment Act: AAA) 등 대공황으로 인한 각 산업과 산업근로자, 농민을 보호하기 위한 조처들도 상당부분 살아남아 지속되있나.

따라서 경제위기에 대응하는 조치들은 일단 한시적인 제도 및 정책으로 만들어지는 것이 바람직하며, 장기적으로 지속되는 제도나 정책을 마련하는 데 있어서는 최대한 정치적 압력을 배제하기 위해 노력할 필요가 있다.

(2) 2008년 하반기 '글로벌 금융위기'54)

① 원인

세계 대공황(1929~1939)이후 2008년 하반기 '글로벌 금융위기'는 세계경제를 글로벌 경제위기(2011. 08~현재)로 몰아넣었다. 그것을 촉발 및 확산시켰던 미국의 서브프라임 모기지 사태(Sub-prime Mortgage Turmoil)의 '표면적 요인'은 미국 금융기관의 관리·감독기능이 부족하였고 비(非)효율적이었기 때문이었다. 그러나 2008년 하반기 글로벌 금융위기의 '근본적인 원인'은 신(新)자유주의(New Liberalism)와 금융자본주의(Financial Capitalism)에 바탕을 둔 미국의 '만성적 무역적자(貿易赤字)'와 미국의 과도한 군사비 지출로 누적되었던 '만성적 재정적자(財政赤字)'이다.

[그림 1] 서브프라임 모기지 금융위기의 발생 구조

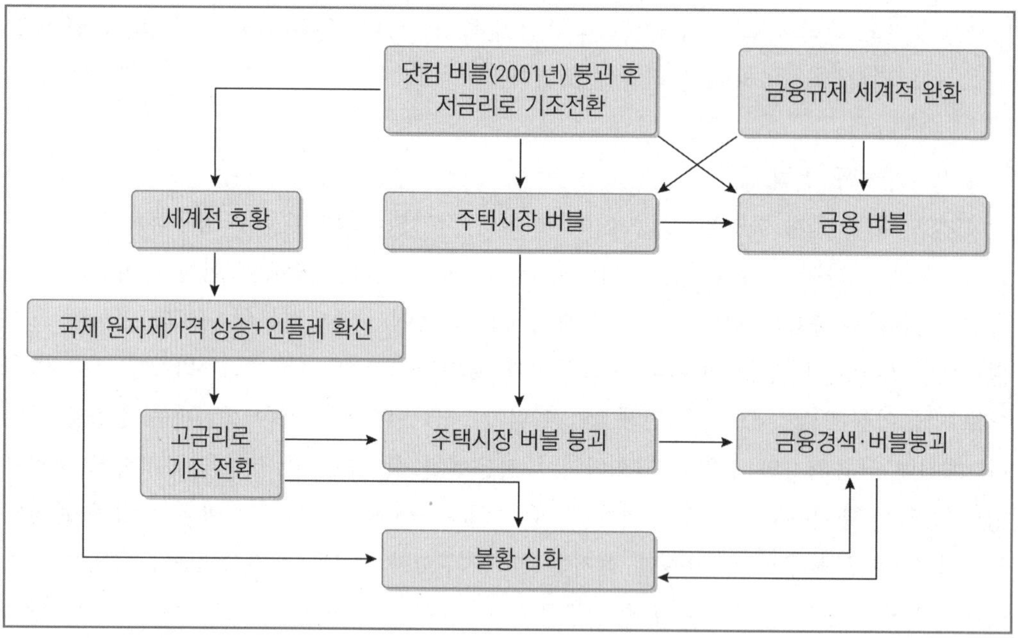

자료: 중앙일보, 2008. 10. 01.
출처: 임양택, 「글로벌 금융패러다임과 한국 금융산업: 이론과 정책」, 한양대학교 출판부, 2018.

---

54) 임양택(2021), <'정의로운 국가와 행복한 사회'를 위한 신(新)실용주의(實用主義) 철학과 정책>, 도서출판: 박영사, 2021.

[그림 2] 미국발(發) 글로벌 금융위기의 원인

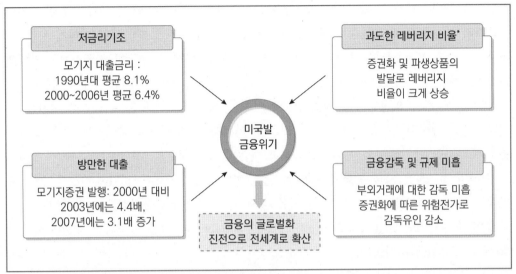

* '레버리지 비율'(=총자산/총자본)은 자기자본 규모에 비해 보유자산의 규모가 얼마나 큰지를 나타내는 지표이다. 이 수
치가 높을수록 금융기관이 공격적인 영업을 한 것을 의미한다. 즉, 레버리지 비율이 높다는 것은 적은 자본으로 많은
부채를 끌어다 쓴 것을 의미한다. 이 결과, 대출 부문에서 손실이 발생할 경우 이를 감당할 수 있는 자본 '쿠션'이 적다
는 것을 의미한다.
자료: 한국금융연구원(2008), "금융위기 이후 선진국 대응방안과 전망", 11. 26.
출처: 임양택, 「글로벌 금융패러다임과 한국 금융산업: 이론과 정책」, 한양대학교 출판부, 2018.

　　여기서 유의할 것은 다음과 같다: 신(新)자유주의(New Liberalism)에 바탕을 둔 현대 자
본주의의 '경제성장 메커니즘'의 붕괴 과정이 바로 2008년 글로벌 금융위기였다는 점이다.
여기서 '경제성장 메커니즘'이란 '부채(負債)에 의한 성장'을 의미한다. 즉, 금융부문은 부
채(負債) 공급을 위해 다양한 대출상품(특히 신용파생금융상품)을 쏟아냄으로써 가계(家計)
로 하여금 금융상품을 구입하도록 하고, 부동산 및 자산 시장부문은 구조화된 채권
(Structured Credit Products)을 이용한 금융공학 기법을 통하여 투기(投機)를 유도함으로써
가계의 저축(貯蓄)을 자산시장으로 유입시키고 가계부문은 부채(負債)로 소비(消費)하도록
유도함으로써 상품시장의 구매력을 유지시키는 것이다.

　　또한, 미국의 반성석 부녁수시 석사와 2008년 하반기 미국발(發) '글로벌 금융위기'는 복
잡하게 설계된 각종 파생(派生) 금융상품을 중심으로 발전해 온 금융자본주의(Financial
Capitalism)를 통해서 연결된다. 미국의 무역수지 적자는 무역수지 흑자국의 달러가 미국으
로 유입된다. 따라서 인위적인 환율 개입이 없다면 미(美)달러의 상대적 공급이 늘어나면서

미국 달러의 통화가치는 떨어지고 무역수지 흑자 국가의 통화가치는 올라간다. 이러한 환율변동은 무역수지 적자 국가(미국)의 상품가격 하락과 무역수지 흑자 국가(예로서 중국)의 상품가격 상승을 통해 무역수지 불균형(不均衡)을 해소하는 자율조정 역할을 하게 된다. 그러나 무역수지 흑자 국가들 중에서 수출에 의존하여 경제성장을 추구하는 국가들은 자국의 가격경쟁력을 유지하기 위해 통화가치가 평가절상(平價切上)되는 것을 원하지 않는다.

1990년대 후반 외환위기를 경험하였던 아시아 지역의 국가들은 무역수지 적자는 곧 외환위기로 이어질 수 있다는 뼈저린 교훈을 얻었다. 따라서 지속적인 무역수지 흑자를 통하여 가능한 한, 많은 외환을 확보하고자 하였다. 결과적으로, 무역수지 흑자 국가(예로서 중국)의 정부들은 자국 통화가치의 평가절상(平價切上)을 제어하기 위해 수출을 통해 유입되는 미(美) 달러를 사들이게 되면 이를 다시 가장 안전한 금융자산으로 인식되는 미국 국채 혹은 주택저당증권(MBS: Mortgage-backed Securities)과 같은 구조화된 채권(Structured Credit Products)에 투자한다.

이 결과, 무역수지 적자국(예로서 미국)의 무역수지 적자액은 무역수지 흑자국(예로서 중국)의 해외간접투자 형태로 다시 미국으로 '귀환(歸還)'하게 되어 미국의 과다 유동성을 야기·팽창시켰다. 이것은 다시 미국의 금리가 장기간 낮은 수준에 머무를 수 있는 바탕이 되었다. 아시아 국가들에서 지속적으로 유입되는 달러자금으로 인해 투자가들은 자본의 조달 금리 상승에 대한 부담 없이 단기로 자금을 차입하여 수익률이 높은 장기 위험 자산에 투자하게 되었다. 특히, 부동산 시장이 매력적인 장기투자 대상으로 부상하였다. 구조화된 채권(Structured Credit Products)을 이용한 금융공학기법은 부동산 시장으로의 자금유입을 가속화시켰고, 결국 부동산 자산가격의 급격한 상승을 야기하였다.

그 덕분으로, 미국의 소비자들은 비록 소득은 증가하지 않았더라도 이와 같은 주택가격의 상승에 따른 자본이득(Capital Gain)을 통하여 가계 소비를 늘릴 여력을 가지게 되었다. 소비의 증가를 통해 미국의 경제는 성장하였고, 그 덕분으로 신흥경제국은 미국에 대한 무역수지 흑자를 유지할 수 있었다. 이것이 2000년대 이후 글로벌 무역수지 불균형 상황 속에서 세계경제가 5%에 이르는 고(高)성장을 할 수 있도록 만드는 선순환 구조가 되었다.

한편, 저(低)금리 구조하에서 방만한 대출(모기지 증권 발행: 2000년 대비 2003년 4.4배, 2007년 3.1배 증가)이 이루어졌으며, 동시에 증권화 및 신용파생금융상품의 발달로 레버리지(Leverage)가 크게 상승하였다. 이에 따라 거래 상대방의 위험(Risk)이 크게 증가하였다.

상기한 '미국의 무역수지 적자 → 무역수지 흑자국(특히 중국)의 미국 국채 혹은 채권에

의 해외 간접투자 → 미국의 과다 유동성' 구조하에서, 민주당의 빌 클린턴(Bill Clinton, 재임: 1993~2001) 정부가 1995년 시장 원리에 역행하는 과도한 지원제도인 '공동체 재투자법'(Community Reinvestment Act)을 도입하였다. 그러나 상기 제도는 저(底)소득층 주택 소유를 늘리기 위해 금융회사에 주택대출 심사를 완화하도록 하고, 저(底)소득층 주택대출 실적을 금융회사의 평가 기준으로 삼도록 하였는데, 이것이 바로 미국의 주택버블을 촉발하였다.

따라서 담보 여력이 없고 신용상태가 좋지 않은 수많은 사람들에게 대출을 해 주었을 뿐만 아니라 대출해줄 돈이 부족하다보니 담보로 잡았던 부동산의 채권을 다시 모아서 이것으로 또 다른 담보를 제공하고 채권을 발행하여 이 채권을 투자자에게 판매하여 부동산 대출 자금을 다시 확보하였다. 이 자금은 또다시 신용이 좋지 않은 수많은 사람의 부동산 담보 대출로 활용되었다.

이와 같은 '자산 담보부 채권'(MBO, CDO 등)은 미국을 비롯한 세계의 금융기관에 소개되고 팔렸다. 물론, 이러한 채권들 역시 신용등급을 분류하여 투자 등급을 지정하고 이것을 프레디 맥(Freddie Mac)이나 페니 메이(Fannie Mae)와 같은 채권 보증 회사의 보증을 받고 투자하였다.

이러한 가운데, 국제 원자재 가격(특히 석유가격)이 상승하고 인플레이션이 확산됨에 따라 미국의 저(低)금리 정책이 고(高)금리 정책으로 전환하였다. 바로, 이것이 주택시장의 버블을 붕괴시켰던 것이다. 이 과정에서 부동산의 자산가치가 거품과 함께 폭락함에 따라 이를 담보로 대출해 준 금융기관들(예로서 Lehman Brothers, Merrill Lynch 등)이 2008년 9월 15일 파산하였다.

그러나 부동산 시장의 붕괴로 인하여 담보로 잡았던 부동산 가격이 폭락하면서 부실화되었고 투자했던 '자산 담보부 채권'(MBO, CDO 등)들은 거의 휴지 조각이 되었다. 이 담보로 돈을 빌렸던 사람들이 상환불능 상태로 파산함에 따라 대출 업체는 부실화되어 파산하였고, 이들 채권들을 담보로 또 돈을 빌려줬던 투자은행(IB)들이 부실화되어 파산하였으며, 이들 채권들에 투자했던 수많은 금융기업들이 결손처리하거나 부실화되었고, 채권 보증회사(Freddie Mac, Fannie Mae 등) 역시 부실화되었다. 결국, 미국정부가 공적자금을 투입하였다.

사실, 미국의 투자은행(IB)들이 개발하고 시장에 내놓았던 수많은 신용파생금융상품들은 아무런 규제 없이 검증되지도 않은 상태에서 일반 투자자들을 현혹시켰다. 월가(Wall Street)로 대표되는 미국의 금융시장이 전(全) 세계의 자본을 상대로 '사기 도박'을 한 것이나 다름없었다. 왜냐하면 그 위험성을 이미 알고 있었으면서도 제대로 알리거나 통제하려는 생각 없이 엄청난 자금을 끌어 모았고 그것으로 자신들의 배를 불리는 데 이용했기 때문이다. 여기에 전(全)세계의 모든 금융기관들도 동참하여 들러리 역할을 하였고 엄청난 자금을 투자하였다. 이들은 미국 정부나 월가(Wall Street)의 발표를 맹신하고 제때에 적절한 조치를 취하지 못한 채 넋 놓고 당하였던 것이다.

이 결과, 투자은행(IB)들은 금융기관들을 외면하고 자금 회수에 들어갔으며, 이로 인해 자본이 빠져나간 수많은 국가들이 휘청거리기 시작하였다. 또한, 금융기관들에 대한 신뢰를 잃은 고객들 역시 자금을 금융기관에 맡기는 것조차 두려워하고 있다. 이제는 세계가 하나의 경제권으로 묶여 있기 때문에 월가(Wall Street)를 덮친 2008년 하반기 글로벌 금융위기는 '쓰나미'(tsunami)가 되어 세계경제를 강타했던 것이다.

② **파급경로**

실물부문의 측면

세계 2차대전(1937. 07~1945. 08) 후 1970년대 중반까지 미국은 경쟁력 있는 제조업을 기반으로 하여 꾸준한 경상수지 흑자를 보여주었다. 그러나 1980년대 이후, 미국은 철저히 금융산업에 의존하여 성장해 왔다. 미국 기업의 순이익 가운데 1/3 가량이 금융기업에서 창출되었다. 최근 파산위기에 직면한 투자은행들이 하나같이 50대 글로벌 기업 안에 속하는 굴지의 기업들이다. 이것은 제조업이 뒷받침되지 않는 금융산업은 사상누각(沙上樓閣)임을 입증한다.

이 결과, 1970년대 말에 이르러 미국의 무역수지는 적자로 돌아섰다. 그 이후 시간이 경과하면서 미국의 무역수지 적자규모는 점차 확대되었다. 2000년대에 들어서 이러한 불균형 현상은 더욱 심화되었으며, 2007년의 경우 미국의 경상수지 적자 규모는 무려 7,390억 달러로 전 세계 경상수지 적자의 절반(50%)에 육박하는 수준에 이르렀다. 이 결과, 1970년대 세계 최대의 채권국이었던 미국이 현재에는 최대의 채무국으로 전락하였고, 순채무 규모가 약 3조 달러에 이르고 있다.

왜 미국의 만성적 무역수지 적자가 미국발(發) '글로벌 금융위기'를 야기시켰는가? 그 논리는 다음과 같다. 외국산 상품 및 서비스에 대한 과다 지출로 야기된 미국의 무역수지 적자액이 다시 미국으로 '귀환'한 해외 달러가 미국의 국채 혹은 주택저당증권(MBS: Mortgage-backed Securities)[55]과 같은 구조화된 채권(Structured Credit Products)에의 해외

---

55) 주택저당증권(MBS)이란 서브프라임 모기지 대출과 같이 주택담보 대출을 담보로 하여 발행되는 채권이

간접투자의 형태로서 유입되어 미국의 과다 유동성을 야기·팽창시켰다. 해외 달러가 미국으로 '귀환'하는 예로서, 최근에 중국정부가 미국이 당면한 신용경색 등 금융위기를 해결하는데 도움을 주기 위해 2,000억 달러(약 260조 원) 규모의 미국 국채를 매입한 사실을 들 수 있다(조선일보, 2008. 10. 06).

미국으로 유입된 해외 달러는 다시 미국의 부동산 투자에 집중적으로 투입되었고, 주택시장의 버블이 크게 일어났다. 여기에 고도의 금융공학기술을 활용한 파생금융상품들이 해외 달러의 미국에로의 '귀환'을 가속화시켰다. 또한, 저(低)금리구조하에서 방만한 대출(모기지 증권 발행: 2000년 대비 2003년 4.4배, 2007년 3.1배 증가)이 이루어졌으며, 동시에 증권화 및 신용파생금융상품의 발달로 레버리지(Leverage)가 크게 상승하였다. 이에 따라 거래 상대방의 위험이 크게 증가하였다.

이러한 가운데, 국제 원자재 가격(특히 석유가격)이 상승하고 인플레이션이 확산됨에 따라 미국의 저(低)금리 정책이 고(高)금리 정책으로 전환하였다. 바로, 이것이 주택시장의 버블을 붕괴되시켰던 것이다. 이 과정에서 부동산의 자산가치가 거품과 함께 폭락함에 따라 이를 담보로 대출해 준 금융기관들(예로서 Lehman Brothers, Merrill Lynch 등)이 파산하였다.

제퍼리 삭스(Jeffrey Sachs) 미(美) 컬럼비아 대학교 교수는 서울대 강연(2010. 10. 08)에서 "현재 미국 경제의 위기는 일반적인 경기순환 차원을 벗어난 것으로 보이며, 장기적이고 근원적인 뿌리가 있다"고 진단하고 지난 30년간 미국 정부가 취해온 감세 정책과 규제 완화, 통화팽창 정책 등을 강도 높게 비판하며 단기적 처방 대신 근원적인 정책 전환이 필요하다고 주장했다(조선일보, 2010. 11. 06).

제퍼리 삭스(Jeffrey Sachs) 교수는 "중국과 인도·브라질 등 신흥국들이 무서운 속도로 경제발전을 하며 선진국과 기술격차를 줄이고 있다"며 국제경제질서의 재편을 미국과 유럽 경제위기의 첫째 원인으로 꼽았다. 또 비싼 선거비용 때문에 정치인들이 기업과 부자들에게 포섭되면서 소득세 감면과 사회보장 축소, 금융규제 완화와 같이 잘못된 정책을 남발했고, 그 결과 소득격차가 극심하게 벌어졌다고 지적했다(조선일보, 2010. 11. 06).

또한, 제퍼리 삭스(Jeffrey Sachs) 교수는 미국이 1980년대 이후 추진해온 부자 감세의 허구성을 비판했다. 예컨데 레이건 대통령이 부자들에게 소득세를 감면해 주면서 감세로

다. 개인 주거용 대출채권인 경우 거주용 주택저당증권(RMBS: Residential MBS)이고 상업 부동산용 대출채권인 경우에는 상업용 주택저당증권(CMBS: Commercial MBS)라고 부른다. 서브프라임 모기지 대출이 최초로 유동화될 때 바로 RMBS로 유동화되는 것이다.

경제가 성장할 테니 재정적자가 발생하지 않을 것이라고 했다. 그러나 이것은 동화 속에 서나 가능한 얘기에 불과하다는 것이다. 그 결과, 미국에서 지난 30년간 세금 납부에 관한 사회적 윤리의식이 사라졌다고 지적했다. 그는 "미국은 부유층 세금을 올리고 교육과 공 공 인프라, 지속 가능한 에너지 및 기술 개발 등에 더 많은 정부투자를 해야 한다"고 강조 했다(조선일보, 2010. 11. 06).

금융부문의 측면

2008년 하반기 미국발(發) 글로벌 금융위기는 저(低)금리 기조하에서 끊임없는 신용창 출(증권화)과정을 통해 양산된 과잉 유동성이 투기자금화해 자산가격의 버블화를 초래한 것과, 금융감독기능이 이 과정을 관리하는 데 실패한 것을 지적할 수 있다.

상술하면, 모기지 대출기관이 유동화를 통해 신용위험을 투자자에게 전가시킬 수 있기 때문에 신용평가회사는 대출신청자의 신용을 엄격하게 심사할 유인이 크게 약화될 수밖 에 없다. 이에 따라, 저신용·저소득층에 대한 가계 모기지 대출이 증가하였고, 이를 유동 화한 '주택저당증권'(MBS: Mortgage-Backed Securities) 발행이 확대되었으며, 결과적으로 구조화 채권인 '부채담보부증권'(CDO: Collateralized Debt Obligation)과 '신용파산스왑'(CDS: Credit Default Swap)이 결합하여 '합성담보부채권'(Synthetic CDO)과 같은 새로운 형태의 파 생금융상품이 창출·확산되었다.

물론, 1930년대 세계 대공황(1929~1939) 이후 대규모 금융사고가 발생할 때마다 필요 에 따라 관련 감독기구 또는 기능을 신설함으로써 금융감독업무가 중복되어 비효율성이 증가하였다. 예로서 미국 연방준비제도이사회(FRB: Federal Reserve Board)와 미국 재무부 산하 통화감독청(OCC: Office of the Comptroller of Currency)이 은행감독업무를 중복 수행 하고 있었다. 이와 같이 분할된 금융감독체제하에서는 감독업무 중복 및 사각지대가 존재 하여 금융혼란이 더욱 가중되었다. 또한, 헤지펀드 및 모기지회사 등을 규율하는 감독기 관은 미비하였다.

따라서 미국발(發) 금융위기는 저(低)금리 기조하에서 끊임없는 신용창출(증권화)과정을 통해 양산된 과잉 유동성이 투기자금화해 자산가격의 버블화를 초래한 것과, 금융감독기 능이 이 과정을 관리하는 데 실패한 것을 지적할 수 있다.

2008년 하반기 글로벌 금융위기의 근본적 요인은 신자유주의(New Liberalism)가 풍미해왔 던 지난 30년 동안 통제되지 않은 금융시스템의 위험성, 단기 수익 추구 방식의 주주자본주의 기업경영의 문제점, 극심한 소득 및 부(富)의 불평등, 사회양극화의 심화라는 것이다.

신자유주의(New Liberalism)의 금융혁신은 누적되고 있는 부(富)의 불평등과 그로 인한 소비 감축을 간과한 채, 임시방편적인 금융공급시스템으로 일관해왔다. 소득이 늘지 않는 99%에게 차입에 의한 추가 수요여력을 확대해줌으로써 소득 110%의 소비를 가능하게 해주었으며, 그렇게 소비가 늘어나는 한, 소득 불평등의 문제는 은폐될 수 있었다. 그러나 더 이상의 차입능력이 불가능해지고 거품이 꺼지면서 차입에 의한 소비 충족 시스템은 붕괴했다. 이젠, 비록 금융공급시스템이 복구되었더라도 추가 차입에 의하여 소비가 충족되는 것이 아니라 오히려 차입 상환을 해야 하는 시기가 도래한 것이다.

③ 특징

2008년 하반기 글로벌 금융위기는 발생배경, 파급경로 및 확산범위의 측면에서 보면 세계 대공황(1929~1939)과 유사한 패턴을 보이고 있다. 다시 말하면, 2008년 하반기 글로벌 금융위기는 2000년 IT버블 붕괴 이후 10여 년간 지속되어 온 통화확대/저금리 정책기조 하에서 신용에 기반해서 형성된 자산버블이 뇌관으로 작용하였다. 그 파급경로도 주식시장을 넘어 실물경제로 급격히 전이되고 있으며, 금융개방에 따라 글로벌 연계성으로 인해 글로벌 확산이 진행 중이다.

한편, 뉴욕대학의 누리엘 루비니(Nouriel Roubini) 교수가 2008년 글로벌 금융위기를 최초로 정확하게 예언하여 세상을 놀라게 함으로써 그는 '닥터 둠'(Doctor Doom)이라는 병명을 얻었다. 그는 최근에 2013년에는 세계 경제가 '퍼펙트 스톰'(Perfect Storm)을 당할 것이라고 예언하였다. 즉, 2013년에는 세계 경제의 악재(미국의 재정위기, 유럽의 채무위기, 중국의 경제성장 둔화, 일본의 대지진 타격 등)가 한꺼번에 몰아치는 최악의 상황이 전개될 것이며, 그 여파는 2008년 글로벌 금융위기보다 더 심각한 총체적 위기 상황을 초래할 것이라고 한다.[56]

2007~2008년의 글로벌 금융위기와 세계경기 침체는 1929~1933년 은행위기와 대공황 이후 선진 금융시장에 불어닥친 가장 큰 경제위기라는 점에서 1930년대 대공황과 비교해 볼 여지가 있다. 실제로 1929~1933년 당시 은행위기는 2007~2008년의 글로벌 금융위기와 닮은 점이 있다. 즉, 1930년대 대공황 당시 은행시스템 전체적으로 예금주의 현금수요를 충족하기 위해 은행들이 보유 자산을 투매하면서 자산가격 급락과 함께 은행의 지불정지와 도산을 가져왔다. 이와 유사하게 2008년 글로벌 금융위기 때는 은행들이 유동성 확보를 위해 은행간시장에서 앞다투어 대출 회수에 나서면서 은행시스템 전체적으로 은

---

56) Nouriel Roubini(2012), "A Global Perfect Storm", Project Syndicate, July 15.

행들의 보유 자산 매각이 급증함에 따라 자산가격이 급락하고 이는 결국 은행파산을 가져왔다.

그러나 2007~2008년 글로벌 금융위기와 1930년대 세계 대공황(1929~1939)은 그 배경과 구조적 원인에 큰 차이가 있다. 1930년대 대공황은 제1차 세계대전 이후의 구조적 문제를 해결하지 못한 채 금본위제에 복귀한 많은 나라가 통화긴축정책을 쓰고 이에 은행위기와 같은 금융시스템 문제가 수반되면서 발생했다. 이와 반면에 2008년 미국에서 서브프라임 모기지 부실로 베어스턴스(Bear Sterns), 리만브라더스(Lehman Brothers), 메릴린치(Merrill Lynch) 등 미국의 대형 투자은행 3개 금융회사가 파산하고 세계 최대 보험회사인 AIG는 파산 직전까지 가면서 촉발된 글로벌 금융위기의 이면에는 오랫동안 국제금융시장 및 세계 경제에 잠복되어 있던 구조적 문제점들이 있었다. 그중에는 저금리 정책기조, 세계 경제 불균형(global imbalances), 금융기관 레버리지(총자산/총부채)의 경기순응성과 고위험 고수익 파생상품시장의 급속한 확대, 금융감독의 비효율성 및 대응능력 부족 등이 있었다.

우선 2001년 경기침체 이후 미(美) 연방준비제도는 1990년대 후반 일본이 경험했던 극심한 디플레이션을 우려하여 2002~2003년 동안 연방준비자금 금리(federal funds rate)를 1% 포인트 인하된 수준에서 1년간 동결하였다. 2004~2006년에는 통화긴축으로 돌아섰으나 이미 주택가격에 거품이 형성되었고, 오히려 주택담보대출의 이자부담이 증가하면서 결국 서브프라임 모기지 부실을 가져왔다. 그리고 2008년 초 금융공황 상태를 완화하기 위해 연준 금리를 다시 2%로 내렸는데, 이는 원유를 포함한 1차 상품가격(commodity price)의 상승을 부채질했었다.

또한, 2000년대 이후 미국이 막대한 경상수지 적자를 보여온 반면에, 중국 등 아시아 국가들은 지속적으로 경상수지 흑자를 유지하는 세계 경제 불균형 현상도 글로벌 금융위기의 주요 원인이 되었다. 중국을 포함한 신흥시장 국가들이 대규모 대미 경상수지 흑자로 벌어들인 달러로 미국 국채를 매입하는 과정에서 엄청난 규모의 달러가 다시 미국으로 흘러 들어가 유동성, 즉 화폐공급을 늘려주었고 장기금리 하락을 가져왔다. 이에 2004년 미(美) 연준이 단기 금리를 올리기 시작했지만, 장기금리는 여전히 낮은 수준에 머물렀다. 하지만 당시 그린스펀(A. Greenspan) 미(美) 연방준비제도 의장은 이러한 현상을 '수수께끼 같은 문제(conundrum)'라고 부르면서 신속한 금리인상을 통한 적극적인 대응에 나서지 않았다. 그 결과 서브프라임 모기지를 포함한 대출이 크게 늘어나면서 2008년 하반기 금융위기를 가져온 주요 원인 중 하나가 되었다.

경기침체의 규모도 큰 차이를 보였다. 미국의 실업률을 보면 2008년 금융위기 이후 연 9%까지 상승했던 반면, 대공황 당시인 1933년에는 25%까지 상승했었다. 그 이후 1937년 까지 미국의 실질 GDP가 연평균 9%로 증가하고 실업률 또한 25%에서 14%까지 하락하 는 등 경기가 매우 빠른 속도로 회복하는 듯했으나, 1937~1938년에 긴축적인 재정정책과 통화정책이 실시되면서 이러한 회복세가 중단되었다.

밀턴 프리드먼(Milton Friedman)과 안나 슈워츠(Anna Schwartz)가 그들의 1963년 공저『미국화폐사, 1867~1960』(A Monetary History of the United States, 1867~1960)의 제7장(「대공황, 1929~1933」)에서 1930년대 대공황의 주요 원인으로 지적한 미(美) 연준의 통화긴축기조와 달리, 2008년 금융위기에 대응하여 세계 각국은 대규모 재정진작(fiscal stimulus)과 통화팽창을 수행했다. 특히 2008년 하반기와 2009년 상반기를 전·후하여 선진국의 중앙은행들은 신속하게 정책금리를 낮추고 신용공급을 확대하는 방식으로 시중에 유동성을 공급했다. 특히 미(美) 연준은 연방준비자금 금리 인하에 이어 국채뿐 아니라 단기금융시장에서 기업어음(commercial paper)을 직접 매입하는 방식으로 시중에 자금을 지원하는 양적완화(quantitative easing) 정책을 사용했다. 미 연준은 2010년 11월에도 경기회복을 지원하기 위해 2011년 상반기까지 6천억 달러 규모의 유동성을 시중에 공급하는 두 번째 양적완화 정책을 발표했다.

④ 전망

2008년 하반기 글로벌 경제위기의 경우, 불황(不況)을 통제할 정책수단이 취약할 뿐만 아니라 민간 기대심리가 급속히 위축되고 있다는 점이 더욱 더 큰 문제이다. 선진국들은 정부부채 및 제로금리 수준하에서 경기부양을 위한 정책수단이 제한적이며, 민간소비 심리도 2008년 글로벌 금융위기보다 더욱 악화된 상황이다(맥킨지 서베이, 2011. 11). 이런 상황에서 최근 글로벌 경제위기가 장기화될 경우, 세계 대공황 시기(1929~1939)와 유사한 패러다임 변화를 겪게 될 것으로 전망된다.

큰 정부로의 회귀이다. 최근 반(反)월가 시위 등 사회적 갈등은 1980년대 이후 풍미해 왔던 신(新)자유주의 퇴조 및 친(親)서민정책(복지지출 확대, 부자세 도입)의 도입이 촉진되고 있으며 대기업 규제가 강화되고 있다

신(新)보호주의 확산이다. 글로벌 무역수지 불균형은 해당 국가의 정치적 이해와 맞물려서 다시 신(新)보호주의 확산(무역 및 환율 분쟁의 상시화, 폐쇄적 경제 블록화, 자원무기화 심화)을 자극하고 있다.

국제경제질서 다극화이다. 중국 등 신흥국의 급부상에 따라 미국의 경제패권 약화 및 금융질서 재편이 가속화되고 있다. 이와 동시에, 미·중(美·中)의 기축통화 전쟁이 심화되고 있다.

(3) 유럽의 재정위기

지난 30년 동안 신(新)자유주의(New Liberalism)의 한 축(軸)인 미국식 금융자본주의(Financial Capitalism)의 구조적 모순이 노출됨에 따라 글로벌 금융위기가 발발한 것이며 신(新)자유주의(New Liberalsim)의 또 다른 축(軸)인 유로 통화동맹(유로 존)의 구조적 모순('재정통합 없는 통화동맹')이 야기시킨 것이 유럽의 재정위기인 것이다.

사실, 미국이 금융자본주의(Financial Capitalism)를 통해 과거 30년 동안 자본주의의 활로를 찾았듯이, 유럽은 유로 통화동맹을 통하여 미국과 경쟁할 수 있는 활로를 찾았으나 미국식 금융자본주의(Financial Capitalism)가 규제 없는 자유시장과 시장의 자기조절 메커니즘의 실패로 인하여 붕괴된 것처럼, 재정이 통합되지 않은 상태에서 상품·자본·노동의 자유로운 이동과 유로(Euro)라는 하나의 통화로 경제권을 묶으려던 '유럽식 자유시장'의 실험도 실패하였다는 것이다.

현재 유럽은 '트라이레마'(trilemma) 즉 ① 국가채무위기, ② 은행위기, ③ 실물경제위기의 악순환 고리에서 좌충우돌하면서 '재정통합 없는 통화동맹'의 수렁에 빠져들었다. '국가채무위기'란 재정적자 확대와 정부부채 증가로 인하여 국가 신용등급이 하향 조정되고 국가부도 위험이 증가하는 상황을 말한다. '은행위기'란 은행부실 확대로 거래상대방 위험(counter-party risk)이 증가하여 은행 간 자금거래가 위축되고 예금인출도 급증하는 상황을 말한다.[57] '실물경제위기'란 긴축 및 신용경색으로 경제침체가 심화되고 고용이 악화됨으로써 세수(稅收)가 감소하여 채무상환 능력이 약화되는 상황을 말한다.

사실, 유로 존(유로화 사용 17개국)은 금융이나 재정의 실질적인 통합 없이 단지 단일통화(유로)만을 매개로 한 불완전한 통합으로 출발하였기 때문에 태생부터 파국을 잉태하고 있었다. 정치경제학적 견지에서 보면, 국가 간에 완전한 경제통합(Economic Integration)을 이루기 위해서는 대외적으로 국가주권을 포기하거나 대내적으로 정치적 민주주의를 희생해야 한다. 이것은 소위 '3자(者) 선택의 모순'(trilemma)으로 설명할 수 있다. 즉, 3자(者): 경제통합, 국가주권, 민주정치가 동시에 존재할 수 없고 셋 중에서 둘만 선택할 수 있다는

---

57) 스페인은 2012년 상반기에만 2,198억 유로(GDP의 20%)의 자금이 인출되는 등 뱅크런이 지속됐다.

것이다.

상기의 늪('트라이레마')에서 탈출하기 위해, 유로 존은 방화벽 확충, 은행동맹, 재정통합 등을 추진하였다. 우선, 유럽중앙은행(ECB: European Central Bank)와 유럽안정화기구(ESM: European Stability Mechanism)를 중심으로 방화벽을 구축하였다. 유럽중앙은행(ECB)은 무제한 국채매입프로그램(OMTs: Outright Monetary Transactions)에 따라 무제한 국채매입에 나섰다. 2012년 10월 8일 설립한 유럽안정화기구(ESM)는 은행 직접지원, 국채매입 등을 수행하였다. 또한, 유럽은 신(新)재정협약(2013년부터 연간 재정적자를 GDP의 0.5% 이내로 한정)을 체결하였고 유럽안정화기구(ESM)는 2013년 말까지 6,000여 개 은행의 감독전환을 유럽중앙은행(ECB)으로 통합했다.

6) 미국 도널드 트럼프의 '파리기후협약' 탈퇴(2017. 06. 01)

'파리기후협약'(2015. 12 체결, 2016. 11 발효)은 지구 평균 온도가 산업화 이전에 비해 2도 이상 오르지 않도록 각 나라가 스스로 온실가스 배출 목표를 정해 실천하자는 것이다. 세계 탄소 배출량 2위 국가인 미국은 협약 체결 당시 2030년까지 온실가스 배출량을 2005년 수준보다 26~28% 줄이겠다고 했다. '파리기후협약'엔 온실가스 배출 1위와 3위 국가인 중국과 인도 등 세계 195국이 서명했다.

그러나, 2017년 6월, 도널드 트럼프(Donald John Trump) 대통령(45대: 2017~2021)이 '파리기후협약' 탈퇴를 선언하였고 마이크 폼페이오(Mike Pompeo, 1963~현재) 국무장관(당시)은 성명(2019. 11. 04)을 통해 "미국은 오늘 협약 규정에 따라 유엔에 공식 탈퇴 통보를 전달했다"고 밝혔다. 이로써 미국은 부끄럽게도 세계에서 파리협약을 지지하지 않는 유일한 나라가 되었다.

미국이 '파리기후협약'에서 탈퇴했었던 이유는 경제적인 것이었다. 마이크 폼페이오(Mike Pompeo) 국무장관(당시)은 "트럼프 대통령은 미국의 노동자와 기업, 납세자가 지는 불공정한 경제적 부담 때문에 탈퇴 결정을 내렸다"고 설명했다. 보수 성향 싱크탱크 헤리티지재단은 "미국 기업들이 파리협약 관련 비용을 부담할 경우, 미국 내에서 2035년까지 연간 약 40만 개의 일자리가 줄어들 것"이라고 전망한 바 있다.

주요 언론들은 일제히 미국의 '파리기후협약' 탈퇴를 비판했다. 워싱턴포스트(2019. 11. 04)는 "미국이 최종 탈퇴를 하면 전 세계에서 파리협약을 지지하지 않는 유일한 나라가 될 것"이라고 보도했다. 로이터에 따르면, 터키·이란 등 의회 비준을 받지 못한 10국이 있지만, 자발적으로 파리협약에서 빠진 나라는 미국이 유일하다. CNN은 전직 국무부 관료 앤드루 라이트를 인용해 "국제사회가 우리를 가장 필요로 하는 이 시점에 미국의 신뢰도는 '파리기후협약' 탈퇴로 역대 최저치를 기록하게 됐다"고 했다. 협약이 강제성이 없기 때문에 미국의 탈퇴가 연쇄 탈퇴로 이어지거나, '파리기후협약' 자체가 무산될 수도 있다는 우려도 나온다.

이와 반면에, 중국은 '파리기후협약' 준수를 공언하며 국제 사회의 인정을 받겠다는 의지를 표명했다. AP통신(2019. 11. 06)에 따르면 시진핑 중국 국가주석과 에마뉘엘 마크롱 프랑스 대통령은 베이징에서 '파리협약의 성격은 돌이킬 수 없는 불가역적(irreversibility)인 것'이라는 표현이 포함된 양국 기후협약에 서명할 예정이다.

회고해보면, 미국은 세계 에너지 소비의 4분의 1을 차지하는 나라, 국민 한 명당 이산화탄소 배출량이 세계 평균의 5배인 나라, 그럼에도 온실가스 감축 의무는 거부한 나라이다. 지구온난화를 막기 위해 38개 선진국이 온실가스를 2012년까지 1990년보다 평균 5.2% 줄이자는 교토의정서에 대해 미국은 불참을 선언했었다. 미국을 제치고 이산화탄소 최다 배출국이 된 중국이 동참하지 않는 한 국제 공조가 무의미하다는 핑계를 댔었다. 중국도 미국의 역사적 책임을 들먹이며 버텼었다. 이산화탄소 양대 배출국인 미·중이 책임만 떠넘기니 지구촌 차원의 온실가스 감축 논의는 지지부진할 수밖에 없었다.

그러나 온난화의 징후가 뚜렷해지자 국제사회의 위기 의식이 고조됐다. 2013년 이후 온실가스 감축 계획의 새 틀을 짤 코펜하겐 총회를 앞두고 각국이 자발적 목표를 속속 내놓았다. 유럽연합(EU)은 90년 대비 20%, 일본은 25%를 줄이겠다고 발표했다. 교토의정서에 따른 의무 국가는 아니지만 중국·인도가 배출 속도를 늦추겠다며 성의 표시를 했고 한국도 EU가 개도국에 제시한 감축 권고안 중 최고치를 약속했다. 그런데 미국은 여타 선진국에 못 미치는 90년 대비 3% 감축안을 내놓은 데다 관련 법안마저 상원에서 제동이 걸렸다. 조지 워커 부시(George Walker Bush, 1946~현재; 대통령 재임: 2001~2009) 행정부와 달리 기후변화협약에 적극 참여하겠다고 공언해온 버락 오바마(Barack Hussein Obama, 44대: 2009~2017) 행정부로선 체면치레도 못할 상황이 된 것이다. 자국 이해에만 연연하다간 공도동망(共倒同亡)을 맞을 뿐이다.

2019년 11월 6일 국제학술지 '바이오사이언스'에 실린 '기후 비상사태 선언문': "지구가 명백하게 기후 위기에 직면했음을 선언한다"에 세계 1만5,300명의 과학자가 서명했다. 과학자들이 나선 것은 무엇보다 지구 평균기온이 지금보다 0.5도만 더 상승해도 기후 재앙이 닥칠 것이란 우려 때문이다. 산업혁명 전보다 지구 기온이 1.5도 이상 올라가면 돌이킬 수 없는 재앙이 벌어질 것이란 경고는 이미 오래전 제기됐다. 지구 기온은 10년마다 0.2 도씩 상승하고 있고, 산업혁명 전보다 이미 1도가 상승했다. 이런 추세라면 1.5도 상승까지 30년도 안 남은 셈이다. 2050년까지 온실가스 배출량을 제로로 만들려면 매년 5~10% 씩 줄여나가야 할 판이다.

'기후정책 이니셔티브'에 따르면 2018년 온실가스 감축을 위한 세계 투자는 5억5,500 만 달러(6,400억 원)에 그쳤다. 2050년까지 매년 지금의 3배씩 투자해야 하는데, 2017년보 다 오히려 11%나 줄었다. 온실가스 줄이기는 '폭탄 돌리기'다. 물론, 그린 뉴딜(Green New Deal)'은 성장 욕구를 채우면서, 동시에 온실가스가 줄이도록 투자 방향을 틀자는 것이다. 경제성장과 온실가스 감축을 동시에 추구하는 것은 10년, 20년 안에 인류를 구해줄 획기 적인 에너지 기술이나 온실가스 감축 기술이 나와야 가능하다. 그 기술 덕분에 기후 문제 를 해결하게 될지, 아니면 제때 기술이 나오지 않아 파국(破局)을 맞을지는 아직 알 수 없 다. 다만 인류는 지금 엄청난 도박을 하고 있음은 분명하다.

IV

세계평화(世界平和)를 위한 '신실용주의 (新實用主義)'의 해법

세계평화(世界平和)를 위한
신(新)실용주의적(實用主義的) 해법:
동아시아지역의 군사안보와
경제협력을 중심으로

The 'Neopragmatic' Solution to World Peace:
with special focus on Regional Security and
Economic Cooperation in East Asia

01 세력 균형(Balance of Power) 이론
02 존 내시(John Forbes Nash)의
   '내시 균형(Nash Equilibrium)'
03 '신(新)그레이트 게임(The New Great Game)' →
   '협력적 게임 체제(Cooperative Game)'에 의한
   '내시 균형(Nash equilibrium)' → 세계평화 체제
   구축: 미·중(美·中) 군사적 갈등의 조율
04 영유권(領有權) 분쟁
05 영유권(領有權) 분쟁에 대한 신(新)실용주의적
   (實用主義的) 해법
06 요한 갈퉁(Johan Galtung)의 '적극적 평화'를
   위한 강대국의 솔선수범적 '기후/환경 협력'

01 세력 균형(Balance of Power) 이론

본장에서 세계평화(世界平和)를 위한 '신실용주의(新實用主義)'의 해법: '신(新) 그레이트 게임'(New Great Game) → '협력적 게임'(Cooperative Game)에 의한 존 내시(John Forbes Nash Jr.) 교수의 '내시 균형(Nash equilibrium)' → 세계평화 체제 구축을 제시한다.

과거, 영국과 러시아의 패권(霸權) 경쟁이었던 '그레이트 게임(The Great Game)'에 이어서 21세기 '신(新)그레이트 게임'(The New Great Game)은 美·中 패권(霸權) 경쟁이다.

우선, 경제적 측면에서는 미국과 중국의 2극 체제(2009. 11. G20 출범 이후~현재)하에서 미·중(美·中) 환율전쟁과 중국의 일대일로(一帶一路) vs 미국의 인도-태평양 전략의 대립이 전개되고 있다. 한편, 군사적 측면에서는 동(東)중국해 다오위다오(센카쿠 열도)와 남(南)중국해 난사군도(스프래틀리군도)의 영유권(領有權) 분쟁, 쿠릴열도에 대한 러·日과 영유권 분쟁, 한·일간 독도(獨島) 영유권 분쟁을 들 수 있다.

본 연구는 세계평화(世界平和)를 위하여 미·중(美·中) 패권(霸權) 경쟁을 '협력적 게임'(Cooperative Great Game)으로 전환할 필요성과 '내시 균형(Nash equilibrium)'의 가능성을 탐구해야 한다고, 또한 현재 미국과 중국 모두 패권주의(霸權主義)의 한계에 봉착하였다고 각각 논술한다.

'세력균형(勢力均衡, Balance of Power) 이론'이란 국제체제에서 국가들의 행위에는 일정한 법칙 또는 패턴이 존재하는데, 그것은 국제체제의 힘(Power)의 분포에 있어서 균형(balance 또는 equilibrium)을 추구한다는 것이다. 국제사회에서 여러 주권국가가 병존하고 각 나라가 저마다 국익을 추구하면서 어떤 국가가 우월적 주도권을 잡는 것을 막음으로써 서로 공격할 수 없는 상황을 만들어 국가, 나아가 국제사회의 평화와 안정을 도모하는 것을 말한다.

'세력균형(勢力均衡, Balance of Power) 이론'은 국가들이 힘의 균형을 유지하기 위해 노력한다고 가정하고, 국가 간 힘의 균형이 이루어진 상태가 가장 평화로운 상태라고, 또한 국가 간 '힘의 균형' 상태가 깨질 때 전쟁 발발 가능성이 높아진다고 각각 주장한다. 즉, 특정국가가 국력, 특히 군사력이 비대해지면 다른 나라의 안전과 생존, 나아가 강대국 국제체계의 안정성을 위태롭게 하기 때문에 이것을 사전에 방지해야 한다는 것이다.

따라서 '세력균형(勢力均衡, Balance of Power)'은 국제관계를 안정시키는 한 방식으로서

19세기의 유럽정치에서 발달하였다. 하나의 강대한 국가 또는 국가연합의 출현에 대항하여 다른 여러 국가가 연합(聯合)하여 세력의 균형(均衡)을 만들어내서 국제관계를 안정시키려고 하는 것이었다. 이렇게 해서 이루어진 안정상태를 균형(均衡)이 잡혔다고 하며, 그것을 목적으로 하는 외교정책을 세력 균형정책이라고 한다. 실제로는 세력균형정책은 강대국이 민족의 독립운동 등을 억압하여 현상유지를 도모하는 구실로 이용되었다.

'세력균형(勢力均衡, Balance of Power)'의 유형으로서 2가지: (1) 직접대립형(the pattern of direct opposition)과 (2) 상호경쟁형(the pattern of competition)으로 구분할 수 있다. 직접대립형(the pattern of direct opposition)은 '3국 동맹'(Triple Alliance, 독일 – 오스트리아 – 이탈리아) vs '3국 협상'(Triple Entente, 영국·프랑스·러시아)의 대립과 같이 A국가와 B국가가 직접적으로 대립함으로써 형성되는 세력균형 상태를 말한다.[1] 즉, 양국이 거의 동등한 세력을 가지고 직접적으로 대립하고 있을 때 어떠한 국가도 헤게모니를 장악하는 것이 쉽지 않은 상태를 말한다. 이와 대조적으로, 상호경쟁형(the pattern of competition)은 이란을 사이에 둔 영국 vs 러시아의 대립, 조선(朝鮮)을 사이에 둔 청(淸) vs 일본의 대립 또는 러시아 vs 일본의 대립과 같이 세 국가 중 하나의 국가가 약소국일 때 약소국을 사이에 두고 성립되는 간접적 대립관계에서 나타난다.

한편, 세력균형 정책은 크게 5가지: (1) 분할과 지배(divide and rule), (2) 보상(compensations), (3) 군비증강과 군축(armament and disarmament), (4) 동맹 (alliances), (5) 완충국가(buffer states)로 구분할 수 있다.

분할과 지배(divide and rule)란 세력균형을 실천하는 국가들이 상호 경쟁하는 국가의 영토를 분할하거나 분할한 상태에 둠으로써 경쟁국의 힘의 약화를 목적으로 하는 세력균형 정책을 말한다. 대표적 사례로서 17세기로부터 제2차 세계대전(1939~1945) 이후 지속된 프랑스의 대(對)독일정책을 들 수 있다.

---

1) 독일·오스트리아·이탈리아 간의 3국동맹체제와 대칭적인 영국·프랑스·러시아 3국 간의 협상체제는 러시아·프랑스 동맹처럼 명백히 규정된 동맹은 아니고 1891년의 러시아·프랑스 동맹, 1904년의 영국·프랑스 협상, 1907년의 영국·러시아 협상을 통틀어 3개의 별도로 된 쌍무적 조치였다. 따라서 당초 3국 협상체제는 러시아·프랑스 동맹만을 제외한다면 결코 독일에 대항하기 위한 전략은 아니었으나 이후 계속되는 독일의 세력확장에 대한 노력에 의해서 차츰 그들 간의 유대는 강화되었다. 러시아·프랑스 동맹이 맺어진 1891년부터 제1차 세계대전이 일어난 1914년까지의 기간 동안 국제사회에서 열강의 대립과 협력은 빈번히 변화하였다. 이는 주로 독일을 주축으로 한 3국동맹(Triple Alliance)과 이에 대항하기 위한 3국협상(Triple Entente)의 성립 과정에서 두드러진 현상이었다. 3국동맹과 3국협상체제 간의 힘의 대치상태가 당시 세계 열강 중 미국만을 제외한 채로 이루어졌다. 이들은 독일·오스트리아·이탈리아의 3국동맹과 영국·프랑스·러시아의 3국협상체제국가 그리고 아시아의 일본이 있었으며 오직 미국만이 먼로선언의 실천자로서 유럽 열강들로부터 이탈한 채 태평양세력을 중심으로 자리를 굳혀가고 있었다.

보상(compensations)이란 영토의 분할 또는 병합을 의미한다. 즉, 대립하고 있는 국가 중의 한 국가가 새로이 영토나 권익을 취득하였을 때 관계국이 거의 같은 면적의 영토나 거의 같은 권익을 균등하게 분배함으로써 각국의 세력을 전과 같이 유지하는 방법이다. 대표적 사례로서 1884년 베를린 회의에서 유럽 열강에 의해 아프리카 대륙이 여러 세력권으로 분할된 것을 들 수 있다.

군비증강과 군축(armament and disarmament)은 세력균형을 유지하기 위해 사용할 수 있는 가장 효과적 수단 중 하나이다. 군비경쟁(arms race)은 필연적으로 현존의 세력균형을 불안정하게 만드는 요인이다. 따라서 군비축소를 통해 세력균형을 도모한다. 대표적 사례로서 미·소 핵무기 폐기 회담 및 협정들을 들 수 있다.

동맹(alliances)은 자국의 안전을 위한 가장 효과적인 방법 중의 하나이다. 공통의 위협에 대처하기 위해 임시적으로 제휴하는 것과, 같은 목적을 위하여 단합하는 비교적 장기간의 결합인 동맹이 있다.

완충국가(buffer states)의 대표적 사례로서 아프가니스탄은 19세기말 영국과 러시아의 인도양에서의 직접대결을 완화시켜주는 역할을 수행했다. 즉, 직접 대립하는 양(兩)당사국으로 양극화된 세계는 불안하기 때문에 완충국이 존재하는 세력균형체제가 형성될 수 있다. 완충국은 상호 우호관계에 있지 않은 강대국 사이에 위치하여 완화제 역할을 함으로써 강대국 간의 분쟁을 감소시키고 해소시키는 역할을 한다.

1) 19세기 유럽의 '세력균형' 체제

상기한 세력균형(balance of power)은 서구 국제질서 운영의 원리이자 근대 국제질서 운영의 원리로 18세기부터 국제 관계 안에서 작용해왔다. 즉, 근대 서구(西歐) 국제질서의 이념적 기반은 주권(主權) 개념이었고, 그 현실적 기반은 강대국들의 경쟁적 공존(共存)이었다. 그런데 현재 유럽은 조금 다른 방식으로 국제관계에서 평화 상태를 추구하고 있다. 그것은 다름 아닌 유럽연합이다.

사실, 유럽 협조(Concert of Europe) 체제 더분으로, 1648년 '웨스트팔리아 조약(Peace of Westfalia)'[2]을 기점으로 삼고 있는 무정부적 근대 국제정치 체계에서 서유럽 국가들은

---

2) 웨스트팔리아 조약(Peace of Westfalia)은 오스나브뤼크와 뮌스터(각각 1648. 05. 15과 10. 24)에서 체결되어 프랑스어로 조문이 쓰인 평화조약이다. 웨스트팔리아 평화회의를 "국제법의 출발점"이라고 말한다. 이 조약의 원인이었던 30년 전쟁을 "최초의 국제전쟁"이라고 부른다. 웨스트팔리아 조약(Peace of

세력균형(balance of power)이라는 국제정치체계가 발전되었다. 당시, 각국은 외교 접촉을 활발히 하면서 서로의 행동을 조율하고자 노력했다. 상기한 유럽 협조(Concert of Europe) 체제는 1815년부터 1822년까지 유지되었다.

상기한 19세기 '세력균형' 체제는 크게 3개 시기로 나눌 수 있다: ① 1815~1870 느슨한 다극적 체제(Loose Multipolarity); ② 1870~1907 독일의 부흥; ③ 1907~1914 동맹에 의한 양극적 체제(Bipolarity of Alliances)이다.

1870년부터 1907년까지 독일과 이탈리아의 통일 이후 여섯 강대국이 모여 대항 동맹: 삼국동맹(독일, 오스트리아-헝가리, 이탈리아) vs 삼국협상(영국, 프랑스, 러시아)을 결성했다. 그러나 독일이 19세기 '세력균형' 체제의 종식을 불러왔다. 당시 비스마르크는 다양한 동맹 상대와 유연하게 동맹을 맺어가며 프랑스를 견제하고 알자스-로렌 지방을 사수하고자 했다. 또한 힘의 중심을 베를린으로 유지하고자 의도적으로 제국주의를 억제했다.

그러나 1890년부터는 '세력균형(Balance of Power)' 자체는 유지되지만 그 유연성은 많이 상실된 상태가 1914년까지 이어졌다. 독일이 러시아와 맺었던 동맹은 연장되지 않았고, 제국주의는 확산됐으며, 영국의 우월한 해군에 도전했고, 오스트리아가 발칸 반도에서 러시아에 대드는 것을 그냥 보아 넘겨버렸다.

독일은 1907년부터 1914년까지 열심히 힘을 불려나가면서 주변국의 불안 심리를 자극했다. 따라서 100여 년을 버텨온 세력균형(Balance of Power) 체제가 삼국협상(영국, 프랑스, 러시아)과 삼국동맹(독일, 오스트리아-헝가리, 이탈리아)이 각자 블록을 형성하며 양극화되기 시작했다. 결국, 상황은 극단으로 치닫고 말았고, 제1차 세계대전(1914~1918)이 발발하였다. 제1차 세계대전(1914~1918)에서 미국은 독일 대신에 영국, 프랑스, 러시아의 편을 들었다. 당시, 미국이 그런 선택을 한 이유는 미국이 독일을 보다 큰 위협으로 받아들였기 때문이었다.

한편, 폴 슈뢰더(Paul W. Schroeder)는 그의 <근대 유럽 외교사>(History of Modern

---

Westfalia)이 근대 국제법의 시초로 평가되는 데에 크게 두 가지 이유가 있다: 첫째, 조약 체결 방식에서, 웨스트팔리아 조약(Peace of Westfalia)은 승전국이 패전국에게 일방적으로 통보한 강제적 형식이 아닌, 참전했던 유럽 왕국들과 제후국들의 대표들이 모여 '협상'을 통해 체결되었다는 점에서 국제법의 시초라 평가된다. 둘째, 조약의 내용에서, 웨스트팔리아 조약(Peace of Westfalia)의 가장 중요한 내용은 바로 종교의 자유를 인정했다는 점이다. 여기서 종교의 자유란 구교와 신교 중 선택할 수 있는 권리를 각 국가들에게 위임했음을 의미한다. 신성로마제국에 의해 종교가 강요되었던 과거 중세와 비교했을 때 종교의 자유는 각 국가들이 신성로마제국으로부터 독립할 수 있는 디딤돌이 되었다. 이러한 결과로 신성로마제국의 약화, 사실상 해체로 이어졌고 각 국가들의 '주권' 의식의 탄생과 함께 영토를 중심으로 하는 근대 국민국가 중심의 국제체제가 형성되었다.

European Diplomacy: From the Balance of Power to the Concert System)에서 '유럽 국제정치 변환론'을 주장했다.

첫째, 프랑스 대혁명의 영향력은 당시 국제관계를 지배하고 있던 세력균형, 왕조의 이익과 국익을 위한 영토 확장을 대체할 만큼 강력하지 않았고, 나폴레옹 전쟁이 징병의 제도화와 제한전에서 총력전으로의 혁명적 변화를 가져왔다는 주장도 과장된 것이다.

둘째, 1815년 유럽 협조(Concert of Europe) 체제의 기반은 전통적 세력균형이 아니라, 나폴레옹의 러시아 원정 실패, 러시아의 독일연방에 대한 정책실패, 오스트리아의 세력균형 복원 실패가 발생한 1812~1813년의 결정적 국면을 통해 형성된, 영국과 러시아의 이중패권 구조였다.

셋째, 1815년 유럽 협조(Concert of Europe) 체제는 완전한 영토주권국가들로 이루어진 체제가 아니었다. 비엔나 협상의 핵심이었던 독일연방은 물리적 차원에서 영토가 분할되지는 않았으나, 패권적 구조를 유지하기 위하여 강대국들에 의하여 공동 관리되는, 주권과 비(非)주권의 요소가 혼재된 중간체제였다.

요컨대, 1815년 유럽 협조(Concert of Europe) 체제가 18세기 세력균형(Balance of Power)의 복원이 아니라 강대국들의 이익, 권리, 지위 등이 상호 인정되고 보장되는 '정치적 균형'을 제도화한 유럽 국제질서의 질적 변환이며, 그 원인은 경제나 군사, 국내정치 영역의 변화가 아니라 국제정치의 변화 때문이었다.[3]

2) 제1,2차 세계대전과 냉전(冷戰)

(1) 제1차 세계대전(1914~1918)

사실, 제1차 세계대전(1914~1918)의 성격은 3국협상(프랑스, 영국, 러시아)과 3국동맹(도이칠란드, 오스트리아-헝가리, 이탈리아) 간의 제국주의 전쟁(세계재분할전쟁)이었다. 그런데 1914년 8월 일본이 돌연히 독일에 선전포고를 하여 아시아지역에서 유독 일본만이 유럽을 전쟁터로 하는 세계대전에 참전하였다. 1914년 8월 7일 일본정부는 영국정부로부터 독

---

3) Paul W. Schroeder, <History of Modern European Diplomacy> (2014년); 고려대학교 평화와 민주주의연구소, 근대 국제관계와 유럽협조체제: 슈뢰더의 유럽 국제정치 변환론(Modern International Relations and the Concert of Europe: Schroeder's Transformation of European Politics), <평화연구> vol.22, no.1, 2014, pp. 53-91. 이 논문은, 역사사회학, 전쟁사, 외교사, 국제정치학계의 주권과 근대성에 관한 연구 등 관련 연구를 검토하여, 변환론 논쟁에서 슈뢰더의 입장을 지지한다.

일 순양함의 수색과 격파를 위한 협력을 요청받자 이를 좋은 구실로 하여 1914년 8월 15일에 동아시아로부터 독일 군함의 퇴거와 산동반도에 있는 독일의 교주만 조차지(租借地)를 중국에 환부하라는 최후통첩을 하였다. 동년 8월 23일 독일에 선전포고를 하여 동년 10월에는 적도이북의 독일령 남양제도를, 11월에는 교주만에 있는 독일의 근거지 칭따오(靑島)를 각각 점령하였다. 일본은 이에 그치지 않고 1915년에는 중국정부에 대하여 21개조 요구(산동반도, 남만주및 내몽골의 이권 요구와 사실상 '보호국'화 요구)를 들이댔었다. 중국의 민중들은 이에 반대하여 각지에서 반일(反日)투쟁을 벌렸으며, 이것은 1919년 5·4운동의 도화선이 되었다.

1917년 10월 25일, 러시아에서 '사회주의 10월 혁명'이 일어났다. 볼쉐비키(Bolsheviki)의 적위대와 혁명적 병사들은 페트로그라드에서 무장폭동을 일으켜 수도와 동궁을 점령함으로써 모든 주권이 소비에트로 넘어갔다. 혁명은 전국에 급속히 퍼져갔으며 최종적으로는 1922년에 사회주의국가인 소비에트연방이 탄생하였다. 특히 블라디미르 레닌(Vladimir Leninm, 1870~1924)이 작성한 <평화에 관한 포고>(무병합·무배상, 민족자결을 원칙으로 한 즉시 강화)와 민족자결론(1914년 <민족자결권에 대하여>, 1916년 <사회주의혁명과 민족자결권>)은 식민지, 반(半)식민지지역의 민족해방운동을 크게 고무하였으며, 1919년에 결성된 코민테른의 지도하에 통일적으로 전개되었다.

(2) 제2차 세계대전(1939~1945)

제2차 세계대전(1939~1945)은 파시즘 추축국과 반(反)파시즘 연합국 간의 전쟁임과 동시에 제국주의 열강간의 전쟁과 파시즘과 제국주의로부터의 민족해방전쟁이라는 성격을 가진다. 20세기 후반기는 제2차 세계대전(1939~1945)의 종결 이후 중화인민공화국, 조선민주주의인민공화국, 월남공화국, 인도네시아가 성립하였고 인도로부터 중동·아프리카에 이르는 지역에서도 민족해방운동이 전개되었다. 자본주의 세계에서는 미국만이 생산력을 발전시키고 있었다. 이로부터 세계자본주의 체제는 미국을 중심으로 하여 재편성되었으며 미국을 축으로 하는 자본주의 체제와 소련을 축으로 하는 냉전(冷戰)이 격화되었다.

제2차 세계대전(1939~1945) 후의 변화 중에 사회주의 진영의 형성과 동시에 제3세계의 비(非)동맹운동이 대두하게 된 것이 주목된다. 미·소(美·蘇)를 양극으로 하는 군사블럭에 속하지 않고 자주성을 강조하는 정치적 흐름이 국제정치에 나타났다. 1955년 아시아·아프리카회의(반둥회의, 25개국 참가)가 개최되어 평화10원칙이 채택되었다. 1961년에 제1차 비동맹제국수뇌자회의(블럭불가담수뇌자회의)이 개최된 후 정례화되고 2018년 제18회 비동맹수뇌자회의에는 참가국 120개국, 옵서버참가국 17개국, 옵서버조직 10단체에 달하였으며 국제정치의 큰 세력으로 되었다. 1976년에는 조선민주주의인민공화국이 가맹하였다.

(3) 냉전(冷戰) 구조의 전·후

냉전(冷戰)은 동서(東西)의 군사블럭이 사회주의 대 자본주의라는 사상적 대립을 배경으로 하여 대치하는 상태를 의미한다. 그러나, 냉전 시기에 한국전쟁(1950~1953)이 없었던 유럽의 경우는 '평화의 시대'라고 할 수 있는 반면에 아시아 지역에서는 제2차 세계대전(1939~1945) 후에도 계속 전쟁상태에 놓여있었다. 중국에서의 국내전쟁; 인도네시아와 월남에서의 종주국으로부터의 해방전쟁, 그리고 한국전쟁(1950~1953)과 제2차 베트남 전쟁(1955. 11. 01~1975. 04. 30)이 지속되었다. 현재에서도 한반도는 아직도 불안정한 정전상태에 놓여있다.

동아시아지역에서의 냉전(冷戰)은 1951년 샌프란시스코강화조약(Treaty of San Francisco, Treaty of Peace with Japan, San Francisco Peace Treaty)[4]과 1965년 한·일기본조약(韓日基本條約)[5]에 의해서 구현되었다.

우선, 1951년 샌프란시스코강화조약을 위한 제2차 세계대전(1939~1945)의 대일(對日)강화회담에는 미국의 주장에 의하여 남·북한, 중국이 초청되지 않았다. 그 배경은 이들이 참가하면 다른 아시아 국가들에게 주는 영향이 크다고 판단하였기 때문이었다. 특히 일본 정부는 재일(在日)조선인이 연합국민의 지위를 취득하면 사회적 혼란이 심각해진다고 하여 남·북한의 참가를 강하게 반대하였다. 대일(對日)강화회담은 처음부터 식민지 통치를 '합법'으로 하는 '제국의 논리', 식민지주의가 관통되어 있었다. 1951년 9월 8일, 샌프란시

---

4) 샌프란시스코강화조약은 1951년 9월 8일 미국 샌프란시스코 전쟁기념 공연예술 센터에서 맺어진 일본과 연합국 사이의 평화 조약이다. 1951년 9월 8일 미국 샌프란시스코에서 48개국이 참가하여 서명하여 1952년 4월 28일에 발효되었다. 조약의 발효로 연합군 최고사령부에 의한 일본의 군정기가 끝나고, 일본은 주권을 회복하였다. 이 조약에 의거해 설계된 국제 질서를 샌프란시스코 체제라고 한다. 참가한 51개국 중 48개국이 조약에 서명했다. 체코슬로바키아, 폴란드, 소련은 서명을 거부했다. 필리핀은 1956년 5일 배상금 협정에 서명을 한 후에 7월 16일에 〈샌프란시스코 조약〉을 비준했다. 인도네시아는 샌프란시스코 조약을 비준하지 않았다. 대신 1958년 1월 20일에 보상금과 평화 협정에 일본과 양자 서명을 했다. 별도의 조약인 타이페이 조약(공식적으로는 Sino—Japanese Peace Treaty)을 맺은 중화민국은 1952년 4월 28일에 서명했다.

5) 한일기본조약(韓日基本條約)은 대한민국과 일본이 서로 일반적 국교 관계를 규정하기 위해 1965년 6월 22일에 조인한 조약이다. 4개 협정과 25개 문서로 되어 있다.

스코강화조약에 49개국이 서명하였다. 소련, 폴란드, 체코슬로바키아는 서명을 거부하였다.

1951년 샌프란시스코강화조약은 다음과 같은 심각한 문제점들을 내포하고 있었다.

첫째, 1942년 1월 1일의 연합국공동선언이 단독강화를 금지하고 있는 것을 비롯하여 제2차 세계대전 시의 연합국의 일련의 국제협정에 위반된 단독강화조약이었다.

둘째, 식민지 지배에 대하여 추궁하지 않았다. 전쟁배상의 적용대상은 연합국에만 한정하였고 그것도 결국 포기하게 하였다. 점령지는 역무배상으로, 식민지국의 청구권은 재산에 관한 것으로 한정하였다.

셋째, 미국의 냉전정책을 우선하였다. 서명한 그날에 미·일(美·日) 안전보장조약을 조인하여 계속 일본에 미군기지를 주둔하기로 하였다. 일본은 안보조약을 맺음으로써 중립·비동맹의 길이 아니라 미국의 극동 위성국으로 되었다.

다음으로, 미국은 공산주의의 영향을 약화시키고자 한국의 경제력과 군사력을 강화하기 위하여 일본을 동원하였다. 일본도 한국과 아시아에로의 재침략을 노리려는 요구에 합치하였다. 그를 위해서 한·일 간 국교정상화를 서둘 필요가 있었다.1952년 2월 15일부터는 본회담이 시작된 후 7회의 회담을 거쳐 1965년 2월 22일 ≪한일기본관계에 관한 조약≫과 어업, 재산청구권, 재일한국인의 법적 지위, 문화협력 등의 4개협정을 조인하였다. 한·일회담은 미국의 반소·반공노선, 동아시아저개발국의 근대화(경제성장)＝개발독재체제를 구축하였다.

1965년 한일회담은 그 전제로서의 1951년 샌프란시스코강화조약(Treaty of San Francisco, Treaty of Peace with Japan, San Francisco Peace Treaty)에 의하여 그 방향성이 결정되고 있었다. 상기 조약은 식민지지배의 책임을 불문에 부치고 청구권(請求權)은 재산에 관한 것만으로 한정하여 2국간교섭에서 결정한다고 정하였다. 이러한 제한성은 1965년 2월 22일 ≪한일기본관계에 관한 조약≫에 그대로 반영되었다. 제2조는 "1910년 8월 22일 이전에 대일본제국과 대한제국 사이에서 체결된 모든 조약 및 협정은 이미 무효임을 확인한다"고 명기함으로써 일본측이 조인 당시에는 구조약이 유효했다고 하는 ≪정당·합법론≫을 고집하는 여지를 주었다. "재산 및 청구권에 관한 문제의 해결과 경제협력에 관한 협정"에서는 무산 3억 달러, 유상 2억 달러에 해당하는 일본의 생산물과 역무를 제공한다고 하였다. 일본의 생산물과 역무는 어떻게 제공되었는가? 일본의 미쯔비시(三菱)나 미쯔이(三井), 신일본제철(新日本製鐵) 등의 전범(戰犯) 기업이 서울의 지하철이나 포항제철소 등의 공사를 일본보다 훨씬 비싼 가격으로 수주하였다. 경제협력이 일본기업으로 막대한 이익이 환류하도록 되어 있었고 한국의 경제구조가 일본경제에 의존하게 만들었다.

한편, 1990년대 전반의 소련을 중심으로 하는 동(東)유럽사회주의 국가 체제의 붕괴는 세계를 크게 변화시켰다. 우선 13억 인구의 중국이 시장경제에 편입되고 신(新)자유주의 경제의 글로벌화가 급속히 진전되었다. 저임금노동력을 요구하여 생산거점을 발전도상국에 이전시킴으로써 선진국에서는 산업의 공동화(空洞化)가 촉진되었다. 이민 등 노동력의 선진국에로의 이동도 활발화하여 저(低)임금구조를 유지되었다. 자본의 자유로운 활동을 우선하여 사회주의 국가에 대한 대항책이었던 사회보장정책을 크게 후퇴시켰으며 규제완화를 일컬어서 노동자보호정책을 개악(改惡)함으로써 격차·빈곤이 확대되었다.

또한, 냉전(冷戰) 구조가 해체하고 동서(東西) 대립하에서 봉인되고 있었던 지역·국가 또는 민족·인종 간의 분쟁 등의 제문제가 표면화하였다. 일본의 자위대(自衛隊)가 국제공헌이라는 명분으로 해외파견을 하였다. 또한 일본국가가 '신자유주의 국가'로 변모하였다. 중국·한국에 대한 혐오의식, 일본군 위안부 문제나 징용공 문제에서 일본정부의 강경자세를 지지한다.

한편, 브릭스(BRICS: 브라질, 러시아, 인도, 중국, 남아프리카의 5개국 영어의 머리글자를 가리키는 조어) 5개국은 경제면만이 아니라 외교·군사면에서도 영향력을 높이고 있다. 브릭스(BRICS) 5개국은 미국주도의 국제질서나 외교교섭에 대항하기 위하여 2009년 이후 매년 수뇌회담을 열고 있다. 2014년에 개최한 제5차 브릭스(BRICS) 수뇌회의에서는 제2차 세계대전(1939~1945) 이후의 세계경제·국제금융을 지탱해온 국제통화기금(IMF)·세계은행(국제부흥개발은행) 체제와는 다른 1,000억 달러의 자본금을 가지는 신개발은행(BRICS은행)을 중국 상하이에 설립할 것을 결정하였다. 발전도상국에 자금을 공급하고 경제발전을 지원하는 목적과 함께 이러한 나라들의 자원이나 에너지를 확보하자는 의도가 내재되어 있다.

아시아지역을 대상으로 하는 국제개발금융기관인 아시아인프라투자은행(AIIB)도 주목받고 있다. 2013년 중국의 시진핑에 의해서 제창되고 2017년에 57개국을 창립성원으로 하여 정식으로 설립하였다. 2019년 12월 현재 AIIB의 가맹국·지역은 100개로 확대하였다. 선진국 7개국(G7) 내에서는 일본과 미국만이 미가맹이다. 자본금의 목표는 1,000억 달러이다. 중국의 '일대일로 구상'에 의거하고 있으며 ADB(아시아개발은행, 67개국)과는 보완 관계에 있다.

나른 한편으로, 1996년 중국, 러시아와 우스베기스탄을 세외한 중앙아시아 3개국이 중국의 상하이에서 수뇌회담을 열고 국경획책을 촉진하고 국경지대의 신뢰를 조성하려고 토의한 것이 발단이 되었다. 당초는 ≪샹하이5≫라고 불리웠다. 수뇌회담은 매년 각국의 수도에서 개최되고 2001년의 수뇌회담(상하이)에서 우즈베키스탄을 포함한 6개국으로 ≪

상하이협력기구≫를 발족하고 이듬해에 헌장을 채택하였다. 2017년에는 인도, 파키스탄이 가입하였다. 중국, 러시아, 인도, 파키스탄과 중앙아시아 4개국(카자흐스탄, 키르키즈스탄, 타키치스탄, 우즈베키스탄)의 8개국으로 구성하고있는 정치경제협력의 지역기구를 가리킨다. 2017년 현재 몽골, 이란, 벨라루시, 아프가니스탄이 준(準)가맹국으로 되고 있다. 가맹 8개국의 인구는 세계의 40%, 국내총생산은 세계의 20%, 면적은 유라시아대륙의 60%를 차지한다. 미국 일국집중의 대항축으로서의 성격이 농후하고, 분쟁지대를 역내나 인접지대에 안고있는 지정학적인 의미도 있고, 국제적으로 존재감을 강화하고 있다. 2005년에는 중앙아시아에 주류하고 있는 미군의 철퇴를 요구하였고, 중·러 합동군사연습 '평화의 사명 2005' 등 군사협력을 강화하고 있다.

3) '세력균형(Balance of Power)' 이론에 대한 한스 요아힘 모르겐타우(Hans J. Joachim Morgenthau)

독일계 미국인으로서 세계적 국제정치학자인 한스 요아힘 모르겐타우(Hans J. Joachim Morgenthau, 1904~1980)[6]는 '세력균형(Balance of Power)'에 대하여 다음과 같이 비판하였다:

첫째, 국력의 불가측성과 국력의 상호의존성으로 인하여 국력의 정확한 비교와 평가가 힘들기 때문에 '세력균형(Balance of Power)'은 불확실성(uncertainty)하다.

둘째, '세력균형(Balance of Power)'의 비현실성(unreality)이다. 대표적 예로서 군비증강을 들 수 있다. 국가들은 힘의 양적인 평가의 곤란함과 상호불신 때문에 세력 균형에 만족하지 못하고, 잘못 판단할 경우에 대비하여 '안전의 여지(margin of safety)'를 추구한다. 따라서 세력균형을 위한 노력이 오히려 전쟁을 가져올 수 있다.

셋째, 세력균형의 부적합성(irrelevance)이다. 17세기에서 20세기 초 유럽 국가들 간에 권력투쟁 외에도 지적인 동질성과 도덕적 합의가 존재하여 이들 간의 관계에 제약적인 영향을 미쳤으나, 제2차 세계대전 후의 국제체제는 지적인 동질성과 도덕적 합의가 존재하지 않는다.

심지어, 토머스 우드로 윌슨(Thomas Woodrow Wilson, 1856~1924) 대통령(28대: 1913~1921)

---

6) 한스 요아힘 모르겐타우(Hans J. Joachim Morgenthau, 1904~1980)는 고전적 현실주의 이론가로 유명하며, "국가 간의 정치(Politics amons nations)"를 주장하며 라인홀드 니부어, 조지 케넌, 한나 아렌트 등과 함께 당대를 대표하는 국제 관계 관련 학자로 명성을 얻었고, 이외에도 국제법 연구에서도 많은 업적을 쌓았다.

은 19세기 초부터 20세기 초에 걸쳐 전개된 유럽 국제정치를 설명하는 걸 넘어 공식적인 군사외교적 원칙이었던 세력균형(Balance of Power)은 평화롭기는커녕 전쟁을 끝없이 양산하는 "사악한 제도(1939~1945)"이라고 비난했었다.

사실, 제2차 세계대전(1939~1945) 후 바로 이행한 냉전체제는 양극체제라는 세력균형(Balance of Power)이론으로 설명이 가능한 사건이다. 냉전의 장기화, 국제분쟁이 총력화되기보다 국지화되면서 이전시대보다 평화로운, 안정적 모습을 가진 것은 양극 간의 세력균형의 안정성(다자간 세력균형, 일극에 의한 패권적 세력균형에 비해)으로 인한 것이다. 그러나 이러한 기존 세력균형의 논리는 냉전(冷戰)의 기원을 설명해주지는 못하고 결과적으로 성립한 체제에 대한 평가만 내릴 뿐이다. 게다가 세력균형(Balance of Power) 이론은 냉전(冷戰)이 종식된 이후의 국제정치를 예측할 때 논리적인 답을 가지지 못한다. 즉, 단지 정적인 세상을 보여줄 뿐이다.

물론, 세력균형(Balance of Power)의 단편적 이해에만 있는 것이 아니다. 권력정치(Power Politics)라는 이미지에도 그 책임이 있다. 세력균형과 권력정치의 개념간에는 힘(Power)이라는 공통분모가 존재한다. "권력정치가 작동한 증거다"라는 논리는 한마디로 힘을 가진 자가 약한 자를 이긴다라는 유치하고 단순한 이론에 지나지 않는다. 이 때문에 권력정치(Power Politics)의 이미지는 권력을 가진 자들의, 권력을 가진 자들로 인한, 권력을 가진 자들을 위한 세계관을 반영한 것에 불과한 것이라는 이미지를 가져다 준다. 이는 모든 행위자를 포함하지 않는 그들만의 리그로서 국제정치의 학문적 수준을 하락시키는 결과를 낳는다.

세력균형(Balance of Power)은 권력행사의 균형이다. 행사되고 운영되는 권력간의 생기는 균형은 분권화와 상호 간 만족된 상태를 말한다. 어떤 개체의 권력행사가 다른 행위자의 그것과 균형을 이룬 상태란 서로 간의 이익이나 영역을 침범하지 않는 상호 간 권력행사가 성공한 상태라고 말할 수 있다. 안토니오 그람시(Antonio Gramsi)의 패권과 자발적 동의라는 개념틀은 패권의 호혜와 패권영역에 속하는 행위자의 수혜 간의 합치, 즉 균형이 이루어진 상태라고 말할 수 있다.

4) 내빌 체임벌린(Arthur Neville Chamberlain)의 세력균형 회복을 위한 '유화정책(宥和政策, Appeasement Politik)'에 대한 평가

상기한 한스 요아힘 모르겐타우(Hans J. Joachim Morgenthau, 1904~1980)의 '세력균형

(Balance of Power)'에 대한 비판과 관련하여, 영국의 41대 총리(보수당) 아서 네빌 체임벌린(Arthur Neville Chamberlain, 1869~1940)의 '유화정책(宥和政策, Appeasement Politik)'을 살펴볼 필요가 있다.[7]

당시 영국정부의 '유화정책(宥和政策, Appeasement Politik)'은 기세등등한 독재자 아돌프 히틀러(Adolf Hitler, 1889~1945. 04. 30)의 위세에 눌린 상황에서 궁여지책으로 수립된 것이 아니라, 현실 국제정치 상황을 정확하게 파악하여 수립되고 추진된 것이었다. 사실, '유화정책(宥和政策, Appeasement Politik)'은 영국이 당시 국제정치상황 속에서 택할 수 있는 최선의 외교전략이었다. 당시 영국은 대외적으로 이미 오래 전부터 쓸모없게 된 수단과 방법으로 대영제국을 보존하는 데 급급하였고, 대내적으로는 사회변혁을 요구하는 도전적 상황에 대처해 나가는 데 절치부심(切齒腐心)하지 않을 수 없었던 것이다. 1815년부터 오랜 전통으로 자리 잡은 영국의 '힘에 의한 정치(Machtpolitik)'는 도덕적 요구에 바탕을 두고 있었으며, 영국이 1930년대에 추진한 '유화정책(宥和政策, Appeasement Politik)'은 유럽과 세계의 평화를 지향하고 있었다.

상술하면, 영국은 쇠퇴일로에 접어든 대영제국(영국 본토와 식민지)의 지배권과 평화를 유지하는 데 급급할 수밖에 없었다. 지구상의 3개 지역(동아시아, 지중해, 유럽)에서 받는 위협을 극복할 수 있는 적절한 정치·군사적 대책을 독자적으로 강구하기에는 역부족이었다. 더욱이 영국이 당면한 가장 거북스런 문제는 인도와 아랍세계에서 비등하는 독립요구였다. 이러한 곤혹스런 상황에서 새로운 대규모 전쟁이 발발한다면, 제1차 세계대전(1914. 07~1918. 11) 이후 진행된 대영제국의 붕괴는 가속될 것이 명확관화하였다.[8] 대영제국의

---

7) Hillgruber, Andreas, Der Zweite Weltkrieg, 1939~1945: Kriegsziele und Strategie der großen Mächte, COBU, 1982; 류제승 역, 『국제정치와 전쟁전략』, 한울 아카데미, 1996, pp.20~22, 72~73, 194~196.

8) 제1차 세계대전(1914. 07~1918. 11) 중에 이미 영국은 유럽대륙에서 강대국의 지위를 유지하기 위하여, 백인 자치령과 식민지 피지배민족들에 대한(제한된 범위이긴 하지만 저항에 직면하였음) 영국의 세계지배체제를 이완 또는 포기하지 않으면 안 되었다. 그 후 피지배 민족의 독립운동은 제1차 세계대전(1914. 07~1918. 11) 후부터 제2차 세계대전(1939~1945) 발발 전까지 끊임없이 전개되었다. 이미 예고되었던 바대로, 영국은 제2차 세계대전(1939~1945)을 치르면서 세계지배적 지위를 거듭 양보할 수밖에 없었다. 1941년/42년 위기국면에서 적어도 인도 국민의 봉기는 물론 인도가 '삼국동맹' 진영으로 돌아서는 것을 예방하기 위하여, 영국 정부는 전후 인도의 독립을 인도국민에게 약속해야만 했다. 전반적으로 볼 때, 영국은 전쟁수행을 위하여 영국연방(Common wealth)과 식민지의 잠재력을 포기해야 했으며, 그 결과로 영국연방의 해체로 치닫게 되는 원심(遠心)적인 현상이 가속화되었다. 즉 캐나다, 오스트레일리아 뉴질랜드가 국가운영을 독자적으로 해나가기 시작하였고, 이 국가들은 일본의 정복 위협이 가중되던 1942년과 같이 외부위협이 있을 경우에는 영국이 아닌 미국에 의지하게 되었다. 이러한 영국의 세계지배체제의 해체가 진행되는 것을 막기 위하여, 윈스턴 처칠 경(Sir Winston Leonard Spencer—Churchill, 1874~1965)

국제적 지위는 후발 자본주의 국가들의 '팽창정책'에 의해 위협을 당하고 있었을 뿐만 아니라, 영국 식민지 특히 아시아 지역에서 격렬하게 확산되고 있었던 소련의 세계적화혁명 운동으로 인해 약화되었다. 그리고 미국의 막강한 경제력과 잠재력은 제1차 세계대전 (1914. 07~1918.11) 당시보다 더욱 심각하게 직·간접적으로 대영제국의 해체를 촉진시키고 있었다. 따라서 1938년 초부터 급성장하는 히틀러－독일의 존재를 감안하여 볼 때, 아서 네빌 체임벌린(Arthur Neville Chamberlain, 1869~1940)이 이끄는 영국정부는 미국 아니면 독일에게 의지해야 하는 양자택일의 상황임에도 불구하고 의존적인 정책을 피하고 독자적인 정책을 구상하고자 하였다.

만약 영국정부가 미국 또는 독일에 의존하는 정책을 추진한다면, 영국은 '하위동반자(Juniorpartner)'의 지위를 강요당할 것이 분명하였다. 영국정부의 독자적인 정책은 '독일이 무력을 행사하여 동방(체코슬로바키아와 폴란드)으로 영토 확장을 도모하지 않을 것이고 유럽의 4대 강국인 영국, 프랑스, 독일, 이탈리아의 협력관계에 바탕을 두고 소련이 배제된 유럽의 질서에 순응할 것'이라는 가정하에 수립되었으며, 그 근본 목적은 1919년 베르사유 조약(Treaty of Versailles)[9]에 의해 탄생된 세계질서를 재편하려는 독일의 전략적 목표 (오스트리아, 수데텐, 단찌히)에 대처하는 것이었다. 그러나 독일의 동방 진출을 위한 무력 행사는 곧 유럽의 '세력 균형(Balance of Power)'을 주도해 온 영국의 지위가 무너짐을 의미하는 것이었다. 아돌프 히틀러(Adolf Hitler, 1889~1945)는 외교정치면에서의 기습행동을 즐겨 사용하였기 때문에, 이와 같은 가정하에 구상된 영국 전략은 성공하기 힘든 상황이었다.

'유화정책(宥和政策, Appeasement Politik)'이 완전히 실패할 경우에는 전쟁을 피할 수 없었으므로, 영국의 41대 총리(보수당) 아서 네빌 체임벌린(Arthur Neville Chamberlain, 1869~1940)은 1936년부터 군비증강을 강력하게 추진하였던 것이다. 이와 같이 영국은 '이중전략 (Doppelstrategie)'을 구사하고 있었다. 하나의 전략은 유럽 4대 강국의 협력관계를 기조로 하는 협상을 준비하는 것이요, 또 다른 하나의 전략은 군사력을 수단으로 영국의 이익을 수호하는 것이었다.

총리(1940 1945, 1951 1955)를 경력으로 한 영국의 보수세력은 안간힘을 다하기도 하였다.

9) 베르사유 조약(Treaty of Versailles)은 1919년 6월 독일 제국과 연합국 사이 맺은 제1차 세계대전(1914. 07~1918. 11)의 평화협정이다. 파리 강화 회의 도중에 완료했고, 협정은 1919년 6월 28일 11시 11분에 베르사유 궁전 거울의 방에서 서명했으며, 1920년 1월 10일 공포했다. 베르사유 조약(Treaty of Versailles)은 국제 연맹의 탄생과 독일 제재에 관한 규정을 포함한다. 독일 제재 안건은 파리 강화 회의에서 다루지 않았다.

　　1933년 1월 30일, 아돌프 히틀러(Adolf Hitler, 1889~1945)가 독일 총리에 임명되면서 도전에 직면하게 되었다. 당시 이미 베르사유(Versailles) 체제가 목표로 한, 독일에 대한 징벌적 처벌이 더 이상 가능하지 않았던 상황에서, 영국 입장에서는 1919년 베르사유(Versailles) 체제를 대체하는, 영국·프랑스·독일의 화해와 협력에 의거한 새로운 유럽 평화 체제를 도모하는 것이 최선이었다. 영국이 독일의 오스트리아 및 주데텐란트 합병을 용인한 것은 이것이 1919년 베르사유(Versailles) 체제의 수정을 원하는, 독일측의 정당한 요구라고 볼 수도 있었기 때문이었다. 독일이 자신의 영토적 요구를 충족시키는 과정에서, 전쟁이 아닌 평화적인 방법을 사용한다는 전제하에 영국은 독일에 양보할 수 있었다.

　　그러나 아돌프 히틀러(Adolf Hitler, 1889~1945)의 야심은 1919년 베르사유 체제의 수정 보완의 수준을 넘어서는, 동방으로의 대(大)독일제국의 재건이었다. 이것은 영국의 양보의 정책적 한계를 넘어서는 야욕이었고, 이 같은 아돌프 히틀러(Adolf Hitler)의 영토적 야심이 더 이상 평화적 방법이 아닌, 전쟁이라는 폭력을 통해서만 실현될 수 밖에 없다는 것이 분명해 졌을 때, 영국은 독일에 대한 양보를 통해, 유럽대륙에서의 평화를 도모한다는 '유화정책(宥和政策, Appeasement Politik)'을 포기하고, 독일에 대한 군사적 저항전략을 채택하게 되었다.

　　상기와 같은 아돌프 히틀러(Adolf Hitler)의 동방으로의 대(大)독일제국의 확장은 영국의 세력균형전략에도 정면 배치되는 것이었다. 이것은 독일과 프랑스간의 '힘의 균형(Balance of Power)'이 아닌, 유럽을 석권할 수도 있는, 지나치게 강한 독일의 출현이었던 것이다. 즉, 1939년 3월 15일, 아돌프 히틀러(Adolf Hitler, 1889~1945)가 체코슬로바키아의 프라하를 강점하고, 이어서 슬로바키아까지 자신의 세력권으로 편입하자, 영국은 이에 정면개입하지 않을 수 없었던 것이다.

　　영국이 폴란드의 독립보장을 선언한 것은 바로 이 같은 상황에서 놓였었다. 물론, 이것은 영국이 폴란드의 독립을 보장한다는 것이지, 그 국경선의 유지를 보장한 것은 아니었다. 1939년 9월 1일, 독일이 폴란드를 침공했을 때, 영국은 독일에 선전포고하게 되었고, 이것이 유럽에서의 제2차 세계대전(1939~1945)의 시작이었다. 이와 같은 세력균형(Balance of Power)의 관점에서 보면, 영국정책의 문제는 '유화정책(宥和政策, Appeasement Politik)' 자체에 있는 것이 아니라, 대륙에서의 프랑스와 독일간의 세력균형(Balance of Power)을 관철시키기 위한 영국의 힘이 충분히 강해지 못했다는 점이다.

5) 한국 정부의 '균형외교'에 대한 저자의 논평

세력균형(Balance of Power)은 개념 정의상 논리 필연적으로 현상유지(status quo)를 전제로 한다. 일방에 의해 현상 변경의 압력이 가해지면 세력균형(Balance of Power)은 유지될 수가 없다. 구한말 조선(朝鮮)을 둘러싼 세력균형(Balance of Power)은 일본에 의해서 깨졌다. 조선(朝鮮) 외교가 잘하고 못하고의 문제가 아니라, 중립(中立)의 전제 조건인 세력균형(Balance of Power) 완전히 붕괴했었던 것이다. 중립국(中立國)은 스스로 존재하는 것이 아니다. 외부에 의해 보장되는 것이다. 그 보장은 중립국 스스로의 힘이 아니라 그 역시 외부의 힘에 의해 유지된다. 그것은 세력균형(balance of power)이다. 세력균형이 존재할 경우 그 균형에 의해 특정 지역의 중립을 보장할 의무를 세력국 간에 합의하면 비로소 중립국(中立國)이 성립한다.10)

대(對) 동(東)아시아 전략을 수행하는 데 있어서 한국은 미국에게 가장 중요한 나라다. 버락 오바마(Barack Hussein Obama, 44대: 2009~2017)는 한국을 동북아시아에서 린치핀(linchpin·핵심) 역할을 하는 국가라고 불러왔다. 지난 60년간 한반도 안보의 주춧돌은 한·미(韓·美) 동맹이었다. 게다가 2011년 11월 한·미(韓·美) 양국의 의회에서 비준된 FTA는 사실상 '경제동맹'이라고 간주된다.

그럼에도 불구하고, 최근에 한국이 '균형외교'라는 명분하에 과거의 중립국 발상에 가까운 '등거리 외교'를 추구한다는 것은 한국의 외교정책 기조가 세력 불균형 상황 속에서 어느 한쪽에 줄 서 있던 것으로부터, 새로이 형성되는 세력의 균형에 적응하기 위하여 어느 한쪽에도 줄 서지 않는 것으로의 변경을 의미한다. 그것은 다른 말로 하면, 현상유지가 아니라 현상변경을 용인하고 추종한다는 것을 의미한다. 여기서 문제는 한국이 여태까지 줄 서 있던 동맹 측은 그 현상 변경의 시도를 심각한 안보 위협으로 인식하고 있다는 것이다. 균형외교니 등거리 외교라는 줄타기 외교가 아니라, 현실에 대한 적확한 인식과 판단을 바탕으로 누울 곳을 보고 다리를 뻗는 실용주의적 외교가 필요한 것이다.

현재 군사안보 측면에서 미·중(美·中) 간의 가장 핵심적인 발화점(flash point)은 한반도가 아니다. 북핵문제가 미국 안보에 직접적 위협이 되고 있기는 하지만, 그것은 미·중(美·中)의 전략적 이해관계가 전면적으로 상충하는 것도 아니고, 글로벌 차원의 이해관계를 반영하는 것도 아닌 국지적 사안에 불과하다. 두 나라간의 가장 핵심적인 발화점(flash

10) 임양택(2021), <조선(朝鮮)의 망조(亡兆), 대한제국(大韓帝國)의 자멸(自滅), 대한민국(大韓民國)의 위기(危機)>, 도서출판: 박영사.

point)은 단연코 남(南)중국해이다.

중국이란 사자(獅子)는 '현상 타파'에 나섰다. 그 대상은 남(南)중국해와 동북아 질서다. 2016년 7월 헤이그 중재재판소는 중국의 기세에 제동을 걸었다. 남(南)중국해에서 중국의 영유권(領有權)을 인정하지 않았다. 그러나 중국은 상기 헤이그 중재재판소의 판정을 묵살한다.

중국은 남(南)중국해를 향후 미래를 설계함에 있어 가장 중요한 전략적 요충지로 선언하고, 현상 변경을 기하기 위해 부단한 노력을 기울이고 있다. 이는 제해권(制海權)을 패권 전략의 핵심으로 하고 있는 미국의 이익과 정면으로 충돌하는 현상변경 시도로 해석되어 미국의 대응을 촉발하고 있다.

02 존 내시(John Forbes Nash)의 '내시 균형(Nash Equilibrium)'

존 내시(John Forbes Nash Jr., 1928~2015) 교수[11]의 '내시 균형(Nash equilibrium)'은 '죄

---

[11] 존 내시(John Forbes Nash Jr., 1928~2015) 교수는 16세에 카네기 멜런 대학교에 장학생으로 입학하여 처음에는 화학을 전공했으나 교원의 권유로 수학으로 변경하게 되었다. 이때 선택과목으로 국제경제학을 전공하여 경제학에 대한 흥미를 보이기도 했다. 이 대학에서 1948년에 석사까지 취득한 존 내시(John Nash)는 수학 박사과정을 공부하기 위해 대학원에 진학하려 하였고, 하버드대학과 프린스턴대학두 곳에서 입학허가를 받았다. 그가 택한 곳은 컴퓨터의 아버지이자 게임이론의 창안자인 존 폰 노이만이 있던 프린스턴 수학과였다. 당시 지도교수이던 리처드 더핀의 추천서에는 "이 사람은 수학의 천재이다"라고만 쓰여 있었다. 1951년 23세의 나이로 MIT(매사추세츠 공과대학) 교수가 된 존 내시(John Forbes Nash Jr.)는 1958년 수학계에서 가장 권위 있는 상인 필즈상의 후보로 거론될 만큼 명성을 날렸다. 하지만 너무 젊다는 이유로 그는 필즈상을 결국 받지 못했다. 게임이론의 이론적 기초는 폰 노이만과 모르겐슈테른이 1944년에 공동으로 저술한 '게임이론과 경제행동'에서 비롯됐다. 존 내시(John Forbes Nash Jr) 역시 프린스턴 박사학위 논문으로 '비협조적 게임이론'(Non-Cooperative Games)이란 27쪽짜리 논문을 1950년 5월에 제출했다. 이 논문과 더불어 그가 '미국립과학원회보'에 게재한 'n명게임에서의 균형점'이라는 2쪽짜리 논문 2편에 의해 게임이론의 새로운 버전인 '내시 균형(Nash equilibrium)'의 개념이 정립됐다. 그는 이 논문으로 박사학위를 받고 꿈에 그리던 윌러 연구소에 취직을 하는 동시에 MIT 교수 자리도 얻는다. 또한, 상기 논문으로 1994년에 존 허샤니, 라인하르트 젤텐과함께 노벨 경제학상을 공동 수상했다. 사실 폰 노이만과 모르겐슈테른이 제시한 게임이론은 주로 두 사람이 참여하는 비협조적(Non-Cooperative) 제로섬 게임은 잘 설명했지만 경쟁(競爭)과 협력(協力)이혼재하는 인간 행동의 복잡한 측면을 설명하는 데는 한계를 지니고 있었다. 반면에 존 내시는 여러 사람이 참여하는 비(非)제로섬 게임에서도 항상 균형(均衡)을 이루는 해법이 있다는 사실을 수학적으로증명해냈다. 한편, 1957년 이미 사이에 아이가 있던 연인 앨리시아와 결혼하였으며, 1958년에 앨리시아는 둘째 아이를 임신하게 되었다. 존 내시(John Forbes Nash)는 이 시기부터 이상한 행동을 보였는데, 빨간 넥타이를 맨 사람이 전부 공산주의자의 음모를 실행하는 사람이라는 망상을 했으며, 워싱턴DC의대사관에 공산주의자가 정부를 세우려 하고 있다고 주장하는 편지를 보내기도 했다. 특히 미국 수학회의 강연회에서 리만 가설의 증명에 관한 강연을 하려던 존 내시(John Forbes Nash)는 알아들을 수 없는 이야기만 했다. '신문에 나만이 해독할 수 있는 은하계의 암호가 게재됐다'고 외치는가 하면 '전 세계적인 평화의 왕자' 혹은 '극비의 구세주적 존재'를 자처했다. 결국 1959년 병원에서 검사를 받은 존 내시(John Forbes Nash)는 망상성 조현병으로 진단되었고 정신병원에 입원해야 하는 처지가 되고 말았다. 존 내시(John Forbes Nash)는 이쯤에 리만 가설에 관해 집요히 연구를 진행하고 있었기 때문에 이것이영향을 끼친 것이 아니냐는 의견을 제시하는 경우도 있다. 이후 입퇴원을 반복하면서도 1960년에 프린스턴 대학에 복귀하여 수학을 연구하는 등 수십 년간 존 내시(John Forbes Nash)는 조현병 및 후유성증상으로 생활에 지장을 겪어야 했다. 입원과 퇴원을 반복하던 그는 1963년 아내와 이혼까지 하며 바닥으로 추락했다. 하지만 그는 1980년대 후반 학계에 다시 등장하며 재기에 성공했다. 그의 조현병을 기

수의 딜레마(Prisoner's Dilemma)'와 밀접한 관계가 있다. '죄수의 딜레마'는 게임이론에서 전체를 고려하지 않고 개인의 이익만 추구함으로써 모두 손해본다는 것을 의미한다. 예를 들어 두 명의 살인 공범자가 잡혀서 따로따로 심문을 받는다고 하자. 죄수 A는 이렇게 생각할 것이다. 만일 죄수 B가 자백한다면 나는 자백할 수밖에 없다. 괜히 잡아떼다가는 쓸데없이 두들겨 맞고 가중처벌을 받을 것이다. 만일 죄수 B가 끝까지 잡아뗀다 해도 죄수 A는 자백하는 게 낫다. 그러면 뻔뻔스러운 죄수 B에 비해 정직한 죄수 A는 정상이 참작되어 매우 관대한 처벌을 받을 수 있다. 문제는 죄수 B도 그렇게 생각한다는 데 있다. 이렇게 따로따로 잔머리를 굴리다보면 결국에는 둘 다 잡혀 들어가고 만다는 것이다. 즉, 각자가 가장 유리한 선택을 했지만 외려 모두가 큰 손해를 본다는 것이다.

1) '내시 균형(Nash Equilibrium)'의 개념

'내시 균형(Nash equilibrium)'은 '천재 수학자' 존 내시(John Forbes Nash Jr., 1928~2015) 교수가 21세에 쓴 27쪽짜리 프린스턴대학 박사학위 논문: 'Non–cooperative Games'(1950년)의 일부이다.[12] 여기서 '내시 균형(Nash equilibrium)'이란 게임이론에서 상대방이 현재 전략을 유지한다는 전제하에 나 자신도 현재 전략을 바꿀 유인이 없는 균형상태로 정의된다.[13]

적적으로 낮게 한 결정적 요인은 바로 이혼 후에도 그를 곁에서 지켜준 아내의 헌신과 수학적 재능을 인정하고 끝까지 그를 품어준 프린스턴대학의 배려심이었다. MIT 교수 시절 제자였던 아내 알리샤는 이혼 후 1970년부터 동거인 형태로 함께 지내면서 그의 치료에 도움을 주었다. 또한 모교인 프린스턴대학은 의식주 걱정 없이 교내에서 연구생활을 하며 그를 자유롭게 지낼 수 있게 해주었다. 2015년 5월 19일, 노르웨이 오슬로에서 하랄 5세에게 아벨상을 수여받게 되었다. 연구업적은 편미분방정식을 통한 리만다양체 연구의 매장에 관한 연구로 수상하게 되었다. 수상 인터뷰에서 노벨상과 아벨상중 어느 것이 더 가치 있게 느껴지냐는 질문에 2분의 1이 3분의 1보다 더 낫지 않겠냐는 재치 있는 답변을 내놓았다고 한다. 그런데, 5월 23일 미국으로 돌아와 공항에서 자신이 살던 프린스턴타운십으로 택시를 타고 귀가하던 중 뉴저지주 턴파이크(NJTP)에서 교통사고로 아내와 함께 그 자리에서 88세의 나이로 사망하고 말았다. 사고 경위는 택시기사가 앞에 있던 차를 추월하기 위해 차선을 넘던 중(가변도로의 중앙차로였다) 그만 가드레일에 충돌한 것이라고 현지 경찰이 밝혔다. 당시 그와 함께 공동으로 아벨상을 받은 수학자 루이스 니렌버그는 "존 내시는 진정으로 위대한 수학자이자 천재였다"며 고인을 추모했다.

12) Nash, John(1950), "Equilibrium points in n–person games" Proceedings of the National Academy of Sciences 36(1):48–49; Nash, John (1951) "Non–Cooperative Games" The Annals of Mathematics 54(2):286–295; Dixit, Avinash and Susan Skeath(2004). Games of Strategy. W.W. Norton & Company.

'내시 균형(Nash equilibrium)'의 개념은 1838년 쿠르노(Antoine Augustin Cournot)의 과점이론(寡占理論, Oligopoly Theory)에서 처음 사용되어 알려졌다. 쿠르노(Antoine Augustin

---

13) 하나의 게임은 여러 가지 '내시 균형(Nash equilibrium)'을 가질 수도 있고, 하나도 없을 수도 있다. 만일 혼합전략(mixed strategies, 플레이어가 미리 할당된 확률에 따라 임의로 전략을 선택한다)이 허용된다면, 모든 플레이어가 유한한 갯수의 전략 중에서 선택할 수 있는 모든 n−player 게임은 적어도 하나의 혼합전략 '내시균형'을 허용한다는 것을 존 내시(John Forbes Nash)는 증명할 수 있었다. 만일 어떤 게임이 자기만의 '내시균형'을 가지고 각 플레이어들이 완전히 이성적으로 플레이한다면, 그 플레이어들은 균형을 이루는 전략을 선택할 것이다. 현대 게임이론의 '내시 균형(Nash equilibrium)'의 개념은 경기자들이 취할 행동을 여러 가능한 행동 중에서 확률적으로 선택하여 사용하는 혼합전략의 개념을 대신한다. '내시 균형(Nash equilibrium)' 혼합전략의 개념은 폰 노이만(John von Neumann)과 모르겐슈테른(Oskar Morgenstern)의 1944년 발표된 공저 '게임이론과 경제행동(The Theory of Games and Economic Behavior)'에서 소개되었다. 그러나 그들의 분석은 제로섬 게임(zero−sum games)과 같은 특별한 상황에서만 제한되었다. 그들은 '내시 균형(Nash equilibrium)'은 혼합전략이 단지 유한한 행동에서의 제로섬 게임에서만 존재함을 보였다. 그러나 1951년 존 내시(John Forbes Nash. Jr)의 논문 '비협조적 게임(Non−Cooperative Games)'에서 혼합전략 '내시 균형(Nash equilibrium)'은 어떠한 게임의 유한한 행동의 묶음에서 이 같은 게임에는 적어도 하나 이상의 '내시 균형(Nash equilibrium)'이 반드시 존재함을 증명하였다. 존 내시(John Forbes Nash. Jr)의 존재 능력을 증명하기 위한 단서는 폰 노이만(John von Neumann)의 균형 정의보다 훨씬 더 일반적이다. 존 내시(John Forbes Nash. Jr)에 따르면 "n개의 경기자들의 균형점은 다른 경기자들이 그들의 전략을 고수한 채 혼합전략을 이용하여 수익을 극대화하는 점에서 이루어진다. 이것은 연속 전략함수를 다른 전략에 생산하고 불필요한 옵션들의 확장은 궁극적으로 균형점이나 고정점에 존재한다" '내시 균형(Nash equilibrium)' 개념이 발전해 오면서 게임이론가들은 확실한 상황에서 잘못된 예측(혹은 특별한 예측을 실패)을 이끌 수 있다는 것을 발견했다. 그러므로 그들은 '내시 균형(Nash equilibrium)' 개념의 단점을 극복하기 위해 관련된 많은 대안개념(개량 내시균형)을 제시하였다. 특히 중요한 점은 몇몇 '내시 균형(Nash equilibrium)'은 신빙성 없는 위협에 근거를 두고 있다는 것이다. 그 후 1965년 젤텐(Reinhard Selten)은 '신빙성 없는 위협'에 근거를 둔 균형'을 제거한 부분게임 완전균형(sub game perfect equilibrium)을 개선책을 제시하였다. 다른 '내시 균형(Nash equilibrium)'의 확장에는 게임이 반복되거나 게임이 완전정보를 갖지 않았을 때의 상황에서의 개선책들이 있다. 그러나 이러한 '내시 균형(Nash equilibrium)'의 개선책과 확장의 개념의 주요 관점은 '모든 균형 개념은 다른 경기자들의 선택을 각 경기자들이 계산하여 선택한다'는 것이다. '내시 균형(Nash equilibrium)'은 때때로 제삼자의 눈에는 비(非)이성적으로 보이기도 한다. 그 이유는 '내시 균형(Nash equilibrium)'이 파레토 최적(Pareto Optimum)에서 나오지 않기 때문이다. '내시 균형(Nash equilibrium)'은 비(非)이성적인 결과가 나오긴 하는데 경기자들이 비(非)이성적 이동을 동반한 위협을 가하기 때문이다. 이러한 '부분게임내 완전 내시균형' 게임에서는 분석의 틀이 중요한 의미를 가지고 있다. 비공식적으로 전략묶음은 경기자들이 일방적으로 전략을 바꿈으로써 이득을 얻을 수 없을 때의 '내시 균형(Nash equilibrium)'이다. 이 의미를 확인하자면, 각 경기자들이 다른 경기자들의 전략을 들었을 때를 상상해보자. 각 경기자들이 자신에게 "다른 경기자들의 전략을 알고, 각 경기자들이 전략을 바꾸지 않는다고 했을때 나는 전략을 바꿈으로써 이득을 얻을 수 있는가?"라고 묻는다고 가정하자. 만약 누군가가 "그렇다"라고 한다면 그 전략집합은 '내시 균형(Nash equilibrium)'이 아니다. 하지만 만약 모든 경기자들이 자신들의 전략을 변경하지 않는다면 그 전략집합은 '내시 균형(Nash equilibrium)'이다. 그러므로 '내시 균형(Nash equilibrium)'을 이루는 각각의 전략들은 다른 전략에 근거한 최적반응이다.

Cournot)의 이론에서 기업은 그들의 이익을 극대화하기 위해 산출물을 얼마나 생산해야할 지 선택한다. 그러나 이때 최적화된 산출량은 다른 기업들의 산출량에 영향받는다. 쿠르 노(Antoine Augustin Cournot) 균형에서 각 기업들의 산출물 극대화는 순수 전략으로 불리는 '내시 균형(Nash equilibrium)'이다.

쿠르노(Antoine Augustin Cournot)는 최적반응(best response)의 개념을 균형 안정의 분석 에서 도입하였다. 그러나 존 내시(John Nash)의 균형 정의는 쿠르노(Antoine Augustin Cournot) 의 균형 정의보다 넓은 개념이다. '내시 균형(Nash equilibrium)'은 사람들이나 기업들이 서 로 간의 선택에 의지하여 동시에 결정해야 하는 상황일 때 그들에게 일어나는 행동변화를 예측할 수 있는 방법을 제공한다. 존 내시(John Nash)의 기본적 발상에 깔려있는 통찰력은 의사 결정들을 개별적으로 분석할 경우 여러 의사 결정자들의 선택들에 의한 결과를 예측 할 수 없다는 것이다.

2) '내시 균형(Nash Equilibrium)'의 적용

'내시 균형(Nash equilibrium)'은 적대적인 상황에서 전쟁이나 군비확장경쟁(죄수의 딜레 마)을 분석하는 틀이 되어왔고, 반복적인 상호작용으로 갈등(葛藤)을 완화시키는 방안을 제공한다. 다른 선호를 가진 사람(성대결; battle of the sexes)끼리의 균형, 협력으로 인한 이점을 시사하는 결과(사슴 사냥 게임; stag hunt) 추론을 설명하는 데에도 사용된다. 이는 기술표준을 채택하는 연구에도 사용되고 예금인출사태(bank run), 통화위기 등의 발생을 연구하는 곳에도 사용된다. 교통류(워드롭 이론; Wardrop's principle), 경매의 구성(auction theory), 환경규제같은 규제법의 제정(공유지의 비극; tragedy of the Commons), 축구에서 페 널티킥(matching pennies) 등에도 적용가능하다.

그렇다면, 세계평화(世界平和)를 위하여 '내시 균형(Nash Equilibrium)'은 어떠한 시사점 을 제공하는가? 그 해답은 '내시 균형(Nash equilibrium)'의 기본전제: 전략적 상호작용이 존재하는 '비협조적 게임(Non-Cooperative Games)'으로 인하여 서로 파멸(破滅)할 것이 아 니라 협력(Cooperation)에 의하여 공생(共生) 및 공영(共榮)할 수 있다는 것이다. 즉, 만약 서로 비(非)협조적이면 많은 손실을 보게 되는 반면에 서로 협조한다면 더 많은 이익을 실 현할 수 있다는 것이다. 다시 말하면, "상대방이 생각하는 걸 나도 생각한다고, 또한 그가 생각하리라는 걸 내가 생각한다면…" 결과는 항상 서로의 행동에 의존적이 된다. 경쟁자

대응에 따라 최선의 선택을 하면, 서로가 자신의 선택을 바꾸지 않는 평형 즉 '내시 균형 (Nash equilibrium)'이 있다는 것이다.

다시 말하면, 게임이론에서 '내시 균형(Nash equilibrium)'이란 두 명이나 그 이상의 경기자들의 '비협조적 게임(Non-Cooperative Games)'에서 각 경기자들이 다른 경기자들의 균형전략을 알고 있다고 가정할 때 어떠한 경기자들도 자신의 전략을 바꾸지 않게 되는 '비협조적 게임(Non-Cooperative Games)'에 관한 해결방식이다. 즉, 만약 각 경기자들이 자신의 전략을 고수하고 아무도 전략을 바꾸지 않는다면 현재의 전략선택은 '내시 균형 (Nash equilibrium)'에 부합하는 결과를 갖게 된다는 것이다.

여기서 유의할 것은 다음과 같다: '경제학의 아버지'로 추앙받는 애덤 스미스(Adam Smith, 1723~1790)의 1776년 <국부론>(An Inquiry into the Nature and Causes of the Wealth of Nations)은 개인의 이익이 모두의 이익을 창출하므로 각자의 노력으로 인해 모두에게 이익이 창출된다는 것이다. 즉, 모든 사람이 자신의 이익을 위해 최선을 다하면 '보이지 않는 손(Invisible Hand)' 즉 시장경쟁 덕분에 모두에게 최선의 결과가 나타날 것이라고 한다. 그러나 상기 이론을 정면으로 반박한 것이 존 내시(John Forbes Nash Jr., 1928~2015) 교수의 '내시 균형(Nash Equilibrium)' 이론이다. 왜냐하면 '내시 균형(Nash Equilibrium)'은 경쟁(競爭)이 아니라 협력(協力)으로 인한 이점을 시사하기 때문이다.

03 '신(新) 그레이트 게임(The New Great Game)' → '협력적 게임 체제(Cooperative Game)' 에 의한 '내시 균형(Nash equilibrium)' → 세계평화 체제 구축

어떻게 美−中 패권(霸權) 경쟁인 '신(新) 그레이트 게임'(The New Great Game): 중국의 일대일로(一帶一路) vs 미국의 인도−태평양 전략을 '협력적 게임 체제'(Cooperative Game) 으로 전환하여 '내시 균형(Nash equilibrium)'에 의한 세계평화(世界平和) 체제를 구축할 수 있을까?

2009년 7월 27∼28일(현지시간) 워싱턴에서 미국과 중국의 '전략 및 경제대화(SAED: Strategic and Economic Dialogue)'가 개최되었다. 버락 오바마(Barack Hussein Obama, 44대: 2009∼2017) 대통령(당시)은 *"산중에 난 좁은 길도 계속 다니면 곧 길이 되고, 다니지 않으면 곧 풀이 우거져 막히게 된다"*(山徑之蹊間 介然用之而成路 爲間不用 則茅塞之矣)라고, 힐러리 클린턴(Hillary Diane Rodham Clinton) 국무부 장관(당시)은 *"마음이 맞으면 태산도 옮긴다"*(人心齊 泰山移)라고, 티모시 가이트너(Timothy Franz Geithner) 재무부 장관(당시)은 *"비바람 속에 배를 함께 타고 있다"*(風雨同舟)라고 했다. 이에 대응하여 다이빙궈(戴秉國)는 *"미·중(美·中) 관계가 더 아름다운 미래를 열 수 있겠습니까?"*라고 자문(自問)한 후 스스로 *"예스 위 캔"*(Yes, we can)으로 화답했다. 상기의 대화에서 미·중(美·中)의 대표단 모두가 6자회담 지지와 유엔 안전보장이사회의 대북 결의 1874호 이행을 다짐했었다.[14]

---

14) 따라서 이러한 미·중(美·中) '전략 및 경제 대화'(SAED)는 6자회담을 거부하며 북·미(北·美) 양자회담 을 요구하고 있는 북한에게 큰 압박이 될 수밖에 없을 것이다.

1) 강대국의 '그레이트 게임(The Great Game)'

(1) 영국과 러시아의 패권(霸權) 경쟁

원래 '그레이트 게임(The Great Game)'이란 대영제국과 러시아 제국이 1813년부터 1907년(영·러협상) 기간 동안 작게는 중앙아시아에서, 크게는 유라시아 전역에서 패권을 두고 일어난 전략적 경쟁을 뜻한다.[15] 당시 대영제국은 명실공히 세계 최강의 열강이었으나, 거대한 영토와 인구를 가진 러시아 제국은 언젠가 영국에 맞먹을 수 있는 잠재적인 경쟁자로 꼽혔고 러시아의 영향력 확장을 영국은 전 세계 각지에서 필사적으로 방해했다.

'그레이트 게임(The Great Game)'은 19세기 초 러시아의 남진(南進)으로 시작됐다. 러시아는 나폴레옹 침략을 무찌른 직후 1813년 아제르바이잔을 병합했다. 영국은 러시아가 인도까지 정복할 것이라며 러시아 위협론을 제기했다. 영국은 1835년 아프간을 선공(先攻)했다. 왜냐하면 러시아가 아프간을 장악하면 인도 침공 전진기지가 될 것을 우려했기 때문이었다. 영·러의 대결은 크림반도로 이어졌다. 1853년 영국·프랑스 동맹에 맞선 러시아가 패퇴하면서 크림반도에서의 이권을 상실했다.

마지막 무대는 동아시아였다. 청(淸)과 조선(朝鮮)으로 남하(南下)하려는 러시아에 맞서 영국은 일본과 동맹을 맺었다. 영국의 거문도 불법 점령 사건(1885년, 고종22년), 영일동맹(1902년, 1905년), 러·일전쟁(1904. 02~1905. 가을), 국권 피탈(1910. 08. 29) 역시 크게는 '그레이트 게임(The Great Game)'의 일환으로 이루어진 것이다. 즉, 당시 일본이 영국의 대리인 역할을 수행했었던 것이다.

영·러의 '그레이트 게임(The Great Game)'은 영·러의 상호견제로 조선(朝鮮) 개항을 지연시키고, 일본이 득세하는 결과를 가져왔다.[16] 러시아는 조선(朝鮮)이 열강에 개방되는

---

[15] '그레이트 게임(The Great Game)'이란 용어는 영국 동인도 회사 육군 웨일스 기병대 정보 장교였던 아서 코놀리(1807~1842)의 말에서 따왔다. 이 명칭을 주류적으로 사용하게 된 계기는 대영제국의 소설가 러디어드 키플링의 1901년 소설 <Kim>으로부터 시작했다. 또한, 군인 출신 언론인 겸 역사가인 피터 홉커크가 쓴 책 <그레이트 게임> 역시 이 주제를 다루고 있다. 공식적으로는 1907년(영러협상)을 통해 영국과 러시아가 우호 관계를 맺으면서 끝난 것으로 간주한다. 일부에서는 1917년 10월 혁명을 종점이라고 주장하기도 하며 1905년 러·일전쟁에서 러시아가 패전하면서 끝났다. 그러나 제2차 세계대전과 식민지 시기가 끝난 이후, 상기 용어는 중앙아시아의 강대국과 지역 강국의 지정학적 권력과 영향력에 대한 경쟁을 의미하는 말로 계속 사용하고 있다.

[16] 임양택(2021), <조선(朝鮮)의 망조(亡兆), 대한제국(大韓帝國)의 자멸(自滅), 대한민국(大韓民國)의 위기(危機)>, 도서출판: 박영사, 2021.

것을 저지하고 현상을 유지하면서 연해주 개발에 필요한 생필품을 제공하는, 이른바 '기다리는 정책'을 취했다. 영국 역시 러시아가 개입하지 않는 한 조선(朝鮮)에 관여하지 않는다는 노선이었다. 그레이트 게임은 조선(朝鮮)을 완충지대로 남겨 일본에 기회를 줬다. 영국을 대신한 일본이 러·일전쟁(Russo−Japanese War, 1904. 02. 08~1905. 가을)에서 승리하면서 대결은 마무리됐다.[17] 영국과 러시아는 국력이 소진된데다가, 독일이 급팽창하자 1907년 영·러 협상으로 게임을 일단락 지었다.

또한, 동(東)유럽에서는 크림반도 전쟁, 중동과 중앙아시아에서 가운데 위치한 오스만제국과 페르시아, 아프가니스탄을 두고 벌였던 경쟁, 그리고 티베트와 위구르는 인도에 자리잡은 영국과 북쪽에서 간을 보는 러시아 두 세력의 각축장이었고 동아시아와 캄차카 반도에서도 직·간접적으로 대결했다.

그 후 '그레이트 게임(The Great Game)'은 볼셰비키 러시아의 등장으로 이어졌다. 영국은 볼셰비키 러시아 혁명의 수출을 막기 위해 서방 국가들과 러시아를 침략했고, 제2차 세계대전(1939~1945) 직전엔 소련 견제를 위해 독일에 유화책을 썼다. 냉전 시절 영국은 미국의 최대 우방으로 소련에 맞섰다.

여기서 유의할 것은 다음과 같다: 19세기 말에는 러시아의 상대가 영국 하나였던 반면에 21세기에는 미국과 '테러와의 전쟁'에 동참한 동맹국들(영국 등)로 바뀌었다는 점이다. 미국은 중앙아시아와 카스피해 지역을 미국의 "사활적 이익이 걸린 지역"이라고 공식적으로 밝혔다.[18]

다음으로, 21세기 '신(新) 그레이트 게임(The New Great Game)'이란 '그루지야 전쟁'(2008. 08)을 계기로 서방을 향해 코카서스(Caucasus) 지역(흑해와 카스피해 사이)에서 국력을 확실히 보여준 러시아가 이제 카스피해(Caspian Sea)를 건너 중앙아시아 지역까지 입지를 확대해 나가는 양상을 일컫는다. 이것은 마치 19세기 러시아가 중앙아시아 지역의 패권을 놓고 당시 인도를 차지하였던 영국과 대결하였던 '그레이트 게임(The Great Game)'을 연상시키고 있는 것이다.[19]

---

17) 임양택(2021), <조선(朝鮮)의 망조(亡兆), 대한제국(大韓帝國)의 자멸(自滅), 대한민국(大韓民國)의 위기(危機)>, 도서출판: 박영사.

18) Business Weekly, May 15, 2002.

19) 중앙아시아 지역은 과거 중국이 지배하였던 고대 통상로인 '실크 로드'(Silk Road)로서 비단 등의 교역을 이루어졌으나 19세기 말에는 러시아와 영국이 패권경쟁을 벌였던 지역이며, 21세기에서는 에너지자원(석유와 천연가스)의 공급처로서의 역할을 수행하고 있다. 19세기 말, 당시, 인도를 차지하였던 대영제국(大英帝國)이 남하(南下) 정책을 추진하고 있었던 러시아가 인도로 진격할 것을 우려하여 인도와

(2) 미·중(美·中) 패권(霸權) 경쟁

중국은 과거 2천 년 동안 동아시아를 지배한 경험을 가지고 있다. 이것은 경제적 역동성, 문화적 정체성과 더불어 과거 동아시아에서 누렸던 헤게모니[20] 장악을 위한 원동력으로 작용하고 있다. 그런데 그것을 방해하는 유일한 세력이 곧 미국이라고 중국인들은 인식하고 있다. 즉, 중국인들은 최근에 들어 미국은 중국의 분열을 획책하고 중국의 통일을 방해하고 있다고 믿는 것이다.

특히, 2012년 시진핑(習近平, Xí Jīnpíng, 1953~현재) 국가주석의 집권 이후 분위기가 급선회됐다. 미국 주도 패권에 과감히 도전장을 던졌다. 당시 상대가 비교적 온건한 버락 오바마(Barack Hussein Obama, 44대: 2009~2017)였지만 도널드 트럼프(Donald John Trump) 대통령(45대: 2017~현재)으로 정권이 교체되면서 상황이 반전되었다. 도널드 트럼프(Donald John Trump) 주변에 강경 매파들이 대거 포진하면서 중국의 야심을 송두리째 뽑아버리겠다고 칼을 빼들었다.

중국은 2014년 10월 24일 베이징에서 인도·싱가포르·카타르 등 21개국 대표들이 모여 자본금 500억 달러(약 56조 원) 규모로 아시아인프라개발은행(AIIB: Asian Infrastructure Investment Bank) 설립을 공식 선언하였다. 이어서, 2015년 6월 29일, 아시아인프라투자은행(AIIB)의 창립 협정문 서명식이 열렸다.[21] 전 세계 50여 개국의 재무장관 등 관료들이 중국 베이징

러시아 사이에 있는 아프가니스탄 등을 무대로 러시아와 충돌했었다. 이것을 '그레이트 게임(The Great Game)'이라고 일컫는다. 그러나 '그레이트 게임'은 독일의 급부상을 공통적으로 경계하였던 러시아와 영국이 아프가니스탄, 페르시아, 티베트에 대한 이해관계를 절충한 영·러 협약(1907년)을 체결함에 따라 막을 내렸다. 임양택(2008), "한국의 에너지자원 개발 및 확보 전략에 관한 연구", 국제지역학회 2008 추계학술대회 발표논문집, 11월.

20) 헤게모니(Hegemony)의 사전적인 의미는 한 국가의 연맹제국에 대한 지배권, 맹주권, 패권(霸權)을 말한다. 오늘날 이 용어는 일반적으로 한 집단·국가·문화가 다른 집단·국가·문화를 지배하는 것을 가리킨다. 20세기가 시작된 이래 특히 미국과 같은 초(超)강대국의 활동과 관련하여 이 용어는 정치적 지배라는 의미를 지니게 되었다.

21) 아시아인프라투자은행(AIIB)는 사무국을 중국 베이징에 둔다. 5년 임기로 연임할 수 있는 초대 총재는 중국 출신인 진리췬(金立群) 전 ADB 부총재가 유력하다. 당초엔 중국이 절반 이상의 지분을 가져 조직을 좌지우지할 거란 우려가 있었지만, 참가국이 늘면서 중국 지분은 30% 정도로 내려갔다. 아시아인프라투자은행(AIIB)는 민득 혹은 금융기관과 공동으로 채권을 발행해 새원을 마련한다. 이 돈으로 아시아 태평양 지역의 개도국 인프라 사업에 빌려주거나, 지분 투자를 한다. 투자한 도로, 철도 등 인프라에서 추후 수익이 생기면 이를 거둬들이는 형식이다. 어떤 프로젝트에 투자하느냐가 회원국 모두의 관심사다. AIIB 협정문에 따르면 모든 투자 결정에 대한 권한은 이사회가 갖는다. 이사회 멤버로 들어가는 것이 중요할 수밖에 없다. 아시아인프라투자은행(AIIB) 이사회는 12명으로 구성되며, 아태 지역에서 9명, 역외국에서 3명을 뽑기로 했다. 3.8%의 지분율에 5번째 지분 순위인 것을 감안하면 한국이 이사국이 되

에 있는 인민대회당에 집결했다. 이날 아시아인프라투자은행(AIIB) 창립 서명식을 보는 중국과 미국 언론의 시각은 확연히 달랐다.

아시아인프라개발은행(AIIB)은 중국이 '일대일로(一帶一路: One Belt, One Road, 육·해상 실크로드)'의 추진 동력이다. 아시아인프라개발은행(AIIB)은 금융산업의 개편을 가져올 중대한 사안이다. 미국 주도하의 아시아 개발은행은 엄청난 타격을 받게되고 이지역 경제질서 개편이 시도될 것이고 미국의 영향력은 반감(半減)될 것이다. *"AIIB 설립은 세계 경제와 금융의 중심이 서방에서 동방으로 이동한다는 것을 보여준다."*(중국 관영 경제주간지 國際金融報). *"아시아인프라투자은행(AIIB) 체결은 베이징의 국제적인 영향력을 보여준 기념비적인 사건이다. 하지만 베이징이 과연 국제 기준을 지키는지 확인해야 할 때다."*(미국 월스트리트저널).

세계 외환보유액의 25%에 해당하는 3조 달러(2021. 4월 말 현재 3조1,980억 달러)의 넉넉한 외환을 보유한 중국은 재정 압박에 시달리는 선진국들과 달리 지갑이 두둑하다. 영국이 유럽연합(EU) 탈퇴를 결정하면서 EU의 생존능력에 의문이 제기되고, 미국이 환태평양경제동반자협정(TPP)에서 철수하면서 글로벌 경제질서 구축을 향한 미국의 의지가 꺾이며 중국은 2015년부터 본격적으로 '일대일로(一帶一路: One Belt, One Road, 육·해상 실크로드)' 사업을 펼치면서 아시아·중동·유럽, 그리고 아프리카의 대규모 인프라 사업에 투자하고 있다. 여기에서 유럽이 빠질 리가 없다. 육상 비단길은 중앙아시아와 중동, 러시아를 거쳐 유럽 대륙이 종착지다.

유럽 루트는 폴란드와 헝가리, 세르비아와 알바니아 등의 중동부유럽(CEECs: Central and East European Countries)을 거쳐 이탈리아의 베니스가 종점이다. 중국은 중동부유럽(CEECs)에 많은 공을 들이고 있다. EU는 중국의 투자에 공동대응하려 하지만 중동부유럽(CEECs) 국가의 반대로 쉽지 않다. 2012년 4월 중순, 중국의 원자바오 총리(당시)는 폴란드의 바르샤바를 방문했다. 이 정상회담에서 원자바오 총리(당시)는 중국과 중동부유럽(CEECs) 간 투자와 무역 촉진, 문화와 스포츠 교류 등에 합의했다. 여기에서 중국과 16개 중동부유럽 간의 협력 체 '16+1'이 출범했다. 발트 3국과, 비세그라드 4개국(폴란드, 헝가리, 체코, 슬로바키아), 슬로베니아, 루마니아, 불가리아, 크로아티아는 EU 회원국이다. 비

기 유리한 조건이다. 다만 단독 지분으로 이사국이 되기 위한 조건(4.5%)에는 못 미쳐, 동남아 등 다른 국가와 연합해 공동이사국 지위를 노린다는 것이 정부의 전략이다.

아시아인프라투자은행(AIIB)는 사안의 경중에 따라 다수결의 구조가 달라진다. 총재를 선출하거나, 자본금을 늘리거나, 북한과 같은 비(非)회원국을 지원하는 등의 중요 사안은 투표권의 75%가 찬성해야 한다. 바꿔 말하면 투표권 25%를 넘게 가지고 있는 중국이 반대하는 사안은 통과될 수 없다는 뜻이다.

EU회원국은 5개 발칸 국가인 알바니아, 보스니아-헤르체고비나, 마케도니아, 몬테네그로, 세르비아다. 16개국은 한 블록으로 묶기에 너무 다양하지만 공통점이 있다. 구 소련 당시 중동부 유럽은 유고 등 일부를 제외하고 소련의 위성국가였다. 1990년대 냉전 붕괴 후 이들 국가는 시장경제 체제로 전환에 돌입했고 발칸 5개국을 제외하고 현재 EU 회원국이다. 5개 발칸국도 EU에 가입하려 노력 중이다.

중국의 중동부유럽(CEECs: Central and East European Countries) 투자는 외교정책에 도움이 돼왔다. 2016년 7월 12일 헤이그주재 상설중재재판소는 중국의 남(南)중국해 영유권 주장이 유엔의 해양법을 위반한다며 필리핀의 손을 들어주었다. 미국과 일본은 중국에 국제법을 존중하라는 성명을 발표했다. EU는 사흘 후 나온 성명에서 중국을 직접 거명하지 않은 채 분쟁의 평화적 해결만을 강조해 미·일의 성명서와 대조를 이루었다. 이 성명서 작성에 관여한 한 EU 외교관은 로이터통신과의 익명 통화에서 "중국의 투자에 크게 의존해온 헝가리와 그리스, 폴란드 등이 중국을 거명하는 데 반대했다"고 말했다(중앙일보, 2017. 11. 28).

그리스는 발칸반도 남쪽 끝자락에 위치한다. 비록 16+1에 포함되지 않았지만 중국은 급진좌파 알렉시스 치프라스 총리가 이끄는 그리스와 전략적 관계를 강화했다. 중국의 '일대일로(一帶一路: 육·해상 실크로드)' 계획은 그리스의 아테네를 거쳐 육상 종점인 이탈리아의 베니스에 도달한다. 중국은 거점 지역의 하나인 그리스에 집중 투자했다. 중국 국영 해운회사 코스코(Cosco)는 2016년 4월 그리스 최대 항만운용회사 피레우스의 지분 51%를 80억 유로에 매입했다(중앙일보, 2017. 11. 28).

중국은 그리스를 아시아와 동유럽의 항만 허브로 만들려 한다. 중국은 또한 그리스 공공전력업체 지분 51%를 인수했다. 2010년 발발한 경제위기를 극복하느라 민영화에 여념이 없는 그리스와 싼값에 매물을 챙기는 중국의 잇속이 맞아 떨어졌다. 당시 유럽의 상당수 언론은 중국의 투자를 단순한 경제적 거래가 아니라 지정학적 측면에서 해석했다. 외교적으로도 그리스는 중국을 매우 신경 쓰는 모양새다(중앙일보, 2017. 11. 28).

2017년 6월 EU 28개국은 공동외교안보정책의 하나로 중국의 인권탄압을 규탄하는 결의안을 제네바 소재 유엔인권이사회에 제출할 예정이었다. 그러나 그리스가 거부권을 행사했다. EU가 중국 인권 규탄 안을 제출하지 못한 것은 이번이 처음이었다. EU가 보기에 중국은 EU 시장에 거의 제한 없이 진출하는데 유럽기업의 중국 시장 진출은 그렇지 못하다. 중국의 투자에 대해 EU 회원국의 입장이 달라 중국은 이런 차이점을 적절하게 이용해왔다. 중국의 중동부유럽(CEECs: Central and East European Countries)과 그리스 투자를 계기로 EU는 항만과 전력과 같은 전략산업에 대한 외국인 투자에 공동 대응하는 안을 마련하기로 합의했다(중앙일보, 2017. 11. 28).

중국 경제가 고속성장을 거듭하면서 중국 자본이 해외에 투자하는 외국인직접투자(FDI)는 2016년 말 약 2,000억 달러, 세계 외국인직접투자(FDI)의 10% 정도를 차지했다. 2006년 180억 달러, 세계의 1% 비중에서 폭발적으로 증가했다(중앙일보, 2017. 11. 28). 이런 추세에 따라 중국의 EU 회원국에 대한 외국인직접투자(FDI)도 계속 증가해 2016년 말 350억 달러를 기록했다. EU가 2010년 그리스 경제위기 등으로 대(對)중국 외국인직접투자(FDI)를 줄이는 반면에, 중국은 EU 회원국에 투자를 늘려 2013년 투자 규모가 역전되었다. 이 해를 기준으로 중국의 대(對)EU 외국인직접투자(FDI)가 그 반대보다 커져 2016년 말에는 그 차이가 270억 달러나 되었다(중앙일보, 2017. 11. 28).

2016년의 경우 중국 유럽 투자의 절반 정도는 독일과 영국에 집중되었다. 독일의 로봇 제작업체 쿠카(KUKA)를 44억 유로를, 영국의 데이터센터 운영업체 글로벌 스위치에 28억 유로를 투자해 지분 49%를 각각 획득했다. '중국제조 2025' 계획에 따라 2025년에 글로벌 제조 강국으로 등극하겠다는 야심을 실현하기 위해 주로 중국의 국영기업이 유럽의 첨단 제조업체 등을 집중적으로 매입했다. 여기서 주목해야 할 점은 중국의 외국인직접투자(FDI)가 특정 국가의 특정 분야에 치우쳐 있다는 것이다. 중국의 중동부유럽(CEECs) 투자는 전체 유럽투자의 8%에 불과하다. 그러나 헝가리와 폴란드는 2016년 전체 투자 유치 규모 중 중국에서 유치한 비율이 각각 40%와 20%를 차지했다(중앙일보, 2017. 11. 28). 헝가리와 폴란드에 모두 민족주의 정권이 들어서 EU와 난민문제 등을 두고 대립각을 세웠다. 또 EU 회원국이 아닌 세르비아는 비EU 회원국 가운데 중국 투자의 3분의 2를 유치했다. 이처럼 중국은 EU와 갈등을 겪는 국가에 집중적으로 투자했다. EU는 중국의 투자에 공동대응하려 하지만 중동부유럽(CEECs) 국가의 반대로 쉽지 않다.

나아가 중국은 태평양과 인도양을 잇는 크라 운하 외에 중남미 니카라과에서 태평양－대서양을 연결하는 '제2의 파나마 운하'를 뚫고 있다(조선일보, 2015. 05. 19). 유럽(지중해)과 아시아(홍해)를 잇는 이집트의 '수에즈 운하' 확장 공사에도 투자를 검토 중이다. 아마도, 중국은 태평양－인도양(크라 운하), 태평양－대서양(니카라과 운하), 지중해－홍해(수에즈 운하) 등의 세계 주요 뱃길을 장악하려는 의도를 갖고 있는 듯하다.

미국은 아시아인프라투자은행(AIIB)를 줄곧 견제해 왔다.[22] 아시아인프라개발은행

---

22) 중국이 한국에게 아시아인프라투자은행(AIIB) 가입을 권하는 것은 TPP(Trans－Pacific－Partnership 환태평양경제협력동반자협정)와 같다. 미국이 이 또한 반대하는 이유도 중국의 성장을 경계하는 것으로

(AIIB)의 운영 체제가 중국 입맛대로 흘러갈 수 있다는 점을 지적하고 아시아인프라개발은행(AIIB)이 환경을 무분별하게 파괴하거나 노동력을 착취하는 개발 사업에 돈을 넣을 수 있다는 점을 반대 명분으로 내세웠다. 이 때문에 2014년 10월 열린 아시아인프라개발은행(AIIB) 양해각서 서명식에는 중국 인도 등 21개국만 참여한 채 진행됐다. 그러나 2015년 초 영국 독일 등 유럽 주요국이 아시아인프라개발은행(AIIB) 참여를 선언하며 분위기가 급변했다. 미국은 중국이 주도하는 새 프로그램에 올라타 이익을 챙기고자 하는 유럽 주요국을 막지 못했다. 결국 아시아인프라개발은행(AIIB)에는 역외(域外)국 20개국 등 총 57개국이 앞다퉈 참여했다.

EU와 미국이 휘청거리는 틈을 타 시진핑(習近平, Xí Jínpíng) 국가주석은 2017년 1월 스위스 다보스 포럼 연설[23]에서 세계 자유무역 수호의 챔피언으로 스스로를 자리매김했다. "중국은 미국판(版) 세계화에 대안을 제시하고 있다"면서 "중국의 경우 그것은 콘크리트로 포장된 세계화, 즉 철도, 고속도로, 파이프라인, 항만"이라고 풀이했다. 이런 '중국판 세계화'는 동지들을 규합해 나가고 있다.

2017년 6월 EU 28개국은 공동외교안보정책의 하나로 중국의 인권탄압을 규탄하는 결의안을 제네바 소재 유엔인권이사회에 제출할 예정이었다. 하지만 그리스가 거부권을 행사했다. EU가 중국 인권 규탄안을 제출하지 못한 것은 이번이 처음이었다. EU가 보기에 중국은 EU 시장에 거의 제한 없이 진출하는데 유럽기업의 중국 시장 진출은 그렇지 못하다. 중국의 투자에 대해 EU 회원국의 입장이 달라 중국은 이런 차이점을 적절하게 이용해 왔다. 중국의 CEECs와 그리스 투자를 계기로 EU는 항만과 전력과 같은 전략산업에 대한 외국인 투자에 공동 대응하는 안을 마련 중이다(중앙일보, 2017. 11. 28).

보인다.

23) 올해는 난민문제와 정치 일정 등으로 앙겔라 메르켈 독일 총리, 프랑수아 올랑드 프랑스 대통령 등 서방 주요 정상들이 대거 불참해 시 주석의 존재감이 더욱 커지는 분위기다. 포럼 개막에 앞서 시 주석은 도리스 로이트하르트 스위스 연방 대통령과 정상회담을 가졌다. 회담 직후 가진 회견에서 시 주석은 "보호주의 포퓰리즘 반세계화가 부상하고 있다"며 "이는 글로벌 경제협력에 좋지 않은 것"이라고 말했다. 중국 관영 CCTV는 시 주석이 스위스 대통령과의 정상회담을 통해 양국이 모두 보호무역주의에 반대한다는데 뜻을 모았다고 전했다.
블룸버그 등 주요 외신에 따르면 시 주석은 기조연설에서 세계화를 향한 강한 신념을 강조하고 동시에 보호무역주의 흐름에 대항해 자유무역 질서를 포용하는 중국의 리더십을 부각할 것으로 예상된다. 이는 트럼프 당선인이 예고한 보호무역주의를 정면으로 반박하는 셈이다. 홍콩 사우스차이나모닝포스트는 (SCMP)는 "시 주석이 다보스포럼에서 전 세계 수많은 정치와 경제 리더들에게 중국 입장을 밝히는 기회로 활용할 것"이라며 "시 주석의 개막연설은 트럼프 당선인 취임을 앞두고 G2 가운데 하나인 중국이 세계적 현안에 대해 어떠한 입장을 취할 것인지 가이드라인이 될 것"이라고 전했다.

2) 미국과 중국의 2극 체제(2009. 11, G20 출범 이후~현재)

본 연구는 세계경제의 현대사 100년을 6개 시대: ① 유럽 열강의 경쟁시대(제1차 세계대전~제2차 세계대전 직전), ② 미국의 강대국 부상시대(제2차 세계대전~1978. 04. 킹스턴 체제), ③ 미국·유럽·일본의 공존시대(1978. 04. 킹스턴 체제~1992년 일본의 자산버블 붕괴), ④ 미국·유럽·일본의 공존시대(1978. 04. 킹스턴 체제~1992년 일본의 자산버블 붕괴), ⑤ 미국의 호황시대(일본의 '잃어버린 10년'의 시작, 1992~2001년 9·11 테러 사건), ⑥ 미국의 1극 체제하에서 유럽·동북아의 공존 시대(2001년 9·11 테러 사건~2008년 하반기 글로벌 금융위기), 미국과 중국의 2극 체제(2009. 11. G20 출범 이후~현재)로 구분한다.

(1) 미·중(美·中) 환율전쟁

미·중(美·中) 환율전쟁이 2008년 하반기 글로벌 금융위기 이후 격화되는 양상을 보이고 있다. 2008년 9월부터 2011년 10월까지 달러대비 위안화 환율은 약 7% 평가절상된 상태였다. 미국은 저(低)평가된 위안화 환율이 글로벌 불균형(Global Imbalance)을 야기한다고 주장하면서 2008년 글로벌 금융위기 이후, 미국 의회는 2008년 9월 중국 위안화를 겨냥해 "공정무역을 위한 환율개혁 법안"을 통과시켰다. 또한, 2011년 8월 미국의 신용등급 하락으로 글로벌 재정위기가 가시화되면서, 위안화의 인위적 저(低)평가에 대응하여 동년 10월 12일 미 상원에서 2010년과 유사한 "환율 감시 개혁법"을 통과시켰다.

이에 대응하여, 중국은 위안화 절상이 미국 실업률과 무역적자 해결과 무관하다고 주장하고 있다. 중국은 위안화 위상이 미(美) 달러와 대등한 수준으로 격상하는 것이 미·중(美·中) 환율전쟁의 해법으로 믿고 조만간 위안화(레드백)[24]의 하드커런시(Hard Currency) 실현에 박차를 가하고 있다.[25] 세계 대공황(1919~1929) 당시의 환율전쟁 vs 최근 미·중(美·中) 환율전쟁을 비교해 보면 다음과 같은 차이점들을 발견할 수 있다:

첫째, 지금은 세계 대공황(1919~1929) 당시 각국의 정책 운영에 강한 구속력을 행사했던 금본위제(金本位制)가 아니다. 특히 이미 변동환율체제(變動換率體制)가 일반화되면서 독립적인 통화정책 여지가 확보되어 있다. 나아가 세계 대공황 당시에는 주요한 경기조절

---

24) '레드백(Redback)'이란 그린백(Greenback, 달러화)에 빗대어 위안화를 일컫는 말.

25) '하드 커런시(Hard Currency)'란 국제적으로 유통되고 있는 기축통화(Key Currency)와 자유롭게 교환될 수 있는 통화를 말하며, '소프트 커런시'(Soft Currency)는 기축통화와의 교환이 자유롭지 못한 통화를 의미함.

수단으로 간주되지 않았던 재정정책의 운영 여지도 크다. 다만, 지금은 이른바 제로금리의 구속으로 인해 기존 통화정책의 운용여력이 사실상 고갈된 처지다. 그래서 새로운 수단으로서 양적완화 등이 추구되고 있지만, 글로벌 금융위기 및 재정위기 이후 광범위한 디레버리징 압력으로 인해 전통적인 통화파급메커니즘이 와해되면서 통화정책의 역할을 둘러싸고 혼선이 크다[26].

둘째, 아이켄그린(Barry Eichengreen) 교수가 강조하듯이 대공황기의 디플레이션 충격은 세계경제 전반에 대칭적이었던 반면 지금은 비대칭적이다[27]. 가령 선진국은 지금도 극심한 디플레이션 위협에 시달리고 있지만, 신흥국에서는 충격이 덜한 것은 물론 예전에 비해 둔화되긴 했지만 여전히 상대적인 고성장 기조가 이어지고 있다. 이런 가운데 선진국의 일방적인 양적완화가 신흥국에 대한 자금유입 급증을 초래하여 신용과잉 부담을 가중시키는 '전염효과'(spillover)를 낳고 있다. 특히 선진국의 통화가치 절하 압력이 신흥국의 통화가치 절상에 대한 기대로 이어지면서 금리차익은 물론 환차익을 노린 투기적 행태가 확산되면서 자금흐름의 불안정성을 부각시키고 있다.

오히려 성급한 정책조율 시도로 인한 부작용도 간과해선 안 된다. 우선, 선진국의 재정확대로 인한 국가채무 급증이 문제다. 이미 글로벌 금융시장은 이른바 소버린 리스크(Sovereign Risk, 국가부도위험)에 촉각을 곤두세우고 있다. 여기서 골치 아픈 문제는 선진국의 재정확대에 따른 수혜가 오히려 수입 증대 등을 통해 신흥국으로 전이되면서 선진국 내부에서 보호주의 열풍("Buy America" 등)이 확산될 소지가 있다는 점이다. 과거와 달리 상대국이 아니라 진원지에서 보호주의가 부각될 수 있다. 동시에 신흥국도 재정긴축에 따른 경기위축 부담을 상쇄하기 위해 다양한 무역제한이나 자본통제 등의 보호주의에 의존할 공산이 크다. 이런 맥락에서 지금 환율전쟁을 빌미로 국제적으로 무역전쟁이 확산될 가능성도 제기된다. 실제로 최근 도하라운드의 표류 등 세계 무역자유화의 지체가 각종 보호주의 경향을 여기하고 있다는 우려가 크다[28].

환율전쟁에서 누가 승자(勝者)가 될 것인가? 그 요인은 무엇인가? 환율전쟁의 역사를 보면 적극적으로 통화가치 하락을 도모한 쪽이 승자(勝者)가 되었고 통화가치 상승을 막지 못한 쪽은 패자가 되었다. 패자(敗者)들이 통화가치 상승을 막지 못한 이유는 상당 부분 통화가치 상승이 가져올 영향에 대해 오판(誤判)을 했기 때문이다.

---

26) Lorenzo Bini Smaghi(2013), "Why the Currency—War Deniers are wrong," Financial Times, 18 Feb.

27) Barry Eichengreen(2013), "Currency War or International Policy Coordination?," Jan.

28) Simon J. Evenett(2013), "Root Causes of Currency Wars," VOX, 14 Feb.

우선, 과거 일본이 환율전쟁의 패자였다면 승자(勝者)는 단연 중국이었다. 중국은 1994년 1월 하루아침에 위안화 가치를 30% 이상 큰 폭으로 떨어뜨리는 평가절하를 단행했다. 이후 최근까지 20년 가까이 저평가된 위안화를 무기로 수출 주도형 고도성장을 구가했고 드디어 세계 2위의 경제대국으로 발돋움했다. 더 큰 전리품은 위안화 저평가에 힘입어 그동안 2조 달러가 넘는 대규모의 경상수지 흑자를 기록하고 이를 고스란히 모아 3조 달러에 이르는 외환 보유액을 쌓아올렸다는 것이다. 위안화의 대폭적인 평가절하는 고도성장과 대외 안정성 확보라는 두 마리 토끼를 잡는 데 결정적 역할을 했다는 점에서 중국 입장에서 보면 미래를 내다보는 혜안(慧眼)의 정책 선택이었다. 일본은 경쟁국들의 압력이 크기도 했지만 스스로도 보수적인 통화정책 기조를 견지함으로써 강한 저항 없이 엔화 가치 상승을 용인하는 태도를 취했다. 이런 태도의 이면에는 내수 비중이 높은 경제구조에 대한 과신이 자리 잡고 있었다. 즉 엔화 가치 상승이 수출에는 악영향을 주지만 내수 촉진에는 도움이 될 것이라는 기대가 있었다. 하지만 바라던 내수 촉진 효과는 나타나지 않았고 오히려 디플레이션 발생으로 내수가 위축되는 역효과만을 내고 말았다.

다음으로, 유로 체제의 출범도 환율과 관련된 승자와 패자를 낳았다. 승자(勝者)는 독일이고 패자(敗者)는 그리스다. 유로 체제는 산업 경쟁력이 떨어지는 그리스 같은 회원국에는 통화가치의 고평가를, 경쟁력이 뛰어난 독일 같은 회원국에는 통화가치의 저평가 효과를 가져다주었다. 이로 인해 유럽 역내 국가들 간의 경상수지 불균형이 심각하게 발생했고 이런 상황이 장기간 고착화된 결과가 그리스 등 남유럽 국가들의 경제 위기로 나타난 것이다. 이들은 자신들이 환율전쟁의 와중에 있는 줄도 모르고 위기에 빠져든 셈이다. 반면 독일은 한편으로는 뼈를 깎는 구조 개혁과 다른 한편으로는 유로 체제의 이점을 한껏 활용해 통일 독일의 후유증을 떨쳐버리는 데 성공했고 지금은 전 세계에서 본받아야 할 경제로 칭송받고 있다. 플라자 합의(1985. 05. 22)로 일본과 함께 통화가치 상승을 강요받던 독일은 유로 체제를 매개로 해 환율전쟁의 패자(敗者)가 될 위험에서 벗어나 오히려 승자(勝者)로 극적인 반전을 할 수 있었다.

그리스의 경우 유로 체제 가입을 통해 누릴 수 있는 저금리의 해외자금 활용과 역내 교역 활성화 기회를 한껏 활용해 산업 경쟁력을 강화시킨다면 유로 체제 가입으로 인한 통화가치 고평가 문제는 걱정하지 않아도 될 것이라고 낙관했으나 이 역시 오판으로 결론났다. 해외자금은 산업 경쟁력을 키우는 데 쓰이기보다는 비생산적인 부문으로 흘러들어갔고 경쟁력이 떨어지는 상황에서 역내 교역 활성화의 이점도 제대로 누리지 못했다.

한국 역시 이런 오판의 경험에서 자유롭지 못하다. 1990년대 중반 자본자유화 과정이 급하게 추진되면서 원화 가치가 상승하고 경상수지 적자가 큰 폭으로 확대되어 결국 외환위기로 귀결된 것이 대표적인 사례다. 당시 별다른 저항 없이 원화 가치 상승이 이루어진 것도 기실 OECD 가입과 1인당 국민소득 1만 달러 달성이라는 들뜬 분위기에 젖어 한국 경제의 능력을 과신한 탓이었다.

상기한 역사적 교훈을 바탕으로, 미·중(美·中) 환율전쟁으로 돌아가면, 제프리 삭스(Jeffrey Sachs) 교수는 미·중(美·中) 환율전쟁에 대해 "미국의 무역적자는 미국의 저축률이 낮기 때문에 발생한 것"이라며 "위안화 절상만으로 미·중 무역수지 불균형 문제를 해결할 수는 없다"고 주장했다(조선일보, 2010. 11. 06). 상기 주장은 미국인들이 소득에 걸맞지 않은 과소비를 해서 미국의 무역적자가 커졌다는 것을 의미한다. 그는 다음과 같이 주장했다:

"환율 논쟁은 계속될 것이다. 내가 우려하는 건 미국의 FRB(연방준비제도이사회)가 추진 중인 통화팽창 정책(시중 통화량을 늘리는 것)이다. FRB가 통화량을 늘리게 되면 미국 달러 가치의 하락세가 더욱 빨라지면서 다른 나라 통화 가치는 상승 압력을 받는다. 아직 통화 정책에 대한 국제적 협력이나 합의가 이뤄지지 않은 상태이다. 그래서 미국의 통화팽창정책은 환율 문제를 둘러싼 긴장감을 더 증폭시킬 것이다. 난 그 부분을 우려한다."

"위안화 절상으로만 무역 갈등을 해결할 수는 없다. 미국의 무역적자는 미국의 저축률이 낮기 때문에 발생했다. 미국이 저축률을 늘리지 않는 한 미국의 무역적자는 지속될 것이다."

이어서, 제프리 삭스(Jeffrey Sachs) 교수는 서울대 경영대 SK관에서 열린 '통화전쟁의 진행과 세계경제 회복' 국제회의(2010. 10. 09)에서 "글로벌 불균형의 핵심은 중국이 아니라 미국"이라고 주장했다. 그는 "중국의 경상수지 흑자가 미국 경상수지 적자의 원인은 아니다"며 "중국의 경상수지 흑자는 세계총생산(GWP)의 0.6%에 불과하며, 이는 미국에 영향을 줄 만큼 크지 않다"고 말했다(중앙일보, 2010. 10. 10).

(2) 중국의 일대일로(一帶一路) vs 미국의 인도-태평양 전략

① 중국의 일대일로(一帶一路): '진주목걸이'

1980년대 덩샤오핑(鄧小平, 1904~1997)의 오른팔인 중국 해군제독 류화청(劉華淸)이 장기 전략을 내세웠다. 우선 오키나와 제도를 기점으로 대만, 필리핀, 보르네오에 이르는 선을 '제1열도선'으로 정하고, 이 해역에서 미군의 영향력을 배제한다는 것이었다. 그 다음에 2030년까지 항공모함 부대를 완성해 오가사와라제도에서 괌, 사이판, 파푸아뉴기니에 이르는 '제2열도선'의 해역에 제해권을 확립한다. 최종적으로 2040년까지 서태평양과 인도양에서 미국의 지배권을 꺾는 것이다. 중국은 이 같은 장기계획에서 벗어나지 않을 것이며, 인류 역사상 유래가 없는 군비확장을 지속해 왔다.[29]

한편, 시진핑(習近平, Xí Jinpíng, 1953~현재) 국가주석이 2013년 9월 카자흐스탄에서 '일대일로(一帶一路: One Belt, One Road, 육·해상 실크로드)'를 처음 제기했을 때 그는 유라시아 대륙에만 초점을 맞추었다. 그때 이래 '일대일로(一帶一路: One Belt, One Road, 육·해상 실크로드)'는 거듭 명칭이 바뀌었고 범위가 확대돼 전 세계를 포함하게 됐다. 그러면서 중국에서 유럽으로 이어지는 고대 교역로를 육상과 해상으로 재건하자는 것이 주된 목표로 제시됐다.

'일대일로(一帶一路: One Belt, One Road, 육·해상 실크로드)'의 핵심 추동력 가운데 하나는 경제적인 것이었다. 중국은 개발이 뒤처진 내륙지역의 성장을 촉진하고 과잉 산업설비를 위해 더 많은 시장을 개척하기를 원한다. '일대일로(一帶一路, 육·해상 실크로드, BRI: 'Belt and Road Initiative')'는 중국이 추진하고 있는 신(新)실크로드 전략이다. '일대일로'에서 '일대(Belt)'는 중국에서부터 중앙아시아를 거쳐 유럽으로 뻗는 육상 실크로드 경제벨트이고, '일로(Road)'는 동남아를 경유해 아프리카와 유럽으로 이어지는 21세기 해양 실크로드를 말한다. 다시 말해 일대일로(一帶一路)는 중국과 동남아시아·중앙아시아·아프리카·유럽을 육로와 해로로 연결해 거대 경제권을 형성하겠다는 중국의 전략이다. 시진핑(習近平, Xí Jinpíng) 국가주석이 2013년 9월 카자흐스탄 방문 때 처음 들고 나왔다.

중국은 '일대일로(一帶一路)를 위한 인프라 건설에 수천 억 달러를 쓴다는 입장이며, 5개 대륙 100여 국가는 중국과의 경제협력 사업 참여를 이미 문서상으로 공식화했다. '미국 우선주의'를 외치는 도널드 트럼프(Donald John Trump) 미국 대통령(당시)이 국내사업을 우선시하느라 해외사업 기금을 감액하고 있는 상황에서, 시진핑(習近平, Xí Jinpíng, 1953~

---

29) 長 島昭久, 前 자위대 방위정무관, 2010년 4월19일자 일본잡지 <주간신조> 보도 번역.

현재) 국가주석에게 '일대일로(一帶一路)'는 세계화(世界化) 옹호자라는 그의 이미지를 굳히는 역할을 한다.

이어서, 시진핑(習近平) 국가주석은 2014년 5월 21일 상하이에서 열린 제4차 '아시아 교류와 신뢰구축회의(CICA: Conference on Interaction and Confidence Building Measures in Asia) 정상회의'[30]의 기조연설에서 "새로운 아시아 안보 컨셉"을 주제로 아시아 지역의 안보협력기구 창설을 제안하였다.[31] 즉, "아시아 문제를 주관하고 해결하며 아시아 안보를 책임지는 건 아시아 국가들이어야 한다"는 것이다.

상기한 맥락에서, 중국은 시진핑(習近平) 국가주석이 주도하는 제13차 경제개발 5개년 계획(13.5 규획)의 핵심 과제를 지역경제 발전으로 정하고, 이를 위한 실천 방안으로 '일대일로(一帶一路, One Belt One Road)' 계획을 추진하고 있다.[32] 중국은 아시아 인프라 건설이 경제성장의 새로운 동력이 될 것으로 기대하고 있다. 중국 기업이 육상 실크로드 구출을 위한 철도·도로 등 건설 공사를 주도해 내수 활성화 효과를 내고, 중국 기업의 해외진출도 촉진할 것으로 전망된다. 중국 언론은 신(新)실크로드 경제벨트 계획을 중국판 '마샬플랜'에 비유했다. 즉, 제2차 세계대전 후 황폐한 유럽 국가를 지원하는 미국의 원조 계획인 마샬플랜처럼, 육·해상 실크로드 경제벨트 구축을 위해 중국의 천문학적 규모의 자금이 해외에 투자될 것이다.[33] 가히 해외판 '4조위안 경제부흥책'으로 평가된다.

---

30) 아시아 교류와 신뢰구축회의(CICA: Conference on Interaction and Confidence Building Measures in Asia)는 유럽안보협력기구(OSCE)를 모델로 아시아 지역 내 상호 신뢰구축 및 분쟁 예방을 위해 1992년 10월 카자흐스탄 주도로 출범한 지역협의체로서 총 27개 회원국으로 구성되어 있다. 한국은 2006년 6월 가입했다.

31) 시진핑(習近平) 중국 국가주석은 기조연설에서 다음과 같이 강조했다: "중국은 각측과 함께 공동, 종합, 협력, 지속가능한 아시아 안보관을 적극 창도하고 지역 안보와 협력의 새로운 기틀을 구축하며 공동건설, 공유, 상생의 아시아 안보의 길을 개척해야 한다. 중국의 평화발전은 아시아에서 시작되고 아시아에 의지하고 아시아에 복지를 마련해주었다. 중국인민은 각측과 함께 노력하여 항구적으로 평화롭고 공동으로 발전하는 '아시아의 꿈'을 실현할 용의가 있다".

32) '일대일로(一帶一路, One Belt One Road)'는 육상과 해상 실크로드를 결합한 거대 경제벨트 구축안으로, 지역 균형발전과 산업구조조정, 에너지 안보와 국방 강화 등 중국의 핵심 전략을 응축하고 있는 중요 국가 정책이다. 과거 서역과 중국의 무역로였던 '비단 길(실크 로드)'과 명(明)나라 정화의 해상 원정 길의 영광을 재현한다는 의미에서 신(新)실크로드 성세권으로 불린다. '일대일로' 구성은 시진핑(習近平) 중국 국가주석이 2013년 9월 7일 카자흐스탄의 한 대학 강연에서 "실크로드 경제벨트를 만들어 공동 번영과 협력의 시대를 열자"라 제안한 것으로 시작됐다. 한 달 뒤인 10월 3일 시 주석은 인도네시아 국회 연설에서 해양 실크로드 경제벨트 구축에 아세안 국가의 협력을 제안하면서 '일대일로' 구상의 윤곽이 잡혔다.

33) 천문학적 규모의 자금이 해외에 투입된다는 차원에서 해외판 '4조위안 경제부흥책'으로도 분석되고 있

요컨대, 시진핑(習近平) 국가주석이 2013년 내놓은 중국의 '일대일로(一帶一路: One Belt, One Road, 육·해상 실크로드)' 전략은 "세계의 기회를 중국의 기회로 바꾸고 중국의 기회를 세계의 기회로 바꾼다"는 구상에 따라 육·해상의 실크로드를 동시에 구축하겠다는 것이다. 일대일로(一帶一路)의 육·해상 실크로드에는 44억 명의 인구와 세계 경제의 29%에 해당하는 21조 달러가 걸려 있다. 2014년엔 시진핑(習近平) 국가주석과 리커창(李克强, 1955~현재) 총리가 30개국을 순방하며 일대일로(一帶一路)를 홍보했다. 일대일로(一帶一路)의 육상 실크로드는 한반도에서 중국을 거쳐 중앙아시아에 이르는 '옛 실크로드'를 확장해 러시아·유럽으로 이어가겠다는 것이다.

신(新)실크로드 경제벨트의 육상(陸上) 노선은 중국의 중서부 주요성(省)인 산시(陝西)·간쑤(甘肅)·칭하이(青海)·닝샤(寧夏)·신장(新疆)을 관통하고, 러시아·카자흐스탄·벨라루스·폴란드를 거쳐 독일까지 이어진다. 이를 위해 시진핑(習近平) 국가주석은 중국—독일을 연결하는 위신어우(渝新歐) 철도 건설을 추진하고 있다.

또한, 신(新)실크로드 경제벨트의 '21세기 해상(海上) 실크 로드'로 불리는 해상 경제벨트는 중국에서 출발해 동남아시아(싱가포르·말레이시아·인도네시아)와 몰디브 등 인도양을 거쳐, 유럽에 이르는 해상 무역로 건설이 핵심이다. 따라서 중국은 아시아 인프라 건설이 경제성장의 새로운 동력이 될 것으로 기대하고 있다. 중국 기업이 육상 실크로드 구출을 위한 철도·도로 등 건설 공사를 주도해 내수 활성화 효과를 내고, 중국 기업의 해외 진출도 촉진할 것으로 전망된다.

실제로, 2014년 6월 중국의 중부 란저우와 서부 우루무치를 잇는 란신 고속철도가 개통됐다. 1,776km에 달하는 거리를 불과 9시간 만에 이동할 수 있다. 중국은 2016년 란저우에서 중국 동부 쉬저우까지 1,400km의 구간을 추가로 연결했다. 이 목표는 총 3,176km의 세계에서 가장 긴 고속철도를 갖는다는 것이다. 시진핑(習近平) 국가주석은 중국 동서 지역을 철도로 연결하고 이를 다시 중앙아시아와 유럽으로 연결하는 '신(新)실크로드' 구상을 구체화하고 있다. 동·서양을 잇는 실크로드를 새롭게 구축해 '중화민족의 위대한 부흥'을 실현하겠다는 구상이다. 육상과 해상으로 30억 인구를 아우르는 '유라시아 경제벨트'는 지역 균형발전과 산업구조 조정, 에너지 안보 등 중국의 핵심 전략을 응축하고 있는 중요 국가 정책으로 꼽힌다. 시진핑(習近平) 국가주석도 중앙아시아와 유럽 국가를 방문할 때마다 직접 신(新)실크로드의 중요성을 설파하고 있다.[34]

다. 자금 조달을 위해 중국은 10월 24일 아시아인프라개발은행(AIIB)을 발족하고, 자본금 1,000억 달러 가운데 절반인 500억 달러를 부담하기로 했다.

그렇다면, 시진핑(習近平, Xí Jīnpíng, 1953~현재) 국가주석이 강력하게 추진하는 '일대일로(一帶一路)'의 목적은 중국의 패권 장악인가? 아니면, 유라시아 국가들의 경제공동체인가? 중국 사회에 영향력 있는 거젠슝(葛劍雄) 중국 푸단대 석좌교수 초청강연이 2017년 12월 18일 서울 강남구 역삼동 한국고등교육재단에서 개최되었다. 그는 '일대일로(一帶一路) 정책'의 역사적 배경과 방향을 다음과 같이 설명했다.[35]: "'일대일로(一帶一路, One Belt One Road)' 계획을 육상·해상 실크로드의 '재건'으로 생각하지만 실제로는 직접 관련이 없다"고 말했다. 그에 따르면 19세기 후반 독일 학자 리히트호펜이 장안(현재 시안)에서 사마르칸트까지 교역로에 이름 붙인 실크 로드(Silk Road)의 주역은 중국이 아니라 중앙아시아였다. 중국은 옥문관·양관 너머는 이민족 세계로 생각했다. 또한, 상인의 지위가 낮고 국경 통제가 엄해서 중국인이 외국에 가서 교역하는 일은 거의 없었다. 한(漢) 무제(武帝) 때 장건(張騫)이 서역(西域)에 간 것도 흉노를 협공하기 위한 군사·정치적 목적이었고 그가 가져간 비단도 서역 군주들에게 주는 하사품으로 무역용은 아니었다. 실크로드 무역으로 이익을 챙긴 것은 중앙아시아·페르시아·아랍 상인이었다. 이들은 로마 제국의 거대한 비단 수요에 적극 부응했었다. 당(唐)나라 때 안사(安史)의 난(亂)으로 실크로드가 막히자 해상 실크로드를 개척하고 장악한 것도 페르시아·아랍인이었다. 따라서 거젠슝(葛劍雄) 교수는 '일대일로(一帶一路, One Belt One Road)' 계획은 중국인에게는 실크 로드(Silk Road)의 '연속'이 아니라 '창신(創新)'이라고 주장했다. 다른 나라가 만들었던 실크 로드(Silk Road)를 이번엔 중국이 중심이 돼 다시 발전시키겠다는 것이다. 그는 '일대일로(一帶一路, One Belt One Road)' 계획을 중국의 대외전략으로 보는 시각을 거부했다. 또한, 중국이 일방적으로 추진할 것이 아니라 호혜·공영의 이익공동체를 구축해야 한다는 것이다.

그렇다면, 문제는 '해상 실크로드'다. 여기에는 한반도의 서해를 중국의 근해로 간주하고 대만에서 오키나와 – 일본 남쪽 해상까지 완벽하게 중국이 통제하겠다는 것이 1차 목표다. 이른바 중국이 정한 '제1도련선'이다. 중국은 2025년까지 제1도련선 안으로 미(美) 해군은 물론 미국의 군사력이 들어오지 못하게 만들겠다는 계획을 갖고 있다. 중국이 제1도련선 안쪽의 해상을 장악하면 한국과 일본의 대부분 해상 수송 물동량은 중국의 통제를

---

34) 시진핑(習近平) 국가주석은 2013년 9월 카자흐스탄을 방문해 현지 대학생들과 만나 "실크로드 벨트를 만들어 공동번영과 협력의 시대를 열자"며 '신(新)실크로드' 구상을 처음 공개했다. 이어 10월에는 인도네시아 국회를 찾아 중국과 싱가포르, 탄자니아, 지중해를 연결하는 21세기 해상 실크로드 건설을 제안했다.

35) 거젠슝(葛劍雄) 중국 푸단대 석좌교수는 중국을 대표하는 역사지리학자이다. 그는 전국인민정치협상회의 상무위원으로 중국 정부의 대내외 정책에도 관여하고 있다.

받게 된다. 동남아·인도·아프리카·유럽으로 수출입하는 한국의 물동량이 제1도련선 안쪽의 바다를 지나간다. 중동에서 오는 원유도 마찬가지다. 결과적으로 중국이 한국과 일본의 목줄을 쥐는 심각한 상황이 발생한다. 이 때문에 난사(南沙)군도와 시사(西沙)군도 등에서 해상분쟁이 이미 생기고 있다. 중국이 난사군도의 무인도에 군사기지와 활주로를 마음대로 건설했다. 베트남의 해저유전 개발팀을 위협해 쫓아내기도 했다.

제1도련선 바깥 태평양으로 나아가는 제2도련선은 일본 동쪽 해상에서 사이판·인도네시아까지 이어진다. 중국은 종국적으로 미국을 제2도련선 밖으로 밀어내겠다고 한다. 가능성은 희박하지만 중국의 전략이 성공하면 미국의 군사력은 태평양전쟁 이전으로 후퇴하게된다. 중국의 원대한 계획은 여기에 머물지 않는다. 해상 실크로드는 동남아·인도네시아를 지나 인도와 파키스탄, 중동과 지중해를 거쳐 그리스에 이른다. 명(明)나라 때 정화(鄭和)함대의 원정로를 이은 것이다. 중국은 해상 실크로드에 자국의 해군을 주둔시키기 위해 캄보디아 시아누크빌, 미얀마 시트웨, 방글라데시 치타공, 스리랑카 함반토타, 파키스탄의 과다르항을 잇는 해군기지 네트워크를 구축했다.[36] 이런 중국의 해군기지 네트워크를 이어보면 그 모양이 진주목걸이처럼 보여 '진주목걸이 전략(String of Pearl Strategy)'이라 한다.

중국이 2025년까지 핵추진 항공모함을 포함한 6척의 항모를 갖겠다는 이유도 이 때문이다. 중국은 20척의 신형 함정을 배치했다. 중국은 이 해상로 보호를 목적으로 미군을 차

---

36) WSJ "중국, 캄보디아 해군기지 독점 사용 밀약"(조선일보 입력 2019. 07. 23) 중국 정부가 캄보디아 남서쪽 해안에 있는 해군 기지를 독점적으로 사용하는 비밀 협약을 캄보디아 정부와 체결했다고 미국 월스트리트저널(WSJ)이 미 관리들과 미 동맹국 관리들을 인용해 21일(현지 시각) 보도했다. WSJ는 "중국이 이를 통해 남중국해 패권을 강화하고 믈라카해협까지 군사적 영향력을 확대하게 될 것"이라고 전망했다. 논란이 된 해군 기지는 캄보디아 수도 프놈펜에서 남서쪽으로 168km 떨어진 시아누크항 인근 림(Ream) 기지다. WSJ는 중국과 캄보디아가 올해 봄 비밀 협약을 체결했다고 전했다. 이에 따라 중국은 앞으로 30년간 림 해군 기지의 약 3분의 1(약 25만㎡)을 독점적으로 사용하게 되며, 이 구역에 중국 전함이 기항할 수 있고 중국군 무기도 보관할 수 있다는 것이다. WSJ는 "이 비밀 협약은 중국이 일대일로(一帶一路·신실크로드)에 참여한 캄보디아에 수십억 달러의 투자·차관을 제공하며 영향력을 확대한 성과"라고 분석했다. 림 해군 기지에서 북서쪽으로 65km 떨어진 곳에는 중국 기업인 '유니언 그룹'이 '완공 후 99년 임대'를 조건으로 다라 사코르 공항을 건설 중이다. WSJ가 위성사진으로 분석한 결과, 공항 부지에는 이미 길이 3.2km의 대형 활주로가 갖춰진 것으로 드러났다. 미 관리들은 "인구 20만 명에 불과한 이 지역에 이런 규모의 공항을 짓는 건 중국 전투기와 군 수송기, 장거리 폭격기가 이착륙할 수 있도록 하려는 의도"라고 의심하고 있다. 미국은 바짝 긴장하고 있다. 중국이 대만을 침공하면 미 해군이 믈라카해협을 넘어 대만으로 향할 확률이 큰데, 이때 중국군이 캄보디아 해군 기지와 공항에서 미해군을 저지할 수 있기 때문이다. 미 정부 관리들은 "캄보디아 정부가 중국과의 비밀 협약을 파기하도록 설득하는 방법을 논의 중이지만, 이미 캄보디아의 마음이 중국 쪽으로 돌아선 것 같다"고 WSJ에 말했다. 캄보디아와 중국은 이 보도를 전면 부인했다. 파이 시판 캄보디아 정부 대변인은 WSJ의 기사를 '가짜 뉴스'라고 단언했다.

단하기 위한 구체적인 작전계획도 갖고 있다. 중국 주변으로 오는 미(美) 항모와 주일 미군기지를 탄도미사일로 타격하고, 미(美) 군사위성을 파괴하면서 사이버 공격으로 혼란을 조성해 미군의 지휘통제 기능을 마비시킨다는 것이다.

한편, 2017년 5월 14, 15 양일 간 중국에서는 자국 입장에서 대단히 중요한 국제행사가 열렸다. 베이징에서 처음 열린 국제협력 정상 포럼'이 그것이다. 1,500여 명이 참가한 이번 포럼에는 블라디미르 푸틴(Vladimir Putin) 러시아 대통령 등 29개국 정상을 포함해 130여 국가의 관리, 학자, 기업인, 언론인, 70여 개 국제기구 대표 등 850여 명의 해외인사가 참석했다. 이들 참석자는 인프라, 산업투자, 경제·무역, 에너지·자원, 금융, 인문교류, 생태환경, 해상협력 등을 협의했다(일요서울 2017. 05. 22).

세계적 지도자들, 즉 도널드 트럼프, 앙겔라 메르켈 독일 총리, 아베 신조 일본 총리 같은 주요국 정상들은 '일대일로(一帶一路: One Belt, One Road, 육·해상 실크로드)'와 일부러 거리를 두고 있다. 이번 베이징 포럼에 주요 7개국(G7) 정상은 이탈리아 정상만 빼고 모조리 불참했다. 따라서 중국이 일대일로(一帶一路)를 성공시키려면 일련의 미해결 문제들에 대해 시진핑이 어떻게 접근하느냐가 중요하다.

중국이 '일대일로(一帶一路: One Belt, One Road, 육·해상 실크로드)'와 관련한 불확실성을 줄이는 핵심은, 증강된 군사력을 바탕으로 중국이 영토 분쟁에서 갈수록 공세적인 가운데 인도, 러시아, 미국 같은 전략적인 경쟁국들의 우려를 가라앉히는 것이다. 중국이 500억 달러 이상의 자금을 투입해 중국 북서부 신장위구르자치구 지역의 도시 카스와 파키스탄 남서부 과다르항(港)을 철도·도로·송유관 등으로 연결하는 '중국－파키스탄 경제회랑(回廊)' 구상, 중국의 첫 해외 군사기지가 들어설 아프리카 지부티에서 중국이 2015년 지부티 항구 사용권을 5억9,000만 달러(약 7,000억 원)에 사들여 지금 한창 다목적 항구로 확장하는 공사를 벌이고 있는 일, 중국의 중앙아시아 파이프라인 건설 등은 모두 기존 강대국들에 도전하는 데 사용될 수 있는 인프라를 만드는 일이다.

요컨대, 중국의 '일대일로(一帶一路: One Belt, One Road, 육·해상 실크로드)' 전략은 "세계의 기회를 중국의 기회로 바꾸고 중국의 기회를 세계의 기회로 바꾼다"는 시진핑(習近平, Xí Jìnpíng, 1953~현재) 국가주석의 구상에 따라 육상의 실크로드(一路)와 해상의 실크로드(一路)를 동시에 구축하겠다는 것이다. 일대일로(一帶一路)의 요 해상 실크로드에는 44억 명의 인구와 세계 경제의 29%에 해당하는 21조 달러가 걸려 있다.

② 미국의 인도-태평양 전략: '다이아몬드'

도널드 트럼프(Donald John Trump) 대통령(45대: 2017~2021)의 행정부는 2017년 12월 18일(현지 시각) 새 국가안보전략(NSS) 보고서에서 중국의 '일대일로(一帶一路: 육·해상 실크로드)'에 대응하기 위한 '인도－태평양(Indo－Pacific)' 전략을 구체화했다. 인도의 서해안부터 미국 서부 해안 사이 지역에서 한국·일본·호주·뉴질랜드·필리핀 등의 동맹국을 규합하고 인도·대만·싱가포르·베트남·인도네시아·말레이시아 등과 파트너십을 강화해서 주권의 존중, 항행의 자유, 법치(rule of law) 등을 기본 규범으로 하는 기존의 자유로운 세계질서를 수호하겠다는 것이다. 즉, 중국이 자신의 해역이라고 억지를 부리는 남(南)중국해에서 누구든지 자유롭게 항행할 수 있도록 미국－일본－호주－인도를 연결해 중국의 패권 확장에 대응하겠다는 것이다. 상기 국가들을 연결하면 '다이아몬드'처럼 보인다. 그래서 아베 신조(Abe Shinzo, 安倍晋三, 1954~현재) 총리(당시)는 이를 '다이아몬드' 전략이라고 명명했었다.

미국은 국가안보전략(NSS) 보고서에서 '일대일로(一帶一路: One Belt, One Road, 육·해상 실크로드)'를 직접 거론하지 않았지만 '일대일로(一帶一路)'는 중국의 동쪽이 태평양에서 우위를 점한 미·일(美·日)에 의해 막혀 있다고 보고 서진(西進)하려는 구상이라고 간주한다. 따라서 "중국의 인프라 투자와 무역 전략은 지정학적 야심을 강화한다" "중국은 이를 호혜적인 것처럼 묘사하지만 중국의 우월적 지위는 '인도－태평양(Indo－Pacific)' 지역의 많은 국가의 주권을 약화시킬 위험이 있다"와 같은 표현으로 '일대일로(一帶一路: One Belt, One Road, 육·해상 실크로드)'를 겨냥하고 있다는 점을 드러냈다(조선일보 2017. 12. 20).

미국의 '인도－태평양(Indo－Pacific)' 전략은 동맹국 일본·호주에 인도 등 다른 우방국의 힘을 합쳐 이런 중국을 견제하자는 것이다. 국가안보전략(NSS) 보고서는 인도양~태평양 간 해로(海路)를 자유롭고 개방된 상태로 유지하고 영토·해양 분쟁을 국제법에 따라 해결할 것을 강조했는데, 중국의 남(南)중국해 독점과 영향권 확대를 막는 데 그 목적이 있다. 또한 미국은 인프라 건설 투자의 투명성을 지향하고, 어떤 적의 도발도 억제·제압할 수 있는 군사력을 유지하겠다고 밝혔다. 향후 '인도－태평양(Indo－Pacific)'과 '일대일로(一帶一路: One Belt, One Road, 육·해상 실크로드)'의 충돌이 불가피할 것으로 전망된다.

급기야, 중국 정부가 2015년 6월 16일 남(南)중국해 난사군도(南沙群島·스프래틀리군도)의 융수 등 일부 지역에서 진행해온 12만6,000km²의 인공섬 조성 공사{규모는 800ha(8km³)}를 조만간 마무리할 것이라고 밝혔다. 중국은 난사군도(南沙群島·스프래틀리군도)에서 모래를 퍼부어 인공섬 7개를 건설하는 작업을 해왔다. 융수자오 주비자오 메이지자오 등 3곳에는 활주로까지 갖추었다. 여기에 군사시설까지 지으면 남(南)중국해에서 중국의 군사 능력은 큰 진전을 이루게 된다.

미국은 중국이 남(南)중국해 인공섬을 모두 건설하고 나서 동(東)중국해처럼 방공식별구역을 선언해 배와 비행기의 통행 자유를 제한할 수 있다고 우려하고 있다. 미국은 중국이 해군력을 증강하고 인공섬 건설 공세를 강화하는 장기적인 목적은 해양 강국으로 가는 과정에 서(西)태평양에서의 미국의 해상 주도권에 도전하기 시작한 것으로 보고 있다. 만약 중국의 인공 섬 건설이 완성되면 베트남이나 필리핀에 보다 강력한 군사적 위협이 될 수 있다.

미국이 중국의 7개 인공 섬 건설을 용인하지 못하는 이유가 있다. 먼저 이곳에 인공섬을 건설한 뒤 군항이나 군용 비행장 등을 설치하면 중국의 해상 군사력의 남단은 현재 군사기지가 있는 하이난 섬에서 남쪽으로 900~1,100km 내려온다. 이는 남(南)중국해를 오가는 미국 군함에 큰 위협이 된다. 제2차 세계대전 이후 약 70년간 서(西)태평양에서 실질적인 해양 패권을 갖고 있던 미국으로서는 매우 민감한 일인 것이다.

미국은 바다에 잠겨 있는 바위나 산호초 등을 매립해 만든 인공섬은 영토가 될 수 없으며 이에 따라 영해 주권도 생성되지 않는다는 입장을 고수하고 있다. 그리고 남(南)중국해 인공섬 건설이 완성되면 미국이 아시아·태평양 지역에서 누려온 '안전 보장자'로서의 지위와 명예는 큰 타격을 입게 된다. 나아가 미국에 대한 다른 아태지역 군사동맹국의 신뢰도 떨어질 수 있다. 따라서 미국은 중국과 영유권 다툼을 벌이는 필리핀 등 동남아 국가들과 함께 중국에게 인공섬 건설 중단을 요구해왔다.[37] '아시아 복귀'(Pivot to Asia)를 선언한 미국은 호주에 해병대를 주둔시키기로 하는 등 남(南)중국해 제해권을 강화하고 있고, 유럽연합도 분쟁이 격화될 경우 개입을 시사했다. 인도와 일본도 베트남·필리핀과 군사·경제 협력을 확대하면서 중국 견제에 나서고 있다.

이와 반면에, 중국은 난사군도(南沙群島·스프래틀리군도) 전체와 인근 해역이 중국의 영토와 영해라고 생각하고 있다. 중국으로서는 인공 섬 건설이 단순히 섬의 면적을 넓히는 차원이 아니라 남(南)중국해의 주권을 지켜낼 수 있느냐의 중대한 문제이다. 중국은 난사군도(南沙群島·스프래틀리군도) 북쪽, 하이난 섬 바로 밑의 서사군도(西沙群島·파라셀군도)에 대한 지배권은 1973년 무렵으로 베트남군을 내쫓으면서 획보했다. 필리핀 북부 루손 섬

---

37) 버락 오바마(Barack Hussein Obama) 대통령(제44대: 2009~2017)은 2015년 11월 터키 G20 정상회담, 필리핀에서의 아시아태평양경제협력체(APEC) 정상회의와 말레이시아 동아시아정상회의(EAS) 그리고 오바마 대통령과 아베 신조 일본 총리와의 회담 등에서 모두 남(南)중국해 문제를 거론하면서 중국의 인공섬 건설과 군사화 중단을 요구했다.

서쪽 220km에 위치한 스카버러 섬에도 중국 함선을 계속 주둔시키며 인공 섬을 건설하고 있다. 서사군도(西沙群島·파라셀군도), 난사군도(南沙群島·스프래틀리군도), 스카버러 섬을 연결하면 각 변의 길이가 650~900km에 이르는 삼각형 모양이 완성돼 유사시 중국 전투기 간 삼각 공조가 가능해진다.

여기서 유의할 것은 다음과 같다: 남(南)중국해에서 인공 섬 건설은 베트남과 필리핀도 수십 년 전부터 해온 일이다. 이미 베트남·필리핀·말레이시아·대만 등은 난사군도(南沙群島·스프래틀리군도) 해역에 이미 인공 섬을 건설했다. 베트남은 21개 섬, 필리핀은 8개 섬에 대한 영유권을 주장하고 있다. 대만과 필리핀은 영유권을 주장하는 섬 일부에 군대도 주둔시키고 있다. 이 때문에 난사군도(南沙群島·스프래틀리군도) 일대에는 각국이 실효지배하는 암초가 밀집해 이들 암초 간 거리가 12해리가 안 되는 곳도 있다. 인공 섬을 건설한 나라들은 남(南)중국해에 군용 비행장이 있으나 중국만 없다. 중국은 인공 섬 건설에 가장 늦게 참여했다. 이런 상황에서 미국이 중국의 인공 섬 건설에 반대하는 것은 '이중 잣대'를 들이대는 것과 같다. 중국 해양 문제 전문가인 주펑 난징대 교수는 이날 본지 통화에서 "중국은 동중국해와 달리 남(南)중국해에선 아직 영해기선(영해의 폭을 정하는 기선)을 선포하지 않았다"며 "미 구축함이 인공섬 12해리 이내로 들어온 것은 군사적 전쟁이 아니라 법률적 전쟁을 의미한다"고 말했다(조선일보, 2015. 10. 28).

상기와 같이, 남(南)중국해가 미·중(美·中) 간에 심각한 현안이 된 가장 근본적 원인은 두 개의 커다란 역사적 흐름의 교차점에 있기 때문이다. 미국은 제2차 세계대전(1939~1945) 이래 아태지역 해양 안전의 주도자였다. 미국은 해공군력 우위와 아시아 각국과의 동맹 체제를 통해 서(西)태평양에서 70년간 패권을 차지했다. 미국의 서(西)태평양 군사전략의 핵심은 '해상 통제'였다. 1960, 1970년대 베트남 전쟁 시절 미국의 이 해역에 대한 해공군력은 어떤 도전도 받지 않았다. 구(舊)소련이 베트남 깜라인 만에 군대를 주둔시켰으나 상징적인 것에 불과했다.

그러나 중국이 굴기(崛起)하면서 중국에서도 해양 권익에 대한 의식이 커졌다. 2012년 18차 당대회에서는 '해양 강국'이 중요한 전략적 목표가 됐다. 중국이 추구하는 '해양 강국'에는 해양 경제와 과학기술, 환경보호에 대한 강조가 있지만 해군력의 빠른 발전에 따라 다양한 군사적 함의와 목적도 포함된다. 지금의 미·중(美·中) 간 남(南)중국해 긴장은 바로 미국의 '해양 통제'와 중국의 '해양 강국'의 충돌인 것이다.

미국은 중국의 7개 인공섬 건설을 '해양 강국' 추구의 일부분으로 보고 있다.[38] 남(南)중

---

38) 미국은 최근 인공위성 사진 판독과 초계비행 등을 통해 남중국해에 최소 7개의 인공섬이 건설됐고 3곳

국해에서 군사력 확장을 통해 군사적 통제력을 높이려 한다고 여긴다. 워싱턴 강경파는 미국이 군사력을 더욱 증강하고 목소리를 높여야만 중국을 진정시킬 수 있다고 생각한다. 결국, 미국이 2015년 10월 27일 남(南)중국해의 인공섬 12해리 근해에 이지스 구축함 라센함 파견을 결행해 남(南)중국해를 둘러싼 미·중(美·中) 간 갈등은 새로운 국면에 접어들었다.

중국 외교부 장예쑤이(張業遂) 상무부 부장은 이날 맥스 보커스 주중 미국대사를 불러 미(美) 이지스 구축함 라센함의 남(南)중국해 진입을 "아주 무책임한 행동"이라고 강하게 항의했다(동아일보, 2015. 10. 28). 나아가, 2015년 11월 해리 해리스 미(美) 태평양 함대 사령관은 베이징에서 중국군 장성들과 만난 자리에서 "라센함을 비롯한 미(美) 전함은 앞으로도 남(南)중국해에서 초계활동을 계속 이어갈 것"이라고 공언했었다(중앙일보, 2015. 11. 10). 그러나 중국은 미(美) 군함의 초계 항해를 도발행위로 간주한다.

또한, 남(南)중국해 갈등에서 미국 편을 들고 있는 일본은 중국의 인공섬 건설을 비판하며 미국의 구축함 파견을 지지하고 나섰다. 카자흐스탄을 방문 중인 아베 신조(安倍晋三) 총리는 이날 동행한 기자들과 만나 "남(南)중국해 해역에 미군 군함이 항해한 것은 국제법을 기준으로 한 행동으로 이해하고 있다"고 말했다(동아일보, 2015. 10. 28). 그리고 중국과 영유권 분쟁 중인 필리핀 베트남 등도 미국의 구축함 파견을 내심 환영한다는 입장을 보이고 있다. 베니그노 아키노(Benigno Aquino, 1960~현재) 필리핀 대통령(제15대)은 2015년 10월 27일 마닐라 외신기자클럽에서 "미 군함의 인공섬 주변 항해는 아무런 문제가 없다"며 "이는 아시아태평양 지역에서 힘의 균형을 유지하기 위한 중요한 조치"라고 말했다(동아일보, 2015. 10. 28). 베트남도 남(南)중국해에서의 중국 인공섬 건설, 등대 설치 등에 대해 "이는 베트남 주권을 침해하며 긴장을 고조시키는 행위"라고 여러 차례 비난해 왔다. 다만 화교 비중이 높고 중국과의 교역을 중시하는 말레이시아는 필리핀이나 베트남과 달리 중국에 대한 비판을 자제한 채 평화적 분쟁 해결을 주장하고 있다(동아일보, 2015. 10. 28).

상기한 미·중(美·中) 간 남(南)중국해 긴장은 언뜻 특정 도서(島嶼)의 영유권과 그 지역 항행질서에 관한 국제법적 시비로 보일 수 있으나 그 바탕에는 동아시아의 안보질서 재편을 둘러싼 미·중(美·中) 간 대립과 전략적 경쟁이 자리 잡고 있다. 문제의 본질을 이해하려면 중국의 행동이 역내 평화와 안정에 덮지는 함의(含意)를 짚어볼 필요가 있다.

에는 활주로 시설이 건설됐으며 두 곳에는 등대도 설치돼 운영되고 있다고 확인했다. 융수자오(永暑礁) 인공섬의 활주로는 3km에 이른다. 27일 미 이지스 구축함 라센함이 항해한 수비 환초(중국명 주비자오·渚碧礁)와 미스치프 환초(중국명 메이지자오·美濟礁)에도 활주로가 건설 중이다.

첫째, 중국은 세계 2위 경제대국으로 부상한 자국의 이익 보호를 위해서는 해군력 강화가 필수라고 간주하고 있다. 2012년 후진타오(胡錦濤) 주석 시절부터 '대양 해군' 건설을 주창했다. 경제적으로 부상하는 중국의 국익을 끌어올리려면 해상 통제권을 가져야 하며 원거리 해상 작전능력이 없이는 국내 자산의 축적과 해외무역도 보호할 수 없다는 판단에 따른 것이다. 이에 따라 해양대국((海洋大國)의 첫 관문으로 우선 자신의 앞마당 격인 남(南)중국해부터 확실히 장악할 필요가 있다고 판단하고 있다. 중국은 남(南)중국해 북단 하이난(海南) 섬에 핵(核)잠수함 기지를 두고 있다. 기술적 한계로 쉽게 노출되는 중국 핵(核)잠수함이 미국의 상시적인 정찰활동을 피해 태평양으로 나아가려면 남(南)중국해를 자기 안마당으로 삼는 것이 중요하다는 것이다. 중국은 전체 남(南)중국해 해역의 80%가량을 자국의 영해(領海)라고 주장하고 있다. 따라서 중국은 '도광양회(韜光養晦·재능을 감추고 때를 기다림)' 외교 전략을 폐기한 후, 주변국에 위협이 되지 않는 인자한 강대국이 되겠다고 수없이 다짐해온 '화평굴기(和平屈起)' 주장의 진정한 속내와 함께 힘의 논리가 지배할 중화질서의 예고편을 보여준 것과 다름없다.

둘째, 중국식 일방주의(unilateralism)의 부활을 예고한 것이다. 중화주의는 일방주의의 원조(元祖)다. 중국은 역외 세력이라는 이유로 미국의 남(南)중국해 개입을 거부할 뿐만 아니라 동아시아정상회의(EAS: East Asia Summit)나 아세안지역안보포럼(ARF: ASEAN Regional Forum)와 같은 다자회의에서 의제로 삼는 것조차 반대한다. 이해관계를 공유하는 나라들이 연대해 중국에 대항하는 구도를 막고, 분쟁 당사국들과 개별 협상을 통해 각개 격파하는 것이 유리하기 때문이다.

셋째, 중국의 꿈을 실현하는 데 걸림돌이 되는 국제법과 규범은 무시하겠다는 뜻이다. 필리핀 정부가 중국을 제소함에 따라 네덜란드 헤이그의 상설중재재판소는 10월 남(南)중국해 분쟁에 대해 관할권이 있다고 결정하고 법적 시비를 가리는 절차에 착수했으나 중국은 이를 거부했다. 한편, 미국은 영유권 분쟁에서는 중립을 지키면서도 남(南)중국해에 대한 실효적 지배를 강화하려는 중국의 조치에 대해서는 '항해의 자유' 작전으로 맞서는 모습이다.[39] 그러나 중국은 '항행의 자유'를 반대한 적이 결코 없다. '항행의 자유'는 공해(公海)에선 제약을 받지 않지만 영해(領海)에서는 연안국의 평화와 공공질서 또는 안전에 해

---

39) 중국이 남중국해 군도를 U자형의 '9단선(段線)'으로 연결해 그 안에 있는 모든 도서의 영유권을 주장하는 것과 이를 실력으로 점거한 것은 다른 문제다. 특히 썰물 때만 수면 위로 나타나는 간조노출지(low-tide elevation·LTE)인 수비 환초(Subi Reef)와 미스치프 환초(Mischief Reef)에 활주로를 건설하면서 법적 논란이 가열되고 있다. LTE는 중국이 가입한 해양법협약상 섬으로 인정될 수 없고 독자적 영해를 가질 수 없음에도 불구하고 중국은 인공섬 주변 12해리 이내 수역을 영해로 간주하기 때문이다.

(害)가 되지 않는 무해통항(innocent passage)만 허용된다. 따라서 완전한 '항행의 자유'를 주장하는 미국과 중국은 충돌을 피할 수 없을 것이다.

넷째, 남(南)중국해의 군사화 문제다. 원만한 양국 관계를 위해 가장 중요한 것은 중국이 인공섬을 군사화하지 않겠다는 약속을 미국이 믿어주어야 한다는 점이다. 그러나 군사시설을 건설하면서 "군사화는 않겠다"는 중국의 약속을 신뢰할 수는 없다. 인공섬에 건설한 비행장이 미국과의 전쟁에서는 군사적 가치가 별로 없는 취약한 고정 표적에 불과하지만 평시에는 남(南)중국해와 인근 지역에 군사력을 투사하고 지배권을 확립할 거점으로 활용될 수 있고, 이는 '자유항행'을 위협할 수밖에 없다.

그럼에도 불구하고, 미·중(美·中)의 직접적 군사 충돌은 양국 모두의 이익에 부합하지 않는다. 군사 충돌로 미국이 공개적으로 적대 정책을 취하면 양국 간 경제 무역 금융 등으로 영향이 파급돼 중국으로서는 대가가 크지 않을 수 없다. 미국도 중국이 반미(反美)주의 국가로 돌아서면 군사 정치적 대가가 적지 않다. 무엇보다 아·태지역에서 중국의 군사행동을 막기 위해 짊어져야 할 정치 경제 예산상의 부담이 커진다. 미·중(美·中) 양국이 남(南)중국해 문제로 전쟁에 말려들어 갈 것인지, 혹은 신(新) 냉전(冷戰)이 전개 될 것인지는 양국의 '전략적 지혜'에 따라 결정될 것이다.

요컨대, 동북아를 넘어 동아시아에서 벌어지는 미국과 중국의 해양패권 다툼은 현재진행형이고 시간이 흐를수록 더욱 거세질 전망이다. 참고로, 2001년 하이난(海南) 섬 인근해역 상공에서 중국 전투기와 미국 정찰기가 충돌해 중국 조종사 한 명이 바다에 빠져 실종되고 미(美) 정찰기는 하이난 섬에 억류됐던 사건이 발생한 적이 있다.

상기 전망에는 급속한 경제성장에 힘을 받은 중국이 첨단 군사력을 증강시키고, 이에 맞서 미국도 해군력 60%를 태평양에 집중시킬 것이란 전망이 깔려 있다. 현재 미국이 보유한 니미츠급 항공모함 10척 가운데 6척이 태평양에 배치된 것도 미국의 중국에 대한 견제를 방증(傍證)한다. 요코스카항에 배치된 로널드 레이건 항모는 건조 순서로 볼 때 10척 중 두 번째의 최신예 함이다.

(3) 저자의 논평

아시아·태평양 시대의 도래와 함께, 동아시아 지역에는 영토 분쟁에 내연 및 확산되고 있다. 현재 영토분쟁 지역으로서 중국·대만·일본 사이의 센카쿠 열도, 러시아·일본 사이의 북방 4개 도서, 한국과 일본 사이의 독도 등을 들 수 있으며, 심지어 하늘에서도 한·중·일의 방공식별구역(ADIZ)을 두고 잠재적 분쟁이 일어날 수 있다.

중국의 숙원은 북한의 나진 항구를 발판삼아 동해(東海)로 진출하는 것이다. 일본은 사력(死力)을 다하여 이를 저지할 것이다. 게다가, 일본의 숙원은 북방 4개섬이 포함된 쿠릴열도를 러시아로부터 회수하는 것인데, 일본은 동해(東海)의 지배권을 중국에게 빼앗기게 되면 상기의 숙원(쿠릴열도의 회수)은 러시아와 중국의 군사협력에 의하여 아예 포기될 수밖에 없다.

남(南)중국해가 향후 세계열강의 각축장으로 변할 것이라는 관측이 나온다. 로버트 카플란 미(美) 국방부 국방정책위원은 최근 「포린폴리시」(Foreign Policy) 기고문에서 "21세기의 전쟁은 해양에서 일어날 것이다. 남(南)중국해가 냉전시대 독일처럼 향후 수십 년간 최전선이 될 것"이라고 했다(조선일보, 2011. 11. 30). 남(南)중국해는 대만해협에서 말라카 해협으로 이어지고 면적이 350만 km²에 이르는 거대한 해역이다. 베트남, 필리핀, 인도네시아, 말레이시아, 브루나이 등 아세안 5개국은 1970년대부터 중국과 이 해역 상의 서사군도(西沙群島·파라셀군도), 난사군도(南沙群島·스프래틀리군도)의 영유권을 놓고 갈등을 빚어왔다. 심지어, 1974년에는 중국과 베트남 해전(海戰)이 벌어지기도 했었다.

'아시아 복귀'(Pivot to Asia)를 선언한 미국은 호주에 해병대를 주둔시키기로 하는 등 남(南)중국해 제해권을 강화하고 있고, 유럽연합도 분쟁이 격화될 경우 개입을 시사했다. 중국은 역사적으로 상기 해역이 중국의 영해라는 주장을 펴고 있다. 그 범위는 남(南)중국해 전체 면적의 86%에 해당하는 300만km²나 된다. 이와반면에 아세안 5개국은 국제해양법에 따라 200해리의 배타적 경제수역(EEZ)을 주장하고 있다. 시사군도와 난사군도 상의 도서와 암초에 대한 소유권 주장도 국가별로 엇갈린다. 이런 분쟁의 이면에는 상기 해역의 해저에 묻혀 있는 막대한 자원이 있다. 남(南)중국해에는 230억 톤의 석유와 7,500km³의 천연가스가 매장돼 있는 것으로 중국 측은 추정하고 있다.

인도와 일본은 베트남·필리핀과 군사·경제 협력을 확대하면서 중국 견제에 나서고 있다. 따라서 중·일(中·日) 군사충돌의 발화점은 중·일(中·日) 영유권 분쟁지역인 센카쿠 열도와, 오키나와가 포함된 동(東)중국해에서의 군사충돌로 비화내지 유도될 가능성이 높다.

물론, 남(南)중국해에서 인공섬 건설을 둘러싼 미·중(美·中) 갈등이 잠재되어 있는 것은 사실이지만, 현재로서는 중국이 미국을 상대하기 힘들기 때문에 미국의 대리전에 나설 일본을 상대하려 할 것이며, 또한 일본은 기꺼이 미국의 대리전을 수행함으로써 자국의 '군사대국'화(化)를 위한 계기로 활용할 것이다. 동남아시아 지역에서는 상기한 군사 충돌 시나리오 전·후로 휴고 그로티우스(Hugo Grotius, 1583~1645)의 '해양자유론'을 중심으로 뜨거운 논쟁이 전개될 것이다.

상기의 사태가 발발하면, 중국의 방공식별구역(ADIZ)에 포함된 이어도로 인하여 한국은 매우 난감한 상황에 처할 것이다. 심지어, 한국은 중국과 일본 사이에 끼여 '현대판 청일전쟁'을 당할 수 있을 것이다. 그 전쟁터는 남(南)중국해가 아니라 러·일전쟁(1904. 02~1905. 05)의 전투가 벌어졌었던 한반도 지역의 동해(東海) 혹은 영토분쟁이 잠재되어 있는 동(東)중국해가 될 수 있을 것이다. 이 경우, 북한은 '절호의 기회'를 맞이하여 파안대소(破顔大笑)를 하면서 어부지리(漁父之利)를 얻고자 활개를 칠 것이다. 그러나 미국은 일본을 앞장세워 중국의 콧대를 꺾는데 주력하면서도 상대적으로 느긋할 것이며, 러시아는 '시베리아 곰'처럼 웅크리고 앉았다가 중·러 군사연합 혹은 군사동맹을 맺어 남진을 도모할 것이다.

3) '협력적 게임 체제(Cooperative Game System)'로의 전환 필요성

본 연구는 세계평화(世界平和)를 위하여 '신(新) 그레이트 게임'(The New Great Game)을 '협력적 게임 체제(Cooperative Great Game)'로 전환해야 할 필요성으로서 (1) 미국 패권주의(覇權主義)의 구조적 한계 (① 이스라엘의 존재와 ② 미국과 이란의 갈등)과 (2) 중국 패권주의(覇權主義)의 도전과 그 한계를 지적한다. 따라서 본 연구는 미·중(美·中) 군사적 갈등을 조율함으로써 협력적 게임 체제'(Cooperative Great Game)에 의한 '내시 균형(Nash equilibrium)'의 도출 가능성을 논술한다.

(1) 미국 패권주의(覇權主義)의 구조적 한계

미국의 GDP는 절정기 세계 GDP의 절반을 차지했었으나 현재 25% 이하로 감축되었다. 세계에 대한 절대적 지배력을 행사하기엔 턱없이 부족하다. 유럽연합, 일본과 같은 서방 진영의 동맹국을 합치면 장악력은 여전히 늘어난다고 말할 수 있지만, 최근에 미국의 신뢰 상실은 서방 동맹의 응집력을 허술하게 만들고 있다. 게다가 중국과 미국이 정치, 경제, 환경 문제에서 전방위적으로 협력할 필요가 생긴 이상, 중국의 의사를 전적으로 무시하고 미국의 의지를 강제하는 시대는 당분간 돌아오지 못할 것이다.

미국 역사가 가브리엘 콜코(Gabriel Kolko)는 그의 2009년 저서: <제국의 몰락: 미국의 패권은 어떻게 무너지는가>(World in crisis: the end of the American century)에서 미국의

신뢰 상실의 사례로서 2가지: (1) 이스라엘의 탄생과 (2) 이란과 미국, 세기의 대결을 지적한다. 이와 부분적으로 관련하여, 본 연구는 미국 패권주의(覇權主義)의 구조적 한계로서 3가지: ① 미국이 '중동(中東)의 늪'에 빠져 있으며, ② 북한의 핵무장으로 인한 위협과 이란의 핵개발로 인한 갈등, ③ 중국과 러시아의 군사연합에 따른 상대적 압박감을 지적한다.

① '중동(中東)의 늪'에서 진퇴양난(進退兩難)

미국은 현재 '중동(中東)의 늪'에서 진퇴양난(進退兩難)의 상황에 놓여 있다. 상술하면, 조지 워커 부시(George Walker Bush, 1946~현재) 대통령(제43대: 2001~2009)은 중동(中東) 민주화(民主化)에 기반한 자유주의 질서 수호자 구실을 자임하면서 전쟁이라는 적극 개입을 통해 '악의 축(Axis of evil)'을 직접 뒤집으려 했었던 반면에 버락 오바마(Barack Hussein Obama, 44대: 2009~2017) 행정부는 이라크 전쟁을 보며 전쟁을 통한 정권교체는 무의미하다고 간주하고 미국이 힘을 빼고 중동 '자기들끼리' 알아서 '역내 세력균형(regional balance of power)'을 맞추기 바랐었다. 미국 역시 국가주의와 민족주의 분위기가 점차 퍼져가고 있다. 미국도 하나의 국가라는 정체성을 단호하게 내세우기 시작한 것이다. 즉, 더 이상 미국에 세계 경찰, 안정자, 중재자, 질서 유지자 노릇을 요구하지 말라는 것이다. 미국 역시 자국 국민, 자국의 이익, 그리고 미국의 국경이 가장 중요하다고 강조한다. 고립주의(孤立主義)를 당부했던 미국 국부(國父)들의 가르침으로 회귀하고 있는 것이다.

미국은 압도적인 무력으로 전쟁에서는 승리했었지만, 그 후 안정화 및 민주주의 정치 제도화 과정에서 쓰디쓴 무력감을 경험했다. 중동(中東) 전역에서 민주주의 국가 수립을 도와준다고 해도 현지 민중들 사이에 이미 뿌리내린 반미(反美) 감정을 지켜보고만 있다. 또한, 전쟁 자체에 대한 미국 시민들의 회의감도 높아졌다. 아프가니스탄 전쟁에서, 초강대국 미국은 나토(NATO) 회원국과 다국적 동맹군이 나섰지만 십수 년 동안 탈레반 하나 궤멸시키지 못했다. 미국이 자유주의의 국제질서를 유지할 수 있는지, 또한 굳이 그 비용과 노력을 감당해야 하는지에 대한 회의감이 높아져가고 있다. 따라서 중동(中東)에서의 영광스러운 퇴진을 주장하는 여론이 일고 있다.

아돌프 히틀러(Adolf Hitler, 1889~1945)가 없었다면 유대인들은 결코 독일을 빠져 나오지 않았을 것이고, 따라서 이스라엘이라는 나라도 존재하지 않았을 가능성이 크다. 결국, 미국의 새로운 이민법(1925년)과 홀로코스트 중에서 하나라도 없었다면 팔레스타인에 유대인 국가를 건설하고자 했던 시오니스트 프로젝트는 결코 실현되지 않았을 것이다.

1924년 팔레스타인의 유대인 인구는 5.9% 증가했지만, 미국의 새로운 이민법이 발효된 1925년에는 28%, 1926년에는 23%나 증가했다. 1890~1920년까지 미국으로 이주한 2천만 명의 외국인 중 200만 명이 유대인이었고, 그들 중 압도적인 수가 동유럽 출신이었다. 같은 기간 서반구의 다른 국가들에도 약 100만 명의 유대인이 이주했다. 이들 지역으로 이주한 유대인들은 스스로 팔레스타인에 갈 의도가 없었다. 1893년 팔레스타인에는 약 1만 명, 1920년에는 61,000명, 1925년에는 122,000명의 유대인이 있었다. 영국은 언제나 유대인들의 이주를 지지했기 때문에 1933년 이후 유대인의 팔레스타인 이주는 급격히 증가하였다. 1912년 유대인은 팔레스타인 인구의 6%를 차지했지만, 1935년에는 29%를 차지했다.

이스라엘의 건국자들은 유럽인들이었고, 이스라엘은 유럽문화의 전초기지였다. 또한 언제나 이스라엘은 전사(戰士)로 자랑스럽게 여기는 군국주의적 사회였다. 이스라엘은 본래의 이념적 의미에서 볼 때 더 이상 시오니스트(Zionist) 국가가 아니다. 아랍인들과의 전쟁들로 인해 군국주의적 기풍이 모든 것을 지배하게 되었기 때문이다.

미국은 1949년 이후 이스라엘에 513억 달러의 군사보조금을 제공했다. 이스라엘은 軍장비 구입을 위해 112억 달러의 차관을 지원받았고, 경제원조로 310억 달러를 받았다. 뿐만 아니라 이스라엘은 가장 현대적인 미국의 核기술과 항공기술을 전수받았고, 미사일 방어 시스템까지 미국으로부터 확보하였다. 2007년 이스라엘에 대한 미국의 군사원조는 25% 증가했고, 향후 10년 동안 총 300억 달러의 군사원조가 이루어질 것이다

제2차 세계대전(1939~1945) 후, 미국은 중동(中東)평화에 많은 노력을 기울였다. 특히 미국의 유대계인 헨리 앨프리드 키신저(Henry Alfred Kissinger, 1923~현재) 국무장관(당시)의 셔틀 외교는 이집트-이스라엘 평화협상을 진전시키는 데 큰 기여를 했었다. 키신저(Henry Alfred Kissinger) 장관(당시)은 1974년 초 '시나이 협정 I'과 1975년 '시나이 협정 II'를 중재해 제4차 중동(中東) 전쟁(1973. 10. 06~10. 25) 즉 '욤 키푸르 전쟁'에서 이집트가 빼앗긴 시나이 반도 반환 합의에 성공함으로써 이집트의 신뢰를 얻었다. 상기한 시나이 협정의 결과, 이스라엘이 1967년 중동(中東)전쟁에서 점령했었던 시나이 반도는 이집트에게 1975년에 반환되었다.

그러나 1974년 초 '시나이 협정 I'과 1975년 '시나이 협정 II' 내용에는 시나이 반도를 이집트에게 반환한다는 내용 외에, 가자지구와 요르단강 서안지대에서 팔레스타인들의 사치를 허용한다는 내용이 핵심이었다. 따라서 상기한 시나이 협정은 이스라엘과 아랍 측 간에 최초로 평화적 접근이 이루어진 것이라는 역사적 의의가 있음에도 불구하고 팔레스타인에는 평화가 찾아들지 않았기 때문에 이집트가 대의(大義)를 버리고 자국의 이익만을

추구했다는 이유로 당시 중동(中東)의 맹주인 이집트는 팔레스타인해방기구(PLO)를 비롯한 전체 아랍세계의 강력한 저항에 직면하게 되었으며 아랍 민족주의의 배신자로 낙인찍혔다.

1974년 초 '시나이 협정 Ⅰ'과 1975년 '시나이 협정 Ⅱ'으로 자신감을 얻은 이집트 안와르 사다트(Anwar Sadat, 1918~1981) 대통령(제3대: 1970~1981)은 1977년 11월 19~20일 아랍 지도자로는 최초로 이스라엘을 전격적으로 방문하여 예루살렘의 크네세트(이스라엘 의회)에서 평화정착을 위한 자신의 계획을 제시했다. 이것은 대다수 아랍권과 소련(당시)의 강력한 반대에도 불구하고 그가 계속해서 벌인 일련의 외교적 노력의 출발점이었다. 같은 해 12월 메나헴 베긴(Menachem Begin) 이스라엘 총리의 이집트 방문이 이루어졌었다. 1978년 안와르 사다트(Anwar Sadat, 1918~1981) 대통령(제3대: 1970~1981)과 이스라엘 총리(제6대: 1977~1983) 메나헴 베긴(Menachem Begin)은 함께 노벨 평화상을 받았다.

이스라엘과 이집트 간의 단독 평화교섭을 이루기 위한 목적으로, 지미 카터(James Earl Carter, Jr., 1924~현재) 대통령(39대: 1977~1981)가 1978년 9월 5일부터 9월 17일까지 미국 대통령 별장인 메릴랜드주(州) 소재 캠프 데이비드(Camp David)에 안와르 사다트(Anwar Sadat, 1918~1981) 이집트 대통령과 메나헴 베긴(Menachem Begin) 이스라엘 총리를 초청하여 이스라엘과 이집트 간의 단독 평화교섭을 주선하였다. 이 회담에서 이집트와 이스라엘은 미국의 큰 경제와 군사적 협력을 약속받았다.[40] 그 후, 안와르 사다트(Anwar Sadat, 1918~1981) 대통령과 메나헴 베긴 총리는 아랍권의 여론을 의식해 요르단강 서안과 가자지구에 팔레스타인 자치정부를 창설하는 계획을 합의안에 담았다.

그로부터 6개월 후, 1979년 3월 26일 지미 카터(James Earl Carter, Jr., 1924~현재) 대통령(39대: 1977~1981)이 보증하는 이집트와 이스라엘의 평화협정조약을 체결(1979. 03. 26)하였다. 이것은 아랍권에서는 이집트가 최초로 이스라엘과의 평화조약을 맺었던 것이다. 1979년 3월 26일 양국 정상은 백악관에서 양국 간 관계 정상화를 통해 외교관계를 수립

---

40) 중동(中東)평화협상의 시사점을 협상의 기술을 찾는다면 다음과 같다: 주변 아랍국가의 반대에도 이집트가 이스라엘과 평화협정에 합의한 가장 중요한 유인책은 이스라엘의 핵무기나 막강한 군사력이 두려워서라기보다는 미국이 매년 제공키로 한 15억 달러의 경제·군사지원이었다. 일각에서는 이집트가 이스라엘이 아니라 미국과 협정을 맺었다고 주장하기도 했다. 대결구도 종식으로 얻는 유인책 역시 협상 타결의 중요한 변수임을 잘 보여주는 예이다. 중동(中東)평화협상의 역사가 우리에게 주는 몇 가지 협상의 기술을 찾는다면 다음과 같다. 주변 아랍국가의 반대에도 이집트가 이스라엘과 평화협정에 합의한 가장 중요한 유인책은 이스라엘의 핵무기나 막강한 군사력이 두려워서라기보다는 미국이 매년 제공키로 한 15억 달러의 경제·군사지원이었다는 분석이 있다. 일각에서는 이집트가 이스라엘이 아니라 미국과 협정을 맺었다고 주장하기도 했다.

하기로 합의하고 역사적인 평화협정조약에 서명했다. 상기 조약의 대가로, 안와르 사다트 (Anwar Sadat, 1918~1981) 대통령(제3대: 1970~1981)은 시나이 반도를 되돌려 받았고 이스라엘 남쪽을 든든하게 만든 이집트 방벽을 구축했었으며 미국으로부터 군사 원조, 미군무기 대여, 경제원조 등을 얻어낸 실익을 얻게 되었다.

그 후 이집트는 아직까지 미국과 친화적 관계를 유지할 수 있게 되었다. 또한, 안와르 사다트(Anwar Sadat, 1918~1981) 대통령은 아랍권의 여론을 의식해 요르단강 서안과 가자지구에 팔레스타인 자치정부를 창설하는 계획을 합의안에 담았다. 그러나 팔레스타인해방기구(PLO)는 팔레스타인의 운명은 팔레스타인 사람에게 결정권이 있다며 상기한 캠프 데이비드 협정(1979. 03. 26)을 거부했다. 이집트 국내에서는 이스라엘과의 평화협정조약 (1979. 03. 26) 반대, 경제위기 악화, 그 결과 생성된 반대여론에 대한 안와르 사다트(Anwar Sadat, 1918~1981) 대통령(제3대: 1970~1981)의 탄압 등으로 그의 인기가 급격히 추락했었다. 결국, 그는 1981년 10월 아랍-이스라엘 전쟁기념식에서 사열하던 중 자국의 국수주의자이며 회교 극단주의자에 의해 암살되었다.

1991년 3월 6일, 조지 허버트 워커 부시(George Herbert Walker Bush, 1924~2018; 재임: 1989~1993) 대통령은 "이제 아랍-이스라엘 분쟁을 종식해야 할 때가 왔다"고 미(美) 의회에서 천명하고 중동(中東) 평화회담을 추진했다. 이후 제임스 베이커(James Baker, 1930~현재) 국무장관(제61대: 1989~1992)은 8개월간의 셔틀외교 끝에 1991년 10월 마드리드 평화회담을 성사시켰다. 이 회담에는 조지 허버트 워커 부시(George Herbert Walker Bush) 대통령(1989~1993), 미하일 고르바초프(Mikhail Sergeyevich Gorbachyev) 대통령(1990. 03. 15~1991. 12. 25) 외에 이스라엘, 이집트, 시리아와 레바논 대표단뿐만 아니라 요르단-팔레스타인 연합 대표단이 참석했다. 그러나 팔레스타인 측은 독립국가 건설을 주장했지만 이츠하크 샤미르 이스라엘 총리는 팔레스타인 자치를 고수하면서 진전을 이루지 못했다. 참여국 간 양자협상은 워싱턴에서, 다자(多者)협상은 모스크바에서 이어 나갔다. 워싱턴 협상은 1993년 중단되고 비밀 협상인 '오슬로 협상'이 시작됐다.

윌리엄 제퍼슨 클린턴(William Jefferson Clinton, 1946~현재) 대통령(제42대: 1993~2001)은 오슬로 평화협정(1993. 09) 문제에 비상한 관심을 갖고 해결책을 제시한 바 있다. 그는 2000년 북핵 문제 해결을 위해 평양을 방문하려 했지만 평화협상을 노와날라는 아라파트 수반의 간곡한 요청에 평양행을 취소할 수밖에 없었다고 자서전 <나의 인생>에서 밝힌 바 있다. 그가 2000년 최종지위 문제에 대한 새로운 아이디어를 피력해 발표한 것이 바로 '클린턴 초안(Clinton parameters)'이다. 그것의 핵심은 "예루살렘을 위한 난민 귀환권 포기"

로 팔레스타인 측은 일부 극소수 외에는 팔레스타인 난민의 이스라엘 내 귀환을 포기하는 대신에 팔레스타인 지역으로의 귀환을 허용하고 예루살렘의 주요 지역을 얻는 것이다. 예컨대 팔레스타인 측은 동(東)예루살렘, 예루살렘 구(舊)시가지 아랍지역 통치권과 하람 앗 샤리프(성전산)의 주권을 얻는 반면 이스라엘은 구(舊)시가지 유대인 지역과 통곡의 벽의 관할권을 얻는다. 요르단강 서안지역의 97%를 팔레스타인 측이 돌려받고 나머지 3%는 이스라엘이 보전해 주는 대신 요르단 강 서안 소재 이스라엘 정착촌 80%는 이스라엘 주권 하에 남게 된다. 바라크 이스라엘 총리와 아라파트 의장은 큰 틀에서 이 초안을 수용했지만 일부 사안에 대해서는 여전히 수정을 요구했다.

1998년 10월 23일 클린턴(William Jefferson Clinton, 1946~현재) 대통령(당시)은 다시 한 번 이스라엘과 팔레스타인 양측을 미국의 메릴랜드주 와이리버로 초청했다. 그는 이 회담을 통해 요르단강 서안에서 이스라엘의 철수와 팔레스타인 정치범 석방 등을 포함하는 의정서를 이끌어 냈다. 합의 일부가 이행됐지만 이후 베냐민 네타냐후(Benjamin Netanyahu, 1949~현재) 총리(제27대: 1996~1999)는 리쿠드당 내부 반발에 부딪히면서 나머지 사안의 이행이 지연되고 1999년 5월 결국 조기총선을 선언하면서 사실상 합의 이행은 멀어졌다.

1999년 총선에서 에후드 바라크(Ehud Barak)가 승리하면서 새로운 총리(1999~2001)가 되자 임기가 얼마 남지 않은 윌리엄 제퍼슨 클린턴(William Jefferson Clinton) 대통령(제42대: 1993~2001)은 중동(中東)평화협상에 마지막 노력을 기울였다. 클린턴(William Jefferson Clinton) 대통령(당시)의 지원하에 에후드 바라크(Ehud Barak) 총리와 야세르 아라파트(Yasser Arafat. PLO) 의장은 2000년 메릴랜드 캠프 데이비드에서 2주 동안 협상을 이어 나갔지만 '캠프 데이비드 II'는 큰 진전을 이루지 못했다.

한편, 오사마 빈 라덴(Osama bin Laden, 1957~2011)은 알카에다(Al-Qaeda)를 조직하고 2001년 9·11 테러를 감행했다. 미국은 알카에다(Al-Qaeda)보다도 사담 후세인(Saddam Hussein) 정권 타도를 먼저 고려했다. 사담 후세인(Saddam Hussein) 정권의 대량살상무기 개발 정보를 조작하면서까지 미국은 2003년 이라크 침공을 감행했다. 사담 후세인(Saddam Hussein) 정권 타도는 미국 네오콘들이 꿈꾸었던 중동(中東)에서 친미(親美) 자유민주주의 질서 전파가 아니라, 거대한 세력공백을 낳았다. 사담 후세인(Saddam Hussein) 정권은 반미(反美)였으나 이슬람주의 세력과 이란을 견제하던 역할을 했다. 그런 사담 후세인(Saddam Hussein) 정권이 몰락하자, 알카에다(Al-Qaeda) 등 이슬람주의 세력이 이라크에서 부활하고 이란의 영향력이 커졌다. 1979년 이란의 이슬람혁명은 미국의 중동(中東)정책을 다음과 같이 변화시켰다:

첫째, 미국의 중동(中東)정책의 첫 목적이던 이란의 영향력 봉쇄가 실패했다. 이라크에서 시아파 정부가 들어서고, 시리아의 아사드 정부는 회생했고, 예멘 내전에서 시아파인 후티 반군은 사우디의 안보를 위협하고, 이란은 미국이 파기한 이란국제핵협정을 놓고 페르시아만의 긴장을 고조시켰다.

둘째, 중동(中東)에서 미국의 지정학적 입지가 위축됐다. 중동(中東)의 핵심지역인 비옥한 초승달 지대의 시리아 및 이라크에서 미국의 영향력은 소멸되었다. 시리아 내전 과정에서 러시아는 중동(中東)으로 귀환했고, 미국을 밀어내고 시리아 내전의 중재역을 자임한다. 미국의 경고에 코웃음 치며 쿠르드족(族)을 공격한 터키의 탈미화(脫美化)는 더 심각한 문제가 되었다. 터키-이란-아프가니스탄으로 이어지는 탈미화(脫美化) 벨트는 중국과 러시아 등 미국의 경쟁국들의 중동 및 인근 지역 진출을 가속화하고 있다.

그러나 딱 10년만에 '팍스 아메리카나, 평화'의 시기는 허무하게 막을 내렸다. 2001년 9월 11일 테러가 기점이었다. 냉전기 대(對)소련 항전의 전사로 미국이 키워놓았던 이슬람 지하디스트들(주로 무자헤딘)의 역습이 미국을 뒤흔들었다. 웬만한 전쟁을 다 겪어본 미국이지만 2001년 9·11은 치명적이었다. '보이지 않는 우리 안의 적들(invisible enemies within us)'의 공포는 만만치 않았다. 냉전(冷戰)이 엄혹했다고는 하나 테러보다는 낫다는 말이 돌았다. 냉전기엔 진영의 선명한 전선이 있었고 크렘린이라는 명확한 적(敵)을 특정할 수 있었다. 그러나 테러는 완연히 달랐고 그만큼 공포스러웠다.

조지 워커 부시(George Walker Bush, 1946~현재; 대통령 재임기간: 2001~2009)는 2002년 미국은 '악의 축(Axis of evil)'을 지정했다. 이란·이라크·북한이었다. 다소 생소한 조어(造語)였다. 그러나 서방 사람들에게는 익숙한 말이기도 했다. 제2차 세계대전(1939~1945) 전범국가로 유럽의 인접 국가 독일·이탈리아와 동북아의 일본을 잇는 추축국(Axis)을 연상케 하는 조어(造語)다. 중동(中東)의 인접 국가 이란·이라크, 그리고 동북아시아의 북한을 잇는 축을 묘사한 비유(analogy)였다. 2001년 9·11을 겪은 이들은 '악의 축(Axis of evil)'으로 명명된 세 나라를 나치와 파시스트 그리고 일본 군국주의로 자연스럽게 연결시키게 된 것이다. 그것은 지정학적 코드화(geopolitical codification)이다.

미국은 '악의 축(Axis of evil)'과 테러와의 전쟁을 선포하며 정권교체 의지를 밝혔다. 사실 의아한 전선이었다. 테러와의 전쟁에서 명백한 제거 목표는 알카에다(Al-Qaeda)였다. 제2, 제3의 9·11 테러설이 미국을 두렵게 할 때였다. 이란, 이라크 그리고 북한은 수니파 근본주의 테러 집단인 알카에다와 상관이 없었다. 제대로 타격하려면 사우디아라비아 왕실과 예멘 접경 아시르 지역에 똬리를 틀고 있던 알카에다 분자들을 잡아들였어야 했다.

결국 미국은 테러와의 전쟁을 내세웠지만 다른 목표가 있었던 것이다. 즉, 미국의 초강대
국적 지위 회복을 위한 도전 세력 손보기였다. 정작 테러 집단 궤멸은 그 다음에 해도 늦
지 않다는 판단이었다.

자유주의 질서의 설계자이자 공급자인 미국이 대외 전략에 걸림돌이 되는 이란, 이라
크 그리고 북한를 먼저 손보는 방향으로 전략을 잡다 보니 테러와의 전쟁의 명분이 엉키
고 말았다. 조지 워커 부시(George Walker Bush) 정부(2001~2009)는 이라크 전쟁의 일방적
강행을 앞두고 국제사회와 동맹국들의 신랄한 비판에 직면했다. 대서양 동맹을 흔들면서
까지 이라크 전쟁을 강행한 미국이 지불해야 했던 대가는 너무 컸다. 지금까지도 그 후유
증이 남았다.

이라크 전쟁, 아프가니스탄 전쟁 등 테러와의 전쟁을 통해 미국은 1조 달러에 달하는
막대한 전비와 5,000명 가까운 장병들의 희생을 감수해야 했다. 그 결과 알카에다는 약화
되었고 오사마 빈 라덴(Osama bin Laden, 1957~2011)도 사살됐었다. 그러나 테러와의 전쟁
에서 승리했다고 보기 어렵다. 왜냐하면 알카에다보다 훨씬 더 잔악한 이슬람국가(IS)와
같은 테러리스트들이 활개를 치고 있기 때문이다. 나아가 지금의 이라크나 아프가니스탄
은 테러와의 전쟁을 선포하며 조지 워커 부시(George Walker Bush, 1946~현재; 대통령 재임
기간: 2001~2009) 대통령이 호언했었던 것과 달리 안정적 자유민주주의 국가로 거듭나지
못했다. 여전히 내부 분란과 갈등이 심각하다. 미국의 도전 세력을 응징하고 싹을 자름으
로써 자유주의 선도 역할을 수행하려 했었던 조지 워커 부시(George Walker Bush, 1946~
현재) 대통령(당시)의 독트린과 전략은 허망하게 실패했다.

조지 워커 부시(George Walker Bush, 1946~현재) 대통령(당시)은 이스라엘과 팔레스타
인, 그리고 관련 아랍국가들이 참여한 가운데 2007년 11월 메릴랜드주에서 아나폴리스
(Annapolis) 중동평화 회담을 개최하여 이스라엘-팔레스타인 평화협상을 2008년 말까지
완료하겠다고 밝혔다. 이후 에후드 올메르트(Ehud Olmert) 이스라엘 총리(2006~2009)와 마
흐무드 압바스(Mahmoud Abbas) 팔레스타인 수반(2005~현재)은 긴밀한 회동을 통해 '두 국
가 해결안'에 바탕을 둔 최종지위 협상에서 진전을 이뤘다. 그러나 에후드 올메르트(Ehud
Olmert) 총리가 뇌물수수 혐의로 2008년 9월 총리직을 사임하고 12월 이스라엘에 대한 무
장 투쟁 단체인 하마스(Hamas)가 이스라엘과 무력충돌하면서 평화협상은 중단됐다.

그 후, 버락 오바마(Barack Hussein Obama, 44대: 2009~2017)는 팔레스타인 측을 협상에
이끌어 내기 위한 유인책으로 정착촌 건설 중단을 요청했다. 베냐민 네타냐후(Benjamin
Netanyahu, 1949~현재) 이스라엘 총리(제27대: 1996~1999)는 이를 수용해 2009년 11월 요

르단강 서안의 신규 정착촌 건설을 10개월 중단한다고 발표했다. 이는 전례가 없는 조치였다. 그러나 팔레스타인 측은 이미 건설 중인 정착촌과 동(東)예루살렘 정착촌은 예외로 빠졌다며 평화협상에 참여하지 않았다. 결국 10개월 동안 팔레스타인 측이 협상불가 방침을 바꾸지 않아 버락 오바마(Barack Hussein Obama) 대통령(당시)의 평화협상 중재는 동력을 상실했다.

역대 어느 미국 대통령보다 이슬람을 잘 아는 버락 후세인 오바마(Barack Hussein Obama, 1961~현재) 대통령(2009~2017)은 중동(中東)에서 발을 빼려 했었다. 중동(中東)에서는 미국이 나설수록 수렁에 빠진다는 경험법칙에 근거한 듯 보였다. 그는 이라크에서 이기고 테러를 궤멸시켰다고 선언했지만 그뿐이었다. 여전히 테러 세력은 준동했고, 아프가니스탄에서 벌어지는 전쟁은 끝날 기미가 보이지 않았다. 반미(反美) 감정은 폭등하였고 미국의 소프트 파워(신뢰)는 바닥으로 추락하였다.

다른 한편으로, 2010년 12월 아랍을 강타한 시민혁명과 정치 변동은 다시 국제정치 판(板)을 완전히 바꾸었다. 권위주의 독재정부가 일시에 무너지면서 아랍 전역은 일대 혼란으로 빠져들어 갔다. 선거나 정당 등 민주주의의 경험이 거의 없는 이들 국가들이 안정적 민주주의로 전환해 나가지 않으면 대재앙이 기다리고 있을 터였다. 불길한 조짐은 현실이 되었다. 민주주의 정부의 수립 대신 내전, 테러리즘, 난민으로 상징되는 비극이 나타났다. 미국은 발을 빼고 싶으나 뺄 수 없는 진퇴양난(進退兩難)의 상황에 내몰렸다.

이러한 상황에서 버락 후세인 오바마(Barack Hussein Obama, 1961~현재) 대통령(당시)이 채택했었던 중동(中東) 개입 축소정책은 이른바 '아시아 재균형' 즉 '피봇 투 아시아(Pivot to Asia)'였다. 중동(中東)에서는 할 만큼 했으니 이제 새로운 도전 세력인 중국(中國)을 견제해야 한다는 명분을 내세웠다. 버락 후세인 오바마(Barack Hussein Obama, 1961~현재) 행정부(2009~2017)가 천착했던 그림은 '역내 세력균형(regional balance of power)'이었다. 중동(中東) 내 견원지간(犬猿之間)인 주요 국가들을 '싫지만 대놓고 싸우지 않는' 관계로 판을 깔아주자는 방침이었다.

다시 말하면, 미국은 민주주의 설계자이자 안정 공급자 역할 대신에 '역외 균형자(offshore balancer)'로 남아 개입 비용과 피해를 최소화하자는 전략이었다. 1979년 이란혁명 이전의 중동(中東) 내 세력균형을 복원한다는 개념이 있다. 사우디아라비아, 이란, 터키, 이집트 등 역내 힘센 나라들이 미묘한 힘의 균형을 이루어 안정을 유지하는 그림을 그려보려 했다. 이들 역내 세력균형 국가들에게 요구하는 것은 딱 두 가지였다. '테러 단절'과 '대량살상무기(WMD) 포기'였다. 이 조건을 충족시키면 미국은 각국을 지원하며 우호관계를 이어주는 허브 구실을 하겠다는 것이었다. 결국 2015년 이란 핵합의(JCPOA)도 세력균형의 맥락에서 도출된 것이다.

상기한 버락 후세인 오바마(Barack Hussein Obama, 1961~현재) 행정부(2009~2017)의 비폭력적 다원주의에 기반한 '역내 세력균형(regional balance of power)' 추구는 나름대로 합리적이었다. 이란이 10년 내지 15년만 핵합의를 잘 지키면 비록 신정(神政) 공화정 체제이긴 하지만 변화할 수 있다는 믿음에 근거했다. 서방의 자본과 상품, 그리고 사람이 오고 가면서 1979년 이전의 자유로운 나라로 변할 수 있다는 장기 포석이었다.[41] 버락 후세인 오바마(Barack Hussein Obama, 1961~현재) 행정부(2009~2017)는 이란에 선거제도가 있기 때문에 기대를 걸어본 듯하다. 상대적으로 국민의 교육수준과 생활·문화 수준이 높아 중동(中東)에서 선거를 이란만큼 자유롭게 치른 나라도 찾아보기 쉽지 않다.

놀랍게도 2012년 1월 5일, 버락 오바마(Barack Hussein Obama, 44대: 2009~2011) 대통령이 새로운 국방전략을 발표했다(중앙일보, 2012. 01. 07). 육군 규모를 57만 명에서 49만 명으로 감축하고, 20만2,000명인 해병대 규모도 1만5,000~2만 명 정도 감축함으로써 향후 10년간 방위비를 4,000억~1조 달러 줄이며 지난 22년간 유지해온 '두 개의 전쟁(1+1)' 개념을 포기하고, 해외 주둔 미군 전략의 우선순위를 유럽·중동에서 아시아·태평양 지역으로 옮기겠다는 것이다.

도널드 트럼프(Donald John Trump) 대통령(45대: 2017~2021)의 중동(中東)정책은 자유주의 질서와 더욱 멀어졌다. 이젠 "미국의 힘이 필요하면 대가를 지불하라"는 극단적 이익 추구의 현실주의가 민낯으로 드러났다. 사실 국제정치는 현실주의, 즉 힘의 논리에 기대어 움직인다. 현실주의 국제정치 질서 속에서도 그나마 미국은 자유주의 질서와 가치를 함께 내세우며 나름대로 '자유민주주의'라는 공공재의 공급자 역할을 수행하려 했다. 하지만 도널드 트럼프(Donald John Trump) 행정부(2017~2021)의 미국은 현실주의에 입혀놓은 자유민주주의의 외피를 벗어젖혔다. 미국 역시 국가주의와 민족주의 분위기가 점차 퍼져가고 있다. 미국도 하나의 국가라는 정체성을 단호하게 내세우기 시작한 것이다. 즉, 더 이상 미국에 세계 경찰, 안정자, 중재자, 질서 유지자 노릇을 요구하지 말라는 것이다. 미국 역시 자국 국민, 자국의 이익, 그리고 미국의 국경이 가장 중요하다고 강조한다. 고립주의(孤立主義)를 당부했던 미국 국부(國父)들의 가르침으로 회귀하고 있는 것이다.

게다가 예루살렘을 이스라엘의 수도로 인정한 후 미(美) 대사관을 예루살렘으로 옮기

---

41) 도널드 트럼프 대통령이 이란 핵(核) 합의를 "쓰레기"라고 불렀던 이유도 바로 이 10년, 15년 일몰조항 때문이었다.

고 팔레스타인 난민을 돕는 '유엔 팔레스타인 난민기구(UNRWA)'에 대한 자금지g원 중단을 선언한 도널드 트럼프 미국 대통령의 책임이 크다. 이제 미국은 자국의 막강한 힘이 필요하면 대가를 정당하게 지불하라고 요구한다. 청구서대로 지불해야만 미국이 도와주거나, 중재하거나, 편을 들어주겠다는 것이다. 더 이상 고전적 개념의 동맹이나 자유주의 수호를 위한 파트너십 같은 구호는 설득력이 없다. 그러다 보니 세상은 각자도생(各自圖生)에 나서고 있다.

다른 한편으로, 현재 시리아 정부군·자유 시리아군·이슬람 국가 등으로 나누어져 있는 시리아 상황에서 러시아·이란 등은 시리아 정부군을 지원하는 반면에 미국·유럽은 자유 시리아군을 지원하고 있다. 현재 자유 시리아 군(軍)으로 통칭되는 반군(反軍) 집단을 가장 많이 지원하는 건 미국이고, 유럽 국가들은 거드는 정도이다.

그러나 도널드 트럼프(Donald John Trump) 대통령(45대: 2017~2021)이 러시아와 발 맞춰 시리아 정부군을 지원하겠다고 공언함에 따라 시리아 내전도 종전(終戰)에 가까워졌다. 왜냐하면 현재처럼 미국과 러시아의 대리전 양상에서는 전쟁이 끝나기 힘들지만 강대국들(러시아와 미국)이 한쪽(시리아 정부군)만 지원한다면 결국 전쟁은 한쪽의 화력 우세로 끝나게 될 것이기 때문이다. 리비아 내전도 강대국들이 반군(反軍)만 지원하자 무아마르 카다피의 정부군이 순식간에 패망한 것을 보면 알 수 있다.

도널드 트럼프(Donald John Trump) 대통령(당시)은 폭스뉴스와 가진 인터뷰에서 그동안 미국은 IS를 잡겠다는 명분으로 IS에 반대하는 반군(反軍)이라면 그들이 누군지 묻지도 따지지도 않고 마구잡이로 자금과 무기를 퍼 줬는데, 그들이 한 건 아무것도 없었고 엄청난 물자와 돈만 낭비했다고 비판했다. 이를 통해 볼 때, 더 이상 투입 대비 소득이 적은 반군(反軍)을 지원하느라 엄청난 낭비를 초래하는 일은 없을 것이란 분석이 지배적이다. 하지만 줄기차게 IS와 이란을 비판해 왔으며 실제로 미국을 위협하는 중동 내 세력이 IS와 이란인 만큼 이 두나라를 동시에 해결하기 위해선 러시아와의 공조는 불가피하다.

미국은 친미(親美) 정권이라면 인권 탄압을 해도 묵인해 줬고, 남미 등에서는 반미 반군이라면 정부군을 지원해 왔다. 지금까지 미국과 유럽이 시리아 반군(反軍)을 지원한 이유는 하나이다. 시리아 정부군이 친(親)러시아 정권이라 미국과 유럽에 위협이 되기 때문이다. 시리아의 항구와 공항이 러시아 군(軍)이 중동에서 주둔하고 있는 유일한 군사기지이므로 시리아의 친(親)러시아 정권만 무너진다면 중동에서 러시아 세력을 완전히 몰아내고 중동을 미국과 유럽의 영향권 안으로 완전히 집어넣을 수 있기 때문이다.

그러나 러시아가 겨우 얻은 중동 내 러시아의 영향력을 간단히 내놓을 리는 없으며 친

(親)러시아인 시리아 아사드 정권을 미국이 반군(反軍)을 통해 축출하려 했음에도 실익이 없었고 오히려 엄청난 물자와 금전적 낭비와 함께 크림 사태로 관계가 악화된 러시아와 최악의 관계로 격상되어 쓸데없는 국제적 긴장만 초래했던 만큼 실익(實益)을 중시하는 도널드 트럼프(Donald John Trump) 대통령(당시)의 성향 상, 러시아에 대한 의미 없는 적대(敵對)보단 중동 내 러시아의 영향력을 어느 정도 보장하는 선에서 마무리 짓고 IS와 이란 문제에 양국이 협력하는 방향으로 나아갈 것이란 분석이 지배적이었다.

그런데 미군(美軍)이 하페즈 알아사드(Hafez al−Assad) 정권의 시리아 정부군에 대해서 폭격을 했다. 이에 러시아는 미러 협약을 중단한다고 선포했다. 러시아와 이란은 말할 것도 없고 유럽의 우익들과 도널드 트럼프(Donald John Trump) 대통령(45대: 2017~2021) 지지자들도 지금 뭐하는 짓이냐며 따졌다. 또한, 도널드 트럼프(Donald John Trump)는 대통령이 되자마자 7개국(이라크·시리아·이란·수단 공화국·예멘·리비아·소말리아 등)을 테러위험국가로 지정해 이들 7개의 비자발급을 중단 및 이들 국가 국민들의 입국을 규제했다.

물론, 이라크와 리비아는 IS를 무찔러가며 나름대로 제정신을 차려가고 있으며, 이란은 이슬람 근본주의 신정(神政) 체제이긴 하나 이슬람 테러리즘과 전혀 연관도 없고 오히려 IS, 알카에다 등 이슬람 수니파 극단주의 테러 집단들과도 사이가 나쁘다. 그럼에도 불구하고, 이라크와 리비아 이란을 억지로 테러위험국가에 포함시키느냐고, 오히려 이슬람 극단주의의 본산인 사우디 아라비아와 카타르 같은 아랍 왕정(王政) 국가들을 테러위험국가에서 왜 빠트렸냐는 논란도 제기된다. 이란은 중동 국가 중 가장 강력한 군사력과 미사일 기술을 갖춘 국가이다. 또한 사우디와 카타르는 이슬람국가(IS) 창궐의 조력자로 의심받긴 하지만 전통적으로 친미(親美) 국가이며 중동 지역 내 세력균형의 지렛대 역할을 하는 국가들이다. 이란은 소수 종파 시아파를 따르는 국가이며 미국이 제재할 만한 명분이 있지만 사우디와 카타르는 이슬람 다수 종파 수니파를 따르는 국가이며 딱히 미국이 제재할 명분은 없기에 잘못 건드리면 미국 중동정책이 근본부터 뿌리 뽑히는 위험이 있다. 그러나 그런 사우디와 카타르도 2017년 사우디 주도의 카타르 단교(斷交) 보복 사태로 인해 수니파였던 두 나라의 관계가 앙숙이 되면서 상당히 애매해졌다.

② 미국과 이란의 갈등42)

중동(中東)문제는 제1차 세계대전(1914~1918) 이후 오스만제국의 비현실적인 분할에서

---

42) 하기의 내용은 조선일보, 2010. 03. 30; 조선일보, 2010. 05. 20; 중앙일보, 2010. 08. 13을 인용 및 요약하였음을 밝힌다.

기인하며, 현재 이란과 관련된 위기는 1954년 英美가 모하마드 모사데크 정권을 전복시키면서 시작되었다. 또한 이스라엘과 현대 중동국가들 모두 제1차 세계대전(1914~1918)의 유산이다.

미국은 중동(中東)지역에서 이스라엘을 계속 지원했고, 이라크전쟁을 일으켰으며, 1954년 이후 수차례 이란정권을 전복시키려 했다. 초창기부터 계속된 미국의 수많은 개입이 그 지역에 반목과 혼란을 낳았다. 이라크 전쟁 이후 전략적 패권국가로 부상한 이란은 모든 방면으로 영향력을 확장하는 데 막대한 석유수익을 쓰고 있다. 미국의 중동정책이 이란 견제를 통한 이스라엘의 생존 보장에 초점을 맞추고 있는 것은 이란으로서는 참을 수가 없다. 이와 반면에 미국은 이란이 이스라엘을 겨냥한 핵무기를 개발하는 것을 방관할 수가 없다.

2004~2005년 터키에서 시작해 스위스에서 이어진 이스라엘-시리아 비밀회담은 영토, 물, 국경, 정치문제들을 다루는 대단히 포괄적인 회담으로 발전했다. 하지만 2007년 1월 8일 호스니 무바라크(Hosni Mubarak) 이집트 대통령은 이스라엘 신문과의 인터뷰에서 미국이 이스라엘과 시리아의 평화를 방해하고 있다고 폭로했다. 모든 평화협정을 조지 워커 부시(George Walker Bush, 1946~현재; 대통령 재임: 2001~2009) 행정부가 좌초시켰다.

이스라엘은 1981년 오시라크에 있는 이라크의 원자로를 파괴했고, 2007년에는 북한이 시리아에 건설한 원자로를 제거했다. 2008년 이스라엘은 이란의 핵 시설을 공격하기 위해 조지 워커 부시(George Walker Bush) 행정부에 비밀스럽게 재가를 요청했다가 거부당했지만, 이 사실 자체만으로 이스라엘의 공격 시나리오는 현실성을 부여받고 있다.

미국 정부는 이스라엘의 공격이 초래할 상황을 '전쟁 게임' 시뮬레이션으로 만들어놓고 대비하고 있다. 미국 정부의 시뮬레이션은 비밀로 분류되어 있다. 하지만 미국의 싱크탱크인 브루킹스연구소에서 중동정책을 연구하는 사반센터는 2009년 12월 독자적인 전쟁게임 시뮬레이션을 만들어 냈다. 뉴욕타임스(2010. 02. 28)은 워싱턴 고위 당국자들 사이에서 돌아다니는 이 시뮬레이션의 결과를 소개했다.

상기 '전쟁 게임' 시뮬레이션은 이스라엘의 기습 공격으로 시작된다. 미국에 알리지 않은 채 이스라엘은 이란의 6개 핵시설에 대한 공격을 감행한다. 미국과 이스라엘의 관계는 급속히 악화된다. 미국은 이스라엘을 비난하면서도 이번 기회를 통해 이란정부를 약화시킬 수 있을 것으로 기대한다. 양국에 자제를 요청하면서 미국은 이란의 보복공격에 대한 사전 경고의 의미로 이지스함에 패트리어트 미사일 방어 부대를 증강한다.

[그림 3] 이스라엘의 이란 공격 시뮬레이션

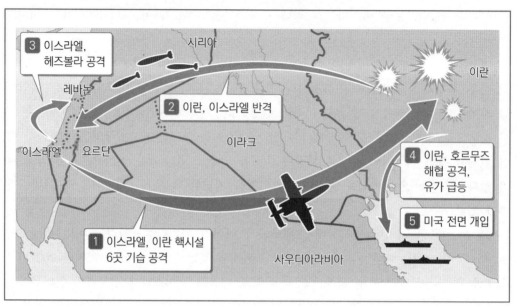

자료: 조선일보, 2010. 03. 30.

미국의 사전 경고에도 불구하고 이란은 이스라엘의 디모나 핵무기복합단지 등을 타깃 삼아 미사일 보복 공격에 나서지만 큰 타격을 주지는 못한다. 이슬람 무장단체인 헤즈볼라와 하마스도 이스라엘에 대한 공격을 개시한다. 이란은 상처를 입는다. 하지만 미국은 이스라엘을 견제하지도 못하고 그렇다고 이란에 대해 적극적인 대응도 삼간다. 사우디아라비아가 이스라엘과 공모했다고 믿는 이란은 사우디 원유 수출 가공센터가 있는 압콰이크를 미사일로 공격한다. 또 이란은 유럽 국가에 대한 테러공격을 감행해 이들이 이스라엘 및 미국에 등을 돌리도록 유도한다. 하지만 미국과의 전면전을 피하기 위해 미국에 대한 공격은 삼간다.

이스라엘 정부는 선제공격으로 이란의 핵 프로그램을 충분히 뒤로 돌려놓았다고 판단하고, 이란의 공격에 별다른 대응을 하지 않는다. 어느 날 헤즈볼라(Hezbollah, 레바논에 기반을 둔 시아파 이슬람 무장투쟁 조직)는 이스라엘 북쪽에 100기의 로켓을 퍼붓는다. 이스라엘 경제는 사실상 기능이 정지된다. 이스라엘은 미국의 개입을 촉구한다. 이스라엘은 마침내 미국의 재가를 얻어 헤즈볼라(Hezbollah)에 대한 보복공격에 나서 48시간 동안 레바논을 공습하고, 대규모 공중 및 지상전을 시작한다.

그러자 이란은 마침내 오일 카드를 꺼내 든다. 사우디의 다란 원유산업센터를 재래식 미사일로 공격하고, 호르무즈 해협에 기뢰를 설치한다. 파나마 선적의 미국 유조선 한척이 파괴되고 미군 소해정이 심각한 타격을 입는다. 오일 가격이 치솟는다. 결국 미국은 걸프지역의 군사력을 대폭 강화한다. 전쟁 게임은 이스라엘이 기습한 지 8일 만에 끝난다. 하지만 미국은 호르무즈 해협 주변에 있는 이란의 공중 지상 해상 목표물을 모두 제거하는 쪽으로 기울고, 이란은 큰 타격을 입는 패배에 직면한다. 그러나 미국 내에서는 이란의 핵개발 능력을 불과 몇 년 뒤로 후퇴시키기 위해 너무 큰 대가를 치렀다는 비판이 제기된다.

최근에 이란은 핵 프로그램 추진에 따른 국제사회 고립을 벗어나기 위한 전략적인 의도에서 브라질을 이용해 왔다. 브라질은 이란과의 통상 확대를 통한 국익차원에서 이란과 서방의 중재자임을 자처했다. 테헤란을 방문한 룰라 다 실바 브라질 대통령이 터키와 더불어 이란을 설득하여, 농축우라늄 국외반출 합의안 도출에 성공하였다.

상술하면, 2010년 5월 17일 이란은 브라질·터키의 중재로 자국 보유 농축우라늄을 터키로 반출하고, 그 대신 의료용 원자로 가동에 필요한 우라늄을 돌려받기로 하는 '스와프 안(案)'에 합의했다. 그러나 미국과 서방은 "유엔의 제재를 피하기 위한 속임수"라며 냉소적인 반응을 보였다. 2010년 5월 3일 뉴욕 유엔 본부에서 개막된 핵무기비확산조약(NPT) 8차 평가회의에서도 미국과 서방 측은 "이란의 핵 프로그램이 핵무기 제조를 목표로 하고 있다"며 "유엔 안보리에서 추가 경제제재 방안을 논의 중"이라고 압박했다.43) 이에 대하여, 이란은 "핵 프로그램이 원자력의 평화적 이용을 위한 것"이라고 맞서며 정면 충돌했었다.

도널드 트럼프(Donald John Trump) 대통령(45대: 2017~2021)은 대체로 친(親)이스라엘 성향이다. 그는 사위 자레드 쿠시너가 유대인이고 2016년 대선(大選) 출마 선언 영상 및 힐러리 클린턴과의 TV 대선 토론에서도 이란이 강력해지게 방임해서는 안 되고 이스라엘을 지켜야 하며, 버락 오바마(Barack Hussein Obama)가 맺은 '이란 핵협정'은 이란한테만 좋다고 발언했다.44) 또한, 이라크 전쟁과 이슬람국가(IS) 토벌도 이란한테만 좋게 흘러가고 있다고 기존 정치인들을 비난했다. 대통령 당선 초기에 이스라엘 대사를 만났고 선임 고문 켈리엔 콘웨이는 도널드 트럼프(Donald John Trump) 대통령이 이스라엘 주재 미국 대사관을 텔아비브에서 예루살렘으로 이전하는 방안을 적극 검토하고 있다고 밝혔는데 이는 '예루살렘 선언'으로 이어진다.

---

43) 유엔 제재안은 ① 탱크·전투기·전함 등 8가지 군수물자의 대이란 판매금지 ② 이란의 핵 프로그램과 관련된 화물을 적재했다고 의심되는 선박에 대해 국제적인 조사체제 마련 등이 포함됐다.

44) 그러나 미국 내 유대인 로비단체들이 절대적으로 힐러리를 지원했었다.

한편, 이스라엘은 도널드 트럼프(Donald John Trump) 대통령 당선으로 팔레스타인을 국가로 인정하는 건 끝났다고 자축도 했었다. 그리고 이스라엘은 정착촌 확장을 지지하는 등 이스라엘 극우 진영의 이해에 동조해온 파산 전문 변호사 데이비드 프리드먼을 이스라엘 주재 대사로 지명했다. 베냐민 네타냐후(Benjamin Netanyahu) 총리(제27대: 1996~1999)가 트럼프의 미국－멕시코 국경 장벽을 지지했는데 멕시코 측에서 반발이 있었다. 왜냐하면 이스라엘 역시 팔레스타인 국경에 엄청난 장벽을 세워 놓았고, 어쨌든 효과를 보고 있기 때문이다.

2018년 8월 21일, 도널드 트럼프(Donald John Trump) 대통령(45대: 2017~2021)이 예루살렘을 수도로 인정하였으니 이스라엘이 팔레스타인과의 평화 협상에서 큰 대가를 지불해야 한다라는 발언을 해 이스라엘을 당혹하게 했었지만 동년 8월 24일 팔레스타인에 대한 미국 원조 예산을 대폭 삭감하였다.

도널드 트럼프(Donald John Trump) 대통령(당시)의 일방적인 이스라엘 편들기와 이란 때리기는 두 가지 측면을 가진다. 하나는 미국 내 친(親)유대주의적 정체성과 이란혁명 이후의 반(反)이란 정서라는 감정적 정체성이 한 축이다. 다른 하나는 철저하게 이익 계산에 기반한 도널드 트럼프(Donald John Trump) 대통령(당시)의 판 흔들기이다. 상기한 두 축(정체성과 이익)을 중심으로 구성되는 미국의 중동(中東)정책에서 도널드 트럼프(Donald John Trump) 대통령(당시)은 치밀한 이익 계산을 하고 있다. 스스로 협상의 달인이라 믿는 그에게는 정체성 요소조차도 이익 요소로 치환된다. 이스라엘은 유대 근본주의 시오니스트들의 정치자금을 지원받고 근본주의 성향의 복음주의 기독교인들의 표를 결집시키는 좋은 도구다. 이란 역시 마찬가지다. 이란을 압박해줌으로써 사우디아라비아와 아랍에미리트, 이스라엘로부터 얻는 보상이 적지 않다. 도널드 트럼프(Donald John Trump) 대통령(당시)은 호르무즈해협에 항모 전단을 추가 투입하면서 상황을 고조시키고 있다. 전쟁을 좋아하지는 않지만 위험은 한껏 높인다.

도널드 트럼프(Donald John Trump) 대통령(45대: 2017~2021)은 2015년 버락 오바마(Barack Hussein Obama, 44대: 2009~2017)에 의해 이뤄진 이란과의 핵협상 타결을 "끔찍하다"고 말하며 재협상하겠다고 주장했고, 이란을 '영원히 변하지 않을 적'으로 규정했다. 대선 토론회에서도 상당 시간을 할애해 가며 버락 오바마(Barack Hussein Obama) 행정부의 이란 제재 해제 및 1조5천억 원에 달하는 지원금, 150톤의 우라늄 제공 등에 대해 비판했으며, 대통령 당선 후 Fox 뉴스와의 인터뷰에서 '이란은 전임 오바마 정부에게서 엄청난 호의를 얻었음에도 고마워할 줄 모르고 여전히 미국에 대한 비판을 서슴지 않고 있다. 이런 한심한 관계를 해결해야 한다' 라고 언급한 바 있다. 그 후 이란 핵협정을 공식 탈퇴했다. 또한 이란에 대한 경제제재도 다시 실행하며, 정해진 기간 내에 이란과의 관계를 끊지 않는 유럽 기업들에 대해서도 제재가 가해질 것이라고 공언했다.[45] 이에, 알리 하메네이는 이란엔 변화가 없을 것이라고 말했으나 이란 내 강경파의 입지가 강화될 거라는 관측이 나오고 있다.

또한, 도널드 트럼프(Donald John Trump) 대통령(당시)은 무슬림 테러위험 국가로 이란·시리아·소말리아·예멘·리비아·수단 공화국에 대한 비자 발급을 일시 중단했다. 이라크도 포함되었으나 제외되었다. 이에 이란 측은 반발하며 모든 미국인의 입국을 금지하고 비자발급도 중단했다. 이어서 이란이 탄도 미사일을 개발하고 발사하자 공식적으로 크게 경고했다. 게다가 이란에 대한 경제제재를 가했다.

③ 중국과 러시아의 군사연합

다른 한편으로, 중국과 러시아의 밀월이 깊어지면서, 군사 분야에서 양국 간 협력 역시 확대·심화되고 있다. 2019년 4월 29일 '해상연합-2019' 군사훈련을 시작했다. 이어서, 2019년 7월 중·러가 아시아-태평양 지역에서 사상 첫 연합초계비행을 수행하던 중 양국의 군용기 5대가 한국 방공식별구역(KADIZ)에 무단으로 진입하였으며, 이 중 러시아 군용기 1대는 독도(獨島) 영공을 무려 두 차례 침범하는 사건이 발생했다. 그러나 러시아와 중국 당국은 군사연합은 할 뿐이지만 군사동맹(軍事同盟)으로까지 전개되지는 않을 것이라고 공언했다. 그러나 본 연구는 미국 패권주의(覇權主義)의 한계를 분석하는 것이기 때문에 러시아와 중국의 군사연합(軍事聯合)의 현황과 유사시 군사동맹(軍事同盟)의 가능성을 분석해볼 가치가 있다.

중국은 세계 제2위의 경제대국이다. 중국과 러시아의 GDP 차이는 2020년 현재 10:1이다. 냉전 말기 러시아가 중국의 1인당 소득에 9배나 앞섰으나 소련 붕괴 이후 경제가 침체된 반면, 개혁 개방을 바탕으로 빠르게 성장한 중국이 따라잡기 시작해 2020년 현재는 1인당 소득도 중국이 10,582달러로 러시아(9,972달러)를 추월하여 높아졌다. 심지어 중국의 인구는 러시아보다 10배 가까이 많다. 러시아의 경우 출산율과 평균 수명은 급감하고 이민으로 인구가 유출되면서 지속적인 인구 감소를 겪고 있다. 따라서 중국의 국방비

---

45) 북미(北美)정상회담을 앞두고 있는 입장에서 상당한 외교적 부담을 감수하면 이런 일을 했다는 것은, 북한이 이란식이라느니 단계적 비핵화 같은 빠져나갈 구석이 있는 주장을 하지 말라고 경고하는 의미나 다름없다.

투입도 러시아보다 훨씬 많다. 더욱이 중국 인민해방군의 전력(戰力)은 지속적으로 증강되고 있으며 질적으로도 정예이다. 중국은 군사력의 기반이 되는 경제력을 포함하여 전체적인 국력에서 이미 러시아보다 훨씬 앞서나가고 있다.

한편, 러시아는 소련 붕괴 이후 국력이 모든 면에서 크게 추락했다. 2015년 현재 러시아 육군의 총 병력 수는 50만이 채 안 된다. 방어면적이나 접하고 있는 나라들을 생각해보면 상당히 모자란다. 군사력에 있어서 러시아가 중국보다 현재는 우위지만 장기적인 전망에서는 중국이 세계 2위의 군사대국이 될 것으로 전망된다.

그러나 중국은 러시아에 비해 군사기술력에서 아직은 전반적으로 열세에 있다. 기갑, 항공, 해양 병기를 비롯한 총체적 무기의 질에서 중국은 러시아에 크게 못 미치며, 방공미사일과 전투기 엔진 등은 여전히 러시아로부터 수입을 하는 중이다. 중국이 러시아와 동급의 군사기술력을 확보할 경우, 이미 경제력과 인구 수에서 앞서는 중국은 러시아와 동급이 되는 것을 넘어 모든 면에서 러시아의 국력을 능가하게 될 것이다.

한편, 러시아는 열악한 경제력에도 불구하고 여전히 핵 전력에서 중국에 비해 압도적인 우위에 있다. 러시아는 1990년대에 국가적 경제위기로 군대가 무너지는 와중에도 기술개발 역량과 전략무기 전력은 필사적으로 유지하였다. 러시아와 비견할만한 핵 전력을 가진 것은 유일하게 미국뿐이다. 그리고 러시아의 국방력은 경제 발전과 더불어 점차적으로 복구되는 중이다. 육군 전력을 비교해보면, 중국의 3세대 전차인 99식 전차가 300대 정도인 것에 반해 러시아의 주력 전차인 T−80U는 약 4,500대, T−90은 1,000여대 가량 보유 중이며 대다수의 주력 전차들이 성능적으로 중국을 앞서고 있다.

또한, 러시아군은 냉전시절부터 세계 각지의 분쟁에 개입하였고, 기술력을 축적한 것 못지 않게 파병 경험도 많다. 현재도 아프가니스탄 전쟁, 체첸 전쟁과 남오세티야 전쟁, 시리아 내전, 캅카스의 이슬람 반군등을 상대로 지속적인 실전 경험을 축적하여 피드백을 받으며 계속 발전해 나가는 중이다. 이런 러시아군과 달리 중국군은 실전 경험이 전무하다.

만약 유사시(有事時) 중국과 러시아가 군사연합(軍事聯合)을 넘어 군사동맹(軍事同盟)을 맺어 미국에 대항한다면, 지구는 모든 곳에서 지옥(地獄)으로 변할 것이다.

(2) 중국의 패권주의(覇權主義) 도전과 그 한계

과거에는 일반적인 중국인들의 대미(對美) 감정은 딱히 나쁜 편이 아니었다. 제국주의 시대에 중국이 서방의 침탈을 받기는 했었지만 그 주체는 영국, 프랑스, 독일을 위시한 유럽 세력이었다. 미국도 중국을 침탈했었지만 유럽국들보다는 덜했었다. 제2차 세계대전 시기에서는 미국이 중·일(中·日)전쟁과 태평양(太平洋) 전쟁에서 중국을 도왔고 중국을 침략하고 있던 일본을 물리쳐주었다. 그 후 냉전 시대와 중국－소련 국경분쟁시기에서 미국과 중국은 긴밀한 관계를 가지고 20세기 후반에 걸쳐 중국의 자본화를 미국이 많이 도와주었다. 따라서 냉전 종식 이후에도 미국과 중국의 관계는 원만했다.

그러나, 현대에 들어서 미국이 다른 곳도 아니고 중국과 철천지 원수인 일본과 긴밀한 동맹국이기 때문에 중국과 일본이 대립할 때 미국이 일본을 옹호한다. 양안(兩岸) 통일에 있어서 미국이 걸림돌이라고 중국은 인식하고 있다. 결정적으로, 2010년대 들어서는 남(南)중국해 문제, 미·중(美·中) 무역 분쟁, 중국의 미국에 대한 해킹 및 정보전 문제 때문에 갈수록 양국이 충돌하고 미·중(美·中) 양국 간 국민감정도 악화되어 가고 있다. 특히, 시진핑(習近平, Xí Jìnpíng, 1953~현재) 집권 이후 중국에서 미국에 대한 적대(敵對) 의식과 반미(反美) 감정이 크게 성장하는 추세이다.

그러나 중국은 미국이 아시아에서 썰물처럼 빠져나가더라도 다른 모든 아시아 국가들을 장악하기엔 힘이 부족하다. 아시아 각국은 안보 불안으로 서로 손을 잡아 중국에 맞설 것이다. 아마 중국과 기타 아시아 국가들 사이의 무역 충돌과 정치적 분쟁은 계속 빈번해질 것이다.

중국의 힘은 근본적으로 경제력인데, 전술한 바와 같이 중국경제는 현재 구조적 모순으로 인하여 불안하다. 저자는 개인적으로 덩샤오핑(邓小平, Dengxiaoping, 1904~1997)의 유언: "중국은 향후 100년간 '도광양회 (韬光養晦)'해야 한다"는 것을 지키면서 더욱 더 자강(自彊)했었어야 한다고 확신한다. 첨언(添言)하면, 저자는 세계사에서 가장 '위대한 영웅'은 덩샤오핑(邓小平, Dengxiaoping, 1904~1997) 선생이라고 평가한다. 다른 소위 영웅들은 무력으로 수많은 사람들을 죽인 살인자로서 자신의 지배 영토를 넓힌 정복자였다. 그분은 마오쩌둥(毛澤東, Máo Zédōng, 1893~1976)의 대약진운동(1958~1960)과 문화대혁명(1966~1976)을 극복하고 13억 중국인에게 온포(溫飽)를 갖다 주었다. 이것은 5천년 중국 역사 뿐만 아니라 세계사의 기적이다. 미국 발(發) 2008년 하반기 세계경제가 미국의 탐욕(貪慾)과 위선(僞善)으로 비틀거릴 때 세계경제를 바로 서게 해준 국가가 바로 중국이었다.

덩샤오핑(邓小平, Dengxiaoping)은 워싱턴을 방문하기 진에 저자가 유학했있던 조지아주(州) 소재, '남부의 MIT'라고 불리우는 조지아공과대학를 방문하여 상기 대학교수들에게 '제발 저희 중국을 구원해달라'고 간청했었다. 이것은 20여 년 후 그곳 학장이 저자에게 일러준 사실이다. 오랜 기간 '과학기술입국론'을 주장해온 기술경제학자인 저자의 영혼을 뒤흔든 덩샤오핑(邓小平, Dengxiaoping) 선생의 가르침이다. 그 후, 해외 중국인 과학자들이 물밀듯이 고국으로 돌아갔었다.

　'도광양회(韜光養晦)'란 '칼을 칼집에 넣어 검광(劍光)이 밖으로 새나가지 않게 하고 그믐밤 같은 어둠 속에서 실력을 기른다'는 사자성어다. 원래 삼국연의(三國演義)에 나오는 말로 유비(劉備)가 조조(曹操)의 위협을 피하기 위해 쓴 '도회지계(韜晦之計)'란 계략에서 유래한 말이다.

　당시, 북쪽의 강력한 조조(曹操)의 위(魏)와 동쪽의 강대국 손권(孫權)의 오(吳)의 틈새에 끼인 촉한(蜀漢)의 유비(劉備)의 실력이 나날이 커가는 데 대해 우려하고 있던 조조(曹操)가 유비(劉備)를 초대해서 함께 술을 마시던 중 "오늘날 천하에는 영웅이 나와 그대 두 사람이라는 이야기가 나돌고 있다고 하는데 어떻게 생각하느냐"고 물었다. 조조(曹操)의 질문을 받고 유비(劉備)가 대답하려는 순간 하늘에서 비가 내리면서 천둥이 쳤고, 유비(劉備)가 천둥 소리에 놀라 손에 들고 있던 숟가락을 떨어뜨렸다. 이 광경을 본 조조(曹操)가 "대장부가 어찌 천둥을 두려워한단 말이오"라고 말하자 유비(劉備)는 짐짓 벌벌 떨면서 "바람이 불고 천둥이 친다는 것은 세상에 변고가 있다는 말인데 어찌 두렵지 않겠습니까"라고 말했다. 이후 조조(曹操)는 유비(劉備)를 의심의 눈초리로 보던 것을 그만두었으며, 이때 유비(劉備)가 쓴 계략을 '도회지계(韜晦之計)'라고 불러왔다.

　삼국연의(三國演義)에 나오는 '도회지계(韜晦之計)'를 중국의 외교 전략으로 만든 사람은 개혁개방의 총설계사 덩샤오핑(邓小平, Dengxiaoping, 1904~1997)이었다. 1989년 6월 베이징(北京)시 중심부의 천안문(天安門) 광장을 뒤덮은 100만 시민 학생들의 반(反)부패, 민주화 요구 시위를 유혈진압한 덩샤오핑(邓小平, Dengxiaoping)은 시위대에 동정적이던 자오쯔양(趙紫陽) 총서기를 잘라내고 상하이(上海) 시 당서기 자리에 앉아 있던 장쩌민(江澤民)을 발탁해 당총서기 자리에 앉혔다. 그리고 9월에는 자신이 보유하고 있던 당 중앙군사위원회 주석 자리도 장쩌민(江澤民)에게 넘겨주었다. 그 무렵 1989년 천안문사태를 유혈진압했다는 이유로 미국, 유럽을 비롯한 국제사회로부터 단교(斷交) 위협을 포함한 외교적 제재를 받는 등 고립의 위기에 놓여 있었다. 이때 덩샤오핑(邓小平, Dengxiaoping)은 중국이 위기에서 빠져나오기 위한 '20자(字) 방침'이란 것을 여러 번 강조해서 말했고, 당시 외교부장이던 첸치천(錢其琛)은 덩샤오핑(邓小平, Dengxiaoping)의 지시를 외교 전략으로 채택했다.

　덩샤오핑(邓小平, Dengxiaoping)이 말한 '20자(字) 방침'이란 "첫째 냉정하게 관찰할 것(冷靜觀察), 둘째 서두르지 말 것(穩住刻步), 셋째 침착하게 대응할 것(沈着應付), 넷째 어둠 속에서 조용히 실력을 기를 것(韜光養晦), 다섯째 꼭 해야 할 일이 있는 경우에만 나서서 할 것(有所作爲)"이라는 지시였다. 요약하면 '도광양회(韜光養晦) 유소작위(有所作爲)' 즉 '조용히 실력을 기르다 보면 언젠가 할 일이 생길 것이다'는 것이다.

중국에서 1989년 천안문사태가 벌어진 것을 계기로 1989년 말부터 사회주의권에는 민주화 바람이 불어 1990년 말에는 동유럽 사회주의 정치체제가 무너지는 대변혁의 사태가 벌어졌고, 마침내는 소련의 정치체제와 연방 해체라는 놀라운 역사가 진행됐다. 그런 대변혁의 태풍 속에서 덩샤오핑(邓小平, Dengxiaoping)의 '20자(字) 방침'은 놀라운 힘을 발휘했고, 사회주의 국가에서 중국은 북한과 함께 정치체제를 유지하는 이변(異變)의 주인공이 됐다. 이 바람 속에서 덩샤오핑(邓小平, Dengxiaoping)은 '20자(字) 방침'을 골자로 하는 다음과 같은 지시를 거듭했다.

"경계심을 늦추지 말라. 그렇다고 해서 누구를 두려워하지도 말라. 누구에게든 죄를 짓지 말고, 친구를 사귀되 나름의 계산을 갖고 사귀라. 도광양회(韜光養晦)를 하면서 머리를 절대로 들지 말라. 절대로 깃발을 흔들며 나서지 말고, 지나친 말을 하지 말라. 지나친 일도 하지 말고, 그저 묵묵히 경제건설에 매진하라, 그러다 보면 언젠가 해야 할 일이 생길 것이다."

덩샤오핑(邓小平, Dengxiaoping)이 조용히 실력을 기르고 할 일이 있을 때를 대비하라는 '도광양회(韜光養晦) 유소작위(有所作爲)'를 말할 때 설정된 시점은 2020년이었다. "경제 발전을 꾸준히 해나가면 2020년에는 중산층이 늘어나 중진국 수준에 이르는 샤오캉(小康) 상태에 이를 것이며, 최소한 그때까지는 (韜光養晦) 유소작위(有所作爲)를 하라"는 것이었다.

덩샤오핑(邓小平, Dengxiaoping)의 화평발전 전략은 후임자 장쩌민(江澤民) 총서기(1989~2002)에 의해 그대로 계승됐고 중국은 외부세계에 오로지 경제발전 우선주의로 매진하는 모습을 보여주었다. 그러나 2002년 당 총서기직을 장쩌민(江澤民)으로부터 넘겨받은 후진타오(胡锦涛)는 덩샤오핑(邓小平, Dengxiaoping)의 '화평발전' 전략을 살짝 고쳐 '화평굴기(和平堀起·Peaceful Rise)'라는 말로 바꾸어 놓았다. 미국과 유럽, 일본이 중국을 다른 눈으로 고쳐보기 시작한 것은 바로 이때부터다. 중국이 더 이상 '평화롭게 발전만 하는 국가'가 아니라 무언가 목적의식을 갖고 일어선다는 '화평굴기(和平堀起·Peaceful Rise)'라는 세계 전략을 신보이자 미국과 유럽은 중국에 대해 경계심을 갖기 시작했다.

2010년 11월 힐러리 클린턴(Hillary Clinton, 1947~현재) 미(美) 국무장관(당시)이 하와이 이스트웨스트센터 연설을 통해 *"우리 미국은 지나간 20세기에는 대서양을 건너 유럽과 많은 일을 했으나 앞으로 21세기에는 태평양 건너 서태평양 국가인 일본, 한국, 필리핀, 태*

국, 호주와 협력해서 강력한 자유시장경제 지대를 건설할 것이며, 중국에 대해서는 국제
적인 규칙을 지키고 인권을 존중하는지를 지켜보면서 할 말을 할 것*이라는 정책의 대전
환을 발표했다. 중국이 미국에 대해 신경을 곤두세우는 모습을 보여주기 시작한 것은 이
때부터였다.

시진핑(習近平, Xí Jinpíng, 1953~현재)은 2012년 11월 제18차 당대회를 통해 8,000만 중
국공산당원을 이끄는 당총서기에 선출되고, 2013년 3월 14일 전국인민대표대회를 통해
14억 중국 인민을 대표하는 중화인민공화국 국가주석에 취임했다. 중국의 국가목표가 '중
국의 꿈(中國夢)'을 실현하는 것이며, 대외정책으로는 함께 G2로 불리는 미국과 대등한 관
계에서 국제 문제에 대처하는 '신형 대국 관계(新型大國關係)'를 구축한다는 전략을 밝혔다.
상기 전략은 그동안 제3세계에 속한 발전도상국으로 자리매김하고 있었지만, 지난 35년간
의 빠른 경제 성장으로 세계 경제 무대에서 차지한 부분만큼 정치적으로도 제자리를 찾겠
다는 선언이었다.

상기한 중국의 대외정책 변화를 알아차린 미국과 일본은 재빨리 중국과 날을 세워 대립
하는 방향으로 자세를 바꾸었다. 주적이던 소련을 겨냥해서 홋카이도(北海道)에 배치돼 있
던 최정예 전차 사단을 남쪽의 오키나와 일원으로 이동 배치했다. 중국은 2013년 11월 23
일 일본을 겨냥한 동(東)중국해 방공식별구역(CADIZ: China Air Defense Identification Zone)
을 선포했다. 최근 국내 언론들이 "중국이 '도광양회(韜光養晦) 유소작위(有所作爲)'라는 외교
전략을 버리고 '주동작위(主動作爲)'라는 적극적인 외교 전략으로 전환했다"고 보도했다.

그러나 시진핑(習近平, Xí Jinpíng, 1953~현재) 국가주석은 지난 4월 6일 중국 남부 하이
난다오(海南島)에서 열린 보아오포럼이라는 국제회의에 나가 자신의 대전략인 '신형 대국
관계(新型大國關係)'를 설명하면서 "'신형 대국 관계(新型大國關係)'를 구축해 나가는 과정에
서 주변국 외교에 있어서는 우리의 권리를 지키기 위해 적극적으로 주동(主動)해 나갈 것
이며, 겸허히 자신을 돌아보면서도 자신의 권리를 지키고 지역의 안정을 추구하는 쪽으
로 행동할 것"이라는 '삼개경가(三個更加·세 가지의 더하기)' 원칙을 밝혔다. 아직 어떤 관영
매체도 시진핑(習近平, Xí Jinpíng) 국가주석이 '도광양회(韜光養晦) 유소작위(有所作爲)'를 버
리고 '주동작위(主動作爲)'로 전환했다는 보도는 하지 않고 있다.

시진핑(習近平, Xí Jinpíng) 국가주석이 추구하고 있는 '신형 대국 관계(新型大國關係)'가
이미 '도광양회(韜光養晦) 유소작위(有所作爲)'의 범주를 벗어난 개념이기는 하지만 그가 공
개적으로 '주동작위(主動作爲)'라는 개념을 외교 전략을 추진하기는 쉽지 않을 것이다. 시
진핑(習近平, Xí Jinpíng) 국가주석의 '신형 대국 관계(新型大國關係)'는 오히려 덩샤오핑(登小

平, Dengxiaoping)의 '도광양회(韜光養晦) 유소작위(有所作爲)' 가운데 유소작위(有所作爲)에 해당하는 전략 개념으로 이해하는 것이 옳을 것이다.

삼국연의(三國演義)에서 북쪽의 강력한 조조(曹操)의 위(魏)와 동쪽의 강대국 손권(孫權)의 오(吳)의 틈새에 끼인 유비(劉備)의 촉한(蜀漢)이 채택한 전략이 바로 제갈공명(諸葛孔明)의 '천하삼분론(天下三分論)'이었다. 위(魏)와 오(吳)와 맞서기 위해서는 지금의 쓰촨(四川) 성에 해당하는 촉(蜀)의 영역을 근거지로 해서 삼국이 정립(鼎立)하는 형세를 구축한다는 것이었다. 1949년에 중화인민공화국을 건설한 마오쩌둥(毛澤東, Máo Zédōng, 1893~1976)으로서는 북쪽의 소련과 동쪽의 미국에 대항하기 위해서는 소련을 조조(曹操)의 위(魏)로, 미국을 손권(孫權)의 오(吳)로 간주하고 중국은 제갈공명(諸葛孔明)의 '천하삼분론(天下三分論)'에 따라 소련이나 미국의 영향이 덜한 아시아와 아프리카의 비동맹국가들 속으로 들어가는 제3세계론에 따른 세계전략을 구사하는 쪽을 택한 것이었다.

아시아인(人)으로서 저자는 중국이 너무 빨리 대외적으로 장검(長劍)을 빼어 들었다고 심히 아쉬어 한다. 저자는 중국의 무협 소설과 영화를 수백 편을 탐닉했었다. 가슴에 사무치는 한(恨)이 깊고 깊지만, 체력을 강화하고 검법(劍法)을 더욱 더 수련한 후, 결국 '정의(正義) 칼'을 빼어들고 평화(平和)를 이루는 마지막 장면을 보고 눈물을 흘린 적도 많다.

또한, 저자는 22년 전 북경에서 저자의 저서: 林陽澤(1999), 「21世紀 亞洲經濟的 展望 与 挑戰」(北京: 中國社會科學院)의 출판기념회를 열었다. 北京 中國社會科學院의 왕(王)박사로부터 극찬을 받았다. 이어서, 북경대학교의 초청 강의를 받았다. 환영 석찬에서 오신 영(吳新英) 총장이 참석한 가운데 유명한 학자/관료들과 만났다. 또한, <산동성 사회과학원>의 초청 강연을 통하여 중국인 친구들과 태산(泰山)을 올랐다. 하산(下山)하여 술자리에서 저자는 자작시: '동북아의 봄은 언제 오는가?'를 읊었고 중국인 대표는 저자에게 한시(漢詩)를 선물했었다. 이젠 칠순(七旬)이 되었지만, 어찌 그 추억을 잊을 수 있으랴!

세계는 너무나도 넓다. 중국은 아직 수많은 대내적 과제를 안고 있으며 인류의 평화를 위한 중국의 대외적 역할 또한 막중하다. 역사는 흐른다. 당대에서 많은 것을 축구할 것이 아니라 다음의 도약을 위하여 착실한 준비를 하는 것이 아닐까?! 친구는 선택할 수 있어도 이웃은 선택할 수 없다. 이웃을 잘 만나면 그처럼 평안한 일이 없고 이웃을 잘못 만나면 그런 불운과 불행이 없다.

중국이 '제3세계론'에 따른 세계전략과 관련하여 세계평화(世界平和)에 기여할 수 있는 포인트는 미국의 관심이 상대적으로 적은 '도하 개발 어젠다(DDA) 협상 의제'를 리더십을 발휘하여 타결함으로써 '21세기 다자간 무역의 틀'을 완성하는 것이다. 구체적으로, ① 시

장개방 관련 의제: 공산품, 서비스, 비농산물, ② 규범 관련 의제: 반덤핑, 보조금, 지역협정, 분쟁해결, ③ 투자, 경쟁정책, 무역 원활화, 정부조달 투명성, ④ 기타: 환경, 지적재산권, 개도국 개발문제: 개도국 우대 조치, 기술협력사업 등이다.

　'도하 개발 어젠다(DDA: Doha Development Agenda)'란 세계무역기구(WTO) 제4차 각료회의(2001. 11. 14) 카타르 도하에서 합의된 WTO 최초의 다자간 무역협상이다. 상술하면, 1995년 1월 세계무역기구(WTO)가 출범한 뒤, 1998년 5월 제네바 각료회의에서 무역자유화를 위한 뉴라운드를 출범시키기로 합의하였다. 이듬해 1999년 11월 시애틀 3차 각료회의를 거쳐 2001년 11월에 카타르의 수도 도하에서 열린 제4차 각료회의에서 다자간 무역협상이 합의되었다. 이어서 제5차 각료회의(2003. 09, 칸쿤)에서 싱가포르 이슈에 대한 선·후진국 이견으로 인하여 협상방식 합의가 실패했다. 제6차 각료회의(2005. 12, 홍콩)에서 도하개발어젠다(DDA: Doha Development Agenda)로 최종 이름이 확정되었다. 그 후 협상이 중단되었다. 즉, 미국과 유럽연합, 중국 등 30여 개 국이 모여 논의한 도하 개발 어젠다(DDA: Doha Development Agenda) 협상이 선진국과 개도국의 대립으로 끝내 결렬됐다. 개도국에서 농산물 수입량이 급증할 경우 긴급수입관세를 발동하는 요건을 놓고 끝내 입장차를 줄이지 못했다. 인도와 중국은 수입 물량이 10%만 늘어도 관세(關稅)를 매겨야 한다는 입장인 반면에 미국은 수입 물량이 40%는 돼야 한다고 맞섰다. 이로써 농업과 비농산물 분야의 시장개방 등을 기치로 내건 DDA는 협상 출발 7년여 만에 좌초되었다. DDA 타결을 추진해온 세계무역기구(WTO)는 협상 결렬을 공식 발표했다.

4) '협력적 게임 체제(Cooperative Great Game)'에 의한 '내시 균형 (Nash equilibrium)'의 가능성: 미·중(美·中) 군사적 갈등의 조율[46]

　2008년 글로벌 금융위기는 이라크 전쟁(2003년)으로 인해 이미 추락한 미국의 국제적 지위에 심각한 타격을 가했다. 미국의 국제적 지위에 관해서는 많은 논란이 존재하지만 이젠 다른 강대국들의 동의를 얻지 않고서는 미국이 단독으로 국제질서를 주도하기 어렵다는 점에 대해서는 대체로 이견이 없다.[47]

---

46) 김재철(2010), '세계금융위기와 중국의 대미정책', 「中蘇研究」 제34권 제2호, 서울: 한양대학교 아태지역 연구센터/중국문제연구소를 필자가 수정 및 재구성하였음.

47) 2007년 말부터 미국 내에서 미국의 쇠퇴와 다극체제가 본격적으로 논의되기 시작했다는 지적에 관해서

그럼에도 불구하고, 미국이 대만에 무기를 판매하거나 달라이 라마(Dalai Lama, 티베트 불교의 영적 지도자)를 면담하는 등과 같이, 중국이 핵심적 이익으로 간주하는 문제에서는, 중국은 미국에 대한 비판을 단호하게 제기하고 미국과의 군사교류를 중단하는 방식으로 비교적 조용하고 실용적으로 대응했다.[48] 그렇게 함으로써, 글로벌 금융위기 이후 중국은 미국의 대(對)대만 무기판매가 초래할 부정적 결과를 미국 스스로 느끼도록 압력을 가했다.[49]

2010년 1월 6일 미국 국방부는 록히드 마틴 사(社)가 대만에 PAC-3 방공미사일 시스템을 판매하는 것을 승인했다. 동 조치는 부시 행정부가 취임 초기인 2001년에 대만에 180억 달러에 이르는 무기를 판매하기로 결심했고 이 가운데 100억 달러 정도를 재임 중에 실행에 옮겼으며 나머지는 이월시켰던 것이다.[50] 그런데 미국 정부는 대만에의 무기판매를 승인하면서도 대만이 요구해온 F-16 전투기나 잠수함은 무기판매 대상에 포함시키지 않음으로써 중국과의 협력관계를 해치지 않기 위한 조치도 취했다.

나아가 중국은 미국이 대만에 대한 무기판매를 강행하자 무기판매에 참여한 미국 회사에 대해 제재하겠다는 계획을 공식적으로 발표했다. 이는 미국의 전유물이었었던 제재조치가 중국에 의해 거론된 것으로 글로벌 금융위기 이후 중국이 미국에 대해 공세적인 정책을 취하기 시작했음을 웅변하는 증거이다.

그러나 중국은 미국과의 군사교류를 중단시켰음에도 불구하고 미국 군함의 홍콩 기항

는 Christopher Layne(2009), "Thc Waning of U.S. Hegemony—Myth or Reality?", International Security Vol. 34 No. 1, Summer, pp. 147~172를 참조. 다음과 같은 미국의 쇠퇴를 주장하는 학자들은 미국이 유일의 초강대국으로서의 지위를 상실할 것이라고 주장한다. Richard N. Haass(2008), "The Age of Nonpolarity: What Will Follow U.S. Dominance", Foreign Affairs Vol.87 No.4(May/Jun); National Intelligence Council(2008), Global Trends 2025: A Transformed World (Washington, D. C.: U.S. Government Printing Office, November). 이와 반면에 미국의 우월성은 경제력, 과학기술력, 군사력, 정치와 문화적 영향력 등을 포함하는데 글로벌 금융위기는 금융과 자동차 등 미국 경제력의 한 부분을 약화시켰을 뿐이라고 지적한다. 따라서 글로벌 금융위기가 미국의 패권적 지위에 끼친 충격은 제한적이고 미국의 초강대국으로서의 지위는 동요하지 않을 것이라고 진단한다. 그는 미국의 군사비가 전세계 군사비의 거의 절반에 이르는 등 어떤 신흥 강대국도 단기간에 미국을 초월하기 어려울 것이고 미국이 신에너지와 환경보호 분야 등에서 신(新) 성장 동력을 찾을 경우 최대 경제국으로서의 지위는 한동안 계속될 것이라고 주장한다. 즉, 미국의 유일 초강대국 지위 즉 단극체제가 종말을 고하고 있다는 주장은 지나친 과장이라는 시각은 Stephen G. Brooks and William Wohlfoith(2009), "Reshaping the World Order", Foreign Affairs Vol. 88, No. 2, March/April1를 참조.

48) Wu Zhong(2008), "Beijing plays it cool over US anns deals", Atimes.com, August 6.

49) "Time for US to treat China equally", China Daity February 5, 2010.

50) "Time for US to treat China equally", China Daity February 5, 2010.

을 허용했는데, 이러한 중국의 2010년 대(對)미국 대응조치는 미국이 대만에 대한 무기판매를 강행한 데 대한 반발로 미국 항모의 기항을 허용하지 않았던 2008년 중국의 대응조치와 다른 것이었다. 아울러 중국은 미국의 국채를 매각하는 것과 같은 극단적 조치를 취하지 않았다. 중국 군부를 중심으로 미국의 국채를 매각하고 국방비를 증대해야 한다는 주장이 제기되었지만 이러한 주장은 현실화되지 않았다. 이외에도 중국은 2010년 3월에 위안화 문제를 논의하기 위해 상무부 차관을 미국에 파견했고, 또한 후진타오(胡錦濤, Hú Jǐntāo, 1942~현재) 총서기/중화인민공화국 주석이 2010년 4월 1일 워싱턴에서 거행된 핵정상회의에 참석하는 등 악화일로에 있던 양국관계를 전환시키려는 시도도 동시에 전개했다.

전술한 바와 같이, 중국은 미국과 전면적으로 경쟁하기보다 변화와 협력을 동시에 추구하는 양동작전을 취했다. 중국은 미국과 국제통화기금(IMF)이 국제금융질서의 안정을 촉진시키는 데 있어서 핵심적 역할을 수행하는 것을 지지하는 데 합의함으로써 기존의 질서를 유지하는 데 동의했다. 그 배경은 중국이 추구하는 국제금융기구의 개혁은 현실적으로 미국의 동의 없이 이를 수 없기 때문이다. 현실적으로 국제통화기금(IMF)의 개혁을 실현하기 위해서는 85%의 동의를 획득해야 하는데, 이는 17%의 지분을 행사하는 미국의 도움 없이는 불가능한 것이었다. 이와 동시에, 중국은 2009년 7월 국제통화기금(IMF)이 발행한 SDR 채권 500억 달러를 매입하는 등 국제통화기금(IMF)의 자본 확충 노력에도 협력했다.

04 영유권(領有權) 분쟁

동아시아 지역은 최근에 영유권(領有權) 분쟁을 겪고 있다. 중국·일본·대만의 동(東)중국해 다오위다오(센카쿠 열도) 영유권 분쟁 및 남(南)중국해 난사군도(스프래틀리군도) 영유권 분쟁, 일본과 러시아 사이에 쿠릴열도 남단 4개 섬들을 중심으로 각각 영유권(領有權) 분쟁이 심화 내지 잠복되어 있다. 특히, 중국이 앞마당으로 여기는 남(南)중국해 자유 통항(通航)에 대한 국가적 이해를 내세워 미국이 난사(南沙)군도와 시사(西沙)군도 영유권(領有權) 분쟁에 개입하였다. 나아가, 미국은 동아시아정상회의(EAS) 참여를 공식화하고, 아세안(동남아국가연합)과의 관계를 강화하고 있다. 또한, 일본이 주장하는 영해와 배타적 경제수역(EEZ: Exclusive Economic Zone)과 한·중·일 사이에 방공식별구역(ADIZ: Air Defense Identification Zone)에 따른 분쟁으로 대두될 가능성도 있다.

1) 중국·일본·대만의 동(東)중국해 다오위다오(센카쿠 열도)

현재 중·일(中·日) 양국의 가장 첨예한 사안은 동(東)중국해 센카쿠 열도(중국명 댜오위다오)를 둘러싼 영유권(領有權) 분쟁이다. 댜오위다오(센카쿠 열도)는 1895년 청일전쟁에서 승리한 일본이 강점했다. 류큐(琉球·1879년 일본이 합병한 오키나와)의 일부분이라는 일본의 주장은 허구이다. 댜오위다오(센카쿠 열도)와 대만은 불과 100km밖에 안 떨어졌다. 400km 밖의 일본 오키나와나 350km 떨어진 중국 본토보다 훨씬 가깝다. 댜오위다오(센카쿠 열도)는 제2차 세계대전 후 샌프란시스코 강화조약에 참여하지 못한 중국으로 귀속되지 못하였다. 미국은 1972년 오키나와와 함께 이 열도를 일본에 반환하였는데, 현재 일본의 실효적 지배하에 있다.

여기서 유의할 것은 일본과 중국이 동(東)중국해 댜오위다오(센카쿠 열도)를 두고 영유권 분쟁을 하게 된 요인은 이 지역 수변에서 가스 유전(油田)이 발견되었기 때문이라는 점이다. 중국이 경계선 주변에서 개발에 나서자 일본은 해저(海底)로 연결된 부분을 통해 일본 자원이 없어질 우려가 있다면서 공동개발을 요구해 왔다. 참고로, 마잉주(馬英九) 대만 총통은 "이해 관계국이 분쟁을 제쳐 놓고 개발 성과를 공동으로 누리는 유럽의 북해(北海)

유전(油田) 개발 방식이 부럽다"고 말했다(중앙일보, 2010. 11. 02)

최근 수년간 댜오위다오(센카쿠 열도)를 둘러싼 중국과 일본의 영유권(領有權) 분쟁은 끊이지 않았다. 중국은 일본의 실효적 지배 및 2012년 9월 말 국유화 조치에 맞서 무력시위로 대응하였다. 중국은 2013년 3개 함대를 동원하여 미야코(宮古) 해협을 지나 서(西)태평양 일대에서 원양훈련을 5회 이상 실시하였고, '환구시보(環球時報)'는 이 문제를 둘러싼 언급을 통해서 "중·일 간에 이미 대화로 문제를 풀 수 있는 여지가 많지 않으며 전쟁을 준비하는 단계로 돌입했다"고 언급한 바가 있다.

중·일(中·日) 간 댜오위다오(센카쿠 열도) 영유권(領有權)을 둘러싼 갈등이 무력 충돌로 발생할 개연성을 높인 사건은 2013년 11월 23일 중국이 동(東)중국해 상공에 선포한 '방공식별구역(ADIZ)'이다. 중국의 ADIZ는 한국 관할인 이어도, 일본과 영유권 분쟁이 첨예한 댜오위다오(센카쿠 열도) 열도를 포함한 동(東)중국해 상공을 포함한다. 사실상 공해(公海) 지역에서 타국의 항행 자유를 제한하는 '방공식별구역(ADIZ)' 조치는 이 구역으로 진입하는 비행체가 국적과 비행 계획을 사전에 통보하지 않을 시에 선포 당사국은 비행체를 통제하게 된다. 중국의 이번 조치는 국력 증대와 함께 해상에서 자국의 영향력을 확장하려는 의도이며, 동시에 댜오위다오(센카쿠 열도)에 대한 일본의 영유권 주장을 약화시키고 서(西)태평양에 대한 중국의 장기적인 접근권을 확장하려는 것이다. 따라서 중국의 '방공식별구역(ADIZ)' 선포를 계기로 동(東)중국해 댜오위다오(센카쿠 열도)를 둘러싼 중국과 일본의 무력 충돌 가능성이 상시적으로 존재하는 시기로 진입하였다.

전술한 바와 같이, 저자는 중·일(中·日) 군사충돌의 발화점은 중·일(中·日) 영유권 분쟁지역인 센카쿠 열도와, 오키나와가 포함된 동(東)중국해에서의 군사충돌로 비화될 가능성이 높다고 전망한다. 물론, 남(南)중국해에서 인공섬 건설을 둘러싼 미·중(美·中) 갈등이 잠재되어 있는 것은 사실이지만, 미국은 현재로서는 중국이 상대하기 힘들기 때문에 미국의 대리전에 나설 일본을 상대하려 할 것이며, 또한 일본은 기꺼이 미국의 대리전을 수행함으로써 자국의 '군사대국'화를 위한 계기로 활용할 것이다.

중국과 아시아 패권을 다투는 일본은 군비증강에 박차를 가하고 있다. 일본 해상자위대는 1만8,000톤급(배수량 기준) 헬기탑재 호위함 1번함인 '휴우가'를 2008년 3월 실전 배치했다. 또한 2번함은 2009년 8월 진수됐다. 총 11대의 헬기를 탑재할 수 있는 '휴우가'는 사실상 헬기 항공모함이다. 14대의 헬기를 실을 수 있는 1만9,500톤 급 대형 호위함 건조도 추진 중이다. 나아가, 일본은 이지스함 탑재 SM-3 요격용 미사일, 지상 배치 패트리엇 PAC-3 미사일 배치 등 미사일 방어(MD)체제 구축에 박차를 가하고 있다. 동아시아 국가들이 군사력 중에서도 해군력 증강에 나서는 것은 원유 등 전략물자의 원활한 수송을 위한 해상교통로 확보와 남사군도 등 해양영토 분쟁 대비, 배타적경제수역(EEZ) 도입에 따른 해양자원 보호 등을 겨냥한 것이다. 즉 신흥 해양세력으로서의 중국의 성장에 따라 미국 등 기존 해양 강대국과의 이해 대립 및 충돌이 불가피한 것으로 전망된다.

다른 한편으로, 중국·일본 외에 인도·호주·베트남도 적극 가세하고 있다. 특징은 잠수함·항공모함·구축함 등 해군력 중심으로 이뤄진다는 점이다. 3개국 모두 중국의 해군력 증강 대응 등의 차원에서 돈을 쏟아붓는 '중국발(發) 군비경쟁 도미노 현상'이 벌어지고 있는 것이다. 아세안 10개 회원국과 인도·호주 등도 2000년대 중반부터 군사비 지출이 팽창, 최근엔 연평균 증가율이 세계 평균치를 훨씬 웃도는 7% 이상을 기록하고 있다. 이 지역 군비증강 경쟁은 영국 국제전략문제연구소(IISS)가 매년 아·태 지역 국방장관 등을 초청해 여는 '샹그리라 대화'에서도 최근 2년 동안 계속 주요 의제로 채택돼 집중 토론될 정도로 심각하다.

인도의 핵잠수함 보유는 미국·러시아·영국·프랑스·중국에 이어 세계 6번째, 아시아에선 2번째다. 인도는 2009년 초 30대의 전투기를 탑재할 수 있는 4만톤 급 항공모함을 2014년까지 독자 건조하겠다는 계획을 밝혔다. 같은 해 7월에는 최초의 독자건조 핵(원자력추진)잠수함인 '아리한트'(Arihant·적국 파괴자라는 의미)를 진수했다. 6,000톤 급인 아리한트는 사정거리 700km의 핵탄두 미사일 K-15를 탑재, 파키스탄 등 주변국을 강력 위협하고 있다.

호주는 향후 20년간의 군사력 건설계획 등을 담은 국방백서에서 "F-35 5세대 전투기 100대, 탄도미사일 요격능력을 갖춘 7,000톤 급 대형 구축함 8척, 1,000명의 병력을 수송할 수 있는 캔버라급(級) 대형 수송함 등의 도입을 추진하겠다"고 밝혔다.(조선일보, 2010. 01. 09)

베트남의 응웬 떤 중 총리(당시)와 블라디미르 푸틴(Vladimir Putin) 러시아 총리(당시)는 러시아제 킬로급 잠수함 6척(약 2조3,000억 원 규모)과 SU-30MK2 전투기 12대 등을 베트남에 판매하는 양해각서에 서명했다. 베트남의 이런 무기 구입은 베트남전 종전 후 35년 만에 최대 규모였다. 설상가상으로, 러시아의 군사지원이 노골적으로 전개되고 있다. 또한, 군사 연합훈련도 늘고 있다. 2005년부터 중국·러시아 연합훈련이 서로 매년 실시되는 것을 포함, 인도·일본·호주·미국 등이 참여하는 다국적 연합훈련도 증가 추세이다.

[그림 4] 일본이 주장하는 영해와 배타적 경제수역(EEZ)

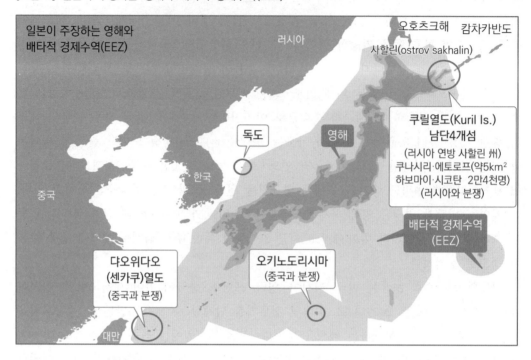

[그림 5] 중국·일본 영토분쟁 지역: 댜오위다오(센카쿠 열도)

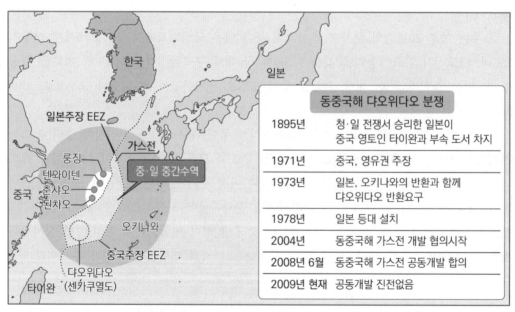

자료: 동아일보, 2015. 10. 28.

2) 남(南)중국해 난사군도(스프래틀리군도)

남(南)중국해는 대만해협에서 말라카 해협(Strait of Malacca)으로 이어지고 7개국: 중국·대만·필리핀·말레이시아·브루나이·인도네시아·베트남에 둘러싸인 주머니 모양의 해역이다. 면적은 350만km²로 수심이 대부분 200m 이하로 얕고 하이난(海南) 섬을 제외하면 큰 섬도 없다. 대신 작은 섬들과 만조 때 수면 아래로 가라앉는 산호초와 암초로 이뤄진 군도가 흩어져 있다. 서쪽으로는 말라카 해협을 통해 인도양으로, 동쪽으로는 대만해협을 통해 동중국해와 서태평양으로 이어지는 길목이다. 물류가 오가는 해상 수송로로 전략적 요충지인 셈이다.

중국은 역사적으로 상기 해역이 중국의 영해(嶺海)라는 주장을 펴고 있다. 그 범위는 남(南)중국해 전체 면적의 86%에 해당하는 300만km²나 된다. 이와 반면에 아세안 5개국은 국제해양법에 따라 200해리의 배타적 경제수역(EEZ)을 주장하고 있다. 서사군도(西沙群島·파라셀군도)와 난사군도(南沙群島·스프래틀리군도)상의 도서(島嶼)와 암초에 대한 소유권 주장도 국가별로 엇갈린다. 상기 분쟁의 이면에는 상기 해역의 해저에 묻혀 있는 막대한 자원이 있다. 남(南)중국해에는 230억 톤의 석유와 7,500km³의 천연가스가 매장돼 있는 것으로 중국 측은 추정하고 있다.

따라서 1970년대부터 중국과 남(南)중국해 상의 서사군도(西沙群島·파라셀군도), 난사군도(南沙群島·스프래틀리군도)의 영유권(領有權)을 놓고 갈등을 빚어왔다. 심지어, 1974년에는 중국과 베트남 해전(海戰)이 벌어졌다.

영유권(領有權)을 주장하는 모든 나라가 역사적 자료와 유엔 해양법 등을 근거로 대고 있다. 중국은 후한 시대 사료에 난사군도(南沙群島·스프래틀리군도)에 출항했다는 기록이 나온다고 주장한다. 송·원·명·청 등 역대 왕조 때의 사료에도 난사군도(南沙群島)에 탐사대를 보냈거나 그 지역에서 어업을 했다는 기록이 남아있다. 중국은 특히 1909년 청나라 광둥(廣東) 성과 광시(廣西) 성이 난사군도(南沙群島)를 편입했다고 주장한다. 베트남도 뒤질세라 사료를 근거로 영유권(領有權) 주장을 계속한다.

근대에 들어 남(南)중국해의 지배권은 계속 바뀌었다. 제국주의 프랑스가 1930년대 초까지 지배권을 행사했으나 1937년 중·일전쟁을 일으킨 일본이 이듬해 서사군도(西沙群島·파라셀군도)와 난사군도(南沙群島·스프래틀리군도)를 자신들이 식민지화한 대만에 복속시켰다. 이후 일본이 패망하자 중국은 국민당 정부 시절이던 1946년 린쭌(林遵) 2함대사령관을 군함에 태워 난사군도(南沙群島)로 보내 곳곳을 다니며 자국 영토라고 경계석을 박았다.

1947년 국민당 정부 내정성은 남(南)중국해는 대만 소속이라는 지도를 발간하면서 구단선의 원형인 '11단선'을 그려 넣었다. 국민당을 본토에서 몰아내고 1949년 중화인민공화국(중국)을 세운 중국 공산당은 11단선을 답습해 지도에 올려놓았다. 그러다 1953년 중국이 통킹 만의 섬 영유권을 베트남에 넘겨주면서 9단선으로 변경했다.

그 후 중국은 미국의 힘의 공백이 생길 때마다 남(南)중국해 진출을 가속화했다. 1954년 제1차 인도차이나 전쟁 종결로 종주국이던 프랑스가 철수하자 서사군도(西沙群島·파라셀군도) 동부를 점거해 당시 월남과 서사군도(西沙群島·파라셀군도)를 나눠 가졌다. 이어 미군이 1973년 월남에서 철수하자 중국은 다음 해 월남군과 교전 끝에 서사군도(西沙群島·파라셀군도) 전역을 지배했다.

중국은 1980년대 중반 옛 소련이 베트남 주둔군을 축소하자 이번에는 난사군도(南沙群島·스프래틀리군도)로 발을 뻗쳤다. 냉전이 끝난 후 미군이 필리핀에서 완전 철수한 1992년에는 '영해법'을 제정해 남(南)중국해 영유권(領有權)을 기정사실화하려 했다. 이어 1994년에는 필리핀이 영유권을 주장하는 난사군도(南沙群島) 미스치프 암초에 건물을 세웠다.

이에 맞서 필리핀은 2013년 1월 유엔해양법 조약에 근거해 네덜란드 헤이그의 상설중재재판소에 중재를 신청했다. 중국은 이에 응하지 않고 있다. 1994년 발효된 해양법 조약으로 1947년에 그어진 구단선의 합법성을 판단할 수 없다는 주장이다. 중국의 본심은 국제사회의 개입은 받아들일 수 없다는 것이다. 분쟁 당사국인 양국이 자체적으로 해결하자는 계산이 깔려있는 것이다. 많은 당사국이 엉켜 있으면 '개별 격파'가 어렵기 때문이다.

여기서 흥미로운 것은 미국의 태도다. 미국은 오랫동안 제3자의 태도를 취해 왔다. 2010년 중국이 남(南)중국해를 대만, 티베트와 견줄 만한 '핵심적 이익'이라고 밝힌 뒤에야 그해 7월 힐러리 클린턴(Hillary Clinton) 당시 미(美) 국무장관이 "남(南)중국해에 있어서 국제법 준수는 미국의 국익"이라고 표명했다. 이후로 국제회의장에서 남(南)중국해 문제가 논의되기 시작했다.

미국은 남(南)중국해는 공해(公海)라고 주장하며 영유권 문제는 '해양법에 관한 유엔조약(UNCLOS)'에 따라 정해야 한다고 주장하고 있다. 하지만 미국은 주요국 중 유일하게 해양법을 비준하지 않고 있다. 왜냐하면 상업 및 군사 활동에 제약을 받을 우려가 있기 때문이다. 월스트리트저널은 이 점을 들어 "미국이 중국을 비난할 때 입지가 약할 수밖에 없다"고 지적했다.

남(南)중국해 영유권(領有權) 다툼은 종종 국지적 무력충돌 사태로 번졌다. 2011년 중국 어선이 베트남 석유탐사선의 케이블을 끊어버리자 베트남은 징병령을 발동하고 남(南)중국해에서 실탄훈련을 벌였다. 2012년에는 스카버러 섬 주변에서 필리핀과 중국 군함이 사흘간 대치했고 2014년에는 중국과 베트남 순시선이 일주일 넘게 대치하며 물대포 교전을 벌였다.

중국은 이 문제로 인한 대외적 고립을 피하기 위해 한편으로 외교적 대화 노력도 병행하였다. 2002년 '남중국해 당사국 행동선언(DOC)'은 이런 배경하에 합의된 것이다. 현재는 행동선언에 법적 구속력을 붙이는 '남중국해에 있어서의 행동규범(COC)'을 마련한다며 시간을 끌면서도 아세안(동남아시아국가연합) 국가들과 협의하는 자세를 보이고 있다. 이런 가운데 미국의 개입이 본격화하자 시진핑(習近平) 국가주석은 돈 보따리를 풀며 동남아 국가 달래기 및 분열 작전에 나서고 있다. 중국은 '남중국해에 있어서의 행동규범(COC)' 책정을 미끼로 던져놓고 아세안 국가들과 고위급 협의를 열어 대화 자세를 강조했다. 그 결과 아세안 확대 국방장관회의는 미국의 기대와 달리 중국의 남(南)중국해 진출을 견제하는 공동성명을 채택하지 못했다.

미국과 험한 설전을 거쳤던 중국이 우려하는 것은 주변국 모두의 '공동의 적'으로 몰리는 상황이다. 이런 상황을 피하기 위해 시진핑(習近平) 국가주석은 아시아태평양경제협력체(APEC) 정상회의 등 국제회의를 앞두고 분쟁 당사국인 베트남을 직접 방문했다(동아일보, 2015. 11. 14). 남(南)중국해 문제가 회의 쟁점으로 떠오르는 것을 막기 위한 '선제 방어'다. 응우옌푸쫑 공산당 서기장과 회담을 가진 시진핑(習近平) 국가주석은 베트남 인프라 투자에 5년간 최소 8,000억 원을 지원한다고 발표했다. '남중국해에 있어서의 행동규범(COC)' 제정을 서두르자는 기존 합의 사항도 재확인했다.

또한, 시진핑(習近平) 국가주석은 이어서 싱가포르를 방문해 "남중국해에서의 통행의 자유는 아무런 문제가 된 적이 없고 앞으로도 문제가 되지 않을 것"이라며 유화 제스처를 보이는 모양새를 취했다(동아일보, 2015. 11. 14). APEC 정상회의가 열리는 필리핀에도 미리 손을 썼다. 왕이(王毅) 외교부장을 10일 마닐라에 보내 알베르트 델 로사리오 필리핀 외교장관과 베니그노 아키노(Benigno Aquino) 대통령(제15대: 2010~현재)에게 남중국해 문제를 정상회의 의제로 다뤄서는 안 된다고 당부했다(동아일보, 2015. 11. 14).

[그림 6] 난사군도(南沙群島·스프래틀리군도) 영토 분쟁 지역

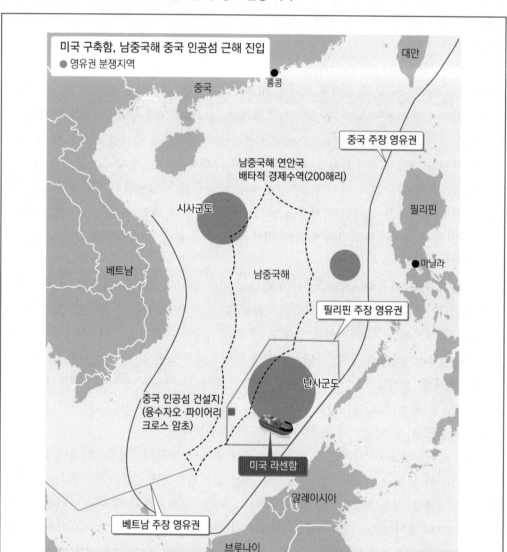

출처: 동아일보, 2015. 11. 27

3) 독도(獨島)

일본은 역사상 세 번이나 독도(獨島)가 조선 영토임을 인정했다.[51] 첫 번째는 1696년, 당시 울릉도와 독도를 왕래했던 어부들이 울릉도와 독도는 돗토리번 소속이 아니라고 중앙정부인 「에도」 막부에 보고하면서 "독도는 울릉도에 가는 도중에 있는 섬"이라고 확인했다. 사흘 뒤 「에도」 막부는 일본인의 울릉도 출어를 금지했다. 이는 울릉도로 가는 도중에 있는 섬인 독도(獨島)에 대한 출어까지 금지시킨 명령이었다. 당연히, 「에도」 막부가 만든 모든 일본 지도에는 독도(獨島)가 없다.

두 번째는 1870년, 일본 「메이지」 정부는 "울릉도·독도가 조선의 부속이 된 경위를 조사하라"고 외무성에 명령했는데, 「메이지」 정부는 독도를 '조선의 부속'이라고 단정했다.

세 번째는 7년 후인 1877년, 일본 내무성은 "울릉도와 독도는 17세기 말 조선과 교섭 끝에 일본과 관계없는 섬이 되었다고 알고 있으나 이것을 다시 한 번 여쭙겠다"고 일본 정부의 최고기관 태정관에게 물었다. 이에 태정관은 "울릉도와 독도는 일본과 관계없음을 명심할 것"이라는 지령문을 하달했다.

이와 같이 일본 정부는 세 차례나 "독도는 조선령이며 일본 것이 아니다"라고 공식 인정했음에도 불구하고 현재 이런 공문서를 감추고 독도(獨島)가 일본의 고유 영토라는 억지 주장을 반복하고 있다. 이 허위 사실을 자국의 다음 세대들에게까지 각인시킬 목적으로, 일본의 중학교 사회과 교과서 가운데 지리 과목 6개 출판사 중 1곳과 공민과목 8개 출판사 중 3곳의 교과서에서는 이미 독도 관련 내용을 담고 있으며, 특히 후쇼샤(扶桑社) 및 도쿄서적(東京書籍)에서 발간된 책에는 "독도는 일본의 고유영토"라고 기술하고 있다.

2004년 1월 9일, 고이즈미 준이치로(小泉純一郎) 일본 총리(당시)가 한국의 '독도의 자연'을 소재로 한 4종의 우표 56만 세트를 발행하는 사업과 관련 "다케시마(竹島·독도)는 일본의 영토"라고 주장해 해묵은 독도(獨島)의 영유권 주장에 대한 논쟁을 불러일으켜 한·일 간 마찰이 야기되었다.[52]

2005년 2월, 일본의 시마네현 의회는 2월 23일부터 시작되는 정기회 기간을 통해 2월 22일을 '다케시마의 날'(竹島の日)로 정하는 조례를 통과시켰다. 이는 시마네현 의원 38명

---

51) 호사카 유지, "독도의 실효지배를 강화하자", 중앙일보, 2008. 07. 17.

52) 더구나 고이즈미 전(前) 총리와 일본 정부의 독도 영유권 주장은 신년 벽두에 태평양전쟁 전범들의 위패가 있는 야스쿠니 신사를 참배한 데 이어 나온 것으로 현재 일본의 우경화 경향에 편승한 것이 아니냐 하는 점에서도 한·일관계에 깊은 우려를 자아내었다.

중 36명이 참여하고 있는 '다케시마 문제 모임'이 정기회기에서 조례안 처리를 통해 100년 전 독도(獨島)를 자신들의 현 부속도서로 고시하였던 1905년 2월 22일을 기념하겠다는 것이다. 시마네현 지방정부는 독도(獨島) 영유권을 주장하는 전광판을 청사에 설치했고, 2005년 2월 2일부터는 독도(獨島) 영유권 주장이 담긴 홍보물 '돌려달라, 섬과 바다'를 TV 스팟 광고로 제작하여 TSK, BSS, NKT 등의 지방방송을 통해 내보내며 독도(獨島)의 위치와 역사를 소개하기도 하였다.[53]

상기와 같은 일본 지방정부의 일련의 행위에 대해 한국 정부가 외교통상부 대변인 명의로 논평을 내고 깊은 유감을 표시하자 다카노 도시유키(高野紀元) 주한 일본대사는 즉각적으로 '독도는 명백한 일본 땅'이라고 주장해 파장이 일기도 하였다.

결국, 일본 시마네현 의회의 '독도의 날' 조례안 통과로 불거진 독도(獨島) 파문은 급기야 한국과 일본의 중앙정부 차원의 외교전으로 비화되었으며, 한국정부가 2005년 3월 17일 "일본의 독도 도발은 제2의 한반도 침탈"이라는 강경한 어조의 대(對)일본 신(新)독트린을 발표하자 일본은 바로 마치무라 노부다카(町村信孝) 외상의 담화를 통해 일본 정부의 입장을 발표하기에 이르렀다.

그럼에도 불구하고, 2008년 7월 14일, 일본은『중학교 사회과 교과서 학습지도요령 해설서』에 독도와 관련하여 "한국과의 사이에 주장의 차이가 있는 데 대해 북방영토와 마찬가지로 우리의 영토·영역에 대해 이해를 심화시킬 필요가 있다"는 내용으로 기술하겠다고 후안무치(厚顔無恥)하게 통보해와 한국인의 분노를 자아냈다.

상기한 '타케시마 탈환'은 1995년 일본 집권당의 총선공약이었고, 1997년부터는 일본 외교의 10대 지침이었다.[54] 그러나 독도(獨島)에 관하여 일본은 그 주장과는 달리 법적으로 별로 내세울 것이 없었는데도, 한·일 간 신(新)어업협정(1998. 09. 25, 도쿄)에서 독도가 한·일 '중간수역'에 포함됨에 따라 법적인 주장 근거가 생기기 시작하였다. 다시 말하면, 일본의 입장에서 보면, 신(新)한일어업협정(1998. 09. 25)으로 인하여 독도(獨島)에 대한 영유권을 한층 더 강력하게 주장할 수 있는 근거를 확보한 셈이다. 즉, 독도 영유권 문제가 한·일 간에 최초로 외교문제화되었던 1950년대 이후, 일본이 '못 먹는 감 찔러나 보자'는 심정으로 툭툭 건드려본 것이 의외로 '횡재'를 얻은 꼴이다.

당시, 일본 정부가 김영삼 정부(1993. 02~1998. 02)와 타결 직전에 있었던 신(新)어업협

---

53) 일본 외무성은 2004년부터 독도 영유권 주장과 일본해 표기, 대륙붕 국익 확보를 위해 조사비와 홍보비로 7억8,000만 엔을 지원하고 있다.

54) 예로서, 1998년 독도를 겨냥한 일본 육·해·공 자위대의 합동 '탈환' 작전을 들 수 있다.

정을 내던지고 기존의 어업협정까지 파기하고 나서자, 김대중 정부(1998. 02~2003. 02)는 IMF 관리체제하에서 일본의 대(對)한국 경제지원을 기대하며 독도(獨島)를 일본이 원하는 대로 '중간수역'에 넣는 것을 골자로 하는 한·일 간 신(新)어업협정(1998. 09. 25)을 서둘러 체결했다.[55] 그리고 김대중 정부는 동 협정에 반대하는 거센 여론을 무시하고 여당 주도 하에 날치기로 비준안을 통과시켜 1999년 1월부터 동 협정이 발효되었다.

또한, 일본이 독도(獨島)를 인간이 거주할 수 있는 섬으로 보아 200마일 기점으로 삼고 독도와 울릉도 사이에 해양경계를 그어야 한다고 주장하는데도 불구하고, 당시 김대중 정부(1998. 02~2003. 02)는 독도가 별로 가치가 없는 바윗돌에 지나지 않으므로 이를 무시하고 한국의 울릉도와 일본의 오키노도리시마 섬 사이에 경계를 그어야 한다고 주장했다. 이 주장은 바로 일본 측의 희망사항과 정확히 일치하였다. 즉, 일본은 조그마한 오키노도리시마에도 인간이 독자적인 경제생활을 할 수 있는 섬이라고 강변하면서 '200마일 배타적 경제수역'을 선포했고, 독도와 울릉도 사이를 경계로 해야 한다고 계속 주장했던 것이다.

당시 김대중(金大中, 1924~2009) 정부(1998. 02~2003. 02)는 독도와 그 수역을 어(魚)자원의 보고 정도로 인식하는 안이한 자세로 어업협상에 임했다. 지형상 독도가 그것의 모도(母島)인 울릉도에 딸려 있음에도 불구하고 독도의 200마일 기점을 포기함으로써 이른바 '속도이론'(屬島理論)을 주장할 근거를 스스로 유실하였던 것이다. 그리하여 한국 정부는 기껏해야 "독도문제는 영토에 관한 문제로, 경제문제인 한일어업협정과는 전혀 관계가 없다"고 아전인수격 홍보만 해댔다.

그러나 신(新)한일(韓日)어업협정(1998. 09. 25)에서는 한·일 양국이 독도(獨島) 영유권 문제와 어업문제를 서로 분리한다고 합의한 바 없다. 설혹 한·일(韓·日) 양측이 합의하여 독도(獨島) 영유권 문제와 어업 문제를 분리·명기해 놓았다고 하더라도, 공동관리수역에서는 어업권이 환경보전이나 해운문제 등과는 분리될 수 있어도 어업권은 궁극적으로는 영토의 주권적 영유권에서 연유하기 때문에 '독도 영유권 문제'와 어업문제는 분리될 수 없는 것이다.

결국, 당시 김대중 정부(1998. 02~2003. 02)는 신(新)한일(韓日)어업협정(1998. 09. 25)에 반대하는 서명운동에서 유권자 850여만 명이 제출한 여러 트럭분의 서명서를 보고서야, 쪽선의 배노를 바꾸어 목노의 가지를 지켜세우며 독노(獨島)를 200마일 기섬으로 삼기로 결정했다. 이 결정은 또한 일본의 주장과 일치한 것이다.

---

55) "당시 협상 대표가 독도를 중간수역에 넣는 것은 소관사항을 벗어난 것이었다고 말한 것으로 보아 이는 윗선에서의 정치적 결단이었던 것으로 보인다"(조선일보, 2008. 07. 29).

[그림 7] 신(新)한일어업협정

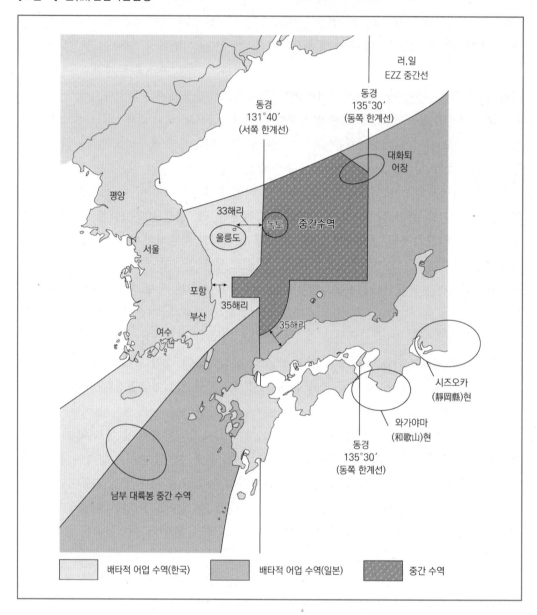

한·일 간 신(新)어업협정(1998. 09. 25, 도쿄)이 타결되기 전, 일본의 일방적인 협정파기로 외교적인 갈등을 빚었던 과거 한·일(韓·日) 어업협정의 최대 걸림돌은 동쪽한계선으로 오징어잡이로 유명한 '대화퇴(大和堆) 어장'을 어느 정도 확보하느냐가 관심사였다.[56] 동경 135도선을 고집하던 일본과, 오징어 어장을 뺏기지 않으려는 한국 측의 136도 주장이 맞

섰지만, 결국 한·일 양국은 중간선인 135.5도선으로 절충했다.

이와 반면에, 신(新)한일(韓日)어업협정(1998. 09. 25)에서 가장 핵심적인 문제는 '대화퇴(大和堆) 어장'의 소속보다는 '중간수역'의 범위에 따라 결정된 '독도 영유권'의 소속 문제이다. '중간수역'은 양측 연안으로 35해리 폭을 기준으로 동쪽 한계선은 동경 135도 30분, 서쪽 한계선은 동경 131도 40분으로 정했다.

그러나 한·일(韓·日) 양국은 독도(獨島)의 '영유권(領有權)'의 소속을 명시적으로 양측이 거론하지 않기로 합의했다. 일본은 신(新)한일(韓日)어업협정(1998. 09. 25)의 협상과정에서 독도(獨島)를 잠정수역에 두어야 한다고 주장하며 독도문제가 유보된 사안임을 강조했다. 이와 반면에, 한국은 상기의 일본 주장에 맞서 동해 수역을 '중간수역'으로 규정했으며, 한국의 '실질적인 지배'가 계속된다는 점에서 '독도(獨島) 영유권(領有權)'의 소속을 못박지 않기로 했다.

전술한 바와 같은 배경하에서, 독도(獨島)는 1999년 1월에 발효된 신(新)한일(韓日)어업협정에 따라 과거에 한국만이 누려왔던 독도(獨島) 수역에 대한 배타적 권리는 포기되었고 한·일(韓·日) 양국이 공동으로 관리하는 한·일(韓·日) 간 공동 '잠정수역' 안에 놓여 있다. 이를 뒷받침해 주는 관련조항으로서, 한국 정부가 일본에 독도(獨島)의 배타적 경제수역 내에서 '해양생산물자원 보전 및 관리권고권'과 그 '관리조치권'을 행사할 수 있는 '공동권리'를 인정해 준 것이다. 이것은 곧 한국 정부가 일본과의 협상에서 독도가 아닌 울릉도를 기점으로 삼음으로써 초래한 결과로서, 그동안 독도(獨島) 수역에 대한 상기와 같은 각종 배타적인 권리를 '단독'으로 행사해오던 것을 포기한 셈이다.

따라서, 한국 정부의 일방적 홍보나 강변과 달리, 신(新)한일(韓日)어업협정은 어업권과 영토권의 분리를 명기하지 않은 치명적 오류를 범한 상태에 있으므로 반드시 폐기되어야 한다. 이와 동시에, 입도(入島) 제한 근거인 '천연기념물 제336호 독도관리지침' 규정을 폐기해야 한다. 동 협정의 폐기는 현재 독도와 울릉도 사이를 순시하는 일본 해상자위대 소속 군함의 초계활동을 근절하고 그 근거를 없애는 조치이기도 하다.

한편, 미국은 1946년 더글러스 맥아더(Douglas MacArthur) 사령부 지령을 통해 독도(獨島)를 1895년 이래 일본이 폭력으로 탈취해간 섬으로 보고, 일본으로부터 분리하여 한국

---

50) 한·일 양국은 기존의 어입실적 보정과 관련해서, 일본의 배타적 경제수역 안에서 한국의 냉태소업을 협정시행 첫해인 1999년에는 어획고 1만5,000톤으로 제한하되 2000년부터는 이를 인정하지 않기로 했다. 또한, 대게조업은 1999년에는 기존실적의 50%를 감축하고 2000년에는 나머지 50%를 줄이기로 했으며, 명태와 대게를 제외한 나머지 어종의 경우에는 3년에 걸쳐 양국 간의 어획할당량이 일치하도록 연차적으로 조절해 나가기로 합의했다. 이에 따라 일본 연안에서 연간 22만 톤의 조업실적을 올려온 한국어민들의 조업피해가 불가피하게 됐다.

령(領)으로 하였고, 1952년 발효된 샌프란시스코 강화조약도 독도에 대한 별다른 결정이 없이 오늘에 이르고 있다. 그럼에도 불구하고, 한국과 일본의 독도(獨島) 영유권(領有權)의 분쟁을 관찰하고 있던 미국은 한국정부가 이처럼 독도(獨島)를 '중간수역'에 넣고, 그로부터 기대되는 해양 이익을 일본과 함께 나누는 것으로 해석하고 독도(獨島)를 한국에 귀속된 섬으로 표기해왔다. 그러나 미(美) 정부 지명위원회(BGN: Board on Geographic Names)가 돌연 독도(獨島)에 대한 영토주권 표시를 '주권 미(未)지정'(Undesignated Sovereignty)으로 변경했다고 한다. 즉, 독도를 '주인 없는 섬'으로 미국이 만들어 버린 것이다. 다시 말하면, 영토분쟁이 있는 독도(獨島)에 대하여, 미국은 중립적 입장을 취해버린 것이다.

또한, 미국 중앙정보국(CIA) 국가정보보고서 2004년판에는 독도(獨島)를 '분쟁이 고조되는 지역'이라고 표현하고 있다. 게다가 최근 독도(獨島)를 일본명칭인 '다케시마'로 병행 표기하고 있는 영어권 웹사이트가 2004년 7월 600여 개에서 12월에 2,000여 개로 급속히 증가하였다. 2004년 초, 독도우표 문제로 한·일 양국이 대립할 때, 일본 정부는 한국의 독도우표 발행을 비난하는 성명을 만국우편연합을 통해 190개 회원국에 보낸 바 있다.

이와 대조적으로, 미국은 일본과 중국, 대만 사이에 분쟁 상태에 있는 동(東)중국해의 댜오위다오(釣魚島)에 대해서는 여전히 일본 영유의 센카쿠(尖角) 열도(列島)로 표기하고 있다. 미국은 일본이 중국과 분쟁상태에 있는 댜오위다오(釣魚島)를 '중간수역'에 넣지 않고 중·일(中·日) 간 어업협정을 체결하였던 사실과, 일본이 그 주변에 '200마일 배타적 경제수역'까지 선포하고 그에 접근하는 중국과 대만의 어선을 모조리 나포하며 주권을 온전하게 행사하는 사실을 각각 인정하고, 댜오위다오(釣魚島)를 일본령(領)으로 표기하였다.

4) 남(南)쿠릴열도(kuril Islands, 北方 4개 섬)

남(南)쿠릴열도(북방영토) 분쟁은 러시아가 실효지배하고 있는 가운데 일본이 영유권(領有權) 주장을 지속하는 비폭력 대립분쟁이다. 동 지역을 획득하게 된 경위는 양국 동일하게 영토 팽창의 결과이며, 그 과정에서 양국이 번갈아가며 점령해왔다. 현재 남(南)쿠릴열도는 러시아 사할린주가 관할하고 있다.

일본과 러시아가 쿠릴열도 영유권(領有權) 문제로 으르렁거리고 있지만, 사실 남(南)쿠릴열도(kuril Islands, 北方 4개 섬)의 원래 주인은 일본도 러시아도 아닌 '아이누'라는 소수민족이었다. '아이누'는 아이누어로 '사람'이라는 뜻이다. 아이누족은 통일된 국가를 이루지 못하고 부족 생활을 했었다. 일본 혼슈의 도호쿠 지방, 홋카이도, 러시아의 사할린, 쿠릴열도, 캄차카반도 등지에 흩어져 살았다. 여기 살던 아이누인들은 거의 다 혼혈화하거나 강제로 일본 본토나 캄차카 등지로 이주당했다.[57]

[그림 8] 러·일 영유권 분쟁 지역: 남(南)쿠릴열도(kuril Islands, 北方 4개 섬)

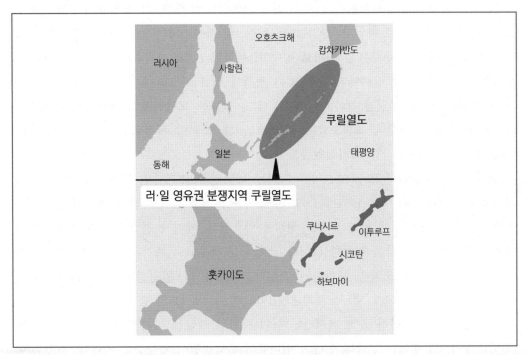

57) 일본은 군주국이지만 실권은 사무라이들의 우두머리인 '쇼군(將軍)'이 쥐고 있었다. 15세기 이후, 일본 역대 '쇼군(將軍)'들이 차근차근 북쪽으로 세력을 넓혔었다. 19세기에는 일본 혼슈 동북부와 홋카이도까지 모두 일본 중앙정부의 지배 아래 들어왔었다. 아이누족도 자연히 '일본인'이 됐었다. 그러나 아이누족은 용모도 언어도 다른 '이민족'이다. 메이지유신 이후 일본은 '일본인은 단일민족'이라고 강조했었다. 결국, 일제(日帝)는 1899년 아이누 민족의 고유 풍습을 금지하고 일본어 사용을 의무화했었다. 전통적인 수렵 생활을 금지하고, 이름도 일본식으로 바꾸도록 압박했었다. 아이누족들은 지옥 같이 살아가야 했는데 너무나도 막대한 세금을 착취당해 아이누인들은 아기를 낳으면 스스로 목졸라 죽여버렸던 적도 많았다. 왜냐하면 아기 1명이 태어나면 세금을 2배 이상으로 착취했기 때문이었다. 따라서 일본이 아이누인들에 대해 일본인이라느니 북방영토 회복을 내비칠 때 러시아가 비웃으면서 이런 근거를 들이대기도 했나. 최우에 이런 차별 성책을 만성하는 목소리가 일본 사회에 차차 높아졌있나. 껼국, 아이누쪽을 억지로 동화시키던 법이 1997년에 정식으로 폐지됐었다. 이러한 역사적 배경하에서, 일본 측에서 만약 쿠릴열도를 반환받을 경우 거주하고 있는 주민들의 거주권 등을 보장하고 각종 지원을 해주겠다고 약속을 하더라도 러시아는 일본을 신뢰하기엔 매우 어려울 수밖에 없다. 더 나아가, 러시아가 쿠릴 섬 2개를 양보하거나 남쿠릴을 반환함으로써 영토분쟁을 끝낼려 하고 싶을지라도 쿠릴열도 전체나 남(南)사할린을 또 요구하지 않으리란 보장이 희박하다.

(1) 연역

1855년 에도 막부와 러시아 제국은 러·일 화친 조약을 맺어 당시 각자의 세력권 아래 있던 이투루프섬과 우루프섬의 사이를 국경선으로 정했다. 1875년 러시아와 일본은 상트 페테르부르크 조약에서 사할린섬 전체를 러시아의 영토로 하고, 그 대신에 쿠릴열도의 섬들은 일본이 지배하기로 하였다. 상기 1855년 러·일 화친조약(시모다 조약)에서 일본의 북방 국경을 이투루프-우루프섬 사이로 정하고, 사할린(일본명 가라후토)은 양국의 공동 거주지로 삼았다. 그러나 러시아의 남하(南下) 정책에 위협을 느낀 일본은 1875년 사할린에서 포기하는 대가로 쿠릴열도(일본명 치시마 제도) 전체를 교환하자고 제안했으며, 이것이 성사되어 사할린-치시마 교환조약(상트페테르부르크 조약)이 체결되고 일본은 사할린을, 러시아는 쿠릴열도를 각각 포기했었다.

그러나, 전가(傳家)의 보도(寶刀)처럼 써먹는 1855년과 1875년의 조약은 일본이 러·일 전쟁(Russo- Japanese War, 1904. 02. 08~1905. 가을)을 일으킴에 따라서 폐기되었다. 러시아와 일본 양국이 영토에 관한 문제로 전쟁을 일으켰고, 게다가 전쟁을 먼저 일으킨 것은 일본이므로 스스로 조약을 파기한 셈이다. 정확히는 자동으로 폐기된다기보다는 승전국의 입맛에 맞는 새로운 조약을 체결하는 것이다. 일본이 러·일전쟁(Russo-Japanese War, 1904. 02. 08~1905. 가을)과 제1차 세계대전(1914. 07~1918. 11)의 승전국이었으므로 그 당시에는 러시아 및 소련이 조약 폐기라느니 뭐니 하는 주장을 하기 어려웠다. 제2차 세계대전(1939~1945) 후에는 양국의 입장이 뒤바뀌어서 역관광이 가능했던 것이다. 비슷한 예시로 알자스-로렌이 있다. 러·일전쟁(Russo-Japanese War, 1904. 02. 08~1905년 가을)은 일본의 승리로 끝났으며, 이에 따라 일본에게 유리한 조약이 맺어진 것이다. 반대로 소련이 제2차 세계대전(1939~1945)의 참전국이며 승리를 거둔 이상 당연히 일본에게 불리한 조약이 맺어질 수 밖에 없었다.

1905년 러·일전쟁(Russo-Japanese War, 1904. 02. 08~1905. 가을)과 포츠머스 조약의 결과에 따라 일본은 사할린 섬의 북위 50도 이남의 사할린을 수중에 넣었으나, 1945년 태평양 전쟁 패전으로 다시 러시아 영토가 되었다. 이때 소련은 쿠릴열도도 함께 수중에 넣었는데, 당초 소련의 이오시프 스탈린(Iosif Vissarionovich Stalin, 1878~1953)이 미국에 소련군의 홋카이도 점령을 타진했었으나 해리 S 트루먼 대통령(Harry Shippe Truman, 33대: 1945~ 1953)이 이를 거부하자 결국 1945년 8월 18일 시무슈 섬 전투를 시작으로 9월 3일까지 쿠릴열도만 점령하는 것으로 그쳤었다.

1943년 태평양 전쟁 중 미국·영국·중화민국이 카이로에서 정상회담을 가졌다. 1945년 7월 26일, 포츠담 선언은 카이로 선언을 계승하여 "일본의 주권은 혼슈, 홋카이도, 규슈 및 시코쿠와 부근 작은 섬들에만 미치며, 남(南)사할린과 쿠릴열도는 제외된다."고 밝혔다. 8월 9일, 소비에트 연방이 대일(對日) 참전을 시작했다. 8월 10일에 일본이 포츠담 선언의 수락을 연합국에 전달하고, 9월 2일 연합국에 대한 항복 문서에 조인했다. 8월 28일, 소비에트 연방이 이투루프섬을 점령하고, 9월 1일에 쿠나시르섬, 시코탄섬, 하보마이 군도 등을 순차적으로 점령했다. 1951년 샌프란시스코 강화조약에서 일본은 시코탄섬과 하보마이 군도는 쿠릴열도에 포함되지 않으며 '홋카이도의 일부'라고 영유권을 주장했다. 그러나, 당시 일본은 이투루프섬과 쿠나시르섬에 대해서는 회의 석상에서 두 차례에 걸쳐 '남지시마(남쿠릴열도)'라고 부르며, 이 2개 섬이 포기한 쿠릴열도 안에 포함됨을 인정했다.

1956년 소련/일본의 공동 선언으로 외교 관계가 회복되었다. 소련/일본 공동선언 제9항에서, 소련은 하보마이 군도와 시코탄섬을 평화조약 체결 후 일본에 넘기는 것에 동의했다. 그러나 1960년 일본이 미국과 미·일(美·日) 안보조약을 체결하자 소련은 거세게 반발했고 하보마이와 시코탄반환 약속을 취소했다. 그 후 일본에서도 사회-정치의 우경화가 심화됨에 따라 섬 두 개: 하보마이와 시코탄을 반환받을 게 아니라 아예 북방 4도를 전부 돌려받자는 여론이 커졌고, 결국 이것이 정론이 되었다.

1960년 기시 노부스케 내각이 미·일(美·日) 안보조약 개정을 실시하자 소련은 거세게 반발하며 하보마이 군도과 시코탄섬을 넘겨주겠다는 제안을 취소했고, 일본에 주둔하고 있는 외국 군대가 철수해야 반환할 수 있다는 입장을 바꾸었다. 이후 일본은 쿠나시르섬과 이투루프섬에 대해서도 반환을 요구하는 쪽으로 입장을 바꾸었다. 1991년 러시아가 이 지역에 대한 영토 문제를 계승했다. 2001년 3월, 블라디미르 푸틴(Vladimir Putin, 1952~현재) 러시아 대통령과 온건파인 모리 요시로 일본 총리는 양측이 만족할 만한 해법을 찾기 위해 노력하기로 합의하고 양측 간 협상이 진행되었다. 러시아는 하보마이 군도와 시코탄섬을 일본에 넘긴다는 입장이었고, 일본은 하보마이 군도와 시코탄섬을 먼저 돌려받고 쿠나시리섬과 에토로후섬에 대한 반환에 관하여는 추후 협상을 계속한다는 입장이었다. 그러나, 극우파 고이즈미 준이치로가 총리가 된 후 일본이 입장을 바꾸어 4개 섬을 한꺼번에 돌려달라고 요구하면서 협상이 결렬되었다.

2004년과 2006년, 두 차례에 걸쳐 블라디미르 푸틴(Vladimir Putin, 1952~현재) 대통령은 일본이 4도 중 이투루프 섬과 쿠나시르 섬에 대한 영유권 주장을 포기할 경우, 최남단의 시코탄과 하보마이 섬을 돌려줄 의향이 있음을 밝혔으나 분쟁이 해결되지는 못했다.

2007년 6월 3일, 세르게이 라브로프 외교부 장관이 1991년 소련 붕괴 이후 러시아 외교 장관으로는 처음으로 이 지역을 방문했다. 세르게이 라브로프는 방문 일정이 끝난 후 일본 정부에 남쿠릴열도 4개 섬 공동 개발을 제안하였으나, 일본 정부는 제안을 받아들일 경우 섬들이 러시아의 영토라고 용인하는 것으로 비춰질까 염려하여 이에 응하지 않았다.

2008년 5월, 일본과 러시아 양국 정부는 쿠릴열도 분쟁을 해결하기 위한 조치로 비자 면제 방문 프로그램에 합의하였다. 양국은 일본에 연고를 두고 있는 320명의 러시아인과 쿠릴열도에 가족 묘나 친지가 있는 517명의 일본인 등 총 837명에 대해 29차례에 걸쳐 비자 없이 상호 방문을 허용하기로 했다. 11월 22일, 러시아와 일본 정상은 영토 문제 해결을 위해 적극 노력하기로 합의했다. 그러나, 교도통신을 비롯한 일본의 각 언론사들은 영토 협상이 본격화될지에 대해서 의문을 표시했다.

2010년 11월, 드미트리 메드베데프(Dmitry Medvedev) 러시아 대통령(제5대: 2008. 05~2012. 05)이 소련－러시아의 최고 권력자로서는 처음으로 쿠릴열도를 방문해 트위터에 감상까지 남기는 등, 센카쿠 열도(중국어로는 댜오위다오) 문제로 중국과 대립각을 세우던 일본을 곤혹스럽게 했다. 이 방문은 남쿠릴열도에 대한 러시아 정부의 단호한 지배권 강화의 자세를 상징적으로 보여준 것으로 평가되었다.

당시 일본 정부는 보복 조치로 고노 마사하루(河野雅治) 러시아 주재 일본 대사를 소환, 경질하는 데 그쳤다. 간 나오토 당시 총리가 공개적으로 "메드베데프 대통령의 북방영토 방문은 폭거"라고 비판하자, 러시아는 공항개발과 첨단무기 배치 등 영유권 강화 조치로 대응했다. 결국 일본은 메드베데프 총리가 지난 7월 북방영토를 재차 방문했을 때 항의성명을 내는 수준에 그치는 등 대응조치의 수위를 상당히 낮췄다.

2010년 12월 8일에는 동해에서 미·일(美·日) 합동 해상 훈련을 진행하던 중에 러시아 초계기가 나타나는 등, 이 지역 문제를 놓고 러시아와 일본의 갈등은 사실상 평화적 해결의 실마리가 보이지 않는다. 당시 일본 정부는 보복 조치로 고노 마사하루(河野雅治) 러시아 주재 일본 대사를 소환, 경질하는 데 그쳤다. 간 나오토 당시 총리가 공개적으로 "메드베데프 대통령의 북방영토 방문은 폭거"라고 비판하자, 러시아는 공항개발과 첨단무기 배치 등 영유권 강화 조치로 대응했다.

2011년 2월 9일에 드미트리 메드베데프(Dmitry Medvedev)는 한 발 더 나가 쿠릴열도에 최신 대함/대공 미사일을 비롯하여 공격용 헬기 등 신형 무기들을 배치하겠다고 밝혔다. 일본은 이러한 결정을 비난하고 있지만, 뾰족한 대응 방법이 없어 골머리를 앓았다. 블라디미르 푸틴(Vladimir Putin, 1952~현재) 대통령과 드미트리 메드베데프(Dmitry Medvedev)

총리가 역할을 분담해 강－온건론을 펴는 등 외교력을 발휘하고 있기 때문이라는 분석도 나온다. 드미트리 메드베데프(Dmitry Medvedev) 총리는 절대 북방영토를 돌려줄 수 없다며 강경론을 펴는 반면, 블라디미르 푸틴(Vladimir Putin, 1952~현재) 대통령은 북방영토 4개(하보마이, 시코탄, 쿠나시르, 이투루프) 중 2개는 돌려줄 수 있다는 식의 대화론을 들고 나온다. 블라디미르 푸틴(Vladimir Putin) 대통령은 겐바 고이치로(玄葉光一郎) 외상과 가진 회담에서 "상호 수용 가능한 해결책을 찾도록 평화조약 교섭을 계속하고 싶다"는 말로 일본의 반발을 무마했다.

2011년 2월 16일, 중화인민공화국과 대한민국의 수산 업체가 쿠릴열도의 쿠나시르섬에서 러시아와 공동으로 해삼 양식 사업을 할 예정이라고 보도되었다. 일본은 제3국 기업의 남쿠릴열도 투자가 러시아의 영유권 인정으로 이어질 우려가 있다며 반발했다. 러시아는 드미트리 메드베데프(Dmitry Medvedev) 대통령의 방문 이후 남쿠릴열도에 대한 중화인민공화국이나 대한민국 등 제3국의 기업에 투자를 요청하고 있다.

2012년 2월 14일, 러시아의 니콜라이 마카로프 총참모장은 모스크바에서 기자회견을 열어 쿠나시르섬과 이투루프섬에 군 주둔지 2곳을 추가 건설하겠다고 밝혔다. 현재 두 섬에는 러시아 군의 5개 주둔지(병력 3,500명)가 있기 때문에 추가 건설이 완료되면 주둔지가 7개로 확대된다. 이에 따라 쿠릴열도에 러시아군이 증강되고 최신 미사일과 공격용 헬기, 탱크, 장갑차 등이 배치될 예정이다. 3월 22일, 교도통신에 따르면 쿠나시르섬을 방문한 중국 수산물기업 대표단이 "수산물 가공 공장 건설 등에 5,000만 달러를 투자할 준비가 돼 있다."고 밝혔다. 중국 대표단은 대형 냉장고를 구비한 수산물 가공 공장을 비롯해 가리비·해삼 양식장 건설 등의 구상을 설명한 것으로 전해졌다. 이에 대해 일본 정부는 러시아의 제안을 받아들일 경우 쿠릴열도에서 러시아의 관할권을 인정하게 된다며 한국, 중국의 정부와 기업에 신중한 자세를 취해줄 것을 요구하였다.

2012년 7월에는 드미트리 메드베데프(Dmitry Medvedev)가 쿠릴열도를 재차 방문했다. 이번에도 일본 측에서는 반발했지만, 메드베데프는 홋카이도가 보이는 바위 언덕에 올라가 망원경으로 관찰하는 등 대놓고 자기네 땅이라는 모습을 보였다.

2012년 8월에는 러시아 태평양 함대 소속군함들이 쿠릴열도 지역을 방문했다. 국방부 발표에 의하면 제2차 세계대전(1939~1945) 때 사망한 전몰 수병 추모 항해차원으로 쿠릴열도와 하바롭스크 지역 등을 24일 동안 항해한다고 하는데, 5년 동안 계속해왔다고 한다. 그러나 전문가들은 이는 실효지배 강화전략이라고 한다.

2013년 1월 9일, 러시아에 일본 특사로 방문할 예정인 모리 요시로 전(前) 일본 총리는 일본 후지TV에 출연하여 '현실적으로 생각한다면, 이투루프섬은 포기하고 쿠나시르섬, 하보마이 군도, 시코탄섬의 반환을 요구해야 한다'는 의견을 제시하였다. 4월 29일, 러시아 푸틴 대통령은 일본 아베 신조 총리와의 정상회담에서 2008년 중국과의 볼쇼이우수리스키섬(중국명: 헤이샤쯔섬) 분할을 예로 들며 하보마이 군도와 시코탄섬을 일본에 넘기고 쿠나시르섬은 일본과 양분할 수 있음을 시사하였다.

2013년 4월 아베 신조(Abe Shinzo, 安倍晋三) 총리(당시)가 러시아를 방문하고 블라디미르 푸틴(Vladimir Putin, 1952~현재) 대통령(제2대: 2000~2008; 제3대: 2012~2018; 제4대: 2018~현재)과 함께 쿠릴열도 반환 협상 재개를 선언하였다. 아베 신조(Abe Shinzo, 安倍晋三) 총리(당시)는 이전에 모리 전(前) 총리를 특사로 파견하였었는데 모리 전(前) 총리는 제한적 반환론자라는 점을 생각하면 일본도 4개 섬 반환을 포기하였다고 할 수 있으며 현재 2개 섬 반환 내지는 3개 섬 반환의 조건으로 일본이 러시아에 대규모 투자를 하는 3+1 가능성도 점치고 있다고 일본에서 설레발을 떨기도 했다.

그러나 러시아 극우파들이 조금도 포기할 생각이 없다며 반발하기에 불가능한 상황이다. 러시아의 모라토리엄 선언 당시 2개 돌려준다고 할 때도 현지인들이 결사반대하고 극우파들이 모스크바에서 반발시위를 벌였으며, 당시 러시아 여론도 엄청 지지했음을 생각하면 뻔한 일이다.

러시아에선 쿠릴열도를 일본에게 준다면 연해주 지역도 중국의 막대한 돈을 받고 돌려줄 거냐는 비아냥까지 나오는 상황에서 블라디미르 푸틴(Vladimir Putin, 1952~현재) 대통령이라고 해도 이런 반발을 무릅쓰면서 쿠릴열도를 돌려줄 가능성은 높지 않다고 할 수 있다. 결국, 2014년 4월, 러시아 정부는 2016년까지 쿠릴열도 남단의 가장 큰 이투루프와 쿠나시르에 150개 이상의 군사 시설을 신축하거나 재정비해 '완전한 군사 도시'로 탈바꿈시킬 계획이라고 발표했다. 2014년 9월 22일에는 이투루프 섬에서 신(新)공항 준공식을 열었다.

2016년 12월 15일에 야마구치 현 나가토 시에서 러·일정상회담이 열리는데, 북방영토 문제를 주로 논의하였다. 쿠릴열도 4개 섬 공동경제활동을 하기로 합의했다. 2017년 들어서 4개 섬 가운데 이투루프, 쿠나시르, 시코탄 3개 섬을 잇는 940km 길이 해저 광케이블을 설치하는 공사로 중국 화웨이는 사업 타당성 조사와 통신망 설계를 맡았다. 일본은 러시아와 경제협력을 시도하면서 2017년 봄에 항공편운항을 추진했다. 하지만 러시아는 일본을 견제하면서 쿠릴열도에 병력을 증강했다. 그리고 러시아는 군 시설을 확충하는 등 군요새화하였다.

2017년 8월 23일에 러시아가 쿠릴열도를 경제특구(經濟特區)로 지정하자 일본 측이 반발했다. 그리고 러시아가 2018년 말까지 통신망 사업의 조기 완료를 추진하려고 하자 일본 측이 촉각을 곤두세우고 있다. 그리고 러시아는 쿠릴열도에 지대함 미사일 배치를 추진했다.

2018년 2월 2일 러시아의 드미트리 메드베데프(Dmitry Medvedev) 총리가 이트루프 섬의 신공항을 군이 함께 쓸 수 있도록 하는 행정명령에 서명했다. 이는 대규모 군 시설을 설치하겠다는 2014년 방침이 실행되는 것이고, 북방영토의 군비 증가와 러시아의 실효 지배를 강화할 수 있다고 일본 정부는 유감을 표시했다. 그리고 러시아 측은 이투루프 섬의 민간비행장을 민간·군 공용 비행장 목록에 포함시켰다.

2018년 4월에 일본의 스가 요시히데 관방장관은 쿠릴열도 4개 섬에서 러시아군이 2천 명 규모의 군사 훈련과 대테러 훈련을 실시하는 것과 관련해, 러시아 정부에 항의했다고 밝혔다. 러시아 정부가 10월 10일부터 쿠릴열도에서 사격 훈련을 실시한다고 통보하자 일본은 즉각 반발했다. 그리고 러시아가 쿠릴열도 4개 섬 부근에서 미사일 사격 훈련을 실시하자 일본 측은 항의했다.

2018년 11월 15일, 아베 신조(Abe Shinzo, 安倍晉三) 총리(당시)는 싱가포르에서 블라디미르 푸틴(Vladimir Putin, 1952~현재) 대통령(제2대: 2000~2008; 제3대: 2012~2018; 제4대: 2018~현재)과 회담하면서 처음으로 4개 섬 전체 반환이 아닌 2개 섬 우선 반환을 내세웠고 푸틴 역시 2개 섬 반환에 대한 가능성을 내비쳤다. 물론 단순히 2개 섬을 돌려주는 가능성만 비치고 주지 않은 채 경제적 협력만 받아낼 수도 있다. 그리고 2018년 11월 18일에 크렘린 대변인은 일본과의 평화조약 체결협상에서 1956년 소·일(蘇·日) 공동선언에 기반을 둔다는 것이 곧 자동으로 일부 러시아 영토의 일본 반환을 의미하는 것은 아니라고 밝혔다. 그리고 러시아 측은 2개 섬을 돌려주더라도 미군 주둔이 없다는 확실한 약속이 있어야 한다고 발언했다. 아베 신조(Abe Shinzo, 安倍晉三) 총리(당시)은 미군 주둔을 허락하지 않겠다고 했으나, 러시아 측은 냉전시대 말기에 미국이 당시 소련에 북대서양조약기구(NATO)를 동쪽으로 확대하지 않겠다고 약속해 놓고도 이 약속을 깨뜨린 사례를 거론하며 아베 신조(Abe Shinzo, 安倍晉三) 총리(당시)가 미군기지를 두지 않겠다고 약속한 것으로 건네지지만 약속은 현실적인 것이 못 된다"고 지적했다. 그리고, 러시아 극우들과 제2차 세계대전 종전 후 러시아령이 되면서 이들 섬 지역으로 이주, 정착한 러시아인 이주민들의 분노 어린 반발도 골칫거리이다. 2개 섬을 넘겨준다면 러시아에 대한 매국이라고 강력하게 반발하는 분위기다.

일본 정부는 러시아에 평화조약 체결 시 쿠릴열도 4개 섬에 대한 배상 청구권도 서로 포기하자고 제기할 방침이라고 요미우리신문(2019. 01. 08)이 보도했다. 그러자 러시아 측은 주러일본대사를 불러서 항의했고 러시아 의원 측은 쿠릴열도 반환 금지법까지 의회에 제출했다. 2019년 1월 14일에 세르게이 라브로프 장관은 일본이 러시아와의 평화협상 체결 상황을 진전시키려면 쿠릴열도 4개 섬에 대한 러시아의 영유권을 인정해야 한다고 밝혔다. 또한, 러시아는 북방 영토라고 부르지 말라고 전했다. 그리고 1월 16일에 세르게이 라브로프 장관은 일본의 반환요구는 유엔 헌장에 위배된다고 밝혔다.

2019년 1월 29일에 아베 신조(Abe Shinzo, 安倍晉三) 총리(당시)는 일본 동의 없이 쿠릴열도에 미군이 주둔하는 일은 없다고 발언했다. 하지만 쿠릴열도 주민의 90% 이상은 일본 반환에 대해 반대했다. 또한 쿠릴열도 남부의 주민들도 98% 이상이 일본 반환에 반대했다.

2020년 1월 러시아는 러·일 평화협정 체결에 앞서 일본정부에게 쿠릴열도 부근의 주일 미군을 배제할 것을 명시한 공식 문서를 요구했다. 아베 신조(Abe Shinzo, 安倍晉三) 총리의 약속에도 불구하고 러시아는 일본을 불신한 것으로 일본 외교가에서는 이에 대해 일본이 이를 문서화할 수 없다는 것을 러시아에서 노린 것이라고 보기도 했다. 2020년 2월 7일, 일본 정부는 '북방영토의 날' 기념행사를 열고 러시아와 영유권 분쟁을 벌이는 쿠릴열도 4개 섬 문제를 조기에 해결한다는 취지의 결의문을 채택했다.

2020년 6월에 러시아가 4개 섬 인근을 포함한 오호츠크해 일대 해역에서 지질조사를 하겠다고 통보하자, 일본 정부가 "수용할 수 없다"며 항의했다. 이에 러시아 측은 일본의 항의는 인정하지 않는다고 밝혔다. 사할린 주의 발레리 리마렌코 지사는 쿠릴열도 탐사는 러시아의 당연한 권리라고 밝혔다. 러시아 정부가 쿠릴열도의 4개 섬을 일본 영토로 규정한 일본 정부의 2020년 방위백서에 대해 결코 받아들일 수 없다며 반발했다.

일본에서 자국에서 개최하는 2020년 도쿄 올림픽의 공식 홈페이지 지도에 러시아의 쿠릴 섬들을 일방적으로 일본의 영토로 표기하는 사건이 터졌다. 당연히 러시아에서 거세게 반발하며 일본의 행위에 대해 규탄했다. 결국 러시아 외무부에서 공식 입장 발표를 통해 일본의 행위는 불법이며 양측의 원만한 합의에 있어 상황을 망칠 뿐이라고 일본을 비판했다. 러시아 정부는 IOC에 일본의 쿠릴열도 표기에 대해 문제를 제기했다.

(2) 러·일 간 쟁점

쿠릴열도 남부 4개 섬에 대한 양국 간 영토 분쟁으로, 이들 4개 섬은 제2차 세계대전 이후 러시아가 실효 지배하고 있다. 위치는 태평양 북서부 캄차카반도와 일본 홋카이도 (北海道) 사이 약 1,300km에 걸쳐 있다. 여기서 하보마이 제도는 실제로 섬 하나가 아니라 여러 자잘한 섬들이므로, 북방영토라 일컫는 섬의 숫자가 정확히 4개는 아니다. 다만 하보마이 전체를 하나의 개념으로 묶어 편의상 네 개 섬이라 할 뿐이다. 이 섬들은 일본의 홋카이도와 러시아의 캄차카 반도 사이에 위치에 펼쳐져 있으며, 네무로 해협을 사이에 두고 쿠나시르섬과 하보마이 제도가 마주 본다.

쿠릴열도 영유권(領有權) 분쟁은 1951년 9월 8일 샌프란시스코 강화조약(Treaty of San Francisco)[58]과 1956년 소·일 간 조약으로 집약된다. 제2차 세계대전(1939~1945)의 승전국 인 러시아는 패전국인 일본을 상대로 제대로 된 배상을 받지 못하였으며, 얄타협정과 포츠담선언에서 약속받은 영토를 1951년 1951년 9월 8일 샌프란시스코 강화조약(Treaty of San Francisco)에서 모호하게 처리함으로써 결국 러시아는 상기 조약에 참여하지 않았고, 분쟁의 실마리를 남기게 되었다. 쿠릴 영토는 사실상 일본과의 전쟁에서 승리한 러시아의 전리품이며, 러시아가 영유권을 주장하는 것은 당연하다는 것이다.

우선, 일본은 1855년부터 1945년까지 자국의 영토였던 북방영토 4개(하보마이, 시코탄, 쿠나시르, 이투루프)가 홋카이도에 부속된 일본의 고유 영토라고 주장하고 있으며, 1945년 소련에게 빼앗긴 이 섬들을 러시아가 돌려줄 것을 요구하고 있다. 일본은 1950년대에는 시코탄 섬과 하보마이 군도에 대해서만 '홋카이도의 일부로, 쿠릴열도에 포함되지 않는다' 며 영유권을 주장하다가, 1960년대 이후에는 쿠나시르 섬과 이투루프 섬에 대해서도 '쿠릴열도'란 말 대신 "북방 영토"라 부르며 영유권(領有權)을 주장하고 있다.

상기한 일본의 반환요구에 대한 러시아의 주장은 다음과 같다: 1951년 9월 8일 샌프란시스코 강화조약(Treaty of San Francisco)에서 일본은 쿠릴열도 전체에 대한 일체의 권리를 이미 포기했고, 이투루프 섬과 쿠나시르 섬은 일본이 영유권(領有權)을 포기한 쿠릴열도에 포함된다. 얄타 회담에서 소련의 참전이나 전후의 쿠릴열도 할양은 연합국에 의해 사전에

---

58) Treaty of San Francisco(샌프란시스코 강화조약)의 CHAPTER Ⅱ, TERRITORY.Article 2:
(c) Japan renounces all right, title and claim to the Kurile Islands, and to that portion of Sakhalin and the islands adjacent to it over which Japan acquired sovereignty as a consequence of the Treaty of Portsmouth of September 5, 1905(일본은 쿠릴열도에 대한 그리고 일본이 1905년 9월 5일의 포츠머스 조약에 의해 주권을 획득한 사할린의 일부와 그것에 인접한 도서에 대한 일체의 권리와 소유권 및 청구권을 포기한다).

승낙되었다. 도쿄 재판 확정 판결은 "일·소(日蘇) 중립 조약은 성의 없이 체결된 조약이며 소련에 대한 일본의 침략 기도를 진행시키려는 수단으로 이용된 것이다."라고 밝히고 있다.

1956년 일·소(日·蘇) 공동선언 당시 소련은 일본과의 관계 개선을 위해 시코탄섬과 하보마이 군도를 일본에 양도하겠다고 제의했지만, 1960년 미·일(美·日)안보조약을 체결하자 거세게 반발하면서 양도 제의를 철회하였다. 이후 일본은 쿠나시르섬과 이투루프섬에 대해서도 반환을 요구하고 있다. 2020년 7월, 러시아의 헌법이 개정되었는데 이 중엔 '영토를 쪼개서 양도하는 행위는 인정하지 않으며 국경의 재획정은 예외로 한다.'고 규정한 내용도 있다. 일본 입장에선 쿠릴열도를 '국경의 재획정 문제'로 걸고 넘어질 수 있겠지만, 러시아로선 당연히 '영토의 양도 문제'로 인식할테니 러시아의 반환 가능성은 더 크게 낮아졌다.

여기서 유의할 것은 다음과 같다: 러시아는 블라디보스토크와 무르만스크라는 두 부동항(不凍港)을 보유했다. 하지만 블라디보스토크도 흑해/발트해보다 그나마 나은 정도이지 다른 나라 영해에 가까이 붙어 있는 좁은 해협을 거쳐야 더 큰 바다로 갈 수 있는 상황은 비슷하다. 블라디보스토크의 경우 동해(東海)까지는 문제가 없는데, 태평양(太平洋)으로 빠져나오려면 대한해협이나 쓰가루 해협, 라페루즈 해협(소야 해협) 등을 거쳐야 한다. 무르만스크도 노르웨이 북쪽바다에서 노르웨이와 아이슬란드 사이의 노르웨이해를 지나, 아이슬란드와 페로 제도 사이를 거쳐야 대서양(大西洋)으로 나올 수 있다. 그러나 쿠릴열도는 다른 나라의 영해 근처나 좁은 해협을 거칠 필요 없이 바로 태평양으로 나갈 수 있기 때문에, 부동항 및 안정적인 대양 진출 경로 확보 측면에서도 러시아는 쿠릴열도를 결코 양보할 수 없다. 러시아가 무르만스크 말고 쿠릴열도 방향으로 태평양으로 나가면 미국에서 호주, 뉴질랜드 사이는 멀기 때문에 무르만스크에서 서방국가들 사이(미국, 영국, 프랑스 사이의 북대서양)를 거치지 않고 멕시코, 니카라과, 에콰도르 등 중남미 국가들과 교류를 할 수 있다. 따라서 쿠릴열도는 러시아에겐 핵심적 요충지이다. 러시아 극우파가 쿠릴열도의 반환을 결사반대한다.

군사안보적으로도 러시아가 쿠릴열도를 포기할 수 없는 이유는 다음과 같다: 일본이 미국과 매우 우호적인 국가인 만큼 러시아의 근처에 미군 함정들이 러시아의 근처에서 더욱 활발하게 활동할 수 있으며 심지어 미군과 미군기지가 러시아의 코앞에 배치될 수 있다는 것을 아주 크게 우려하고 있다.

(3) 국제 시각

중국의 경우 1960년대 소련과의 국경 분쟁을 겪은 이후, 1969년 마오쩌둥이 공식적으로 쿠릴열도를 러시아에게 점령된 일본 영토라고 주장하고, 1970년대에도 소련에게 쿠릴열도를 영구 점령하려는 욕구를 비난하고 반대로 일본에 대해 영토를 되찾기 위한 정당한 행동을 하고 있다고 했다. 1989년 국무부 총리 리펑은 일본을 방문해 북방 영토가 일본 영토임을 재확인하는 등 1960~80년대 내내 일본의 주장을 지지했다. 소련 붕괴 후 러시아와의 관계가 회복되면서 따로 일본의 주장을 지지하는 의견을 내고 있지는 않으나 그렇다고 4개 섬이 러시아의 영토라고 재주장하지도 않는다.

2010년대 중국은 남(南)쿠릴열도 분쟁에 대해 양자 간 분쟁으로, 우호 협상을 통해 문제가 해결되기를 바란다는 의견을 냈다. 뿐만 아니라 중국인민해방군이 발행한 세계 지도에서 남(南)쿠릴은 "러시아에게 점령됨"이라고 메모되어 있고 일부 지명은 여전히 일본어 지명을 사용한다. 러시아와 중국의 관계가 2010년대부터 우호적이라 하더라도 이전 수십년간 이어온 주장을 철회하는 것은 국가 간 신뢰성과 외교에 타격을 줄 수 있기 때문에 중국에서도 굳이 러시아를 지지하는 주장은 하지 않는 것으로 생각되고, 러시아 역시 따로 중국에게 러시아를 지지할 것을 요청하지는 않고 있다. 즉, 흔히 알려진 것과 달리, 중국은 이미 1960년대~1989년까지 일본 의견을 지지했고 현재는 따로 일본을 지지하는 발언은 안 하지만 그렇다고 발언 철회를 하지도 않았다.

유럽 연합은 쿠릴열도 섬 4개가 일본 영토라고 주장하며, 2005년 7월 7일 유럽 의회에서 남쿠릴열도가 러시아에게 "점령된"(Occupied) 상태임을 명시한 극동 안건을 채택함과 동시에 러시아는 점령한 남(南)쿠릴열도를 일본에 반환할 것을 요청했다.

미국은 쿠릴열도 섬 4개가 일본 영토라고 주장한다. 미국에 비자를 신청한 쿠릴열도에서 태생 러시아인을 일본인으로 분류하자 러시아가 반발하기도 했다. 미국 국무부도 자체 문서에서 남쿠릴 4개 섬의 주민은 일본 국적으로 분류한다.

그러나 제2차 세계대전(1939~1945) 연합군을 주도한 승전국이란 역사적 경험을 공유하는 입장에서 미국은 이 문제 관련해서 만큼은 일방적으로 일본 편을 들어줄 수가 없다. 특히, 중·러 동맹이 순식간에 지금보다도 더 밀착하고, 까딱 잘못하면 독도(獨島) 문제가 시린 한국도 등 돌리게 만들 수 있는, 미국 입장에선 정말 일본 편들어 아무런 이득이 없다.

제2차 세계대전(1939~1945) 패전 후 프랑스, 폴란드, 러시아에게 영유권(領有權)이 넘어간 알자스-로렌, 칼리닌그라드, 동(東)프로이센, 슐레지엔, 폼메른 등 이전 독일 영토들에 대한 영유권 주장을 포기한 독일처럼, 일본도 쿠릴열도 4개 섬의 영유권(領有權)을 주장하느니 포기하고 그 반대급부를 취하는 게 더 낫지 않겠냐고 주장할 수 있다. 어차피 러시아의 실효지배가 오래되었고 일본 자체가 제2차 세계대전(1939~1945)을 일으킨 장본인임을 감안하면, 포기는 못할 망정 일본이 쿠릴열도를 반환하라고 러시아와 영유권 분쟁을 유발하는 행태는 비판받을 여지가 높다.

참고로, 유엔(UN) 상임이사국인 러시아가 일본이 하보마이, 시코탄, 이루투프, 쿠나시르 등 쿠릴열도 섬 4개에 대한 영유권 분쟁 도발을 문제 삼아 유엔 상임이사국에 진출하려는 것을 강경하게 반대한다. 러시아가 일본과 같은 제2차 세계대전(1939~1945) 추축국인 독일의 상임이사국 진출에 반대하지 않는 것과는 대조적이다.

그러나 독일은 일본과 달리 제2차 세계대전(1939~1945) 패전 후 유대인 학살 등 전쟁 당시 저지른 전쟁범죄에 대한 잘못을 깨끗이 시인 및 사과하는 데다 전후 태도 자체가 일본과는 하늘과 땅 정도의 차이가 있다. 무엇보다 독일은 제2차 세계대전(1939~1945)에서 패전한 후 러시아, 폴란드, 프랑스 등 연합국에게 영유권(領有權)이 넘어간 알자스-로렌, 칼리닌그라드, 동프로이센 등 옛 영토의 영유권(領有權) 주장도 깔끔히 포기했었다. 작금의 현실적인 관점에서도 독·러관계는 오히려 독일이 종종 미·러관계 긴장을 조율하려고 중간에 나설 만큼 괜찮고, 러시아 입장에선 일부 문제에 있어서 오히려 프랑스보다도 더 일방적으로 영·미(英·美) 편을 들지 않기를 기대할 수 있는 신흥 상임이사국이 될 수 있다.

05 영유권(領有權) 분쟁에 대한 신(新)실용주의적(實用主義的) 해법[59]

    중국과 인도의 전략적 부상, 일본과 인도의 밀착, 협력과 견제 사이의 미묘한 줄타기는 세계를 어디로 몰고 갈 것인가? 미국의 전략가로 불리우며 <21세기 국제정치와 투키디데스> 저자인 로버트 카플란(Robert Kaplan) 미(美) 국방부 국방정책위원은 「포린폴리시」(Foreign Policy) 기고문에서 "21세기의 전쟁은 해양(海洋)에서 일어날 것이다. 남(南)중국해가 냉전시대 독일처럼 향후 수십 년간 최전선이 될 것"이라고 전망했다(조선일보, 2011. 11. 30).

    한편, 폴란드 출신의 미국의 정치학자로서 지미 카터(Jimmy Earl Carter, Jr.) 행정부(1977~1981)에서 1977년부터 1981년까지 백악관 국가 안보 보좌관을 맡았던 즈비그뉴 브레진스키(Zbigniew Brzezinski, 1928~2017)는 냉전이 끝난 뒤 유라시아 지정학을 두고 "거대한 체스판"이라고 표현한 바가 있다. 하지만 포위에 역(逆)포위에 또 다시 역(逆)포위를 이어가는 지금 상황은 거대한 체스판보다 '거대한 바둑판'에 가까워진 것 같다. 대개의 아시아와 아프리카에 있는 바둑돌은 양 진영의 경쟁관계를 활용하여 흑백 사이의 등거리 외교를 구사할 것이다. 인도의 영향력을 강하게 받는 남(南)아시아 국가들과, 중국의 영향력을 강하게 받는 아세안 국가들, 그리고 이란과 터키 같은 지역 강국들, 중앙아시아의 에너지 수출국들이다.

    그러나 파키스탄처럼 특수한 지정학적 상황에 놓여 있거나, 북한처럼 극악한 권위주의 정권을 유지하기 위해서라면 중국에 밀착해야만 할 것이다. 필리핀은 최근 두테르테의 인권탄압에 대한 비판이 들어오자 남(南)중국해 문제로 대립해오던 중국에게 고개를 숙이기도 했다. 그는 서방의 비판자들로부터 비호를 요청한 것이다. 최근 30년 넘게 캄보디아를 통치하고 있는 훈 센 총리도 비슷한 이유로 중국에게 손을 내밀고 있다.

---

59) Lim, Yang Taek, "Neopragmatic Solutions to the Structural Problems of South Korean Peninsula and East Asian Community", International Journal of Asian Economics, Vol. 1, No. 1, 2010.

1) 남(南)중국해 지역의 천연자원 공동개발 제안

남(南)중국해는 태평양과 인도양을 잇는 곳으로 세계에서 가장 번잡한 수로(水路)가 있는 곳이다. 세계 해운물동량의 4분의 1인 연간 5조 달러(약 5,800조 원)어치가 남(南)중국해를 통과한다. 미국 입장에서 보면 제2차 세계대전 이후부터 지녀온 해상 통제권(헤게모니)을 빼앗길 수 없다. 또한, 남(南)중국해는 중국 원유 수입량의 80%, 한국과 일본의 원유 수입량의 90%가 남(南)중국해를 통과한다. 따라서 남(南)중국해는 단순히 항행의 자유뿐만 아니라 에너지 안보의 근간이고 국가안보이다.

또한, 경제적 가치도 엄청나다. 1968년 유엔 아시아 극동경제위원회는 남(南)중국해가 세계 4대 유전으로 석유·가스·주석·망간 등 천연자원이 대량 매장돼 있다. 중국해양석유총공사(CNOOC)는 2010년 남(南)중국해 석유 매장량을 230억 톤으로 추산하며 "제2의 페르시아 만"이라고 발표했다. 중국에서는 현재 석유 367억8,000만 톤, 천연가스 7조 5,500억m³가 묻혀 있다는 관측도 나오고 있다.

난사군도(南沙群島·스프래틀리군도)의 산호초를 둘러싼 영유권 다툼이 본격화된 것은 1968년부터다. 유엔 극동경제위원회(ECAFE)가 난사군도(南沙群島·스프래틀리군도)의 얕은 해저에 석유와 천연가스가 대량 묻혀 있다고 발표한 후 중국·베트남·필리핀 등 국가들이 영유권 확보를 서두르기 시작했다. 중국 남단 하이난(海南)섬으로부터 960km나 멀리 떨어진 난사군도(南沙群島·스프래틀리군도)를 공략하기 위한 해·공군력이 부족했던 중국은 460km 하단의 중간지점에 있던 베트남 소유의 시사(西沙)군도를 무력으로 점령했다. 1974년 1월의 일이었다. 그리고 14년에 걸친 공사 끝에 전투기가 이착륙할 수 있는 2,600m의 활주로와 4,000톤 급의 군함이 정박할 수 있는 부두를 건설해 중간 교두보를 마련한다. 이 사실은 1988년 중국 외교부장을 지냈던 첸치천(錢其琛)이 공식 확인한 바 있다.

일본의 요미우리신문도 일본의 해양관측위성 '모모−b'가 찍은 위성사진을 공개해 서사군도(西沙群島·파라셀군도)의 실체를 공식 보도(1993. 08. 04, 1면 기사)했다. 그 후 중국은 속도를 높여 난사군도(南沙群島·스프래틀리군도)의 산호초에 군사시설을 건설하기 시작했다. 영서초에 3,125m의 활주로와 위성통신시설을 건설하고 있고 미스치프 환초에도 활주로를 건설하고 있다. 동(東)중국해와 남(南)중국해를 장악하기 위한 중국의 확고한 의지는 40여 년에 걸쳐 집요하게 이뤄지고 있는 것이다.

이에 대해 일본은 미국과 함께 중국의 해양 세력 확대를 견제하기 위한 작업을 진행해 16척 잠수함 체제를 22척 체제로 바꿔 하이난섬 해저에 있는 유린 잠수함 기지에서 출발한 중국 잠수함을 면밀히 관찰하고 있다. 현존 최고의 전함이라 일컬어지는 이지스함을 6척에서 8척으로 증강한 것이나 일본 요코스카항에 배치돼 있는 로널드 레이건 항공모함의 호위도 일본 자위대의 이지스함이 맡고 있을 정도다. 미국과 일본의 군사일체화가 중국을 겨냥해 시간계획표에 따라 착착 진행돼온 것이다.

본 연구: <세계평화(世界平和)를 위한 신(新)실용주의적(實用主義的) 해법: 동(東)아시아 지역의 군사안보와 경제협력을 중심으로>의 연구목적은 '지구촌 문화공동체'(Global Cultural Community)를 구현하기 위한 기본 방향을 제시하는 것이다. 그 기본 방향은 다음과 같다: 진정한 '세계평화'(世界平和, World Peace)를 구현하는 데 있어서, 강대국들(특히 美·中)의 패권(覇權) 경쟁인 신(新)그레이트 게임(The New Great Game)을 존 내시(John Forbes Nash Jr.)의 '협력적 게임'(Cooperative Game)로 전환함으로써 '내시 균형(Nash Equilibrium)'을 추구하고, 나아가 탈(脫)이데올로기적 및 신실용주의적(新實用主義的, Neopragmatic) 협력(協力)을 통하여 요한 갈퉁(Johan Galtung)의 '적극적 평화(positive peace)'를 지향하는 것이다.

상기한 기본 방향을 위한 구체적 방안은 강대국들(예로서 미국, 중국, 러시아, 일본)을 비롯한 관련 국가들이 해당 지역의 천연자원(天然資源)을 공동개발(共同開發)하여 해당 국가들(예로서 남(南)중국해의 경우 중국, 베트남, 필리핀, 인도네시아, 말레이시아, 브루나이 등)에게 경제적 혜택을 보상하는 것은 물론이고 세계평화(世界平和)와 인류공영(人類共榮)를 위한 각종 프로젝트에 투자하는 것이다.

특히, 세계 해운(海運) 물동량의 4분의 1인 연간 5조 달러(약 5,800조 원)어치가 통과하는 남(南)중국해의 경우, 중국해양석유총공사(CNOOC)는 2010년 남(南)중국해 석유(石油) 매장량을 230억t으로 추산하며 "제2의 페르시아 만"이라고 발표했다. 또한, 동(東)중국해 다오위다오 지역 주변에서 가스(Gas) 유전이 발견되었다. 중국이 경계선 주변에서 개발에 나서자 일본은 해저로 연결된 부분을 통해 일본 자원이 없어질 우려가 있다면서 공동개발을 요구해 왔었다.

또한, 1968년 유엔 아시아 극동경제위원회는 남(南)중국해가 세계 4대 유전으로 석유, 가스, 주석, 망간 등 천연자원이 대량 매장돼 있다고 보고했다. 중국해양석유총공사(CNOOC)는 2010년 남(南)중국해 석유 매장량을 230억t으로 추산하며 "제2의 페르시아 만"이라고 발표했다. 중국에서는 현재 석유 367억8,000만t, 천연가스 7조5,500억m³가 묻혀 있다는 관측도 나오고 있다.

참고로, 마잉주(馬英九) 대만 총통은 "이해 관계국이 분쟁을 제쳐 놓고 개발 성과를 공동으로 누리는 유럽의 북해(北海) 유전(油田) 개발 방식이 부럽다"고 말했다(중앙일보, 2010. 11. 02)

2) 본 연구의 제안: 한·중·일(韓·中·日) FTA →
'동(東)아시아 경제(經濟)공동체'(EAEC)[60]

여기서 저자는 영유권(領有權) 분쟁에 대한 신(新)실용주의적(實用主義的) 해법(解法)으로서 한·중·일(韓·中·日) FTA을 결성함으로써 '동(東)아시아 경제(經濟)공동체'(EAEC: East Asian Economic Community)를 지향할 것을 주장한다. 그것은 국제정치적 시각에서 보면 오월동주(吳越同舟) 혹은 견원지간(犬猿之間)의 관계로 극히 어려울 수 있으나 경제적/문화적 측면에서는 충분히 가능한 청사진이라고 저자는 확신한다.

여기서 유의할 것은 '동(東)아시아 경제(經濟)공동체'(EAEC)는 일본의 하토야마 유키오(Hatoyama Yukio) 총리(당시)가 정치적 목적이 내포된 '동(東)아시아 공동체'(EAC: East Asian Community)가 아니라는 점이다.[61] 사실, '동(東)아시아 경제(經濟)공동체'(EAEC: East Asian Economic Community)는 중·일(中·日) 간 주도권 경쟁, 한·중·일(韓·中·日)의 역사 갈등 및 영토 문제, 아시아 강국들의 최근 움직임에 대한 미국의 '의구심' 등으로 실현되기가 매우 어려운 과제인 것은 사실이다. 그러나 제3차 세계대전을 원하지 않는다면, 과거 원한(怨恨)은 씻어야 한다.

일본은 미국의 눈치를 보면서 내숭을 떨 것이다. 한국과 중국이 일본에게 소망하는 것은 과거 일제(日帝)의 침략과 만행(한국의 경우, 을미사변(1895. 10. 08) 즉 조선(朝鮮)의 국모

---

60) 林陽澤(1999), 21世紀 亞洲經濟的 展望与 挑戰, 北京: 中國社會科學院; 임양택(1999), 「아시아의 대예측」, 서울: 매일경제신문사; Lim, Yang Taek, Asian Economic Cooperation in the New Millennium, Singapore: World Scientific Publishing Co. Pte. Ltd., 2004(Calla Wiemer and Heping Cao와의 共著); Lim, Yang Taek, "A Development Strategy for Industrial/Technological Cooperation between Korea, China and Japan and their FTA", Economic Studies, Vol. 24, No. 2, November 2003; Lim, Yang Taek, "Trade Structure of China－Korea－Japan and Their Strategic Alliance on IT in the Era of Technological Globalization", Keynote Speech delivered at the 2004 BWW Conference, Xi'an, China, July 18~22, 2004; Lim, Yang Taek, "Toward a Dynamic Wave: IT Cooperation of China－Korea－Japan", East Asian Review, Vol. 16, No. 3, Autumn 2004, pp. 41~74.

61) 하토야마 유키오(鳩山由紀夫) 총리(당시)의 '동아시아공동체'(EAC) 구상의 핵심 내용은 한·중·일(韓·中·日)을 중심으로 한 동아시아 국가들이 장래 '집단안보체제'를 구축하고 '공동 통화'를 실현해야 한다는 것이다. 즉, 현재의 미국과 미래의 중국과 같은 패권국이 주도하는 동아시아의 국제질서가 아니라 '지역 주권국가들'이 공생(共生)하는 체제를 만들지 않으면 일본에는 미래가 없다는 것이다. 그러나 하토야마 유키오(鳩山由紀夫) 총리(당시)는 '동아시아공동체'(EAC)를 위한 로드 맵(Road Map)을 제시하지 못했다. 하토야마 유키오(鳩山由紀夫) 총리(당시)는 자신이 제안한 '동아시아공동체(EAC)'는 '장기비전이며 구상단계'라고 전제하면서도 "새 정부 외교의 기본방향을 제시한 것이자 우애정치의 대외판으로 봐도 좋을 것 같다"고 했다(조선일보, 2009. 11. 04).

인 명성황후의 시해사건, 중국의 경우 1937년 난징 대학살 사건(약 30만 명 내지 100만 명의 중국인 학살)에 대한 진정한 사과만이 아니라 '무라야마(村山富市) 담화'(1995. 08. 15)를 계승할 수 있는 '진정한' 자세를 보여 달라는 것이다.

상기한 일본 지도층의 '진정한' 반성은 동아시아 국가들과의 '우애사회'(Fraternity Society) 건설에 대한 '진정성'을 보이는 것이고, 또한 '일본의 새로운 길'(A New Path for Japan)과 '새로운 일본'(New Japan)으로 향한 시작임과 동시에 첩경인 것이다.

(1) 한·중·일(韓·中·日) FTA

우선, 한·중·일 3국의 고대사(史)를 살펴보면 인종적으로, 문화적으로, 정치적으로, 경제적으로 긴밀한 관계에 있었다는 것을 알 수 있다. 지리적인 관계로 고대 한·중·일 3국 국민들은 상호 이동하였으면 한·일은 당시 선진 문화국인 중국으로부터 새로운 문화를 받아들여 한국화, 일본화하면서 발전하여 동아시아 문화권을 형성하였다.[62]

한·중·일 3국은 사람들의 외모가 같으며, 한자(漢子)를 사용하고 유사한 가치관을 향유하고 있다. 그러나 근세에 들어와 일본의 지나친 팽창주의와 탈아정책(脫亞政策)으로 동아시아의 균형이 깨졌으며 이데올로기로 인하여 중국과는 반세기 동안 교류가 단절되기도 하였다.

지금까지 일본인들은 탈아입구(奪亞入歐)에서 자신의 정체성(Identity)를 추구해왔고 서양사람들도 일본인을 아시아의 예외자인 '명예백인'으로서 인식해왔다. 아시아는 하나라고 했지만, 무력을 내세운 일본 주도의 '대동아공영권'으로서의 '하나의 아시아', 중화(中華)사상을 바탕으로 한 중국 주도의 '하나의 아시아'가 있었을 뿐이다. 이것은 문화적 동질성을 바탕으로 한 '하나의 유럽', '하나의 미주(美洲)', '하나의 이슬람'과는 매우 대조가 된다.

1993년에 큰 파문을 던졌던 사무엘 헌팅턴(Samuel P. Huntington) 리포트("The Clash of Civilizations")는 서구인은 지금 세계가 정치적 체제와 경제적 이해의 대립에서 점차 문명, 문화의 동질성으로 옮겨가고 있다는 것을 충분히 인식하고 있지만 그러한 동질화 현상이

---

62) 임계순(1994), '한·중·일 3국의 역사적 관계와 그 미래', 「포럼 21」 1994년 겨울·1995년 봄 통합권, 통권 12호, 서울: 한백연구재단. 이 논문은 1994년 11월 6일 한백연구재단과 일본의 電通總研, 중국사회과학원 미래 연구회가 함께 주최한 "아시아 포럼 2005" 준비회의에서 발표된 바 있다. 저자는 저자 자신의 2개 저서{임양택(1991), 「아시아의 대예측」, 서울: 매일경제신문사, 1999. 1; 林陽澤(1999), 「21世紀 亞洲經濟的 展望与 挑戰」, 北京: 中國社會科學院, 1999, 5}와 다른 학자들의 논문들을 결합하여 이를 재구성 및 요약하였다.

서로 다른 문명과 문화가 충돌하게 될 것이며, 결국 서구와 비(非)서구의 대립양상을 띠게 될 것이라고 생각한다. 헌팅턴은 서구와 대립하는 그 비(非)서구의 세계가 "유교문화권과 이슬람문화권의 결탁(커넥션)"을 통해 구축되고 가시화될 것이라고 예측하고 있다.

여기서 유의할 것은 한·중·일 3국이 많은 역사적, 문화적 유산을 함께 공유하면서도 각기 그 특성을 보존할 수 있었던 요인은 과거 역사상 한반도가 중국과 일본 사이에 문화의 교량적 역할과 군사적 완충지대의 역할을 수행하였기 때문이라는 점이다. 그럼에도 불구하고, 많은 일본인들의 뇌리에 한국을 과거 식민지로 경시하려는 태도가 도사리고 있다. 그렇기 때문에 한국인은 일본을 '가깝고도 먼 나라'로 경원하고 있다. 또한, 중국인은 한국을 과거 조공이나 바치던 변방국가로 인식하고 있기 때문에 한국인은 중국인을 '사이가 좋으면 친척이요, 사이가 나쁘면 남만도 못한 팔촌쯤'으로 생각하고 있다.

21세기는 이데올로기의 냉전시대는 끝났으나 여전히 민족국가 간의 이기 혹은 지역 간의 이기로 인하여 갈등과 충돌이 지속되고 있다. 이러한 상황에서, 동아시아 지역 내에 속하는 한·중·일 과거 역사에 집착하여 감정적으로 자존심의 대결만 계속한다면 지구촌에서 낙후한 지역으로 탈락될 수도 있다. 이와 반대로, 한·중·일 3국이 각국의 재능과 능력을 결합하여 서로 협력한다면 지구촌의 지도자가 될 수 있을 것이다. 따라서 한·중·일 3국은 과거 역사에서처럼 중국 중심의 동아시아 질서 혹은 일본중심의 동아시아 질서가 아니라 각기 독립적이면서 상호 의존적인 관계에 있는 신(新)동아시아 질서를 수립하여야 한다. 이를 위해서는, 서로 각국을 선의의 경쟁자이며 동반자로 신뢰하고 존중하여야 한다. 현재 한·중·일 3국이 가지고 있는 타국에 대한 잘못된 고정관념을 비록 고통스럽더라도 포기하고 공통된 문화유산을 최대한 활용하여 서로를 포용할 수 있는 가치관, 예로서 '동(東)아시아 경제(經濟)공동체'(EAEC: East Asian Economic Community)를 확립하여야 한다.

다행히, 한·중·일은 문화적으로 상생 및 화합의 정신이 있다. 즉, 버려야 할 것 같은 조각들을 붙여서 아름다운 조각보를 만들어낸 한국인, 하나이면서도 동시에 둘인 나무젓가락(와라바시)을 만들어낸 일본인, 그리고 승부는 있어도 절대의 패자도 절대의 승자도 없는 가위·바위·보의 영원한 순환을 만들어 낸 중국인의 가슴과 두뇌 속에 공생과 화합의 정신인 '우리'의 개념이 존재하는 것이다. 이것은 합리주의(合理主義)를 바탕으로 한 서구의 권력정치(Power Politics)가 아니라 인본주의(人本主義)를 바탕으로 한 덕치주의(moral politics)를 의미한다. 여기서 우리는 아시아가 하나라는 새로운 '우리'를 발견할 수 있는 것이다.

상기한 한·중·일의 공생과 화합의 정신은 구체적으로 '동(東)아시아 경제(經濟)공동체'(EAEC: East Asian Economic Community)의 형성으로, 다시 이것은 3국의 산업기술협력을 바탕이 되는 한·중·일 자유무역협정(FTA)라는 경제공동체로 각각 구현되어야 한다. 그러한 시각에서, 한·중·일의 경제발전 과정을 추적해보고자 한다.

일본은 1960년대 후반부터 많은 노동집약형 산업을 점차 한국, 대만, 홍콩과 싱가폴로 이전하기 시작했으며, 그 후 기술집약형 및 자본집약형 산업 역시 이전시켰다. 1970년대에서 1980년대까지 "네 마리 작은 용(한국, 대만, 홍콩, 싱가폴)"이라는 급속한 경제발전을 도모할 수 있었다. 또한, 일본의 상품 경쟁력은 특히 강하며, 과학기술 수준도 높다. 1980년대 후반부터 최고의 채권국이 되었다. 대외무역은 매년 거액의 무역수지 흑자를 유지하고 있다. 그러나, 일본의 경제 역시 나름의 문제를 가지고 있다. 예를 들어, 일본의 내수시장이 크지 않고, 수입 총액이 전 세계 수입총액의 105% 가량을 점하고 있어 많은 잉여유동 자금이 누적되어 있다. 따라서 일본은 내수를 강화하고 또한 국내자금을 외부 투자해야 한다는 것을 말한다. 일본은 여전히 아주 높은 기술과 가공 설비능력을 갖고 있다.

한편, 중국의 개혁개방에 따라, 지난 10여 년 동안 중국대륙은 홍콩, 대만 자본의 주요 투자대상이 되었다. 중국은 풍부한 노동력의 이점을 이용하여 거대한 가공업 기지를 이룰 수 있다. 선진국에는 노동집약형 상품을 수출할 수 있고 개발도상국에는 기계 내지 플랜트 설비를 수출할 수 있다. 중국의 수입 역시 다방면에 걸쳐 있다. 에너지, 식량, 원료에서 고도의 과학기술 제품까지 모든 수요를 갖고 있다. 중국은 인구 대국이라, 노동력이 충분하다. 에너지와 자원 역시 비교적 풍부하며, 거대한 잠재 시장을 가지고 있어, 수요공급 관계에서 끊임없이 새로운 기회를 창출해 낼 수 있다.

1980년대 후반부터 중국, 일본, 북한, 한국은 풍부한 자원과 에너지원을 보유하고 있는 러시아의 시베리아와 중국의 북방을 개발하고자 하였다. 동북아는 러시아의 하바로프스크 항과 중국의 連雲항을 기점으로 하는 아시아와 유럽의 가교이다. 한편, 동아시아 지역은 남에서 북까지 약 20개의 국가와 지역이 있다.

러시아는 아직 강한 군사력과 고도의 과학기술력을 보유하고 있다. 동(東)시베리아 극동지역에는 풍부한 미개척 에너지원과 자원이 있는데, 러시아는 이 자원을 한·중·일과 직극적으로 개발하려고 한다.

다른 한편으로, 미국은 동아시아 지역에서 그 영향력이 여전히 크다. 미국은 비록 동아시아에 있지는 않지만, 동아시아에 미치는 영향은 아주 크다. 일본의 흥기는 전후 미국의 원조와 떼려야 뗄 수 없는 것이다. 상당히 오랜 기간 동안, 미국은 세계 1위의 경제대국이었다. 미국의 군사력과 과학기술력은 모두 아주 강하며, 거대한 소비시장을 가지고 있기 때문에 동아시아지역 상품의 상당 부분을 흡입하고 있다.

한·중(대만 포함)·일은 모두 미국을 첫 번째 무역대상국으로 삼고 있다. 이와 동시에, 미국은 이들 국가들에게 많은 자금과 많은 선진 기술을 제공했다. 따라서 동아시아와 미국은 모두 환태평양 체계에 속해 공동의 발전을 추구해오고 있는 것이다.

한·중·일의 산업연관 효과를 분석해보면[63], 일본은 중국으로부터 1990년대에는 섬유제품을 비롯한 비교적 부가가치가 낮은 산업들을 수입하였지만 2000년대에 들어서는 전기·전자기계, 정밀기계 등 고(高)부가가치 첨단 제품들을 수입하고 있다. 또한, 일본은 2000년대에 한국으로부터 고(高)부가가치 첨단 제품들을 수입해 오고 있다. 이것은 일본의 중국 및 한국에 대한 수입의존도가 고(高)부가가치 첨단 제품들(전기, 전자기계, 정밀기계 등)을 중심으로 높아지고 있다는 것을 의미한다.

한국은 중국과 일본에 정도의 차이는 있지만 높은 생산유발의존도를 보이고 있다. 그런데 일본에 대한 한국의 생산유발 의존도는 감소하는 반면에 중국에 대한 한국의 생산유발 의존도는 증가하고 있다. 또한, 일본에 대한 한국의 중간재 수입의존도가 여전히 높으며 중국에 대한 한국의 중간재 수입의존도 또한 지속적으로 크게 높아지고 있다. 이것은 중국의 산업구조 고도화에 따라 생산기술 향상이 빠른 속도로 전개되고 있음을 나타낸다. 한편, 한·중·일 산업별 무역연관효과와 생산파급효과를 분석해보면, [64] 다음과 같다:

첫째, 한·중·일 3국의 상대국에 대한 무역연관효과는 증가하고 있으나, 자국 내 총산출에 비하여 기대 수준에 미치고 못하고 있다. 한·중·일 3국의 총 GDP 규모가 10조 달러를 상회하고 5,000억 달러에 달하는 교역 규모에도 불구하고 상대국에 대한 무역연관효과가 작다는 것은, 3국 모두 국내 생산유발효과에 더 큰 비중을 둔 교역을 전개하고 있다는 것을 의미한다.

둘째, 한·중·일 3국은 상호 무역관계를 통해 자국의 생산 및 경제 규모를 확대하고, 동시에 상대국의 생산을 유발하는 산업연관구조를 보이고 있다. 한·중·일 3국 가운데 한국의 무역연관효과가 가장 크게 나타나 3국간 경제통합에 따른 생산파급효과는 중국의 그것과 일본의 그것에 비하여 클 것으로 예상된다. 그리고 3국간 생산연관구조하에서는

63) 이홍배(2008), '한중일 3국간 생산기술구조 변화와 의존관계 분석', 「동북아경제연구」 제20권 제2호, 서울: 한국동북아경제학회.

64) 이홍배(2009), '한중일간 무역연관효과 분석: 경제통합에의 시사점', 「동북아경제연구」 제21권 제3호, 서울: 한국동북아경제학회.

중국과의 무역을 통한 국내 생산파급효과보다 일본과의 무역을 통한 국내생산파급효과가 더 크기 때문에, 중국 혹은 일본과의 자유무역협정(FTA)을 체결할 때, 한·중 FTA보다 한·일 FTA에 우선순위를 두어야 할 것이다.

셋째, 한·중·일 3국은 모두 동일하게 전기전자, 금속 및 일반기계, 화학 및 섬유제품에서 가장 큰 무역연관효과를 보이고 있다. 이러한 연관관계는 3국간 무역이 산업 간 무역에서 산업 내 무역으로, 수직적 분업구조에서 수평적 분업구조로 각각 전환되고 있음을 나타내고 있다. 또한, 상기한 산업분야의 경우, 한국에 대한 중국의 무역연관효과가 높아지는 추세인 반면에, 일본에 대한 중국의 무역연관효과에는 큰 변화가 없는 것으로 나타났다. 이것은 2000년대에 들어 한·중 간 무역을 통한 상호 의존관계가 심화되고 있음을 알 수 있다.

무엇보다도, 가까운 이웃인 한·중·일 3국은 아시아는 물론 전 세계에서 중요한 영향력을 갖고 있다. 한·중·일 3국의 인구를 합치면 15억 명으로 전 세계 인구의 22%를 차지한다. 경제총량은 전 세계의 약 20%, 동아시아의 90%다. 한·중·일 3국이 역사를 직시하고 미래로 향하며 전면적 협력과 공동 번영을 추진하는 것은 한·중·일 3국 국민들의 복지를 향상시킬 뿐만 아니라 세계경제 성장을 촉진하고 동북아, 나아가 세계의 평화와 안전을 촉진하는 데에도 중요한 의미를 갖게 될 것이다.

한·중·일 3국 정부가 마침내 동북아 경제통합을 위한 FTA 협상의 닻을 올렸다. 2012년 11월 20일 동아시아 정상회의가 열린 캄보디아 프놈펜에서 3국 통상장관이 모여 FTA 협상 개시를 선언했다(조선일보, 2012. 12. 11).

중국은 한·중·일 FTA를 지극히 정치적으로 접근하고 있다. 오바마 행정부가 외교 노선으로 천명한 '아시아로의 중심축 이동(Pivot to Asia)'에 촉각을 곤두세우고는 미국을 배제한 아시아 지역경제공동체의 구축에 큰 관심을 보이고 있다. 특히 미국이 환태평양경제동반자협정(TPP)으로 중국을 압박하는 전술을 구사하자 '한·중·일 FTA'라는 카드를 급히 꺼내들고 맞대응하였다.

한·중·일 FTA가 더욱 절실한 나라는 일본이다. 일본의 예상과는 달리 한국이 유럽연합(EU)·미국과의 FTA 발효에 성공한 데 이어 중국과도 FTA 협상에 돌입하자 일본은 몹시 초조하다. 한·중·일 FTA에 대한 최근 일본이 적극적인 행보에는 가까운 장래에 한·중 FTA의 타결이 초래할 한국 상품의 중국 내수 시장 선점과 일본 상품 대체 가능성에 대한 깊은 불안감이 깔려 있다.

한국은 높은 수준의 한·중 FTA를 우선하여 타결하는 데 방점을 두고 한·중·일 FTA

를 전략적으로 접근할 필요가 있다. 물론 한·중·일 FTA를 통하여 역내(域內) 시장 규모의 확대나 서비스 및 투자 자유화를 통한 생산 네트워크의 고도화라는 긍정적 효과를 기대할 수 있을 것이다.

그럼에도 불구하고, 한·중·일은 서로 주판알을 굴리면서 한·중·일 FTA 효과에 대해 공동 연구를 진행중이지만, 서로 생각하는 FTA 수준이 너무 달라 협상 개시조차 되지 않은 상황이다. 일본은 한국과 FTA를 하고자 하지만, 자국에 불리한 농산물을 전반적으로 개방하려고 하지 않는다. 한국은 이미 일본에 수출하는 공산품 등의 관세가 높지 않아 FTA를 통해 얻을 것이 크지 않다고 보고 있다. 이 때문에 지난 2003년 개시됐었던 일본과의 FTA 협상이 1년 만에 결렬된 바 있다.

한·중·일 3국 간 FTA가 체결될 경우 한국은 무역이 10% 늘고 성장률이 5.14% 높아지며, 중국은 무역이 12% 이상 증가하고 성장이 1.54% 늘어나며, 일본은 무역이 5.2% 이상, 성장은 1.2% 추가될 것으로 각각 추정된다. 나아가 ASEAN 소속 10개국 및 한·중·일, 인도, 호주, 뉴질랜드 등 16개국이 포함되는 '동아시아 경제공동체'(EAEC)가 실현된다면, 총인구 20억 명, 국내총생산(GDP) 7조~8조 달러의 규모로 세계에서 최대 단일 시장이 형성된다.[65]

이와 반면에, 한·중·일 3국 등 동아시아 국가들은 고령화(高齡化)에 직면해 있다. 하버드대학의 제프리 윌리엄슨(Jeffrey Wiliamson) 교수 팀은 1965년부터 1990년대까지 동아시아 경제성장의 '기적'이 인구구조와 밀접한 연관이 있다고 지적한 바 있다. 그 기간 중에는 전례를 찾아보기 힘들 정도로 젊은 생산인구가 증가했고, 이것이 고속 성장의 원동력이 되었다는 것이다. 하지만 이런 현상은 지속되기 어렵고, 결국 '기적'과 같은 경제성장은 계속되기 힘들다는 주장이다. 실제로, 일본은 고령화(高齡化)와 함께 장기 저성장 궤도에 접어들었고, 한국도 곧 이를 따라갈 전망이다.

특히 일본은 상당 기간 고령화(高齡化)가 진행돼 왔다. 일본의 경우 자산 가격이 하락하고 실물경기 침체가 본격화된 시기가 공교롭게도 1990년대 인구 및 노동력의 감소 시점과 일치한다. 일본은 항상 고령 인구가 많은 사회가 아니었다. 제2차 세계대전(1939~1945) 이후 일본이 눈부신 경제성장을 했을 때는 젊은 경제활동인구가 급격히 늘어난 시기이기도 했다. 현재 그 세대는 은퇴하는 반면, 출산율 저하로 젊은 층은 증가하지 않는 것이 문제이다. 지금 한국의 상황은 당시 일본 상황과 별반 다르지 않다. 다만 고령화(高

---

65) 기획재정부는 한·중·일이 FTA를 체결하면 한국의 국내총생산(GDP)이 2.6% 상승한다는 연구 결과를 인용한 보고서를 내놓았다. 중국은 0.6%, 일본은 0.2%로 한국이 가장 큰 수혜를 볼 수 있다는 것이다 (조선일보, 2011. 05. 06).

齡化)가 본격화되는 시기가 일본보다 다소 늦을 뿐이다.

중국은 대약진운동(1958~1960) 당시 많은 유아 사망이 있었고, '한 자녀 정책'에 따른 젊은 인구 감소로 급속히 고령화되고 있다. 당분간은 농촌 지역의 저임금 인력을 도시로 유입시켜 이를 저지할 수 있지만, 전반적인 소득 수준이 향상되고, 농촌으로부터의 인력 유입이 고갈되면 현재 같은 고성장을 유지하기는 어려울 것으로 보인다. 현재의 중국 경상수지 흑자는 투자에 비해 높은 저축 증가를 낳은 인구구조 고령화와 밀접한 것으로 지적된다. 따라서 고령화 속에 다가오는 성장 둔화는 중국 경제의 주요 위험 요인이고, 위안화가 기축통화로 나아가는 데도 장애가 될 것이다.[66]

(2) '동아시아경제공동체(EAEC)'의 추진방향[67]

누리엘 루비니(Nouriel Roubini) 뉴욕대 교수는 "과거가 미국의 시대였다면 이제 아시아의 시대가 도래할 것이다"라고, 사카키바라 에이스케 와세다대 교수는 "응용 기술이 뛰어난 아시아가 세계 경제 성장의 엔진이 될 것이다"라고 중화권의 경제 분석가 앤디셰(謝國忠)는 "글로벌 금융위기 이후 뉴욕 중심의 경제 축이 아시아로 빠르게 이동하면서 아시아의 4~5개 도시가 새 중심축이 되려고 각축하고 있다"고 각각 진단했다(조선일보, 2010. 01. 04).

한·중·일 3국과 인도·인도네시아 등 아시아 5개 국가가 G20에 포함돼 있다. '아세안(동남아국가연합)＋3(한·중·일)'은 세계 인구의 35%, 국내총생산(GDP)과 교역의 20%를 차지하고 있다. 한국·중국·일본과 아세안(ASEAN) 10개국을 비롯한 동아시아 경제권의 GDP(국내총생산)가 이 세계 경제에서 차지하는 비중이 20%를 넘어섰다.

---

66) 임양택(2021), <'정의로운 국가와 행복한 사회'를 위한 신(新)실용주의(實用主義) 철학과 정책>, 도서출판: 박영사, 2021.

67) 林陽澤(1999), 21世紀 亞洲經濟的 展望与 挑戰, 北京: 中國社會科學院; 임양택(1999), 「아시아의 대예측」, 서울: 매일경제신문사; Lim, Yang Taek, Asian Economic Cooperation in the New Millennium, Singapore: World Scientific Publishing Co. Pte. Ltd., 2004(Calla Wiemer and Heping Cao와의 共著); Lim, Yang Taek, "A Development Strategy for Industrial/Technological Cooperation between Korea, China and Japan and their FTA", Economic Studies, Vol. 24, No. 2, November 2003; Lim, Yang Taek, "Trade Structure of China－Korea－Japan and Their Strategic Alliance on IT in the Era of Technological Globalization", Keynote Speech delivered at the 2004 BWW Conference, Xi'an, China, July 18~22, 2004; Lim, Yang Taek, "Toward a Dynamic Wave: IT Cooperation of China－Korea－Japan", East Asian Review, Vol. 16, No. 3, Autumn 2004, pp. 41~74.

본 연구는 '동아시아 경제공동체'(EAEC: East Asian Economic Community)의 구현을 위한 제안 내용을 크게 2가지 측면 즉 ① 실물부문 측면과 ② 금융부문 측면으로 나누어 다음과 같이 논술한다. 우선, 실물부문의 측면에서 본 '동아시아경제공동체(EAEC)'의 추진방향은 다음과 같다:

'동아시아 경제공동체'(EAEC)의 실현 여부는 향후 일본의 '진정한' 속죄와 국책(國策)의 방향 전환으로써 한·중·일의 과거 역사의 상흔(傷痕)을 치유 및 승화시켜 한·중·일 FTA(2009. 10. 10, 베이징)의 추진 여부에 따라 결정될 것이다.

그렇다면, '동아시아 경제공동체'(EAEC)를 위한 호혜적 공동과제는 무엇인가? 저자는 '동아시아 경제공동체'(EAEC)의 핵심주체인 한·중·일이 선도적으로 2가지 즉 ① 저(低)탄소 녹색성장협력과 ② '동북아 IT공동체'(NAITC)를 추진하는 것이라고 주장한다. 전자는 파리기후회의(2015. 11. 12)에 나타나 있듯이 지구환경의 보존과 지속가능한 경제성장을 위한 세계의 시대사적 소명이다. 후자는 과거 산업화의 낙후로 인하여 서구의 '영토 식민지'로 전락하였던 아시아가 다시 서구의 '정보 식민지'가 되지 않기 위하여 한·중·일의 정보통신 협력이 강화되어야 한다는 과거 역사의 교훈이다.

다음으로, 금융부문에서 본 '동아시아 경제공동체'(EAEC)의 추진방향은 다음과 같다: 세계 1위의 외환보유고(2009. 9월 말 현재 기준으로 2조2,730억 달러)와 세계 제1위의 미국 국채 보유액(2009. 7월 말 현재 기준으로 8,015억 달러)을 지렛대로 삼아 치앙마이 이니셔티브(CMI)가 '공동기금(800억 달러) 조성'(2008. 05)에서 '상호자금지원체제'(2008. 05. 04)로 발전한 최근 양상을 디딤돌로 삼아 미국까지 포함한 아시아·태평양 통화제도(APMS)로서 '아시아·태평양 통화바스켓제도'를 설립하는 것이다. 이 경우, 아시아·태평양 지역의 통화바스켓을 달러화·위안화·엔화로 구성함에 따라, 역내·외의 환율 안정화를 도모할 수 있다. 이로써, 국가적으로는 환율변동의 파고(波高)를 상쇄시켜 외환의 안정성을 도모할 수 있을 것이며, 금융기관 및 기업들은 외환관리의 건전성과 수익성을 조화시킬 수 있을 것이다. 이제, 웅비(雄飛)하는 '아시아 시대'에서 지난 1997년 말의 아시아 외환위기와 2008년 하반기의 글로벌 금융위기가 재현되지 않아야 한다. 그것은 아시아인의 수치(羞恥)이며 희생(犧牲)이다.

(3) 미국의 대승적 용단과 참여 기대

사실, 동아시아의 경제통합에 대한 미국의 단호한 입장이다. 즉, 중국이 중화경제권 형성을 통해 동아시아의 주도권을 잡고, 이어서 폐쇄적 동아시아 경제블록으로 연결되는 것을 용인하지 않겠다는 것이다. 상술하면, 미국이 주도하는 세계자유무역체제 아래서 번영하는 일본이 동아시아의 주도권을 잡는 것은 미국에 별 문제가 되지 않는다. 그러나 공산당이 통치하는 비(非)시장경제이며 비(非)민주국가인 중국을 중심으로 중화경제권이 형성되면 경제적으로 단순히 폐쇄적 동아시아 지역주의뿐만 아니라 동아시아에서 힘의 균형을 무너뜨림으로써 미국에 군사적 위협이 될 수 있다고 미국은 우려하는 것이다.

만약 미국이 중화경제권의 부상과 폐쇄적 동아시아 경제블록을 막지 못한다면, 미국은 다음과 같은 막대한 대가를 치러야 한다고 프레드 버그스텐(C. Fred Bergsten, 2005)은 주장하였다: *"동아시아에서 미국이 빠진 폐쇄경제블록이 형성되면 미국은 엄청난 무역전환비용을 치를 것이며 이는 미국에 매년 250억 불의 수출감소를 가져올 것이다"*.

또한, 상기 무역전환비용은 미국의 농업과 제조업이 주로 떠맡게 될 것이라고 분석했다. 더욱이, 이 같은 폐쇄적 경제통합은 미국을 점점 더 배제시키고 한국, 중국, 일본, 그리고 아세안(ASEAN) 회원국 간의 무역과 투자를 활성화시킴으로써 미국의 대(對)동아시아 무역수지 적자를 더욱 심화시킬 것이라고 우려했다.

상기와 같은 우려 때문에, 미국은 아시아·태평양경제협력체(APEC)를 대체할만한 획기적인 환태평양 경제통합 비전을 위한 제도적 연결고리를 동아시아 국가들에게 제시하고자 2006년 11월 제14회 APEC 정상회담에서 조지 워커 부시(George Walker Bush, 1946~현재; 대통령 재임: 2001~2009)가 이른바 '하노이 구상', 즉 '환태평양 자유무역지대'(Trans−Pacific Free Trade Area)의 창설을 제안했다.

또한, 2009년 8월 27일 하토야마 유키오(鳩山由紀夫) 일본 총리(2009. 09~2010. 06)가동아시아공동체'(EAC)를 주창했었다. 하토야마 유키오(鳩山由紀夫) 전(前) 총리(2009. 09~2010. 06)는 그의 인터내셔널헤럴드트리뷴(International Herald Tribune) 기고문(2009. 08. 27)에서 *"이라크 전쟁 실패와 금융위기로 인해, 미국 주도의 세계화 시대는 막을 내리고 다극 체제를 향해 나아가고 있다고 생각한다"*고 했다. 그는 TV 인터뷰(2009. 08. 23)에서도 *"지금까지의 일본 외교는 미국의 형편에 맞추는 것이지만, 이젠 우리 의사를 강하게 주장할 수 있는 대등한 관계여야 한다"*고 말했다. 하토야마 유키오(鳩山由紀夫) 전(前) 총리(2009. 09~2010. 06)는 *"비핵(非核), 핵군축, 다자협력, 인간중심의 자본주의 등의 방향에서 미국과 일본의 대등한 협력이 가능하다"*면서도 '미국의 뒤를 쫓아가는 것이 아니라 미국과 함께 세계를 향해 메시지를 발신하는 입장에 설 수도 있고, 필요하면 미국과 다른 접근을 할 수도 있음'을 시사했다.[68]

이어서, 하토야마 유키오(鳩山由紀夫) 전(前) 총리(2009. 09~2010. 06)의 '나의 철학'이라는 글을 「뉴욕타임스」(2009. 08. 27)가 발췌·번역한 '일본의 새로운 길'(A New Path for Japan)은 다음과 같다: 일본은 미국이 '세계화'(Globalization)라는 이름으로 주도하는 시장 원리주의 때문에 잃어버린 인간의 존엄성을 되찾아야 한다는 것이다. 이를 위해서 국내적으로는 자립과 공생의 원리에 기반을 둔 '우애사회'(Fraternity Society)를 건설하고 국제적으로는 일본 외교의 기본 축인 미·일 안보체제와 더불어 '동아시아 공동체'(EAC: East Asia Community)의 건설을 또 하나의 축으로 삼겠다는 것이다.

요컨대, 하토야마 유키오(鳩山由紀夫) 전(前) 총리(2009. 09~2010. 06)의 철학은 미국의 일극(一極)시대가 흔들리는 속에서 계속 패권을 유지하려는 미국과, 패권국가가 되려 하는 중국의 틈에서 일본이 정치·경제적 자립을 유지하고 국익을 지키기 위해서 '우애(友愛)외교'가 필요하다는 것이었다.[69]

또한, 히토야마 유키오(鳩山由紀夫) 전(前) 총리(2009. 09~2010. 06)는 유엔 총회 연설(2009. 09)에서는 미(美) 스탠퍼드대 박사 출신답게 영어로 일본경제의 틀을 재정비하고 유럽연합과 비슷한 '동아시아공동체'(EAC)를 창설하기 위해 노력하겠다고 선언했다.[70]

한편, 버락 오바마(Barack Hussein Obama, 44대: 2009~2017) 대통령(당시)은 2009년 11

---

[68] 하토야마 유키오(鳩山由紀夫) 총리(당시)는 청년 시절 6년을 미국에서 보낸 하토야마 총리도 대외적으론 친미(親美)주의자처럼 보이나, 엄밀히 보면 '극미(克美)주의자'다. 그는 최근 사석에서 다음과 같은 이야기를 즐겨 말했다: "유학 마지막 해이자 미국 건국 200주년이던 76년 모든 미국인이 '미국의 가치'에 열광하는 것을 옆에서 지켜봤다. 그 순간 난 '일본의 가치'를 되찾기 위해 정치인이 되기로 마음을 굳혔다"(중앙일보, 2009. 12. 01). 그가 미국 유학 시절 지켜 본 베트남 전쟁도 그에게는 '미국=선(善)'의 공식을 깨는 사건이었다고 한다.

[69] 하토야마 유키오(鳩山由紀夫) 총리(당시)의 정치신조는 '우애'(友愛·Fraternity)로 널리 알려져 있는데, 이것이야말로 "정치의 방향을 판단하는 나침반"이며 "정책을 결정할 때의 판단기준"이라고 강조했다(조선일보, 2009. 11. 04). 그는 개인적으로 많은 우애의 실천사례를 가지고 있다. 한국과 관련해서도 해방 전 일본에 강제 연행돼 전후에도 조선인이란 이유로 귀환하지 못한 사할린 거주 한국인의 본국 정착을 돕기 위해 두 차례나 조용히 한국을 방문한 적이 있다. 그는 우애정치를 '자립과 공생의 정치'로 정의하고 '극단주의와 각종 원리주의를 배제하는 정치'라고 했다. 그는 "하토야마 내각의 내정과 외교의 기본 정신이 우애이며 국가관계·지역관계·인간관계에 있어서도 각기 개성을 살리면서 공생하는 방법을 터득해야 할 것이다. 그 과정에서 소외된 국가나 지역, 인간에 대한 배려의 정치를 하고 싶다"고 했다(조선일보, 2009. 11. 04).

[70] 프랑스 외무장관 로베르 쉬망(Robert Schuman)의 유럽합중국 구상은 유럽석탄철강공동체(ECSC) 유럽경제공동체(EC)를 거쳐 유럽연합(EU)이란 열매를 맺었다.

월 14일 도쿄의 산토리 홀에서 '신아시아 정책'을 밝혔었다. 그는 "중국의 부상을 환영한다"면서도 "모든 나라는 개인의 인권과 종교적 자유를 존중해야 한다"며 중국 인권 문제를 우회적으로 지적했다. 그는 상기 연설 앞부분부터 자신과 아시아의 연관성을 강조했다. 그는 "미국 최초의 태평양 지역(하와이) 출신 대통령으로서, 이 중요한 지역에서 (미국의) 지도력을 강화하겠다"고 했다. 미국을 '아시아·태평양 국가'로 소개하면서, 엄청 빠르게 성장하고 있는 아태 지역과 미국의 미래는 불가분의 관계라고 강조했다. '미국과 아시아는 하나'라는 것이다.

그런데, 상기한 3인의 선언과 약속의 결과/성과는 무엇이었는가? 이젠, 세계지도자들은 진실할 때가 되었으며, 단견적 시야에서 벗어나 세계적 시야에서 사고하고, 패권이 아니라 평화와 공동번영을 추구해야 할 시점이다.

모름지기, 미국은 '아시아-태평양 국가'로서 큰 시야를 갖고 자국의 경제 딜레마로부터의 탈피를 위해서라도 반드시 '동(東)아시아 경제(經濟)공동체'(EAEC)에 당당히 참여하는 대국(大國)의 모습을 보여줄 것으로 저자는 기대한다. 미국은 EU의 멤버가 아니면서도 NATO의 멤버로서 EU국가들과 협력하고 있다. 이와 마찬가지로 '동(東)아시아 경제(經濟)공동체'(EAEC)의 경우도 미국은 굳이 멤버가 되지 않더라도 경제적으로 협력할 수 있을 것이다.

06 요한 갈퉁(Johan Galtung)의 '적극적 평화'를 위한 강대국의 솔선수범적 '기후/환경 협력'

천체물리학자 스티븐 윌리엄 호킹(Stephen William Hawking, 1942~2018) 박사는 생전에 인류의 생존을 위협하는 환경적 재앙의 기후변화, 곧 지구온난화는 폭발 직전의 상황이라고 주장했었다. 2007년 미국의 전(前) 부통령 앨버트 아널드 "앨" 고어(Albert Arnold "Al" Gore, Jr, 1948~현재)는 세계 기후변화의 심각성을 알리고 지구온난화 문제의 심각성을 일깨우고 해결하기 위한 공로를 인정받아 노벨평화상을 수상했다.

사실, 인류의 생존을 위협하는 지구온난화의 기후변화가 이미 돌이킬 수 없는 지경으로 치닫는 상황에서 코로나19 팬데믹 상황까지 겹치면서 인류는 새로운 도전에 직면하고 있다. 이러한 상황에서, 강대국의 정치지도자들이 자신들의 탐욕과 정치적 야망을 감추고 평화(平和)와 인권(人權)을 외치는 것은 실로 역겹고 분노스럽다.

기후변화란 오랜 세월 동안의 기상 변동을 일컫는 넓은 의미이며, 지구온난화란 기후변화의 부분적 현상으로 우리가 사는 이 시대에 나타나고 있는 좁은 의미의 기상 변동 현상을 말한다. 지구온난화로 인해서 기후변화가 일어나는 것이지만, 요즘은 같은 의미로 사용하고 있다. 기후변화가 이슈가 되는 이유는 지구온난화로 인해 가뭄, 폭염과, 홍수 등 이상 기상현상이 발생하는 빈도가 증가하기 때문이다. 현대과학에서 인류의 생존을 위협하는 지구온난화와 기후변화의 원인으로 진단한 것은 크게 4가지이다.

① 지구 자전축의 경사가 변화하고, 지구의 공전 궤도가 주기적으로 타원형과 정원형으로 변화하면서 기후변화가 일어났다는 것이다.

② 거대한 화산 폭발 또는 여러 개의 화산이 동시다발적으로 폭발하면서 방출된 화산재와 이산화황 등이 성층권을 가려 대기 온도가 내려가면서 기후변화가 발생한다는 것이다.

③ 인간이 문명 발전이라는 미명 아래 자연을 훼손하고 화석 연료 과다 사용 등으로 인하여 이산화탄소가 급격하게 증가하면서 발생한 온실효과는 지구온난화를 촉발

하고 기후변화에 영향을 준다는 것이다. 특히, 산업화 이후 온실가스의 증가로 온실효과가 강화되었다. 화석연료(석탄, 석유, 가스등의 에너지원)의 사용의 사용과 질소비료사용, 폐기물 소각, 냉매, 세척제 및 스프레이 사용 등으로 많은 온실가스들은 장기간 대기 중에 남아 있기 때문이다.

④ 삼림파괴이다. 도로의 건설, 벌목, 농업의 확장, 땔감으로의 삼림 사용 등이 삼림 파괴의 주된 원인이며, 삼림은 종의 서식과 생물 다양성의 보존은 물론, 기후와 물의 순화, 영양분의 순환에 의해서 인류 생명 유지 시스템의 일부로서 역할하고 있다. 도로의 건설, 벌목과 농업의 확장은 삼림파괴의 주요 원인이며, 대규모의 산림 제거는 물 순환에 심각한 영향을 미친다. 또한 연속적으로 강수량에 영향을 미쳐서 산림의 성장이나 농업에 부정적인 영향을 미친다. 대규모의 산림제거는 불이나 분해에 의해서 대기 중으로 이산화탄소를 배출하는데, 온실효과에 영향을 미쳐 지구 온난화를 더욱 강화 시킨다.

상기한 기후변화의 피해(태풍, 이상고온, 이상저온, 사막화와 황사현상, 해수면 상승)는 막심하다. 예로서, 파키스탄(홍수)의 경우, 2천만 명 이재민 발생, 1,750여 명 사망했다.

2100년의 전 지구 지표면 평균온도는 1990년에 비해 1.4~5.8℃ 상승될 것으로 예측하고 있으며, 예측된 온난화율은 20세기 동안 관측된 변화보다 훨씬 더 클 것으로 나타나고 있다. 거의 모든 육지지역과 특히 북반구 고위도지역은 전 지구 평균보다 더 빨리 온난화될 것으로 예측되며, 북미 북부지역과 북부·중앙아시아의 온난화는 전 지구 평균 온난화보다 40% 정도 더 급속화될 것으로 보인다. 한편, 여름철 남부·남동부 아시아와 겨울철 남미 남부지역의 온난화는 전지구 평균 변화보다 작게 나타날 것으로 본다.

해수면상승이다. 북반구의 눈 덮임과 해빙의 넓이는 더욱 감소될 것으로 보이는데, 21세기 동안 빙하는 지속적으로 광범위하게 감소될 것이다. 남극 얼음판은 강수량 증가 때문에 증가할 것이며, 반면에 북반구 그린란드 얼음판은 강수량보다 유출량이 더 많기 때문에 감소될 것으로 예측하고 있다. 해수면은 주로 해양의 열적 팽창과 빙하의 감소로 인하여 2100년의 전 지구 평균 해수면은 1990년에 비해 0.09~0.88m 상승될 것으로 예측하고 있으며, 수면의 상승으로 인하여 해안지역의 습지손실이 2080년대에는 약 30%손실해안지역 거주민의 피해는 2050년대에 약 700만 명에 이를 것으로 예상하고 있다.

따라서 국제사회가 지구의 환경 문제 해결을 위해 나서기 시작한 것은 1972년 유엔 인간 환경회의에서 '유엔 인간 환경 선언'을 채택하면서부터이다. 1979년부터 지구온난화에 대한 경고가 나온 후부터 국제사회는 몇 차례에 걸쳐 논의했다.

지구온난화에 따른 기후변화에 적극 대처하기 위하여 국제사회는 1988년 UN총회 결의에 따라 세계기상기구(WMO)와 유엔환경계획(UNEP)에 "기후변화에 관한 정부 간 패널(IPCC)"을 설치하였고, 1992년 6월 브라질 리우데자네이루에서 열린 '유엔환경개발회의(UNCED)'에서 인류의 생존을 위협하는 지구온난화의 문제가 본격적으로 다루어져 UN 기후변화협약(UNFCCC)이 채택되고 1994년 3월 21일 공식 발효되었다. 그러나 지구온난화와 기후변화의 원인이라고 규정한 이산화탄소를 비롯한 온실가스 감축을 위해 노력해 왔지만, 갈수록 상황은 더 악화됐다.

따라서, 기후변화협약에 의한 온실가스 감축은 구속력이 없음에 따라 온실가스의 실질적인 감축을 위하여 과거 산업혁명을 통해 온실가스 배출의 역사적 책임이 있는 선진국(38개국)을 대상으로 제1차 공약기간(2008~2012)동안 1990년도 배출량 대비 평균 5.2% 감축을 규정하는 교토의정서를 제3차 당사국총회(1997년, 일본 교토)에서 채택하여 2005년 2월 16일 공식 발효시켰다. 2005년 11월 캐나다 몬트리올에서 제1차 교토의정서 당사국총회(COP/MOP1)를 개최하였고, 제3차 교토의정서 당사국총회(COP/MOP3)에서 발리로드맵이 채택되었다.

1997년 체결된 교토의정서는 주로 온실가스 배출량을 감축하는 데에 집중하였으나, 기후변화에 효과적으로 대응하기 위해서 이미 발생한 기후변화에 적응하는 것을 목표로 파리협정(Paris Agreement)이 체결되었다. 상기 협정은 신기후체제의 근간이 되는 협정으로, 주요 요소별로 2020년 이후 적용될 원칙과 방향을 담은 합의문이다. 파리협정(Paris Agreement)은 많은 국가들의 참여를 유도하고 기후변화에 신속하게 대응하기 위하여 각 당사국들에 '국가결정기여(NDC)' 제출 의무를 부과하였다. 국가결정기여(NDC)란 기후변화에 대응하기 위하여 분야별로 당사국이 취할 노력을 스스로 결정하여 제출한 목표이며 감축, 적응, 재원, 기술, 역량배양, 투명성의 6개 분야를 포괄한다.[71]

---

71) 지구촌의 '환경위기' 현황에 관한 상세한 설명을 위해서, 임양택(2021), 「정의로운 국가와 행복한 사회를 위한 신(新)실용주의 철학과 정책(박영사)」을 참조.

V

한반도(韓半島)에서의 '신(新)그레이트 게임' 과 남·북한 및 주변국의 합종연횡 (合縱連橫)[1)]

세계평화(世界平和)를 위한
신(新)실용주의적(實用主義的) 해법:
동아시아지역의 군사안보와
경제협력을 중심으로

The 'Neopragmatic' Solution to World Peace:
with special focus on Regional Security and
Economic Cooperation in East Asia

01 한반도의 분단과 대립
02 한반도 주변국의 합종연횡(合縱連橫)
03 본 연구의 종합적 논평

01 한반도의 분단과 대립

美·日·中·러의 세계 강대국들로 둘러싸인 한반도는 과거에도 그러하였듯이 현재나 미래에서도 강대국의 '거대 게임'(The Great Game) 무대일 수 밖에 없다. 청일전쟁(1894. 08~1895. 03)은 일본이 조선(朝鮮)을 과거 한반도에서 종주국(宗主國)이라고 주장하는 청 (淸)으로부터 떼어 놓기 위한 북방진출 전략의 일환으로 발발하였다. 또한, 러·일전쟁 (1904. 02~1905. 09)은 일본이 러시아의 남진(南進)을 막음으로써 일본의 북방 진출을 위한 발판을 만들기 위한 책략으로서 발발하였다. 그 결과, 대한제국(大韓帝國)의 외교권(外交權) 은 일본 제국주의에게 박탈(1905. 11. 17)되었으며, 이어서 대한제국(大韓帝國)의 국권(國權) 이 피탈(1910. 08. 29)되었다.

최근에 북한의 핵무기 무장과 함께 강성대국에의 진입, 중국의 강대국 부상과 나진항 중국군 주둔으로 인한 동진(東進), 일본의 군사대국화와 유사시 한반도 재(再)진군 가능성 상존, 러시아의 부동항(不凍港)을 향한 남진(南進), 미국의 신(新)아시아 정책 등으로 한반 도는 요동치고 있다.

그럼에도 불구하고, 한편으로는 한·미 상호방위조약(1953. 10. 01), 미·일 방위조약 (1978. 11 및 1979. 04), 미국의 대만관계법(1979. 04)과 다른 한편으로는 북·중 우호조약 (1961. 07), 북·러 우호조약(2000. 02)이 '절묘한' 세력균형(Balance Of Power)을 유지하고 있다. 그러나, 북한 핵무기의 미국 본토 위협이 고조되자 한반도는 '태풍의 눈'이 되어 동 북아에 '회오리 바람'이 일어나기 일보 직전에 이르렀다. 이 결과, 현재까지는 구조화되어 있는 상기한 남방 3각관계와 북방 3각관계의 세력균형(Balance of Power)이 균열될 가능성 도 있다.

여기서 유의할 것은 다음과 같다. 한반도에는 5회의 '전환기적 위기': ① 16세기 임진 왜란(1592~1598), ② 17세기 병자호란(1636~1637), ③ 19세기 말 청·일(靑·日)전쟁(1894. 07~ 1895. 04), ④ 20세기 초 러·일전쟁(1904. 02~1905. 09)에 의한 국권 피탈(1910. 08. 29), ⑤ 미·소(美·蘇) 얄타회담(1945. 02)에 의한 국토분단(1945. 09. 08) 및 한국전쟁(1950. 06. 25~1953. 07. 27)에 이어서 다음과 같은 '6번째 전환기적 위기' 상황이 도래하고 있다는 점

---

1) 임양택(2007), 「한국의 비전과 국가경영전략」, 파주: 나남; 임양택(2008), "청의 조선책략과 한국의 4강

이다. 즉, 북한의 핵무기 문제의 해결방안을 두고 한반도에서 미·중(美·中)의 '신(新)그레이트 게임'(The New Great Game)이 전개되고 있다.

본장에서 한반도(韓半島)에서 전개되고 있는 '신(新)그레이트 게임'과 남·북한 및 주변국의 합종연횡(合縱連橫)을 각각 논술할 것이다. 우선, 한반도(韓半島)의 분단과 대립 과정을 美 軍政의 시책과 남한 政情의 혼미 → 反託 운동의 전개와 美蘇共同委員會의 실패 → 남·북한 각자 정부 수립 과정의 순서로 논술할 것이다.

대한민국 정부의 수립 과정은 ① 이승만(李承晚)의 단독정부 수립 추진과 김구(金九)와의 정치적 노선 분열, ② 남북협상의 과정과 실패, ③ 1948년 5·10 총선 → 1948년 7월 20일 대통령 및 부통령의 선거 → 대한민국 정부 수립이다. 한편, 북한인민민주주의공화국 정부의 형성 과정은 ① 제1단계: 토착 공산 및 민족주의 세력과의 연합, ② 제2단계: 공산당의 실권 장악을 위한 연립행정기구 수립, ③ 제3단계: 공산당의 정치권력의 완전장악과 정권수립, ④ 국내파 공산세력 숙청, ⑤ 1956년 8월 종파 사건과 김일성(金日成) 독재체제의 공고화이다.

다음으로, 남·북한과 주변국의 합종연횡(合縱連橫) 현황은 다음과 같다: 한·미(韓·美) 관계(군사동맹, 경제적 관계; FTA), 중국과 남·북한의 관계{한·중(韓·中) 관계: 역사적 관계, 경제적 관계: 한·중(韓·中) FTA, 정치·군사적 관계; 중·북(中·北) 관계: 정치·군사·경제적 관계}, 중국과 러·일의 관계{중·러 '전략적 동반자' 관계; 중·일(中·日) 경쟁적 관계}, 러시아와 남·북한의 관계(한·러 관계, 북·러 관계), 일본과 남·북한의 관계{한·일(韓·日) 관계: 교역/투자/산업 기술 협력 동향, 최근 일본의 수출무역관리령 개정: '백색국가(화이트 리스트)' 명단에서 한국을 제외, 한일(韓日)신(新)어업협정(1998. 09. 25), 한·일(韓·日) '공통의 가치관'; 북·일(北·日) 관계}이다.

여기서 유의할 것은 다음과 같다: 1945년 8월 15일 한민족의 해방은 역사적으로 '이중적 원인'을 배경으로 한다는 점이다. 첫째, 한민족의 해방은 연합군이 제2차 세계대전에서 승리한 결과로 주어진 갑작스러운 선물이었다는 것이다. 이것은 직접적이며 결정적 원인이다. 타율적으로 주어진 해방은 그 후 한민족이 국가를 건설하는 데 큰 고난을 겪게 되

외교", 조선일보, 10월 8일; 임양택(2010), "'동아시아 공동체'의 구상과 추진전략: 전남 무안군 '한중 국제산업단지'의 사례연구", 2010년 경제학 공동국제학술대회, 서울대학교 멀티미디어강의동(83동), 한국동북아경제학회; 임양택(2010), "'한반도 책략': 한·미 '군사동맹'과 한·중 '전략적 협력 동반자'를 중심으로", 2010년 한국동북아경제학회 국제학술심포지엄, 동해그랜드호텔; 임양택(2013), 「글로벌 경제와 한반도 위기: 한국의 비전 및 전략」, 파주: 나남; Lim, Yang−Taek(2000), Korea in the 21st Century, Hauppauge: Nova Science Publishers, Inc.

는 결정적 요인으로 작용하였다. 둘째, 간접적 원인은 다음과 같다. 1945년 8·15 해방은 거저 얻은 것이 아니라 일제(日帝) 식민지 기간 동안 대한제국(大韓帝國)의 독립투사들이 온갖 역경을 무릅쓰고 꾸준히 독립투쟁을 계속한 대가였다는 것이다.

예로서 을사늑약(乙巳勒約)이 강제로 체결(1905. 11. 17)된 후 대한제국(大韓帝國)의 愛國志士들은 국내에서 거족적 1910년 3·1운동을 시발로 하여 신간회(新幹會) 사건, 조선민립대학 설립 운동(朝鮮民立大學 設立運動), 문자보급운동(文字普及運動), 농촌계몽운동(農村啓蒙運動), 국학연구(國學研究), 조선어학회 사건(朝鮮語學會事件), 물산장려운동(物産獎勵運動), 광주학생사건(光州學生事件) 등 거의 모든 분야에서 독립운동을 감행하였다. 해외 독립투사들은 만주, 러시아, 중국, 미국 등 여러 지역에서 상해임시정부를 중심으로 혹은 지역 독립단체를 결성하여 일제(日帝)에 대한 무력항쟁과 국제여론에 호소하는 독립 외교활동을 끊임없이 전개하였다. 상기와 같은 조국 독립을 위한 국내외 애국지사들의 끈질긴 노력은 제2차 세계대전의 연합국으로 하여금 일제(日帝)가 한국을 강점(强占)했다는 사실과, 전후(戰後) 한국 독립의 정당성을 인정케 함으로써 한민족의 해방이 가능했었다.[2]

1945년 8·15 해방의 감격 속에서 한민족은 해방이 곧 독립인 것으로 착각하고 앞으로 건설될 새 나라에 대한 기대와 희망에 부풀어 있었다. 그러나, 타율적 해방은 美·英·中·蘇 4대 연합국이 전쟁 중 미리 한국문제를 한민족의 바람과는 동떨어지게 정함으로써 해방 후 한민족의 완전한 통일독립국가 건설의 기대를 무산(霧散)시켰을 뿐만 아니라, 국토 분단의 비극의 씨앗을 배태(胚胎)케 하였다.

구체적으로, 美·英 수뇌 간 워싱턴 회의(1943. 03)에서 한국문제에 관한 논의 이후 카이로 회담(1943. 11), 테헤란 회담(1943. 12), 얄타 회담(1945. 02)을 거치면서 한국의 자주독립을 잠정적으로 유보하는 신탁통치(信託統治)안(案)과 소련의 對(대)일본 참전과 함께 소련군의 한반도 진입이 결정되었었다. 이 결과 해방 후 남한과 북한에 각각 미군과 소련군이 진주하여 군정(軍政)을 폈으며, 한민족은 둘로 갈리고 국토가 분단되어 남과 북에 이념적으로 상충되는 두 정부가 들어서 대치하게 되고, 결국 해방 후 5년만에 민족사상 최대의 비극인 동족상잔(同族相殘)의 한국전쟁(1950. 06. 25~1953. 07. 27)을 당하게 된 것이다.

또한, 갑작스럽게 찾아온 해방은 정치적 무질서와 사회혼란을 가져왔다. 우선 해방 당시 우리 민족을 하나의 이념으로 통일적으로 조직하여 독립의 길로 이끌고 나아갈 만한 뚜렷한 지도세력이 없었고, 기존 민족 지도자들도 분열되어 있었던 것이 큰 문제였다.

1945년 8·15 해방 전, 국내에 민족지도자로 지목될만한 인사로는 김성수(金性洙)와 송

---

2) 임양택(2021), 「조선의 망조, 대한제국의 자멸, 대한민국의 위기」, 도서출판 박영사.

01 한반도의 분단과 대립   359

진우(宋鎭禹)와 같은 우익(右翼) 인사들과, 사회주의 경향의 여운형(呂運亨)과 중립적인 안재홍(安在鴻) 등이 있었다. 그러나, 이들은 해방정국을 맞아 상이한 이념적 경향으로 인해 통합이나 협력을 하지 못했다.

일제(日帝)의 항복을 맞아 조선총독부가 원래 조선의 치안과 행정을 위탁한 송진우(宋鎭禹)는 상해임시정부(上海臨時政府)의 귀국을 기다려야 한다는 명분으로 거절하였으며, 그 대신 여운형(呂運亨)은 안재홍(安在鴻)의 협력을 얻어 건국준비위원회(建國準備委員會)를 구성하고 총독부로부터 조선의 치안권을 확보하여 건국 준비에 먼저 착수하였다. 여운형(呂運亨)은 박헌영(朴憲永)이 이끈 공산주의자들이 핵심을 장악한 치안대를 조직하여 전국적으로 확산시키는 한편, 박헌영(朴憲永)·허헌(許憲)·정백(鄭栢) 등 공산당 지도자들과 상의하여 9월 6일 조선인민공화국(朝鮮人民共和國)이라는 정권조직을 선포하고, 당시 해외에 있는 거물 민족지도자 이승만(李承晩)·김구(金九)·김규식(金奎植) 등을 자의(恣意)로 각각 主席, 內務部長, 外交部長으로 추대하고 자신을 副主席으로 한 合作政府로 내세웠다. 이는 자신들의 정권이 마치 민족주의자, 사회주의자, 공산주의자 등 주요 민족세력을 망라한 정부로서 좌파세력이 건국의 기선(機先)을 잡고자 한 것이었다.

이렇게 되자 건국준비위원회(建國準備委員會)에 가담하였던 민족주의자들은 탈퇴하여 독자적 정당을 만들고 우익 지도자들도 서둘러 정당을 수립하였다. 안재홍(安在鴻)의 조선국민당(朝鮮國民黨), 송진우(宋鎭禹)·장덕수(張德秀)·김병노(金炳魯) 등 보수연합의 한국민주당(韓國民主黨)이 그러한 정당이다.

그밖에 많은 정당과 사회단체들이 난립하였고 해방과 더불어 해외 각지에서 귀환한 중국군, 만주군, 일본군 출신들이 사설(私設) 군사단체들을 만들었다. 1945년 11월 현재 한반도 전체의 정당수가 200여 개를 넘었고, 사설 군사단체는 30여 개를 헤아렸다. 그렇게 많은 정치·사회단체들이 각기 다른 주장과 행동을 함으로써 해방 초기의 정치·사회적 혼란은 극도에 달하였다.

1) 미 군정(美 軍政)의 시책과 남한 정정(政情)의 혼미

미 군정(美 軍政)은 대한민국 건국에 직·간접으로 적지 않은 부정적 영향을 끼쳤다. 일본의 항복 후 미군은 소련군보다 한 달 늦게 한반도에 진주하였다. 1945년 9월 8일에야 미(美) 24軍團이 인천에 상륙하고, 다음 날 서울로 진주하여 일본군의 항복을 받았다. 그리고, 하루 전(09. 07) 요꼬하마(橫濱)에 위치한 태평양 미(美)육군 총사령부(사령관: Douglas MacArthur 元帥)의 布告 제1호에 의거하여 남한에서 1948년 8월 15일 대한민국 정부가 수립되기까지 군정(軍政)을 실시하였다.

그러나 이북의 소련군과 달리, 주한 미군사령관 하지(John R. Hodge) 중장이 이끈 미군은 한국에 대한 사전 지식이나 군정을 위한 구체적 계획이 전혀 없었다. 게다가, 남한의 미(美)군정은 미(美)무성과 태평양 미(美)육군 총사령부의 이중(二重) 지시를 받는 지휘체계 아래 놓여 있었다. 그러한 미(美)군정 당국은 남한의 실정과 한국인의 염원을 무시한 체 처음부터 한국인의 독립정부 구성 노력을 부인하고 점령군으로서 편의위주(便宜爲主)의 정책으로 일관했다.

당시 미(美)군정 당국의 주요 정책 방침은 다음과 같다. (1) 일제 기존 행정기관의 계속 존속과 종래의 직무에 종사; (2) 미(美)군정 외 어떠한 한국인 정권(조선인민공화국과 상해임시정부)의 불인정; (3) 한국 내 모든 정당의 자유로운 활동 보장과 미(美)군정의 엄정 중립 태도의 유지.

상기와 같은 방침에 따라 미(美)군정은 일제 식민통치기구를 존속시킴으로써 부일배(附日輩)들의 권력이 여전히 유지되어 민족정기를 흐리게 하였고, 영어를 잘하는 구미(歐美) 유학생 출신과 한민당(韓民黨) 인사들이 군정(軍政) 당국에 기용되어 득세하였다. 이와 반면에 미(美)군정은 우리 민족 독립운동의 대표적 존재인 상해임시정부(上海臨時政府)을 부인하고, 30여 년간 미국에서 독립운동을 한 이승만(李承晩) 박사까지 견제하는 등 한민족의 독립을 위한 민족지도자들의 지도력을 제약하였다.

이승만(李承晩)은 워싱턴에서 해방을 맞아 즉시 귀국하려 하였으나 미(美)국무성의 방해로 두 달이 지난 10월 16일에야 미국 국방성에 있는 친구들과 맥아더 원수의 도움으로 군용기 편으로 귀국할 수 있었다. 그 요인은 이승만(李承晩)의 완강한 성격이 미(美) 정부 정책추진에 부담스러웠기 때문이었다. 이승만(李承晩)은 귀국한 다음 날 기자회견과 방송 연설에서 민족의 대동단결과 완전 독립의 모색을 호소했다. 그는 또한 상해임시정부(上海臨時政府)에 대한 지지를 확실히 하면서, 정당 통합운동을 벌여 10월 23일 韓民黨, 國民黨, 共産黨, 建國同盟 등 좌·우익(左·右翼) 주요 정당들이 모두 참여한 독립촉성중앙협의회(獨立促成中央協議會)를 결성하였으며, 상기 협의회의 회장으로 추대되었다. 그리고 자신이 기초한 4대 연합국에 보내는 결의서를 채택·발송하였다. 이 결의서는 *"완전독립의 요구, 38선 장벽의 철폐와 신탁통치의 반대, 상해임시정부(上海臨時政府)의 정통성 인정과 1년 내 선거를 통한 민주주의 실천"*을 골자로 한 것이었다. 그러자 소련을 추종하는 조선공산당

(朝鮮共産黨)은 상해임시정부(上海臨時政府)를 반대하며 바로 다음 날 독립촉성중앙협의회 (獨立促成中央協議會)로부터 탈퇴하였고, 뒤이어 여운형(呂運亨) 주도의 인민당도 탈퇴하였 다.

또한, 김구(金九)를 비롯한 상해임시정부(上海臨時政府) 요인들도 미(美)군정 외 남한 내 어떠한 「정부」도 인정치 않는 미국의 정책으로 인해 입국이 지연되었으며, 개인자격의 조 건으로 1945년 11월 23일에야 귀국할 수 있었다. 김구(金九)는 귀국 후 기자 회견에서 조 선 내 많은 정당들을 몇 개의 유력한 정당으로 통합하여 정당 수를 줄일 필요성과, 정치 체제로는 민주주의가 좋다는 견해를 밝혔다. 그러나 그 후 김구(金九)와 상해임시정부(上 海臨時政府) 측은 좌익을 무시하고서는 정치세력들의 통일이 불가능하다고 주장하면서 좌 우(左右) 합작 노선을 걸었다.

상기와 같은 미(美)군정의 정책들은 전 국민의 불만과 반대를 불러 일으켰다. 뒤늦게나 마 한국 국민의 불만과 사회혼란 속에서 남한의 실정을 파악한 뒤 일본인 고문들을 퇴임 시키고, 김성수(金性洙)를 비롯한 11명의 한국인 고문 임명(1945. 10. 05), 소작료를 3·1제 로 하는 등 일제(日帝)하의 악법(惡法) 폐지(10. 09), 미(美)군정의 대법원장(金用茂)을 필두 로 각 행정기관에 많은 한국인을 임용하는 조치들을 취하였다.

2) 반탁(反託) 운동의 전개와 미소공동위원회(美蘇共同委員會)의 실패

미(美)군정하에서 우리 민족의 자주독립(自主獨立)의 염원에 반하여 불거진 또 하나의 큰 문제는 美·英 수뇌 간 한국문제에 관한 워싱턴 회담(1943. 03)에서 美 플랭클린 루스벨 트(Franklin D. Roosevelt) 대통령에 의해 거론되었던 것이 모스크바 미·영·소 3상회의(美· 英·蘇 三相會議, 1945. 12)에서 협정으로 확정된 한국의 신탁통치안(信託統治案)이었다. 이 협정은 미국 제안을 수정한 소련의 외무장관 바체슬라프 몰로토프(Vyacheslav Molotov)의 대안(代案)이 크게 반영된 것으로, 그 내용은 미·소 공동위원회가 한국의 민주정당 및 사 회단체와 상의하여 한국인 임시정부를 수립하고 5년간의 4개국 신탁통치를 미·소·영·중 4대국에게 제안한다는 것이었다. 이 안은 한국 민족의 자주독립(自主獨立)의 능력을 불신 하여 자결권(自決權)을 박탈하는 모욕적인 제안이며, 조속한 독립국가 건설을 원하는 민족 적 염원을 짓밟는 것이었다.

상기한 신탁통치안(信託統治案)의 결정 소식이 1945년 12월 28일 전해지자 모든 정당과 사회 단체들은 좌·우익(左·右翼)을 막론하고 즉시 반탁(反託)의 성명을 내었으며, 한국인은 모두 혼연일체가 되어 반탁(反託) 운동에 동참하였다. 이미 동년 12월 26일에 신탁통치안(信託統治案) 소식을 들은 이승만(李承晚)은 신탁통치 절대반대를 표명하고 소련의 흉계를 경계하는 반공 담화(反共談話)를 발표했다.

민족진영 지도자들은 1945년 12월 28일 연합국에 비(非)협조를 선언하고 탁치절대반대 국민궐기대회(託治絕對反對 國民蹶起大會)를 열기로 결정하였다. 상해임시정부(上海臨時政府) 요인들은 12월 29일 각 정당, 사회단체와 긴급회의를 열어 "信託統治反對 國民總動員委員會"(국민동원위)를 조직하고 공동으로 강력한 전국적 反託運動을 전개하였다. 국민동원위의 주체로 서울운동장에서 반탁(反託) 시민대회가 열리고 시민들의 시위 행렬이 시가를 누볐다. 국민동원위의 지시에 따라 반탁(反託) 벽보, 성토대회, 시위, 철시(撤市), 파업이 전국에 확산되었으며, 미(美)군정청 한국인 직원들까지 동조하여 총사직하였다. 조선공산당, 인민당 및 기타 좌익계 단체들도 모두 신탁통치 반대를 성명하여 좌·우익(左·右翼)이 한 때나마 하나로 결속을 이루는 듯 하였다. 이렇게 반탁(反託)운동이 고조된 분위기 속에서 상해임시정부(上海臨時政府) 측에서는 미(美)군정을 부인하고 민족독립을 선포, 정권을 인수하자는 주장까지 나왔다. 그러한 과격한 주장을 반대하고 합리적인 반탁(反託)투쟁론자였던 한민당(韓民黨)의 송진우(宋鎭禹)가 암살당하였다.

그러나 1946년 1월 2일 공산당은 소련의 지령에 의해 돌연 찬탁(贊託)으로 돌변함으로써 전국민적 반탁(反託) 열기에 찬물을 끼얹었다. 조선공산당 중앙위원회는 모스크바 美·英·蘇 三相會議(1945. 12) 결의안 저지 성명을 발표하고, "모스크바 결정에 대하여 감사한다"는 電文을 연합국 측에 보냄으로써 찬탁(贊託)을 분명히 하였으며, 전국평의회, 여성동맹, 民靑 등의 좌익단체들도 모두 찬탁(贊託)으로 돌아섰다. 그리고 그 후 좌익 진영은 모든 기회와 수단을 동원하여 신탁통치를 지지하는 운동을 전개했다. 이처럼 공산당을 비롯한 좌익단체가 찬탁(贊託)으로 변한 이유는 모스코바 美·英·蘇 三相會議(1945. 12)에서 미국 제안을 수정한 소련 外相 몰로토프(V. Molotov)의 대안이 모스코바 회담 결정이 소련안(案)을 기본으로 하여 자유 총선거를 배제한 만큼, 찬탁(贊託)을 표시하는 공산당이 연합국 측에 협조하는 세력으로서 선택되어 권력 장악에 유리하고, 외국군대가 주둔하지 않는 상태에서 신탁통치가 시행될 때 소련에서 훈련된 다수의 소선인 공산당원과 군대로 쉽게 정권을 장악할 수 있다는 속셈 때문이었다.

신탁통치안(信託統治案)을 둘러싸고 다시 좌·우가 완전히 분열되고 있던 중, 민족지도 세력은 1946년 2월 1일 이승만(李承晚)과 김구(金九)의 공동 지도하에 46개 단체 대표가

참가하는 비상국민회의를 개최하여 두 지도자를 중심으로 한 최고정무위원회를 설치하였
다. 이 위원회는 "민주과도정권의 수립과 기타 긴급한 문제를 해결하기 위해 관계 제국과
절충하여 필요한 조치들을 행하는 것"이 임무였다.

미(美)군정청은 정권 수립을 목표로 한 이와 같은 민족진영의 움직임을 완화시키고, 민
족진영을 회유하기 위한 조치로 비상국민회의 최고정무위원들을 미(美)군정의 자문기관으
로 위촉하였고, 최고정무위원회는 그것을 받아들여 1946년 2월 19일 미(美)군정청 최고자
문기관인 남조선대한민국민주의원(南朝鮮大韓民國民主議院)으로 발족하였다.

상기와는 별도로, 이승만(李承晩)과 김구(金九) 두 지도자는 자신들이 영도하는 대한독
립촉성국민회와 신탁통치반대국민총동원위원회를 합동하여 한국의 자주독립을 촉진하기
위한 단일 민중운동기관인 대한독립촉성중앙국민회(大韓獨立促成中央國民會)를 출범시켰다.
그러자 찬탁(贊託)을 주장하는 박헌영(朴憲永, 1900~1956)의 공산당과 여운형(呂運亨, 1886~
1947)의 조선인민당은 좌익세력을 규합해 1946년 2월 15일 조선민주주의 민족전선(朝鮮民
主主義 民族戰線)을 결성함으로써 좌·우파는 조직적으로 대결하는 상황이 되었다.

상기와 같이 산탁통치 문제를 둘러싸고 국내 정치세력이 좌·우익 양 진영으로 양극화
된 가운데 모스코바 미·영·소 3상회의(美·英·蘇 三相會議, 1945. 12) 협정에 따라 1·2차
미·소(美·蘇) 공동위원회가 서울에서 열리게 되었다. 그러나 이념과 이해가 근본적으로
다른 두 나라는 임시정부 수립을 위한 협의대상 선정을 둘러싸고 의견이 대립되어 1·2차
미·소(美·蘇) 공동위원회는 결국 실패하고 말았다.

제1차 미·소(美·蘇) 공동위원회는 1946년 초의 예비회담(01. 16~02. 05)과 3월 하순에
개최된 本會(03. 20~05. 06)로 열렸다. 예비회담에서 소련 측의 정치문제 우선 토의 주장과
미 측의 비(非)정치문제부터 토의하자는 주장이 맞섰으며, 본회는 협상대상을 둘러싸고 소
련 측의 信託을 지지하는 단체에 한정하고 우익 민족진영을 제외하자는 주장과 그에 대한
미 측의 반대로 1次 미·소(美·蘇) 공동위원회는 7주만에 무기한 휴회되고 말았다.

1947년 5월 하순에 재개된 제2차 미·소(美·蘇) 공동위원회(05. 21~10월 말)도 같은 문
제를 가지고 양국 간 타협을 시도했으나 성공치 못했다. 이렇게 되자 미국은 미소공위(美
蘇共委)에 대한 기대와 한국에 대한 신탁통치안(信託統治案)을 포기하고 1947년 한국문제
를 유엔총회에 상정하여, 유엔(UN)으로 이관해버렸다. 그리하여 결국 미·소(美·蘇) 공동
위는 완전히 결렬되고 말았다.

다른 한편으로, 신탁통치 문제가 한국의 정치세력의 양극화로 여의치 않자 미국정부와
군정청은 딜레마에 빠지게 되었다. 당시 미국정부는 한반도 전체에 대한 소련의 적화(赤
化) 기도 가능성을 막고 한반도 문제를 소련과의 협상에 의해 해결하려 했는데, 反蘇·親

美 우익진영의 극렬한 반탁(反託)운동 때문에 소련과의 협상에 의한 한반도 문제해결이 어려웠기 때문이었다. 이러한 곤경의 수습책으로 미(美)군정청은 국무성의 지시에 따라 반탁운동을 주도하고 있는 이승만(李承晩)과 김구(金九)와 反美·親蘇의 공산당을 다 같이 견제하고 중도파(中道派)를 중심으로 한 좌·우 합작을 추진하는 정책을 시도하였다. 이는 미(美)군정에 협력할 새로운 제3의 지도세력을 육성하여 다음 미·소 공동위원회(美·蘇 共同委員會)에 대비하고 미국 측의 대한정책에 유리한 상황을 만들려는 것이었다. 이러한 정책에 따라 1946년 5월 하순부터 7월 초순까지 중도지향적 민족진영 인사인 김규식(金奎植)과 중도성향이 강해진 여운형(呂運亨)을 중심으로 한 좌·우익 중진인사들이 참가한 좌우합작위원회(左右合作委員會)를 결성하고, 오랜 협상 끝에 1946년 10월 7일에는 모스코바 미·영·소 3상회의(美·英·蘇 三相會議, 1945. 12) 협정에 의한 남·북한의 임시정부수립을 위한 「좌우합작 7원칙」(左右合作 7原則)을 발표하였다.

그러나 상기 미(美)군정 주도의 좌우(左右)합작은 우익에서 김구(金九)의 한독당(韓獨黨)이 지지했으나 한민당(韓民黨)이 7원칙의 내용 문제로 거부하고 이승만(李承晩)도 비협조적이었으며, 좌익에서도 각 당 지도자 간의 불화와 북한에서 지령을 받은 박헌영(朴憲永)의 방해로 실패하고 말았다. 게다가 박헌영(朴憲永)이 이끄는 朝鮮共産黨은 소련의 지령하에 남한의 정치, 경제, 사회 질서를 파괴할 목적으로 테러·파업·폭동을 통해서 남한의 민심 소란과 사회혼란을 조장하고 그 책임을 미(美)군정에 돌리고 반미(反美) 사상의 고취와 선전에 전념하였다.

1946년 5월 15일 조선공산당이 남한 경제의 교란과 黨 자금의 조달을 위하여 대규모 위조 지폐를 제조한 정판사위조지폐사건(精版社僞造紙幣事件), 1946년 8월 전남 무의도에서 발생한 농민폭동, 9월 이승만(李承晩) 박사 저격사건, 10월 조병옥(趙炳玉) 警務局長 살해미수사건, 11월 장택상(張澤相) 警務總監 피격 사건, 9월 23일~10월 1일까지 영등포·대구·부산을 비롯하여 남한 전역에 걸쳐 벌어진 철도·통신·생산기관 전체의 총파업, 그리고 지방 경찰서들에 대한 습격사건 등이 연달아 발생하였다.

남한 내 상황이 이렇게 되자 좌우(左右) 합작을 추진해오던 미(美)군정청은 이른바 "朝鮮의 朝鮮人化(Koreanization)" 계획을 추진하였다. 즉, 1946년 12월 12일 주한 미군사령관 하지(John R. Hodge) 중장이 임명한 관선의원(官選議員) 45명과 민선의원(民選議員) 45명 총 90명으로 구성되고, 김규식(金奎植)을 의장으로 한 「남조선 과도입법의원」(南朝鮮 過度立法議院)을 설립하여 당면한 법령 제정을 하도록 하였다. 다음 해 2월에는 안재홍(安在鴻)을 민정장관으로 임명, 군정의 행정권 일부를 이양하여 미(美)군정청의 한국인 部·處長을 관할케 하였으며, 1947년 6월 군정법령 41호로 군정청 내 입법, 행정, 사법을 담당하는 한국인 기관을 총괄하여 「남조선 과도정부」로 호칭토록 하였다.

3) 남·북한 각자 정부 수립 과정

남한에서 미·소공위(美·蘇共委)가 표류하고 민족의 독립을 둘러싸고 좌·우익(左·右翼)의 대립이 악화되고 있는 가운데 대한민국의 건립 운동을 시작한 것은 이승만(李承晚)이었다. 전술한 바와 같이, 이승만(李承晚)은 미(美)군정의 좌우합작에 협조치 않았다. 그 이유는 한반도 전체가 공산화될 때까지 소련은 결코 38선의 장벽을 철거하지 않을 것이며, 중도적 좌우(左右) 합작과 같은 미국의 유화정책(宥和政策, Appeasement Policy)은 소련의 술책에 말려들어 한반도 전체가 공산화(共産化)될 수도 있다는 우려 때문이었다. 실제로, 북한의 소련군은 1946년 4월부터 김일성(金日成)을 부추겨 북한에 공산화(共産化) 기지를 구축하고 있었다.

(1) 대한민국 정부의 수립과정

① 이승만(李承晚)의 단독정부 수립 추진과 김구(金九)와의 노선 분열

이승만(李承晚)은 북한 상황과 소련의 야심을 꿰뚫어 보고 남한(南韓)만의 단독정부 수립이 자주 독립의 지름길이라고 확신하고 있다. 그는 1946년 6월 3일 井邑에서의 연설에서 그러한 자신의 판단을 국민들에게 공식으로 표명하였다. '정읍 발언(井邑 發言)'에서 이승만(李承晚)은 미소공위(美蘇共委) 재개의 어려움과 남·북 통일정부 수립의 전망이 흐리다는 이유를 들고 남한만이라도 단독정부를 수립할 것과, 38선 이북으로부터 소련의 철수를 세계공론에 호소할 것을 주장하였다.

상기한 이승만(李承晚)의 남한 단정(南韓 單政) 주장은 공산 측과 중간 좌파는 물론 미(美)군정이 반대하였으며, 우익진영에서도 한민당(韓民黨) 만이 찬성하고, 김구(金九)의 한독당(韓獨黨)을 비롯한 많은 정파들이 반대했다. 그러나 이승만(李承晚)은 자신의 주장을 굽히지 않고, 미(美)군정이 아닌 미국정부를 상대하여 단정운동(單政)을 관철키 위하여 1946년 9월 10일 임영신(任永信)을 민주의원(民主議院) 대표로 미국에 보내 한국의 독립을 유엔에 호소토록 하였으며, 자신도 주한 미군사령관 하지(John R. Hodge) 중장의 방해에도 불구하고 그의 상관인 태평양 미(美)육군총사령부(사령관: 맥아더, Douglas MacArthur 元帥)

의 지원을 받아 동년 12월 4일 도미(渡美)하였다.

이승만(李承晚)은 1946년 12월 8일 위싱턴에 도착하여 우선 국무성과 언론계, 그리고 의회 지도자들에게 한국문제를 바로 인식시키기 위해 교섭하였다. 그리고 남한에서 선거를 통해 통일이 될 때까지의 과도정부(過渡政府)를 수립하여 유엔(UN)의 승인을 받게 하고, 그 정부로 하여금 이전의 미·소(美·蘇) 간 합의와 상관없이 美·蘇와 직접 협상할 수 있도록 할 것과, 소련군이 북한지역으로부터 철수할 때까지 미군이 남한에 주둔할 것을 골자로 하는 계획안을 국무성에 제의하였다. 그러한 제의에 대해 미(美)국무성의 힐드링 (John R. Hilldring) 차관보가 찬성하였고, 또한, 1947년 3월 12일 "침략에 항거하는 자유민은 도와야 한다"는 해리 S 트루먼(Harry S Truman) 대통령의 성명(Truman Doctrine)이 있어서 이승만(李承晚)은 미국의 대한(對韓) 정책이 자신의 남한 단독정보 수립안(南韓 單獨政府 樹立案)에 유리하게 변하고 있다고 확신하며, 유엔에 대한 외교활동을 임영신(任永信)과 임병직(林炳稷)의 구미위원부(歐美委員部)에 맡기고 1947년 4월 21일 귀국하였다.

미국에서 귀국한 이승만(李承晚)은 이미 美蘇共委가 개최되고 있을 때 대한독립촉성중앙국민회(大韓獨立促成中央國民會)를 중심으로 자율적 임시정부 수립을 추진하기 위하여 한국민족대표자대회(韓國民族代表者大會)를 결성했으며, 제2차 미·소공위(美·蘇共委)가 정체상태에 빠지자 조속한 총선거를 주장하며 독자적으로 총선대책위원회(總選對策委員會)를 구성하고 1947년까지 읍·면 단위의 지방조직까지 정비해 나갔다. 그는 또한 한민당(韓民黨)의 협력을 받아 남한의 총선거 실시에 대비한 우익정당 간담회를 구성하고, 다른 한편으로는 김구(金九)와의 협력을 모색했다.

김구(金九)는 귀국 후 자기와 정치노선을 같이하면서도 그의 추종자들과 독자노선을 추구하기도 한 만큼, 이승만(李承晚)은 김구(金九)에게 자신의 '남한 단독정부수립론(南韓 單獨政府樹立論)'이 김구(金九)의 '자주통일정부수립론(自主統一政府樹立論)'과 실질적으로 다름이 없음을 강조했다. 그 결과 두 지도자는 1947년 11월 30일의 회담에서 독립정부수립에 관한 "완전 의견일치"를 보았다. 그리하여 김구(金九)는 동년 12월 1일 정부수립과 민족단결 문제에 관한 담화에서 대체로 유엔案을 찬성하고 이승만(李承晚)의 선거를 통한 정부수립안과 자신의 '자주적 통일정부론(自主的 統一政府論)'이 내용상 같다고 하면서 지지를 표명하였다.

그러나 1947년 12월 2일 한민당(韓民黨)의 중진인 장덕수(張德秀)가 김구(金九)의 한독당(韓獨黨)계에 의해 암살되면서부터 두 당의 관계가 악화되었다. 그 후 김구(金九)는 이승만(李承晚)과의 정부수립노선이 일치를 표명한 지 약 20일만에 갑자기 '단정절대반대(單政

絕對反對)'성명을 발표하였다. 그래서 두 지도자의 정치 노선은 다시 갈라지고 김구(金九)는 독자적 남북협상의 길로 나아갔다. 이때 임정요인 중 이시영(李始榮), 신익희(申翼熙), 이범석(李範奭), 이청천(李靑天) 등 중진들은 이승만(李承晩)의 정치노선에 참여하고 있었다. 한편, 김규식(金奎植)은 12월 20일 민족자주연맹(民族自主聯盟)을 결성하고, 김구(金九)와 같이 남북협상 노선을 표명했다.

② 남북협상의 과정과 실패

김구(金九)와 김규식(金奎植)의 이른바 남북협상 노선은 미·소(美·蘇)를 막론하고 외세의 간섭을 배제하고 남북의 민족지도자 간 협상을 통한 민족자결에 의한 통일정부를 세워 보자는 것이었다. 그러므로 유엔총회 결의에 의해 1948년 1월 8일에 한국에 입국하여 26일부터 남한 각계 인사들을 개별 면담한 유엔 한국임시위원단(United Nations Temporary Commission on Korea)에게 김구(金九)와 김규식(金奎植)은 남한에서의 선거를 반대하며 한반도에서 점령군의 즉시 철수를 주장하였다.

또한, 김구(金九)와 김규식(金奎植)은 1948년 2월 16일자로 평양의 김일성(金日成)과 김두봉(金斗奉)에게 남·북 정치지도자 간의 정치협상을 통하여 자주적 통일정부 수립과 새로운 민주국가 건설을 위해 토의하자는 내용의 서한을 발송하였다. 이 회담 제안은 남·북 지도자 간 정치협상을 통하여 통일정부 수립을 상의하자는 것이었으나 이때에 북한에서는 이미 헌법제정과 새 국기를 제작하는 등 공산정권 수립을 위한 조치가 취해지고 있었다.

이러한 상황에서 김구(金九)와 김규식(金奎植)의 서한에 대하여 평양에서는 한동안 아무런 반응을 보이지 않았다. 그러다가 북한은 1948년 3월 15일 평양방송을 통하여 소위 북조선노동당, 조선민주당, 천도교청우당(天道敎靑友黨) 등 6개 사회단체 명의로 "남조선 단독정부 수립을 반대하는 남조선 정당, 사회단체에게 고함"이라는 초청장을 남노당, 한독당 등 17개 단체에 발송한다고 하여 남한 정계에 큰 파장을 일으켰다. 그러나 이 초청장에는 김구(金九)와 김규식(金奎植)의 1948년 2월 16일자 서한에 관해서는 일체 언급이 없고 미국에 대한 공격만 되풀이하면서 이른바 연석회의를 제의하였다.

상기한 평양방송 내용을 듣고 김구(金九)와 김규식(金奎植) 주변의 인사들 중에도 분개하여 그러한 연석회의 참석에 반대하는 인사도 적지 않았다. 그러던 중 1948년 3월 25일자의 김일성(金日成)과 김두봉(金斗奉)의 서한이 김구(金九)와 김규식(金奎植)에게 전달되었다. 이 서한에서는 김구(金九)와 김규식(金奎植)의 1948년 2월 26일자 서한을 받은 것과 '남북조선 정당·사회단체 대표자 연석회의(南北朝鮮 政黨·社會團體 代表者 連席會議)'를

1948년 4월 초 평양에서 소집할 것을 동의한다"고 하였다. 이 서한의 내용은 전의 평양방송과는 달리 비교적 온건한 것이었고 김구(金九)와 김규식(金奎植)가 주장하는 것과 합치되는 것이었다. 상기 서한은 북한 공산당 측이 서로 다른 내용의 방송과 서한의 二重 정책을 씀으로써 미군(美軍) 비난의 선전으로 김구(金九)와 김규식(金奎植)의 처지를 곤란하게 하는 동시에 그들을 회유하여 평양에서 열리는 연석회의에 참석케 하려는 것이었다.

김구(金九)와 김규식(金奎植)은 북한 공산당 측의 그러한 술책을 간파하면서도 3월 31일 "*미리 다 준비한 잔치에 참례만 하라는 것이 아닌가 하는 우려가 없지 않다. 그러나 우리 두 사람이 남북회담 요구를 한 이상 좌우간 가는 것이 옳다고 생각한다. 그들도 동족이니 진심으로 상대하면 무슨 방도가 있을 것이다*"라며 순진하게 북행(北行)을 결심하였다.

이와 같은 남북협상의 움직임에 대하여 미(美)군정의 존 하지(John R. Hodge) 중장은 성명을 발표하여 남북협상의 주장을 "착각하는 사람의 일"이라 비난하였다. 그러나 남한 사회에는 남북협상을 지지하는 사회여론도 적지 않았다. 그중에도 1948년 4월 14일자로 발표된 저명한 문화인 108명의 남북협상 지지 성명은 김구(金九)와 김규식(金奎植)에게 큰 힘이 되었다. 또한 북한에서 돌아온 특사는 김일성(金日成)이 "무조건 이쪽으로 와서 상의하면 모든 것이 해결될 것"이라고 했다는 보고를 하였다.

상기 보고를 듣고 김구(金九)는 평양에서 이미 연석회의가 열린 1948년 4월 19일 서울을 출발, 다음날 평양에 도착하였다. 한편 김규식(金奎植)은 '5개 원칙': 독재정치 배격, 사유재산제도 승인, 전국 총선거 실시, 외국군사기지 제공 금지, 美·蘇 군대의 철수 등을 전제조건으로 내걸고 평양의 의사를 타진하다가 평양 측에서 수락한다는 말을 듣고 1948년 4월 21일 평양으로 떠났다.

평양에서는 이미 1948년 4월 19일부터 개막된 연석회의가 공산 측이 짜놓은 일정에 따라 일방적으로 진행되었다. 남한에서 입북(入北)한 인사들의 발언권은 봉쇄되고 공산 측의 선전과 미국과 남한 정치지도자를 비난하는 것으로 회의는 일관되었다. 김구(金九)와 김규식(金奎植)은 그러한 연석회의에 1948년 4월 22일 오후부터 참석하였다. 그러나 미리 다 준비된 잔치에 참례만 하는 꼴이 되었으며, 회의에 참석한 다른 대표들과 함께 북한 측이 일방적으로 작성한 문서를 결의로 채택하는 데 동의해야 했었다. 4월 30일에 발표된 이 회의의 決定書의 草案은 미국은 제국주의자로 규정하고 이승만(李承晚), 김성수(金性洙) 등 남한 단독 선거를 주장하는 세력을 '배족적 망국노(背族的 亡國奴)'로 낙인찍은 내용이 포함되어 있었다.

그러나 통일을 열망하여 갖은 어려움을 무릅쓰고 입북(入北)한 김구(金九)와 김규식(金奎植)은 협상을 포기할 수 없어 다시 김일성(金日成)과 김두봉(金斗奉)과의 "4자 회담"을 요구하고 마지막 협상을 시도하였다. 1948년 4월 27일부터 30일까지 열린 이른바 "4김 회담"에서 김구(金九)와 김규식(金奎植)은 남한에서의 단독 선거 반대만을 일삼을 것이 아니라 협상할 수 있는 것은 협상해야 한다고 하고 우편물 교환이나 남한에 대한 전기의 계속 공급 등을 요구하였다. 김일성(金日成)은 그러한 제안을 승인한다는 약속을 하였다.

그 후 김일성(金日成)·김두봉(金斗奉)·김구(金九)·김규식(金奎植)을 포함하여 연석회의에 참석한 56개 정당·사회단체가 서명하여 "4김(金) 회담"의 마무리로 발표된 1948년 4·30 공동성명의 골자는 다음과 같다:

(1) 한반도에서의 미·소(美·蘇) 양군의 철수; (2) 외국군 철퇴 후 내전이 발생할 수 없고, 조선인민의 통일의 여망에 배치되는 어떠한 무질서도 용인치 아니함; (3) 외국군의 철퇴 후 제 정당 단체들의 공동명의로 전(全) 조선 정치회의를 소집하여 민주주의 임시정부를 수립하고, 그 정부 관장하의 국민의 직접·평등·비밀 투표로 입법기관을 선출하고, 그 입법기관은 헌법을 제정하고 통일적 민주정부를 수립함; (4) 위 성명에 서명한 정당 사회단체들은 남한의 단독선거의 결과와 수립되는 정부를 인정하거나 지지하지 아니함.

평양에서 서울로 돌아온 후 김구(金九)와 김규식(金奎植)은 1948년 5월 6일 평양에서의 회담 결과를 발표한 공동성명에서 "4김 회담"을 긍정적으로 평가하였다. 그들은 위에서 언급한 평양 회의의 대체적 내용을 말하고, 특히 북한이 남한에 송전(送電)과 연백평야(延白平野)에 저수지 개방을 약속했다고 그들의 북행이 상당한 성과를 낸 것으로 발표하였다.

그러나 북한 측은 남한에서의 1948년 5·10 선거가 끝나자 5월 14일 김구(金九)와 김규식(金奎植)에게 약속한 남한 송전(送電)을 중단하였다. 그뿐만 아니라, 북한에서는 단독정권을 세우지 않겠다고 한 약속도 어겼다. 북한은 동년 6월 29일부터 7월 5일까지 평양에서 이른바 '제2차 남북 제정당, 사회단체 지도자협의회(第2次 南北 諸政黨, 社會團體 指導者協議會)'를 열고, "선거 실시에 기초하여 조선최고인민회의(朝鮮最高人民會議)를 창설하고, 최고인민회의와 조선중앙정부(朝鮮中央政府)는 외국군대를 즉시 동시에 철수시키도록 할 것"이라는 결정서(決定書)를 채택하고, 동년 7월 10일에는 이른바 최고인민회의 대의원 선거를 8월 25일에 실시하겠다는 성명을 발표하였다. 결국, 북한은 '4김 회담'에서 합의한 모든 조항을 불과 70일 내에 모두 파기하였다. 결국, 김구(金九)와 김규식(金奎植)가 평양에서 돌아와 성공적인 것으로 발표한 남북협상은 실상 아무런 성과가 없는 것이 되었다.

김구(金九)와 김규식(金奎植)도 북한 공산당에게 속은 것을 후에 시인하였다. 1948년 5·10선거가 끝난 후 5월 초 북한 측이 제2차 남북협상을 제의했을 때 김구(金九)와 김규식(金奎植)은 그것을 거부하였다. 훗날 김구(金九)는 '한독당 북한 방문보고서(韓獨黨 北韓 訪問報

告書)'에 북조선노동당(北朝鮮勞動黨)과 한독당(韓獨黨)은 절대로 공존할 수 없다고 썼다. 김규식(金奎植)은 평양을 다녀온 후 *"이제는 남한에서의 단독정부를 반대하지 않는다"*고 말했다. 김구(金九)와 김규식(金奎植)은 또한 북한에서 열린 「제2차 남·북 제 정당, 사회단체 지도자협의회」의 결정에 대하여 1948년 7월 19일자로 공동성명을 발표하여 북한 회의의 일방적 독단을 지적하고, 또한 북한이 일방적으로 결정한 헌법에 의하여 인민공화국을 선포하고 국기(國旗)까지 바꾼 것은 반(半) 조각 국토 위에 단독 국가를 세우는 것과 같다고 비난하였다.

이렇게 남북협상은 완전히 결렬되고, 김구(金九)와 김규식(金奎植)의 남북협상을 통한 통일정부 수립 시도는 아무 것도 얻은 것 없이 북한 공산당에게 이용만 당하고 완전히 실패하였다. 그러한 실패는 김구(金九)와 김규식(金奎植)의 북한공산당의 간교한 술수에 대한 안이한 감상주의와 이미 한반도의 통일정부를 구성할 수 없게 된 당시 남북의 명백한 정치적 현실을 바로 보지 못한 필연적 결과였다.

③ 1948년 5·10 총선 → 1948. 07. 20, 대통령 및 부통령의 선거 → 대한민국 정부 수립

제2차 미·소(美·蘇)공동위원회가 다시 교착상태에 빠지자 미(美) 정부는 1948년 8월 26일 한국문제 해결을 위한 워싱턴에서의 미·소·영·중(美·英·中·蘇) 4大國 회의 개최를 제의했다. 그러나 그것이 소련에 의해 거절당하자 미국은 동년 9월 17일 유엔(UN) 총회에 한국문제를 의제로 삼을 것을 요청하였고, 제2차 유엔(UN) 총회는 9월 23일 한국문제를 의제로 채택할 것을 41 대 6, 기권 6으로 가결하였다. 그에 따라 10월 27일 미국대표는 한반도를 통한 유일한 합법적 중앙정부를 수립하기 위하여 유엔(UN)한국임시위원단의 감시 아래 남·북한에서 선거를 실시하여 인구비례로 대표를 선출하고 국회와 정부를 수립해서 그 정부로 하여금 방위군을 조직하도록 한 다음 남·북 점령군을 철수케 한다는 결의안을 제출, 11월 14 일 총회에서 43 대 0, 기권 6으로 가결되었다.

한편, 북한에서는 1948년 11월 북조선 인민회의를 개최하여 헌법 제정을 위한 위원회가 구성되었고, 12월에는 중국공산당이 북조선 인민위원회를 정식 정부로 승인하였다. 이는 북한에서는 이미 1947년 12월에 공산정권의 수립이 기정 사실화되고 있었음을 의미하는 것이다.

이러한 상황에서 상기한 유엔(UN) 총회 결의(1948. 11. 14)에 따라 1948년 1월 8일부터 UN한국임시위원단(United Nations Temporary Commission on Korea, UNTCOK)이 서울에 도착하여 활동을 개시하였다. 동 위원단(UNTCOK)은 우선 남·북한 양 주둔군사령관을 방문

하려하였다. 그러나 북한의 소련군 사령관의 거부와 소련정부의 비협조로 상기 유엔(UN) 총회 결의(1948. 11. 14)대로 북한에서의 선거가 불가능하게 되었다.

그렇게 되자 한국문제의 조속한 타결을 원하는 유엔(UN)은 1948년 2월 26일 소총회에서 위원단의 제의를 받아들여 유엔한국위원단(United Nations Commission on Korea, UNCOK)을 구성하고 상기 위원단(UNCOK)의 활동이 가능한 남한에서만 단독선거를 실시하여 정부를 수립할 것을 결의하였다. 이어서, 유엔(UN) 소총회의 결의에 따라 1948년 5월 10일 유엔한국위원단의 감시 아래 한국 인구의 2/3가 살고 있는 남한 지역에서만 제헌의회를 구성키 위한 총선거(5·10 선거)가 실시되었다.

1948년 5·10 선거는 남한 지역 유권자의 총 90%에 해당하는 선거인(784만871명)이 자진 등록하고 그중 95.5%가 투표에 참가하였으며, 지역적으로는 좌익계의 총선 방해공작으로 제주도가 제외된 채로 실시되었다. 또한 한민족 역사상 처음으로 실시된 선거였음에도 불구하고 유효투표율이 96.4%에 달하였다. 이는 국민들의 정치참여와 독립국가 수립의 열망의 정도, 그리고 높은 정치수준이 그대로 표시된 것이었다. 6월 25일 선거를 감시한 유엔한국위원단도 선거가 자유 분위기 속에서 원만히 실시되었다고 발표하였다.

이렇게 치러진 1948년 5·10 총선에서 의원 정수(議員定數) 300석 중 북한에 배정된 100석을 유보한 채 남한에서 198명의 의원이 국민의 대표로 선출되었으며(제주도의 2區는 좌익의 폭동 여진으로 未실시), 議席 분포는 韓民黨系 80석, 李承晩系 61석, 臨政系 57석이었다. 이 제헌국회는 5월 31일 최초로 개원되었으며, 이승만(李承晩)을 국회의장에, 신익희(申翼熙)와 김동원(金東元)을 부회장에 각각 선출하였다.

이승만(李承晩)은 국회 개회식 개회사에서 다음과 같은 점을 강조하였다: (1) 제헌국회를 통하여 수립되는 대한민국의 역사적 민주적 정통성에 관한 것이었다. 즉, 대한민국 정부는 기미년(己未年, 1919) 3·1운동 후 서울에서 민주 방식으로 13도의 대표가 모여서 조직한 한성임시정부(漢城臨時政府)의 법통을 상해 대한민국 임시정부에 이어 계승한다는 것이다.

상기 민주적 국민 선거를 통해 선출된 제헌국회는 전 민족을 대표하며, 이 국회에서 탄생할 정부는 한반도의 민족 전체를 대표한 중앙정부라는 것이다. 또한, 이북 5도의 동포들이 하루 속히 자유 선거를 통해 이북 의원들을 뽑아 비워둔 100석을 채워 통일정부가 세워질 수 있도록 미국과 유엔(UN)이 최선을 다하여 협조한다는 것이다.

제헌국회의 목적은 민주주의를 토대로 헌법을 제정하고 그에 따른 정부를 수립하며, 국방군(國防軍)을 조직하여 국민의 안녕, 질서와 강토를 보장하며, 민생을 위한 공평한 경제정책과 국민들 개개인의 각종 자유와 평등, 교육향상 및 국제적 우의 증진 등에 관한 법령을 제정하는 것이었다. 그리고 국회는 새 정부의 국호(國號)를 이승만(李承晩)이 천명한대로 3·1운동의 정신을 계승한 상해 임시정부가 정한 것을 그대로 취하여 대한민국(大韓民國)이라 정하고 헌법심의에 착수하였다.

국회 제1회 본회의는 1948년 6월 1일 결의에 따라 徐相日 의원을 위원장으로 한 「헌법 및 정부조직법 기초위원」 30명을 선출하고 유진오(兪鎭午)를 비롯한 권위자 10명을 전문위원으로 초빙하여 연석회의를 거쳐 헌법을 기초하였다. 헌법 기초위원회에서는 국회는 양원제(兩院制), 정부형태는 의원내각제(議員內閣制), 그리고 법률의 위헌결정(違憲決定)을 대법원(大法院)에 일임하는 초안을 마련했다.

그러나, 당초의 안은 당시 군소 정당들이 난립한 상황에서 의원내각제는 정국의 안정을 기할 수 없다는 이승만(李承晩)의 반대의견이 있어 결국 英·佛式 내각책임제(內閣責任制) 요소를 가미한 절충형 대통령책임제(大統領責任制)와 단원제(單院制) 국회로 수정되었다. 그리고 2개월간의 수정안 심의를 거쳐 단원제 입법부, 대통령책임제의 행정부, 대법원을 최고 법원으로 하는 사법부의 3권 분립과 농지 분배를 골자로 한 최종 헌법안이 본회에 제출되어 1948년 7월 16일 통과, 7월 17일 국회의장 이승만(李承晩)의 이름으로 공포되었다.

또한, 헌법의 절차에 따라 국회는 1948년 7월 20일 대통령과 부통령의 선거를 실시하였다. 그 결과 196명 중 180표를 얻은 이승만(李承晩)이 대통령에 당선되었고, 부통령에는 李始榮이 당선되었다. 이어서 7월 24일에는 대한민국 초대 정·부통령의 취임식이 中央廳廣場에서 성대히 거행되었으며, 이승만(李承晩)의 대통령 당선으로 궐위(闕位)된 국회의장 보선에는 부의장 신익희(申翼熙)가 선출되었고, 부의장에는 김동원(金東元)과 김약수(金若水)가 선출되어 새 의장단이 구성되었다.

초대 대통령(재임: 1948. 07~1960. 04)에 당선된 이승만(李承晩)은 곧 조각(組閣)에 착수하였다. 조각에 있어서 가장 주목을 받은 것은 내각의 제2인자 격인 국무총리 인선이었다. 이승만(李承晩) 대통령은 처음에 초(超)당파적 인물로 이북을 대표한 조선민주당 부위원장 이윤영(李允榮)을 추천했었다가 그간 이승만(李承晩) 대통령을 여러모로 지원한 한민당(韓民黨)과 국민회(國民會)의 반대로 무산되는 난항 끝에 민족청년단(民族靑年團) 이범석(李範奭) 단장을 2차로 지명하고 겨우 인준을 받는 어려움을 겪었다. 그 밖에 이승만(李承晩) 대통령에 의해 기용(起用)된 주요부처 장관은 다음과 같다: 외무에 장택상(張澤相), 내무에 윤치영(尹致暎), 재무에 김도연(金度演), 국방에 이범석(李範奭) 총리 겸임, 법무에 이인(李仁), 농림에 조봉암(曺奉岩), 사회에 전진환(錢鎭漢), 상공부에 임영신(任永信), 문교에 안호상(安浩相), 교통에 민희식(閔熙植), 無任所에 이윤영(李允榮)과 이청천(李靑天)이었다.

상기한 첫 조각(組閣)에 대해서는 "유능하고 비판적인 인사들이 제외되고 주로 무난하고 순종적 인물들이 기용되었다"는 비판도 있었다. 그러나, 이승만(李承晩) 대통령은 그의 취임사에서 정부를 조직함에 있어서 먼저 "일을 할 수 있는 기관을 만드는 것이 중요하다"고 말한 것처럼 그의 정부 운영을 원활히 하기 위하여 첫 내각의 인선을 자기 측근과 군소 세력을 포함한 각 정파간의 분배를 고려한 연립내각방식으로 구성하였다.

정부의 3부 조직이 완료됨에 정부는 해방 3주년이 되는 1948년 8월 15일 중앙청 광장에서 대한민국의 신생과 정부 수립을 만방(萬邦)에 선포하는 역사적 기념식을 거행하였다. 여기서 이승만(李承晩) 대통령은 대한민국의 민주주의(民主主義) 노선을 다시 한번 분명히 천명하고 국민들의 국가에 대한 충성심과 책임을 강조하였다.

다음 날, 1948년 8월 16일에는 정권이양에 관한 한·미회담(韓·美會談)을 갖고 행정권(行政權) 이양에 관한 대통령령 제1호가 공포되었다. 8월 23일에는 주한미국대사로 존 무쵸(John Muccio)가 부임하였으며, 8월 25일 한·미 간 잠정군사협정(韓·美間 暫定軍事協定)이 체결되고, 9월 1일에는 경비권(警備權)이 정식으로 이양되었다. 9월 15일에는 한미 간의 재정·재산에 관한 행정협정이 조인됨으로써 미(美)군정의 행정권은 완전히 대한민국 정부에 이양되었다. 상기 한·미행정협정(韓·美行政協定)은 9월 18일 대한민국 국회에서 인준됨으로써 그 효력을 발생하게 되었다.

또한, 이승만(李承晩) 대통령은 대한민국의 유엔(UN) 승인을 교섭하기 위하여 미국파견 대통령특사 조병옥(趙炳玉)과 유엔총회 파견특사 장면(張勉), 장기영(張基永), 김활란(金活蘭) 등을 파리에서 개최된 제3차 유엔(UN)총회에 파견하였다. 이들 특사들의 호소와 유엔(UN)한국위원단의 노력으로 대한민국(大韓民國)의 독립승인안(獨立承認案)이 1948년 12월 8일 유엔(UN)총회에서 공산진영의 반대에도 불구하고 표결 끝에 41대 6, 기권 2로 정식 안건으로 결정되었다. 이어서, 1948년 12월 12일 속개된 유엔(UN)총회에서 표결에 붙인 결과 마침내 대한민국의 독립 승인권은 48 대 6으로 가결되었다. 같은 날 유엔(UN)총회는 대한민국의 독립에 대하여 총회 결의 195호(II)로 다음과 같이 선언하였다: *"한국인민의 대다수가 거주하고 있는 지역에 효과적인 통치와 관할권을 갖는 합법적 대한민국 정부가 수립되었다. 이 정부는 임시위원단의 감시하에 한국의 해당 지역 選擧民의 자유 의사의 정당한 표현에 근거를 두었다. 따라서 이 정부는 한반도에서 유일한 합법정부이다."*

또한 상기 유엔(UN)총회 결의안(1948. 12. 12)은 북한의 권력 집단은 '사실상의 지방 정치집단(local de facto government)'임을 인정하였다.

(2) 북한인민민주주의공화국 정부의 형성

북한정권은 대한민국의 경우와 달리 1945년 해방 후 소련정부의 사전 계획에 따라 북한지역에 진주한 소련군에 의하여 수립된 것이다. 다시 말해서, 북한정권은 제2차 세계대전(1939~1945) 후 東歐의 대부분의 국가와 소련 국경에 연한 중앙아시아의 적지 않은 소수 민족의 지역이 이른바 "소비에트 화(化) 과정"을 통해 위성국(衛星國)으로 전락한 것과 같이 戰後 소련의 특별한 목적, 즉 작게는 북한지역의 지배와 크게는 한반도를 지배하려는 전략을 성취하기 위하여 계획적으로 형성된 것이었다.

공산권 전문학자들은 1948년 탄생한 북한정권을 1945년 前 소련이 중앙아시아 소수민족과 외몽고(外蒙古)를 공산화(共産化)한 경험과 戰後 東歐의 여러 나라를 위성국(衛星國)로 만든 경험을 원용하여 만든 "소비에트화(化) 3단계 과정"을 거쳐 형성된 유일한 아시아의 국가로 보고 있다. 구체적으로, 그 "소비에트화 3단계 과정"은 다음과 같다. 1단계: 국내 토착 공산 및 민족주의 세력과의 연합단계; 2단계: 공산당이 실권을 장악하게 되는 명목상의 연립정부 수립; 3단계: 공산당의 1당 지배체제의 확립이다. 이러한 소련의 계획적 3단계 소비에트화(化) 과정을 거쳐 1948년 북한정권 수립은 1945년 8월 10일~1948년 9월 9일까지 3년간의 북한 정권 성립 과정에서 여실히 나타난다.

① 제1단계: 토착 공산 및 민족주의 세력과의 연합

얄타 회담(1945. 02. 04~11)³)에서 대일(對日) 전쟁에 참가하기로 한 소련은 일 · 소 중립

---

3) 제2차 세계대전(1939~1945)이 장기간 진행되고 있을 때, 이탈리아가 이미 항복한 상태이고 독일마저 패전의 기미가 보이자, 연합국 지도자들은 나치 독일을 최종 패배시키고 그 후의 점령 방법을 논의하기 위해 크림 반도 얄타에서 회담을 가졌다(1945. 02. 04~11). 미국의 프랭클린 루스벨트 대통령, 영국의 윈스턴 처칠 수상, 소련의 이오시프 스탈린 최고인민위원 등 연합국의 지도자들은, 패전 후 독일은 미국 · 영국 · 프랑스 · 소련 4국이 분할 점령한다는 원칙을 세우고, 연합국은 독일인에 대해 최저 생계를 마련해주는 것 외에는 일체의 의무를 지지 않는다는 데 합의하였다. 또한 독일의 군수산업을 폐쇄 또는 몰수한다고 선언했으며, 주요 전범들은 뉘른베르크에서 열릴 국제재판에 회부하기로 합의했다. 배상금 문제는 위원회를 구성하여 그에 위임하기로 하였다. 그 밖에 다른 패전국이나 광복을 맞는 민족에 대하여는 별도의 방법을 찾아 합의하였다. 그 주요 핵심은 '해당 지역(패전국 또는 광복을 맞은 민족)의 모든 민주 세력을 폭넓게 대표하는 인사들에 의해 임시정부를 구성한 후, 가능한 한 빠른 시일 내에 자유선거를 통해 인민의 뜻과 합치되는 책임 있는 정부를 수립한다.'는 것이었다. 그러나 이들은 폴란드 처리 문제를 놓고 갈등을 빚게 된다. 당시 영국과 미국은 런던의 폴란드 망명정부와 관계를 유지하고 있던

조약(日·蘇 中立條約)의 유효기간을 아랑곳하지 않고, 1945년 8월 8일 대일(對日) 선전포고를 하였다. 그리고 바로 다음 날(08. 09) 160만여의 소련군으로 만주의 관동군(關東軍)을 공격하여 궤멸시키고, 시베리아 강제수용소의 죄수들로 급조한 소련군 제25군으로 8월 10일부터 북한지역 공격을 시작하여 8월 12일에 나진(羅津), 13일에 청진(淸津)에 상륙하였다. 북한에 진입한 소련군 제25군 선발대는 8월 24일에는 평양(平壤)에 입성하였으며, 다음 날 북조선 주둔 소련군사령부를 설치하고 지대(支隊)를 38도선 일대로 급파하여 8월 말에는 북한 전역을 장악하였다.

소련군이 북한지역에 들어와 군정을 위해 평양에 설치한 두 기관은 상기한 북조선 주둔 소련군사령부{사령관: 이반 치스차코프(Ivan Chischakov) 대장}와 북한지역의 매일의 행정업무를 관장하는 제25군 정치사령부{政治司令部, 사령관: 안드래이 로마넨코(Andrei Romanyenko) 소장}이었다. 그리고 이 두 기관 위에 소련군의 점령기간 중 북한정권의 수립과정 전체를 지휘 및 감독한 실질적 권력자로 소련군 극동군사지역 정치위원인 트랜티 스티코프(Trenti Shtykov) 대장이 있었다. 그는 소련공산당 당무(黨務)에 풍부한 경험의 소유자였고, 제2차 세계대전 중 여러 前方군사령부의 정치위원으로 참가하여 혁혁한 전공을 세워, 그의 명망은 소련군의 전쟁 영웅 로코스소브스키(Rokossovsky)나 마리노브스키(Malinovsky) 원수 등과 거의 대등하였다. 당시 북한지역에서 안드래이 로마넨코(Andrei Romanyenko) 소장의 정치사령부는 사실상 정치위원인 트랜티 스티코프(Trenti Shtykov) 대장의 지휘를 받아 움직이는 것이었다. 상기 두 군정기관에 더하여 소련군은 1945년 8월 북한으로 진입할 때 소련에 귀화한 韓人二世들과 김일성(金日成) 일파로 구성된 약 300여 명의 잘 훈련된 정치·행정 요원을 동반하였다. 이들은 소련군 당국에 의한 북한의 소비에트화(化)의 실무에 동원된 전위요원(前衛要員)들이었다.

이러한 군정기관과 정치·행정요원들로 조직된 소련군 당국은 미리 마련된 "3단계 소

반면, 소련은 공산당이 주도하는 루블린 소재 폴란드 인민해방위원회를 지지하고 있었다. 서방 연합국과 소련 어느 쪽도 자국이 지지하는 단체를 포기하려고 하지 않았고 결국 폴란드의 신정부는 두 단체가 협의하여 수립하기로 합의하였다. 또한 자유선거를 실시할 때까지 임시정부를 구성하여 운영하기로 합의하였다. 극동문제에 있어서는 비밀의정서를 채택하였는데, 그것은 소련이 독일 항복 후 2~3개월 이내에 대일전(對日戰)에 참전해야 하며, 그 대가로 연합국은 소련에게 러·일전쟁(1904. 02~1905 가을)에서 잃은 영토를 반환해준다는 것이었다. 또한 외몽골의 독립을 인정하기로 합의하였다. 한편, 이오시프 스탈린(Iosif Stalin)은 중국과 동맹 및 우호 조약을 체결한다는 데 동의하였다. 그리고 국제연합을 창설한다는 전제하에 이미 헌장의 초안이 마련되어 있는 상태에서, 안전보장이사회의 투표 방식에 관한 절충안을 마련하였다. 얄타회담의 일부 조항은 태평양과 만주에서 일본을 패배시키는 데 소련의 지원이 절실히 필요하다는 가정에서 체결된 것이었다. 그러나 소련의 참전은 지연되었고, 미국의 원폭이 투하(1945. 08. 06)된 뒤에 참전하여(08. 08), 참전한 지 불과 7일 만에 일본은 항복하였다.

비에트화"의 제1단계 계획에 따라 남한의 미군과 달리 군정청(軍政廳) 설치를 통한 직접적 군정(軍政)을 실시하지 않았다. 소련군 당국은 먼저 토착 한인 스스로 북조선을 통치케 하는 "自治"를 허용하는 간접 군정(軍政)방식을 취하였다. 즉, 표면상으론 "한인의 자치" 형식이었으나, 실질적으로 북한 통치에 관한 모든 사항의 최종적 결정권은 소련군 당국에게 있었다.

당시 소련군 당국이 '한인의 자치'에 이용한 것이 북한지역에 들어오기 이전에 이미 북한에 기능하고 있었던 평안남도 지역 한인(韓人)의 치안조직이었다. 조선총독부는 1945년 8월 15일 일본의 패망 직전 평남 도지사로 하여금 저명한 민족지도자인 고당 조만식(古堂 曺晚植)에게 평안남도 행정권을 이양하도록 하였다. 그리하여, 조만식(曺晚植)은 1945년 8월 17일 「평남건국준비위원회(平南建國準備委員會)」를 조직하여 치안과 민생문제를 처리하고 있었다. 소련군 당국은 그들의 북한 소비에트化 1단계를 추진함에 있어서 1次的으로 북한에서 영향력이 큰 조만식(曺晚植)이 주도하는 민족세력을 이용하였다. 1945년 8월 26일 북조선 주둔 소련군사령부{사령관: 이반 치스차코프(Ivan Chischakov) 대장}은 조만식(曺晚植) 지휘하에 있는 평남건준(平南建準)의 해체를 요구하고, 그 대안으로 "광범위한 세력을 망라한" 조직체의 구성을 종용하였다. 그리고 바로 소련군 정치사령부 안드래이 로마넨코(Andrei Romanyenko) 소장의 주관하에 좌우연합체인 「평남인민정치위원회」(平南人民政治委員會)를 좌·우파 같은 비율로 조직하고 그 위원장에 조만식(曺晚植)을 추대하였다. 그러나 위원 32명의 실질적 구성비율은 15 대 17로 친공파(親共派)가 우세하였다.

② 제2단계: 공산당의 실권 장악을 위한 연립행정기구 수립

1945년 10월 8일, 소련군 당국은 北朝鮮 5道 臨人民委員會를 구성하였다가, 같은 달 28일 북조선 5道行政委員會로 개편하였고, 그 수반(首班)으로 조만식(曺晚植)을 그대로 두고, 역시 좌·우익(左·右翼)의 연합방식을 취하였으나 각 국장은 국내파 공산당원이, 부국장에는 소련파 韓人들이 장악함으로써 공산당이 실권을 장악하였다. 이는 소비에트화의 제2단계의 서막이었다.

또한, 1945년 10월 10부터 13일 사이, 소련군사령부는 「朝鮮共産黨 以北5道 責任者 및 熱誠者大會」를 개최하여, 북한정권이 오늘날까지 "마르크스·레닌주의 원칙에 입각"한 첫 조선공산당 조직이라고 주장하는 「朝鮮共産黨 北朝鮮分局」을 조직하고, 김용범(金鎔範)을 대리비서로 하였다. 소련군사령부가 이와 같은 조치를 취한 것은 같은 해 8월 20일 남한 서울에서 이른바 "정통파" 공산분자들이 박헌영(朴憲永)을 옹립하여 「朝鮮共産黨 再建委

員會」를 결성하고, 9월 12일 世稱 (共産)再建黨으로 발족하여 결국 조선공산당 중앙위원회를 조직, 한반도 전체를 대표하는 공산당 재건에 나선 데 대한 대응이었다.

당시 만 33세인 김일성(金日成)은 북조선분국에서 아직 두드러진 인물로 드러나지 않았다. 그러나 오늘날 조선노동당이 그 창당 날짜를 10월 10일로 정하고 기념하고 있는 것은 이때 벌써 김일성(金日成)의 주도권이 상당한 정도 굳어져 있었음을 의미한다. 그러한 사실은 같은 해 말 표면화되었다. 1945년 12월 17~18일 양일 간「조선공산당 북조선분국 제3차 확대집행위원회」가 개최되었으며, 김일성(金日成)은 상기 分局의 책임비서로 선출되었던 것이다.

다른 한편으로, 소련군사령부는 민족세력에게 권유하여 1945년 11월 3일 광주학생사건 기념일에 조만식(曺晩植)을 당수로 하여「조선민주당」을 창설케 하였다. 그리고 김일성(金日成)으로 하여금 조만식(曺晩植)과 절충케 하여 민주당에 공산당원인 최용건(崔庸健)과 김재민(金在民, 金策의 가명)을 침투시켜 최용건(崔庸健)을 부위원장, 김재민(金在民, 金策의 가명)을 黨書記長의 요직에 앉히는 데 성공하였다.

또한, 조만식(曺晩植) 당수의「조선민주당」이 방대한 기독교 세력을 기반으로 하여 북한지역 전역에 걸쳐 세력을 확대해 나가자 이를 두려워한 공산당은「조선민주당」의 지방黨部의 회의를 습격하여 폭행을 가하고 죄명을 날조하여「조선민주당」간부를 구금·투옥하는 등 온갖 방해공작을 감행하였다. 이러한 상황에서 조만식(曺晩植)과 소련군당국과의 충돌은 불가피하였다. 1946년 1월 4일 소련군은 조만식(曺晩植)「조선민주당」당수를 설득하여 4대국 신탁통치안을 지지하도록 공작하였으나 조만식(曺晩植)은 응하지 않았다. 그러자 소련군은 신탁통치안을 반대한다는 죄명으로 조만식(曺晩植)을 연금(軟禁)하였다. 이로써 제2단계 소비에트화 공작은 완료되고 바야흐로 제3단계로 넘어가게 되었다.

③ 제3단계: 공산당의 정치권력의 완전장악과 정권수립

조만식(曺晩植)「조선민주당」당수를 연금한 후 소련군 당국은 2월 5일「北朝鮮民主黨熱誠者大會」를 개최하여「조선민주당」을 개편하고 공산당원을 대거 입당시켜 康良煜을 임시당수로 하다가, 2월 24일에 공산당 프락치 최용건(崔庸健)이「조선민주당」을 장악하였다. 이렇게 되자 본래의「조선민주당」핵심세력은 1946년 4월 중앙당 본부를 서울로 이전하였다.

1946년 2월 8일, 사실상 공산정권인「北朝鮮 臨時人民委員會」를 조직하여 김일성(金日成)을 그 위원장에 선출하였다. 그 후 3월 23일 이 위원회는 장차 수립될 북한정권의 정치적 성격을 밝힌 20개조의 정강(政綱)을 공포하였다. 상기 위원회는 3월 5일 토지개혁법령을 공포하여 비(非)공산세력의 경제적 기반을 박탈하였고, 8월 10일에는 重要産業國有化 슈을 공포, 강행함으로써 사회주의적 체제의 기반을 마련하였다. 같은 해 8월 「朝鮮共産黨」은 延安派가 조직한 「新民黨」을 흡수·합당하여 「北朝鮮勞動黨」을 만들어 一黨 독재체제를 완성하였다.

위와 같이 소비에트화 3단계 계획을 완료한 소련군과 김일성(金日成) 일파는 1947년부터 남한에 앞서 사실상 단독 정권 수립을 위한 본격적 조치들을 취하였다. 1947년 2월 21일에는 각급 인민위원회 대표자 대회를 열어 「北朝鮮臨時人民委員會」를 「북조선인민위원회」로 변경할 것을 결정하고, 「북조선인민위원회」를 현재의 내각과 같은 정부기구로 조직함으로써 공산정권으로서의 체제를 더욱 공고화하였다.

그리고 1947년 11월부터 북한 헌법초안을 준비하여 1948년 2월 6일에 완성하였으며, 6월 29일에 「북·남 제(諸) 정당과 사회단체 지도자회의」에서 김일성(金日成)의 제안으로 「조선민주주의인민공화국 수립」을 만장일치로 가결한 후 7월 10일부터 헌법의 실시를 발표하였다. 이와 같이 북한정권은 사실상 대한민국의 수립 전에 이미 만들어졌던 것이다.

1948년 5월 UN한국임시위원단의 감시하에 남한에서 총선거가 실시되었고, 8월 15일 대한민국의 수립이 내·외에 선포되자 북한도 8월 25일 이른바 「最高人民會議 代議員選擧」를 실시하였다. 이는 마치 남한에서 먼저 정부를 세웠기 때문에 자기들도 할 수 없이 정부를 수립하는 것처럼 가장한 것이었다. 여하튼, 선거 결과 북한에서 선출된 212명의 대의원과 남·북한의 통합된 의사(意思)를 가장(假裝)할 목적으로 남한에서 "비밀지하투표"를 통해 선출되었다고 하는 360명의 대의원을 합한 총 572명의 대의원으로서 9월 2일 「最高人民會議」 第1期 第1次會議를 열었다. 이 회의에서 헌법의 승인과 실시를 의결하고, 9월 9일 「조선민주주의인민공화국」의 수립을 선포하고, 김일성(金日成)을 수상으로 선임함으로써 북한정권이 공식 수립된 것이다.

한편, 북한정권이 정식으로 발족된 후 북한정권을 승인한 것은 1948년 중 종주국 소련을 필두로 하여 그 위성국인 몽고, 폴란드, 체코슬로바키아, 루마니아, 헝가리, 불가리아와 1949년에 중화인민공화국, 알바니아, 동독 등 총 10개국이었다.

상기한 배경하에서, 대한민국의 합법성은 다음과 같은 점에서 국·내외적으로 확고하다: (1) 대한민국 수립 과정 중 가장 중요한 시작 단계인 국민 총선이 국내적으로 유권자 90% 이상의 높은 지지를 기록했으며, 국제적으로도 그 총선을 감시하기 위해 세계적 국제기구인 유엔이 파견한 유엔한국위원단에 의해 매우 자유롭고 민주적으로 이루어졌다는 인정을 받았다; (2) 대한민국에 대한 독립승인권(獨立承認權)이 유엔총회에서의 표결로 48 대 6의 압도적 다수로 가결됨으로써 국제적 인정을 얻었다. 그에 더하여, 유엔총회는 대한민국의 관할권에 대해 총회 결의 195호(II)로 *"한국인민의 대다수가 거주하고 있는 지역에 효과적인 통치와 관할권을 갖는 합법적 대한민국 정부"*이며, 대한민국 정부는 *"한반도에서 유일한 합법정부이다"*라고 선언하였다. 이와 반면에, 북한의 권력집단을 '사실상의 지방 정치집단(local de facto government)'으로 인정한 점이다.

④ 국내파 공산세력 숙청

소련점령군과 김일성(金日成, 1912~1994) 일파는 김일성(金日成)의 일인(一人) 독재의 북한정권을 수립하는 데 김일성(金日成)의 경력과 공적을 날조하여 이용했을 뿐만 아니라 김일성(金日成)을 소련의 이익을 대리하는 유일한 권력자로서 확립하는 데 방해가 될만한 국내파 공산지도자들을 모두 교활하고도 잔인하게 제거하였다. 예로서, 해방 시 소련군의 진입 이전 이북에서 활동했었던 토착 국내 공산주의자들인 평안남도의 현준혁(玄俊赫), 함경남도의 오기섭(吳琪燮), 정달헌(鄭達憲), 주영하(朱寧河) 등이었다.

그중 최초로 숙청된 사람은 현준혁(玄俊赫)이었다. 그는 해방 직후 서울에서 박헌영(朴憲永)과 연결을 맺으면서 「조선노동당 평남지부 도당부」(朝鮮共産黨 平南地區 道黨部)를 조직하고 조만식(曺晩植, 1883~ 1950) 위원장 밑에서 「평남인민위원회」부위원장까지 지낸 인물이었다. 그는 한인 공산계(韓人 共産界)에서 비중과 인기에 있어서 김일성(金日成)을 앞지르고 있었고, 민족주의 세력과 연합하여 부르주아 민주혁명을 먼저 수행해야 한다고 생각하고 있었다. 따라서 그는 조만식(曺晩植, 1883~1950)의 민주주의 민족주의 세력과 협력하고 있었다. 그는 또한 국제공산주의의 원칙인 "일국일당(一國一黨)"을 신봉하여 소련군과 김일성(金日成)이 "북조선공산당"을 조직하려는 것을 반대했었다. 그러므로, 현준혁(玄俊赫)은 소련점령군을 등에 업고 북한공산당을 조직하여 정권을 잡으려는 계획을 실현하려는 김일성(金日成)에게는 큰 장애가 되는 존재였다.

김일성(金日成)은 현준혁(玄俊赫)을 제거하기로 결심하고 먼저 김용범(金鎔範) 등을 시켜 현준혁(玄俊赫)을 "공산주의의 탈을 쓴 민족주의자"로 비난하였다. 그리고, 소련군 정치사령부에서 김책(金策), 김용범(金鎔範), 장시우(張時雨) 등과 현준혁(玄俊赫)의 암살을 모의하고, 1945년 9월28일 장시우(張時雨)를 시켜 조만식(曺晩植, 1883~1950)과 함께 정치사령부를 들렸다가 돌아가는 현준혁(玄俊赫)을 살해하였다. 그 공으로 장시우(張時雨)는 뒤에 북한정권의 상업상이 되고 한국전쟁 때에는 중장으로 임명되었다가, 1954년 박헌영(朴憲永)

의 "반(反)혁명 음모"에 가담했다는 죄명으로 그도 숙청되었다.

현준혁(玄俊赫)을 제거한 후 김일성(金日成)의 집권 과정에 방해가 되는 것은 일제(日帝) 때부터 함경남도 일대에 큰 뿌리를 내리고 있던 국내파 공산세력이었다. 함경남도의 국내파 공산주의자 중에서 김일성(金日成)에게 특히 껄끄러운 인물은 공산주의 이론과 조직에 있어서 뛰어난 오기섭(吳琪燮)이었다. 그러나 김일성(金日成)은 오기섭(吳琪燮)을 제거하는 데 있어서 현준혁(玄俊赫)에 대해 취한 행동과는 다른 방법을 사용하였다. 즉 회유, 세력분열, 그리고 숙청의 복합적 방법을 모두 동원하였다. 소련군 정치사령부와 김일성(金日成)은 김책(金策)을 시켜 오기섭(吳琪燮)을 설득했으나 말을 듣지 않자, 정치사령관 소련군 정치사령부 안드레이 로마넨코(Andrei Romanyenko) 소장이 오기섭(吳琪燮)을 평양으로 불러 김일성(金日成) 및 김책(金策)과 협력하도록 종용했다. 그러나 오기섭(吳琪燮)은 한 나라에 공산당이 둘이 있을 수 없고 조선공산당의 중앙은 평양이 아닌 서울이라고 하면서 말을 듣지를 않았다. 그러자 소련군 측은 오기섭(吳琪燮)에게 직위상의 수모를 주고 그의 추종세력들을 떼어놓는 수법을 사용하였다.

상술하면, 1945년 10월 10일 조직된 「조선공산당 북조선 분국」에 오기섭(吳琪燮)을 연안파(延安派) 무정(武亭)과 함께 김일성(金日成)의 다음 자리에 임명했다가 1946년 봄에는 선전부장으로 좌천시켰다. 또한, 같은 해 8월에는 「북조선노동당」을 창당하면서 오기섭(吳琪燮)의 제자였던 주영하(朱寧河)를 당부(副)위원장에 발탁함으로써 오기섭(吳琪燮)으로 하여금 주영하(朱寧河)의 통제를 받게 하였다. 주영하(朱寧河)는 당부(副)위원장이 된 후 오기섭(吳琪燮)과 정달헌(鄭達憲)을 反蘇分子로 몰았으며, 김일성(金日成)은 1948년 3월에 「북조선노동당」 제2차대회에서 오기섭(吳琪燮)을 "개인 영웅주의적 종파분자"로 몰고, 그의 파인 정달헌(鄭達憲)을 중앙위원에서 면직시켜 오기섭(吳琪燮)의 영향력을 축소시켰다. 그 뒤 오기섭(吳琪燮)은 1953년의 남로당 숙청에 이용되었다가 1958년 4월에는 연안파(延安派)에 동조했다고 하여 평남 中和郡 生産協同組合 부위원장으로 쫓겨갔다가 1959년 초 투옥되어 완전히 제거되었다. 한편, 오기섭(吳琪燮)을 제거하는 데 이용되었던 주영하(朱寧河)도 남로당의 숙청 때 함께 숙청되어 함경남도의 국내파 주요 공산주의자들은 모두 제거되었다.

⑤ 1956년 8월 '종파 사건'과 김일성(金日成) 독재제제의 공고화[4]

1956년 8월 종파 사건은 당 중앙위원회 전원회의에서 김일성(金日成)의 반대 세력인 소련파, 연안파가 김일성(金日成)의 당 독재와 개인숭배를 비판하고 김일성(金日成)은 권력

---

4) 김성보, 북한의 역사, 2011. 10. 17(2권), 2014. 03. 03(1권).

을 독차지하기 위해서 정적들을 '반동분자(反動分子)'로 몰아 대대적으로 숙청하고 북한을 독재체제로 존속시킨 결정적인 사건이다.

다시 말하면, 1956년 8월 종파 사건은 '북한판 대숙청'이자 조선노동당이 사회주의 정당에서 1인 독재 정권의 추종세력으로, 북한이 1당제 인민민주주의 공화국에서 1인이 절대권력을 휘두르는 숨 막히는 전체주의 독재 국가로 바뀌게 된 단초라 평가되고 있다. 정확하게는 김일성(金日成)이 한국전쟁(1950~1953)에 대한 자기의 책임을 회피하고, 자기가 가지고 있는 권력을 더욱 확고히 하기 위해 일으킨 대대적인 숙청 사건이자 친위 쿠데타라고 볼 수 있다.

1953년 소련의 이오시프 스탈린(Iosif Vissarionovich Stalin, 1878~1953)이 사망하고, 1956년 2월 14~25일에 개최된 소련공산당 제20차 대회에서 스탈린(Stalin)을 향한 개인숭배가 비판받았다. 이 여파는 북한에도 밀어닥쳤는데, 북한도 김일성(金日成) 독재체제가 아니라 집단적 지도원칙을 준수해야 한다는 주장이 제기되었던 것이다. 김일성(金日成)은 조선노동당에서의 개인숭배는 박헌영(朴憲永)에게만 행해지고 있다며 회피하려 했었지만, 소련은 그의 주장을 믿지 않았고 1956년 4월 23~29일에 열린 조선노동당 제3회 대회에서 집단체제적 영도(領導)의 블라디미르 레닌(Vladimir Lenin) 원칙의 완전한 수립을 요구했다. 결국 김일성(金日成)은 소련의 제안에 따라 인사를 개편했었다.

당시, 북한에서 한국전쟁(1950~1953) 이후 경제 복구 사업은 신속하게 완수되었지만 경제 복구 과정에는 많은 진통이 있었다. 무엇보다, 경제성장 속도만큼 북한 주민의 생활 수준이 함께 나아지지 못했다. 공산품과 식료품을 충분히 배급받지 못한 상황에서 물가만 높아져 도시 근로자들의 생활고가 가중되었다. 소련 외교 문서에 의하면, 1954년~1955년에 경제생활 수준이 악화되어 인민대중의 잇따른 소요가 발생하고 지방 하부 단위에서는 정책 집행이 마비될 정도로 사회경제적으로 불안정했었다. 농촌에서도 앞서 언급한 대로 수매 사업에서 마찰이 일어났었다.

농민을 비롯한 인민대중의 불만이 누적되고 경제 정책에서 혼란이 야기되면서 일방적인 밀어붙이기 방식에는 제동이 걸리지 않을 수 없었다. 무엇보다 그동안 뒷전에 있던 소련이 가만히 있지 않았다. 전쟁 이후 소련은 북한에 막대한 원조를 하면서 북한에 파견한 경제고문 및 전문가들을 통해 경제계획에 조언은 해주었지만, 북한의 내부 문제에 적극적인 개입은 하지 않는 방침을 고수하고 있었다.

1955년에는 당 지도부 내의 갈등뿐 아니라 전(全) 사회적 차원에서 사상투쟁이 진행되고 있었다. 4월 전원회의 결정에 따라 국가 및 경제기관들과 그 일꾼들, 전체 당원들, 그리고 관련된 기업가와 상인들까지 사안의 경중에 관계없이 '자백운동'에 나서게 되었다. 이런 자백운동과 지방 간부들에 대한 통제 및 검열이 진행되는 과정에서, 지방 간부들 사이에서는 중앙의 지도부에 대한 불신이 싹트게 되었다.

소련계인 내각 부수상 박창옥(朴昌玉)이 소련의 고문과 전문가들에게 경제계획의 집행 과정에 적극 개입해 통제해줄 것을 희망했었는데도 소련 대사관이 이를 거부한 적도 있었다. 그러나 1955년 초, 북한의 국내 정세가 극히 불안정해지자 소련은 적극 개입으로 방향을 전환했었다. 1954~1955년에 북한이 처한 상황을 분석한 결과, 소련의 당·정 지도부는 북한 지도부가 경제 정책에서 전반적으로 실패하고 있다는 평가를 내렸었다. 사회경제적 위기 및 정책실패 외에도 경제 원조의 활용상의 문제도 심각하게 지적되었다. 소련을 비롯한 중국, 동구 사회주의 국가들로부터 원조된 산업설비, 기계, 원자재 등이 경제 복구 건설을 위해 계획된 대로 적시 적소에 투입되거나 활용되지 않고 있었다.

6·25 전쟁(1950~1953)이 정전된 후, 북한이 해결해야 할 주요 과업 중 하나는 전후 복구였다. 전쟁으로 각종 사회간접자본과 공장, 농장 등이 많은 피해를 입었기 때문이었다. 구체적으로 북한은 1957년부터 제1차 5개년 경제계획의 시행을 계획하고 있었다. 그러나 북한에게는 이를 효과적으로 수행할 자본과 기술이 부족한 형편이었다. 김일성(金日成)은 이러한 상황을 해결하고자 1956년 6월 1일부터 소련 및 동유럽 공산 국가들을 차례로 방문했다. 공산 국가들에게 자본과 기술을 지원받기 위함이었다.

모스크바에서 소련 당·정 지도부는 북한 대표단에게 북한의 내부 문제가 심각함을 지적하고 정책을 근본적으로 수정하도록 충고했었다. 소련은 양곡판매 금지 조치를 취소할 것과 국유화를 강행하던 상공업 분야 정책을 수정하여 사기업을 폭넓게 허용할 것, 농업 부문의 위기를 초래한 기존의 농업현물세 징수 방식을 폐기하고 새로운 농업세 체계를 마련할 것, 기존의 5개년 계획안을 변경할 것, 그리고 노동당의 사회주의적 신강령 개정 작업을 중단할 것 등을 요청했었다.

소련의 위세에 눌린 김일성(金日成)은 이에 동의하지 않을 수 없었다. 1955년 6월에 소집된 상무위원회 확대회의에서 자본재 생산 부문의 성장 속도를 늦추는 동시에 소비재 생산 부문을 평균적으로 높이고, 협동화의 강행을 중지하며, 인민의 물질생활을 개선하는 문제들이 결정되었다. 구체적으로는 농업현물세의 인하 조치, 양곡의 자유로운 매매 허용 등이 결정되었고 개인 상공업의 국유화 정책도 수정되었다. 이 과정에서 개인 소상공인에 대한 배제와 제한 조치를 통한 국유화 강행에 정책적 오류가 있었던 점이 인정되었고, 생필품을 생산하는 기업에 대한 소상공인의 투자를 장려하기 위해 세금 감면 조치를 고려하는 정책이 입안되었다. 그러나 당 지도부가 소련의 충고만 따른 것은 아니었다. 당 지도부는 소련의 충고를 받아들여 일단 후퇴하면서도 현장 중시, 정치 이념 중시의 북한식 접근법은 그대로 견지했었다.

김일성(金日成)은 1955년 4월 20일에 전후 복구 건설 자금을 마련하기 위해 소련과 동유럽 국가 순방(06. 01~07. 19) 길에 오르자 그 틈을 타서 반(反)김일성 세력으로 결집되기 시작했다. 당시 소련 대사 이바노비치 이바노프(Ivanovich Ivanov)는 조선노동당 상무위원이며 연안파 최고실력자인 노(老)혁명가 최창익(崔昌益)에게 당 중앙위원들의 결의로 김일성(金日成)을 향한 개인숭배를 비판하여 합법적으로 당 위원장에서 끌어내리고 그 대신에 연안파(延安派) 최창익(崔昌益)이 북한 공산당을 장악해 김일성(金日成)은 내각 수상에만 전념케 하자고 제의했다. 연안파(延安派)의 김두봉(金枓奉), 최창익(崔昌益), 윤공흠(尹公欽), 이상조(李相朝) 등과 소련파(蘇聯派)의 박창옥(朴昌玉), 김승화(金承化) 등이 주축이 되었고, 주(駐) 평양 소련대사관과 중국공산당 중앙위원회에 접촉하여 북한의 정치 상황과 김일성(金日成) 개인숭배를 비판했었다. 그들은 당 중앙위 전원회의를 통해 합법적 방법으로 김일성(金日成)을 당 위원장에서 끌어내리고자 했었다.

물론, 소련의 개인숭배 비판에 힘을 얻은 것이었다. 제20차 소련공산당대회에서는 평화공존론이 제창되고 이오시프 스탈린(Iosif Stalin, 1878~1953) 개인숭배가 비판받는 등 스탈린(Stalin) 시기의 국제공산주의 노선이 근본적인 도전을 받았다. 북한의 경우 1956년 3월에 조선노동당 중앙위원회 전원회의가 열렸고, 여기서 스탈린(Stalin)을 비판한 니키타 흐루시초프(Nikita Khrushchyov, 1894~1971) 비밀연설문의 번역·청취가 이루어졌다. 1956년 4월에 있을 조선노동당 3차 대회 직전에 열린 이 회의에서는 당내에 약간의 개인숭배 현상이 있었음이 인정되었다.

최창익(崔昌益)은 처음에는 주저했으나 몇 차례 같은 제의를 받고 같은 연안파인 직업총동맹 위원장 서휘와 상의한 끝에 이를 수락했었다. 이바노프는 박창옥(朴昌玉) 등 소련계 한인들에게도 소련의 희망을 전달했었다. 이 계획은 '2그룹, 2방향'으로 진행되었다. 하나는 연안계 중심의 '지하 그룹'으로, 정부와 당내 지도 간부뿐 아니라 고위 장교들을 포함하고 있었다. 그 핵심에 있던 리필규는 소련 대리대사 페트로프를 만난 자리에서 김일성(金日成) 제거 계획을 알렸다. 다른 하나는 소련계 중심의 '당내 비판 그룹'으로, 김승화(金承化) 등이 중심이었다. 연안계 '지하 그룹'은 과격한 무력 방식을 선호한 반면에, 소련계 '당내 비판 그룹'은 당내 비판과 자아비판을 통한 상황 반전이라는 온건한 방법을 선호했다. 그러나 조선민주당 당수였던 최용건(崔庸健) 등이 상기 음모를 포착하여 김일성(金日成)에게 밀고했었다.

　김일성(金日成)은 조기 귀국하여 1956년 8월 2일 예정되었던 중앙위 전원회의를 8월 30일로 연기하며 사전에 대비했다. 김일성(金日成)이 귀국한 1956년 7월에도 연안파와 소련파의 공격은 지속되었다. 그들은 정책 수행상 심각한 결함들이 김일성(金日成) 앞에서의 '아첨'에 의해 은폐되고 있다고 보았으며, 정부와 당이 정확한 보고를 받지 못해 종종 잘못된 결정을 내리고 있다고 판단했다. 일부 정치위원들이 김일성(金日成)에게 내각 수상직을 사임하고 당 중앙위 위원장 직만을 수행해줄 것을 요청하는 사태가 발생하기도 했다.

　1956년 8월 30~31일 평양예술극장에서 조선노동당 중앙위원회 전원회의가 열렸다. 이 회의는 본래 사회주의 국가들을 방문하고 돌아온 정부대표단의 보고를 듣고 인민 보건 사업의 개선 방안을 토론하는 자리였다. 그런데 상업상 윤공흠(尹公欽)이 토론자로 나서서 갑자기 김일성(金日成) 지도부를 공격했다. 윤공흠(尹公欽)의 공격은 김일성(金日成) 개인숭배에 공격의 초점을 맞춘다는 원래 계획에서 약간 벗어나 김일성(金日成)의 당 독재 비판으로 방향이 맞추어졌다. 그는 당 독재 결과 초래된 당 간부 정책의 난맥상을 거론했다. 그는 조선민주당 당수였던 최용건(崔庸健)이 당 중앙위원회의 어떤 결정도 없이 조선노동당에 와서 부위원장이 되었다고 비판했다. 그리고 정준택과 정일룡 등 김일성(金日成)의 경제 정책 브레인들을 겨냥하여 당 지도부가 친일파를 중용했다고 비판했다. 아울러 *"인민들은 헐벗고 굶주리며, 집도 없이 토굴 속에서 병마에 시달리고 (…) 정부는 이런 처참한 현실을 무시하고 군수공업 중심의 중공업 우선 정책을 펴고 있다"*고 비판했다. 농업협동화와 개인숭배 문제도 비판했다. 이런 비난이 계속되자 장내는 아수라장이 되었다. 윤공흠(尹公欽)은 곧장 단상에서 끌어내려졌고, 서휘 한 사람만 반대하는 가운데 그의 출당이 통과되었다. 최창익(崔昌益), 박창옥(朴昌玉) 등이 남아 논의를 이어가려 했지만 모두 해임 및 출당되었다.

　결국, 연안파와 소련파의 도전은 실패했었다. 그 이유는 대부분의 중앙위원들이 김일성(金日成)을 옹호했기 때문이었다. 오히려 1956년 8월 전원회의에서 반대파는 '반당종파'로 몰렸다. 윤공흠, 서휘 등은 당에서 쫓겨났으며 연안 독립동맹 계열의 지도자 최창익(崔昌益)과 소련 계열인 내각 부수상 박창옥(朴昌玉) 등은 당직을 박탈당했다. 이렇게 되자 윤공흠(尹公欽) 등은 회의상을 빠져나와 중국으로 망명해 도움을 요청했다. 서휘, 리필규도 중국으로 망명했다.

　그러나 상황은 김일성(金日成)에게 만만하지만은 않았다. 중국 국방부장 펑더화이(彭德懷, 1898~1974)는 평양으로 들어와 반대파의 손을 들어주었다. 반대파를 뒤에서 부추겼던 소련 측도 부수상 아나스타스 미코얀(Anastas Mikoyan, 1895~1978)을 보내 이들을 도와주었다. 연안파와 소련파는 중국과 소련에 의지해 사태를 반전시키고자 했다. 이에 중국과 소련이 북한에 대표단을 파견해 해임 및 출당당한 인물들의 회복을 요구했었다. 김일성 (金日成)은 이를 수락할 수밖에 없었고, 1956년 9월 당 중앙위원회 전원회의에서 연안파와 소련파의 제명 취소를 결의했다. 그러나 김일성(金日成)은 중국 국방부장 펑더화이와 소련 부수상 미코얀이 본국으로 돌아간 뒤 본격적으로 반대파들을 숙청했었다. 숙청 작업은 1958년 3월까지 진행되었다. 대대적인 반종파투쟁이 전개되어 2백여 명이 체포되었다.

그러나 1957년 북한은 최창익(崔昌益), 박창옥(朴昌玉) 등을 국가반란음모죄라는 명목으로 숙청했고, 김두봉(金枓奉) 등 나머지 인물들은 정치적으로 좌천되었다. 남로당 계열, 연안 독립동맹 계열, 소련 계열이 모두 몰락함으로써 김일성(金日成)과 항일유격대 계열은 권력을 독점하게 되었다. 다만 이들의 숫자는 많지 않아 권력을 함께할 인물들이 필요했다. 국내에서 활동했었지만 남로당 계열과는 직접 연관되지 않았던 인물들이 주로 권력의 동반자가 되었다. 이렇게 김일성(金日成)을 중심으로 한 단일 지도 체계가 만들어졌다. 내·외의 도전을 물리친 김일성(金日成)은 권력을 독점하게 되었고, 소련과 중국의 외압에서 벗어나 점차 독자적인 길을 걸어가게 되었다.

반(反)종파투쟁은 1957년에 접어들면서 더욱 확대되었다. 김일성(金日成) 지도부는 반대파의 뿌리를 뽑기 위해 1957년 1월 평양시 당 단체들을 시작으로 당 중앙위원회 집중지도 방조 사업을 전개했었다. 아울러 1956년 말부터 이듬해 초까지 숙청과 함께 당증 교환 사업을 실시했었다. 5월에는 당 중앙위원회 상무위원회의 결정으로 「반(反)혁명분자들과의 투쟁을 강화할 데 대하여」를 채택하고 반(反)종파투쟁을 더욱 강도 높게 진행시켰다.

당내 연안계와 소련계의 중심인물들에 대한 숙청 작업이 마무리 단계에 들어간 1958년 초부터, 당내 숙청 바람은 군대에도 불기 시작했다. 3월에 열린 인민군 전원회의를 계기로 소련계 한인인 총정치국장 최종학 이하 수백 명의 연안계와 소련계 지휘관들이 '반(反)혁명 종파분자' 혐의로 숙청되었다. 군(軍) 숙청 작업은 인민군을 오직 김일성(金日成)과 당의 군대로 확립하는 과정이기도 했다. 총정치국장 김을규는 인민군이 길주·명천 농민운동을 계승해야 한다고 주장했다는 이유로 비판받았다. 인민군은 오직 항일무장투쟁을 계승한 것으로 강조되었다. 또한 인민군은 당에 의해 조직된 군대이지 통일전선의 군대라고 볼 수 없다고 강조했다. 통일전선을 중시해온 연안계는 비판의 대상이 되었다.

1958년 3월에 열린 당 중앙위원회 전원회의에서 김일성(金日成)은 인민군 내에 당 위원회 제도를 전면 실시한다고 밝혔다. 인민군 전체에 대해서는 '인민군 당 위원회'를 마련하여 당 중앙위 상무위원회의 지도 아래 활동하도록 하고, 군단·사단·연대에도 각각 당 위원회를 설치하여 대대에는 초급 당 위원회, 중대에는 초급 당 단체를 조직하도록 했다.

소련과 중국은 더 이상 깊이 개입할 사정이 못 되었다. 그 배경은 다음과 같다: 1956년 10월의 헝가리 민주화(民主化)운동에 놀란 소련은 민주주의가 소련 반대로 이어질 수 있음을 우려하게 되었다. 또한 1957년부터 중국과 소련의 갈등이 심해지면서 두 나라는 서로 북한을 자기편으로 끌어들이고자 노력하게 되었으며, 따라서 북한의 권력자 김일성(金日成)과 충돌하지 않으려고 했었던 것이다. 결국, 1956년 8월 종파사건은 연안파·소련파의 패배로 끝이 났고, 김일성(金日成)의 독재체제는 더욱 공고해지게 되었다.

실로, 1956년 8월 종파 사건은 참으로 허술하게 시작해서 간단히 끝나버렸다. 이 시기에 이미 김일성(金日成)의 권력이 탄탄했기 때문이기도 하지만, 충분한 사전준비 없이 그저 외세의 도움을 빌어 권력에 도전하려 한 무모함 탓이었다. 이 사건은 북한의 역사에서 유일무이하게 김일성(金日成)의 권력에 공개적인 도전장을 내밀었던 사건으로 기록된다.

02 한반도 주변국의 합종연횡(合縱連橫)

한반도(韓半島)는 동아시아의 지정학적 구도를 구성하는 해양세력(일본과 미국)과 대륙세력(중국과 러시아)의 교두보 역할을 하는 지정학적 위치를 가지고 있다. 대륙에서 해양으로 진출하거나, 역(逆)으로 해양에서 대륙으로 진출하기 위해서는 반드시 거쳐가야 하는 지점이다.

역사적으로 보면, 원(元)나라는 고려(高麗)를 통해 일본 원정을 감행했었고, 일제(日帝)는 대륙 침탈에 앞서 한반도를 식민지로 삼았다. 만약 남한이 대륙세력(중국 혹은 러시아)에 복속(服屬)된다면, 일본은 그 대륙세력이 태평양으로 진출하는 것을 저지하는 최후의 관문이 되는 것이며 해양세력(미국)은 대륙으로 향한 진지(陣地)를 잃어버렸으니 대륙에 대한 진출을 포기하고 방어에만 집중해야 되는 것이다.

따라서 한반도의 평화, 나아가 동아시아의 평화를 추구하기 위해서는, 객관적 입장에서, 동아시아의 지정학적 구도를 구성하는 6개 국가(한국, 일본, 미국 vs 북한, 중국, 러시아)의 정치·군사 및 경재 관계를 제대로 살펴보아야 할 것이다.

그렇지 않으면, 19세기 후반, 한반도 주변 강대국들이 패권전쟁을 벌이고 있을 때, 당시 청(淸)나라의 주일 참사관 황준헌(黃遵憲)이가 저술했었던 「조선책략」(朝鮮策略): '방(防)러시아, 친(親)중국, 결(結)일본, 연(聯)미국'의 오류를 범할 수 있기 때문이다. 즉, 러시아의 남하(南下) 정책에 대비하기 위해서는 우선 동남아 3국인 중국(淸), 한국, 일본이 수호(修好)하고, 미국과 연합(聯合)해야 하며, 서양의 제도와 기술을 배워야 한다는 것이다. 1880년(고종 17년) 수신사로 일본에 갔었던 김홍집(金弘集)은 이 책을 고종(高宗)에게 바쳤다.

황준헌(黃遵憲)의 「조선책략」(朝鮮策略)은 19세기 말, 제정(帝政) 러시아가 중앙아시아 지역의 패권을 놓고 당시 인도(印度)를 차지하였던 대영제국(大英帝國)과 경쟁적으로 펼쳤던 외교·첩보전과 무력 충돌을 일으켰던 '그레이트 게임(The Great Game)'을 연장하여 한반도(韓半島)에서의 남진(南進) 전략을 배경으로 하고 있다. 그러나 황준헌(黃遵憲)의 「조선책략」(朝鮮策略)에서 가장 큰 문제점은 당시 조선(朝鮮)의 적(敵)이 과연 러시아였는가이다. 결과적으로는 러시아가 아닌 일본이 대한제국(大韓帝國)을 침탈(1910. 08)했다. 그는 미국과 일본의 아시아 전략을 제대로 알지 못한 채, 청·일(淸·日)전쟁(1894. 08~1895. 03), 제1차(1902. 01) 및 제2차(1905. 08) 영·일(英·日)동맹, 러·일전쟁(1904. 02~1905. 09), 가즈라

(일본 측) 및 테프트(미국 측) 밀약(1905. 07)의 과정을 거쳐 한민족의 비운(悲運)인 국권 피탈(1910. 08)을 전혀 예견하지 못하였다.

현재 동북아지역에서 세력 균형은 양대(兩大) 축(軸): (1) 한·미(韓·美) 상호방위조약(1953. 10. 01) 및 한·미(韓·美) 군사동맹(1954. 11. 18), 미·일(美·日) 방위조약(1978. 11) 및 신(新)방위조약(1997. 09), 중국의 '아킬레스 건'(Achilles 腱)인 미국의 대만관계법(1979. 04); (2) 북·중(北·中) 우호조약(1961. 07), 북·러 우호조약(2000. 02)이다. 한·미(韓·美) 군사동맹(1954. 11. 18)과 미·일(美·日) 신(新)방위조약(1997. 09)이 존재하는 한, 북·중(北·中) 우호조약(1961. 07), 북·러 우호조약(2000. 02)은 존속될 것이다. 미국은 일본과 한국의 안보에 절대적인 영향력을 갖고 있으며, 현재 일본에 43,550명의 미군과 한국에 34,500명의 미군을 각각 배치하면서 직접적으로 일본과 한국의 안보를 지원하고 있다.[5] 한편, 일본과 한국은 경제력 측면에서 중국과의 관계를 강화해 나갈 것인 반면에, 군사력 측면에서는 미국과의 관계를 중시할 것이다.

그동안 '절묘한' 세력균형(Balance of Power)을 유지해왔다.[6] 그러나 21세기 상반기에 들어서 군사력을 바탕으로 유지되어온 동북아 지역의 세력균형 관계가 붕괴되었다. 특히, 세계 정치·군사 패러다임은 2009년 11월 G20체제에서 2011년 G2시대(美·中 양극체제)로 변화했다. 다시 말하면, 냉전(冷戰) 종식 이후, 한반도 주변 4대 강국 중에서 특히 미국과 중국은 제1차 미·중(美·中) 전략경제대화(SAED: Strategic and Economic Dialogue, 2009. 07. 27~28, 워싱턴)에서, 또한 G20 정상회의(2011. 11. 11~12)에서 '동북아 안정'을 위협할 수 있는 한반도 위기상황이 발생하지 않도록 상호협력하기로 합의한 바 있다.

현재 미·중(美·中) 관계가 '우호적 동반자 관계'이지만 동아시아에서 양국의 갈등과 대립은 불가피하다. 특히 한반도를 '태풍의 눈'으로 하는 동북아의 '회오리 바람'은 현재까지는 구조화되어 있는 남방 3각 관계(韓·美·日)와 북방 3각관계(北·中·러)의 세력균형을 균열시킬 가능성도 있으며, 이 결과 한반도는 크게 요동칠 것으로 전망된다. 불행히도, 한반도의 운명(한반도 평화의 여부와 남·북한 통일 가능성의 여부)은, 천안함 사태(2010. 03. 26)에서 보았듯이, 미·중(美·中)의 대(對)한반도 게임에 달려있다.

---

5) 그러나, 향후 미국은 미·일(美·日) 가이드라인(1997. 09)에 의거해, 한국 주둔의 미군 일부를 철수하고 그 대신에 한반도 방위를 일본에 위탁·관리하며, 대(對)중국 경제적 영향력(기술·투자·수입 등)과 대만과의 방위협약(1950년)을 통해 중국으로 하여금 북한 핵(核)문제를 타결하도록 종용하고 주한미군 군사력의 여력을 대(對)동남아(중국 포함) 석유 수송로인 인도양 지배를 추구할 수 있다.

6) 임양택(2010), "'한반도 책략': 한·미 '군사동맹'과 한·중 '전략적 협력 동반자'를 중심으로", 2010년 한국동북아경제학회 국제학술심포지엄, 동해그랜드호텔, 8월 25~27일.

마침내, 2012년 북한은 핵무기 보유와 함께 강성대국(强盛大國)에의 진입하였다.[7] 이에 대응하여, 버락 오바마(Barack Hussein Obama, 44대: 2009~2017) 의 아시아 중시 신(新)국방전략(2012. 01. 05)을 발표하였다. 즉, '2개의 전쟁(1+1)' 개념을 포기하고 중동에서 호무르즈(Hormerz) 해협을 둘러싸고 이란과의 전쟁과 한반도에서 북한이 도발하여 북한과의 전쟁이 발발하는 경우, 상기 2개 전쟁을 동시적으로 수행하는 것을 포기하고 북한의 핵무기 보유 및 위협으로 인하여 아시아 특히 동북아(한반도)에 정치·군사적 전략이 집중하겠다는 것이다.

최근에 한반도 주변의 4강은 동북아 패권(霸權) 경쟁에 돌입하였다. 우선, 미국은 아시아 중시의 신(新)국방전략(2012. 01. 05)을 채택하고 '태평양 국가'로서 아시아지역에의 패권을 강화하고 있다.

중국은 '도광양회'(韜光養晦)에서 '대국굴기'(大国崛起)로 전환(2006. 11)하고 미국에 대한 '신형 대국관계'(新型 大國關係)를 요구하고 있다. 구체적으로, '실크로드 경제 벨트'와 '21세기 해상 실크로드'를 추진하는 '일대일로(一帶一路)' 전략을 추진하고 북한 나진항에 중국군이 주둔함으로써 동진(東進)하고 있다. 유라시아 국가인 러시아는 풍부한 에너지 자원을 미끼로, 또한 2012년 APEC 정상회담을 디딤돌로 삼아 아시아로 진출하기 위하여 남진(南進)을 획책하고 있다.

일본은 플라자 합의(1985. 09. 22) 이전의 탈아(脫亞)에서 아시아 금융위기(1997~1998년) 이후 귀아(歸亞)로 전환하고 하토야마 유키오(鳩山由紀夫) 총리(2009. 09~2010. 06)는 동아시아공동체(EAC)를 주창(2009. 08. 27)하였다. 아베 신조(安倍晋三) 총리(당시)는 미·일(美·日) 방위조약(1978. 11 및 1979. 04)과 美·日 안보동맹(1997. 09)과 미국의 아시아 중시 신(新)국방전략(2012. 01. 05)을 지렛대 삼아 '환태평양 경제동반자 협정'(TPP)를 중심으로 美·日 경제동맹을 위한 공동비전을 발표(2015. 04. 28~29)하였고 그 대가로 '군사대국'으로 발돋움하고 있다.

특히, 일본은 대외관계조치법(2004. 06. 14)[8]을 제정하여 전수방위(專守防衛)에 묶여 있

---

7) 북한은 고(故) 김일성 주석의 탄생 100주년을 맞아 '강성대국'(强盛大國)의 대문을 여는 것을 목표로 2012년 4월 북한의 수정된 헌법 전문(前文)에 '핵무기 보유국'임을 명시하였고, 핵무기 다종화(多種化) 즉 소핵화 및 경량화에 성공했다고 밝혔다. 또한, 2013년 3월 말, 북한 당(黨)중앙위원회 전원회의에서 '경제·핵무력 병진 노선'을 발표했다.

8) 유사법제(有事法制) 7개가 통과됐다. 이것은 일본이 타국으로부터 공격받을 때를 가정한 전시동원법으로 2003년 6월 참의원을 통과했다. 패전 58년 만에, 그리고 일본 정부가 '1977년 연구'라는 이름으로 검토에 착수한 이후 4반세기 만에 '전시'(戰時) 대비의 국가체제 정비를 목적으로 한 법안이 효력을 갖게 된 것이다.

던 자위대의 해외파병을 추진하더니 이제는 「평화헌법」 제9조 2항을 개정하여 '일본군'을 창설하려는 움직임을 구체화하고 있다. 또한, 일본은 미국의 지원을 등에 업고 UN안보리 상임이사국 진출도 목전에 두고 있으며 미국의 양해와 지원하에 일본의 대외영향력(특히 군사력)이 급속히 증대될 것임은 명약관화(明若觀火)한 일이다.

현재까지는, 한·미·일 3각 관계를 뒷받침하고 있는 한·미 상호방위조약(1953. 10. 01), 미·일 방위조약(1978. 11 및 1979. 04), 미국의 대만관계법(1979. 04)과, 북·중·러 3각 관계를 뒷받침하고 있는 북·중 우호조약(1961. 07), 북·러 우호조약(2000. 02)이 '절묘한' 세력 균형을 유지하고 있다.9)

한국의 입장에서 보면, 한·미(韓·美) 군사적 동맹 관계와 한·중(韓·中) 전략적 협력 동반자 관계가 양립 및 조화될 수 있는 경우, 한국 주도의 한반도 평화 및 번영은 보장될 수 있을 것이다. 이와 반대로, 상기의 두 관계가 '현상 유지'(Status Quo)로 고착되는 경우, 한반도의 평화와 통일은 영원히 불가능할 것이다.10)

물론, 몰타회담(1989. 12. 02~03)에 의하여 냉전이 종식된 후, 한반도 주변 4대 강국 중에서 특히 미국과 중국은 제1차 미·중(美·中) 전략경제대화(SAED: Strategic and Economic Dialogue, 2009. 07. 27~28, 워싱턴)에서, 또한 G20 정상회의(2011. 11. 11~12)에서 '동북아 안정'을 위협할 수 있는 한반도 위기상황이 발생하지 않도록 상호협력하기로 합의한 바 있다. 그러나 불행히도, 중국은 한반도의 변고(變故)가 발생하면, '역사주권'을 내세워 자동 개입할 수 있으며, 미국은 '핵무장한 반미(反美) 북한 정권'보다 '핵 없는 친중(親中) 북한 정권'이 오히려 유리하다고 판단할 수 있다. 심지어, 한국인은 실로 어처구니 없는 사태가 다음과 같이 전개되지 않을까를 염려하지 않을 수 없다. 만약 북한의 핵무기 문제가 끝내 평화적으로 해결되지 못하고 미국의 군사행동까지 불러오는 사태가 전개된다면 한반도에 다시 일본군이 진주할 수 있다는 것이다. 왜냐하면 현재의 미·일(美·日) 관계로 보아 미국이 단독작전보다는 미·일(美·日) 연합작전을 수행할 가능성이 더 크기 때문이다.

설상가상으로, 한국에게는 군사주권인 전시작전통제권(약칭 '전작권')을 행사할 수 없다. 한국의 '전작권'은 한국전쟁 중에 맥아더 UN군 사령관(당시)에 이양(1950. 07. 14)되었던 것을 노무현 대통령(당시)의 강력한 요구로 2012년 4월 17일 반환받기로 되어 있다가 이

---

9) 임양택(2010), "'한반도 책략': 한·미 '군사동맹'과 한·중 '전략적 협력 동반자'를 중심으로", 2010년 한국동북아경제학회 국제학술심포지엄, 동해그랜드호텔, 8월 25~27일.

10) 임양택(2010), "'한반도 책략': 한·미 '군사동맹'과 한·중 '전략적 협력 동반자'를 중심으로", 2010년 한국동북아경제학회 국제학술심포지엄, 동해그랜드호텔, 8월 25~27일.

명박 대통령(당시)이 그것의 반환시기를 2015년 12월 1일로 연기하기로 한·미(韓·美) 간 합의되었으며, 다시 박근혜 대통령(당시)의 반환시기 연기 요청에 따라 버락 후세인 오바마(Barack Hussein Obama, 1961~현재) 대통령(2009~2017)이 2014년 4월 사실상 무기 연기하되 주한미군 주둔 비용 50%를 한국 측이 감당한다는 전제조건이 부과되었다. 이 결과, 마치, 신체의 일부로서 잘 기능하고 있던 장기(臟器)를 괜스레 '불필요한 부스럼'이라고 오인하여 돌팔이 의사들(일부 한국인)이 '명의'(名醫)라고 긁어 대었더니 이젠 '악성 종기'가 되어 신체를 압박하고 있는 것과 같다.

1) 미·일(美·日) 관계

일본은 버락 오바마(Barack Hussein Obama, 44대: 2009~2017) 행정부의 '전략적 인내'에서 동아시아 세력의 한 축으로 발돋움했었던 대미(對美) 외교에서 큰 변화를 맞이하게 되었다. 왜냐하면 도널드 트럼프(Donald John Trump) 행정부(당시)는 외교적으로 전임 정부인 버락 오바마(Barack Hussein Obama) 행정부의 '전략적 인내'와는 다른 방향에서 일본을 압박했었기 때문이었다.

상술하면, 아베 신조(安倍晉三) 총리(당시)는 2016년 대선 때 대놓고 도널드 트럼프(Donald John Trump)의 경쟁자였던 힐러리 클린턴을 옹호 및 지원한 전과가 있다.[11] 도널드 트럼프(Donald John Trump) 대통령(당시)은 2016년 대선 정국 때 일본을 향해 한국과 비슷하게 '안보 무임승차론'을 주장했었고 경제적으로도 미국에 위협적이라고 주장한 바 있었다. 심지어, 도널드 트럼프(Donald John Trump) 대통령(당시)이 아베 신조(安倍晉三) 총리(당시)에게 멕시코 난민 2,500만 명을 일본에 보내버리면 아베 신조(Abe Shinzo, 安倍晉三) 총리(당시)가 일본 총리 자리를 지킬 수 있을 것 같은가라고 압박을 했었다. 이것은 지금 아베 신조(安倍晉三)의 행동이 마음에 안 들기 때문에 보복당하기 싫으면 잘 하라는 경고였었다.

당시 G7 정상회의에서 미국의 보호주의적인 무역정책 등을 둘러싸고 충돌이 일어나면서 도널드 트럼프(Donald John Trump) 대통령(당시)이 정상들 간의 회담에서 성토를 당했기 때문에 기분이 좋지 않았다. 당시 일본도 미적지간한 반응을 보이는 등 캐나다처럼

---

11) 개인적으로, 1980년대 중·후반 도널드 트럼프(Donald John Trump)가 사업할 시기에 일본 기업 때문에 피를 본 적이 많았다.

대놓고 미국을 성토하는 것과 같은 초강경한 태도는 아니었으나 다른 정상들과 같이 미국의 무역 정책에 탐탁하게 생각하지 않는 태도를 보였다.

일본은 도널드 트럼프(Donald John Trump) 대통령(당시)의 돌출 행동에 적잖이 당황했다. 즉, 동북아가 더욱 화약고가 되는데 미국은 뒤로 빠지고 일본 스스로가 직접적으로 부담하는 비율이 늘어나는 모양새이므로 적당히 실리(實利)를 챙기려는 일본 입장에선 당황할 수밖에 없었다. 심지어 도널드 트럼프(Donald John Trump)가 대통령(당시)에 당선된다면 미·일(美·日) 안보는 큰 문제가 될 것이라는 얘기까지 나왔다. 결국, 일본이 기대하였던 미국의 일본주도 환태평양 경제 동반자 협정(環太平洋 經濟 同伴者 協定, Trans-Pacific Strategic Economic Partnership, TPP) 참여는 도널드 트럼프(Donald John Trump) 대통령(당시)이 환태평양 경제 동반자 협정(TPP) 참여를 철회하는 내용의 행정명령을 내림에 따라 무산됐었다.

심지어, 버락 오바마(Barack Hussein Obama) 대통령(당시)의 일본 히로시마 원폭(原爆) 추모 방문에 대해서 도널드 트럼프(Donald John Trump) 대통령(당시)은 왜 일본의 '진주만 공습' 얘기는 안 했냐고 비난했었다. 예로서 <워싱턴포스트>가 "미·일(美·日)정상회담 때 도널드 트럼프(Donald John Trump) 대통령(당시)이 일본의 '진주만 공습'을 잊지 않는다는 발언을 했다"라는 보도를 내자, 일본 정부는 해당 발언은 사실이 아니며, 도널드 트럼프(Donald John Trump) 대통령(당시)과 신뢰 관계를 구축하고 있다고 밝혔다.

도널드 트럼프(Donald John Trump) 대통령(당시)은 2017년 공식적으로도 일본의 무역 장벽을 낮출 것을 요구했음에도 불구하고 일본의 개선조치가 도널드 트럼프(Donald John Trump) 대통령(당시)의 기대에 미치지 못하였다. 일본은 미국에 대규모 투자와 기업 유치를 약속한 것으로 도널드 트럼프(Donald John Trump) 대통령(당시)를 만족시킬 수 있다고 보았지만 도널드 트럼프(Donald John Trump) 대통령(당시)는 거액의 투자를 받아봤자 미국의 대일(對日) 미국의 무역적자(貿易赤字)가 개선이 안되면 그게 무슨 소용이 있는가라고 생각했다. 다시 말하면, 일본이 미국에게 중요한 우방국이지만, 도널드 트럼프(Donald John Trump) 대통령(당시)은 지금 미국의 무역적자(貿易赤字)를 줄이려고 하는데 일본은 미국과의 무역에서 크게 재미를 보는 주요 국가들 중 하나라는 것이다. 예로서, 도요타가 멕시코에 공장을 짓는다는 것에 도널드 트럼프(Donald John Trump) 대통령(당시)이 분만을 표시함에 따라 미·일(美·日) 관계의 새로운 리스크로 떠올랐다. 결국, 도요타는 미국에 공장을 짓기로 했다.

나아가, 도널드 트럼프(Donald John Trump) 대통령(당시)은 일본에서는 미국산 자동차가 안 팔린다는 이유로 '불공정 무역'이라고 주장했다. 그런데 이 문제는 전임 대통령인 버락 오바마(Barack Hussein Obama) 역시 제기했었다. 그때 아베 신조(安倍晋三)는 '일본은 우측 핸들 자동차 문화라 모든 나라 자동차 회사들이 우측 핸들로 자동차를 생산해 수출 하는데, 미국 자동차 회사만 우측 핸들로 만들지 않고 있다. 그렇기 때문에 미국 자동차가 팔릴 리가 있겠는가'라고 항변한 바 있다.

도널드 트럼프(Donald John Trump) 대통령(당시)은 2017년 방일(訪日)에서 일본의 극진 한 접대에 감사를 표하며 과거 미국과 일본의 관계가 이보다 더 좋을 때가 없었다며 일본 에 대해 극찬을 아끼지 않았다. 다만 경제 분야에서는 달랐는데 미국의 자동차가 일본에 선 팔리지 않는 현실에 대해 공개적으로 불만을 성토하고 일본에게 미국의 천문학적인 무 역적자 개선에 힘을 보태 달라고 입장을 발표했다. 방일(訪日) 도중 일본이 환태평양 경제 동반자 협정(Trans-Pacific Strategic Economic Partnership, TPP)을 재차 제시하자 이에 대해 미국과 일본의 양국협상을 통해 더 많은 교류를 하면 된다고 하며 TPP 재(再)가입에 대해 반대의 뜻을 분명히 밝혔다. 그 대신에, 중국에 대항하는 미국, 일본, 인도, 호주가 협력하 는 '자유롭고 개방된 인도·태평양' 외교 전략은 아베가 처음 구상했었지만, 도널드 트럼프 (Donald John Trump) 대통령(당시)이 동의할 정도로 미·일(美·日) 관계가 끈끈한 사이로 변모했다.

한편, 김정은(金正恩) 북한 국무위원장의 방중(訪中)에 대해서 한국과 미국도 정보를 받 은 상황에 일본만 어떠한 언질도 받지 못했었고, 남북(南北) 정상회담·북미(北美) 정상회담 일정을 일본에게 통보를 하지 않았었다. 미국이 일본과 사전 협조를 제대로 안 한 것이다. 사실, '코리아 패싱'이 아닌 '재팬 패싱'이었다. 그 후 아베 신조(安倍晋三) 총리(당시)는 부랴 부랴 미·일(美·日) 정상회담에서 줄기차게 요구하여 북·미(北·美) 정상회담에서 남북 일본 인 문제를 공식 언급하겠다는 약속을 받아내긴 했었다. 그러나 현재까지 미국은 북한의 비 핵화 대가로 받아내고 있는 것이 장진호 전투에서 묻힌 미군 유해 환송이고 납북 일본인 문제는 전혀 언급되지 않았다.

급기야 아베 신조(安倍晋三) 총리(당시)는 북·일(北日) 정상회담을 고려한다는 공식 성 명을 발표하였다. 일본 정부가 일본인 납북문제 해결을 위해 베트남에서 북한과 당국자 간 극비회담을 개최한 것으로 확인됐다. 이 소식에 미국은 매우 격앙된 반응을 보였다. 일 본도 이 문제에 대해서는 더 이상 미국에만 의존하지는 않겠다는 신호를 보낸 것이어서 향후 귀추가 주목된다. 실제로 2018년 8월 한미·미·일 간의 트러블이 생기고 있었다.

2019년 2월에는 도널드 트럼프(Donald John Trump) 대통령(당시)이 북한 비핵화 문제와 관련해 아베 신조(安倍晋三) 총리(당시)가 자신을 노벨평화상 후보로 추천한 사실을 대뜸 밝혀버렸다. 노벨상 후보 추천자는 상당 기간 신원을 공개하지 않는 것이 원칙이다. 따라서 노벨상 수상자를 선정하는 스웨덴 한림원, 또는 추천자 본인 외에는 누가 추천을 했는지 알 수 없다. 이에 일본의 야권은 아베 신조(安倍晋三) 총리(당시)에게 사실을 추궁했다. 이에 아베 총리(당시)는 노벨상 후보자 신원 보호 원칙을 말하며 직접적 답변은 피했지만, '그럼 아니라는 뜻이냐'는 질문에 긍정도 부정도 하지 않아 사실상 시인했다. 물론, 일본 총리가 미국 대통령을 노벨평화상 후보자로 추천하는 것은 그럴 수 있는 문제라고 볼 수도 있겠지만, 이번 추천은 미국이 일본에게 '우리 대통령을 노벨평화상 후보로 추천하라'는 요구가 있었다는 뒷말이 나오면서 일본의 국가 위신과 연계돼 문제가 있었다.

미·중(美·中) 무역전쟁으로 미국과 중국의 관계가 극한으로 치닫는 가운데, 일본은 중국의 일대일로(一帶一路) 사업에 동참하고, 중국에게 일본주도 환태평양 경제 동반자 협정(環太平洋 經濟 同伴者 協定, Trans−Pacific Strategic Economic Partnership, TPP)[12] 가입을 권유하는 등, 중국과의 경제 협력을 급속도로 늘리는 친중(親中) 행보를 보이고 있어 미·일(美·日) 관계의 회복은커녕, 단순한 무역 갈등을 넘어 일본의 외교노선 자체에 대한 미국의 불신을 키워가는 중이었다.

2019년 5월 하순에 도널드 트럼프(Donald John Trump) 대통령(당시)이 일본을 국빈 자격으로 방문했다. 아베 신조(安倍晋三) 총리(당시)는 도널드 트럼프(Donald John Trump) 대통령(당시)에게 스모 경기를 보여주었고 직접 트럼프의 이름이 새겨진 트로피를 제작하여 그가 직접 우승자에게 전달하도록 하는 이벤트를 준비했다. 그리고 아베 신조(安倍晋三) 총리(당시)는 도널드 트럼프(Donald John Trump) 대통령(당시)에게 일본식 선술집인 '로바다야키'로 데려가 식사를 함께 했다. 그런데, 도널드 트럼프(Donald John Trump) 대통령(당시)이 술을 혐오하는 금주가임에도 불구하고 선술집에 데려가는 건 결례가 아니냐는 지적이 있었다. 그리고 일본 해상자위대 전함에 함께 탑승하여 전함 대원들 앞에서 연설을 했다. 이때 '일본해'라는 발언을 했다.

도널드 트럼프(Donald John Trump) 대통령(당시)은 정상회담 도중 본인 트위터에 "미일(美日) 무역 협상에 큰 진전이 이뤄지는 중이다. 일본의 2019년 7월 선거 이후까지 기다릴 것이냐."라는 글을 남겼다. 이는 농산물 수입과 자동차 수출을 뜻하는 걸로 보이니 일본이

---

12) 환태평양 경제 동반자 협정(環太平洋 經濟 同伴者 協定, Trans−Pacific Strategic Economic Partnership, TPP)은 아시아−태평양 지역 경제의 통합을 목표로 공산품, 농업 제품을 포함 모든 품목의 관세를 철폐하고, 정부 조달, 지적 재산권, 노동 규제, 금융, 의료 서비스 등의 모든 비관세 장벽을 철폐하고 자유화하는 협정으로 2005년 6월에 뉴질랜드, 싱가포르, 칠레, 브루나이 4개국 체제로 출범하였다.

도널드 트럼프(Donald John Trump) 대통령(당시)을 상대로 좋은 성적표를 받아들 가능성은 높아보이지 않는다는 점으로 보아, 2019년 7월 선거는 일본 참의원 선거를 뜻하는 것으로, 선거 전에 미국과의 무역 협상에서 일방적으로 밀려버린 결과가 일본 국민들에게 알려질 경우 아베 내각과 자민당이 선거에서 타격을 받을 가능성이 크기에 이에 대해 도널드 트럼프(Donald John Trump) 대통령이 최소한의 배려를 해준 것으로 보였다.

그러나 도널드 트럼프(Donald John Trump) 대통령(당시)은 무역 문제에 대해 일본을 공격하는 발언을 잊지 않았다. 그는 2019년 5월 25일 일본 도착 후 첫 일정으로 일본 기업인들과 만나 일본이 무역 문제에서 그동안 미국보다 유리했다면서 더 공정해져야 한다고 말했고, 27일 공동 기자회견에서도 미국의 무역적자(貿易赤字)가 믿을 수 없을 만큼 크다며 일본을 공개적으로 압박했었다.

그리고 정상회담 전, 북한이 사실상 단거리 미사일로 추정되는 발사체를 두 차례에 걸쳐 발사한 사건에 대하여 아베 신조(安倍晉三) 총리(당시)는 UN 결의안 위반이라는 입장이며 깊은 유감을 표한다고 분명히 밝혔지만 도널드 트럼프(Donald John Trump) 대통령은 "나의 참모들은 (안보리 결의) 위반일 수 있다고 생각하는데 나는 다르게 본다"면서 대북 노선에 관한 온도차를 드러냈다.

2019년 6월 12일, 아베 신조(安倍晉三) 총리(당시)가 미국과 비핵화 재협상 문제로 갈등을 겪고 있는 이란을 방문했다. 일본 관방장관은 중재자 역할을 하러 가는 것은 아니라고 밝혔지만, 이란 종신 최고 지도자인 아야톨라 호메이니(Ayatollah Khomeini) 앞에서 도널드 트럼프(Donald John Trump) 대통령(당시)의 메세지를 대독(代讀)하려 했다는 점을 보면, 문재인(文在寅) 대통령이 미국과 북한의 비핵화 협상에서 맡고 있는 역할을 아베 신조(安倍晉三) 총리(당시)는 미국과 이란과의 비핵화 협상에서 맡으려고 했던 걸로 짐작되었다.

그러나 이란의 최고 지도자 아야톨라 하메네이는 도널드 트럼프(Donald John Trump) 대통령(당시)의 메시지를 다 마저 읽기도 전에 '거짓말 말라'는 말로 단칼에 거절했다고 한다. 그리고 도널드 트럼프(Donald John Trump) 대통령(당시)도 자기 트위터에 "아베 총리가 이란에 가서 하메네이와 만난 건 감사하지만 나 개인적으로는 이란과 합의를 이뤄내기에는 너무 이르다고 생각한다. 이란은 준비가 돼 있지 않았고 우리도 마찬가지이다"라는 글을 올렸었다. 마치 아베 신조(安倍晉三) 총리(당시)가 미국과 이란의 협상 중재에 대해 도널드 트럼프(Donald John Trump) 대통령(당시)과 사전 조율을 하지 않았던 것처럼 말하는 뉘앙스였다.[13]

---

13) 아베 신조 일본 총리가 이란을 가기 전에 도널드 트럼프(Donald John Trump) 대통령과 통화를 했음

설상가상으로, 아베 신조(安倍晋三) 총리(당시)가 이란을 방문한 당일 일본 유조선이 이란 해역에서 공격 받는 사건이 일어났다. 미국은 이 유조선 습격이 이란의 짓이라고 밝혔지만 일본은 아베 신조(安倍晋三) 총리(당시)에 대한 정치적 책임을 의식해서인지 이란의 소행으로 단정짓지 않고 신중한 입장을 드러냈었다. 심지어 미국 측에 이란의 소행이라 생각하는 증거를 보여달라고 요구했었다.

2019년 6월 26일, 도널드 트럼프(Donald John Trump) 대통령(당시)이 미·일(美·日) 안보조약에 대하여 불만을 표시하며 폐기 가능성을 시사했다는 블룸버그 통신의 보도가 있었다. 이 보도에 따르면 도널드 트럼프(Donald John Trump) 대통령(당시)은 미·일(美·日) 안보조약에는 일본이 위험에 처할 경우 미국이 나서서 돕는다는 내용은 있었지만, 미국이 위험에 처하면 일본이 나서서 돕는다는 내용이 정확히 명시되어 있지 않았다는 불만을 드러냈었다고 한다.[14] 사실, 도널드 트럼프(Donald John Trump) 대통령(당시)은 2019년 6월 26일(현지 시간) G20 정상회의를 위한 출발에 앞서 폭스비즈니스네트워크와의 전화 인터뷰에서 "만약 일본이 공격받으면 미국은 모든 걸 걸고 일본을 위해 싸워야 하는데 미국이 공격 받으면 일본은 소니TV로 구경이나 할 것"이라며 미·일(美·日) 안보조약에 직접적으로 불만을 드러냈었다.

2) 한·미(韓·美) 관계

한·미(韓·美) 관계는 1882년 양국 간 수교 조약인 「조·미(朝·美) 우호통상항해조약」[15]

을 미루어 보면 아베 총리가 미국과 이란의 비핵화 협상을 중재하러 간다는 것을 트럼프 대통령이 몰랐을 가능성은 낮아 보인다. 즉, 트럼프 대통령의 이 트위터는 어차피 실패할 줄 알면서도 아베 총리를 이란에 보냈다고 대놓고 말한 것이거나 진지하게 손을 내밀어볼 생각이 있긴 있었지만 이란이 단칼에 거절하자 아베 신조(Abe Shinzo, 安倍晋三, 1954~현재) 총리(당시)가 오지랖을 부리다가 퇴짜를 맞은 것으로 책임을 떠넘기려고 올린 거라고 봐야 할 것 같다.

14) 그러나 블룸버그 통신은 상기 보도에서 '실제 실행될 가능성은 낮다'는 점을 명시했다. 그러나 화들짝 놀란 일본 정부는 이 사실을 부인했다. 또 다른 외신인 로이터통신은 이날 도널드 트럼프(Donald John Trump) 대통령(당시)이 미·일(美·日) 안보조약을 지키겠다는 뜻을 재확인했다는 보도를 내놓았다.

15) 1882년 5월 22일 체결된 조·미 우호통상항해조약은 한·미 관계의 효시로, 동 조약 체결로 한국은 워싱턴에 주미 공사관을 개설하고, 1887년 초대 공사 박정양이 부임하였다. 1891년에 구입한 워싱턴 소재 주미(駐美)공사관은 1905년 을사늑약으로 외교권을 일제에 빼앗기면서 관리권을 빼앗겼다가 1910년 단돈 5불에 일제(日帝)에 강매 당하였으나, 102년만인 2012년 8월에 한국정부가 미국인 건물 소유주로부터 다시 매입했다.

을 체결함으로써 시작되었으나, 1905년 일본이 대한제국(大韓帝國)을 보호국화한 이래 식민지화함으로써 단절되었다가 1945년 광복과 1948년 대한민국 정부수립 등을 기점으로 양국관계가 복원되었다. 1949년 1월 미국은 대한민국(大韓民國) 정부를 승인하였으며, 같은 해 3월 초대 주한 미(美) 대사(John Muccio)를 임명했다. 대한민국 정부는 1949년 3월 주미(駐美) 한국대사관을 개설하고 주미(駐美) 대사(장면)를 임명했다.

(1) 군사동맹(상호방위조약)

한국전쟁 발발(1950. 06. 25) 직후, 미국은 자국 병력의 한국전쟁(1950~1953) 참전을 신속하게 결정하는 동시에, UN 안보리 결의 채택을 주도하여 유엔 회원국 16개국의 파병(통합사령관: 맥아더 장군)을 이끌어 냈다. 유엔군의 대부분을 차지하였던 미군은 22개 참전국 중 가장 많은 180만여 명을 파견해 전사 3만4천 명, 실종 약 3,700명 등 약 13만 명이 피해를 입었다. 이와 같이 한·미동맹은 피(血)로 맺어진 혈맹이다. 물론, 한·미동맹의 공식적인 시작은 1953년 동맹조약을 체결한 이후지만 실제로는 미군이 1950년 한국전쟁(1950~1953)에 참전하면서 시작되었다.

한·미(韓·美) 양국은 정전(1953. 07. 27) 성립 후 같은 해 10월 한·미(韓·美) 상호방위조약을 체결함으로써 한·미(韓·美) 동맹관계를 수립했다.[16) 1945년 해방 후, 이승만(李承晚) 초대 대통령(1948. 07~1960. 04)의 승부수는 한·미동맹(韓·美同盟)이었다. 이것은 한국

---

16) 당시, 6·25 전쟁이 발발 후 3년을 채워가는 상황에서, 북진통일을 주장하던 더글러스 맥아더(Douglas MacArthur) 원수가 경질되고 전쟁이 장기화되면서 미국 본토에서는 '무의미한 전쟁, 질질 끌지 말고 휴전협정 맺고 빨리 끝내자'라는 분위기가 형성되었다. 그러나 이승만(李承晚) 대통령(당시)은 1953년 6월 17일 당시 미국 브릭스 대사와의 회동에서 휴전 후에도 상호방위조약을 맺어야 한다고 주장했다. 당시, 해외에 간섭을 하지 말자는 고립주의(孤立主義) 방향으로 흘러가고 있었던 미국은 이승만(李承晚) 대통령(당시)의 제안을 수용할 수 없었다. 이러한 상황에서 이승만(李承晚) 대통령(당시)은 6월 18일 약 25,000명의 반공 포로를 직권 석방시키면서 반공포로 석방 사건을 일으켰다. 이 조치에 크게 놀란 미국은 이승만(李承晚) 대통령(당시)을 '약속 위반자'라고 비난했고 '이승만을 제거해야 한다'는 건의안이 나오기도 했었다. 이승만(李承晚) 대통령(당시)은 상호방위조약 체결에 대한 약속을 해주지 않으면 휴전협상 주체의 의지와는 관계없이 단독으로라도 북진(北進)을 하겠다고 선언했으며 미국은 조약을 맺는 조건으로 휴전에 응할 것을 제시하여 1953년 7월 휴전협상이 체결되었다. 그 후 같은 해 8월 3일 미국과 협상을 시작하여 8월 8일 최종안이 서울에서 가(假)조인되었다. 이승만(李承晚) 대통령(당시)은 여기에 크게 기뻐하며 "이 조약으로 우리 후손들은 많은 혜택을 볼 것이다"라고 발표했다. 1953년 10월 1일, 미국 워싱턴에서 변영태 외무부 장관과 존 포스터 델레스 미국 국무부 장관이 조인하였으나, 이후 삽입조항에 대한 양국의 의견의 차이가 커서 시간을 끌다가 1년 후인 1954년 11월 18일에 정식으로 발효되었다.

의 국제연대와 국가번영의 한 초석이었다. 한·미동맹(韓·美同盟)은 '1동맹·4우호' 즉 한·미(韓·美) 상호방위조약과 한·중, 한·일, 한·러, 남·북 우호관계로 구체화된다. 즉, 한·일(1965), 한·러(1990), 한·중(1992)관계를 거치며 한국외교의 지평은 부채살처럼 세계로 펼쳐졌다. 즉, 한·미동맹(韓·美同盟)은 번영과 외교의 비약적 동행이었다.

미국은 한국전쟁에 180억 불의 전비(戰費)를 지출하고 각종 경제·군사 원조를 제공했다. 참고로, 미국과 여러 국가의 동맹관계는 다양한 형태로 나뉘는데, 미국이 소속국으로서 다른 회원국의 전쟁에 자동으로 참전하는 조약기구 형태인 북대서양조약기구(NATO)와 '주요 비(非) 나토 동맹국(Major Non-NATO Ally)'로 나뉜다. 이 중 미국과 상호방위조약(相互防衛條約)을 맺은 국가는 대한민국, 일본, 필리핀, 호주, 뉴질랜드이다.

한·미(韓·美) 상호방위조약(相互防衛條約, 1953. 10. 01, 워싱턴)은 본문 6조와 부속서로 구성되며, 주요 내용은 다음과 같다:

제1조 당사국은 관련될지도 모르는 어떠한 국제적 분쟁이라도 국제적평화와 안전과 정의를 위태롭게 하지 않는 방법으로 평화적 수단에 의하여 해결하고 또한 국제관계에 있어서 국제연합의 목적이나 당사국이 국제연합에 대하여 부담한 의무에 배치되는 방법으로 무력으로 위협하거나 무력을 행사함을 삼갈 것을 약속한다.

제2조 당사국 중 어느 1국의 정치적 독립 또는 안전이 외부로부터의 무력 공격에 의하여 위협을 받고 있다고 어느 당사국이든지 인정할 때에는 언제든지 당사국은 서로 협의한다. 당사국은 단독적으로나 공동으로나 자조(自助)와 상호 원조에 의하여 무력 공격을 저지하기 위한 적절한 수단을 지속 강화시킬 것이며 본 조약을 이행하고 그 목적을 추진할 적절한 조치를 협의와 합의하에 취할 것이다.

제3조 각 당사국은 타 당사국의 행정 지배하에 있는 영토와 각 당사국이 타 당사국의 행정 지배하에 합법적으로 들어갔다고 인정하는 금후의 영토에 있어서 타 당사국에 대한 태평양 지역에 있어서의 무력 공격을 자국의 평화와 안전을 위태롭게 하는 것이라 인정하고 공통한 위험에 대처하기 위하여 각자의 헌법상의 수속에 따라 행동할 것을 선언한다.

제4조 상호적 합의에 의하여 미합중국의 육군, 해군과 공군을 대한민국의 영토 내와 그 부근에 배치하는 권리를 대한민국은 이를 허용(許與)하고 미합중국은 이를 수락한다.

제5조 본 조약은 대한민국과 미합중국에 의하여 각자의 헌법상의 수속에 따라 비준

되어야 하며 그 비준서가 양국에 의하여 워싱턴에서 교환되었을 때 효력을 발생한다.

제6조 본 조약은 무기한으로 유효하다. 어느 당사국이든지 타 당사국에 통고한 후 1년 후에 본 조약을 종지(終止)시킬 수 있다.

여기서 제기될 수 있는 문제 의식은 한·미동맹(韓·美同盟)이 미·일동맹(美日同盟)에 종속되었는지의 여부이다. 저자의 답변은 다음과 같다: 미·일(美·日) 안전보장조약 안에 한·미(韓·美) 상호방위조약(相互防衛條約)이 들어가 있는 것은 사실이고, 미국의 핵심안보동맹에 일본이 우선적인 것도 사실이다. 즉, 미국 국익의 측면에서 보면 한·미동맹(韓·美同盟)은 미·일동맹(美日同盟)에 종속되어 있는 것은 사실이다.

다시 말하면, 미국이 '애치슨 라인'처럼 한국을 포기한 후 미·일동맹(美日同盟)을 고수하는 것은 가능한 반면에 미국이 일본을 버리고 한·미동맹(韓·美同盟)을 사수하는 것은 불가능하다. 즉, 미국의 입장에서 보면, 일본은 반드시 지켜야 하는 '사활적 동맹'으로 분류되는 반면에 한국의 안전보장은 그러한 일본의 안전보장에 직결된다. 그 이유는 일본이 한국보다 큰 국가 경제력을 가지고 있으며, 지정학적으로 일본은 하와이, 괌과 함께 미국의 태평양 패권을 지키기 위한 핵심 안보지역이기 때문이다. 따라서 미국이 한국을 월남처럼 손절하고 발 빼는 것은 일본이 위협받기 때문에 거의 불가능하다. 한편, 일본의 입장에서 보면, 한·미(韓·美) 상호방위조약(相互防衛條約)은 일본의 안보 구상의 핵심적 요소이다. 따라서 한·미(韓·美) 상호방위조약(相互防衛條約)은 일본도 적극 찬성하고 지지하는 것이다.

그러나, 미·일(美·日) 안보조약의 경우 일본이 미국의 일방적인 보호를 받는 반대급부로 일본에는 국방군이 없는 반면에 한·미(韓·美) 상호방위조약의 경우 한국이 제대로 된 국방군을 가지고 있기 때문에, 동맹의 계약상 한·미(韓·美) 상호방위조약이 미·일(美·日) 안전보장조약보다 우월하다.

다른 한편으로, 상기 2개 동맹조약의 규정을 비교해보면, 미·일(美·日) 안보조약에서 "미일(美日) 양국이 외침에 공동으로 대처한다"는 조항은 한국이 일본을 침략했을 때 적용될 수 있는 반면에, 한·미(韓·美) 상호방위조약에는 적국의 침략에 서로 공조해서 대응하는 내용과, 주한미군(駐韓美軍)을 배치하는 내용만 있을 뿐, 적국에서 미국의 동맹국가를 열외시킨다는 내용은 없다. 즉, 일본이 한국을 침략(미·일동맹 위반에 해당)하면 미국은 미·일(美·日)동맹에 따라 일본 편에 서는 것이 아니라, 한·미(韓·美)동맹에 따라 한국 편에 서는 반면에, 한국이 일본을 침략(한·미동맹 위반에 해당)하면 미국은 한·미동맹(韓·美

同盟)에 따라 한국 편에 서는 것이 아니라, 미·일동맹(美日同盟)에 따라 일본 편에 선다는 것이다.

참고로, 주한미군(駐韓美軍)의 경제적 가치를 추정해 보면 다음과 같다[17]: 우선, 주한미군(駐韓美軍)의 주요 장비 및 물자의 추정가치는 약 140억~259억 달러(약 16~31조 원)으로 평가된다(2002. 09. 30, 국방부 및 통일부의 국감 자료). 계산상으로는, 한국은 매년 전력투자비(약 30억 달러)의 절반(약 15억 달러)을 약 9~17년 동안 지출해야만 주한미군(駐韓美軍) 장비 및 물자를 대체할 수 있다. 또한, 주한 미군의 장비 및 물자를 대체하기 위해서는 13년이 소요된다.

「국방연구원」의 추산에 따르면, 주한미군(駐韓美軍) 감축에 따른 전력보충을 위해서는 향후 총 209조 원이 투입되어야 한다. 주한미군 2사단이 보유한 최첨단장비는 한국 기계화 사단 3개와 대등한 화력을 보유하고 있다. 그러나 현재 한국 최전방사단인 7사단의 주력전차인 M48A3K는 보유연한 25년을 2년이나 넘긴 구식전차이며, 105mm 무반동총이나 60mm, 81mm 박격포는 한국전쟁 때 도입한 장비이다. 그럼에도 불구하고, 주한미군(駐韓美軍)의 덕분으로, 한국의 국방비는 GDP 대비 2.7%이다. 이 수준은 이스라엘의 9.5%, 대만의 3.7%, 전 세계 평균의 3.5%에도 못 미친다.

국방부가 발표한 「국방개혁안 2020」에 따르면 총 621조 원의 국방비 중 국방개혁 관련 비용은 67조 원으로 추산된다. 한걸음 더 나아가, 자주국방 능력을 위해서는 향후 20년간 209조 원의 전력증강사업비가 필요하다. 예를 들어, 정찰위성과 공중조기경보통제기 등 전략적 억제전력과 신속대응전력에만 150조 원 필요하다.

1960년대 들어 한국정부는 1953~1961년 간 미국이 제공한 약 157억 불 상당의 경제원조(유·무상)를 토대로 경제개발 5개년 계획을 수립·집행했다. 미국의 굳건한 안보 공약은 한반도의 안정을 유지시켜 한국의 경제발전을 위한 토대를 제공하였으며, 한국의 근대화 노력과 함께 한·미(韓·美) 양자 경제관계는 점차 심화·발전했다. 다시 말하면, 한국은 냉전체제하에서 미국이 제공하였던 안보·자본·시장의 기회를 경제발전의 자산으로 적극 활용하였다. 특히 경제개발 초기단계부터 미국이 제공해온 '안보 우산'은 한반도에 60여 년 동안 평화상태를 유지하는 데 기여했다. 이러한 평화 기조하에서 한국은 지속적 경제 성장을 구가힐 수 있있다.

또한, 미국은 한국의 방위를 위한 군사적 분야뿐만 아니라 정치·경제·과학기술·교육 등 모든 분야에서 한국에게 큰 힘이 되어 주었다. 한·미(韓·美)연합방위 체제를 통한 연합

17) 임양택, "주한미군 감축의 경제파장," 서울경제신문, 2004. 06. 17.

연습과 훈련, 군사장비의 지원 등을 통해 한국군이 현대화된 군으로 발전하는 것을 지원하였다. 방산기술을 지원하여 한국의 군수산업이 성장할 수 있도록 도와주었다. 한국의 젊은이들이 미국을 통해 선진기술과 문명을 접하고 배울 수 있는 통로를 마련해 주었다. 이러한 미국과의 협력 속에서, 한국의 민주주의와 시장경제체제는 성장하고 정착할 수 있었다. 한국은 세계 역사 속에서 유례를 찾아볼 수 없는 '한강의 기적'을 만들어 낼 수 있었다.

2009년 6월 워싱턴 개최 한·미(韓·美) 정상회담은 '동맹미래비전(Joint Vision for the Alliance of the Republic of Korea and the United States of America)'을 채택했다. 이에 따라 한·미(韓·美) 양국은 기존 안보차원의 협력을 넘어 정치, 경제, 사회, 문화 분야 등으로 협력의 범위를 확대, 심화시켜 나가는 한편, 지역 및 범세계적 차원의 평화와 번영에도 기여할 수 있도록 양국관계의 발전을 추진 중이다. 한국은 소말리아 해역에 청해부대를 파견하여 미국 주도의 '대(對) 해적작전'에 참여하고 있다. 이라크와 아프간에 자이툰 부대와 동의부대를 파견하였다. 한국은 세계평화를 위해 미국과 협력하였다.

미국은 한미(韓·美) 군사동맹의 재편성을 추진하였다. 한·미(韓·美) 공동선언(2005. 11. 17)에서 양국은 한국의 '대량살상무기확산방지 구상'(PSI)에의 부분 참여, 주한미군기지의 이전 및 축소(2002년)와 주한미군의 감축(2004년), 미국의 '전시작전통제권'의 대(對)한국으로의 전환(2012. 04. 17)에 각각 합의하였으며, 현재 한국의 방위비 분담에 관한 논의가 진행되고 있다. 물론, 한·미동맹(韓·美同盟)에는 이익뿐만 아니라 한국이 치러야 하는 비용도 있다. 그러나 한·미동맹(韓·美同盟)의 비용 즉 방위비 분담은 한국이 얻을 수 있었던 이익과는 비교할 수가 없다. 2019년 방위비는 1조389억 원이었다. 도널드 트럼프(Donald John Trump) 대통령(당시)이 기존의 5배로 인상해야 한다고 주장하면서 교착상태에 빠졌다. 위대한 미국의 제45대 대통령 도널드 트럼프(Donald John Trump, 1946~2021)는 기업인 출신답게 주한미군(駐韓美軍)도 단지 '돈 문제'로 보는 인물인 것 같다.

제1차 북·미(北·美) 회담에서 도널드 트럼프(Donald John Trump) 대통령(당시)은 참모들과 아무런 협의도 없이 '한·미 연합훈련 중단'을 김정은 국무위원장에게 안겼었다. 북한뿐 아니라 동아시아에서 미국 영향력을 줄이려는 중국도 원하던 뜻밖의 선물이었다. 미국 국내 정치에서 궁지에 몰고 있었던 도널드 트럼프(Donald John Trump) 대통령(당시)이 북핵과 대중 무역 협상에서 '성과'를 얻는 데 급급한 나머지 한국 안보를 재앙에 빠뜨릴 엉뚱한 착상이었다.

캐나다의 한 정치인은 "트럼프 입이 대량 살상 무기"라고 했다. 이런 사람이 세계 유일 초강대국 대통령이었다.[18] 어린아이가 개구리를 향해 마구 돌을 던진다. 아이는 장난이지만 개구리는 죽는다. 자유세계를 위해 피를 흘린 미국은 존경을 받았다. 그 '존경'이야말로 미국의 힘이었다. 지금 미국의 '가치'는 존경은커녕 쓰레기통에서 뒹굴고 있다(조선일보, 2019. 08. 13).

이젠, 제46대 미국 대통령 조 바이든(Joe Biden) 행정부(2021~현재)의 토니 블링컨 미(美) 국무장관과 로이드 오스틴 미(美) 국방장관이 서울과 도쿄를 각각 방문해 '2＋2(외교＋국방) 장관회의'를 열었다. 한·미(韓·美) 2＋2 회의는 그동안 논쟁의 대상이었던 방위비 분담금특별협정(SMA) 협상, 북한·중국, 한·일 관계, '쿼드'(Quad, 미국·일본·인도·호주 4개국 안보협력체)와 다른 지역협의체의 역할, 기후변화부터 사이버 보안에 이르는 당면과제들에 관하여 논의했다. 이어서 2021년 5월 22일 조 바이든(Joe Biden) 대통령과 문재인(文在寅) 대통령의 정상회담이 백악관에서 개최되어 한·미(韓·美) 동맹관계가 재확인 및 결속되었다.

(2) 경제적 관계

1970년대 들어 한·미(韓·美) 경제관계는 연간 교역량이 70억 불(1978년 기준)에 달하는 등, 기존의 수원국－공여국 관계를 넘어 호혜적 경제 파트너 관계로 발전했다. 한편, 동 기간 주한미군 규모는 데탕트 등 국내외 안보환경의 변화에 따라 61,000명 수준에서 41,000명 수준으로 감축되었으나, 양국 간 연합방위체계는 1978년 한·미(韓·美) 연합군사령부 창설과 함께 한층 더 공고화됐다.

1980년대 들어 한국은 우호적인 국제경제 환경 속에서 경제성장을 지속했다. 아울러, 동 기간 중 대미 수출이 급증함에 따라, 미국의 시장 개방 요구가 점차 거세지는 등 한·미(韓·美) 무역 마찰도 발생하기 시작했다. 한편, 1981년 출범한 미국 레이건 행정부가 소련에 대한 전략적 우위를 확보하기 위해 우방국과의 군사력 결속을 강화해 나감에 따라 한·미(韓·美) 안보협력은 더욱 강화되었으며, 양국은 한국의 국력신장에 걸맞게 한국의 안보역할을 점차 확대해 나가기로 합의했다.

1990년대 들어 한국 내 민주화(民主化)가 정착되고 1996년 경제협력개발기구(OECD)에 가입하는 등 한국의 국제적 위상이 크게 제고되었다. 이러한 한국의 역동적 발전에 따라

---

18) 제임스 매티스 전(前) 국방장관은 2019년 12월 07일 레이건 재단 주최 국방포럼에서 "나는 (재임 중) 동맹을 공개 모욕하는 것이 싫었다. 국제적 문제에 우리 편에 선 동맹을 모욕하는 것은 삼가야 한다"고 했다. 방위비 분담금(SMA) 대폭 증액을 압박하려고 거친 발언을 일삼는 트럼프 대통령을 에둘러 비판한 것이다.

한·미(韓·美) 관계는 자유민주주의와 시장경제라는 핵심적 가치를 공유하는 보다 성숙한 동맹 관계로 발전했다. 이와 함께 탈냉전 및 북한 핵문제 대두라는 안보환경의 변화와 한국의 제고된 위상을 반영하여 한·미(韓·美) 양국 간 안보협력 강화를 위한 조치들이 이루어졌다.

2007년 한·미(韓·美)는 자유무역협정(FTA)을 체결하고 양국 간 교역과 투자를 획기적으로 증대시켰다. 이명박 대통령과 오바마 대통령은 정상회담에서 "한·미동맹이 한국에게는 '안보의 제1의 축'이며 미국에게는 '태평양 지역 안보를 위한 초석'임을 재확인하고 앞으로 평화와 번영을 위한 '태평양 파트너십'을 더욱 공고히 해나가기로 했다"고 밝혔다. 두 정상은 "한·미동맹을 테러리즘, 대량살상무기 확산, 경제위기 등 국제사회가 당면한 도전에 적극 대처하고 협력하는 다원적 전략동맹으로 발전시켜 나가기로 했다"고 덧붙였다.

3) 중국과 남·북한의 관계

1949년 10월 1일, 중국 공산당은 '중화인민공화국'의 건국을 선포하였다. 중화인민공화국(향후 '중국'으로 약칭)은 조선민주주의인민공화국(향후 '북한'으로 약칭)을 승인하였고 대한민국(향후 '한국'으로 약칭)은 타이완의 중화민국(향후 '대만'으로 약칭)과 수교 상태를 유지하였다. 중국은 1950년 10월 국제연합군에 대항하여 한국전쟁에 중국인민지원군을 파견하였다. 이들은 38도 주변 지역의 북쪽에서는 국제연합군을 몰아내는 데에는 성공했으나, 그 이남 지역에서의 공세는 힘을 발휘하지 못했다. 중국인민지원군은 1953년 휴전 이후에도 북한에서 잔존하다가 1958년에 완전히 철수하였다. 이는 냉전 시대에 공산주의 국가인 중국과 자본주의 국가인 한국이 적대적 관계가 되는 원인이 되었으며, 한국으로서는 한국의 독점적 통치권을 침해하는 북한을 승인하는 중국과 수교할 수가 없었고, 또한 중국으로서도 적국인 대만과 긴밀한 관계에 있는 한국과 수교할 수가 없었다. 이후 중국은 북한과, 한국은 대만과 각각 긴밀한 관계를 맺게 되었다.

우선, 북한과 중국은 건국과정부터 긴밀한 협력관계를 유지하고 있었고, 한국전쟁(1950~1953) 시기에 미국을 위시한 유엔군을 상대로 전쟁을 함께 치른 혈맹이었으며, 한국전쟁(1950~1953)이 끝난 이후 한반도는 여전히 북한, 중국 VS 남한, 미국으로 대립구도가 형성되어 양국은 굳건한 관계를 유지해 나갔다. 1961년~1970년까지 양국 간의 최고지도부 간 활발한 접촉과 교류도 진행되었다.

한편, 1992년 한국과 중국이 외교관계를 수립하고, 김일성(金日成)이 사망하면서 북한과 중국의 관계는 급속히 냉각이 되었다. 물론, 2000년 5월과 2001년 1월 김정일 위원장의 방중(訪中)으로 관계가 풀리기도 했었지만, 그 후 북·중 간 갈등이 나타나기도 했다.

중국은 2002년 중국의 핵(核)문제가 거론되자, 소극적인 자세에서 탈피 적극적인 역할을 수행하고 있다. 최근 상황을 보자면, 권력이 이양된 김정은 체제하에서의 핵(核)위협 등 중국은 비교적 냉정한 목소리를 내면서 북한을 압박하고 있는 것 같다.

(1) 한·중(韓·中) 관계

① 역사적 관계19)

고대사를 보면, 한·중(韓·中) 양국의 교통은 한반도와 산동반도가 황해를 서로 사이에 두고 있어 육로보다 해상교통이 더욱 발달했었다. 그 증거로 한반도 남부에서 볼 수 있는 고인돌과 같은 양식의 유적을 산동반도 가장 동쪽 끝에서 발견할 수 있다. 기원전 11세기에 중국 상조(商朝)의 기자(箕子)가 상조(商朝)가 멸망하자 유민 5천여 명을 데리고 한반도로 도망해 기자조선(箕子朝鮮)을 세웠다고 한다. 기원전 195년 한조(漢朝)의 위만(衛滿)이 천여 명을 이끌고 대동강을 건너 기자조선(箕子朝鮮)과 이웃 민족들을 정복하고 한반도 북부에 위만조선(衛滿朝鮮)을 건설하였고, 기원전 108년에는 한무제(漢武帝)는 위만조선(衛滿朝鮮)을 타도하고 그 대신에 한사군(漢四郡)을 설치하였다. 한조(漢朝) 말기 위·촉·오 삼국시대 이후 우후죽순과 같이 북방민족들이 창궐하자 많은 중국인들은 중국의 문물과 함께 한반도로 이주해 왔다. 평화 시에는 중국 문물이 한반도 내 중국인들이 사는 곳으로 대륙과 해상을 통해 수입되었다.

기원전 1세기 중엽 신라, 고구려, 백제가 연달아 건국되면서 더욱 중국과의 교류가 빈번해졌다. 고구려와 중국대륙은 서로 연결되어 있어 고구려인과 중국인의 교류는 계속되었으며, 각 방면에서 서로 영향을 주었다. 특히 통치계급 간의 빈번한 문화적 접촉으로 인하여 한반도에서도 한자(漢字)를 사용하게 되었고 중국 문화(유교 문화와 불교 문화 등)를 받아들이게 되었다. 8세기 중엽에 신라(新羅)는 당(唐)의 학술과 제도뿐만 아니라 천문, 역법, 의학, 그리고 차 마시는 습관까지를 받아들였고, 958년 고려 광종 때 과거제도가 들어와 유교의 통치이념으로 정착이 되었다.

---

19) 임계순(1994), '한·중·일 3국의 역사적 관계와 그 미래', 「포럼 21」 1994년 겨울·1995년 봄 통합권, 통권 12호, 서울: 한백연구재단. 이 논문은 1994년 11월 6일 한백연구재단과 일본의 電通總研, 중국사회과학원 미래 연구회가 함께 주최한 "아시아 포럼 2005" 준비회의에서 발표된 바 있다.

그러나 역사를 통해 한·중(韓·中) 문화교류를 살펴보면 항상 중국인만이 한반도에 이주했던 것도 아니며, 한국이 항상 중국의 문화만 받아들였던 것은 아니다. 당시에는 교통이 발달되어 더욱 왕래가 빈번해져 고구려인과 신라인들이 중국에 가장 많았던 시대였다. 645년 당태종(唐太宗)이 요동으로부터 퇴병할 때 많은 고구려인들이 중국으로 이주하였으며, 많은 고구려인 포로들이 평민이 되었다. 이어서 669년 당고종(唐高宗)이 고구려를 공격한 후 고구려인 3만8,200여 명을 회수(淮水)와 양자강(揚子江) 사이의 山南 京西 등지로 이주시켰다.

신라(新羅)와 당(唐)의 연합으로 삼국을 통일한 후에는 더욱 신라(新羅)와 당(唐)과의 해안교통이 활발해지면서 인적교류가 빈번해져 양주(揚州) 초주(楚州) 사주(泗州) 밀주(密州) 등주(登州) 등지에 신라인들이 거주했으며, 이들이 집단을 이뤄 거주하는 곳을 신라방(新羅坊)이라 하였고 이들이 경영하는 여관은 '신라관'이라 했으며 각지에는 번역사업을 전담하는 신라소가 있었다 한다. 일부 신라인들은 당(唐)의 과거시험에 합격해 관료가 되기도 하였는데 이는 신라인 중 중국인들과 함께 과거시험을 보고 진사에 합격할 정도의 수준으로 중국 학술을 이해하였던 지식층이 있었다는 것이다.

중국대륙에서는 당(唐)이 멸망하고 송(宋, 960~1279)이 건립되면서 북방민족이 창궐했고, 한반도에서는 신라(新羅)가 멸망하고 고려(高麗, 936~1392)가 건국되었다. 고려(高麗)는 부지런히 송(宋)으로부터 문화를 받아들여 가공해 각종 화문 채색의 綾·羅·綿·繡를 제작해 중국에 수출하였고 특히 11세기 여진은 고려 직포공인을 초청해 직포를 배워 그들의 의복문제를 해결하였던 것이다. 고려 동기(銅器) 역시 그 기술이 정교하고 뛰어나 중국인들에게 인기였으며, 특히 여진족(女眞族)에게는 철기(鐵器) 주조 방법을 가르쳐 주어 여진족(女眞族)의 철기(鐵器) 생산을 도와주었다. 칠기(漆器)에 있어서도 신라(新羅)의 황칠(黃漆)은 중국의 칠(漆)보다 쉽게 마르고 광택이 아름다워 중국인들이 중국 칠기(漆器)보다 신라 황칠기(黃漆器)를 더 좋아하였다. 또한 고려화문석, 고려청자, 접부채가 중국에서 즐겨 사용되었다. 북경 역사박물관에 가면 우리가 중국 사신들에게 예물로 주었던 접부채를 볼 수 있다.

의술(醫術)에 있어서도 고려(高麗)는 송조(宋朝)로부터 의술을 배웠지만 약재를 수집하고 재배하는 데에 주력해 오히려 인삼, 石茸, 白咐子와 같은 약재를 중국으로 수출하였으며 약재를 사용한 '腦原茶'라는 고려 차를 중국인들이 애용하였다고 한다. 또한 고려인들이 여진(女眞)에 의술(醫術)을 소개했다. 고려에서 출판된 많은 서적들도 중국에 수출되었다. 예를 들면 고려승 의천(義天)이 저술한 <圓宗文類>와 김부식(金富軾)이 저술한 <삼

국사기＞(三國史記) 등이다. 송조(宋朝)뿐만 아니라 북방의 거란(契丹)도 ＜春秋釋例＞ 같은 서적을 고려로부터 수입하였다.

원(元) 시대(1260~1370)에서, 고려가 원(元)의 지배를 받게 되어 수많은 조공녀, 환관 등이 원으로 끌려가게 되었고 자연히 고려의 음식과 복식 등의 문화가 중국에 전해지기도 하였다.

한편, 20세기 한·중(韓·中) 관계는 1989년 말이 되면서 자유롭게 상호 방문을 허락하여 학술, 언론, 특히 이산가족 교류가 가능해졌다. 1992년 8월부터 한국은 하나의 중국 원칙에 따라 대만과 단교하고 중국과 수교하고 있다. 중국은 한국에 있어서 제1의 수출·수입국이다. 모두 2,548,030명(재외국민 349,406명, 시민권자 2,198,624명)의 한민족들이 중국에 거주(2017. 11, 기준)하고 있다. 이들 한민족들, 특히 중국 지린성 연변 조선족 자치주의 한민족(조선족)은 한국에 들어와 일을 하거나 결혼하는 등 현재에도 활발히 교류하고 있다.

한편, 1980년 1월 "4개 현대화의 성공적인 추진을 국내문제와 국제문제를 해결하는 데 있어서 가장 중요한 조건"이라는 덩샤오핑(登小平, Dengxiaoping, 1904~1997)의 연설은 주변정세의 안정과 경제발전이 국가의 최대목표로 설정되었음을 의미한다. 특히 한반도에 있어서 분쟁 발발 억제에는 현상유지가 필수적이며 한국의 급속한 경제성장 모델에 상당한 관심을 갖는 중국의 지도자들이 많았다. 새로운 경제파트너로서 한국과의 교역은 기존의 대(對)한국 인식을 변화시키게 만들었다. 이러한 서방과의 적극적인 중국의 개방외교는 한국과의 제3국을 통한 교역을 1980년 말에는 1,900만 달러에 이르게 했다. 1980년 1월 중국 외교부장 황화는 "관문불상쇄(關門不上鎖)"(문은 잠겨 있으나 빗장은 걸지 않았다)라는 말로 대한민국과의 교류 확대 의사가 있음을 사실상 부인하지 않았다.

한·중(韓·中) 양국이 1983년 5월의 중국 민항기 불시착 사건을 해결하고 나서, 서로 외교 관계가 없던 양국이 1983년 8월, 중국 민항기(현 중국국제항공)가 한국의 비행정보구역을 통과할 수 있도록 합의가 이루어졌다. 또한 이 사건은 체육·문화·관광 등의 비정치적인 영역에서 양국이 교류를 시작한 계기가 되었다. 한·중(韓·中) 양국은 상호 보완적인 경제적 필요성과 지리적 접근성으로 인하여 활발한 교역을 하기 시작하였다.

중국은 소련과 비교하여, 북한과 정치적으로 더 가까웠기 때문에, 한·중(韓·中) 양국 간의 무역량 증대에도 불구하고, 한·중(韓·中) 양국의 정치관계의 향상은 더디었다. 중국은 북한과 미국과 일본과의 관계 중재와 한국, 북한, 미국 3자 간의 대화를 시작하도록 노력하였다. 한국과 중국 간의 민간 계약은 더욱 활발해졌다. 한·중(韓·中) 양국은 1980년대 말이 되면 자유롭게 상호 방문을 허락하여 학술, 언론, 특히 이산가족 교류가 가능해졌다. 200만 명에 가까운 한민족들, 특히 중국 지린성 옌볜 조선족 자치주의 한민족들(조선족)은 대한민국과 활발히 교류하고 있다.

1989년 12월 냉전(冷戰) 종식이 선언되고, 1989년 5월에 소련의 미하일 고르바초프 (Mikhail Sergeevich Gorbachev) 서기장(재임: 1990. 03~1991. 12) 대통령(당시)이 중국을 방문하여 중·소(中·蘇)관계가 정상화된 것은 한·중(韓·中) 수교의 중요한 계기라고 할 수 있다. 그리고 노태우 정부의 한·소(韓·蘇) 수교의 성공이 중화인민공화국에게도 영향을 미쳐 한·중(韓·中) 수교를 앞당겼다고 할 수 있다. 1992년 8월 24일에 대한민국은 중화인민공화국과 수교하였다.

한·중(韓·中) 관계에서는 탈북자 문제도 갈등요소로 남아있다. 중국은 그동안 탈북자들이 중국에 들어올 때마다 강제로 북송하는 정책을 취하고 있다. 2012년 2월에는 탈북자가 대거 중국에 잡혀 있다가 강제로 북송되는 사건도 벌어졌다. 중국은 한국과 북한을 별개의 국가로 인식하고 수교하고 있기 때문에, 북한 측의 요청인 탈북자 북송을 시행하는 중이다.

한국과 중국 사이의 마찰 사항으로는, 중국은 국제 연합의 대북 제재에 반대하고 있으며, 동북공정을 추진하면서 고대사를 왜곡하는 정책을 펼치고, 이어도 주변 해역을 자국의 배타적 경제수역(EEZ)으로 주장하여 한·중(韓·中) 간 외교 갈등을 일으키고 있다.

이와 반면에 중국은 북한의 핵(核)개발이나 여러 행보에 반대 의사나 압박을 주는 중이며, 한국을 중요 경제 파트너로 인식하여 교류를 크게 늘리는 중이고, 근·현대사에서 일본 제국으로 인해 피해를 겪었다는 점에서 일본의 우경화 외교에 한국과 공조, 협력하여 압박을 가하는 중이다. 중국은 731 부대 생체실험 사건을, 한국은 위안부 문제를 수면 위로 올리는 중이며, 한국이 중국 하얼빈에 안중근 의사 기념비를 만들어달라는 요청에 중국은 기념비가 아니라 기념관을 만드는 것으로 응대하여 일본을 압박하고 있다. 중국의 국가주석 시진핑(習近平, Xí Jinpíng, 1953~현재) 집권 이후로 한국과 중국 사이는 더 가까워짐에 따라 미국과 일본, 북한은 매우 긴장하고 있다.

2013년 6월 한국의 박근혜 대통령(2013. 02~2017. 03)이 중국 베이징 시를 방문하여 중국의 국가주석 시진핑(習近平, Xí Jinpíng)과 정상회담을 가지며 친중(親中) 기조의 정책을 펼쳤다. 또한 2015년 9월에는 박근혜 대통령(2013. 02~2017. 03)이 베이징에서 열린 중국 전승절 행사의 열병식에 참석하였는데[20], 이 행사에는 서방 국가들 중에서 세 나라: 대한

---

20) 당시 박근혜 대통령(2013. 02~2017. 03)이 과연 직접 중화인민공화국의 전승절에 참석하는 것이 실리가 있는가에 대한 논란이 있었다. 박근혜 대통령(당시)을 옹호하는 측에서는 일단 대한민국이 대한민국 임시정부 시절부터 중국 대륙과 긴밀한 관계를 맺어왔으며, 중화인민공화국과 관계를 개선하여 나쁠 이유가 없다고 주장하였다. 다만 반대하는 측에서는 기본적으로 한·미 동맹을 맺고 있는 한국이 미국의

민국, 체코, 폴란드의 정상들만이 참여하였기 때문에 한국의 박근혜 대통령(당시)의 모습이 더욱 눈에 띄었다. 참고로 호주, 프랑스, 포르투갈, 이탈리아, 네덜란드, 뉴질랜드, 영국 등 13개국은 장관급 인사를 파견했다. 캐나다, 독일, 룩셈부르크, 미국, 유럽연합(EU) 등은 주(駐)중국 대사를 정부 대표로 행사에 참가토록 했다.

② 정치·군사적 관계

한국과 중국의 정치·군사적 관계는 2010년을 기점으로 크게 삐걱대고 있다. 2010년 천안함 폭침사건과 연평도 포격사태 때 중국이 급속히 확대돼 온 한·중(韓·中) 상호 의존 관계는 아랑곳하지 않고 핵개발과 군사 도발로 동북아 안정을 위협하는 북한만 감싸고 돌면서 중국의 한반도 정책의 진정한 의도가 무엇이냐는 의문이 제기됐다.

한·중(韓·中) 관계는 미·중(美·中) 관계, 남북(南北) 관계 등 여러 국제관계를 반영하는 동시에, 그러한 국제관계들에 영향을 준다. 미국이 아시아로의 귀환을 선언하고 중국과 국경을 맞댄 나라, 중국과 분쟁을 겪고 있는 나라들과 양자 관계를 강화해 나가자 중국은 이런 미국의 움직임을 중국에 대한 견제로 보고 있다. 따라서 중국은 한·미 동맹 및 한·미·일 협력 체제의 강화 움직임에 대해 경계심을 갖는다.

한·중(韓·中) 관계의 가장 큰 과제는 두 나라 사이의 밀접해진 상호 의존 관계와 완전히 따로 움직이는 정치·군사적 갈등을 어떻게 조절해 갈 것이냐는 문제다. 그동안 한국은 한·중(韓·中) 관계를 남·북 관계를 개척하는 지렛대로 활용하려 했지만, 북한의 군사적 도발이 있을 때마다 한·중(韓·中) 관계가 꼬이는 정반대 현상이 반복돼 왔다.

또한, 한·중(韓·中) 관계는 2016년에 일어난 한국의 사드(THAAD) 배치 논란으로 급격히 악화되었다. 2016년 1월 6일에 북한은 제4차 핵실험을 벌이며 한반도의 안전을 크게 위협하였고, 이로 인하여 한국은 국가의 안보를 위하여 주한미군을 통하여 사드(THAAD)를 경상북도 성주군에 배치, 북한 측의 위협에 효과적으로 대응하려 하였으나, 중국 측에서는 사드(THAAD)가 중국의 국익을 해치고 동북아의 균형을 깬다고 주장하며 크게 반발하였다. 다만 중국이 이미 한국 전역을 감시할 수 있는 초대형 레이더를 설치, 운용하고 있었으며, 한국 전역을 이미 속속들이 들여다보고 있었다는 사실이 드러나며 한국 내에서는 당연히 이에 대한 반발이 커졌다. 또한, 한국이 중국에게 함께 대북제재에 참여해 줄

가상 적국인 중화인민공화국의 전승절에 국가 최고원수를 직접 보내는 것이 국제 정서에 부합할 지에 대하여 의문을 가지고 있었으며, 박근혜 대통령(당시)이 열병식에 다녀온 이후에도 중화인민공화국이 여전히 남북갈등 문제에서 조선민주주의인민공화국을 지원하고 별다른 대한 행보변화가 이루어지지 않는 것 등에 대하여 과연 방문의 실효성이 있었는가에 대해 의심하였다.

것을 요청하자, 명백히 북한의 편을 들며 한국의 요청은 거부하는 이중적인 모습을 보였다.

2017년 1월 4일에는 사드(THAAD) 배치 문제를 둘러싼 한·중(韓·中) 간 마찰이 점점 심해지고 있는 가운데, 중국 외교부는 "소국(小國)이 대국(大國)에 대항해서 되겠는가?, 너희 정부가 사드(THAAD) 배치를 하면 단교 수준으로 엄청난 고통을 주겠다"고 중국의 입장을 표명하면서 상대국의 명예를 완전히 대놓고 무시하는 듯한 수준의 발언을 하였고, 이에 따라 한국 대중들의 반중(反中) 정서는 급속도로 강화되었다. 게다가 중국 측에서 비공공연하게 사드(THAAD) 보복을 통하여 중국인 관광객들의 한국 유입 차단, 한국 기업들의 중국 진출 억압, 한한령(限韓令)과 같이 한국 문화의 중국 진출을 강제로 통제하면서 한국에는 상당한 경제 피해를 입혔고, 이에 따라 한국의 대중(對中) 감정은 오히려 일본이나 북한보다도 크게 나빠졌다.[21] 이후 중국 대륙에 진출한 한국 기업들이 대거 동남아로 수입, 수출 판로를 다변화하는 등 지나치게 중국에 집중되어 있는 산업구조를 바꾸기 위한 노력을 하였고, 탈(脫)중국화를 통하여 지속 가능한 발전을 추구하고 있다.

한편, 문재인(文在寅) 대통령(2017. 05~현재)은 이후 이해찬 의원, 김태년 의원 등을 특사로 방중시켜 사드(THAAD) 문제를 논의하도록 하였고, 한·중(韓·中) 양국 간 통화 스와프를 연장하였으며 악화일로를 걷던 한·중(韓·中) 관계를 개선시키는 전환점을 만드는 데에 성공하였다. 다만 중국 화춘잉(華春瑩) 대변인이 한국이 사드(THAAD) 추가 배치와 미국의 미사일방어(MD) 체제 참여, 한·미·일 안보협력의 군사동맹으로 발전 등을 하지 않겠다는 내용의 '3불(不) 약속'을 해주고 갔다고 일방적으로 밝혀 논란이 되었다. 이후 한국 정부는 이에 공식적으로 항의하였으며, 이후 인민일보 등 관영매체에서도 '약속'이라는 단어 대신 '입장 표명'이라는 표현을 사용하였다.

문재인(文在寅) 정부(2017. 05~현재) 들어 한·중(韓·中) 관계는 점차 회복세를 띠기 시작하였으며 베트남에서 열린 APEC 회의에서 문재인(文在寅) 대통령과 시진핑(習近平) 국가주석이 정상회담을 가지며 관계 회복의 급물살을 타기 시작하였다. 정상회담에서 보다 의미 있게 평가할 수 있는 성과물은 양국의 최대 공통현안인 북핵 해결을 위한 소통과 협력을 가일층 강화하기로 한 점이다. 두 정상은 회담에서 현 한반도 안보상황을 안정적으

---

21) 잇따른 한·중(韓·中) 간 갈등에 2017년 이후 양국 국민 간의 감정도 크게 악화되었다. 2017년 퓨 리서치 센터의 조사에서 한국인의 61%가 중국에 대해 비호감이라 응답했는데, 이는 베트남과 일본에 이어 세 번째로 높은 수치이다. 중국에서도 2018년 통일연구원에서 실시한 조사에 의하면 77.4%의 중국인이 한국인을 신뢰할 수 없다고 응답했으며, 한국에 대한 호감도 역시 3.4점으로 일본보다도 낮았다. 그리고 한국의 반중(反中) 감정이 심해지면서 특히 20대의 혐중이 60대보다 심해져서 중국 측에서도 이러한 상황에 대하여 우려의 목소리가 높아지고 있다.

로 관리할 필요가 있다는 데 의견을 같이하고 북핵 문제를 궁극적으로 대화를 통해 평화적으로 해결하기로 뜻을 모았다. 또한, 2017년 7월, 독일 함부르크 G20(주요 20개국) 정상회의에 이어 북핵문제의 '평화적 해결' 원칙을 재확인하고 북한이 조속히 대화의 장(場)으로 복귀할 수 있도록 공동의 노력을 펴나가겠다는 의미이기도 하였다. 한·중(韓·中) 양국은 이를 위해 각급 차원에서 북핵과 한반도 문제에 대한 '전략대화'를 강화해 나간다는 데 합의했다. 특히 한·중(韓·中) 양국 간에 새로운 고위급 협의체가 구성될 가능성도 제기되었다.

상기와 같이, 점차 개선되고 있는 한·중(韓·中) 관계와는 달리, 일반 대중들의 중국에 대한 인식은 2016년 사드(THAAD) 사태 이후로 여전히 나아지지 못하고 있다. 특히 2010년대 들어 사회 주요 이슈로 떠오른 중국발 미세먼지, 중국 불법 조업 어선의 한국 EEZ 침범, 북한을 암묵적으로 지원하고 뒤에서 밀어주는 중국의 행태, '한국은 역사적으로 중국의 일부였다'라는 등 시진핑 주석 및 고위 관료들의 망언 및 중화중심주의, 중국인 관광객들의 몰상식한 행위 등이 복합적으로 작용하여 대중(對中) 인식에 지속적인 악영향을 끼치고 있는 것이다.

게다가 2018년 들어 문재인(文在寅) 정부(2017. 05~현재)의 노력에도 불구하고 한반도의 비핵화 문제가 교착상태에 빠지고, 북한이 남북연락사무소를 폭파하는 등 국제 외교의 신뢰 자체를 무시하는 행동을 저지르자 일반 시민들의 대중(對中) 인식은 이와 함께 더 악화되고 있다. 또한 2019년 일어난 홍콩 시위에 대한 중국의 탄압, 2020년 본격적으로 발생한 코로나19 사태에서 중화인민공화국의 초기 대응 부실 등의 이유로 한국의 대중(對中) 인식은 나아질 기미가 도저히 보이지 않고 있다.

그렇다면 최상의 시나리오는 무엇일까? 코로나19 사태가 2021년 상반기 내 세계적으로 종식되고, 8월 24일 한·중(韓·中) 수교 28주년이 되는 시점에서 시진핑(習近平, Xí Jìnpíng) 국가주석의 방한(訪韓)은 한·중(韓·中) 관계의 새로운 출발점이 될 수 있을 것이다. 여기서 저자가 기대하는 것은 다음과 같다: 한·미(韓·美) 동맹이 중국을 견제하기 위한 것이 아니라 북한의 도발로부터 한국을 보호하기 위한 수단이라는 사실을 시진핑(習近平, Xí Jìnpíng) 국가주석에게 이해시키는 동시에, 남북(南北) 관계가 한·중(韓·中) 관계에 부담을 줄일 수 있는 고차원적 통찰력이 필요하다는 점이다.

③ 경제적 관계

현재 중국은 한국의 결정적인 수출 시장으로 평가받는다. 대중(對中) 수출은 한국 GDP

의 10% 정도며, 한국 수출 전체의 25%에 육박하고 있다. 대미(對美) 수출과 대일(對日) 수출을 합친 것보다 많다. 한국은 중국에 핵심부품을 수출하는 대신에, 중국의 저렴한 원·부자재를 활용하는 상생(相生)의 수직적 분업구조를 형성하면서, 중국시장은 한국경제의 지속적 성장을 위한 원동력의 역할을 수행해 왔다. 한국의 대(對)중국 투자도 2005년 말까지 13,653건에 131억 달러를 투자함으로써 한국 내에 수출유발형 투자구조를 정착시켰다.

그러나 이제 상기와 같은 한국경제의 '지렛대'에 큰 변화가 일어나고 있다. 최근 미국발(發) 글로벌 금융위기의 파급효과와 지난 베이징올림픽(2008. 08)의 부작용으로 인하여 중국의 2008년 3분기 경제성장률이 9%로 하락하였고, 2009년에는 7~8%로 더 하락할 전망이다(중국 국가통계국 발표). 이 결과, 한국의 대(對)중국 수출은 급감할 수밖에 없다. 중국의 경제성장률이 1% 포인트 하락하면 한국의 대(對)중국 수출은 2.5% 포인트 감소한다.

여기서 더욱 심각한 문제는 한국의 대(對) 중국 수출 구조가 근본적으로 흔들리고 있다는 점이다. 한국의 대(對) 중국 수출 주력 품목이던 철강·컴퓨터·자동차 부품 등이 줄줄이 대(對) 중국 무역수지 적자 품목으로 바뀌고 있다.22) 게다가 중국 정부가 산업구조 고도화를 위해 가공무역(외국에서 원재료나 부품을 들여와 중국에서 가공해 수출하는 방식) 제한 조치를 내놓았다. 이 조치는 한국의 대(對) 중국 수출에게 직격탄이 되고 있다. 이런 추세가 지속되면, 향후 3~5년 내에 한국의 대(對) 중국 무역수지 적자 시대가 열릴 수도 있다.23) 이 경우, 전술한 대(對)일본 무역수지 적자의 누증과 대(對)미국 무역수지 흑자의 격감과 함께 한국의 전체 무역수지가 적자기조로 고착될 수 있다.

설상가상으로, 중국의 빠른 추격이 예상된다. 한국의 산업기술재단이 실시한 주요 산업의 기술 및 산업경쟁력 조사 결과, 한·중(韓·中) 간 기술경쟁력 평균격차는 2004년 4.4년에서 2005년 3.8년으로 축소되고 있다. 중국의 기술추격이 가속화되어 2015년경에는 한·중 간 격차가 1~2년 내로 축소될 것으로 전망된다. 한·중간 기술격차를 업종별로 살펴보면, 조선·자동차·기계·소재 등 전통제조업에서 비교적 크게 나타난 반면, 이동통신·2차전지 등 한국과 중국의 출발이 비슷한 신(新)산업에서는 작게 나타났다.

---

22) 예로서, 후판·철근 H빔 등에서 한국의 대(對) 중국 수입 증가로 인하여, 철강 업종의 경우, 2008년에 들어 4월까지 33억 달러의 적자를 냈고 2008년 말이면 한국의 대(對) 중국 무역수지 적자 규모가 100억 달러를 넘을 전망이다. 컴퓨터도 이미 1억3,000만 달러의 대(對) 중국 무역수지 적자를 기록함에 따라 2008년 처음 적자 품목으로 전락할 가능성이 높다.

23) 무역협회 산하 국제무역연구원은 2008년 6월 초 보고서에서 "지난해 1,140개 품목에 대한 중국 정부의 가공무역 제한 조치로 한국산 원재료 및 부품의 대(對) 중국 수출이 둔화돼 심각한 무역수지 악화로 이어질 것이라고 전망했다.

사실, 중국의 급격한 경제성장은 세계의 경제구도뿐 아니라 정치구도까지 변화시키고 있다. 중국과 가장 가깝게 이웃하고 있는 한국은 오히려 중국에 대한 높은 경제의존도 때문에 '중국 리스크'를 우려하는 사람들이 적지 않다. 그렇다고 중국과의 경제관계를 축소·재조정해야 한다는 의견에 동조할 수 없다. 중국 리스크는 관리 대상이지 회피 대상이 아니다.

그렇다면, 상기한 한·중 무역구조의 변화에 대한 해법은 무엇인가? 한국의 대중(對中) 수출 패턴을 중국 내수시장에 대한 자본재·중간재·소비재 수출로 다변화시키는 것과 한·중(韓·中) 간 산업기술협력의 강화이다. 중국 수출 중 가공무역 비중은 줄었다. 외국에서 부품을 들여와 조립 수출하는 교역 패턴은 줄어드는 추세다. 당연히 수입품 중 부품 비율도 낮아지고 있다. 그 빈자리는 소비재가 메우고 있다. 한국의 대(對)중국 수출도 이제 소비재 시장을 겨냥해야 한다. 현재 상황에 안주한다면 무한한 성장잠재력을 갖고 있는 중국의 내수시장을 대부분 경쟁국에 내줄 수밖에 없다. 관세(關稅) 면제나 환급의 대상이 되지 않는 중국으로의 내수용 수출경쟁에서 살아남을 방법은 현재로서는 한·중(韓·中) FTA를 통한 관세 인하 밖에 없다.

한·중(韓·中) FTA는 정치·외교적으로도 중요한 의미를 갖는다. 미국은 분명히 한국의 든든한 우방국이지만, 한국은 숙명적으로 중국과 이웃하고 있다. 한반도 평화와 지속적 경제발전을 위해서는 한·미(韓·美) 관계와 한·중(韓·中) 관계의 공동발전이 필수불가결하다. 최근 들어 천안함 폭침과 연평도 포격 등 북한의 도발에 대한 입장 차이로 한·중(韓·中) 외교관계가 많이 경색되어 있다. 북한이 존재하는 한, 한·중(韓·中) 외교관계에는 굴곡이 있기 마련이다. 그와 같은 정치·외교적 굴곡을 보다 밀접한 경제관계로 보완해가는 지혜가 필요하다.

(2) 중·북(中·北) 관계

중국과 북한은 어떠한 길을 선택할 것인가? 미국·한국·일본은 어떻게 대응할 것인가? 동아시아는 어떤 질서로 재편될 것인가?

① 개관
중국은 1978년 12월 18일 개혁·개방을 실시한 이래, 생산력을 비약적으로 향상시켰으며, 그 후, 공산당은 대내개혁과 대외개방정책을 추진함으로써 사회주의와 자본주의 결합이라는 '사회주의 초급단계론'을 만들어 농촌업 중심에서 도시상공업 분야로 탈바꿈했다. 그 결과, 30년간 9.8%의 고도성장, GDP 58배, 1인당 GDP 42배, 외환보유액 1천 배 성장 등을 달성했다. 한편, 정치적으로는 마오쩌둥(毛澤東, 1893~1976) 1인 체제에서 3선 금지 조항의 '82헌법'을 제정하여 중앙의 권력을 지방으로 이양시키고, 경제발전에 유리한 국제 환경의 조성을 위해 미국과도 수교하였다. 이로써 국제사회에서 책임있는 일원으로서의 역할을 수행하기에 이르렀다.

이와 대조적으로, 북한의 2002년 7·1 경제관리 개선 조치에도 불구하고, 북한은 여전히 극심한 식량난을 겪고 있다. 후진타오(胡錦濤, 1942~현재) 전(前) 국가주석과 김정일(金正日, 1941~2011)의 정상회담(2010. 08, 창춘)에서 "13억 인민은 잘 먹고 잘 사는데 너희 2,000만 주민을 못 먹이느냐"라면서 힐난하였다. 특히, 1990년대 초반 남한과의 수교로 북·중(北·中)관계가 경색되기도 하였다. 북한에서 김정일(金正日) 이후 김정은(金正恩) 체제가 등장하였다.

북한은 주체사상(主體思想)을 국시(國是)로 삼고 외교에서도 이 사상을 자주적으로 적용한다. 실제로, 소련과 사이가 불편했을 때에는 자신의 영해에 들어온 소련의 배는 나포하여 조사했고, 중국 어선이 북한 영해에 들어오는 경우 북한은 중국의 배라 하더라도 강경 대응을 취했다. 북한은 현실적으로 중국에게 경제적으로는 의존하지만, 정치와 외교, 군사적만큼은 예속 및 종속되지 않게 자주적으로 유지하고 있다. 예를 들어, 한국에는 주한미군이 있지만 북한에는 중국군이 없다. 물론 1958년까지는 인민지원군이 주둔했었지만, 외세의 간섭이 더 심해져, 소련파와 연안파 등 경쟁세력들을 모두 숙청하였다.

중국은 국내·외에서 아무튼 북한이 혈맹임을 천명하는 것과는 달리, 북한도 대외적으로는 혈맹 관계를 다지고는 있지만, 대내적으로는 중국의 6·25 전쟁(1950~1953) 지원 사실을 최대한 은닉하고 중국군의 전공을 축소하거나, 화교를 억압하고 중국인과의 사이에서 아이를 가졌다고 탈북자 여성에게 가혹한 대우를 하는 등 중국을 '외세(外勢)'로 보고 배격하는 사상이 널리 퍼져 있다.

외교적으로 북한이 중국에 자주적인 입장을 취한다는 것은 태영호 전(前) 영국 공사의 발언에서도 알 수 있다. 그의 말에 따르면, 중국은 북한을 굴복시킬 수는 있지만 미군과의 직접적인 대치를 피하기 위해 북한을 지원해 줄 수밖에 없고, 북한은 이런 상황을 역(逆) 이용해 중국을 자기 입장에 유리하게 끌고 다닌다는 것이다. 2013년 산케이 신문에 보도에 의하면, 김정은(金正恩) 국무위원장은 "중국에 대한 환상을 갖지 말라", "유사시 중국을 우리의 적 간주"라 하며 군, 당, 비밀경찰 모든 간부들에게 당부하여 사상교육을 지시했다고 한다. 북한 당국이 최근 '주체성'을 언급하면서 주민들에게 '중국에서 유래된 단오(端午)를 쇠지 말자'고 강조하고 있다. 대북 제재에 적극 동참하고 있는 중국을 견지하면서도 사상적 결속을 다지려는 의도로 풀이된다.

그럼에도 불구하고, 중국과 북한의 관계는 흔히 '순망치한(脣亡齒寒: "입술이 상하면 이가 시리다")'에 비유된다. 즉, 북한이라는 입술이 사라지면 중국이란 이빨이 시리게 된다는 것이다. 또한, 중국과 북한은 혈맹관계로서 항일(抗日) 무장투쟁 시기부터 친밀하고 밀접해 있었다. 물론, 중국은 북한의 핵실험 이후 유엔안보리 대북제재결의안 1718호와 2270호 결의안(2016. 03) 채택에 찬성함으로써 전통적인 북·중(北·中) 관계가 변하고 있다는 견해가 일부에서 나오기도 하였다. 또한, 혈맹 관계에 균열이 발생하면서 북·중(北·中) 관계가 실리(實利) 관계로 변화하고 있다는 의견이 나오기도 하였다. 그러나 항일(抗日) 무장투쟁 시기부터 내려온 북·중(北·中) 양국의 역사적 관계와 동북아의 지정학적 조건이 북·중(北·中) 양국 관계의 급격한 변화를 막고 있다.

사실, 북·중(北·中) 관계는 북한의 1차·2차 핵 미사일 위기 등에서 제멋대로 핵실험을 실시한 북한을 중국이 강력히 반대하면서 냉랭해지기 시작했었다. 중국은 북한의 미사일 개발에 있어 반대를 표명했지만 북한은 이것을 무시하였고, 3차 핵실험, 2013년 말 제2인자(노동당 제1비서 고모 김경희의 남편) 장성택(張成澤, 1946~2013) 처형 등으로 북·중(北·中) 관계는 냉전(冷戰) 상태로 접어들었다. 이 와중에 북한은 4차 핵실험을 강행했었다. 이때부터 한국은 미·일(美·日)과의 협력을 강화하고, 폭격기와 잠수함을 한반도에 전개하고자 하였으며, 나아가 한반도 사드(THAAD) 배치까지 확정짓게 되었다. 이로 인해 중국은 자국 안보에 압박을 느끼게 되었다.

최근 한반도 사드(THAAD) 배치 확정 이후 중국은 한반도 사드(THAAD) 배치가 중국의 국가안보전략 이익을 심각하게 훼손한 것이라면서 한·미(韓·美)에게 반대 입장을 분명히 밝혔다. 또한, 중국은 북한을 전략적 카드로 사용하여 한반도 사드(THAAD) 배치를 저지했다.

북·중(北·中) 관계의 미래를 전망해보면, 북한은 지속적으로 핵―미사일 도발을 이어 갈 것이고, 중국은 북한의 핵―미사일을 반대하고는 있지만 국제사회에서는 소극적인 행동을 보일 것이며, 한반도 사드(THAAD) 배치로 인해 한·미(韓·美) 동맹을 강화해 나갈 때 중국은 북한을 전략적 자산으로 사용하여 과거와 같은 협력관계가 복원될 것으로 전망된다.

사실, 시진핑(習近平, Xí Jìnpíng, 1953~현재) 국가주석은 북핵 문제가 초미의 당면과제로 대두되어 있었던 상황에서 후계자로 부상한 김정은을 후견(後見)했으나 장성택(張成澤) 숙청과 2013년 제3차 핵실험으로 양국 정치관계는 급랭(急冷)했었고 2017년까지 북·중(北·

中) 대립은 극에 달했었다.

한편, 미·중(美·中) 경제 마찰이 정치군사적 대립으로 서서히 전이되는 국면에서 북한의 지정학적 위치가 강조되는 상황이다. 시진핑(習近平) 국가주석에게 북한이 냉전과 중·소(中·蘇) 분쟁 때처럼 삼킬 수도 뱉을 수도 없는 '뜨거운 감자'가 된 것이다. 시진핑(習近平) 국가주석은 미국과 관계를 최우선 순위에 두며 이른바 '책임대국'으로서 안보리 결의안을 준수하는 입장을 보이면서도 미국의 제재 강화에 동조하는 것과, 북한의 제재 완화에 동조하는 것 사이에서 '조용한 관여'라는 접근법을 채택하고 있다. 즉, 제1차 북·미(北·美) 정상회담(2018. 06. 12, 싱가포르 센토사섬) 이후 북·미(北·美) 간 상충된 비핵화 해법 사이에서 남북―북·미 관계의 교착(膠着) 국면이 장기화되고 있다. 특히 제2차 북·미(北·美) 정상회담(2019. 02. 27~28, 베트남 하노이) 결렬 이후 김정은은 심각한 충격을 받았다. 이 시기부터 시진핑(習近平) 국가주석은 '책임대국'과 '동맹'의 딜레마에서 북·미(北·美) 핵협상을 추동하고자 북한과의 비(非)무역 교류를 강화하는 '새로운 해법'을 채택한 것으로 보인다.

한편, 평창올림픽과 김정은의 네 차례의 베이징(北京) 방문을 계기로 중국인의 북한에 대한 인식이 전환됐다. 중국 언론에 비친 김정은의 이미지는 2017년까지만 해도 중국과 세계의 안전을 위협하는 '뚱보 3부자(父子)'라는 말로 요약할 수 있었다. 그러나 지금은 "미국의 패악에 대항하고자 약소국의 젊은 지도자가 어쩔 수 없이 핵(核)을 개발했다. 중국 지도부는 김정은(金正恩) 국무위원장의 비핵화 의지를 높이 산다. 김정은의 중국 방문 전제 조건은 비핵화 의지였는데 김정은(金正恩) 국무위원장이 그 같은 의지를 보였다"는 것으로 변모하고 있다.

예로서, 2017년 핵실험 이후 중국 지방세관들은 유엔 결의안과 중국 국내법이 규정한 것보다 더 강력하게 현금, 소지품 검사를 했었다. 당시에는 중국에서 반(反)북한 정서가 강했다. 이는 중국의 단독 제재나 다름없었다. 그러나 현재는 상황이 바뀌었다. 북·중 정상회담이 이뤄질 때마다 일종의 컨벤션 효과가 나타나면서 친(親)북한 정서가 높아졌다. 지방세관들은 통관 절차를 간소화하고 있다. 또한 2월 하노이 회담 결렬과 6월 시진핑(習近平, Xí Jinpíng, 1953~현재) 국가주석의 북한 방문 전후로 비료와 곡물 등 민생 분야에서 대규모 지원이 이뤄졌다.

② 정치·군사적 관계

북한은 중국의 '전략적 방벽'이었고 중국은 북한의 가장 중요한 '후견 국가'였다. 중공정부가 수립된 1949년 10월 1일에서 얼마 후인 10월 6일에 북한과 중국은 외교관계를 수립했다. 북한의 정치인 중 상당수가 중국 공산당과 밀접한 연관이 있었고, 북한군 출신 중 상당수가 조선의용대나 조선혁명군 등 만주에서 활동한 항일 무장독립군 출신이 많았다. 따라서 한국전쟁(1950~1953) 중반에 중국 인민지원군이라는 명칭으로 중국군이 참전하기도 했다. 중국은 북한의 혈맹이 됐다. 한국과 미국이 혈맹이라 부른 것과 비슷하다. 전후 동맹조약인 조중 우호 및 상호원조조약을 맺었다. 소련은 북한의 성립 과정에는 소련이 주도적인 역할을 했지만 한국전쟁을 겪으면서 미국과의 충돌을 우려해 전쟁에 직접 공식적인 개입을 하지 않았다.

물론, 한국전쟁(1950~1953) 후에도 갈등이 없지는 않았다. 전후 복구를 위해 중공군은 북한에 집, 나무, 댐 등의 많은 물자를 지원해 줬지만 중국에 대해 심기가 불편했던 북한은 복구 업적을 가로챘고, 중국의 지원 공적을 최대한 숨겼다. 공적 전시관 열세 개 중 열한 개는 북한 관련 내용으로 채웠고 한 개만 중국 관련 내용으로 채웠다.

문화대혁명(文化大革命, 1966. 05~1976. 12) 당시 북·중(北·中) 간의 관계가 오락가락하였다. 특히 마오쩌둥(毛澤東, Máo Zédōng, 1893~1976)에 대한 중국공산당 및 중국 인민의 무차별적인 비판에 김일성과 조선로동당은 적지 않은 충격을 받았다고 한다. 이어서, 1980년대에 동유럽과 소련이 무너지고 덩샤오핑의 추진으로 적극적인 개혁개방정책을 추진하기 시작하며 1992년에 한국과 수교하자 북한은 엄청난 충격을 받았다. 중국 외교의 전략적 기조가 변환됨에 따라 북·중(北·中) 관계도 혈맹(血盟)의 특수한 관계에서 정상적인 우호선린 관계로 변했다.[24]

상기한 배경에서 1992년 한·중(韓·中) 수교는 현재 북한이 독자노선 등을 이유로 핵개발 등에 집착하기 시작한 원인 중 하나가 되었다. 1992년 4월 15일 김일성(金日成)은 양상쿤 주석에게 2, 3년만 한·중(韓·中)수교를 늦춰달라고 부탁했으나 결국 그해 8월 24일 한·중(韓·中) 수교는 이루어졌다. 김일성(金日成) 국가주석은 한·중(韓·中) 수교가 이루어질 때 격분했었다고 전해진다. 그 후 북한과 중국은 예전보다는 소원해졌다.

2000년 3월, 사전에 합의되지 않은 상태에서, 중국이 '6.25참전 보상금' 요구를 하는 것에 대한 언론보도를 하자, 이에 격노한 김정일(金正日) 국방위원장은 조명록 조선인민군

---

24) 그럼에도 불구하고, 2008년 6월, 차기 중국 지도자로 유력한 시진핑(習近平) 국가부(副)주석이 북한을 방문하여 김영남 최고인민회의 상임위원장을 만나 '고위층의 상호 방문을 통한 정치교류'를 우선 강조했고, 김정일 국방위원장을 만나서는 오랫동안 사용치 않던 '선혈이 엉켜 만들어진 관계'라고 북·중(北·中) 관계를 묘사하였다.

총정치국장, 김영춘 군 총참모장, 김일철 인민무력상을 대동하고 평양주재 중국 대사관을 기습 방문하여, 완용상 중국 대사와의 자리에서 김정일(金正日) 국방위원장은 항미원조 보상금 발언을 문제 삼으며 대만에 미사일을 팔아서 보상하겠다고 호통을 쳤다. 이에 김정일(金正日) 국방위원장과 친분이 있었던 완용상 중국 대사는 이건 중국 정부의 공식입장이 아니라 개별적 사람들의 실언일 뿐이라고 설득했었다. 중국 정부는 김정일(金正日) 국방위원장(당시) 방문에서 강경하게 대응하지 못했다는 이유로 완용상을 해임하고 왕궈장 대사를 임명하였고, 결국 중국의 압력에 굴복한 김정일은 두 달 후인 2000년 5월 29일부터 31일까지 2박 3일 동안 비공식 초청방문 형식으로 중국에 불려가서 장쩌민(江澤民) 국가주석에게 북한의 개방 훈시를 들어야 했었다.

김정일(金正日) 국방위원장(당시)은 두 차례(2005. 05 및 2006. 01)에 걸쳐 중국을 방문한 바 있는데, 거기에 대한 답례로 장쩌민(江澤民) 국가주석 겸 공산당 총서기가 평양을 방문(2006. 9월 초)했다. 김정일(金正日) 국방위원장은 상기의 중국 방문을 통해 1970년대 말 이후 중국이 성공적으로 추진한 '사회주의 시장경제'를 현장학습하는 기회를 가졌다. 김정일(金正日) 국방위원장이 특히 상하이(上海)의 푸동(浦東, Pudong)을 방문(2001. 01)하였을 때 받은 충격은 '천지개벽'(天地開闢)이라는 그의 감탄으로 널리 알려졌다. 또한 김정일(金正日) 국방위원장과 장쩌민(江澤民) 국가주석의 평양 정상회담(2001. 09)은 김정일(金正日) 국방위원장이 1990년대 중반 중국의 시장경제 이행을 비판한 이래 냉각되었던 북·중(北·中) 관계를 정상화시킨 계기가 되었다.

한편, 중국은 북한의 미사일 발사(2006. 07)와 핵실험(2006. 10)에 대하여, 중국은 이례적으로 '제멋대로'(悍然) 행동했다고 비난하였으며,[25] 중국의 동참 속에 유엔 안전보장이사회의 대북제재 결의안이 채택되었다. 또한, 중국 단동지역 등 국경지역에서 북한으로 들어가는 물자에 대한 검색 강화와 중국의 대북송금을 중단하였다. 이 결과, 북·중(北·中) 양국관계는 소원해졌다.

2013년 말 장성택(張成澤) 처형 이후, 중국은 경제제재에 나섰고 북한에서는 유류 부족으로 훈련을 하지 못할 정도였다. 북한 군부에서는 궁지에 몰리면 전쟁도 불사 않겠다고 말했다. 사실, 북한과 중국은 당장 눈앞의 한·미(韓·美) 연합 때문에 겉으로나마 친하게 지내고 있을 뿐, 정작 압록강과 두만강 일대는 탈북자 문제와 유사시 파병 문제 등을 감

---

25) 이러한 중국의 대(對)북한 비난을 김정일 국방위원장은 "중국이 북핵문제와 대만문제 사이에서 어부지리를 취하고 있다"고 생각하였다. 이것은 2005년 김정일 국방위원장을 면담하였던 당시 정동영 장관의 증언이다.

안한다 하더라도 북한군과 중국군이 서로 병력을 증강하면서 대치하고 있을 정도로 상호 간의 신뢰 관계는 거의 없다.

2015년 12월 10일에 모란봉악단이 베이징에 도착했다. 12~14일 3일간 국가대극원(國家大劇院)중국에서 공연을 하기 위한 것으로 모란봉악단의 첫 외국 공연 사례로 예정되어 있었으나 리허설까지 마치고, 매스컴에서 북·중(北·中) 관계에 도움이 돼서 기쁘다며 멤버들이 인터뷰까지 했음에도 불구하고 공연 몇 시간 전, 갑자기 일정을 전부 취소하고 북한 평양으로 복귀했었다. 본래 북한은 시진핑 국가주석, 리커창 총리가 모란봉악단의 공연을 관람하길 원했으나 받아들여지지 않았고 대신 중국의 정치국원 중 한 명이라도 관람을 하기로 중국과 타협해 모란봉악단이 중국에 온 것이지만 이가 파토나자 김정은(金正恩) 국무위원장이 중국 측에 불만을 제기했고 악단은 북한으로 철수해 버렸다고 한다.

당시, 중국은 북한이 중국의 반대에도 불구하고 핵무장을 위한 군사적 도발을 지속적으로 강화해 나가는 데 대해서 불만이 커지고 있었으며, 북한에 대한 중국 지도부의 인식과 기본전략이 현실적으로 변해가고 있었다. 전형적인 사례로서, 2016년 1월 6일, 북한은 미국이나 중국에 통보 없이 수소폭탄을 이용하여 핵실험을 단행했었다.

이어서, 2017년 9월 3일, 중국 복건성에서 개최된 브릭스(BRICS) 비즈니스 포럼의 개막식에서 시진핑(習近平) 국가주석이 기조연설하기 직전에 북한은 보란 듯이 진도 5.7의 인공지진(폭발 위력으로 환산하면 최고 50kt에서 최대 70kt 사이, TNT 1,000t에 해당하는 위력)의 6차 핵실험(수소폭탄 핵실험)을 함경북도 길주군 풍계리에서 단행함으로써 중국에게 개망신을 주었다.

한편, 시진핑(習近平, Xí Jinpíng, 1953~현재) 국가주석과 블라디미르 푸틴(Vladimir Putin, 1952~현재) 대통령(제2대: 2000~2008; 제3대: 2012~2018; 제4대: 2018~현재)은 유엔 안보리에서 대화 촉진과 비핵화 상응조치로서 제재 완화를 주장하고 있다. 이들의 입장과 논리는 다음과 같다: 중국과 러시아는 김정은(金正恩) 국무위원장과 도널드 트럼프(Donald John Trump) 대통령(45대: 2017~2021)을 믿을 수 없다. 그래서 남·북·미 3방이 완전한 비핵화를 하도록 중국과 러시아가 분위기를 만들고 있다. 대(對)북한 경제제재 해결 없이 상호 신뢰를 회복할 수가 없다. 북한 내부의 농업, 기업소 개혁에 따른 곡물 생산량 증가와 비(非)무역 경제교류를 통해 북한이 버티면서 우라늄 농축과 단거리 미사일 실험을 지속할 수 있다.

여기서 유의할 점은 다음과 같다: 중국은 북한의 핵실험 이후 유엔 안전보장이사회의 대북제재결의안 1718호와 2270호 결의안(2016. 03) 채택에 찬성했었다는 점이다. 즉, 중국의 동참 속에 대북제재 결의안이 채택되었다. 그렇다면, 중국은 유엔 결의안을 진정 준수하고 있는가? 구체적으로, 대규모 인적 교류가 유엔 제재 결의안의 대량현금(Bulk Cash) 제공과 노동자 신규 파견 금지 조치를 위반하고 있는가?

제2차 북·미(北·美) 정상회담(2019. 02. 27~28, 베트남 하노이) 결렬 이후 시진핑(習近平) 국가주석은 관광, 농업, 교육, 보건, 체육, 언론, 지방, 청년 8대 분야 교류 지침을 하달했다. 관광협력은 수도꼭지처럼 언제든 잠글 수 있어 큰 나라가 작은 나라를 압박하는 수단으로 활용된다. 김정은(金正恩) 국무위원장이 비핵화 의지가 없다고 판단되면 중국은 언제든 수도꼭지를 잠그는 방식으로 관광을 제한해 비핵화를 압박할 수 있다. 더불어 관광은 현금 거래이므로 무역과 달리 즉시 파급효과가 나타난다. 일종의 '전략 무기' 성격을 지닌 것이다.

다시 말하면, 유엔 안보리 대북제재 결의안이 '무역 중심'이라는 점에 착안해 중국이 비(非)무역 교류라는 새로운 해법을 강구하고 있는 것이다. 대외수지에서 대표적인 비(非)무역 분야는 노동자의 송금과 관광이다. 북한을 방문하는 중국 관광객이 대폭 증가하고 있다. 단체관광객 사이에는 상당수의 보따리 상인이 뒤섞이게 마련이다. 소량 물품을 다수가 거래하는 인해전술 방식의 무역이 가능하다.

실제로, 현재 중국을 방문하는 북한 측 인사들은 노동자가 아니며 신규 노동비자 발급은 이뤄지지 않고 있다. 신의주(단둥), 만포(지안), 혜산(창바이), 남양(투먼), 원정리(취안허) 등 국경도시 통상구에서 중국인 관광객을 쉽게 만날 수 있는데 유엔 결의안의 대량현금(Bulk Cash) 관련 규정을 지키고자 지역별로 1일 300여 명 수준으로 여행자 통관을 제한하고 있다. 지방 여행사들이 1일 30명 이하의 소규모 여행단을 조직하고 있으며, 여행자 명단을 보면 출발 지역이 중국 각지로 분산돼 있다. 대량현금 제공과 관련해 미국의 세컨더리 보이콧(북한과 거래하는 제삼자를 제재하는 조치)을 염두에 두고 미국과 거래가 없는 소규모 지방 여행사가 북한 관광사업을 하고 있다. 중앙과 지방의 역할 분담이 이뤄지고 있는 것이다. 중앙은 미국과의 협력과 안보리 결의안 준수를 중요하게 여기고, 국경 지방은 북측과의 교류를 중심에 두고 있는 것이다.

실제로, 제2차 북·미(北·美) 정상회담(2019. 02. 27~28, 베트남 하노이) 합의 불발에도 3월 만포-지안 통상구 개통, 8월 투먼-남양-청진 관광열차 운행 재개가 이뤄졌다. 6월 20일 시진핑(習近平, Xí Jìnpíng, 1953~현재) 국가주석의 평양 답방 다음 날 평양-다롄 직항노선이 개설됐다. 웨이하이, 선전, 엔지 등도 평양 노선 재개설을 준비하고 있다. 북·중(北·中) 국경 전체에 걸쳐 교량, 세관, 부대설비, 무역창고 등이 대대적으로 신·개축되고 있다. 잇따른 북·중(北·中) 정상회담 컨벤션 효과로 단둥, 훈춘 등 국경지역 부동산 가격 상승, 관광객 증가, 중국 내 북한 인력 증가, 비공식 무역 증가 등의 현상이 나타났다. 평창올림픽 이후부터는 북한에 들어가는 기차표, 항공표 등이 부족해 장기간 대기하는 현상도 벌어졌다. 개혁·개방에 대한 기대감이 높아지면서 중국 기업인들의 북한 산업시찰도 증가했다. 북한뿐 아니라 중국 쪽 국경지역에도 관광특수가 일고 있다.

투먼-청진 철도 관광은 중국인 중심으로 이뤄진다. 청진의 군사지역이 점진적으로 민간에 개방되고 있으며 호텔이 부족해 외국인 민박이 허용됐다. 그럼에도 숙박 시설이 부족해 중국인 관광객이 열차에서 숙박하는 상황이다. 청진과 칠보산을 잇는 관광 코스가 인기인데, 관광 인프라가 빈약해 관광객 수에 비해 청진에서 소비하는 비용은 적은 편이라고 한다. 투먼 기업인들이 북한 나진의 일부 호텔을 소유하고 있으나 소유권 계약 등이 명확하지 않아 투자 위험이 있다고 한다.

북한도 관광 인프라를 확충하고 있다. 2020년 4월 개장될 예정인 원산갈마지구 관광단지에는 4성급 이상 호텔 18개, 여관 34개 등이, 삼지연지구에는 5개 넘는 6성급 호텔과 스키장이 완공을 앞두고 있다. 원산 갈마공항은 보잉의 대형 기종 이착륙이 가능한 수준으로 시설이 준비되고 있다.

또한, 중국 기업인의 북한 산업시찰이 증가하고 있다. 이는 시진핑(習近平, Xí Jīnpíng, 1953~현재) 정부의 공식 정책과 무관하면서도, 중국정부의 심중(외교정책)을 알아서 읽는 묘한 움직임이다. 기업인들이 새로운 비즈니스의 땅 '조선'에 주목하는 것이다. 중국 기업들이 북·중(北·中) 정상회담이 잇따라 열리면서 새로운 비즈니스 기회로 떠오른 북한 시장을 선점(先占)하고자 당국의 공식 지침이나 문건이 없는 상황에서 정부의 외교정책을 자의적으로 해석하는 것으로 보인다. 다만, 미국과 거래량이 많은 기업 인사들은 북한 방문을 자제하고 있다. 제재 국면에서 투자는 불가능하지만 북한의 각 지역에서 투자와 관련해 양해각서를 체결하고 있다. 국가급 동북진흥계획이 향후 일대일로(一帶一路) 프로젝트와 연계될 것이다. 예로서 단둥-신의주-평양, 투먼-청진의 고속철도도 중국 표준이 적용될 가능성이 높다.

또한, 북·중(北·中) 인적교류도 증가하고 있다. 주요 대학, 연구기관 사이의 학술교류가 늘었다. 평양의 주요 대학과 베이징대, 푸단대, 옌볜대 등만이 아니라 다양한 대학과 연구기관이 학술회의, 교수 상호 파견을 늘리고 있으며 교환 학생도 늘어났다. 민간연구소에서도 북측 인사들을 받아들이고 있다. 중조국제영화제, 장애인영화제, 노동신문 기자들의 해외연수 등 다양한 사회문화 교류가 이뤄진다. 고려항공 승무원들도 고품격 서비스를 배우고자 중국에 와 있다.

과거 북한이 핵실험을 단행하기 이전이나 직전에 항상 러시아나 미국, 중국 등에 통보를 하였지만 이번의 경우 급작스럽게 아무런 통보 없이 이루어졌다는 것은 북·중(北·中) 관계의 현주소를 보여준다. 이는 결국 김정은 국무위원장에게 대한 북핵 문제 해결의 열쇠인 중국 정부의 제어 상실을 의미한다. 한반도 안정화와 한반도 통제를 목표로 삼던 중국으로서는 심히 뒤통수를 맞은 것이나 다름이 없다. 어떤 학자는 김정은 국무위원장을 제거한 뒤 주(駐)북한 중국군을 주둔시켜 북한을 개혁·개방 하자는 급진적인 의견을 제시했다. 그러나 북한은 한반도에 대한 미국의 영향력 견제라는 차원에선 여러모로 쓸 만한 카드이기 때문에, 중국이 북한을 버리거나 한도 이상으로 옥죄일 가능성은 거의 없어보인다.

그럼에도 불구하고, 중국은 북한의 핵(核) 개발을 통한 서방세력 견제란 목표가 있어 은근히 북한의 핵(核) 개발을 용인하고 있다. 그러나 북한이 갈수록 세계의 지탄의 대상이 되고 있는 데다가 서방세력 모두 강경 대응으로 나오고 있어 갈수록 난처해져가고 있다. 북한은 핵보유국을 인정받기 위해 오직 미국만 바라보고 있는 상태라 중국은 속으로는 미국과의 가까워지는 것을 안 좋게 보고 있지만 북·중(北·中) 관계의 특수성 때문에 이래저래 고민까지 간 상황이다.

최근에 사드(THAAD) 배치 문제로 중국과 미국이 대립하다가, 갑자기 미국이 한 발 빼는 대신 대북제재에 중국과 러시아까지 합의를 했다. 상기 대북제재가 사실상 돈을 막아버리는 일이기에 북한에게 치명상이 될 수밖에 없다. 중국이 대북제재에 동참한 이후 북한에서 '핵폭풍으로 중국을 깨부수자'는 신문기사와 '배신한 중국을 짓부숴버리자'는 지시문 등이 나오면서 북중관계가 상당히 틀어질 것으로 보인다. 사드(THAAD) 배치 문제로 남한에 대해 폭언을 날리더니 똑같이 북한에게 뒤통수를 맞은 중국을 겨냥한 듯한 우회적 비난을 하였다.

2018년에 들어 남북관계가 좋아지고 5월에 북·미(北·美)정상회담의 가능성이 높아지자 중국은 겉으로 환영 제스처를 보여줬지만, 속으로는 북·미(北·美) 관계 개선에 당황하고 있다. 할아버지(金日成)와 아버지(金正恩) 시대에는 중국부터 정상회담을 개최했었지만, 북·중(北·中)관계가 여전히 악화되는 상황에서 미국과의 첫 정상회담을 하는 것을 경계하였다. 즉, 대중(對中) 의존도를 낮추고 미국에 접근하여 중국을 견제하려는 김정은(金正恩)의 의도를 중국이 경계하는 것이다.

2018년 3월 25일부터 28일까지 시진핑(習近平, Xí Jīnpíng, 1953~현재)의 초청으로 김정은(金正恩) 국무위원장이 집권 후 처음으로 방중했다. 여기에 리설주가 동행했으며 최룡해·

박광호·리수용·김영철 로동당 부위원장 및 리용호 외무상 등이 수행했다고 한다. 김정은 (金正恩) 국무위원장은 시진핑(習近平, Xí Jinpíng) 국가주석과의 정상회담에서 단계적 비핵화를 이야기한 것으로 알려졌다.

상기한 3월 1차 방중(訪中)에 이어서 5월 8일, 김정은(金正恩) 국무위원장이 참매 1호를 타고 다롄에서 다시 한번 시진핑(習近平, Xí Jinpíng) 국가주석과 회동한 것이 확인되었다. 북·미(北·美) 정상회담이 끝나고 일주일 뒤인 6월 19일부터 20일까지 김정은(金正恩) 국무위원장이 참매 1호를 타고 중국 베이징을 방문하여 시진핑(習近平, Xí Jinpíng) 국가주석을 회동했다. 2019년 1월 7일, 제2차 북·미(北·美) 정상회담 전, 김정은(金正恩) 국무위원장의 4차 방중(訪中)이 이루어졌다. 방중(訪中) 기간은 1월 7일부터 10일까지였다. 6월 20일 시진핑(習近平, Xí Jinpíng) 국가주석이 평양을 방문하여 김정은(金正恩) 국무위원장과 정상회담을 하고 다음날 귀국했다.

중국 국가주석의 방북(訪北)은 2005년 후진타오(胡錦濤) 이후 14년만이다. 북·중(北·中) 수교가 70주년을 맞이하면서 북한과 중국은 교류를 다각화하기 시작했다. 그 후 시진핑(習近平, Xí Jinpíng) 국가주석의 북한방문 1주년을 맞이해 중국은 북한에 식량 80만 톤을 보냈다. 또한, 북·중(北·中)우호조약 59주년을 맞아 북한은 중국의 모든 조치를 전적으로 지지한다고 밝혔다. 한편, 홍콩 보안법과 관련해서 북한은 중국을 지지하고 있다. 6월 16일에 영국 정부가 유엔에서 홍콩 보안법을 강행할려는 중국에게 경고하자 북한은 중국을 지지했다. 북한 선박들이 중국 해역에서 중국 정부의 묵인하에 불법환적을 재개하고 있는 것이 밝혀졌다.

2020년에 이르러 중국 본토에서 '코로나19'가 걷잡을 수 없이 퍼지는 가운데, 북한이 먼저 조선민용항공총국 명의로 평양－베이징 노선을 잠정 중단하고 북·중(北·中) 간 왕래를 모두 차단하며 국경 지역의 검문소 보안 수준을 올리고 있다. 항공로 외에도 육로인 압록강철교, 신압록강대교, 두만강대교, 도문대교, 삼봉－카이산툰 철교 등 다리로 연결되어 있기 때문에 방역 및 보안에 더욱 열을 올리고 있다. 코로나19가 발생하면서 북한 측의 국경폐쇄가 이어지며 단둥시의 경제적인 피해가 계속되고 있다. 북한은 대외무역에서 중국의존도가 90% 이상에 달하고 있다.

③ 경제적 관계

경제적 측면에서 보면, 1950년대 북·중(北·中) 간의 바터협정(barter agreement)이 체결된 이후 북한에 있어 중국은 안정적인 무역대상국이었는데 1992년 한·중(韓·中) 수교로 인하여 북한과의 경제무역관계는 새로운 관계로 변하게 되었다. 북·중(北·中) 교역은 지리적 인접성이나 중국산 저가 공산품에 대한 공급 확대, 북·중(北·中) 간 정치적 유대 등으로 다른 어느 무역대상국보다도 유리한 환경을 가지고 있다. 중국은 북한의 최대 거래 대상국으로서 2003년 이후 북한의 대(對)중국 거래액이 전체 대외거래의 약 33~39%를 점유한다. 더욱이 중국은 석유와 같은 북한의 전략물자를 거의 독점적으로 공급하는 유일한 국가이다.

2000년 이후 중국의 대(對)북한 투자도 확대되어 많은 중국기업들이 진출하여[26] 북한시장에서 상당한 점유율을 확보하고 있다. 특히, 2000년 초반 논의되었던 중국 기업의 대규모 대북투자 프로젝트들이 추진되기 시작했으며 후진타오 지도부이후 중국의 단동－두만강 개발, 동북3성 개발 등 북한과의 경제협력 강화 움직임을 보이고 있다. 그러나 식량까지 중국에서 구입할 정도로 해외 수출, 수입에 있어 북한의 중국 의존이 심하다. 북한이 워낙 수출경제와는 거리가 먼 자급자족형 경제구조에 국제제재를 수년 동안 당해왔기 때문에 버티는 데는 어느 정도 능력이 있지만, 대북제재의 강도가 더 강해지면 북한은 그야말로 중국이 없으면 생존이 불가능한 상황이다.

2010년대 들어와 북한 무역의 90%를 중국이 차지했다. 2018년 북·중 무역은 2016년 대비 80%가량 축소됐다. 2017년 수출액과 수입액은 약 3억5,000만 달러였는데, 2018년에는 각각 7,000만 달러 이하로 줄었다. 그러나 무역통계에는 비(非)무역수지와 북한 내부 생산량 증가가 포함되지 않는다. 김정은 집권 이후 100여 기의 소형 수력·화력발전소 증설과 전기요금 납부제도로 인해 에너지 분야가 일신됐다. 농업 및 기업 개혁으로 곡물과 단백질 등의 생산량도 증가하고 있다.

중국은 북한의 대중(對中) 의존도를 이용해서 북한을 한 방 먹인 적이 있었는데, 김정일(金正日) 국방위원장 시절 북한이 중국에게 제안한 6자회담 대신 북미(北美)회담을 고집했고 이에 중국이 분노했었다. 결국 북한은 김정일(金正日) 국방위원장의 굴욕적인 방중(訪中)을 통해 원유공급이 재개될 수 있었고, 그 후 6자회담에 참여하게 되었다. 물론, 이에 분노한 김정일(金正日) 국방위원장은 은연 중에 반중(反中) 정서를 드러냈다. 1차 핵실험 때 미국에게 핵실험을 통보하면서 자기들의 핵개발은 중국 견제용이라고 말하며 은연 중에 중국에 대한 불편함을 내비쳤다. 또한 그의 유언에도 '중국은 천년의 원수, 중국을 멀리

---

26) 예로서 중국 선양의 중욱(中旭)그룹의 평양 백화점(대성 백화점) 건설 수주, 남경웅묘(南京熊猫) 전자의 북한 컴퓨터 생산업체와 합자 설립, 심양오금그룹 계열의 기업과 조선일상사와의 합작 등과 중국의 소규모 상인들의 대북 투자를 들 수 있다.

해라'고까지 말했다. 경제적으로는 북한의 화폐개혁 때문에 북한 원의 가치가 종이쪼가리로 전락하면서 기축통화인 미국 달러, 유통이 쉬운 위안화를 쓰는 사람들이 많아졌다.

4) 중국과 러·일의 관계

(1) 중·러 '전략적 동반자' 관계

러시아와 중국의 관계는 1960~1970년대에 적대적 대립의 관계로까지 악화되었으나 신생 러시아의 탄생(1991. 12. 31)과 중국의 개혁과 개방 등이 양국 간의 관계를 새롭게 정립하는 계기가 되었다. 2018년 12월 중순 러시아와 중국간 연간 무역 규모가 사상 처음으로 1천억 달러를 넘었다.

중·러 양국의 관계에는 장밋빛 미래만 있는 것은 아니다. 중·러 양국은 현재 자원이 풍부한 시베리아 지역을 사이에 두고 논쟁 중이며, 러시아는 중국의 군사력 증강을 경계하고 있다. 중국의 경우 러시아와 일본의 관계 개선에 촉각을 곤두세우고 있다.

그러나 중·러 양국이 미국과 유럽 그리고 한반도를 포함한 극동아시아 문제에 대해서만큼은 공통의 이해관계를 가지고 있다. 러시아는 구(舊)소련에 대해 짙은 향수를 가지고 있으며, 시진핑(習近平, Xí Jìnpíng, 1953~현재)이 이끄는 중국은 화려했던 중화제국(中華帝國)의 부활을 꿈꾸고 있다. 이 같은 사실로 미루어 볼 때 중·러 양국은 세력팽창이라는 현재의 궤도를 크게 벗어나지 않을 것이다.

그럼에도 불구하고, 1997년 중·러 양국 정상은 모스크바에서 '다극적 세계와 새로운 국제질서의 형성에 대한 중·러 공동선언'을 통해 양국의 공동목표로 21세기 전략적 상호관계를 위한 '동반자 관계'를 선언했다.[27] 러시아의 이바노프(Igor Ivanov) 전(前) 외무부장관은 "러·중 양국은 이 지역에서의 안전보장을 최우선과제로 생각하고 있고 포괄적인 다자간 정치적 협력을 위한 조건을 만들려고 노력하고 있다"[28]고, 또한 러·중 양국 간의 동반자 관계가 아시아의 안정을 강화하고 국제관계 체제를 균형 있게 만드는 데 중요한 기여를 했다고 각각 설명했다.

---

27) 또한, 러시아는 중국과의 '전략적 동반자' 관계뿐만 아니라 인도와의 '전략적 동반자' 관계를 추구하였다. 2000년 10월 푸틴대통령의 인도방문을 계기로 '러시아와 인도의 전략적 동반자 관계에 대한 선언'을 통해 양국 간의 관계를 강화했다.

28) Igor S. Ivanov(2002), The New Russian Diplomacy, Washington, D. C.: The Nixton Center, p 122.

2019년 6월 7일에 시진핑(習近平, Xí Jìnpíng, 1953~현재) 국가주석이 러시아를 방문하면서 양국은 200억 달러 규모의 협약을 체결했다. 그리고 시진핑(習近平, Xí Jìnpíng, 1953~현재) 국가주석과 블라디미르 푸틴(Vladimir Putin, 1952~현재) 대통령(제2대: 2000~2008; 제3대: 2012~2018; 제4대: 2018~현재)은 서로 상대 모교의 명예학사 학위를 받았다.

또한, 밀월관계가 지속되면서 중국 측은 핵추진 항공모함을 건조하기 위해 러시아로부터 기술도입을 검토했다. 헤이룽장성은 러시아로부터 27년간 전력을 수입해서 1천만 톤에 가까운 석탄소비를 줄인 것으로 밝혀졌다. 그리고 헤이룽장성과 러시아 극동지역 거점을 연결하는 케이블카 공사도 시작되었다. 그리고 위성항법영역에서도 협력을 시작했다.

러시아와 중국은 매년 실시하는 연합 해상훈련을 2019년 4월 말부터 시작하였다. 그리고 중국과 러시아는 해상연합훈련을 실시하면서 밀월관계를 과시했다. 2019년 5월 13일, 세르게이 라브로프 장관과 왕이 외교부장은 소치에서 외무회담을 갖고 한반도 문제와 미·중(美·中) 무역분쟁, 베네수엘라 사태에 대해 논의했다. 에너지 분야에서 시베리아에서 중국에 천연가스를 수출하는 가스관이 개설되었다. 그리고 중국과 러시아는 원자력협정도 체결해서 중국 원자력발전(原子力發電)에 러시아 기술이 포함되었다.

그러나 러시아와 중국은 군사연합을 할 뿐이지 군사동맹으로까지 전개되지는 않을 것이다. 세르게이 라브로프 외무부 장관은 "러시아와 중국의 관계는 세계 무대에서 양국의 이익을 공동으로 보장할 수 있을 만큼, 경제를 포함한 모든 분야에서 좋고, 신뢰할 만한 수준에 있어 본 적이 결코 없다"고 강조했다. 미국의 기술을 베끼는 것도 모자라 러시아의 기술까지 베끼고 있는 데다 중국도 힘이 커지면 언젠가 러시아의 뒷통수를 때릴지도 모른다고 우려하고 있다. 심지어, 러시아인들은 중국한테 경제적으로 먹힐지 모른다는 불안감을 갖고 있다. 또한, 중국이 남(南)중국해에 진출하는 동안 배후에서 러시아는 항공모함을 카운터 칠 잠수함을 베트남, 인도네시아, 필리핀에 판매했다.

근본적으로, 민족과 문화의 이질성 때문에 중국과 러시아가 '전략적 동반자'가 되는 것은 쉬운 일이 아닐 것이다. 장기적으로 볼 때, 사무엘 헌팅턴(Samuel P. Huntington) 교수가 그의 저서<문명의 충돌>에서 "새로운 세계에서의 지역정치는 민족성의 정치학이며, 세계정치는 문명의 정치학이다"라고 했듯이, 이 두 국가에 내재된 민족성과 문명은 충돌할 가능성은 상존(常存)한다.[29]

---

29) Huntington, Samuel P.(1993), "The Clash of Civilization?", Foreign Affairs, Summer;. Huntington, Samuel P(1996), The Clash of Civilizations and the Remaking of World Order, New York: Simon & Schuster.

상기한 중·러 '전략적 동반자 관계'의 진정한 의미는 미국이 주도하는 세계질서에 대한 중·러 양국의 공동대처를 뜻한다. 정치·군사적 측면에서 중·러 관계를 분석하기 위해서는, 우선 이들의 상대세력인 미국의 동향을 잠시 점검해볼 필요가 있다.

미국을 견제해 왔던 구(舊)소련이 붕괴(1991년)된 이후 가장 두드러진 국제현상은 미국의 독주이다. 미국은 코소보 군사개입(1998년), 아프가니스탄 침공(2001년), 이라크 공격(2003년) 등 일련의 국제적 사건을 주도하면서 자국위주로 국제질서를 만들어 가고 있다. 상술하면, 미국은 '인권보호'를 위한 것이라는 명분으로 유엔(UN)의 절차를 무시하고 '북대서양조약기구'(NATO)를 동원하여 코소보(Kosovo)에 대해 무력개입(1998년)하였다. 2001년 9·11 테러에 대한 보복으로 아프가니스탄(Afghanistan)을 침공(2001년)하여 반미(反美) 탈레반 정권을 무력화시켰다. 또한, '테러지원 및 대량살상무기 개발을 차단한다'는 명목 하에 이라크(Iraq)를 침공(2003년)하여 사담 후세인(Saddam Hussein al-Majid al-Awja) 정권을 무력화시켰다. 물론, 미국은 아프가니스탄 및 이라크에의 침공은 방어전쟁의 차원이 아니라 예방의 차원에서 이루어진 전쟁이라고 주장한다. 그러나 이것은 국제법으로 인정받고 있는 방어를 목적으로 한 정당한 전쟁의 원칙에 어긋난다.

상기한 미국의 일방적인 독주 즉, 코소보 군사개입(1998년) 및 이라크 전쟁(2003년)에 대해 러시아와 중국 등은 상당한 거부반응을 보였으나 단독적으로 미국을 견제할만한 위치에 서지 못하였다. 그동안 중·러 양국의 정상회담을 통해서 표출되었던 많은 선언적 내용들이 분명 미국의 패권을 반대하고 있다. 그러나 러시아와 중국이 군사력을 합하여 대응한다거나 혹은 경제력으로 미국에 승부를 걸었다는 것은 아니다.

한편, 동북아 지역을 국한하여 보면, 중국과 러시아가 전략적 유대를 강화하고 있지만 양국의 관계강화를 미국에 대결할 수 있는 하나의 세력을 형성하기 위한 것으로 보기는 어렵다. 그러나 국제사회에서 또는 동북아 지역에서 과거와 같은 대결형 세력균형관계는 형성되기는 어렵지만 중국과 러시아의 전략적 유대가 미국의 독주를 견제할 수는 있는 것이다. 왜냐하면 중·러 양국은 유엔(UN) 안보리 상임이사국이기 때문에 유엔(UN) 최고의 결정기관인 안보리의 결정에 상당한 영향력을 행사할 수 있기 때문이다. 따라서 중·러 양국 간의 전략적 유대 강화는 미국의 일극(一極) 주도를 견제한다는 의도에서 비롯된다. 러시아 측에서 보면 중국은 아시아·태평양 지역에서 러시아의 입지를 강화시켜 주는 데 의존할 수 있는 유일한 세력인 반면에 중국 측에서 보면 러시아는 아시아·태평양 지역에서 힘의 균형을 유지하기 위한 요소라고 말할 수 있다.[30]

---

30) 최태강(2004), 「러시아와 동북아」, 서울: 오름, p 63.

결론적으로, 러시아와 중국과의 '전략적 동반자' 관계는 외교적인 측면이 강하며 사실상 '군사적 동맹' 관계로의 발전 가능성은 희박하다. 또한 러시아와 중국의 경제적 비중으로 볼 때 세계경제에 미칠 수 있는 영향력은 아직 미약하다. 중·러 양국 모두 경제력 증대에 주력하고 있는 상황에서 군사적 대결과 같은 불안정한 상황을 원하지 않고 있으며 경제적인 측면에서도 미국을 비롯한 서방과의 관계를 중시하고 있다.

① 소련 붕괴 전(前)

중국과 러시아는 모두 몽골 제국의 지배를 받았는데 이로 인해 중세 양국 사이에서는 간접적인 교류가 이루어졌다. 원(元)나라 시대에서는 러시아인들과 가까운 관계였던 킵차크인 상당수가 중국에 정착하기도 했다.

러시아와 중국 양국 사이의 공식적인 첫 접촉은 청(淸)의 순치제(順治帝) 시대(1643~1661)의 나선정벌과 강희제(康熙帝) 시대(1991~1722)의 1689년 네르친스크 조약(Treaty of Nerchinsk)으로 맺어진다. 이때 러시아의 황제(차르)는 표트르 대제였지만 실권은 이복 누나인 소피아가 쥐고 있었다. 당시 러시아인 중에서 중국어, 만주어가 가능한 사람이 없었기 때문에 해당 조약은 예수회 선교사들에 의해 서로 라틴어로 의사소통의 후 만주어와 러시아어로 기록되었다. 18세기에는 양국 간 캬흐타 조약이 체결되었다.

아무르강을 경계로 했던 청(淸)나라와 로마노프 왕조(제정 러시아)와의 경계는 청(淸)이 아편전쟁(阿片戰爭)으로 쇠퇴하면서 급변한다. 러시아는 청(淸)나라의 세력권이었던 위구르와 몽골의 독립을 후원했으며, 제2차 아편전쟁(阿片戰爭)의 중재를 빌미로 연해주를 영토로 획득했다. 그 후 러시아는 완전한 부동항을 찾아 황해(黃海)의 포르트 아르투르(지금의 다롄)를 얻고, 청(淸)나라의 성지였던 만주(滿洲)까지 차지하려 했으나 이는 마찬가지로 한반도와 만주에 눈독을 들이던 일본이 반발해 러·일전쟁(1904. 02~1905년 가을)의 패배로 철회되었다. 적백(赤白)내전을 거치면서 몽골은 본격적으로 러시아의 영향권에 편입되었고, 중국에서는 중화민국 정부가 수립되었다. 적백(赤白)내전 당시 러시아의 백군 난민 상당수가 프랑스 외에도 중국으로도 피난했었는데, 이들은 대개 신장이나 만주를 거쳐 상하이로 이동 후 다시 미국이나 호주로 재이민했다.

② 소련 붕괴 후(後)

2000년대 중반 이후 러시아와 중국은 미국 등 서방세계에 대한 견제를 강화하고 있다. 소련이 붕괴된 이후인 1990년대 이후부터는 양자협력 이외에도 상하이 협력 기구, BRICs

등을 통해 협력 수준을 꾸준히 높여가고 있으며, 국경을 맞대고 있는 국가라서 교류가 많은 편이다. 러시아와 접경한 헤이룽쟝성에는 러시아인들이 많으며, 반대로 러시아 극동에서도 중국인들을 많이 볼 수 있다.

실제로 러시아와 중국의 관계는 동맹관계라기보다는 동상이몽(同床異夢) 관계로서 단지 미국이라는 공동의 적을 상대로 일시적으로 협력하는 관계라고 보는 의견도 존재한다. 즉, 러시아가 유럽에서 서방에 포위되어 있고, 중국도 태평양에서 반중(反中) 국가들에게 봉쇄되어 있기 때문에 이런 동병상련(同病相憐)을 가지고 반(反)서방 입장을 공유하는 양국은 서로를 필요로 한다. 물론, 러시아와 중국은 각각 후원하고 있는 인도와 파키스탄을 두고 서로 사이가 나빠질 가능성도 상당히 높다. 그러나 그렇게 되지 않도록 서로 상당히 노력하고 있으며, 2020년 중인 국경 분쟁에서도 더 사태가 확대되지 않게 러시아의 중재가 있었다.

2000년대 중반 러시아와 중국은 만주-시베리아 국경선을 확정하면서 양국 관계 정상화의 걸림돌을 제거했었고, 그 후 2005년부터 "평화사명"(peace mission) 이라는 명칭으로 매년 육해공 삼군이 대규모로 참가하는 군사훈련을 실시하고 있다. 이 훈련을 위해 중국 기갑부대들은 러시아 영내 첼랴빈스크까지 들어가 합동훈련을 실시하고 있으며, 동해와 서해에서 각각 미국, 일본, 한국에 보란 듯이 대(對)잠수함, 대(對)항공모함 합동훈련을 실시하고 있다. 2020년 12월 중국과 러시아는 한반도 근처에서 각각 자국의 H-6와 Tu-95 폭격기대 총 19대를 띄우고 훈련을 할 정도로 사이가 좋다. 러시아는 유럽 방면의 나토(NATO)가, 중국은 남(南)중국해와 동(東)중국해에서 미국과 일본이 더 큰 주적(主敵)이므로 공통의 적(敵)을 두고 손을 잡은 것이다.

③ 2010년대 이후

2014년 유가하락과 우크라이나 사태에 대한 서방의 경제제재로 러시아가 경제위기에 빠지자, 중국이 구원투수를 자청, 러시아에 긴급 자금을 지원하고 통화스왑 협정을 체결했다. S&P에 따르면 중국 경제성장률이 낮아질 경우 피해를 입는 나라들에서 러시아는 6번째로 피해를 크게 볼 수 있다고 분석했다. 홍콩을 제외하면 5번째가 된다.

2015년 블라디미르 푸틴(Vladimir Putin, 1952~현재) 대통령(제2대. 2000~2008, 제3대. 2012~2018; 제4대: 2018~현재)과 시진핑(習近平, Xí Jìnpíng, 1953~현재) 국가주석의 모스크바 정상회담을 통해 전략적 상호협력관계를 더욱 강화해가기로 합의하였다. 실제로 시진핑(習近平, Xí Jìnpíng) 국가주석의 모스크바 방문과 의장대 파견에 화답하여 중국의 전승절 초청에 가장 먼저 참석과 의장대 파견을 결정한 것도 러시아였다. 2018년 6월 7일, 블라디미르 푸틴(Vladimir Putin) 대통령이 중국을 방문하자 시진핑(習近平, Xí Jìnpíng) 국가주석은 우의훈장을 수여하면서 양국 간의 밀월관계를 과시했다.

2017년 11월 11일, 중국의 가오펑 상무부 대변인은 중국과 러시아가 북극 지역의 개발 협력에 있어 긍정적인 진전을 이뤘다고 전하면서 중·러 간에 북극개척 및 북극지역을 통과하는 항로개척도 이뤄졌다. 그리고 중국 측은 러시아의 도움으로 아이스하키 대표팀의 전력을 강화하는 등 아이스하키를 토대로 한 협력이 활발해질 것이라는 전망도 나오고 있다.

2018년 9월에 러시아와 중국은 합동군사훈련을 치뤘고 동시에 러시아 측은 시진핑 주석을 블라디보스토크에서 열리는 동방경제포럼에 초대하는 등 중·러 간의 밀월이 가속되고 중·러 vs 미국 간의 신냉전이 가속화되고 있다.

중국과 러시아는 2018년 9월 29일에 열린 유엔총회에서 미국의 보호무역주의를 비롯한 외교 행태를 비판했다. 그리고 중국과 미국이 외교적인 갈등을 빚고 있자 중국과 러시아는 밀착을 더 강화하고 있다. 2018년 10월 17일에 시진핑 주석은 러시아의 안톤 바이노 러시아 대통령 행정실 실장을 만나면서 양국 협력의 심화를 강조했다. 그리고 중국과 러시아는 군사협력도 강화하는 등 미국을 견제하고 있다.

그동안 중국과 러시아는 양측이 무(無)비자를 허용하지 않았지만, 2018년 10월 30일에 중국과 러시아는 무(無)비자협상을 시작하면서 중국과 러시아는 무(無)비자를 할 가능성이 높아졌다. 한편 이에 맞서 대만도 러시아인의 무(無)비자 입국을 허용했다. 2018년 11월 5일에 중국의 시진핑(習近平) 국가주석은 드미트리 메드베데프(Dmitry Medvedev) 총리와 회동했고 중·러관계의 밀월을 과시했다. 그리고 전략적 협력강화에도 합의했다.

(2) 중·일(中·日) 경쟁적 관계

일본과 중국과의 역사적 관계[31]를 살펴보면 일본은 후한(後漢) 시대에 처음으로 사신을 파견하였고, 3세기 후반에 중국 삼국(三國) 중에서 위에, 5세기 초 중기인 위진 남북조(南北朝) 시대에 남조(南朝)에 각각 사신을 파견한 기록이 있다. 7세기 초 수(水)에 사신을 파견하였고, 7세기 중반에서 8세기 초 사이 당(唐)의 관제(官制)와 율령(律令)을 도입하였으며, 그 후 송(宋)·원(元)·명(明)·청(淸)과 때때로 무역을 재개하였다.

---

31) 임계순(1994), '한·중·일 3국의 역사적 관계와 그 미래', 「포럼 21」 1994년 겨울·1995년 봄 통합권, 통권 12호, 서울: 한백연구재단. 이 논문은 1994년 11월 6일 한백연구재단과 일본의 電通總研, 중국사회과학원 미래 연구회가 함께 주최한 "아시아 포럼 2005" 준비회의에서 발표된 바 있다.

7세기 초, 일본은 한반도를 통해 건축과, 미술 등의 '한국화'된 중국 문화 내지 고유의 한국 문화(특히 백제문화)를 직수입했다. 그러나 근세에 이르러 일본은 1854년 미국에 문호를 개방하고 근대화에 성공함으로써, 신장된 국력으로 한국을 식민지배하고 중국을 침략했다. 청일전쟁(1894. 08~1895. 03)의 승리로 일본은 부당한 민족적 우월 의식과 편견을 가지게 되었고, 이것은 다시 한국은 물론 중국의 민족적 자긍심을 크게 손상시켰다.

심지어, 난징 대학살(南京大屠殺, Nanking Massacre) 즉, 중·일(中·日) 전쟁 때 중화민국의 수도인 난징(南京)을 점령한 일본이 군대를 동원해 중국인을 무차별 학살했었다. 이로 인해 약 30만 명(추정)에서 100만 명의 중국인들이 학살되었다. 최근 <뉴욕 타임즈>는 증인과 증거들로 100만 명의 피해자를 추정하고 있다. 1937년 12월 13일부터 1938년 2월까지 6주간에 걸쳐 이뤄졌으며, 1939년 4월에는 1644 부대가 신설되어 생체실험 등이 자행되었다. 오늘날 중국에서는 이를 '난징 대도살'이라고도 부르며, 일본에서는 '난징 사건'으로 불리고 있다. 서구권에서는 '아시아 홀로코스트'라고 부른다. 따라서 과거사에 대한 철저한 반성이 없는 일본에 대한 한국과 중국의 불신은 좀처럼 가시지 않고 있다. 그러므로 한·일(韓·日)이 화합하고, 중·일(中·日)이 협력하는 일은 쉽게 이루어지지 않을 것이다.

그럼에도 불구하고, 중·일(中·日) 관계는 냉전기에도 안보분야와 경제분야가 분리되어 진행되어 왔다.[32] 즉, 중·일(中·日) 간 무역은 전후 급속히 재개되었으며, 과거 공산주의에 대한 미국의 견제 속에서도 일본의 대(對)중국 경제교류는 지속되었다.[33]

중국과 일본은 과연 아시아의 경제회복과 지역경제 활성화를 위해 상호 협력할 수 있을 것인가? 이에 대한 해답은 중·일(中·日) 관계의 발전양상뿐만 아니라 중·일(中·日)의 미국과의 관계의 발전양상에 의하여 좌우될 것이다. 우선, 경제분야에서 중·일(中·日) 간 갈등 양상을 예를 들면 다음과 같다.

① 1997년 말의 동아시아 외환위기 이후, 중국은 주변국들의 통화약세와 수출경쟁력

---

32) Akira Iriye(1990), "Chinese-Japanese Relations, 1945~1990." China Quarterly, No. 124, December, pp. 624~638.

33) 물론, 경제분야의 자유주의와 안보분야의 현실주의로 나누어 진행됨에 따라 일본 내에서는 많은 논쟁이 있어 왔다. David Shambaugh(1996), "China and Japan towards the Twenty-First Century: Rivals for Pre-eminence or Complex Interdependence?" In China and Japan: History, Trends, and Prospects, edited by Christopher Howe. Oxford: Clarendon Press; Michael J. Green and Benjamin L. Self(1996), "Japan's Changing China Policy: From Commercial Liberalism to Reluctant Realism." Survival, Vol. 38, No. 2, pp. 35~58; Robert Sutter(2002), "China and Japan: Trouble Ahead?" Washington Quarterly Vol. 25, No. 4, pp. 37~49; Self, Benjamin(2002), "China and Japan: A Façade of Friendship," The Washington Quarterly Vol. 26, No. 1, pp. 77~88.

강화 노력에도 불구하고 위안화의 환율을 유지시켜 나감으로써 아시아 경제의 회복 노력에 주도적 역할을 수행하였다. 이와 반대로, 일본은 자국에의 영향을 최소화하기 위해 엔화의 환율 저하를 방치함으로써 아시아경제 회복에 기여하지 않았다. 그 대신, 일본은 1997년 국제통화기금(IMF)의 역할에 비교될 수 있는 "아시아 통화기금"(AMF: Asian Monetary Fund)을 설립하여 엔화를 기축통화로 하는 아시아 통화정책을 제안하였다. 그러나 이 제안 미국의 재무성 및 국제통화기금(IMF: International Monetary Fund)과 중국의 반대로 무산되었다.

이어서, 일본은 신(新)미야자와 플랜(New Miyazawa Initiative)에서 300억 달러의 경제지원 계획을 마련하였고, 1998년 11월에는 미국과 일본이 협력하여 우선적으로 경제난을 겪고 있는 아시아 국가들에게 100억 달러의 금융지원을 약속하였다. 이와 대조적으로, 중국은 홍콩과 함께 55억 달러의 금융지원 계획을 제안하였다. 이처럼 일본과 중국은 아시아 지역경제에 대한 기여를 통해 동 지역에서의 영향력을 제고하기 위해 상호 협력과 더불어 경쟁해 왔다.[34)]

② 2001년 4월 23일, 일본이 중국산 농산물{버섯, 양파, 골풀(다다미 제작용)}에 대한 긴급 잠정 수입제한 조치(세이프 가드)를 발동했다. 이러한 일본의 조치에 대해 중국은 2001년 6월 중에 자동차, 에어컨, 휴대폰 세 종목에 대한 100% 보복관세를 부과함으로써 대응하였다. 그러나 2001년 12월 장관급 회담에서 일본이 먼저 수입제한 조치의 발동을 취소함으로써 중·일(中·日) 간 무역분쟁은 8개월 만에 일단락되었다.

상기와 같이, 동아시아 지역경제의 협력 및 통합에 있어서 일본과 중국의 경쟁과 대립에 대한 평가는 다음과 같다. 우선, 중국의 입장에서 보면, 금융부문에서는 2000년 치앙마이 합의(CMI: Chiang Mai Initiative)와, 무역분야에서는 아세안(ASEAN) 10개국과의 자유무역협정(FTA)와 각각 관련되어 있다. 중국이 지역주의로 전환하게 된 요인은 1999년 말 일본과 싱가포르의 FTA 협정의 교섭이 본격화된 데에 자극을 받은 면이 크다. 바로 2년 후인 2001년에 아세안(ASEAN)과의 협의를 시작한 것이다.

한편, 일본의 입장에서 보면, 중국과 ASEAN 10개국의 자유무역협정(FTA)에 대한 합의는 동아시아에서의 정치적 주도권을 목표로 하고 있다는 점이다. 그러나 중국의 세계무역에서의 등장과 괄목할만한 경제성장은 일본에게 위협은 아니라고 말할 수 있다. 왜냐하면 중국과 ASEAN은 여전히 발전과 안정을 지속하기 위해서는 일본의 기술과 자본을 필요로

---

34) 최운도(2004), "아시아 경제통합에 있어서 일·중 협력과 경쟁", 「중소연구」, 통권 101호, 서울: 한양대학교 아태지역연구센터.

할 것이기 때문이다. 또한, 중국은 2001년 WTO 가입 이후 시장경제체제로의 전환을 한층 더 강화할 것이므로, 일본은 지적재산권 및 비관세장벽에 대한 개혁과 투명성 강화를 요구할 수 있기 때문이다. 그럼에도 불구하고, 일본은 동아시아 지역에서의 중국 주도권을 견제할 필요가 있다는 것이다.

지난 동아시아 경제위기(1997~1998)가 제2차 세계대전 이후 미국에 의해 계획되고 진행되어 온 동아시아 경제시스템의 변화를 가져왔다. 즉, 제2차 세계대전(1939~1945) 후, 아시아는 미국을 중심으로 일본과 동남아시아 국가들과의 양자 간(bilateral) 관계를 중심으로 연계된 지역이다. 물론, 1985년 플라자 합의(Plaza Agreement) 이후 일본이 아세안(ASEAN)과의 연계를 주도하는 '기러기 대형'의 지역화의 경향을 보이기 시작하였으나, 미국 주도의 아시아지역 경제시스템은 여전히 유지되고 있었다. 그러나 동아시아 경제위기(1997~1998년)의 극복과정에서 중국에 대한 아세안(ASEAN)의 기대와 중국의 지역주의 움직임이 결합되면서 아시아지역 경제시스템의 중심 이동과 함께 과거 50년간 지속되어 온 미국 주도의 경제시스템이 변화되기 시작한 것이다. 즉, 아세안(ASEAN)과 중국은 자유무역지대(FTA)의 구상을 통해 동아시아에서의 발전과 번영의 토대를 구축하려는 것이다.

바로 이러한 점에서, 중국은 한국을 '전략적 협력 동반자'로서 필요로 한다고 말할 수 있다. 왜냐하면 한국이 아세안(ASEAN)에 비하여 높은 경제력을 갖고 있기 때문이다. 신욱희 서울대 외교학과 교수는 그의 저서 <삼각관계의 국제정치: 중국, 일본과 한반도>(서울대학교 출판문화원)에서 다음과 같이 주장했다: *"한국은 한·미·일 관계와 한·중·일 관계의 교차점에서 주체성의 범위를 확대하고 양자를 조화시키기 위한 국가전략을 모색해야 한다. 중국이 세계 초강대국 역할을 맡으리라고 전망되는 상황에서, 한·미 관계보다 역사가 오래되고 지리적으로 인접한 한·중·일 축(軸)에 새롭게 주목할 필요가 있다. 중·일(中·日)이 소원할수록 한국의 전략적 가치가 상승하며, 한국은 그 사이에서 전략적 레버리지(지렛대) 역할을 해야 한다. 중국위협론과 중국포위론 사이에서 한쪽으로 치우치지 않으면서 '중·일(中·日) 협력의 촉진자', '동북아 지역주의의 추진자'라는 역할을 설정할 필요가 있다"*고 말했다.

5) 러시아와 남·북한의 관계

한국과 러시아가 처음으로 접촉한 것은 고려(高麗) 시대이다. 몽골 제국 칸의 소환으로

속국들의 왕족이나 사신들이 대거 몰려왔었는데, 이때 몽골의 영향권 안에 있던 러시아와 고려가 접촉했었다. 그 후 접촉이 없다가 나선정벌 때 청(淸)나라의 요청으로 러시아 카자크들과 조선군 간의 교전으로 또 한 번의 접촉이 있었다. 한국과 러시아의 공식적인 접촉은 1860년 베이징 조약으로 원래 청(淸)나라의 일부였던 연해주가 러시아에 할양되면서 두만강 하류를 사이에 두고 러시아와 국경을 맞대게 된 이후부터 시작된다.

1860년대 부동항(不凍港)을 노리는 러시아에 대한 불안이 커진 흥선대원군(興宣大院君)이 천주교 신자를 통해 영국과 프랑스와 협력해 이들을 몰아내려고 했으나 프랑스인 신부들의 어정쩡한 태도로 거꾸로 병인박해(丙寅迫害)와 병인양요(丙寅洋擾)의 원인이 되었다. 그 후 1884년 조선과 러시아가 수교하기 이전 연해주로 불법 이주해간 조선인을 다루는 문제에 대해서 연해주의 러시아 관료와 조선 측이 조약을 맺은 적도 있다.

러시아는 영국을 견제하기 위해 제주도, 거제도, 남해의 섬들을 잠시 점령하려고 했다. 반면 고종(대한제국)은 청일전쟁(1894. 06~1895. 04) 이후에 밀려난 청나라를 대신하여 일본을 견제할 세력으로 러시아를 끌어들이려 하였다. 따라서 삼국간섭(프랑스, 독일, 러시아)가 합심하여 일본에게 제동을 걸어 청일전쟁(1894. 06~1895. 04)으로 일본이 점령한 요동반도를 다시 반환하게 되었다. 그 후, 친(親)러시아 정책을 펼치는 명성황후(明成皇后)를 시해한 을미사변(乙未事變, 1895. 10. 08)과 아관파천(俄館播遷, 1896. 02. 11~1897. 02. 20)이 일어났다. 이어서, 러·일전쟁(1904. 02~1905, 가을)에서 러시아가 패배함으로써 만주와 함께 한반도에서의 주도권을 일본에 의해 완전하게 잃게 된다

러시아로 건너가는 조선(朝鮮) 농민들의 상황은 당시까지는 의외로 괜찮았다고 한다. 시베리아를 개척해야 하는 러시아 입장에서는 조선인들의 노동력이 소중했고, 과중한 세금을 매기지 않았으며, 조선 국내의 농민들의 상태보다 더 양호했다. 일제강점기 초기에는 만주와 더불어 독립운동의 중심지가 되었다.

일제(日帝)강점기 조선(朝鮮)에 3·1운동 이후 사회주의 사상이 유입되면서 이르쿠츠크와 상하이에서 각각 조선인들에 의해 고려공산당이 창당하고, 그 후에는 조선 내 사회주의 세력과 소련 공산당간의 연결고리가 생겨났다. 베트남과 중국이 프랑스에서 사회주의를 들여온 것에 반해 조선은 특이하게 소련에서 직접 사회주의를 들여왔다. 연해주는 일본에 매수된 군벌이 지배하는 만주보다도 훨씬 상황이 양호했고, 더욱이 적백(赤白) 내전으로 인해 혼란스러운 러시아의 상황으로 무기나 물자 조달, 활동에 있어서 상당히 자유로웠다. 따라서 1919년 3.1 운동으로 촉발된 정부수립 운동으로 인해 대한민국 임시정부가 생겨나기 전에, '대한국민의회'가 바로 러시아의 블라디보스토크에서 발족되었다. 적백(赤白) 내전이

종식된 후, 소련은 이때쯤부터 자신들의 극동지역 지배를 공고히하기 위하여 일제 식민지 조선에서 이주해온 고려인에 대해서 중앙아시아로 강제이주시켰다. 1937년 스탈린시절 연해주 고려인 17만2,481명이 스탈린 정권에 의해 카자흐스탄 9만5,256명, 우즈베키스탄 7만6,526명 등이 중앙아시아로 강제이주를 당했고, 1938년까지 4만 명이 중앙아시아지역에서 사망했다. 이들 중에는 소련과 함께 항일전쟁을 함께한 조선 말기의 의병장/일제강점기의 독립운동가 홍범도(洪範圖), 1868~1943) 장군도 끼어 있었다. 제2차 세계대전(1939~1945) 당시 소련군의 일원으로 전쟁에 참가한 조선인들도 있었다. 대표적인 예가 바로 남일(南日, 1913~1976)이다. 그는 소련군 육군 대위로 근무한 후 북한 인민군 제2대 총참모장을 역임했었다.

그 후, 1941년 소련의 이오시프 스탈린(Iosif Vissarionovich Stalin, 1878~1953) 정권은 일본제국과 모스크바에서 일·소(日·蘇)불가침조약(소일중립조약)을 체결하였다. 상기 조약은 독일과의 전쟁에서 소련에게 큰 도움을 제공했다. 일본과의 중립조약 때문에, 소련의 극동지역은 소련의 서부전선에 1941년과 1944년 사이에 25만 명의 병력을 제공할 수 있었다. 상기 조약은 또한 소련이 미국의 무기대여법으로 자신들의 자원을 팔아먹는 것을 가능하게 했다. 동시에, 일본도 이 조약을 통해 큰 이익을 보았다. 미국과의 전쟁 동안, 일본은 소련으로부터 4천만 톤의 석탄, 1억4천만 톤의 목재, 5천만 톤의 철, 천만 톤의 어류 그리고 시베리아와 소련 극동지방의 금을 공급받았다. 소련과의 무역이 미국과의 전쟁 중인 일본군의 전쟁수행에 큰 도움을 주었던 것이다.

2000년 블라디미르 푸틴(Vladimir Putin, 1952~현재) 대통령(제2대: 2000~2008; 제3대: 2012~2018; 제4대: 2018~현재) 정부가 출범하면서 러시아는 대(對)한반도 균형정책을 통해 남한과 북한에서 과거의 위상을 회복해 나갔다. 대(對)한반도 균형정책은 러시아 극동지역에서 평화와 안정을 유지함으로써 극동지역 발전에 필요한 주변 환경을 조성하고자 하는 러시아의 전략에 부합한다. 그러나 2014년 우크라이나 사태로 인해 러시아의 대외전략, 좁게는 대한반도 정책은 새로운 도전에 직면해 있다. 서방과 미국의 대(對)러시아 제재는 러시아를 국제사회로부터 고립시키면서 상대적으로 러시아의 전통적 동맹국과의 접근으로 귀결되었다.

(1) 한·러 관계35)

러시아 입장에서는 중·소(中·蘇) 국경분쟁 등으로 러시아와 영토 분쟁을 겪고 있는 중국, 최대의 가상적국이자 역시 오랜 숙적으로 냉전까지 치른 미국, 쿠릴열도 분쟁으로 대립하고 있는 일본과 달리 한국에 대해서는 당장 정치적으로 뚜렷한 대립점이 없다.

그러나 한국전쟁(1950~1953) 당시에는 비공식적으로 소련군도 참전했기 때문에 적국(敵國)이었다. 또한 1983년에는 소련의 대한항공 007편 격추 사건이 있었다. 그러나 한국 입장에선 러시아가 중국보다 더 나은 면도 있다. 중국이 자국의 불법조업을 옹호하는 스탠스를 내보이는 방면, 러시아는 최소한의 처신은 한다. 한국 입장에서는 러시아와의 협력을 강화하면 중국과 일본 그리고 그 뒤의 미국과의 영향력에서도 다소 벗어나서 독자체제를 구축할 수도 있다.

한편, 러시아 입장에서는 "잘하면 한국을 내 편으로 끌어들일 수 있겠다."라는 희망이 있다. 러시아의 주 타깃인 동유럽이나 중동과 달리 아시아에서 적극적으로 활동하자니 밀월관계인 중국과 쓸데없이 마찰만 일으킬 수 있고, 국력상 소련 시절처럼 전방위에서 압력을 행사할 수가 없어서 마찰은 크지 않은 편이다. 사실 한국의 멸망을 미국이 막았고 경제개발까지 도왔기 때문에, 한국이 함부로 미국한테서 손을 못 뗀다는 것을 러시아도 잘 알고 있다. 그러나 한국에 대해 굳이 정치적, 군사적 영향력 행사를 하지 않더라도 경제적 영향력 행사가 가능하다고 러시아는 기대하고 있다. 예를 들면 남·북 통일 시 철도 배송비와 가스관으로 러시아가 영향력을 행사할 수 있다.

따라서 러시아는 풍부한 에너지 자원을 미끼로, 또한 2012년 APEC 정상회담을 디딤돌로 삼아 동아시아 및 태평양으로 진출하기 위하여 남진(南進)을 획책하고 있다. 사실, 러

35) Lim, Yang−Taek(1990), "Some Directions and Strategies of Economic & Technological Cooperation between USSR and ROK, " paper prepared for delivery at the International symposium hosted by Institute for Far Eastern Studies, Moscow, The Soviet Union, August; Lim, Yang−Taek(1991a), "Cooperation between South Korea and the USSR, " *Journal of Far Eastern Affairs*, January; Lim, Yang−Taek(1991b), "South Korea−Soviet Union Relationship and Peace in Northeast Asia in the 21st Century: with particular reference to Bilateral Tasks and the Anticipated Effects of Economic Cooperation, " paper presented at the Korean−U.S.S.R Friendship Association Conference on the Role of south Korea and Soviet Union in the 21st Century, Institute of Far Eastern Studies Academy of Sciences of the U.S.S.R, Moscow, February; Lim, Yang−Taek(1992), "A Study on the Strategies and Anticipated Effects of Economic & Technological Cooperations between South Korea and the Soviet Union, " *Journal of Behavioral and Social Sciences*, Vol. 42, The Research Institute of Social Sciences Tokai University, Kanagawa−ken, Japan.

시아는 언제나 한국의 운명을 좌우하는 중요한 변수로 작용하였다. 구한말(舊韓末) 아관파천(俄館播遷, 1896), 제2차 대전 후 국토분단, 6·25 전쟁에서 그랬다. 이젠 러시아가 다시 새로운 대국(大國)으로 등장하고 있다. 한반도를 비롯한 동북아 정세에 개입할 의지 또한 미·일·중 어느 나라에 비해서도 결코 약하지 않다.

① 개관

만주 작전으로 소련군이 한반도의 일부에 상륙하면서 한국과 러시아의 연관관계는 다시 시작되었다. 일제(日帝)의 항복 이전에 이미 북한에 진입하고 있던 소련은 한반도 북부에 소련군정을 세웠고, 그 후 소련군정이 북한 정권으로 이어지고 6·25 전쟁(1950~1953)에 직간접적으로 연관되어 있었기 때문에 대한민국 입장에서는 중화인민공화국과 더불어 냉전 시기 굉장히 사이가 껄끄러웠던 나라였다.

당시 국군에서 만든 선전물을 보면 인민군 뒤에는 김일성(金日成, 1912~1994)이 있고, 김일성(金日成, 1912~1994) 뒤에는 중공의 마오쩌둥(毛澤東, 1893~1976)이 있고, 그 뒤에는 최종보스인 소련의 이오시프 스탈린(Iosif Vissarionovich Stalin, 1894~1971)이 그려져 있는 것이 많았다. 소련을 옹호하는 많은 사람들이 6·25 전쟁이 김일성(金日成, 1912~1994)의 단독범행이라고 주장하지만, 실제로 이오시프 스탈린(Iosif Stalin)이 48번이나 거절했던 것을 김일성(金日成, 1912~1994)이 거듭 요청한 끝에 결국 지지하긴 했다. 이후의 북한과 소련－러시아 관계는 북러관계 문서에 기술되어 있다.

대한민국은 정부수립 직후부터 소련과 대립했다. 일제강점기 때부터 서울에 있었던 소련 영사관은 대한민국 정부 수립 이후에도 대한민국과 수교하지 않은 채 일정 기간 존속하다가, 1949년 영사관 직원이 간첩 사건에 연루되어 추방당함에 따라 평양으로 철수했다. 이후 6·25 전쟁(1950~1953)으로 사실상 적대관계로 돌아섰다. 소련은 북한을 한반도 유일의 합법 정부로 보아 남한을 국가로 승인하지 않았으며 남한이 1955년 UN에 처음 가입하려 했을 때도 소련은 UN 안보리 상임이사국 자격으로 이를 반대했다. 이것은 진영논리 때문이었다. 북한의 UN 가입은 서방 측에서 반대해왔다.

한편, 남한－소련 관계는 1970년대에 들어 조금씩 누그러졌는데, 리처드 닉슨(Richard Milhous Nixon, 1913~1994) 행정부의 출범과 함께 미국의 세계정책이 바뀌고, 소련과 중국을 포함한 강대국 관계도 바뀌게 된다. 그리고 마침 소련과 북한의 관계도 멀어지고 있었기 때문에 이에 따라 한국도 소련을 비롯한 공산권에 대하여 보다 적극적인 자세를 가지게 되었다. 소련도 한반도의 긴장완화를 지지하는 방향으로 바뀌면서 한국과 제한된 범위

세계평화(世界平和)를 위한 신(新)실용주의적(實用主義的) 해법

내에서나마 관계를 개선하려는 징후를 보였다. 1971년 8월 김용식 외무장관은 국외에서 소련이 한국에 대하여 적대적인 행동을 하지 않는다면 소련과 외교관계를 수립할 용의가 있다고 밝혔고, 당시 박정희(朴正熙) 대통령(재임: 1963. 12~1979. 10)도 1972년 5월 16일 비슷한 취지를 밝혔다. 무역법도 고쳐 소련을 포함한 비적성 공산국가와의 교역도 허용하였다. 1973년 6월 23일 박정희는 특별외교선언을 통하여 소련을 비롯한 공산국가에 대하여 문호를 개방할 용의가 있음을 밝히고, 그들도 호혜적인 조처를 취해줄 것을 요청하였다. 한편 소련도 한국이 아시아집단안전기구의 회원이 될 수 있으며, 남북한의 국제회의 및 유엔 동시가입 실현이 바람직하다는 것을 암시하기도 하였다. 1973년부터는 한국 여권을 소지한 사람들에게 소련 입국을 허용하였다.

그러나 한국은 1980년 소련에서 개최하였던 1980 모스크바 올림픽에도 선수단을 파견하지 않기로 결정하고, 1983년 대한항공 007편 격추 사건이 발생하자 한국과 소련의 관계는 역대 최악을 찍으며 악화일로를 걷기 시작한다. 대한항공도 1988년 이전까진 소련 영공을 통과하지 못했다. 그래서 한국에서 유럽으로 비행기를 타고 갈 때 지금과는 비교할 수 없을 정도로 크게 돌아갔고 소요시간도 훨씬 길었다.

1990년, 노태우(盧泰愚) 정부(1988. 02~1993. 02)가 북방정책(北方政策)을 시행하면서 남한과 소련은 역사적인 갈등관계를 풀고 수교를 하게 된다. 소련 미하일 고르바초프(Mikhail Sergeevich Gorbachev) 서기장(재임: 1990. 03~1991. 12) 대통령이 한국을 방문하여 정상회담을 하기도 했고, 노태우(盧泰愚) 대통령(당시) 역시 소련을 방문하는 등 두 국가의 사이가 좋아지기 시작했다. 그 이후 한국은 이듬해인 1991년에 숙원 중 하나였던 UN가입을 이루게 되었다. 그간 한국의 UN 가입에 반대하던 소련이 한소수교로 인해 더 이상의 반대를 할 이유가 사라졌기 때문이다. 이것이 이루어진 날짜는 9월 17일, 소련이 붕괴하기 약 3개월 전이었다.

노태우(盧泰愚) 정부(1988. 02~1993. 02) 이후 소련시절부터 천궁 대공미사일, 불곰사업 등을 통하여 무기를 직도입하기도 하고 기술이전 등의 군사교류를 지속하고 있다. 한국에서 개발한 상당수의 미사일에는 러시아의 기술력과 노하우가 들어가 있다. 미사일 기술은 군사기술 중에서도 핵심적인 집약체로 대부분의 국가들이 기술 이전을 꺼리는 부분이다. 반대로 야전텐트 등 한국의 군수품 또한 수출 중이며, CNC 공작기계 등 군수 무기 생산 분야에서도 수출 중이다

2013년 10월 8일, 한·러 군사협력협정이 곧 체결될 것이라는 소식이 언론을 통하여 공개되었다. 한·러 군사협력협정은 기본적으로 1996년에 체결된 한-러 군사협력 양해각

서를 발전시킨 것이다. 그럼에도 불구하고, 2018년 7월에 러시아 측이 한국 방공식별구역에 4차례나 진입한 사건이 일어나자 한국 측은 러시아 대사관의 무관을 불러서 항의했다. 2019년 5월 3일에 러시아 초계기가 제주도 남쪽 한국방공식별구역에 무단 침입해 공군이 출격한 일도 있었다. 2019년 7월 23일 오전 9시경 러시아의 A－50 조기경보기가 대한민국의 독도 인근 영공을 무단 침범한 사상 초유의 사태가 벌어졌다. 이에 대응해 한국공군은 1차 침범 때 미사일 회피용 플레어 10여 발과 기총 80여 발, 2차 침범 때는 플레어 10발과 기초 280발을 경고 사격하고 정부가 공식적으로 항의했다.

② 정상회담

2008년 한·러 정상회담

이명박(李明博) 대통령(2008. 02~2013. 02)과 드미트리 메드베데프(Dmitry Anatolyevich Medvedev) 대통령은 정상회담(2008. 09. 29)을 하고 양국 관계를 '상호 신뢰하는 포괄적 동반자 관계'에서 '전략적 협력 동반자 관계'로 격상시키는 공동성명을 발표했다. 이로써, 양국은 26건의 각종 양해각서를 체결했다. 예를 들면, 한국가스공사는 러시아 가즈프롬(Gazprom)을 통하여 연간 750만 톤(가스 수요의 20%에 해당)의 천연가스를 2015년 이후부터 매년 도입키로 하고, 북한을 통과하는 가스관 설치를 위한 공동연구를 추진키로 했다. 그리고 서(西)캄차카(Kamchatka) 해상광구 개발과 한반도종단철도(TKR)과 시베리아횡단철도(TSR)의 연결 사업을 위해 협력하기로 했다.

이명박(李明博) 대통령(2008. 02~2013. 02)은 "우리는 30년 뒤를 내다보는 국가 전략이 필요하다"고, 에너지·자원 외교와 관련하여, "단순히 프로젝트별로 자원을 개발하고 들여오는 등의 국지적 방식이 아니라 전략적 어프로치(접근)가 필요하다. 러시아가 전략적으로 매우 중요한 나라이기 때문에 그런 시각을 갖고 양국 관계를 강화할 필요가 있다"고 지적했다. 이어 "1800년대 러시아의 한 학자가 '동부 시베리아를 개발해야 러시아가 발전한다'고 예언했다. 마침 기후도 변하고 있어 시베리아 자원개발도 용이해지고 있다"고 덧붙였다(2008. 09. 28, 모스크바로 향하는 특별기 내에서).

북한과 남한에 대하여 '2중 플레이'를 하고 있는 러시아의 '줄다리기 외교'를 지적하지 아니할 수 없다. 상술하면, 러시아는 2000년 7월 평양에서 러·북 정상회담을 통하여 11개항의 공동선언을, 2001년 8월 모스크바에서 북·러 정상회담을 통하여 8개항의 '모스크바 선언'을 각각 발표하였으며, 2002년 8월 러시아 연해주의 블라디보스토크에서 제3차 북·러 정상회담이 열렸다. 이러한 일련의 과정을 통하여 러시아는 북한과의 경제 및 과학기술분야에서의 협력을 천명하였으며, 시베리아횡단철도(TSR)와 한반도종단철도(TKR)의 연결사업에 관한 협력문제를 논의하였고, 또한 북한의 미사일 프로그램이 순수한 방어용이라는 점을 대외적으로 부각시킴으로써 북한이 테러지원국이 아님을 강조했다.

이와 거의 동시적으로, 블라디미르 푸틴(Vladimir Putin, 1952~현재) 대통령(제2대: 2000~2008; 제3대: 2012~2018; 제4대: 2018~현재)은 2001년 2월, 한·러 정상회담에서 러시아가 대(對)한반도 정책을 '적극 개입' 방향으로 전환하고 있음을 확인시켰으며 한반도의 평화와 통일이 러시아의 이익과도 부합한다고 강조하였고 한반도의 긴장완화를 위하여 러시아가 적극적인 역할을 하겠다고 밝혔다. 그리고 시베리아 횡단철도(TSR)와 남·북한 철도를 연결하는 '철의 실크 로드' 구상 외에도 한국의 자본, 러시아의 기술·설비, 북한의 노동력을 활용하여 동북아에서 실질적인 이익을 추구하는 데도 큰 관심을 보였다.

여기서 유의할 것은 상기의 한·러 정상회담(2001. 02. 26~28)이 이루어진 후 불과 2개월만인 동년 4월 모스크바에서, 전술한 바와 같이, 북한의 김인철 인민무력부장과 러시아의 세르게이 이바노프(Sergei Ivanov) 국방장관은 '북·러 군사협력협정'을 체결하였다는 점이다.

따라서 러시아가 진정코 한반도의 평화와 통일을 희구한다면 상기와 같은 남·북한의 '줄다리기 외교' 전략을 지양해야 할 것이다. 또한, 러시아가 진실로 한국과의 에너지 협력을 추진하겠다면, 러시아의 동(東)시베리아 지역의 앙가르스크(Angarsk) 유전, 이르쿠츠크(Irkutck) 근방의 코빅친스코예(Kovyktinskoe) 가스전, 사할린(Ostrow Sakhalin)의 석유·가스전 개발 및 파이프라인의 건설계획에서 종전처럼 중국과 일본은 참여시키되 한국은 소외시키는 편파적 행위를 하지 말아야 할 것이다. 그리고 러시아가 진실로 '아시아 국가'로서 아시아·태평양으로 진출하기를 원한다면 중국의 '스코브로디노 파이프라인'과 일본의 '앙가르스크(Angarsk) 및 나홋카(Nakhodka) 파이프라인'을 두고 중국과 일본이 벌이고 있는 '에너지 전쟁'을 부추기지 말아야 할 것이다. 나아가, 러시아는 2001년 6월 이후 현재까지 지지부진한 '동북아 에너지협력'을 미국과 함께 실질적으로 추진해야 할 것이다.

특히, 한·러의 호혜적 과학기술협력을 위하여 에너지자원, 항공우주산업, 원자력, 첨단과학기술분야(예로서 고분자 공학) 등의 전략적 제휴를 충실히 이행해야 함으로써 '상호 신뢰하는 포괄적 동반자 관계'를 입증·정착시킴으로써 황준헌(黃遵憲)의 조선책략(朝鮮策略)이 제안했던 '방(防) 러시아'를 '친(親) 러시아'로 인식의 변환을 유도할 수 있을 것이다.

2018년 정상회담

2018년 6월, 문재인(文在寅) 대통령(2017. 05~현재)과 블라디미르 푸틴(Vladimir Putin) 대통령(제2대: 2000~2008; 제3대: 2012~2018; 제4대: 2018~현재)이 7개월만에 다시 만나서 한·러정상회담을 가질 예정으로 2018 러시아 월드컵에 맞추어 문재인(文在寅) 대통령(2017. 05~현재)이 러시아를 방문하였다. 김대중 대통령(1998. 02~2003. 02) 이후로 19년만에 러시아를 국빈 방문하고, 한국 대통령 사상 최초로 러시아 하원에서 연설을 했다. 문재인(文在寅) 대통령과 블라디미르 푸틴(Vladimir Putin) 대통령은 정상회담에서 한반도, 동북아평화와 번영이 공동목표라고 밝혔고, 문화, 체육교류의 강화와 과학기술, 의료, 보건분야협력도 확대하기로 했다. 그리고 문재인 대통령의 방러에 맞춰서 한국－러시아 민관협의체 한·러대화도 모스크바에서 개최되었다.

2019년 정상회담

2019년에 있었던 한·러 정상회담은 2019년 6월 28일 오사카에서 G20 정상회의동안에 개최되었지만, 당초에 늦은 29일 자정에 시작되었다. 그리고 한·러정상회담에서 문재인 대통령과 푸틴 대통령은 양국 간의 협력강화와 한반도 정세에 대해 논의했다.

③ 경제협력 현황

2010년대 경제교류

소련 붕괴 초기에는 부산항이 주요 교역창고였다. 2000년 이후에는 동해안에서도 활발하게 교역을 확장하였다. 예를 들어 속초항은 대러시아 중고차 수출 거점 항구이다. 현재까지 서로 적당한 관계를 유지해오고 있다.

2012년 8월 29일, 한국과 러시아는 비자 면제 협정을 추진하기로 결정했다. 2013년 11월에 한·러 간 비자 면제 협정이 체결되었고, 2014년 1월 1일부터 한국과 러시아 간의, 비자 면제 협정이 발효되었다.

2016년에 블라디보스토크에 있는 회담을 계기로 한·러FTA, 한·유라시아FTA를 추진하려는 움직임도 있다. 그리고 한·유라시아 FTA를 체결하기로 합의했다.

한·러 관계에서 현재 가장 큰 이해관계를 공유하고 있는 것은 시베리아 천연가스관 설치 계획이다. 한·중·일·북 모든 동북아시아의 국가가 자국에 유리하게 가스관을 설치/관통하도록 원하고 있기 때문에 모두가 이해관계를 가지고 있다. 2018년 4월과 5월에 한국가스공사와 가스프롬은 두차례 비공개 실무 접촉을 하면서 남북러가스관을 연결하는 것에 대해 논의했다. 그리고 6월 15일에도 다시 논의를 했다. 6월 24일에 한국전력은 러시아의 로세티와 공동연구 양해각서를 체결했다고 밝혔다.

산업통상자원부는 2019년 9월 23일에 모스크바에서 제16차 한·러 자원협력위원회를 열고 양국 간 에너지자원 분야 협력 증진 방안을 협의했다고 밝혔다.

과학기술정보통신부는 러시아의 경제협력부와 한·러 혁신 플랫폼 구축 업무협약, 러시아 디지털개발·통신언론부와 ICT 협력 업무협약을 각각 체결했다. 그리고 러시아와 한국은 북한 경유 가스관 건설 사업 논의를 재개했으며 사업성을 검토하고 있다.

러시아 연해주의 즈베즈다 조선소와 삼성중공업은 셔틀 유조선을 건조하기 위한 합작기업 설립에 관한 기본 협약서를 체결했다. KT는 연해주에 스마트시티 구축협력을 위한 업무협약을 러시아 측과 체결했다. 한국철도기술연구원은 2018년 10월 19일 러시아 시베리아교통대학와 철도 연구개발 및 기술협력 협약을 맺고 대륙철도 연결을 위한 기술개발, 고속철도 및 화물철도 기술개발 등 분야 협력을 강화하기로 했다. 한국의 STX는 러시아의 LPG 탱크터미널 사업에 진출했다. 경동나비엔은 2회 연속 러시아 국민 브랜드 2위에 들기도 했다. 삼성전자가 러시아 소비자들을 대상으로 한 서비스 만족도 조사에서 1위에 오른 것으로 나타났다. 현대모비스는 러시아 최대 인터넷기업인 얀덱스와 자율주행차개발에 나섰다. 화장품연구개발업체인 코스맥스는 러시아의 화장품 유통채널인 레뚜알에 자체 브랜드를 수출한다고 밝혔다. 삼성중공업은 러시아 아틱 액화천연가스2 프로젝트에 투입될 쇄빙선의 기술파트너로 선정되었다. 코레일은 블라디보스토크에서 열렸던 동방경제포럼에 참석해서 러시아 측과 대표단파견을 합의하는 등 러시아 철도공사와 협력을 강화하기 시작했다.

2020년대 경제교류

한국과 러시아는 2020년에 한·러 서비스, 투자FTA타결을 추진하기로 합의했다. 그리고 연해주에 한국 기업들을 위한 산업단지를 조성하는 데 합의했다. 러시아는 소재·부품·장비 산업 중 R&D 및 기술개발에 강점이 있어서 이에 한국 기업과 기술공동개발 및 상용화 협력을 고려하자는 주장이 제기되고 있다. 더블미가 러시아 최대 통신사 MTS와 AI 기반 5G 홀로그래픽 텔레프레젠스 서비스 협력을 맺었다. '코로나19'에 막힌 한국 내 스타트업 기업들이 러시아로 진출하는 것을 모색하고 있다. 4월 19일에 국토교통부는 한국형 스마트시티를 해외에 확산하기 위해 공모한 K-시티 네트워크 글로벌 협력 프로그램을 통해 러시아 연해주 스마트시티 구축 등 총 12건의 해외사업을 선정했다고 밝혔다.

STX는 러시아 합작법인인 KIM LCC가 크라스키노에 건설 중인 LPG 탱크 터미널의 탱크 설비 총 10기 구축을 완료했다고 밝혔다.

현대자동차의 계열사인 현대위아가 상트페테르부르크에 자동차 공장을 세우면서 유럽 진출의 교두보를 준비하고 있다. 현대자동차가 상트페테르부르크에 있는 GM 공장 인수를 추진하고 있다. 기아자동차는 러시아에서 4개 부문에서 최우수상을 수상했다.

(2) 북·러 관계

① 개관

북한 정권에서 최고권력자가 된 김일성(金日成, 1912~1994)은 모스크바로 날아와 이오시프 스탈린(Iosif Vissarionovich Stalin, 1878~1953)에게 남한의 이승만(李承晩) 정부(1948. 07~1960. 04)를 무너뜨리기 위해서는 강한 무력이 필요하다며 남침(南侵)을 위한 무장 지원을 절실히 요청했는데, 이오시프 스탈린(Iosif Stalin)은 처음에는 미국과 충돌해서 좋을 게 없다고 보류하였지만 김일성(金日成)이 무려 48번이나 남침(南侵)을 요청하자 결국 승인하고 북한에 무장 및 군사고문을 지원했다고 한다. 김일성(金日成)은 한국전쟁(1950~1953)에서 승리하면 남한의 풍부한 농수산물과 북한의 풍부한 광산물을 소련 앞에 바치겠다고 장담했다고 한다. 니키타 흐루쇼프(Nikita khrushchyov, 1894~1971)의 회고록에서도 상기와 같은 증언이 나왔다.

그런데 1956년 스탈린(Stalin) 격하 운동과 1956년 8월 종파사건으로 북한과 소련이 서로에게 밉보이기 시작하고, 공산주의도 아닌 기묘한 독자노선을 수립해가는 데다 중국에게 빌붙어서 노골적인 줄타기 외교를 하면서 손만 벌리는 북한을 소련은 차츰 좋지 않게 보게 되었다. 그러나 이런 마찰도 양국의 우호를 근본적으로 해칠 정도는 아니었고 오히려 1961년에는 유사시 소련군의 자동 개입을 규정한 조·소(朝·蘇) 동맹조약이 체결되었다. 1960년대 이후 북한이 문화대혁명의 광풍이 몰아치던 중국과 관계가 멀어지면서 다시 소련과 긴밀한 관계가 형성되었다.

경제적으로 소련은 북한을 계속 지원했고 인적교류도 꽤 잦았다. 1960년대 이후 흐루쇼프 정권 소련 때 즈음, 중국이 소련을 수정주의라며 비판하면서 중·소(中·蘇) 관계가 냉각되고 거의 전쟁 직전까지 가는 동안 북한은 등거리 외교를 하며 이익을 잘 챙겼다. 그 과정에서 중국과 친하게 지낸다고 1962년 경제보복을 당하는 수모를 겪기는 했지만, 1953년부터 1984년 말까지 소련의 대북한 군사원조 규모는 16억 달러(약 1조8,260억 원)

에 달했다. 1980년대 중반까지 소련은 계속 북한을 지원·지지했다.

외교적으로도 북한과 소련은 서로를 대체로 우호적으로 지지하였다. 특히 유엔 안보리 상임이사국인 소련은 북한을 배려해 대한민국의 유엔가입에서 거부권을 행사했었다. 소련의 아프가니스탄 침공을 까닭으로 세계가 보이콧한 1980 모스크바 올림픽 당시 중국은 선수단을 파견하지 않았으나 북한은 참가했었으며, 1980년의 보복＋미국의 그레나다 침공을 까닭으로 2세계가 보이콧한 1984 로스앤젤레스 올림픽에서 북한은 소련을 따라 기권했었다. 이것은 중국과 달리 북한이 모스크바 올림픽에 나간 자체가 북·소(北·蘇) 관계가 우호적이었다는 증거였다. 상기한 우호관계는 김일성(金日成)이 1984년 소련을 방문하여 체르넨코 서기장과 회담을 갖고 소련 해·공군의 북한 영공과 항구 이용권 제공, 북한의 군사원조 획득과 군사 유학생 파견, 대규모 경제적 및 기술적 협력 등등을 골자로 하는 협정을 체결하면서 절정에 달하였다.

1980년대 후반으로 가면서 소련이 1988 서울 올림픽에 공식 참가하여 선수단을 서울특별시에 파견하겠다는 의사를 대한올림픽위원회(KOC)에 통보하고, 소련 정부도 1988 서울 올림픽 기간 동안 대한민국 국적 항공기의 소련 영공 통과를 승인함에 따라 양국 간의 관계는 적대지간에서 벗어나려는 모습을 보이기 시작했던 반면에 북·소(北·蘇) 관계는 본격적으로 틀어지기 시작했다. 이때 북한은 소련에 대한민국에서 열리고 미국이 참가하는 올림픽에 참가하지 말라고 간곡히 요청했었지만 소련은 결국 서울에 선수단을 파견하여 1988 서울 올림픽에 미국과 한 자리에서 참가하게 되었다. 이때는 한·소(韓·蘇) 및 한·중(韓·中) 상호 간 수교를 위한 교섭이 열렸고 비공식적으로 프랑스와 일본을 통해 삼각무역도 했는데 여기에는 알바니아를 제외한 대부분의 동유럽 국가들도 참가하였다.

그 결과 마침내 1990년 소련은 대한민국을 승인함과 동시에 양국 간의 국교가 수립되었고, 1년 후 소련의 해체로 러시아 연방이 출범하게 되면서 계속 외교관계를 유지하고 있다. 1990년 대한민국과 소련이 외교 관계를 맺게 되자 북한은 강력히 반발했는데, 당시 한·소(韓·蘇) 수교에 대한 문건과 증언을 살펴보면 북한이 얼마나 소련에 배신감을 느꼈는지 잘 나와있다. 북한이 "이제 와서 두 개의 조선을 인정하는 소련이야말로 조국 통일을 방해하는 배신자"라는 말까지 하고, 당시 방북중이던 소련 외무상 예두아르트 셰바르드나제((Eduard Shevardnadze, 1928~2014)가 이에 맞서 "북한은 사회주의 국가도 아닌 세습 국가"라고 응수했을 정도로 분위기가 매우 험악했다.

과거 냉전에서는 북·소(北·蘇)관계가 이념적 동질성에 바탕을 두었지만, 탈(脫)냉전기의 북·러 관계는 대개 자국의 정치적, 전략적, 경제적 실리에 따라 변화해왔다.36) 상술하면, 소련은 1950년대 후반부터 1980년대 후반 전까지, 북한에게 정치적으로는 가장 가까운 사회주의 동맹국이자 경제적으로 최대의 후원국이었다. 1950년대 후반부터 북한은 중·소(中·蘇) 갈등의 틈바구니에서 자국의 국내사정과 실리를 고려해 소련과의 관계를 조정하기도 했으나 기본적으로는 우호·협력 관계를 유지했다. 그러나, 1980년대 후반 이후 소련에서 개혁의 바람이 불면서 북한－소련 관계는 다소 소원해졌다. 더구나 갑작스런 소련의 붕괴(1991년)와 러시아 국내의 혼란 등으로 인해 양국 간의 관계는 더욱 소원해졌다.

그러나, 지난 1990년대 중반 이후, 북한과 러시아의 관계는 회복기를 거쳐 오늘날에는 '긴밀한 협력' 관계가 유지되고 있다. 지난 4년여 동안 3차례의 정상회담을 가질 정도로 북·러 관계는 공고화되어 왔다. 2002년 가을에 북핵문제가 다시 불거지기 이전까지도 북·러 간에는 정치, 군사, 경제 등 제반 영역에서 양자간(bilateral) 협력뿐만 아니라 남한을 포함하는 3각협력에 대한 논의가 활발하게 전개될 정도로 진전되었다. 2004년 북한의 용천역 참사가 발생했을 때 러시아는 사고발생 6일 만에 북한에게 구호물자를 제공함으로써 양국의 친선관계를 과시하기도 하였다.37)

② 정상회담
2000년 7월 평양 정상회담
평양에서 열린 북·러 정상회담(2000. 07. 19~20)을 통해 블라디미르 푸틴(Vladimir Putin, 1952~현재) 대통령(제2대: 2000~2008; 제3대: 2012~2018; 제4대: 2018~현재) 대통령과 김정일(金正日) 국방위원장이 처음으로 대면하게 되었다. 러시아 최고지도자로서는 처음으로 평양을 방문한 블라디미르 푸틴(Vladimir Putin)과 김정일(金正日) 사이의 정상회담(2000. 07. 19~20)에서는 경제, 군사협력, 과학기술 교류 등 광범위한 영역에서의 현안38)과 양국 간 협력 문제가 논의되었다. 이 회담에서는 2000년 9월에 북·러 정부 간 경제공동위원회를 평양에서 개최할 것을 합의했다. 이 회담의 결과는 11개항의 공동선언39)으로 발표되었는

---

36) 장덕준(2004), "북러 관계의 전개: 空洞化된 동맹으로부터 새로운 협력관계로", 「중소연구」, 통권 103호, 서울: 한양대학교 아태지역연구센터.

37) 러시아는 북한의 용천역 열차 폭발참사를 돕기 위해 13톤의 의약품을 포함, 텐트, 모포 등 모두 30톤의 구호품을 실은 수송기를 2004년 4월 28일자로 평양에 파견했다. http://gazeta.ru/2004/04/28/bon3988.shtml.

38) 2000년 7월 19일~20일의 북·러 정상회담에서는 1990년 당시 환율로 38억 달러에 이르는 북한의 대(對)러시아 외채문제도 거론되었는데 이는 2000년 9월의 경제공동위원회에서 구체적으로 논의하기로 한 것으로 알려졌다. Nezavisimaya gazeta, 7/20/2000, http://ng.ru/world/2000－07－20 /1_phenian.html.

데, 경제 및 과학기술 분야에서의 쌍무적인 협력을 천명한 것 외에도, 특히 북한의 미사일 프로그램이 순수한 방어용이라는 점을 부각시킴으로써 북한은 테러지원국의 이미지를 희석시키려는 의도를 갖고 있었다.

상기한 북·러 정상회담(2000. 07. 19~20) 이후 북·러 양국 간 협력은 구체화되고 확대되어 갔다. 우선, 제3차 '무역·경제 및 과학기술 협력위원회'(2000. 10. 17~20)를 개최해 양국 간 경제협력의 확대 문제에 대해 논의했다. 이어서, 2001년 3월에는 악쇼넨코(Nikolai Aksenenko) 러시아 철도부 장관이 북한을 방문해 북한 측과 철도협력 문제와 한반도종단철도(TKR)와 시베리아횡단철도(TSR)의 연결사업에 대해 논의했다.

또한, 2001년 4월에는 김일철 인민무력부장이 러시아를 방문해 러시아의 이바노프(Sergei Ivanov) 국방장관과 군사협력협정을 체결하고, 북한군 간부에 대한 교육을 포함한 양국 간 군인사 교류활성화 방안을 토의했으며, 클레바노프(Ilya Klebanov) 방위산업 담당 부총리와는 '방위산업 및 군사장비 분야 협력협정'을 조인했다.[40]

2001년 8월 모스크바 정상회담

2000년 평양 북·러 공동선언문과 비교하여, 2001년 8월 모스크바 북·러 정상회담에서 특별히 눈에 띄는 내용은 다음과 같다. 즉, '모스크바 선언'에서는 제3국(한국)의 재원부담을 염두에 두고, 북한의 전력 및 산업의 현대화를 북한의 대(對)러시아 부채문제 해결과 연관시켜 해결하는 방안을 언급하고 있다(제5항). 또한, '모스크바 선언' 제6항에서는 한반도 철도(TKR)와 시베리아 횡단철도(TSR)의 연결 사업을 위해 양국이 모든 필요한 노력을 기울일 것을 언급함으로써 철도연결 사업의 추진에 대해 양국이 합의에 도달했음을 엿볼 수 있다.[41]

---

39) 북·러 '11개항 공동선언'의 주요 내용은 양국의 관계개선과 미국의 국가미사일방어체제(NMD: *National Missile Defense*) 및 전역미사일방어체제(TMD: *Theater Missile Defense*)를 반대한다는 것이다. 제6항에서는 지난 1972년 마련된 탄도탄요격미사일(ABM: *Anti−Ballistic Missile*)조약의 유지 및 강화가 필요하다는 데 인식을 함께 하고 제2차 전략무기감축협정(START−Ⅱ)의 조속한 발효와 제3차 전략무기감축협정(START−Ⅲ)의 체결을 강조하였다. 상기의 내용은 *Diplomaticheskii vestnik*(2000), No. 8, 8월, pp. 38~40. 이영형(편역)(2002), 『조선·북한·한국과 구소련·러시아간 주요 외교자료 모음집: 1884~2001년 12월 자료』, 서울: 앰애드, pp. 414~417에서 재인용.

40) 이러한 일련의 합의에 따라 러시아는 북한에 대해 제한된 수준이나마 군장비의 부품을 공급해온 것으로 알려졌다. 2002년 8월의 블라디보스토크 정상회담 직후, 세르게이 이바노프(Sergei Ivanov) 러시아 국방장관은 북한이 사용중인 옛 소련제 전투기와 탱크 등 기갑차량 예비부품을 제공하고 있음을 확인하고, 북한의 경제상황 개선 여부에 따라 양국 간 군사·기술 증진계획을 갖고 있다고 밝혔다. 『연합뉴스』, 2002/8/26.

2002년 8월 블라디보스토크 정상회담

2002년 8월의 블라디보스토크 정상회담에서는 기존의 상기한 협력사업에 대한 구체적인 실행방안이 논의된 것으로 알려졌다. 특히, 이 회담에서 중요하게 다루어진 의제는 한반도종단철도(TKR)와 시베리아횡단철도(TSR)의 연결프로젝트였다. 상술하면, 2000년 6월 남·북한 정상회담 개최 이후 남·북한 교류협력이 증대하면서 남·북한 철도연결이 성사 단계에 이르게 되자 러시아 측은 한반도와 러시아간 철도연결 사업의 실현에 총력을 기울이게 되었다.[42]

사실, 러시아는 2001년 8월 모스크바 정상회담 직후부터 철도연결 프로젝트를 위해 북한의 기술자들을 초청해 교육했으며, 북한 철도의 현대화와 그에 따른 발전소 시설의 개·보수를 서두르고, 시베리아횡단철도(TSR)와 연결될 노선으로 동해선을 지목하고, 빠른 시일내에 남·북한 동해선 복원공사가 이루어지기를 기대하고 있었다. 이와 같이, 러시아 측이 철도연결 사업에 가장 큰 관심을 쏟게 된 이유는 TKR-TSR 연결사업을 실현함으로써 낙후된 극동·시베리아 경제의 활성화를 도모하기 위함이었다.

6) 일본과 남·북한의 관계

동경대학 인류학과의 埴原和朗 교수의 연구결과에 의하면 기원전 3세기의 彌生시대부터 奈良시대에 이르는 1,000여 년 동안 한반도에서 총 100만이 넘는 도래인(渡來人)이 건너가 서(西)일본 일대를 점령하였다고 한다. 이 결과, 7세기 일본 인구는 원주민과 도래인의 인구비가 1대 9.6으로 추산된다고 한다. 따라서 일본은 도래인에 의하여 건국 및 형성되었다 말할 수 있다.

<日本書紀>에 의하면 한국의 삼국시대와 통일신라 시대의 한·일 간 교류는 대단히

---

41) "Moskovskaya deklaratsiya Rossiiskoi Federatsii i Koreiskoi Narodno-demokraticheskoi Respubliki (Moskva, 4 avgusta 2001 g.)" 이영형, op. cit., pp. 421~423에서 재인용.

42) 블라디미르 푸틴(Vladimir Putin) 대통령(제2대: 2000~2008; 제3대: 2012~2018; 제4대: 2018~현재)은 철도연결 사업이 유라시아 경제통합의 새로운 가능성을 열고, 아·태 지역의 신뢰, 평화, 안정을 제고하는 데 기여할 것이라고 강조했다. 블라디보스토크 정상회담 직전, 푸틴(Putin) 대통령은 '극동발전대책회의'에서 러시아가 TSR-TKR 연결 사업을 서두르지 않으면 중국에게 철도연결의 주도권을 뺏길 우려가 있다고 지적하면서, 김정일(金正日) 국방위원장을 만나는 주요한 목적도 이 사업의 성사를 위한 토의에 있음을 강조하였다. 최태강(2003), "2002년 8월 푸틴-김정일 정상회담 이후 러·북관계", 『극동문제』, 제25권, No. 1, 1월, 서울: 극동문제연구소, pp. 42~60.

빈번하였음을 알 수 있다. 4~5세기에 한반도 북부에 거주하였던 낙랑과 대방군의 중국인들이, 6~7세기에는 한민족이 일본으로 이동하였다.

285년에 백제인 왕인(王仁)이 논어(論語) 등 유교경전을 가지고 일본에 간 기록이 있으며, 5세기 경 한자 유교가 6세기에 불교가 전파되었으며, 7세기 초에 일본은 한반도를 통하여 한국화한 중국문화 내지 한국문화 특히 백제문화(예로서 건축, 미술 등)를 직수입했었음을 알 수 있다.

심지어, 일본인은 한반도 남해 일대를 약탈하는 과정에서 혹은 1592년 임진왜란과 1597년의 정유재란과 같은 침략을 통하여, 한반도의 문물을 흡수하여 일본화하였던 것이다. 특히 임진왜란과 정유재란 당시에 많은 한국의 도공(陶工)을 포로로 잡아가 그들에 의하여 일본의 도자기는 획기적인 발달을 하였으며, 또한 약탈해간 많은 서적을 통하여 주자학(朱子學)이 발전하였다. 그 후 1876년 강화도 조약을 체결하기 이전까지 한·일 양국은 통신사의 왕래를 통하여 교린관계를 유지하였다.

그러나 구한말(舊韓末) 시대에서 한국인의 가슴에 시퍼런 응어리가 맺히게 한 역사적 비극의 한 편린(片鱗)은 1895년 10월 7일 '을미사변(乙未事變)' 즉 명성황후(明成皇后)의 시해(弑害) 사건이라고 말할 수 있다. 구한말(舊韓末) 격동기에 일제(日帝)의 감시망을 피하여 조선(朝鮮)의 비극을 세계에 알렸던 「Korean Repository」의 기사를 소개한다.

"일본 폭도들은 명성황후(明成皇后)를 발견하자 머리채를 휘어잡은 채, '네가 황후냐?' 물었다. 황후가 피신하려는 찰나, 등에서 칼바람이 일었고 황후(皇后)는 그 자리에 쓰러졌다. 옆에서 지켜보던 왕세자는 자기 이름을 세 번씩이나 부르던 어머니의 음성을 듣기는 하였으나, 더 이상 소리를 내기 전에 일본 폭도들은 황후(皇后)를 덮쳐 살해하고, 아직도 푸들푸들 떠는 몸을 홑이불로 둘둘 말아서 후원의 녹원으로 끌고 가 석유를 부으며 밤새 불 태워 소각시켰다. 다음날 10월 8일 아침에 보니 거기엔 뼈 몇 조각밖에 남은 것이 없었다."[43]

상기의 역사적 사실은 아무리 일용할 양식을 위하여 세파 속에서 여유를 갖지 못하는 필부(匹夫)일지라도 한 조각의 민족의식을 갖고 있는 한국인이라면 일본 자객들의 칼부림에 처참히 시해되었던 조선(朝鮮)의 국모, 명성황후(明成皇后)의 최후처럼 '부들부들' 떨만한 내용이다.

---

43) 민경배 저, <한국교회사> 연세대학교 출판부, 1995년, p 210; Official Report on Matters Connected with the Events of October 8th, 1895 and the Death of the Queen, The Korean Repository, 1896년 3월 호 pp. 125~126; <승정원(承政院) 일기(日記)>, 고종 32년 8월 20일자; H. B. Hulbert, The Passing of Korea, pp. 138~140 등을 인용하였다.

당시 조선(朝鮮)의 국정이 문란해 동양평화(東洋平和)를 해친다며 정한론(征韓論)을 편 메이지유신(明治維新, 1868~1889)의 정신적 지도자 요시다 쇼인, 하얼빈에서 안중근 의사에게 피격돼 죽기 직전 조선인이 자신을 쏘았다고 듣자 "일본을 자극해 망국을 앞당길 것"이라고 말했다던 이토 히로부미, 조선은 자립할 수 없다며 병합을 강행했던 가쓰라 다로 총리, 조선인은 몽매해서 눌러 다스려야 한다며 무단통치에 나섰던 데라우치 마사다케 총독이 한·일(韓·日) 관계를 견원지간(犬猿之間)으로 만들었다.

(1) 한·일(韓·日) 관계

일본의 전쟁 책임을 다룬 샌프란시스코 조약(1951. 09. 08)이 체결되었던 당시, 동북아 정세가 요동치고 있었다. 1949년 중국이 공산화되었고, 곧이어 1950년 북한의 불법 남침이 자행됐다. 남한마저 공산화될 위험에 처했다. 샌프란시스코 조약(1951. 09. 08)을 주도한 미국은 일본을 동북아 반공(反共)의 보루로 만들 계획을 세웠다. 따라서 일본의 전쟁 책임을 묻는 것은 반공(反共) 전선 구축이라는 당면 과제에서 밀려났다.

패전국 일본은 한국전쟁(1950~1953)의 특수까지 누리며 기사회생(起死回生)했다. 10여 년 후 1965년 한·일(韓·日) 양국의 청구권 협정은 샌프란시스코 조약(1951. 09. 08)의 틀 내에서 이뤄질 수밖에 없었다. 한편, 한국전쟁(1950~1953)으로 폐허가 된 한국도 '동북아 반공(反共) 벨트'의 일원으로 경제성장과 민주화를 이뤄내며 남·북한 체제경쟁에서 승리했다.

한·일(韓·日) 양국의 관계는 양면성(兩面性)을 지닌다. 1945년 8·15 광복(光復) 이전엔 한국과 일본이 원수였지만, 그 이후엔 미국 중심의 동북아 질서 속에서 손을 잡았다. 이것은 '아시안 패러독스(Asian Paradox)'이다. 그러나 일본의 과거식민지 침략을 상기하면서 일본의 야욕을 항상 경계해야 하지만 미국 중심의 동북아 안보체제에서 미국과 동맹인 일본을 백안시(白眼視)해서는 안 될 것이다. 그렇다고 하여 일본의 과거 식민지 침략까지 미화(美化)할 수는 없다.

상기한 배경하에서, 일제(日帝)에 의한 한국인 강제 징용 피해자에 대한 한국 대법원의 2018년 10월 일제 강점기 강제 징용 피해자들에게 일본 기업이 배상하라는 판결은 1952년 샌프란시스코 조약 때 미진했었던 문제를 피해자 차원에서 다시 제기한 것이었다.[44]

---

44) 일본 정부는 1965년 한·일 청구권협정 위반이라고 주장하면서 청구권 협정 3조 분쟁해결 조항에 근거해 단계적으로 한국을 압박하고 있다. 일본은 2019년 1월 9일 청구권 협정 3조 1항에 따라 외교적 협의를 요청했다. 5월 20일에는 청구권 협정 3조 2항에 근거해 양국 중재위원회 설치를 요구했다. 6월 19일에는

여기서 유의할 것은 배상(賠償)과 보상(報償)은 다르다는 점이다. 배상(賠償)은 불법(不法) 행위에 대한 책임을 묻는 것이다.[45] 일본의 한국 지배가 일본의 정책 집행과정에서 불가피하게 벌어진 일인가? 최근 한국과 일본 사이의 무역 갈등도 이런 문제의 연장으로 볼 수 있다. 이와 대조적으로, 정부가 신도시를 개발할 때 그 땅 원주민에게 제공하는 금전적 조치가 보상(報償)이다. 즉, 정부의 합법적 정책 추진 과정에 불가피하게 손해 본 사람에게 지급하는 것은 보상금(報償金)이지 배상금(賠償金)이 아니다. 그동안 일본 정부가 한국에 사과를 안 한 것은 아니다. 여러 차례 다양한 방식으로 사과의 뜻을 전했다. 그런데 그것은 보상(報償) 차원의 조치였다(중앙선데이, 2019. 07. 20).

강제징용 배상 판결 논란과 관련하여, 청와대는 2019년 7월 16일 일본 측 요구를 거부하는 것은 물론, 양국 기업에다 한국 정부가 배상에 참여하는, 소위 '1＋1＋α' 방안까지 수용하지 않겠다고 밝혔다. 일본의 제3국 중재위원회 구성 요구를 놓고 아베 정권이 제시한 답변 시한(2019. 07. 18)이 종료되었다. 현재로선 대화와 타협을 통한 해결 가능성이 사실상 없는 분위기다.

그러나 일본은 이번에 강제징용 배상 판결로 1965년 한·일 청구권협정이 사실상 무효화된 것으로 보고 있다. 이런 상황에 직면하자 경제 보복의 칼을 뽑아 한국 경제의 급소를 찔렀다. 핵심 타깃은 한국 경제의 대들보인 반도체다. 한국으로선 이를 겨냥한 3대 수출규제 품목의 연간 수입액이 7억2,300만 달러(약 8,553억 원)에 불과하지만, 문제는 1,267억 달러(약 150조 원)에 이르는 반도체 수출이 사정권에 들어 있다는 점이다. 일본은 전체 수출의 0.001%에 불과하지만 한국은 수출의 21% 규모다.

협정 3조 3항을 인용해 제3국 중재위원회 설치를 요구했다. 그러나 한국 정부는 중재를 거부했고 일본이 요청한 시한인 7월 18일을 넘겼다. 국제사법재판소(ICJ) 제소는 한·일 모두에 부담이 있다. 한국 입장에서 소송 불응 이유를 설명해야 하는 부담이 있다. 설령 부분 승소의 결과가 나오더라도 국내적으로 패배로 받아들여질 정치적 부담이 크다. 일본으로서는 한국이 소송에 불응할 경우 재판이 열리지 않기 때문에 ICJ 제소 실익이 없다. 강제징용 문제가 국제 이슈가 되면 다른 피해국들이 동조할 우려도 있다.

45) 일본의 한국 강제병합 100년이 되는 2010년에 뜻깊은 행사가 열렸다. '한국병합 100년 한·일 지식인 공동성명'이 발표됐다. 일본의 한국 식민지배가 '원천 무효'라고 선언했다. 한국 측 서명자는 109명, 일본 측 서명자는 105명이었다. 공동선언이 나오기까지 가장 어려웠던 문제는 '불법'이란 표현을 넣는 것이었다. 성명서에는 "병합조약 등은 원래 불의, 부당한 것이었다. 그런 의미에서 당초부터 'null and void(원천 무효)'였다고 하는 한국 측의 해석이 공통된 견해로 받아들여져야 할 것"이라는 구절도 들어갔다. 한국병합이 '사실상 불법'이었음을 반성하는 내용이라 볼 수도 있다. 하지만 불법이라고 못 박지는 못했다. 당초 불법이란 표현을 넣으려고 했으나 일본 측 서명을 받기가 어려워졌다. 서명하기로 했다가 그 표현을 우려하며 빠진 이들이 있었다고 한다. 이런 유의 선언에 참여한 일본 지식인들의 용기는 결코 가볍게 볼 일이 아니다(중앙선데이, 2019. 07. 20).

① 경제교류 동향

한·일(韓·日) 양국 간의 경제교류는 분야에 따라 다소 차이는 있지만 전반적으로 정체나 상대적 축소 국면에 있다. 교역, 투자, 산업 기술 협력 측면에서 절대규모는 확대하거나 일정 수준을 유지해 오고 있지만 경제와 교류 규모의 확장추세를 고려하면 양국 간 교류는 정체나 상대적 축소 현상을 보여왔다고 말할 수 있다는 것이다. 이 같은 현상의 이면에는 양국의 산업구조가 유사하여 상호 보완적이기보다 대체적 측면이 강하고 기간 중 중국과 아세안 국가의 경제가 발전하는 가운데 양국이 중국, 아세안국가와의 교류를 대폭 확대해 왔다는 현실이 있다.

1990년 이후 한·일(韓·日) 교역은 커다란 진폭을 보이면서 변동하는 모습을 보이고 있다. 수출보다 수입의 변동폭이 더욱 크게 나타나 기간 중 국내경기의 진폭이 매우 컸다. 대일(對日) 무역수지 적자가 확장추세를 보이고 있다. 최근에는 중국과의 교역을 통해 번 달러를 일본과의 교역적자를 메우고 있다. 대일(對日) 무역수지 적자의 원인은 일본의존적인 산업구조와 기술수준의 격차라는 구조적 원인과 중국 상품의 대일 진출이 증가하면서 주력 수출상품의 대일(對日) 경쟁력이 약해지는 경쟁력 열위이다. 향후 일본경제가 장기불황 기조에서 벗어나지 못할 경우 대(對)일본 수출이 늘지 않으면서 수입이 국내 경기의 호전으로 늘어날 수 있기 때문에 대일(對日) 무역수지 적자폭이 확대할 가능성이 높다. 특히 자동차, 고급가전 등을 중심으로 한 소비재 수입이 확대하면 그 폭은 더욱 늘어날 것이다.

1990년대 전반에 호조를 보이던 일본의 대한(對韓) 직접투자는 1996년 이후 급속히 낮아졌다가 경제위기 이후 회복세를 보이고 있지만 여전히 저조한 수준에 머물러 있다. 이러한 배경에는 노사관계 등 국내 투자여건이 호전되었음에도 불구하고 중국, 동남아 등 한국보다 매력 있는 시장이 아직 많고 일본기업 전반의 경영성과가 저조한 가운데 세계경제 전망이 불투명해 해외투자에 소극적이기 때문이다. 한편, 한국의 대일(對日) 직접투자는 월등히 작은 규모이지만 2000년에 크게 늘어났다. IT, 게임 부문 등 한국이 경쟁력을 지니고 있는 부문을 중심으로 한국 자본의 일본진출이 늘어날 전망이다. 한·일(韓·日) 산업 기술 협력은 그동안 부품, 소재, 전자상거래, IT 부문과 지방정부 간의 협력을 중심으로 진행되어 왔다.

한국은 그간 정보 고속화 인프라의 성공적 구축으로 IT 혁명에서 선두 주자로 올라섰고, 디지털 산업에서 일본을 따라잡았고, 반도체와 디스플레이 분야에서는 일본을 추월하였다. 한국은 IT 혁명을 통해 '따라잡기' 근대화의 굴레를 벗어날 수 있었고 21세기에 유일하게 후발 국가에서 선진국으로 진입할 수 있었다. 이러한 한국의 약진에 대응하여 일본의 국수주의자들은 기술 패권 전쟁에서 승리하기 위해 기왕에 일본이 우위를 유지하고 있는 소재와 부품의 대 한국 수출 통제를 통해 한국이 일본을 추월하기 전에 싹을 자른다는 신(新) 정한론(征韓論)을 실천에 옮기고 있는듯하다.[46]

다시 말하면, 포스트 세계화 시대에 도널드 트럼프(Donald John Trump) 대통령(2017~2021)이 중국을 포위 견제하기 위한 인도·태평양(Indo-Pacific) 안보 체제를 구축하자, 아베 신조(Abe Shinzo, 安倍晋三, 1954~현재) 총리(당시)는 한국이 인도·태평양(Indo-Pacific) 체제의 중추로 포함되는 데 반대했다. 이에 대응해 한국은 한·미 동맹 강화, 북·미 대화 추진, 한반도 평화체제 구축을 통해 일본의 참여 없이 안보 딜레마를 해소하려 하였다. 이에 아베는 북·일 직접 대화를 시도하여 일본 패싱을 저지하려 하였으나 실패했고, 다시 '한국 때리기' 전략으로 복귀했다.

② 최근 일본의 수출무역관리령 개정: '백색국가(화이트 리스트)' 명단에서 한국을 제외

최근에 한·일(韓·日) 관계가 1965년 국교 수립 이후 최악의 갈등 국면으로으로 치달았다. 아베 신조(Abe Shinzo, 安倍晋三, 1954~현재) 총리(당시)는 2019년 8월 2일 각의(국무회의)에서 수출절차 간소화 혜택을 인정하는 '백색국가(화이트 리스트)' 명단에서 한국을 제외하는 수출무역관리령 개정안을 의결하고 이를 일본 정부가 7일 관보(官報)에 공포했다.[47] 이에 따라 일본 기업이 군사전용이 가능한 규제 품목을 한국에 수출할 경우 2019년 8월 28일부터는 3년간 유효한 일반포괄허가를 받을 수 없게 되는 등 수출 절차가 까다롭게 된다. 다시 말하면, 일본 아베 정부가 세계화 시대의 국제적 분업 체계를 무시하고 화이트 리스트(수출 절차 우대국) 제외 등 경제 보복을 결정(2019. 08. 02)했었던 것이다.[48] 즉, 한

---

46) 역사적으로 일본의 동아시아 출병은 경제적 제국주의 전쟁이라기보다는 지정학적 영토 전쟁이었다. 임진년(1592년) 도요토미 히데요시가 한반도에 출병한 것은 영토적 야욕에서 비롯된 것이지 오사카 상인들의 이윤을 확보해주기 위한 것이 아니었다. 식민지 한반도에 경부선 철도를 깐 주역은 재벌과 은행가가 아니라 중국 침략을 위한 병참로를 건설하려는 메이지 사무라이들이었다. 메이지 사무라이들은 세계를 지정학적으로 바라보았다. 메이지 국수주의의 원조인 요시다 쇼인은 정한론(征韓論)을 주장하였다. 정한론(征韓論)은 대동아공영권 건설로 이어졌고, 기시 노부스케를 거쳐, 기시의 외손자인 아베로 계승되고 있다.

47) 일본은 삼성전자가 자국의 경쟁 업체를 코너에 몰고 있던 시절(2004년) 화이트 리스트(수출 절차 우대국 명단)에 한국을 포함했다. 그때만 해도 경제력 격차가 컸으니 여유를 부릴 수 있었다.

48) 일본 정부는 이런 조치가 한국에 대한 경제보복이 아니라고 강변하고 있다. 이를 위해 기존의 분류체계를 폐지했다. 그 대신 A·B·C·D로 나누고 기존 백색국가는 A그룹에 넣고 한국은 B그룹으로 강등했다. B그룹은 북한·이라크 같은 금수(禁輸) 대상국가(D그룹)는 아니지만 포괄허가 여지만 더 클 뿐이어서 대만·싱가포르 등이 포함된 C그룹과는 별반 차이가 없다.

국의 핵심 산업에 없어선 안 될 전략물자 1,194개 품목에 대해 수출을 규제하자 실력으로 돌파하자는 것이다. 이 결과, 한국 기업들은 공포 후 21일이 경과한 날(2019. 08. 29)부터 일본에서 주요 품목을 수입할 때 일일이 허가를 받아야 한다. NHK는 "일본 수출기업은 공작기계나 탄소섬유 등 군사전용 우려가 높아 엄격히 규제되고 있는 품목을 한국에 수출할 때는 원칙적으로 수출 계약별로 개별 허가가 필요해진다"고 전했다.

개별허가의 경우도 수출관리 업무상 신뢰도가 높다고 인정되거나 자율준수프로그램(CP) 인증을 받으면 특별포괄허가를 받아 종전처럼 3년간 개별허가가 면제된다. 그러나 지금 분위기로는 그럴 가능성이 크지 않다. 특히 군사 전용이 가능한 '규제 품목'은 일본 경제산업성이 90일 안에 수출신청 허가 여부를 결정하는 개별허가 대상이 될 가능성이 크다. 이렇게 되면 식품·목재를 제외한 차량·선박·화학·금속 등 1,100여 개 품목은 반도체를 겨냥한 불화수소·레지스트·폴리이미드 등 3대 수출규제 품목처럼 개별허가를 받아야 한다. 이들 중 87개는 일본 의존도가 최소 50%에 달해 당장 대체재를 구하기도 어렵다.

따라서 일본이 한국을 화이트 리스트(수출절차우대국)에서 배제하면서 국내 반도체 업계의 위기감이 높아지고 있다. 일본은 2019년 7월부터 삼성전자나 SK하이닉스가 차세대 먹거리로 삼고 있는 AP(어플리케이션 프로세서)나 LSI시스템 반도체를 만드는 데 필요한 193nm 미만의 포토레지스트를 수출 규제 품목에 포함시켰다. 이번에는 두 회사의 현재 먹거리인 D램과 낸드플래시 생산에 필수적인 245nm 미만의 광원용 마스크 장비와 기판을 규제할 태세다. 이에 따라 반도체 업계에서는 "일본의 수출 규제가 미래 먹거리를 조준했다면 이번엔 현재 먹거리를 타깃으로 삼은 것 같다"고 우려하고 있다(중앙일보, 2019. 08. 05).

일본이 한국을 화이트 리스트(수출절차우대국)에서 배제한 수출 규제품목은 1,100여 개 품목 중 반도체 생산과 직접 관련되는 것은 크게 반도체 장비와 마스크 장비, 마스크 기판, 웨이퍼 등 4종류다. 그런데 반도체 장비는 삼성전자나 SK하이닉스의 경우 지난 2~3년간 반도체 수출 호황을 거치면서 선투자를 진행해 생산에 차질 없을 만큼의 생산라인을 구축해 놓고 있다. 그러나 마스크는 경우가 다르다. 마스크는 반도체의 미세 회로를 형상화하는 유리기판이다. 일본의 광학업체 호야(HOYA)와 신예츠케미컬이 독점 공급하다시피 하고 있다. 특히 245nm 미만 광원용 마스크 기판은 14nm 안팎의 D램이나 낸드플래시 메모리를 만들 때 필요하다. 즉, 일본이 245nm용 마스크 기판의 한국 수출을 어렵게 하면 삼성전자나 SK하이닉스는 D램이나 낸드플래시 생산에 차질이 불가피해진다.

삼성전자와 SK하이닉스는 2018년 세계 D램시장에서 70%가 넘는 점유율을 기록했다.

삼성전자는 437억4,700만 달러(49조1,000억 원·점유율 43.9%), SK하이닉스는 294억900만 달러(약 33조1,000억 원·점유율 29.5%)의 매출을 각각 올렸다. 세계 낸드 플래시 시장에서도 삼성전자와 SK하이닉스가 합쳐 46% 정도의 시장 점유율을 차지하고 있다. 국내업체 관계자는 "일본의 규제가 본격화할 경우 불산이나 포토레지스트와 달리 대체처나 국산화하가 쉽지 않다"고 말했다.

또한, 자동차·화학 업계도 피해가 커질 수 있다고 우려한다. 특히 전기차용 배터리와 탄소섬유는 당장 피해가 예상된다. 탄소섬유는 수소 전기차의 수소연료 저장용기를 만드는 핵심 소재다. 전기차 배터리는 LG화학·삼성SDI·SK이노베이션 등 국내 업체들이 세계 최고의 제조 기술력을 갖고 있지만 핵심소재는 일본에서 수입하고 있다.

여기서 문제는 화이트 리스트(수출 절차 우대국)에서 배제되면 일본 정부가 얼마든지 수출을 지연시킬 수 있다는 점이다. 서류 보완을 지시하거나 현장검사를 하는 식이다. 또 사용 용도까지 세세히 따지고 들거나 군사전용 우려가 있다고 판단되면 나사·철강 같은 일반 품목(비규제 품목)조차 수입에 차질이 빚어질 수 있다. 요컨대 일본 정부는 28일부터 일본의 소재·부품·장비 의존도가 높은 한국 기업을 쥐락펴락할 수 있게 됐다.

일본은 식민지배를 통해 한국에 돌이킬 수 없는 피해를 준 과거를 볼 때 한국과 협력해 미래를 건설해 나가야 할 역사적 빚과 의무를 지고 있다는 점을 망각해선 안 된다. 더구나 일본은 한국전쟁을 계기로 빈사 상태에 있던 경제를 일으켰다. 무엇보다 일본은 자유무역의 혜택을 세계 어느 나라보다 많이 본 국가이다. 이런 역사를 망각한 채 과거사 갈등에 불만이 있다고 해서 정경분리 원칙을 깨고 같은 자유무역 국가인 한국의 목을 조른다면 자가당착이자 위험천만하기 짝이 없는 도박일 뿐이다.

한편, 한국 정부는 이번 사태를 '경제 전쟁'으로 규정하며 총력 대응을 선언했다. 그러나, 문재인 대통령이 "지금껏 가전, 전자, 반도체, 조선 등 많은 산업 분야에서 일본의 절대우위를 하나씩 극복하며 추월해왔다"며 "다시는 일본에 지지 않겠다"는 다짐만으로는 전쟁에서 이길 수 없다. 당장 원료와 부품이 끊어질지 모를 기업들엔 격화소양(隔靴搔癢)이라는 느낌을 지울 수 없다. 일본 외 대체 구매처 확보를 위한 예산·세제 지원, 기술 개발 노력을 가로막는 각종 규제의 개선 등 구체적 기업 지원 정책이 시급하다. 냉정한 전략과 현실적 대응이 필요하다.

박용만 대한상공회의소 회장(당시, 재임: 2013. 07~2021. 02)은 "일본의 첨단 기술을 따라가려면 반세기가 걸린다. 단기간에 국산화는 불가능하다"고 말했다. 뼈 아픈 한국의 현실이다. 그런데 기술력의 격차보다 더 큰 문제는 따로 있다. 무엇보다 일본을 넘어서기 어려운 요인은 정부의 비효율적인 경제 정책이다. 한국은 이미 박근혜 정부 당시 구조개혁에 실패하면서 군산·구미·창원·거제·울산 산업단지를 러스트 벨트로 만들었다.

여기서 유의할 것은 다음과 같다: 기초 소재 및 부품, 장비 산업의 대일 의존 탈피는 한·일(韓·日) 갈등 국면 때마다 나온 이야기지만, 지금까지 별다른 개선은 없었다. 한국은 일본에서 소재·부품·장비를 수입해 반도체·OLED·화학 등 중간재와 자본재를 만들어 이를 해외에 수출하는 산업 전략을 취해 왔다. 이런 전략이 지금까지는 성공적이었지만, 글로벌 공급망에서 취약점도 발생했다.

문재인(文在寅) 정부(2017. 05~현재) 출범 직후 대통령 직속으로 '4차산업혁명위원회'를 설립했고, 문재인(文在寅) 대통령도 종종 4차 산업혁명의 중요성을 강조해 왔지만 그동안 무엇이 바뀌었는지 잘 알기 어렵다. 더욱이 문재인(文在寅) 대통령 스스로 '규제 혁신이 생존의 문제'라고까지 강조했지만 규제 완화도 체감되지 않는다. 일본을 넘어서겠다는 문재인(文在寅) 대통령(2017. 05~현재)의 의지는 결연해 보인다. 그러나 국정 운영의 기조가 바뀌지 않는다면 뜻하는 결과를 얻어내기는 쉽지 않을 것이다.

상기한 일본의 수출무역관리령 개정(화이트 리스트에서 한국을 제외)의 근본적 배경은 다음과 같다: 지금 일본은 세계 3위 경제대국이라고 해도 허울만 좋을 뿐이다. 세계 2위 중국과의 격차가 너무 벌어져 있고 인도·독일에 밀려나는 것도 시간문제로 남았다. 2001년 중국의 3배에 달했던 일본의 국내총생산(GDP)은 2010년 역전된 데 이어 지금은 36%(일본 4조9,710억 달러, 중국 13조6,080억 달러)로 쪼그라들었다. 나아가 중국은 2030년쯤 미국까지 제치고 세계 1위가 된다.

중국은 인공지능(AI)·빅데이터 같은 4차 산업 분야에서 미국을 넘볼 만큼 앞서가고, 5세대(5G) 이동통신에서는 미국·한국에 "기술을 가르쳐준다"고 위력을 과시할 정도다. 한국무역협회에 따르면 중국의 세계 수출시장 1위 품목은 1,720개에 달해 일본(171개)·한국(77개)을 크게 따돌리고 있다. 한국의 일본 기술 의존 역시 예전에 비해 많이 감소한 것도 사실이다.

더구나 일본은 식민 통치를 했던 한국과의 경제력 격차도 좁혀지고 있다. 2001년 8배였던 한·일 GDP 격차는 지난해 3배로 좁혀졌다(한국 1조6,190억 달러, 일본 4조9,710억 달러). 일본 경제가 '잃어버린 20년'을 기치면서 사실상 성장을 멈추고 제자리걸음 한 결과다. 게다가 1인당 국민소득(GNI)은 한국이 2018년 3만 달러를 넘어서면서 일본과 나란히 3만 달러대 국가 그룹에 진입했다. 이것은 한국이 세계 '30~50 클럽'(1인당 국민소득이 3만 달러 이상이고 인구가 5천만 명 이상인 국가) 중에서 세계 7번째(G7) 국가임을 의미한다. 일본은 삼성전자가 자국의 경쟁 업체를 코너에 몰고 있던 시절(2004년) 화이트 리스트(수출 절차 우대국 명단)에 한국을 포함했다. 그때만 해도 경제력 격차가 컸으니 여유를 부릴 수 있었다.

사실, 일본의 한국 경제 공습 방아쇠는 이미 7년 전 아베노믹스(Abenomics)를 시작하면서 당겨졌다. 제로금리·양적완화에 따른 엔저(低) 공세가 2013년부터 시작되면서 한국은 2015년부터 수출 경쟁력이 약화했다. 2017·2018년은 반도체 특수로 그 영향이 잠깐 가려졌을 뿐이다. 그 사이 한국과 주요 산업에서 경쟁 관계에 있는 일본 기업들은 채산성이 회복되면서 체력을 보충해나갔다. 나아가 설비 과잉 상태에 있던 액정·철강·조선·석유화학에 대한 구조조정에 박차를 가했다. 이에 더해 법인세 인하, 환태평양경제동반자협정(TPP) 체결 등을 통한 투자환경 개선으로 일본 기업의 리쇼어링(국내 회귀)에도 탄력이 붙었다.

한편, 문재인(文在寅) 대통령(2017. 05~현재)은 "(일본은) 언젠가는 넘어야 할 산이고, 지금 이 자리에서 멈춰 선다면 영원히 그 산을 넘을 수 없다"면서 "국민의 위대한 힘을 믿고 정부가 앞장설 테니 비상한 각오로 힘을 모아달라"고 호소했다(중앙일보, 2019. 08. 06). 문재인 대통령은 "우리는 다시는 일본에 지지 않을 것이고, 충분히 일본을 이길 수 있다"고 말했다. "지금껏 가전, 전자, 반도체, 조선 등 많은 산업 분야에서 일본의 절대우위를 하나씩 극복하며 추월해왔다"며 "다시는 일본에 지지 않겠다"고 밝혔다. 일본이 2019년 8월 28일부터 한국의 핵심 산업에 없어선 안 될 전략물자 1,194개 품목에 대해 수출을 규제하자 실력으로 돌파하자는 결의다.

그러나 극일(克日)은 말로 하는 것이 아니다. 진정한 결의에 말은 필요 없다. 말은 줄이고, 행동으로 보여줘야 한다. 극일(克日)의 관건은 한국이 대(對)일본 소재·부품·장비 의존도를 얼마나 빨리 낮출 수 있는가다. 박용만 대한상공회의소 회장(당시, 2013. 07~2021.02)은 "일본의 첨단 기술을 따라가려면 반세기가 걸린다. 단기간에 국산화는 불가능하다"고 말했다. 반도체 장비의 국산화율을 50%까지 끌어올리려면 최소 5년이 걸린다"는 것이 반도체 장비 업계 전문가들의 분석이다. 국내 반도체 장비의 83%를 미국·일본·네덜란드에 의존하고 있다. 오랜 관행을 깨고 국내 제품을 사용했다가 제품 품질이라도 떨어지면 담당 임원은 바로 목이 날아간다. 국산을 사용하려면 실패를 과감하게 용인해야 하지만 24시간 돌아가는 거대 장치산업을 돌리는 제조업에서는 기업 오너라도 그런 용단을 내리기 쉽지 않다.

더 큰 걸림돌은 정치권이 양산하고 정부가 틀어쥐고 있는 악성 규제다. 2012년 구미

불산 누출사고가 발생하자 당시 문재인 대통령 후보자를 비롯한 정치인들은 앞장서 화학물질관리법 등의 규제를 대폭 강화했다. 이것은 국내 소재 가공업체가 불화수소의 자체 생산을 포기해 온 배경이다. 이런 겹겹의 규제 환경에서는 소재·부품·장비의 국산화는 공염불(空念佛)에 그칠 공산이 크다.

문재인(文在寅) 정부(2017. 05~현재)가 일본의 수출 규제에 맞서 소재·부품·장비 육성에 나선다고 밝혔지만 지금 같은 반(反)시장·반기업 정책 기조가 계속되는 한 효과를 기대하기 어렵다. 연구개발(R&D)은 밤을 밝혀야 성과를 낼 수 있는데 획일적 근로시간 규제에 가로막혀 있다. 일본과의 기술격차를 좁히기는커녕 있는 것도 지키기 어렵다. 현대경제연구원이 분석한 '한·일 주요산업 경쟁력 비교와 시사점'에 따르면 2018년 일본 수입의존도가 90% 이상인 품목은 48개에 달한다. 그 격차를 좁히려면 시간·공간적 제약 없이 기술개발에 나설 수 있어야 한다.

그런데 기술력의 격차보다 더 큰 문제는 따로 있다. 무엇보다 일본을 넘어서기 어려운 요인은 정부의 비효율적인 경제 정책이다. 한국은 이미 박근혜 정부 당시 구조개혁에 실패하면서 군산·구미·창원·거제·울산 산업단지를 러스트 벨트로 만들었다. 설상가상으로 문재인(文在寅) 정부(2017. 05~현재)에 들어와서는 '소득주도 성장'의 질주마저 시작됐다. 2년 만에 최저임금을 29.1% 올리고 근로시간을 획일적으로 규제하면서 한국 기업은 기진맥진하고 있다. 이런 경제 환경을 피해 제조업의 탈(脫)한국 러시도 본격화하고 있다. 경제성장률은 2%대로 곤두박질치고 소비자물가지수가 7개월째 0%대로 내려앉으면서 경기침체의 그림자가 갈수록 짙어지고 있다.

요컨대, 극일(克日)을 위한 행동의 요체는 자유민주주의 국가에서 각자 맡은 본분과 소임을 다 하는 것이다. 정부는 정부의 일을 제대로 하고, 시민은 시민의 일, 언론은 언론의 일을 제대로 하는 것이다. 위기 상황에서 가장 경계해야 할 것은 내부 분열이다. 서로 손가락질을 하며 내부 총질을 해대면 성(城)은 제풀에 무너진다. 우리 사회를 '피'(彼)와 '아'(我)로 갈라 이분법적 선택을 강요하는 것이야말로 최악이다. 관변단체나 친(親)정부 매체를 앞세워 정부가 반일(反日) 감정을 선동하는 것은 자살행위다.

한국이 싸울 대상은 아베 신조(安倍晋三) 정권(당시)이지 일본인이 아니다. 평소와 다름없이 일본인들에게 마음을 열고, 그들을 포용하는 품격과 도량을 보여야 한다. 지금 한국에게 필요한 것은 배타적 민족주의에서 비롯된 편협하고 왜곡된 애국심이 아니라 자유민주주의의 성숙한 시민의식이다.

이제는 양국 모두 냉정함을 되찾고 차분한 '숨 고르기'에 들어가야 한다. 정치적 이유로 무역 보복을 사용하는 것은 잘못된 일이다. 이웃한 세계 3위, 12위의 두 경제 대국이 서로 질시하고 싸우는 것은 양국 국민 모두에게도 불행한 일이다. 어차피 엎질러진 물이라면 피해를 최소화하고, 위기를 기회로 바꾸는 수밖에 없다.

모름지기, 열린 마음과 유연한 사고로 이번 사태에 다시 접근해야 한다. 먼저 청와대부터 한국 정부가 개입된 배상안은 절대 안 된다는 입장에서 벗어나 제삼자 중재, 국제사법재판소(ICJ)행까지 포함하는 다양한 방안을 연구, 검토할 필요가 있다. 서로 양보해야 타협이 이뤄진다. 일본 측도 경직된 입장에서 벗어나야 한다. 한국 대법원의 2018년 배상 판결은 수많은 일본 변호사가 지지할 정도로 법리적으로 충분히 설득력 있는 결정이다. 그런데도 1965년 한·일협정을 이유로 무조건 무시하려는 태도는 온당치 못하다.

아베 신조(Abe Shinzo, 安倍晋三, 1954~현재) 총리(당시)가 자유무역 원칙을 무시하고, 대한(對韓) 수출규제에 나선 이유는 명백하다. 한국 대법원의 2018년 강제징용 배상 판결에 대한 보복이 직접적 이유지만, 더 큰 이유는 따로 있다. 이참에 경제적으로 한국의 기(氣)를 확실하게 꺾어놓는 동시에 1965년 한·일 국교 정상화로 구축된 한·미·일 협력 체제에서 한국을 고립시키겠다는 것이다. 아베의 속셈은 한국 배제에 따른 안보 공백을 동력으로 개헌(改憲)을 추진해 일본을 전쟁할 수 있는 '정상국가'로 바꾸는 것이다. 미국에 의해 강요된 굴욕적인 전후 체제에서 벗어나 패전 이전의 '아름다운 대일본제국'을 재현하는 것이 일본 극우세력의 오랜 염원이다.[49]

상술하면, 지금 벌어지는 '총성 없는 한·일(韓·日) 경제전쟁'의 근본 배경에는 일본의 경제력 쇠락이 자리 잡고 있다. 양국 갈등은 "강대국과 신흥국은 패권을 놓고 충돌할 수밖에 없다"는 '투키디데스의 함정'(Thucydides's Trap) 양상을 보인다.[50] 한국이 일본을 바

---

49) 그 중심에 있는 것이 '일본을 지키는 국민회의'와 '일본을 지키는 모임'을 통합해 1997년 결성한 '일본회의'라고 『일본회의의 정체』를 쓴 언론인 아오키 오사무(靑木理)는 지적한다. 아베 신조(安倍晋三) 내각에는 일본회의의 핵심 멤버들이 포진해 있다. 한국을 화이트리스트에서 배제하는 정령 개정안에 대한 의견수렴 결과 4만666건의 의견이 접수됐고, 그 중 찬성이 95%를 넘었으며 반대는 1%에 불과했다는 것이 아베 정부의 공식발표다. 평소 수십, 수백 건에 불과했던 의견 접수 건수가 유독 이번에만 4만 건이 넘은 배후에는 전국 풀뿌리 조직인 일본회의의 보이지 않는 손길이 있었다고 봐야 한다. '평화의 소녀상' 일본 전시가 이틀새 1,400건에 달하는 테러 협박으로 돌연 중단된 배경에도 일본회의의 그림자가 어른거린다. 예술적 창조의 원천인 표현의 자유마저 아무렇지 않게 짓밟는 것이 일본 민주주의의 수준이다.(중앙일보, 2019. 08. 06).

50) 미국의 대표적 국가안보 국방정책 전문가인 그레이엄 엘리슨(Graham Allison)은 그의 2018년도 저서: <예정된 전쟁>(Destined War: Can America and China Escape Thucydides's Trap?)에서 15세기 이후 신흥세력과 지배세력의 갈등이 전쟁으로 비화한 '투키디데스의 함정'(Thucydides's Trap)을 보여주는 전형적인 예는 스파르타와 아테네 사이의 전쟁이다. 신구(新舊)세력 간의 충돌가능성을 그레이엄 엘리

짝 추격하면서 일본이 한국을 견제하고 나섰다.

지금 일본은 세계 3위 경제대국이지만 세계 2위 중국과의 격차가 너무 벌어져 있고 인도·독일에 밀려나는 것도 시간문제로 남았다. 2001년 중국의 3배에 달했던 일본의 국내총생산(GDP)은 2010년 역전된 데 이어 지금은 36%(일본 4조9,710억 달러, 중국 13조6,080억 달러)로 쪼그라들었다. 나아가 중국은 2030년쯤 미국까지 제치고 세계 1위가 된다.

더구나 일본은 식민 통치를 했던 한국과의 격차도 좁혀지고 있다. 2001년 8배였던 한·일 GDP 격차는 지난해 3배로 좁혀졌다(한국 1조6,190억 달러, 일본 4조9,710억 달러). 일본 경제가 '잃어버린 20년'을 거치면서 사실상 성장을 멈추고 제자리걸음한 결과다. 게다가 1인당 국민소득은 한국이 지난해 3만 달러를 넘어서면서 일본과 나란히 3만 달러대 국가 그룹에 진입했다.

사실, 일본의 한국 경제 공습 방아쇠는 이미 7년 전 아베노믹스(Abenomics)를 시작하면서 당겨졌다. 제로금리·양적완화에 따른 엔저(低) 공세가 2013년부터 시작되면서 한국은 2015년부터 수출 경쟁력이 약화했다. 2017·2018년은 반도체 특수로 그 영향이 잠깐 가려졌을 뿐이다. 그 사이 한국과 주요 산업에서 경쟁 관계에 있는 일본 기업들은 채산성이 회복되면서 체력을 보충해나갔다. 나아가 설비 과잉 상태에 있던 액정·철강·조선·석유화학에 대한 구조조정에 박차를 가했다. 이에 더해 법인세 인하, 환태평양경제동반자협정(TPP) 체결 등을 통한 투자환경 개선으로 일본 기업의 리쇼어링(국내 회귀)에도 탄력이 붙었다.

이런 맥락에서 보면 일본의 수출규제는 한국 경제의 급소를 찌른 것이다. 핵심 타깃은 한국 경제의 대들보인 반도체다. 한국으로선 이를 겨냥한 3대 수출규제 품목의 연간 수입액이 7억2,300만 달러(약 8,553억 원)에 불과하지만, 문제는 1,267억 달러(약 150조 원)에 이르는 반도체 수출이 사정권에 들어 있다는 점이다. 일본은 전체 수출의 0.001%에 불과하지만 한국은 수출의 21% 규모다.

이제 막 시작된 일본의 수출규제는 아베 신조(安倍晋三) 정권(당시)이 시동을 건 2차 공습이라고 할 수 있다. 일본은 앞으로 금융시장을 비롯해 추가 공습을 해 올 공산이 커 보인다. 이는 한·중·일 3국 분업체계가 사실상 와해하고 각자도생(各自圖生)의 길을 걷기 시작한 현실과도 무관하지 않다.

그러나 한국은 조만간 1%대 경제성장률과 함께 만성적 저(低)성장의 늪에 빠져든 일본

슨(Graham Allison)은 '투키디데스의 함정'(Thucydides's Trap)이라고 했다. 그는 예정된 전쟁으로서 미·중(美·中) 무역전쟁을 설명하고 있지만, 한·일 간 무역전쟁에도 적용할 수 있을 것이다.

의 길을 따라갈 공산이 크다. 그렇게 되면 지금 8배인 중국과의 GDP 격차는 계속 벌어져 다시 중국의 변방 국가로 전락하게 될 것이다. 국제통화기금(IMF)이 한국의 일본 대비 1 인당 GDP 수준이 2018년 정점을 찍고 2024년 다시 벌어진다고 전망하였다.

게다가 한국은 현재 사면초가(四面楚歌) 신세다. 일본과의 경제전쟁 와중에 북한은 이틀이 멀다고 미사일을 쏘아대고 있고, 중국과 러시아는 한·일(韓·日) 간 틈새를 파고들며 호시탐탐 한반도에 개입할 기회를 노리고 있다. 동맹국인 미국은 방위비 분담금 대폭 인상과 호르무즈 해협 파병을 요구하고 있다. 중국을 겨냥한 중거리 미사일의 한국 배치까지 요구할 경우 고고도미사일방어(THAAD·사드) 체제 사태 때와는 비교가 안 될 엄청난 파장이 예상된다(중앙일보, 2019. 08. 05).

③ 한국정부의 한·일 군사정보보호협정(GSOMIA) 파기

2019년 8월 22일, 한국 정부가 한·일 군사정보보호협정(GSOMIA·지소미아)을 전격 파기하였다. 이에 대하여 마이크 폼페이오(Mike Pompeo, 1963~현재) 미(美) 국무장관(당시)이 공개 석상에서 "실망했다(disappointed)"고 했다. 국무부는 별도 논평에서 "미국은 문재인 정부에 이 결정이 미국과 동맹의 안보 이익에 부정적 영향을 줄 것이며, 동북아에서 우리가 직면한 안보 도전과 관련해 문재인 정부의 심각한 오해를 나타낸다고 거듭 분명히 말해왔다"고 했다. 미(美) 국방부도 "강한 우려와 실망감을 표명한다"고 했다.[51]

이번에도 미국은 안보 보좌관, 국방장관, 대북정책 특별대표가 차례차례 방한해서 "중국의 군사적 팽창, 북한의 핵·미사일 공동 견제에 중요하다"며 '지소미아(GSOMIA) 유지' 입장을 전했고 주한 미 대사는 마지막으로 못 박듯 강조하기도 했다. 그런데도 정부는 일방적으로 파기 선언을 했다. 지소미아는 한·미·일 3각 안보 축으로 동북아 안보를 챙기려는 미 전략 구상의 핵심이다. 일본에 보복한다는 청와대의 지소미아(GSOMIA) 파기 카드가 미국을 격앙시키고 한·미 동맹에 심각한 불신을 초래했다.

사실, 일본은 여러 번 한국의 안보에 큰 도움을 줬다. 1970년대 초 중국과의 데탕트를 원했던 리처드 닉슨(Richard Milhous Nixon, 1913~1994) 대통령(당시)은 마오쩌둥(毛澤東, 1893~1976) 정부의 환심을 사기 위해 한국 내 유엔사령부를 없애겠다고 선언했다. 유엔사

---

51) 여기서 주목해야 할 것은 '한국'이 아니라 '문재인 정부'라고 지칭한 점이다. '왜 한국이라고 하지 않고 문재인 정부라고 하느냐'는 질문에 '이것은 문재인 정부가 한 것'이라고 했다. 여기엔 문재인 정부가 전통적 동맹 한국이 걸어왔던 기본 궤도에서 벗어났다는 인식이 들어 있다. 지금 문재인 정부의 행동이 한국민 전체를 대표하지 않고 있다는 암시도 깔려 있을 수 있다. 특히 '문재인 정부가 심각한 오해를 하고 있다'는 표현은 문재인 정부를 믿을 수 없다는 분명한 입장 표명이다.

가 사라질 경우 유엔군 일원으로 참전했던 미군의 한반도 주둔 명분은 크게 약화한다. 북한이 비동맹국가를 등에 업고 유엔사 해체를 위해 전력투구했었다. 이때 한국을 도와 유엔사 해체를 막은 게 일본이다. 1973년 유엔 총회에서 일본 대표는 역설했다: "정전체제 유지에 관한 관련국 간 사전합의가 없는 한 일방적 유엔사 해체는 한반도 평화를 위협한다"(중앙일보, 2019. 08. 06)

1970년대 말 지미 카터(James Earl Carter, Jr., 1924~현재) 대통령(39대: 1977~1981)이 주한미군(駐韓美軍)을 모두 빼려 할 때도 마찬가지였다. 1977년 1월 월터 먼데일 부통령(당시)이 일본을 방문하여 주한미군(駐韓美軍) 철수 방침을 알리자 자민당 의원들은 벌떼처럼 일어나 반대 청원까지 냈다. 2개월 후 미·일 정상회담차 워싱턴에 간 후쿠다 다케오(福田赳夫) 총리는 "'철수' 대신 '감축'으로 가야 한다"고 지미 카터 대통령을 설득했다(중앙일보, 2019. 08. 06). 이 무렵 터진 코리언 게이트로 박정희 정권은 입도 뻥끗 못할 처지였다. 결국 전면 철수를 고집했던 지미 카터 대통령은 주한미군(駐韓美軍) 감축으로 돌아섰다. 물론, 일본이 한국 편을 든 건 물론 자국의 이익 때문이었다. 그러나 동기야 어떻든 두 나라의 안보상 이해가 맞아떨어져 이렇듯 협력한 때는 적지 않았다. 특히 아시아 동맹국을 지켜주겠다는 미국의 안보 약속이 불안해질수록 한·일은 밀고 끌었다.

모름지기, 한·일(韓·日)은 결국 싫든 좋든 머리를 맞대고 살 수밖에 없는 이웃이다. 한국정부의 한·일 군사정보보호협정(GSOMIA·지소미아) 파기나 독도 군사훈련은 단견적 악수(惡手)이다. 자칫 한·미·일 안보협력체제에 악영향을 미칠 수 있다.

(2) 북·일(北·日) 관계

일본 정부가 북한의 연락사무소 설치를 검토하고 있다고 밝힌 데 있어서 일본 의회가 5년간 유효한 복수 여권으로 북한 왕래가 가능하도록 하는 내용의 여권법 개정안을 통과시킴으로써 일본과 북한과의 관계가 급진전되고 있다. 또한, 북한과 일본 상사와의 합작 사업이 확대되면서 일본 북한 간 관계 진전이 두드러지게 나타나고 있다.

북·일(北·日) 수교 성사를 위한 일본의 집념은 너무나도 집요하고 노골적이다. 과거에는 북·일(北·日) 양측의 비밀접촉을 위하여 북한·임본·몽골의 삼각 외교가 은밀히 추진되었다. 2018년 11월 아베 신조(安倍晋三) 총리(당시)의 측근으로 일본 정보당국 수장인 기타무라 시게루(北村滋) 내각정보관과 북한 고위 관리가 몽골에서 극비리에 회담했었다.

결국, 아베 신조(安倍晋三) 총리(당시)는 2018년 3월 13일과 9월 10일 일본을 방문한 서훈 국가정보원장에게 북한과의 접촉 주선을 요청했었다. 그 후 정보 당국은 북·일(北·日) 접촉을 돕기 위해 남북(南北) 비공개 라인을 가동했었다. 이어서, 아베 신조(安倍晋三) 총리(당시)는 2018년 6월 12일 싱가포르 북·미(北·美) 정상회담을 앞두고 도널드 트럼프(Donald John Trump) 대통령(2017~2021)을 만나 김정은(金正恩, 1984~현재) 국무위원장과의 정상회담 때 일본 문제를 논의해 달라고 요청했다.

아베 신조(安倍晋三) 일본 총리(당시)는 2019년 1월 1일 산케이신문 및 닛폰방송을 통해 공개된 '신춘대담'에서 일본인 납치 문제 해결을 위해 김정은(金正恩, 1984~현재) 국무위원장과 만나고 싶다는 입장을 또다시 밝혔다. 6자회담 국가 중 북한과 회담을 하지 못한 나라는 일본뿐이라며 "조건 없는 정상회담"을 강조하고 있다. 이어서 아베 신조(安倍晋三) 일본 총리(당시)는 2019년 1월 국회 시정연설에선 "북한의 핵, 미사일, 납치문제 해결을 위해 김정은(金正恩, 1984~현재) 국무위원장과 마주해 모든 기회를 놓치지 않고 과단성 있게 행동하겠다"고 했고, 이번에 또다시 "조건 없이 일단 만나자"고 북한에 공을 던졌다.

이어서, 아베 신조(安倍晋三) 총리(당시)는 산케이(産經) 신문과의 인터뷰(2019. 05. 02)에서 "조건을 붙이지 않고 김정은(金正恩, 1984~현재) 국무위원장과 만나 솔직하게 허심탄회하게 이야기해 보고 싶다"고 말했다. 일본인 납치문제와 관련해선 "국제사회와 연대하는 것과 동시에 일본이 주체적으로 대처하는 게 무엇보다 중요하다"며 "북·일(北·日) 간 상호불신의 껍질을 깨기 위해선 내가 김정은(金正恩, 1984~현재) 국무위원장과 직접 마주보는 것 외엔 (방법이) 없다"고 강조했다. 또한 김정은(金正恩, 1984~현재) 국무위원장에 대해 "국가에 무엇이 최선인지를 유연하고 전략적으로 판단할 수 있는 지도자라고 기대하고 있다"고 추켜세웠다. 이와 같이 아베 신조(安倍晋三) 총리(당시)의 대(對)북한 유화 제스처는 일방적이다. 그러나 북·일(北·日) 실무진이 2019년 1월과 5월에 추가 접촉했었지만 일본인 납치자 문제와 관련해 양측의 입장이 팽팽하게 맞서면서 더 진전이 없는 상태이다.

최근에 아베 신조(Abe Shinzo, 安倍晋三) 총리(당시)가 2019년 5~9월 야치 쇼타로(谷内正太郎·사진) 일본 국가안보국(NSS) 국장을 3차례 평양에 특사로 보내 김정은(金正恩, 1984~현재) 국무위원장에게 2019년 3차례 친서(親書)를 보내면서 북·일(北日) 정상회담을 제안한 것으로 알려졌다(조선일보, 2019. 11. 13). 친서(親書)에는 북·일(北·日) 국교 정상화와 북한에 의한 일본인 납치자 문제 해결, 그리고 북·일(北日) 정상회담 제안 등이 담긴 것으로 알려졌다. 그러나 북한은 줄곧 일본의 회담 제안을 거부하고 있다.

아베 신조(安倍晋三) 총리(당시)는 2018년 4월 남·북 정상회담 직후만 해도 문재인 대통령(2017. 05~현재)과 만나 북·일(北·日) 관계 개선에서 중재 역할을 당부했다. 그러나 2018년 10월 징용 판결 이후 대북 문제에서도 한·일(韓·日) 협력은 사실상 중단된 상태다. 문재인 대통령(2017. 05~현재)을 거치지 않고 아베 총리가 직접 김정은(金正恩, 1984~현재)과 거래하겠다는 계산으로 분석된다.

여기서 유의할 것은 다음과 같다: 일본은 남·북한(南·北漢) 관계를 궁지를 몰고 갈 수 있는 전략적 카드를 쥐고 있다는 점이다. 그것은 바로 북·일(北·日) 수교이다. 북한의 입장에서 보면, 일제(日帝) 식민지 배상금만 해도 200~300억 달러로 추산된다. 상기 금액은 지난 18년간 남한이 북한에 지원한 규모의 10배 수준이다. 또한, 일본의 입장에서 보면, 일본인 납치 문제와 북·일(北·日) 수교 협상은 아주 매력적인 카드다.

만약 북·일(北·日) 수교가 이루어지고 북한이 일제(日帝) 식민지 배상금으로 200억~300억 달러를 수령한다면, 남한의 입장은 어떻게 될 것인가? 불문가지(不聞可知)이다. '한반도 운전자론'과 '적극적인 중재자론'을 주장해 왔던 한국정부의 입지가 축소될 것이다. 현재에도 온갖 수모("겁 먹은 개가 더 요란스럽게 짖어댄다", "새벽 잠까지 설쳐대며 허우적거리는 꼴")를 당하고 있는데, 그 경우 남·북(南·北)은 물론 북·미(北·美) 교착국면에서 북·일(北·日) 정상회담이 성사될 경우, 일본이 북·미(北·美) 간 중재자로 나설 수 있어 북핵 문제 해결과정에서 한국과 일본이 주도권 경쟁을 벌이게 될 것이며, 나아가 중국과 일본이 북한지역의 각종 개발권을 두고 견원지간(犬猿之間)의 각축전(角逐戰)을 남한은 쳐다만 보고 있을 것이다. 또한, 북·일(北·日) 수교가 이루어진다면, 일본이 2018년 북한과 세 차례의 정상회담(頂上會談)을 했던 한국 정부로부터 정보를 제공받을 필요성이 줄어든다면, 그나마 유지해 온 한·일(韓·日) 양국 간 협력분야가 소멸될 것이다.

그러나 염두에 두어야 할 것은 북한 스스로 북·미(北·美) 교착국면 타개를 위해 러시아에 이어 일본과도 만나려 할 수 있다는 점이다. 역사적 사례로서 2001년 미국이 북한을 '악의 축'으로 규정한 이후 북한은 대(對)미국 관계 개선을 위해 2002년 고이즈미 준이치로(小泉純一郎) 총리(당시)의 평양 방문을 통해 일본을 활용한 적이 있다.

그렇다면, 상기와 같이, 일본이 북·일(北·日) 정상회담을 적극 제안한 진정한 이유는 무엇일까? 물론, 한반도 현안에서 일본이 소외되는 것을 피하기 위한 의도도 보인다. 외교 소식통은 "한반도에서의 일본 영향력을 확대하려는 시도"라고 했다. 이와 함께 납북자 문제의 장기 미(未)해결에 따른 아베 신조(安倍晋三) 총리(당시)의 정치적 부담도 작용하고 있다. 일본인 납치자 문제 해결을 공언해왔던 아베 신조(安倍晋三) 총리(당시)로선 문제 해결에 적극적이라는 모습을 보여줄 필요가 있었다는 것이다. 그러나 저자는 북한에 대한 일본의 접근을 예사롭지 않게 본다. 북한지역의 개발과 북한시장에의 진입과 같은 경제적 목적뿐만 아니라 일본 안보 문제와 관련된 심오한 전략의 시동이라고 짐작한다. 이 경우, 한국의 입지는 더욱 더 좁아질 것이다.

03 본 연구의 종합적 논평

역사(歷史)는 미래를 비추어보는 거울이라고 말할 수 있다. 인류문명사를 회고해 보면, 고대에는 로마제국과 진(秦)·한(漢) 제국이 동·서에서 양립하였다가 중세에는 동방문명이 우세하였으나 현대에는 서방문명이 우세를 보이고 있다.

과거 서방문명은 사실 동방문명의 전파 덕분이었다. 상술하면, 중국의 화약(火藥)이 서방으로 전파되어 과거 난공불락이었던 중세 봉건성채가 공격받음으로써 유럽지역 군사체계의 전면적인 개편이 이루어졌고, 나침반(羅針盤)의 사용으로 신항로의 개척은 식민지 확장을 용이케 함으로써 자본의 원시적 축적을 가속화하였으며, 제지술(製紙術)과 인쇄술(印刷術)은 르네상스와 부르조아 계급 계몽운동의 물질적 기초가 되었다. 다시, 이것은 '대서양 시대'를 개막시켰던 원동력이 되었다.

무릇, 둥근 지구는 돌고 있듯이, 서양의 대서양 시대는 기울고 아시아·태평양 시대가 떠오르고 있다. 21세기는 아시아·태평양 시대라고 일컫는다. 실로, 제2차 세계대전(1939~1945)의 종전(終戰) 후, 반세기 동안, 아시아·태평양 지역에서는 엄청난 변화가 발생하였다. 특히 경제분야의 변화는 더욱 주목된다. 19세기 말 20세기 초, '멀고 먼 아시아'라는 뜻인 극동(極東)으로 불렸던 동(東)아시아가 이젠 세계 GDP의 20% 이상을 생산하는 '세계의 공장'이 되었다. 동(東)아시아가 경제적으로 활력에 차 있고, 환태평양지역 경제협력 및 교류의 응집력이 날로 강화되고 있으며, 서방 선진국들의 관심이 두드러지게 아시아·태평양 지역으로 기울고 있다. 따라서 미·일·중·러는 모두 아시아·태평양 지역의 중요성을 강조하고 있다.

중국은 과거 아시아의 종주국(宗主國)으로서 신(新)실크로드 즉 '일대일로(一帶一路) 전략'을 전개하고 있다. 중국의 '일대일로(一帶一路) 전략'은 동·서남 아시아와 중앙아시아를 넘어 유럽과 아프리카를 육로(一帶)와 해로(一路)로 잇는 사업으로서 이 지역 65개국에 도로와 철도, 송유관을 깔고 항만과 공항을 짓는 대규모 토목 사업이다.[52] '일대일로(一帶一

---

52) 중국의 '일대일로(一帶一路)' 전략 구상은 시진핑(習近平) 중국 국가주석이 2013년 9월 7일 카자흐스탄의 한 대학 강연에서 "실크로드 경제벨트를 만들어 공동 번영과 협력의 시대를 열자"로 제안한 것으로 시작됐다. 한 달 뒤인 10월 3일 시 주석은 인도네시아 국회 연설에서 해양 실크로드 경제벨트 구축에 아세안 국가의 협력을 제안하면서 '일대일로(一帶一路)' 구상의 윤곽이 잡혔다.

路, One Belt One Road)'는 육상과 해상 실크로드를 결합한 거대 경제벨트 구축안으로서 지역 균형발전과 산업구조조정, 에너지 안보와 국방 강화 등 중국의 핵심 전략을 응축하고 있는 중요 국가 정책이다. 과거 서역과 중국의 무역로 였던 '비단 길(실크 로드)'과 명(明)나라 정화의 해상 원정 길의 영광을 재현한다는 의미에서 신(新)실크로드 경제권으로 불린다.

중국의 '일대일로(一帶一路)' 전략에 대응하여 미국은 국가적 관심을 유럽에서 아시아로 전환하고 아시아·태평양 연안국임을 강조하면서 '인도－태평양(Indo－Pacific)' 전략을 추진하고 있다. 일본은 과거 탈아(脫亞)에서 귀아(歸亞)로 전환하고 '환태평양 경제 동반자 협정(環太平洋 經濟 同伴者 協定, TPP: Trans－Pacific Strategic Economic Partnership)'를 구상하였다가 미국의 냉담한 거부로 인하여 미국의 '인도－태평양(Indo－Pacific)' 전략에 적극적으로 동참하고 있다. 일본과 인도는 중국의 일대일로(一帶一路)에 맞서, 아시아와 아프리카 개발도상국을 잇는 '아시아·아프리카 성장 회랑(AAGC)' 프로젝트를 추진하고 있다. 러시아는 아시아 국가임을 강조하면서 '신(新)태평양 전략'을 전개하고 있다.

'세계경찰'의 역할을 수행하는 미국의 '인도－태평양(Indo－Pacific)' 전략은 동맹국 일본·호주에 인도 등 다른 우방국의 힘을 합쳐 중국의 남(南)중국해 독점과 영향권 확대를 막는 데 그 목적이 있다.[53] 미국 국가안보전략(NSS) 보고서는 인도양·태평양 간 해로(海路)를 자유롭고 개방된 상태로 유지하고 영토·해양 분쟁을 국제법(國際法)에 따라 해결할 것을 강조했는데, 또한 미국은 인프라 건설 투자의 투명성을 지향하고, 어떤 적의 도발도 억제·제압할 수 있는 군사력을 유지하겠다고 밝혔다. 또한, 뮌헨안보회의에서 지그마어 가브리엘 독일 외무장관이 "유럽이 '일대일로(一帶一路)' 전략에 공동 대응해야 한다"고 촉구한 데 이어 서구의 반(反)일대일로 전선이 갈수록 확대되는 양상이다(조선일보, 2018. 02. 21). 따라서 향후 중국의 '일대일로(一帶一路)' 전략과 미국의 '인도－태평양(Indo－Pacific)' 전략의 충돌이 불가피할 것임을 알 수 있다.

미국의 '인도－태평양(Indo－Pacific)' 전략은 도널드 트럼프(Donald John Trump) 행정부(2017~2021)의 핵심 대(對) 아시아 외교 정책임과 동시에 대(對) 중국 견제 핵심 병기(兵器)였다.[54] 2017년 12월 18일(현지 시각) 신(新)국가안보전략(NSS) 보고서에서 중국의 '일

---

53) 미국 고위 당국자는 <오스트레일리언 파이낸셜 리뷰>에서 "누구도 '중국이 인프라를 건설해서는 안 된다'고 할 수는 없지만 중국이 단독으로 항구를 건설하는 것은 경제성이 없기 때문에 우리가 나서서 항구를 연결하는 철도와 도로를 건설하는 것이 경제적일 것"이라고 밝혔다. 이는 중국이 일대일로 프로젝트를 통해 이 지역에서 일방적으로 지정학적 주도권을 쥐는 것을 허용하지 않겠다는 의미로 풀이된다.

54) 미(美) 해군은 사실상 중국을 겨냥해 30여 년 만에 장거리 함대함 미사일 개발에 박차를 가하고 있다고

대일로(一帶一路: 육·해상 실크로드)'란 중국의 동쪽이 태평양에서 우위를 점한 미·일(美·日)에 의해 막혀 있기 때문에 서진(西進)하려는 구상으로 간주하며, 이에 대응하기 위한 '인도-태평양(Indo-Pacific)' 전략을 구체화했다. 즉, 인도(印度)의 서해안부터 미국 서부 해안 사이 지역에서 한국·일본·호주·뉴질랜드·필리핀 등의 동맹국을 규합하고 인도·대만·싱가포르·베트남·인도네시아·말레이시아 등과 파트너십을 강화해서 주권의 존중, 항행의 자유, 법치(rule of law) 등을 기본 규범으로 하는 기존의 자유로운 세계 질서를 수호하겠다는 것이다. 미(美) 국방부가 2019년 6월 1일 펴낸 '인도·태평양 전략보고서(IPSR)'에 따르면 미국은 한·미·일 3각 동맹과 인도(印度)와의 협력을 통해 중국의 '일대일로(一帶一路: 육·해상 실크로드)'에 대응하겠다는 의도를 명확히 했다.[55]

여기서 유의할 것은 한·미·일 남방 3각 동맹에서 일본은 미국의 '인도-태평양(Indo-Pacific)' 전략에 적극 가담하고 있는 반면에 한국은 미국의 상기 전략에 적극 가담하지 않고 있다는 점이다. 이를 두고 신(新)국가안보전략(NSS) 보고서는 "한국과의 동맹·우정은 그 어느 때보다 강하다"고 했지만, '인도-태평양(Indo-Pacific)' 전략의 주요 협력국으로 일본, 호주, 인도를 꼽고 한국은 언급하지 않았다. 즉, 미국은 '결국 한국은 중국 편 아니냐'는 불만을 갖고 있다.[56]

외교전문지 포린폴리시(FP)가 보도했다. 1월부터 주로 지상 고정물 공격에 써왔던 토마호크 순항미사일을 함선 공격용으로 개조하는 데 착수해 몇 년 안에 실전 배치하기로 했다는 것이다. 미(美) 해군은 항공모함을 통한 제공권(制空權)이 워낙 막강하다 보니 그간 함대함 전투력 강화에는 신경을 덜 썼다. 실제 미(美) 해군의 함대함 미사일은 1977년에 실전 배치된 하푼 미사일이 유일하다(조선일보, 2010. 01. 01). 이는 남중국해에서 중국 군함과 교전 상황이 벌어질 경우 압도적 우위를 확보해야 중국의 도발을 차단할 수 있다는 판단 때문으로 보인다. 중국 둥펑 DF-21D 탄도미사일과 YF-18 순항미사일 등이 항공모함을 타격해 미(美) 해군의 제공권(制空權) 우위를 상실하는 경우에 대비한 포석이다(동아일보, 2015. 12. 16).

55) 미국은 신(新)국가안보전략(NSS) 보고서에서 '일대일로(一帶一路)'를 직접 거론하지 않았다. 그러나 "중국의 인프라 투자와 무역 전략은 지정학적 야심을 강화한다", "중국은 이를 호혜적인 것처럼 묘사하지만 중국의 우월적 지위는 인도-태평양 지역 많은 국가의 주권을 약화시킬 위험이 있다"와 같은 표현으로 일대일로를 겨냥하고 있다는 점을 드러냈다. 최근에 마크 에스퍼 신임 미국 국방장관은 2019년 6월 4일(현지시간) 호주 기자회견에서 "한 나라가 인도·태평양을 지배할 수도 없고, 지배해서도 안 된다"고 중국 견제 메시지를 보냈다.

56) 그러나 미국의 '인도-태평양(Indo-Pacific)' 전략에 대해 청와대 고위 관계자가 지난 달 "참여하는 게 현재로선 바람직하지 않다"고 한 데 이어 이날 조윤제 주미(駐美) 대사도 기자간담회에서 "미국과 아직 '인도-태평양(Indo-Pacific)' 전략에 대해 구체적인 얘기를 나눠본 적은 없다"고 했다. 그러나 문재인 대통령이 2017년 12월 18일 재외공관장들과의 만찬에서 "일대일로(一帶一路) 구상과 연계해 우리의 경제 활용 영역을 넓히는 데 속도를 내주기 바란다"고 했다(조선일보 2017. 12. 20).

　　더욱이, 2019년 7월 23일, 중국과 러시아가 동해(東海)에서 한국방공식별구역(KADIZ) 안으로 들어와 공동훈련하였다.[57] 이 사태는 '아시아 패러독스'를 보여준다. 즉, 아시아의 경제는 성장하지만 정치 및 외교는 어려움을 겪고 있다는 것이다. 이러한 측면에서 미국이 한·미·일 남방 3각 동맹의 작동을 저해하는 한·일 갈등을 제대로 관리하지 못하고 있다고 비판을 받고 있다. 그러나 한·일 갈등은 100년 이상의 깊은 역사적 상흔(傷痕)에서 연유되기 때문에 미국이 중재한다고 해서 근본적으로 해결될 문제가 아니다. 특히, 일본의 제2차 세계대전(1939~1945) 당시의 과오가 아직도 아시아 민족의 마음 속에 암영(暗影)을 드리우고 있다. 이러한 역사적 상흔(傷痕)은 현대의 상호의존적 및 경제중시적 국제관계 조류에 따라 결국 용해(溶解)되어야 할 것이다.

　　미국의 대표적 국가안보 국방정책 전문가인 그레이엄 엘리슨(Graham Allison)은 그의 2018년도 저서 <예정된 전쟁>(Destined War: Can America and China Escape Thucydides's Trap?)에서 다음과 같이 서술했다: 15세기 이후 신흥세력과 지배세력의 갈등이 전쟁으로 비화한 '투키디데스의 함정'(Thucydides's Trap)[58]을 보여주는 전형적인 예는 스파르타와

---

57) 실로, 이것은 '전례 없던 사건'이며 '인도·태평양 지역의 평화를 위협하는 위기'로 간주된다고 마이클 오슬린은 포린 폴리시(2019. 07. 31)에서 지적하고 "미국이 수년간 동맹인 일본과 한국을 더 긴밀히 엮으려는 노력은 실패했다(floundered)"며 "이젠 아시아의 미래를 재고(reconsideration)할 때"라고 적었다. 한·일 갈등뿐 아니라 인도의 경제성장률 저하, 북핵을 아시아 지역의 위험요소로 지적하면서 "미래는 아시아가 아니다(Future won't be Asian)"라고 주장했다(중앙일보, 2019. 08. 06). 미국 외교 전문지인 포린 폴리시는 진보 성향의 국제문제 전문지로, 미국 조야뿐 아니라 정부 인사들 사이에서도 파급력이 있다.

58) '투키디데스의 함정'(Thucydides's Trap)이라는 용어는 아테네 출신의 역사가이며 장군이었던 투키디데스(Thucydides)가 기원전 5세기 저술했던 스파르타(기존 패권국)와 아테네(신흥 강대국)의 전쟁인 <펠로폰네소스 전쟁사>(The History of the Peloponnesian War)에서 비롯된다. 당시, 그리스는 수많은 도시국가로 이루어져 있었다. 스파르타와 아테네도 그 도시국가 중의 하나였다. 아테네가 민주주의를 꽃피웠던 반면에 스파르타는 병약한 아이는 버려지는 것이 상징하듯 극단적인 군사문화의 표본이었다. 스파르타의 어머니들은 전쟁에 나가는 아들에게 집으로 돌아올 때에는 방패를 거뜬히 짊어지고 오든지 아니면 그 위에 실려서 돌아오라고 할 정도로 명예(名譽)를 소중히 여겼었다. 스파르타의 이러한 사회 운영원리는 당대 그리스 도시국가 중에서 단연 두각을 드러내며 지배세력으로 군림할 수 있는 원동력이 됐다. 페르시아가 그리스를 침략하자 그리스의 모든 도시국가들이 힘을 모으게 된다. 당연히 최고의 보병을 보유하고 있었던 스파르타가 적극적으로 참전해 혁혁한 전과를 올렸었다. 아테네 역시 수많은 병사를 파병해 마라톤의 유래가 된 '마라톤 전투'를 비롯해 스파르타 못지않은 역할을 수행했었다. 아테네는 특히 살라미스 해전에서 페르시아 군(軍)의 1/3에 불과한 병력으로 페르시아 군(軍)을 궤멸시켜 페르시아 전쟁의 승리에 결정적인 역할을 했었다. 그 후 아테네는 페르시아의 침략을 대비한다는 명목으로 델로스 동맹을 결성하고 도시국가들로부터 보호비용을 받아 최강의 해군을 보유하게 됐었다. 이와 같이 결성된 동맹국 간의 무역으로 그리스는 최대의 번영을 구가했었다. 한편 스파르타는 자신의 국가 내에서 자국의 지배력을 유지하는 것이 주된 관심사였기 때문에 다른 나라의 일에 거의 간섭하지 않

아테네 사이의 펠로폰네소스 전쟁(the Peloponnesian War)이다. 그는 현대에서 '예정된 전쟁'(Destined War)으로서 미·중(美·中) 무역전쟁을 설명하고 있다.

한반도에서 강대국들의 '신(新)그레이트 게임'(The New Great Game)으로 인한 한국의 '투키디데스 함정(Thucydides Trap)'의 본질을 파악하기 위하여 한국의 민족사를 개관할 필요가 있다. 한국은 5회의 '전환기적 위기'를 겪었다: ① 1200년 전·후인 고려 중기, ② 1400년 전·후인 고려 말~조선 초기, ③ 1600년 전·후인 조선 중기, ④ 1900년 전·후인 조선 말기, ⑤ 20세기 초·중기로 구분할 수 있는데, 이 중에서 가장 혹독한 시련은 5개 사건 즉 ① 임진왜란(1592~1598), ② 병자호란(1636~1637), ③ 한·일 합방(1910. 08), ④ 국토분단(1945. 09), ⑤ 한국동란(1950. 06. 25~1953. 07. 27) 이었다.

과거에도 그러하였듯이 현재나 미래에서도, 美·日·中·러의 세계 강대국들로 둘러싸인 한반도는 4강의 '그레이트 게임(The Great Game)'의 무대일 수밖에 없다. 결과적으로, 한반도 주변국(미·일·중·러)은 한국의 운명을 좌우해왔다. 특히, 한민족의 3대 비극 ① 국권피탈(1910년), ② 국토분단(1945년), ③ 한국전쟁(1950~1953년)에 대한 동북아 4강(强)의 책임이 크다.

상술하면, 16세기 임진왜란(1592~1598), 17세기 병자호란(1636~1637), 19세기 말 청·일(清·日)전쟁(1894. 07~1895. 04), 20세기 초 러·일전쟁(1904. 02~1905. 09)에 의한 국권피탈(1910. 08. 29), 미·소(美·蘇) 얄타회담(1945. 02)에 의한 국토분단(1945. 09. 08) 및 한국전쟁(1950. 06. 25~1953. 07. 27)을 면밀히 고찰해 볼 필요가 있다. 한민족의 '근·현대사적 비극'이라고 말할 수 있는 일본 제국주의에 의한 국권 피탈(1910. 08)과 국토 분단(1945. 09)이라고 말할 수 있는데, 국권 피탈(1910. 08)은 청·일전쟁(1894. 07~1895. 04)과 러·일전쟁(1904. 02~1905. 09)의 산물이며 한국전쟁(1950. 06. 25~1953. 07. 27)의 근원은 국토분단이고, 이것의 원인은 미·소(美·蘇) 얄타회담(1945. 02)이다.

한국전쟁(1950~1953) 대륙세력인 러시아의 지원을 받은 북한이 남한을 점령할듯이 보이자 해양세력인 미국이 즉각 반격을 가했고 미국·한국·연합군이 북한을 점령할 듯이 보

아래 스파르타였지만 중립국을 대상으로 동맹국이 돼달라고 설득하고 다니는 아테네를 마냥 보고만 있을 수가 없었다. 이러한 상황에서 펠로폰네소스 전쟁(the Peloponnesian War)이 발발하게 된다. "전쟁이 필연적이었던 것은 아테네의 부상과 그에 따라 스파르타에 스며든 두려움 때문이었다." 이것을 미국의 대표적 국가안보 국방정책 전문가인 그레이엄 엘리슨(Graham Allison)은 '투키디데스의 함정'(Thucydides's Trap)이라고 명명했다. 기존의 지배세력(스파르타)이 구축한 질서를 신흥세력(아테네)이 잠식해 오면 기존세력(스파르타)은 신흥세력(아테네)에 지배당할지도 모른다는 두려움이 저변에 깔리게 된다. 이러한 상황에서 작은 충돌은 언제나 세계사를 바꾸는 전쟁으로 발전할 수 있다.

이자 다른 대륙 국가인 중국이 즉각 대군을 동원해서 반격하였다. 즉, 한반도(韓半島)는 대륙세력과 해양 세력 중에서 어느 한쪽이 완전히 직접적으로 장악하기 무척 어려운 지역이다.

한반도(韓半島) 주위에는 대륙국가인 중국(경제력 세계 2위, 군사력 세계 3위), 러시아(군사력 세계 2위), 북한(핵무기 포함하면 군사력 세계 4~5위권)와 해양세력인 미국(경제력 세계 1위, 군사력 세계 1위), 일본(경제력 세계 3위, 군사력 세계 6위) 등 세계에서 가장 강력한 국가들이 둘러싼 형국이다. 한국의 국력도 만만치 않다(경제력 세계 10위권, 군사력 세계 7위권).

만약 해양세력(일본, 미국 등)이 한반도를 장악하게 되면 중국은 심각한 안보상의 위협을 당하게 된다. 당장 막강한 한·미(韓·美) 연합군을 상대해야 하고 미국의 포위망이 바로 코앞에 닥쳐오는 꼴이 된다. 이와 반대로 만약 대륙세력(중국, 러시아, 북한)이 한반도를 장악하면 일본은 바로 '머리위에 칼'을 얹어놓은 꼴이 되어 언제든지 침략을 당할 위협에 시달리게 된다. 따라서 한반도를 어느 한쪽 세력이 장악하는 것은 주위 국가들이 바라지 않는 것이 되며 어느 한쪽이 장악할 것 같으면 반대세력의 즉각적인 반격을 받게 된다.

한반도(韓半島)를 '신(新)그레이트 게임'(The New Great Game)의 측면에서 보면, 청일전쟁(1894. 08~1895. 03)은 일본이 조선을 과거 한반도에서 종주국(宗主國)이라고 주장하는 청(淸)으로부터 떼어 놓기 위한 북방진출 전략의 일환으로 발발되었다. 또한, 러·일전쟁(1904. 02~1905. 09)은 일본이 러시아의 남진(南進)을 막음으로써 일본의 북방 진출을 위한 발판을 만들기 위한 책략으로서 발발되었다. 그 결과, 대한제국(大韓帝國)의 외교권(外交權)은 일본 제국주의에게 박탈(1905. 11. 17)되었으며, 이어서 대한제국(大韓帝國)의 국권(國權)이 피탈(1910. 08. 29)되었다.

이젠, 한반도는 상기한 5회의 '전환기적 위기'에 이어서 다음과 같은 '6번째 전환기적 위기' 상황이 도래하고 있다. 즉, 북한의 핵무기 문제의 해결방안을 두고 한반도에서 미·중(美·中)의 '신(新)그레이트 게임'(The New Great Game)이 시작되었다.

동북아지역에서 세력 균형(Balance of Power)은 양대(兩大) 축(軸): (1) 한·미(韓·美) 상호방위조약(1953. 10. 01) 및 한·미(韓·美) 군사동맹(1954. 11. 18), 미·일(美·日) 방위조약(1978. 11) 및 신(新)방위조약(1997. 09), 중국의 '아킬레스 건'(Achilles 腱)인 미국의 대만관계법(1979. 04); (2) 북·중(北·中) 우호조약(1961. 07), 북·러 우호조약(2000. 02)이다. 한·미(韓·美) 군사동맹(1954. 11. 18)과 미·일(美·日) 신(新)방위조약(1997. 09)이 존재하는 한, 북·중(北·中) 우호조약(1961. 07), 북·러 우호조약(2000. 02)은 존속될 것이다. 미국은 일본과 한국의 안보에 절대적인 영향력을 갖고 있으며, 현재 일본에 43,550명의 미군과 한국에 34,500명의 미군을 각각 배치하면서 직접적으로 일본과 한국의 안보를 지원하고 있다.59) 한편, 일본과 한국은 경제력 측면에서 중국과의 관계를 강화해 나갈 것인 반면에, 군사력 측면에서는 미국과의 관계를 중시할 것이다.

냉전종식 이후, 한반도 주변 4대 강국 중에서 특히 미국과 중국은 제1차 미·중(美·中) 전략경제대화(SAED: Strategic and Economic Dialogue, 2009. 07. 27~28, 워싱턴)에서, 또한 G20 정상회의(2011. 11. 11~12)에서 '동북아 안정'을 위협할 수 있는 한반도 위기상황이 발생하지 않도록 상호협력하기로 합의한 바 있다.

미국과 중국이 2009년 7월 27~28일(현지시간) 워싱턴에서 '전략 및 경제대화(SAED: Strategic and Economic Dialogue)'가 개최되었다. 버락 오바마(Barack Hussein Obama) 대통령(당시)은 "산중에 난 좁은 길도 계속 다니면 곧 길이 되고, 다니지 않으면 곧 풀이 우거져 막히게 된다"(山徑之蹊間 介然用之而成路 爲間不用 則茅塞之矣) 라고, 힐러리(Hillary Diane Rodham Clinton) 국무부 장관(당시)은 "마음이 맞으면 태산도 옮긴다"(人心齊 泰山移) 라고, 가이트너(Timothy Franz Geithner) 재무부 장관은 "비바람 속에 배를 함께 타고 있다"(風雨同舟) 라고 했다. 이에 대응하여 다이빙궈(戴秉國)는 "미·중(美·中) 관계가 더 아름다운 미래를 열 수 있겠습니까?"라고 자문(自問)한 후 스스로 "예스 위 캔"(Yes, we can) 으로 화답했다. 상기의 대화에서 미·중(美·中)의 대표단 모두가 6자회담 지지와 유엔 안전보장이사회의 대북 결의 1874호 이행을 다짐했었다.60)

사실, 그동안 '절묘한' 세력균형(Balance of Power)을 유지해왔다.61) 그러나 21세기 상반기에 들어서 군사력을 바탕으로 유지되어온 동북아 지역의 세력균형 관계가 균열될 조짐을 보이고 있다. 세계 정치·군사 패러다임은 2009년 11월 G20체제에서 2011년 G2시대(美·中 양극체제)로 변화했다.

현재 미·중(美·中) 관계가 '우호적 동반자 관계'이지만 동아시아에서 양국의 갈등과 대립은 불가피하다. 특히 한반도(韓半島)를 '태풍의 눈'으로 하는 동북아의 '회오리 바람'은

---

59) 그러나, 향후 미국은 미·일(美·日) 가이드라인(1997. 09)에 의거해, 한국 주둔의 미군 일부를 철수하고 그 대신에 한반도 방위를 일본에 위탁·관리하며, 대(對)중국 경제적 영향력(기술·투자·수입 등)과 대만과의 방위협약(1950년)을 통해 중국으로 하여금 북한 핵문제를 타결하도록 종용하고 주한미군(駐韓美軍) 군사력의 여력으로 대(對)동남아(중국 포함) 석유 수송로인 인도양 지배를 추구할 수 있다.

60) 따라서 이러한 미·중(美·中) '전략 및 경제 대화'(SAED)는 6자회담을 거부하며 북·미(北·美) 양자회담을 요구하고 있는 북한에게 큰 압박이 될 수밖에 없을 것이다.

61) 임양택(2010), "'한반도 책략': 한·미 '군사동맹'과 한·중 '전략적 협력 동반자'를 중심으로", 2010년 한국동북아경제학회 국제학술심포지엄, 동해그랜드호텔, 8월 25~27일.

현재까지는 구조화되어 있는 남방 3각 관계(韓·美·日)와 북방 3각관계(北·中·러)의 세력 균형을 균열시킬 가능성도 있으며, 이 결과 한반도(韓半島)는 크게 요동칠 것으로 전망된다. 불행히도, 한반도의 운명(한반도 평화의 여부와 남·북한 통일 가능성의 여부)은, 천안함 사태(2010. 03. 26)에서 보았듯이, 미·중(美·中)의 대(對)한반도 게임에 달려있다.

설상가상으로, 2012년 북한은 핵무기 보유와 함께 강성대국(强盛大國)에의 진입하였다.[62] 이에 대응하여, 버락 오바마(Barack Hussein Obama) 대통령(당시)은 아시아 중시 신(新)국방전략(2012. 01. 05)을 발표하였다. 즉, '2개의 전쟁(1+1)' 개념을 포기하고 중동에서 호무르즈(Hormerz) 해협을 둘러싸고 이란과의 전쟁과 한반도에서 북한이 도발하여 북한과의 전쟁이 발발하는 경우, 상기 2개 전쟁을 동시적으로 수행하는 것을 포기하고 북한의 핵무기 보유 및 위협으로 인하여 아시아 특히 동북아(한반도)에 정치·군사적 전략이 집중하겠다는 것이다.

우선, 미국은 한·미(韓·美) 군사동맹의 재편성을 추진하였다. 한·미(韓·美) 공동선언(2005. 11. 17)에서 양국은 한국의 '대량살상무기확산방지 구상'(PSI)에의 부분 참여, 주한미군기지의 이전 및 축소(2002년)와 주한미군의 감축(2004년), 미국의 '전시작전통제권'의 대(對)한국으로의 전환(2012. 04. 17)에 각각 합의하였으며, 현재 한국의 방위비 분담에 관한 논의가 진행되고 있다.

또한, 미·일(美·日) 신(新)방위조약(1997. 09)에 따라 일본의 군사적 역할은 대만해협 및 한반도의 급변사태 등과 같은 '일본주변 유사대비'로 확장되었다. 일본은 '자위대'가 아니라 '싸울 수 있는 군대'를 몹시 갖고 싶어한다. 따라서 일본은 대외관계조치법(2004. 06. 14)[63]을 제정하여 전수방위(專守防衛)에 묶여 있던 자위대의 해외파병을 추진하더니 이제는「평화헌법」제9조 2항의 개정을 줄기차게 시도하고 있으며 일본군을 창설하려는 움직임을 구체화하고 있다. 또한, 일본은 미국의 지원을 등에 업고 UN안보리 상임이사국 진출도 목전에 두고 있고, 이대로라면 한·미(韓·美) 관계보다는 미·일(美·日) 관계가 더 돈독해질 것이며, 미국의 양해하에 일본의 대외영향력이 급속히 증대될 것임은 명약관화(明若

---

62) 북한은 고(故) 김일성(金日成) 주석(1912~1994)의 탄생 100주년을 맞아 '강성대국'(强盛大國)의 대문을 여는 것을 목표로 2012년 4월 북한의 수정된 헌법 전문(前文)에 '핵무기 보유국'임을 명시하였고, 핵무기 다종화(多種化) 즉 소핵화 및 경량화에 성공했다고 밝혔다. 또한, 2013년 3월 말, 북한 당(黨)중앙위원회 전원회의에서 '경제·핵무력 병진 노선'을 발표했다.

63) 유사법제(有事法制) 7개가 통과됐다. 이것은 일본이 타국으로부터 공격받을 때를 가정한 전시동원법으로 2003년 6월 참의원을 통과했다. 패전 58년 만에, 그리고 일본 정부가 '1977년 연구'라는 이름으로 검토에 착수한 이후 4반세기만에 '전시'(戰時) 대비의 국가체제 정비를 목적으로 한 법안이 효력을 갖게 된 것이다.

觀火)한 일이다. 심지어, 최근의 북핵(北核)사태를 일본의 핵무장을 위한 천재일우(千載一遇)의 기회로 활용하기 위하여 미국을 비롯한 한반도 주변국의 눈치를 살피고 있다.

한편, 러시아는 중·장기적으로 동맹에 가담하기보다는 국익에 유리한 방향으로 협력 관계를 조정해 나갈 것이다. 냉전시대에서 북·러 관계는 이념적 동맹이었던 반면에, 21세기에서는 북·러 관계가 경제적 실리 위주의 파트너 관계로 전환되고 있다. 또한, 러시아는 중국의 경제력이 증대함에 따라 중국과의 관계를 강화하고 있으며, 자국의 군사력이 약해짐에 따라 중국과의 안보협력을 강화하고 있다. 유라시아 국가인 러시아가 풍부한 에너지 자원을 미끼로, 2012년 APEC 정상회담을 디딤돌로 삼아 아시아로 진출하기 위한 남진(南進)이 전개되고 있다.

상기한 시대적 상황에서, 한국의 입장에서 보면, 한반도에서 강대국들의 '신(新)그레이트 게임'(The New Great Game)으로 인한 한국의 '투키디데스 함정(Thucydides Trap)'으로부터 탈출해야 한다. 이를 위하여 한·미(韓·美) 군사적 동맹 관계와 한·중(韓·中) 전략적 협력 동반자 관계가 양립 및 조화될 수 있는 경우, 한국 주도의 한반도 평화 및 번영은 보장될 수 있다. 이와 반대로, 상기의 두 관계가 갈등 관계로 고착되는 경우, 한반도의 평화와 통일은 영원히 불가능할 것이다.[64] 왜냐하면 한·미(韓·美) 군사적 동맹이 강화될수록 한·중(韓·中) 전략적 동반자 관계는 불편해질 수밖에 없으며, 이와 반대로 한·중(韓·中) 관계가 심화될수록 한·미(韓·美) 관계가 소원해질 수밖에 없기 때문이다. 예로서, 중국은 한국에 미국의 MD체계를 위한 레이더 기지가 설치될 가능성이 높다고 우려한다. 이 경우, 중국과 한국과의 관계는 냉전시대하에서 미국과 쿠바와의 관계와 비슷해진다고 중국은 인식하고 있다.

따라서 한국은 한·미(韓·美) 군사동맹(1954. 11. 18)과 한·중(韓·中) '전략적 협력 동반자 관계'(2008. 05. 27~30)의 상충 문제를 어떻게 상호보완적으로 양립시킬 것인가? 중국과의 역사 갈등[65] 즉 동북공정(東北工程)은 어떻게 해결할 것인가?

최근 한·중(韓·中) 관계의 변화 양상을 보면, 1992년 8월 수교 당시 경제분야에서 출발하여 경제협력에만 치중되었던 한·중(韓·中) '우호협력관계'(합작투자 및 기술협력 등)는 1998년에 '21세기 한·중(韓·中) 협력 동반자 관계', 2003년에는 '전면적 협력 동반자 관계'

---

64) 임양택(2010), "'한반도 책략': 한·미 '군사동맹'과 한·중 '전략적 협력 동반자'를 중심으로", 2010년 한국동북아경제학회 국제학술심포지엄, 동해그랜드호텔, 8월 25~27일.

65) 임양택(2009), "역사갈등해소와 동아시아 평화협력 방안", 2009 제3회 역사NGO 세계대회 세미나, 근대 변경(邊境)역사와 동아시아 평화협력 방안, 덕성여대 사회교육원 세미나실, 8월 22일.

로 각각 발전하면서 외교·안보·경제·사회·문화·지역협력 등 분야에서의 협력관계로 발전되었다. 그 후 한·중(韓·中) 정상회담(2008. 05. 27~30, 북경)에서는 '전략적 협력 동반자' 관계로 격상되었다.

한반도의 운명(한반도 평화의 여부와 남·북한 통일 가능성의 여부)은, 천안함 사태(2010. 03. 26)에서 보았듯이, 미·중(美·中)의 대(對)한반도 게임에 달려있다. 물론, 미·중(美·中)을 포함한 4국이 '한반도의 안정'을 위해 노력하는 것은 4국의 이해관계는 일치할 뿐만 아니라 한국의 이익과도 부합된다.

그러나 '한반도의 안정'은 '현상유지'(Status Quo)를 의미할 수 있는데, 북한의 핵무기 문제와 관련하여, 예컨대 미국은 '주한미군(駐韓美軍)을 철수'하고 중국은 '북한에게 핵무기를 포기하도록 종용'하는 'G2(美·中)의 밀약' 가능성은 없는 것인가? 만약 이러한 '가상' 시나리오가 현실화되면, 남·북한 통일은 영원히 실현 불가능한 것이 아닐까? 이것은 단순히 기우(杞憂)에 지나지 않을까?

상기한 시대적 상황에서, 한국인은 다음과 같은 근본적 문제를 고민하지 않을 수 없다. 한국은 한·미(韓·美) 상호방위조약(1953. 10. 01) 및 군사동맹(1954. 11. 18)과 한·미 FTA(2007. 09. 07), 다른 한편으로 한·중(韓·中) '전략적 협력 동반자 관계'(2008년)의 상충 문제를 어떻게 상호보완적으로 양립시킬 것인가? 북한이 돌연 대한민국에 핵(核) 공격을 감행할 경우 중국이 막아 줄 것인가? 미국이 막아줄 것인가? 설혹 미국이 한국을 도와준다 해도, 미국이 우크라이나와 시리아에서 하는 것을 보면, 서울이 잿더미로 변한 뒤에나 겨우 행동에 나설 것이다. 그렇다면, 한국은 미국이 아니라 일본에게 북한의 핵무기 위협으로부터의 한국 보호를 요청할 가능성을 전혀 배제할 수 있을 것인가?

상술하면, 과거 일본과 미국의 가쓰라-태프트 밀약(1905. 07. 29)을 맺었던 경우처럼, 미국과 중국은 밀약(密約)을 통하여 다음과 같은 빅딜(Big Deal)을 할 수 있다: "북한 핵은 사실상 미국뿐만 아니라 중국에게도 골칫덩어리이므로, 만약 북한의 권력 이양 시기를 전·후(前·後)로 '급변 사태'가 발생한다면 중국 군대가 북한에 진입해 북한의 핵무기를 제거해 줄 터이니, 그 대가로 미국은 북한에서 중국의 배타적 영향력을 인정해 주어야 한다"는 것이다.

상기의 '가설(假說)'은 실현 가능성이 높다. 왜냐하면 미국의 입장에서 보면 '핵무장한 반미(反美) 북한 정권'보다 '핵 없는 친중(親中) 북한 정권'이 오히려 유리하다고 판단할 수 있기 때문이다. 또한, 중국의 입장에서 보면, 동북공정(東北工程)에서 적나라하게 나타나 있듯이, 중국은 한반도의 변고(變故)가 발생하면 역사주권을 내세워 자동 개입할 수 있기 때문이다.

상기의 경우, 북한의 핵무기 문제가 끝내 평화적으로 해결되지 못하고 미국의 군사행동까지 불러오는 사태가 전개되면 한반도에 다시 일본군이 진주하는 어처구니없는 사태가 벌어지지 않을까? 왜냐하면 현재의 미·일(美·日) 관계로 보아 미국이 단독작전보다는 미·일(美·日) 연합작전을 수행할 가능성이 더 크기 때문이다.

그렇다면, 한반도에서 강대국들의 '신(신)그레이트 게임'(The New Great Game)으로 인한 한국이 '투키디데스 함정(Thucydides Trap)'으로부터 탈출할 수 있는 혈로(血路)는 무엇인가? 국가와 민족의 생존전략은 무엇인가? 그것은 단연코 외교(外交)와 자강(自彊)이라고 저자는 단언한다.

참고로, 19세기 후반, 한반도 주변 강대국들이 패권전쟁을 벌이고 있을 때, 당시 청(淸)나라의 주일 참사관 황준헌(黃遵憲)은 <조선책략>(朝鮮策略)을 저술했다. 1880년(고종 17년) 수신사로 일본에 갔던 김홍집(金弘集)은 이 책을 고종(高宗)에게 바쳤다. 그 핵심적 내용은 '방(防)러시아, 친(親)중국, 결(結)일본, 연(聯)미국'이다. 즉, 러시아의 남하(南下) 정책에 대비하기 위해서는 우선 동남아 3국인 중국(淸), 한국, 일본이 수호(修好)하고, 미국과 연합(聯合)해야 하며, 서양의 제도와 기술을 배워야 한다는 것이다.

황준헌(黃遵憲)의 <조선책략>(朝鮮策略)은 19세기 말, 세계 곳곳에서 러시아의 남진(南進) 전략을 배경으로 하고 있다. 예로서, 중앙아시아 지역에서, 19세기 말 제정(帝政) 러시아가 중앙아시아 지역의 패권을 놓고 당시 인도를 차지하였던 대영제국(大英帝國)과 경쟁적으로 펼쳤던 외교·첩보전과 무력 충돌을 일으켰던 '그레이트 게임(The Great Game)'에서도 찾아볼 수 있다.

그러나 황준헌(黃遵憲)의 <조선책략>(朝鮮策略)에서 가장 큰 문제점은 당시 조선(朝鮮)의 적(敵)이 과연 러시아였는가이다. 결과적으로는 러시아가 아닌 일본이 대한제국을 침탈(1910. 08)했다. 그는 미국과 일본의 아시아 전략을 제대로 알지 못한 채, 청·일(淸·日)전쟁(1894. 08~1895. 03), 제1차(1902. 01) 및 제2차(1905. 08) 영·일(英·日)동맹, 러·일전쟁(1904. 02~1905. 09), 가즈라(일본 측) 및 테프트(미국 측)의 밀약(1905. 07)의 과정을 거쳐 한민족의 비운(悲運)인 국권 피탈(1910. 08)을 전혀 예견하지 못하였다.

1945년 해방 후, 이승만(李承晚) 조대 대통령의 승무수는 한·미동맹(韓·美同盟)이었다. 이것은 한국의 국제연대와 국가번영의 한 초석이었다. 한·미동맹(韓·美同盟)은 '1동맹·4우호' 즉 한·미(韓·美) 상호방위조약과 한·중, 한·일, 한·러, 남·북 우호관계로 구체화된다. 즉, 한·일(1965년), 한·러(1990년), 한·중(1992년) 국교정상화를 거치며 한국외교의 지평은 부채살처럼 세계로 펼쳐졌다. 즉, 한·미동맹(韓·美同盟)은 번영과 외교의 비약적 동행이었다. 따라서 국내의 반대진영조차 외교에 적극 활용하는 연합정치가 필요하다.

김대중(金大中) 대통령(1998. 02~2003. 02)은 "우리나라는 세계에서 외교가 가장 필요한 나라"라고 "외교가 운명을 좌우한다"면서 "우리에게 외교는 명줄"이라고 생애 마지막까지 강조했었다. 그가 연합정부를 통해, 또 외교·통일·안보 핵심 직위에 보수인사를 앉히고, 나아가 내부 경쟁세력을 매국·이적으로 낙인찍지 않았기 때문에 가능했었다. 사실, 한국 외교가 난마(亂麻)에 빠진 원인은 민족과 외세, 애국과 매국의 이분법 및 진영 담론 때문이었다.

상기한 한반도 주변의 강대국들의 '신(新)그레이트 게임'(The New Great Game)에서, '한국의 선택'은 정경분리(政經分離)의 원칙하에서 우선 정치·군사적 측면에서는 '한·미 간 전략적 동맹'이며 경제적 측면에서는 '한·중 간 전략적 협력 동반자'를 유지하면서 북한의 핵무기 보유(선언: 2005. 02; 북한 헌법에 명시: 2012. 04) 문제를 해결하고 한반도의 평화기조를 정착시킬 수 있는 '동북아 집단안보체제'의 구축을 위한 '동북아 안보협력회의'(CSCNEA: Conference on Security and Cooperation in Northeast Asia)를 추진하며, 경제적 측면에서는 이미 체결(2012년)된 한·미(韓·美) FTA와 향후 한·중(韓·中) FTA를 체결하여 이 두 FTA를 연결하는 것이라고 저자는 굳게 믿는다.[66]

다시 말하면, 상기한 정치·군사·경제 패러다임의 변화에 맞추어, 한·미(韓·美) '전략적 동맹' 관계(즉, 한·미 상호방위조약, 1953. 10. 01)와 한·중(韓·中) '전략적 협력 동반자' 관계(한·중 정상회담, 북경, 2008. 05. 27~30)를 동시에 강화하고 내실화하는 것이 한반도의 평화를 위한 최선의 길이라는 것이다.[67] 상기한 전략을 실현하기 위한 최선의 선택은 중

---

66) 미국은 동북아에서도 막강한 경제적 영향력을 보유하고 있다. 상술하면, 미국의 GDP(2004년 기준)는 동북아 전체의 GDP 규모의 57.9%에 이르고 있으며, 이 규모는 동북아의 다른 5개국의 GDP를 합친 것보다도 크다. 일본경제와 한국경제의 대(對)미국 의존도가 공히 크다. 또한, 미국은 자본주의체제하에서 가장 경쟁력 있는 다국적 기업군을 보유하고 있다. 2005년 기준으로, 세계 500대 기업중에서 미국이 176개의 기업을 보유하고 있는데 일본(81개), 중국(16개), 한국(11개), 러시아(3개)의 순위로 분포되어 있다. 중국의 경제구조는 사회주의 체제에서 자본주의 체제로 변환되었으며 미국에 대한 중국경제의 의존도가 매우 크다. 미국의 대(對)중국 직접투자(FDI: Foreign Direct Investment)는 2003년 42억 달러로 중국 내 외국인직접투자(FDI)의 8% 수준을 차지하고 있다. 또한, 중국의 대(對) 미국 수출액은 924억 달러인데, 이것은 중국의 전체 수출액의 21% 수준이다. 신생 러시아는 미국과의 군사적 대결을 청산하고 군사력을 바탕으로 유지해온 세력의 주도권을 포기하였고 이미 자본주의 국가로 거의 전환되고 있다. 미국은 러시아 내의 외국인직접투자(FDI)의 35% 수준을 차지하고 있다 & Igor S. Ivanov(2002), The New Russian Diplomacy, Washington, D. C.: The Nixton Center, p 116).

67) 상기 전략을 구체화한 것이 저자의 제안: '동북아 안보협력회의'(CSCNA: Conference on Security and

---

국에 대하여 정경분리(政經分離) 원칙을 적용하는 것이다. 이에 대하여 중국은 '합리적으로' 이해할 수 있을 것이다. 왜냐하면 중국과 대만의 관계 개선 과정: '중화사상'(中華思想) → 정경분리(政經分離) → '일국양제'(一國兩制) → 3통(通商, 通航, 通郵) → 금융기관(金融機關)의 상호 진출 → 「양안 경제협력협정」(ECFA: Economic Cooperation Framework Arrangement) 체결(2010. 06. 29) → 양안 간 경제통합(Economic Integration)이 바로 정경분리(政經分離) 원칙의 추진이기 때문이다.

이와 관련하여, 중국은 '한반도'라는 단편적 시각에서 벗어나 '동아시아' 전체를 바라보는 안목에서 대국(大國)다운 모습을 보여야 할 것이다. 그리고 중국은 한·미 군사동맹의 존재와 강화가 한반도에서의 전쟁을 억제함으로써 중국경제의 내실화를 위한 기반이 될 수 있다는 점을 자각해야 할 것이다. 또한, 미국은 생존을 위하여 정경분리(政經分離)를 선택하는 한국을 '진영논리'로서 오해 내지 매도하지 않는 세계 패권국의 모습을 보여야 할 것이다. 또한, 미국은 한·중 경제협력의 심화는 미국경제에도 도움이 된다는 것을 인식해야 할 것이다.

Cooperation in Northeast Asia)와 '동북아 평화조약'(Northeast Asia Peace Treaty), '한반도 통일 프로그램'이다. 이에 관해서는 본서의 제Ⅶ장과 제Ⅷ장에서 상술한다.

VI

핵확산금지
조약(NPT)과 핵무기
문제 해결 사례

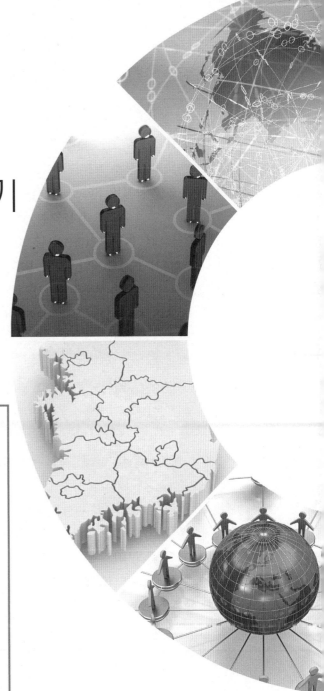

세계평화(世界平和)를 위한
신(新)실용주의적(實用主義的) 해법:
동아시아지역의 군사안보와
경제협력을 중심으로

The 'Neopragmatic' Solution to World Peace:
with special focus on Regional Security and
Economic Cooperation in East Asia

01 핵확산금지조약(NPT: Non-Proliferation Treaty)
02 핵무기 문제 해결사례

01 핵확산금지조약
(NPT: Non-Proliferation Treaty)
(1968. 07. 01, UN에서 채택; 1970. 03. 05, 정식 발효)

본장에서 핵확산금지조약(NPT)과 핵무기 문제 해결 사례에 관하여 논술할 것이다. 우선, 핵확산금지조약(NPT: Non－Proliferation Treaty)은 1968년 7월 1일, UN에서 채택되어 1970년 3월 5일 정식 발효되었다. 그러나 핵확산금지조약(NPT)의 한계와 불평등이 제기되어 왔다.

다음으로, 핵무기 문제 해결사례로서 모두 6가지: (1) 남아공화국 모형(1993. 01), (2) 리비아 모형(2004. 06. 28), (3) '인도 모형'(2006. 03. 02), (4) 이란 모형(2017. 07. 14), (5) 파키스탄 모형(미국의 암묵적으로 핵무기 개발을 용인), (6) '이스라엘 모형'(미국이 알고도 덮어준 케이스)에 관하여 각각 논술한다.

1) 핵확산금지조약(NPT) 체제

핵확산금지조약(NPT: Non－Proliferation Treaty)은 1968년 7월 1일 국제연합(UN)에서 채택되어 1970년 3월 5일 정식 발효됐다. 핵확산금지조약(NPT) 평가회의는 1970년 조약 발효 후 매 5년마다 개최되고 있다. 1995년 핵확산금지조약(NPT) 연장회의(뉴욕)에서 조약 당사국 전원합의로 핵확산금지조약(NPT) 의 무기한 연장을 결정함으로써 핵확산금지조약(NPT)는 항구적인 조약으로서 새롭게 출범하였다.[1]

---

1) 2019년 1월 30일, 5개 핵보유국 공식회의가 30일, 북경에서 소집됐다. 중국, 프랑스, 러시아, 영국, 미국 5개 핵보유국 대표들은 국제의 평화와 안전 책임을 공동으로 짊어지는 등 면에서 공감대를 달성했다. 이번 회의의 주제는 '5개 핵보유국 협업 강화, <핵확산금지조약> 기제 수호'이다. 중국대표단 단장은 유엔 안전보장리사회 상임이사국과 <핵확산금지조약>을 인정하는 핵무기 보유국으로서 5개 핵보유국 은 핵확산금지체계 유지와 글로벌전략안정 면에서 중요한 역할을 발휘하고 있다고 말했다. 그는 회의 의장 총화를 발표 시 각측이 3가지 중요한 공감대를 달성했다고 표시했다.

핵확산금지조약(NPT)은 전문, 본문 11개 조로 되어 있다. 미국과 소련 주도로 성립되었으며, 중국·영국·프랑스를 포함한 5개국의 핵무기 독점보유를 인정하는 대신에 여타 가맹국의 핵무기 개발·도입·보유를 금지하고 있다. 또한 5개 핵보유국은 제3국으로의 핵(核)무기와 기폭 장치의 이양을 할 수 없으며, 가입국은 국제원자력기구(IAEA)의 핵사찰을 받아야 한다.

사실, 핵확산금지조약(NPT)는 여러 가지 모순과 한계에도 불구하고, 수십년 동안 핵(核) 확산을 몇 개 국가 선에서 차단하고 특히 유럽과 일본 등 핵(核) 강국으로서의 잠재력이 뛰어난 국가들의 핵(核) 보유를 억제했다는 점에서 긍정적으로 평가할 수 있다. 그러나 진정 '핵(核) 없는 세상'을 실현하려면 그것으로는 부족하지 않겠는가? 언젠가는 '핵(核) 보유국을 최소화하고 핵(核) 확산을 억제하는' 조약이 아니라 '모든 핵(核)을 일체 폐기하고 더 이상 핵(核)을 제조하지 않는' 조약을 체결하고, 실행할 날이 올 것인가?

첫째, 5개 핵보유국은 국제의 평화와 책임을 공동으로 짊어질 것을 일제히 약속했다. 5개 핵보유국은 모두 목전 국제안전환경이 준엄한 도전에 직면했으며 양호한 대국 관계를 유지하는 것은 글로벌 전략성 문제를 해결하는 데 극히 중요하다는 것을 인식하고 핵정책과 핵전략 교류를 강화하여 전략적 상호 신뢰를 증진하고 공동안전을 수호함으로써 오해와 오판으로 인한 핵위험을 전력으로 방지하는 데 동의했다. 둘째, 5개 핵보유국은 <핵확산금지조약>기제를 공동으로 수호하기로 약속했다. 5개 핵보유국은 <핵확산금지조약>은 국제핵확산금지체계의 초석이며 또한 국제안전기틀의 중요한 구성부분으로서 전면적이고 완정하게 조약을 집행하고 조약의 보편성을 추진하기로 약속했다. 각측은 핵무기가 없는 세계 목표를 점진적으로 실현하고 정치적, 외교적 수단을 통해 핵확산금지 문제를 해결하기 위해 최선을 다하며 핵에너지 평화적 이용의 국제협력을 추진하는 데 진력할 것이라고 확인했다. 셋째, 5개 핵보유국은 계속 5개 핵보유국 협력플래트홈을 이용해 대화와 조율을 유지하고 <핵확산금지조약>심의과정에서 조율을 강화하며 제네바 주재 군축대사 채널을 통해 구체적 사업수행을 검토하기로 약속했다.

부록 1

핵 확산 금지 조약(NPT)

제1조. 핵무기를 보유한 체결국은 핵무기나 여타 핵폭발 장치를, 또는 그러한 무기나 장치의 관리권을, 직접적으로나 간접적으로 누구에게든 양도하지 않는다. 또한 핵무기 비보유국이 그러한 무기 또는 장치를 제조, 획득, 관리하는 일을 어떤 방법으로도 원조, 장려 또는 권유하지 않는다.

제2조. 핵무기를 보유하지 않은 체결국은 핵무기나 여타 핵폭발 장치를, 또는 그러한 무기나 장치의 관리권을, 직접적으로나 간접적으로 누구로부터도 양도받지 않는다. 또한 스스로 그런 무기 또는 장치를 제조, 획득하지 않으며, 제조에 필요한 원조를 구하거나 받지 않는다.

제3조. 핵무기를 보유하지 않은 체결국은 원자력의 평화적 사용 여부를 확인받기 위하여 자국의 모든 핵 시설 및 핵 물질에 대하여 국제원자력기구(IAEA)의 핵 사찰을 받는다. 이를 위해 18일 내로 국제원자력기구(IAEA)와 협상을 시작하여 그로부터 18개월 내에 핵 안전협정을 체결한다.

제4조. 본 조약의 어떠한 규정도 제1조와 2조의 규정에 위배되지 않는 핵에너지의 생산과 활용의 권리를 침해할 수 없다.

제5조. 적절한 국제적 감시 및 적절한 국제적 절차에 따르는 이상, 핵폭발의 평화적 활용으로부터 발생하는 이익은 허용된다.

제6조. 핵무기를 보유한 체결국은 조속한 시일 내에 핵무기 경쟁 중지 및 핵 군비 축소를 위한 교섭을 성실히게 추진해야 한다.

제7조. 본 조약의 어떠한 규정도 권역별로 비핵지대를 창출하는 지역적 조약을 체결할 수 있는 권리를 침해할 수 없다.

제8조. 모든 체결국은 본 조약에 대한 개정안을 제의할 수 있다. 본 조약에 대한 개정

안은 모든 핵무기 보유 체결국과 동 개정안이 배부된 당시의 국제원자력기구(IAEA) 이사국인 체결국 전체의 찬성을 포함하는 체결국 과반수의 찬성투표로 승인된다. 본 조약의 발효일로부터 5년이 경과한 후 본 조약의 목적과 규정이 실현되고 있음을 검토하는 평가회의를 스위스 제네바에서 개최하며, 그 이후 5년마다 개최한다.

제9조. 본 조약은 모든 국가에 개방된다. 체결국은 비준으로 조약의 효과를 발생시킨다.

제10조. 모든 체결국은 본 조약상의 문제에 관련되는 비상사태가 자국의 지대한 이익을 위태롭게 하고 있을 경우에는 본 조약으로부터 탈퇴할 수 있다. 탈퇴할 경우 3개월 전에 모든 조약 체결국과 UN 안전보장이사회에 통보해야 한다. 또한 본 조약의 발효일로부터 25년이 경과한 후, 본 조약이 무기한으로 효력을 지속할 것인가 또는 일정 기간 동안 연장될 것인가를 결정하기 위한 회의를 소집하며, 체결국 과반수의 찬성에 따라 결정한다.

제11조. 영어, 러시아어, 프랑스어, 스페인어, 중국어로 작성한 본 조약 원본은 기탁국(미국, 영국, 소련) 정부의 문서보관소에 기탁된다. 본 조약의 비준본은 기탁국 정부에 의하여 체결국에 전달된다.

상기한 <핵확산금지조약(NPT: Non-Proliferation Treaty)>이 1968년 7월 1일 국제연합(UN)에서 채택되어 1970년 3월 5일 정식 발효되기까지 일련의 과정을 요약하면 다음과 같다.

제2차 세계대전(1939~1945)이 막바지로 치닫던 1945년 8월 6일, 미(美) 공군 소속 <에놀라 게이> 호가 단 한 발의 폭탄('작은 소년')을 싣고 고요한 아침 하늘 위를 날고 있었다. 그가 떨어뜨린 단 한 발의 폭탄은 거대한 묘비 같은 버섯구름을 피어 올리며 히로시마 시민 15만 명의 목숨을 한꺼번에 날려버렸다. 그 후 사흘 만에 또 한 발이 나가사키를 초토화하였다. 일본은 무조건 항복했었다.

1946년, 미국은 '바루크 계획'을 제시했었다. 그것은 미국이 보유한 핵(核)을 국제 관리하에 두는 대신에 더 이상의 핵(核) 보유국이 나오지 않도록 국제 감시와 사찰을 실시한다는 것이었다. 그 후, 22년 뒤의 핵 확산 금지 조약과 맥락상 차이가 없었던 이 제안에 소련은 '그로미코 계획'으로 응수했다. 그것은 기존의 핵무기(다시 말해 미국의 핵무기)를 전량 폐기하되, 사찰은 실시하지 않는다는 내용이었다. 그러자 미국은 원자력법을 제정하면서 '어떤 일이 있어도 원자력 기술을 해외로 이전해서는 안 된다'고 단단히 못박았다.

그러나 1949년에 소련이 핵(核) 실험에 성공함으로써 미국의 핵(核) 독점은 깨졌고, 1년 뒤에는 영국도 핵을 보유했으며, 1953년에는 소련이 수소폭탄 실험까지 성공했다. 그러자 미국은 드와이트 데이비드 아이젠하워(Dwight David Eisenhower) 대통령(제34대: 1953~1961)의 UN 연설에서 '핵의 국제 관리'를 제안하고, <국제원자력기구(IAEA)> 설립을 추진하기 시작했다. 그런 한편 핵무기를 대량생산하여 절대우위가 아닌 상대우위를 극대화하고, 미국의 방위 전략을 핵무기 중심으로 재편함으로써 소련 등 경쟁 국가를 위압하자는 방침도 세웠다. 이른바 '대량 보복 전략'이었다. 그러나 그것이 소련을 긴장시켜 역시 핵무기 증산에 박차를 가하도록 했을 뿐만 아니라, 동서 진영을 초월하여 너도 나도 핵(核)을 가지려 혈안이 되도록 했음은 미국의 '대량 보복 전략'은 미국의 단기적 안보에는 도움이 되었을지는 몰라도 장기적 안보, 그리고 국제안보 자체에 악(惡)영향을 주었다.

1955년에는 스위스 제네바에서 제1회 '원자력 평화이용회의'가 열리고, 1956년에는 국제원자력기구(IAEA) 수립이 확정되면서 '핵의 평화적 이용을 위한 국제 관리'라는 이상이 진전되는 듯 했다. 그렇지만 핵(核) 확산은 물밑에서 끊임없이 이루어져서 1960년에는 프랑스가 핵(核)을 보유하고, 그 전후해서 이스라엘도 실질적 핵보유국이 되었으며, 서독·일본·스웨덴·인도·파키스탄·북한도 비밀리에 핵을 보유하려는 노력을 경주해 왔다.

마침내 1964년에 중국까지 핵실험에 성공해서 공식적인 다섯 번째 핵(核) 보유국이 되자, 과거의 '바루크 계획'을 큰 틀에서 수립하여 더 이상의 핵 확산을 막아야 한다는 인식에 미국뿐만 아니라 소련도 깊이 공감하게 되었다. 따라서 18개국이 참여하는 군축회의(ENDC)가 결성되고, 1965년 거기에 미국이 '핵 확산 금지 조약'의 첫 번째 초안을 제시하였다.

그 후, 핵확산금지조약(NPT)(핵확산금지조약) 관련 협상은 1965년 6월부터 1968년 4월까지 끌었다. 미국 측 초안을 대신하고자 1965년 7월에 제기된 영국과 캐나다의 합작 초안은 '기존 핵 보유국의 핵(核) 보유는 인정하되 더 이상의 핵(核) 확산은 금지하고, 핵(核) 보유국은 순차적으로 핵(核) 군축을 한다'는 원칙을 기본으로 하였다. 또한, 모든 체결국가(핵 보유국과 비보유국 모두)가 국제원자력기구(IAEA)의 사찰을 받고, 체결국들 중 핵(核) 보유국은 비(非)보유국을 핵(核) 위협으로부터 보호해주며, 체결국들 가운데 미국·영국·소련·프랑스·중국 5개 핵(核) 보유국뿐만 아니라 캐나다·서독·인도·파키스탄·이스라엘·일본이 반드시 비준을 해야만 정식 발효될 수 있도록 되어 있었다. 그러나 체결국 모두가 핵(核) 사찰은 받는 것과 비(非)보유국에게 핵우산은 무조건 제공하는 것은 핵(核) 보유국들 입장에서 탐탁치 않았는데, 특히 핵 보유국이 비(非)보유국을 핵(核)으로 보호한다면 '서독에 배치된 미국 핵(核)이 이웃한 폴란드를 보호하고, 소련이나 중국의 핵(核)이 한국을 지킨다'는 식의 냉전(冷戰) 논리로는 말도 안 되는 상황이 벌어지는 셈이었기 때문에 받아들일 수가 없었다. 또한, 이미 핵(核)을 실제로 보유했거나 핵(核) 보유 의지가 강했던 이스라엘, 인도 등도 이에 반대하여, 결국 영국－캐나다의 합작 초안은 무산되었다.

　다음으로, 1965년 8월에 제시된 미국의 두 번째 초안은 핵 확산을 차단하기 위한 조항으로 "개별 국가 사이에 핵무기나 핵 기술을 이전하는 것을 금지한다"는 조항을 마련했는데, 이것이 소련의 신경을 건드렸다. 당시 미국은 '다각적 핵전력(multilateral nuclear force)' 구상을 갖고 있었다. 북대서양조약(NATO) 회원국 병력이 탑승하고 미국의 핵(核)미사일을 탑재하는 잠수함대 다국적군을 결성한다는 것이었는데, 그것은 소련에게 막대한 위협이 되는 한편 영국·프랑스 등 북대서양조약(NATO) 회원국들에게 소련의 보복 및 예방 공격이 가해질 위험을 높이는 방안이었기 때문에 1962년의 미국·영국·프랑스 3자회담에서 무산된 적이 있었다. '핵 확산 금지 조약'에서 개별 국가 사이에서만 핵무기 이전을 금지한다면 집단 차원의 이전은 가능하다는 셈이므로, 소련이 결사적으로 반대할 수밖에 없었다.

　상기한 미국안도 무산(霧散)되자 1965년 9월에는 소련안이 나왔다. 이는 또 북대서양조약(NATO)의 집단적 동향을 원천봉쇄하려는 의도가 너무 과하게 작용하여, 개별적이든 집단적이든 핵무기와 핵(核) 기술의 이전을 절대 금지할 뿐만 아니라, 핵전력이 외국에 배치되는 것도 금지하고, 평화적인 핵(核) 기술 이전조차 금지한다는 내용이었다. 그러나 상기 소련안은 비(非)보유국들에게는 불만스럽기 짝이 없는 내용이었다. 만약 상기 소련안을 받아들인다면 서유럽에 배치한 핵(核)전력을 당장 철수시켜야 했던 미국도 강력하게 반대하여, 상기 소련안 역시 무산(霧散)되고 말았다.

　당시, 소련은 바르샤바 조약기구에 소속된 국가들의 핵(核) 개발을 철저히 통제하고 있었으며, 핵 확산 문제는 북대서양조약(NATO) 회원국들과 제3의 국가들 사이에서 벌어지고 있었다. 이는 한쪽에서 보면 미국의 동맹 장악력이 소련만 못하다는 의미였고, 다른 쪽에서 보면 반(反) 소련 진영과 비(非) 소련 진영의 핵전력이 지속적으로 증가한다는 의미였다. 미·소(美·蘇) 양국은 상기 문제에 직면하여 서로를 견제하고, 각자의 뒷마당을 단속하였으며, 또한 때로는 서로 협력하는 복잡한 상호작용을 되풀이하였다. 그래서 아주 단순한 구도인 이 조약의 문안 작성이 그토록 오래 걸렸던 것이다.

　상기한 일련의 과정을 거치면서 미·소(美·蘇) 사이에 '핵 확산 금지 조약' 합의가 어렵사리 이루어진 것은 1967년 8월이었는데, 그 뒤로도 다른 국가들의 이견과 반발 때문에 조약은 성사되지 못하고 시간만 흘렀다. 결국 1968년 6월의 '핵 확산 금지 조약 체결을 촉구하는 결의안'이 UN에서 통과된 다음에야 비로소 체결이 현실화되었는데, 그나마 프랑스·중국 같은 핵 보유국이나 인도·이스라엘 같은 중요한 '비(非)보유국'은 외면하는 가운

데 진행됐었다.[2]

상기와 같은 일련의 노력에도 불구하고, 미(美) 군축협회(ACA)와 핵위협구상(NTI)에 따르면 전 세계에서 8개국이 핵무기를 보유하고 있다. 5개국(미국·러시아·프랑스·중국·영국)은 핵무기 보유의 기득권을 공인받아 '핵무기 보유국'으로 공식 인정받은 나라로 모두 유엔안보리 상임이사국이다. 스톡홀름 국제평화연구소의 2018년 1월 보고서가 전하는 전 세계 핵탄두 보유 순위를 보면 1위는 러시아로 6,850발, 2위는 미국으로 6,450발, 3위는 프랑스로 300발, 4위는 중국으로 280발, 5위는 영국으로 215발, 6·7위는 파키스탄과 인도로 각각 130~150발이다.

상기와 같이 미국은 1945년 첫 핵실험을 한 후 가장 많은 핵탄두를 보유하고 있다. 러시아는 1949년부터 핵실험을 실시 핵탄두를 보유하기 시작했다. 이후 영국·프랑스·중국이 각각 핵실험을 거쳐 핵무기를 보유하게 되었다. 이들 5개국은 새로운 핵국가의 출현을 막고자 국제원자력기구(IAEA)를 창설하여 핵무기 비보유국의 핵물질 관리실태를 점검하고 현지에서 직접 사찰할 수 있도록 했다. 또한 핵확산금지조약(NPT) 등을 체결해 비(非)핵국가의 새로운 핵무기 보유·개발 금지 등을 통해 핵개발 기회를 봉쇄하고 있다.

그러나 핵보유를 공식적으로 허용받지 못한 나라들은 핵보유에 따른 군비 불평등 구조를 꼬집으면서 비공식적으로 핵무기를 보유하기 위한 노력을 끊임없이 하고 있다. 예로서 인도·파키스탄·이스라엘 등은 이미 핵무기 보유가 기정사실화된 국가이며, 이들은 핵확산금지조약(NPT)(핵확산금지조약)에 가입하지 않은 국가이다. 남아프리카공화국도 1980년대 6기의 핵무기를 갖고 있었으나 1990년대 초 이를 폐기해 지금은 핵(核) 보유국은 아니다. 옛 소련에서 독립한 카자흐스탄·우즈베키스탄·벨로루시는 소련군이 보유했던 핵무기를 모두 러시아에 반납한 뒤 국제적 감시를 받고 있다.

---

2) NPT 제3조(핵무기를 보유하지 않은 체결국은 원자력의 평화적 사용 여부를 확인받기 위하여 자국의 모든 핵 시설 및 핵 물질에 대하여 국제원자력기구(IAEA)의 핵 사찰을 받는다)에서 사찰권을 국제원자력기구(IAEA)에게 독점시킨 점도 문제가 되었는데, 프랑스, 서독, 이탈리아, 벨기에, 네덜란드, 룩셈부르크는 핵확산금지조약(NPT) 이전에 수립했던(1958년) 유럽원자력공동체에 의한 독자적 사찰을 받겠다고 고집했다. 그것이 NATO 회원국들의 자체 사찰을 의미하므로 자국에 불리하다는 소련의 항의에 따라 이는 허용되지 않았는데, 이는 프랑스 등이 핵확산금지조약(NPT)에 가입하지 않기로 결정한 하나의 이유가 되었다.

2) 핵확산금지조약(NPT)의 한계와 불평등

핵확산금지조약(NPT: Non-Proliferation Treaty)은 '불평등 조약'이라는 오명(汚名)으로부터 자유롭지 못하다. 즉, 핵확산금지조약(NPT)은 실질적으로 핵무기를 보유할 권리를 기존의 5개 핵 보유국(미국, 러시아, 영국, 프랑스, 중국)에 한정하고 그 '핵 기득권'을 영구화하는 의미를 지니며, 비(非)핵보유국의 핵무기 개발이나 획득이 금지되고 원자력시설에 대한 국제원자력기구(IAEA)의 핵사찰을 받아야 하는 반면에 핵보유국에게는 점진적인 핵무기 감축만이 요구되어 불평등조약(不平等條約)이라는 점과 협약 위반 시 적절한 제재수단이 없다는 것이 문제점으로 지적되어 왔다.

'핵 클럽' 5개 국가(미국·러시아·프랑스·중국·영국)은 핵무기 보유의 기득권을 공인받아 '핵무기 보유국'으로 공식 인정받은 나라로 모두 유엔안보리 상임이사국이다. 인도·파키스탄·북한·이스라엘은 핵무기를 보유하고 있다. 그러나 이스라엘은 핵 보유를 명확히 인정하지 않고 있으며, 남아공은 한때 보유했다가 지금은 폐기했다고 선언했다. 독일·일본·스웨덴 등은 언제라도 핵무기를 보유할 수 있는 역량을 갖춘 상태다. 스위스·대만·브라질·아르헨티나·이집트·리비아·사우디아라비아·이라크·이란 등이 핵(核) 개발을 추진했거나 지금도 추진 중이다.

상기한 불만을 무마하고자 핵확산금지조약(NPT)은 핵 보유국들의 핵군축 의무와 함께 비보유국들의 평화적 핵에너지 이용에 대한 폭넓은 보장을 마련했다. 그러나 그것 또한 냉전(冷戰)이 끝나기까지 지구를 몇 번이고 파괴할 정도의 핵 보유를 해소하지 못한 데다가, 인도(印度)의 경우처럼 평화적 핵(核) 개발에서 핵무기 개발을 끌어낸 경우가 속출함으로써 과연 핵확산금지조약(NPT)의 실효성이 무엇이냐는 비판을 자아내기도 하였다.

우선, 핵(核) 확산을 막는다는 목표를 볼 때, 핵확산금지조약(NPT)의 한계는 다음과 같다: ① 핵확산금지조약(NPT)에 가입하지 않은 국가의 핵 보유를 막을 수 없고, ② 비밀리에 진행되는 핵 개발을 철저히 통제할 수 없으며(IAEA에 신고하지 않은 핵 시설을 사찰하는 것은 사실상 불가능하므로), ③ 핵확산금지조약(NPT)을 위반하고 핵 개발이나 핵 확산을 한다고 해서 확실한 제재를 가하기 어렵고, ④ 평화적 핵 개발 또는 핵 기술 이전에서 핵무기 개발이 빚어질 가능성을 배제하지 못하며, ⑤ 핵(核) 개발 의지가 있는 국가가 핵확산금지조약(NPT)에서 탈퇴하는 것을 막을 수 없다는 점에 있었다.

심지어, 2000년대에는 미국이 핵(核) 관련 미래를 더욱 암울하게 하는 주역처럼 행동했다. 상술하면, 2001년에 취임한 조지 W. 부시(George Walker Bush, 1946~현재; 대통령 재임

기간: 2001~2009)의 미국은 냉전(冷戰) 시대 이후 처음으로 "미국의 핵심 전력은 핵 전력"이라는 입장을 천명했으며, '핵 없는 세상'을 만들자는 2006년의 UN 결의안에 안전보장이사회 상임이사국으로서 거부권을 행사했다. 그리고 로널드 윌슨 레이건(Ronald Wilson Reagan, 1911~2004) 대통령(40대: 1981~1989)의 전략방위구상(SDI)를 계승하는 미사일방어체계(MD)를 구축하기 위해 1972년에 SALT I의 일환으로 이루어졌던 탄도탄미사일 제한(ABM) 협정을 파기해 버렸다. 이에 러시아는 그 보복으로 START에서 탈퇴하여(2001년), 동서 냉전 – 핵 경쟁의 유령이 되살아난 듯한 광경이 연출되었다.

조지 W. 부시(George Walker Bush, 1946~현재; 대통령 재임기간: 2001~2009)는 2002년에 7개국: 중국, 러시아, 북한, 이란, 이라크, 시리아, 리비아를 "전쟁을 예방하기 위해 미국이 선제 핵 공격을 실시할 수 있는 국가"로 지목하여 세계적 논란을 불러일으키기도 했다. 또한, 핵확산금지조약(NPT: Non – Proliferation Treaty) 체제의 허점을 보완하기 위해 핵 물질의 수송을 강제 차단하는 내용의 '대량살상무기 확산방지구상(PSI)'을 주도했는데, 이로써 2003년에 핵 개발 장치를 싣고 리비아로 향하던 독일 선적의 <BBC 차이나 호>가 차단되기도 했었다. 그러나 이는 실효성이 적은 반면에 공연히 국제적 긴장을 부추긴다는 비판을 받았다.

2010년대로 접어들면서 핵(核) 시대의 전망은 다시 다소 밝아졌다. 조지 W. 부시(George Walker Bush, 1946~현재; 대통령 재임기간: 2001~2009)를 대신한 버락 후세인 오바마(Barack Hussein Obama, 1961~현재) 제44대 대통령(2009~2017)은 앞서 폐기되었던 '핵 없는 세상' 비전을 미국이 주도적으로 실현하겠다고 천명했으며, 2009년에 핵안보정상회의를 주최하고 그 후 2년마다 이를 열기로 했다. 그리고 러시아를 다시 다독여서 뉴(New) START를 체결했다. 중국도 버락 후세인 오바마(Barack Hussein Obama) 대통령(2009~2017)의 비전에 공감한다는 뜻을 표명하였다. 2009년 아프리카 국가들 사이에서 비핵지대 협정이 체결되었다. 최근 이란 핵 문제가 일단락된 것은 그 노력의 결실로 평가된다.

그러나 아직 길은 멀고, 넘어야 할 산은 많다. 공화당 등 미국 보수파들이 버락 후세인 오바마(Barack Hussein Obama) 대통령(2009~2017)의 대규모 핵전력 감축안은 "미국의 안보 우위를 위협할 뿐 아니라 그만큼 재래식 전력을 강화해야 하므로 과다 방위비 부담을 초래한다"면서 강한 반대 입장을 견지하고 있기 때문이다.

02 핵무기 문제 해결사례

세계의 핵무기 문제 해결의 사례로 성공한 경우로서 4가지 모형 즉 ① 남아프리카공화국 모형(1993. 01), ② 리비아 모형(2004. 06. 28), ③ '인도 모형'(2006. 03. 02), ④ 이란 모형(2017. 07. 14)을, 이와 반대로 실패하였거나 향후 해결해야 할 경우로서 2가지 모형 즉 ① 이스라엘 모형(미국이 알고도 덮어준 케이스), ② 파키스탄 모형(미국의 암묵적으로 핵무기 개발을 용인)을 각각 들 수 있다. 앞의 6가지 경우로부터, 북한의 핵문제 해결을 위한 시사점을 얻을 수 있다.

1) 남아프리카공화국 모형(1993. 01)

남아프리카공화국(남아공)은 냉전 당시부터 남아프리카 공화국 국민당 정권이 1948년부터 무려 1991년까지 실시했었던 '아파르트헤이트'(Apartheid, 남아공의 인종차별 법과 정책)로 인하여 국제적으로 완전고립된 상황에서 1975년 쿠바군의 앙골라 주둔 등 안보 위협과 인종 차별에 반대하는 국제사회 압력, 지도층 결속 필요성 등을 이유로 1980년대에 총 6기의 핵탄두를 만들었다. 당시, 비슷한 처지의 이스라엘과 협력을 했었는데 이스라엘의 도움을 받은 남아공의 데넬 사는 탄도미사일인 RSA 시리즈를 개발했었다.

남아공과 이스라엘의 핵(核) 개발에 대한 합의 과정은 다음과 같다: 1974년 스위스 제네바에서, 시몬 페레스 이스라엘 국방장관은 남아공의 존 볼스터 수상을 비밀리에 만났다. 여기서 핵(核) 개발에 대한 합의가 이뤄졌다. 그 내용은 공개된 게 없으나 이스라엘은 핵무기 관련 기술을 포함한 군사기술과 장비를, 남아공은 우라늄 원광과 핵(核) 실험 장소를 제공하기로 합의했을 것이다. 1974년 여름 두 나라는 수교(修交)하고 대사를 교환했다. 1976년 3월 시몬 페레스 국방장관은 남아공을, 존 볼스터 수상은 이스라엘을 각각 방문하고 핵기술 교류를 촉진시켰다.

남아공 정부는 이스라엘의 도움을 받아 1983년부터 우라늄 방식의 핵폭탄을 만들기 시작했다. 지름이 60cm, 길이가 180cm인 폭탄의 무게는 약 1톤이었다. 이 핵폭탄은 이스라엘과 공동으로 개발한 중거리 미사일에 장착할 수 있었다. 1989년까지 남아공은 약 400kg의 농축 우라늄과 6개의 우라늄 폭탄을 제조했다.[3]

남아공을 둘러싼 정세가 바뀌기 시작했다. 구소련 붕괴에 따라 안보 환경이 개선되었고, 1975년 앙골라에 주둔하고 있었던 쿠바군의 철수, 인종 차별에 반대하는 국제사회 압력으로 인종분리 정책의 재검토, 넬슨 만델라(Nelson Rolihlahla Mandela)와 평화적 정권 이양 협의 등이다. 그 후 넬슨 만델라(Nelson Rolihlahla Mandela)의 석방과 함께 인종차별정책{'아파르트헤이트'(Apartheid)}을 포기하면서 국제적 고립에서 벗어나고 안보적 상황이 바뀌자 핵 보유는 무(無)의미해졌다.

1989년 남아공 백인 주민은 프레데릭 빌럼 데 클레르크(Frederik Willem de Klerk)를 대통령(1989~1994)으로 뽑았다. 그는 집권하자마자 핵시설 및 폭탄의 해체를 명령하고, 1990년에 옥중(獄中)의 넬슨 만델라(Nelson Rolihlahla Mandela)를 석방했다. 이와 같이, 남아공의 비핵화를 결정한 것은 프레데릭 빌럼 데 클레르크(Frederik Willem de Klerk) 대통령이다. 백인정부가 핵무장 폐기를 결심한 것은 넬슨 만델라(Nelson Rolihlahla Mandela)가 영도할 흑인 정부에게 핵폭탄을 넘기기 싫었기 때문이란 해석도 있다.

그러나 넬슨 만델라(Nelson Rolihlahla Mandela)는 남아공의 비핵화를 계승하였다. 나아가, 넬슨 만델라(Nelson Rolihlahla Mandela)는 1996년 펠린다바 조약(Treaty of Pelindaba)으로 불리는 아프리카 비핵지대 조약(아프리카에서 핵실험도, 핵공격도 없도록 하자는 약속)을 체결하는 데 결정적 역할을 했다.

남아공은 1993년 1월 핵확산금지조약(NPT: Non−Proliferation Treaty)에 가입하고 고농축우라늄(HEU) 기반 핵무기들을 모두 전량 폐기했었다. 남아공의 핵(核) 포기는 모든 핵무기·고농축우라늄(HEU) 관련 시설 해체, 핵확산금지조약(NPT) 가입 및 국제원자력기구(IAEA) 안전조치 협정 체결, 국제원자력기구(IAEA) 사찰, 남아공의 핵포기 완료 발표 등 수순으로 이어졌다. 이 과정에서 남아공에 대한 즉각적 보상은 없었고, 국외 반출 없는 자체 폐기 및 전용으로 핵포기가 이뤄졌다. 이 결과, 남아프리카공화국은 세계에서 유일하게 자발적으로 핵무기를 폐기한 국가가 되었다. 그리고 경제적 번영을 이뤘다.

상기와 같은 남아프리카 공화국 모형은 핵보유 국가의 내부 갈등이 핵보유를 스스로 포기하도록 만든 경우이나. 즉, 프레데릭 빌럼 데 클레르크(Frederik Willem de Klerk) 정권

---

3) 프레데릭 빌럼 데 클레르크(Frederik Willem de Klerk) 대통령은 1993년 3월 24일 국회에서 한 보고를 통해 핵(核) 개발에 약 4억 달러가 들었다고 했다. 그는 어떤 외국의 도움도 받지 않았다고 보고했다. 물론 거짓말이다.

에서 넬슨 만델라(Nelson Rolihlahla Mandela) 정권으로의 교체를 통해 핵(核) 문제를 평화적으로 해결(1993. 01, 핵무기 폐기)한 대표적 사례이다.

그러나 남아프리카 공화국 모형은 북한의 핵 문제 해결방안으로서는 전혀 부(不)적합하다. 왜냐하면 북한사회에서는 흑·백 인종차별이 없을 뿐만 아니라 핵 문제 해결을 위한 북한의 협상 상대국은 미국이기 때문이다. 또한, 핵무기를 보유한 상태라는 점과, 일부 주변국과의 대립적 안보관계라는 점에서 남아공과 북한은 유사하지만, 핵무기 수준 및 국가 체제 등에서는 차이가 있다.

2) 리비아 모형(2004. 06. 28)

리비아는 팬암 여객기 폭파 사건으로 야기된 미국과의 적대적 상황에서 안보를 유지하고 국제사회에서 위상 강화를 위하여 핵무기를 개발했었다. 그러나 고농축우라늄(HEU)을 통해 핵무기 개발을 추진하던 리비아의 카다피(Muammar Abu Minyar al Qaddafi) 원수(당시)는 국제사회의 강력한 제재와 안보 위협 등에 따라 2003년 핵(核)을 포함한 대량살상무기(WMD) 포기를 선언했다. 리비아의 핵(核)포기는 굉장히 신속하게 진행됐다는 특징이 있다. 핵포기 선언으로부터 관련 시설·장비의 미국 이전과 국제원자력기구(IAEA) 핵사찰까지 1년이 걸리지 않았다. 리비아는 핵(核)포기의 보상으로 제재해제와 대미(對美) 관계 개선이라는 성과를 얻었다. 리비아의 핵(核)포기 과정을 살펴보면 다음과 같다.

'리비아 모형'은 리비아의 석유자원에 지대한 이해관계를 갖고 있는 영국의 토니 블레어(Anthony Charles Lynton Blair) 총리가 리비아의 카다피(Muammar Abu Minyar al Qaddafi) 원수가 신뢰하는 넬슨 만델라(Nelson Rolihlahla Mandela) 대통령과 협력하여 카다피(Qaddafi) 정권의 안전보장과 핵무기 포기를 위한 교섭을 성공시킨 사례이다.

상기한 '리비아 해법'은 정권교체가 없는, 즉 반미(反美) 정권인 카다피(Qaddafi) 체제의 안전을 보장해주어 리비아의 핵(核) 문제를 평화적으로 해결(2004. 06. 28)한 사례이다. 당시, 리비아의 카다피(Muammar Abu Minyar al Qaddafi) 원수에게는 중재역할을 수행하였던 남아프리카공화국의 넬슨 만델라(Nelson Rolihlahla Mandela)가 있었고, 카다피(Qaddafi) 정권의 안전보장과 핵무기 포기를 설득·중재한 영국의 토니(앤서니 찰스 린턴) 블레어(Anthony Charles Lynton Blair) 총리가 있었다.

여기서 저자는 다음과 같은 화두(話頭)를 제기한다: 상기한 '리비아 모형'을 북한 핵무기 문제에 적용해보기 위하여, 러시아의 블라디미르 푸틴(Vladimir Vladimirovich Putin) 대통령이 넬슨 만델라의 역할을, 중국의 시진핑(習近平) 국가주석이 토니 블레어(Anthony Charles Lynton Blair) 역할을 각각 수행할 수 없을까? 진정코, 동북아의 평화와 안정을 희구하는 진지한 자세를 중국과 러시아에게, 또한 진정한 결단력을 미국에게 각각 기대해 본다.

3) 인도 모형(2006. 03. 02)

인도(印度)는 냉전(冷戰)하에 미·소(美·蘇) 양국으로부터 가장 많은 이득을 챙겼던 국가이다. 1947년 영국으로부터 분리 독립된 파키스탄 영토 회복과 이슬람 세력확장에 대한 제재 수단으로 양다리 외교로 핵무장하게 된 것이다. 19세기부터 미국이나 구(舊)소련이 그렇게 차지하고 싶었던 아프간과 인도와의 동맹인 '허들랜드 전략'을 인도(印度)는 잘 알고 있어 비(非)동맹체제(영국 맥마흔외상으로부터 교훈)를 구축하여 군사대국화하기 시작하여 중국보다 10년이나 앞선 항공모함 보유국이고 핵무장 기술이 앞선 국가이다.

인도(印度)는 1962년 중국과의 국경 전쟁에서 참패한 이후 중국의 핵실험 성공에 대항하여 1974년 5월 핵실험을 시행하여 5개 핵강국 외의 핵보유국이 되었으나 아직 핵확산금지조약(NPT: Non-Proliferation Treaty)이나 포괄적 핵실험금지조약에 가입하지 않았다.

그러나 잠잠하던 인도(印度)는 1998년 5월 11일과 13일 파키스탄 국경에 가까운 포크란에서 다섯 차례에 걸친 핵실험을 단행하였다. 이에 대항하여 파키스탄도 뒤이어 같은 달 28일에 발루치스탄주(州)에서 여섯 차례에 걸친 지하 핵실험을 시행하였는데, 파키스탄은 1974년 인도의 핵실험 이후 꾸준히 핵개발 능력을 축적해왔다. 양국의 핵실험 강행에 대해 세계 주요 각국은 일제히 비난 성명을 내고 미국과 일본 등은 양국에 대한 경제 제재의 발동을 발표하였으나 양국은 '핵보유국 선언'을 하는 등 굴하지 않았다. 또한, 양국은 중거리탄도 미사일 실험을 계획하는 등 미사일에 핵탄두를 장착할 방침도 분명하게 하고 있기 때문에, 핵·미사일 개발 경쟁은 한층 더할 것이다. 2001년 현재 파키스탄은 전술 핵탄두 30여 개와 사정거리 1,500km의 '가우리' 등 핵탑재가 가능한 미사일을 보유하고 있디.

상기한 인도(印度)의 핵(核) 보유 배경은 미국의 대(對)중국 포위작전과 일본의 동지나 해상권 확보이다. 1947년 영국에서 독립한 인도(印度)는 미국과의 관계가 원만하지 않았다. 처음에는 비(非)동맹 노선을 내걸고 미·소(美·蘇) 사이에서 줄타기했다. 그러나 1971

년 '앙숙'인 파키스탄과 전쟁할 때 미국이 파키스탄을 돕자 반미(反美)로 돌아섰다. 인도는 소련과 협력을 강화해 미국·파키스탄 유대를 견제했다. 미국은 인도가 1974년 1차 핵실험에 이어 1998년 2차 핵실험을 감행하자 강력한 제재로 인도(印度)를 압박했다.

냉기가 돌던 미국·인도 관계는 소련 붕괴와 중국 굴기(崛起)를 겪으며 급변했다. 미국은 중국 견제와 대(對)테러 전쟁 등을 위해 인도와의 군사 협력이 필요했다. 1962년 국경 분쟁으로 중국과 전쟁했던 인도는 소련을 대체할 우군을 원했다. 그 결과 미국은 2006년 인도(印度)를 사실상 핵(核)보유국으로 인정하는 핵(核) 협정을 인도(印度)에 선물했다. 그 후 미국은 러시아를 제치고 인도의 최대 무기 공급국이 됐다. 2014년부터는 인도양에서 미국·인도·일본 해군이 중국을 겨냥해 대규모 연합 훈련을 하고 있다. 최근 인도(印度)는 히말라야 국경에서 중국과 다시 무력 충돌할 조짐이 보이자 산악전 부대를 미국에 보내 훈련시켰다.

인도·중국 국경분쟁 가능성에 대비하여 미국 항모전단과 일본 해상자위대 공고급 구축함 4척이 벵갈만에 대기하고 있다. 인도(印度)가 언젠가 한 번은 중국 문제를 집고 넘어가야 할 문제라고 공언한 어유가 파키스탄의 자동제압이란 등식을 갖고 있기 때문이다. 즉, 인도(印度)는 파키스탄·중국 제재를 위한 핵무장이다.

인도(印度)는 1962년, 베트남은 1979년, 각각 중국과 전쟁을 치렀다. 중국과 국경을 맞 댄 두 나라는 중국이 영토와 안보 문제를 어떻게 해석하며, 얼마나 공격적으로 나오는지를 핏값을 치르고 배웠다. 한국도 6·25 전쟁(1950~1953) 때 중국과 전쟁을 치렀다. 중국이 1950년 6·25 전쟁(1950~1953)에 참전하고, 1962년 인도와 전쟁하고, 1979년 베트남을 선제공격한 이유는 모두 동일하다. 그것은 중국의 전략적 이익이 심각하게 침해당하기 전에 먼저 손을 써야 한다는 독특한 판단 때문이었다. 인도와 베트남은 중국이 근육을 자랑하면 어떤 결과가 생기는지 역사적 경험으로 안다.

따라서 미국과 험악한 전쟁을 치렀던 베트남도 오랜 원한을 뒤로하고 대미(對美) 관계를 개선하였다. 2014년 미(美) 합참의장의 방문을 43년 만에 허락했다. 당시 마틴 뎀프시 합참의장은 호찌민시(市)에서 "베트남에 대한 무기 금수 조치를 풀겠다"고 약속했다. 이어서, 베트남과 미국은 미 항공모함의 베트남 기항에도 42년 만에 합의했다. '원수'였던 미국·베트남의 관계개선은 중국의 남중국해 군사 굴기가 가져온 것이다.

또한, '반미(反美)'였던 인도와 베트남이 어느 날 갑자기 미국이 좋아져서 군사협력을 강화하는 것은 결코 아닐 것이다. 인도와 베트남이 빠르게 '친미(親美)'로 돌아선 시점은 2013년 시진핑 중국 주석이 '중화 민족의 부흥'을 내걸고 집권한 시기와 거의 일치한다.

4) 이란 모형(2017. 07. 14)

사실, 이란의 부상(浮上)은 중동(中東) 지역의 역학 관계를 바꿔놓을 수 있다. 이란은 선거를 통하여 지도자를 선출하는 이슬람 공화국이며 따라서 왕(王)이 독재하는 사우디에게 위협적인 존재이다. 게다가 이란은 주변 우호 세력에 대한 물질적 지원도 강화할 수 있다. 이란의 인구가 8,000만 명으로 2,000만 명(외국인 노동자 제외)인 사우디 인구의 4배에 달한다. 또한, 이란에는 수(水)자원이 풍부해 식량을 자급하고 공장을 운영할 수 있다. 지금도 레바논 헤즈볼라(Hezbollah, '시아파' 이슬람주의 무장투쟁 조직)와 이라크 등 시아파 다수 지역에 대한 이란의 영향력이 막강하다. 이젠 더욱 확충된 경제적 역량을 바탕으로 자금·무기 지원에 나선다면 시아파 진영의 이란 의존도는 더욱 커질 수밖에 없다. 한편, 수니파가 지배하고 있는 사우디와 이스라엘은 시아파인 이란에 대한 국제사회의 제재 해제를 반대하는 이유가 이란의 힘이 더욱 커질 것을 두려워하기 때문이다. 그럼에도 불구하고, 미국은 이란이 이미 시리아의 수도 다마스쿠스와 이라크 남부 지역에 병력을 파병하였듯이 좀 더 많은 전투부대와 무기를 배치해 IS(이슬람 무장세력 이슬람 국가)와 전면전을 벌일 수 있기를 기대하고 있다.

사실, 이란과 미국은 1979년 이란의 이슬람 혁명 이후, 37년 동안 적대적 관계를 유지했었다. 2002년 조지 워커 부시(George Walker Bush, 1946~현재; 대통령 재임기간: 2001~2009) 대통령(당시)은 이란을 북한 및 이라크와 함께 '악의 축(axis of evil)'으로 지목했었고, 이란의 핵무기 개발 의혹으로 미국과 이란의 관계는 최악으로 치달았다.

이어서, 버락 후세인 오바마(Barack Hussein Obama, 1961~현재) 제44대 대통령(2009~2017)은 2010년 이란과 거래하는 제3국 개인과 기관까지 제재하는 '세컨더리 보이콧' 카드를 꺼내들었다. 이란은 주력 수출품인 석유 판로가 틀어 막히면서 2012년과 2013년에 마이너스 경제성장률을 기록하는 등 엄청난 타격을 입었다. 경제난에 국민적 불만이 고조되면서 2013년 비핵화를 주장한 개혁주의자인 하산 로하니(Hassan Rouhani, 1948~현재) 대통령이 보수파를 꺾고 당선됐다. 다행히, 그는 2013년 취임 후 이란의 '정상국가화'를 주도해오고 있다.

버락 후세인 오바마(Barack Hussein Obama) 대통령(2009~2017)은 2013년 하산 로하니(Hassan Rouhani, 1948~현재) 대통령과 전화통화를 하며 관계 개선의 물꼬를 텄다. 미국과 이란 정상이 통화를 한 건 1979년 이란 혁명 이후 처음이었다. 2015년 양국 간 화해 분위기가 고조되면서 이란 핵(核) 동결을 골자로 하는 포괄적 공동행동계획(JCPOA: Joint

Comprehensive Plan of Action) 체결로 이어졌다. 합의는 유엔 안보리 상임이사국인 미국·영국·프랑스·중국·러시아 5개국에 독일을 추가한 'P5＋1'이 이란과 체결하는 형태로 이뤄졌다.[4]

다행히, 이란의 하산 로하니(Hassan Rouhani, 1948~현재) 대통령은 2013년 취임 후 이란의 '정상국가화'를 주도해오고 있는 개혁주의자이다. 그는 2015년 7월 핵 협상을 UN 안보리 5개 상임이사국 및 독일이 포함된 6개국(p5＋1)과 타결했다. 이에 따라, 이란은 국내에 보관해온 저농축 우라늄 11톤을 해외로 반출하였고 원자로를 폐쇄했으며 국제사회(미국과 EU 등)은 이란에 대한 경제체재를 2016년 1월 10일자로 해제했다.

상기한 국제정치적 배경하에서, '이란 핵의 해법'은 2015년 4월 2일 합의된 핵심요소를 바탕으로, 2017년 7월 14일 유엔 안보리 5개 상임이사국에 독일을 더한 6개국 P5＋1(미국, 중국, 러시아, 영국, 프랑스, 독일)과 이란이 ① 제재 해제 순서 ② 군사시설 사찰 여부 ③ 대(對)이란 무기금수 해제 등 쟁점에 대한 '포괄적 공동행동계획(JCPOA: Joint Comprehensive Plan of Action)'에 최종 합의했다고 발표했다.

상기 '포괄적 공동행동계획(JCPOA) 협정'은 이란이 고농축 우라늄과 무기급 플루토늄을 15년간 생산하지 않고 농축 우라늄과 원심분리기 수를 크게 제한하는 내용을 담았는데, 이란이 의무사항을 지키지 않으면 해제한 제재를 다시 복원하는 '스냅백'(snapback) 조항이 포함되는 등 검증 규정이 엄격하다. 그 대신에 미국 등은 대(對)이란 경제제재를 풀었다.

미국 국무부는 2016년 1월 16일 "이란 핵 제재가 해제된 것은 이란이 2015년 7월 합의한 '포괄적공동행동계획(JCPOA)'의 요구 조건을 충실히 이행했기 때문"이라고 밝혔다. 국제원자력기구(IAEA)에 따르면 이란은 핵 활동과 관련해 다음과 같은 3가지 사항을 이행했다:

① 이란은 우선 농축 우라늄(HEU) 재고 2만5,000파운드(약 11톤) 가운데 660파운드(300Kg)를 남기고 전량을 해외(러시아)로 반출했다. 즉, 무기용으로 사용 가능한 농축 우라늄(HEU)의 약 98%를 제거하고 나머지는 의료와 연구개발 등 평화적 목적으로만 사용할 수 있도록 한 것이다.

---

4) 나아가, 오바마 행정부는 '이란식 해법'을 북한에도 적용해 북핵 문제를 해결하겠다는 포부를 밝혔다. 당시 북한은 이란에 비해 대외 교역량이 많지 않고 정치적 자유도 저조하기 때문에 경제제재로 북한 비핵화를 이끌어내기는 힘들 것이라는 회의론이 적지 않았다. 오바마 행정부는 2016년 1월 북한의 4차 핵실험 등 각종 전략적 도발에 초강력 경제제재로 응수했다.

② 이란은 우라늄 생산 핵심 장비인 총 1만8,000기(基) 원심분리기의 2/3인 1만2,000기(基)를 해체했고 나머지를 3분의 1 규모인 6,000기(基)만 남겼다.

③ 플루토늄 생산이 가능한 중수로의 불능화 작업을 완료했다. 또한, 미국은 만약 이란이 2015년 7월 '포괄적공동행동계획'(JCPOA)의 약속 하나라도 어기면 강도 높은 제재를 재(再)가동할 수 있는 '스냅백(Snapback)' 즉 '제제 원위치' 조항을 삽입했다.

이란에 대한 국제사회의 제재 해제(2016. 01. 10)의 효과는 즉각 나타났다. 제재 해제가 발표된 2016년 1월 16일, 로이터 통신은 "13척의 이란 원유 수송선이 배에 가득 기름을 채우고 인도와 유럽으로 떠날 준비를 하고 있다"고 보도했다. 압바스 아쿤디 이란 도로·도시개발부 장관은 이날 유럽 에어버스 그룹에서 민항기 114대를 구매하겠다고 발표했다. 이란은 향후 5년간 매년 80~90대 정도의 항공기를 수입할 계획이다. 뉴욕타임스는 "이란이 미국과 유럽이 동결한 최대 1,000억 달러(약 121조 원) 해외 자산도 되찾을 수 있게 됐다"고 보도했다.

부록 2

포괄적 공동행동계획(JCPOA)

이란 핵 활동 제한

- 이란은 자국 내에서 현재 가동 중인 원심분리기를 3분의 2 가량 감축하기로 합의했다. 이란은 이번 합의에 따라 현재 19,000여 기 수준인 원심분리기를 6,104기로 줄일 예정이며 앞으로 10년간 그중 5,060기만을 농축 우라늄 생산에 투입할 수 있다. 6,104기 모두 이란의 1세대 원심분리기 기종인 IR-1 모델로 구성된다.

- 이란은 앞으로 최소한 15년간 3.67퍼센트 이상의 농축 우라늄을 생산하지 않기로 합의했다.

- 이란은 저농축 우라늄(LEU) 재고를 현재의 10,000kg에서 3.67퍼센트 LEU 300kg 수준으로 축소하기로 합의했다.

- 잔여 원심분리기와 농축 기반시설은 전량을 국제원자력기구(IAEA)의 감시하에 보관하며 원심분리기와 장비를 운영하는 데 필요한 교체용으로만 사용이 가능하다.

- 이란은 앞으로 15년간 농축 우라늄 생산을 목적으로 신규 시설을 건설하지 않기로 합의했다.

- 이란이 핵무기 1기를 제조하는 데 소요되는 핵물질을 확보하기까지의 기간을 의미하는 브레이크아웃 기간은 현 시점에서 2개월 내지 3개월로 추정된다. 본 합의에 따라 이란의 브레이크아웃 기간은 앞으로 최소한 10년 동안 1년 이상으로 연장된다. 또한, 이란은 더 이상 우라늄 농축 작업에 이용되지 않도록 포르도 시설의 용도를 변경한다.

- 이란은 앞으로 최소한 15년간 포르도 시설에서 농축 우라늄을 생산하지 않기로 합의했다.

- 이란은 포르도 시설이 평화적인 목적으로만 이용될 수 있도록 시설의 용도를 원자력·

물리학·과학기술·연구 센터로 변경하기로 합의했다.

- 이란은 앞으로 15년간 포르도에서 우라늄 농축과 관련된 연구개발 활동을 중단하기로 합의했다.
- 이란은 앞으로 15년간 포르도에 핵물질을 반입하지 않는다.
- 포르도에 설치된 원심분리기와 기반시설의 약 3분의 2를 제거한다. 잔여 원심분리기에서는 더 이상 농축 우라늄을 생산하지 않는다. 일체의 원심분리기와 기반시설은 국제원자력기구(IAEA)의 감시를 받는다.

  그리고 이란은 앞으로 10년간 1세대 원심분리기 IR−1 모델 5,060기만을 이용하여 오직 나탄츠에서만 농축 우라늄을 생산한다.
- 이란은 앞으로 10년간 신형 원심분리기 기종을 제거하고 1세대(IR−1 모델) 원심분리기만을 이용하여 오직 나탄츠에서만 농축 우라늄을 생산하기로 합의했다.
- 이란은 현재 나탄츠에 설치된 IR−2M 원심분리기 1,000기를 제거하고 앞으로 10년간 국제원자력기구(IAEA)의 감시하에 보관한다.
- 이란은 앞으로 최소한 10년간 농축 우라늄을 생산하는 데 IR−2, IR−4, IR−5, IR−6, IR−8 모델을 사용하지 않는다. 이란은 주요 6개국이 합의한 일정과 세부기준에 입각하여 신형 원심분리기를 제한적인 연구개발 목적으로만 이용한다.
- 앞으로 10년간 브레이크아웃 기간을 최소한 1년 이상으로 유지하는 것을 목표로 농축 및 농축 연구개발 활동을 제한한다. 10년 후에는 이란이 국제원자력기구(IAEA)에 제출한 농축 및 농축 연구개발 계획을 준수해야 하며 포괄적공동행동계획과 추가의 정서에 의해 농축 능력에 일정한 제한이 가해진다.

조사 및 투명성
- 국제원자력기구(IAEA)는 나탄츠 농축 시설과 기존의 포르도 농축 시설을 포함하는 이란의 모든 핵 시설에 정기적으로 접근할 수 있으며 여기에는 현대화된 최첨단 감시 기술의 적용이 포함된다.
- 사찰단은 이란의 핵 프로그램을 지원하는 공급망에 접근할 수 있다. 비밀 프로그램으로 전용되는 것을 방지할 목적으로 새로운 투명성 및 조사 체계를 통해 핵물질 및/또는 장비를 철저하게 감시한다.
- 사찰단은 앞으로 25년간 이란 우라늄 광산에 접근할 수 있으며 이란이 우라늄염을 생산하는 우라늄 공장을 지속적으로 사찰할 수 있다.

- 사찰단은 앞으로 20년간 이란의 원심분리기 로터 및 벨로우즈 생산·보관 시설을 지속적으로 사찰할 수 있다. 이란의 원심분리기 제조 기반은 동결되며 지속적인 사찰을 받는다.
- 포르도와 나탄츠에서 제거된 모든 원심분리기 및 농축 기반시설은 국제원자력기구(IAEA)의 지속적인 감시를 받는다.
- 추가적인 투명성 보장 조치로서 특정한 핵 관련 및 이중 용도 물질과 기술이 이란으로 공급, 판매 혹은 이전되는 것을 개별 건 단위로 감시하고 승인하는 것을 목적으로 이란 핵 프로그램 전용 조달 창구를 마련한다.
- 이란은 국제원자력기구(IAEA) 추가의정서를 이행함으로써 신고 시설과 미신고 시설을 모두 포함하는 자국의 핵 프로그램과 관련하여 국제원자력기구(IAEA)에 제공되는 정보와 접근 범위를 확대하기로 합의했다.

제재 해제
- 수일 내 포괄적 공동행동계획(JCPOA)를 승인(endorse)하는 신규 유엔 안보리 결의 채택과 동시에 기존 안보리 대이란 제재 결의 일괄 종료
- 이란의 핵 관련 초기 의무이행을 국제원자력기구(IAEA)가 확인한 이후, EU, 미국의 핵 관련 제재(경제, 원유, 금융, 에너지 등 포함) 포괄적 해제(미국은 정지)
    - 핵 이외 제재는 일정기간 유지
    - 미국은 양자 제재 우선 정지 후 포괄적 공동행동계획(JCPOA) 발효 8년이 지난 뒤 양자 제재 법안 폐지를 위한 의회 법안 통과 추진

합의 이행 계획
- 수일 내 포괄적 공동행동계획(JCPOA) 승인 위한 유엔 안보리 신규결의 채택 → 90일 이후 포괄적 공동행동계획(JCPOA) 발효 → 이란 초기의무 이행을 국제원자력기구(IAEA)가 확인한 즉시 EU 및 미국 제재해제(약 6~9개월 예상) → 발효 8년 후 EU, 미국 핵 이외 제재 해제 및 이란 추가의정서(AP) 비준 추진 → 발효 10년 후 포괄적 공동행동계획(JCPOA) 종료

민간 원자력 협력
신형 경수로 건설, Arak 중수로 설계변경, 과학·기술 R&D, 핵안보 및 원자력 안전, 의

료용 방사성 동위원소 생산, 핵폐기물 관리 및 시설 해체 등 관련 협력 확대 추진

그러나 놀랍게도, 도널드 트럼프(Donald John Trump, 1946~현재) 제45대 대통령(2017~2021)은 2018년 1월 이란의 탄도미사일 개발과 10~15년의 '일몰 기간' 이후 핵(核) 개발을 막을 수 없다는 이유로 포괄적 공동행동계획(JCPOA) 협정 파기 의사를 표명하였다가 5월 8일 상기 협정 탈퇴를 선언했다: "이란 핵 협정은 일방적이고 재앙이며 끔찍한 협상으로 애초 체결되지 말았어야 한다", "이 협정으로는 이란 핵폭탄을 막을 수가 없다"면서 "이란이 핵 프로그램에 대해 거짓말을 했다는 명백한 증거가 있다"[5], "이란과 맺은 협정은 본질적으로 결함투성이다. 우리가 아무것도 하지 않는다면 세계 제일의 테러 지원국(이란)이 단시간 안에 세계에서 가장 위험한 무기(핵무기)를 목전에 두게 될 것이다. 오늘 미국이 이란 핵협정에서 탈퇴한다는 사실을 공표한다"고 밝혔다.

이어서 도널드 트럼프(Donald John Trump) 대통령(2017~2021)은 "이란 정권에 대한 미국의 제재를 되살리는 대통령 명령에 서명한다. 우리는 최고도의 제재를 도입할 것이다. 이란의 핵 개발을 돕는 나라들도 강한 제재를 받을 것"이라고 경고했다. 실제로, 트럼프 대통령은 국방수권법 등에 따른 제재를 부활하는 대통령 명령에 서명했다. 미국 재무부는 이 조처가 90~180일의 유예기간을 거쳐 시행된다고 밝혔다. 이로써, 도널드 트럼프 대통령이 중동의 강국 이란의 핵개발을 봉인해온 핵협정을 파기하고 엄격한 경제 제재를 되살렸다.

도널드 트럼프(Donald John Trump) 대통령(2017~2021)이 내놓은 대안은 미국이 원하는 내용이 담긴 새 합의내용이다. 그는 "우리는 협정을 떠나지만 이란의 핵 위협을 해결하기 위해 동맹국들과 참되고 포괄적이며 지속성 있는 해법을 찾을 것이다. 탄도미사일, 전 세계에 대한 테러 활동, 중동에서의 위협적 행동을 제거하는 노력이 포함될 것"이라고 말했다. 또 "이란 지도자들은 새 협정을 위한 협의를 거부할 것이다. 상관없다. 그들은 (결국) 새롭고 지속성 있는 협정을 원하게 될 것"이라며 압박 강화 의지를 분명히 했다.

이에 대하여 이란은 경악했다. 하산 로하니(Hassan Rouhani, 1948~현재) 대통령은 "미국은 합의를 존중하지 않는다는 걸 공표한 셈"이라며 "이란 원자력 기구에 필요시 즉각 대응할 수 있도록 준비할 것을 지시했다"고 맞섰다. 하산 로하니 대통령은 "이란은 미국이 없더라도 핵협정에 남을 것이다. 국제적 합의를 준수하는 것이 어느 나라인지 분명해졌

---

5) 2017년 7월 8일, 이란이 핵합의(JCPOA·포괄적 공동행동계획) 상한(농축도 3.67%)을 넘겨 우라늄을 농축(濃縮)한 것으로 확인됐다고 국제원자력기구(IAEA)가 밝혔다.

다. 미국은 약속을 지키지 않는 나라"라고 비난했다.

포괄적 공동행동계획(JCPOA) 협정을 주도했었고 서명했었던 버락 오바마(Barack Hussein Obama, 44대: 2009~2017) 전(前) 대통령은 긴급 성명을 냈었다: 도널드 트럼프(Donald John Trump) 대통령(2017~2021)의 이번 결정이 "완전히 잘못됐다"고 목소리를 높이고 "이란 핵 합의는 기능하고 있다. 유럽의 동맹국, 독립적 전문가, 현직 (제임스 매티스) 국방장관도 이에 동의한다. 핵 합의가 사라지면 미국 앞에는 핵을 가진 이란 혹은 중동의 새로운 전쟁이라는 패배와 다름없는 선택지만 남을 것"이라고 했다.

주요국들은 이번 결정이 살얼음판 같은 중동(中東) 정세에 끼칠 영향에 촉각을 곤두세우며 실망과 우려의 뜻을 밝혔다. 영국, 프랑스, 독일 등 협정 참여국들은 잇달아 유감을 표했다. 제25대 대통령(2017~2022) 에마뉘엘 마크롱(1977~현재)은 도널드 트럼프(Donald John Trump) 대통령(2017~2021)의 발표 직후 트위터에서 "프랑스·독일·이탈리아는 미국의 선택을 유감스럽게 생각한다"며 "핵 확산 방지 체제가 위기에 놓였다"고 비판했다. 중국과 러시아도 "깊은 실망감"을 밝혔다. 유럽연합 페데리카 모게리니 외교안보 고등대표는 "유럽연합은 협정을 계속 준수하기로 결정했다"고 밝혔다. 이와 반면에 이란의 숙적인 이스라엘의 베냐민 네타냐후(Benjamin Netanyahu, 1949~현재) 총리(2009. 03. 31 이후에 6선의 장기집권)는 "트럼프 대통령의 용기 있는 결단에 감사한다"고 했다.

미국을 제외한 포괄적 공동행동계획(JCPOA) 협정의 모든 당사국이 격렬히 반발했지만 도널드 트럼프(Donald John Trump) 대통령의 뜻을 바꾸지는 못했다. 그가 포괄적 공동행동계획(JCPOA) 협정 탈퇴 결단을 내린 배경에는 이란에 대한 뿌리 깊은 반감이 자리하고 있다.[6] 도널드 트럼프(Donald John Trump) 대통령(2017~2021)은 전임 버락 후세인 오바마(Barack Hussein Obama) 행정부(2009~2017)와 달리 이란에 적대적인 이스라엘과 사우디아라비아와의 관계에 더욱 공(功)을 들였다. 도널드 트럼프(Donald John Trump) 대통령(당시)은 후보 시절부터 포괄적 공동행동계획(JCPOA)이 '최악의 합의'라며 이란에 핵을 개발할 시간만 벌어줄 뿐이라는 주장을 펼쳐왔다.

존 로버트 볼턴(John Robert Bolton) 백악관 국가안보보좌관(당시)도 포괄적 공동행동계획(JCPOA) 협정 파기에 적극 동조한 것으로 알려졌다. 그는 무력 개입을 불사하고서라도 이란 정권 교체를 이뤄내야 한다고 주장하는 '슈퍼 매파'다. 그러한 존 볼턴 보좌관이 도널드 트럼프(Donald John Trump) 대통령(당시)의 최선임 외교안보 참모에 오른 순간 포괄

---

6) 킴 대럭 전 주미 영국대사는 본국에 보낸 비밀 전문에서 트럼프 대통령이 오바마 전 대통령에 대한 개인적 감정 때문에 포괄적 공동행동계획(JCPOA)를 뒤집었다는 평가를 내놓기도 했다.

적 공동행동계획(JCPOA) 파기는 이미 기정사실화됐다는 평가도 나왔다. 다행히, 도널드 트럼프(Donald John Trump) 대통령(2017~2021)은 이란을 공습해야 한다는 볼턴 보좌관(당시)의 조언만은 받아들이지 않고 외교적 해법으로 문제를 풀겠다는 뜻을 분명히 하였다.

도널드 트럼프(Donald John Trump) 대통령(2017~2021)은 포괄적 공동행동계획(JCPOA) 협정을 대체하는 좋은 합의를 이끌어내겠다고 호언장담했었지만 아직은 전망이 어둡다. 이란은 미국이 포괄적 공동행동계획(JCPOA)에 복귀하기 전까지는 미국과 어떤 대화에도 응하지 않겠다고 버티고 있다. 이란 국민들 역시 약속을 일방적으로 파기한 도널드 트럼프(Donald John Trump) 대통령(당시)이 모든 문제의 근원이라고 여기고 있다. 온건파 성향으로 포괄적 공동행동계획(JCPOA) 협정을 이끌어낸 하산 로하니(Hassan Rouhani) 대통령조차 미국을 맹렬히 비난하며 강경파와 한 목소리를 내고 있다.

도널드 트럼프(Donald John Trump) 행정부(2017~2021)는 2019년 5월 8일 이란의 포괄적 공동행동계획(JCPOA) 협정 의무 이행 일부 중단 선언에 맞서 대(對)이란 추가 제재 부과로서 이란산 원유수입 금지를 단행했었다. 이에 대응하여, 이란 정부는 '전가의 보도'인 걸프 해역 봉쇄 카드를 만지작거리고 있었다.

상기한 배경하에서, 2015년 7월 이란 핵합의(JCPOA·포괄적 공동행동계획)가 타결됐을 때만 해도 이란은 북한의 '모범 답안'이었다. 포괄적 공동행동계획(JCPOA)가 최종 타결된 직후 대한민국 정부는 "환영한다"며 "북한이 하루빨리 유엔 안전보장이사회(안보리) 결의와 9·19 공동성명에 따른 비핵화의 길로 나설 것을 촉구한다"는 내용의 성명을 발표했다. 북한도 이란의 뒤를 따라 핵을 포기하라는 메시지였다. 그러나 4년이 지난 지금 상황은 정반대가 됐다.

이란 핵문제는 도널드 트럼프(Donald John Trump) 대통령(2017~2021)의 일방적인 포괄적 공동행동계획(JCPOA) 탈퇴 선언 이후 악화일로로 치닫고 있다. 심지어, '뫼비우스의 띠'(Möbius strip)[7]처럼 포괄적 공동행동계획(JCPOA) 체결 이전으로 되돌아갈지도 모른다

---

7) 수학의 기하학과 물리학의 역학이 관련된 곡면으로, 경계가 하나밖에 없는 2차원 도형이다. 즉, 안과 밖의 구별이 없다. 이 띠는 1858년에 독일의 수학자 뫼비우스(August Ferdinand Möbius)와 요한 베네딕트 리스팅(Johann Benedict Listing)이 서로 독립적으로 발견했다. 뫼비우스 띠는 좁고 긴 직사각형 종이를 180°(한 번) 꼬아서 끝을 붙인 면과 농일한 위상기하학적 성질을 가지는 곡면이다. 뫼비우스 띠는 몇 가지 흥미로운 성질을 가지고 있는데, 가장 특징적인 것은 어느 지점에서나 띠의 중심을 따라 이동하면 출발한 곳과 정반대 면에 도달할 수 있고, 계속 나아가 두 바퀴를 돌면 처음 위치로 돌아온다는 점이다. 이 때문에 재활용 마크로 뫼비우스 띠를 사용하고 있는 것이다. 이렇게 보면, 이미 사용한 자원도 다시 사용할 수 있다는 재활용을 상징하는 것으로 뫼비우스의 띠보다 나은 것을 찾기도 어려운 것 같다.

는 우려의 목소리도 나왔다.

미국과 이란 사이의 군사적 긴장도 고조된 상황이다. 이란은 최근 미군 무인정찰기(드론)가 자국 영공을 침해했다며 대공 미사일로 격추했다. 미국은 보복 공습을 계획했다가 막판에 철회했다. 도널드 트럼프(Donald John Trump) 행정부(2017~2021) 인사들의 초강경 발언과 달리, 미국도 이란에 대한 군사적 개입을 부담스럽게 여기고 있었다.

5) 파키스탄 모형(미국이 암묵적으로 개발 용인)

파키스탄은 원래 인도(印度)의 일부였으나 종교적 이유로, 제2차 세계대전 직후인 1947년에 인도(印度)로부터 독립하였고 1956년에 '파키스탄 이슬람 공화국'을 선언했다. 현재 인도(印度)는 힌두교가 대표 종교인 국가인 반면에 파키스탄 인(人)의 97%가 이슬람교를 믿는다. 그 중 수니파가 80%, 시아파가 20%이다. 나머지 종교는 기독교, 힌두교, 불교가 있으나 이슬람 원리주의에 의해 극심한 탄압을 받는다. 미(美) 국무부는 파키스탄을 '최악의 종교 자유 침해 국가'로 지정했다.

1971년에 파키스탄 내부에서 전쟁이 일어나 '동(東)파키스탄'이 '방글라데시'라는 이름으로 분리 독립했다. 이로써 '서(西)파키스탄'만이 오늘날 '파키스탄' 이름을 가진 국가가 되었다. 원래 인도(印度)였던 지역이 '인도-파키스탄'으로 분리되고 그 후 다시 '인도-파키스탄-방글라데시'로 분리된 것이다. 파키스탄의 면적은 80만 제곱킬로미터로 남한 면적의 8배, 남·북한 합친 면적의 4배이다. 인구는 1억6천만 명 정도이다. 파키스탄은 동쪽으로 인도, 북쪽으로 중국, 서쪽으로 아프카니스탄, 남쪽으로 바다(아라비아해)를 만난다. 파키스탄의 국방력은 세계 12위가량 되는데, 문제는 이 국가가 핵을 개발해서 핵을 보유한 '핵보유국'이란 점이다.

파키스탄은 인도(印度)로부터 분리한 이후, 인도(印度)와 1947년에 1차 인도-파키스탄 전쟁, 1965년에 2차 인도-파키스탄 전쟁, 1971년 3차 인도-파키스탄 전쟁을 치렀다. 지금도 서로 국지전을 주고 받고 있다.8) 인도(印度)와의 전쟁 이유는, 첫째, 원래 앙숙이었

---

8) 2019년 2월 14일 인도령 카슈미르에서 발생한 자살폭탄 테러로 촉발됐다. 이 공격으로 약 40명의 인도 군인이 사망하자 인도는 2월 26일 카슈미르 지역 통제선(LoC)을 넘어 파키스탄령 카슈미르에 위치한 테러캠프에 공습을 가했다. 그러자 파키스탄은 2월 27일 인도령 파키스탄에 공습을 가하고 인도 공군기 두 대를 격추한 뒤 조종사 한 명을 생포했다. 월스트리트저널(WSJ)에 따르면, 인도 정부는 파키스탄에게 생포한 조종사 송환을 요청했다. 앞서 파키스탄 정보부는 눈이 가려진 채 피흘리는 조종사의 영상을

기 때문에 대립이 격화되어 결국 전쟁이 터진 것이다. 감정적 대립과 쌓인 원한이 있는 셈이다. 둘째, 현재 파키스탄 지역에 있는 '카슈미르' 지역에 대해 인도(印度)가 영유권을 주장하기 때문이다. 셋째, 파키스탄을 더욱 분리시키고 약화시키려는 인도의 정책과 그것에 대항하는 파키스탄의 저항의 결과이다.

인도(印度)가 1974년 최초의 핵실험을 단행하자, 파키스탄은 그때부터 비밀스럽게 핵 개발 프로그램을 추진하기 시작했다. 그 후 1998년 5월 28일에 5차례, 30일에 1차례 등 1998년에만 총 6차례나 핵실험을 감행했다. 그 직후에 국제사회를 향해 핵무기 보유 선언을 했다. 파키스탄에서 1974년 착수부터 1998년 핵실험까지, 일련의 핵 개발을 주도한 자가 '압둘 카디르 칸'이란 과학자이다. 그는 '파키스탄 핵 개발의 아버지'로 불린다. 압둘 카

트위터에 올렸다가 소셜미디어에 공유되면서 양국 간 갈등이 더욱 고조되고 있다. 현재 해당 영상은 삭제됐다. 인도 외교부는 뉴델리 주재 파키스탄 공사를 초치해 해당 영상에 대해 "제네바 협약을 위반하는 저속한 전시"라고 강하게 비난하며, "인도는 국경 간 테러 및 공격 행위에 대응해 국가 안보와 주권을 지키기 위해 단호한 행동을 취할 권리가 있다"고 경고했다. 한편, 카슈미르를 둘러싸고 두 핵보유국 인도와 파키스탄 간 긴장이 고조되며 드디어 '핵전쟁' 발언까지 나온 가운데, 미국을 위시한 서방국들은 유엔을 통한 파키스탄 압박에 나서고 파키스탄은 중국에 중재를 요청하면서 양상이 복잡해지고 있다. 인도와 파키스탄이 각각 '보복대응'을 주장하며 처음으로 카슈미르 지역 통제선(LoC)을 넘어 공습을 펼친 가운데, 임란 칸 파키스탄 총리가 2019년 2월 27일(현지시간) 전국 방송 TV연설에서 "오해가 자칫 핵전쟁으로 이어질 수 있다"고 경고했다. 다만 "우리는 앉아서 얘기해야 한다"며 인도에 대화를 촉구했다. 파키스탄은 인도에 이처럼 강력한 경고를 보내면서 중국에 도움의 손길을 요청했다. 중국 외교부가 웹사이트에 게재한 성명에 따르면, 샤 메흐무드 쿠레시 파키스탄 외무장관이 2019년 2월 28일(현지시간) 저녁 왕이(王毅) 중국 외교 담당 국무위원 겸 외교부장에게 전화를 걸어 최근 상황을 설명하고 중국이 인도와의 갈등에 중재 역할을 해주기를 바란다는 입장을 전했다. 이에 왕 부장은 "파키스탄과 인도 모두 자제력을 발휘해 상황이 악화되지 않기를 바란다"고 답했다. 중국 정부는 재차 인도와 파키스탄에 지역 평화 유지와 분쟁 악화 방지를 위해 대화에 나서라고 촉구해 왔다.
홍콩의 사우스차이나모닝포스트(SCMP) 보도에 따르면, 왕 부장은 2019년 2월 27일 오전 중국·인도·러시아 3차 외교수장 회의에서 스시마 스와라즈 인도 외무장관에게 "중국은 남아시아가 직면한 긴장된 상황에 대해 우려하고 있다. 인도와 파키스탄의 공통 우방국으로서 중국은 양국이 자제심을 발휘해 긴장을 고조하지 않기를 바란다"고 말했다. 한편 로이터 통신에 따르면, 미국·영국·프랑스는 2019년 2월 27일 유엔 안전보장이사회('안보리')에 파키스탄 주둔 무장단체 '자이쉬─무함마드'(Jaish─e─Mohammad) 수장을 테러리스트 블랙리스트에 추가할 것을 요청했다. 유엔 안보리 15개 회원 구성국인 3국은 안보리 제재위원회에 자이쉬─무함마드 조직 수장인 마수드 아즈하르에 대한 무기 금수와 여행 금지, 자산 동결을 요청했다. 그러나 해당 요청은 중국에 의해 무산된 가능성이 높다 맞장일치로 의사가 결정되는 안보리에서 또 다른 회원국인 중국이 반기를 들 공산이 높기 때문이다. 중국은 지난 2016~2017년에 이미 한 차례 유엔 안보리 이슬람국가(IS) 및 알카에다 제재위원회에 아즈하르 수장 제재 부과를 막았다. 인도는 중국이 파키스탄과의 밀착 관계 때문에 아즈하르의 블랙리스트 추가 노력을 방해하고 있다고 수년 동안 비판해 왔다. 미국이 적극 중재에 나서는 가운데, 마이크 폼페이오 미 국무장관은 파키스탄과 인도 외무부에 각각 전화해 "어떤 비용을 치르더라도 갈등 고조를 피하라"고 촉구했다.

디르 칸 박사의 지도하에, 1998년 5월 최초의 핵실험에 성공했고 이로 인해 그는 파키스탄의 영웅이 되었다.[9]

'파키스탄 모형'은 미국이 핵무기 보유 통제에 실패한 사례임과 동시에 미국이 파키스탄의 핵무기 개발을 암묵적으로 용인한 사례이다. 왜냐하면 미국이 파키스탄을 러시아, 이란, 중국, 알 카에다 등을 견제하는 데 이용하기 때문이다. 미국과 파키스탄은 각자 내심으로는 싫어하지만 상호 필요성에 따라 동맹 관계이다.

파키스탄이 핵무기를 보유할 수 있게 된 요인은 다음과 같이 4가지: ① 인도의 핵실험 (1974년 및 1998년)으로 인한 안보위협, ② 소련의 아프가니스탄 침공(1980년), ③ 그 후 「9·11 테러」(2001년)의 주범인 오사마 빈 라덴(Osama bin Laden)과 알 카에다(Al-Qaeda)를 궤멸하기 위한 파키스탄의 전략적 가치를 재(再)인식한 미국의 대(對) 파키스탄 경제적 및 군사적 지원, ④ 파키스탄의 평화적 목적의 핵(核) 개발에 대한 미국의 묵인을 파키스탄의 악용 등이다.

역사적으로 보면, 파키스탄은 냉전(冷戰) 시대에 미국과 동맹이었으나[10] 인도-파키스탄 전쟁[11]을 겪으면서 미국과의 동맹이 약화됐으며, 이 시기부터 파키스탄은 핵무기 개발

---

9) 파키스탄의 核폭탄 개발 책임자인 압둘 카디르 칸 박사가 핵무기 제조 관련 기술을 1991년부터 2000년까지 북한에 이전한 사실을 자백하였다. 특히 파키스탄이 우라늄 농축을 통한 核무기 제조기술과 농축 장비를 북한에 주었다는 사실에 대해서는 미국 관리들도 확고한 증거를 가지고 있다고 말하고 있다. 그 후 압둘 카디르 칸 박사는 북한 등 여러 국가에 핵 기술을 제공하고 자문한 죄목으로 처벌받아 가택연금되었다.

10) 당시, 미국을 중심으로 서방 세계의 대(對)소련 곡물 수출 금지 및 고도 기술 수출 정지, 인접국 파키스탄에 대한 군사·경제 원조 재개, 모스크바 하계 올림픽 보이콧, 미·소(美·蘇) 전략무기 제한협정(SALT Ⅱ)의 미국 의회 비준 연기 등과 같은 대(對)소련 보복 조치가 취해졌으며, 유엔에서의 각종 대(對)소련 및·대(對)아프간 결의안 채택이 계속되어 1960년대 냉전 이래 미국과 소련의 관계는 최악의 상태로 악화되고 있었다.

11) 파키스탄과 인도는 오래 전부터 이슬람교(파키스탄)와 힌두교(인도) 간의 종교적 대립 관계를 갖고 있었다. 그리고 인도와 파키스탄이 영국의 식민통치로부터 분리 독립하면서 양국의 갈등은 더욱 심해졌다. 특히 카시미르 지역 영유권을 둘러싸고 양국은 두 차례의 전쟁을 치렀으며, 방글라데시의 독립과 관련해서 다시 한 차례의 전쟁을 치름으로써 양국 간 적대 관계가 계속되고 있다. 카시미르 지역을 둘러싼 영유권 분쟁은 1947년 영국 식민지하에서 인도가 신생국인 인도와 파키스탄으로 분리 독립될 당시부터 시작되었다. 카시미르 지역 인구의 절대다수(77%)를 차지하는 이슬람 측은 파키스탄에 귀속되고자 파키스탄 정부군의 지원 아래 반란을 일으켰다. 이에 카시미르 지역의 힌두교 영주인 마하라자가 인도에 군사 지원을 요청하였다. 그에 따라 1947년 10월 제1차 인도-파키스탄 전쟁이 발발하였으며, 국제연합(UN)의 거중조정에 따라 휴전선이 설정되었다.1965년 7월 제2차 인도-파키스탄 전쟁이 발발하였으나 국제연합안전보장이사회의 중재로 휴전되었다. 1966년 1월 인도와 파키스탄의 수뇌는 소련의 타슈켄트(현재 우즈베키스탄의 수도)에서 회동하여 정전협정(타슈켄트 협정)을 체결하였다.

을 시작했었다. 미국은 파키스탄의 핵무기 개발 초기단계에서는 반대했었으나 1980년대 소련(蘇聯)이 아프가니스탄을 침공하자[12], 미국은 파키스탄의 핵무기 개발을 암묵적으로 용인했었다. 소련군이 아프가니스탄으로부터 1988년 5월 15일 철수를 시작하여 1989년 2월 15일 소련군 전원이 철수하자, 미국은 다시 파키스탄의 핵무기 개발 제재를 가했으나 파키스탄의 핵 기술은 이미 충분히 개발된 상태였다.

미국 과학국제안보연구소의 데이비드 올브라이트 박사는 파키스탄의 핵무기 보유 대

1971년 방글라데시 독립을 둘러싸고 제3차 인도－파키스탄 전쟁이 발발하였다. 1972년 7월 파키스탄의 줄피카르 알리 부토와 인도의 인디라 간디 총리 간에 심라협정이 체결되었다. 상기 협정 내용은 점령지역에서의 철군, 카시미르 내 통제지역 설정, 쌍무협상을 통한 분쟁의 평화적 해결이었다. 그러나 상기 협정만으로는 카시미르 지역의 영유권 문제가 근본적으로 해결되지 않았다. 파키스탄은 1949년 국제연합 결의에 따라 카시미르 지역을 분쟁지역으로 표기하고, 주민투표를 실시하여 카시미르의 장래를 결정해야 한다고 주장했다. 그러나 인도는 카시미르 지역을 자국 영토에서 분리할 수 없는 부분이라고 간주했다. 파키스탄은 카시미르 분쟁을 국제문제로 확대하여 현상타파를, 인도는 현상유지의 입장에서 카시미르 문제를 양자 간의 대화로 해결하기를 각각 희망한다. 1947년부터 1948년까지의 제1차 전쟁 후 카슈미르 지방은 양국에서 분할되어 있는 실효 지배를 받게되어 최종적인 귀속이 결정되지 않았다. 감시하기 위해 국제연합·인도·파키스탄 군사 감시단(UNMOGIP)이 파견되어 있었지만, 불안 상태가 계속되고 있었다. 1962년의 인도－중국 전쟁으로 아커사이친에 중국 인민 해방군이 침공하여 중국이 실효 지배를 하게 되면서 파키스탄도 이에 영향을 받아 1965년 8월에 무장 집단을 인도 지배 지역에 보냈다. 인도 군은 펀자브에서도 공세를 하고 파키스탄은 수세를 취하지 않을 수 없었다. 국제 사회의 압력에 의해 양국은 1965년 9월 20일 유엔 안전 보장 이사회 결의 211을 수락하고 9월 23일에 휴전이 되었다. 그런 다음 UNMOGIP 및 국제 연합 인도 파키스탄 감시단(UNIPOM)에 의해 감시가 이루어졌다. 타슈켄트에서 1966년 1월 4일부터 평화 협상이 시작되어 1월 10일 양군의 철수가 합의(타슈켄트 선언)되었다. 이에 따라 2월 25일까지 1965년 8월 이전의 위치로 군대를 철수시켰다.

12) 1980년 1월, 이슬람 협력 기구 가맹 34개국의 외무부처들이 아프가니스탄 주둔 소련군의 즉각적인 철수를 요구하는 결의안을 채택했었으며, UN 총회는 소련의 아프가니스탄 개입에 반대하는 결의안을 104대 18의 표결로 통과시켰다. 아프가니스탄의 반군(叛軍)은 인접한 파키스탄과 중화인민공화국을 통해 막대한 양의 물자와 군사훈련을 받기 시작했고, 미국과 페르시아 만의 아랍 군주국들이 자금을 지원했다. 무자히딘들은 소규모 세포단위의 유격전을 펼쳤고, 소련군은 도시지역과 주요 도로들만 장악했을 뿐, 아프가니스탄 영토의 80%를 차지하는 향촌지역은 소련군의 통제에서 벗어나 있었다. 소련은 대규모 공습을 감행하고 반군들의 피난처가 될 수 있는 시골 마을들을 밀어버리며 관개시설을 파괴하고 수백만 개의 지뢰를 매설하는 등 가혹행위를 자행했고 그 결과 반군(叛軍)과 민간인을 막론하고 수많은 아프가니스탄 인들이 사살당했었다. 1980년대 중반이 되면 아프가니스탄에 파견된 소련군은 108,800명으로 늘어났으며 영토 전역에서 싸움이 벌어졌으나 소련이 부담해야 할 군사적 외교적 비용은 너무나 컸었다. 1987년 소련의 새 서기장으로 집권한 미하일 고르바초프는 아프가니스탄에서의 철수를 시작할 것이라고 발표했었다. 아프가니스탄의 마지막 소련군은 1988년 5월 15일 철수를 시작하여 1989년 2월 15일 전원이 아프가니스탄 영토를 빠져나갔었다. 이 전쟁은 대개 냉전(冷戰)의 일부분으로 취급되며, 장기간 지속된 비대칭 전쟁이고 침공한 강대국이 결국 패퇴했다는 점에서 서방세계에서는 "소련판 베트남 전쟁"이라고 부른다. 소련은 아프가니스탄에서의 끝나지 않는 소모전에 엄청난 돈을 쏟아부어야 했었고, 이는 구조적인 소련 경제의 문제점과 여러 악재가 겹쳐 소련 붕괴의 주요 원인이 되었다.

수가 1백10개 가량이며, 그 밖에 다른 두 전문가들은 1백에서 1백10개 가량이라고 추산했다. 전문가들은 미국이 인도에 민간 핵 기술을 전수할 수 있는 미국과 인도 간 핵 협정을 체결한 이후 파키스탄이 핵 무기 생산을 가속화하고 있다고 분석하고 있다.

파키스탄의 핵(核) 원칙은 '국가 위기 시' 핵탄두를 사용하겠다는 것이다. 예를 들어 인도와의 전쟁, 미국과의 전쟁, 중국 등과의 전쟁에서 파키스탄 본토가 위기에 처하면 서슴없이 핵을 쓸 수도 있다는 뜻이다. 따라서 북한 핵문제 해결방안으로서 '파키스탄 모형'의 유용성은 전혀 없다. 왜냐하면 미국은 북한 자체를 테러지원 국가로 지목하고 있기 때문이며, 북한의 입장에서 보면 미국은 '북한 침공 가능 국가'로 간주되기 때문이다.

6) 이스라엘 모형(미국이 알고도 덮어준 케이스)13)

이스라엘은 1948년 건국 직후부터 비밀리에 핵(核) 개발을 추진했다. 이스라엘의 독립·건국을 주도한 국부(國父)로 추앙받는 시온주의(Zionism, 유태복고주의, 즉 팔레스타인 지역에 유대인 국가 건설을 목적으로 한 민족주의) 운동가 다비드 벤 구리온(David ben Gurion, 1886~1973; 초대 수상, 1948~1954; 1955~1963 수상 역임)이 직접 핵(核)개발을 지도했고, 30세에 국방부 국장으로 임명된 시몬 페레스(Shimon Peres, 1923~2016, 93세로 별세, 대통령: 2007~2014)14)가 실무적으로 주도했다. 이스라엘은 핵(核) 개발을 비밀로 하기 위해 여기에 투입될 자금은 국가예산 항목에 넣지 않았다. 미국의 유대계 부자들이 모금해 개발자금을 댔다.

1956년 10월 말, 프랑스 수상(기 모레)과 국방장관, 이스라엘의 수상(벤 구리온)과 국방장관(모세 다얀)이 파리 근교에서 비밀리에 만났다. 두 국가 지도부 사이에 다음과 같은 역사적 합의가 이뤄졌다: 프랑스가 이스라엘 네게브(Negev) 사막의 디모나15)에 원자로와 재처리 시설을 지어주고 우라늄을 공급해주는 대신에 당시 영국과 프랑스가 관리하고 있었던 수에즈 운하를 국유화(國有化)한 이집트 대통령(1956~1970) 가말 압델 나세르(Gamal Abdel Nasser, 1918~1970) 정권을 상대로 3국(영국, 프랑스, 이스라엘)이 공동작전을 벌이기

---

13) 조갑제, 이스라엘 비밀 핵개발 秘話: 월간조선(2011. 01. 20)을 참조 및 보완.

14) 1994년에는 팔레스타인 자치정부를 출범시킨 오슬로협정 체결의 공로를 인정받아 이츠하크 라빈 총리, 야세르 아라파트 팔레스타인해방기구(PLO) 의장과 함께 노벨평화상을 수상했다.

15) 그 후 디모나는 이스라엘의 가장 중요한 핵(核)무기 개발 기지가 되었다.

로 합의했다. 즉, 이스라엘이 먼저 이집트를 공격하고 영국과 프랑스가 개입할 수 있는 명분을 제공하기로 했다. 영·불(英·佛)과 이스라엘의 이집트 공격은 미국과 소련이 공동으로 개입하는 바람에 전투에선 이기고 외교에선 지는 결과를 빚었다. 즉, 점령지를 내놓고 철수해야 했다. 이스라엘은 핵무장한 소련이 위협을 해오는데 핵무기를 갖지 못해 속수무책으로 당한 것을 잊지 않았다.

기 모레 프랑스 수상은 이스라엘의 핵(核)개발을 도왔다. 이스라엘은 처음부터 핵개발을 지원해줄 나라는 프랑스뿐이라고 생각했다. 제4공화국 시절의 프랑스 국가 지도부는 2차 대전 중 반(反)나치 저항운동, 즉 레지스탕스에 가담한 이들이 많았다. 이들은 나치의 유대인 대학살을 당하고 건국한 이스라엘에 동정적이었다. 이스라엘은 프랑스의 지도부와 인간적으로 친해졌다. 반(反)나치 정서를 공유한 덕분이기도 했지만 이스라엘 지도자들의 비전과 열정이 프랑스 지도부를 감동시켰다.[16] 이스라엘은 프랑스의 핵시설(원자로, 재처리, 폭탄 설계소)로 기술자를 파견했다. 수십 명의 이스라엘 과학자들이 프랑스 사람들과 같이 핵개발에 참여했다. 프랑스 – 이스라엘의 협력관계는 전면적인 것이었다. 프랑스는 미라주 전투기 등 재래식 무기도 이스라엘에 팔았다. 두 나라의 과학자, 군인, 관료, 정치인들이 서로 협력관계를 맺었다.

1958년 알제리 독립문제로 프랑스가 혼란에 빠지자 군부(軍部)와 국민들의 열화(熱火)와 같은 요청에 의해 정계(政界)에 복귀하여 수상(개헌 후엔 대통령)이 된 샤를 드 골(Charles de Gaulle, 1890~1970)은 프랑스와 이스라엘의 상호 유착이 너무 심한 데 놀랐다. 그는 원자력 담당 장관 자크 수스텔(Jacques Soustelle)을 불러 협력중지 명령을 내렸다. 자크 수스텔(Jacques Soustelle) 장관은 친(親)이스라엘 성향의 소유자였고 의회에 독자적인 지지기반을 가진 인물이었다. 그는 샤를 드 골(Charles de Gaulle) 대통령의 지시를 무시했다. 이어서, 1967년 6월 전쟁 직후 샤를 드 골(Charles de Gaulle, 1890~1970) 대통령은 친(親)이스라엘 성향의 원자력 장관을 밀어내고 이스라엘에 대한 프랑스의 군사적 지원을 최종적으로 금지 지시를 내렸다. 샤를 드 골(Charles de Gaulle)은 1967년 6월 전쟁 직전 "어느 쪽이든 먼저 공격하는 나라를 응징하겠다"고 선언했던 것이다. 당시 프랑스 원자력청의 청장이었던 프란시스 페린은 나중에 인터뷰를 통해 1950년대에 프랑스와 이스라엘 팀은 공통으로 핵폭탄 실계를 했고 세2차 세세내진 중 미국에서 입수힌 기술을 근거로 언

---

16) 예로서, 이스라엘 핵개발의 실무 책임자 시몬 페레스(Shimon Peres, 1923~2016, 93세로 별세, 대통령: 2007~2014)는 급한 문제가 생기면 프랑스 각의(閣議)가 열리는 장소에 가서 프랑스 수상을 중간에 불러내 "회의에서 이 사안을 꼭 의결해 달라"고 부탁을 하고 프랑스 수상은 이를 흔쾌히 승낙할 정도였다.

구했다고 털어놓았다.

1957년 말 미국의 U-2 정찰기는 이스라엘 네게브(Negev) 사막에서 건설 중인 수상한 시설의 사진을 찍었다. 그것은 프랑스의 핵무기 개발용 원자로와 똑같은 시설이었다. 육상으로부터 수집한 정보에 따르면 상기 건설 공사장엔 많은 프랑스인이 활동하고 있다는 것이었다. 상기 분석결과는 CIA에 의해 1958년 초 드와이트 데이비드 아이젠하워(Dwight David Eisenhower, 1890~1969) 대통령(1953~1961)에게 전달되었다. 그러나 그는 이 건의 보고자에게 어떠한 질문도 하지 않았다. 이런 보고는 향후 듣고 싶지 않다는 표정을 지었다. 그 후 백악관의 참모들도 친(親)이스라엘 성향이 강해 비밀 핵(核)개발 문제를 공식적으로 거론하지 않았다. U-2기의 정찰비행은 계속되었으나 드와이트 데이비드 아이젠하워(Dwight David Eisenhower) 대통령(당시)은 아무런 행동도 취하지 않았다.17) 이어서, 미국 국가안보회의는 아이젠하워(Eisenhower) 대통령(당시)에게 이스라엘의 디모나 핵(核)개발프로젝트의 전모를 보고했었다. 대규모 플루토늄 생산기지 건설에 1억 달러가 들었고 미국의 유대인 모금 및 외국원조 자금의 전용(轉用)이 있었다고 보고했다. 또한, 영국 정보기관도 이스라엘이 노르웨이로부터 원폭(原爆) 개발에 필요한 중수(重水)를 사들여간 사실도 밝혀냈었다.

결국, 1960년 2월 13일 프랑스 령(領)인 알제리의 사하라 사막 지하에서 프랑스 최초의 지하 핵실험이 있었다. TNT 환산 6만5,000톤의 폭발력을 보였다. 대성공이었다. 핵(核)전문가들은 이날의 핵실험으로 두 나라, 즉 프랑스뿐만 아니라 이스라엘도 사실상 핵(核)보유국이 되었다. 즉, 프랑스의 핵(核)기술을 이스라엘이 공유(共有)하게 되었다. 그 후, 1966년 이스라엘은 핵(核)실험 없이 핵(核)폭탄을 만들었다.

1960년 이스라엘의 다비드 벤 구리온(David ben Gurion, 1886~1973) 수상은 파리로 가서 샤를 드 골(Charles de Gaulle, 1890~1970) 대통령과 담판을 했다. 구국(救國)의 영웅(드 골)과 건국(建國)의 아버지(벤 구리온)는 만나자마자 서로 통했다. 정부 차원에서 프랑스는 이스라엘의 핵(核)개발에서 손을 떼지만 프랑스 기업은 기존 계약에 따라 협력을 계속한다는 합의가 이뤄졌다. 따라서 프랑스 회사들은 이스라엘의 디모나 핵시설을 다 지어주고 떠날 수 있었다.

그리고 다비드 벤 구리온(David ben Gurion) 수상은 1960년 12월 21일 의회 연설을 통

---

17) 이와 관련하여, 1960년 12월 18일, 미국의 원자력위원회 존 매콘 의장은 <뉴욕 타임스> 기자에게 이스라엘의 비밀 핵개발 정보를 흘렸었다. 그는 아이젠하워(Eisenhower) 행정부의 이스라엘 감싸기에 분노하고 있었다.

해 처음으로 이스라엘의 디모나 원자로 건설에 대해 설명했다. 그는 평화적 목적의 사업이고, 이스라엘 전문가들이 주도한 공사라고 거짓말을 했다.

한편, 존 피츠제럴드 케네디(John Fitzgerald Kennedy) 대통령(제35대: 1961~1963)은 핵(核) 확산 금지에 관심이 많았으며 이스라엘의 핵(核) 문제를 심각하게 취급하기 시작했다. 그가 대통령에 취임한 직후인 1961년 5월, 다비드 벤 구리온(David ben Gurion, 1886~1973) 이스라엘 수상이 미국을 방문하여 존 케네디{John Fitzgerald ("Jack") Kennedy} 대통령(제35대: 1961~1963)을 만났다. 그는 '이스라엘은 담수화(淡水化) 사업과 값싼 전력(電力)을 얻기 위해 디모나 원자로를 짓고 있다'는 거짓말을 되풀이했다. 케네디 정부는 다비드 벤 구리온(David ben Gurion) 수상의 방미(訪美) 직전에 조사관 두 사람을 이스라엘의 디모나 원자로 시설에 파견했다. 조사관 두 사람은 이스라엘측이 엉뚱한 설비와 구조를 보여주는 것을 믿고선(혹은 믿는 척하고선) "핵무기 개발의 흔적을 찾지 못했다"고 보고했다.[18] 1963년 11월 케네디 대통령이 댈러스에서 암살된 사건은 이스라엘로선 일종의 횡재(橫材)였다.

존 케네디(John Fitzgerald ("Jack") Kennedy) 대통령(제35대: 1961~1963)의 후임 린든 베인스 존슨(Lyndon Baines Johnson, 1908~1973) 대통령은 유대계 인사들로부터 많은 정치자금을 모금했었다. 그는 이스라엘의 핵(核) 개발에 눈을 감았다. 1963년 12월 드디어 디모나의 원자로가 가동하기 시작했다. 그로부터 한 달 뒤 이스라엘은 미국의 원자로 기술자 세 명을 디모나로 초빙하여 원자로 시설을 보여주었다. 이들의 도착 직전 이스라엘은 가짜 통제실을 만들었다. 미국의 순진한 세 기술자에게 이스라엘은 원자로를 보여주지 않고 가짜 통제실만 시찰하게 했다. 세 기술자는 미국과 이집트에 "디모나 시설은 핵무기를 만들 능력이 없다"고 보고했다.

이스라엘은 원자로의 원료인 우라늄 원광(原鑛)을 프랑스로부터 수입하다가 나중엔 아르헨티나와 남아프리카에서 '옐로케이크'(원자로용으로 정제된 우라늄)를 사들였다. 1965년 이스라엘은 미국의 유대계 기업인 잘만 샤피로의 도움을 받았다. 그는 원자로에서 나오는 물질의 처리를 전문으로 하는 회사를 운영하고 있었는데, 90kg의 농축우라늄을 빼돌려 이스라엘에 건네주었다. 그것은 우라늄 핵폭탄 10개를 만들 수 있는 분량이었다. 또한, 1968년 벨기에 브뤼셀의 한 창고엔 수백 톤의 우라늄 원광(原鑛)이 들이 있었다. 이스라엘 정보기관 모사드는 이탈리아 밀라노의 한 회사로 위장하여 이를 수입하기로 했다. 원광(原

---

18) 그중 한 사람인 라비 교수는 이스라엘의 와이즈만 과학연구소 이사였다. 와이즈만 연구소는 이스라엘 핵개발 기술자들을 양성한 곳이다.

鑛)을 실은 터키 화물선은 안트워프 항구를 떠나 공해(公海)로 나온 뒤 이스라엘 선박에 원광(原鑛)을 옮겨 실었다.

이스라엘은 프랑스와 공동연구를 한 경험이 있어 지하(地下) 핵실험을 하지 않고 핵폭탄을 만들었다. 1966년 가을에 네게브 사막 지하에서 핵폭탄 모형을 가지고 실험을 했다. 전문가들은 이때 이미 이스라엘은 수소(水素)폭탄과 중성자탄(中性子彈)을 개발하고 있었다고 본다. 1967년 6월 전쟁 때는 이스라엘이 두 개 정도의 핵폭탄을 보유하고 있었다.

이집트의 가말 압델 나세르(Gamal Abdel Nasser)가 1967년 6일 전쟁을 시작한 데는 이스라엘이 본격적으로 핵무장을 하기 전에 끝장내야 한다는 강박심리가 작용했다. 그러나 이스라엘 전투기가 아침 출근 시간에 맞추어 이집트 공군기지를 기습하여 300대가 넘는 전투기를 활주로와 격납고에서 파괴함으로써 사실상 30분 만에 끝났다.

한편, 1967년 6일 전쟁 중 이상한 사건이 일어났다. 1967년 6월 8일 미(美) 해군 6함대 소속 정보수집함 리버티호가 이집트 연안 공해상에서 이스라엘 전투기의 폭격과 어뢰정의 공격을 받고 침몰하여 34명이 죽고 172명이 다쳤다.[19] 이스라엘은 오폭(誤爆)이라고 변명했으나, 미(美) 해군 6함대 소속 정보수집함 리버티호가 이스라엘 군(軍)의 작전계획을 사전에 탐지해 시리아에 넘겨줄까봐, 격침시켰다는 설(說)이 있다. 라빈 이스라엘 군(軍) 참모총장은 이스라엘 공군기가 격침시킨 배가 소련 함정이 아니고 미군 함정이란 보고를 받은 후 오히려 안도(安堵)했었다고 한다. 소련 함정이었으면 군사적 보복을 각오해야 하는데, '다행히' 미군 함정이므로 린든 베인스 존슨(Lyndon Baines Johnson, 1908~1973) 행정부를 설득할 수 있다고 생각한 것이다. 이런 자신감 뒤엔 미국의 유대인 세력이 존슨 대통령에게 큰 영향력을 행사하고 있다는 추측이 깔려 있었을 것이다. 린든 베인스 존슨(Lyndon Baines Johnson) 행정부는 리버티호 격침 사건에 대한 조사를 제대로 하지 않았고, 이스라엘의 사과를 받아들이는 선(線)에서 마무리지었다.

린든 베인스 존슨(Lyndon Baines Johnson) 대통령을 이은 리처드 밀하우스 닉슨(Richard Milhous Nixon, 1913~1994) 대통령도 친(親)이스라엘 노선을 따랐다.[20] 1967년 6일 전쟁으

---

19) 리버티호의 함장은 공격을 받자 미(美) 항모(航母) 아메리카호에 지원을 요청했다. 아메리카호 함장은 즉시 A-4 전투기를 발진시킨 다음 가이스트 6함대 사령관에게 보고했으며, 사령관은 출격을 승인했다. 직후 맥나마라 국방장관이 가이스트 6함대 사령관에게 전화를 걸어 '출격 중지'를 명령했다. 가이스트 6함대 사령관은 어처구니가 없었다. 그는 "최고 사령관(대통령)의 육성(肉聲) 명령이 없으면 중지시킬 수 없다"고 버티었다. 린든 존슨(Lyndon Johnson) 미국 대통령이 그의 전화를 받더니 "장관 명령대로 하라"고 했다(레이건 정부 때 공군장관을 지낸 토머스 C. 리드가 쓴 <核급행>에서 인용).

20) 리처드 닉슨(Richard Nixon)은 대통령 선거와 캘리포니아 주(州) 지사 선거에서 낙선한 뒤 이스라엘을 방문한 적이 있었다. 이스라엘 지도부는 리처드 닉슨(Richard Nixon)을 '끝난 사람'으로 취급하고 홀대

로 시나이 반도를 이집트로부터, 골란 고원을 시리아로부터 각각 빼앗은 이스라엘은 두 나라를 상대로 저강도(低强度) 전투를 계속하고 있었다.

1969년 9월, '이스라엘 건국의 어머니'로 존경받는 골다 메이어(Golda Meir, 1898~1978) 수상이 미국을 방문하여 리처드 밀하우스 닉슨(Richard Milhous Nixon) 대통령과 회담했다. 골다 메이어(Golda Meir, 1898~1978) 수상은 25대의 팬텀기, 80대의 스카이호크 전투기, 그리고 2억 달러의 저리(低利) 차관을 요청했다.[21] 골다 메이어(Golda Meir) 이스라엘 수상과 리처드 닉슨(Richard Milhous Nixon) 대통령은 이스라엘의 핵(核)개발을 묵인하는 비밀 협약을 맺었다. 그 내용의 핵심은 *"이스라엘이 공개적 선언이나 핵(核) 실험을 통해 핵무기의 보유를 알리지 않으면 미국은 이스라엘의 핵 사업(Nuclear Program)을 묵인하고 보호할 것이다"*로 되어 있다. 메이어-닉슨 비밀협약에 따라 이스라엘은 핵(核) 보유를 부인도 시인(NCND)도 하지 않는 정책을 유지하고 핵(核) 실험을 하지 않는다는 약속을 준수해야 했다. 그러나 수소폭탄이나 중성자탄(中性子彈)은 핵(核) 실험이 필요하다.[22]

이스라엘은 1973년 10월의 제4차 중동전쟁에서 얻은 교훈으로부터 중성자탄(中性子彈)의 개발을 전략 목표로 설정했다. 왜냐하면 이스라엘은 기습을 당할 경우, 자국(自國) 영토에서 핵폭탄을 써야 하는 상황을 예상하지 않을 수 없기 때문이다. 그럴 경우 중성자탄(中性子彈)을 쓰면 적(敵)의 탱크부대 같은 집단 목표에 중점적인 타격을 주고 다른 시설물에 대한 피해를 줄일 수 있다. 따라서 이스라엘은 중성자탄(中性子彈) 개발에 착수했었다. 그런데 중성자탄(中性子彈)의 개발은 핵(核) 실험이 필요하다.

1974년 제4차 중동전쟁 이후 골다 메이어(1898~1978) 수상이 물러나고 이츠하크 라빈(Yitzhak Rabin, 1922~1995) 총리(1974~1977, 1992~1995), 시몬 페레스(Shimon Peres, 1923~2016, 93세로 별세, 대통령: 2007~2014)가 국방장관이 되었다. 1950년대와 1960년대 시몬 페레스(Shimon Peres)는 '프랑스 커넥션'으로 이스라엘의 핵무장을 성사(成事)시킨 사람이다. 그는

했었는데 당시 참모총장이던 라빈 장군은 리처드 닉슨(Richard Nixon)을 부대로 초청하여 환대했다. 라빈 장군은 '6일 전쟁'을 승리로 이끈 영웅이 되었고 주미(駐美) 대사로 부임했다. 리처드 닉슨(Richard Nixon)은 라빈 장군을 우대했다.

21) 리처드 닉슨(Richard Milhous Nixon) 대통령은 회고록에서 다음과 같이 평을 했다: "골다 메이어(Golda Meir) 여사는 극단적인 강고(强固)함과 극진직인 친밀김을 동시에 표현할 줄 알았다. 이스라엘의 생존과 관련된 사안에 대하여는 굉장히 강고한 태도를 보였다."

22) 플루토늄으로 만든 핵폭탄은 정밀한 내폭(內爆)장치를 필요로 하므로 핵실험이 필요하다. 이스라엘은 프랑스와 공동으로 핵폭탄을 설계, 실험한 셈이므로 이 단계는 필요하지 않았다. 농축 우라늄으로 만드는 핵폭탄은 분리된 우라늄을 임계(臨界)질량 이상으로 합치기만 하면 터지게 설계되어 있어 별도의 핵실험이 필요하지 않다.

국방장관이 되자 남아공(南阿共)에 눈을 돌렸다.23)

　　1974년 시몬 페레스(Shimon Peres) 국방장관은 스위스 제네바에서 남아공의 존 볼스터 수상을 비밀리에 만났다. 여기서 핵(核) 개발에 대한 합의가 이뤄졌다. 그 내용은 공개된 게 없으나 이스라엘은 핵무기 관련 기술을 포함한 군사기술과 장비를, 남아공은 우라늄 원광(原鑛)과 핵(核) 실험 장소를 제공하기로 합의했었을 것으로 짐작된다. 1974년 여름 두 나라는 수교(修交)하고 대사를 교환했다. 1976년 3월 이스라엘의 시몬 페레스(Shimon Peres) 국방장관은 남아공을, 남아공의 존 볼스터 수상은 이스라엘을 각각 방문하고 핵기술 교류를 촉진시켰다.

　　1978년 1월 발린다바 시설은 무기용 농축 우라늄을 생산하기 시작했다. 1979년 9월 22일 지구를 돌고 있던 미국의 인공위성 벨라는 남아프리카 남단(南端)으로부터 남쪽으로 약 2,000km 떨어진 프린스 에드워드 섬 근처에서 일어난 폭발 장면을 촬영했다.24) 이에 대하여, 이스라엘과 남아공 정부 모두 침묵했다. 많은 전문가들은 이스라엘이 컨테이너에 넣은(음파 교란 목적) 작은 중성자탄(中性子彈)을 바지선에 실어 폭파시켰다고 본다. 태풍이 부는 시기를 골라 터트린 것은 방사능이 바다로 쓸려나가 사라지기를 바랐기 때문이다. 미국 정부는 1979년 9월 22일의 폭발이 핵실험에 의한 것이라는 사실을 한 번도 공식으로 인정한 적이 없다. 이를 인정할 경우 미국은 이스라엘에 제재조치를 취해야 하는데 그럴 배짱이 없었다.25)

　　사실, 이란 핵과 시리아 화학무기는 미국의 대(對) 중동정책에서 최대 아킬레스건이다.

---

23) 남아공은 인종분리 정책 때문에 국제사회로부터 고립되어 있었다. 국내에선 흑인들의 무장 반란이 일어나고, 이웃나라에선 친(親)소련 세력이 등장, 쿠바와 북한군을 불러들였다. 국내외로 불안이 증폭되자 남아공 정부는 체제유지를 위해 핵(核)무장을 결심하게 된다. 남아공은 우라늄 매장량이 많았다. 농축우라늄 방식에 의한 핵폭탄 개발에 착수하였다.

24) 아센션 섬에 있던 미(美) 해군의 음파탐지기도 같은 시간에 폭발음파를 관측했다. 푸에르토리코에 있는 세계최대의 전파 망원경도 이상한 전자파를 잡았다. 이스라엘과 파키스탄 및 북한 등의 비밀 핵개발을 다룬 <핵 급행>의 공동 저자(著者) 댄 스틸만은 뉴멕시코의 로스앨러모스 핵폭탄 연구소 기술정보 담당 국장이었다. 1979년 어느 날 그는 다른 일로 CIA의 원자력 국장 잉글레이 박사를 만났다. CIA의 원자력 국장 잉글레이 박사는 광선 분석 자료를 내놓으면서 뉴멕시코의 로스앨러모스 핵폭탄 연구소 기술정보 담당 국장의 의견을 구했다. 평생 핵실험 자료를 접했던 스틸만은 즉석에서 "대기권 핵실험의 흔적이다. 틀림없다"고 대답했다. 잉글레이 박사는 곤혹스러운 표정을 지으면서 "다른 가능성을 생각해보라"고 했다. 스틸만은 "핵실험 이외의 가능성은 없다"고 확인했다. 디모나 핵시설에서 일했던 기술자 모르데차이 바누누는 1986년에 한 폭로에서 1984년부터 이스라엘은 중성자탄(中性子彈)을 생산하기 시작했다고 주장했다.

25) 1976년 소련은 남아공의 핵개발 계획을 탐지, 미국에 대해 공동으로 발린다바의 농축우라늄 시설을 공습하자고 제의했다가 거절당했다.

중동(中東)을 순방한 버락 후세인 오바마(Barack Hussein Obama, 1961~현재) 대통령(2009~2017)이 2013년 3월 24일(현지시간) 업무에 복귀했지만 '뫼비우스의 띠'(Möbius strip)처럼 처음과 끝이 없고 안팎의 구별이 없이 난마(亂麻)처럼 얽혀있는 이란 핵과 시리아 화학무기 문제의 명확한 해법을 찾지 못하고 빈손으로 귀국했다.

2010년 7월 6일, 버락 후세인 오바마(Barack Hussein Obama, 1961~현재) 대통령(2009~2017)은 베냐민 네타냐후(Benjamin Netanyahu, 1949~현재) 이스라엘 수상(2009. 03. 31 이후에 내리 6선의 장기집권에 성공하여 현재까지 재임)과 회담한 직후, *"이스라엘은 독특한 안보상의 필요성에 따라 위협에 대응해야 한다고 생각하며, 미국은 이스라엘에 대해 안보상의 이익을 저해하는 어떤 조치도 취하도록 요청하지 않을 것이다"*라고 발표했다. 이는 1969년 9월 골다 메이어(Golda Meir, 1898~1978) 이스라엘 수상과 리처드 닉슨(Richard Milhous Nixon) 미국 대통령의 비밀협약(이스라엘의 핵개발을 묵인한다)이 유효함을 에둘러서 표현한 것이다.

그렇다면, 이스라엘의 숙적인 아랍국가들은 이스라엘의 핵무기 보유에 대하여 어떻게 대응하고 있는가? 아랍국가들 주도로 1987년 국제원자력기구(IAEA) 총회(제30차)에서 처음으로 "이스라엘의 핵능력에 대한 우려를 표명하면서, 이스라엘에 대해 핵확산금지조약(NPT) 가입 및 모든 핵시설을 국제원자력기구(IAEA)의 전면적 안전조치하에 둘 것을 촉구"하는 이스라엘 핵능력(Israeli Nuclear Capability) 결의안을 채택하였고, 그 후 국제원자력기구(IAEA) 총회에서 지속적으로 논의되고 있다. 또한, 1991년 이후 국제원자력기구(IAEA) 총회에서 "중동지역 안전 조치 적용", 1981년 이스라엘의 이라크 오시라크 원자로 공격 계기로 다루어졌던 "평화적 목적의 핵시설에 대한 무력공격으로 부터의 보호" 등 여타 의제도 논의되었다.

아랍 및 비동맹 국가들은 이스라엘의 핵보유가 중동지역 안보에 대한 최대의 위협요소로서, 안보리 결의(478/1981) 및 유엔 총회 결의, 핵확산금지조약(NPT) 결과문서 등에서도 이스라엘의 핵확산금지조약(NPT) 가입을 촉구하고 있다고 주장한다. 이와 대조적으로, 미국을 비롯한 서방국가들은 "중동지역 안전조치 적용" 결의안에서 핵확산금지조약(NPT) 미(未)가입국의 협약 가입을 촉구하고 있는 상황에서 이스라엘 만을 지목하여 비난하는 결의 채택에 반대하고, 총회에서 동 문제를 별도 의제로 논의하는 것에도 반대하고 있다. 심지어, 이스라엘만을 지목하는 결의 채택이 중동평화협상 재개를 위한 노력에 도움이 되지 않고 이란, 이라크, 리비아, 시리아 핵문제 등 핵확산금지조약(NPT) 가입국으로 비밀리에 핵(核) 프로그램을 개발해온 여타 아랍국가들의 핵확산 문제에 중점을 두어야 한다는 입장이다.

　요컨대, 이스라엘은 당시 핵폭탄을 수백 개나 보유하고 있었지만 대외적으론 '핵에 대하여는 시인도 부인도 하지 않는(NCND)다'는 모호성을 핵전략의 핵심으로 삼고 있었다. 이 모호성 덕분에 이스라엘은 전략적 유연성을 발휘할 수 있었다. 그런데 이스라엘이 '핵강국'이란 사실을 증명하는 폭로가 이뤄지면 이 모호성과 유연성이 깨진다.

VII

북한의 핵(核)무기
개발과 핵 협상 과정

세계평화(世界平和)를 위한
신(新)실용주의적(實用主義的) 해법:
동아시아지역의 군사안보와
경제협력을 중심으로

The 'Neopragmatic' Solution to World Peace:
with special focus on Regional Security and
Economic Cooperation in East Asia

01 북한의 핵(核)무기 개발
02 남한의 북방외교(北方外交)
03 북·미(北·美) 핵(核) 협상: 과정과 현황
04 도널드 트럼프(Donald John Trump)
   전(前)대통령의 대(對)북한 전략 핵심 목표
05 최근 남·북한 합의 사항
06 저자의 논평

01 북한의 핵(核)무기 개발

　본장에서 북한(北韓)의 핵무기 개발 배경, 남한의 북방외교(北方外交) 추진과 '역사적 과오', 북한의 외교 전략과 벼랑끝 전술, 북·미(北·美) 핵(核)협상 과정: 제네바 기본합의서 (1994. 10. 21), 2000년 공동코뮤니케(2000. 10. 12), 2005년 베이징 공동성명(2005. 09. 19), 최근 남·북한(南·北漢) 합의 사항: 대북 특사(정의용 청와대 국가안보실장)와 김정은(金正恩) 국무위원장의 합의 내용(2018. 03. 05), 한반도의 평화와 번영, 통일을 위한 판문점 선언 (2018. 04. 27, 판문점), '9월 평양공동선언'(2018. 09. 19, 백화원 영빈관)에 관하여 각각 논술할 것이다.

　특히, 도널드 트럼프(Donald John Trump) 전(前)대통령(재임: 2017~2021)의 대(對)북한 전략의 핵심적 목표: 인도 모형(2006. 03. 02) + 북한의 친미화(親美化) + 제2베트남화(化) → '중국 포위망' 구축에 관한 본 연구의 비판은 다음과 같다: (1) 상기 전략은 도널드 트럼프 (Donald Trump)의 재선(2020. 11. 03)을 위한 정치 이벤트: 북한의 최종적이고 완전하게 검증된 비핵화(FFVD) 진전을 위한 '핵 동결 프로그램'으로서 북한을 핵보유국으로 인정하는 미국의 딜레마('파키스탄의 덫')이다. (2) 북한의 핵무기 보유는 '정치군사 대국화'를 노려온 일본의 핵무장을 자극/유발할 것이다.

　또한, 본 연구는 판문점 남북정상회담(2018. 04. 27)이 지향하는 '정전협정(停戰協定) → 평화협정(平和協定) → 남북연방제 통일 → 주한미군(駐韓美軍) 철수 → 공산화(共產化) 통일' 이 허구(虛構)임을 논술한다.

　북한은 1953년에 소련과 원자력이용협약을 체결하고 1962년에 영변에 핵 시설을 설치한 뒤로 꾸준히 핵(核) 개발을 추진해왔다. 북한은 1974년 국제원자력기구(IAEA)에, 1985년 핵확산금지조약(NPT)에 각각 가입하였으나 국제원자력기구(IAEA)가 임시핵사찰 이후 특별핵사찰을 요구한 데 대해 반발하여 1993년 3월 핵확산금지조약(NPT) 탈퇴를 선언하였나. 그러나 같은 해 6월 미국과의 고위급회담에 따라 탈퇴를 보류하였다가 2002년 말부터 불거진 북한핵개발 문제로 2003년 1월 또 다시 핵확산금지조약(NPT) 탈퇴를 선언하였다. 국제원자력기구(IAEA)는 북핵 문제를 UN 안보리에 회부함으로써 '북핵 위기'가 한반도와 세계를 긴장시켰다.

   사실상, 북한의 핵(核) 개발은 '핵확산금지조약(NPT)'의 권위를 가장 확실히 위협하는 사건이다. 북한은 1953년에 소련과 '원자력이용협약'을 체결하고 1962년에 영변(寧邊)에 핵 시설을 설치한 뒤로 꾸준히 핵(核) 개발을 추진해왔다.

   북한의 입장에서는 미국을 비롯한 일부 국가들만 핵을 보유할 수 있는 데다 미국에 우호적인 인도와 이스라엘 등의 핵(核) 보유는 간섭하지 않는 '핵확산금지조약(NPT)' 체제가 근본적으로 불공평하며, 핵확산금지조약(NPT) 제10조에 보장된 탈퇴의 자유를 행사했을 뿐이라고 주장할 수 있었다. 그러나 과거 인도·이스라엘·남아공 등의 핵(核) 보유는 비(非)NPT 국가들의 일이었기에 어쩔 수가 없었지만 '핵확산금지조약(NPT)' 가입국이 핵 개발을 비밀리에 진행한 예(例)는 북한의 핵 개발이 처음이기 때문에 묵과할 수 없는 일이었다. 더구나 북한이 세계에서 가장 긴장도가 높은 지역의, 가장 예측 불가능한 국가이므로 큰 문제가 되지 않을 수 없다.

   한때 미국의 영변(寧邊) 폭격과 '제2의 한국전쟁'까지 초래할 뻔 했었던 '북핵 위기'는 1994년의 북·미(北·美)기본합의로 일단 마무리되었다. 그러나 북핵 위기는 그 후로도 재연되어 마침내 2006년 북한 핵실험(核實驗)에까지 이르렀으며, 1995년에는 체첸 반군이 핵(核) 물질 테러를 시도하기도 했었다. 이에 1995년, 핵확산금지조약(NPT) 제10조에 따라 그 지속 기간을 결정하려 열린 회의에서는 핵확산금지조약(NPT)을 무기한 지속한다는 데 합의가 이루어졌다. 당시 비(非)핵보유국들은 핵보유국들이 핵(核) 기득권 포기에 분명한 의지를 보여줄 것을 전제로 이에 동의했는데, 이에 따라 1996년에는 '포괄적 핵실험 금지조약(CTBT)'이 체결됨에 따라 지상·지하·공중·해저를 막론하고 핵(核)실험을 금지하며 위반 시 강력한 제재 조치를 받도록 함으로써 핵무기의 유지와 개량이 어려워지도록 하였다. 그러나 이에 만족하지 못하고 '핵군축 추가'를 요구한 북한·인도·파키스탄 등이 체결을 거부했으며, 미국에서도 공화당이 우세를 점한 의회에서 이 조약의 비준이 부결됨으로써 '핵 없는 세상'의 전망은 다시 불투명해졌다.

   여기서 유의할 것은 핵무기는 북한보다 남한에 먼저 있었다는 점이다. 주한미군(駐韓美軍)은 북한보다 소련(蘇聯)을 견제하기 위한 목적으로 1950년대 후반부터 전술핵(戰術核) 배치를 완료해 놓았었다. 그래서 원래 비핵화 선언이나 핵무기 확산 반대는 북한이 먼저 주장했었고 이를 1980년대까지 주장했었다. 즉, 1956년 11월 최고인민회의 제1기 제12차 회의의 '조선반도 핵무기 반입반대 결정'이 있었고, 1986년 6월 23일 북한은 정부 명의로 '조선반도에서 비(非) 핵지대, 평화지대를 창설할 데 대한 제안'을 발표했었다. 그러나 소련의 핵우산이 상실되고 나서 그에 따른 불안감으로 핵실험을 서둘렀다는 분석도 있다.

1) 북한의 핵무기 개발 배경

1953년에 소련과 원자력이용협약을 체결하고 1962년에 영변에 핵 시설을 설치한 뒤로 꾸준히 핵 개발을 추진해왔다. 북한은 1974년 국제원자력기구(IAEA)에, 1985년 핵확산금지조약(NPT)에 각각 가입하였으나 국제원자력기구(IAEA)가 임시핵사찰 이후 특별핵사찰을 요구한 데 대해 반발하여 1993년 3월 핵확산금지조약(NPT) 탈퇴를 선언하였다. 그러나 같은 해 6월 미국과의 고위급회담에 따라 탈퇴를 보류하였다가 2002년 말부터 불거진 북한핵개발 문제로 2003년 1월 또 다시 핵확산금지조약(NPT) 탈퇴를 선언하였다. 국제원자력기구(IAEA)는 북핵 문제를 UN 안보리에 회부함으로써 '북핵 위기'가 한반도와 세계를 긴장시켰다.

북한의 전략적 목표는 국제사회로부터 핵무기 보유국 지위를 공식적으로 인정받음과 동시에 미국과의 협상 대상을 북한의 일방적 '비핵화'가 아니라 북·미(北·美) 상호 간 동시적 '핵무기 감축'으로 전환하여 미국의 대(對) 인도 핵 협력협정(2006. 03. 02)을 북한의 핵문제에도 적용시켜 달라는 것이다. 그리고 북한은 민간 목적의 핵 에너지 보유를 공인받음과 동시에 핵무기를 북한체제의 '안보 보장'을 지렛대로 활용하고, 이를 미국이 명시적으로 보장하도록 현존 핵확산방지조약(NPT)의 내용을 수정해 주기를 바라고 있다. 이러한 전제하에서, 북한은 대외개방을 위한 대내개혁을 단행할 수 있을 것인데, 그 과정에서 현존 북한(김정은)체제에 대한 미국의 '안보 보장'을 확약해 주기를 원하고 있다.

(1) 한겨레(2016. 01. 29): "김정은의 핵실험이 '무모한 장난'이 아닌 이유"

<한겨레>는 모두(冒頭) 발언으로 다음과 같이 서술했다: 북한의 핵무기 개발과 핵 보유에 반대하며, 북한의 4차 핵실험을 "평화를 위협하는 도발"이라 판단한다. 하지만 반대는 의견일 뿐, 대안이나 해법이 아니다.

1992년 한반도 비핵화 공동선언과 2005년 6자회담의 '9·19 공동성명'이 천명한 '핵 없는 평화로운 한반도'의 꿈을 실현할 길을 열어야 한다. 어디에서 어떻게 다시 시작할 것인가? 세상의 모든 분쟁과 갈등은 역사의 산물이다. 분쟁과 갈등엔 상대가 있다. 분쟁과 갈등을 해소하자면 상대의 처지에서 역사를 되돌아보려는 태도가 절실하다. 동서고금의 모든 협상가들이 첫손에 꼽는 지침이 "끈질기게 들어라"인 이유다. '듣기'는 상호이해 → 대화·협상 → 해법 마련에 이르는 첫걸음이다. '듣기'의 첫걸음으로, 김정은 북한 노동당 제1

비서가 왜 '경제·핵무력 병진노선'을 주장하는지 그의 시각으로 재구성하려 했다. 직접 취재가 불가능한 탓에, 김 제1비서의 연설을 비롯한 북한의 문헌과 언론 보도, '북핵 문제'와 북·미(北·美) 적대를 해소하려 한 오랜 협상의 기록 등을 자료로 삼았다. 열쇳말은 미국의 70년에 걸친 봉쇄와 북한의 '피포위의식', 이라크·리비아, 남북의 현저한 경제력·국력 격차, 김정은 리더십의 조기 안정화 필요성 등이다.

조선민주주의인민공화국 조선노동당 제1비서이자 국방위원회 제1위원장이며 조선인민군 총사령관, 서른도 못 돼 조선의 운명을 두 어깨에 짊어져야 했던 김정은과 한겨레(2016. 01. 29)의 '영혼 대화' 내용을 요약 정돈하면 다음과 같다:

나라를 세운 이래 70년 가까이 세계 최강국 미국의 지독한 봉쇄 속에서 살아야 하는 처지에서 조선민주주의인민공화국이 왜 기를 쓰고 '핵억제력'을 높여 핵(核) 보유국이 되려고 하는지부터 얘기하는 게 낫겠다.

남조선(한국)이 지금처럼 국제사회에서 위상이 높고 잘 먹고 잘 살게 된 결정적 계기가 중국(1992. 08. 24)·소련(1990. 09. 30)과의 수교라고 할 수 있다. 지금 남조선의 중국과의 무역 규모가 미국·일본을 더한 것보다 크다. 그런데 뒤집어서 생각해보라. 당신들이 '수호신'이라 여기는 유일 동맹국 미국이 허무하게 망했다고. 소련은 유일 초강대국이 돼서 남조선을 옥죄고, 영국·프랑스·독일 등 유럽 나라들이 모두 사회주의로 체제 전환했다고. 겁을 먹은 일본은 소련·조선과 냉큼 외교관계를 맺고…. 고립무원. 바로 조선민주주의인민공화국이 그런 처지였어. 막막했지.

1990년 9월 2~4일 셰바르드나제 소련 외무장관이 남조선과 수교 방침을 통보하려고 조선민주주의인민공화국에 왔을 때, 김영남 외교부장(현 최고인민회의 상임위원장)이 이런 얘기를 했어. *"쏘련이 남조선과 '외교관계'를 맺으면 조쏘동맹조약을 스스로 유명무실한 것으로 되게 할 것이다. 그렇게 되면 우리는 이때까지 동맹관계에 의거했던 일부 무기들도 자체로 마련하는 대책을 세우지 않을 수 없게 될 것이다."*(북 내각 기관지 <민주조선> 1990. 09. 19) 소련의 핵우산이 사라지면 자체 핵(核) 억제력을 확보하려 할 수밖에 없다는 절규였다.

할아버지(金日成 주석)는 그때 미국·일본과 관계를 정상화해서 고립을 벗어나려고 무진 애를 썼어. 그때 일본도 조선민주주의인민공화국과 관계를 정상화하려고 했지('조일관계에 관한 조선로동당, 일본의 자유민주당, 일본사회당의 공동선언', 1990. 09. 28). 그런데 '아버지 부시'가 깽판을 놨었다. 조선민주주의인민공화국의 '핵 문제'를 부풀려서 일본을 겁박해 조선민주주의인민공화국과 관계 정상화를 가로막았었다. 남조선의 노태우 정권도 조-미,

조-일 수교를 돕겠다던 '7·7 특별선언'과 달리 조-미, 조-일 수교를 가로막았다. 겉과 속이 달랐었다. 그런데 당신들 실수한 것이었다. 그때 조-미, 조-일 관계가 정상화됐었다면, 조선민주주의인민공화국이 군이 핵(核) 억제력을 확보하려 했을까?

당신들이 실수를 그때만 한 게 아니다. 1990년대 중반 조선이 '고난의 행군'을 할 때 숱한 인민이 굶어 죽었다(전문 연구자들은 이 시기 30여만 명이 아사했으리라 추정). 당신들이 '피도 눈물도 없는 독재자'라고 부르는 아버지(김정일 국방위원장)는 피를 토하는 심정이었을 것이다. 그때 조선민주주의인민공화국은 서로를 다독였지. "가는 길 험난해도 웃으며 가자." 이 구호는 금강산호텔 들머리에 걸려 있다. 나는 지금도 이 구호를 보면 눈물이 나려고 해.

아버지(金正日 국방위원장)는 조선의 외부 환경을 개선하려고 분주하게 움직이셨다. 남조선의 김대중·노무현 대통령과 정상회담(각각 2000. 06, 2007. 10)을 하고 일본의 고이즈미 준이치로 총리와도 두 차례 회담(2002. 09, 2004. 05)을 했다. 아버지는 혼신의 힘을 다했다. 오죽하면 '일본인 납치 문제'로 고이즈미한테 '사과'까지 했었다. '조선의 수령'이 사과를 하는 걸 조선 인민이 상상이나 할 수 있을 거 같아? 그만큼 절박했었다. 아버지와 고이즈미가 '조-일 평양선언'(2002. 09. 17)을 채택해 국교 정상화 교섭을 시작하기로 했는데, 그 뒤에 무슨 일이 벌어졌나? 이번엔 '아들 부시'가 조선이 고농축 우라늄 핵프로그램을 가동하고 있다며 깽판을 놨다. 8년째 잘 돌아가던 조-미 제네바 기본합의(1994. 10. 21)도 파기하고. 아베 신조는 '납치자 문제'로 일본 우익을 자극해서 고이즈미의 뒷덜미를 잡았다. 1990년엔 아버지 부시가, 2002년엔 아들 부시가 조-일 수교를 가로막았다. 고이즈미 때 일본 외무성 북동아과장을 한 후지이 아라타가 이런 말을 했었다. *"(1990년 9월) 가네마루 (부총리) 때는 베이커(미 국무장관)가 핵 문제를 꺼냈다. 결국, 미국의 말이 옳았음을 나중에 알게 되긴 했지만, 그렇다면, 왜 좀 더 일찍 정보를 주지 않았던 것일까. 우리가 움직이면 미국은 반드시 제지하려 든다는 생각이 들기도 한다."*(후나바시 요이치, <김정일 최후의 도박>, 126쪽)

미국은 조선민주주의인민공화국을 잡아먹지 못해 안달이지만, 모든 미국 대통령이 다 똑같지는 않았어. 특히 클린턴은 '아들 부시'랑 참 많이 달랐다. 지금은 고인인 조명록 차수가 2000년 10월 워싱턴에 가서 '조-미 공동코뮤니케(코뮈니케)'를 만들었다. 그것의 핵심은 "쌍방은 조선반도에서 긴장상태를 완화하고 1953년의 정전협정을 공고한 평화보장체계로 바꾸어 한국전쟁을 공식 종식시키는 데서 4자회담 등 여러가지 방도들이 있다는 데 대해 견해를 같이했다. 첫 중대조치로서 쌍방은 그 어느 정부도 타방에 대하여 적대적

의사를 가지지 않을 것이라고 선언하고 과거의 적대감에서 벗어난 새로운 관계를 수립하기 위해 모든 노력을 다할 것이라는 공약을 확인했다.”

그래서 조·미(朝·美) 정상회담을 준비하려고 올브라이트(당시 미 국무장관)가 평양에 왔다. 그때 거기까지 가는 데 남조선의 김대중 정부가 애를 많이 썼다. 전문가들은 한-미가 합작한 '한반도 평화 프로세스'(페리 프로세스)가 사상 첫 북-남 정상회담 성사와 조-미 정상회담 추진의 디딤돌 구실을 했다고 평가한다. '한반도 평화 프로세스'라는 건 '한반도 냉전구조'를 해체해 평화를 일구는 포괄적 접근을 하자는 건데, 임동원(김대중 정부 외교안보수석·통일부장관·국가정보원장)은 '한반도 냉전구조'를 6개 요소: ① 남과 북의 불신과 대결, ② 미-북 적대관계, ③ 북한의 폐쇄성과 경직성, ④ (핵·장거리미사일·생화학무기 등) 대량파괴무기(WMD), ⑤ 군사적 대치 상황과 군비 경쟁, ⑥ 정전체제 등의 얽힘으로 규정했었다(임동원, <피스메이커>개정 증보판, 308쪽)

사람들이 오해하는 게 있는데, 조선이 유별나게 비타협적인 게 아니야. 상대방이 진심을 담아 내민 손을 우리가 먼저 뿌리친 적은 별로 없다. 조선은 미국의 겁박에 맞서느라 고슴도치처럼 가시를 곧추세우고 있지만, 오랜 적대와 고립 탓에 외로움과 두려움이 깊거든. 당신들도 알다시피, 우린 친구가 많지 않아. 좋은 친구가 되겠다는데, 조선민주주의인민공화국이 왜 마다하겠어?

그런데 플로리다 검표 논란으로 '아들 부시'가 대통령이 되고 클린턴이 결국 평양에 오지 못했다. 그때 클린턴이 평양에 왔다면, 조선민주주의인민공화국의 정세가 지금 같지는 않았을 것이다. 그게 끝이 아니다. '아들 부시'는 조선을 이란·이라크와 묶어서 '악의 축'이라고 했다. 조선민주주의인민공화국은 '아들 부시'가 뭘 어쩌려나 걱정스러웠다. 그런데 '아들 부시'가 이라크를 침공하더군. 유엔 안전보장이사회 결의도 없이. 그러곤 미국의 적국인 이란에 맞서 8년간 대리전쟁(1980. 09~1988. 08)을 해준 사담 후세인 대통령을 2003년에 체포했고 2006년 그에 대한 사형이 집행됐지. 후세인이 핵(核) 억제력을 확보했다면, '아들 부시'가 그렇게 무지막지하게 굴었을까?

말이 나온 김에 리비아의 무아마르 카다피(북한 표준말인 문화어로는 가다피) 대통령 얘기도 해보자고. 카다피는 2003년 12월 미국의 경제제재 해제와 관계 정상화 약속을 믿고 핵억제력 개발을 포기했었다. 그런데 그 뒤에 어떻게 됐나? 2011년 10월 20일 고향인 시르테에서 미국이 뒷배를 봐준 반군의 총에 맞아 숨졌지. 카다피가 미국의 잔꾀에 넘어가 핵(核) 억제력 개발을 포기하지 않았다면, 그렇게 처참하게 죽었을까? 당연히 아버지는 '조선민주주의인민공화국의 카다피'가 될 생각이 터럭 끝만큼도 없었지.

미국을 믿었다가 나라와 자신의 운명을 망친 후세인과 카다피를 보고 조선은 분명한 교훈을 얻었지. 뒤에 상세히 설명하겠지만, 내가 '경제·핵무력 병진노선'을 선택한 중요한 이유야. 병진노선을 공식 채택한 2013년 3월31일 노동당 중앙위원회 전원회의에서 나는 이렇게 강조했어. *"제국주의자들의 압력과 회유에 못 이겨 이미 있던 전쟁 억제력마저 포기했다가 종당에는 침략의 희생물이 되고 만 중동 지역 나라들의 교훈을 절대로 잊지 말아야 한다."*

나도 알아, 당신들은 다른 얘기를 하고 싶어 한다는 걸. 후세인과 카다피가 권좌에서 쫓겨나 비참한 최후를 맞은 건 핵(核) 억제력이 없어서가 아니라 독재자여서 그런 거라고. 정말 그럴까? 세상에 독재자가 얼마나 많은데, 그 독재자들을 미국이 다 쫓아냈나? 라틴아메리카의 현대사를 공부해봐. 독재정권 뒤에는 늘 미국이 있었어. 그리고 후세인과 카다피가 죽은 뒤에 이라크와 리비아 인민의 삶이 나아졌나? 이라크는 10년 넘게 내전 중이고 리비아도 엉망이잖아. 질서가 무너지면 가장 먼저 골병이 드는 건 힘없는 인민들이야. 핵(核) 없이 잘사는 나라도 많은데, 일방적인 주장이라고? 일리 있는 지적이야.

그런데 조선민주주의인민공화국의 처지도 생각해보라고. 조선민주주의인민공화국은 미국이 70년 가까이 봉쇄하고 있는 작고 약하고 고립된 나라야. '피포위의식'과 '자위 강박'은 역사가 조선민주주의인민공화국의 골수에 새겨놓은 디엔에이(DNA)라고 할 수 있을 정도야. 1992년 중국이 소련에 이어 남조선과 수교하겠다고 했을 때 할아버지가 평양에 찾아온 첸치천(중국 외교부장)한테 말했지. *"우리는 무슨 어려움을 당하면 우리 스스로 극복하겠다"*(장팅옌 초대 주한중국대사, <出使韓國>)

'아들 부시'가 조·미(朝·美) 제네바기본합의를 깬 뒤에도, 아버지는 조-미 적대관계를 해소하려고 애쓰셨어. 그 결과가 2005년 6자회담 '9·19 공동성명'이야. 남조선의 노무현 정부와 중국 정부가 조-미 사이의 이견을 좁히려 애를 많이 썼지. 아버지나 나나 그거 고맙게 생각해. '9·19 공동성명'은 아주 중요해. 전문가들은 9·19 공동성명을 '두 개의 기둥'(한반도 비핵화+북미·북일 관계 정상화)을 세워 '하나의 지붕'(한반도 평화체제)을 얹으려는 '동북아 탈냉전의 청사진'이라고 하더군. 국제정치학자들은 6자회담 참가국의 '이익의 균형'을 맞춘 합의라고 호평했지. 9·19 공동성명이 잘 이행됐더라면, 조선민주주의인민공화국의 성세가 지금 같지 않았겠지. 아버지가 돌아가실 때까지 아쉬워했던 게 2000년 조-미 공동코뮤니케와 2005년 9·19 공동성명이 이행되지 못하고 휴짓조각이 된 거였어. 1990년대 초반에 그랬던 것처럼, 이번에도 당신들이 실수한 거야.

9·19 공동성명의 잉크가 마르기도 전에 '아들 부시'가 조선민주주의인민공화국의 뒤통

수를 쳤어. 마카오 방코델타아시아(BDA)에 있는 조선민주주의인민공화국의 예금 2,500만 달러를 동결시킨 거지. 조선민주주의인민공화국의 4차 핵시험 뒤 멍청이들이 조선민주주의인민공화국을 굴복시킬 대단한 묘수인 양 떠드는 '제3자 제재'(secondary boycott)보다 더 직접적인 금융제재지. 그때 조선민주주의인민공화국은 2,500만 달러를 돌려주지 않으면 6자회담에 복귀할 수 없다고 했지. 아버지는 2006년 10월 9일 1차 핵시험으로 조선민주주의인민공화국의 단호한 의지를 만천하에 선포했지. 말 만들기 좋아하는 멍청이들은 그 2,500만 달러가 아버지의 비밀 통치자금이라 그렇다는 둥 헛소리를 지껄였는데, 그런 거 아니야. 요즘 세상에 국제금융거래를 하지 못하고 살아남을 수 있는 나라가 있나? 조선민주주의인민공화국이 2,500만 달러 동결 해제를 강하게 요구한 것도 마찬가지야. 조선민주주의인민공화국의 말과 행동은 어김없이 다른 잣대로 평가하려는 못된 버릇 좀 고쳐. 그래야 조선민주주의인민공화국을 이해할 수 있어.

역사 얘기를 이렇게 길게 한 건, 나를 어느 날 갑자기 조선민주주의인민공화국의 최고 지도자가 된 '듣보잡'이라 여기거나, 나의 정책을 '미숙한 젊은 지도자의 치기'로 여긴다면 답을 찾기 어렵다는 점을 상기시키고 싶어서야. 당신들이 그렇듯이, 나도 역사의 구속을 받아. 그러니 당신들 또 실수하고 싶지 않다면, 생각을 다시 해봐. 나랑 조선민주주의인민공화국을 악마화한다고 답이 하늘에서 떨어지는 게 아니야. 역사를 직시하자고.

아버지(金正日 국방위원장)는 조선민주주의인민공화국에 적대적이지 않은 외부 환경을 조성하려 애를 썼지만 결과적으로 큰 성과가 없었어. 조-미, 조-일 적대는 해소는커녕 더욱 악화하고 있고, 조-중 관계도 예전만 못하지. 아버지가 돌아가시기 전에 1년 새 중국을 세 차례(2010. 5월과 8월, 2011. 5월)나 방문한 이유야.

결국, 아버지(金正日 국방위원장)는 내게 '조선민주주의인민공화국의 핵 억제력'을 물려주셨어. 나는 거기에서 출발할 수밖에 없었어. 내가 최고지도자가 된 뒤에 헌법에 "핵보유국"이라 명시(2012. 04. 13, 최고인민회의 제12기 5차 회의)하고, "경제·핵무력 병진노선"을 공식 채택(2013. 03. 31, 조선노동당 중앙위원회 전원회의)하니 참 말이 많더군. 시진핑(중국 국가주석)과 오바마(미국 대통령)가 조선민주주의인민공화국을 핵보유국으로 인정할 수 없다며 조선민주주의인민공화국의 병진노선은 성공하지 못할 거라고 했다더군(2015. 09. 25, 미-중 정상회담). 이해해. 달리 뭐라고 하겠어? 하지만 나와 조선민주주의인민공화국의 처지에서 조금만 생각해보면 현재 상황에선 병진노선 말고 다른 선택지가 마땅치 않다는 점도 이해하게 될 거야.

내가 2013년 3월 31일 당 중앙위 전원회의 '보고'를 통해 병진노선을 "새로운 전략 노선"이라 규정하며 밝힌 내용을 찬찬히 다시 읽어봐. 말 그대로 '경제건설'과 '핵무력건설'의 병행을 목표로 한다는 거지. 그 둘 말고 한 가지 이유가 더 있어. 내 입으로 말하긴 좀 그렇지만, 경험과 준비가 부족한 나로선 통치 기반을 조기에 안정·강화할 필요가 절실했지.

'핵무력 건설'에 대해선 그 역사적 연원을 돌아보며 길게 설명했으니 반복하지 않을게. '경제건설'의 절박성과 병진노선의 관계에 대해선, 당신들의 오해를 풀려면 좀 긴 설명이 필요한 거 같아. 많은 전문가들이 나의 병진노선을 보고 할아버지의 '경제─국방 병진정책'을 떠올리더군. '자위력 강화'를 우선 과제로 제시한 점에서는 같지만, 경제적 맥락은 많이 달라.

할아버지(金日成 주석)의 지도로 조선노동당은 1962년 12월 10~14일 중앙위 제4기 5차 전원회의를 열어 '경제건설과 국방건설의 병진정책'을 결정했지. 미국과 남조선의 100만 대군에 맞서야 하는 상황에서 사회주의 형제국인 중─소의 분쟁으로 불안정해진 대미 억제력을 확보하려는 선택이었지. 할아버지(金日成 주석)는 흐루쇼프(소련 공산당 서기장)가 케네디(미국 대통령)의 압력에 밀려 쿠바 (핵)미사일 기지 건설을 포기한 데서 '방기'의 공포를 느끼셨던 거 같아. 그즈음 미국은 베트남을 침공했고, 한·미·일 3각 안보협력을 위해 한─일 수교를 압박하고 남조선군의 베트남 파병도 이끌어냈어. 미국은 공격적인데 소련은 타협적이었어. 소련은 조선민주주의인민공화국이 흐루쇼프의 수정주의에 비판적이라는 이유로 군사원조도 거부했어. 할아버지(金日成 주석)는 힘들더라도 조선민주주의인민공화국이 스스로를 지킬 수밖에 없다고 판단하신 거야. 할아버지(金日成 주석)는 병진노선 탓에 "많은 인적 및 물적 자원을 국방에 돌려야 할 것이며 경제발전을 지연시키지 않을 수 없을 것"이라고 하셨지(1966. 10. 05, 노동당 대표자회 때 김일성 당 중앙위원장의 보고). 말이 병진이지 국방을 위해 경제를 희생할 수밖에 없다는 말씀이지. 병진정책 채택 이후 "1967~71년 동안에는 (예산의) 31.1%가 나라의 방위력을 강화하는 데 돌려졌어"(1970. 11. 05, 5차 당대회 때 김일 부수상의 보고). 병진정책은 불가피한 선택이었지만, 경제건설에 끼친 후과가 심각했어.

나는 경제를 희생시킬 생각이 추호도 없어. 국방을 포기할 생각도 없지. 그런데 조선민주주의인민공화국이 재래식 군비로 미국과 남조선 군에 맞설 수 있다고 생각해? 자존심 상하는 일이시만, 몇 가시 수치를 보사고. 국민총소득(GNI)은 남소선이 소선민주주의인민공화국보다 43.7배 많아(2014년 기준 남 1496조6천억 원, 북 34조2천억 원). 남조선의 한 해 국방비가 조선 정부예산의 4배보다 훨씬 많아(2014년 북 정부예산 71억2천만 달러, 2016년 남쪽 국방예산 38조8천억 원). 이 수치는 한국은행과 남조선 정부가 밝힌 거야. 그러니 내 말

의심하지 말고 믿으라고.

'핵무력'은 확실한 자위력이 되는 데다, 재래식 군비에 비해 돈이 훨씬 적게 들어. 확실한 자위력을 갖췄으니 군인들을 경제건설 현장으로 돌릴 수도 있고. 내가 당 중앙위 전원회의에서 병진노선이 "국방비를 늘리지 않고도 적은 비용으로 방위력을 더욱 강화하며 경제건설과 인민생활 향상을 꾀할 수 있는 방도"라고 강조한 건 빈말이 아니야. 당신들은 국제사회의 고립을 심화시킬 선택이라 하겠지만, 나로선 부족한 재원을 경제 재건에 돌리려는 고육책이라는 얘기야.

나는 조선민주주의인민공화국의 경제를 재건하려 애쓰고 있어. 나는 당 중앙위 전원회의에서 병진노선을 채택하며 경제개발구(외자유치와 경제개발을 위한 특구) 개발도 함께 지시했어. 경제개발구가 지금은 21곳에 설치돼 있는데, 그 가운데 8곳은 압록강·두만강 등 국경지대에 있지. 조-중 접경지역 경제협력을 염두에 둔 포석이지. 농민의 노동의욕과 주인의식을 높이려고 가족 단위의 '포전담당책임제'(일정한 면적의 논밭을 맡기고 생산물의 처분권을 주는 제도로, 분조 규모를 기존 10~25명에서 3~5명으로 축소했다)를 실시하고, 기업소의 자율성을 높이는 조처를 취했지. 시장도 대폭 활성화하고 현장의 자율성과 인센티브를 강화해 경제 재건의 동력을 강화하려는 것이지.

이런 나의 의지와 비전을 정식화한 게 당신들이 '5·30 조치'라고 부르는 '우리식 경제관리방법'이야(김정은, "현실 발전 요구에 맞게 우리식 경제관리방법을 확립할 데 대하여", 2014. 05. 30, 당·국가·군대기관 책임일군(일꾼)과 진행한 담화). 당신들은 한계가 명확하다고 하겠지만 성과가 없지 않아.

내 말은 믿지 않을 테니, 남조선 자료를 보자고. 서울대 통일평화연구원이 재미있는 조사를 했더군. 조선민주주의인민공화국에서 살기 어렵다고 남조선으로 넘어간 146명을 상대로 조사를 했더니, 조선민주주의인민공화국에서 살 때 하루 세 끼를 먹었다는 이가 86.9%, 거의 쌀밥을 먹었다는 이가 61.4%, 일주일에 한두 번 이상 고기를 먹었다는 이가 53.4%였어. '고난의 행군' 때처럼 굶어 죽을 일은 없다는 거지. 조선민주주의인민공화국의 핵무기 보유에 대해서도 55살 이하에선 찬성이 반대보다 훨씬 많아(서울대 통일평화연구원, <2015년 북한 사회변동과 주민의식 변화>). 떠난 이가 이 정도니 조선민주주의인민공화국에서 사는 인민은 더 낫지 않겠어? 당신들이 뭐라 하든, 나로서는 병진노선이 효과가 있는 거야.

2012년 헌법 전문에 "핵보유국"이라 명시하고, 2013년 '경제·핵무력 병진노선'을 공식 채택하고, '핵보유법'("자위적 핵보유국의 지위를 더욱 공고히 할 데 대하여", 2013. 04. 01, 최고

인민회의)을 제정한 데에는, 내 리더십의 기반을 조기에 안정화하려는 의도가 깔려 있어. '김정은 조선민주주의인민공화국'의 전략적 지향을 법제화함으로써 내가 유약한 지도자가 아니라고 내외에 선포해 논란을 차단하려는 거였지. 미안하지만, 난 아직 유연성을 발휘할 여유가 없어. 적어도 당분간은 유연성은 남조선과 미국의 몫이야. 어쩌겠어, 내 처지가 그런 걸. 집권 초기 내 리더십의 기반이 할아버지나 아버지에 비해 공고했다고 할 수 없다는 걸 상기시키고 싶어서야.

4차 핵시험 뒤에 조선이 내놓은 '정부 성명'은 "핵개발 중단이나 핵 포기는 하늘이 무너져도 절대로 있을 수 없다"고 강조했지. 다들 그 문장을 인용하더군. 그런데 그 앞에 조건절이 있어. "미국의 극악무도한 대조선 적대시 정책이 근절되지 않는 한"이라고. 조선민주주의인민공화국의 대외 발언은 조건절을 잘 살피지 않으면 오해하기 쉽지. 내 힌트가 도움이 되면 좋겠네.

마지막으로 충고 한마디. 남조선 이명박 대통령(2008. 02~2013. 02)·박근혜 대통령 (2013. 02~2017. 03)이 6·15 공동선언과 10·4 정상선언을 무슨 병균 취급을 하며 내다버린 건 큰 실수야. 금강산 관광을 중단하고 북남경제협력을 끊어버린 것도 마찬가지지. 남조선 통일부와 중국해관의 자료를 보면, (노무현 정부 마지막 해인) 2007년엔 북-남 교역이 조-중 무역의 91%(남·북 17억9,800만 달러, 조-중 19억74만 달러)까지 따라붙었는데, 2014년에는 37%(남·북 23억4,300만 달러, 조-중 63억6,400만 달러) 수준으로 벌어졌어. 7년 사이 조-중 무역은 3배 넘게 늘었는데, 북-남 교역은 제자리걸음이야. 그나마도 개성공단 사업이 99%를 차지하지. 중국이 조선의 자원과 노동력을 맘껏 이용하는 동안 남조선은 제재한답시고 뒷짐지고 있는 꼴이지.

조선민주주의인민공화국도 중국 의존도가 높아져 부담스럽지만 어쩌겠어? 중국 말고는 다들 조선민주주의인민공화국을 잡아먹지 못해 안달이니. 그런데 이런 상황이 남조선에 뭐가 이득이 되지? 조선민주주의인민공화국을 미워하느라 남조선의 미래를 갉아먹어서야 쓰겠어? 당신들 남조선에서 살잖아. 남조선의 경제 활로가 북-남 경제협력 활성화와 북방경제 개척에 있다는 건 당신들도 인정하는 거잖아? 잘 생각해봐, 어떤 게 지혜로운 태도인지.

(2) 뉴욕타임즈(NYT, 2016. 09. 10): 'North Korea, Far From Crazy, Is All Too Rational'

1953년 휴전 이후 지속된 북한의 행동들을 비(非)이성적이기보다는 지극히 합리적(too

rational)이라는 주장이 제기됐다. 2016년 9월 10일 자 뉴욕타임스(NYT)는 "세계 정치 석학들이 바라보는 북한의 행위는 미친 것과는 거리가 멀고 오히려 너무나 합리적이며 이는 지속적으로 학계에서 주장되어온 것이다"라고 전했다.

상기 기사는 북한이 한국전쟁 후 지속적으로 자행한 전쟁 위협, 남한을 상대로 한 간헐적인 공격들, 그리고 괴팍한 지도자들과 터무니없는 선전 활동 등은 북한이 비합리적이어서가 아니라 오히려 너무나 합리적(rational)이어서 그들의 생존을 위해 취한 행동들이라고 전했다.

북한이 만들어가는 이미지 즉 '미치광이 나라', '무자비한 폭력' 및 '핵무기 개발' 등의 나쁜 평판은 오히려 주변 강대국들의 침입으로부터 스스로를 보호하는 수단이 되고 있다. 만약 전쟁이 일어난다 해도 북한이 개발한 핵무기를 이용해 패배를 피할 방법을 미리·마련해 놓았다. 북한 지도체제는 철저히 계산된 이 같은 도발로 인해 대내외적으로 상당한 위험에 처하게 될 수도 있지만, 그들이 겪게 될 강대국의 침략 혹은 자체 붕괴라는 훨씬 더 큰 위협으로부터 약하고 고립된 그들의 정부를 유지하게 해준다고 보고 있다.

정치학자들의 주장처럼 비합리적인 국가는 오래 살아남을 수 없다는 단순한 이유 때문에 국가들은 대개 비(非)합리적으로 행동하지 않는다. 국제 시스템은 매우 경쟁적이며 자기 보존을 위한 욕구는 대단히 강력하다. 북한이 지구상의 다른 어떤 나라들과 많이 다르긴 하지만, 북한이 생존을 위해 선택한 비합리적으로 보이는 이러한 행동들은 아마도 북한이 선택할 수 있는 가장 합리적인 행동일 것이다.

상기 기사는 정치학자들이 왜 북한의 행동을 철저히 계산된 합리적 행동으로 보는지 북한 전문가들의 의견을 함께 실으며, 북한이 이러한 비(非)합리성을 선택할 수밖에 없는 이유를 '군대'와 '정치'에서 찾고 있다. 또한, 상기 기사는 북한이 핵무기와 미사일 실험을 불규칙적으로 실행함으로써 계속해서 위기 상황을 조성하는 이유로 "이러한 군사조직화는 북한의 지도부를 내부적으로 안정시켜 주었고 적국들의 접근을 저지해주기도 했다. 즉, 한반도에 대립 상황을 유지함으로써, 북한은 남한과 미국에 한 발짝 물러서야 할 부담을 떠넘겼다"고 분석했다. *"무엇보다 미국을 두려워하는 북한의 핵 프로그램이 가까이에 있는 미군 기지와 한국의 항구들을 우선 타격하고 그다음 미국 본토에 대한 미사일 발사로 위협하면서 미국의 침공을 저지하도록 고안되었다".*

바로 이것이 절망이론으로 알려진 북한 합리성의 최절정이다(This is the culmination of North Korea's rationality, in something known as desperation theory). 또한, 북한이 핵개발에 매달릴 수밖에 없는 이유를 '합리성'(rationality)에 근거하여 분석하고 있다.

〈NYT 기사(2016. 09. 10)의 전문 및 번역〉

Is North Korea irrational? Or does it just pretend to be?
(북한은 비합리적인가? 아니면 그냥 비합리적인 척하는가?)

North Korea has given the world ample reason to ask: threats of war, occasional attacks against South Korea, eccentric leaders and wild-eyed propaganda. As its nuclear and missile programs have grown, this past week with a fifth nuclear test, that concern has grown more urgent.
(이렇게 물어볼 만한 충분한 이유를 북한은 전 세계에 제공해왔다: 전쟁 위협, 남한을 상대로 한 간헐적인 공격들, 별난 지도자들과 어처구니없는 선전 등. 지난주의 5차 핵실험이 보여주듯 북한의 핵 미사일 프로그램이 성장함에 따라 그 우려 또한 더욱 긴박해졌다.)

But political scientists have repeatedly investigated this question and, time and again, emerged with the same answer: North Korea's behavior, far from crazy, is all too rational.
(그러나 정치학자들은 되풀이해서 이 질문을 연구해왔으며 계속해서 같은 답변을 제시했다: 북한의 행위는 미친 것과는 거리가 멀고 오히려 너무나 합리적이다.)

Its belligerence, they conclude, appears calculated to maintain a weak, isolated government that would otherwise succumb to the forces of history. Its provocations introduce tremendous danger, but stave off what Pyongyang sees as the even greater threats of invasion or collapse.
(정치학자들은 북한의 호전성은, 만일 호전적이 아니라면 역사의 힘에 굴복할지도 모를 약하고 고립된 정부를 유지하기 위해 계산된 것으로 보인다고 결론을 내린다. 북한의 도발은 엄청난 위험을 야기하지만 이는 북한이 보기에 침략 혹은 붕괴라는 훨씬 더 큰 위협을 피하게 해준다.)

Denny Roy, a political scientist, wrote in a still-cited 1994 journal article that the country's "reputation as a 'crazy state'" and for "reckless violence" had "worked to North Korea's advantage, " keeping more powerful enemies at bay. But this image, he concluded, was "largely a product of misunderstanding and propaganda."

(정치학자 데니 로이는 아직도 인용되는 1994년 기사에서 "'미치광이 나라'라는, 그리고 "무자비한 폭력"을 행사한다는 평판"이 "북한에 유리하게 작용"해서 더 강한 적들이 접근하지 못하도록 했다고 말했다. 하지만 이러한 이미지는 "주로 오해와 선전의 산물"이라고 그는 결론지었다.)

In some ways, this is more dangerous than irrationality. While the country does not want war, its calculus leads it to cultivate a permanent risk of one — and prepare to stave off defeat, should war happen, potentially with nuclear weapons. That is a subtler danger, but a grave one.

(어떤 면에서 이것은 비합리적인 것보다 더 위험하다. 북한이 전쟁을 원하지 않기는 해도, 북한의 계산은 영구적인 전쟁의 위협을 조성해서 설사 전쟁이 일어난다 해도 핵무기를 이용해 패배를 피할 방법을 미리 마련해 놓는 것이다. 그것은 보다 미묘하지만 아주 커다란 위험이다.)

Why scholars believe North Korea is rational

(왜 학자들은 북한이 합리적이라고 믿는가?)

When political scientists call a state rational, they are not saying its leaders always make the best or most moral choices, or that those leaders are paragons of mental fitness. Rather, they are saying the state behaves according to its perceived self—interests, first of which is self—preservation.

(정치학자들이 한 국가를 합리적이라고 할 때 그것은 그 국가의 지도자들이 언제나 최고 또는 최선의 도의적 선택을 하거나 이들이 정신 건강의 귀감이라고 말하는 것이 아니다. 사실은 그것은 그 국가가 국가 이익, 그 중 첫째로 자기 보호를 위해 행동하는 것을 일컫는 것이다.)

When a state is rational, it will not always succeed in acting in its best interests, or in balancing short—term against long—term gains, but it will try. This lets the world shape a state's incentives, steering it in the desired direction.

(국가가 합리적일 때 그 국가는 최상의 국익을 위해 행동하거나 단기적 이익과 장기적 이익 간의 균형을 잡는 일에 항상 성공하지는 않을지라도 그런 방향으로 시도는 할 것이다. 이로 인해 세계는 이 국가에 혜택을 베풀어 이를 바람직한 방향으로 이끌려 하게 된다.)

States are irrational when they do not follow self-interest. In the "strong" form of irrationality, leaders are so deranged that they are incapable of judging their own interests. In the "soft" version, domestic factors — like ideological zeal or internal power struggles — distort incentives, making states behave in ways that are counterproductive but at least predictable.

(국가들이 자국의 이익을 따르지 않을 때 이들은 비합리적이다. "심하게" 비합리적인 상태에서 지도자들은 제정신을 잃고 스스로의 이익을 판단할 능력조차 가지지 못한다. "덜 심하게" 비합리적인 상태에서라면 이념적인 열성 또는 내부 권력 투쟁 같은 국내 요인들이 동기를 왜곡시키며 국가로 하여금 비생산적이긴 하나 적어도 예측 가능한 방향으로 행동하게 만든다.)

North Korea's actions, while abhorrent, appear well within its rational self-interest, according to a 2003 study by David C. Kang, a political scientist now at the University of Southern California. At home and abroad, he found, North Korean leaders shrewdly determined their interests and acted on them. (In an email, he said his conclusions still applied.)

(현재 유에스시(남가주) 대학의 정치학자인 데이비드 C. 강의 2003년 연구에 따르면, 북한의 행동이 혐오감을 주긴 해도 북한은 합리적으로 자국의 이익을 철저히 따르는 것으로 보인다. 국내외에서 북한 지도자들이 현명하게 국가의 이익을 결정하고 그에 따라 행동하는 것을 그는 관찰했다.) (그는 자신의 결론이 여전히 유효하다고 이메일에서 말했다.)

"All the evidence points to their ability to make sophisticated decisions and to manage palace, domestic and international politics with extreme precision, " Mr. Kang wrote. "It is not possible to argue these were irrational leaders, unable to make means-ends calculations."

("모든 증거들은 그들이 현명한 결정을 내리고 왕실과 국내외 정치를 극도의 정확성을 가지고 운영할 능력이 있다는 것을 보여준다"고 강 씨는 적었다. "이들이 이해타산적인 계산을 할 줄 모르는 비합리적인 지도자들이었다고 말할 수 없다.")

Victor Cha, a Georgetown University professor who served as the Asian affairs director on George W. Bush's National Security Council, has repeatedly argued that

North Korea's leadership is rational.

(조지 W. 부시 대통령의 국가 안보회의 아시아 담당 이사였던 조지타운 대학 빅터 차 교수는 북한의 지도층이 합리적이라고 수차례 주장했다.)

Savage cruelty and cold calculation are not mutually exclusive, after all — and often go hand in hand.

(잔혹성과 냉정한 계산은 상호 배타적인 개념이 아니고 결국, 그리고 종종 서로 뗄 수 없는 관계이다.)

States are rarely irrational for the simple reason that irrational states can't survive for long. The international system is too competitive and the drive for self−preservation too powerful. While the North Korean state really is unlike any other on earth, the behaviors that make it appear irrational are perhaps its most rational.

(비합리적인 국가는 오래 살아남을 수 없다는 단순한 이유 때문에 국가들은 대개 비합리적으로 행동하지 않는다. 국제 시스템은 매우 경쟁적이며 자기 보존을 위한 욕구는 대단히 강력하다. 북한이 지구상의 다른 어떤 나라와도 정말 다르긴 하지만 북한을 비합리적으로 보이게 하는 행동은 아마 북한의 가장 합리적인 행동일 것이다.)

North Korea's seemingly unhinged behavior begins with the country's attempt to solve two problems that it took on with the end of the Cold War and that it should have been unable to survive.

(불안정해 보이는 북한의 행동양식은 냉전 시대의 종식과 더불어 북한이 떠안게 되었으며, 해결하는 것이 불가능했었을 두 가지 문제를 해결하려는 북한의 노력과 함께 시작된다.)

One was military. The Korean Peninsula, still in a formal state of war, had gone from a Soviet−American deadlock to an overwhelming tilt in the South's favor. The North was exposed, protected only by a China that was more focused on improving ties with the West.

(첫 번째 문제는 군대였다. 공식적으로는 아직까지 전쟁 중인 한반도는 소련−미국 간의 교착상

태를 거쳐 남한 쪽에 현저히 유리하게 기울어졌다. 북한은 노출되었으며 오직 중국에 의해서만 보호를 받았지만, 중국은 서방과의 유대관계를 개선하는 일에 더욱 초점을 맞추고 있었다.)

The other problem was political. Both Koreas claimed to represent all Koreans, and for decades had enjoyed similar development levels. By the 1990s, the South was exponentially freer and more prosperous. The Pyongyang government had little reason to exist.

(또 다른 것은 정치적인 문제였다. 한반도 전체를 대표한다고 주장해 온 남·북한 모두 지난 수십 년간 비슷한 수준의 발전을 누리고 있었다. 1990년대에 들어서며 남한은 훨씬 더 자유롭고 부유하게 되었다. 북한 정부는 존재감이 거의 없었다.)

The leadership solved both problems with something called the Songun, or "military−first, " policy. It put the country on a permanent war footing, justifying the state's poverty as necessary to maintain its massive military, justifying its oppression as rooting out internal traitors and propping up its legitimacy with the rally−around−the−flag nationalism that often comes during wartime.

(북한 지도층은 이 두 문제 모두를 소위 말하는 선군, 즉 "군사 위주"의 정책으로 해결했다. 이는 나라 전체를 영구적인 전시 체제로 놓고, 거대한 군대를 유지하기 위해 국가적인 빈곤은 어쩔 수 없다고 합리화하며, 정치적 탄압을 내부적인 반역자를 뿌리뽑기 위한 것이라 정당화시키고, 전시에 흔히 볼 수 있는, 국기를 중심으로 결집하는(역주: 국가적 위기나 전쟁 시 단기적으로 국가에 대한 지지가 증가하는 정치적 현상) 민족주의로써 정권의 정통성을 지탱하려 했다.)

Of course, there was no war. Foreign powers believed the government would, like other Soviet puppets, fall on its own, and barring that wanted peace.

(당연히, 전쟁은 일어나지 않았다. 외국의 세력들은 북한 정권이 소련의 다른 꼭두각시들과 마찬가지로 스스로 무너질 것이며, 무너지지 않는다 해도 평화는 원한다고 믿었다.)

So North Korea created the appearance of permanently imminent war, issuing flamboyant threats, staging provocations and, sometimes, deadly attacks. Its nuclear and missile tests, though erratic and often failed, stirred up one crisis after another.

(그래서 북한은 항시적으로 전쟁이 임박한 것 같은 모습을 연출하고, 대담한 위협을 가하며 도발을 일으키고, 때로는 치명적인 공격을 가한다. 북한의 핵무기와 미사일 실험은 불규칙적이고 종종 실패하기는 하지만 계속해서 위기 상황을 조성해왔다.)

This militarization kept the North Korean leadership internally stable. It also kept the country's enemies at bay.

(이러한 군사조직화는 북한의 지도부를 내부적으로 안정시켜 주었다. 이는 적국들의 접근을 저지해주기도 했다.)

North Korea may be weaker, but it is willing to tolerate far more risk. By keeping the peninsula on the edge of conflict, Pyongyang put the onus on South Korea and the United States to pull things back.

(북한은 더 약할지 모르나 훨씬 더 큰 위험을 감수할 의지가 있다. 한반도에 대립 상황을 유지함으로써, 북한은 남한과 미국에 한 발짝 물러서야 할 부담을 떠넘겼다.)

From afar, North Korea's actions look crazy. Its domestic propaganda describes a reality that does not exist, and it appears bent on almost provoking a war it would certainly lose.

(멀리서 보면, 북한의 행동은 미친 것처럼 보인다. 북한의 국내 선전은 존재하지 않는 현실을 묘사하며, 확실히 패배하게 될 전쟁을 선동할 작정이라도 한 것처럼 보이기까지 한다.)

But from within North Korea, these actions make perfect sense. And over time, the government's reputation for irrationality has become an asset as well.

(그러나 북한 내부에서 보면, 이러한 행동은 말이 되고도 남는다. 그리고 시간이 지나면서, 북한이 비합리적이라는 평판은 자산이 되기도 했다.)

Scholars ascribe this behavior to the "madman theory" — a strategy, coined by no less a proponent than Richard M. Nixon, in which leaders cultivate an image of belligerence and unpredictability to force adversaries to tread more carefully.

(학자들은 이러한 행동양식을 "광인 이론", 즉 리차드 닉슨에 의해 이론화된 전략으로 지도자가

호전적이고 예측불가능한 이미지를 만들어냄으로써 적들을 조심스럽게 움직일 수밖에 없이 만든다는 이론으로 설명한다.)

Dr. Roy, in an interview, said North Korea "intentionally employs a posture of seemingly hyper−risk acceptance and willingness to go to war as a means of trying to intimidate its adversaries."

(로이 박사는 인터뷰에서 북한이 "적국들에게 겁을 주려는 수단으로서 극도의 리스크를 감수하고 기꺼이 전쟁에 뛰어들 것 같은 태도를 의도적으로 취한다"고 말했다.)

But this strategy works only because, even if the belligerence is for show, the danger it creates is very real.

(그러나 그 호전성이 단지 쇼일 뿐이라고 해도, 이러한 전략이 만들어내는 위험이 아주 실제적일 때만 작동한다.)

Is a rational North Korea more dangerous?

(합리적인 북한이 더 위험한가?)

In this way, it is North Korea's rationality that makes it so dangerous. Because it believes it can survive only by keeping the Korean Peninsula near war, it creates a risk of sparking just that, perhaps through some accident or miscalculation.

(이런 면에서 북한을 매우 위험한 존재로 만드는 것은 북한의 합리성이다. 한반도를 전쟁에 준하는 상태로 유지함으로써만 자신이 생존할 수 있다고 믿고 있기 때문에 북한은 사고나 계산착오 등을 이용해 전쟁을 촉발시킬 위험 상황을 만들어낸다.)

North Korea is aware of this risk but seems to believe it has no choice. For this reason, and perhaps because of the United States−led invasion of Iraq and the NATO intervention in Libya against Col. Muammar el−Qaddafi, it appears to earnestly fear an American invasion. And this is rational: Weak states that face more powerful enemies must either make peace — which North Korea cannot do without sacrificing its political legitimacy — or find a way to make any conflict survivable.

(북한은 이러한 위기를 인지하고 있지만 선택의 여지가 없다고 믿는 듯하다. 이러한 이유로, 그리고 아마도 미국 주도의 이라크 침공과 무아마르 알 가다피 장군을 축출하기 위한 나토의 리비아 개입 때문에 북한은 미국의 침공을 진정으로 두려워하는 것으로 보인다. 그리고 이것은 합리적이다: 보다 강한 적들을 마주하고 있는 힘없는 국가들은 화해를 하거나 - 북한은 정치적 정통성을 희생하지 않고는 이렇게 할 수 없다 - 혹은 어떠한 대립 상황도 살아남을 수 있는 방법을 모색한다.)

North Korea's nuclear program, some analysts believe, is designed to halt an American invasion by first striking nearby United States military bases and South Korean ports, then by threatening a missile launch against the American mainland. While North Korea does not yet have this ability, analysts believe it will within the next decade.

(일부 분석가들은 북한의 핵 프로그램이 가까이에 있는 미군 기지와 한국의 항구들을 우선 타격하고 그다음 미국 본토에 대한 미사일 발사로 위협하면서 미국의 침공을 저지하도록 고안되었다고 믿는다. 북한이 아직은 이러한 능력을 보유하지 못했지만 분석가들은 향후 10년 이내에 그러한 능력을 가지게 될 것으로 본다.)

This is the culmination of North Korea's rationality, in something known as desperation theory.

(바로 이것이 절망이론으로 알려진 북한 합리성의 최절정이다.)

Under this theory, when states face two terrible choices, they will pick the least bad option — even if that choice would, under normal conditions, be too costly to consider.

(이 이론에 의하면 만일 국가가 두 가지 나쁜 선택 중 하나를 골라야 한다면, 그러한 선택이 정상적인 상황에서라면 너무 손실이 많아 고려할 여지도 없는 것일지라도 그 국가는 그 중 덜 나쁜 것을 선택하게 된다.)

In North Korea's case, that means creating the conditions for a war it would most likely lose. And it could mean preparing a last-ditch effort to survive that war by launching multiple nuclear strikes, chancing a nuclear retaliation for the slim chance to survive.

(북한의 경우 그러한 상황은 북한이 십중팔구 패배할 것이 뻔한 전쟁을 벌일 조건들을 만드는 것을 의미한다. 그리고 이것은 북한이 전쟁을 살아남기 위한 최종적 노력을 위해 복합적인 핵 공격을 시작한다는 것을, 즉 살아 남을 희박한 기회를 위해 핵 보복을 하려 한다는 것을 의미할 수 있다.)

North Korea's leaders tolerate this danger because, in their calculus, they have no other choice. The rest of us share in that risk — vanishingly small, but nonzero — whether we want to or not.

(북한의 지도자들은 자신들의 계산상으로 그 외의 다른 선택의 여지가 없기 때문에 이러한 위험을 감내한다. 나머지 우리들은 극히 희박하지만 아예 불가능한 것은 아닌 그러한 위기에, 원하든 원치 않든 간에 함께하게 된다.)

(3) 'Statement from Former U.S. President Jimmy Carter on Current U.S.-North Korea Relations: FOR IMMEDIATE RELEASE' (August 10, 2017)
('현 북·미(北·美) 관계에 관한 지미 카터 미국 전 대통령의 성명')

마치 상기한 북한의 '이성적이고 합리적인 북한 지도체제 분석'를 뒷받침하듯이, 지미 카터(Jimmy Carter) 미국 전(前) 대통령(1977~1981)은 2017년 8월 10일 북·미(北·美) 현재 관계에 관한 특별성명('Statement from Former U.S. President Jimmy Carter on Current U.S.-North Korea Relations)을 발표했다:

〈'현 북·미(北·美) 관계에 관한 지미 카터 미국 전 대통령의 성명' 전문 및 번역〉

The harsh rhetoric from Washington and Pyongyang during recent months has exacerbated an already confrontational relationship between our countries, and has probably eliminated any chance of good faith peace talks between the United States and North Korea. In addition to restraining the warlike rhetoric, our leaders need to encourage talks between North Korea and other countries, especially China and Russia. The recent UN Security Council unanimous vote for new sanctions suggests that these countries could help. In all cases, a nuclear exchange must be avoided. All parties must assure North Koreans they we will forego any military action against them if North Korea remains peaceful.

(최근 몇 달간 미국과 북한 사이에 오고간 거친 수사적 표현은 양국 간에 이미 대립적이었던 관계를 더욱 악화시켰으며 미국과 북한과의 선의의 평화회담의 가능성 마저 앗아갔다. 전쟁과 같은 호전적인 수사를 자제하는 것과 더불어 우리 지도자들은 북한 그리고 특히 중국과 러시아와 같은 다른 국가들 간에 대화를 장려해야 할 필요가 있다. 최근 새로운 제재안에 대한 유엔안전보장이사회의 만장일치 표결은 이러한 국가들이 도움을 줄 수 있다는 것을 암시한다. 어떤 경우에든 핵 충돌은 피해야 한다. 모든 당사자들은, 북한이 평화를 유지한다면 북한에 대한 그 어떠한 군사적 조치를 포기할 것임을 북한 정부에 확약해야 한다.)

I have visited North Korea three times, and have spent more than 20 hours in discussions with their political leaders regarding important issues that affect U.S.－DPRK relations.

(나는 북한을 세 번 방문한 적이 있으며 북·미(北·美) 관계에 영향을 미칠 수 있는 중요한 정치적 문제들에 대해 정치 지도자들과 20시간 이상을 토론했다.)

In June 1994, I met with Kim Il Sung in a time of crisis, when he agreed to put all their nuclear programs under strict supervision of the International Atomic Energy Agency and to seek mutual agreement with the United States on a permanent peace treaty, to have summit talks with the president of South Korea, to expedite the recovery of the remains of American service personnel buried in his country, and to take other steps to ease tension on the peninsula. Kim Il Sung died shortly after my visit, and his successor, Kim Jong Il, notified me and leaders in Washington that he would honor the promises made by his father. These obligations were later confirmed officially in negotiations in Geneva by Robert Gallucci and other representatives of the Clinton administration.

(1994년 6월 나는 위기의 시기에 김일성을 만났으며 당시 김일성은 국제원자력기구(IAEA)(국제원자력기구)의 엄격한 감독하에 북한의 모든 핵 프로그램을 진행할 것과, 영구 평화협정을 위한 미국과의 상호 합의 추구, 한국 정부와 정상회담 개최, 북한 지역에 묻힌 미군 유해 발굴 송환에 대한 조속 처리, 그리고 한반도의 긴장을 완화시킬 다른 조치들을 취할 것 등에 동의했다.

김일성은 내가 방문한 후 얼마 지나지 않아 사망했고, 후계자 김정일은 아버지가 동의한 사항들을 존중하겠다고 나와 미국 정부의 지도자들에게 통지했다. 이러한 의무 조항은 훗날 클린턴 행정부의 로버트 갈루치 및 다른 대표들에 의해 제네바 협상에서 공식적으로 확인되었다.)

I returned to Pyongyang in August 2010, at the invitation of North Korean leaders, to bring home Aijalon Gomes, an American who had been detained there. My last visit to North Korea was in May 2011 when I led a delegation of Elders (former presidents of Ireland and Finland and former prime minister of Norway) to assure the delivery of donated food directly to needy people.

(나는 2010년 8월 북한 지도자들의 초청으로, 북한에 구금되었던 미국인 아이얄론 고메즈를 미국으로 데려오기 위해 평양을 다시 방문했다. 나의 북한 마지막 방문은 2011년 5월이었다. 그 때 나는 기부된 식량이 빈곤한 이들에게 직접 지급되는지 확인하기 위해 원로들(아일랜드, 핀란드 전 대통령들과 노르웨이 전직 총리)로 구성된 파견단을 인솔했다.)

During all these visits, the North Koreans emphasized that they wanted peaceful relations with the United States and their neighbors, but were convinced that we planned a preemptive military strike against their country. They wanted a peace treaty (especially with America) to replace the ceasefire agreement that had existed since the end of the Korean War in 1953, and to end the economic sanctions that had been very damaging to them during that long interim period. They have made it clear to me and others that their first priority is to assure that their military capability is capable of destroying a large part of Seoul and of responding strongly in other ways to any American attack. The influence of China in Pyongyang seems to be greatly reduced since Kim Jong Un became the North Korean leader in December 2011.

(이 모든 방문 내내 북한은 미국과, 그리고 북한의 주변 국가들과의 평화적인 관계를 원한다고 강조했지만 미국이 북한에 대한 선제 군사공격을 계획하고 있다고 확신하고 있었다. 그들은 1953년 한국전쟁 종식 이후 존재한 종전협정을 대체하고, 그 긴 기간 동안 북한을 매우 힘들게 했던 경제 제재를 끝내기 위해 (특히 미국과) 평화협정을 맺기를 원했다. 북한 지도자들은 자신들의 최우선 정책은 북한의 군사적 능력이 서울의 큰 부분을 파괴할 수 있고 미국의 공격에 어떤 식으로든 강력하게 대응할 능력을 갖추는 것임을 나와 다른 대표단들에게 분명히 했다. 북한에서 중국의 영향력은

2011년 12월 김정은이 북한 지도자가 된 이후 급격히 줄어든 것처럼 보인다.)

A commitment to peace by the United States and North Korea is crucial. When this confrontational crisis is ended, the United States should be prepared to consummate a permanent treaty to replace the ceasefire of 1953. The United States should make this clear, to North Koreans and to our allies.

(평화를 지키고자 하는 미국과 북한의 의지는 매우 중요하다. 이러한 대립적인 위기가 종식되면 미국은 1953년 휴전을 대체하기 위한 영구협정을 완성시킬 준비를 해야 한다. 미국은 북한과 미국의 동맹국들에게 이 점을 명확히 해야 한다.)

02 남한의 북방외교(北方外交)

노태우(盧泰愚) 정부(1988. 02~1993. 02)는 1988년부터 대(對)공산권 북방외교(北方外交, Nordpolitik, Diplomacy toward North)를 추진했었다. 북방외교(北方外交)의 목적은 소련·중국을 비롯한 사회주의 국가들과의 관계 개선을 도모하여 한반도의 평화와 안정을 유지하고, 사회주의 국가와의 경제협력을 통한 경제이익의 증진과 남·북한 교류·협력관계의 발전을 추구하며, 궁극적으로는 남·북한 통일의 실현이었다.

1) 배경

북방외교(北方外交, Nordpolitik, Diplomacy toward North)는 통일 이전의 서독이 실시했었던 '동방정책(Ostpolitik)'에서 유래되었다. 구(舊)서독의 브란트(B. Brandt) 정부가 1960년대 말부터 1970년대 초에 걸쳐 미국과 소련의 긴장완화를 배경으로 적극적으로 추진했었던 동독 및 사회주의권에 대한 '동방정책(Ostpolitik)'이 남·북한 대립구도를 이루던 한국에 유사한 논리구조로 수용되었던 것이다.

한국 북방외교(北方外交)의 기원은 1972년의 7·4 남·북 공동 성명을 외교 정책상으로 뒷받침하기 위한 '평화 통일에 관한 특별 성명(1973년 6·23 선언)'이다. 즉, 1973년 6·23 선언 당시 할슈타인원칙(Hallstein Doctrine)을 포기한 시점으로 볼 수 있다. 이 선언을 포기하면서 대(對)공산권 외교가 보다 활성화될 수 있었던 것이다. 그 후 북방정책(Nordpolitik)는 노태우 대통령이 1988년 2월 25일 취임사에서 본격적으로 정부의 대외정책 기조로 설정하면서 적극화되었다.[1] 이 취임사를 계기로 그 해(1988년) 7월 7일에는 이른바 7·7선언

---

1) '북방정책'이라는 용어가 처음으로 모습을 드러낸 것도 6·23선언 10주년을 기념한 강연에서였다. 1983년 6월, 이범석 당시 외무부장관은 국방대학원에서 행한 연설에서 '북방정책'이란 용어를 처음으로 사용하였는데, 그의 설명에 따르면, "북방정책이란 표현은 기존의 대공산권 정책과 거의 같으나, 공산권이란 용어는 국제사회의 변화에 따라 부적절한 측면도 있고 불필요한 자극적 요소가 있어 이를 피하기 위해 쓰는 것"이라고 하여, 공산권 외교에 대해 보다 온건하고 세심한 배려를 담은 의미를 부여하였다. 이것은 물론 직접적으로는 공산권외교의 적극적 방향전환을 시사한 것이지만, 그동안 지나치게 친서방 정책에 편중해 온 외교정책의 전환을 의미하는 것이기도 했다.

이 발표되었으며, 북방 대륙국들과의 관계 개선이 적극 추진되었다.

물론, 1970년대와 1980년대의 국제 환경이 다르고 한국의 북방정책(Nordpolitik) 추진 주체도 1970년대와 1980년대 특히 6공화국 시대는 민주화 단계로 접어들었기 때문에 동일시할 수 없겠지만, '평화 통일에 관한 특별 성명(1973년 6·23 선언)'의 1, 2항과 5, 6항은 1988년 7·7 선언의 정신과 바탕을 같이 한다고 볼 수 있다. 즉, 한반도 평화는 반드시 유지되어야 하며 남·북한은 서로 내정에 간섭하지 않으며 침략을 하지 말아야 한다고 했고, 또는 유엔(UN) 다수 회원국의 뜻이라면 장애가 되지 않는다는 전제하에 한국은 북한과 함께 유엔에 가입하는 것을 반대하지 않는다고 했으며, 한국은 유엔 가입전이라도 한국 대표가 참석하는 유엔(UN) 총회에서의 한국 문제 회의에 북한 측이 같이 초청되는 것을 반대하지 않는다고 통일 의지를 확고히 천명했었다. 특히, 한국은 호혜 평등의 원칙하에 모든 국가에게 문호를 개방할 것이며 한국과 이념, 체제를 달리하는 국가들도 한국에 문호를 개방할 것을 촉구한다고 선언했었다. 이와 같이 당시 공산국가와의 접촉이 가능하도록 길을 열어 놓았었다.

그 후, 1980년대의 남·북한 관계는 한국은 제5공화국과 북한 김정일 체제의 출발로부터 새롭게 전개되었다. 양 체제는 과거의 어느 시대보다도 치열한 대립·대결 관계에 놓였었는데, 경제력 신장에 있어서는 북한이 참패했고 통일 정책에 있어서는 한국의 '민족 화합 민주 통일 방안(1982. 01. 22)'과 북한의 '고려 민주 연방 공화국안(1980. 10. 10)'으로 대치하게 되었다.

한편, 북한은 1980년 10월 제 6차 당대회를 통해 '고려 민주 연방 공화국안'과 '10대 정책 목표'를 채택함으로써 그들의 6·23 선언(1973. 06. 23)인 '5대 강령'을 발전적으로 계승했다. 북한의 상기 조치는 정치적으로는 1980년 10월 6차 당대회를 통해 김정일(金正日) 체제를 시발하면서 제1호 정책으로 내세운 것이다. 따라서 김정일(金正日) 체제의 통일정책은 김일성(金日成) 체제가 세습적으로 물려준 불가변의 정통 계승과도 같은 것이었다.

다른 한편으로, 한국의 북방외교는(北方外交) 1980년대의 중반에 이르기까지 민족 화합 민주 통일의 기반 조성에 중점을 두고, 대외적으로는 '88 서울 올림픽'을 계기로 한 대(對) 공산권 외교 특히 대(對) 중·소 접근에 외교정책을 집중시켰다. 내적으로는, 정치·경제·사회·문화적 대북 우위 달성을 지향하지 않을 수 없었다. 이를 통해 강대국들의 지원과 호응 및 북한의 개방과 변화를 유도하는 데 국가적 정력을 경주해 왔다.

2) 내용

1988년 노태우(盧泰愚) 대통령(1988. 02~1993. 02)이 취임하던 그해 7월, 남·북한 자유왕래 및 북한과 서방, 남한과 사회주의권의 관계개선 협력 등을 주요 골자로 하는 1988년 '7·7선언'을 발표하여 북방경제교류 촉진을 확인하고 10월 7일 '대북한 경제개방 7개조치'를 발표했다. 나아가 국제적으로 사회주의권의 개혁과 개방이 대세임을 확인한 정부는 1988년 '7·7선언' 이후 북방정책을 강력히 추진시켰다.

노태우(盧泰愚) 대통령(1988. 02~1993. 02)의 북방정책(Nordpolitik)에 대한 적극적 의지는 세계 냉전체제의 해체 직전인 1980년대 말까지 대단히 계획적이고 주도적인 외교로 표현되기 시작했다. 그 전까지 '적성국가(敵性國家)'로 분류됐던 공산권 나라들과 적극적 외교관계를 맺기 시작했으며, 그 궁극적 목표는 한반도의 평화 정착에 두어졌다. 북방정책(Nordpolitik)을 표방하던 초창기에 사용했던 용어인 '북방정책'에서 '북방'은 곧 '공산권'의 다른 표현이다. 통일 이전의 서독과는 달리 한국은 북방에 주로 편중되어 있던 공산국가들로부터 안보위협을 벗어나고, 더욱 적극적으로는 평화질서를 창출하는 데 도움이 되는 외교를 하겠다는 것이었다. 더 나아가 북한 역시 이러한 북방외교의 대상으로서 북한의 민주화를 달성하여 궁극적으로는 통일을 이룰 수 있도록 한다는 것이 본질적 구상이었다.

상기와 같은 북방정책(Nordpolitik)은 현실화를 위한 첫 단계로 동유럽 국가와의 교류를 시작하여, 1992년 8월 24일에는 한·중 수교를 통해 1949년 이후 무려 43년 동안 교류가 단절됐던 중국 대륙과의 관계를 회복함으로써 사실상 막바지에 도달하게 된다. 따라서 노태우 정부가 애초에 표방했던 북방정책(Nordpolitik)의 궁극적 도달점이라고 할 수 있는 대(對)북한 통일외교는 1991년 9월 18일 유엔 동시가입, 1992년 2월 19일 남북기본합의서와 비핵화 공동선언 등으로 일부 양국 간의 긴장완화와 통일을 향한 전(前) 단계를 조성하는 수준에서 마무리 할 수밖에 없었으며, 차기 정부의 과제로 넘겨지게 되었다.

3) 전개

1988년 '7·7선언' 이후, 이에 때맞춰 불어온 미·소(美·蘇)의 신(新)데탕트 바람과 서울올림픽 개최, 대(對)공산권 교역증대 등의 유리한 여건에 힘입어 그해 3월 24일 헝가리가 서울무역사무소를 설치함으로써 한국의 북방외교(北方外交)는 본격적으로 활성화되었다.

1989년 2월 1일에는 동구 공산권국가로는 처음으로 헝가리와 정식 수교하였으며, 1989년 7월까지 유고슬라비아 구소련 폴란드 불가리아 등 동구권의 무역사무소가 차례로 설치되었다.

그러나 노태우(盧泰愚) 정부(1988. 02~1993. 02)의 이러한 시도는 대(對)북한 정책과 연결되면서 1989년 초 정주영 현대그룹 명예회장이 500마리의 소떼를 이끌고 방북하는 것을 계기로 북방외교의 지나친 속도를 견제하려는 정부 내 세력에 의해 재조정되었다. 그와 더불어 서경원 의원, 문익환 목사, 임수경 등의 '방북사건'이 잇따르면서 한동안 무르익던 대(對)공산권 우호분위기는 역(逆)으로 반공적 불씨가 되었으며, 정부가 사회의 전반적인 반공(反共) 분위기를 자극할 수 있게 해주는 계기가 되었다. 이로 인해 대(對)북한 정책뿐 아니라, 북방외교도 일시 지체되었다.

그 후 김대중(金大中) <평화민주당> 총재(당시)의 동유럽 순방과 <통일민주당> 김영삼 총재의 소련 방문은 북방외교의 새로운 돌파구를 마련하는 기폭제가 되었다. 특히 김영삼 총재(당시)의 소련방문을 계기로 소련과의 관계개선은 순조롭게 진행되었고, 재조정된 북방외교는 남·북한 관계와 분리되어 사회주의권과의 국교정상화 방향으로 폭넓게 전개되었다.

1989년 소련과의 관계를 보면, 7월 말~8월 초에 전국경제인연합회의 경제협력사절단이 소련을 방문해 생필품 수출과 합작투자 등을 논의했다. 이어 9월 소련과학원 동양학연구소장인 카피차와 미하일 고르바초프(Mikhail Sergeyevich Gorbachev, 서기장: 1990. 03~1991. 12)의 외교자문역이자 소련과학원 미국·캐나다 연구소장인 아르바토프가 한국을 방문하여 한국·소련 간의 경제협력 확대를 예견했다. 또한 10월 소련의 '세계경제 및 국제관계 연구소(IMEMO)' 대표단들이 내한하여 소련의 대 한반도 정책변화를 시사하는 등 한국정부에 대한 우호적인 발언이 잇따랐다.

1990년 2월 9일 정부는 그 동안의 민간·밀사외교에서 벗어나 정부차원에서 북방외교(北方外交)를 전담하기 위해 <북방외교추진본부>를 외무부에 설치, 정경분리(政經分離) 차원이 아닌 정경연계방식(政經連繫方式)을 천명했다. 이를 토대로 1990년 6월 4일 샌프란시스코에서 노태우(盧泰愚) 대통령(당시)과 미하일 고르바초프(Mikhail Gorbachev) 대통령(당시) 간의 한·소 정상회담에 이어 9월 30일 뉴욕 국제연합본부에서 최호중 외무부장관(당시)과 셰바르드나제 소련 외무부장관(당시)이 대사급 외교관계를 수립한다는 공동성명에 서명함으로써 정식으로 한·소 수교가 이루어졌다.

이와는 달리 1989년 6월 중국의 '톈안먼(天安門) 사건'이란 복병을 만난 한·중 관계는 더 이상의 진전을 볼 수 없었다. 따라서 이후의 북방정책(Nordpolitik)은 주로 소련 및 동구와의 관계 개선에만 집중되었다. 그러나 북방외교의 지향점을 향하여 순항하던 노태우 정부로서는 체육교류 등을 통해 끊임없이 관계회복을 위해 노력하였으며, 결국 한·중 관계는 1991년 1월 30일 대한무역진흥공사 주(駐) 베이징 대표부의 개설로 새로운 전기를 마련했다. 뒤이어 1992년 8월 24일 베이징에서 이상옥 외무부장관과 첸치천(錢其琛) 중국 외교부장이 수교공동성명에 서명함으로써 한·중 정식수교가 이루어졌으며, 북방외교의 긴 여정도 마무리에 도달했다. 노태우 정부의 북방외교 기간 동안 새로 수교한 나라는 45개국, 그 인구는 17억 명이 넘었다.

4) 평가

북방정책(Nordpolitik)은 궁극적으로 염두에 둔 남북관계 개선과 통일이란 대업 달성에는 미치지 못했지만, 동구권과의 수교, 한·소 수교, 한·중 수교 등의 성과와 아울러 사회주의권의 교역을 증대시켰다는 정치·경제적인 실익을 가져왔다. 이와 아울러, 일정한 한계를 갖는 것이긴 하지만, 1991년 남·북한의 유엔 가입을 통해 북한과의 관계에서도 어느 정도 진전된 관계를 보임으로써 나름대로 긍정적 정책효과를 이루었다고 평가된다.

첫째, 대외적으로 사회주의권의 개혁·개방정책은 정부의 북방정책이 큰 무리 없이 성공적으로 수행될 수 있도록 도움을 주었다.

둘째, 대내적으로는 동구 사회주의 국가와 소련·중국과의 국교수립이라는 북방정책의 성과에 의해 노태우 대통령(당시)의 외교적인 역량이 긍정적으로 평가되면서 정부의 지위를 강화시켜주는 효과를 가져왔다.

셋째, 중·소(中·蘇)를 비롯한 사회주의권 국가와의 관계개선은 곧 이를 통한 북한의 개방화 압력으로 이어져, 북한의 개방정책을 이끄는 역할을 하였으며, 남·북한의 긴장을 완화하고, 대외적 국제위상을 강화하는 수단이 되었다. 그만큼 사회주의권과의 수교는 북한의 고립에 직·간접적으로 영향을 미치고 있으며, 또한 이들을 통해 북한에 개방화 압력을 가했기 때문이다. 이러한 대내·외적 정세와 올림픽을 매개로 하여, 한국은 비교적 쉽게 소련이나 중국에 접근할 수 있었는데 이러한 북방외교는 한국 안보외교의 실질적인 다원화를 추구하였다는 점에서 높이 평가될 수 있다.

다른 한편으로, 한국의 북방정책(Nordpolitik)은 크게 다음의 2가지 한계점을 가지고 있는 것으로도 평가된다:

첫째, 북방정책(Nordpolitik)은 북한을 제외한 공산권 국가와의 관계 개선에는 성공하였으나, 북한과의 관계를 지속적으로 증진·발전시키는 데 실패했다는 것이다.

둘째, 북방정책(Nordpolitik)이 공산권 국가와의 관계 개선이라는 정치적 목적만이 강조되고, 정책추진과 집행 과정에서 외교실무 당사자들의 참여가 배제된 채 소수의 집권 엘리트층에 의해 정치적으로 주도되었다는 점이다. 이는 결과적으로 북방정책에 대한 국민적 이해와 지지가 결여되는 결과를 낳는 한계로 작용하였다.

상기한 북방정책(Nordpolitik)의 한계점을 넘어서, 본 연구는 상기 정책이 야기한 역사적 과오(過誤)를 다음과 같이 지적한다: 대(對)공산권 북방외교(北方外交, Nordpolitik, Diplomacy toward North)의 목적은 소련·중국을 비롯한 사회주의 국가들과의 관계 개선을 도모하여 한반도의 평화와 안정을 유지하고, 사회주의 국가들과의 경제협력을 통한 경제이익의 증진과 남·북한 교류·협력관계의 발전을 추구하며, 궁극적으로는 남·북한 통일(統一)의 실현이었다.

그러나 상기한 북방정책(Nordpolitik)은 북·미(北·美) 관계 개선으로 확대 및 발전되지 않음으로써 북한을 완전한 고립상태로 몰아넣어 북한으로 하여금 자강(自彊이 아니라 自强)을 위한 핵무기 개발 및 보유에 전념하도록 유도한 '객관적 상황'을 제공한 셈이었다. 다시 말하면, 이것은 상기한 북방정책(北方政策)으로 인하여 북한을 국제사회에서, 특히 공산권에서 고립시켰다. 이 결과, 고립무원에 빠진 북한이 생존을 위하여 핵무기 개발에 주력하게 만들었다. 여기서 저자는 한탄을 금치 못한다: 만약 당시 노태우 정부가 한·소 수교와 한·중 수교에 이어서 북한과 미국과의 수교를 추진했었더라면 오늘날 북한의 핵무기로 인한 '한반도의 위기'는 근원적으로 소멸될 수 있었지 않았을까?!

여기서 저자는 다음과 같은 문제의식을 제기한다: 북방정책(Nordpolitik)의 손익계산은 어떠한가? 소련·중국을 비롯한 사회주의 국가들과의 관계 개선으로 인한 혜택(Benefit)과 북한의 핵무기 보유와 위협으로 인한 실제적/잠재적 비용(Cost)을 비교하면 어느 것이 클 것인가? 저자는 전자보다 후자가 더 크며, 상기 비용(Cost)은 향후 더욱 더 증가할 것이라고 확신한다. 그렇다면, 왜 상기한 역사적 과오가 저질러졌는가? 그 요인은 북방정책

(Nordpolitik)의 '궁극적 목적'이라는 남·북한 통일(統一)의 실현을 위한 '통일 철학'의 빈곤 혹은 부재였다.

　나아가, 저자가 제기하고자 하는 본질적 문제의식은 다음과 같다: 북한의 핵무기 문제를 해결하지 않은 상황에서, 과연 한반도 통일이 가능할 것인가이다. 즉, 동북아 평화가 전제되지 않은 상태에서, '우리의 소원'이라는 통일이 과연 이루어질 수 있을까? 주도면밀한 '통일 프로그램' 없이, 통일은 과연 '대박'이 될 수 있을까? 핵무장으로 '강성대국'을 목표로 하는 북한을 대상으로, 과연 '한반도 신뢰프로세스'가 추진될 수 있을까? 남한을 일격에 초토화할 수 있는 북한의 핵무장에 대하여 남한 자신의 군사적 대응 수단이 전무(全無)한 상태에서, 어떻게 남한의 생존을 담보할 수 있을까?

03 북·미(北·美) 핵(核) 협상: 과정과 현황

　북한이 북·미(北·美) 외교에서 추구하는 목표는 3가지: ① 평화협정 체결, ② 체제보장, ③ 대북제재 해소 및 경제적 실익추구로 요약할 수 있다. 북한은 1962년 남·북 간 평화협정 체결을 제의한 바 있었으나 1974년부터는 미국과의 단독 협상 의제로 전환했다. 그 후 지금까지 대미(對美) 외교의 핵심 어젠다는 평화협정 체결이다.

　1990년대 초 소련의 붕괴와 사회주의 진영의 체제 이완으로 미국이 세계 유일 초강대국으로 부상하자 북한은 본격적으로 미국과의 대화·협상을 시작했다. 그것의 계기는 1990년대 초 제1차 북핵 위기였다. 당시, 북한은 직접 협상을 통해 핵문제와 관계 정상화를 동시에 해결하는 데 외교역량을 집중했었다. 여러 차례 북·미(北·美) 고위급 회담을 거쳐 1994년에는 제네바 합의가 도출되기도 했고, 1999년에는 북한 미사일 문제해결을 위한 베를린 합의가 이루어지기도 했었다. 윌리엄 제퍼슨 클린턴(William Jefferson Clinton, 1946~현재) 대통령(제42대: 1993~2001)은 북한의 핵·미사일 문제는 해결국면에 접어드는 듯했었다. 예로서, 2000년 10월 북한은 조명록 차수를 워싱턴에 파견해 적대관계 종식 등의 내용이 담긴 '조·미 공동 코뮤니케'와 '반(反)테러 공동성명'을 채택했었다.

　그러나 조지 워커 부시(George Walker Bush, 1946~현재) 대통령(제43대: 2001~2009) 이후 2차 북핵 위기 대두 등으로 북·미(北·美) 관계는 다시 악화됐다. 제2차 북핵 위기를 해결하기 위해 2003년부터 2007년까지 북·미(北·美) 등 관련 당사국들이 참여한 '6자 회담'이 열렸었다. 그 성과로 2005년 '9·19공동성명'이 채택되기도 했으나 북핵문제에 대한 북·미(北·美) 간 근본적 입장 차이가 해소되지 못해 양국 관계는 악화일로(惡化一路)를 걸었다. 북한은 2009년 버락 후세인 오바마(Barack Hussein Obama, 1961~현재) 대통령(2009~2017) 행정부가 출범하자 기대감을 표명했었다. 그러나 오바마 행정부는 완전한 비핵화와 핵확산 의혹 해소 없이는 북한과의 관계 정상화가 불가능하다는 입장을 밝혔었다.

　이에 북한은 미국을 압박하기 위한 유일한 방법이 핵무력 완성에 있다고 보고 핵무기와 장거리 미사일 개발을 가속화했다. 즉, 미국과의 협상을 위해 핵개발에 전력투구(全力投球)하기 시작한 것이다. 2009년 4월5일 장거리 미사일 발사, 2009년 5월25일 2차 핵실험 실시에 이어 2009년 폐연료봉 재처리 완료 발표, 2010년 우라늄 농축시설 공개 등 속도를 높였다. 2012년 초 북한과 미국은 핵·미사일 개발 중단과 미국의 대북지원 재개에 동의하는 '2·29합의'를 도출하기도 했었다. 그러나 지속된 북한의 장거리 미사일 발사로 합의는 파기됐다.

1) 북한의 외교 전략

북한 외교가 추구하는 원론적인 이념은 자주·평화·친선이다. 즉, 평등과 자주성, 상호 존중과 호혜, 내정 불간섭 원칙이다. 용어 자체를 보면 남한과 서방세계가 추구하는 외교와 별반 차이가 없어 보인다. 하지만 자세히 분석해 보면 서로 가는 길이 다르다는 것을 알 수 있다. 북한의 외교는 제국주의 국가 견제 및 우호국가들과 친선외교 관계를 강조하고 있다. 즉, 반(反)제국주의 단결 역량 강화, 비(非)동맹운동의 확대 발전, 사회주의 역량 강화 등이다. 따라서 상기한 자주·평화·친선은 종국적으로 반(反)제국주의 및 사회주의 강화로 귀결되는 것이다.

그러나 북한 외교가 추구하는 이념(자주·평화·친선)과 국가외교 전략은 소련을 비롯한 사회주의 국가의 몰락과 변화로 더 이상 지속하기 어려운 현실이 됐다. 그 돌파구로 북한은 기존 외교노선: 조부 김일성(金日成)의 '경제·국방' 병진노선(竝進路線)에 김정은(金正恩)의 '경제건설과 핵무력 건설', '병진노선(竝進路線)'을 추가했다. 그것은 과거의 외교기조에 더해 핵무장과 경제발전을 동시에 추구하겠다는 전략이다. 북한은 '병진노선(竝進路線)'을 선언한 이후 적극적으로 미국에 평화체제와 국교정상화를 요구하고 있다. 그 실천 전략으로 핵실험과 미사일 개발에 국가자원을 총동원했다.

한편, 오랜 기간 동안 다자간/당사자 간 협상에도 불구하고 북한의 핵실험과 미사일 발사가 이어지자 미국은 유엔 대북제재 안보리 결의안 채택으로 외교전략을 수정했다. 북한은 대북제재 결의에 반발해 2013년 2월12일 제3차 핵실험을 했다. 이에 유엔 안보리는 2013년 3월 7일 강화된 대북제재 결의안을 채택했다. 그 후 다자간 협상이 재개됐으나 북·미(北·美) 간 입장 차이는 여전했다. 2016년에는 북한의 4·5차 핵실험이 이어지자 미국은 더욱 강화된 유엔제재 결의에다 독자적인 제재에 들어가면서 북·미(北·美) 관계는 더욱 악화됐다. 2017년 5월부터 북한의 탄도미사일 발사가 이어지자 미국은 북한 석탄·철광석 수출금지 유엔제재로, 제6차 핵실험에는 대북원유공급 제한 및 북한 섬유제품 수출금지 등으로 제재를 더욱 강화했다.

상기한 과정에서, 북·미(北·美) 간에 거친 외교 수사(修辭)도 주고받았다. 2002년 1월 부시 미국 대통령이 연두교서에서 북한을 '악의 축(axis of evil)'으로 규정하자 북한은 이를 '선전(宣戰) 포고'라고 비난했다. 2017년 9월에는 도널드 트럼프(Donald John Trump, 1946~현재)는 제45대 대통령(당시)이 유엔연설에서 북한을 향해 '완전한 파괴(totally destory)'라는 용어를 쓰자 김정은(金正恩, 1984~현재) 국무위원장은 '사상 최고의 초강경 조치를 취할 것'이라고 맞받아쳤다.

상기와 같이, 1990년대 이후 북한은 미사일 및 핵실험을 매개로 미국으로부터 체제보장과 경제지원을 동시에 얻어내려는 '벼랑끝 전술(brinkmanship)'을 구사하고 있다.[2] 이 전술은 냉전시기에 미·소(美·蘇) 간 대립 상황에서 외교협상을 유리한 방향으로 이끌기 위해 양측이 사용하던 외교 전략을 의미했다. 냉전 해체 이후에는 핵과 미사일 문제를 둘러싼 북·미(北·美) 협상과정에서 북한이 취한 극단적 방법의 협상전술을 지칭하는 의미로 통용되고 있다. 일명 공갈(협박)전술이라고 불리며 북한은 이를 '맞받아치기 전술'이라고 한다. 즉 배수진을 치고 협상을 막다른 상황까지 몰고가는 초강수를 띄워 위기에서 탈출하는 북한 특유의 협상전술이다.

2) 북·미(北·美) 협상의 전개

북한은 그동안의 경험을 통해 대미(對美) 협상에서 유일하고 가장 유효한 카드는 핵무력 완성이라는 전략을 굳혔다. 이에 따라 국가적 역량을 동원한 끝에 핵개발과 대륙간탄도미사일 발사 성공으로 바라던 '핵무력'을 완성했다. 그러자 미국은 더 이상 제재와 압박 수단이 먹히지 않음을 알고 대화전략으로 급선회했다.

2000년 10월 방미했던 조명록 당시 국방위원회 제1부위원장 겸 군총정치국장(인민군 차수) 이후 18년 만에 북한 정권의 실세로 불리는 김영철 노동당 부위원장 겸 통일전선부장이 특사자격으로 1박 2일의 방미(訪美)일정으로 뉴욕에서 마이크 폼페이오 장관과 2018년 5월 30일(현지시간) 만나 북·미(北·美) 비핵화 합의문을 조율하고 워싱턴으로 이동하여 도널드 트럼프(Donald John Trump) 대통령에게 김정은(金正恩) 국무위원장의 친서(親書)를 전달했다.[3] 이것은 마이크 폼페이오(Mike Pompeo) 국무장관(당시)이 평양을 방문해 김정

---

2) 벼랑끝 전술(brinkmanship)은 원래 1960년대 미국 젊은이 사이에서 유행했던 게임에서 유래한 말이다. 자신이 원하는 방향으로 상황을 유도하는 데 초점을 맞추고 상대에게 겁을 주거나 위기감을 조성하는 전술이다.

은(金正恩) 국무위원장을 만났던 것과 같은 전개이다. 김정은(金正恩) 국무위원장의 친서 (親書)는 이미 북·미(北·美) 정상의 싱가포르 회담이 예정된 만큼 싱가포르 회담의 성공을 기원하며 북·미(北·美) 관계 발전 의향을 담았다.

북한 김정은(金正恩) 체제는 2018년 역사적인 6·12 싱가포르 북·미(北·美) 정상회담을 성사시킴으로써 북한 외교사에 큰 획을 그었다. 이 회담을 통해 4개항: ① 북·미(北·美) 간 새로운 관계 설립 노력, ② 한반도 지속·안정적 평화체제 구축 노력, ③ 한반도의 완전한 비핵화(complete denuclerarization)를 위해 노력, ④ 전쟁포로(POW) 및 전쟁실종자 (MIA) 유해 즉각 미국 송환이 포함된 합의문을 발표했다. 길게는 70년, 짧게는 50여 년간 추구해 온 북한 대미외교의 핵심 어젠다인 '평화협정 체결'을 위한 첫걸음을 내디디게 된

---

3) 2000년 10월 9일 처음으로 방미(訪美)했던 조명록은 백악관에서 빌 클린턴 대통령을 만나 북·미(北·美)관계 개선의지와 구체적인 안을 담은 김정일 국방위원장의 친서를 전달했다. 2000년 김정일 위원장이 클린턴 대통령에게 보낸 친서에서는 '북한과 미국의 의견 차이를 직접 만나 대화로써 조정하기 위해 클린턴 대통령을 평양으로 초청한다'는 내용이 핵심이었다. 당시 조명록은 매들린 올브라이트 미 국무장관과 회동해 적대관계 종식, 평화보장 체제 수립, 미 국무장관 방북 등을 합의한 '북미공동코뮤니케'를 채택했다. 당시 북미는 "과거의 적대감에서 벗어난 새로운 관계를 수립하기 위해 모든 노력을 다할 것"이라고 합의했다. 50년간 냉기류가 흘렀던 북미관계가 처음으로 개선될 움직임을 보인 것이다. 코뮤니케는 성명과는 달리 구체성이 없다. 정책방향을 알리는 정치적 선언의 성격을 띤다. 2000년 10월 백악관에서 클린턴 대통령을 만나 친서를 전달했을 당시 조명록은 군복차림이었다. 조 부위원장은 올브라이트 국무장관과의 회담에서는 정장을 입었지만, 클린턴 대통령을 예방할 땐 군복으로 갈아입고 나타나 미국을 놀라게 했다. 이를 두고 김정일 위원장의 대미 유화정책에 불만을 가진 북한 군부를 달래기 위해 벌인 정치 이벤트였다는 분석이 있었다. 또 정전 상태인 교전국 군사대표가 군복차림으로 상대국 정상과 회담하는 모습을 전 세계에 보여줌으로써 평화협정 체결을 촉구하려는 의도가 담겼다는 분석도 있었다. 조명록 차수의 방미(訪美) 목적도 북·미(北·美) 정상회담 준비였다. 당시 북한 권력 서열 2위로 평가됐던 그는 김정일 국방위원장의 특사 자격으로 강석주 외무성 제1부상 등과 함께 2000년 10월 9~12일 미국에 머물렀다. 미국의 '페리 프로세스' 발표로 북핵 위기가 수습되고, 미국의 대북 제재 완화와 북한의 미사일 시험 발사 중단 선언, 첫 남·북 정상회담 등이 이어지면서 한반도에서 해빙 분위기가 무르익던 때였다. 김정일 위원장 특사였던 조명록 차수도 국무부에서 올브라이트 국무장관과 면담한 뒤 백악관으로가 윌리엄 제퍼슨 클린턴(William Jefferson Clinton, 1946~현재) 대통령(제42대: 1993~2001)을 예방했고, 그 자리에서 관계 개선을 희망하는 김정일 위원장의 친서를 전달했다. 조명록 차수 방미(訪美)를 계기로 북·미(北·美)관계 회복세는 더 가팔라질 듯했었다. 적대관계 종식과 평화보장 체제 수립, 미(美) 국무장관 방북 등이 주요 내용인 '북미 공동 코뮤니케'가 당시 채택되면서다. 특히 코뮤니케에 매들린 올브라이트 미 국무장관의 방북(訪北)이 '미 대통령의 방문을 준비하기 위한 것'이라고 명기되면서 윌리엄 제퍼슨 클린턴(William Jefferson Clinton, 1946~현재) 대통령(제42대: 1993~2001)과 김정일 위원장 간 첫 북·미(北·美) 정상회담도 가시권에 들어왔었다. 그러나 결실을 맺지는 못했다. 클린턴 대통령의 방북(訪北) 추진 동력이 사그라들면서다. 임기 말 추진된 북·미(北·美) 정상회담에 대한 비판 여론이 비등했고, 그해 11월 미 대통령 선거에서 공화당 후보였던 조지 W. 부시가 승리하면서 정권이 교체됐다. 또 마침 야세르 아라파트 당시 팔레스타인해방기구(PLO) 의장이 클린턴 대통령에게 중동 분쟁 해결을 요청해 오면서 북·미(北·美)관계로 쏠렸던 시선이 분산됐다.

것이었다.

상기한 2018년 역사적인 6·12 싱가포르 북·미(北·美) 정상회담에 이어서 도널드 트럼프(Donald John Trump) 대통령(당시)과 김정은(金正恩) 국무위원장은 하노이 회담(2019. 02. 27~28) → 판문점 회담(2019. 06. 30): '빅딜론'에서 한 발 물러나 '단계적 접근법'으로 방향을 선회하였다. 그 후 미국 정부에서 '핵 동결론'이 제기되고 있다.

미국 뉴욕타임스(NYT)(2019. 07. 01)는 *"새로운 협상안의 콘셉트는 '핵 동결'이며, 본질적으로 현 상태를 유지해 북한을 '핵 보유국'으로 암묵적으로 수용하는 것"*이라고 논평했다. 또한, 한국의 연합뉴스(2019. 07. 11): 영변 핵시설 폐기와 핵 동결을 대가로 북한의 주요 수출품인 석탄과 섬유의 수출 제재를 일정 기간 유예해주는 사실상의 제재 완화, 사실상의 종전선언인 '평화선언(peace declaration)'을 검토하고 있다. 이것은 사실상 한국전쟁의 종식, 북·미(北·美) 간 연락사무소 개설로 이어질 것이다.

상기와 같이, 핵무력 완성과 북·미(北·美) 정상회담으로 북한의 '벼랑끝 전술(brinkmanship)'은 일단 1차적인 성과를 거둔 것으로 보인다. 그러나 갈 길은 멀다. 만약 북·미(北·美) 관계가 틀어져 과거로 돌아간다면 북한체제 보장은 누구도 장담하기 어려운 상황에 처하게 된다. 엄밀히 보면 북한은 아직 벼랑끝에서 탈출하지 못했다. 오히려 과거로 섣불리 돌아갈 수도 없는 절체절명(絕體絕命)의 벼랑 끝에 서있다.

도널드 트럼프(Donald John Trump) 대통령(당시)과 김정은(金正恩) 국무위원장은 6·12 싱가포르 북·미(北·美) 정상회담 → 하노이 회담(2019. 02. 27~28) → 판문점 회담(2019. 06. 30)을 진행했다. 이후 불과 20일도 넘기지 못하고 김정은(金正恩) 국무위원장은 도널드 트럼프(Donald John Trump)는 대통령에게 보낸 친서(親書)에서 한·미(韓·美) 연합군사훈련이 끝나면 미사일 도발을 중단하겠다고 밝혔던 한·미(韓·美) 연합군사훈련 종료 시점인 2019년 8월 20일 이후에도 함경북도 선덕 일대에서 '신형 초대형 방사포' 2발을 쏘아 올렸다.

마이크 폼페이오(Mike Pompeo, 1963년~현재) 미(美) 국무장관(당시)은 2019년 8월 27일 미국재향군인회 주최 행사에서 *"북한의 불량 행동(rogue behavior)이 간과될 수 없다"*고 말했다. 또한, 그는 동년 8월 30일 유엔이 정한 '강제실종 희생자의 날'을 맞아 발표한 성명에서 *"북한에서 신앙인과 정치범들이 당국에 의해 강제실종되고 있다 … 독재정권은 권위에 도전하거나 반대 의견을 표명하는 사람들을 침묵시키거나 압제하는 수단으로 자유와 인권을 옹호하는 사람들과 언론인들, 정치적 반대파들을 체포, 구금하거나 살해해 생사나 행방을 알 수 없도록 만든다 … 강제 실종과 같은 무도한 행위를 자행하는 정권은*

허약하고 취약하다는 사실을 입증하는 것"이라고 말했다.

이에 대응하여, 최선희 북한 외무성 제1부상은 2019년 8월 31일 "*미국과의 대화에 대한 우리의 기대는 점점 사라져가고 있다*"며 "*지금까지의 모든 조치들을 재검토하지 않으면 안 되는 상황*"이라고 말했다.[4] 북한 리용호 외무상은 2019년 8월 23일에는 마이크 폼페이오(Mike Pompeo) 미(美) 국무장관(당시)을 향해 '미국 외교의 독초'라며 독설을 퍼붓기도 했다.[5]

---

4) 최선희 북한 외무성 제1부상의 이날 발언은 앞서 미국이 2019년에 들어 4번째 대북(對北) 제재를 단행한 것에 대한 불만을 에둘러 표현한 것일 가능성도 높다. 사실, 최 부상의 담화가 발표되기 하루 전인 2019년 8월 30일 미(美) 재무부는 2019년에 들어 4번째 독자적 대북제재를 단행했다. 북한과의 불법 선빅 긴 환직을 통해 북한에 정재유를 넘겨준 대민인 2명과 신시 3곳을 제재 명단에 올린 깃이다.

5) 북한 리용호 외무상은 2019년 8월 하순 미국 뉴욕에서 열리는 유엔총회에 참석하지 않았다. 이에 따라 리용호 외무상과 마이크 폼페이오(Mike Pompeo) 미(美) 국무장관의 고위급 회담을 무산되었다. 앞서 리용호 외무상은 2019년 8월 마이크 폼페이오(Mike Pompeo) 미(美) 국무장관과 조우할 수 있는 아세안지역안보포럼(ARF) 외교장관회의에도 불참했다. 이러한 리용호 외무상의 의도는 북한이 미국과의 만남을 의도적으로 피하며 시간을 끌고 있는 것으로 해석된다.

부록 3

제네바 북·미(北·美) 기본합의서(1994. 10. 21)

조선민주주의인민공화국 정부대표단과 미합중국정부대표단은 1994년 9월 23일부터 10월 21일까지 제네바에서 조선반도 핵문제의 전면적 해결에 관한 회담을 진행하였다.

쌍방은 조선반도의 비핵화, 평화와 안전을 이룩하기 위하여 1994년 8월 12일부 조미합의성명에 명기된 목표들을 달성하며 1993년 6월 11일부 조미 공동성명의 원칙들을 견지하는 것이 가지는 중요성을 재확인하였다.

조선민주주의인민공화국과 미합중국은 핵문제의 해결을 위하여 다음과 같은 행동조치들을 취하기로 결정하였다.

1. 쌍방은 조선민주주의인민공화국의 흑연감속로와 련관시설들을 경수로 발전소들로 교체하기 위하여 협조한다.

   1) 미합중국은 1994년 10월 20일부 미합중국 대통령의 담보서한에 따라 2003년까지 총 200만키로와트 발전능력의 경수로 발전소들을 조선민주주의인민공화국에 제공하기 위한 조치들을 책임지고 취한다.

      ● 미합중국은 자기의 주도하에 조선민주주의인민공화국에 제공할 경수로발전소 자금과 설비들을 보장하기 위한 국제련합체를 조직한다. 이 국제련합체를 대표하는 미합중국은 경수로제공사업에서 조선민주주의인민공화국의 기본상대자로 된다.

      ● 미합중국은 련합체를 대표하여 이 합의문이 서명된 날부터 6개월 안에 조선민주주의인민공화국과 경수로 제공계약을 체결하기 위하여 최선을 다한다. 계약을 체결하기 위한 협상은 이 합의문이 서명된 후 될 수록 빠른 시일안에 시작된다.

      ● 조선민주주의인민공화국과 미합중국은 필요에 따라 핵 에네르기의 평화적 리

용분야에서의 쌍무적 협조를 위한 협정을 체결한다.

2) 미합중국은 1994년 10월 20일부 미합중국 대통령의 담보서한에 따라 련합체를 대표하여 1호 경수로 발전소가 완공될 때까지 조선민주주의인민공화국의 흑연감속로와 련관시설들의 동결에 따르는 에네르기손실을 보상하기 위한 조치들을 취한다.

● 대용에네르기는 열 및 전기 생산용 중유로 제공한다.

● 중요납입은 이 합의문이 서명된 날부터 3개월 안에 시작하며 납입량은 합의된 계획에 따라 매해 50만 톤 수준에 이르게 된다.

3) 경수로 제공과 대용에네르기보장에 대한 미합중국의 담보들을 받은 데 따라 조선민주주의인민공화국은 흑연감속로와 련관시설들을 동결하며 궁극적으로 해체한다.

● 조선민주주의인민공화국의 흑연감속로와 련관시설들에 대한 동결은 이 합의문이 서명된 날부터 1개월 안에 완전히 실시된다. 이 1개월간과 그 이후의 동결기간에 조선민주주의인민공화국은 국제원자력기구가 동결상태를 감시하도록 허용하며 기구에 이를위한 협조를 충분히 제공한다.

● 경수로대상이 완전히 실현되는 때에 조선민주주의인민공화국의 흑연감속로와 련관시설들은 완전히 해체된다.

● 경수로대상건설기간 조선민주주의인민공화국과 미합중국은 5메가와트 시험원자로에서 나온 폐연료의 안전한 보관방도와 조선민주주의인민공화국에서 재처리를 하지않고 다른 안전한 방법으로 폐연료를 처분하기 위한 방도를 탐구하기 위하여 협조한다.

4) 조선민주주의인민공화국과 미합중국은 이 합의문이 서명된 후 되도록 빠른 시일안에 두 갈래의 전문가협상을 진행한다.

● 한 전문가 협상에서는 대용에네르기와 관련한 련관문제들과 그리고 흑연감속로계획을 경수로대상으로 교체하는 데서 제기되는 련관문제들을 토의한다.

● 다른 전문가협상에서는 폐연료의 보관 및 최종처분을 위한 구체적인 조치들을 토의한다.

2. 쌍방은 정치 및 경제관계를 완전히 정상화하는 데로 나아간다.

1) 쌍방은 이 합의문이 서명된 후 3개월안에 통신봉사와 금융경제에 대한 제한조치

들의 해소를 포함하여 무역과 투자의 장벽을 완화한다.

2) 쌍방은 전문가 협상에서 령사 및 기타 실무적문제들이 해결되는 데 따라 서로 상대방의 수도에 련락사무소들을 개설한다.

3) 조선민주주의인민공화국과 미합중국은 호상 관심사로 되는 문제들의 해결에서 진전이 이루어지는 데 따라 쌍무관계를 대사급으로 승격시킨다.

3. 쌍방은 조선반도의 비핵화, 평화와 안전을 위하여 공동으로 노력한다.

1) 미합중국은 핵무기를 사용하지 않으며 핵무기로 위협하지도 않는다는 공식담보를 조선민주주의인민공화국에 제공한다.

2) 조선민주주의인민공화국은 시종일관하게 조선반도의 비핵화에 관한 북남 공동선언을 리행하기 위한 조치들을 취한다.

3) 조선민주주의인민공화국은 이 기본 합의문에 의하여 대화를 도모하는 분위기가 조성되는 데 따라 북남대화를 진행할 것이다.

4. 쌍방은 국제적인 핵전파방지체계를 강화하기 위하여 공동으로 노력한다.

1) 조선민주주의인민공화국은 핵무기 전파 방지조약의 성원국으로 남아 조약에 따르는 담보협정의 리행을 허용할 것이다.

2) 경수로제공계약이 체결되면 동결되지 않는 시설들에 대한 조선민주주의인민공화국과 국제원자력기구 사이의 담보협정에 따르는 정기 및 비정기 사찰이 재개된다. 계약이 체결될 때까지는 동결되지 않는 시설들에 대한 담보의 련속성을 보장하기 위한 국제원자력기구의 사찰이 계속된다.

3) 경수로대상의 상당한 부분이 실현된 다음 그리고 주요 핵관련부분품들이 납입되기전에 조선민주주의인민공화국은 국제원자력기구와 자기의 핵물질초기보고서의 정확성 및 안전성 검증과 관련한 협상을 진행하고 그에 따라 기구가 필요하다고 간주할 수 있는 모든 조치들을 취하는 것을 포함하여 기구와의 담보협정(회람통보/403)을 완전히 리행한다.

조선민주주의인민공화국 대표단 단장　　　　　미합중국대표단 단장
조선민주주의인민공화국 외교부 제1부부장　　　미합중국 순회대사
강 석 주　　　　　　　　　　　　　　　　로버트 엘. 갈루치

1994년 10월 21일 제네바

부록 4

2000년 북·미(北·美) 공동코뮤니케(2000. 10. 12)

조선민주주의인민공화국 국방위원회 김정일 위원장의 특사인 국방위원회 제1부위원장 조명록 차수가 2000년 10월 9일부터 12일까지 미합중국을 방문하였다.

방문기간 국방위원회 김정일 위원장께서 보내시는 친서와 조－미관계에 대한 그 이의 의사를 조명록 특사가 미합중국 빌 클린턴 대통령에게 직접 전달하였다.

조명록 특사와 일행은 매들린 올브라이트 국무장관과 윌리엄 코언 국방장관을 비롯한 미 행정부의 고위관리들을 만나 공동의 관심사로 되는 문제들에 대하여 폭넓은 의견교환을 진행하였다.

쌍방은 조선민주주의인민공화국과 미합중국 사이의 관계를 전면적으로 개선시킬 수 있는 새로운 기회들이 조성된 데 대하여 심도 있게 검토하였다. 회담들은 진지하고 건설적이며 실무적인 분위기 속에서 진행되었으며 이 과정을 통하여 서로의 관심사들에 대하여 더 잘 이해할 수 있게 되었다.

조선민주주의인민공화국과 미합중국은 역사적인 북남 최고위급 상봉에 의하여 한반도의 환경이 변화되었다는 것을 인정하면서 아시아－태평양지역의 평화와 안정을 강화하는 데 이롭게 두 나라 사이의 쌍무관계를 근본적으로 개선하는 조치들을 취하기로 결정하였다.

이와 관련하여 쌍방은 한반도에서 긴장상태를 완화하고 1953년의 정전협정을 공고한 평화보장체계로 바꾸어 한국전쟁을 공식 종식시키는 데서 4자회담 등 여러가지 방도들이 있다는 데 대하여 견해를 같이하였다.

조선민주주의인민공화국측과 미합중국 측은 관계를 개선하는 것이 국가들 사이의 관계에서 자연스러운 목표로 되며 관계개선이 21세기에 두나라 인민들에게 다같이 이익으로 되는 동시에 한반도와 아시아－태평양지역의 평화와 안전도 보장하게 될 것이라고 인정하면서 쌍무관계에서 새로운 방약을 취할 용의가 있다고 선언하였다.

첫 중대조치로서 쌍방은 그 어느 정부도 타방에 대하여 적대적 의사를 가지지 않을 것이라고 선언하고 앞으로 과거의 적대감에서 벗어난 새로운 관계를 수립하기 위하여 모든 노력을 다할 것이라는 공약을 확언하였다.

쌍방은 1993년 6월 11일부 조－미 공동성명에 지적되고 1994년 10월 21일부 기본합의문에서 재확인된 원칙들에 기초하여 불신을 해소하고 호상신뢰를 이룩하며 주의 관심사들을 건설적으로 다루어 나갈 수 있는 분위기를 유지하기 위하여 노력하기로 합의하였다.

이와 관련하여 쌍방은 두 나라 사이의 관계가 자주권에 대한 호상존중과 내정불간섭의 원칙에 기초하여야 한다는 것을 재확인하면서 쌍무적 및 다무적 공간을 통한 외교적 접촉을 정상적으로 유지하는 것이 유익하다는 데 대하여 유의하였다.

쌍방은 호혜적인 경제협조와 교류를 발전시키기 위하여 협력하기로 합의하였다.

쌍방은 두 나라 인민들에게 유익하고 동북아시아 전반에서의 경제적 협조를 확대하는 데 유리한 환경을 마련하는 데 기여하게 될 무역 및 상업 가능성들을 담보하기 위하여 가까운 시일안에 경제무역 전문가들의 호상방문을 실현하는 문제를 토의하였다.

쌍방은 미사일 문제의 해결이 조－미관계에 근본적인 개선과 아시아－태평양지역에서의 평화와 안정에 중요한 기여를 할 것이라는 데 대하여 견해를 같이하였다. 조선민주주의인민공화국 측은 새로운 관계 구축을 위한 또 하나의 노력으로 미사일 문제와 관련한 회담이 계속되는 동안에는 모든 장거리 미사일을 발사하지 않을 것이라는 데 대하여 미국 측에 통보하였다.

조선민주주의인민공화국과 미합중국은 기본합의문에 따르는 자기들의 의무를 완전히 이행하기 위한 공약과 노력을 배가할 것을 확약하면서 이렇게 하는 것이 한반도의 비핵평화와 안정을 이룩하는 데 중요하다는 것을 굳게 확언하였다.

이를 위하여 쌍방은 기본합의문에 따르는 의무이행을 보다 명백히 하는 데 관하여 견해를 같이하였다.

이와 관련하여 쌍방은 금창리 지하시설에 대한 접근이 미국의 우려를 해소하는 데 유익하였다는 데 대하여 유의하였다.

쌍방은 최근년간 공동의 관심사로 되는 인도주의 분야에서 협조사업이 시작되었다는 데 대하여 유의하였다.

조선민주주의인민공화국측은 미합중국이 식량 및 의약품 지원 분야에서 조선민주주의인민공화국에 인도주의적 수요를 충족시키는 데 의의 있는 기여를 한 데 대하여 사의를 표하였다.

미합중국 측은 조선민주주의인민공화국이 한국전쟁시기 실종된 미군병사들의 유골을 발굴하는 데 협조하여 준 데 대하여 사의를 표하였으며 쌍방은 실종자들의 행처를 가능한 최대로 조사 확인하는 사업을 신속히 전진시키기 위하여 노력하기로 합의하였다.

쌍방은 이상 문제들과 기타 인도주의 문제들을 토의하기 위한 접촉을 계속하기로 합의하였다. 쌍방은 2000년 10월 6일 공동성명에 지적된 바와 같이 테러를 반대하는 국제적 노력을 고무하기로 합의하였다.

조명록 특사는 역사적인 북남 최고급 상봉결과를 비롯하여 최근 몇 개월 사이에 북남 대화 상황에 대하여 미국 측에 통보하였다. 미합중국 측은 현행 북남 대화의 계속적인 전진과 성과 그리고 안보대화의 강화를 포함한 북남 사이의 화해와 협조를 강화하기 위한 발기들의 실현을 위하여 모든 적절한 방법으로 협조할 자기의 확고한 공약을 표명하였다. 조명록 특사는 클린턴 대통령과 미국 인민이 방문기간 따뜻한 환대를 베풀어 준 데 대하여 사의를 표하였다.

조선민주주의인민공화국 국방위원회 김정일 위원장께 윌리엄 클린턴 대통령의 의사를 직접 전달하며 미합중국 대통령의 방문을 준비하기 위하여 매들린 올브라이트 국무장관이 가까운 시일에 조선민주주의인민공화국을 방문하기로 합의하였다.

2000년 10월 12일 워싱턴

〈영문〉

US−DPRK Joint Communique

Washington, D.C. October 12, 2000

As the special envoy of Chairman Kim Jong Il of the DPRK National Defense Commission, the First Vice Chairman, Vice Marshal Jo Myong Rok, visited the United States of America from October 9−12, 2,000.

During his visit, Special Envoy Jo Myong Rok delivered a letter from National Defense Commission Chairman Kim Jong Il, as well as his views on US−DPRK relations, directly to US President William Clinton.

Special Envoy Jo Myong Rok and his party also met with senior officials of the US Administration, including his host Secretary of State Madeleine Albright and Secretary of Defense William Cohen, for an extensive exchange of views on issues of common concern.

They reviewed in depth the new opportunities that have opened up for improving the full range of relations between the United States of America and the Democratic People's Republic of Korea. The meetings proceeded in a serious, constructive, and businesslike atmosphere, allowing each side to gain a better understanding of the other's concerns.

Recognizing the changed circumstances on the Korean Peninsula created by the historic inter−Korean summit, the United States and the Democratic People's Republic of Korea have decided to take steps to fundamentally improve their bilateral relations in the interests of enhancing peace and security in the Asia−Pacific region. In this regard, the two sides agreed there are a variety of available means, including Four Party talks, to reduce tension on the Korean Peninsula and formally end the Korean War by replacing the 1953 Armistice Agreement with permanent peace arrangements.

Recognizing that improving ties is a natural goal in relations among states and that better relations would benefit both nations in the 21st century while helping ensure peace and security on the Korean Peninsula and in the Asia−Pacific region, the US and the DPRK sides stated that they are prepared to undertake a new direction in their relations.

As a crucial first step, the two sides stated that neither government would have hostile intent toward the other and confirmed the commitment of both governments to make every effort in the future to build a new relationship free from past enmity.

Building on the principles laid out in the June 11, 1993 US−DPRK Joint Statement and reaffirmed in the October 21, 1994 Agreed Framework, the two sides agreed to work to remove mistrust, build mutual confidence, and maintain an atmosphere in which they can deal constructively with issues of central concern. In this regard, the two sides reaffirmed that their relations should be based on the principles of respect for each other's sovereignty and non−interference in each other's internal affairs, and noted the value of regular diplomatic contacts, bilaterally and in broader fora.

The two sides agreed to work together to develop mutually beneficial economic cooperation and exchanges. To explore the possibilities for trade and commerce that will benefit the peoples of both countries and contribute to an environment conducive to greater economic cooperation throughout Northeast Asia, the two sides discussed an exchange of visits by economic and trade experts at an early date.

The two sides agreed that resolution of the missile issue would make an essential contribution to a fundamentally improved relationship between them and to peace and security in the Asia−Pacific region. To further the efforts to build new relations, the DPRK informed the US that it will not launch long−range missiles of any kind while talks on the missile issue continue.

Pledging to redouble their commitment and their efforts to fulfill their respective obligations in their entirety under the Agreed Framework, the US and the DPRK strongly affirmed its importance to achieving peace and security on a nuclear weapons free Korean Peninsula. To this end, the two sides agreed on the desirability of greater transparency in carrying out their respective obligations under the Agreed Framework. In this regard, they noted the value of the access which removed US concerns about the underground site at Kumchang−ri.

The two sides noted that in recent years they have begun to work cooperatively in areas of common humanitarian concern. The DPRK side expressed appreciation for significant US contributions to its humanitarian needs in areas of food and medical assistance. The US side expressed appreciation for DPRK cooperation in recovering the remains of US servicemen still missing from the Korean War, and both sides agreed to work for rapid progress for the fullest possible accounting. The two sides will continue to meet to discuss these and other humanitarian issues.

As set forth in their Joint Statement of October 6, 2,000, the two sides agreed to support and encourage international efforts against terrorism.

Special Envoy Jo Myong Rok explained to the US side developments in the inter−Korean dialogue in recent months, including the results of the historic North−South summit. The US side expressed its firm commitment to assist in all appropriate ways the continued progress and success of ongoing North—South dialogue and initiatives for reconciliation and greater cooperation, including increased security dialogue.

Special Envoy Jo Myong Rok expressed his appreciation to President Clinton and the American people for their warm hospitality during the visit.

It was agreed that Secretary of State Madeleine Albright will visit the DPRK in the near future to convey the views of US President William Clinton directly to Chairman Kim Jong Il of the DPRK National Defense Commission and to prepare for a possible visit by the President of the United States.

부록 5

2005년 베이징 공동성명(2005. 09. 19)

9·19 공동성명은 2005년 9월 19일 베이징에서 6자 회담 당사국이 채택한 것으로, 북한이 핵무기를 포기하는 대가로 북한의 안전을 보장하고 에너지를 지원한다는 것을 주요 내용으로 하며, '베이징 공동성명'으로도 불린다. 이 선언문에서 '조선(북한)은 모든 핵무기와 현존하는 핵 프로그램을 포기하기로 약속했고, 이른 시일 내에 핵확산금지조약과 국제원자력기구의 보장·감독으로 복귀할 것을 약속했다'고 명시되어 있다. 9·19 공동성명은 전문과 6개항의 합의사항으로 이루어져 있다. 전문은 '한반도와 동북아시아의 평화와 안정'을 목표로, '상호존중과 평등'의 정신에 따라 '공동인식'에 기초하여 6개항에 합의했다고 밝히고 있다. 6개항은 제1항 6자 회담의 목표와 방도, 제2항 6자의 상호관계, 제3항 6자의 경제협력, 제4항 6자의 동북아 평화와 안정방안, 제5항 6자의 합의이행 방식, 제6항 5차 6자 회담 일정으로 구성되어 있다.

1) 연원

북한 핵 문제 해결을 위해 2003년 8월부터 시작된 6자회담이 1, 2차 회담에서는 미국의 '선 핵해결' 및 '완전하고 검증가능하며 불가역적인 폐기(complete, verifiable, and irreversible dismantlement: CVID) 입장과 북한의 '일괄타결·동 시행동' 주장이 엇갈려 논의에 진전이 없었다. 그러다가 2004년 6월 21일 개막된 3차 6자회담에서부터 북핵문제 해결을 위한 실질적인 논의가 이루어지기 시작했다. 3차 회담에서 미국과 북한이 모두 상대측의 입장을 고려한 구체적인 협상안을 제시했다.

2005년 7월에 개최된 4차 회담 1단계 회의에서 6자회담 참가국들은 연쇄적인 양자협의를 진행하면서 합의의 실마리를 찾기 위해 노력했으나 쟁점을 해소하지 못했다. 4차 회담은 각국의 내부 협의를 거쳐 9월 13일부터 19일까지 2단계 회의로 이어졌으며, 이 2단계 회의에서 6자회담 최초의 합의인 '9·19 공동성명'이 채택되었다. 그러나 '9·19 공동성명' 이행은 방코델타아시아(BDA)의 북한 불법자금 거래 의혹과 경수로 건설에 대한 미·북 간 이견으로 합의 직후부터 난관에 부딪쳤다.

2) 관련 경과

4차 6자회담은 사전에 미·북 간 6자회담 수석대표 협의를 거쳐 3차 회담 이후 1년여가 지난 2005년 7월 26일부터 베이징에서 개최되었다. 1단계 회의에서 미국과 북한은 양측이 제기하는 사항을 '포괄적'으로 합의하고, 이를 단계별로 나눠 양측의 상응한 조치를 이행해 나간다는 기본방향에는 접근했으나 핵심쟁점인 비핵화의 범위와 평화적 핵 이용권 문제(경수로)에 대해 첨예하게 대립하였다. 그러나 이미 분위기는 4차 회담에서 합의서를 도출해 내자는 쪽으로 기울어져 있었다.

4차 6자회담 2단계 회의에서 '9·19 공동성명'에 합의하게 된 배경으로는 미국과 북한의 전술적 전환과 함께 한국과 중국의 적극적 중재 노력이 작용했다. 당시 미국은 이라크전쟁의 후유증과 경제지표의 악화에 시달리면서 국면 전환 필요성을 느끼고 있었고, 북한도 경제지원을 확보하기 위해 6자 회담 재개가 유리하다고 판단한 것으로 분석되었다. 한국은 2005년 6월 특사 파견을 통해 김정일 위원장에게 200만kW 대 북송전을 주 내용으로 하는 '중대제안'을 전달하고 북한이 6자 회담 재개에 호응해 오도록 촉구했다.

〈주요내용〉

1. 한반도의 검증 가능한 비핵화를 평화적인 방법으로 달성
   - 북한, 모든 핵무기와 현존하는 핵계획 포기, 조속한 시일 내에 핵확산금지조약(NPT)와 국제원자력기구(IAEA) 안전조치에 복귀
   - 미국, 한반도 내 핵무기 비보유 및 대북한 군사적 공격, 침공 의사 없음을 확인
   - 한국, 한반도 비핵화공동선언 재확인, 자국 영토 내에 핵무기 비존재 확인
   - '한반도 비핵화에 관한 공동선언' 준수, 이행

- 북한의 핵에너지 평화적 이용 권리 표명에 대해 여타 당사국들 존중, 적절한 시기에 대북한 경수로 제공문제 논의 동의

2. 국제연합헌장의 목적과 원칙 및 국제관계에서 인정된 규범 준수
- 미·북, 상호 주권 존중, 평화 공존, 관계정상화 조치 추진
- 일·북, 불행했던 과거와 현안사항의 해결을 기초로 관계 정상화 조치 추진

3. 에너지, 교역 및 투자 분야에서 경제협력을 양자 및 다자적으로 증진
- 한·미·일·중·러, 대북한 에너지 지원 제공 용의 표명
- 한국, 2005. 07. 12자 대북한 200만 킬로와트 전력공급제안 재확인

4. 동북아시아 항구적인 평화와 안정을 위해 공동 노력
- 직접 관련 당사국들은 적절한 별도 포럼에서 한반도의 영구적 평화체제 협상 개최
- 동북아시아 안보 협력 증진을 위한 방안과 수단 모색

5. '말 대 말', '행동 대 행동' 원칙에 입각, 합의 이행을 위한 상호 조율된 조치 단계적 이행

6. 5차 6자회담을 11월 초에 베이징에서 개최

'9·19 공동성명'은 관련국들이 모두 동의한 가운데 국제 사회에 북한 핵문제 해결의 원칙과 방향을 제시하였다는 점에 서 의미가 컸다. 1994년 10월 채택된 '미·북 제네바 합의'와 비교해서도 우선 한국과 중국, 일본, 러시아 등 관련국들이 모두 참여했다는 점, 제네바 합의의 일부 핵시설의 동결에서 나아가 북한의 핵무기와 모든 핵프로그램을 포기하는 것으로 범위를 확대하였다는 점, 북핵문제 해결과 함께 동북아의 평화와 안정을 위한 관련국 간의 노력을 제의하고 있다는 점 등에서 진전된 합의라고 평가할 수 있다.

물론 모호하고 미비한 채로 일단 봉합해 둔 문제도 있었다. 북한이 주장하는 경수로 제공 문제를 적절한 시기에 논의한다는 불확실한 상태로 규정함에 따라 합의 직후부터 논란을 야기했다. 이 문제와 관련하여 북한은 경수로를 제공받은 이후에 핵포기 조치에 들어갈 수 있다고 주장한 반면, 미국은 북 한의 핵포기 조치가 완료된 후 제공 여부를 논의해 볼 수 있다는 입장을 밝혔다. 이와 함께 미국이 '9·19 공동성명' 직전인 9월 15일 BDA를 북한 불법자금 세탁 주요 우려 대상으로 지정한 데 이어, BDA에 있는 북한 계좌와 미국 내 8개 북한기업의 자산을 동결하는 조치를 취한 것도 '9·19 공동성명' 이행에 걸림돌

이 되었다. 이러한 상황 속에서 '9·19 공동성명'의 초기단계 조치를 협의하기 위한 5차 6자회담이 11월 9일 개최되었으나 아무런 합의를 보지 못한 채 종료되었다.

6자회담이 장기간 재개되지 못하는 상황에서 북한은 2006년 7월 5일 대포동 미사일 1기를 포함한 미사일 시험 발사를 한 데 이어 10월 9일에는 핵실험을 감행하였다. 긴박한 상황으로 치닫던 북핵 문제는 2006년 10월 31일 베이징에서 미·북·중 3국의 6자회담 수석대표가 접촉을 갖고 6자회담 재개에 합의하면서 다시 협상국면으로 전환되었다. 여기에는 이라크 사태에 대한 비판 여론이 높아지면서 부시 대통령의 공화당이 중간선거에서 참패한 것이 주요 요인의 하나로 작용했다. 이러한 과정을 거쳐 2007년 2월 8일부터 5차 6자회담 3단계 회의가 개최되어 '9·19 공동성명 이행을 위한 초기조치(2·13 합의)'가 타결되었으며, 같은 해 10월 제6차 6자회담 2단계 회의에서는 '9·19 공동성명' 2단계 조치를 담은 '10·3 합의'가 채택되었다.

04 도널드 트럼프(Donald John Trump) 전(前)대통령의 대(對)북한 전략 핵심 목표: '인도 모형(2006. 03. 02)'[6] + 북한의 친미화(親美化) + 제2베트남화(化) → '중국 포위망' 구축

여기서 저자는 다음과 같은 근본적 문제를 제기한다: 미국의 대(對)북한 전략의 핵심적 목표는 진정코 무엇일까? 그것은 북한의 북한 '핵 동결' → 북한의 친미화(親美化) + 제2베트남화(化) → '중국 포위망' 구축이라고 확신한다. 그 근거는 다음과 같다:

(1) 미국이 진정코 두려워하는 것은 북한의 핵 무장이 아니라 아시아의 경제블럭의 대두와 함께 21세기 '아시아의 시대의 개막'이다. 유럽이나 미국은 경제블록을 갖고 있지만 현재 아시아만 경제블록이 없다. 그러나 만약 중국의 14억 인구를 기반으로 중국·일본·한국·대만을 주축으로한 아시아의 경제블럭이 활성화된다면, 아시아에서의 미국의 영향력은 크게 손상될 것이다.

따라서 미국이 아시아 국가의 단결을 막고 아시아와 세계의 패권을 유지하는 가장 좋은 방법은 한국과 북한이 지금 이대로 서로 총부리를 겨누며 항상 긴장 상태에 있도록 함으로써 남한은 계속 미군을 필요로 하도록 만드는 것이다. 나아가, 주한미군(駐韓美軍)은 중국으로 하여금 남한과 거리를 두게 되고, 이로써 아시아가 하나로 단합될 수 없는 구도를 미국은 유지하고 싶은 것이다.

심지어, 미국은 일단 북한을 계속 코너로 몰아서, 북한 정권이 남침(南侵)을 하지 않고는 견딜 수 없는 지경으로 몰아가고 있다. 미국은 북한에 대하여 해상봉쇄부터 시작하겠다는 의도를 흘리고 있으며, 북한은 이에 대하여 미국이 북한을 피할 수 없는 막다른 골

---

6) 미국과 인도는 핵 협정(2006. 03. 02)을 체결한 후 동맹관계로 진입했다. 인도의 적대국은 파키스탄인데 파키스탄은 친중(親中) 국가일 뿐만 아니라 인도는 중국과 영토분쟁이 있고 심지어 중국과의 군사충돌도 겪었다. 그러나 인도는 중국을 견제할 힘이 없고 이에 인도는 미국과 연대하려 하고 있으며 미국도 인도와 함께 중국을 견제하려 하고 있다.

목으로 몰아붙이고 있다고 주장하고 있다. 북한은 만약 미군이 해상봉쇄를 시작하면 정전협정(停戰協定)을 포기할 수도 있다고 경고한다. 정전협정(停戰協定)을 포기한다는 것은 한국전쟁(1950~1953) 상태로 돌입하겠다는 의미이며, 선제공격(先制攻擊)을 하겠다는 의지인 것이다.

게다가 미국은 2004년 <해외주둔 미군 재배치계획>의 일환으로 주한미군(駐韓美軍)을 2개 권역: 평택과 대구·부산으로 재배치하는 계획에 의거하여 휴전선 최전방에 있던 미군을 평택 이남으로 물러나게 함으로써 북한에게 남침(南侵)을 유혹하는 '좋은 미끼'를 던졌다.[7] 이것은 마치 한국전쟁(1950~1953) 당시 1953년 한국을 방문하여 이승만(李承晚) 대통령(1948. 07~1960. 04)을 예방한 미국 공화당의 드와이트 아이젠하워(Dwight Eisenhower) 정부의 국무장관 존 덜레스(John Dulles)의 소위 '덜레스 노선'(Dulles route)[8]: 한국은 미국

[7] 2016년 2월 19일에 주한 미(美)해군 사령부가 서울특별시 용산구에서 부산광역시 부산 해군기지로 옮겼고, 대한민국 전역에 분포하는 50여 개 미군 부대의 90% 이상이 2018년 말까지 경기도 평택시 팽성읍에 위치한 미군의 세계 최대 해외기지 캠프 험프리스로 이전했다. 이에 따라 2017년 7월에 미국 제8군사령부가 이전하였고, 2018년 6월에 주한미군사령부가 이전하였다. 이에 따라 미(美) 8군사령부가 경기 평택시 팽성읍 캠프 험프리스에 둥지를 틀었다. 이어서, 2018년 말 전국 35개 미군부대와 7개 훈련장, 513동의 시설이 여의도 면적 5배의 땅에 들어섬에 따라 해외 미군기지 중 최대 규모가 됐다. 지하벙커 작전센터는 한반도 유사시 전쟁을 지휘하는 심장부다. 핵 공격에도 견딜 수 있고 미(美) 하와이 태평양사령부, 워싱턴 펜타곤과도 직접 연결된다. 미국이 주한미군(駐韓美軍)을 공군기지와 해군항이 있는 평택으로 옮기려는 이유는 신속기동력과 정밀타격력을 핵심요건으로 하는 '아시아·태평양 신속기동군' 역할을 수행하기 위해서이다. 미군 감축으로 몸집은 작아졌지만 흩어졌던 전력을 평택항과 평택역, 오산기지와 가까운 곳에 모음으로써 한반도는 물론 동북아 전역에 대한 기동성이 높아졌다. 평택기지 이전에 가장 심기가 불편한 나라는 중국일 것이다. 미국은 2004년 해외주둔 미군 재배치 계획에 따라 아시아 주둔 미군을 중국 봉쇄를 위한 첨병 역할로 업그레이드했다. 미군이 버티는 한 중국 함대가 자유롭게 태평양으로 나오기 어렵다는 점에서 평택기지는 세계 최대 대중(對中) 미국 전초기지인 셈이다.

[8] 반공(反共)주의자였던 국무장관 존 덜레스(John Dulles, 1888~1959)의 소위 덜레스 노선(Dulles route)은 북대서양조약기구(NATO)를 위시한 미국의 동맹관계를 강화하여 공산주의의 위협에 대항해야 한다는 보수적이고도 유력한 미국의 외교노선으로서 롤백정책(roll back policy)과 뉴룩정책(new look policy)에서 기초를 두었다. 그는 당시 민주당 정부의 컨테인먼트 정책(containment policy)을 통렬히 비판하였다. 즉, 공산주의권을 봉쇄함으로써 자연붕괴를 바란 해리 트루먼(Harry Truman) 대통령 시대의 수동적이며 소극적인 '공산주의 봉쇄정책'은 결국 미국이 물심양면으로 손해만 보게 되므로 소련진영의 약점을 찾아내고 적극적인 모든 수단을 다하여 반격을 가함으로써 냉전의 주도권을 소련으로부터 탈취(奪取)하여야 한다고 주장하고 적극적인 대(對)공산권 강경노선을 추진하였다. 구체적으로, 북대서양조약기구와 같은 공산권 주변지역에 군사동맹을 펴는 한편 공산권에 대한 파괴활동 공작, 자유주의권으로의 망명조장, 방송을 통한 반공선전 등을 시도하였다. 심지어, 경우에 따라서는 전면전 또는 국지전이 발발하였을 때 핵무기를 사용하는 대량보복을 구상하는 등 강경책이었다. 그러나 다른 한편으로는 집단안전보장체제의 강화에 노력하여 동남아시아조약기구(SEATO)와 중동조약기구(METO)의 성립을 위하여 힘썼다. 존 덜레스(John Dulles)는 유럽보다는 아시아를 중시하는 입장에서 반공(反共) 전략을 펼쳤

의 방위선 밖에 있어서 전쟁이 일어나도 개입을 하지 않겠다라는 것이 북한의 남침(南侵)을 유도했었던 것과 같다.

주한미군(駐韓美軍, United States Forces Korea, USFK)을 평택 이남으로 재배치된 미군(美軍)이 노리는 것은 다음과 같이 해석될 수 있다. 즉, 북한을 궁지에 몰아 뛰쳐 나오도록 유혹함과 동시에 전쟁이 터지면 미군의 인명 피해를 최소화하겠다는 것이다. 특히, 서울 도심 한가운데서 한강 이남으로 물러나 서울이 공격당하면 자동으로 군사 개입을 하게 되는 인계철선(引繼鐵線·trip wire) 족쇄도 풀렸다. 즉, 최전방과 서울은 북한에 내주겠다는 의도로 해석될 수도 있다.

만약 북한이 쳐내려오면 반격하여 지금의 냉전 구도인 삼팔선까지만 밀어내고 다시 지금과 똑같은 냉전체제(冷戰體制)를 구성하는 것이 미국의 목적일 수 있기 때문에 주한미군(駐韓美軍)을 평택 이남으로 재배치했다가 삼팔선까지만 쳐올라가겠다는 생각인 것이다. 이 경우, 남한은 다시 한번 미국을 북한 공산주의자의 침략에서 대한민국을 지켜준 혈맹으로 떠받들고 영원히 미국을 이 땅에 못박아 두기를 허용하고, 북한과는 총부리를 겨눈 철천지 원수가 되고, 이로써 한반도는 완전히 냉전체체(冷戰體制)로 고착될 것이다. 결국, 주한미군(駐韓美軍)은 미국의 이익을 위하여 한반도에 냉전체체(冷戰體制)를 지속적으로 유지시키는 역할에만 필요한 존재이다.[9]

상기한 저자의 추측이 옳다면, 미국은 북한을 완전히 이겨서 남·북한(南·北漢)을 통일시킬 의도는 전혀 없는 것 같다. 이것은 독일 통일을 방해 내지 반대한 것과 똑같은 전략이라고 말할 수 있다. 그 배경과 이유는 통일 독일보다는 분단된 독일이 미국에게 여러

던 신고립주의(新孤立主義)를 추진하여 한국 및 대만과 상호방위조약을 새롭게 맺어 군사동맹을 강화하였고, 1945년 인도차이나의 휴전에도 반대하여 미국의 직접적인 군사개입을 주장하였다. 또한 제3세계의 민족주의에 의거한 개혁의 요구를 공산주의의 책모라 하여 몰아붙이고 억압하였다. 그러나 교섭에 의한 문제해결이 아닌 힘에 의한 대결을 강조하였던 존 덜레스(John Dulles)의 강경노선은 냉전의 완화를 바라던 국제여론에 반(反)하는 것이었다. 1953년 1월 미국의 34대 대통령인 아이젠하워 취임식 연설에서 이 노선이 선언되기도 하였으나, 그 후 양 진영 수뇌의 정상회담을 통해 화해를 추구하였던 미국 공화당의 드와이트 아이젠하워(Dwight Eisenhower)의 노선과도 대립되었다.

9) 그렇다면, 주한미군(駐韓美軍)이 완전 철수할 경우, 그 공백을 메우고 주한미군(駐韓美軍)이 있을 때와 같은 수준의 戰力(전력)을 유지하는 데 필요한 비용은 얼마나 될까? 성무는 수한미군(駐韓美軍)이 낭상 철수할 경우 자체능력으로 대체 전력을 구축하기 위해선 300억 달러 이상의 자금이 소요될 것으로 추산했다. 물론, 주한미군 장비 및 탄약, 정보 수집 수단과 연간 운영유지비 등을 어느 정도 수준까지 계산에 포함시키느냐에 따라 차이가 많이 난다. 총병력 3만7,000여 명으로 병력으로만 따지면 한국군 약 4개 사단 규모에 불과한 駐韓美軍 대체비용이 이처럼 많이 드는 것은 미군 장비 중 값비싼 高價(고가) 첨단 무기와 각종 탄약·미사일 비축량이 많기 때문이다.

가지 측면에서 유리했었기 때문이었다.[10]

(2) 제2차 북·미(北·美) 정상회담(2019. 02 27~28, 베트남 하노이)이 베트남 하노이에서 개최되었다는 것은 매우 의미심장한 사건이다. 지난 30년간 지속적 경제성장을 이룬 '베트남식(式)' 개혁·개방 모델이 주목받고 있다. 2018년 4월 27일 판문점 평화의 집에서, 김정은(金正恩) 국무위원장 스스로 문재인(文在寅) 대통령과 회담하며 베트남 모델 채택에 관심을 보였다. 또한, 마이크 폼페이오(Mike Pompeo) 미(美) 국무장관(당시)도 2018년 7월

---

10) 소련은 1953년까지 동독을 해체하고 단일한 중립국가 독일의 건설을 끈질기게 제안했으나 미국의 반대로 뜻을 이루지 못했다. 독일의 분단으로 말미암아 소련은 안보 확보와 경제 재건을 이룰 수 있는 여건을 박탈당한 것이다. 1952년과 1954년 소련이 독일의 중립을 전제로 독일 통일을 용인했었고, 1954년에는 모든 체제에 대하여 '열린 보편적 유럽집단안보조약'을 제안했으며, 1955년에는 흐루쇼프가 북대서양조약기구(NATO: North Atlantic Treaty Organization) 가입을 신청했었다. 나토(NATO) 창립 6년 후인 1955년에야 소련 주도의 바르샤바조약이 체결됐다. 이때, 흐루쇼프의 모든 제안들이 거절된 직후였다. 그 후 고르바초프가 나토(NATO)를 독일 밖으로 확장하지 않겠다는 전제로 독일의 재통일을 찬성했고, 나토(NATO)와 바르샤바조약을 대체할 새로운 대서양-유럽 집단안보체제를 제안했다. 심지어, 2001년 푸틴이 러시아의 나토(NATO) 가입을 원했다. 물론, 상기한 모든 제안들이 미국에 의하여 거부되었다. 역사학자이자 정치학자 자크 파월(Jacques R. Pauwels), <좋은 전쟁이라는 신화, 미국의 제2차 세계대전, 전쟁의 추악한 진실>(원제: The Myth of the Good War: America in the Second World War. revised ed.)에서 "독일의 분단은 미국 자본주의를 살찌우고 새로운 활력을 주었던 반면에, 전쟁으로 막대한 피해를 겪고 평화 분담금을 기대했었던 소련은 빈털터리로 만들었다"고 지적했다.
상술하면, 통일 독일은 미국과 소련 사이에서 중립, 또는 독립적 노선을 취할 가능성이 높았다. 게다가 미국, 영국, 프랑스 등은 경제적으로 앞선 독일의 서부 지역을 점령하고 있었다. 이들의 점령 지역은 독일 영토의 4분의 3에 이르렀다. 따라서 미국은 소련과 함께 단일한 독일을 건설하는 것보다는 경제적으로 앞선 독일의 서부 지역을 자신의 확실한 지배 아래 두는 것을 원했다. 또한, 미국은 소련의 경제적 재건을 원치 않았다. 즉, 독일의 대(對)소련 전쟁배상을 최대한 막으려 했다. 실제로, 미국 군정장관 클레이 장군은 1946년 5월 서독의 소련에 대한 전쟁배상을 무기한 유보했었다. 이것은 미국이 얄타회담 때 미국, 영국, 소련 3국 정상들이 소련의 전쟁 피해를 200억 달러(그러나 소련의 실제 전쟁 피해는 무려 1280억 달러)로 산정하고 그 중 절반인 100억 달러를 독일로부터 받아낸다는 데 합의했었으나 소련 경제의 재건을 방해할 목적으로 상기 합의사항을 거부했었던 것이다. 영국 역사가 클라이브 폰팅 연구에 따르면 1945년의 소련 경제는 1941년 대비 20퍼센트 축소됐었고 GNP 25년치에 해당되는 전쟁 피해를 입었다고 한다. 그러나 소련이 실제로 동서독으로부터 받아낸 전쟁 배상금은 51억 달러에 불과했었다. 그것도 서독에서는 고작 6억 달러, 동독으로부터는 45억 달러를 받아냈을 뿐이었다. 인구나 영토 규모에서 서독이 동독의 3배나 되는 데다 경제적으로도 훨씬 앞서 있었다는 점에서 전쟁배상의 부담을 사실상 동독 홀로 짊어졌다고 할 수 있었다. 결국, 미국의 고의적 방해에 의해 전쟁 배상금을 제대로 받아내지 못한 소련은 자력으로 경제 재건을 할 수밖에 없었다. 또한, 전쟁배상 부담의 대부분을 거의 홀로 감당해야 했었던 동독도 커다란 경제적 곤경을 당할 수밖에 없었다. 특히, 독일의 분단은 군사적으로도 미국에 유리했었다. 1954년 아데나워 총리가 재무장한 서독을 나토에 가입시킴으로써 서독을 서방 패권 하의 반소(反蘇) 진영에 편입시키는 작업을 완료했었던 것이다. 이로써 미국은 서독을 미국 주도하의 세계 자본주의 체제 아래 편입시킴과 동시에 대(對)소련 군사기지로 만들 수 있었다.

하노이에서 김정은(金正恩) 국무위원장을 향해 "이 기적이 당신 것일 수 있다"고 말하기도 했다.

사실, 김정은(金正恩) 국무위원장에게 '공산당 일당(一黨) 독재'를 유지하면서도 30년간 연평균 6.7% 성장한 베트남 모델은 결과만 보면 눈길이 갈 수밖에 없다. 베트남의 경제성장률은 아시아에서 중국·인도 다음으로 높고, 같은 기간 베트남의 1인당 GDP는 거의 5배가 뛰었다. 1992년 인구의 절반이 넘었던 빈곤층(1일 소득 1.9달러 이하)은 이제 2%대로 떨어졌다.[11]

그러나 1986년 12월 제6차 공산당 대회에서 '쇄신(刷新)'이라는 뜻의 '도이머이' 개혁·개방 정책이 성공할 수 있었던 진정한 비결은 개혁의 구체적 방법에 앞서 베트남 공산당 지도부의 근본적 '세계관 전환'이었다. 호주 전략정책연구소(ASPI)의 수석 분석가 홍 레 투는 2018년 8월 보고서에서 "하노이 정부로선 시장경제를 수용하고 세계관과 외교의 우선순위를 바꾸는 길만이 유일한 살길이라는 걸 깨달았다"고 진단했다.

따라서 1964년 북(北)베트남 시절부터 계속된 미국의 경제제재에서 벗어나고 국제경제 질서에 편입되기 위해 국제사회가 요구하는 온갖 까다로운 조건을 모두 수용했다. 국제통화기금(IMF)이 베트남 재정·경제를 훤히 들여다볼 수 있게 모든 자료를 국제 기준에 맞춰 제공했고, 외국 정부 원조(ODA)에 앞서 국제 개발은행들의 조언을 받아 법규를 정비했다.

OECD 산하 개발원조위원회(DAC: Development Assistance Committee)는 공적개발원조 공여국을 대표하는 협의체이지만, 사실상 미국이 '목줄'을 쥐고 있는 공적개발원조 또는 정부개발원조(ODA: official development assistance)[12]나 외국인직접투자(FDI)는 제한적일

---

11) 베트남은 1986년 12월 제6차 공산당 대회에서 '쇄신(刷新)'이라는 뜻의 '도이머이' 개혁·개방 정책을 채택했다. 당시 베트남 상황은 절박했다. 1975년 베트남 전쟁은 끝났지만, 미국과 서방은 베트남을 국제경제질서에서 철저하게 고립시켰다. 베트남은 또 1978년과 1979년 캄보디아, 중국과 잇따라 전쟁하면서 경제는 파탄 났다. 1988년에도 300만 명이 기아에 허덕이고, 500만 명이 영양실조 상태였다. 게다가 재정의 60%까지 지원하던 소련이 쇠락하면서 베트남은 현대사에서 최악의 암흑기를 맞았다. 개혁·개방 외에 붕괴를 막을 길이 없었다. 이에 따라 집단생산 형태인 농업분야와 비효율 투성이인 국영기업을 단계적으로 개혁했고, 전기·수도·교통 등의 필수 인프라를 제외한 모든 상품 가격을 신속하게 자유화했다. 또한 해외투자 유치를 위한 적극적인 대외개방을 추진했었다.

12) OECD 산하 개발원조위원회(DAC: Development Assistance Committee)는 공적개발원조 공여국을 대표하는 협의체로서 3년마다 원소늘 시원받을 수원국 리스트를 발표한다. 2014년 현재 DAC에는 29개 회원국이 활동 중이다. 공적개발원조 또는 정부개발원조(ODA: official development assistance)는 선진국의 정부 또는 공공기관이 개도국의 경제 사회발전과 복지증진을 주목적으로 하여 개도국(또는 국제기구)에 공여하는 증여(grant) 및 양허성 차관(concessional loan)을 말한다. 증여는 개발도상국에 지원하는 현금, 물자 및 서비스에 대해 상환조건 없이 제공하는 것으로, 무상원조라고도 한다. 반면, 양허성 차관은 원조를 받는 수원국이 현금이나 물자를 지원받은 공여국에 상환의무를 지게 되는 것으로, 유상원

수밖에 없었다. 미국의 북한 관련 싱크탱크인 '38 노스(North)'의 한 보고서는 "베트남이 캄보디아에서 철군(1989년)하고 이에 대한 국제사회의 사찰, 대규모 감군(減軍) 등 미국의 요구를 모두 수용하고 나서야 미국의 제재가 비로소 풀리기 시작했다"고 밝혔다.

일단 미국의 제재가 풀리자 전 세계에서 외국인직접투자(FDI)가 급속히 유입됐다. 1993년 274건(28억 달러)에 불과했던 외국인직접투자(FDI)는 2018년에 2,741건(371억 달러)로 100배 이상 늘었다. 한국의 투자액도 2017년 말 561억9,000만 달러로 말레이시아·싱가포르는 물론 일본(478억 달러)보다도 많다. 외국인직접투자(FDI)는 현재 스마트 폰 등의 전자제품 생산과 기계류, 봉제 산업에 몰렸고 베트남은 수출이 GDP의 97.3%를 차지하는 경제구조로 바뀌었다. 미국은 베트남의 제1수출국이다. 2017년 기준으로, 베트남의 최대 수출국은 미국(19%, 416억 달러), 중국(16.5%, 354억 달러), 일본(7.8%, 168억 달러), 한국(6.9%, 148억 달러)이다.

베트남의 개혁 시기는 '자유무역', '글로벌라이제이션'이라는 당시 세계 분위기와도 맞물렸다. 그래서 미국과 국교를 정상화한 이후 아세안(ASEAN)·세계무역기구(WTO)에 가입하고 한국·EU·일본 등과 자유무역협정(FTA)을 체결하며 이 흐름을 탈 수 있었다.

그러나 북한과 베트남이 다른 점은 3가지: ① 핵무기 보유, ② 3대째 권력세습, ③ 중국과의 밀착 관계이다. 이러한 걸림돌은 북한이 베트남의 개혁 개방정책을 섣불리 수용할 수 없게 하는 요인들이다. 따라서 김정은 국무위원장이 주체사상의 훼손과 권력 약화 등

조라고도 한다. 유상원조라고는 하지만 이자율, 상환기간, 거치기간 면에서 일반 융자보다 차입국에 유리한 조건으로 제공된다. 단, 공여국의 입장을 위해 수원국을 돕는 군사적 지원, 평화 유지를 위한 자금 및 인력 지원, 사회·문화 교류 프로그램 등은 ODA 범주에 포함되지 않는다. 정부개발원조의 실시에 있어서는 국제연합헌장의 모든 원칙(특히 주권, 평등 및 내정불간섭) 및 이하 모든 점을 상대국의 요청, 경제사회상황, 양국 간 관계를 종합적으로 판단한 후에 실시한다:
① 환경과 개발을 양립시킨다. ② 군사적 용도 및 국제분쟁조장의 사용을 피한다. ③ 국제평화와 안정을 유지·강화하는 것과 함께 개발도상국은 그 국내 자원을 자국의 경제사회개발을 위해 적정히 우선적으로 분배해야 한다는 관점에서 개발도상국의 군사지출, 대량파괴무기·미사일의 개발·제조·무기의 수출입 등의 동향에 주의를 기울인다.
④ 개발도상국에 있어서 민주화의 촉진, 시장 지향형 경제도입의 노력에 맞추어 기본적 인권 및 자유의 보장상황에 충분한 주의를 기울인다.
한편, 한국은 개도국에 대한 양허성 차관을 지원하고자 정부가 출연, 한국수출입은행에 대외경제협력기금(EDCF)을 설치하고 유상협력을 집행하고 있다. 또한 1991년에 외교부 산하기관으로 설립된 한국국제협력단(KOICA)을 통해 무상협력사업을 수행하고 있다. 한국은 2000년에 DAC 수원국 리스트에서 제외되었다. 그리고 2010년부터 EU를 제외한 OECD 산하 개발원조위원회(DAC: Development Assistance Committee)의 24번째 회원국으로 활동 중으로, DAC 가입은 선진 공여국으로 공식 인정받았다는 의미가 있다. DAC 회원국 전체 평균은 0.31%이며, UN은 국민총소득(GNI) 대비 ODA 비율을 0.7%로 권고하고 있다.

'도이머이' 개혁에 따를 수밖에 없는 이런 부작용들을 얼마나 수용할 수 있을지는 미지수이다.

이 밖에 '도이머이' 개혁·개방 정책의 성공엔 1986년 '중간(median) 나이'가 20세(북한 34세)에 그쳤던 젊은 인구 구성과 호찌민시티(구 사이공)를 중심으로 남부에 남아 있던 자본주의 경험도 큰 도움이 됐다. 그러나 65년 이상 주체사상(主體思想)에만 물들었던 북한의 개혁은 사실상 제로(0)에서 시작하는 것과 다를 바 없어 베트남보다는 개혁·개방 학습 곡선이 훨씬 가파를 수밖에 없다.

상기한 배경하에서, 도널드 트럼프(Donald John Trump) 대통령(45대: 2017~2021)은 2019년 9월 4일(현지시간) 허리케인 '도리안'과 관련한 보고를 받은 후에 취재진으로부터 이란과 관련한 질문을 받자 도널드 트럼프(Donald John Trump) 대통령(당시)이 "이란은 굉장한 나라가 될 수 있다"고, 이어서 난데없이 북한을 언급하며 "북한은 엄청난 잠재력이 있는 나라라고 본다. 그들은 이를 이용하고 싶어할 것으로 본다"고, "우리는 그들의 정권교체를 바라지 않는다"고 덧붙였다.

상기한 도널드 트럼프(Donald John Trump) 대통령(당시)의 발언은 북·미(北·美) 실무협상 재개가 지연되는 가운데 북한을 협상 테이블로 끌어내려는 의도가 있는 것으로 해석되었다. 특히 '정권교체를 바라지 않는다'는 말은 북한이 비핵화를 통해 얻어낼 상응조치로 체제 보장을 염두에 두고 있는 것으로 해석된다. 따라서 상기한 3가지 걸림돌: ① 핵무기 보유, ② 3대째 권력세습, ③ 중국과의 밀착 관계 중에서 권력세습은 보장해 줄 것이며 나머지 2개: ① 핵무기 보유 포기와 ② 중국과의 밀착 관계에서 벗어나 미국의 품에 안기라는 것이다.

1) 미국의 딜레마: '파키스탄의 덫':
'핵 동결 프로그램' 합의 → 북한을 핵보유국으로 인정

전술한 바와 같이 파키스탄은 1998년 5월 28일과 30일 6차례 핵실험을 하면서 핵보유국을 선언했다. 당시 유엔 안보리는 파키스탄의 핵실험 이후 비난 결의안만 채택했을 뿐 제재 조치를 내리지 않았다. 안보리 상임이사국인 중국과 러시아가 제재 결의안 채택에 반대했기 때문이었다. 그러자 미국과 유럽연합(EU), 일본이 파키스탄에 대해 강력한 경제 제재 조치를 단행했다. 파키스탄은 핵보유국을 선언한 이후 미국의 압박을 버티면서 더 이상 필요가 없어진 핵실험을 동결하고 대륙간탄도미사일(ICBM) 개발에도 나서지 않았다.

파키스탄은 핵무기를 보유하게 된 것은 인도 때문이라면서 미국의 안보를 위협할 의도나 의지가 없다는 점을 기회 있을 때마다 천명하는 등 미국과의 관계 개선에 적극 나섰다. 미국은 2001년 9·11테러 이후 아프가니스탄의 탈레반 정권에 대한 공격 등 테러와의 전쟁을 위해 파키스탄과의 협력이 필요했다. 이 때문에 미국은 파키스탄의 핵 보유를 사실상 인정할 수밖에 없었고, 파키스탄에 대한 제재를 완전 해제했다. 어떻게 보면 미국은 파키스탄이 쳐놓은 '동결의 덫(freeze trap)'에 걸렸고, 결국 파키스탄은 핵보유국이 된 셈이다.

한편, 북한은 2006과 2019년 두 차례에 걸쳐 지하 핵실험을 실시하였으며 1999년 이후 핵실험을 한 유일한 국가였다. 그 후에도 2013과 2016년에는 두 차례 등 3회 포함하여 총 5차례의 핵실험을 했다. 이 중 2016년 1월 6일 4차 핵실험으로 수소폭탄 기술 완료, 9월 9일 5차 핵실험은 핵탄두 소형화를 성공했다고 주장하고 있다.

2005년 2월 10일 북한 외무성이 발표한 '핵보유 성명'은 북한의 의도와 무관하게 향후 동북아의 핵지도를 바꾸어 놓을 수 있는 잠재력을 지니고 있다. 이러한 중대 조치를 취한 북한의 의도에 대해서는 '6자회담을 인정하되 반대급부를 받아내기 위한 벼랑끝 전술', '미국─북한 양자 간 대화틀을 구축하려는 시도', '차제에 핵보유국의 지위를 굳히려는 수순', '체제와 정권을 지키기 위한 고육지책' 등 다양한 분석이 있지만 모두가 일정 정도의 설득력을 가지고 있기 때문에 어느 것만이 맞다고 주장하기는 어렵다. 그럼에도 특히 간과할 수 없는 것은 핵보유국 지위를 향한 북한의 야심과 정권과 체제를 지키려는 강력한 의지일 것이다.

핵(核)보유국으로 발돋움하려는 북한의 노력은 반세기에 걸쳐 지속되었다. 북한은 방어적 목적뿐 아니라, 내부통치, 외화가득, 대남 전략적 우세 등 다양한 동인(動因)을 가지고 대량살상무기를 개발해왔고, 그 결과 오늘날 북한에는 경제사정에 어울리지 않는 방대한 핵시설과 대량살상무기들이 산재해 있다. 이는 북한의 의도를 '반대급부를 노린 벼랑끝 전술'로만 해석하다가는 중요한 진실을 놓칠 수 있음을 강변하는 증거들이다. 마찬가지로 핵보유 성명이 '체제와 정권을 지키기 위한 고육지책'라는 측면도 간과해서는 안 된다. 과거 "핵무기를 개발할 의사도 능력도 없다"라는 입장을 취했던 북한은 2003년 4월 북경의 3자회담장에서 핵보유 사실을 흘리기도 했고, 급기야 2005년 2월 스스로 핵보유를 공식적으로 인정하기에 이르렀다. 2003년 4월의 경우 미국이 이라크를 공격한 직후 이어서 북한이 다음의 공격목표가 될 수 있음을 우려한 것으로 볼 수 있다. 2·10 핵보유 성명도 비슷한 맥락에서 해석될 수 있다.

북한은 2004년 10월 미국의 북한인권법 제정, 조지 워커 부시(George Walker Bush, 1946~현재) 대통령(제43대: 2001~2009)의 재선, 북한의 선 핵포기 약속을 요구하는 부시 행정부의 태도 등을 불길하게 여겼을 것이며, 특히 미국 관리들이 '정권의 변형(regime transformation)'을 언급하고 조지 워커 부시(George Walker Bush, 1946~현재) 대통령(제43대: 2001~2009)이 2005년도 연두국정연설에서 '폭정의 전초기지'를 제거하겠다고 말한 점에 대해 민감하게 생각했을 것이다. 이 언급은 '테러와의 전쟁'에서 한 발 더 나아가 '테러세력을 배태하는 체제와의 전쟁'을 선포한 것이라 할 수 있다. 그렇다면, 미국이 북한정권의 교체를 시도하고 중국이 이를 지지 또는 방조하는 경우 북한에게는 최악의 시나리오가 되며, 때문에 북한은 최근 미·중(美·中) 간 빈번한 외교접촉을 불안하게 지켜보았을 것이다. 요컨대 2·10 성명을 통해 북한은 체제와 정권의 위협을 느끼고 미국과 중국의 협력을 차단하기 위해 "핵무기를 가졌으니 건드리지 말라"고 외치고 있는 것이다.

북핵(北核)은 남·북한 교류의 걸림돌이 되며 한·미동맹을 어렵게 만든다. 북한이 '동족'의 모습과 '안보위협'의 모습을 동시에 가진 모습으로 존재하는 한, 한국의 대북정책은 "안보위협에 대처하면서도 민족적 동질성을 회복하기 위한 교류협력을 추진한다"가 될 수밖에 없고, 이는 통일의 그날까지 견지해야 할 과제이다.

북핵(北核)은 한국을 진퇴양난의 어려움에 빠뜨리고 있다. 남·북한 간 군사균형을 변질시켜 안보 문제를 유발하면서도 정부의 대북지원 정책마저 어렵게 만들고 있다. 그동안도 북핵 문제는 정부의 대북 포용정책을 "북한이 위험한 핵무기를 만들고 있는 데에도 경제지원을 계속해야 하는가"라는 비난에 직면하게 했으며, 한·미동맹(韓·美同盟)에도 적지 않은 어려움을 초래했다. 김대중 정부(1998. 02~2003.02) 이래 한국은 핵문제가 종결되지 않아도 남·북 간 교류 협력을 계속해야 한다는 '포용'의 입장을 견지해왔으나, 이는 "남북 교류에 앞서 핵문제부터 해결해야 한다"는 미국의 입장과 상충된다. 즉, '분단 극복'을 중시하려는 한국의 입장과 국제질서의 관리 차원에서 북한의 대량살상무기를 제거하려는 초강대국의 입장이 서로 다른 것이다.

북핵(北核)이 국제 및 동북아 안보환경에 미치는 영향도 간단하지 않다. 북핵 문제가 장기화되고 북한이 핵무기의 숫자를 늘리고 성능을 향상시키면서 핵보유국으로 정착하게 된다면 국제사회와 한반도에 지대한 영향을 미치게 된다. 핵확산금지조약(NPT)을 탈퇴하고 핵보유를 선언한 북한은 비확산체제의 명분을 약화시키고 제2, 제3의 북한을 탄생시킬 수 있는 나쁜 선례가 된다. 강경 이슬람 지도자들이 '북한의 선례에 따른 핵확산금지조약

(NPT) 탈퇴 및 핵보유'를 공개적으로 주장하여 이란－유럽연합(EU) 간의 협상을 난항에 빠뜨리고 있는 이란의 경우에서 보듯이, 북한의 핵보유국 기정사실화는 핵무기의 수평적 확산을 부추기는 악재로 등장할 것이다. 동북아 차원에서도 일본의 핵무장을 부추기는 원인을 제공하고 새로운 핵경쟁을 유발할 폭발력을 가질 것이다.

사실, 북핵(北核) 문제는 이란 핵문제보다 훨씬 더 어렵다. 그 이유는 이란에 대해선 핵보유국이 되는 것을 막으려 하고 있는 데 반면에 북한에 대해선, 이미 보유하고 있는 핵무기를 포기하도록 설득하고 있기 때문이다. 또한, 이란의 경우와 북한의 경우는 다음과 같은 점에서 완전히 다르다:

첫째, 이란의 목적은 경제 재건과 국제사회로의 복귀(예로서 2015년 시리아 내전 종식을 위한 국제회담에 참여하여 발언권을 회복하였음)이다. 이와 반면에 북한의 목적은 3대 세습(김일성 → 김정일 → 김정은)의 정권의 유지이며 상기 목적을 위한 목표 및 수단이 핵보유국으로서 국제적 공인을 받는 것이다.

둘째, 이란 핵무기의 주요목표는 이스라엘이었지, 미국은 아니었기 때문에 미국이 이란과의 핵협상을 주도할 수 있는 여지가 있었다. 이와 반면에 북한 핵무기의 주요 목표는 사실상 미국이며 이를 중재 혹은 거부할 수 있는 국가는 중국인 것이다. 이것이 바로 미국과 중국 사이에 북한 핵문제에 대한 책임 공방이 오고 가고 하는 본질적 이유이다. 이를 뒷받침할 수 있는 구체적 사례는 다음과 같다.

북한은 핵실험 직후 정부 성명의 대부분을 미국에 대한 메시지 전달에 할애했다. 북한의 「노동신문」(2016. 01. 19)을 통하여 북한 측 민화협(민족화해협력범국민협의회)은 "핵실험은 미국을 향한 자위권 행사 차원이며 남한과는 관계없다"고 천명했다. 즉, 북한의 핵무기 증강은 미국의 대북 적대시 정책에 대한 대응이라는 것이다.

예로서, 북한은 미국 대통령 선거 직후인 2012년 12월 12일 장거리 미사일인 '은하 1호 로켓'을 발사했고 오바마 대통령의 재선 후 첫 연두교서가 발표되기 직전인 2013년 2월 13일 제3차 핵실험을 단행했다. 이에 대응하여, 미국은 요격용 대공미사일을 정착한 이지스함 두 척을 동아시아에 급파했었고 괌(Guam)에 고(高)고도미사일방어시스템(THAAD)을 갖춘 미사일 방어(MD)망을 배치했다. 또한, 美 국방부는 10억 달러를 투입하여 북한의 장거리 미사일에 대응할 수 있는 지상(地上)발사용 요격미사일 14기를 2017년까지 미국 서부 연안에 추가 배치하기로 했다.

미국의 상기의 조치가 북한의 핵무기 위협에 대한 자국의 보호라는 이유를 내세우지만, 중국은 상기한 미사일 방어(MD)망과 지상(地上) 발사용 요격미사일의 배치는 사실상 중국을 겨냥한 군사전략적 포석이라고 간주하고 있다. 이와 같은 맥락에서, 중국은 한국에 미국의 미사일 방어(MD) 체계를 위한 레이더 기지 설치를 한사코 반대하고 있다. 이러한 중국의 시각은 중국 정부가 주한미군의 전략적 유연성 제고나 미사일 방어(MD) 및 대량살상무기 확산방지구상(PSI) 참여 여부 등에 대한 한국 정부의 입장을 확인했다는 점에서도 나타났다.

셋째, 미국과 EU가 단결하여, 원유 수출로 연명해 온 이란과 거래하는 제3국 기업까지 제재하는 '세컨더리 보이콧'(Secondary Boycott)을 실시하여 이란 경제의 숨통을 조였듯이, 만약 미국과 중국이 북한경제의 숨통을 끊겠다는 위협을 단호하게 또한 일관성 있게 했더라면, 북한 핵무기 개발은 더 이상 진전될 수가 없었을 것이다. 그러나 북한 경제의 링거는 바로 중국이며, 북한을 기반으로 동진(東進)하려는 중국은 북한의 붕괴를 결코 원치 않는다는 점에서 미국의 영향력 행사에 한계가 있는 것이다.

2) 도널드 트럼프의 재선(再選)을 위한 정치 이벤트: '북한의 최종적이고 완전하게 검증된 비핵화(FFVD) 진전을 위한 '핵 동결 프로그램' 합의 유도

도널드 트럼프(Donald John Trump) 대통령(45대: 2017~2021)의 재선(2020. 11. 03)을 위한 정치 이벤트로서 북한의 '최종적이고 완전하게 검증된 비핵화'(FFVD) 진전을 위한 '핵 동결 프로그램' 합의 가능성이 높아지고 있었다. 즉, 트럼프 대통령(당시)과 김정은 국무위원장의 하노이 회담(2019. 02. 27~28) → 판문점 회담(2019. 06. 30): '빅딜론'에서 한 발 물러나 '단계적 접근법'으로 방향을 선회하였다.

상술하면, 미국 국무부 대변인(2019. 07. 09)은 판문점 회동(2019. 06. 30) 이후 미국 정부에서 핵 동결론이 제기되고 있다고 발표했다. 미국 뉴욕타임스(NYT)(2019. 07. 01)는 "새로운 협상안의 콘셉트는 핵 동결이며, 본질적으로 현 상태를 유지해 북한을 핵보유국으로 암묵적으로 수용하는 것"이라고 보도했다. 한국의 연합뉴스(2019. 07. 11)는 영변 핵시설 폐기와 핵 동결을 대가로 북한의 주요 수출품인 석탄과 섬유의 수출 제재를 일정 기간 유예해

주는 사실상의 제재 완화, 사실상의 종전선언인 '평화선언(peace declaration)', 사실상 한국
전쟁(1950~1953)의 종식, 북·미(北·美) 간 연락사무소 개설을 검토하고 있다고 보도했다.
그리고 도널드 트럼프(Donald John Trump) 대통령(당시)은 2019년 9월 4일 북한을 언급하
며 "북한은 엄청난 잠재력이 있는 나라라고 본다. 북한은 이를 이용하고 싶어할 것으로 본
다"고, "우리는 그들의 정권교체를 바라지 않는다"고 천명했었다.

그러나, 인도(印度)의 핵보유 허용이 미국의 대(對)중국 견제용이듯이, 북한의 핵보유가
중국을 견제함으로써 미국의 대(對)동북아 세력 확장에 기여할 수 있다고는 현재로서는
믿을 수 없을 것이다. 또한, 미국은 북한의 핵 보유가 특히 이란에 대해 잘못된 메시지를
보낼까봐 몹시 우려하고 있다.

상기와 같은 상황 진전에 따라, 북한은 '인도 모형'(2006. 03. 02)에 '베트남 발전 모형'
을 가미하여 25년전 제네바 北美 기본합의서(1994. 10. 21)를 재조정함으로써 미국의 대
(對)북한 전략의 핵심적 목표: 북한의 '핵무기 동결' → 북한의 친미화(親美化) + 제2베트
남화(化) → '중국 포위망' 구축에 순응하여 실리(實利)를 챙기는 것이라고 저자는 평가한
다. 도널드 트럼프(Donald John Trump, 1946~현재) 제45대 대통령(2017~2021)의 재선(2020.
11. 03)과 현재 북한의 내부 사정(대외무역의 차단으로 외환보유액의 고갈 진입, 저성장, 시장화,
창업 붐, 사금융 활성화 등)을 감안하면, 미국과 북한 사이에 '핵무기 게임'이 결코 무한정 지
속될 수 없었다.

여기서 특히 유의할 것은 북한의 '핵무기 동결' → 북한의 친미화(親美化) + 제2베트남
화(化) → '중국 포위망' 구축 과정에서 제2베트남화(化)를 위한 모든 경제적 부담은 고스
란히 한국에 귀착될 것이라는 점이다.[13)]

도널드 트럼프(Donald John Trump, 1946~현재) 제45대 대통령(2017~2021)은 2019년 7
월 12일 백악관에서 기자들에게 민주당의 유력 대선주자였던 조 바이든(Joe Biden) 전(前)
부통령(당시)을 비판하다가 김정은(金正恩) 국무위원장을 거론하며 "잘 웃지 않는 사람이
있는데 나를 만났을 때 웃으며 너무나 행복해했다"면서 "내가 대통령에 취임하기 전, 그
가 하던 일은 핵실험으로 산을 폭파하는 것이었지만 지금은 그런 것을 하지 않는다"고 강

---

13) 김정은 북한 국무위원장과 시진핑(習近平) 중국 국가주석은 정상회담(2018. 03. 25~28)을 가졌다. 김정
은 국무위원장은 집권 후 첫 해외 방문국으로 중국을 선택하였으며 정상회담 이후 베이징(北京)의 실리
콘 밸리인 중관춘(中關村)을 시찰했다. 그는 '덩샤오핑(鄧小平)식 개혁개방' 정책을 시도할 것이며 경제
성장을 위해 중국과 베트남식 시장경제로의 개혁이 최선의 방법이라고 결심했을 수 있다. 김정은 국무
위원장이 2018년 신년사에서 핵무력 완성을 선포한 만큼, 이번 방중은 병진노선의 또 다른 한 축인 경
제분야 발전을 도모하겠다는 의지를 드러냈다.

조했다. 그동안 도널드 트럼프(Donald John Trump) 대통령(당시)은 입만 열면 "북한이 핵실험과 ICBM 발사를 하지 않았고, 북한 억류 인질들을 데려왔고, 미군 유해도 송환했다"면서 "김정은과 좋은 관계"라고 주장해왔다.

도널드 트럼프(Donald John Trump) 대통령(당시)이 상기 발언을 반복해서 언급하는 이유는 대선(大選)에서 승리하려면 북한 핵 문제를 해결했다는 '성과'가 필요했기 때문이었다. 트럼프 대통령(당시)으로선 북한 핵 문제의 완전한 해결보다는 미국의 안전을 보장하고 한반도에 평화를 정착시켰다고 주장하면서 미국 국민들의 지지를 받아 재선(再選)하는 것이 중요했었던 것이다. 북한 정권의 입장에서 볼 때 트럼프 대통령이 '동결의 덫(freeze trap)'에 빠져 '핵(核) 보유국으'로 인정받을 수 있는 더할 나위 없는 기회였다.

사실, 2019년 2월 27일~28일, 베트남 하노이 북·미(北·美) 정상회담 결렬 이후 교착상태에 빠졌던 북·미(北·美) 간 대화의 물꼬가 4개월만인 6월 30일, 판문점 공동경비구역에서 개최되었다. 지난 하노이 회담(2019. 02. 27~28)에서 북한은 영변 핵시설 폐기와 대북제재 일부 해제를 요구했었던 반면에 미국은 영변 시설 이외에 플러스 알파를 요구하며 '포괄적인 비핵화' 합의를 제안했었다. 그러나 판문점 회담(2019. 06. 30)에서 북·미(北·美) 간 협상 재개에 합의하면서 핵심 쟁점에 다가가려는 북·미(北·美) 간 노력이 감지되고 있었다.

우선 협상 라인에 변화가 생겼다. 뉴욕타임스(NYT)는 '새로운 협상에서 미국은 북핵을 동결할지도 모른다'는 제목의 기사(2019. 07. 01)에서, 도널드 트럼프(Donald John Trump) 행정부(2017~2021)가 북한으로부터 영변 핵 시설 이상의 것을 받아내는 대신에 북한이 핵(核) 물질을 더 생산하지 못하고 사실상 동결(凍結)하도록 하는 새 방안을 검토 중이라고 보도했다. "판문점 회동 4주 전에 트럼프 정부 내부에서 새로운 협상안에 대한 논의가 있었다"면서 "그 협상안의 콘셉트는 핵(核) 동결(凍結)이며, 본질적으로 현 상태를 유지해 북한을 핵보유국으로 암묵적으로 수용하는 것"이라고 지적했다.

또한, 뉴욕타임스(NYT)는 "트럼프 정부는 여전히 공개적으로나 사적으로 북한의 완전한 비핵화가 목표라고 주장한다"면서 "그러나 북한의 핵 프로그램의 가까운 시일 내 포기라는 최대 압박 정책이 소용없다는 것을 인식하면서, 제한되지만 중대한 첫걸음으로 새로운 접근법을 고려하고 있다"고 지적했다. 그러나 미(美) 국무부는 이 같은 언론 보도에 대해 미국의 북핵 협상 목표는 여전히 '최종적이고 완전히 검증된 북한의 비핵화'(FFVD)라는 입장을 거듭 확인했었다.

그러나 미(美) 인터넷매체 악시오스는 뉴욕타임스(NYT)(2019. 07. 01)가 나간 다음 날인

2일, 스티븐 비건(Stephen E. Biegun, 1963~현재) 대북정책특별대표(당시)가 6월 30일 판문점 회담 후 미국으로 돌아오는 전용기 안에서 '오프더레코드(비보도)'를 전제로 기자들에게 "우리가 추구하는 것은 북한 WMD(대량파괴무기) 프로그램의 완전한 동결(complete freeze)"이라고 말했다고 보도했었다. 스티븐 비건(Stephen E. Biegen) 대표는 "미 정부는 핵 동결과 최종단계 아이디어를 원했다"며 "그 안에서 우리는 북한이 핵무기를 포기하는 방향의 로드맵을 논의할 수 있을 것"이라고 말했다. 그러면서 "이같은 목표로 가는데 서로 주고받는 협상이 가능하다"고 덧붙였다. 스티븐 비건(Stephen E. Biegun) 대북정책특별대표(당시)의 이 같은 발언은 도널드 트럼프(Donald John Trump) 행정부(2017~2021) 내 매파 입장보다도 훨씬 더 유연하게 북한과 협상할 수 있음을 나타내는 것으로 해석되었다. 즉, '북핵 일괄 타결'이 아니라 '포괄적 합의'에 따른 로드맵 합의 또는 이에 따른 '핵동결 프로그램 합의' 가능성이 있다는 것이었다.

모건 오테이거스 미국 국무부 대변인(당시)은 2019년 7월 9일 "우리는 명백하고 분명하게 북한 대량살상무기(WMD)의 완전한 제거를 원한다"면서도 "북한의 핵 동결은 우리가 비핵화 과정의 시작점에서 보기를 원하는 것"이라고 밝혔다. 오테이거스 대변인의 이런 언급은 도널드 트럼프(Donald John Trump) 행정부(2017~2021)가 핵 동결을 시작점으로 하고, 핵무기 등의 완전한 제거를 종점으로 하는 북한 핵 로드맵을 제시한 것이었다. 트럼프 정부가 금기어(禁忌語)처럼 물밑에서만 언급했던 '핵 동결'을 비핵화 과정의 시작점이라고 공식화한 것은 이번이 처음이었다. 핵 동결 시작점 발언은 하노이 북·미(北·美) 정상회담(2019. 02. 27~28) 결렬 이후, 도널드 트럼프(Donald John Trump) 행정부(2017~2021)가 고수했던 '빅딜론'에서 한 발 물러나 '단계적 접근법'으로 방향을 선회하고 있음을 보여주는 증거라고 볼 수 있었다. 이것은 판문점 회동 이후 도널드 트럼프(Donald John Trump) 행정부(2017~2021)의 뚜렷한 방향 전환이다.

한국의 연합뉴스(2019. 07. 11)는 백악관의 소식통을 인용해 도널드 트럼프(Donald John Trump) 행정부(2017~2021)가 북한이 영변 핵시설의 전면 폐기(full closure)와 핵 프로그램의 '완전한 동결(complete freeze)'에 동의할 경우 12~18개월 동안 석탄과 섬유 수출 제재를 유예하는 방안을 검토하고 있다고 보도했었다. 이는 영변 핵시설 폐기와 핵 동결을 대가로 북한의 주요 수출품인 석탄과 섬유의 수출 제재를 일정 기간 유예해주는 사실상의 제재 완화를 말한다. 영변 핵시설 폐기는 모든 건물이 폐쇄되고 모든 작업이 중단되는 것을, 핵 프로그램 동결은 핵분열성 물질과 탄두를 더는 만들지 않는다는 것을 의미한다. 이 소식통은 "만약 북한이 속임수를 쓴다면 제재는 스냅백(Snap back·위반 행위 때 제재 복원) 형식으로 다시 이뤄지게 된다"고 밝혔다. 이 소식통은 또 백악관은 영변 핵시설 폐기와 핵 동결에 따른 대북 제재 유예 이외에도 사실상의 종전선언인 '평화선언(peace declaration)'을 검토하고 있다고 밝혔었다. 이는 조약의 형태가 아니고 미·북(美·北)이 더 이상 무력 분쟁 상태에 있지 않다는 것을 공식적으로 인정하는 것이며 사실상 한국전쟁(1950~1953)의 종식을 의미한다는 것이다. 이 소식통은 북·미(北·美) 간 연락사무소 개설도 검토 방안의 하나라고 전했다.

물론, 도널드 트럼프(Donald John Trump) 행정부(2017~2021)는 일단 북핵 동결론과 이에 대한 대가로 제재 유예를 하는 방안에 대해 부인하고 있다. 모건 오테이거스 국무부 대변인(당시)은 2019년 7월 11일 "스티븐 비건(Stephen E. Biegun, 1963~현재) 대북정책특별대표에게 물어봤더니 한국 언론의 보도는 완전히 틀렸고, 사실이 아니라고 말했다"고 밝혔다. 그러나 스티븐 비건 대북정책특별대표는 그동안 '유연한 접근'이라는 방안을 추진해왔다는 점에서 도널드 트럼프(Donald John Trump) 정부가 북핵 동결에 따른 대가로 여러 가지 방안을 검토하고 있는 것은 사실이라고 볼 수 있다.

실제로, 미국 인터넷 매체 악시오스는 스티븐 비건(Stephen E. Biegun, 1963~현재) 대북정책특별대표가 2019년 6월 30일 한국에서 워싱턴DC로 돌아오는 국무장관 전용기에서 기자들에게 "북한이 대량살상무기(WMD)의 완전한 동결을 취할 경우 인도적 지원과 인적 대화의 확대, 그리고 쌍방의 수도에 연락사무소 설치와 같은 조치를 취할 수 있다고 밝혔다"고 보도했다. 스티븐 비건(Stephen E. Biegun, 1963~현재) 대북정책특별대표는 또 "우리는 비핵화 전에는 제재 완화에 관심이 없다"면서 '선(先) 비핵화-후(後) 제재완화'라는 기존 입장을 재확인했지만, 도널드 트럼프(Donald John Trump) 대통령(당시)이 판문점 회동 직후 "제재는 유지되지만 협상의 일정 시점에(at some point) 어떤 일들이 발생할 수도 있다"고 언급한 점을 볼 때 미국이 제재 완화의 시점을 놓고 다소 유연성을 발휘할 가능성을 배제할 수 없었다. 결국, 대통령 선거 국면에서 내세울 수 있는 외교 치적이 필요한 도널드 트럼프(Donald John Trump) 대통령(당시)이 완전한 비핵화라는 목표에서 궤도를 수정, 핵 동결로 현상을 유지하면서 미국 본토에 대한 위협을 없애는 방향으로 전환하고 있다고 볼 수 있다.

여기서 유의할 것은 다음과 같다: '리비아식 해법'은 자발적 핵포기에 따른 단계적 협력으로서 미국이 선호하고 있는 '일괄타결론'인 반면에 이란식 해법은 비핵화 단계별로 제재 해제하는 국제적 합의 방식으로 북한의 기존 입장과 유사하다. 그러나 도널드 트럼프(Donald John Trump) 대통령(2017~2021)이 2018년 1월 이란의 탄도미사일 개발과 10~15

년의 '일몰 기간' 이후 핵(核) 개발을 막을 수 없다는 이유로 포괄적 공동행동계획(JCPOA) 협정 파기 의사를 표명하였다가 5월 8일 상기 포괄적 공동행동계획(JCPOA) 협정 탈퇴를 선언함에 따라 북한 핵무기 해법으로서 비핵화 단계별로 제재 해제하는 국제적 합의 방식이 채택될 가능성이 거의 없었다.

사실, 북핵 문제는 이란 핵문제보다 훨씬 더 어렵다. 그 이유는 이란에 대해선 핵 보유국이 되는 것을 막으려 하고 있는데 반면에 북한에 대해선, 이미 보유하고 있는 핵무기를 포기하도록 설득하고 있기 때문이다. 또한, 이란의 경우와 북한의 경우는 다음과 같은 점에서 완전히 다르다:

첫째, 이란의 목적은 경제 재건과 국제사회로의 복귀(예로서 2015년 시리아 내전 종식을 위한 국제회담에 참여하여 발언권을 회복하였음)이다. 이와 반면에 북한의 목적은 3대 세습(김일성 → 김정일 → 김정은)의 정권의 유지이며 상기 목적을 위한 목표 및 수단이 핵보유국으로서 국제적 공인을 받는 것이다.

둘째, 이란 핵무기의 주요목표는 이스라엘이었지, 미국은 아니었기 때문에 미국이 이란과의 핵협상을 주도할 수 있는 여지가 있었다. 이와 반면에 북한 핵무기의 주요 목표는 사실상 미국이며 이를 중재 혹은 거부할 수 있는 국가는 중국인 것이다. 이것이 바로 미국과 중국 사이에 북한 핵문제에 대한 책임 공방이 오고 가고 하는 본질적 이유이다. 이를 뒷받침할 수 있는 구체적 사례는 다음과 같다.

북한은 핵실험 직후 정부 성명의 대부분을 미국에 대한 메시지 전달에 할애했었다. 북한의 「노동신문」(2016. 01. 19)을 통하여 북한 측 민화협(민족화해협력범국민협의회)은 "핵실험은 미국을 향한 자위권 행사 차원이며 남한과는 관계없다"고 천명했다. 즉, 북한의 핵무기 증강은 미국의 대북 적대시 정책에 대한 대응이라는 것이었다.

예로서, 북한은 미국 대통령 선거 직후인 2012년 12월 12일 장거리 미사일인 '은하 1호 로켓'을 발사했고 오바마 대통령의 재선 후 첫 연두교서가 발표되기 직전인 2013년 2월 13일 제3차 핵실험을 단행했었다. 이에 대응하여, 미국은 요격용 대공미사일을 정착한 이지스함 두 척을 동아시아에 급파했었고 괌(Guam)에 고(高)고도미사일방어시스템(THAAD)을 갖춘 미사일 방어(MD)망을 배치했었다. 또한, 美 국방부는 10억 달러를 투입하여 북한의 장거리 미사일에 대응할 수 있는 지상(地上)발사용 요격미사일 14기를 2017년까지 미국 서부 연안에 추가 배치하기로 했었다.

미국의 상기의 조치가 북한의 핵무기 위협에 대한 자국의 보호라는 이유를 내세우지만, 중국은 상기한 미사일 방어(MD)망과 지상(地上) 발사용 요격미사일의 배치는 사실상 중국을 겨냥한 군사전략적 포석이라고 간주하고 있었다. 이와 같은 맥락에서, 중국은 한국에 미국의 미사일 방어(MD) 체계를 위한 레이더 기지 설치를 한사코 반대하고 있다. 이러한 중국의 시각은 중국 정부가 주한미군(駐韓美軍)의 전략적 유연성 제고나 미사일 방어(MD) 및 대량살상무기 확산방지구상(PSI) 참여 여부 등에 대한 한국 정부의 입장을 확인했다는 점에서도 나타났다.

셋째, 미국과 EU가 단결하여, 원유(原油) 수출로 연명해 온 이란과 거래하는 제3국 기업까지 제재하는 '세컨더리 보이콧'(Secondary Boycott)을 실시하여 이란 경제의 숨통을 조였듯이, 만약 미국과 중국이 북한경제의 숨통을 끊겠다는 위협을 단호하게 또한 일관성 있게 했더라면, 북한 핵무기 개발은 더 이상 진전될 수가 없었을 것이다. 그러나 북한 경제의 링거는 바로 중국이며, 북한을 기반으로 동진(東進)하려는 중국은 북한의 붕괴를 결코 원치 않는다는 점에서 미국의 영향력 행사에 한계가 있는 것이다.

05 최근 남·북한 합의 사항: 판문점 선언(2018. 04. 27)과 평양 공동선언(2018. 09. 19)

    문재인(文在寅) 대통령(2017. 05~현재)이 파견한 대북 특사단이 이틀간의 평양방문을 마치고 2018년 3월 6일 서울로 귀환했었다. 특사단의 단장 역을 맡았던 정의용 청와대 국가안보실장은 서울 귀환 후 6일 오후 8시 5일 오후 평양에서 북 측의 김정은 국무위원장과의 회담에서 이루어진 합의 내용을 발표했었다. 정의용 청와대 국가안보실장이 밝힌 합의 내용은 다음과 같은 3가지이다: ① 4월 말 판문점에서 남·북 정상회담을 개최한다. ② 남의 문재인 대통령과 북의 김정은 위원장 사이에 핫라인을 개설하여 4월 말 정상회담 전에 첫 통화를 한다. ③ 남측 태권도 시범단과 예술단의 평양 방문을 초청한다.

    상기와 같은 합의 내용에 부연하여 정의용 청와대 국가안보실장은 김정은 국무위원장이 "북한에 대한 군사적 위협이 해소되고 북한의 체제 안전이 보장된다면 북한이 핵을 보유할 이유가 없고 한반도의 비핵화는 선대(先代)의 유훈(遺訓)"이라고 '한반도 비핵화' 의지를 표명하면서 "비핵화 문제 협의와 북·미(北·美) 관계 개선을 위해 미국과 대화할 용의가 있다"는 의사를 표명했다고 전했다.

    정의용 청와대 국가안보실장은 이어서 김정은(金正恩) 국무위원장이 "대화가 지속되는 동안 추가 핵실험 및 탄도 미사일 시험 발사를 하지 않을 것"과 "핵무기는 물론 재래식 무기를 남측을 향하여 사용하지 않을 것"을 '다짐'했고 그동안 평창 동계 올림픽과 패럴림픽 때문에 지연되어 온 키리졸브(Key Resolve)와 독수리 한·미 합동군사훈련도 '예년 수준으로 진행하는 것은 이해하겠다'는 언질을 주었다고도 설명했다. 정의용 청와대 국가안보실장은 그와 서훈 국정원장이 함께 곧 미국을 방문하고 이어서 자신은 러시아와 중국을, 그리고 서훈 국정원장은 일본을 방문하여 평양 방문 결과를 설명할 예정이라고 밝혔다.

    이번 대북 특사단의 평양 방문 결과에서 중요한 부분은 남·북 정상회담 부분이 아니라 핵과 미사일 문제에 관하여 김정은(金正恩) 국무위원장이 무슨 말을 했느냐는 것이었다는 사실이 부각될 필요가 있다. 왜냐하면, 이 문제에 관해서는 미국의 입장이 중요하기 때문이다. 미국은 그동안 여러 차례에 걸쳐서 이 문제에 관한 양보할 수 없는 기본 입장을 밝혀 왔다. 그것은 첫째로 "북한의 핵 보유를 인정하지 않겠다"는 것이었고 둘째로는 북한에게 모든 핵무기는 물론 전반적 핵무기 개발 계획의 "완전하고도 검증 가능하며 불가역적인 해체"(CVIC·Complete Verifiable and Irreversible Dismantlement)를 요구하는 것이었다. 북한과의 대화에 대한 미국의 입장은 "대화를 할 수는 있지만 대화를 위해서는 그에 앞서 북한이 이 두 가지 전제조건을 수용하는 것이 절대적"이라는 것이다.

미국은 바로 이 같은 단호한 입장 때문에 평창 올림픽 기간 중 문재인(文在寅) 정권 (2017. 05~현재)이 필사적으로 북한의 김영남·김여정과 미국의 펜스 부통령 사이와 북한의 김영철과 미국의 아방카 사이의 '억지 합방'을 성사시키기 위하여 진력했음에도 불구하고 이 같은 문재인(文在寅) 정권(2017. 05~현재)의 시도를 단호하게 무시 및 외면했었다.

이같은 미국의 입장에서 본다면 이번 대북 특사단이 평양에서 가지고 돌아온 것은 핵과 미사일 문제에 관한 한 2005년 9월 19일 제4차 6자회담 2단계 회의에서 합의 및 채택되었던 '9·19 공동성명'에도 훨씬 미달하는 부족한 함량(含量)의 내용이다. 왜냐하면 이번 대북 특사단이 평양으로부터 가지고 돌아온 것은 첫째로, 북한의 핵보유 사실을 사실상 기정사실화하는 전제에 기초하고 있고, 둘째로, 김정은(金正恩) 국무위원장의 미국과의 '비핵화' 대화 운운 발언은 ·미국의 '완전하고도 검증 가능하며 불가역적인 해체'(CVID) 입장을 사실상 무산(無散)시킴으로써 북한 핵문제 해결의 무기한 지연을 초래하는 것이며, 셋째로, 미국에 대한 핵공격 위협을 사실상 무기한 방치하는 결과를 의미하는 것이다. 결국 이 같은 상황은 북핵 문제에 관한 북한과 미국 및 국제사회 사이의 대치를 무기한 방치하는 가운데 북한으로 하여금 계속 '갑(甲)'질을 유지하도록 허용하는 것이 되지 않을 수 없다.

김정은(金正恩) 국무위원장이 '비핵화'의 조건으로 제시한 두 가지의 '전제조건', 즉 ① "북한에 대한 군사적 위협의 해소"와 ② "북한의 체제 안전 보장" 요구는 더구나 합리성은 물론 실현성을 도외시한 것이다. "북한에 대한 군사적 위협을 해소하라"는 북한의 요구는 결국 ① 한·미 합동군사훈련 중지, ② 한미연합사 해체, ③ 주한미군 철수, ④ 한미상호방위조약 폐기, ⑤ 미·북(美·北) 평화협정 체결 요구를 축차적으로 늘어놓겠다는 말이다.

한·미 합동군사훈련에 관하여 '예년의 수준에 의한 실시'를 운운하면서 "한반도 징세가 안정기로 진입하면 훈련의 조절도 기대할 수 있다"는 김정은 국무위원장의 말도 비록 당장 당면한 2018년 상반기의 훈련에 대해서는 울며 겨자 먹기로 수용하겠지만 그 뒤로는 여전히 '축소'와 '중지' 요구를 거론하겠다는 의향을 함축한 것이다.

부록 6

한반도의 평화와 번영, 통일을 위한 판문점 선언 (2018. 04. 27, 판문점)

대한민국 문재인 대통령과 조선민주주의인민공화국 김정은 국무위원장은 평화와 번영, 통일을 염원하는 온 겨레의 한결 같은 지향을 담아 한반도에서 역사적인 전환이 일어나고 있는 뜻깊은 시기에 2018년 4월 27일 판문점 평화의 집에서 남북정상회담을 진행하였다.

양 정상은 한반도에 더 이상 전쟁은 없을 것이며 새로운 평화의 시대가 열리었음을 8천만 우리 겨레와 전 세계에 엄숙히 천명하였다.

양 정상은 냉전의 산물인 오랜 분단과 대결을 하루 빨리 종식시키고 민족적 화해와 평화번영의 새로운 시대를 과감하게 일어나가며 남북관계를 보다 적극적으로 개선하고 발전시켜 나가야 한다는 확고한 의지를 담아 역사의 땅 판문점에서 다음과 같이 선언하였다.

1. 남과 북은 남·북 관계의 전면적이며 획기적인 개선과 발전을 이룩함으로써 끊어진 민족의 혈맥을 잇고 공동번영과 자주통일의 미래를 앞당겨 나갈 것이다.

남북관계를 개선하고 발전시키는 것은 온 겨레의 한결같은 소망이며 더 이상 미룰 수 없는 시대의 절박한 요구이다.

① 남과 북은 우리 민족의 운명은 우리 스스로 결정한다는 민족 자주의 원칙을 확인하였으며 이미 채택된 남·북 선언들과 모든 합의들을 철저히 이행함으로써 관계 개선과 발전의 전환적 국면을 열어나가기로 하였다.

② 남과 북은 고위급 회담을 비롯한 각 분야의 대화와 협상을 빠른 시일 안에 개최하여 정상회담에서 합의된 문제들을 실천하기 위한 적극적인 대책을 세워나가기로 하였다.

③ 남과 북은 당국 간 협의를 긴밀히 하고 민간교류와 협력을 원만히 보장하기 위하여 쌍방 당국자가 상주하는 남북공동연락사무소를 개성지역에 설치하기로 하였다.

④ 남과 북은 민족적 화해와 단합의 분위기를 고조시켜 나가기 위하여 각계각층의 다 방면적인 협력과 교류 왕래와 접촉을 활성화하기로 하였다.

안으로는 6.15를 비롯하여 남과북에 다같이 의의가 있는 날들을 계기로 당국과 국회, 정당, 지방자치단체, 민간단체 등 각계각층이 참가하는 민족공동행사를 적극 추진하여 화해와 협력의 분위기를 고조시키며, 밖으로는 2018년 아시아경기대회를 비롯한 국제경기들에 공동으로 진출하여 민족의 슬기와 재능, 단합된 모습을 전 세계에 과시하기로 하였다.

⑤ 남과 북은 민족 분단으로 발생된 인도적 문제를 시급히 해결하기 위하여 노력하며, 남·북 적십자회담을 개최하여 이산가족·친척상봉을 비롯한 제반 문제들을 협의 해결해 나가기로 하였다. 당면하여 오는 8.15를 계기로 이산가족·친척 상봉을 진행하기로 하였다.

⑥ 남과 북은 민족경제의 균형적 발전과 공동번영을 이룩하기 위하여 10·4선언에서 합의된 사업들을 적극 추진해 나가며 1차적으로 동해선 및 경의선 철도와 도로들을 연결하고 현대화하여 활용하기 위한 실천적 대책들을 취해나가기로 하였다.

2. 남과 북은 한반도에서 첨예한 군사적 긴장상태를 완화하고 전쟁 위험을 실질적으로 해소하기 위하여 공동으로 노력해 나갈 것이다.

① 남과 북은 지상과 해상, 공중을 비롯한 모든 공간에서 군사적 긴장과 충돌의 근원으로 되는 상대방에 대한 일체의 적대행위를 전면 중지하기로 하였다.

당면하여 5월 1일부터 군사분계선 일대에서 확성기 방송과 전단살포를 비롯한 모든 적대 행위들을 중지하고 그 수단을 철폐하며 앞으로 비무장지대를 실질적인 평화지대로 만들어 나가기로 하였다.

② 남과 북은 서해 북방한계선 일대를 평화수역으로 만들어 우발적인 군사적 충돌을 방지하고 안전한 어로 활동을 보장하기 위한 실제적인 대책을 세워나가기로 하였다.

③ 남과 북은 상호협력과 교류, 왕래와 접촉이 활성화 되는 데 따른 여러 가지 군사적 보장대책을 취하기로 하였다.

남과 북은 쌍방 사이에 제기되는 군사적 문제를 지체 없이 협의 해결하기 위하여 국방부장관회담을 비롯한 군사당국자회담을 자주개최하며 5월 중에 먼저 장성급 군사회담을 열기로 하였다.

3. 남과 북은 한반도의 항구적이며 공고한 평화체제 구축을 위하여 적극 협력해 나갈 것이다.

한반도에서 비정상적인 현재의 정전상태를 종식시키고 확고한 평화체제를 수립하는 것은 더 이상 미룰 수 없는 역사적 과제이다.

① 남과 북은 그 어떤 형태의 무력도 서로 사용하지 않을 때 대한 불가침 합의를 재확인하고 엄격히 준수해 나가기로 하였다.

② 남과 북은 군사적 긴장이 해소되고 서로의 군사적 신뢰가 실질적으로 구축되는 데 따라 단계적으로 군축을 실현해 나가기로 하였다.

③ 남과 북은 정전협정체결 65년이 되는 올해에 종전을 선언하고 정전협정을 평화협정으로 전환하며 항구적이고 공고한 평화체제 구축을 위한 남·북·미 3자 또는 남·북·미·중 4자회담 개최를 적극 추진해 나가기로 하였다.

④ 남과 북은 완전한 비핵화를 통해 핵 없는 한반도를 실현한다는 공동의 목표를 확인하였다.

남과 북은 북측이 취하고 있는 주동적인 조치들이 한반도 비핵화를 위해 대단히 의의 있고 중대한 조치라는 데 인식을 같이 하고 앞으로 각기 자기의 책임과 역할을 다하기로 하였다.

남과 북은 한반도 비핵화를 위한 국제사회의 지지와 협력을 위해 적극 노력하기로 하였다.

양 정상은 정기적인 회담과 직통전화를 통하여 민족의 중대사를 수시로 진지하게 논의하고 신뢰를 굳건히 하며, 남북관계의 지속적인 발전과 한반도의 평화와 번영, 통일을 향한 좋은 흐름을 더욱 확대해 나가기 위하여 함께 노력하기로 하였다.

당면하여 문재인 대통령은 올해 가을 평양을 방문하기로 하였다.

2018년 4월 27일 판 문 점
대한민국대통령 대통령 문재인, 조선민주인민공화국 국무위원회 위원장 김정은

부록 7

'9월 평양공동선언(2018. 09. 19, 백화원 영빈관)'

대한민국 문재인 대통령과 조선민주주의인민공화국 김정은 국무위원장은 2018년 9월 18일부터 20일까지 평양에서 남북정상회담을 진행하였다.

양 정상은 역사적인 판문점선언 이후 남·북 당국 간 긴밀한 대화와 소통, 다방면적 민간교류와 협력이 진행되고, 군사적 긴장완화를 위한 획기적인 조치들이 취해지는 등 훌륭한 성과들이 있었다고 평가하였다.

양 정상은 민족자주와 민족자결의 원칙을 재확인하고, 남북관계를 민족적 화해와 협력, 확고한 평화와공동번영을 위해 일관되고 지속적으로 발전시켜 나가기로 하였으며, 현재의 남북관계 발전을 통일로 이어갈 것을 바라는 온 겨레의 지향과 여망을 정책적으로 실현하기 위하여 노력해 나가기로 하였다.

양 정상은 판문점선언을 철저히 이행하여 남북관계를 새로운 높은 단계로 진전시켜 나가기 위한 제반문제들과 실천적 대책들을 허심탄회하고 심도 있게 논의하였으며, 이번 평양정상회담이 중요한 역사적 전기가 될 것이라는 데 인식을 같이 하고 다음과 같이 선언하였다.

1. 남과 북은 비무장지대를 비롯한 대치지역에서의 군사적 적대관계 종식을 한반도 전지역에서의 실질적인 전쟁위험 제거와 근본적인 적대관계 해소로 이어나가기로 하였다.

① 남과 북은 이번 평양정상회담을 계기로 체결한 <판문점선언 군사분야 이행합의서>를 평양공동선언의 부속합의서로 채택하고 이를 철저히 준수하고 성실히 이행하며, 한반도를 항구적인 평화지대로 만들기 위한 실선적 소치들을 적극 취해나가기로 하였다.

② 남과 북은 남북군사공동위원회를 조속히 가동하여 군사분야 합의서의 이행실태를 점검하고 우발적 무력충돌 방지를 위한 상시적 소통과 긴밀한 협의를 진행하기로

하였다.

2. 남과 북은 상호호혜와 공리공영의 바탕 위에서 교류와 협력을 더욱 증대시키고, 민족경제를 균형적으로 발전시키기 위한 실질적인 대책들을 강구해나가기로 하였다.
① 남과 북은 금년내 동, 서해선 철도 및 도로 연결을 위한 착공식을 갖기로 하였다.
② 남과 북은 조건이 마련되는 데 따라 개성공단과 금강산관광 사업을 우선 정상화하고, 서해경제공동특구 및 동해관광공동특구를 조성하는 문제를 협의해나가기로 하였다.
③ 남과 북은 자연생태계의 보호 및 복원을 위한 남·북 환경제협력력을 적극 추진하기로 하였으며, 우선적으로 현재 진행 중인 산림분야 협력의 실천적 성과를 위해 노력하기로 하였다.
④ 남과 북은 전염성 질병의 유입 및 확산 방지를 위한 긴급조치를 비롯한 방역 및 보건·의료 분야의 협력을 강화하기로 하였다.

3. 남과 북은 이산가족 문제를 근본적으로 해결하기 위한 인도적 협력을 더욱 강화해나가기로 하였다.
① 남과 북은 금강산 지역의 이산가족 상설면회소를 빠른 시일 내 개소하기로 하였으며, 이를 위해 면회소 시설을 조속히 복구하기로 하였다.
② 남과 북은 적십자 회담을 통해 이산가족의 화상상봉과 영상편지 교환 문제를 우선적으로 해결해나가기로 하였다.

4. 남과 북은 화해와 단합의 분위기를 고조시키고 우리 민족의 기개를 내외에 과시하기 위해 다양한 분야의 협력과 교류를 적극 추진하기로 하였다.
① 남과 북은 문화 및 예술분야의 교류를 더욱 증진시켜 나가기로 하였으며, 우선적으로 10월 중에 평양예술단의 서울공연을 진행하기로 하였다.
② 남과 북은 2020년 하계올림픽경기대회를 비롯한 국제경기들에 공동으로 적극 진출하며, 2032년 하계올림픽의 남북공동개최를 유치하는 데 협력하기로 하였다.
③ 남과 북은 10.4 선언 11주년을 뜻깊게 기념하기 위한 행사들을 의의 있게 개최하며, 3·1운동 100주년을 남북이 공동으로 기념하기로 하고, 그를 위한 실무적인 방안을 협의해나가기로 하였다.

5. 남과 북은 한반도를 핵무기와 핵위협이 없는 평화의 터전으로 만들어나가야 하며 이를 위해 필요한 실질적인 진전을 조속히 이루어나가야 한다는 데 인식을 같이 하였다.

① 북 측은 동창리 엔진시험장과 미사일 발사대를 유관국 전문가들의 참관 하에 우선 영구적으로 폐기하기로 하였다.

② 북 측은 미국이 6.12 북미공동성명의 정신에 따라 상응조치를 취하면 영변 핵시설의 영구적 폐기와 같은 추가적인 조치를 계속 취해나갈 용의가 있음을 표명하였다.

③ 남과 북은 한반도의 완전한 비핵화를 추진해나가는 과정에서 함께 긴밀히 협력해나가기로 하였다.

6. 김정은 국무위원장은 문재인 대통령의 초청에 따라 가까운 시일 내로 서울을 방문하기로 하였다.

2018년 9월 19일

대한민국 대통령 문재인; 조선민주주의인민공화국 국무위원장 김정은

06 저자의 논평

북한은 지금까지 모든 국제적인 약속을 헌신짝 버리듯이 뒤집어버렸다. 북한은 그들이 스스로 가입하고 서명한 핵(核)관련 국제협약 즉, 핵확산금지조약(NPT, 1985. 12. 12, 가입), 한반도비핵화공동선언(1991. 12. 31, 서명), 국제원자력기구(IAEA) 핵안전협정(1992. 01. 30, 서명), 북·미(北·美) 제네바 기본합의문(1994. 10. 21, 서명), 9·19 공동성명(2005. 09. 19, 서명), 2·13합의(2007. 02. 13), 10·3합의(2007. 10. 03), 2·29합의(2012. 02. 29, 발표) 등을 탈퇴하거나 파기하면서 2006년 10월 제1차 핵실험을 시작으로 2017년 9월 3일까지 총 6차례 핵실험을 단행했다.

그럼에도 불구하고, 문재인(文在寅) 남한 대통령과 김정은(金正恩) 북한 국무위원장이 4.27 판문점 남북정상회담(2018. 04. 27)에서 *"남과 북이 정전협정(停戰協定) 체결 65년이 되는 올해에 종전(終戰)을 선언하고 정전협정(停戰協定)을 평화협정(平和協定)으로 전환하며 항구적이고 공고한 평화체제 구축을 위한 남·북·미 3자 또는 남·북·미·중 4자회담 개최를 적극 추진해 나가기로 하였다."*고 천명했다.

이어서, 김정은(金正恩) 국무위원장과 문재인(文在寅) 대통령은 '9월 평양공동선언'(2018. 09. 19, 백화원 영빈관)에서도 *"남과 북은 이번 평양 정상회담을 계기로 체결한 <판문점선언 군사분야 이행합의서>를 평양공동선언의 부속합의서로 채택하고 이를 철저히 준수하고 성실히 이행하며, 한반도를 항구적인 평화지대로 만들기 위한 실천적 조치들을 적극 취해 나가기로 하였다"*고 했다.

또한, 문재인(文在寅) 대통령은 2017년 7월 6일 주요 20개국(G20) 정상회담 참석차 방문한 독일의 베를린 구(舊)시청에서 열린 쾨르버 재단 초청 연설에서 "종전(終戰)과 함께 관련국이 참여하는 한반도 평화협정(平和協定)을 체결해야 한다"며 "북핵 문제와 평화 체제에 대한 포괄적 접근으로 완전한 비핵화와 함께 평화협정(平和協定) 체결을 추진하겠다"고 선언했다. 이는 '관련국이 참여하는 평화협정'으로 종래 북한이 주장해 온 '북미(北美) 평화협정(平和協定)'과는 다르다는 게 청와대 설명이다. 남·북한(南·北漢)이 주도권을 행사하되 미국, 중국, 일본, 러시아가 모두 참여하는 평화협정(平和協定)을 체결하자는 것이다. 청와대 고위 관계자는 "핵·미사일 동결이 입구라면, 한반도 평화협정(平和協定)과 비핵화는 출구"라며 "문재인(文在寅) 대통령이 임기 내 추진할 대북정책의 전체 구상을 밝힌 것"이라고 말했다.

이어서, 문재인(文在寅) 대통령은 2017년 11월 1일 국회 시정연설을 통하여 '한반도 문제 5대 원칙': ① 한반도 평화정착, ② 한반도 비핵화, ③ 남북문제의 주도적 해결, ④ 북핵문제의 평화적 해결, ⑤ 북한의 도발에 대한 단호한 대응을 밝혔다. 다시 말하면, 문재인(文在寅) 대통령(2017. 05~현재)은 국제사회의 대(對)북한 경제제재를 통한 압박에도 참여하지만 대화와 협력을 통한 북핵문제 해결과 한반도의 평화적 관리 노력도 병행하겠다는 것이다.[14]

회고하면, 북한은 휴전협정(休戰協定) 체결 후 꾸준히 평화협정(平和協定)을 주장해 왔다. 북한은 1974년 최고인민회의의 대미(對美) 서한 이후 평화협정(平和協定)을 주장해왔다. 북한은 1980년 10월 10일 조선노동당 제6차 대회에서 김일성의 사업총화 보고를 통해 기존의 통일방안과 제안들을 다시 정리한 '고려민주연방공화국 창립방안'을 제시하면서 평화협정(平和協定) 체결이 선결조건임을 분명히 했다.

심지어, 북한은 자신들의 평화협정(平和協定) 제안을 미국 등 당사국들이 계속 외면해 연평도에 포격을 가했다고 언급했다: 북한 노동당 기관지 노동신문은 2011년 1월 11일자에서 '현 사태 타개의 근본열쇠'라는 제목의 논평을 싣고 *"대화와 협상을 통해 조선반도에 공고한 평화체계를 마련하려는 우리 공화국의 입장은 일관하다"*면서 *"지난해 유관 측들이 우리의 평화협정 체결 제안에 성근한(성실한) 자세로 호응했으면 연평도 포격 사건 같은 사태는 발생하지 않았을 것"*이라고 주장했었다.

북한은 핵개발 이전부터 북·미(北·美) 평화협정(平和協定)을 그들이 주창하는 공식 통일방안인 고려민주연방제의 선결조건으로 못 박고 있다. 김일성(金日成)은 1960년 8월 처음 연방제(남북연방제)를 제안한 후 1973년 6월 '고려연방제'를 거쳐 1980년 10월 제6차 당(黨) 대회에서 최종 정리된 형태인 '고려민주연방공화국 창립방안'(Proposal for Founding a Democratic Confederal Republic of Koryo)을 제의했었다. 당시 김일성(金日成)은 '조국의 자주적 평화통일을 이룩하자'는 제하의 연설을 통해 고려민주연방공화국의 선결조건으로 북·미(北·美) 정전협정(停戰協定)의 평화협정(平和協定)으로의 교체와 주한미군(駐韓美軍) 철수를 들었다.

---

14) 예로서 '베를린 구상' 발표(7·6, 독일 베를린) 자리에서 이산가족 상봉행사 재개, 평창올림픽에 북한의 참가, 군사분계선에서의 적대행위 상호 중단, 한반도 평화와 남북협력을 위한 접촉과 대화 재개 등을 북측에 제안하였다. 또한, 북한은 도발을 중단하고 대화의 장에 나올 것을 촉구하고, 이산가족 상봉 및 평창올림픽 등 쉬운 일부터 시작할 것을 북한에 다시 제안(8·15, 72주 년 광복절 축사)하였다.

북한은 1974년 최고인민회의의 대미(對美) 서한을 통하여 평화협정(平和協定)을 주장한 후 북한이 1994년 4월 대미(對美) 직접 평화협상(平和協商)을 제의하였다. 이어서 정전협정(停戰協定) 사문화(死文化) 전략이자 대미(對美) 평화협정 체결을 위한 정지작업 차원에서 군사정전위원회(軍事停戰委員會)로부터 북한군 철수, 조선인민군 판문점대표부 임의 설치, 체코 및 폴란드 중립국감독위원회 대표단 축출, DMZ 유지 및 관리 임무 포기 선언, NLL 무단 침범 등을 단행하였다.

북한은 미국과의 잠정협정, 불가침 조약 체결 등을 요구하였다. 이에 대하여 조지 워커 부시(George Walker Bush, 1946~현재; 대통령 재임기간: 2001~2009) 행정부가 강경한 입장을 고수하자 2005년 7월 평화체제 구축의 필요성을 들고 나왔다. 그러다 2007년 2·13 합의 이후 6자회담 참가국들이 북핵 폐기 얘기는 꺼내지도 못한 채 불능화 문제만 가지고 씨름하게 되었으며 2009년 북핵 폐기가 핵심인 '그랜드 바겐' 얘기가 나오자 북한은 또다시 평화체제를 들고 나왔다.

북한은 정전협정(停戰協定) 60년이 되는 2013년 3월 6일, 북한은 정전협정(停戰協定)을 백지화한다고 선언했다. 그것의 노림수는 평화협정(平和協定)을 통한 주한미군(駐韓美軍)의 철수였다. 북한의 과학백과사전출판사가 발행한 백과전서(1983년 발행)은 북·미(北·美) 평화협정(平和協定)은 쌍방이 서로 상대방을 침범하지 않고, 무력증강과 군비경쟁을 그만두며 미국은 조선(朝鮮)의 내정에 간섭하지 않고 통일을 방해하지 않으며, 남(南)조선을 강점하고 있는 미군을 철거시켜 미군이 철거한 다음 조선(朝鮮)은 그 어떤 다른 나라의 군사기지나 작전기지로도 되지 않는다는 것을 기본내용으로 하고 있다. 또한, 북한의 대남선동 기구인 '반제민전' 등은 평화체제 및 평화협정의 개념을 '미군 철수'라고 못 박아 놓고 있다.

북한은 '평화협정(平和協定)'만 달성되면 주한미군(駐韓美軍)을 철수시켜 그들의 최고규범의 하나인 노동당 규약에 명시된 대로 공산화(共産化) 통일을 이룩할 수 있다고 확신하고 있다. 조선로동당규약 서문(2012. 04. 11, 개정)은 적화통일(赤化統一)을 규정하고 있다 (로동신문 2012. 04. 12).

… 조선로동당은 위대한 김일성 동지와 김정일 동지를 영원히 높이 모시고 경애하는 김정은동지를 중심으로 하여 조직사상적으로 공고하게 결합된 로동계급과 근로인민대중의 핵심부대, 전위부대이다. (중략) 조선로동당의 당면목적은 공화국북반부에서 사회주의 강성국가를 건설하며 전국적범위에서 민족해방민주주의혁명의 과업을 수행하는 데 있으며 최종목적은 온 사회를 김일성 – 김정일주의화하여 인민대중의 자주성을 완전히 실현하

는 데 있다.

(중략)

조선로동당은 전조선의 애국적민주력량과의 통일전선을 강화한다. 조선로동당은 남조선에서 미제의 침략무력을 몰아내고 온갖 외세의 지배와 간섭을 끝장내며 일본군국주의의 재침책동을 짓부시며 사회의 민주화와 생존의 권리를 위한 남조선인민들의 투쟁을 적극 지지성원하며 우리 민족끼리 힘을 합처 자주, 평화통일, 민족대단결의 원칙에서 조국을 통일하고 나라와 민족의 통일적발전을 이룩하기 위하여 투쟁한다.

북한은 핵개발 이전부터 평화협정(平和協定)을 그들이 주창하는 공식 통일방안인 '고려민주연방제'의 선결조건으로 못 박고 있다. 북한은 1960년 8월 처음 남·북 연방제(聯邦制)를 제안한 후 1973년 6월 '고려 연방제'를 거쳐 1980년 10월 제6차 당대회에서 최종 정리된 형태인 '고려민주연방공화국 창립방안'(Proposal for Founding a Democratic Confederal Republic of Koryo)을 제의했다. 당시 김일성은 '조국의 자주적 평화통일을 이룩하자'는 제하의 연설을 통해 고려민주연방공화국의 선결조건으로 2개: ① 정전협정의 평화협정으로의 교체와 ② 주한미군 철수를 들었다.

여기서 유의할 것은 한국전쟁(1950~1953)이 1953년 7월 27일 휴전(休戰)된 이후 오늘까지 한반도에서 66년 이상 평화가 유지될 수 있었던 이유는 정전협정(停戰協定) 때문이 아니라 북한의 침략 야욕을 압도할 수 있는 한·미동맹에 근거한 주한미군(駐韓美軍) 때문이라는 점이다.

따라서 만약 북한이 핵무기를 보유한 상태에서 평화협정(平和協定)이 체결된다면, 남(南)베트남의 경우처럼 주한미군(駐韓美軍)이 철수될 것이고 북한은 핵무기를 위시한 막강한 군사력을 내세워서 대한민국을 무력으로 침공하거나 대한민국 내 종북좌파세력과 연합하여 연방제(聯邦制) 적화통일(赤化統一)을 이루려고 할 가능성이 매우 높다.[15] 그 이유

---

15) 그런데 문재인 대통령은 미군 철수와 월남패망에 대해서 희열을 느꼈다고 한다: "나는 리영희 선생의 '전환시대의 논리'가 발간되기 전에, 그 속에 담긴 '베트남 전쟁' 논문을 '창작과 비평' 잡지에서 먼저 읽었다. 내 기억Ⅲ 1, 2익닌 무립 집지에 민저 논문 1, 2부가 현재뙤고, 3획년때 책이 나온 깃으로 기억핸다. 처음 접한 리영희 선생 논문은 정말 충격적이었다. 베트남 전쟁의 부도덕성과 제국주의적 전쟁의 성격, 미국 내 반전운동 등을 다뤘다. 결국은 초강대국 미국이 결코 이길 수 없는 전쟁이라는 것이었다. 처음 듣는 이야기는 아니었다. 우리끼리 하숙집에서 은밀히 주고받은 이야기였다. 그러나 누구도 부인할 수 없는 근거가 제시돼 있었고 명쾌했다. 한걸음 더 나아가 미국을 무조건 정의로 받아들이고 미국의 주장을 진실로 여기며 상대편은 무찔러 버려야 할 악으로 취급해 버리는, 우리 사회의 허위의식을 발가벗겨

는 다음과 같다: 종전(終戰) 선언을 거쳐 평화협정(平和協定)이 체결되면 한미연합사도 존재할 명분이 없어지며 미군주둔 근거가 없어지고 유엔사령부가 해체된다. 유엔사령부는 1950년 북한의 남침으로 발생한 한국전쟁에서 한국을 지키기 위한 유엔안보리 결의로 창설됐다. 한국전쟁 당시 유엔사령부는 북한의 침공을 막는 실질적인 전쟁 수행자였다. 유엔사령부는 또 다시 전쟁이 발생하면 유엔 참전국들이 보내는 전투력을 수용하는 허브 역할을 맡도록 돼 있다. 유엔사령부는 일본 요코스카의 미 7함대사령부 등 핵심 주일 미군기지를 후방지원기지로 사용할 수 있는 법적 근거이다. 결국, 평화협정(平和協定) 체결은 북한 도발에 대비한 한·미 전쟁수행체제가 와해된다.[16]

공산주의자들은 한국전쟁(1950~1953) 이전부터 대한민국의 건국을 저지해왔다. 1946년의 '2·7 구국투쟁'과 '대구 폭동', 1948년의 '제주 4·3사건'과 '여수·순천 반란사건'에 이르기까지 무장폭동에 기반한 대한민국 건국 저지 및 공산화 작업은 끊임없이 이어져왔다. 무장폭동으로 대한민국의 건국을 저지하지 못하자 마지막 수단으로 나온 것이 바로 전면적 남침(南侵) 전쟁이었다.

주는 것이었다. 나는 그 논문과 책을 통해 본받아야 할 지식인의 추상 같은 자세를 만날 수 있었다. 그것은 두려운 진실을 회피하지 않고 직시하는 것이었다. 진실을 끝까지 추구하여, 누구도 부인할 수 없는 근거를 가지고 세상과 맞서는 것이었다. 목에 칼이 들어와도 진실을 세상에 드러내고 진실을 억누르는 허위의식을 폭로하는 것이었다. 리영희 선생은 나중에 월남패망 후 '창작과 비평' 잡지에 베트남 전쟁을 마무리하는 논문 3부를 실었다. 그러니 월남패망이라는 세계사적 사건을 사이에 두고 논문 1, 2부와 3부가 쓰여진 셈이었다. 그 논리의 전개나 흐름이 그렇게 수미일관할 수 없었다. 1, 2부는 누구도 미국의 승리를 의심하지 않을 시기에 미국의 패배와 월남의 패망을 예고했다. 3부는 그 예고가 그대로 실현된 것을 현실 속에서 확인하면서 결산하는 것이었다. 적어도 글 속에서나마 진실의 승리를 확인하면서, 읽는 나 자신도 희열을 느꼈던 기억이 생생하다."

16) 미국방대학원 산하 국가전략연구소(INSS) 스티브 플래너건 소장은 2005년 10월 4일 국방대가 주최한 국제안보학술회의에서 "북한의 한반도 평화체제 협상이 한·미동맹 파기라는 북한의 장기적 전략목표 구현을 위한 전술"이라고 지적했다. 실제로, 베트남 공산화는 남한의 적화(赤化)를 노려온 북한을 고무시켰다. 6.25전쟁에서 무력통일의 꿈을 실현하지 못한 김일성(金日成, 1912년 4월 15일~1994년 7월 8일)은 1975년 남(南)베트남의 패망을 바라보면서 남한을 다시 한번 밀어붙일 생각을 했었다. 1975년 4월 단 한 대의 항공기도 없었던 북(北)베트남군이 당시 세계 최강의 미군을 게릴라 전(戰)으로 패배시키는 것을 본 김일성(金日成)은 상당히 고무돼 중국을 방문하게 되었다. 북경에 도착한 날, 환영 만찬석상에서 김일성(金日成)은 "(남한과의) 전쟁에서 우리가 잃을 것은 군사분계선이요, 얻는 것은 조국통일이다"(In this war we will only lose the Military Demarcation Line and will gain the country's unification)라면서 남침(南侵) 의지를 밝혔다. 그러나 중국과 소련이 이에 협력하지 않음으로써 뜻을 이루지 못했다. 중국 측은 "북한이 이런 시기에 남침을 하게 되면 미국과의 전쟁이 되고, 이는 곧 제3차 세계대전으로 연계될 수 있기 때문에 남침(南侵)은 불가하다"는 뜻을 전달했었다. 이런 사실을 알게 된 미국의 슐레신저(James Schlesinger) 국방장관은 "만일 북한이 한국을 재침(再侵)한다면 핵무기를 사용할 수 있다"라는 핵사용 발언으로 북한의 남침전쟁을 억지했었다.

1950년 6월 25일부터 1953년 7월 27일 휴전협정 체결까지 남북한(南北漢)과 유엔군을 통틀어 5백여만의 사상자와 1천만 명이 넘는 이산가족을 만들어냈다. 그 경제적 손실은 전 국토의 90% 정도가 초토화(焦土化)되면서 대한민국은 세계 최빈국(最貧國)으로 전락하고 말았다. 미국은 1950년 7월 4일 스미스 대대가 참전하면서부터 휴전협정이 조인될 때까지 3년간 연인원 175만 명의 병력을 참전시켜 5만4천246명이 젊은 목숨을 바쳤고, 10만3천284명이 부상했으며, 아직도 8천여 명의 실종자를 남기고 있다. 당시 아이젠하워 미국 대통령은 다시는 이러한 식의 전쟁은 치르지 않겠다는 뜻의 'Never again Korea'를 토로했었으며, 휴전 후에도 아물지 않는 상처를 달래기 위해 한국전을 아예 '잊혀진 전쟁(Forgotten War)'이라고까지 불렀다. 그러나 한국전쟁(1950~1953)은 결코 '잊혀진 전쟁'이 아니다. 오히려 '끝나지 않은 전쟁(Never Eending War)'이다. 오늘날도 거의 모든 국제문헌이나 세계 언론은 한반도의 정전상태에 대해 '기술적으로 전쟁상태'(technically at a state of war)라는 표현을 쓰고 있다. 즉, 한국전쟁(1950~1953)은 일시적으로 중단됐지 끝나지 않았음을 의미한다.

또한, 정전협정(停戰協定) 체제를 무력화한 것은 북한이다. 중립국감독위와 유엔사 집계에 의하면 1953년 7월 27일 정전협정이 체결된 후 통계를 매겼던 1994년 4월 말까지 북한은 42만5천271건이나 휴전협정(休戰協定) 위반행위를 저질렀다. 6·25 남침 이후 대남 군사도발은 2015년까지 총 2천900여 건에 달한다. 대표적인 정전협정 위반사례를 보면 경원선철도폭파테러, 미(美) 정보함 푸에블로호 납치사건, 1·21 청와대 습격사건, 울진-삼척 무장공비 침투 양민학살사건, 대한항공(KAL) YS-11여객기 납북사건, 8·15 기념식장 박정희대통령내외 저격사건, 국립현충문 폭파사건, 판문점 도끼만행살해사건, 기습남침용 땅굴 굴착, 미얀마 아웅산묘소 한국 외교사절단 폭탄테러살상사건, 영화감독 신상옥씨 부부 납치사건, 대한항공(KAL) 858기 공중폭파테러사건, 강릉 잠수함 무장공비 침투사건, 서해 NLL에서의 도발로 발발한 제1차 연평해전-제2차 연평해전-대청해전, 금강산 관광객 사살사건, 천안함 폭침 사건, 연평도 포격도발사건, 비무장지대 목함지뢰도발사건 등이다.

나아가 2006년 이후 네 차례의 핵실험을 감행했고, 미사일을 발사하는 등 도발의 강도는 점점 높아지고 있다. 최근에는 사이버 공격과 무인기를 이용한 우리 군시설물 탐지 등 도발이 전방위적으로 이뤄지고 있다. 하지만 평화협정 자체는 말 그대로 하나의 문서에 불과하다. 이는 평화협정(平和協定) 문서가 남북한(南北漢) 간에 평화의 보증서가 절대될 수 없다는 것을 뜻한다. 우리는 북한이 핵실험과 미사일발사, 그리고 여타의 도발행위를 통해서 국제적 합의를 얼마나 쉽게 어기고 있는지를 잘 알고 있다.

한반도 평화체제에 가장 열광적인 사람은 고(故) 노무현(盧武鉉) 전(前) 대통령(2003. 02~2008. 02)이다. 그는 2007년 10월 평양방문 때 이 문제를 김정일에게 공식 제의하고 10.4 남북정상회담 합의문에 다음과 같이 반영시켰다: "남과 북은 현 정전체제를 종식시키고 항구적인 평화체제를 구축해 나가야 한다는 데 인식을 같이하고 직접 관련된 3자 또는 4자 정상들이 한반도 지역에서 만나 종전(終戰)을 선언하는 문제를 추진하기 위해 협력해 나가기로 했다." 이에 대응하여, 노무현 대통령(당시)은 미국 측으로부터 '동맹'과 '자주'를 혼동하고 있다는 비판을 받았다.

사실, 남측이든 북측이든 핵문제 해결 없이 평화(平和)를 말하는 것은 '사기'(詐欺)다. 한반도에서의 종전선언과 평화선언, 평화협정 체결에 반대할 사람은 없다. 문제는 '방법론'이다. 북한은 평화협정(平和協定)의 전제조건으로 핵무기 포기를 절대 말하지 않았다. 따라서 북한의 핵무기 해결 없는 평화선언이나 평화협정은 아무런 의미가 없다. 왜냐하면 평화의 가장 큰 장애가 북한의 핵무기이기 때문이다.

남북기본합의서와 한반도비핵화선언, 남북불가침협정은 휴지조각이 된 지 이미 오래이다. 이러한 사실들은 평화협정(平和協定) 체결을 위해서는 당사자 간의 신뢰가 전제되어야 한다는 것을 말해주고 있다. 지금까지 도발을 밥먹듯이 해온 북한이 평화협정(平和協定)을 체결했다고 해서 도발을 포기할 것으로는 생각되지 않는다. 북한은 남한이 그들의 뜻대로 움직여주지 않으면 미군이 없는 남한 측을 향해 핵과 미사일을 통한 위협과 도발을 더 강도 높게 감행할 가능성이 크다. 이는 핵무기 포기와 함께 남·북한 간의 신뢰조성이 선행되어야 한다는 것을 의미한다. 그렇지 않고서는 평화협정(平和協定)을 수백 번 체결하더라도 평화(平和)는 오지 않을 것이다.

북한은 2007년 10월 남북정상회담때 3자 또는 4자가 평화협정(平和協定) 문제를 논의할 수 있다며 다소 유연성을 보이기도 했다. 남한을 염두에 둔 것으로 해석됐다. 그러나 2010년 1월 11일자 외무성 성명에서는 '정전협정 당사국'이라고만 표현해 남한을 평화협정(平和協定) 체결을 위한 회담당사국으로 보고 있는지는 아주 불투명했었다.[17]

북한은 남한이 정전협정(停戰協定)의 서명 당사자가 아니라는 이유로, 평화협정(平和協定)은 남한이 배제된 가운데 북·미(北·美) 간에 체결해야 한다고 주장해왔다. 그러나 이는

---

17) 2008년 12월 스티븐 보즈워스 미국 대북정책 특별대표가 북한을 방문했을 당시 북한은 한반도 평화협정(平和協定) 논의를 위해 북한, 중국, 미국 외에 한국이 참여하는 '4자 대화'를 거론한 것으로 알려졌다는 보도가 있었으나, 이 역시 공식 확인된 것은 아니다.

조약 서명자(signatory)와 조약 당사자(party)를 자의적으로 해석한 것이다. 1953년 7월 27일 마크 클라크 대장이 정전협정에 서명했을 때 그는 미군사령관이 아닌 유엔군사령관 자격이었다. 미국은 16개 참전국의 일원에 불과하므로 설령 앞으로 북·미(北·美) 평화협정(平和協定)이 체결된다 해도 이는 두 나라 사이의 새로운 쌍무협정일 뿐, 정전협정(停戰協定)을 대체할 수는 없다는 것이다. 한국이 휴전협상 서명자가 아니므로 평화협정 당사자 자격이 없다는 주장은 한국을 미국의 식민지로 규정하고 평화협정 회담에서 제외시키려는 북한의 억지를 그대로 받아들이는 것이다.

한국전쟁은 기본적으로 남·북한 간 갈등이며 남·북한(南·北漢)이 평화협정(平和協定)의 당사자이다. 정전협정(停戰協定) 당사자와 평화협정(平和協定) 당사자는 별개의 것이다. 정전협정(停戰協定)은 군사적 문제만을 해결하기 위한 조약이며 정치적 문제 해결을 위한 평화협정(平和協定)과는 다르다. 실제로 한국전쟁의 정전협정(停戰協定) 제4조 60항은 "한국문제의 평화적 해결을 위해 쌍방 관계당사국 정부에 정치회담의 개최를 권고한다"고 규정하고 있다. 또한 유엔총회결의(1953. 08. 28)에 의해 16개 참전국과 한국, 북한, 중국, 소련이 정치회담의 당사국으로 정해졌으며, 실제로 정치문제의 해결을 위한 제네바 정치회담이 1954년 4월 11일부터 6월 15일까지 개최됐다.

한편, 조지 워커 부시(George Walker Bush) 대통령(재임: 2001~2009)은 종전(終戰) 선언의 전제조건으로 '검증 가능한 비핵화'를 제시했다. 2005년 8월 베이징 북핵 6자회담에서 평화협정(平和協定) 문제가 논의됐고 조지 워커 부시(George Walker Bush) 대통령(재임: 2001~2009)도 2006년 11월과 2007년 9월 등 두 차례에 걸쳐 한반도 휴전체제를 평화체제로 바꾸는 제도적 장치를 추진하자는 뜻을 밝힌 적이 있다. 관련국 사이에 종전선언을 하고 평화협정을 체결하자는 것이다. 그러나 여기에는 "북한이 검증 가능한 방법으로 모든 핵을 폐기할 경우에만"이라는 전제조건이 붙어 있다. 물론, 북한이 끝내 핵포기를 거부하니까 북한을 유인하기 위한 하나의 '미끼'였다는 해석도 있었다.

상기와 같은 부시(George Walker Bush) 대통령(재임: 2001~2009)의 언급에 고무된 듯 당시 노무현 대통령(2003. 02~2008. 02)은 2007년 10월 평양방문을 앞두고 "김정일 국방위원장과의 남북정상회담의 핵심 의제는 평화협정(平和協定)"이라고 확언했다. 김정일(金正日) 국방위원장과 회담에서 북한이 핵무기 문제를 논의하라는 많은 국민과 언론, 야당(당시 한나라당)의 요청에 대해 "정략적인 의미로 평가한다", "시비거리를 만들어 보겠다는 것", "정상회담에서 북한의 핵무기 얘기를 말하라는 것은 가서 싸우고 오라는 뜻"이라고 계속 어깃장을 놓았다.

상기와 같은 노무현(盧武鉉) 대통령(2008. 02~2008. 02)의 인식은 평소 그의 북한의 핵무기 관련 언급과도 일맥 상통한다. 그는 북한 핵과 미사일에 대해 '방어용', '일리 있다'는 주장으로 일관해 왔다. 노무현 대통령(2008. 02~2008. 02)의 입장은 북한의 핵무기 문제는 6자회담에 맡기고 자신은 평화체제에만 매달리겠다는 것이었다. 북한의 핵실험 직전에도 "그러지 않을 것이다"며 핵실험 가능성을 부인해오다가 결국 뒤통수를 얻어맞았다.

이어서, 문재인(文在寅) 대통령(2017. 05~현재)도 18대 대선 민주당 후보시절 평화협정(平和協定) 체결을 일관되게 주장했다. 문재인(文在寅) 대통령 후보(당시)는 2012년 10월 4일 서울 세종문화회관에서 가진 10·4선언 기념 특별대담에서 "한반도 냉전구조를 해체하고 북미관계와 북일관계를 정상화하며, 남북대결구도를 해소하고 정전협정을 평화협정으로 전환해야 한다"고 주장했다. 그는 이를 위해 대통령직 인수위에서 한반도 평화구상 초안 확정, 2013년 여름까지 평화 구상 조율을 위한 한·미-한·중 정상회담 개최, 2013년 내 평화구상에 대한 합의 도출 목적의 남북정상회담 실현, 2014년 상반기에 '한반도 평화와 비핵화를 위한 6개국 정상선언' 도출, 2014년 말까지 정상선언 이행을 위한 기구 출범 수순을 밟아나가겠다고 밝혔다. 그는 또 2012년 11월11일 국회 헌정기념관에서 가진 정책 프리젠테이션에서 2014년까지 '평화체제' 구축 의지를 표명했다.

문재인(文在寅) 대통령(2017. 05~현재)의 지난 독일 연설(2017. 07. 06, 베를린 구(舊)시청)은 그의 과거 주장들의 연장 선상에 있다. 그는 쾨르버 재단 초청 연설에서 한반도의 냉전구조 해체와 항구적인 평화정착을 위한 한반도 평화구상 5대 원칙으로 6·15 공동선언과 10·4 정상선언 계승을 통한 평화, 북한 체제의 안전을 보장하는 한반도 비핵화 추구, 항구적인 평화체제 구축을 위한 한반도 평화협정(平和協定) 체결, 한반도 신 경제지도 구상, 정치-군사적 상황과 분리한 비정치적 교류협력 사업 추진을 들었다.

한국사회의 종북 좌파세력은 한국전쟁(1950~1953)을 내전(civil war, internal war)이니, 민족해방전쟁이니, 통일전쟁이니, 혁명세력과 반(反)혁명세력 간의 전쟁이니 하면서, 대한민국을 지킨 세력을 반(反)혁명세력으로 몰아가고 16개 우방국을 내전(內戰)에 개입한 '제국주의' 세력으로 매도한다. 그들은 북한의 주한미군(駐韓美軍) 철수를 통한 대남적화 논리인 '평화체제' 요구에 장단을 맞추며, 지난 반세기 동안 가까스로 유지돼온 정전협정(停戰協定) 체제를 이제 평화협정(平和協定)으로 대체해야 한다고 목소리를 높이고 있다. 이러한 세력은 일부 정당을 비롯한 정치권, 시민운동단체와 노조는 물론 학계, 교육계, 종교계, 언론계 등에 산재해 있다.

예로서 기독교계 저명인사 350여 명으로 구성된 '평화와 통일을 위한 기독인연대(평통기연)'[18]라는 단체는 북한의 3차 핵실험 이후인 2013년 2월 12일 새로 출범할 박근혜 정부(2013. 02~2017. 03)에 대해 6.15와 10·4선언 등을 포함한 소위 '6대 합의문'을 실행하라는 성명을 내면서 "한반도 분단 문제의 궁극적 해결을 위해 정전협정(停戰協定)을 평화협정(平和協定)으로 전환시킬 수 있는 적극적이고 실효성 있는 노력을 요청한다"고 밝혔다. '평화와 통일을 위한 기독인연대(평통기연)'은 같은 해 4월 17일 또 다시 '한반도 전쟁 위기 해소와 평화 전환을 촉구하는 평화와 통일을 위한 기독인 연대 성명서'라는 이름의 성명을 냈었다. 이 성명 역시 "정전협정 60주년을 맞이하여 평화체제로 전환시킬 근본적인 해결책을 모색해야 한다"며 정전협정(停戰協定)의 평화협정(平和協定) 전환을 주장했다.

대표적 친북단체인 '남북공동선언실천연대'는 북한의 평화체제 논리를 그대로 수용해 2007년 7월 27일 "주한미군 철수가 한반도 평화체제다"라는 제목으로 성명을 내기도 했다. 이 단체는 성명에서 "미국은 소위 북한의 남침을 억제한다는 구실로 한국의 군사적 주권을 장악하고 주한미군을 장기간 주둔시키고 있다"면서 "한국 전쟁과 북한의 남침 위협이 미군주둔의 이유라면 당연히 북미종전선언과 함께 주한미군 철수를 추진해야 한다"고 선동했다. 이 단체는 또 "우리는 미국의 알맹이 없는 종전선언이니 평화체제니 하는 말을 믿지 않는다"며 "오직 주한미군이 철수하는 그 순간 한반도 평화체제가 시작될 뿐"이라고 주장했다.

특히, 한반도의 평화·번영·통일을 위한 판문점 선언 (2018. 04. 27, 판문점)이후 한국사회의 종북 좌파세력은 당장이라도 평화협정(平和協定) 체결을 서둘러야 한다고 주장한다. 그러나 이들이 주장하는 것에는 언제나 주한미군 철수, 연방제 지지, 국보법 폐지 등이 포함 돼 있다. 심지어 일부 시민단체들은 본격적인 평화협정(平和協定) 서명운동에 돌입했다. 예로서, 세계여성평화그룹(IWPG: International Women's Peace Group) 한국본부(본부장 윤현숙)는 한반도 전쟁 종식을 위한다며 1천만 서명운동에 돌입했다. 서명운동은 세계여성평화그룹(IWPG) 한국본부 67개 지부와 한반도 평화통일여성조직위원회가 공동주관하고 있다. 이들은 전국의 길거리에 서명판을 차려놓고 왕래하는 주민들에게 '평화'를 외치며 평화협정(平和協定) 찬성 서명을 받고있다. 이에 따라 30여 친북 좌익단체들도 서명운동에 동참하고 있는 것으로 알려졌다.[19]

18) '평화와 통일을 위한 기독인연대(평통기연)'은 김경원, 박종화, 손인웅, 이규학, 이영훈, 홍정길 목사 등 기독교계의 쟁쟁한 인물이 상임대표로 참여하고 있던 단체다.

19) 좌익단체들은 아주 간단한 2분법식의 당위(當爲: Sollen)를 강조하는 질문 <전쟁이냐, 평화냐>를 행인들에게 묻고있다. 문제는 평화협정내용을 잘 모르는 노인들이나 가정주부, 어린이들이 '평화(平和)'라는 말에 적극적으로 호감을 표시하며 서명에 참여하고 있다는 사실이다. 북한문제 연구가인 서옥식 박사

만약 평화협정(平和協定)이 북한의 핵무기 폐기와 함께 한반도의 평화를 실체적으로 보장한다면 이에 반대할 사람은 없을 것이다. 오히려 평화협정(平和協定) 체결은 적극적으로 추진할 과제이다. 그러나 한반도 평화를 파괴할 수 있는 핵보유를 헌법에 명시하며 4차 핵실험(수소폭탄 전초단계 실험)에 이어 5, 6차 핵실험까지 하며 핵무기가 한반도에서의 평화를 담보하는 '평화의 무기'라는 헛소리를 하고 있다.

모름지기, 평화협정(平和協定) 체결을 위해서는 핵무기 포기를 포함한 군비통제 등 전쟁억지 장치를 마련하는 것이 전제돼야 한다.[20] 이와 동시에, 한·미·일 3국은 유럽에서 북대서양조약기구(NATO)와 유럽안보협력기구(OSCE)가 공존하듯이 동북아에서 동맹과 다자안보체제가 공존하는 미래 비전을 중국과 공유하는 노력을 병행해야 한다. 이로써 북한의 평화체제 공세에 대처할 수 있고, 북핵 폐기를 위한 중국의 진정한 협력을 기대할 수 있을 것이다.[21] 김정은(金正恩) 국무위원장은 한반도의 평화·번영·통일을 위한 판문점 선언 (2018. 04. 27, 판문점)에서 그들이 주장하는 소위 '한반도의 비핵화'에는 서명하면서도 '북한의 핵무기 폐기'에 대해서는 일절 언급하지 않았다.

(정치학, 경남대 극동문제연구소 초빙연구위원, 전 연합뉴스 편집국장)는 '전쟁이냐 평화냐'는 좌파들의 통일전선전략 구호라고 설명하고 평화협정이 평화를 보장한다는 것은 과거 베트남평화협정이나 중동평화협정에서 보듯 '사기극'이라고 말했다.

20) 예로서, 북한은 자신들의 평화협정(平和協定) 제안을 미국 등 당사국들이 계속 외면해 연평도에 포격을 가했다는 언급을 해 주목되기도 했다. 북한 노동당 기관지 노동신문은 2011년 1월 11일자에서 '현 사태 타개의 근본열쇠'라는 제목의 논평을 싣고 "대화와 협상을 통해 조선반도에 공고한 평화체계를 마련하려는 우리 공화국의 입장은 일관하다"면서 "지난 해 유관측들이 우리의 평화협정 체결 제안에 성근한 (성실한) 자세로 호응했으면 연평도 포격 사건 같은 사태는 발생하지 않았을 것"이라고 주장한 바 있다.

21) 조선일보, 2010. 02. 10.

VIII

본 연구의 북한 핵무기 해결방안:
'동북아평화조약 (Northeast Asian Peace Treaty)'과 '동북아 안보협력회의(CSCNEA)'

세계평화(世界平和)를 위한
신(新)실용주의적(實用主義的) 해법:
동아시아지역의 군사안보와
경제협력을 중심으로

The 'Neopragmatic' Solution to World Peace:
with special focus on Regional Security and
Economic Cooperation in East Asia

01 인류 역사상 '평화조약(平和條約)'의 허구와 한계
02 본 연구의 '북한 핵무기 해결방안'
03 실용주의적(實用主義的) 남·북한 경제교류/협력

01 인류 역사상 '평화조약(平和條約)'의 허구와 한계

본장에서 본 연구는 동아시아(특히 '동북아 평화')를 위한 북한의 핵무기 해결방안: '동북아 안보협력회의'(CSCNEA: Conference on Security and Cooperation in Northeast Asia)와 '10개항 동북아평화조약'(Northeast Asian Peace Treaty)을 제시한다. 상기 평화조약(平和條約)의 필요성을 강조하고 현실적 적합성을 담보하기 위하여 인류 역사상 평화조약: (1) 베르사유 강화조약(Treaty of Versailles, 1919년), (2) 뮌헨협정(1938. 09. 30), (3) 영·독 불가침조약(1939년), (4) 독·소 불가침조약(1939년), (5) 베트남 평화협정(1973년), (6) 중동 평화협정(1979년)의 허구와 한계를 각각 지적한다.

나아가, 본 연구는 '신실용주의적'(新實用主義的, Neopragmatic) 남·북한 경제교류/협력을 추진할 것을 제안한다. 구체적으로, 저자가 오랜 기간 동안 제창해온 '장단면(長端面) 남·북한 경제특구'와 '東北亞 平和市', 남·북한 + 미국의 3각 협력구도: 산업기술협력과 광물자원(특히 희토류(稀土類)) 및 유전(油田)의 공동개발, 북한(北韓) 산림 및 환경 복구를 위한 남·북한 환경제협력력, 중국과 남·북한의 간도(間島)지역 공동개발을 제시한다.

세계사(世界史)를 보면 평화협정(平和協定)이나 평화조약(平和條約)이 반드시 평화를 보장하지 않는다는 것을 알 수 있다. 우선, '평화협정(Peace Agreement)'이란 군사적으로 대치 관계 또는 교전 중에 있는 국가들이 대치를 중지하고 평화 상태를 회복하기 위해 맺는 협정이다. 국제법상의 효력은 평화조약(平和條約)에 준하지만, 행정부의 권한에 속하는 사항에 대해서만 약정을 맺는 것으로 국회의 비준 등을 거치지 않아도 되기 때문에 '평화조약'에 비해서 격이나 구속력이 떨어진다. 이와 대조적으로, 평화조약(Treaty of Peace)은 교전 중인 국가 간에 전쟁의 종료와 평화의 회복, 영토, 배상금 따위의 강화조건을 규정하고 그 이행을 위한 담보 수단을 정하는 조약으로, 조약의 체결권이 국가수반에 의해서 행사되고 국회의 비준을 거쳐 최종 확정되는 약정이다. 즉, 평화조약(平和條約)은 국회의 비준을 거침에 따라 국제법, 국내법 모두에 구속력을 가지는 평화체제 가운데 가장 강력한 약정이다.

에리히 프롬(Erich Fromm)은 그의 저서 <건전한 사회>(The Sane Society)에서 프랑스 작가 빅토르 세르빌리에(Victor Cherbulliez)의 조사결과를 인용하여 BC 1500년부터 AD 1860년까지의 세계 역사에서 영구적인 평화의 보장을 전제로 하는 평화조약(平和條約)이 약 8천 건이나 체결됐으나 그 효력이 지속되기는 평균 2년 정도에 불과했다고 말했다.[1] 즉, 평화조약(平和條約, Treaty of Peace)이 평균 2년을 넘기지 못하고 전쟁 재발로 이어졌다는 것이다. 결과적으로, 현실을 도외시하고 이상주의에 젖은 평화조약(平和條約)들은 거의 모두 허구(虛構)이며 휴지조각이 되어버렸다.[2]

전형적 예로서 제1차 세계대전(1914~1918) 이후 독일과 연합국이 체결했었던 베르사유 강화조약(Treaty of Versailles, 1919년)은 세계대전이 일어나지 않게 하자는 대표적인 평화조약의 하나였지만 독일 나치 정권이 배상을 거부하면서 1933년에 파기됐었다. 결국 평화유지는 실패했었고 제2차 세계대전(1939~1945)의 발발로 이어졌다.

또한, 제2차 세계대전(1939~1945) 발발 1년 전인 1938년 9월 30일 독일의 수데텐란트(Sudetenland) 병합문제를 수습하기 위해 체결되었던 뮌헨협정(Munich Agreement, Münchner Abkommen, 1938년)은 평화는커녕 전쟁을 불러온 대표적 사례다. 영·독(英·獨) 불가침조약(1939년)과 독·소(獨·蘇) 불가침조약(1939년)도 비준서의 잉크가 마르기 전에 제2차 세계대전(1939~1945)의 발발로 실효성이 없음이 입증됐다.

또한, 1973년 베트남 평화협정(平和協定) 체결은 미국과 북(北)베트남(越盟) 간의 전쟁을 '종식'시켰지만 남(南)베트남에 주둔했었던 미군이 철수한 후 2년 뒤 북(北)베트남이 남침(南侵)했었다. 월맹과 베트콩 공산주의자들의 통일전선전략과 위장평화공세 속에 월남 대학생들이 반미·반전데모를 벌였었다. '우리는 평화를 원한다', '양키들은 월남문제에 개입할 권리가 없다' 등의 구호를 외쳤었다. 그러나 결국 적화통일(赤化統一)이 되면서 남(南)베트남인 600여만 명은 재교육 수용소로 끌려가 한 명도 살아남지 못했다. 100만 명 이상은 조국을 잃고 보트 피플이 돼 바다 위를 유랑해야 했다. 혹자는 이를 두고 어찌됐건 통일

---

1) "According to Victor Cherbulliez, from 1500 B.C. to 1860 A.D. no less than about eight thousand peace treaties were signed, each one supposed to secure permanent peace, and each one lasting on an average two years!"

2) 물론, 몇몇 평화조약(平和條約, Treaty of Peace)이 전쟁재발에 일정부분 기여한 점은 있다. 예로서 개신교와 로마 가톨릭 간의 대립이라는 종교문제로 발발한 국제전쟁인 '30년 전쟁'의 종전과 함께 1648년 10월 24일 체결된 베스트팔렌조약(Peace of Westfalen, Treaty of Westphalia)이나, 제2차 세계대전(1939~1945) 후의 파리강화조약이 그것이다. 가장 최근에는 1995년 보스니아 헤르체고비나와 크로아티아, 유고슬라비아연방공화국(신유고연방)간에 체결되어 보스니아 내전을 종결한 데이턴평화협정, 2014년 필리핀 정부와 이슬람 반군조직인 모로이슬람해방전선((MILF) 간에 체결되어 40년 이상 지속되었던 내전을 종식시킨 필리핀-모로이슬람해방전선평화협정 등을 들 수 있다.

이 되지 않았느냐고 강변할지 모르지만 '자유민주주의' 통일이 아닌 강압에 의한 '인민민주주의' 체제의 공산화 통일이었다.

1979년 중동(中東) 평화협정(平和協定)과 1993년 오슬로 평화협정(平和協定) 역시 지역 평화를 위한 외교적인 노력에도 불구하고 지금도 테러나 국지전쟁이 끊이지 않는 등 불안한 상태가 지속됨으로써 평화를 보장하지 못하고 있다. 중동(中東) 분쟁의 핵심 국가인 이스라엘과 팔레스타인은 1993년 9월 13일 '영토와 평화의 교환'을 원칙으로 한 '오슬로 평화협정'(1993. 09)을 체결한 이후 지금까지 수차례의 크고 작은 휴전협정과 평화협정을 체결했으나 평화와 공존은커녕 암살과 테러, 군사력을 동원한 보복의 악순환 등 유혈 충돌이 끊이지 않고 있다. 유엔안전보장이사회는 2002년 3월12일 팔레스타인을 사상 처음으로 국가로 명시하며, "이스라엘과 팔레스타인 양측이 안전하고 공인된 국경 안에서 공존하는 비전을 지지한다"고 결의(안보리 결의 1397호)했었으나 모두 허사였다. 2003년 4월에는 유엔과 미국, 러시아, 유럽연합(EU) 등 국제사회가 이스라엘과 팔레스타인 간의 유혈사태를 종식시키기 위해 '중동평화 로드맵'(road map for Middle East peace)을 마련했지만 이 역시 휴지조각이나 마찬가지였다.

1) 베르사유 강화조약(1919. 06. 28)

제1차 세계대전(1914~1918)이 다음과 같은 배경 및 과정을 거쳐 발발하였다: 1900년대 당시 식민지(植民地)가 가장 많았던 나라는 영국과 프랑스였다. 그 뒤를 이어 독일도 식민지를 확보하려고 나섰다. 영국, 프랑스, 독일은 아시아와 아프리카에서 서로 식민지를 많이 차지하기 위해 치열하게 경쟁했었다. 아시아와 아프리카는 원료도 풍부하고 물건을 팔 시장도 넓었다. 그래서 유럽 나라들은 '제국주의 국가'로서 군대를 동원해 두 대륙을 지배하고 식민지를 건설했었다. 독일은 이 경쟁에 뒤늦게 뛰어들었기 때문에 영국과 프랑스에 불만이 많았다.

이러한 시대적 상황에서 제1차 세계대전(1914~1918)이 일어난 곳은 유럽과 아시아를 잇는 발칸 반도였다. 발칸 반도는 1300년대부터 오스만 제국이 지배했다. 그런데 오스만 제국의 힘이 약해지자 1878년에 이곳에 위치한 세르비아가 독립을 했었다. 세르비아는 주변 지역을 하나로 합쳐 국가를 건설하려 했었다. 제1차 세계대전(1914~1918)은 1914년 7월 28일 오스트리아가 세르비아에 대한 선전포고를 하면서 시작되었으며, 1918년 11월 11

일 독일의 항복으로 끝난 세계적 규모의 전쟁이다. 이 전쟁은 독일·오스트리아의 동맹국과 영국·프랑스·러시아 등의 협상국(연합국)이 양 진영의 중심이 되어 싸운 전쟁이었다.

제1차 세계대전(1914~1918)의 진행과정은 다음과 같이 요약할 수 있다: 범게르만주의와 범슬라브주의의 대립, 발칸 반도에서 독일과 러시아의 대립 → 1908년, 오스트리아가 세르비아 주변 지역인 보스니아와 헤르체고비나를 점령, 이에 분노한 세르비아 청년이 1914년에 사라예보(보스니아의 수도)를 방문한 오스트리아 황태자 부부를 암살, 사라예보 사건(1914. 06). 오스트리아가 세르비아에 전쟁을 선포, 슬라브족 나라인 러시아가 세르비아 지원 → 게르만 족의 삼국 동맹국(오스트리아, 독일, 이탈리아[3])과 삼국 협상국(러시아, 영국, 프랑스)의 전쟁, 제1차 세계대전(1914~1918) 발발 → 1915년, 독일 해군의 무제한 잠수함 작전, 영국의 여객선 루시타니아호를 침몰, 100명이 넘는 미국인들이 사망, 미국은 중립을 포기하고 1917년 4월, 연합군에 참여 → 삼국 협상국(러시아, 영국, 프랑스)에서 러시아의 이탈(1917. 12) → 협상국(영국, 프랑스)의 승리로 제1차 세계대전(1914~1918)의 종결(1918. 11)이다.[4]

그 후 독일 황제 빌헬름 2세(Kaiser Wilhelm II) 및 독일제국 수상 게오르그 폰 헤트링(Georg von Hertling)과 연합국의 미국의 대통령 우드로 윌슨, 영국의 수상 데이비드 로이드 조지, 프랑스의 조르주 클레망소, 이탈리아의 비토리오 에마누엘레 오를란도이 프링스 파리 베르사유 궁전 '거울의 방'에서 체결했었던 베르사유 강화조약(Treaty of Versailles, 1919. 06. 28)이 체결되었다. 상기 조약은 다시는 지구상에서 세계대전이 일어나지 않게 하자는 제1차 세계대전(1914~1918)의 강화조약(평화조약)이었지만 나치 정권의 독일이 배상을 거부하면서 1933년에 파기됐었다. 결국, 평화 유지는 실패했고, 제2차 세계대전(1939~1945)의 발발도 막을 수 없었다.

상술하면, 제1차 세계대전(1914~1918) 발발의 원인이었던 사라예보 총격사건이 있은지 만 5년째가 되는 1919년 6월 28일 오후 3시 12분, 베르사유 궁전에서 독일 대표단이 강화조약에 서명했다. 상기 베르사유 강화조약(Treaty of Versailles, 1919. 06. 28)은 파리 평화회

---

3) 삼국 동맹국이었던 이탈리아는 중립을 지키다가 나중에 연합군 쪽으로 돌아섰다. 당시 이탈리아는 영국과 싸울 힘도 없었고, 오스트리아와 영토 문제로 사이가 좋지 않았기 때문이었다.

4) 제1차 세계대전(1914~1918)에서 가장 치열하게 싸운 나라들은 독일과 영국, 프랑스, 러시아였다. 독일은 프랑스와 러시아를 이기고 세계의 초강대국이 되려는 욕심을 가지고 있었다. 그래서 프랑스를 공격하여 파리를 점령하고, 그 뒤에 러시아와 싸운다는 전략을 갖고 있었다. 한편, 아시아의 제국주의 국가 일본은 한반도를 식민지로 삼고 중국까지 넘보고 있었다. 일본은 전쟁에 참여하여 아시아에서 세력을 넓히고 싶어서 중국에 있던 독일 기지를 점령하고 연합군 편에서 싸웠다. 그리고 유럽과 맞닿아 있던 오스만 제국과 불가리아는 동맹군 편을 들어 싸웠다. 이와 같이 온 세계는 전쟁의 소용돌이에 휘말렸다.

의의 결과로 31개 연합국과 독일이 맺은 강화조약으로 전체 440조로 이루어졌다. 제1차 세계대전(1914~1918) 후의 국제관계를 확정한 의의를 지닌 회의였다.[5]

베르사유 강화조약(Treaty of Versailles, 1919. 06. 28)의 주요 내용을 요약하면 다음과 같다: 국제연맹(國際聯盟) 결성, 독일제국 식민지 포기, 영토점령지 반환, 프랑스에 알자스로렌 반환(조항 27), 외펜과 말메디를 벨기에에 통합(조항 27), 덴마크 사람들이 있는 독일 몇몇 독일 북부를 덴마크가 차지, 자를란트 주는 15년간 국제사회의 감독 아래 두었다가 그 후 지위는 국민투표로서 결정, 독일 동부의 중요 지역들은 새로운 폴란드 정부에 귀속, 단치히(Danzig)는 폴란드의 바다 접근과 독일 제국과의 분리를 보장하기 위해 '자유 도시'(Free City)로 설정, 독일 북부 비무장지대 설정, 독일무장 해제 및 주요무기 양도, 독일 군대는 육해군 포함 10만 명 초과금지, 새로운 무기개발 금지, 프랑스에게 전쟁배상금 1,320억 독일 제국 마르크 지불 등이다.

베르사유 강화조약(Treaty of Versailles, 1919. 06. 28)으로 인하여 독일은 해외식민지를 잃었고, 알자스 로렌을 프랑스에 반환하였으며, 유럽 영토를 삭감당하였다(면적에 있어서 13%, 인구에 있어서 10%). 라인강(江) 좌안(左岸)은 비무장지대로서 15년간 연합국의 점령하에 두고, 자르지방은 15년간 국제연맹(國際聯盟)의 관리하에 두며, 15년 후에 주민투표에 의해 그 귀속을 결정하기로 하였다. 단찌히(Danzig)는 자유시(自由市)가 되어 대외 관계와 관세 등의 문제는 폴란드가 관할하고 대내 관계는 국제연맹(國際聯盟)이 관장하도록 하였다. 또한 전쟁도발의 책임을 물어 연합국 손해에 대한 배상지불이 부과되었다. 배상금액은 연합국 배상위원회에 일임되어, 1921년 3월 1일까지 이 위원회에서 배상 총액을 200억 마르크(약 330억 달러)로 결정하였다.

군비에 대해서도 육군병력은 10만 이내 장교는 5,000명 이내, 해군은 1만 5천 명에 군함보유량은 10만 톤 이내로 제한되었으며, 참모본부·의무병역제도는 폐지되고, 공군·잠수함의 보유도 금지되었으며, 육·해군의 무장에 대해서도 엄한 제한과 감시를 받았다.

프랑스는 베르사유 강화조약(1919. 06. 28)으로 이익을 본 주요 국가들 중 하나이다. 그 이유는 알자스 로렌의 반환, 독일 서부지역의 비(非)무장화, 오스트리아-헝가리 제국의 분할, 그리고 재건을 위한 막대한 경제적 지원 등에 프랑스는 만족하지 않았다. 왜냐하면 프랑스는 영구적인 라인강 좌안지역의 지배권을 원했었기 때문이었다.

---

5) 중국의 대표도 참석하였으나 산동(山東) 문제 처리에 반대하여 조인하지 않았다. 한편, 미국 상원은 미국이 국제연맹(國際聯盟)에 가입하는 것의 비준을 거부했었다. 즉, 미국 상원은 미국이 국제연맹(國際聯盟)에 들어가는 것을 원치 않았다. 왜냐하면 국제연맹(國際聯盟)이란 미국의 영향력이 줄어드는 것을 의미한다고 사유했었기 때문이었다.

이탈리아에서 불만이 강하게 표출되었다. 왜냐하면 연합국이 이스트라 반도, 달마티아, 트렌토 지방의 영토 분할에 관해서 약속한 것을 제대로 이행하지 않았기 때문이었다. 이탈리아 파시스트들은 연합국에 대한 이 배신감을 이용하는 방법을 알았고 그것을 이탈리아 민족주의의 발아(發芽)로 삼았었다.

한편, 베르사유 강화조약(Treaty of Versailles, 1919. 06. 28)의 운영이 일방적이고, 이 조약으로 말미암아 독일 국민에 대한 압박이 컸었기 때문에, 독일에서는 이 조약을 '명령'이라 불렀다. 이를 교묘히 포착하여 이용한 것이 나치스였다. 1919년 6월16일 조약내용이 알려지자 샤이드만 수상은 서명을 거부했었고 내각은 21일 총사퇴했다. 학생들은 프랑스기(旗)를 불태우며 시위를 벌였다. 그러나 22일 샤이드만 수상의 뒤를 이은 바우어 내각은 국민의회를 통해 조약 수락을 결정했었다.

상기한 배경하에서, 독일은 엄청난 패전 대가와 프랑스의 천문학적 배상금 요구로 '이판사판 죽기 아니면 살기의 배째'라는 식으로 대응하게 되었다. 영토 등은 반환하면 되겠지만 금전적 경제적 산업적 문제는 이행할 능력 자체가 없었기에 차라리 다시 한번 싸우자는 독일국민의 정서를 이용하여 등장한 것이 나치이고 아돌프 히틀러(Adolf Hitler)였다.

결과적으로, 베르사유 강화조약(Treaty of Versailles, 1919. 06. 28)은 20년 후 뮌헨협정(Munich Agreement, 1938. 09. 30)을 거쳐 제2차 세계대전(1939~1945)을 야기했었다. 상술하면, 국제적으로 아돌프 히틀러(Adolf Hitler)의 협박과 공갈이 먹혀든 것은 제1차 세계대전(1914~1918) 이후의 유럽 판도가 그만큼 허약했었기 때문이었다. 즉, 베르사유 강화조약(Treaty of Versailles, 1919. 06. 28)은 '공갈꾼의 노다지'였다. 상기 조약은 자꾸만 요구 조건을 키우는 빌미를 아돌프 히틀러(Adolf Hitler)에게 제공했었고 1938년과 1939년에는 극(極)에 달했다.

다시 말하면, 종족 관계가 불안해졌던 원인은 전승국들이 베르사유 강화조약(Treaty of Versailles, 1919. 06. 28)에서 일방적으로 영토를 갈랐기 때문이었고 아돌프 히틀러(Adolf Hitler)는 중(中)유럽과 동(東)유럽이라는 종족 관계의 불안을 지능적으로 이용했었다. 또한, 서방(특히 영국)은 독일에게 제1차 세계대전(1914~1918)의 전쟁 배상금을 너무 과다하게 부과했었다. 아돌프 히틀러(Adolf Hitler)가 억지를 부리는 것도 사실이었지만, 그의 주장이 모두 틀린 것은 아니었다. 영국이 프랑스보다 더 그런 편이었지만 서방 국가들은 전쟁에 지친 국민 여론을 의식하여 새로운 분쟁은 무슨 수를 써서라도 피하려 들었고 기존의 점잖은 외교 방식에서 벗어나지 못한 채, 거짓말과 위협을 밥 먹듯이 하는 아돌프 히틀러(Adolf Hitler)에게 끌려다니면서 그를 달래기에 분주했었다. 그럴수록 '공갈꾼' 아돌프 히틀러(Adolf Hitler)의 요구 조건은 많아지기 마련이었다. 서방 국가들이 아돌프 히틀러(Adolf Hitler)의 내심을 알아차렸을 때는 그들은 이미 속수무책(束手無策)이었다.

2) 독일·폴란드 불가침 조약(1934. 01. 26)

폴란드는 1795년 러시아·오스트리아·프로이센 3개국에 의해 분할되면서 지구상에서 사라졌으나 제1차 세계대전(1914~1918) 후인 1918년에 독립을 회복했다. 망국(亡國) 123년 만의 일이었다. 영국·프랑스 등은 폴란드가 중부 유럽에서 독일의 팽창을 견제하는 역할을 해 주기를 기대했었다.

1920년대 후반 이후 독일과 소련이 국력을 회복하면서 폴란드는 안보 불안에 시달리기 시작했다. 독일이나 소련 모두 제1차 세계대전(1914~1918) 당시 자기들이 잃어버린 땅 위에 수립된 폴란드의 존재 자체를 인정하려 들지 않고 있었다. 1920년대 독일 군부의 실력자였던 한스 폰 젝트(Johannes Friedrich 'Hans' von Seeckt, 1866~1936) 장군은 "폴란드는 없어져야 하며, 없어질 것이다"라고 공공연히 주장했었다.

1933년 1월 아돌프 히틀러(Adolf Hitler)가 집권했었다. 그는 폴란드 해체와 동방으로의 팽창을 공언했었다. 1933년 11월 12일 그는 그해 10월 있었던 국제연맹(國際聯盟) 탈퇴에 대해 국민들의 지지 여부를 묻는 국민투표와 국회의원 총선거를 실시하여 압승을 거두었다. 사흘 후 그는 신임 주독(駐獨) 폴란드 대사 유제프 리프스키를 초청하여 양자회담을 한 후 공동성명을 발표했다. 이 성명은 유럽을 놀라게 했다. 두 나라 정부는 "양국에 관계되는 여러 문제를 직접 교섭으로 처리하며, 유럽 평화의 기반을 공고히 하기 위해 양국 상호 간의 관계에 무력(武力)을 적용하는 것을 모두 포기"하기로 합의한 것이다.

이듬해인 1934년 1월 26일 독일과 폴란드는 10개년 불가침조약에 조인했었다. 두 나라가 이 조약에 합의한 것은 각자 속셈이 있었다. 집권한 지 1년밖에 안 된 아돌프 히틀러(Adolf Hitler)로서는 전쟁을 준비할 시간을 벌고 독일을 포위하고 있는 프랑스와 폴란드, 체코슬로바키아 등 중동부 유럽 국가들 간의 동맹을 와해시킬 필요도 있었다.

마침 폴란드에서는 가장 큰 동맹국인 프랑스에 대한 회의(懷疑)가 짙어지고 있었다. 프랑스가 독일과의 국경지대에 마지노선(線)을 구축하는 것을 본 폴란드인들은 프랑스가 방어적 국방전략으로 돌아섰으며 유사시 자신들을 적극적으로 돕지 않을 것이라고 믿게 됐다.

1926년 5월 쿠데타로 집권한 유제프 피우수트스키(Józef Klemens Piłsudski, 1867~1935) 정권의 외무장관은 유제프 베크라는 현역 대령이었다. 1920년대에 프랑스 주재 폴란드대사관 무관(武官)으로 근무하다가 추방당한 경험이 있는 그는 1932년 외무장관으로 취임한 후 반(反)프랑스·친(親)독일 노선을 추구했다. 일부 폴란드인들에게는 1918년 독립 이래 상전처럼 굴어 온 프랑스의 영향력으로부터 벗어나는 '자주외교'로 보였지만, 건국의 후원자이자 가장 큰 동맹국인 프랑스와 등을 지는 첫걸음이었다.

독일－폴란드 불가침 조약(1934. 01. 26)은 조문(條文)이 아니라 몇 개의 문장으로 되어 있다. 상기 조약은 선언으로 시작한다: *"독일 정부와 폴란드 정부는 양국 간의 심층적인 이해를 통해 새로운 정치적 관계의 국면에 접어들 시간이 온 것으로 생각한다. 따라서 그들은 미래의 우호적인 관계의 발전을 위해 본 조약에서 제(諸) 원칙들을 정립하기로 하였다. 두 정부는 양국 간의 지속적인 평화의 보증이 유럽 전체의 평화 유지의 전제조건이라는 사실에 행동의 기초를 둔다".*

독일－폴란드 양국은 *"만약 분쟁이 발생했을 때, 직접 교섭을 통한 합의를 하지 못하는 특별한 경우에는 상호 간의 합의에 기초하여 평화적 방법을 통한 해결책을 모색한다"*면서 *"어떠한 상황에서도 분쟁의 해결수단으로서 무력(武力) 사용을 하지 않는다"*고 다짐했다. 상기 조약은 *"양국 정부는 제3국에 부담하는 국제적 약정들이 평화적인 상호관계를 해치지 않고 현 선언과 어긋나지 않으며 본 선언에 의해 영향을 받지 않을 것을 분명히 한다"*고 선언했다. 즉, 독일―폴란드 불가침 조약(1934. 01. 26)으로 인해 폴란드가 프랑스와 맺은 동맹조약을 비롯한 기존 국제조약들이 유효하다는 것도 확인한 것이다. 10년간 유효한 독일―폴란드 불가침 조약(1934. 01. 26)은 협정 만료 6개월 전에 일방이 파기할 수 있지만, 그 6개월 동안은 여전히 효력을 지니는 것으로 되어 있었다.

폴란드는 독일과의 불가침 조약(1934. 01. 26)에 앞서 1932년 7월 소련과 불가침조약을 맺은 바 있다. 소련과의 불가침 조약은 독일·폴란드 불가침조약 이후 갱신(更新)됐다. 이로써 폴란드는 독립 이후 상존해 오던 동서 양대 강국으로부터의 침략 위협에서 벗어나는 듯했었다.

유제프 피우스트스키(Józef klements Pilsudski) 정권에서 유제프 베크 폴란드 외무장관은 이후에도 친(親)독일 외교노선을 고수했었다. 1938년 아돌프 히틀러(Adolf Hitler)가 체코슬로바키아 내 독일인 거주지역인 수데텐란트(Sudetenland) 할양을 요구하며 분쟁을 야기했을 때, 폴란드는 독일 편에 서서 체코슬로바키아의 티셴 지역을 병합했었다.

뮌헨협정(Munich Agreement, 1938. 09. 30)으로 1938년 10월 수데텐란트(Sudetenland)을

합병한 독일은 이듬해 3월 체코슬로바키아를 해체, 병탄(併呑)했었다. 이어 독일은 리투아니아의 독일인 거주지역인 메멜도 점령했었다. 이에 따라 폴란드는 서쪽은 물론 북쪽, 남쪽에서도 독일에 포위되는 형국이 되었다. 폴란드는 그제서야 정신이 들기 시작했다. 하지만 때는 이미 늦었다. 독일은 1939년 3월 21일 폴란드에 과거 독일 영토였다가 폴란드 관리하에 놓인 단치히 할양을 요구했다. 폴란드는 이 요구를 거부했었다.

1939년 3월 31일 네빌 체임벌린(Neville Chamberlain) 영국 총리는 의회 연설에서 "폴란드가 공격을 받고 저항할 경우 영국과 프랑스는 전력을 다해 모든 지원을 할 것"이라고 선언했었다. 그러나 아돌프 히틀러(Adolf Hitler)는 아랑곳하지 않았다. 그는 4월 28일 독일·폴란드의 불가침 조약(1934. 01. 26)을 일방적으로 파기했었다. 조약의 유효기간은 아직 5년이나 남아 있었다. 이어서 8월 23일 독·소(獨·蘇) 불가침 조약(1939. 08. 23)을 맺었다. 독일과 소련 양국은 이에 수반되는 비밀조약에서 폴란드를 동서에서 침공하여 사이좋게 나누어 갖기로 합의했었다. 영국과 프랑스 등은 전쟁을 피하기 위해 폴란드에 협상을 촉구했었다. 폴란드도 협상에 나설 뜻을 표명했었다. 하지만 이미 전쟁을 결심한 아돌프 히틀러(Adolf Hitler)의 마음을 되돌릴 수는 없었다.

1939년 8월 31일 폴란드 군복을 입은 나치 친위대(SS) 대원들이 독일·폴란드 국경 도시인 그라이비츠의 방송국을 습격했었다. 다음 날 아돌프 히틀러(Adolf Hitler)는 '폴란드의 침공에 대한 반격'을 명분으로 폴란드에 선전포고를 했었다. 단치히를 친선방문 중이던 독일 해군실습선 슐레스비히-홀슈타인호는 갑자기 포구(砲口)를 단치히로 돌려 포격을 개시했었다. 1939년 9월 17일에는 소련군이 폴란드를 침공하여 동부지역을 강탈했었다.

폴란드는 내내 상황을 오판(誤判)했었다. 과거 폴란드를 지배했었던 이웃의 두 강대국 독일과 소련이 폴란드의 존재 자체를 얼마나 불쾌하게 여기는지를 간과했었다. 외교 경험이 없는 유제프 베크라는 군 출신 외무장관의 섣부른 '자주외교'가 화(禍)를 키웠다. 폴란드는 이웃의 두 강대국 독일과 소련 모두와 불가침조약을 맺었지만, 두 나라에게 조약은 휴지조각에 불과했었다. 폴란드는 독립을 회복한지 21년 만에 다시 한번 지도상에서 사라지고 말았다.

3) 뮌헨협정(Munich Agreement, 1938. 09. 30)[6]

제2차 세계대전(1939~1945) 발발 1년 전인 1938년 9월 30일 독일의 수데텐란트(Sudetenland) 병합 문제를 수습하기 위해 체결된 뮌헨협정(Munich Agreement, Munchner Abkommen, 1938. 09. 30)은 1년 후 발생한 나치의 폴란드 침략의 도화선으로서 평화(平和)는커녕 제2차 세계대전(1939~1945)을 야기했었다. 이 결과, 제1차 세계대전(1914~1918) 후 20년 동안 지속되어 왔던 베르사유 강화조약(Treaty of Versailles, 1919. 06. 28)과 민족자결주의(民族自決主義) 체제의 붕괴되었다.

제2차 세계대전(1939~1945)의 근본적 요인은 제1차 세계대전(1914~1918) 후 미국 우드로 윌슨(Thomas Woodrow Wilson) 대통령(제28대: 1913~1921)이 제창한 민족자결주의(民族自決主義)와 베르사유 강화조약(Treaty of Versailles, 1919. 06. 28) 사이의 모순이었다. 다시 말하면, 중앙유럽은 오랜 기간 오스트리아-헝가리 제국의 지배를 받아왔기 때문에 상기 제국(帝國) 내부의 행정구역상 구분만 있었을 뿐, 국가 및 민족 간의 확고한 경계선 같은 것이 있을 리 만무했었다. 그리고 협상국(러시아, 영국, 프랑스)은 의도적으로 오스트리아-헝가리 제국을 해체하고 독일을 약화시키기 위해 그 주변국을 좀 크게 만들어 줄려고 시도했었다. 이것이 다민족(多民族) 국가 체코슬로바키아의 탄생이었다. 그러나 이것은 베르사유 강화조약(Treaty of Versailles, 1919. 06. 28)이 제창한 민족자결주의(民族自決主義)에 역행하는 것이었다.

체코슬로바키아는 제1차 세계대전(1914~1918) 후 미국 우드로 윌슨(Thomas Woodrow Wilson) 대통령(제28대: 1913~1921)이 제창한 민족자결주의(民族自決主義)에 의해 독립했었다. 체코슬로바키아는 체코인 및 슬로바키아인들이 자신들의 민족 정체성을 확립한 이후로 역사상 한 번도 가져보지 못한 최초의 독립 국가였다. 오스트리아-헝가리 제국의 해체 과정에서 민족자결주의(民族自決主義)에 의거하여 체코인 및 슬로바키아인도 독립과 함께 국가를 건설하였다. 그런데 한 번도 존재한 적이 없었던 나라를 독립시키자니 국경선이나 영토 문제가 발생했었다. 이 과정에서 체코슬로바키아는 졸지에 다민족(多民族) 국가가 되었다. 국가의 핵심인 체코인과 슬로바키아인은 천 년 동안 서로 다른 역사를 지녀온 사실상 다른 민족이다. 남(南)슬로바키아와 루테니아 지방의 헝가리인과 테신 지방의

---

6) 뮌헨협정(Munich Agreement, 1938. 09. 30)은 본서의 제Ⅳ장: 세계평화(世界平和)를 위한 '신실용주의(新實用主義)'의 해법, 제1절 제4항에서 네빌 체임벌린의 세력균형 회복을 위한 유화정책(宥和政策)에서 부분적으로 다루었다. 그러나 여기서는 뮌헨협정(Munich Agreement, 1938. 09. 30)을 포함하여 인류 역사상 '평화조약(平和條約)'의 허구와 한계를 논술했다.

폴란드인(본래는 폴란드 영토였으나 1919년 체코슬로바키아가 침탈하여 체코 영토가 되었다), 동부 끝자락의 우크라이나인 등이 소수민족으로 존재했다. 당시, 국가 내 최대 소수민족은 바로 300만에 달하는 수데테란트(Sudetenland)의 독일인이었다.

상기와 같이, 체코슬로바키아의 민족 구성이 복잡했다. 1918년 오스트리아 – 헝가리 제국에서 독립한 체코슬로바키아는 민족적으로는 체코인 50퍼센트, 독일인 23퍼센트, 슬로바키아인 15퍼센트, 헝가리인 5퍼센트, 우크라이나인 5퍼센트, 폴란드인 1퍼센트로 구성되어 있었다. 체코에서 독일인이 많이 거주하던 지역을 수데테란트(Sudetenland)이라고 불렸다. 이것은 지역명이 아니라 나치가 등장하면서 임의로 만든 명칭에 불과하다. 독일계 주민들은 동북쪽 산맥지대에 주로 거주했는데, 보헤미아인이 주도하는 체코슬로바키아 정부에 대한 귀속감이 적었다.

따라서 아돌프 히틀러(Adolf Hitler)는 노골적으로 체코 영토인 수데텐란트(Sudetenland)을 달라고 요구했다. 사실, 독일은 외교적 명분론에서도 민족자결주의(民族自決主義)를 등에 업고 있었다. 독일의 체코슬로바키아 압박엔 반대하면서도 수데테란트(Sudetenland) 요구에 대해서는 '같은 민족'이니 당연하지라는 반응을 가진 영국 – 프랑스인들도 상당히 많았다. 즉, 민족과 국가가 꼭 일치하지 않는다는 사실을 생각하지 못했던 것이다.

체코슬로바키아의 독립은 프랑스가 개입한 작품이었다. 프랑스는 독일을 남쪽에서 압박하기 위해 쐐기처럼 생긴 지역을 분리해 독립시키고 동맹을 맺었다. 슬라브족(슬로바키아인)이 섞여 살았기 때문에 러시아도 우호적 관계를 맺을수 있는 조건을 갖추고 있었다.

신생국 체코슬로바키아는 중부 유럽에서 유일하게 의회 민주주의를 채택해 비교적 안정된 국정을 운영하고 있었다. 당시 인구 1,350만 명의 체코슬로바키아는 오스트리아 – 헝가리 제국의 공업생산 70~80%를 차지했고, 세계 10대 공업국에 들어갔다. 공장지대와 은행은 주로 독일인이 사는 수데테란트(Sudetenland)에 밀집되어 있었고, 은행 주인은 대부분 독일인이었다. 따라서 수데텐란트(Sudetenland)을 독일에 떼어주면 체코슬로바키아 경제는 껍데기만 남게 된다.

상기한 역사적 배경하에서 뮌헨협정(Munich Agreement, Munchner Abkommen, 1938. 09. 30)의 시대적 상황은 다음과 같다: 1933년 독일에서 아돌프 히틀러(Adolf Hitler)의 나치가 정권을 장악했었다. 그 후 체코슬로바키아의 독일인들이 준동하기 시작했었다. 나치는 체코슬로바키아에 분열을 책동했었다. 아돌프 히틀러(Adolf Hitler)가 집권하자 교사 출신인 콘라트 헨라인(Konrad Henlein)라는 인물이 곧바로 '수데테란트(Sudetenland) 독일당'이라는 나치당을 결성했었다. 아돌프 히틀러(Adolf Hitler)는 단계적으로 팽창정책을 취했다.

1936년 비무장지대인 라인란트에 독일군을 진주시켰었다. 아돌프 히틀러(Adolf Hitler)는 베르사유 강화조약(Treaty of Versailles, 1919. 06. 28)이 제창한 민족자결주의(民族自決主義)에 의거하여 1938년 3월, 같은 민족이라는 논리로 국민투표로 오스트리아를 합병하여 양국이 하나가 되었다. 이에 따라 게르만 민족주의가 강하게 대두했었다. 폴란드, 리투아니아, 체코슬로바키아, 이탈리아, 스위스 등에 나뉘어 있었던 게르만인들은 '강력한 하나된 독일'이라는 아돌프 히틀러(Adolf Hitler)의 구호에 열광하며 독일로의 합류를 강력히 희망했었다.

아돌프 히틀러(Adolf Hitler)는 1938년 2월에 "1천만 이상의 게르만인이 우리와 국경을 접한 두 나라에 살고 있다. 이들 동포들을 보호하고 그들의 개인적·정치적·사상적인 기본적 자유를 확보해주는 것은 독일의 의무"라고 선언했었다. 그에 앞서 아돌프 히틀러(Adolf Hitler)는 1935년부터 헨라인에게 자금을 지원하고 비밀 지령을 내렸고, 1937년에는 '녹색 작전'이라는 이름의 수데테란트(Sudetenland) 점령 계획을 기안해 하나씩 준비를 진행하고 있었다. 수데테란트(Sudetenland) 지방의 나치 세력은 "게르만 민족의 통일"을 살기등등하게 외쳤다. 이런 분위기 속에 동쪽 슬로바키아인마저 독립을 주장했었다.

이 중에서 이탈리아의 쥐트티롤 지방은 베니토 무솔리니(Benito Mussolini) 총리가 오스트리아 병합을 묵인하는 대가로 쥐트티롤 지방에 대한 영유권 주장을 하지 말 것을 아돌프 히틀러(Adolf Hitler)에게 요구했었고, 아돌프 히틀러(Adolf Hitler)는 이를 수용했기 때문에 쥐트티롤 지방은 독일의 병합 대상에서 제외되었다. 하지만 쥐트티롤을 제외한 지역들에 대해 아돌프 히틀러(Adolf Hitler)는 실제로 병합하겠다는 의지를 확실히 하고 있었다. 그중에서도 가장 우선시되는 곳은 독일인 인구가 가장 많은 체코슬로바키아의 수데티(Sudety) 지방, 즉 수데텐란트(Sudetenland)였다.

1938년 9월 12일 독일의 아돌프 히틀러(Adolf Hitler) 총통은 라디오 생중계 연설을 했다: *"수데텐란트(Sudetenland)은 독일 국민들의 문제다. 나는 타국의 정치인들이 독일의 심장부에 제2의 팔레스타인을 만드는 것을 허용할 의도는 없다. 체코슬로바키아에 있는 독일인은 결코 무방비 상태에 있거나 버림받은 것이 아니다. 이 점을 여러분들에게 분명하게 밝히는 것이다."* 아돌프 히틀러(Adolf Hitler)는 체코슬로바키아에 살고 있는 독일인들이 체코슬로바키아 정부에 의해 고문당하고 있는데, 이를 방치할 수 없으며, 곧 체코슬로바키아를 침공할 것임을 국제사회에 밝혔다. 아돌프 히틀러(Adolf Hitler)는 체코슬로바키아가 순순히 항복하지 않는다면 1938년 10월 1일에 침공한다며 날짜까지 구체적으로 제시했었다.

당시, 영국과 프랑스의 국민들이 전쟁에 대한 공포감을 갖고 있였다. 양국의 여론 주도층이라 할 수 있는 3~40대 남성들은 대부분 제1차 세계대전(1914~1918) 참전 용사였다. 예로서 프랑스 에두아르 달라디에(Édouard Daladier) 총리의 경우 본인부터가 제1차 세계대전(1914~1918) 참전 용사였다. 끔찍하기 그지없는 참호전과 독가스를 경험했었던 이들은 그런 악몽 같은 전쟁이 자기들의 생전에 다시 벌어지고, 아들 세대가 그것을 경험하기를 결코 원치 않았다. 민주주의 국가인 양국의 정치권은 그런 여론을 무시할 수 없었다. 또한, 당시 프랑스와 영국은 아직 세계 대공황(1919~1929)의 타격을 전부 회복하지 못하고 있었으나, 독일은 이미 체계적으로 자리잡은 중공업에 군수산업을 접목시켜 빠른 경제 회복을 이루어냈었다.

　게다가 영국과 프랑스 양국은 독일의 성장세에 공포감을 느끼고, 영국+프랑스 정도의 국력이 있어야만 독일과 동등할 것이라는 오판을 내렸다. 영국과 프랑스 양국이 "독일은 전쟁을 일으키지 못할 것이다"라고 오판한 가장 큰 이유는 "그렇게 큰 전쟁을 겪고도 다시 전쟁을 일으키는 바보가 어디 있겠는가"라는 지극히 상식적인 이유였다.

　그러나 아돌프 히틀러(Adolf Hitler)는 상식인이 아니었다. 또한 아돌프 히틀러(Adolf Hitler)에 대한 국민들의 열렬한 지지도, 프랑스를 상회했었던 국력도, 당시의 독일 행정체제까지도 군수산업에 기반을 두었기 때문에 전쟁을 일으키지 않으면 넘쳐나는 물자는 독일에 엄청난 행정적, 경제적 마비를 불러올 것이었고, 공약을 지키지 않은 아돌프 히틀러(Adolf Hitler)에 대한 국민들의 실망은 자칫 정부 전복이라는 위기를 불러올 가능성이 높았다.

　게다가 영국과 프랑스의 전쟁 준비가 거의 안 되어 있었다. 심지어는 뮌헨협정(Munich Agreement) 1년 후 독일이 폴란드를 침공했을 때도 전쟁준비가 불(不)완전한 상태였다. 당시 영국과 프랑스 양국은 세계 대공황(1919~1929)의 늪에서 막 빠져나오던 시기에서 군사력 정비에 어려움을 겪고 있었다. 뿐만 아니라 영국과 프랑스 양국은 독일 측의 군사력을 과대평가하고 있었다. 이는 파울 요제프 괴벨스(Paul Iosif Goebbels, 1897~1945) 국가대중계몽선전장관의 작품으로, 영국과 프랑스는 독일의 군사 열병식과 선전 영화 등에 통째로 낚여서 독일의 군사력을 실제 이상으로 보고 두려워했었다. 더욱이 체코슬로바키아와의 군사 동맹의 의무를 지켜야 할 프랑스는 영국의 참여가 없는 대(對)독일 전쟁의 단독 개전을 두려워하고 있어 외교적으로 영국에 질질 끌려다니고 있었다.

　여기에 폴란드와 헝가리도 이 기회에 체코슬로바키아의 영토를 얻기 위해 독일에 동조했었다. 특히 폴란드의 경우, 체코슬로바키아와 함께 프랑스의 군사동맹국으로서 유사시 동부전선에서 독일과 싸워야 하는 나라였으나 체코슬로바키아로부터 테신을 빼앗겠다는 욕심에 체코슬로바키아 압박에 합류하여 프랑스의 전쟁 계획을 망가뜨렸다. 이런 상황에서 프랑스는 독일뿐만 아니라 막강한 폴란드 군(軍)까지 상대해야 할지 모른다는 걱정을 하고 있었다.

상기한 배경하에서, 1938년 9월 29일부터 이틀간 독일 뮌헨에서 유럽을 주무르는 4명의 정치인: 독일의 아돌프 히틀러(Adolf Hitler) 총통, 영국의 네빌 체임벌린(Neville Chamberlain) 총리, 이탈리아의 베니토 무솔리니(Benito Mussolini) 총리, 그리고 프랑스의 에두아르 달리디에(Édouard Daladier) 총리가 모였다. 아돌프 히틀러(Adolf Hitler)는 "체코슬로바키아가 수데텐란트(Sudetenland)에 사는 독일인들을 박해한다"며 수데텐란트(Sudetenland) 할양을 요구했다. 대화와 타협을 중시하였던 네빌 체임벌린(Neville Chamberlain)은 "수데텐란트(Sudetenland) 양보만이 독일 침공을 막을 수 있다"고 생각하고 체코슬로바키아 수데테란트(Sudetenland)를 넘겨주는 조건으로 아돌프 히틀러(Adolf Hitler)와 평화협정(平和協定)을 다음날 9월 30일 오후 1시 30분 체결했었다. 이른바 뮌헨 협정(Munich Agreement)이다.

뮌헨협정(Munich Agreement, 1938. 09. 30)의 주요 내용을 요약하면 다음과 같다: 수데텐란트(Sudetenland)는 독일에게 양도, 톄신 지방은 폴란드에게 양도, 루테니아와 남슬로바키아는 헝가리에게 양도, 회담 참여국들은 체코슬로바키아의 안전과 독립을 보장 등이었다. 이 결과, 1938년 10월 수데텐란트(Sudetenland)가 독일에 흡수되었으며, 1938년 10월 2일 톄신이 폴란드에 합병되었고, 1938년 11월 2일 헝가리 민족이 거주하는 국토는 헝가리에 흡수되었다. 1939년 3월 카르파티아 산맥에 존재하는 루테니아 지역은 따로 카르파티아 우크라이나로 독립되었으나 얼마 뒤 헝가리에 의해 무력으로 병합되었다. 체코슬로바키아의 나머지 국토(보헤미아, 모라비아)는 전부 독일의 직할 보호령이 되었으며, 슬로바키아는 독립국으로 유지되었다. 체코는 수데텐란트(Sudetenland)을 독일에 뺏겼고, 곧이어 폴란드와 헝가리에도 땅을 내주었으며, 슬로바키아도 독립해 면적과 인구는 3분의 1로 쪼그라들었다. 그것만으로도 부족해 1939년 나치의 독일은 보헤미아(체코인 거주지역)도 침공해 삼켜버리고 슬로바키아에 괴뢰정부를 수립했다.

이어서, 1939년 9월 1일, 아돌프 히틀러(Adolf Hitler)는 폴란드를 침공해 제2차 세계대전(1939~1945)을 일으켰었다. 영국은 아돌프 히틀러(Adolf Hitler)가 라인지방에 이어 오스트리아와 체코를 집어삼키는 동안 아무런 제지를 하지 못하고 지켜봐야 했다. 아돌프 히틀러(Adolf Hitler)는 제1차 세계대전(1914~1918) 전승국인 영국과 프랑스의 무기력(無氣力)을 확인한 후 6개월 만에 뮌헨협정(Munich Agreement, 1938. 09. 30)을 파기하고 체코를 합병했었고, 다시 6개월 뒤인 1939년 9월 1일 폴란드를 침공하면서 '황혼의 전쟁'으로 불리는 제2차 세계대전(1939~1945)을 일으켰다.

　제2차 세계대전(1939~1945)에 관한 부정적인 시각에서 뮌헨협정(Munich Agreement, 1938. 09. 30)을 동서 유럽 국가들 간의 야합으로, 일명 '서구의 배신(Western Betrayal)'이라고도 부른다. 그 이유는 다음과 같다:

　1938년 9월 13일, 계엄령이 선포되고 수데텐란트(Sudetenland)의 독일인들이 집단 봉기했으나 하루 만에 진압되었다. 아돌프 히틀러(Adolf Hitler)는 군부의 절박한 반대에도 불구하고 체코슬로바키아 침공을 지시했다. 프랑스는 예비군 동원을 검토하기 시작했고, 영국군 또한 일제히 비상이 걸렸다. 이미 앞서서 프랑스는 독일군이 체코슬로바키아 국경을 한 발자국이라도 넘을 경우 즉각 개입할 것임을 천명한 바 있었다. 전쟁이 터졌을 때 참전하겠다는 입장은 수데텐란트(Sudetenland) 위기가 터진 이래로 프랑스가 고수했던 입장이었다. 만약 프랑스가 체코슬로바키아를 포기할 경우 지금까지 체결되었던 프랑스와 다른 여타 중앙유럽 국가들 간의 조약들은 사실상 의미를 상실하여 휴지조각으로 전락하는데, 이 경우 프랑스의 보호를 기대할 수 없는 이들 국가들이 자연히 근접한 강대국, 즉 독일과 이탈리아에 붙을 것이며 그러면 프랑스는 서구 유럽에서의 영향력을 완전히 상실하고 역으로 고립당하게 된다. 따라서 프랑스로서는 참전 이외의 다른 선택지가 없었다. 문제는 영국의 참전 여부였는데, 그 당시 독일의 전쟁 준비가 완료되지 않았다는 것을 깨닫지 못하고 있었던 프랑스에게 있어서 독일과 1:1로 전쟁을 벌이는 것은 그야말로 최악의 전략이고, 여기에 이탈리아도 독일 측으로 기울어 버린 상황이라 전쟁이 발발할 시 제2전선을 걱정해야 할 판이었다.

　한편, 영국은 영국대로 이 사정을 잘 알고 있었지만 전통적인 육군 강국 프랑스와는 달리 즉시 투입할 수 있는 육군력도 없었고 또 한창 재군비를 하는 중이었으므로 당장은 전쟁을 피하고자 했다.[7) 로카르노 조약상으로도 참전 의무가 있었던 것은 프랑스 뿐이었

---

7) 그러나 이것은 독일이 프랑스보다도 더 전쟁 준비가 되어 있지 않았다는 사실을 완전히 간과한 것이다. 당시 독일군이 가용한 병력은 불완전하게 준비된 36개 사단에 불과했고, 이는 프랑스가 당장 운용 가능한 40개 사단과 영국의 4개 사단, 그리고 체코슬로바키아의 20개 사단에 한참 못 미치는 전력이었다. 독일이 전쟁을 수행해 볼 만하게 된 것은 1년이 지나 60개 사단을 동원 가능해진 1939년 폴란드 침공 직전 시점이었고, 여기에는 체코를 공짜로 집어먹고 어마어마한 군수품과 산업시설을 얻은 것이 엄청난 몫을 했다. 일례로 폴란드 침공은 물론 프랑스 전역에서도 체코제 35(t) 전차와 38(t) 전차[34]는 독일 기갑사단에서 매우 중요한 비중을 차지하고 있었다. 1938년 당시 군사력 균형은 아무리 전쟁 준비가 되어 있지 않았다고 하더라도 영국과 프랑스가 훨씬 유리했으며, 독일군은 1940년 프랑스 전역 직전이 되어서야 수적으로나마 프랑스군-영국군과 비슷한 수준에 도달하게 된다. 요컨대 영프가 괜히 독일의 프로파간다에 겁을 내서 양보하기보다 독하게 마음먹고 1938년에 전쟁을 벌였으면 쾌승은 몰라도 1940년처럼 어이없는 패배는 없었을 것이라는 뜻이다.

고 영국은 그럴 의무가 없었다. 그렇다고 참전을 안 하자니 당장 영·불(英·佛)동맹이 붕괴하고 프랑스가 패배하여 유럽의 균형이 무너질 것이 불보듯 뻔했다. 이 난처한 상황 속에서 영국이 참전도 안하고 프랑스와의 동맹도 유지하는 길이 있었으니, 바로 아돌프 히틀러(Adolf Hitler)가 침공을 안 하면 되는 것이었다. 그러자면 체코슬로바키아와 독일을 외교적으로 잘 다독일 필요가 있었다. 당시 독일이 들고 나온 구실이 바로 민족자결주의(民族自決主義)이었고 수데텐란트(Sudetenland)에서 실제로 폭력 소요가 발생한 것 자체도 일단은 사실이라 명분이 독일 쪽에 있다고 영국은 판단했었다. 이런 이유로 영국은 체코슬로바키아에 동원령을 내리지 말라고 압력을 계속 넣었으며 한편으로는 수 차례 중재를 시도했었다.[8]

위기가 고조되던 1938년 9월 15일, 네빌 체임벌린(Neville Chamberlain) 영국 총리가 전격적으로 뮌헨을 방문하여 아돌프 히틀러(Adolf Hitler)와 회담을 가졌다. 아돌프 히틀러(Adolf Hitler)는 독일 주민이 과반수인 지역의 할양을 요구했으며, 네빌 체임벌린(Neville Chamberlain)은 즉답을 하지 않고 영국으로 돌아가 9월 18일 프랑스의 양해를 구한 뒤 체코슬로바키아에게 독일계 지역를 포기하라고 압력을 넣기 시작했다.

당시 체코슬로바키아의 군사력은 그다지 약하지 않았다. 당시 독일 군부의 평가에 따르면 체코에는 40개 사단의 병력이 있었고, 무장 수준도 유럽 최고였다고 한다. 독일군은 새로 합병한 오스트리아에 12개 사단을 배치하고 남은 병력이 48개 사단이었는데, 최고에 35개 사단을 체코에 투입할 경우, 프랑스와 맞닿은 서부 국경지대를 13개 사단으로 방어해야 할 입장이었다. 그나마 서부전선에 남을 13개 사단 가운데 8개 사단은 예비군이었다.

---

8) 물론, 영국과 프랑스가 뮌헨협정(Munich Agreement)으로 독일이 만족할 것이라고 생각한 것은 결코 아니었다. 영국의 네빌 체임벌린(Neville Chamberlain) 총리가 앞에선 우리 시대의 평화를 외쳤지만 뒤에선 맹렬히 재무장을 시작했고 프랑스 또한 마찬가지였다. 즉, 영국과 프랑스를 위시한 연합국의 의도는 체코슬로바키아를 희생해서 평화를 얻기보다는, 독일이 체코슬로바키아를 먹어치우는 동안 군비를 비축하는 등 대비할 시간을 벌 목적이었다고 짐작할 수도 있다. 그러나 애초에 군비 비축 소요 시간을 벌 수 있으리라 보았던 2년은커녕, 단 6개월도 못 벌었으니 완전한 외교적 실패라고 볼 수 있다. 그나마 유일하게 다행인 것은 영국뿐만 아니라 프랑스 국민들의 인식이 "절대로 전쟁이 일어나면 안 된다"라는 생각에서 아돌프 히틀러(Adolf Hitler)가 뮌헨협정(Munich Agreement)을 파기하자 "이제 전쟁은 불가피하다"라는 생각으로 전 국민의 인식이 바뀌었다는 점이라 할 수 있다.

1938년 9월 30일, 뮌헨협정(Munich Agreement)을 체결 당시에는 윈스턴 처칠(Winston Churchill)을 제외하면 아무도 그런 생각을 안 했으나, 1년 후에는 누구나 상기 협정이 외교적 실패라는 것을 깨닫고 있었다. 1938년 3월의 아돌프 히틀러(Adolf Hitler)의 오스트리아 병합을 묵인했던 영국-프랑스는 1년 후에도 아돌프 히틀러(Adolf Hitler)에게 똑같은 수에 당했고, 체코를 포기함으로써 그를 달래보려고 했었다. 그러나 아돌프 히틀러(Adolf Hitler)는 여기에 만족하기는커녕 또 똑같은 수법으로 폴란드를 협박했고, 폴란드가 체코처럼 굴복하지 않자 무력으로 침공했었다.

체코슬로바키아 자체병력을 총 동원하고, 동맹인 프랑스가 참전한다면 독일의 침공을 저지할 수 있는 충분한 여력이 있었다. 당시 독일 군부는 "현재의 전력으로 체코를 침공할수 없다"는 결론을 내렸다고 한다. 게다가 영국과 러시아가 참전한다면 오히려 독일의 나치가 위태로운 상황이었다. 독일 군부의 이런 결론에도 불구하고 아돌프 히틀러(Adolf Hitler)는 밀어붙였다. 나치는 체코슬로바키아 국경에 12개 사단을 배치했다. 이 정도면 체코슬로바키아 군(軍)으로도 충분히 방어할 수 있었을 것이다.

체코슬로바키아의 대통령 에드바르트 베네시(Edvard Benes)는 보헤미아 출신으로 반(反)나치 정책을 고수했다. 그는 제1차 세계대전(1914~1918) 중 오스트리아에 저항하는 독립운동을 벌였던 인물이다. 결국, 영국의 네빌 체임벌린(Neville Chamberlain) 총리는 체코 에드바르트 베네시(Edvard Benes) 대통령의 등에 칼을 찔렀던 셈이었다.

물론, 체코슬로바키아는 영국과 프랑스로부터 국가 자체의 독립을 보장받았다. 즉, 이제부터는 전쟁이 터지면 프랑스뿐만 아니라 영국도 휘말리게 되는 것이다. 그동안 책임을 독박 썼던 프랑스가 물귀신 작전을 편 것인데, 이게 영국 입장에서는 엄청난 정책 전환이며 의미도 컸지만 막상 영토를 뺏기는 체코슬로바키아 입장에서는 어처구니가 없는 것이었다. 이 시점에서 체코슬로바키아는 몇몇 영토를 포기하는 것을 고려하고는 있었으나 독일계 지역 전체의 할양은 생각도 않고 있었으므로 처음에는 완강하게 거절했었다. 그러나 영국이 전쟁이 터져도 영국은 참전하지 않는다며 체코슬로바키아에 입장을 전하고, 프랑스는 프랑스대로 영국이 참전하지 않으면 프랑스가 참전해서 무슨 소용이 있겠냐는 식으로 얼렀다. 결국, 1938년 9월 21일에 체코슬로바키아 정부는 해당 영토를 포기하기로 결정했으며 이 책임을 지고 내각 전체가 사임했다.

수데텐란트(Sudetenland) 위기는 끝나지 않았다. 1938년 9월 22일, 네빌 체임벌린(Neville Chamberlain)이 직접 아돌프 히틀러(Adolf Hitler)를 찾아가 영국과 프랑스, 체코슬로바키아가 영토 포기에 동의한다며 앞서 9월 15일 아돌프 히틀러(Adolf Hitler)가 제시한 요구에 대한 답변을 전했었는데, 처음부터 수데텐란트(Sudetenland) 사태를 트집잡아 전쟁을 일으켜 체코슬로바키아의 완전 해체를 노렸던 아돌프 히틀러(Adolf Hitler)는 체코슬로바키아가 정말로 독일계 지역을 포기해 버리자 이번에는 그 할양을 단계적으로가 아니라 즉각적이고 신속하게 할 것과 해당 지역을 독일군이 즉시 점령할 것, 그리고 체코슬로바키아와 영토분쟁이 있었던 폴란드와 헝가리의 영토 문제까지 조정할 것 등 고의적으로 조건을 받아들이기 어렵게 만들었다.

수데텐란트(Sudetenland) 사태가 이렇게 되니 이제는 정말로 전쟁을 피하기 어렵다고 판단한 영국과 프랑스는 1938년 9월 23일 오후 지금껏 막았던 체코슬로바키아의 동원령 선포에 동의했고 이를 접수한 체코슬로바키아 정부는 반나절도 지나지 않아 당일 밤 10시 총동원령을 선포했다. 다음 날인 9월 24일에는 프랑스도 동원령을 선포했다. 그리고 9월 26일, 아돌프 히틀러(Adolf Hitler)는 대규모 군사행동을 예고하며 유럽은 전쟁을 향해 치닫기 시작했다. 그러나 전쟁이 닥쳐오는 이 와중에 영국과 프랑스는 어처구니없게도 "전쟁이 나면 너네는 어쩔 거냐? 참전할 거냐?"고 서로 간만 보면서 눈치 싸움을 벌이고 있었다.

1938년 9월 28일, 또 다른 열강 국가가 끼어들었다. 이탈리아 왕국의 베니토 무솔리니(Benito Mussolini)가 각국에 자제를 촉구하며 중재를 할 용의가 있음을 선포했으며, 아돌프 히틀러(Adolf Hitler)가 이에 화답하고 영국과 프랑스가 동의하였다. 여기서 영국과 프랑스가 받아낸 양보는 10월 1일 수데텐란트(Sudetenland)를 모두 접수하겠다는 독일의 요구를 타국 참관하에 10월 10일까지 하는 걸로 바꾼 것뿐이었다. 즉, 말이 좋아 양보지 정작 실제로 한 건 아무 것도 없었다. 이 협상으로 명백한 독립 국가인 체코슬로바키아는 버려졌었다. 이 회담에서 체코슬로바키아는 자국의 의사는 단 한 줄도 반영하지 못하고 영토를 주변국들에게 강탈당했었다. 더군다나 군사 동맹국이던 프랑스는 이 과정에서 체코슬로바키아를 돕긴커녕 오히려 폴란드를 돕는다는 명목으로 체코슬로바키아를 팔아먹는 데 협조했었다. 이제 체코슬로바키아는 당장 독일이 쳐들어온다고 해도 막을 수 없게 되었다. 독일과의 국경 지대인 수데텐란트(Sudetenland)가 병합당했고 그곳에 건설된 강력한 요새(要塞)가 독일의 손아귀에 넘어갔었기 때문이었다.

이런 상황에서, 영국 네빌 체임벌린(Neville Chamberlain) 총리의 유화정책(宥和政策)이 등장했다. 영국은 체코의 동맹국이었다. 이때 영국 네빌 체임벌린(Neville Chamberlain) 내각이 취한 정책은 아돌프 히틀러(Adolf Hitler)에게 요구사항을 들어주는 일이었다. 이 비겁한 총리는 제1차 세계대전(1914~1918)이 끝난지 20년 밖에 지나지 않은 상황에서 또다시 전쟁을 치르는 게 겁이 났다. 프랑스도 마찬가지였다.

당시 영국 언론은 어떤 글을 썼나. <런던타임스>는 "파멸적인 전쟁을 치르느니, 수데텐란트(Sudetenland)을 양보하는 일을 체코 정부는 고려해야 한다"는 사설을 실었다. 이 사설이 목표하는 것은 네빌 체임벌린(Neville Chamberlain) 총리가 체코 정부에 그렇게 압력을 넣으라는 여론 조성이었다.

네빌 체임벌린(Neville Chamberlain)은 의회에 나가 "어떤 사정이 있어도 대영제국을 전쟁으로 끌어넣을 수는 없다. 무력 충돌은 악몽이다. 나는 영혼 깊숙한 곳까지 평화 애호가다"라고 외쳤다. 영국국민들은 전쟁을 거부하는 네빌 체임벌린(Neville Chamberlain) 총리에게 박수를 보냈다. 그 후 네빌 체임벌린(Neville Chamberlain)은 독일로 날아가 아돌프 히틀러(Adolf Hitler)와 뮌헨에서 회담을 했다. 아돌프 히틀러(Adolf Hitler)는 네빌 체임벌린(Neville Chamberlain)에게 자신은 침략자가 아니라 "민족자결주의(民族自決主義)에 따라 독일과 통일하고 싶어하는 동포들의 뜻을 따를 뿐"이라며 "한 사람의 체코인도 필요 없다"고 단언했다. 네빌 체임벌린(Neville Chamberlain)이 "정 그렇다면 수데텐란트(Sudetenland)을 양보하도록 체코 정부를 설득하겠다"고 했다.

뮌헨협정(Munich Agreement, 1938. 09. 30)에서 수데텐란트(Sudetenland)은 아돌프 히틀러(Adolf Hitler)의 요구 대부분을 들어주어 평화(平和)를 사는 데 성공했다. 네빌 체임벌린(Neville Chamberlain)은 영불(英佛) 해협을 오가며 프랑스를 설득했고, 체코슬로바키아의 혈맹이라고 부르짖던 프랑스도 아돌프 히틀러(Adolf Hitler)에 굴복했었다.

네빌 체임벌린(Neville Chamberlain)은 수데텐란트(Sudetenland)을 독일에 떼주어 아돌프 히틀러(Adolf Hitler)를 달래는 방법을 선택했다. 영국 의회도 윈스턴 처칠(Winston Churchill) 등 소수파만 반대했고, 수데텐란트(Sudetenland) 할양안을 통과시켰다. 또한, 체코슬로바키아의 혈맹인 프랑스는 오히려 영국보다 더했다. 프랑스는 "문제가 되는 지역보다 더 넓은 지역을 할양하도록 하겠다"고 제안했다. 1938년 9월 29일. 뮌헨 회담에는 독일의 아돌프 히틀러(Adolf Hitler) 총통, 영국의 네빌 체임벌린(Neville Chamberlain) 총리, 프랑스의 에두아르 달리디에(Édouard Daladier) 총리, 이탈리아의 베니토 무솔리니(Benito Mussolini) 총리가 만났다.

정작 국토를 내주어야 할 체코 대표는 뮌헨 협상장에 들어가지도 못하고 옆방에 대기했었다. 회담이 끝나고 체코 대표가 "어떻게 됐느냐"고 물었을 때, 네빌 체임벌린(Neville Chamberlain)은 하품을 하며 무반응이었고, 에두아르 달리디에(Édouard Daladier)는 "바쁘니까 나중에 얘기하자"고 퉁명스럽게 말했다. 체코인들은 언제까지나 자신을 지켜줄 것이라고 믿어온 영국과 프랑스에 배신당했으며, 국론 분열로 나라가 갈기갈기 찢겨 끝내 저항 한번도 못하고 나라를 내주고 말았다. 뮌헨 회담 다음날인 9월 30일 체코슬로바키아의 총리 실로비는 대(對)국민 연설에서 "세계가 우리를 버렸습니다! 우리는 외톨이입니다."라고 외쳤다. 서방 연합국으로부터 배신당한 충격에다가, 막강한 방어시설이 구축되어 있던 수데텐란트(Sudetenland), 300만에 달하는 인구를 잃은 체코슬로바키아는 저항할 의지조차 없었다.

상기와 같이 영국과 프랑스는 체코슬로바키아를 배신하고 포기했었다. 영국과 프랑스가 체코슬로바키아를 희생시킨 결과, 유럽의 평화(平和)는 6년이 아니라 고작 6개월 동안 지속되었다. 1939년 3월, 아돌프 히틀러(Adolf Hitler)는 체코슬로바키아의 대통령 에드바르트 베네시(Edvard Benes) 대통령을 협박해서 체코를 통째로 먹어 치우고 보헤미아－모라바 보호령으로 편입시키는 한편, 슬로바키아를 괴뢰국으로 만들었다. 게다가 수난은 거기서 끝나지 않아서, 체코가 독일의 직할 보호령으로 전락하고 슬로바키아가 괴뢰국이 된 직후 이웃에 있던 헝가리가 슬로바키아 동부를 침공하여 동부 국경 지대의 영토 일부를 추가로 탈취했었다.9)

체코 및 슬로바키아에서는 뮌헨협정(Munich Agreement, 1938. 09. 30)을 '뮌헨의 배신(Mnichovská zrada)' 혹은 '뮌헨의 강요(Mnichovský diktát)'라고 부른다. 윈스턴 처칠(Winston Churchill)이 뮌헨협정(Munich Agreement)을 반대하고 결국 제2차 세계대전(1939~1945)을 이끌어 체코슬로바키아를 해방시켜 준 은인이기 때문에 체코 및 슬로바키아에서는 그를 매우 높이 평가는 반면에 기존 서유럽 강대국 및 연합국에 대해서는 불신이 팽배하며 독일이라면 이를 간다.

아돌프 히틀러(Adolf Hitler)는 프라하를 차지하기 앞서 서방 열강을 우습게 보았다. 이번에도 영국과 프랑스가 말로만 떠들고 행동은 못하리라는 그의 짐작은 적중했었다. 상술하면, 아돌프 히틀러(Adolf Hitler)가 막상 뮌헨협정(Munich Agreement, 1938. 09. 30)을 파기하니까 영국 정부는 처음에는 충격과 당혹에 휩싸였다. 체코－슬로바키아란 나라가 무너지면서 영국의 유화정책(宥和政策, appeasement)도 깨졌다. 아돌프 히틀러(Adolf Hitler)는 더 이상 영토 요구를 하지 않겠다던 다짐을 깨뜨렸다. 즉, 체코－슬로바키아 정복은 아돌프 히틀러(Adolf Hitler)의 정책 목표가 독일 민족을 단일 국가로 통합하는 것이라는 논리의 허구성을 드러냈었다. 너무 늦은 깨달음이긴 했지만 아돌프 히틀러(Adolf Hitler)는 믿지 못할 사람이라는 사실이 이제는 확실해졌다.

영국의 유화정책(宥和政策, appeasement)을 추진했었던 네빌 체임벌린(Neville Chamberlain) 총리는 "더 이상의 영토 요구는 없다"는 아돌프 히틀러(Adolf Hitler)의 말을 곧이 곧대로 믿었다. 1938년 9월 30일, 뮌헨협정(Munich Agreement, 1938. 09. 30)을 체결하고 의기양양하게 런던에 도착한 네빌 체임벌린(Neville Chamberlain)은 군중 앞에서 "영국과 독일 간

---

9) 아돌프 히틀러(Adolf Hitler)는 전쟁도 없이 땅을 먹었다고 좋아하기는커녕 "멍청한 베니토 무솔리니(Benito Mussolini) 총리와 약아빠진 네빌 체임벌린(Neville Chamberlain) 총리 때문에 뮌헨협정(Munich Agreement)으로 체코슬로바키아를 집어삼킬 구실을 잃었다."며 짜증을 냈었고, 반년도 되지 않아 슬로바키아 분리주의자들을 꼬드겨 독립을 선포하게 한 후 체코슬로바키아 침공 구실을 만들어 협정 당시의 약속과 달리 체코를 통째로 합병해 버렸다. 그리고 얼마 지나지 않아 폴란드에까지 그단스크(단치히)와 프로이센 북동부 해안선에 대한 영토 반환 요구를 하면서 협정 자체를 파토내 버렸다.

분규는 전쟁에 의하지 않고 협상을 통해 해결한다"는 내용의 '평화협정서'를 흔들어 보이며 "여기 우리시대의 평화가 있다"고 선언했었다. 그는 영국 국민 앞에서 아돌프 히틀러(Adolf Hitler)에 대해 이렇게 말했다: "그 사나이는 냉혹하지만 한 번 약속한 것은 꼭 지키는 믿을 수 있는 사람이라는 인상을 받았었다. 그는 클래식을 좋아하는 사람이다"라며 지지자들에게서 다시 안도의 박수를 받았었다. 네빌 체임벌린(Neville Chamberlain) 총리는 자신이 마치 대단한 협상가(negotiator)인양 자부했었다.

당일, 런던에는 폭우가 쏟아졌다. 그럼에도 영국 국민들은 공항까지 마중 나와 '평화협정서'를 들고 온 네빌 체임벌린(Neville Chamberlain)을 뜨겁게 맞아 주었으며 그에 대한 찬사와 함께 외쳤다: "전쟁의 공포가 사라졌다!" 언론은 그가 총리 재임 중 기사 작위를 받는 영국 역사상 두 번째 인물이 될 것이라고 보도했었다. 노벨평화상을 받아야 한다고 주장하는 언론도 있었다.

그러나, 당시 윈스턴 처칠(Winston Churchill)은 "*네빌 체임벌린(Neville Chamberlain) 총리의 협상 결과는 전면적 절대적 패배입니다. 독일에 맞서 군사력을 증강하자*"라고 주장했었지만, 노동당과 자유당은 그를 '전쟁광'으로 몰아세웠으며 많은 의원들이 심한 야유를 했었다.

윈스턴 처칠(Winston Churchill) 총리(재임: 1940. 05. 10~1945. 07. 26, 1951. 10. 26~1955. 04. 07)는 제2차 세계대전 회고록에서 "*네빌 체임벌린(Neville Chamberlain)은 유럽의 독재자들(히틀러와 무솔리니)과의 화해 관계를 해치고 그들의 심기를 건드리는 어떤 행위도 회피하는 것이 최선의 방책이라고 믿었다. 하지만 국가의 안전, 동포의 생명과 자유가 걸린 문제에서 최후의 수단을 써야 할 때가 오면 무력을 사용하는 일을 피하면 안 된다*"고 일갈했었다. 그리고 이 모든 사태를 예견하고 경고했었던 윈스턴 처칠(Winston Churchill)은 영국 총리(1940. 05. 10~1945. 07. 26)가 되어 아돌프 히틀러(Adolf Hitler)에 맞서 싸웠다.

1938년 9월 30일, 뮌헨협정(Munich Agreement) 체결 당시에는 윈스턴 처칠(Winston Churchill)을 제외하면 아무도 그런 생각을 안 했었으나, 1년 후에는 누구나 상기 협정이 외교적 실패라는 것을 깨닫고 있었다. 1938년 3월의 아돌프 히틀러(Adolf Hitler)의 오스트리아 병합을 묵인했었던 영국과 프랑스는 1년 후에도 아돌프 히틀러(Adolf Hitler)에게 똑같은 수법에 당했고, 체코를 포기함으로써 그를 달래보려고 했었다. 그러나 아돌프 히틀러(Adolf Hitler)는 체코를 집어삼키고 슬로바키아를 괴뢰국으로 만든 후, 똑같은 수법으로 폴란드를 협박했고, 폴란드가 체코처럼 굴복하지 않자 1939년 무력으로 침공했었다.[10]

---

10)   1939년 3월 17일 버밍엄 연설에서 네빌 체임벌린(Neville Chamberlain)은 다음과 같이 연설했었

영국 여론은 들끓었다. 영국 국민은 한목소리로 독일과의 전쟁이 불가피하다고 말했다. 군대에 지원하는 사람이 갑자기 늘었다. 정부도 국민도 이제는 아돌프 히틀러(Adolf Hitler)를 손봐야 한다고 생각했다. 결국, 더 이상 참지 못한 영국과 프랑스의 선전포고를 맞아 제2차 세계대전으로 이어졌다.

결국, 독일 나치는 소련에 대한 공격으로 결국 사방에 적을 만든 끝에 양면전쟁을 불리하게 치르게 되었고 그 후 미국까지 참전하여 영국, 프랑스, 소련, 미국 등 4개국의 협공을 받으며 전세가 더욱 더 불리해지다가 1945년 패전하여 뮌헨협정(Munich Agreement)으로 틸취했었던 수데텐란트(Sudetenland) 등은 물론이고 동(東)프로이센, 포메른, 슐레지엔, 알자스 등 기존 영토들을 잃어버렸다. 그리고 동독과 서독으로 나라 자체가 분단되었다. 그 후 동·서독 통일이 되었지만 그 대가로 기존 영토들에 대한 영유권은 영구히 포기하게 되었다.

만약 아돌프 히틀러(Adolf Hitler)가 체코슬로바키아 합병에서 만족했었다면 독일은 아돌프 히틀러(Adolf Hitler)가 원하던 독일 민족의 영역을 신성 로마 제국 수준으로 확보하고 중앙유럽을 사실상 통일하다시피 해서 강국으로 우뚝 설 수 있었다. 여기서 합스부르크 이후로 최대 영역 확보와 30년 전쟁과 나폴레옹 전쟁을 거치면서 프랑스에 의해서 파괴된 과거 독일 제국(신성 로마 제국)의 부활이라는 업적을 달성한 유능한 정치인으로 칭송받았을 뿐만 아니라 이후 공산주의(共産主義)와 맞서려는 유럽 내의 맹주(盟主)로 부상할 수도 있었다.

결과적으로, 평화(平和)를 위한 것이 오히려 더 큰 전쟁(戰爭)을 불러왔었다. 만약 뮌헨협정(Munich Agreement, 1938. 09. 30) 없이 영국과 프랑스가 바로 독일 나치의 야욕을 손봐줬다면 아돌프 히틀러(Adolf Hitler)도, 홀로코스트도, 심지어는 제2차 세계대전(1939~1945)이라는 수많은 사상사도 발생하지 않았을 것이다. 물론, 체코슬로바키아 입장에서는 1년 먼저 시작된 비극이었을 뿐이었겠지만 상기한 영국과 프랑스의 '죗값'으로, 뮌헨협정(Munich Agreement, 1938. 09. 30)에 관련된 인물들과 국가들의 말로(末路)는 모두 좋지 않

다. "이것은 소국을 겨눈 마지막 공격일까요, 아니면 또 다른 공격이 잇따를까요?" 그는 물었다. "이것은 사실상 세계를 무력으로 정복하려고 내딛은 걸음일까요?" 이어서, 1939년 9월 1일 영국 하원에서 네빌 체임벌린(Neville Chamberlain)은 "이 참극을 일으킨 책임은 한 사람의 어깨에 있다"고 말하면서 "무분별한 개인적 야심을 채우려고 세상을 도탄에 빠뜨린 독일 아돌프 히틀러(Adolf Hitler) 총통"을 규탄했었다. 그러나 상기 연설은 아돌프 히틀러(Adolf Hitler)가 자신의 행동으로 유럽의 운명을 바꿀 수 있을 만큼 특이한 권력의 기반을 쌓을 수 있도록 방조한, 영국 정부와 프랑스 정부의 태만과 불찰의 죄(罪)를 결코 면제할 수가 없는 것이다.

았다.

- 영국: 폴란드와 군사동맹을 맺으며 뒤늦게 독일 타도를 외쳤으나, 정작 군사력이 너무 부족해서 폴란드가 망할 땐 도와주지도 못했다. 그리고 영국의 네빌 체임벌린 (Neville Chamberlain) 총리는 1940년 5월에 노르웨이 전역의 패전을 계기로 실각(失 脚)했었다. 그나마 국가가 존속한 상태로 독일과 맞서 싸웠고, 본토가 전쟁에 크게 휘 말리지도 않았으며, 결국 전쟁에서 이겼으니 그나마 사정이 나은 경우다. 그러나 뮌 헨 야합과 이로 인한 제2차 세계대전(1939~1945)은 대영제국의 해체로 귀결되었다.

- 프랑스 제3공화국: 독일과의 전쟁에서 불과 단 6주만에 패배하여 수도 파리를 포 함한 영토 북쪽 지역은 독일군에게 점령당하고, 남쪽 지역은 독일의 괴뢰 국가가 들 어섰다. 뮌헨 회담에 참석했었던 프랑스의 에두아르 달라디에(Édouard Daladier) 총리 는 정치범으로서 수용소에 끌려갔으며 프랑스 국민들은 독일의 인적·물적 자원 약탈 로 지독한 물자난과 굶주림에 허덕여야 했었다. 다행히 독일이 전쟁에서 패배한 덕택 에 프랑스의 주권을 되찾았고 빠르게 복구하여 강대국의 대열에 들어서긴 했지만, 그 후에도 이 당시의 패전에 따른 불명예는 프랑스 역사에서 가장 큰 상처로 남았다. 물 론, 식민지는 다 독립시켜야 했었다.

- 회원국이 비(非)회원국에게 회원국을 팔아먹는데도 침묵한 국제연맹(國際聯盟)도 망했다. 물론 국제연맹은 이전부터 지침을 대놓고 무시하는 국가들 때문에 '식물연맹' 으로 전락한 지 오래였다. 어느 정도의 기능이나마 회복한 건 국제연합(UN)으로 재 (再)창설된 이후, 이전과 달리 안보리 상임이사국 제도 등을 도입해 더욱 강력해진 UN이었다.

수데테란트(Sudetenland) 거주 독일인들은 독일에 병합된 이후 아돌프 히틀러(Adolf Hitler)를 열광적으로 지지했었다. 그러나 제2차 세계대전(1939~1945) 종전 후 수데테란트 (Sudetenland)의 영유권이 체코슬로바키아에 반환되었으며 전후 체코인들의 분노에 찬 보 복을 받았다. 수데테란트(Sudetenland) 거주 독일인 상당수가 매국노로 간주되어 소련군과 새로 들어선 체코 정부가 제지에 나설 때까지 린치 내지 학살을 당했고, 그 후 추방령이 내려져 재산은 한 푼도 못 가지고 정든 고향을 뒤로 한 채 독일과 오스트리아로 떠나야만 했었다. 그것은 자업자득(自業自得)이었다.

헝가리가 점령했던 남(南)슬로바키아도 제2차 세계대전(1939~1945) 종전 후 반환되었다. 다만 폴란드에게 점령되었던 톄신은 국경 도시로나마 국경 재조정을 거친 후 일부가 전후 폴란드 영토로 남았으며, 우크라이나인들이 살고 있던 루테니아는 헝가리의 점령에서 벗어나 소련의 우크라이나에 편입되어 독립된 우크라이나 공화국의 일부인 자카르파탸 주(Zakarpattia Oblast)로 현재에 이르고 있다.

체코슬로바키아 제1공화국은 제2차 세계대전(1939~1945) 기간 내내 독일에 수탈당했으며, 그곳에 거주하였던 유대인들은 거의 몰살당했고, 체코슬로바키아의 훌륭한 중공업 시설은 이후 독일의 가장 훌륭한 중공업 시설로 독일군을 무장시키는 데 매우 중요한 역할을 했었다. 독일이 제2차 세계대전(1939~1945)에서 패망한 덕택에 주권을 되찾긴 했으나 독일군이 물러나기가 무섭게 뒤이어 소련군이 자국 영토로 들어와 소련의 위성국이 되었고, 그 후 냉전 체제가 무너지면서 민족·국가간의 분쟁이 불거지다가 서로 원해서 아예 체코와 슬로바키아로 각자 분리 독립해 버렸다.[11]

폴란드 제2공화국은 체코가 빼앗아간 국경 지역의 작은 영토 톄신을 다시 수복하고자 뮌헨협정(Munich Agreement) 과정에서 독일에 붙었다. 톄신을 체코로부터 반환받은 폴란드는 톄신을 되찾은 것으로도 만족을 못한 나머지 야보리나, 토르스테냐 등 슬로바키아 국경 지역의 영토 두 곳을 슬로바키아로부터 추가로 더 탈취했었으나 1년 후 1939년 독일의 폴란드 침공으로 제2차 세계대전(1939~1945)이 발발하면서 가해자에서 피해자의 처지가 되어 버렸다. 독일이 전쟁에서 패배한 덕택에 주권은 되찾았지만 제2차 세계대전의 주요 전장으로 독일과 소련에게 여러 차례 정복과 점령, 분할, 심각한 인구손실을 겪었고 결국 냉전 시기 소련의 위성국으로 40여 년을 지내는 신세가 되었다.

헝가리 왕국은 루테니아, 슬로바키아 남부 지역 등 영토를 좀 얻었지만 결국 독일의 동맹국으로 전쟁에 나섰다가 소련군에 의하여 영토가 초토화되었다. 그 후 뮌헨협정(Munich Agreement)으로 취득한 땅을 슬로바키아와 소련에게 전부 빼앗기고 소련의 위성국이 되었다가 1989년 동(東)유럽 민주화 혁명 과정에서 공산당 1당 정권이 무너지고 민주화되었다.

이탈리아 왕국은 뮌헨협정(Munich Agreement, 1938. 09. 30)의 협상 중재자를 자처하며 사실상 독일을 편들어 독일의 수데텐란트(Sudetenland) 병합을 눈감아주고 그 후 제2차 세계대전(1939~1945)이 발발하자 독일과 함께 추축국의 일원으로 전쟁에 참전했으나 오히려 패전국이 되었다. 독일과 추축국의 편에 서며 전쟁을 일으켰었던 독재자 베니토 무솔리니

---

11) 체코슬로바키아 공산정권에서는 한동안 슬로바키아 고유의 상징인 쌍십자에서 나치 시절 괴뢰정권이 연상된다 하여 금지시키고 불꽃 모양(이 불꽃 모양은 1944년 나치 괴뢰정권에 반발해 일어난 봉기를 상징한다고 한다)으로 한동안 대체했다가 민주화 이후에야 쌍십자 상징이 부활했다. 물론 종교적 상징물을 부정하는 공산 정권 눈에 십자가가 아니꼽게 보인 탓도 있었다.

(Benito Mussolini) 총리는 실각 후 반(反)정부군 세력에게 붙잡혀 총살당했으며 베니토 무솔리니(Benito Mussolini)의 내각 장악과 전쟁 참전을 승인했었던 이탈리아 왕실은 제2차 세계대전(1939~1945) 후 축출되어 왕정이 폐지되고 공화국이 되었다.

당시 소련은 당시 체코와 공동 방위 조약을 맺고 있었고, 막심 리트비노프 외무장관의 주도로 이를 확대하여 프랑스−영국−폴란드를 아우르는 4자 집단안보체제를 구상하고 있었다. 그런데 스탈린은 영국과 프랑스의 방관 속에 체코슬로바키아가 뮌헨협정(Munich Agreement, 1938. 09. 30)에 의하여 공중분해되는 것을 보자 영국과 프랑스를 믿지 못하게 되었고, 영국과 프랑스 쪽에서도 매우 소극적이었으며, 폴란드 역시 소련과 방위 조약을 맺는 것을 극력 거부해서 결국 아돌프 히틀러(Adolf Hitler)와의 협상을 모색하게 되었다. 아돌프 히틀러(Adolf Hitler)도 양면전쟁을 피하기 위해 스탈린에게 접근했었고, 이 결과가 바로 독·소(獨·蘇) 불가침 조약(1939. 08. 23)이다.

다른 한편으로, 뮌헨협정(Munich Agreement, 1938. 09. 30) 이후, 제2차 세계대전 일어나게 되자 전쟁 발발의 과정이 된 뮌헨협정(Munich Agreement, 1938. 09. 30)이 재조명되어 국제관계에서 독재 국가들이 무리한 요구를 하면 거절하고 힘을 보여줘야 한다는 인식이 깊어졌었다. 대표적인 사례로 1948년 소련이 체코슬로바키아를 점령하자 서방진영이 신속하게 공동방어기구인 북대서양조약기구(北大西洋條約機構)를 결성하여 대응한 것을 들 수 있다. 그 후 소련은 약소국을 한 나라씩 야금야금 먹어가는 살라미 전술을 더 이상 써 먹을 수 없게 되었다. 왜냐하면 소련에 양보하거나 도발을 방관하다 '제2의 네빌 체임벌린(Neville Chamberlain)'이란 비난을 받고 싶은 서방 정치인은 어디에도 없었기 때문이다. 또한, 사방에 적국인 이스라엘도 적(敵)에게 유약하게 보이는 순간 자국 안보가 무너진다며 항상 긴장을 놓지 않고 있다.

뮌헨협정(Munich Agreement, 1938. 09. 30)은 외견상 무관해 보였던 스페인 제2공화국에게도 치명적인 영향을 주었다. 1936년 2월의 총선거에서 스페인 제2공화국의 인민전선 정부가 성립되자 이것에 반대하는 프란시스코 프랑코 장군이 인솔하는 군부가 반란을 일으켜 치열한 스페인 내전(1936~1939)이 일어났었다. 그 원인은 물론 여러 가지가 있지만, 가장 근본적인 원인은 1936년 이전으로 거슬러올라가 오랫동안 대립해온 '두 개의 스페인': 하나는 개방적이고 관대하며 급진적이고 범(汎) 세계적인 지식인과 진보주의자들의 스페인이고, 다른 하나는 가톨릭적이고 맹목적이며 엄격하고 스스로 폐쇄적이며 민족주의적인 보수주의자들의 스페인이었다. 당시의 스페인 사회는 하나의 이데올로기를 가진 사회가 아니었다. 양 진영에는 각각 군인도 있고 사제도 있었다. 또 중산층과 지식인층, 가톨릭교도와 반교회주의자, 전통을 옹호하는 계층과 진보적인 그룹 사이에 갖가지 알력과 상극도 존재했다.

1936년 7월 17일, 스페인 령(領) 모로코에서 군사 봉기가 일어났다. 다음 날 18일, 프란시스코 프랑코는 좌천당해서 근무하고 있었던 카나리아 제도에 계엄령을 발동하고 아프리카 반란군의 지휘를 맡았다. 19일, 그는 북아프리카 주둔 스페인군에게 본토로 이동하라고 명령했다. 공화국 정부군의 작전상 실수로 프란시스코 프랑코의 본토 상륙을 허용하고 말았다. 그 결과, '두 스페인': 반란군을 지지하는 한쪽의 스페인 국민과, 공화국 정부를 지지하는 또 다른 한쪽의 스페인 국민이 서로를 증오하고 죽이기 시작했다. 1939년 3월 28일 마침내 마드리드가 함락되고 반란군이 승리했었다.[12] 2년 9개월 동안 스페인을 보수와 혁신으로 양분한 스페인 내전에서 약 30~60만 명으로 추산되는 사람들이 사망했으며 25~50만 명의 공화국 정부군과 민간인들이 프랑스로 망명했다.

스페인 내전(1936~1939) 초기 프랑스를 중심으로 열강들이 모여 비동맹·불간섭을 원칙으로 했음에도 불구하고 독일과 이탈리아는 대놓고 프란시스코 프랑코의 친(親)파시스트 진영에게 돈과 무기, 병사를 퍼다주고 있었던 반면에, 소련과 멕시코는 공화파 진영을 지원하고 있었다.[13]

이 와중에 좌파 인민 전선 출신의 레옹 블룸의 프랑스 정부는 이데올로기적으로 가까운 공화파 진영에게 지원을 해주려고 했었으나 동맹국인 영국의 강력한 반대로 인하여 좌초되었다. 결국, 스페인 내전(1936~1939) 내내 프랑스는 피레네 산맥 바로 아래에서 대대적인 이념 전쟁이 벌어지면서도 손가락만 빨고 있다가 공화파를 도와줘야 하지 않겠냐며 영국에게 불평·불만을 늘어놓고 있었다. 그러나 뮌헨 회담에서 이미 프란시스코 프랑코의 친(親)파시스트 진영의 승세가 유력해지는 걸 본 영국은 스페인에 대해서는 자신들은

---

12) 스페인 내전(1936~1939)은 공화국 정부군 쪽이 우세한 가운데 시작되었다. 주요 도시와 우수한 무기, 많은 자원, 공업 지대, 풍요한 농촌 지대, 외화 등이 모두 공화국 정부군의 손 안에 들어 있었다. 한편 반란군은 각 지방에 뿔뿔이 흩어져 있었고, 군수 물자마저 부족했다. 하지만 양쪽 진영의 사기를 비교해 보면 반란군 쪽이 더 높았다. 공화국 정부가 교회와 군대를 억눌러온 데 대한 반란군 진영의 복수심, 그것이 바로 반란군 쪽의 사기를 높이는 데 커다란 역할을 했던 것이다. 공화국 정부군의 패배 원인에 대해서 당시 공화국 정부군 편이었던 역사가 산체스 아르보르노스는 "공화국 정부를 넓게 뒤덮고 있던 '태만의 정신', '미래를 향한 비전의 결여', '충분하지 못한 조직화'가 그 원인"이라고 지적했다.

13) 스페인 내전(1936~1939)은 초기 단계부터 유럽과 온 세계의 주목을 받았다. 작가인 헤밍웨이와 조지 오웰 등이 참여한 의용군으로 이루어진 4만여 명의 국제여단이 공화국 정부군을 지원했었다. 스페인 내전에 참가했던 영국 작가 조지 오웰이 "스페인의 역사는 1936년에 멈추고 말았다."라고 말할 정도로 스페인 내전은 수많은 희생자를 내고 스페인 민주주의의 싹을 짓밟아버렸다.

손을 놓았다고 주장했었다.

이와 같이 나치 독일, 파시스트 이탈리아에 대한 반(反)파시스트 국제 여론을 통한 외교적 승리만을 바라보고 있었던 공화파의 희망을 영국을 비롯한 열강들은 아돌프 히틀러(Adolf Hitler)가 어디서 어떻게 깽판쳐도 막을 의지도, 능력도 없다는 메시지를 통해 완전히 박살냈고, 소련의 대 공화파 지원이나 프랑스의 비정기적이고 간접적인 지원 또한 끊어버렸다.

뮌헨협정(Munich Agreement, 1938. 09. 30)의 회담을 보고 스페인 내전(1936~1939)에서 승리할 가망성이 없다고 판단한 공화파 지도부는 스페인 공화국을 지키기 위해 세계 각지에서 몰려온 국제 여단 의용병들을 해산하고 각각의 조국으로 보내었다. 그 후 몇달 후인 1939년 봄 마드리드가 함락당하고, 프란시스코 프랑코는 스페인 공화국의 시체 위에 파시스트 국가를 건설하여 그 체제가 나머지 유럽의 전쟁이 끝나고도 30년이 넘게 지난 1975년까지 유지되었다.

역사는 아무리 과정(過程)이 좋아도 결과(結果)가 형편없으면 실패한 것으로 기록된다. 뮌헨협정(Munich Agreement, 1938. 09. 30)은 '선의(善意)에 의존하는 협상은 성공하기 어렵다'는 명제를 후세에 각인시켜 주었다. 또한, '적(賊)의 도발 앞에서 준비 없이 평화를 애걸하면 비극을 초래한다'는 역사적인 교훈도 남겼다.[14]

---

14) 노벨문학상 수상자인 가즈오 이시구로의 소설 <남아 있는 나날(The Remains of the Day)>에 나오는 귀족 달링턴 경(卿)은 고매한 이상(理想)을 가진 전형적인 영국 신사였다. 그는 제1차 세계대전 이후 영국 등 승전국들이 패전국 독일에 감당할 수 없는 치욕과 배상책임을 지우는 베르사유 강화조약(Treaty of Versailles, 1919. 06. 28)을 강요한 것은 부당한 일이라고 생각하고 대독(對獨) 유화정책(宥和政策, appeasement)을 주장한다. 이를 실현하기 위해 그는 영국·미국·프랑스 등의 오피니언 리더들을 자신의 저택으로 초대해 비공식 국제회의를 열기도 하고, 제2차 세계대전 전야에는 주영 독일대사와 영국총리의 비밀회동을 주선하기도 한다. 달링턴 경(卿)은 레닌이 말한 바와 같은 '쓸모 있는 바보(useful idot)'였다. 아돌프 히틀러(Adolf Hitler)를 상대로 한 달링턴 경의 평화 노력이 헛된 것이었음은 역사가 증명하고 있다. 하지만 1920~1930년대는 바로 그런 노력들이 이어지던 시대였다. 영국과 프랑스, 독일 등 유럽 각국은 제1차 세계대전으로 각국의 유위(有爲)한 한 세대(世代)가 통째로 사라졌다는 아픔을 공유(共有)하고 있었다. 어떤 일이 있어도 그런 전쟁이 재발하는 것은 막아야 한다는 공감대가 있었다. 중부 유럽의 안전보장과 현존 국경선 준수를 약속한 로카르노조약(1925년), 국제분쟁의 해결 수단으로서의 전쟁 포기를 선언한 켈로그-브리앙조약(不戰조약·1928년)은 그런 정서의 반영이었다. 그런 평화 무드도 잠시, 1930년대가 되면서 국제정세는 다시 험악해졌나. 복일에서는 베트사유 강화조약(Treaty of Versailles, 1919. 06. 28)의 파기를 주장하는 아돌프 히틀러(Adolf Hitler)의 나치당이 집권하고, 동양에서는 일본이 만주대륙을 침공했다. 전쟁의 먹구름이 다가올수록 각국은 필사적으로 전쟁을 모면할 길을 찾았다. 아돌프 히틀러(Adolf Hitler)는 이러한 분위기를 이용해 기회 있을 때마다 유럽 각국에 평화를 제안하고 약속했다. 폴란드·영국·소련이 잇달아 그의 유혹에 넘어갔다. 그러는 한편 아돌프 히틀러(Adolf Hitler)는 라인란트 진주(1936년), 오스트리아 합병(1937년), 수데텐 합병(1938년) 등 침략 행보

국제정치학에서 유화정책(宥和政策, appeasement)을 비판하는 예시로서 뮌헨협정 (Munich Agreement, 1938. 09. 30)은 독일 아돌프 히틀러(Adolf Hitler)와 영국 네빌 체임벌린 (Neville Chamberlain)의 속이고 속는 과정을 상세히 서술한다. 그리고 네빌 체임벌린 (Neville Chamberlain)의 반대편에 윈스턴 처칠(Winston Churchill)이 등장한다. 역사는 지금 도 네빌 체임벌린(Neville Chamberlain)을 협상(協商)으로 평화(平和)를 얻으려다 더 큰 불행 (不倖)을 자초한 '무능한 총리'로 기록하고 있다.[15]

그 후, 해리 S. 트루먼(Harry S. Truman, 1884~1972) 대통령(33대: 1945. 04. 12~1953)은 한국전 참전을 결정했을 때도 '뮌헨의 교훈'을 인용했었다. 1962년 쿠바 미사일 위기 때, 미국 내 강경파들은 존 F. 케네디 대통령이 쿠바에 대해 해상 봉쇄 등의 온건책을 펴기로 하자 "뮌헨 회담을 잊지 말라"며 선제 핵공격 등 강경책을 독려했었다.[16] 또한, 베트남 전 쟁에 뛰어들며 존슨 대통령은 "나는 체임벌린이 아니다"라고 공언하기까지 했었다.

4) 독·소(獨·蘇) 불가침 조약(1939. 08. 23)

뮌헨협정(Munich Agreement, 1938. 09. 30) 이후 소련의 독촉으로 소·영·프 3국 간 회 담을 열었는데, 그 목적은 소련이 독일에 대항하기 위한 군사 동맹의 확답을 얻어내기 위 한 것이었다. 그러나 영국은 그 시점에서도 당장 동원 가능한 병력이 고작 4개 사단이라 는 어이없는 대답을 하면서 영국의 전쟁 동원 능력의 현실을 드러내 보였다. 여기에 열받

를 멈추지 않았다. 아돌프 히틀러(Adolf Hitler)의 평화 사기극의 절정은 1939년 소련과 맺은 독·소(獨 ·蘇) 불가침(不可侵) 협정이었다. 스탈린과 밀약을 맺은 아돌프 히틀러(Adolf Hitler)는 안심하고 폴란 드를 침공, 제2차 세계대전의 전단(戰端)을 열었다. 그제서야 영국·프랑스 등 유럽 열강들은 미몽(迷夢) 에서 깨어났다.

15) 그러나 1940년 11월 눈을 감은 그는 사전 유언장에 "뮌헨이 없었다면 우리는 1938년 파괴됐을 것이다. 나는 결코 역사가의 평가가 두렵지 않다"고 적었다.

16) 당시, 커티스 르메이가 선제 핵공격 등 강경책을 주장하면서 온건책을 비판하였는데, 그 배경은 다음과 같다: 존 F. 케네디 대통령의 아버지인 조셉 케네디는 뮌헨협정(Munich Agreement, 1938. 09. 30) 당시 영국 주재 대사로 활동하면서 영국의 네빌 체임벌린(Neville Chamberlain) 총리의 대(對)독일 유화정책 (宥和政策)을 지지하고 있었다. 한마디로 커티스 르메이는 케네디에게 "뮌헨 협정 당시 당신 아버지가 그랬던 것처럼 당신도 저들에게 유화정책(宥和政策, appeasement)을 쓸 참인가?"라고 매섭게 비판했었 던 것이다. 존 F. 케네디 대통령은 뮌헨협정(Munich Agreement, 1938. 09. 30) 당시 하버드 대학교 학 부생이었는데, 대(對)독일 유화정책(宥和政策, appeasement)을 지지했었던 아버지 조셉 케네디와는 달 리 졸업 논문을 통해 영국의 유화정책(宥和政策)을 강력히 비판했었다. 그의 논문은 <영국은 왜 잠자 고 있는가>란 제목의 책으로 출간되어 큰 명성을 얻었다.

은 소련은 독·소(獨·蘇) 불가침 조약(1939. 08. 23)을 체결하였다.

실제로 독일의 폴란드 침공 이후에도 영국과 프랑스는 전쟁 준비가 되지 않아서 '가짜 전쟁'을 수행해야 했다. 독일에게 선전포고는 했었지만 실제로는 동원할 병력이 준비가 되지 않아서 근 8개월간 전투가 전혀 벌어지지 않았다. 심지어, 영국과 프랑스는 나치 독일의 요구를 수용해주고 총부리를 소련에 돌려 서방으로서는 골칫덩어리인 소련과 나치독일을 전쟁으로 맞붙게 하거나 또는 둘의 대립구도를 만들기를 희망했다고 한다.

따라서 뮌헨협정(Munich Agreement, 1938. 09. 30) 이후 독일과 폴란드의 긴장이 고조되면서 소련이 먼저 서방에 손을 내밀었지만, 영국과 프랑스는 소련을 굴욕적일 정도로 무시했고, 이에 격노한 이오시프 스탈린(Iosif Stalin, 1878~1953)이 영국과 프랑스를 믿지 못하면서 독·소(獨·蘇) 불가침 조약(1939. 08. 23)으로 이어진다.

나치 독일과 공산주의 소련은 이념적으로는 상극(相剋)이었다. 아돌프 히틀러(Adolf Hitler)는 <나의 투쟁>에서 소련을 정복하여 우랄 산맥을 넘어 소련의 영토를 독일의 식민지로 삼겠다는 뜻을 피력했었다.

한편, 뮌헨협정(Munich Agreement, 1938. 09. 30) 과정에서 소외되었던 이오시프 스탈린(Iosif Stalin, 1878~1953)은 아돌프 히틀러(Adolf Hitler)의 나치즘을 소련 볼셰비키 혁명에 대한 부르주아 계급의 발악적 저항으로 간주하고 있었다. 이오시프 스탈린(Iosif Stalin, 1878~1953)은 영국과 프랑스가 결국 같은 자본주의 국가인 나치 독일과 손잡을 것이라는 의심하고 있었다. 이오시프 스탈린(Iosif Stalin, 1878~1953)은 영국과 프랑스가 폴란드의 안전보장을 공약한 것도 소련을 소외시키려는 음모라고 간주했었다.

아돌프 히틀러(Adolf Hitler)가 수데텐란트(Sudetenland)을 합병하고 폴란드에 위협을 가하기 시작하자, 영국과 프랑스는 소련에 구애하기 시작했다. 독일이 단찌히(Danzig) 할양을 폴란드에 요구한 1939년 3월 21일 네빌 체임벌린(Neville Chamberlain) 영국 총리와 프랑스 대통령은 영국·프랑스·소련·폴란드·루마니아·터키 등이 힘을 합쳐 아돌프 히틀러(Adolf Hitler)의 침략 야욕에 대비하자고 제안했다. 19세기 말 이래 러시아와 우호적이었던 프랑스는 소련과의 협상에 적극적이었다. 그러나 영국은 소련과의 협상 시늉만으로도 아돌프 히틀러(Adolf Hitler)의 침략 야욕을 제어할 수 있을 것으로 보고 미적지근한 태도를 보였다.

아돌프 히틀러(Adolf Hitler)의 폴란드 침공이 가시화되자 다급해진 영국과 프랑스는 1939년 8월 5일 소련과의 군사협정을 논의하기 위한 군사사절단을 소련으로 파견했다. 그러나 이때 독일은 첩보망을 통해 이를 파악하고, 소련과 통상협정 등을 논의하기 위한 교섭을 시작하고 있었다.

다른 한편으로, 바이마르 공화국 시절만 해도 독일과 소련은 매우 사이좋은 우방국이었다. 독일은 제1차 세계대전(1914~1918)의 패전국으로서 베르사유 강화조약(Treaty of Versailles, 1919. 06. 28)으로 인해 군비를 제한받음과 동시에 국제연맹(國際聯盟) 가입을 거부당하고 있었고, 소련은 사회주의 국가라는 이유로 역시 국제사회에서 왕따 당하는 처지였다. 비록 독일과 소련은 제1차 세계대전(1914~1918) 때 격렬하게 싸웠지만, 그것은 소련에게 있어 로마노프 왕조의 러시아 제국의 일이었고, 독일 역시 독일 제국의 문제였다.

따라서 독일과 소련 양국은 1922년 라팔로 조약이라는 우호 조약을 체결하여 독일은 소련에게 여러 선진 군사기술을 제공하고, 소련은 군비 제한이 많은 독일에게 비밀리에 신기술 연구 및 군사훈련을 할 수 있는 시설을 자국 영토 내에 제공하는 등 서로 편의를 많이 제공해주었다. 아울러 독일과 소련은 폴란드라는 가상 적국에 대한 견제가 필요하기도 했다. 독일은 국경 인정 문제로, 소련은 1920년 소비에트-폴란드 전쟁 이후로, 각각 폴란드와 사이가 안 좋았다.

그러나 이런 양국 관계는 1933년, 아돌프 히틀러(Adolf Hitler)가 독일 수상에 취임하면서 깨져 버렸다. 그는 시종일관 "때려잡자 공산당!"을 외쳤으며 자연스레 소련과의 관계는 나빠졌다. 그리고 아돌프 히틀러(Adolf Hitler)는 전체주의를 통해 민주정체도 부정했기 때문에, 자신의 체제가 우월하다고 전 세계적으로 선전을 하고 있었다. 이오시프 스탈린(Iosif Stalin) 역시 공산주의의 우월성을 강조하며 체제 경쟁을 했었다. 이 결과 독일-소련 관계는 급격히 얼어붙었다.

1938년, 독일이 체코슬로바키아에 수데텐란트 할양을 요구하며 유럽에 전쟁이 터질 위기가 도래하자 소련도 움직이기 시작했다. 소련은 체코슬로바키아와 상호 군사 동맹을 체결한 상태였으며, 유사시 동맹국의 안전 보장을 위해 참전하여 독일과 싸워야 할 의무가 있었다. 그러나 소련은 체코슬로바키아와 국경을 접하지 않기 때문에 폴란드 혹은 루마니아의 영토를 통과해야 했다. 이 가운데 폴란드는 죽으면 죽었지 소련군에게 영토 통과를 허용하지 않겠다는 입장을 천명했었다. 따라서 소련은 루마니아로부터 영토 통과 허용을 약속받았다.

소련은 나치 독일의 폴란드 침공을 막기 위해서 유사시 자국 군대가 폴란드 영토를 통과할 수 있는 권리를 요구했다. 이는 사실상 폴란드 영토에 대한 야욕을 드러낸 것이었다. 오랫동안 제정(帝政)러시아의 지배를 받았고, 1920년대 초에도 소련과 전쟁을 치렀던 폴란드는 "우리는 소련과 군사협정이 없고, 또한 군사협정을 맺고 싶은 생각도 없다"면서 이를 단호하게 거부했었다. 영국과 프랑스는 폴란드에 양보를 촉구했었지만, 폴란드는 요지부동이었다. 이 문제를 놓고 협상이 표류하는 사이에 아돌프 히틀러(Adolf Hitler)와 이오시프 스탈린(Iosif Stalin) 사이에는 물밑 접촉이 진행됐다.

한편, 아돌프 히틀러(Adolf Hitler)는 폴란드 침공에 앞서 소련을 영국·프랑스 등과 떼어 놓을 필요가 있었다. 그는 1939년 8월 20일 이오시프 스탈린(Iosif Stalin)에게 전보를 보내 독·소(獨·蘇) 불가침 조약을 제안하면서 외무장관 요하힘 폰 리벤트로프를 모스크바로 파견하겠다고 제안했다. 이오시프 스탈린(Iosif Stalin)은 이에 대해 다음 날 밤 "독·소(獨·蘇) 불가침 조약은 정치적 갈등의 제거와 양국 간 평화와 협력을 구축하는 계기가 될 것"이라고 환영하는 답신을 보냈다.

1939년 8월 23일 저녁 모스크바에 도착한 요아힘 폰 리벤트로프 나치 독일 외무장관은 바체슬라프 몰로토프(Vyacheslav Molotov) 소련 외무장관과 함께 크렘린으로 향했다. 이오시프 스탈린(Iosif Stalin)이 직접 마중을 나왔다. 리벤트로프와 몰로토프는 이오시프 스탈린(Iosif Stalin)이 지켜보는 가운데 독·소(獨·蘇) 불가침 조약(1939. 08. 23)에 서명했다.[17] 또한, 독일과 소련은 또 폴란드와 발트 3국(에스토니아·라트비아·리투아니아)을 양국이 나누어 갖기로 밀약(密約)했다. 독·소(獨·蘇) 불가침 조약(1939년)은 서문에서 "독일제국과 소비에트사회주의공화국연방은 양국 간의 평화문제를 정착시키기 위해"라고 선언했다.

제1조는 "양국은 서로 독자적으로 또는 다른 세력과 함께, 모든 폭력행위, 적대행위, 공격행위를 하지 않는다"고 하여 상호 간 불가침을 규정했다.

제2조에서는 "만일 양국 중 일방이 제3국과 전쟁을 하는 경우 타방은 어떠한 형태로든 제3국을 지원하지 않는다"고 규정했다. 따라서 이 조약은 양국 간 '중립조약'의 성격도 가진다.

제3조에서는 "양국은 두 나라 중 어느 한 나라에 대항하는 어떠한 세력 형성에도 참여하지 않을 것을 약속한다"고 규정했다.

소련과 나치 독일 양국은 분쟁 발생 시에도 무력에 의존하지 않기로 약속했다. 제5그

---

17) 독·소(獨·蘇) 불가침 조약(1939. 08. 23)은 서명자인 소련 외무장관 바체슬라프 몰로토프와 독일 외무장관 요아힘 폰 리벤트로프의 이름을 따서 몰로토프－리벤트로프 조약(Molotov-Ribbentrop Pact)이라고도 한다.

에서 "양국 간 어떠한 형태로든 분쟁이 발생했을 때 오로지 평화적인 방법으로 협의를 통해 또는 필요한 경우 중재위원회의 설립을 통해 분쟁을 해결한다"고 규정한 것이다.

사실, 견원지간(犬猿之間)이던 아돌프 히틀러(Adolf Hitler)와 이오시프 스탈린(Iosif Stalin)의 야합은 전 세계에 엄청난 충격을 주었다. 소련과의 동맹을 추진하던 영국과 프랑스는 '닭 쫓던 개' 같은 처지가 되어 버렸다. 폴란드는 외부의 도움을 받지 못한 채 1939년 9월 1일 나치 독일의 침공을 받았다. 9월 17일에는 소련이 폴란드를 침공했다. 다음 날 독일군과 소련군은 브레스트－리토프스크에서 만났다. 1918년 볼셰비키 정권이 독일제국과 굴욕적인 강화조약을 맺었던 장소였다.

아돌프 히틀러(Adolf Hitler)는 독·소(獨·蘇) 불가침 조약(1939. 08. 23)을 통해 소련이 영국·프랑스 등 서방국가들과 동맹을 맺는 것을 저지하고, 폴란드를 보다 쉽게 침공할 수 있었다. 이오시프 스탈린(Iosif Stalin)은 제1차 세계대전(1914~1918)과 공산혁명, 1920년대 초 폴란드와의 전쟁 등을 통해 상실했었던 영토들을 회복할 수 있게 됐다.

독·소(獨·蘇) 불가침 조약(1939. 08. 23)이 체결된 이후 1년 10개월 동안 독일과 소련은 밀월(蜜月)관계를 유지했었다. 특히 이오시프 스탈린(Iosif Stalin)은 아돌프 히틀러(Adolf Hitler)와의 우호관계 유지를 위해 많은 노력을 기울였다. 소련이 독·소(獨·蘇) 무역협정을 통해 독일에 판매하기로 약속한 석유·철강·텅스텐 등 전략물자들은 차질 없이 독일에 인도됐었다. 이와 반면에 아돌프 히틀러(Adolf Hitler)는 소련에 지불하기로 되어 있는 기계나 장비, 물자의 인도를 게을리했었다. 영국·프랑스와의 전쟁 때문이기도 했었지만, 소련군의 동유럽 진출에 불안감을 갖게 되었기 때문이었다.

1941년에 접어들면서 이오시프 스탈린(Iosif Stalin)은 동구 점령지를 다시 재편하기를 원했었다. 아돌프 히틀러(Adolf Hitler)는 이를 거부했었다. 그래도 이오시프 스탈린(Iosif Stalin)은 아돌프 히틀러(Adolf Hitler)의 비위를 상하게 하지 않으려 무척 노력했었다. 하지만 아돌프 히틀러(Adolf Hitler)에게 슬라브족은 위대한 게르만족이 정복해서 노예로 삼아야 할 하등 인종에 불과했었다. 1941년 5~6월 전격전(電擊戰)으로 프랑스와 영국을 완전히 제압하기 전부터 아돌프 히틀러(Adolf Hitler)는 소련 침공을 준비하기 시작했었다.

1941년 봄이 되면서 독일의 침공이 임박했다는 첩보들을 입수했었지만 이오시프 스탈린(Iosif Stalin)은 이를 무시했었다. 그는 아돌프 히틀러(Adolf Hitler)와 마찬가지로 음흉하고 의심 많고 잔인한 독재자였다. 하지만 이오시프 스탈린(Iosif Stalin)은 독·소(獨·蘇) 불가침 조약(1939. 08. 23)에 관해서는 이상할 정도로 신뢰를 가졌었는데, 그 근거는 다음과 같다:

첫째, 아돌프 히틀러(Adolf Hitler)가 독·소(獨·蘇) 불가침 조약(1939. 08. 23)을 통해 전쟁 수행에 필수적인 전략물자들을 안정적으로 얻고 있는 상황에서 쉽사리 소련을 공격하지 않을 것이다.

둘째, 독일이 소련을 침공하려면 2배 이상의 압도적 전력(戰力)을 보유하고 있어야 하는데, 독일은 그렇지 못하다.

셋째, 1941년 6월 말에 소련을 침공하면 얼마 지나지 않아 겨울철이 닥치기 때문에, 이미 전쟁을 수행하기에 좋은 계절은 지나갔다. 전쟁이 일어나더라도 1941년은 아닐 것이다.

다른 한편으로, 윈스턴 처칠(Winston Churchill) 영국 총리가 아돌프 히틀러(Adolf Hitler)의 소련 침공계획을 알려줬지만, 이오시프 스탈린(Iosif Stalin)은 이를 독일과 소련 양국을 이간질하려는 책략으로 간주해 묵살했다. 1941년 6월 21일 한 독일군 병사가 국경을 넘어와 다음 날 독일군이 쳐들어올 것이라고 제보했었다. 이오시프 스탈린(Iosif Stalin)은 '역정보(逆情報)'라면서 그 병사를 총살했었다. 스탈린은 그날 게오르기 주코프 장군 등 소련군 지도부의 강권으로 마지못해 전방부대에 경계령을 하달하기는 했었다. 그러나 때는 이미 늦었다.

1941년 6월 22일 독일군의 소련 침공이 시작됐었다. 공산당과 군부의 지도자들이 전쟁 발발 소식을 듣고 달려왔을 때에도 이오시프 스탈린(Iosif Stalin)은 전쟁을 유도하기 위한 독일 장군들의 '도발'에 불과하다며 거기에 넘어가서는 안 된다고 역설했었다. 이오시프 스탈린(Iosif Stalin)은 "히틀러가 아무것도 모르고 있을 수 있으니, 급히 베를린과 접촉해야 한다"고 주장했었다. 선전포고문을 전달하기 위해 소련 외무부를 찾아온 모스크바 주재 독일대사 프리드리히 폰 데어 슐렌베르크를 접견한 소련 외무장관 몰로토프는 더듬거리며 말했다. "우리가 이런 일을 당할 만한 짓을 한 적이 있습니까?"

전술한 바와 같이, 아돌프 히틀러(Adolf Hitler)는 자신의 저서 <나의 투쟁>에서 소련을 정복해 그 땅을 식민지로 삼고, 슬라브족을 게르만족의 노예로 삼겠다는 뜻을 분명히 했었다. 그의 정치활동 내내 그 뜻을 감추지 않았다. 그는 합리적으로 설명할 수 없는 이데올로기형 독재자였고, 그에게 소련 침공은 필수였다.

사실, 아돌프 히틀러(Adolf Hitler)가 독·소(獨·蘇) 불가침 조약(1939. 08. 23)을 깨고 소련을 침략해 올 것이라는 징후는 분명했었다. 그러나 소련군 지도부는 이오시프 스탈린(Iosif Stalin)에게 대비를 촉구했었다. 하지만 그는 이러한 경고를 외면했었다. 그는 자신이 아돌프 히틀러(Adolf Hitler)에게 성의를 다하면, 그리고 여러 가지 환경적 조건들 때문에 아돌프 히틀러(Adolf Hitler)의 소련 침공은 없을 것이라고 맹신(盲信)했었다. 1930년대 말 이오시프 스탈린(Iosif Stalin)의 군부 대숙청에서 간신히 살아남은 소련군 장성들은 그의 심기를 거스를까 두려워서 더 이상 강하게 자기들의 주장을 펴지 못했었다. 제2차 세계대전(1939~1945)의 영웅 게오르기 주코프 원수는 후일 만약 자기도 상기 주장을 개진했었더라면 NKBD(비밀경찰)의 지하실로 끌려갔을 것이라고 술회했었다. 결국, 독일의 침략을 불러들인 것은 거의 전적으로 자신의 오판을 맹신한 이오시프 스탈린(Iosif Stalin) 본인의 책임이었다. 4년 후 소련은 독일군을 무찌르고 제2차 세계대전의 승자가 됐었지만 이를 위해 2,000만 명이 넘는 소련 군인과 민간인들이 목숨을 잃었고 국토는 폐허가 되었다.

결국, 서유럽 국가들이 뮌헨협정(Munich Agreement, 1938. 09. 30)으로 아돌프 히틀러(Adolf Hitler)를 봐주는 실수를 저질렀듯이, 소련의 이오시프 스탈린(Iosif Stalin, 1878~1953)은 아돌프 히틀러(Adolf Hitler)의 야심을 얕보고 독·소(獨·蘇) 불가침 조약(1939. 08. 23)을 맺는 실수를 저질렀다. 상기 두 조약으로도 인류 역사상 최대의 전쟁, 제2차 세계대전(1939~1945)은 피할 수 없었다.

소련과 영·불의 동상이몽

독일이 체코슬로바키아의 나머지를 강점한 이후에도 야욕을 버리지 않고 폴란드에게 '폴란드 회랑(回廊)'(제1차 세계대전 이후 베르사유 조약에 의해서 신생국인 폴란드의 영토가 된 좁고 긴 지역)을 요구하면서 유럽에는 다시 전운(戰雲)이 고조되었다. 체코슬로바키아라는 동맹국이 사라진 상황에서, 영국과 프랑스는 폴란드에 직접적인 병력 지원이 가능한 새로운 동맹국이 절실히 필요했었다. 이는 바로 소련이었고 따라서 소련과 서방국가들은 다시 접촉했었다. 소련과 나치 독일은 스페인 내전(1936~1939)에서 간접적으로 싸운 적이 있었기 때문에 소련은 절박한 상황이었다. 1938년과 달리 이번엔 양측 모두 상당히 진지하게 접촉하며 의견을 주고받았다. 최우선적으로 독일의 팽창 저지와 제압을 목표로 하는 데에는 양측의 의견이 동일했었다.

1939년 4월 17일, 막심 리트비노프는 외무장관직에서 해임되고 바체슬라프 몰로토프(Vyacheslav Molotov)가 외무장관이 되었다. 몰로토프 신임 외무장관은 '발트해—지중해까지 모든 나라의 영토 보전을 보장하고, 그 나라 중 어느 한 나라라도 독일의 공격을 받을 경우 영국, 프랑스, 소련 세 열강이 모두 전쟁에 돌입한다'는 내용의 동맹 관계를 제안하는 내용을 기재된 문서를 영국과 프랑스에 전달했었다.

그러나 문제가 몇 가지 있었다. 우선 회담 시작 전부터 삐걱거리기 시작했었다. 문서를 전달받은 지 6주가 지나서야 영국에서 답신이 왔으며, 그나마도 동맹 관계를 구축하자는 것이 아니라 예비 회담을 열자는 데 동의하는 것이었다. 초조해진 바체슬라프 몰로토프(Vyacheslav Molotov) 외무장관은 1939년 7월 17일, 영·불·소 외교 회담에서 군사협약이 반드시 고려되어야 한다는 성명서를 발표하였다. 그러나 8월 10일이 되어서야 영국과 프랑스의 협상단은 비행기가 아니라 여객선 '시티 오브 엑스터(City of Exeter)'호를 타고 레닌그라드에 입항한 데다가, 곧바로 모스크바에 가지 않고 하루를 관광으로 소비함으로써 소련 측에 나쁜 인상을 심어주었다.

1939년 8월 12일 모스크바에서 겨우 협상이 시작되었는데, 회담에 참가한 협상단도 문제였다. 소련 측 협상단장은 이오시프 스탈린(Iosif Stalin)의 최측근이자 친구, 클리멘트 보로실로프 원수였다. 그는 스탈린에게 보고할 필요 없이 바로 군사 협정에 서명할 수 있는 권한을 지니고 있었으며 이를 증명하는 문서를 영·불 협상단에게 보여주었다. 이와 반면에 영불 협상단장의 자격은 소련에 비해 상당히 떨어졌다. 프랑스 협상단장은 프랑스 제1군관구사령관 육군 대장(Army General) 조제프 두망(Iosif Doumenc)이었는데 보로실로프 원수와 마찬가지로 협상 서명권을 지니고 있었지만 당시 프랑스군 내 서열 40위 정도 밖에 차지하지 못하는 인물이었다. 영국은 한 술 더 떴다. 영국 협상단장 레지널드 드락스 경(Reginald Drax)은 당시 해군 소장이었는데, 일개 함장 출신인 데다 영국 정부에 보고만 할 수 있을 뿐 협상 권한이 없었다. 따라서 소련 협상단은 매우 당황하고 불쾌해했으나 계속 협상을 이어나갔다. 곧이어 소련은 소련군이 독일로 진군할 수 있도록 동유럽 국가, 특히 폴란드(당시 영·불과 동맹국)가 길을 내 줄 수 있는지에 대한 협약을 양국 정부와 맺었는가를 질문했었다.

영국·프랑스·소련·폴란드의 집단안보(Collective Security)를 거부하는 폴란드 제2공화국
소련은 체코 위기 당시 체코와 동맹을 맺고 있었고, 소련군은 유사시 루마니아를 통과하여 체코에 출동할 준비를 갖추고 있었으나, 정작 서유럽이 체코를 포기하고 독일에 할양하자 크게 위기를 느끼고 있었다. 아돌프 히틀러(Adolf Hitler)는 집권 당시부터 소련을 비난했고, 소련과의 전쟁은 피할 수 없다고 주장했기 때문에, 독일이 곧 소련과의 전쟁을 일으킬 것이라는 위기감이 소련 지도부를 압박하고 있었다.

소련 외교부 장관(당시)인 막심 리트비노프(Maxim Litvinov, 1876~1951)는 체코 위기 당시부터 영국·프랑스와 동맹하여 독일을 포위한다는 구상을 하고 있었다. 영·불(英·佛)이 독일에게 양보한 뮌헨협정(Munich Agreement, 1938. 09. 30)으로 이는 물거품이 되었으나, 독일이 뮌헨협정(Munich Agreement, 1938. 09. 30) 이후 폴란드에 계속 압력을 가하자 소련은 다시 영·불(英·佛)과의 집단안보체제를 구상하게 되었다. 독일이 소련을 침략하기 위해서는 폴란드를 거쳐야 했기 때문에, 폴란드를 침공한 독일군이 바로 소련으로 쇄도할 것이라는 것이 바로 소련 지도부의 판단이었다. 그렇기 때문에 소련 외교부 장관(당시)인 막심 리트비노프(Maxim Litvinov, 1876~1951)는 폴란드의 안보가 곧 소련의 안보라고 판단했다. 폴란드를 독일로부터 지키기 위해서는 소련 혼자서는 버겁고, 영·불(英·佛)을 끌어들여 소련·폴란드·영국·프랑스의 집단안보체제를 구성, 독일의 야욕을 저지할 구상을 하기 시작했다.

소련 외교부 장관(당시)인 막심 리트비노프(Maxim Litvinov, 1876~1951)가 구상한 영국·프랑스·소련·폴란드의 집단안보(Collective Security)는 위와 같이 영·불(英·佛)도 소극적이었지만, 폴란드도 마찬가지 였다. 폴란드는 독일 못지않게 러시아/소련과 역사적인 여러 악연이 있었으며, 영토 할양을 요구하는 독일에 강경한 것과 마찬가지로 영국·프랑스·소련·폴란드의 '집단안보(Collective Security)'에 참여하라는 소련의 요청도 매우 차갑게 거절했다. 영·불(英·佛)이 소련의 제안에 소극적으로 나선 것도 바로 독일과 직접 국경을 맞댄 폴란드가 "소련이 끼는 집단안보에는 절대로 참가하지 않겠다"고 영·불에게 엄포를 놓았기 때문이었다.

회고하면, 폴란드와 러시아는 역사적으로 아주 사이가 좋지 않으며 그 역사도 아주 유구하다. 15세기부터 17세기까지 폴란드는 심심하면 모스크바 대공국－루스 차르국을 침략했었고 러시아가 패배하여 모스크바가 불타고 차르가 끌려가서 폴란드 국왕에게 무릎 꿇은 적도 있었다. 그 후, 폴란드는 1772년, 1793년, 1795년 프로이센－러시아－오스트리아 3국에 의해 영토가 3번이나 강제 분할된 역사를 지니고 있었다. 그 당시 폴란드는 러시아의 가혹한 통치를 받았는데, 폴란드가 3국에게 분할 통치를 받는 동안 오스트리아, 프로이센과 비교해서 러시아는 지금 폴란드를 밟아놓지 않으면 또 모스크바가 불탈지 모른다고 생각해서 그야말로 엄청난 탄압을 가했다. 그리고 러시아 혁명으로 러시아가 국내적으로 혼란한 틈을 타 폴란드에서 먼저 공격해서 일어난 일이긴 하지만 1919~1921년 소련과 전쟁을 치른 경험까지 있었다. 그리고 이 과정에서 폴란드는 벨로루시와 우크라이나 서부 지역을 차지했는데, 일단 소련이 폴란드를 지원하면 폴란드 내에서 소련의 영향력이 증대되는 건 당연지사고 심하면 일전에 얻은 동부 영토까지 그대로 떼어먹힐 수 있다고 생각했다. 그리고 당시 폴란드의 주요 외교적 노선은 독일과 소련 사이에서의 중립 추구였다. 따라서 폴란드는 결국 독·소(獨·蘇) 불가침 조약(1939. 08. 23)이 성립될 때까지 소련군의 자국 영내 통과를 허용하지 않았고 이것은 영－불－소의 회담이 결렬되는 주요한 이유가 되었다.

그러나, 상기와 같이 폴란드는 소련과 역사적인 악연이 있었지만 당장 폴란드가 독일의 침략을 받을 경우 소련을 제외하면 도와줄 나라는 하나도 없었다. 그리고 뮌헨협정(Munich Agreement, 1938. 09. 30)이후 폴란드에 대한 독일의 압력은 점점 거세지고 있었기 때문에 폴란드는 어떻게든지 기존 안보방침을 재고해야만 했다. 이렇게 폴란드는 소련에 대한 고압적인 태도와는 대조적으로, 전통적인 우방인 프랑스는 철썩 같이 믿고 있었다. 폴란드 수뇌부는 독일이 양면전쟁을 극도로 꺼리기 때문에 100만의 육군을 거느린 프랑스가 있는 한, 독일은 폴란드를 침공하지 못할 것으로 믿고 있었다.

그러나 프랑스는 폴란드의 생각과는 달리, 제1차 세계대전(1914~1918) 때 엄청난 피해를 보았기 때문에, 독일과 충돌을 야기할 수 있는 군사적 압력을 가하는 데 매우 소극적이었으며, 아돌프 히틀러(Adolf Hitler)가 베르사유 강화조약(Treaty of Versailles, 1919. 06. 28) 폐기를 선언한 후에도 적극 제지하기는커녕, 독일의 공세적인 군비확장에 미온적인 대응을 할 뿐이었다.

폴란드가 믿고 있었던 또 다른 나라였던 영국은 아래에도 나오지만 상설 육군이 거의 없었기 때문에, 독일의 팽창주의적인 도발에 기껏해야 외무성 성명이나 발표하는 정도였다. 폴란드－독일 전쟁이 발발했을 때, 영국이 할 수 있는 일은 그저 독일에 대한 해상봉쇄가 전부였다. 이 결과 폴란드는 외교를 통해 안전을 확보하는 것도 실패한 셈이었다.

폴란드는 1795년 오스트리아·프러시아·러시아의 제3차 분할점령 이후 123년 만에 폴란드 제2공화국을 세웠던 독립 영웅 유제프 피우수트스키(Józef Klemens Piłsudski, 1867~1935)의 지도 아래 러시아 제국으로부터 독립했는데, 그는 과거의 사회주의자였으나, 후에 우파로 전향하였고 독립 후에는 쿠데타를 일으켜 권위주의적인 독재체제를 수립했다. 그는 과거의 폴란드－리투아니아 연합을 모델로 삼아 발트해(발트3국)로부터 흑해(우크라이나)에 이르는 거대한 연방국가를 구성하고 폴란드가 그 맹주가 되어 서(西)로는 독일, 동(東)으로는 소련(러시아)와 맞서려는 구상을 가지고 있었다. 미엔지모제(Międzymorze)라고 부르는 이 정책은 패권주의적이여서 폴란드는 힘센 대외적으로 강경책을 폈고, 영도확장에 적극적이었다. 한마디로 말해서 국력의 차이만 있었을 뿐, 당시 독일이나 소련 못지않은 팽창주의나 대외 확장주의를 시전하고 있었다. 폴란드는 루마니아나 헝가리를 제외하면 독립 후에 싸움을 걸지 않은 주변나라(우크라이나 인민 공화국, 벨라루스 인민 공화국, 체코슬로바키아, 리투아니아)가 하나도 없을 정도였다. 여기에 소수민족 탄압도 심했는데 폴란드가 소비에트−폴란드 전쟁으로 획득한 우크라이나 지방의 정교회는 가톨릭이 주류인 폴란드 정부에 의해 엄청난 탄압을 받았으며, 유대인들도 상당히 차별을 받고 있었다.

폴란드는 독립하자마자 우크라이나와 벨라루스를 침공해서 소비에트−폴란드 전쟁을 일으켜 우크라이나와 벨라루스의 절반을 먹기도 했고, 리투아니아의 수도 빌뉴스를 군대를 동원해 강탈하기도 했으며, 뮌헨 협정(Munich Agreement, 1938. 09. 30) 때는 3국분할로 거의 멸망했다가 구사일생으로 부활했으면서도 아돌프 히틀러(Adolf Hitler)에 맞장구쳐 체코 분할에도 참가했다. 특히 당시 폴란드 사회는 민주국가가 아니라 유제프 피우수트스키의 사후 그 부하들, 일명 피우수트스키의 대령단(colonels)이란 군인들이 정권을 잡고 있던 군사 독재, 군국주의 사회로서, 자국의 국력도 생각하지 않고 동서 양쪽의 강적들에게 계속 만용을 부리고 있었다. 즉, 폴란드 지도부는 소비에트−폴란드 전쟁 때 소련에 대하여 한 번 승리한 바 있으니 자신 있고, 독일군은 재군비한 지 얼마 안 되어서 전력이 그다지 강하지 않을 것이라 착각하고 있었다. 심지어, 도와주겠다고 나선 소련의 손을 거절한 이유에는 역사적 악연과 사회주의를 혐오하는 것도 있었지만, 폴란드 자국군을 과대평가하고 있었기 때문이었다. 그러나 독일군과 소련군은 국력의 한계로 제대로 기계화되지 못한 폴란드군을 넘어서고 있었다.

소련의 입장

소련이 영국과 프랑스와 접촉한 이유는 극단적인 반공(反共) 국가인 나치 독일을 견제해야 하는데 자신만 싸운다면 두들겨 맞고 엄청난 피를 흘릴 게 뻔하기 때문이었다.

전쟁이 발발할 시(時) 각국이 동원할 수 있는 병력 수치에 관해 소련 협상단은 120개 사단, 중포 5천여 문, 전차 9천여 대, 항공기 5천여 대를, 프랑스는 110개 사단, 전차 4천여 대를 파병한다고 각각 투입할 것이라고 밝혔다. 그런데 영국 협상단은 16개 사단이라고 밝혀 보로실로프가 "통역을 잘못한 것 아닌가?"라고 말할 정도였다. 소련이 세부 사항을 캐묻자 영국은 사실은 단 4개 사단만이 전투 가능하다고 실토했었다. 회담 종료 후 스탈린이 영국 대사에게 구체적으로 더 묻자, 사실 4개 사단 중에서도 2개만이 제대로 된 사단이고, 나머지 2개 사단은 좀 더 뒤에야 편성될 수 있다는 것이었다. 이런 어처구니없는 답변이 돌아오자 소련은 할 말을 잃었고, 영국이 의도적으로 소련과 독일의 전쟁을 부추기려는 것 아닌가 하는 의심을 품었다.

소련의 의심에는 역사적인 근거가 있었다. 러시아 혁명 직후 서방 세계는 직접 군대를 파병하여 러시아 내전에 개입해 사회주의 정권을 붕괴시키려다가 실패한 전례가 있었다.

즉, 소련으로선 서방 세계가 나치 독일, 일본 제국 같은 파시즘 국가와 소련의 전쟁을 유발하여 양측을 모두 공멸시키려는 것 아닌가 하는 의구심이 들기에 충분했었다.

당장 전쟁이 발발할 시(時) 각국이 동원할 수 있는 병력 수치는 제1차 세계대전(1914~1918) 당시 영국의 첫 대륙 원정군 규모인 4개 사단에도 못 미치는 소규모 병력만 즉시 투입 가능한 데 반해 전쟁은 바로 코 앞으로 다가와 있다고 보였으므로, 소련 입장에선 영국인들이 제대로 싸울 의지 자체가 없다고 볼 수밖에 없었다. 영국은 이미 1938년 후반부터 방위 산업 생산 규모를 대폭 확장하기 시작한 상황이었으므로 소련인들은 실제로 영국군이 훨씬 많은 병력을 동원 가능하다고 생각하고 있었다. 그러나 영국은 아직 지상군보다는 공군, 그리고 공군보다는 동맹국들이 싸우는 데 필요한 금융자본의 확보에 더 열심인 상황이었다.

프랑스와 마찬가지로 영국도 독일과의 전쟁이 다시 벌어지면 참호전이 될 것이라고 생각하고 있었다. 동(폴란드)서(프랑스)로 각각 100만의 대군을 면전에 둔 독일군은 적어도 한동안 지체될 것이지만, 영국 육군의 개입 없이도 독일군을 막을 수 있을 것이라는 안일한 생각을 하고 있었다. 제1차 세계대전(1914~1918) 때도 영국 육군은 초반 2년을 매우 소극적으로 임했었다.

영국이 당시 보였던 행동은 지금까지 대륙 전쟁에 개입할 때의 전통을 따랐지만, 소련의 입장에서는 설득력이 부족했었다. 상기와 같이, 확실한 전쟁 준비보다는 금융자본의 확보에 주력하고 있는 영국 측의 태도를 보고 소련은 영국이 함께 싸울 생각은 안 하고 돈벌이에만 급급해?"라는 커다란 의심을 불러 일으켰었다. 사실 영국의 금융자본은 1차 대전 때도 프랑스에 전쟁 자금으로 각국에 엄청난 차관을 빌려주었고, 패전국인 독일에 전쟁 배상금을 탕감해주면서도, 정작 동맹국이었던 프랑스에는 그런 혜택 없이 받을 것을 전부 받아가서 커다란 이익을 얻었기 때문에 프랑스에서 반(反)영국 감정이 고조된 바 있었다. 영국이 육전에 대한 대비보다는 전쟁에 필요한 자본을 확충하는 데 주력하고 있었던 것은 대륙 국가들이 당분간은 어떻게든 독일을 막아 줄 것이라고 생각했었기 때문인데 결과적으로 이는 엄청난 오판이었다. 특히 소련 입장에서는 황당한 일이었다.

사실, 영국과 프랑스는 소련에 성의를 보이지 않고 오히려 폴란드를 더 믿고 있었으며, 동맹 체결에도 긴성이있다. 이는 러시아 내전에서 영국－프랑스와 악연이 있던 소련의 의심과 겹쳐 최악의 결과를 낳았다. 영국과 프랑스는 폴란드 문제로 전쟁이 시작되면, 군병력 동원이 오래 걸리는 자신들을 대신해서 소련과 폴란드가 힘을 합쳐 적어도 6개월에서 1년쯤 독일군을 동부에 붙들어 주기를 기대했다.

그러나 소련은 그런 장기 지연전의 결과로 소련군만 피를 흘리고 마는 게 아닌가 우려할 수밖에 없었다. 최악의 경우, 독일과 소련이 다같이 기진맥진해 있을 때 영국과 프랑스가 기습 공격으로 독일과 소련 두 나라를 동시에 무너뜨리는 것조차 가능해 보였다. 매사에 의심 많았던 이오시프 스탈린(Iosif Stalin)으로서는 그런 걱정을 떨쳐버릴 수가 없었다. 물론 러시아 제국 시절 때부터 영국과 수십 년 동안 적대적인 관계였기 때문에 소련의 그런 의심은 적어도 이오시프 스탈린(Iosif Stalin)에게는 합리적이었다. 즉, 이오시프 스탈린(Iosif Stalin)은 영국과 프랑스의 협상 태도를 보고는 이들이 소련과 군사동맹을 맺을 생각이 없다고 판단하였다. 이렇게 되면 이들이 독일과 소련을 싸우게 하고 뒤로 빠지지 않을까 하는 의심을 하게 되었다. 이 의심은 상당히 그럴듯 했으며, 영국과 프랑스의 정치인들 중에도 정말 그런 이이제이를 바란 사람들이 많았다. 이런 영국과 프랑스의 분위기는 그곳에 산재한 소련 간첩망에 의해 이오시프 스탈린(Iosif Stalin)에게 보고되었고, 의심 많은 그는 결국 영국과 프랑스를 불신하게 되었다. 이오시프 스탈린(Iosif Stalin)은 이미 영국과 프랑스와의 협상을 하기 전, 1939년 5월 영국·프랑스·소련·폴란드와 집단안보체제를 주장했었던 막심 리트비노프(Maxim Litvinov, 1876~1951) 외무장관을 해임하고 심복인 바체슬라프 몰로토프(Vyacheslav Molotov, 1890~1986)를 외무장관(1953~1956)에 앉혔다. 결국, 1939년 8월 20일부로 영국과 프랑스과의 회담은 허무하게 종료되었다. 이때 이오시프 스탈린(Iosif Stalin, 1878~1953)의 마음을 흔든 것은 다름 아닌 독일이었다.

영국의 입장

사실, 영국이 육전(陸戰)을 피하려고 한 것은 이기적이긴 하지만, 국제사회에서 이기적이지 않은 국가는 없다. 영국도 제1차 세계대전(1914~1918) 때 프랑스의 인명피해에는 미치지 못하지만 엄청난 인명피해를 입었기 때문에 수많은 인명 피해가 나는 육전(陸戰)에는 될 수 있으면 참전하지 않으려고 한 것은 당연하다. 이는 제1차 세계대전(1914~1918) 때 젊은이의 1/3이 전사(戰死)한 프랑스가 인명 피해를 줄이기 위해 국방예산의 절반 가까이를 쏟아부어 알자스-로렌 국경에 마지노 요새를 건설한 것과 비슷한 맥락이다.

영국은 1936년부터 재무장을 시작해서 재무장 시작일로부터 3년밖에 지나지 않았다. 거기에 비대한 해군의 유지비에 막대한 재정이 소모되고 섬나라라는 특성상 육군이 예산 배정에 우선순위가 될 수 없었다. 또한 당시는 1939년으로 아직 세계 대공황(1919~1929)의 여파가 가시지 않은 시기로서 영국과 프랑스가 경제적으로 편했던 시기가 아니었다.

영국이 나치당이나 나폴레옹과 같이 갑자기 팽창하는 강대한 세력을 견제하기 위해서 동맹을 맺은 것이지 애호와 우정의 감정으로 친교를 맺은 것이 아니다. 차관을 빌려 주면 다른 꿍꿍이가 없는 이상은 이자까지 쳐서 갚게 만든다. 물론, 프랑스가 가장 많이 피를 흘려서 영국이 승리할 수 있었다. 그렇지만 프랑스가 영국을 위해 피를 흘린 것은 아니다. 독일이 승천(昇天)하기 이전에는 서로 물어뜯던 사이였으며 그런 차관의 가장 피해자인 프랑스조차도 영국과 동맹을 맺은 것은 필요에 따라서 동맹을 맺었기 때문이다. 만약에 그러한 이유로 영국이 싫어서 동맹을 못 맺었더라면 프랑스부터가 영국과 동맹을 맺지 않았었을 것이다.

한편, 소련 수뇌부는 국제 사회가 돌아가는 방식을 알고 있었다. 중요한 건 어느 나라가 이기적이지 않은 아름다운 마음을 품고 정성을 다하느냐가 아니라 어느 쪽이랑 편을 먹어야 자신에게 이익이 돌아가느냐였다. 그리고 구태여 영국을 빼더라도 프랑스군이 있었으며, 정말로 영국이 섬나라의 이기적인 습관 때문에 그렇게 일이 돌아갔었던 것이라면 러시아는 나폴레옹 전쟁기 시대 때부터 영국과 협력하는 일 자체가 없었을 것이다.

제1차 세계대전(1914~1918) 당시 프랑스가 엄청난 피해를 입어야 했던 이유는 프랑스가 무리하게 공세로 나서다가 처참히 부서졌으며 영국 입장에서는 삼국 협상을 맺었지만 협상 내용상 반드시 영국이 참전했어야 할 의무는 없었는데 독일이 벨기에를 침공했기 때문에 개전했었던 것이다. 당시 영국 입장에서는 당장 징병제로 전환한들 보급할 장비가 모자라 괜히 인명과 자원을 낭비하게 될 뿐이었다. 그리고 금융자산은 전쟁에 매우 중요하며 지리학적인 특성에 따라서 다른 전략을 취하는 것은 상식 중에 상식이다. 또한, 나폴레옹 시대든 혹은 세계대전이든 간에, 영국은 결국 병력을 모아서 대륙 전쟁에 적극적으로 개입했다.

독·소(獨·蘇) 불가침 조약(1939. 08. 23)

독일 또한 제1차 세계대전(1914~1918)에서 전선을 마구 넓혀서 패배한 이후 양면전쟁의 위험성을 뼈저리게 깨달았으며 아울러 소련과 서방 세계가 접촉하는 것도 눈치채고 있었다. 영국과 프랑스가 실제 참전할 것이라고 생각하지는 않았으나, 침략 전쟁에 소련이 개입할 것을 우려하고 있었으며, 만약에 대비하며 동부에서의 세력 균형(Balance of Power)을 위해 소련을 묶어둘 필요성이 있었다. 즉, 폴란드 침공에 소련이 개입하면 초장부터 만사를 그르칠 수 있으므로 아돌프 히틀러(Adolf Hitler)는 소련을 어떻게 묶어둘 것인지 고심하고 있었다. 그때까지만 해도 아돌프 히틀러(Adolf Hitler)는 영국과 프랑스가 폴란드를 구하러 전쟁을 일으킬 수는 없을 것이라고 착각하고 있었고, 폴란드 군은 별 문제

없겠지만 그 뒤에 있는 소련의 개입은 우려하고 있었다.

1939년 8월 2일, 독일 외무장관 요아힘 폰 리벤트로프는 이런 걱정을 하는 아돌프 히틀러(Adolf Hitler)에게 이오시프 스탈린(Iosif Stalin)과 협상하도록 권했고, 히틀러는 리벤트로프의 제안을 받아들여 소련에게 '발트해에서 흑해까지의 지역의 결산'을 제안했었다.

소련으로서는 매우 구미가 당기는 일이 아닐 수 없었고, 믿음직스럽지 못한 영국과 프랑스와 함께 소련의 도움은 죽어도 싫다는 폴란드를 돕느니, 세력권을 나눠서 서로 맛있게 잘 먹고 사이좋게 지내자는 독일의 제안이 훨씬 당근이었다. 1939년 8월 17일 소련은 독일과의 회담에 동의했고, 8월 19일 양국은 경제 협정인 독·소(獨·蘇) 신용 협정(German – Soviet Credit Agreement)를 체결하였다.

이어서 이오시프 스탈린(Iosif Stalin)은 1939년 8월 21일 외무라인에 영불과의 협상 모색을 중단시키고 독일과의 협상 준비를 하도록 지시했었다. 8월 23일 아돌프 히틀러(Adolf Hitler)로부터 전권을 위임받은 독일 외무장관 요아힘 폰 리벤트로프를 위시한 독일 외교단이 소련으로 비행기를 타고 갔었다. 당시 모스크바 공항에는 하켄크로이츠 깃발들이 장식되어 있었다. 요아힘 폰 리벤트로프 외무장관은 허겁지겁 모스크바에 도착해서 바체슬라프 몰로토프(Vyacheslav Molotov) 외무장관의 영접을 받으며 공항에서 점심을 먹은 후 바로 크렘린으로 갔다. 크렘린에서는 사안의 중대성을 감안한 이오시프 스탈린(Iosif Stalin)이 직접 외교단을 맞이했었다. 사실 의전에서 일개 외무장관을 최고권력자가 맞이하는 경우는 거의 없다. 좀 더 환영 제스처를 보였다면 소련 국가 원수 미하일 칼리닌이 영접했겠지만, 당시 전쟁이 임박했었기 때문에, 최고 권력자였던 이오시프 스탈린(Iosif Stalin)이 직접 나옴으로써 환대의 의사를 표시했었다.

원래는 소련과 독일 양국의 외무장관인 바체슬라프 몰로토프(Vyacheslav Molotov)와 요아힘 폰 리벤트로프가 협상을 해야 했으나, 실제로는 이오시프 스탈린(Iosif Stalin)이 여기에 동석해서 사실상 스탈린이 리벤트로프와 교섭하게 되었다. 협상은 리벤트로프가 도착한 1939년 8월 23일 오후부터 밤 늦게까지 계속되었으나, 의외로 양 독재국가는 아귀가 잘맞아서 여러 현안에 대해 쉽게 합의했었다. 이오시프 스탈린(Iosif Stalin)과 리벤트로프는 협상이 의외로 술술 풀리자 점점 의기 투합하여 나중에는 서로 극단적인 농담까지 주고받았을 정도였다. 실제로 리벤트로프는 이오시프 스탈린(Iosif Stalin)에게 1936년의 독일 – 이태리 – 일본의 3국 협정은 겉으로는 소련을 적(敵)으로 내세웠지만 실제로는 영국 – 프랑스 – 미국이 주도하는 서방질서를 흔들기 위한 것이라고 협상 시간 내내 계속 주지시켰으며, 이는 영국과 프랑스에게 의심을 넘어 배신감을 느끼고 있었던 이오시프 스탈린(Iosif

Stalin)을 매우 기쁘게 하는 것이었다.

영국과 프랑스의 협상이 질질 끌어서 1년이 지나도록 진척이 없었던 것과 대조적으로, 소련－나치 독일은 단 하루만에 유럽의 운명을 결정할 모든 현안에 대해 합의하고 다음날인 1939년 8월 24일 모든 항목에 대한 합의문을 작성할 수 있었다. 이오시프 스탈린(Iosif Stalin)이 지켜보는 가운데 독일 외무장관 요아힘 폰 리벤트로프와 소련 외무장관 바체슬라프 몰로토프(Vyacheslav Molotov)가 독·소(獨·蘇) 불가침 조약(1939. 08. 23)을 체결했다.

이오시프 스탈린(Iosif Stalin)은 독·소(獨·蘇) 불가침 조약(1939. 08. 23) 체결후 환영 만찬에서 독일 외무장관 요아힘 폰 리벤트로프에게 *"히틀러 총통에게 전해주시오. 나는 이 협약을 끝까지 지키겠다"*고 맹세했었다. 또한, 리벤트로프도 이 조약에 대해 끝까지 충실하겠다고 다짐했었다. 그러나 이오시프 스탈린(Iosif Stalin)은 미래에 대해 완전히 낙관하진 않았다. 그는 리벤트로프에게 *"우리는 서로 욕을 잘도 해댔습니다. 그렇지 않았나요?"* 라고 발언했었는데, 이는 지금까지 소련과 독일 사이의 해묵은 원한이 하루아침에 사라질리도 없고, 이후 재발할 수도 있다는 것을 경고하는 것이었다.

독·소(獨·蘇) 불가침 조약(1939. 08. 23)의 내용은 다음과 같다: 독일과 소련은 10년 기한의 불가침 조약을 맺는다. 그리고 양국은 경제협력을 통한 상호이익의 증진을 도모한다. 그러나 언론에 공개된 위의 내용은 껍데기에 불과했고, 공개되지 않은 아래 부분이 상기 조약의 핵심이었다[18]:

• 독일과 소련 양국은 폴란드를 절반으로 분할한다.
• 소련은 루마니아 령(領) 베사라비아(지금의 몰도바)를 차지한다.
• 양국은 발트 3국을 분할하여, 에스토니아와 라트비아는 소련이, 리투아니아는 독일이 각각 차지한다.
• 핀란드는 소련이 차지한다.
• 소련과 독일은 서로 필요한 여러 물자를 다수 지원한다.

상기 비밀조항은 철저하게 지켜졌다. 폴란드 침공에서 독일과 소련은 공동작전으로 폴란드를 분할했었으며, 그 후 독일의 묵인 아래 소련의 압력을 받은 루마니아는 베사라비아를 소련에 할양했었다. 발트 3국은 소련이 협박에 묘조리 소련에게 넘어갔었는데, 이때

---

18) 사실 비밀조항은 독일이 항복하고 나서 독일 외무부의 문서가 서방연합국 측에 압수되었을 때가 되어서야 알려졌다. 소련 측은 붕괴될 때까지 이 조항의 존재를 부인했고, 러시아 연방이 소련의 모든 과거를 부정하면서 이 조항을 사실상 인정했다. 다만 러시아는 이에 대한 책임은 모두 소련 측에 넘기고 있고, 과거에 대한 사과는 거부하고 있다.

독일은 약속받은 리투아니아를 포기하는 대신 폴란드에서 합의된 것 이상의 영토를 차지했었다.

상기 조약에서 합의된 분할 대상 중 핀란드는 통째로 소련에 넘어가기로 되어 있었으나, '겨울전쟁'에서 침공해 온 소련군에게 상당한 피해를 입히며 선전(善戰)하였다. 결국에는 국력의 격차를 넘지 못하고 패배해서 영토의 11% 정도(산업능력의 30%)를 소련에게 넘겨주게 됐었지만, 이웃하는 발트 3국과는 달리 소련에 흡수되는 운명은 면했다.

물자 지원의 경우, 소련에서 독일로 간 것 만큼 독일에서 난방용 석탄(연간 300만 톤), 최신 기계류(엔지니어 파견 포함), 발전설비, 방산 기술(비스마르크급 전함 설계도 등)이 넘어가면서 일방적인 흑자는 아닌 것으로 밝혀졌다. 하지만 일방적인 흑자가 아니었다고 해도 독일이 이득을 본 것은 사실이다. 독일의 대(對) 소련 수입액이 3억1,800만 마르크인데 반해, 대(對) 소련 수출액은 5억3,600만 마르크였고 독일이 소련에게 보내주는 공급량은 소련의 공급량과 비교하면 57~67% 정도밖에 안 되었다.

소련은 독일에게 막대한 원자재와 전략 자원들을 보내주었고 소련의 철도망과 수로, 항구를 이용하고 영토를 통과할 수 있는 권리를 주어 연합군의 경제 봉쇄를 무력화할 수 있게 해주었지만, 독일은 보내주기로 약속한 각종 기계와 설비, 기술을 매우 불성실하게 보내주었다. 그리고 1941년에 이뤄진 독일의 물자 공급은 거의 사보타주 수준이었고, 독일은 '바르바로사 작전'을 시작하기 몇 시간 전까지 소련이 보내주는 물자를 받아챙기다가 소련을 침공했다.

독·소(獨·蘇) 불가침 조약(1939. 08. 23)의 대가로 이오시프 스탈린(Iosif Stalin, 1878~1953)이 독일에 넘겨준 것은 원자재와 전략물자들 만이 아니었다. 바로 (소련 측이 불순하다고 생각한) 독일 공산당원 명부도 넘어갔고 나치독일하에서 은신하고 있던 여러 명의 독일 공산당원들이 투옥－처형되었다. 물론, 이들은 트로츠키주의자로 간주된 자들로서, 이오시프 스탈린(Iosif Stalin, 1878~1953)이 별로 쓸모 없다고 생각한 자들이었다. 이들뿐만 아니라, 자국으로 망명한 독일인 중에서도 스탈린(Stalin)체제에 도움이 안된다고 판단된 자들은 독일로 바로 송환했고, 이들은 당연히 송환되자마자 투옥되거나 처형되었다.

독·소(獨·蘇) 불가침 조약(1939. 08. 23)의 체결로 소련의 개입을 막는 것이 가능해져 동부에 또 하나의 전선이 탄생할 가능성을 제거한 이후 불과 8일 뒤에 인류 역사상 최대의 전쟁인 제2차 세계대전(1939~1945)이 터지고 말았다. 그 첫 번째로 폴란드를 침공하여 소련과 나눠먹은 이후 폴란드 침공 종료 8개월 후에는 프랑스를 항복시켰고 최전성기를 달리게 되었다. 소련도 동유럽에서 확보한 지역을 발판으로 세력을 크게 키웠으며, 독일과 함께 세계구도 차원에서의 세력분할을 염두에 두기 시작했다.

그러나 아돌프 히틀러(Adolf Hitler)의 야욕은 마침내 동쪽으로 향하기 시작했고, 1941년 6월 22일, 독일은 독·소(獨·蘇) 불가침 조약(1939. 08. 23)을 일방적으로 파기하고 소련에게는 아무런 이야기도 하지 않은 채 소련을 기습 공격하여 독·소(獨·蘇)전쟁이 발발하였다.

5) 베트남 평화협정(1973. 01. 27)

베트남 전쟁(1964~1975)은 미국이 1964년 '통킹만 사건'(1964. 08. 04)을 구실로 북(北)베트남에 폭격하면서 시작된 전쟁으로 제2차 인도차이나 전쟁이라고도 부른다. 그 배경은 다음과 같다:

1954년 디엔비엔푸 전투에서 프랑스군을 거의 궤멸시켰고, 그해 제네바에서 휴전협정을 맺으면서 제1차 인도차이나 전쟁은 종식되었다. 이어서 미국이 반공(反共)을 명분으로 남부 베트남에 개입하기 시작했었다. 미국은 1955년 남(南)베트남에 부정선거를 통해 친미(親美) 정부를 세웠다. 부패가 심각해지면서 사회주의 혁명세력은 남(南)베트남 민족해방전선을 결성하고 분노한 시민들과 함께 전면적인 무장투쟁에 나섰다.

미국은 북(北)베트남 지역을 침공할 구실을 만들기 위해 1964년 8월 4일 '통킹만 사건'을 만들어냈었다. 즉, 북(北)베트남 밖 공해(公海)를 순찰하던 미국의 구축함이 북(北)베트남 어뢰정의 공격을 받았다. 미국은 '통킹만 사건'(1964. 08. 04)을 구실로 의회의 인준을 받아 베트남에 대한 전쟁을 시작했었다.

베트남 지역에 미군이 상륙하기 시작하고 이에 맞춰 북(北)베트남군이 남하하면서 제2차 베트남 전쟁이 시작되었다. 미국은 북(北)베트남의 주요지역을 폭격하고 삼림에 은거한 게릴라들을 찾아내기 위해 곳곳에 고엽제와 제초제를 살포했었다. 이에 맞서 북(北)베트남군은 게릴라전을 통해 미군에 대항했었다. 국제적인 정당성을 상실한 전쟁이었기 때문에 유엔군이 참여했던 한국전쟁과 달리 미군을 주축으로 대한민국, 필리핀, 오스트레일리아, 스페인, 타이, 뉴질랜드 등의 몇개 나라만이 전쟁에 참가했었다.

미국의 린든 베인스 존슨(Lyndon Baines Johnson, 1908~1973) 대통령(36대: 1963~1969)은 전쟁에 월 20억 달러가 넘는 전비(戰費)를 지출했다. 그러나 전황(戰況)이 개선의 기미를 보이지 않자 1968년 3월 31일 비무장지대(DMZ)를 제외한 지역에 대한 폭격을 일시적으로 중단하겠다는 선언과 함께 같은 해 대통령선거 불참을 발표했다.

린든 베인스 존슨(Lyndon Baines Johnson) 대통령(당시)은 에버렐 해리먼을 대표로 지명하고 장소와 시간에 구애받지 않고 하노이 당국과 평화를 통한 문제해결을 도모하겠다고 말했다. 이에 따라 1968년 5월 13일 '평화협정'의 첫 회의가 개최됐다. 그러나 북(北)베트남은 쉽게 평화협상에 응하지 않았다. 그들은 미국이 받아들이기 어려운 조건들을 제시했다. 그것의 핵심은 남(南)베트남에서 미군을 철수시키라는 것이었다. 하루 빨리 베트남에서 미군을 철수시킬 것을 요구하는 반전(反戰) 여론을 의식한 린든 베인스 존슨(Lyndon Baines Johnson) 대통령(당시)의 후임 리처드 밀하우스 닉슨(Richard Milhous Nixon, 1913~1994) 대통령(37대: 1969~1974)은 '닉슨 독트린'을 발표하고 아시아는 아시아의 손에 맡긴다는 정책으로 급선회하여 미군의 철군을 시도했었다. 물론, 남(南)베트남의 티우 대통령은 미군의 철수를 완강하게 반대했었다.

5년여 협상 끝에, 1973년 1월 27일, 프랑스 파리에서 베트남 전쟁(1964~1975)을 종식하는 역사적인 '파리협정'(베트남 평화협정)이 체결됐었다. 이 결과, 리처드 닉슨(Richard Milhous Nixon, 1913~1994) 대통령(당시)은 1954년 프랑스가 '디엔 비엔 푸'(Dien Bien Phu) 전투에서 패배한 이후 시작된 인도차이나 개입의 멍에를 20여 년 만에 벗어던질 수 있었다.

1973년 1월 27일 '파리협정'(베트남 평화협정) 협상의 두 주역인 미국 국무장관 헨리 앨프리드 키신저(Henry Alfred Kissinger, 1923~현재)와 북(北)베트남 정치국원/외무장관 레둑토는 베트남에 평화를 가져왔다는 공헌으로 1973년도 노벨평화상 수상자로 결정됐었다. 하지만 레둑토는 베트남에 '평화(平和)'가 아직 완전히 실현되지 않았다는 이유를 들어 노벨평화상 수상을 거부했었다. 그가 말한 '평화(平和)'는 '공산화(共産化)'였다.

미국의 국무장관 헨리 키신저(Henry Alfred Kissinger)는 1973년 1월 27일 '파리협정'(베트남 평화협정)의 담보를 위해 북(北)베트남(월맹)에 40억 달러(20억 달러는 미국 직접 원조, 20억 달러는 IBRD 차관)의 원조를 제공하고 피폐한 북(北)베트남(월맹)의 경제재건을 돕기로 하고 교전 당사국인 미국, 남베트남, 북베트남, 남베트남 임시혁명정부가 서명했었다. 베트남 전쟁을 종식시키고 평화를 회복하기 위한 파리협정(Agreement on Ending the War and Restoring Peace in Vietnam)이라는 이름의 '파리협정'(1973. 01. 27)은 ① 베트남 주둔 미군의 철수, ② 전쟁포로 송환 전쟁포로의 송환, ③ 현재 상태로의 정전, ④ 남베트남에서의 사이공 정부와 남베트남 임시혁명정부 간에 연합정부 조직을 위한 협의, ⑤ 정치범의 석방 등을 규정하고 있었다.

미국의 국무장관 헨리 키신저(Henry Alfred Kissinger)는 보다 확실한 '파리협정'(베트남 평화협정)을 담보하기 위해 휴전감시위원단인 캐나다, 이란, 헝가리, 폴란드 4개국을 서명에 참여시켰다. 그리하여 4개국 250명으로 구성된 휴전감시위원단은 하노이와 사이공(호치민 시티), 그리고 휴전선을 감시하게 되었다. 한편 북(北)베트남에서는 하반라우 외무차관이 150명의 고문단과 함께 사이공에 체류했다. 일종의 인질 형식이었다. 그러나 이것도 믿지 못한 미국의 국무장관 헨리 키신저는 영국, 프랑스, 소련, 중국 4개국 외무장관까지 '파리협정'(베트남 평화협정) 서명에 참여시켰다. 결과적으로 '파리 베트남 평화협정(1973. 01. 27)'은 4＋4＋4, 즉 무려 12개국이 담보하고 보증한 값비싼 서명문서였다.

그리고 미국은 남(南)베트남과도 방위조약을 체결하고 미군 철수 후 북(北)베트남이나 베트콩이 휴전협정을 파기하면, 즉각 해·공군력을 투입하여 북폭(北爆)을 재개하고 남(南)베트남 지상군을 지원키로 굳게 약속했었다.[19] 이와 함께 미군이 철수하면서 그동안 미군이 보유하고 있었던 각종 최신 무기까지도 모두 남(南)베트남에 양도하였다. 그 무렵 남(南)베트남 공군력은 세계에서 4위를 기록하기도 했었다.

미군이 철수하지만 월맹이나 베트콩이 휴전협정을 파기하면 즉각 해·공군력이 개입하여 북폭(北爆)을 재개하기로 했다. 미군은 철수하면서 보유하고 있던 각종 최신무기를 월남에 양도했다. 당시, 월남 공군력은 세계 4위를 기록했었다. 1973년 1월 27일 '파리협정'(베트남 평화협정)이 체결되어 그해 봄에 미군과 한국군이 철수했다. 자유월남의 모든 국민이 들떴고 나라 전체가 평화 무드에 젖었다. 베트남 평화협정(1973. 01. 27) 이후 월남은 월맹보다 경제력과 군사력에서 월등히 앞서 있었다. 그래서 월남 지도부와 국민들은 낙관했었다. 월맹군이 도발하면 즉시 美 해·공군이 개입하여 북폭(北爆)을 재개할 것이고, 대(對)월맹 경제원조도 중단하며, 월등한 월남군의 기동력과 화력으로 월맹군의 공세에 맞설 수 있다고 믿었다. 따라서 누구도 공산군의 남침(南侵)을 믿지 않았었다.

그러나 1973년 1월 27일 '파리협정'(베트남 평화협정) 체결 직후 미군이 철수함에 따라 1974년 군사적 균형은 이미 북(北)베트남 쪽으로 급격하게 기울고 있었다. 1975년 3월 10일 새벽 2시, 월맹 공산군이 중부 월남에서 총공세를 감행했다. 각지에 분산 고립돼 있었던 월남군은 곳곳에서 패퇴하여 밀리기 시작했었다. 월맹군의 사이공 진격이 가까워옴에 따라 월남군이 크게 위협을 당하고 있는 시점에서 구엔 반 티우가 이끄는 월남정부는 사이공 주변에 방어선의 구축을 서둘렀었다. 1975년 4월 30일 월맹 공산군 제2군단은 사이공 시내로 진격하여 탱크부대가 월남 대통령 집무실과 관저가 위치한 독립궁을 점령했었

---

19) 그러나 닉슨 대통령은 모든 자원을 동원해 남(南)베트남의 티우 정권을 돕겠다고 약속했었지만 '워터게이트 사건' 이후 그의 영향력은 소멸되어 갔었다.

다. 정오가 지나서 월맹 국기가 사이공의 대통령 궁(宮)에 게양되었다. 9일간의 월남 대통령이었던 두옹 반 민은 공산주의자들에게 무조건 항복했었고, 사이공은 호지명 시(市)로 개칭되었다. 베트남은 1973년 1월 27일 '파리협정'(베트남 평화협정)을 체결한지 2년 만인 1975년 4월 30일 공산화(共産化)됐다.

사이공 함락 후 남(南)베트남의 지도층 인사, 공무원, 지식인들은 수용소에 보내졌었다. 심지어 북(北)베트남을 도와 사이공 정권 반대운동을 벌였던 인사들도 대부분 체포되어 사형에 처해졌었다. 그 결과 십수년간 6백여만 명이 처형되거나 재교육 캠프에서 죽어갔고 1백만 이상의 보트 피플이 해상을 떠돌다 10만 이상이 목숨을 잃는 참혹한 삶이 계속됐다.

혹자는 이를 두고 어찌됐건 베트남이 통일이 되지 않았느냐고 강변할지 모르지만 '자유민주주의' 통일이 아닌 강압에 의한 '인민민주주의' 체제의 공산화(共産化) 통일이라면 이런 통일방식을 수용할 것인가?

결국, 1973년 1월 27일 '파리협정'(베트남 평화협정)은 국제적인 '사기극'이 되고 말았다. 사실, 평화협정(平和協定)이 체결되면 평화가 올 것이라는, 최소한 10년간은 휴전체제가 유지되리라는 미국 국무장관 헨리 키신저의 생각은 착각이었다. 북(北)베트남은 미군의 북폭(北爆)과 경제봉쇄로 피폐해진 나머지 전쟁 수행 능력을 상실하자 평화회담(平和會談)에 나섰던 것이었다. 그것은 그들의 전략이었고, 전술만 바꾼 기만이었다.

미국과 평화협상이 진행되는 동안 북(北)베트남은 남(南)베트남에서 침략군을 몰아내고 민중봉기를 일으켜 인민민주주의 정권을 창출하고, 무력으로 남반부를 해방시켜 조국통일을 달성한다는 소위 통일전선전략을 재정비·강화하고 있었던 것이었다. 1973년 1월 27일 '파리협정'(베트남 평화협정) 무렵, 월맹은 오랜 기간의 전쟁으로 인해 매년 80만~100만 톤의 식량부족, 물자 부족에 시달리고 있었다. 그럼에도 불구하고 월맹은 줄기찬 대남(對南) 공세는 멈추지 않았다. 사이공에는 100여 개의 애국단체, 통일 운동단체들이 수십개의 언론사를 양산하여 월남의 좌경화(左傾化) 공작에 앞장섰다. 목사, 승려, 학생, 직업적 좌경 인사, 반전(反戰)운동, 인도주의 운동 등 가능한 모든 운동체가 총동원되어 구엔 반 티우 정권 타도를 외쳤었다. 월맹과 베트콩 공산주의자들의 통일전선전략과 위장평화공세 속에 월남 대학생들은 반미(反美)·반전(反戰) 데모를 벌였었다. '우리는 평화를 원한다', '양키들은 월남문제에 개입할 권리가 없다' 등의 현수막 구호를 외쳤었다. 이들의 상당수는 공산화 이후 처형되거나 노동교화소에 끌려가 죽음을 맞이했었다. 적화통일(赤化統一)이 되면서 남(南)베트남인 600여만 명은 재교육 수용소로 끌려가 한 명도 살아남지 못했었다.

상기와 같이 남(南)베트남의 공산화(共産化)는 1973년 1월 27일 '파리협정'(베트남 평화협정) 체결도 결코 평화(平和)를 보장해주지 못한다는 역사적 교훈을 남겼다. 전쟁을 방지하는 데 가장 강력한 수단은 상대방의 전쟁 야욕을 억제할 수 있는 막강한 군사력뿐이라는 명제(命題)를 남겼었다.

본서의 서언에서 이미 언급한 바와 같이 평화협정이나 평화조약이 반드시 평화를 보장하지 않는다는 것은 역사가 증명하고 있다. 에리히 프롬(Erich Fromm)은 그의 저서 <건전한 사회>(The Sane Society)에서 프랑스 작가 빅토르 세르빌리에(Victor Cherbulliez)의 조사결과를 인용하여 BC 1500년부터 1860년까지의 세계 역사에서 영구적인 평화의 보장을 전제로 하는 평화조약(平和條約)이 약 8천 건이나 체결됐으나 그 효력이 지속되기는 평균 2년 정도에 불과했다.

상기한 1973년 1월 27일 '파리협정'(베트남 평화협정)뿐만 아니라 베르사유 강화조약(Treaty of Versailles, 1919. 06. 28)이나 영독 불가침조약(1939년), 독·소(獨·蘇) 불가침 조약(1939. 08. 23)에서 보듯이 평화협정(平和協定)은 평화를 담보하지 못했다. 특히, 제1차 세계대전(1914~1918) 이후 독일과 연합국 간에 체결된 베르사유 강화조약(Treaty of Versailles, 1919. 06. 28)은 다시는 지구상에서 세계대전이 일어나지 않게하자는 대표적인 평화협정의 하나였지만 나치 정권의 독일이 배상을 거부하면서 1933년에 파기됐었다. 결국, 평화 유지는 실패했었고, 제2차 세계대전(1939~1945)의 발발도 막을 수 없었다. 영독 불가침조약과 독·소(獨·蘇) 불가침 조약(1939. 08. 23)도 비준서의 잉크가 마르기 전에 제2차 세계대전(1939~1945)의 발발로 실효성이 없음이 입증됐었다. 1979년 중동평화협정 역시 지역 평화를 위한 외교적인 노력에도 불구하고, 지금도 테러나 국지전쟁이 끊이지 않는 등 불안한 상태가 지속됨으로써 평화를 보장하지 못하고 있다.

다른 한편으로, 베트남 전쟁(1955. 11. 01~1975. 04. 30)은 동남아의 정치상황에도 커다란 영향을 끼쳤다. 캄보디아는 1975년 4월 프놈펜이 '크메르 루주'에게 장악되어 공산화(共産化)됐다. 북(北)베트남의 주요 전쟁물자 공급로(供給路)였던 라오스는 베트남과 캄보디아가 공산화(共産化)되자 1975년 5월 공산정권이 들어섰다.

6) 중동(中東) 평화협정[20]

중동(中東) 지역의 평화(平和)는 오랜 역사적·종교적 갈등 배경과 관련 국가들(특히 이스라엘과 팔레스타인)의 첨예한 이해관계(심지어 생존문제)로 인하여 참으로 난제이다. 본 연구는 제Ⅳ장: 세계평화(世界平和)를 위한 '신실용주의'(新實用主義)의 해법에서 세계평화(World Peace)를 위한 '협력적 게임 체제(Cooperative Game System)'로의 전환 필요성을 지적 및 강조하기 위하여 미국 패권주의의 구조적 한계로서 미국이 처한 '중동(中東)의 늪'에서 진퇴양난과 미국과 이란의 갈등 양상을 논술하였다. 여기서는 2개 평화협정: ①중동(中東) 평화협정(1979년) ②오슬로 평화협정(1973. 09)에 초점을 두고 논술한다.

중동(中東) 평화협정(1979년) 역시 지역 평화를 위한 외교적인 노력에도 불구하고 지금도 테러나 국지전쟁이 끊이지 않는 등 불안한 상태가 지속됨으로써 평화를 보장하지 못하고 있다. 중동(中東)분쟁의 핵심 국가인 이스라엘과 팔레스타인은 1993년 9월 13일 '영토와 평화의 교환'을 원칙으로 한 '오슬로 평화협정'(1973. 09)을 체결한 이후 지금까지 수차례의 크고 작은 휴전협정과 평화협정을 체결했으나 평화와 공존은커녕 암살과 테러, 군사력을 동원한 보복의 악순환 등 유혈 충돌이 끊이지 않고 있다.

심지어, 유엔안전보장이사회는 2002년 3월 12일 팔레스타인을 사상 처음으로 국가로 명시하며, "이스라엘과 팔레스타인 양측이 안전하고 공인된 국경 안에서 공존하는 비전을 지지한다"고 결의(안보리 결의 1397호)했으나 이것 또한 허사(虛事)였다. 2003년 4월에는 유엔과 미국, 러시아, 유럽연합(EU) 등 국제사회가 이스라엘과 팔레스타인 간의 유혈사태를 종식시키기 위해 '중동 평화 로드맵'(Road Map for Middle East Peace)을 마련했었지만 이 역시 휴지조각이 되어버렸다.

(1) 중동(中東) 평화협정(1979년)

이스라엘과 팔레스타인 분쟁의 시작은 19세기로 거슬러 올라간다. 1882년부터 시작된 10여 차례의 유대인 이민 과정을 거치면서 수십만 명의 유대인 시온주의자(Zionism)들이 팔레스타인으로 귀환하였다. 막강한 자금력을 보유한 유대인 정착민들이 팔레스타인인 지주에게 웃돈을 주고 토지를 매입해 서서히 팔레스타인 땅을 차지하기 시작하자 팔레스타인들과 경제적 갈등 및 영토적 갈등이 중첩되어 고조되었다. 게다가 1917년 '유대인 국가'

---

20) 성일광(건국대 중동연구소 연구원), "중동평화협정의 어제와 오늘", 월간조선 2018년 11월호를 참조.

건설을 약속한 영국의 밸푸어 선언이 발표된 후 유대인과 팔레스타인 주민 간의 무력(武力) 충돌이 야기됐었다.

제1차 세계대전(1914~1918) 당시 사이크스 – 피코 비밀협정으로 개시된 유럽 열강의 중동(中東) 판짜기가 외세(外勢) 개입의 시작이었다. 판짜기로 중동(中東) 신생국들이 등장한 이후에는 냉전(冷戰)을 맞았다. 미국과 소련의 경합 관계는 중동(中東)을 양편으로 갈랐다. 자유 진영은 1955년 파키스탄에서 영국으로 이어지는 '중동판 나토', 즉 바그다드 조약 (Baghdad Pact, 1955. 11, 이라크 바그다드에서 체결된 중동지역의 국제기구)을 결성하면서 소련 봉쇄에 나섰다. 신생국가들이 즐비하던 냉전 초기, 중동(中東)은 미·소(美·蘇) 양 진영이 놓칠 수 없는 전략적 경합 지역이었다. 보수 왕정국가들은 친미(親美) 진영에 편입되었다. 중동(中東) 내 비(非)아랍 3개국인 터키·이스라엘·이란 역시 친미(親美) 국가였다. 이스라엘, 사우디아라비아, 터키, 이란을 잇는 대(對)소련 봉쇄망은 1970년대 후반까지 나름 잘 작동했다. 이와 반면에 군사정변을 거쳐 공화국으로 바뀐 아랍 국가들은 비(非)동맹을 표방하면서도 대체로 소련과 가까웠다. 대표적으로 이집트가 그랬다. 그러한 역사의 변곡점 은 1979년에 찾아왔다.

상술하면, 1936년 팔레스타인 주민과 아랍인들은 영국의 위임통치와 친(親)유대인 정책에 반대해 6개월에 걸친 대규모 파업과 무장봉기를 일으키고 유대인 정착민과 충돌했 었다. 유엔(UN)은 유대인과 팔레스타인 간의 분쟁 해결을 위해 1947년 유대 국가와 팔레스타인 국가로 나누는 분할안(案)을 제시했었다. 유대인 공동체는 이를 수용했었지만 팔레스타인 지도부를 포함한 아랍 측은 아랍인구보다 적은 유대인에게 너무 많은 영토를 할당 했다는 이유로 거부했었다.

1948년 5월 14일 이스라엘 '건국 아버지'로서 초대(1948~1954) / 3대(1955~1963) 총리 다비드 벤 구리온(David Ben – Gurion, 1886~1973)이 '이스라엘 국가' 건설을 선언했었다. 다음 날 주변 아랍국가들이 일제히 이스라엘을 공격하면서 이스라엘과 아랍국가 간의 제 1차 중동(中東)전쟁이 발발했었다. 아랍국가들이 이스라엘과 팔레스타인 분쟁에 직접 개 입하면서 이후 이스라엘과 아랍국가 간의 분쟁은 팔레스타인 문제와 분리시켜 논할 수 없 게 됐다. 10개월간의 제1차 중동(中東)전쟁이 끝나고 1949년 이스라엘과 주변 아랍국가들 은 로도스 섬에서 열린 휴전협정에서 새로운 국경선, 즉 녹색선(green line)을 확정했었다.

1956년 제2차 중동(中東)전쟁은 범(凡)아랍주의(Pan – Arabism)의 영웅인 이집트의 가말 압둘 나세르(Gamal Abdel Nasser, 1918~1970) 대통령(이집트: 1956~1970; 아랍 연합: 1958~1970) 의 '수에즈 운하 국유화'(國有化)에 반대해 영국·프랑스·이스라엘이 이집트를 공격하면서 시작됐었다. 미국의 전쟁 중단 압박으로 전쟁 개시국 3국이 정전(停戰)에 합의하면서 가말 압둘 나세르(Gamal Abdel Nasser) 대통령(이집트: 1956~1970; 아랍 연합: 1958~1970)은 제2차 중동(中東)전쟁에서는 패배했었지만 외교적으로 승리해 이스라엘과 서방 세계에 저항한 '아랍의 영웅'으로 자리매김됐었다.

1967년 제3차 중동(中東)전쟁은 6일 만에 이스라엘의 승리로 종결되어 소위 '6일 전쟁'으로 불린다. 그 후 팔레스타인 문제가 본격적으로 제기돼 이스라엘-팔레스타인 분쟁을 악화시킨 계기가 되었다. 이집트가 티란 해협을 봉쇄하고 시나이 반도 주둔 유엔군을 철수시키자 이스라엘은 전쟁 이유(casus belli)로 간주해 선제공격을 감행했었다. 전쟁 개시 3시간 만에 이스라엘 전투기가 시나이 반도의 이집트 공군기지를 공습해 이집트 공군력을 무력화(無力化)시키면서 쉽게 승리했었다.

그러나 이스라엘은 전후(戰後) 요르단 강(江) 서안, 가자지구, 동(東)예루살렘과 골란 고원을 점령한 1967년 전쟁에서 차지한 모든 점령지에서 철수할 것을 권고한 유엔안전보장이사회 결의안 242조와 338조 이행을 거부했었다. 이 결과, 이스라엘은 전쟁 중에 빼앗은 요르단의 영토 반환을 거부함으로써 팔레스타인 문제의 씨앗을 스스로 안게 되었다.

다른 한편으로, 1967년 제3차 중동(中東)전쟁 즉 '6일 전쟁'에서 패한 가말 압둘 나세르(Gamal Abdel Nasser, 1918~1970) 대통령(이집트 대통령: 1956~1970; 아랍 연합 대통령: 1958~1970)은 정치력에 큰 타격을 입었고 3년 후 심장마비로 사망했다. 당시 부통령이던 안와르 사다트(Anwar Sadat, 1918~1981)가 이집트의 제3대 대통령(1970~1981)으로 취임하고 새로운 정책을 펴기 시작했었다.[21]

---

21) 안와르 사다트 대통령은 육군사관학교를 거쳐 육군대학을 졸업하였다. 1938년 카이로 육군사관학교를 졸업한 그는 제2차 세계대전 기간 중 독일의 도움을 받아 영국을 이집트에서 몰아내려는 비밀활동을 했다. 1942년 영국은 그를 체포·투옥했으나 탈출했다. 1950년 가말 아브델 나세르가 지도하던 자유장교단에 가입하여 1952년 왕정(王政) 전복 군사 쿠데타(이집트혁명)에 가담했고 1956년 대통령선거에서 가말 아브델 나세르를 지지했다. 안와르 사다트는 1951~1957년에 국무장관, 1957~1961년 국민연합(아랍사회주의자연합)의 서기장, 1961년에 국민의회 의장을 거쳐 1962~1964년 대통령평의회의원을 지낸 후, 1964~1966, 1969~1970 부통령 겸 국민의회 의장을 역임했다. 1970년 9월 28일 가말 아브델 나세르 대통령이 병으로 사망하자 임시대통령이 되었으며 10월 15일 실시된 국민투표에서 제3대 대통령에 당선되었다. 1973년 제4차 아랍이스라엘 분쟁 때에는 직접 이집트군을 지휘하여 전세를 유리하게 이끌었다. 그는 현실주의적인 온건노선을 취하여, 1977년 이스라엘을 방문하고 중동평화의 길을 열었다. 이로 인하여 1978년 이스라엘의 수상 베긴과 함께 노벨평화상을 받았으며, 이어 1979년 3월 이스라엘과의 평화조약에 조인하였다. 이렇듯 중동(中東)평화의 주역을 담당하고 있었던 그는 1981년 10월 6일 카이로 근교 나스루에서 대(對) 이스라엘 10월전쟁 8주년 기념식장에 참석하였다가 총격을 받고 사망하였다. 그의 국내정책에는 탈중앙집중화, 경제의 다양화, 정치구조의 완화 등이 포함되었다. 안와르 사다트 대통령의 저서로서 <나일의 반란(Rvolte sur le Nil)>(1957)과 1978년 자서전 <주체성을 찾아서(In

상기한 1967년 제3차 중동(中東)전쟁 즉 '6일 전쟁'은 범(凡)아랍주의(Pan-Arabism)의 몰락을 야기했었다. 사실, 범(凡)아랍주의(Pan-Arabism)는 1950년대부터 가말 압둘 나세르(Gamal Abdel Nasser, 1918~1970) 이집트 대통령(1956~1970)의 통치이념으로 활용되었고 시리아와의 통합아랍국가(United Arab Republic, 1958~1961) 건설로 결실을 맺었다. 그러나 범(凡)아랍주의(Pan-Arabism)는 이스라엘과의 1967년 제3차 중동(中東)전쟁에서 단 6일 만에 패하면서 사실상 붕괴됐었다. 즉, 아랍민족의 통합만이 제국주의와 이스라엘에 맞설 수 있다는 범(凡)아랍주의(Pan-Arabism)의 정당성은 막강한 이스라엘 군사력 앞에서 한계를 드러냈다. 범(凡)아랍주의(Pan-Arabism)의 폐기는 향후 중동(中東)의 국제정치질서에 지각변동을 야기한 이슬람주의(Islamism 또는 Political Islam) 등장의 직접적인 원인으로 작용하였다.

제4차 중동(中東)전쟁의 씨앗은 이스라엘의 오만(傲慢)과 오판(誤判)이었다. 이스라엘은 카리스마가 넘치는 '아랍의 영웅' 가말 압둘 나세르(Gamal Abdel Nasser, 1918~1970) 대통령(1956~1970)과는 거리가 먼 안와르 사다트 후임 대통령(제3대: 1970~1981)에게는 전쟁을 일으킬 담력이 없다고 오판하고 그의 평화협상 제안을 거절했었다. 또한, 안와르 사다트(Anwar Sadat, 1918~1981) 대통령(제3대: 1970~1981)은 미국이 이스라엘을 적극 지원한 것과는 달리 소련이 이집트가 이스라엘에 대적할 만한 최신 군수물자 지원을 거부하자 소련 대사관 축소와 소련 군사지원단 철수를 명령했었다. 안와르 사다트(Anwar Sadat, 1918~1981) 대통령(제3대: 1970~1981)은 미국을 통해 이스라엘과의 협상을 추진했었으나 별 진전을 이루지 못했었다.

안와르 사다트(Anwar Sadat, 1918~1981) 대통령(제3대: 1970~1981)은 대외관계 개선에 가장 심혈을 기울였다. 이스라엘과 계속 대치하고 있던 이집트에 소련이 충분히 원조하지 않는다고 판단했었던 그는 1972년 수천 명의 소련 기술자와 고문을 추방했었다. 이듬해 1973년 10월 안와르 사다트(Anwar Sadat, 1918~1981) 대통령(제3대: 1970~1981)은 평화협상에 관심 없는 이스라엘을 움직일 수 있는 유일한 방법은 전쟁밖에 없다는 결론을 내리고, 시리아와 연합하여 유대교의 속죄일(욤 키푸르)에 이스라엘이 점령하고 있었던 시나이 반도와 골란 고원(이곳은 1967년 6일전쟁 때 이스라엘에 점령된 지역)을 기습공격함으로써 아랍—이스라엘 전쟁 즉 제4차 중동(中東) 전쟁(1973. 10. 06~10. 25)을 일으켰었다. 아랍 측은 철저한 보안으로 전략적인 기습을 성공시켰으며 우수한 소련제 무기를 사용하여 서전(緒戰)에서 수에즈 운하의 이스라엘 군에게 큰 피해를 입히고 전진에 성공했었다. 비록 이

Search of Identity)> 등을 들 수 있다.

스라엘이 반격에 나섰지만 안와르 사다트(Anwar Sadat, 1918~1981) 대통령(제3대: 1970~ 1981)은 이스라엘로부터 조금의 영토나마 시나이 반도를 실질적으로 회복하였다. 그러나 이스라엘의 반격으로 아랍 측이 밀리게 되고 이집트와 시리아의 수도가 위협받는 상황에서 미·소(美·蘇) 양 강대국의 제안으로 휴전 상태에 이르게 되었다. 이스라엘은 결국 미국의 도움으로 막바지에 전세(戰勢)를 역전시켜 시나이 반도 대부분을 차지했었다. 사실, 제4차 중동(中東) 전쟁(1973. 10. 06~10. 25) 즉 '욤 키푸르 전쟁'은 네 차례의 이스라엘과 아랍 전쟁에서 이스라엘이 가장 고전(苦戰)한 전쟁으로 기록되었다.

상기와 같은 역사적 배경에서, 미국은 이스라엘–이집트 평화협정, 즉, 캠프 데이비드 협정(Camp David Accords, 1978. 09)을 중재했다. 이 결과 미국은 아랍 연맹의 지도자이자 친(親)소련 국가인 이집트를 자유 진영으로 끌어당기는 데 성공했다. 같은 해 1978년에 이란에서 혁명이 일어났다. 미국은 이집트를 얻은 대신에 든든한 우방 이란을 잃었다. 엎친데 덮친 격으로, 소련의 붉은 군대가 아프가니스탄에 진주했다. 바로 이란 옆이었다. 이것은 미국의 냉전 전략인 소련 봉쇄망이 서남아시아 지역에서 붕괴될 위기였다. 위기가 폭풍처럼 몰려오던 당시 테헤란 미국 대사관의 인질 억류 사건은 미국 조야(朝野)에 트라우마를 남겼다. 그 후 이란과 미국은 회복을 기약할 수 없는 갈등 관계가 된다. 한바탕 홍역을 치른 1979년 이후 10년마다 중동(中東)에서는 거대한 변화가 일어났다. 그 중심에는 항상 미국이 있었다.

상기와 같이 팔레스타인을 둘러싼 아랍 대 이스라엘이라는 중동(中東) 분쟁이 1979년 이집트–이스라엘 평화협정 체결로 김이 빠질 때 미국의 최대 동맹국 이란에서 이슬람 혁명이 일어났다. 이에 따라 미국의 중동(中東)정책은 이란으로 대표되는 반미(反美)세력 봉쇄 및 타도로 바뀌었다. 이는 이후 중동(中東) 분쟁의 방아쇠가 됐다. 이어서 사담 후세인 이라크 정권이 이란을 침공했고, 미국과 사우디아라비아 등이 지원에 나섰다.

제2차 세계대전(1939~1945) 이후 1988년 2월까지 진행된 최장기 정규전은 이란혁명만 공고히 하고 사담 후세인(sadam Hussein, 1937~2006 사형) 정권(1979~2003)을 빚더미에 올려놓았다. 반(反)혁명 전쟁의 총대를 멨던 사담 후세인(Sadam Hussein, 1937~2006 사형)은 사우디와 쿠웨이트로부터 빚 독촉만 받자, 1990년 8월 쿠웨이트를 전격적으로 점령했다. 최대 석유수출국 사우디까지 위태롭자, 미국은 다국적 연합군을 조직해 1991년 2월 쿠웨이트를 탈환하는 걸프전을 주도했다. 걸프전은 반미(反美) 이슬람주의 세력을 자극했고, 미군의 사우디 주둔에 격분한 알카에다(Al–Qaeda) 지도자 오사마 빈 라덴(Osama bin Laden, 1957~2011 피살)은 반미(反美) 투쟁에 나섰다. 걸프전 때 미국은 이라크 내의 쿠르드족과 시아파를 선동해 봉기시킨 뒤 모른척했다. 사담 후세인은 화학무기로 쿠르드 족(族)을 몰살했다.

베를린 장벽 해체(1989. 11. 09)에 이어 소련이 붕괴하면서 냉전(冷戰)의 진영론이 무너질 즈음, 중동(中東)에서도 판도 변화의 조짐이 나타났다. 아랍 공화정의 대표를 자임했었던 이라크의 사담 후세인(Sadam Hussein, 1937~2006 사형)은 자신의 꿈을 실현하기 위한 도박을 건다. 그것은 쿠웨이트 침공이었다. 1980년부터 8년간 이란과 전쟁을 겪으면서 피폐해진 경제를 회복시키는 것이 목표였다. 또한, 미·소(美·蘇) 양 진영의 이념 전쟁이 희석된 새 세상에서 이라크의 사담 후세인 자신이 '아랍의 맹주'가 되는 꿈이었다. 이라크의 사담 후세인(Sadam Hussein)은 이집트의 안와르 나세르(Anwar Sadat) 대통령(제3대: 1970~1981)이 실패했었던 '아랍 민족주의'를 되살리겠노라 호언했다.

그러나 사담 후세인(sadam Hussein, 1937~2006 사형)은 오판(誤判)을 했다. 이라크의 쿠웨이트 침공은 국가 단위의 아랍이 다른 아랍을 쳐들어간 첫 사례였다. 아랍 통합을 내걸면서 무력으로 이웃 아랍 국가를 정복하는 것은 논리에 맞지 않았다. 당장 아랍의 보수 왕정국가들이 반(反)이라크 노선으로 결집했다. 호의적인 아랍 이웃을 늘려도 모자랄 판에 동족 다수를 적(敵)으로 돌린 악수를 둔 것이다. 왜 그랬을까? 이라크의 사담 후세인은 이라크가 서방을 음지에서 도왔다고 착각했었다. 혁명 이란이 커지기 전 전쟁으로 확장을 막아주었기에 미국이 고마워할 것이라는 망상을 가졌었다. 실제로 이라크에 영국 등이 무기를 제공했다는 설도 파다했다. 미국은 즉각 이라크 격퇴전에 나섰다. 아랍이 아랍을 공격한 이라크의 사담 후세인의 '반칙'을 본 아랍 국가들 역시 미국과 함께 다국적 군(軍)을 결성하고 이라크를 공격했다. '사막의 폭풍' 작전이었다. 이라크는 곧 초토화(焦土化)되었다.

(2) 오슬로 평화협정(1993. 12)

중동(中東) 평화협상을 꺼려 온 이스라엘이 마드리드 평화회담(1991. 10)과 오슬로 평화협상(1992. 12~1993. 12)에 임하게 된 배경은 1987년 시작된 팔레스타인 무장봉기 때문이었다. 이전까지 볼 수 없었던 팔레스타인 대규모 무장봉기는 이스라엘 사회에 큰 충격이었다. 시위대에 대한 강경진압으로 국제사회의 심각한 비판에 직면한 이스라엘은 탈출구가 필요했었다. 이와 반면에, 야세르 아라파트 팔레스타인 해방기구(PLO) 의장은 1991년 걸프전쟁에서 이라크의 사담 후세인(Sadam Hussein, 1937~2006 사형) 대통령을 지지한 이후 외교적 입지가 좁아졌고 걸프 국가의 재정 지원도 끊어지면서 선택의 여지가 없었다.

요르단과 팔레스타인 연합 대표단이 참가해 이스라엘과 팔레스타인 양측의 직접 협상이 성사되지 못한 마드리드 협상(1991. 10)과 달리 '오슬로 평화협상'(1992. 12~1993. 12)은 이스라엘과 팔레스타인 양측이 비공개로 직접 협상에 임하면서 성공 가능성을 높였다. 오슬로 평화협상(1992. 12~1993. 12)은 1992년 12월에서 1993년 12월 최종 승인까지 약 1년간 오슬로와 런던을 오가며 미국을 배제하고 비공개로 진행됐다. 오슬로 평화협정(1993. 12) 성공의 비결은 협상의 가장 중요한 관련 당사국인 미국을 배제하고 철저히 비밀리에 진행하면서 팔레스타인 자치정부 창설 방안을 끝까지 밀어붙여 상세한 합의안을 도출한 과감한 추진력이었다. 협상 방식의 관점에서 보면 이집트-이스라엘 평화협정과 오슬로 평화협정의 공통점은 단계적 합의 방식을 택했다는 점이다. 이집트-이스라엘 평화협정은 시나이 협정과 캠프 데이비드 협정 단계를 먼저 밟은 다음 성사됐고 오슬로 평화협정(1993. 12)은 오슬로 I과 II를 거쳐 최종적으로 팔레스타인 국가를 세우는 방식이었다.

오슬로 평화협상(1992. 12~1993. 12)이 마무리될 무렵인 1993년 8월 시몬 페레스(Shimon Peres, 1923~2016, 제9대 이스라엘 대통령: 2007~2014, 1994년 노벨 평화상 수상) 이스라엘 외무부 장관(당시)은 오슬로를 비밀리에 방문했다. 그는 쿠레이와 회동을 갖고 사비르와 쿠레이의 합의 서명을 직접 참관했다. 한 달 후 1993년 9월 팔레스타인 해방기구(PLO)는 이스라엘 국가의 존재를 인정하고 이스라엘은 팔레스타인 해방기구(PLO)를 팔레스타인 민족의 유일한 대표로 인정하는 합의안에 서명했다. 이로써 협정에 필요한 조건이 갖추어졌다. 같은 달 13일 이츠하크 라빈(Yitzhak Rabin, 1922~1995) 이스라엘 총리(1974~1977, 1992~1995)와 야세르 아라파트(Yasser Arafat, 1929~2004) 팔레스타인 해방기구(PLO) 의장(1969~2004)은 백악관에서 오슬로 평화협정(1993. 09)에 서명했다.

이날 체결된 오슬로 평화협정(1993. 12) I는 팔레스타인 해방기구(PLO)와 이스라엘 정부를 상호 인정하는 서명과 5년 내에 팔레스타인 자치정부 수립을 정하는 원칙선언(Declaration of Principles: DOP)으로 나눌 수 있다. 오슬로 I는 5년 내에 2단계를 거쳐 팔레스타인 자치정부를 세우는 것을 목표로 했다. 우선 가자지구와 예리코(성경의 여리고)에서 팔레스타인 자치정부를 수립한 이후 총선을 통해 의회를 선출한 다음 나머지 요르단강 서안지구에서 이스라엘이 철수하고 팔레스타인 자치정부를 세우는 방식이다.

이스라엘-팔레스타인 협상(1992. 12~1993. 12)의 최종 지위 문제, 즉 국경확정, 예루살렘 지위, 팔레스타인 난민 문제와 이스라엘 정착촌에 대한 협상은 오슬로 평화협정(1993. 12) 3년 후에 논의를 시작해 2년 내 즉 오슬로 평화협정의 종결 시한 내에 마무리하는 것을 목표로 했다. 합의 이행 첫 단계로 1994년 5월 이스라엘은 가자지구와 예리코의 통치권을 팔레스타인 자치정부에 넘겼다.

오슬로 평화협상(1992. 12~1993. 12)의 가장 큰 위기는 1995년 11월 4일 이츠하크 라빈 (Yitzhak Rabin, 1922~1995) 총리(1974~1977; 1992~1995)가 이스라엘 극우파 청년 이갈 아미르에게 암살되면서 갑자기 찾아왔었지만, 총리직을 이어 받은 페레스는 약속대로 12월 6개 주요 팔레스타인 도시에서 완전히 철수했다.

야세르 아라파트(Yasser Arafat, 1996~2004) 팔레스타인 해방기구(PLO) 의장에게 오슬로 평화협정(1993. 09)은 팔레스타인 국가의 지위와 자결권(自決權) 획득으로 가는 임시 과정일 뿐만 아니라 팔레스타인 해방기구(PLO)가 팔레스타인 민족의 유일한 대표로 미국과 이스라엘의 인정을 받고 국제사회의 정당성을 얻은 기회였다. 반면 이스라엘은 오슬로를 팔레스타인이 독립을 할 준비가 됐는지 시험하는 과정과 준비단계로 인식했다.

그러나 오슬로 평화협정(1993. 12)은 1994년 이스라엘이 요르단과 평화협정을 체결하는 데 큰 도움을 주었지만 완전한 이행에 실패하면서 요르단강 서안지구에 이스라엘의 점령을 더 쉽게, 값싸게 더 공고히 하는 역효과를 가져왔다. 왜냐하면 이스라엘은 요르단강 서안지구 주민의 경제·의료·복지·사회 인프라와 치안까지도 팔레스타인 자치정부에 넘겼으며, 오히려 이스라엘 정착촌 주민수는 협정체결 당시 11만 명에서 현재 45만 명으로 약 4배 증가했기 때문이다. 이후에도 오슬로 평화협정 이행을 위한 수차례의 협상이 있었지만 번번이 실패했다.

1997년 1월 베냐민 네타냐후(Benjamin Netanyahu, 1949~현재) 이스라엘 총리(27대: 1996~1999)는 오슬로 평화협정(1993. 12)을 이행하라는 윌리엄 제퍼슨 클린턴(William Jefferson Clinton) 미국 대통령(제42대: 1993~2001)의 압박에 밀려 '헤브론 협정'에 합의했다. 상기 협정의 주요 내용은 헤브론의 80%에 해당하는 H-1지역은 팔레스타인 측의 통치하에(A지역) 두고, 20% 정도의 H-2지역(B지역)은 유대인 정착민이 거주하는 구시가지와 팔레스타인 거주 지역으로 나누고, 유대인 보호를 위해 이스라엘 군을 주둔시키는 것이었다.

이스라엘 군은 헤브론의 80% 지역에서 철수했지만 정착민 보호를 위해 나머지 20% 지역에 주둔하면서 갈등의 씨앗은 제거되지 않았다. 그해 3월부터 동(東)예루살렘에 이스라엘 정착촌이 건설되고 7월과 9월 이스라엘에 대한 무장 투쟁 단체인 하마스(Hamas)가 연쇄 폭탄테러를 벌이면서 합의 이행은 난항에 빠졌다. 폭탄테러 이후 이스라엘은 하마스 (Hamas)와 이슬람 지하드의 테러활동을 차단해 줄 것을 요청했다. 야세르 아라파트(Yasser Arafat, 수반: 1996~2004, 노벨평화상 수상) 팔레스타인 해방기구(PLO) 의장은 오히려 하마스 (Hamas)와 이슬람 지하드 지도자들과 연쇄회동을 갖고 내부 결속력을 과시하려 했다. 이스라엘은 야세르 아라파트(Yasser Arafat, 1996~2004) 팔레스타인 해방기구(PLO) 의장이 협상에서 이스라엘의 양보를 이끌어 내기 위해 교묘히 테러를 활용한다고 비난했다.

이라크 전쟁이 수렁에 빠진 2010년 12월 '아랍의 봄'으로 시리아에서는 2011년부터 내전이 발발했다. 미국과 사우디는 반미(反美)세력인 시리아의 하페즈 알아사드(Hafez Al- Assad) 정권 제거에 나서 반군(叛軍)을 지원했으나, 그 지원은 이슬람주의 세력인 이슬람 국가(IS)을 분만(分娩)했다. 이슬람주의 세력을 막고 중동(中東)에서 세력균형의 추(錘) 구실을 하던 아사드 정권 약화가 초래한 상황이었다. 이슬람 국가(IS)와 맞서 싸울 주력이 없었다. 이슬람 국가(IS)가 더 위급한 적(敵)임을 뒤늦게 깨달은 미국은 시리아의 쿠르드족(族)을 무장시킨 시리아민주군(SDF)을 조직해 이슬람 국가를 격퇴했다.

시리아 쿠르드족(族)의 득세는 쿠르드족이 흩어져 살고 있는 터키·이란·시리아·이라크 모두에게 위협이 되었다. 이라크 전쟁으로 성립된 이라크 쿠르드 자치정부가 2018년 말 주민투표를 통해 분리독립을 선언하자, 이라크 정부는 이란과 터키의 지원을 받고 자치정부를 침공해 영토의 40%를 점령했다. 이것은 최근 터키의 시리아 쿠르드족(族) 공격의 서곡이었다. 사실, 터키의 시리아 쿠르드족(族) 공격은 1979년 이란의 이슬람혁명 이후 미국의 중동(中東)정책에 획을 그었다. 이란혁명은 중동의 세력균형을, 미국의 중동정책을, 그리고 중동분쟁의 성격을 바꾸었다.

2005년 아리엘 샤론 총리는 요르단강 서안 협상을 미루기 위한 전략으로 오슬로 평화협정(1993. 12)에서 팔레스타인 자치권을 약속한 가자지구에서 이스라엘군과 정착촌을 철수했다. 그러나 2년 후 이스라엘에 대한 무장 투쟁 단체인 하마스(Hamas, 이스라엘에 대한 무장 투쟁 단체)가 가자지구를 차지하면서 상황은 더 나빠졌다. 이후 이스라엘과 하마스(Hamas)는 수차례 무력충돌하면서 수천 명의 팔레스타인 민간인 사상자만 낳았다.

팔레스타인 정파가 가자지구의 하마스(Hamas)와 요르단강 서안의 온건파 파타로 양분되면서 이스라엘과-팔레스타인 평화협상은 더 복잡한 구도로 바뀌었다. 이스라엘 여론은 이스라엘이 요르단강 서안에서 철수하면 가자지구와 동일하게 하마스(Hamas)가 요르단강 서안을 통제하게 될 것이라며 평화협상에 반대하며 더 우경화(右傾化)됐다.

상기와 같이 오슬로 평화협상(1992. 12~1993. 12)은 이스라엘과 팔레스타인의 평화 공존을 위한 두 국가 해결안의 로드맵을 마련했었지만 완전한 이행에 실패하면서 중단됐다. 만약 로드맵의 일정에 따라 차근차근 이행됐다면 중동(中東)의 정치지형은 새로운 모습으로 변했을 것이다. 두 국가 해결안을 통해 이스라엘-팔레스타인 평화가 실현됐다면 이스라엘은 아랍국가와도 새로운 관계를 정립할 수 있었다. 왜냐하면 20여 개 아랍국가는 이

미 2002년 사우디아라비아가 제안한 평화안을 통해 팔레스타인 국가가 건설되면 이스라엘과 관계정상화를 약속한 바 있기 때문이다. 오슬로 평화협정(1993. 12)이 정한 로드맵에서 다뤄지지 않은 이스라엘-팔레스타인 협상의 최종지위 문제는 여전히 협상의 가장 어려운 부분으로 남아 있다.

02 본 연구의 '북한 핵무기 해결방안'

사실, 한반도에서 전쟁이 발발할 수 있는 계기는 많았다. 예로서 북한은 울진·삼척이나 강릉 등에, 심지어 청와대에도 무장공비를 보낸 적이 있다. 판문점 도끼 만행 사건에서 미군 장교가 북한군에게 도끼로 살해당했다. 연평도 포격 사태로 한국 영토에 북한이 포격하고 사망자가 발생하였다. 천안함 사태(2010. 03. 26)와 목함지뢰 사건도 발생했었다.

게다가 북한은 핵실험을 단행했다. 북한은 핵무기 보유(2012. 04)와 함께 '강성대국'(强盛大國)으로 진입(2013. 3월 말)[22]하고 있다. 2015년에 들어, 북한은 신형 잠수함에서 '잠수함 발사 탄도 미사일'(SLBM) 모의탄을 동년 2월에 해상 발사를, 3개월 후 5월 8일에는 수중 발사를 각각 성공적으로 단행했다. 이어서, 2016년 1월 6일 제4차 핵실험을 단행함으로써 세계를 경악시켰다.[23] 이제, 북한의 핵무장은 단순히 한반도의 안보위기가 아니라 동북아 전체, 나아가 세계평화(世界平和)의 위협 요인이 되었다.

이와 같이, 한반도를 '태풍의 눈'으로 하는 동북아의 '회오리 바람'(북한의 핵무기 문제)은 현재까지는 구조화되어 있는 남방 3각 관계(韓·美·日)와 북방 3각관계(北·中·러)의 세력균형을 균열시킬 가능성이 높으며, 이 결과 한반도는 크게 요동칠 것으로 전망된다. 이것은 천안함 사태(2010. 03. 26)에서 여실히 입증된 바 있다.

---

22) 북한은 고(故) 김일성 주석의 탄생 100주년을 맞아 '강성대국'(强盛大國)의 대문을 여는 것을 목표로 2012년 4월 북한의 수정된 헌법 전문(前文)에 '핵무기 보유국'임을 명시하였고, 핵무기 다종화(多種化) 즉 소핵화 및 경량화에 성공했다고 밝혔다. 또한, 2013년 3월 말, 북한 당(堂)중앙위원회 전원회의에서 '경제·핵무력 병진 노선'을 발표했다.

23) 북한의 제4차 핵실험(2016. 01. 06)에 대응하여, 미국은 괌(Guam)에 배치한 것에 이어서 한반도 내에서 고(高)고도방어시스템(THAAD)를 배치할 준비를 하였다. 상술하면, 벤 로즈(Ben Rhodes) 백악관 국가안보회의 부(副)보좌관은 워싱턴 DC에서 열린 기자회견(2016. 01. 13)에서 "미국은 최근 B-52 폭격기를 출격시킨 데 이어 지역에 대한 안전보장을 강화하기 위해 미사일 방어 능력 강화를 논의하고 있다"며 "북한의 위협으로부터 우리 국민과 이 지역의 동맹을 보호하는 데 직접적으로 관련된 미사일 방어 능력을 강화하려는 것"이라고 했다(조선일보, 2016. 01. 15). 그동안 고(高)고도미사일방어 시스템(THAAD) 배치에 대해 '3No 정책'(요청이 없었기 때문에 협의도 없었고 결정된 것도 없다)을 고수해왔다. 왜냐하면 중국이 극도로 민감해하는 사드(THAAD) 문제를 거론함으로써 중국을 압박하는 것을 피해왔기 때문이다.

그러나! 한반도 전쟁은 일어나지 않았다. 그 이유는 미국과 중국, 러시아 등 모든 강대국들이 '제3차 세계대전 + 핵(核)전쟁'에 대한 공포를 가지고 있기 때문이다. 현재 동아시아의 정세는 미·중(美·中) 경쟁이라고 요약할 수 있다. 미국의 세력권에는 한국과 일본이 들어가고 중국의 세력권에는 북한과 러시아가 들어간다. 중국은 세계적인 강대국으로 부상하기 시작하면서 동아시아의 패권을 장악하고 미국의 패권을 흔들려고 하고 있고 미국은 이것을 막기 위해서 중국을 견제 및 봉쇄하려고 하고 있다.

따라서 한국과 북한 간의 전쟁은 바로 미·중(美·中) 전면전(全面戰)을 의미한다.[24] 북한은 친중(親中) 국가인데 만약 북한이 한국을 무너뜨리면 그것은 중국 세력 확대를 의미한다. 이것은 미국이 절대로 용인할 수 없다. 그래서 주한미군(駐韓美軍)이 한국에 주둔해서 전쟁을 막고 있고 심지어 주한미군(駐韓美軍)의 존재로 인해서 중국과 러시아라도 한국을 함부로 건드릴 수 없는 것이다.

주지하다시피, 한반도는 지정학적으로 중요하다. 한반도는 대륙과 해양의 가교(架橋) 역할을 하기 때문에 해양세력이 대륙에 진출할 때의 통로 혹은 대륙세력이 해양에 진출할 때의 통로이다. 그래서 한반도는 동아시아 대륙으로 진출할 때의 통로 및 태평양으로 진출할 때의 통로로 활용될 수 있다. 따라서 미국이 한반도를 상당히 중요하게 평가한다. 이 때문에 미국이 한국전쟁 때 참전한 것이다. 게다가 한국은 OECD와 G20에도 들어갈 뿐만 아니라 세계 10위권대의 경제대국이고 군사력도 상당히 강하다. 이러한 한국을 자신의 우방국 진영에서 빼앗긴다는 것은 미국에겐 큰 상실이다.

나아가, 만약 한국이 무너지면 미국의 대중(對中) 봉쇄전략에도 문제가 발생한다. 미국은 중국을 견제하기 위해서 중국 주변의 강대국, 일본과 연대하고 있다. 일본은 중국이 강력해지면서 두려움을 느끼고 있으나 중국을 견제할 힘이 없다. 따라서 일본은 미국과 연대하려 하고 있다. 미국도 일본과 같이 중국을 견제하려 하고 있다. 심지어 일본의 재무장도 미국이 지지하는 이유는 중국 견제 때문이다.

또한, 미국과 인도는 핵 협정(2006. 03. 02)을 체결한 후 동맹관계로 진입했다. 인도의 적대국은 파키스탄인데 파키스탄은 친중(親中) 국가일 뿐만 아니라 인도는 중국과 영토분쟁을 겪었고 심지어 중국과의 군사충돌도 겪었다. 그러나 인도는 중국을 견제할 힘이 없다.

---

24) 제2차 세계대전 후 냉전체제하에서, 유럽이 평화를 유지할 수 있었던 이유는 미·소(美·蘇) 전면전은 제 3차 세계대전+핵전쟁을 의미하였기 때문이다. 이것은 미국과 소련이라도 다 두려워했고 또 둘 다 서로를 압도할 수 있는 군사력을 보유하지 못했기 때문에 서로 간의 충돌을 의도적으로 피해왔다. 그래서 막상 냉전 시기에 미국과 소련 간의 전쟁이 일어나지 않았던 것이다. 현재의 동아시아 상황은 냉전 시기의 유럽과 상황과 비슷하다.

이에 대응하여 인도는 미국과 연대하였으며 미국도 인도와 함께 중국을 견제하고 있다.

물론, 북한의 군사력은 막강하다. 북한은 130만 명의 정규군과 600만 명의 예비병력, 60개 이상의 핵과 수소폭탄 실험 성공, 1,000발의 탄도미사일, 7,000명의 사이버부대, 80여 척의 잠수함, 1만 명의 핵개발인력, 1만 문의 장사정포, 20만 명의 특수전부대, 수천 톤의 생화학무기, 집속탄 및 EMP 폭탄 등으로 무장하고 있다. 게다가 북한의 핵·미사일 기술력이 러시아 블라디미르 푸틴(Vladimir Putin, 1952~현재) 대통령이 높이 평가하여 기술제휴를 제안(2018. 01. 11)할 정도로 대단하다.25)

미국은 2001년 9·11 테러 사건 이후 '항구적 자유 작전'(Operation Enduring Freedom-Afghanistan)을 수립했다. 테러와의 전쟁을 명분으로 아프가니스탄 전쟁(2001. 09. 26~현재)을 비롯한 이라크 전쟁(2003. 03. 20~04. 14), 2002년 1월 미국은 북한·이라크·이란을 '악의 축'으로 규정하였다. 그 후 이라크의 대량살상무기(WMD)를 제거함으로써 자국민 보호와 세계평화에 이바지한다는 대외명분을 내세워 동맹국인 영국·오스트레일리아와 함께 2003년 3월 17일 48시간의 최후통첩을 보낸 뒤, 3월 20일 오전 5시 30분 바그다드 남동부 등에 미사일 폭격을 가함으로써 전쟁을 개시하였다. 작전 명(名)은 '이라크의 자유(Freedom of Iraq)'이다.

---

25) 최근 북한이 이스칸데르급 KN-23 지대지 미사일, 신형 대구경조종방사포, 에이태큼스(ATACMS)라 불리는 신형 탄도미사일을 개발했다고 주장하였다. 2019년 5월 4일 이후 북한은 총 7차례 50km 이하의 낮은 고도에서 발사체를 발사했는데, 이것은 한국군의 선제 타격 개념인 킬 체인(Kill Chain)과 KAMD를 무력화하려는 것으로 해석된다. 킬 체인(Kill Chain)은 적의 미사일을 실시간으로 탐지·공격하는 일련의 공격형 방위시스템이다. 그러나 탄도미사일이 40km 안팎의 낮은 고도에서 마하 6 이상의 빠른 속도로 비행하면 지상의 요격 미사일로 방어하기 쉽지 않다. 즉, 최대사거리 40여km의 패트리엇(PAC-3) 미사일 또는 고도 50km 이상의 탄도미사일을 타격하는 사드(THAAD·고고도미사일방어체계)로 요격하기 쉽지 않다는 것이다. 한편, 자유아시아방송(RFA)은 2019년 8월 14일 국방부가 발표한 '2020~24 국방중기계획'에 대한 미국 군사전문가들의 의견을 전했다: 국방부는 '2020~24 국방중기계획'에서 34조 1,000억 원을 들여 탄도미사일 조기경보 레이더, 이지스 구축함 추가 도입, 탄도미사일 요격용 패트리어트 PAC-3 MSE 도입, 철매Ⅱ 성능 개량, 장거리 요격 미사일 L-SAM 개발 완료 등을 통해 북한 탄도미사일을 요격할 수 있는 충분한 역량을 갖추겠다고 밝혔다. 따라서 국방부는 탄도탄 조기경보레이더와 이지스 구축함 레이더를 추가 확보해 전 방향에서 날아오는 북한 미사일 탐지능력을 확보할 계획이다. 또 패트리엇과 중거리 지대공미사일(M-SAM) 철매-Ⅱ를 성능개량 배치하고, 장거리 지대공미사일(L-SAM)을 개발 완료해 북한의 신형 단거리 탄도미사일 요격 능력을 확보한다는 구상이다. 이에 대하여, 미국 랜드연구소의 브루스 베넷 선임연구원은 "한국군이 패트리어트 PAC-3 성능 개량형인 MSE 90여 기를 2020년까지 도입해 배치할 것으로 안다"면서 "이것만으로는 북한 미사일을 막기 어렵다"고 지적했다. 베넷 연구원은 이어 "한국군이 800여 기의 북한 탄도미사일을 요격하려면 적어도 1,000여 기의 요격용 미사일이 있어야 한다"고 주장했다.

1) '동북아평화조약'(案)

한반도 문제의 국제적 성격을 감안할 때, 동북아 질서의 안정화가 이루어지지 않는 한, 남·북한 평화공존 및 통일이 정착되기 어렵게 되어있다. 설혹, 남·북한은 화해·협력이 진행된다고 하더라도 이를 보장할 수 있는 안정적 국제환경이 존재하지 않을 경우 이것은 매우 불안정한 형태가 될 수밖에 없다. 따라서 저자는 한반도 평화정착의 지렛대로서 '동북아 안보협력회의(CSCNEA: Conference on Security and Cooperation in Northeast Asia)'를 바탕으로, 미·일·중·러·남한·북한이 본 연구의 '동북아평화조약'(Northeast Asian Peace Treaty)을 동시적으로 체결함이 바람직하다고 주장한다.[26]

상술하면, 국제사회는 아시아에서 진행 중인 중국과 일본의 패권경쟁을 주목해야 한다. 중국은 경제력과 군사력을 키우면서 시시각각 거대한 공룡의 모습으로 변해가고 있으며, '고구려 역사 죽이기'와 '발해 역사 죽이기'를 통한 중국인들의 동진(東南)은 이미 시작되었다. 「동북공정(東北工程)」이 일단 한반도를 과녁으로 삼고 있는 것으로 보이지만 사실 중국인들은 한반도 너머로 일본을 쳐다보고 있다.

한편, 일본은 북핵을 빌미로 군사현대화에 박차를 가하고 있으며 북한 너머로 중국과 아시아 대륙을 응시하고 있다. 이를 증명이라도 하듯 2004년 일본 정부가 펴낸 「신방위대강」은 공공연하게 중국을 '위협 국가'로 지목하고 있다. 어떤 의미에서는 중국과 일본 간의 패권전쟁은 이미 시작되었다. 남중국해에서의 중·일 간 힘겨루기는 이미 뜨거워져 있다. 2004년도에는 중국이 미·일의 해저 정보망을 실험하기 위해 원자력잠수함을 일본 영해에 침범시키는가 하면, 일본은 '일본－필리핀 안보협력'이라는 구호아래 일본 해상보안청 요원들을 보내 필리핀 해상보안청 직원들을 훈련시키고 있다. 이것은 해적활동에 공동으로 대처한다는 명분이지만 그것은 중국의 남진(南進)과 동진(東進)을 견제하는 포석이다.

그렇다면, 동북아시아 지역의 평화를 정착시킬 수 있는 최선책(最善策)은 무엇인가? 저자는 2009년 5월 1일 동북아경제학회에서 '한반도 통일 프로그램'을, 또한, 2016년 2월 17일 「2016 경제학 공동 학술대회」(서울대학교 사회과학대학 16동)에서 「한반도 통일을 위한 동북아평화조약(안)」을 각각 발표하였다. 그 요점은 유럽안보협력회의(CSCE: Conference on Security and Cooperation in Europe)와 대칭적인 동북아 안보협력회의(CSCNEA: Conference

---

26) 참고로, 한반도의 평화를 염원하는 학자의 한 사람으로서 저자는 상기의 「동북아평화조약」(안)을 미국의 부통령(당시) 딕 체니(Dick Cheney)에게 보낸 바 있으며, 그는 저자에게 감사의 인사와 함께 저자의 제안 내용을 연구·검토할 팀을 구성하였다는 회신(2007. 05. 08 字)을 저자에게 보낸 바 있다.

on Security and Cooperation in Northeast Asia)의 발족 및 가동하고 '10개항 동북아 평화조약'(Northeast Asian Peace Treaty)을 한반도 주변국들이 체결함으로써 정착될 수 있을 것이다.27)

이제 상기한 '동북아평화조약'(Northeast Asian Peace Treaty)의 기본 개념을 한반도 평화를 위하여 다음과 같이 적용할 수 있다. 그 핵심적 내용은, 북·미(北·美) 간 상호 신뢰를 보증하기 위하여, UN 총회에서(단순히 '6자 회담'에서가 아니라), 미국은 북한의 주권존중과 평화공존(단순히 '불가침'이 아니라) 및 북한체제의 안보보장을, 북한은 2005년 '9·19 베이징 공동성명', 2007년 '2·13 공동합의', 2007년 '10·4 남북공동선언', '한반도의 평화와 번영, 통일을 위한 판문점 선언'(2018. 04. 27), '9월 평양 공동선언'(2018. 09. 19)에 입각하여 핵무기를 비롯한 대량살상무기(WMD)를 과감히, 즉각적으로 불능화 및 완전 폐기할 것을 각각 공식적으로 또한 동시적으로 선언하는 것이다. 이와 동시에, 중국, 러시아, 일본 및 다른 세계 모든 국가들은 미국과 북한의 상기 선언을 동시적으로 승인하는 것이다. 그리고 한반도의 '평화정착'과 대(對)북한 '경제협력'(특히 식량 및 에너지 문제 해결)의 동시적 추진을 담보하는 것이다.

한반도 문제의 국제적 성격을 감안할 때, 동북아 질서의 안정화가 이루어지지 않는 한, 남·북한 평화공존 및 통일이 정착되기 어렵게 되어있다. 설혹, 남·북한은 화해·협력이 진행된다고 하더라도 이를 보장할 수 있는 안정적 국제환경이 존재하지 않을 경우, 이것은 매우 불안정한 형태가 될 수밖에 없다. 따라서 '동북아 안보협력회의'(CSCNEA: Conference on Security and Cooperation in Northeast Asia)를 바탕으로, 미·일·중·러·남한·북한이 '동북아평화조약'(Northeast Asian Peace Treaty)을 동시적으로 체결함이 바람직하다는 것이다.28)

여기서 저자가 지적/강조하고자 하는 포인트는 다음과 같다: 동북아 평화조약'(Northeast Asian Peace Treaty)은 '동북아 안보협력회의(CSCNEA)'에 의하여 지지(支持)되어야 한다는

---

27) 임양택(2007), "동북아 평화와 남·북한 통일: '포용정책'에서 '포괄정책'으로", 「경제연구」, 제28권 제1호; 임양택(2007), "통일지향의 한반도 평화체제 정책과제", 흥사단민족통일운동본부; 임양택(2008), "동북아 신안보시대의 집단 안보체제와 「동북아 평화시」의 제안 및 개발전략", 「한국북방학회논집」, 제4호; 임양택(2009), "동북아안보체제 서둘러라", 한국경제신문, 7월 20일; 임양택(2013), 「글로벌 경제와 한반도 위기: 한국의 비전 및 전략」, 제Ⅵ장: '동북아 안보협력회의'와 동북아평화조약(안)', 파주: 나남, pp. 473~540.

28) 참고로, 한반도의 평화를 염원하는 학자의 한 사람으로서 저자는 상기의 「동북아평화조약」(안)을 미국의 부통령(당시) 딕 체니(Dick Cheney)에게 보낸 바 있으며, 그는 저자에게 감사의 인사와 함께 저자의 제안 내용을 연구·검토할 팀을 구성하였다는 회신(2007. 05. 08 字)을 저자에게 보낸 바 있다.

점이다. 그 이유는 '동북아 안보협력회의(CSCNEA)'가 없는 동북아 평화조약'(Northeast Asian Peace Treaty)은 평화는커녕 전쟁을 야기할 수 있기 때문이다. 그것의 필요성은 본장 (Ⅷ)의 제1절: 인류 역사상 '평화조약'(平和條約)의 허구와 한계에서 매우 상세히 논술되어 있다. 예로서, 전술한 바와 같이, 폴란드는 독일과의 불가침조약(1934. 01. 26)만 믿고 영국 ·프랑스·소련·폴란드의 '집단안보체제'(Collective Security System)를 거부하다가 프랑스 로부터 배신당하였고 독일과 러시아에 의하여 무참히 짓밟혔다.

부록 8

본 연구의 '10개항 동북아평화조약'(案)[29]

'동북아 평화조약'(Northeast Asian Peace Treaty)은 동·서독 통일을 위한 '독일 관련 최종 규정에 관한 조약'(Treaty on the Final Settlement, 1990. 09. 12, 모스크바)에 비유될 수 있다. '동북아 평화 조약'은 남·북한 통일뿐만 아니라 아시아 지역의 평화와 번영을 위한 초석이 될 것이며, 동 조약의 참가자는 남·북한뿐만 아니라 美·中·日·러이다. 그것의 구체적 내용은 다음과 같다.

(1) 남·북한은 北·美간 정치군사적 및 경제적 합의와 병행하여 다음과 같은 조치를 취한다:

남·북한은 각자의 주권을 인정하고 한반도의 항구적 평화를 위한 '불가침'과 무력 혹은 무력행사 위협 포기를 선언하며,[30] 남·북한 주민들이 수용할 수 있는 조건에서 한민족의 평화로운 통일을 위해 각자 및 공동으로 노력하고 협력한다.

남·북한은 향후 어떠한 무력 혹은 무력행사 위협을 금지하고, 한반도에서 원자·생물·화학 무기(ABC: Atomic, Biological and Chemical Weapons)의 배치뿐만 아니라 이들의 제조·소유·통제를 포기한다.

'한반도 비(非)핵화 협정'(Denuclearization Agreement)에 관한 남·북한 공동선언(1991. 12. 31)[31]을 재확인하고 동 협정을 체결하여 대외적으로 공표하며, 한반도의 주변 국가(美

---

29) 임양택(2009, 2011, 2013)을 수정·보완·업데이트한 것임을 밝힌다.

30) '무력사용의 금지'는 「동·서독 기본조약」(1972년)의 제3항에도 명시되어 있다.

31) 남·북한은 '한반도 비(非)핵화'(플루토늄 재처리와 우라늄 농축시설을 금지)를 이미 공동선언(1991. 12. 31)하였다. '비(非)핵화'는 1992년 '한반도 비핵화 공동선언'에 이어서 1994년 '제네바 합의' 문제 해결을 위한 6자 회담의 결과물로서 2005년 69.9% '공동성명'과 2007년 62.1% 합의에서 재천명되었다.

·中·日·러)는 이를 즉각적으로 동의한다.

(2) 이와 동시에, 북한과 미국은 다음과 같은 조치를 취한다:

북한은 2005년 「9·19 베이징 공동성명」과 2007년 「2·13 공동합의」 및 「10·4 남·북 공동선언」, 「한반도의 평화와 번영, 통일을 위한 판문점 선언」(2018. 04. 27), 「9월 평양 공동선언」(2018. 09. 19)에 입각하여 핵무기를 비롯한 대량살상무기(WMD: Weapons to Mass Destruction)를 과감히, 즉각적으로 불능화 및 완전 폐기한다.[32]

미국은 북한의 주권 존중과 평화 공존(단순히 불가침이 아니라)을 천명하고, 북한 체제의 유지를 보장하며[33] 북한을 '테러 지원국'의 명단(2007. 04. 30 재지정)에서 이미 삭제(2008. 10. 11)하였음을 재천명하고 UN 안전보장 이사회 결의안과 국제사회의 대(對) 북한 경제제재 조치들을 모두 철폐한다. 또한 미국은 북한에게 식량·에너지·경제발전을 위한 국제금융(단순히 금융제재 해제가 아니라)을 지원한다.

미국은 「개성공단」의 제품을 '남·북한 경제공동체'의 내부거래로 인정하고, 미국의 1953년 '적성국 교역법', 1974년 '통상법', 1979년 '수출관리령'(EAR: Export Administration Regulation), 세계무역기구(WTO)의 원산지 규정(제9조), 바세나르 협정(Wassennar Agreement)의 다자간 전략물자 수출통제체제의 규제로부터 자유화시켜 '정상 무역관계' 형태로서('column 2'의 고율 관세를 피할 수 있도록) 대(對)미국시장으로 수출할 수 있다는 것을 공식적으로 선언한다.[34]

(3) 미국과 북한이 상호 불신의 골이 깊은 상황하에서, 우선 미국은 UN 총회(단순히 6

---

32) 독일의 '독일 관련 최종규정에 관한 조약'(Treaty on the Final Settlement), 즉 '2+4 조약'(1990. 09. 12)의 제3조는 "원자·생물·화학 무기(ABC: Atomic, Biological and Chemical Weapons)의 생산·보유·사용을 포기할 것을 재확약한다. 특히 통일독일이 1968년 7월 1일 '핵무기확산금지조약'(The Treaty on the Non-Proliferation of Nuclear Weapons)에 기초한 권리와 의무를 계속적으로 적용시킬 것이다"라고 명시되어 있다.

33) 상기 내용은 이미 1993년 「6·11 뉴욕 북미회담」에서 3가지 원칙 즉 ① 핵무기를 포함한 무력으로 상대방을 공격 혹은 위협하지 않으며, ② 상호 자주권을 인정하고 내정을 간섭하지 않고, ③ 한반도 평화적 통일을 미국이 지지한다는 것에 북·미(北·美) 양국은 합의했다. 이를 대외적으로 천명한 것이 바로 1994년 「10·21 북·미(北·美) 제네바 협정」이었다.

34) 동·서독의 경우, 「관세 및 무역에 관한 일반 협정」(GATT: General Agreement on Tariffs and Trade) 체제하에서 内獨 거래가 인정되었다.

자회담이 아니라) 및 안전보장이사회에서 다음과 같이 선언한다:

미국은 상기한 미국의 대(大)북한 약속을 모두 확인 및 천명한다.

미국을 비롯한 국제사회는 북한이 국제금융기구(IMF, IBRD, IDA, IFC, ADB, World Bank 등)에 가입할 것을 적극 권장하며, [35] 상기한 국제금융기구들은 즉각 북한의 경제개발을 지원한다.

개성공단의 제품을 '남·북한 경제공동체'의 내부거래로 인정하고(GATT 체제하에서 동·서독의 경우 內獨 거래로 인정되었듯이), 미국의 1979년 수출관리령(EAR: Export Administration Regulation)에 의거한 '정상 무역관계' 형태로서('column 2'의 고율 관세를 피할 수 있도록) 對미국시장으로 수출할 수 있다는 것을 공식적으로 선언한다.

(4) 이와 동시에, 중국, 러시아, 일본을 포함한 세계 모든 국가들은 남·북한 및 미국과 북한의 상기 선언(전술한 (1), (2) 및 (3))을 동시적으로 확인 및 보증한다. 그리고 한반도의 '평화정착'과 국제사회의 대(對)북한 '경제협력'(특히 식량 및 에너지 문제 해결)의 동시적 추진을 담보한다.

(5) 美·中·日·러와 남·북한은 '동북아 안보협력회의'(CSCNEA: Conference on Security and Cooperation in Northeast Asia)를 창설 및 운영한다.

남·북한과 미국이 이미 합의(2007. 10. 04)하였던 각종 '군사적 신뢰구축 조치(대규모 부대 이동과 군사훈련의 통제, DMZ의 평화적 이용, 군사 정보와 인사교류, 대량살상무기와 공격능력 제거를 비롯한 단계적 군축, 검증 등)와 무력배치에 관한 南·北·美 3자 협정'을 재(再)확인 및 공표한다. 그 협정내용은 다음과 같다.

「남·북 기본합의서: 남·북한 '화해와 불가침 및 교류·협력에 관한 합의서」(1991. 12. 13 체결; 1992. 02. 19 발효)에서 명시된 '군사위원회'를 실제로 설치·상주시켜, 상기한 군사적 신뢰구축 조치, 무력재배치 및 군비감축, 한반도 비(非)핵화의 성실한 수행을 독려 및 사후 감시하도록 한다.[36]

---

35) 구체적으로, 미국은 현재 북한에 대한 국제금융기구의 대출을 미국이 반대할 수 있도록 장치되어 있는 '테러리스트 목록'에서 북한을 삭제하고, 대외원조 전용법에 의거하여 미국의 대외원조 수취를 금지한 국가 목록에서 북한을 삭제하며, 북한의 동결된 자산을 해제하고, 대북 무역제재조치(1953년 '적성국 교역법' 및 1974년 통상법 등에서 금지된 것들을 포함하여)를 완화 혹은 철폐한다.

「6·15 남·북 정상회담의 공동선언」(평양, 2000. 06. 15), 제4차 6자회담의 「9·19 공동성명」(베이징, 2005. 09. 19), 제5차 6자회담의 「02·13 공동합의」(베이징, 2007. 02. 13), 2007년 「10·04 남북공동선언」(평양, 2007. 10. 04)과 관련된 각종 군사적 신뢰구축 조치를 확인·실시한다.

남·북한은 양측의 무력(탱크, 대포, 전투 장갑차, 전투 비행기, 공격형 헬리콥터, 단거리 미사일, 방공장비)을 후방으로 재배치함과 동시에 군비감축(arms reduction)을 과감히 실시한다.

(6) 한반도의 재래식 무기를 감축하며, 군비감축으로 인한 국가 재정 여분을 남·북한 경제협력의 활성화를 위한 산업자금과 '사회통합'(Social Integration)을 위한 사회보장기금으로 사용한다.37) 특히 산업자금의 투자대상은 북한지역에 소재하는 「개성공단」의 시설을 확장하는데, 또한 휴전선 근방의 남한지역에 소재하는 장단면(長端面) '남·북한 경제특구'(South/North Korea Special Economic Zone)를 신설하는 데 각각 투입한다.38)

(7) 남·북한 및 4强(美·中·日·러)은 비무장지대(DMZ: Demilitarized Zone) 부근에 건설될 장단면(長端面) '남·북한 경제특구'를 가칭 '동북아 평화시'(Northeast Asian Peace City)로 발전시킨다.39) 여기에 다자간 지역안보협력기구로서 가칭 '동북아 안보협력회의'(CSCNEA: Conference on Security and Cooperation in Northeast Asia)를 상주시킨다. 특히 주한미군은 한반도 뿐만 아니라 동북아 평화 및 안정을 위한 지렛대 역할을 담당함으로써 국제연합(UN)의 이상을 실천한다.

---

36) 1953년 정전협정하에서 군사정전위원회(MAC: Military Armistice Commission)와 중립국감독위원회(NNSC: Neutral Nations Supervisory Commission)가 감시·감독의 기능을 수행하였다.

37) 남·북한 사회통합(Social Integration)을 위하여, 북한 국민에게 남한 국민의 최저생계비 수준의 급여로서 지급되어야 할 사회보장기금은 최소 약 250조 원으로 추정된다.

38) 임양택(1990), "남·북한 경제특구의 개발전략과 적정지역의 선정에 관한 연구", 한국경제학회 정기학술대회, 2월; 임양택(1991), "남·북한 경제특구의 개발전략에 관한 연구", 「경제학 연구」, 한국경제학회, 12월.

39) 이것은 1919년 베르사유(Versailles) 평화조약에 의하여 건설되었던 '단찌히 자유시'(Danzig Free City)와 같은 개념이다. 상기한 '동북아 평화시'는 저자가 1990년 이후 20여 년 동안, 논문과 저서를 통하여 발표해왔는데, 2014년 3월 '드레스덴 선언'을 통하여 밝힌 '3대 통일구상' 중의 하나로서 'DMZ 세계 관광 평화공원'을 제안했다. 그러나 저자의 '동북아 평화시'는 단순히 '세계 평화공원'이 아니라 이념 간 갈등을 극복한 평화의 상징도시로 지향한다.

(8) 상기한 '東北亞 平和市'(Northeast Asian Peace City)를 거점으로 동북아의 평화와 번영을 위한 공동 프로젝트를 추진하고, 이를 금융지원하기 위한 가칭 '아시아—태평양 통화기금'(APMF: Asian—Pacific Monetary Fund)을 창설한다.[40] 예로서 최근 제11차 ASEAN＋3 재무장관회의(2008. 05. 04)에서 합의되었던 '치앙마이 이니셔티브'(CMI: Chiang Mai Initiative) 공동기금 지원 체계를 더욱 발전시켜 '아시아·태평양 통화기금'(APMF)을 창설하여 동 지역의 경제발전에 필요한 투자를 담당하도록 할 수 있을 것이다.[41]

(9) '아시아—태평양 통화기금'(APMF)의 투자대상의 사업프로젝트로서 예를 들면 한반도종단철도(TKR: Trans Korea Railway)와 시베리아철도(TSR: Trans Siberian Railway) 및 중국횡단철도(TCR: Trans China Railway)와의 교통망 연계[42], 러시아 하산(Khasan)—북한 나진(羅津)—한국 부산(釜山)의 물류망 개설, 서(西)캄차카(Kamchatka) 해상광구 공동개발 프로젝트, 이르쿠츠크(Irkutck)·사할린(Ostrow Sakhalin)의 석유·가스전 개발, '아시아'의 송유관 및 가스관 건설, 러시아의 대(對) 남·북한 전력 공급에 의한 북한 에너지 문제의 해결, 하바로프스크(Khabarovsk) 주(州)에서 러시아 및 남·북한의 농업개발을 통한 북한의 식량문제 해결 등을 들 수 있다.

---

40) 물론 중국이 추진하고 있는 '아시아 인프라투자은행'(AIBB) 혹은 박근혜 대통령이 제안한 '동북아 개발은행'(NADB: national Asia Development Bank)을 고려해 볼 수 있으나 국제 정치적 갈등 요인들이 내포되어 있기 때문에 미국 중국 일본 러시아 한국 등이 모두 포함된 '아시아—태평양 통화기금'(APMF)이 포괄적이고 미래지향적이라고 말할 수 있다.

41) 2008년 5월 한·중·일 재무장관 회의는 현재 800억 달러 규모의 '치앙마이 이니셔티브'(CMI)의 공동기금을 조성하기로 합의했다. 이것은 일종의 '아시아판 IMF(국제통화기금)'를 만들자는 구상이다. 또한, 상기의 재무장관회의(2008. 05. 04)는 현행 '양자 간 통화스왑'(BSA: Bilateral Swap Arrangement)을 공동펀드로 대체하고 동 펀드의 규모를 현 BSA 계약액과 유사한 800억 달러 수준으로 확정함으로써 아시아통화기금(AMF: Asian Monetary Fund)의 설립발판을 마련하였다.
구체적으로, 당시(2008년), 한·중·일의 외환보유고 현황(2008년 9월 말 기준)을 보면, 중국의 외환보유고는 1조9,056억 달러(세계 1위), 일본의 그것은 9,959억 달러(세계 2위)이다. 여기에 한국의 외환보유고 2,397억 달러(세계 6위)를 합하면 한·중·일 3국의 외환보유고(3조1,412억 달러)는 세계 외환보유고(7조3,071억 달러)의 43%를 상회한다. 만약 상기한 한·중·일 치앙마이 이니셔티브(CMI)의 공동기금(800억 달러)에 미국이 매칭펀드(Matching Fund)로서 800억 달러를 예치하거나 혹은 동 규모만큼의 통화스왑 협정을 한·중·일과 체결하여 동 기금을 1,600만 달러 규모로 만들 수 있다면, 동 기금은 세계 외환보유고의 2.2% 수준(2008년 9월 말 기준)으로 미국·중국·일본·한국은 명실공히 '아시아—태평양 통화기금'(APMF)을 창설할 수 있을 것이다.

42) TKR과 TSR의 교통망 연계는 러시아의 숙원사업임과 동시에 러시아와 남·북한뿐만 아니라 유엔 아시아·태평양경제사회이사회(UN ESCAP) 교통장관회의에서도 합의(2006. 11)되었다.

(10) 한·중·러 3국은 간도(間島) 지역[43]을 교통 및 물류의 중심지로 공동 개발하는 것이다. 이 경우, 미국과 일본이 투자할 수 있다면 더욱 바람직할 것이다. 간도(間島) 지역은 지세가 순탄하며 토지가 비옥하며 삼림이 울창하다. 따라서 한·중·러는 간도(間島)를 북한의 식량난 해결을 위한 곡창지대로 개발할 수 있다.[44] 또한, 간도지역에 압록강과 두만강을 따라 러시아 연해주 접경까지 연결되는 1,380km의 동부 변경(邊境) 철도를 신설하여 기존 동북지역의 11개 철도와 연결함으로써 동북아의 교통 및 물류 중심지로 발전시킬 수 있을 것이다.[45]

상기한 '10개항 동북아평화조약'(案)의 핵심적 내용은 UN 총회(단순히 6자 회담이 아니라)에서 미국은 북한의 주권존중과 평화공존(단순히 불가침이 아니라) 및 북한체제의 안보보장을, 북한은 2005년 「9·19 베이징 공동성명」, 2007년 「2·13 공동합의」, 2007년 「10·4 남북공동선언」, 「한반도의 평화와 번영, 통일을 위한 판문점 선언」(2018. 04. 27), 「9월 평양공동선언」(2018. 09. 19)에 입각하여 핵무기를 비롯한 대량살상무기(WMD)를 과감히, 즉각적으로 불능화 및 완전폐기할 것을 각각 공식적으로, 동시적으로 선언한다는 것이다.

이와 동시에, 중국, 러시아, 일본 및 다른 세계 모든 국가들은 미국과 북한의 상기 선언을 동시적으로 승인한다는 것이다. 또한, 한반도의 '평화정착'과 대(對)북한 '경제협력'(특히 식량 및 에너지 문제 해결)의 동시적 추진을 담보하는 것이다.

---

43) 간도(間島)는 북(北)으로는 송화강까지, 남(南)으로는 한반도 연안까지, 동(東)으로는 블라디보스톡까지 각각 미치는 한반도의 1.5배에 이르는 면적이다.

44) 임양택, "한국·중국이 간도 개발로 '북 식량난' 해결해야", 데일리안, 2009. 12. 16.

45) 중국과 남북한의 간도(間道)지역 공동개발을 중국의 '동북공정(東北工程)'으로 인한 '역사갈등'을 근본적으로 해결할 수 있는 포리티브섬(Poritive Sum Game)이 될 수 있는 것이다.

[그림 9] 본 연구의 '동북아 평화조약'의 도해(圖解)

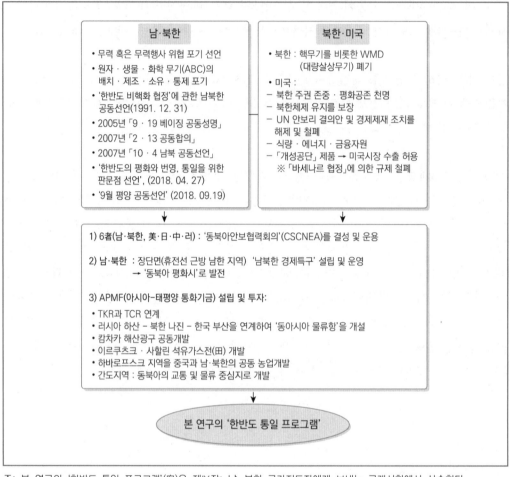

남·북한
- 무력 혹은 무력행사 위협 포기 선언
- 원자 · 생물 · 화학 무기(ABC)의 배치 · 제조 · 소유 · 통제 포기
- '한반도 비핵화 협정'에 관한 남북한 공동선언(1991. 12. 31)
- 2005년 「9 · 19 베이징 공동성명」
- 2007년 「2 · 13 공동합의」
- 2007년 「10 · 4 남북 공동선언」
- '한반도의 평화와 번영, 통일을 위한 판문점 선언', (2018. 04. 27)
- '9월 평양 공동선언' (2018. 09.19)

북한·미국
- 북한 : 핵무기를 비롯한 WMD (대량살상무기) 폐기
- 미국 :
  – 북한 주권 존중 · 평화공존 천명
  – 북한체제 유지를 보장
  – UN 안보리 결의안 및 경제제재 조치를 해제 및 철폐
  – 식량 · 에너지 · 금융자원
  – 「개성공단」 제품 → 미국시장 수출 허용
     ※ 「바세나르 협정」에 의한 규제 철폐

1) 6者(남·북한, 美·日·中·러) : '동북아안보협력회의'(CSCNEA)를 결성 및 운용

2) 남·북한 : 장단면(휴전선 근방 남한 지역) '남북한 경제특구' 설립 및 운영
      → '동북아 평화시'로 발전

3) APMF(아시아-태평양 통화기금) 설립 및 투자:
- TKR과 TCR 연계
- 러시아 하산 – 북한 나진 – 한국 부산을 연계하여 '동아시아 물류항'을 개설
- 캄차카 해산광구 공동개발
- 이르쿠츠크 · 사할린 석유가스전(田) 개발
- 하바로프스크 지역을 중국과 남·북한의 공동 농업개발
- 간도지역 : 동북아의 교통 및 물류 중심지로 개발

본 연구의 '한반도 통일 프로그램'

주: 본 연구의 '한반도 통일 프로그램'(案)은 제IX장: 남·북한 국가지도자에게 보내는 공개서한에서 상술한다.

2) '동북아 안보협력회의(CSCNEA)'

(1) 배경

주지하다시피, 김정은(金正恩) 국무위원장과 문재인(文在寅) 대통령은 <한반도의 평화와 번영, 통일을 위한 판문점 선언>(2018. 04. 27, 판문점)에서 *"한반도에 더 이상 전쟁은 없을 것이며 새로운 평화의 시대가 열리었음을 8천만 우리 겨레와 전 세계에 엄숙히 천명하였다."*

이어서, <9월 평양공동선언>(2018. 09. 19, 백화원 영빈관)은 한반도 평화 정착과 공동 번영 의지를 재확인했다. 여기서 남·북한이 처음으로 비핵화 방안, 남·북한 군사적 적대관계 종식을 위한 군사분야 부속 합의서 채택 등이 합의되었다.

그렇다면, 진정코 8천만 우리 겨레가 한반도 평화 정착과 공동번영을 추구할 수 있는 것인가? 모름지기, 남·북한은 핵(核)과 미사일이 아니라 신뢰(信賴)를 기반으로 경제협력 관계를 설정해야 한다. 북한은 자신의 생존(生存)을 위해서, 남한이 북한에게 소중한 자산이며 최고의 경제협력 파트너임을 다음과 같은 측면에서 깊이 깨달아야 한다:

베트남이 캄보디아에서 철군(1989년)하고 이에 대한 국제사회의 사찰, 대규모 감군(減軍) 등 미국의 요구를 모두 수용하고 나서야 미국의 대(對) 베트남 제재가 비로소 풀리기 시작했다. 그 과도기에는 남한의 경제협력이 절대적으로 필요하다. 다행히, 남한은 일반적인 공적개발원조(ODA) 이외에 북한에 관해서만 쓸 수 있는 남북협력기금(南北協力基金)이 있다. 인도적 지원과 교류 협력을 포함해 경제적 협력사업을 위하여 따로 북한을 위해 쓸 수 있는 재원이 있다는 것 자체가 북한에 대한 특별한 배려를 의미한다.

여기서 유의할 것은 다음과 같다: 남아프리카공화국(남아공)은 세계에서 유일하게 자발적으로 핵무기를 폐기한 국가가 되었으며, 그 결과 경제적 번영을 이뤘다는 점이다.

남아공이 비핵화를 결정한 것은 1989년부터 1994년까지 대통령을 지낸 프레데릭 빌럼 데 클레르크(Frederik Willem de Klerk) 전(前) 대통령 시절이다. 그러나 넬슨 만델라(Nelson Rolihlahla Mandela)는 남아공 비핵화를 계승하였다. 나아가, 그는 1996년 펠린다바 조약(Treaty of Pelindaba)으로 불리는 아프리카 비핵지대 조약(아프리카에서 핵실험도, 핵공격도 없도록 하자는 약속)을 체결하는 데 결정적 역할을 했었다.

넬슨 만델라(Nelson Rolihlahla Mandela)는 2001년 3월 12일 한국의 김대중 대통령(1998. 02~2003. 02)과 청와대에서 만나 다음과 같은 대화를 나누었다(<김대중 자서전>에 나오는 내용):

김대중: "만델라 대통령께서는 기나긴 고통의 시간 속에서도 부드러움을 잃지 않으셨습니다. 반목과 원한까지 녹여 낼 수 있는 용기와 관용의 위대함을 전 세계인에게 일깨워 주었다. 이는 남북화해 협력을 추진하고 있는 우리에게도 소중한 가르침이 되었다."

넬슨 만델라(Nelson Rolihlahla Mandela): "평화(平和)가 가장 강력한 무기입니다. 이를 적용하는 것이 대통령의 화해 협력 정책입니다. 알렉산더 대왕, 줄리어스 시저, 히틀러 등 무력과 무기를 사용한 경우는 결국 국민에 의해 사라졌습니다. 평화(平和)를 위해 산 사람은 영원히 살아 있다. 대통령의 대북 화해 정책은 평화(平和)를 무기로 남북평화를 이룩하

는 것입니다.”

실로, 남아공은 일단 핵무장을 했던 나라가 국내외의 정세 변화에 적응하여 핵(核)을 스스로 포기한 유일한 사례이다. 그것은 평화(平和)에 대한 철학(哲學)과 신념(信念) 없이는 불(不)가능한 일이었다. 이와 대조적으로, 스스로 핵무기를 개발하고 이를 폐기하는 결정도 스스로 내린 남아공과 달리 우크라이나, 카자흐스탄, 벨라루스 등 3개 국가는 구소련 붕괴로 어느 날 갑자기 다량의 핵무기를 보유하게 된 경우다. 이들 국가는 신생 국가로서 체제 안정과 경제 재건을 위한 서방의 지원 확보, 핵무기 관리 능력 부족 등을 고려해 핵무기 포기 결정을 내렸다. 미국과 나토(NATO), 러시아의 압박도 있었다. 그 후 이들 국가는 1992년 미국·러시아와 핵무기 폐기를 약속하는 리스본 의정서를 체결했고, ICBM(대륙간탄도미사일)과 핵탄두를 이전·폐기하는 절차를 밟았다. 1994년에는 미국·러시아·영국과 안전보장 각서인 '부다페스트 양해각서'를 체결했고, 미국은 핵무기 제거 및 핵시설 해체를 위해 미국의 자금과 기술력을 제공하는 것을 골자로 하는 '넌─루가법'을 통해 경제 지원에 나섰다. 이들 국가는 체제에 대한 안전보장과 경제 지원의 대가로 핵포기가 이뤄졌다는 점에서는 북한과 일부 유사점이 있지만, 애초부터 자체적 핵무기 개발프로그램을 가지지 못한 국가였다는 차이가 있다.

상기와 같이 넬슨 만델라(Nelson Mandela)는 평화(平和)의 힘을 믿었다. 또한, 김대중(金大中) 대통령(1998. 02~2003. 02) 역시 한반도 주변 4대 강국이 한반도 평화의 지지세력이 되게 하기 위해 4강 외교에 주력했었다. 김대중(金大中) 대통령(당시)은 "우리는 4대 강국에 둘러싸인 국가이기 때문에 외교는 생존의 필수조건이다. 국내정치는 잘못해도 바로 잡을 수 있지만 외교는 한 번 잘못되면 바로잡기 어렵다"고 말했다. 그의 지론은 '평화 비용이 갈등 비용보다 훨씬 싸게 먹힌다'는 것이었다.

김대중(金大中) 정부(1998. 02~2003. 02)의 '햇볕정책'은 정치보다는 경제가 우선이며, 민간이 주도하고 관(官)이 뒤를 따르고, 쉬운 것부터 먼저 북한에 제공하는 등 네 가지 기본 방향이 있었다. 신뢰 구축을 통해 협력을 하고자 하였다. 그러나 이후 20년간 여러 요인으로 인하여 남·북한이 실질적인 신뢰를 쌓았다고는 할 수 없다.

또한, 지난 20여 년 동안 너무나 많은 것이 변하였다. 특히 남한은 같은 기간 동안 국제사회에서 원조를 주는 나라가 되었다. 남·북한 경제협력도 남한이 국제사회에 기여하는 일반적인 원칙에서 출발해야 한다. 제2차 세계대전(1939~1945) 이후 원조를 받던 나라에서 원조를 주는 나라가 된 남한의 경제 개발 경험과 지식은 아주 특별하다. 많은 개도국이 현재도 진행형인 남한을 배우고 싶어한다. 남한은 개도국인 북한에도 다른 개도국을 지원하는 일반 원칙을 적용하여 다양한 프로그램을 진행할 수 있다. 남한의 개도국 지원에 관한 원칙과 방향을 남한 국민과 북한에 자세히 알리고 설명하는 것이 필요하다. 이것이 신뢰를 바탕으로 북한과 협력 사업을 하기 위한 첫걸음이다.

'동북아 안보협력회의(CSCNEA: Conference on Security and Cooperation in Northeast Asia)'는 전통적 군사적 안보뿐만 아니라 경제, 환경, 인권 등을 포함하는 '포괄적 안보'(comprehensive security)를 대상으로 한다. 또한, '동북아 안보협력회의(CSCNEA)'는 '다자간 안보기구(Multilateral Security and Cooperation Organization)'로서 관련 국가들이 공동안보이익을 위해 협력하고 분쟁을 사전에 방지하기 위해서 예방조치를 취하며 갈등 해결방안을 공동으로 강구하는 '협력적 안보'(cooperative security)를 지향한다. 본 연구가 '동북아 안보협력회의(CSCNEA)'를 주창하게 된 배경과 그것의 성격은 다음과 같다:

'동북아 안보협력회의'(CSCNEA)는 기존의 양자 간 동맹관계를 대체하는 것이 아니라 이를 보완하는 차원에서 추진되어야 한다는 측면에서 매우 고무적인 사실은 미국과 중국이 1997년과 1998년 「군사해양협조 협정」과 「정기 고위급 정기회의」의 군사적 대화채널을 각각 구축하였다는 점이다. 상술하면, 1998년 미국을 방문한 장완녠 당(黨)중앙군사위원회 부주석(당시)과 윌리엄 코헨(William Cohen) 미국의 국방장관(당시)은 미·중(美·中) 간 안보협력 방안에 대해서 논의하였다.[46] 한편, 2005년부터 중국·러시아의 군사연합훈련이 거의 매년 실시되고 있다. 또한, 인도·일본·호주·미국 등이 참여하는 다국적 연합훈련도 증가 추세를 보이고 있다.

그러나, 유럽과는 달리, 동북아는 '다자간 안보기구'를 운용해 본 역사적 경험을 갖고 있지 않다.[47] 그 요인은 동북아 지역은 상이한 이해관계, 국력의 차이, 역사적 상흔(傷痕)과 불신 등을 갖고 있기 때문이다. 상기한 요인들은 사실 '동북아 안보협력회의(CSCNEA)'가 순조롭게 추진될 수 없는 제약조건들이다.[48] 따라서 '동북아 안보협력회의(CSCNEA)'는 '유럽 안보협력회의'(CSCE)와는 다른 형태로 전개될 수밖에 없는데, 그 추진전략은 다음과

---

46) 구체적으로, 미국과 중국은 1999년부터 군(軍)인사교류와 합동훈련을 실시하기로 하였다. 천연재해나 인명구조 등의 문제와 관련한 협력방안을 논의하고 중국 군함이 미국을 방문하기로 하였다. 군사학교학생과 대표들을 교환하여 환경보호방법에 대해서 연구하고 군사환경보호에 관한 정보교환에 대한 협정체결에 대해서 논의하기로 하였다(연합통신, 1998. 09. 16).

47) 아시아에서 북대서양조약기구(NATO)와 유사한 집단안보체제가 발달하지 못한 역사적 원인에 대해서는 Michael Leifer(1986)을 참조.

48) 다자안보협력의 제도화 과정에 관해서는 Arie bloed(1993), Daniel C.Thomas(2001), John Fry(2003), 서보혁(2009) 등을 참조.

같다.[49]

(2) 필요성

북한의 '대량살상무기(WMD)'로 인하여 한반도, 나아가 동북아의 안보 패러다임이 바뀌고 있다. 따라서 북핵문제가 해결되어야 한반도를 포함한 동북아의 평화 및 경제 협력 문제가 포괄적으로 해결될 수 있다. 즉, 한반도와 동북아의 안보·협력 구조가 동북아에서 남·북한과 미국, 중국, 일본 간에 안보전략적 이해가 맞아떨어지는 신(新)질서를 동북아 지역에 만들어야 북한의 핵무기 문제는 종료될 수 있다.

현재 한반도 위기상황의 해결 관건은 새로운 안보 패러다임의 전개에 대응한 미·일·중·러의 가칭 '동북아집단안보체제'(NEATO: Northeast Asia Treaty Organization)의 구축 여부에 달려 있다는 점이다. 이것은 미국-파키스탄 안보동맹에 근간을 둔 '동남아집단안보기구'(SEATO: Southeast Asia Treaty Organization)와 미국·소련·프랑스·영국의 북대서양조약기구(NATO: North Atlantic Treaty Organization)와 유사하다.

나아가, 미·일·중·러는 이젠 한반도의 안보위기가 자신의 안보위기가 될 수 있다는 점을 인식하고, '동북아집단안보체제'(NEATO)를 구축해야 할 것이다. 이와 관련하여, 저자(임양택, 1999c, 2007c, 2009c)는 유럽안보협력회의(CSCE: Conference on Security and Cooperation in Europe)와 유사한 '동북아 안보협력회의'(CSCNA: Conference on Security and Cooperation in Northeast Asia)의 발족 및 가동을 제안한다.

'동북아 안보협력회의'(CSCNEA: Conference on Security and Cooperation in Northeast Asia)의 필요성은 세계 최대 규모의 신흥시장으로 부상하고 있는 동아시아에 군사·정치·경제 분야의 패권적 지위를 다지려는 각국 간의 경쟁으로 인하여 유례없는 군비 증강 경쟁이 펼쳐지고 있는 사실에서 자명(自明)해진다.

중국은 건국 60주년을 맞아 군사 퍼레이드(2008. 10. 10, 베이징 톈안먼광장)를 벌여 미국에 필적하는 군사강대국임을 국·내외에 과시했다.[50] 또한, 중국과 아시아 패권을 다투는

---

49) 1973년 유럽안보협력회의(CSCE)는 모스크바 조약 → 1970년 바르샤바 조약 → 1971년 베를린 협정으로 발전된 브란트 정부의 적극적인 전(全) 유럽의 긴장완화 정책이 배태시킨 결과였다. 1973년 유럽안보협력회의는 다시 1975년 헬싱키 프로세스(Helsinki Process)를 시작하여 1990년 '파리헌장'(Chapter of Paris for a New Europe)의 채택과 1995년 '유럽안보협력기구'(OSCE)로 발전되었다. 그리고 '유럽안보협력기구'(OSCE)는 1995년 유럽연합(EU)를 탄생시켰다. 상세한 설명을 위하여 James Macintosh(1996), Andrew Mack and Pauline Kerr(1995), Jogn S. Duffield(2003), William M. Drenan(2006) 등을 참조.

50) 중국의 신형 대륙간탄도미사일(ICBM)과 장거리 지대지(地對地) 순항미사일을 비롯하여 50여 종의 육·

[그림 10] 본 연구의 '동북아 안보협력회의(CSCNEA: Conference on Security and Cooperation in Northeast Asia)'의 배경: 유럽안보협력회의(CSCE)

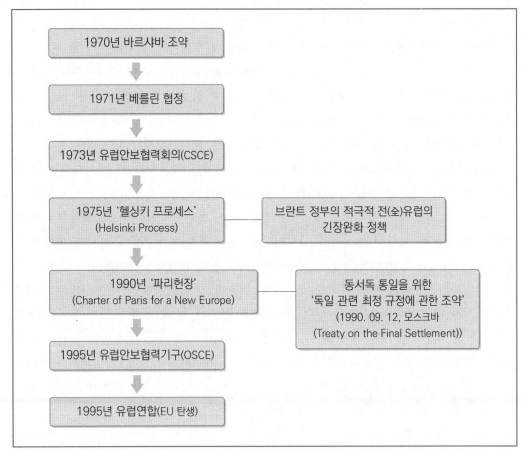

일본도 군비증강에 박차를 가하고 있다.[51]

해·공군 최신 무기들이 공개되었다(조선일보, 2009. 01. 09). 이날 등장한 DF−31A는 사정거리 1만 2,000km 이상인 다탄두(多彈頭) 각개유도(MIRV) ICBM으로서 중국의 대표적인 신세대 전략 핵무기이다. 사정거리 2,000여km의 탄도미사일 DF−21은 미국이 군사 초강대국 역할을 하는 데 중추적 존재인 항공모함 전단(戰團)을 공격할 수 있다. 공중조기경보통제기 KJ−2,000·KJ−200은 수백km 떨어져 있는 적기(敵機)의 움직임을 추적·감시할 수 있다(조선일보, 2009. 01. 09).

51) 일본 해상자위대는 1만8,000톤 급(배수량 기준) 헬기탑재 호위함 1번 함정인 '휴우가'를 2008년 3월 실전 배치했다. 또 2번 함정은 2008년 8월 진수했다. 총 11대의 헬기를 탑재할 수 있는 '휴우가'는 사실상 헬기 항공모함이다. 14대의 헬기를 실을 수 있는 1만9,500톤 급 대형 호위함 건조도 추진 중인 일본은 이지스함 탑재 SM−3 요격용 미사일, 지상 배치 패트리엇 PAC−3 미사일 배치 등 미사일 방어(MD)체제 구축에 박차를 가하고 있다(조선일보, 2009. 01. 09).

또한, 아세안 10개 회원국과 인도·호주 등도 2000년대 중반부터 군사비 지출을 증가시켜 왔다. 인도·호주·베트남은 잠수함·항공모함·구축함 등 해군력 중심으로 군비를 증강시키고 있다.[52] 이것은 상기 3개국 모두 중국의 해군력 증강에 대한 대응 조치이다. 특히, 호주는 2008년 제2차 세계대전 이후 최대 규모의 군비증강 계획을 발표했다.[53]

미국 랜드연구소(RAND Corporation)의 브루스 베넷(Bruce Bennett) 수석연구원은 "북핵 위험이 현실화될 경우 피해는 상상을 초월할 것"이라고 했다. 랜드연구소(Rand Corporation)는 북한은 핵무기 5~20개와 수백~수천 톤에 이르는 생화학무기를 포함한 다량의 대량살상무기(WMD: Weapons to Mass Destruction)를 보유하고 있는 것으로 평가했다.

상술하면, 북한이 12.5k톤의 핵공격을 감행할 경우 인구 12만~23만 명, 10kg 분량 탄저균 공격 시 2만~90만 명의 사상자를, 1톤 분량의 사린가스 공격시 3천~23만 명의 사상자를 각각 발생시킬 것이라고 한다. 또한, 미국 환경기구인 「천연자원보호위원회」(NRDC: Natural Resource Defense Council)가 2010년 5월 발표한 「북핵 위협의 불확실성」(Uncertainty in the North Korean nuclear threat)에서 북한이 10k톤 급 핵폭탄을 서울에 투하할 경우 최소 12만5천 명에서 최대 20만 명이 사망할 것으로 분석한다. 부상자를 포함하면 최소 29만 명에서 최대 40만 명의 사상자가 발생할 것으로 예측했다. 상기 위원회(NRDC)는 2004년 인구밀도가 높은 서울의 경우 1945년 히로시마에 투하된 15k톤 급 핵무기가 지상 500m에서 공중폭발하면 62만 명, 지상 100m면 84만 명, 지면에서 폭발하면 125만 명의 사상자가 발생한다고 밝혔다. 게다가 서울은 방사능으로 오염돼 한동안 사람이 살 수 없는 곳이 된다(동아일보, 2016. 01. 13)

그럼에도 불구하고, 스티븐 보즈워스(Stephen Bosworth) 전(前) 주한미대사는 "한·미 양국이 북핵 위기에 일종의 불감증이 생겼다"고 했다(조선일보, 2016. 01. 07). 또한, 셰인 스미스(Shane Smith) 미국 국방대학교 선임연구원은 2015년 8월 '북한의 핵 전략 보고서'에서 북한 핵무기 위협에 대한 불감증이 생긴 주된 이유는 3가지라고 했다: 즉, ① 국제사회가 북한의 능력을 폄하해왔고, ② 북한에 대한 정보가 별로 없으며, ③ 북핵 전략의 목표가 비(非)군사적이라고 가정해왔기 때문이라는 것이다. 그러나 "북핵의 목표가 국제적

---

52) 베트남의 경우, 해군력뿐만 아니라 공군력도 증강되고 있다. 2008년 12월 베트남의 응웬 떤 중 총리와 블라디미르 푸틴 러시아 총리는 러시아제 킬로급 잠수함 6척(약 2조3천억 원 규모)과 SU−30MK2 전투기 12대 등을 베트남에 판매하는 양해각서에 서명했다.

53) 호주는 향후 20년간의 군사력 건설계획 등을 담은 국방백서에서 "F−35 5세대 전투기 100대, 탄도미사일 요격능력을 갖춘 7천 톤 급 대형 구축함 8척, 1천 명의 병력을 수송할 수 있는 캔버라급(級) 대형 수송함 등의 도입을 추진하겠다"고 밝혔다.

위신이나 내부의 지지, 또는 협상용이라는 주장은 설득력이 없다"는 게 그의 진단이었다 (조선일보, 2016. 01. 07).

여기서 본 연구는 다음과 같이 주장한다: 이젠 북한의 핵무기 보유로 인하여, 미·일·중·러는 한반도의 안보위기가 자신의 안보위기가 될 수 있다는 점을 각자 인식하고, 한반도 위기상황을 타개하기 위한 새로운 안보 패러다임으로서 미·일·중·러 및 남·북한은 가칭 '동북아 안보협력회의(CSCNEA: Conference on Security and Cooperation in Northeast Asia)'라는 동북아의 '집단안보체제'(Collective Security System) 혹은 '다자간 안보기구'(Multilateral Security and Cooperation Organization)를 구축해야 할 것이다.

다시 말하면, 동북아 질서의 안정화를 위해서 다자간 안보협력기구로서 '동북아 안보협력회의'를 설립 및 가동하는 것이 필요하다. '동북아 안보협력회의'(CSCNEA)는 전통적 군사적 안보뿐만 아니라 경제, 환경, 인권 등을 포함하는 '포괄적 안보'(comprehensive security)를 대상으로 한다.

나아가, '동북아 안보협력회의(CSCNEA)'는 관련 국가들이 공동안보이익을 위해 협력하고 분쟁을 사전에 방지하기 위해서 예방조치를 취하며 갈등해결방안을 공동으로 강구하는 '협력적 안보'(cooperative security)를 지향한다.

참고로, 동·서독이 1972년 기본조약을 체결하고 공존·협력관계를 정착시킬 수 있었던 것은 북대서양조약기구(NATO)와 바르샤바조약기구(WTO)간의 정치·군사적 균형을 통해서 유럽질서를 안정적으로 유도하고 이러한 틀 내에서 동독과 서독의 안보가 보장되었기 때문이었다.[54] 다시 말하면, 유럽의 '다자간 안보기구(Multilateral Security and Cooperation Organization)'인 '유럽안보협력회의'(CSCE)와 북대서양조약기구(NATO)는 탈냉전 후 유럽지역의 갈등해결과 분쟁예방을 위해서 포괄적 안보(comprehensive security)와 협력적 안보(cooperative security) 개념을 적용하고 있다. 북대서양조약기구(NATO)는 냉전시대의 집단안보기구였으나 탈(脫)냉전 후에도 해체되지 않고 오히려 구(舊)동구권 국가들을 동 기구(NATO)의 회원국으로 포함시킴으로써 확대되었다.[55]

한편, 한국정부는 1993년 제1차 북핵위기 후 ARF(아세안지역안보포럼) 회의에 '동북아 안보협력체의 구상'을 제출(1994. 07. 25)했는데, 그것의 의제는 국방백서의 교환 및 토의, 유엔의 새래식 무기 등독에 대한 사료세공, 국방상관들의 성기회합, 군인 및 애군함성의

---

54) 동서독 기본조약 체결과 유럽의 다자간 안보질서에 대해서는 홍용표(2003)을 참조하기 바람.

55) 예로서, 북대서양조약기구(NATO)가 보스니아 내전(1995년)에 개입한 것은 이러한 분쟁 관리 역할을 수행한다는 명분에 입각한 것이었다.

교환 방문, 긴급구호작업 공동실천 등의 사안에서부터 시작하여 궁극적으로 군비확장 금지까지 포함하고 있다.[56]

또한, 아세안 10개 회원국과 인도·호주 등도 2000년대 중반부터 군사비 지출을 증가시켜 왔다. 인도·호주·베트남은 잠수함·항공모함·구축함 등 해군력 중심으로 군비를 증강시키고 있다.[57] 이것은 상기 3개국 모두 중국의 해군력 증강에 대한 대응 조치이다. 특히, 호주는 2008년 제2차 세계대전 이후 최대 규모의 군비증강 계획을 발표했다.[58]

상기 동아시아 국가들은 군사력 중에서도 해군력을 증강하고 있는데, 그 이유는 원유 등 전략물자의 원활한 수송을 위한 해상교통로 확보와 남사군도 등 해양영토 분쟁 대비, 배타적 경제수역(EEZ) 도입에 따른 해양자원 보호 등을 겨냥하고 있기 때문이다.

(3) 추진 전략

한반도 문제의 국제적 성격을 감안할 때, 동북아 질서의 안정화가 이루어지지 않는 한, 남·북한 평화공존 및 통일이 정착되기 어렵게 되어있다. 설혹, 남·북한은 화해·협력이 진행된다고 하더라도 이를 보장할 수 있는 안정적 국제환경이 존재하지 않을 경우 이것은 매우 불안정한 형태가 될 수밖에 없다.

따라서 '동북아 안보협력회의'(CSCNEA: Conference on Security and Cooperation in Northeast Asia)를 바탕으로, 미·일·중·러·남한·북한이 '동북아평화조약'(Northeast Asian Peace Treaty)을 동시적으로 체결함이 바람직할 것이다.

특히, 북·미(北·美) 간 상호 신뢰를 보증하기 위하여, 유엔(UN) 총회에서(단순히 '6자 회담'에서가 아니라), 미국은 북한의 주권존중과 평화공존(단순히 '불가침'이 아니라) 및 북한체제의 안보보장을, 북한은 2005년 '9·19 베이징 공동성명', 2007년 '2·13 공동합의', 2007년 '10·4 남북공동선언', '한반도의 평화와 번영, 통일을 위한 판문점 선언'(2018. 04. 27), '9월 평양공동선언'(2018. 09. 19)에 입각하여 핵무기를 비롯한 대량살상무기(WMD)를 과감

---

56) 조선일보, 1994. 07. 27.

57) 베트남의 경우, 해군력 뿐만아니라 공군력도 증강되고 있다. 2008년 12월 베트남의 응웬 떤 중 총리와 블라디미르 푸틴 러시아 총리는 러시아제 킬로급 잠수함 6척(약 2조3,000억 원 규모)과 SU-30MK2 전투기 12대 등을 베트남에 판매하는 양해각서에 서명했다.

58) 호주는 향후 20년간의 군사력 건설계획 등을 담은 국방백서에서 "F-35 5세대 전투기 100대, 탄도미사일 요격능력을 갖춘 7,000톤 급 대형 구축함 8척, 1,000명의 병력을 수송할 수 있는 캔버라급(級) 대형 수송함 등의 도입을 추진하겠다"고 밝혔다.

히, 즉각적으로 불능화 및 완전 폐기할 것을 각각 공식적으로 또한 동시적으로 선언하는 것이다. 이와 동시에, 중국, 러시아, 일본 및 다른 세계 모든 국가들은 미국과 북한의 상기 선언을 동시적으로 승인한다는 것이다. 그리고 한반도의 '평화정착'과 대(對)북한 '경제협력'(특히 식량 및 에너지 문제 해결)의 동시적 추진을 담보하는 것이다.

'동북아 안보협력회의(CSCNEA)'는 전통적 군사적 안보뿐만 아니라 경제, 환경, 인권 등을 포함하는 '포괄적 안보'(comprehensive security)를 대상으로 한다. 또한, '동북아 안보협력회의(CSCNEA)'는 '다자간 안보기구(Multilateral Security Cooperation Organization)'로서 관련 국가들이 공동안보이익을 위해 협력하고 분쟁을 사전에 방지하기 위해서 예방조치를 취하며 갈등해결방안을 공동으로 강구하는 '협력적 안보'(cooperative security)를 지향한다.

여기서 유의할 것은 유럽과는 달리, 동북아는 '다자간 안보기구'를 운용해 본 역사적 경험을 갖고 있지 않다는 점이다.59) 그 요인은 동북아 지역은 상이한 이해관계, 국력의 차이, 역사적 상흔(傷痕)과 불신 등을 갖고 있기 때문이다. 상기한 요인들은 사실 '동북아 안보협력회의(CSCNEA)'가 순조롭게 추진될 수 없는 제약조건들이다.60) 따라서 '동북아 안보협력회의(CSCNEA)'는 '유럽 안보협력회의'(CSCE)와는 다른 형태로 전개될 수밖에 없는데, 그 추진전략은 다음과 같다61):

첫째, 동북아에서 양자관계가 차지하는 중요성을 감안하여 양자 간 신뢰구축과 다자간 안보협력이 상호 보완적인 역할을 할 수 있도록 대승적 견지에서 '동북아 안보협력회의(CSCNEA)'를 발전시켜야 한다. 즉, 양자간 안보협력이 다층적으로 누적될 때 비로소 '다자간 안보협력기구'인 '동북아 안보협력회의(CSCNEA)'의 형성을 위한 분위기가 조성될 수 있을 것이다.

다시 말하면, 양자적 동맹관계가 공동의 적(敵)을 상정하고 배타적 동맹을 목표로 하던 차원에서 벗어나 '다자간 안보협력'의 틀 속에서 공동의 안보이익을 모색하는 방향으로 변

---

59) 아시아에서 북대서양조약기구(NATO)와 유사한 집단안보체제가 발달하지 못한 역사적 원인에 대해서는 Michael Leifer(1986)을 참조하기 바람.

60) 다자안보협력의 제도화 과정에 관해서는 Arie bloed(1993), Daniel C.Thomas(2001), John Fry(2003), 서보혁(2009) 등을 참조.

61) 1973년 유럽안보협력회의(CSCE)는 모스크바 조약 → 1970년 바르샤바 조약 → 1971년 베를린 협정으로 발전된 브란트 정부의 적극적인 전(全) 유럽의 긴장완화 정책이 배태시킨 결과였다. 1973년 유럽안보협력회의는 다시 1975년 헬싱키 프로세스(Helsinki Process)를 시작하여 1990년 '파리헌장'(Chapter of Paris for a New Europe)의 채택과 1995년 '유럽안보협력기구'(OSCE)로 발전되었다. 그리고 '유럽안보협력기구'(OSCE)는 1995년 유럽연합(EU)를 탄생시켰다. 상세한 설명을 위하여 James Macintosh(1996), Andrew Mack and Pauline Kerr(1995), Jogn S. Duffield(2003), William M. Drenan(2006) 등을 참조.

환되어야 하는 것이다. 이것은 '양자간 군사동맹'이 '다자간 안보협력'으로 연계 및 융합되는 것을 의미한다. 구체적으로, 한·미(韓·美) 동맹관계 및 한·미·일(韓·美·日) 안보협력관계와 '동북아 안보협력회의(CSCNEA)'를 상호보완적으로 연계시키고 조정하는 작업이 뒤따라야 할 것이다.

'동북아 안보협력회의(CSCNEA)'는 기존의 양자 간 동맹관계를 대체하는 것이 아니라 이를 보완하는 차원에서 추진되어야 한다는 측면에서 매우 고무적인 사실은 미국과 중국이 1997년과 1998년 「군사해양협조 협정」과 「정기 고위급 정기회의」의 군사적 대화채널을 각각 구축하였다는 점이다. 상술하면, 1998년 미국을 방문한 장완녠 당(黨)중앙군사위원회 부주석(당시)과 윌리엄 코헨(William Cohen) 미국의 국방장관(당시)은 미·중(美·中)간 안보협력 방안에 대해서 논의하였다.[62] 한편, 2005년부터 중국·러시아의 군사연합훈련이 거의 매년 실시되고 있다. 또한, 인도·일본·호주·미국 등이 참여하는 다국적 연합훈련도 증가 추세를 보이고 있다.

둘째, '동북아 안보협력회의(CSCNEA)'의 초보적 단계에서는 신뢰구축 조치를 우선적으로 실시하는 것이 바람직하다. 예를 들면, 난민문제, 테러방지문제, 해적퇴치, 해난구조, 환경보전 등과 같이 비(非)군사적인 문제들을 중심으로 협력관계를 구축해야 할 것이다. 그 다음 단계에서, 핵확산금지, 군사정보, 군사훈련 참관, 군비통제 및 군축 등에 대해서도 협력할 수 있을 것이다. 여기서 유의할 것은 대만문제, 티벳문제 등 중국의 대내정치와 관련된 문제, 인권문제, 러·일 간 영토문제, 중·일 영토문제 등은 논의의 의제에서 제외되는 것이 바람직하다는 점이다.

셋째, '동북아 안보협력회의(CSCNEA)'에의 참가국은 '6차 회담'의 취지 및 경험을 살려 우선 남·북한과 주변 4국(美·日·中·러)의 동북아 6개국으로 한정하는 것이 바람직할 것이다. 동북아 6개국을 참가국으로 하는 '동북아 안보협력회의(CSCNEA)'는 한반도의 긴장완화와 평화체제 전환의 국제적 보장, 동북아의 신뢰구축, 동북아 군축 등의 문제를 논의할 것이다. 나아가, 중·장기적으로 동북아 안보협력체가 동아시아·태평양지역의 안보협력에 대해서 논의할 경우, 몽골, 캐나다, 호주 등이 대상국에 포함될 수 있을 것이다.

---

62) 구체적으로, 미국과 중국은 1999년부터 군(軍)인사교류와 합동훈련을 실시하기로 하였다. 천연재해나 인명구조 등의 문제와 관련한 협력방안을 논의하고 중국 군함이 미국을 방문하기로 하였다. 군사학교학생과 대표들을 교환하여 환경보호방법에 대해서 연구하고 군사환경보호에 관한 정보교환에 대한 협정 체결에 대해서 논의하기로 하였다(연합통신, 1998. 09. 16).

(4) 기대효과

상기한 '동북아 평화조약'(Northeast Asian Peace Treaty)의 핵심적 요체인 '동북아 안보협력회의'(CSCNEA: Conference on Security and Cooperation in Northeast Asia)는 다음과 같은 점에서 한반도 평화와 안정에 기여할 수 있을 것으로 기대된다.

첫째, '동북아 안보협력회의(CSCNEA)'는 남북분단의 평화적 관리와 남·북한 공존체제 정착에 기여할 수 있다. 남·북한 평화체제가 남·북한 대화로 이루어질 경우, 그것은 '동북아 안보협력회의(CSCNEA)'에 의하여 국제적으로 보장받을 수 있을 것이다.

둘째, '동북아 안보협력회의(CSCNEA)'은 북한의 국제사회로의 진입과 개방·개혁을 촉진할 수 있다. 왜냐하면 '동북아 안보협력회의(CSCNEA)'는 다자적 안보협력을 통하여 북한체제의 생존을 보장함으로써 체제생존에 대한 북한의 우려를 해소할 수 있으며, 나아가 북한을 국제사회 규범에 적응시킬 수 있도록 유도할 수 있을 것이다.

셋째, '동북아 안보협력회의(CSCNEA)'는 동북아 지역의 긴장완화를 통해 한반도 평화를 도모할 수 있는 환경을 조성할 수 있다. 중국과 일본의 군비경쟁이 가속화되고, 역내 국가 간 영토분쟁으로 인해 긴장이 고조될 경우, 한반도의 정세는 매우 불안하게 될 것이다. 따라서 다자간 안보대화의 틀(framework)인 '동북아 안보협력회의(CSCNEA)'는 동북아 국가들의 군비경쟁을 억제하고 안보협력을 촉진함으로써 한반도의 평화와 안정에 기여할 수 있을 것이다.

넷째, '동북아 안보협력회의(CSCNEA)'는 북한에서의 돌발사태 발생으로 인한 위기관리나 남·북한 통합과정에서 한반도 주변국의 협력을 구하는 데에도 기여할 수 있을 것이다. 나아가, 통일한국의 대외관계를 조정하고 통일한국의 안정과 발전을 모색하는 데 있어서도 '동북아 안보협력회의(CSCNEA)'는 유용한 역할을 할 수 있을 것이다.

다섯째, 남·북한 군사(軍事)통합 효과이다.[63] 남·북한이 통일되면 총 병력은 최소 35만 명에서 최대 50만 명 수준으로 줄고, 20년간 약 400조 원의 예산이 절감되며 군 복무기간도 순차적으로 줄어 12개월 미만이 될 것이라고 한다.[64]

---

63) 조선일보, 2014. 01. 17

64) 조선일보가 한국안보통일연구원(원장 하정열)에 의뢰해 한반도 군사 통합을 실시했을 때의 군축 효과를 분석한 결과다.

2012 국방백서에 따르면, 현재 정규군 병력은 남한 63만9,000명, 북한 119만 명이다. 각각 인구 대비 약 1.3%와 5.0%이다. 남·북한 공히 보통 국가의 인구 대비 병력 비율 (0.3~0.7%)보다 높다. 통일 이후 현재 수준의 병력을 유지할 경우 막대한 예산이 들고 주변국에서도 군사 대국화를 우려해 이를 용인하지 않을 것이다. 따라서 통일 한국의 인구를 약 7,500만~8,000만 명으로 가정했을 때, 중국과 일본의 군사력 증강 추세와 한·미 동맹을 감안해 병력 수준은 약 35만~50만 명이 적절하다고 강시 백서는 분석했다.

[그림 11] 남·북한 군사통합 효과와 비용

남·북한 군사통합 효과와 비용

남북 통일에 따른 안보 비용 감축 효과	
남북 국방비 감축	연 15조 원
평화 관리비용 감축	연 1조 3,000억 원
분단 관리비용 감축	연 5조 원
총 안보비용 감축	연 21조 원

병역 의무 기간	
현재	통일 후
남한: 21~24개월 / 북한: 7~10년	12개월 안팎

남북 군사통합 비용

과제	기간(년)	비용(원)
군사통합기구 설치·운용	1~3	2,900억
병력·부대 통합	1~2	3조4,230억
무기·장비·물자 통합 및 처리	1~5	1조230억
대량 살상무기·탄약처리	1~3	7조
시설 통합·신설 및 환경 치유	10년 이내	1조5,500억
편입 병력에 대한 개인 화기·기본 장구류	1년	700억

예비비 1조   총계 14조   자료: 한국안보통일연구원

자료: 조선일보, 2014. 01. 17

참고로, 북한의 군사력은 막강하다. 북한은 130만 명의 정규군과 600만 명의 예비병력, 60개 이상의 핵과 수소폭탄 실험 성공, 1,000발의 탄도미사일, 7,000명의 사이버부대, 80여 척의 잠수함, 1만 명의 핵개발인력, 1만문의 장사정포, 20만 명의 특수전부대, 수천톤의 생화학무기, 집속탄 및 EMP 폭탄 등으로 무장하고 있다. 게다가 북한의 핵·미사일 기술력이 러시아 블라디미르 푸틴(Vladimir Putin, 1952~현재) 대통령이 높이 평가하여 기술 제휴를 제안(2018. 01. 11)할 정도로 대단하다.[65]

---

65) 최근 북한이 이스칸데르급 KN-23 지대지 미사일, 신형 대구경조종방사포, 에이태큼스(ATACMS)라 불리는 신형 탄도미사일을 개발했다고 주장하였다. 2019년 5월 4일 이후 북한은 총 7차례 50km 이하의

또한, 중국은 건국 70주년 열병식(2019. 10. 01, 베이징 톈안먼 광장)에 등장한 대형수송기 윈(運·Y)－20, 최신예 스텔스기인 전투기 젠－20을 비롯해 훙(轟·H)－6N 폭격기, 젠－15 항공모함 함재기 등도 중국 공군의 현대화 수준을 보여줬다. 또한, 중국 해군이 현재 보유한 전함은 모두 714척(약 90만 톤)이며, 첫 번째 항모 랴오닝(遼寧·5만860톤)에 이어 첫 자국산 항공모함인 7만 톤급 '001A함'도 이미 진수돼 내년쯤 취역할 전망이다. 물론 이는 415척(350만 톤) 함선과 11척 항공모함을 보유한 1위 미국과 아직 커다란 차이가 있지만 그래도 위협할 만한 수준이다.

스톡홀름연구소에 따르면 중국의 군사비는 2008년 1,080억 달러에서 2017년 2,280억 달러로 10년간 2배 이상 늘어났다. 니혼게이자이신문이 보도(2018. 08. 17)에 의하면 중국의 군비 증강은 주변 국가들에게도 영향을 미치고 있다. 동남아시아 국가들의 군사비 합계는 10년간 40% 증가했다. 캄보디아는 2008년 대비 4배가 늘어났으며, 방글라데시와 인도네시아도 2배 넘게 증가했다. 아세안 10개 회원국과 인도·호주 등도 2000년대 중반부터 군사비 지출을 증가시켜 왔다. 인도·호주·베트남은 잠수함·항공모함·구축함 등 해군력 중심으로 군비를 증강시키고 있다.

따라서, 중국과 아시아 패권을 다투는 일본도 군비증강에 박차를 가하고 있다. 일본은 북괴의 핵위협에 대비해 군비증강예산을 전년도에 비해 2.1% 늘려서 대비하는 차원에서,

---

낮은 고도에서 발사체를 발사했는데, 이것은 한국군의 선제 타격 개념인 킬 체인(Kill Chain)과 KAMD를 무력화하려는 것으로 해석된다. 킬 체인(Kill Chain)은 적의 미사일을 실시간으로 탐지·공격하는 일련의 공격형 방위시스템이다. 그러나 탄도미사일이 40km 안팎의 낮은 고도에서 마하 6 이상의 빠른 속도로 비행하면 지상의 요격 미사일로 방어하기 쉽지 않다고 한다. 즉, 최대사거리 40여km의 패트리엇(PAC－3) 미사일 또는 고도 50km 이상의 탄도미사일을 타격하는 사드(THAAD·고고도미사일방어체계)로 요격하기 쉽지 않다는 것이다.

한편, 자유아시아방송(RFA)은 2019년 8월 14일 국방부가 발표한 '2020~24 국방중기계획'에 대한 미국 군사전문가들의 의견을 전했다: 국방부는 '2020~24 국방중기계획'에서 34조1,000억 원을 들여 탄도미사일 조기경보 레이더, 이지스 구축함 추가 도입, 탄도미사일 요격용 패트리어트 PAC－3 MSE 도입, 철매 Ⅱ 성능 개량, 장거리 요격 미사일 L－SAM 개발 완료 등을 통해 북한 탄도미사일을 요격할 수 있는 충분한 역량을 갖추겠다고 밝혔다.

따라서 국방부는 탄도탄 조기경보레이더와 이지스 구축함 레이더를 추가 확보해 전 방향에서 날아오는 북한 미사일 탐지능력을 확보할 계획이다. 또 패트리엇과 중거리 지대공미사일(M－SAM) 철매－Ⅱ를 성능개량 배치하고, 상거리 지대공미사일(L－SAM)을 개발 완료해 북한의 신형 단거리 탄도미사일 요격 능력을 확보한다는 구상이다.

이에 대하여, 미국 랜드연구소의 브루스 베넷 선임연구원은 "한국군이 패트리어트 PAC－3 성능 개량형인 MSE 90여 기를 2020년까지 도입해 배치할 것으로 안다"면서 "이것만으로는 북한 미사일을 막기 어렵다"고 지적했다. 베넷 연구원은 이어 "한국군이 800여 기의 북한 탄도미사일을 요격하려면 적어도 1,000여 기의 요격용 미사일이 있어야 한다"고 주장했다.

해안선에 배치된 이지스함에서 발사할 수 있는 방어용 미사일과 최신형 F35 전투기 6대를 더 도입 배치한다고 했다. 북한이 일본의 스텔스전투기 F-35B 도입과 국방비 증액을 거론하며 "지금 일본은 지역정세흐름은 안중에도 없이 인류에게 또다시 재앙을 들씌우는 전쟁국가에로의 질주를 가속화하고 있다"고 비난했다. 북한 관영매체 조선중앙통신(2019. 08. 26)은 '전쟁국가에로의 질주는 섬나라의 종말을 동반한다'는 제목의 논평에서 "일본은 전쟁국가에로의 질주가 섬나라의 종말을 동반한다는 것을 한시도 잊지 말아야 한다"면서 이같이 밝혔다: "F-35B 전투기 도입은 사실상의 항공모함급인 '이즈모' 호형호위함에서의 운용도 목적으로 하고 있다"면서 "명백히 공격형 무기인 최신 전투기로 항공 '자위대'를 무장시키고 해상 자위대의 항공모함보유까지 기정사실화한 것은 형식상으로나마 쓰고 있던 '전수방위'의 탈을 완전히 벗어던진 침략국가 일본의 정체를 적나라하게 드러내놓고 있다"고 지적했다.

상기 동아시아 국가들은 군사력 중에서도 해군력을 증강하고 있는데, 그 이유는 원유 등 전략물자의 원활한 수송을 위한 해상교통로 확보와 남사군도 등 해양영토 분쟁 대비, 배타적 경제수역(EEZ) 도입에 따른 해양자원 보호 등을 겨냥하고 있기 때문이다.

그러므로 본 연구가 주창하는 '다자간 안보기구'(Multilateral Security and Cooperation Organization)인 '동북아 안보협력회의'(CSCNEA: Conference on Security and Cooperation in Northeast Asia)는 비안 남·북한 군비경쟁뿐만 아니라 한반도 주변국(중국·일본·미국·러시아)의 군비경쟁을 완화시킬 수 있으리라고 저자는 전망/소망한다.

03 실용주의적(實用主義的) 남·북한 경제교류/협력

　북한이 핵(核)과 미사일을 폐기하고 국제사회와 교류와 협력을 원한다면 국제사회의 관행과 규범을 빠르고 정확하게 가르쳐 줄 진정한 파트너는 남한뿐이라는 것을 알아야 한다. 남·북한 경제협력에서도 북한의 사회간접자본시설이나 환경 보호와 같은 공공재적 성격이 강하고 대규모 투자가 필요한 사업인 경우에 북한 정부에 대한 추가적인 보증, 국제금융기구와의 연계, 다른 공여국의 재원 확보 등에서 일정 부문 역할을 할 수 있다. 이러한 공적 부문에서의 협력을 통하여 남한과 국제사회의 민간부문이 북한에 투자하거나 북한과 합작을 검토할 수 있는 여건을 마련할 수 있다. 단기적으로는 북한의 정책 당국자나 전문가에 대한 교육과 훈련 프로그램을 시행할 수도 있다. 북한의 차세대 인재를 남한에 유치하여 교육과 훈련을 시키는 장기 교육과정을 만드는 것도 고려할 수 있다.

　남·북한 경제협력 프로그램은 두 나라만의 사업과 활동으로는 북한의 경제 발전과 국제화를 견인하는 데 한계가 있다. 다양한 국제기구와 부문에서의 활동을 통하여 북한 사회가 빨리 국제적 관행과 규범을 따르고 이해하는 것이 필요하다.

　참고로, 남한은 2018년 기준으로 113개국에 대사관을 두고 있다. 총영사관과 영사관을 합치면 143개국에 이른다. 이와 반면에 북한은 24개국에 대사관을 두고 있으며 총영사관 등을 모두 합쳐 33개국에 공관이 있다. 2017년 기준으로 북한과의 단독 수교국은 시리아를 포함하여 4개국이지만, 남한의 단독 수교국은 32개국이다(중앙일보, 2019. 08. 09).

　또한, 북한은 2018년 기준으로 유엔을 포함해 33개의 기구에 가입돼 있다. 원조 수혜국인 북한에 상주하는 국제기구는 원조 프로그램을 담당하는 유엔 기구들이 대부분이다. 이와 대조적으로, 원조 공여국인 남한은 유엔 및 산하 기구 26개와 89개의 정부 간 기구에 가입하여 총 115개 기구에서 다양한 활동을 하고 있다.

1) 본 연구의 장단면(長端面) '남·북한 경제특구'와 '동북아 평화시(東北亞 平和市)'

(1) 개성공단

「개성공단」(2003. 06 착공)은 '6·15 공동선언'(2000년)에 따른 남·북한 교류협력 사업으로서 1953년 휴전이후 50년 만에 성사된 시범적 남·북 협력 사업이었으며 남·북한 경제 공동체의 포석이었다. 실로,「개성공단」조성은 남측의 자본과 기술, 북측의 토지와 인력이 결합하여 통일로 가는 길목에서 남북교류협력의 새로운 장(場)을 마련한 역사적인 사업이었다.

그럼에도 불구하고,「개성공단」은 통일부의「개성공단」전면 중단 조치(2016. 02. 10)로 2016년 2월 전면 중단되었다. 통일부가 유엔 안보리에 '대북제재 결의 2375호' 이행 보고서에 의하면 북한의 지속적 도발(핵실험과 미사일 발사) 때문이었다. 그 일련의 과정을 보면, 2010년 3월 26일 백령도 근처 해상에서 '천안함 격침 사건'→ 그로부터 8개월 후인 2010년 11월 23일 '연평도 포격 사건'을 계기로 북한은「개성공단」운영은 잠정 중단 → 북한 제3차 핵실험(2013. 02. 12)에 대응하여 한·미(韓·美) 연합 군사훈련이 실시되자 이에 반발해 북한은 동년 4월 남·북한 군(軍) 통신선을 모두 차단하고「개성공단」에 '통행제한 조치'를 내리고「개성공단」내 남한 주민을 '일시적 인질 상태'로 억류, 한국 정부는 '근로자 전원 철수'→「개성공단」은 166일 만에 재가동(2013. 09) → 2015년 8월 4일 경기도 파주 인근 비무장지대에 목함지뢰 도발[66] → 2015년 12월 21일 제4차 핵실험 → 2016

---

[66] 2015년 8월 4일 7시 40분경 경기도 파주시 대한민국 육군 제1보병사단에서 하사 2명이 DMZ를 순찰하는 도중 하재헌 하사가 철책을 넘어가다가 목함지뢰가 폭발하였고 김정원 하사가 이를 부축하고 넘어오는 과정에서 다시 한번 목함지뢰가 폭발하였다. 이 사고로 하재헌 하사가 오른쪽 무릎 위와 왼쪽 무릎 아래, 김정원 하사가 오른쪽 발목이 절단되었다. 이후 우리나라는 이에 대한 대응책으로 11년 만인 8월 10일 오후 5시 이후 대북방송을 다시 재개했다. 이에 대해 북한은 대북방송을 중지하라고 요구했다. 북한은 우리나라가 확성기를 철거하지 않을 경우, 8월 22일 17시부터 전시 작전을 개시하겠다고 발표하였으며, 8월 21일, 김정은은 조선민주주의인민공화국과 조선인민군에 준전시 상태임을 선포하였으며, 북한의 조선중앙방송은 8월 21일 오전 "김정은 동지는 21일 17시부터 조선인민군 전선대연합부대들에 불의 작전 진입이 가능한 완전 무장한 전시 상태로 이전하며, 전선 지대에 준전시 상태를 선포함에 대한 조선인민군 최고사령관 명령을 하달했다"고 보도한 바 있다. 2015년 8월 4일 경기도 파주 인근 비무장지대에 목함지뢰 도발에서 북한의 의도는 다음 주로 예정된 을지프리덤가디언(UFG) 훈련을 앞두고 남한에 군사적 긴장을 조성하려 한 것으로 보인다. 그간의 도발 위협이 '수사'가 아니라 실제 행동이라는 점을 과시하려 했다는 것이다. 북한군의 목함지뢰 매설 시기는 지난 달 26일에서 지난 1일 사이로 추정된다. UFG를 앞둔 시점이다. 이날도 북한은 노동신문 논평을 통해 UFG를 "가장 도발적이며 침략적인

년 2월 7일 장거리 미사일(광명성 로켓) 발사 → 통일부의 「개성공단」 가동 전면 중단 조치(2016. 02. 10)로 이어졌다.

회고해보면, 개성공단은 노무현 정부(2003. 02~2008. 02)에서 문을 열었다. 당시 정부는 남·북한 경제협력을 한 단계 업그레이드하는 사업이라고 했다. 한국 경제의 활로라고도 했다. 그렇게 중요한 사업이었다면, 좀 더 신중하게 접근했어야 했다. 또한, 예컨대 임금은 "종업원에게 직접 주어야 한다"고 남·북한이 합의했음에도 불구하고 지켜지지 않았다. 임금 직불을 초기부터 했었더라면, 개성공단 종업원 임금의 핵개발 전용 빌미를 아예 만들지 않았을 것이다(조선일보, 2016. 05. 30). 미국 측이 개성공단의 발전을 환영하지 않는 이유는 남한 측의 對북한 측 현금 지불이 핵무기 제조 비용으로 충당될 가능성을 염려했었기 때문이었다. 예를 들어 2004년의 경우, 북한은 개성공단 프로젝트로부터 약 100억 달러의 이득을 보았을 것으로, 이 중에서 46억 달러는 현금으로 수령하였을 것으로, 이 중에서 7억 달러는 개성공단의 운용으로부터 취득한 것으로 각각 추정된다.

이명박 정부(2008. 02~2013. 02)는 '5·24 조치'에서 개성공단을 제외했다. 남북경제협력의 상징적인 사업까지 중단하는 것이 부담스러웠던 까닭도 있었지만, 북한에게 개성공단을 통하여 시장경제를 가르치는 학습장이 될 수 있다고 기대하고 있었다. 그렇다면, 개성 인근과의 임가공까지는 허용했었더라면 하는 아쉬움이 남는다. 사실, 개성공단은 고용의 대가로 임금을 줄 뿐이었다. 경영이 아니라 기능을 가르칠 뿐이었다. 한국 측이 북한에게 알려주고자 했던 시장경제 '체제'와는 거리가 멀다. 그러나 단가를 경쟁하며 품질과 납기의 중요성을 깨닫게 하는 임가공이야말로 중요한 교육이다. 당시, 개성공단에 생계를 의존하는 북한 주민의 수도 늘어났었다. 그만큼 북한 경제 변화의 촉매 역할을 했었다. 그런데도 개성공단은 '5·24 조치'에서 제외함으로써 허용하되 주변 임가공은 금지함으로써 시장경제 교육 효과를 스스로 반감시켰었다(조선일보, 2016. 05. 30).

박근혜 대통령(2013. 02~2017. 03)은 아예 개성공단 전면 중단이라는 특단의 조치(2016. 02. 10)를 단행했다. 그러나 개성공단을 폐쇄한다고 북한이 핵을 포기할 리 만무하다. 개성공단 종업원 임금이 핵개발에 사용된다고 했지만, 그렇다면 박근혜 정부(2013. 02~2017. 03)도 지난 3년 동안은 핵개발 비용을 대준 셈이다. 그래서 국제사회의 대북제재 강화 상

북침 핵시험 전쟁"이라고 비난했다. 또한, 북한이 가장 불편하게 여기는 것이 바로 우리 군의 대북 심리전이다. 북한은 천안함 폭침사건 이후 우리 군이 대북 방송을 재개하겠다고 밝히자 방송시설을 파괴하겠다고 위협하기도 했다. 그만큼 민감하게 받아들이고 있는 사안이다. 1962년부터 확성기 1기당 500W(와트)급 대형 스피커 48개를 동원했을 정도였던 대북 확성기 방송은 2004년 6월 16일 남·북 합의에 따라 중단됐다.

황에서 불가피한 조치라는 점은 이해하면서도, 개성공단 폐쇄 조치는 지나쳤다는 아쉬움이 든다. 개성공단 종업원에게 현금(現金)이 아닌 현물(現物) 지급 협상이라도 먼저 시도해 보았더라면, 혹은 개성공단을 중단하더라도 기업들이 제품과 원부자재 일부라도 가지고 나온 후 했더라면 하는 안타까움을 어쩔 수 없다(조선일보, 2016. 05. 30). 북한에서 매년 부족한 쌀이 64만 톤이다. 그리고 남한에 남아도는 쌀이 88만 톤. 이를 관리하는 비용이 1년에 3천억 원 정도이다. 이 돈을 북한에게 「개성공단」 임금 대신 지불할 수 있다. 또한, 임금을 에스크로 계정에 적립해놨다가 비핵화의 진전도에 따라서 지급할 수 있다. 「개성공단」 가동을 재개하지 못하는 이유는 금융기관 개설 금지라든가, 석유정제제품 반입 금지, 섬유봉제류 반출 금지 등이다.

사실, 「개성공단」의 북한 근로자 5만3천 명에 지급하는 급여(「개성공단」에서 북한 근로자 1인당 최저임금은 64달러, 중국 「칭다오공단」에서의 최저임금은 194달러, 베트남 「탄두언공단」에서의 최저임금은 95.8달러)가 연간 10억 달러였다. 북한의 GDP가 123억 달러(2010년 기준), 재정수입 규모가 40억 달러 정도이므로 「개성공단」에서 벌어들이는 북한의 인건비가 북한의 재정수입에서 차지하는 비중은 약 8% 수준이었다. 따라서 북한은 「개성공단」을 통해 연간 약 1억 달러를 포기해야 했으며 노동자 5만3,000여 명과 이들이 부양하는 개성과 주변 지역 주민 약 20만 명의 생계가 막막해졌었다.

이와 반면에, 「개성공단」에 입주한 남한 기업들이 2012년 기준으로 생산 총액은 약 5,360억 원이었으며 2013년 1월까지 생산한 누적금액은 20억1,703만 달러에 이르렀다. 따라서 「개성공단」의 공장가동이 하루만 중단돼도 14억 원의 손실이 발생했었다. 남한 역시 피해가 컸었다. 124개 입주 기업의 생산액은 매달 5,000만 달러(약 600억 원)에 육박했었다. 총투자액도 5,500억 원이 넘었다. 정부와 공공부문이 투자한 것도 4,000억 원에 가깝다.

사실, 개성공단을 시작한 「현대아산」의 본래 계획은 2,000만 평이었다. 분당 신도시의 3배가 넘는 규모다. 정말 그 정도의 의지가 있었다면, 차라리 작게 여러 개의 공단을 조성하는 것이 남·북 관계 발전에 도움이 되었을 것이다(조선일보, 2016. 05. 30).

한편, 김정은(金正恩) 국무위원장이 2019년 신년사에서 '아무 전제조건이나 대가 없이 「개성공단」을 열 용의가 있다'고 말했다. 또한, 문재인(文在寅) 대통령(2017. 05~현재)은 제2차 북·미(北·美) 정상회담(2019. 02. 27~28, 베트남 하노이)이 북한 경제 제재 해제에 대한 이견(異見)으로 결렬되자마자 다음 날 "개성공단, 금강산 관광 재개를 미국과 협의하겠다"고 밝혔다. 이어서, 통일부는 "개성공단, 금강산 관광 재개 방안을 마련해 미국과 협의를 준비하겠다"고 말했으며, 집권 여당 관계자들은 "금강산 관광, 개성공단 재개를 통해 미·북 중재를 견인하라"고 촉구하고 있다. 실제로 문재인(文在寅) 대통령의 뜻을 받들어 급히 워싱턴으로 달려갔다. 귀국한 외교부 당국자는 '개성공단, 금강산 관광'에 대한 국제사회의 대(對)북한 경제제재 완화 협의 결과를 밝히지 않았다. 차마 미국 측 반응을 그대로 전할 수 없었을 것이다. 미국 국무부 당국자가 개성공단과 금강산 관광에 대한 국제사회의 대(對)북한 경제제재 면제를 검토하느냐는 질문에 "NO"라고 단 한마디로 답했다. 별다른 부연 설명도 하지 않았다. 일말의 가능성도 없다는 것이다. 동맹국 정상이 공개적으로 언급한 제안을 미국이 즉각 거부한 것이다. 이것은 미국 방침이 이미 결정돼 있으니 한국 정부는 이 문제로 더 이상 성가시게 하지 말아달라는 뜻을 담고 있었다.

심지어, 상기한 개성공단 및 금강산 관광 재개를 위한 한국의 움직임에 대하여 미국 관계자들은 "농담하는 것 아니냐"는 반응을 보이고 있다고 한다. 왜냐하면 개성공단 및 금강산 관광이 재개되면 연 1억5,000만 달러가 북한 금고에 들어가기 때문이다. 즉, 북핵 최대 피해국인 남한이 북한에게 '구원의 동아줄'을 내려주려고 한다고 미국 관계자들은 비관했다(조선일보, 2019. 03. 09). 급기야 미(美) 상원 동아태 소위원장과 상원의원들은 한국 정부가 성급하게 제재 완화를 서두르다가는 한국의 은행과 기업들이 제재당할 위험이 있다는 편지를 마이크 폼페이오(Mike Pompeo, 1963년~현재) 국무장관(당시)에게 보냈다.

(2) 장단면(長端面) '남·북한 경제특구'[67]

전술한 바와 같이, 한 민족이 합의에 의해 최초의 '남·북한 경제협력 실험장'인 「개성공단」이 남북관계 악화의 희생양이 된 근본적 원인은 무엇일까?

저자는 '남·북한 경제협력 실험장'이 북한지역인 개성에 위치했었기 때문이라고 사유한다. 이러한 본질적 위험요소를 인식하고, 북한이 2002년 11월 27일 개성공업지구법을 공포하기 전인 1989년부터 저자는 DMZ 부근의 장단면(長端面) '남·북한 경제특구'(South— North Korea Special Economic Zone)의 건설 및 가동을 주창하였다.[68]

---

67) 임양택(1989), 「남·북한 산업 및 기술협력의 추진방안에 관한 연구」, 한국경제연구원 연구총서, No. 64, 5월.

임양택(1990), "남·북한 경제특구의 개발전략과 적정지역의 선정에 관한 연구", 한국경제학회 정기학술대회.

임양택(1991), "남·북한 경제특구의 개발전략에 관한 연구", 「경제학연구」, 한국경제학회.

임양택(1991), "남·북한 경제협력의 단계별 추진전략과 제도적 장치", 한국중소경제학회, 제6회 정기학술발표회.

임양택(1992), "남·북한 경제교류의 단계별 추진전략", 한국북방학회.

임양택(1995), "비무장지대내 경제특구 개발방안", 「경제교류·협력분야 95년도 전문가 위촉과제 종합」, 통일원.

임양택(1999. 04. 21), "남—북 경제특구 설치 서둘러야", 매일경제.

임양택(2008. 01. 11), "남한내 남·북한 경제특구 만들자", 데일리언.

임양택(2009. 12. 16), "한국—중국이 간도 개발로 '북 식량난' 해결해야, 데일리언.

임양택(2007), 「한국의 비전과 국가경영전략」, 파주: 나남.

임양택(2011), 「쿼바디스 도미네: 성장·복지·통일을 위한 청사진」, 파주: 나남.

Lim, Yang—Taek(2001), "A New Proposal for a Northeast Asian Peace City for Securing Peace and Cooperation on the Korean Peninsula", The Journal of Global Issues and Solutions, November~ December Issue, The BWW Society & The Institute for the Advancement of Positive Global Solutions, Vol. I, No. 2.

Lim, Yang—Taek(2002), "Peace and Security on the Korean Peninsula: New Ideas and a Blueprint for Progress", The Journal of Global Issues and Solutions, May~June Issue, The BWW Society & The Institute for the Advancement of Positive Global Solutions.

Lim, Yang—Taek(2010), "Neopragmatic Solutions to the Structural Problems of South Korean Economy, the Korean Peninsula and the East Asian Community", The International Institute for Advanced Studies in Systems Research and Cybernetics, Symposium, Baden—Baden, Germany.

68) 장단면(長端面) '남·북한 경제특구'(South—North Korea Special Economic Zone)의 건설 및 가동을 위한 저자의 최초 연구는 1989년도 '남·북한 산업 및 기술협력'이었으며, 이를 위한 1990년도 및 1991년도의 '남·북한 경제특구의 개발전략과 적정지역의 선정에 관한 연구'는 실로 효시적(嚆矢的)인 것이었다. 그 이후, 약 20년이 경과한 오늘날, 남·북한 경제협력 혹은 경제통합에 관한 연구가 많이 쏟아져 나왔다. 예로서, 상기한 저자의 오랜 아이디어를 업데이트하기 위해서 하기의 연구를 참조할 수 있다: 손기웅 최수영 최정수, 북한 지하자원을 활용한 DMZ/접경지역 남·북 산업단지 조성방안, 통일연구원 정책연구 시리즈 13—01.

[그림 12] 본 연구의 '남·북한 경제특구'와 '동북아 평화시(東北亞 平和市)'

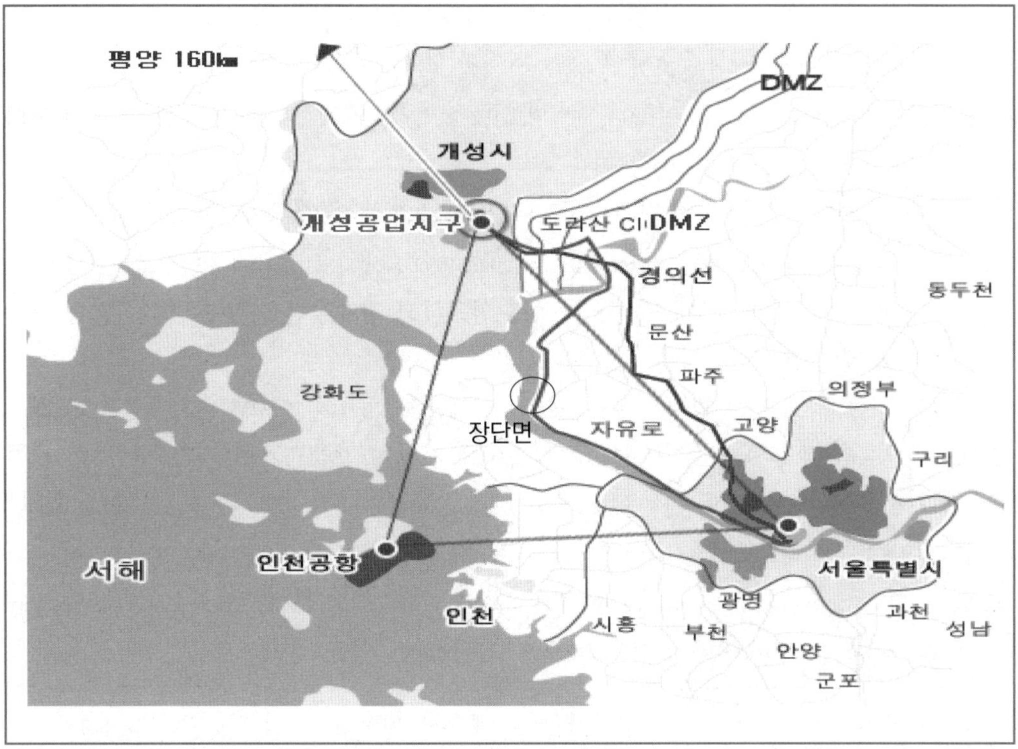

자료: 임양택(2007), 「한국의 비전과 국가경영전략」, 파주: 나남, p253.

미국 측이 「개성공단」의 가동을 거부하는 이유는 남한 측의 對북한 측 현금 지불이 핵무기 제조 비용으로 충당될 가능성을 염려하기 때문이다.

만약 장단면(長端面) '남·북한 경제특구(South-North Korea Special Economic Zone)'를 설립·가동할 수 있다면, 북한 측은 통근버스로써 노동력을 공급할 수 있으며 남한 측은 국내 중소기업의 산업 재(再)배치로써 국제경쟁력을 회복할 수 있다. 여기서 제조되는 모든 상품들은 메이드-인-코리아(Made-in-Korea)로써 미국에도 수출할 수 있다. 왜냐하면 이 경우 바세나르 협정(Wassennar Agreement)과 같은 다자간 전략물자 수출통제체제(Non-Proliferation Regime), 미국의 1979년 수출관리령(EAR: Export Administration Regulation), 세계무역기구(WTO)의 '원산지 규정'(rules of origin)의 제9조[69] 등에 대한 미국의 승인문제

---

69) 국가 간에 교역되는 상품의 국적을 판정하고 확인하는 법령이나 규칙을 '원산지 규정'(rules of origin)이라고 부른다. FTA를 체결하는 당사국은 상대방 국가에서 수출된 상품 중에 그 나라가 원산지로 인정되

는 원초적으로 제기될 수가 없었을 것이기 때문이다.[70)]

한걸음 더 나아가, 만약 장단면(長端面) '남·북한 경제특구'(South-North Korea Special Economic Zone)에 미·일·중·러의 투자를 유치할 수 있다면, '동북아 경제공동체'의 기반을 조성할 수 있을 것이며, 교역(trade)과 평화(peace), 즉 경제협력과 정치·군사적 평화의 갈등문제는 근원적으로 해결될 수 있을 것이다.

특히 미국 측과 협의하여, 장단면(長端面) '남·북한 경제특구'(South-North Korea Special Economic Zone)를 '東北亞 平和市'(Northeast Asian Peace City)로 활용할 수 있을 것이다. 모름지기, 북한은 '악(惡)의 축'이 아니라 평화를 염원하고 경제발전을 갈구한다는 점을 미국을 비롯한 세계만방에 입증해야 한다.

상기한 가설적 「동북아 평화시」(Northeast Asia Peace City)는 1919년 베르사유(Versailles) '평화조약'(Treaty of Versailles)[71)]에 의하여 독일에서 분리되어 국제연맹(UN)의 보호와 지배하에 건설되었던 폴란드의 단찌히 자유시(Danzig Free City)와 같은 개념으로 설립 및 발전될 수 있을 것이다. 또한, 상기한 가설적 동북아 안보협력회의(CSCNEA: Conference on Security and Cooperation in Northeast Asia)는 유럽안보협력회의(CSCE: Conference on Security and Cooperation in Europe)와 같은 기능으로 역할할 수 있을 것이다.[72)]

는 경우에만 무(無)관세 또는 저(低)관세 혜택을 주게 된다. FTA 체결 당사국은 실질적인 변형의 구체적인 의미와 기준을 확실하게 합의하고 개별 품목마다 원산지 결정 기준을 규정하는 방법을 택하고 있다. 원산지 결정 기준에는 ① 관세부과 품목의 단위 변경 기준(원재료가 최종상품으로 가공되는 과정에서 관세부과품목의 단위가 변경된 경우 최종상품 생산국을 원산지로 삼음), ② 부가가치 기준(최종상품의 가치 중에 일정 비율 이상의 부가가치가 창출된 국가를 원산지로 삼음), ③ 특정공정 기준(주요 공정이 수행된 국가를 원산지로 삼음) 등이 있다.

70) 개성공단이 발전의 한계를 갖는 근본적 요인은 상기한 제도적 장치에 의하여 개성공단에서의 제조 상품들은 해외수출(특히 미국에게)이 불가능하기 때문이었다.

71) 1919년 베르사유(Versailles) '평화조약'(Treaty of Versailles)은 제1차 세계대전이 끝난 후 파리 강화 회의에서 승전국들, 특히 프랑스 제3공화국이 패전국 바이마르 공화국을 재기 불능으로 만들기 위해 무자비하게 뜯어내려한 조약이자 동시에 평화를 위해 만들었으나 실상은 또 다른 전쟁을 일으킨 조약이기도 하다. 그 골자는 엄청난 양의 보상금과 바이마르 공화국의 무장해제(최소한도로 필요한 군사력만 보유 가능)를 골자로 하는 것으로, 1차 대전 동안 어마어마한 피해를 입은 영국과 프랑스 제3공화국 등이 주축이 되어 이뤄졌다. 1919년 6월 28일 베르사유 궁전 거울의 방에서 체결되었다. 이로 인해 변화된 세계질서를 '베르사유 체제'라고 한다. 그러나 이 가혹하면서 동시에 유약한 조약은 결국 제2차 세계대전이라는 새로운 광풍(狂風)을 불러오는 원인 중 하나가 되었다.

72) 참고로, 미국 딕 체니(Dick Cheney) 부통령(당시)은 '제2한반도 전쟁'을 사전에 예방할 수 있는 저자의 방안: '동북아 집단안보체제(CSCNEA)와 평화조약'을 높이 평가하며 연구 검토하겠다는 감사 회신(2007. 05. 08)을 특별보좌관 Jenny Rose Folsom 박사로부터 받았으며, 이 사실은 당시 한국 대통령에게도 보고되었다.

한국산업은행(KDB) 및 IBK기업은행

그렇다면, 장단면(長端面) '남·북한 경제특구'(South−North Korea Special Economic Zone)
를 어떤 재원으로, 실질적으로 누가 건설할 것인가? 그것은 남한의 남북협력기금(南北協力
基金)이며 독일재건은행(KfW: Kreditanstalt für Wideraufbau)과 같은 한국산업은행(KDB)과,
독일 중소기업대출은행(DfA)과 같은 <IBK기업은행>이다.

한국산업은행(KDB)은 장단면(長端面) '남·북한 경제특구'(South−North Korea Special Economic
Zone)의 경제활동을 활성화하기 위하여, 북한지역의 개성공단에 대칭적인 남·북한 경제
특구(長端面의 DMZ 부근)를 설치 및 투자를 지원할 수 있을 것이다.

또한, 독일재건은행(KfW)와 같이, <IBK기업은행>은 적절한 시기와 여건하에서 남한
의 유망한 중소기업들이 남·북한(南·北漢) 경제협력(특히 산업기술협력)을 추진할 수 있도
록 필요한 금융지원(金融支援)을 제대로 수행함으로써 민족사적 역할을 수행할 수 있는 시
기가 곧 도래할 것이라고 저자는 확신한다. 나아가 <IBK기업은행>은 중소기업을 중심
으로 남·북한 산업기술협력과 민족산업의 재편성을 추진할 수 있을 것이다.

남북협력기금(南北協力基金)

남북협력기금(南北協力基金)은 남·북한 주민왕래, 교역 및 경제협력을 촉진시킨다는 명
목으로 1990년 8월 1일 제정된 '남북협력기금법'에 따라 1991년 3월 조성된 대북 관련 정
책자금이다. 주관부처는 통일부이지만 업무편의상 수출입은행(輸出入銀行)이 통일부로부터
위탁받아 운용하고 있다. 기금의 재원은 정부 및 민간의 출연금, 재정융자특별회계 및 금
융기관 등의 장기차입금, 국채관리기금의 예수금, 기금의 운용수입금, 국민성금, 채권 발
행 등으로 조성되며 대(對)북한 비료 지원이나 쌀 지원 등 남·북한 간 인도적 사업, 민간
단체의 대북지원, 중소기업의 대북진출 때 저리 융자 등으로 사용되고 있다. 정부는 2001
년부터 투명성을 제고하기 위해 기금 사용내역을 국회에 사전 보고하고 있다. 국회의 동
의는 법조항은 아니지만 존중되고 있다.

남북협력기금(南北協力基金)은 크게 2가지: ① 인도적 지원 및 교류협력 기반 조성 등의
'무상지원'과 ② 경제교류협력에 따른 자금 융자 등의 '유상대출'이라는 방식으로 집행되
고 있다.

주요 지원사업은 크게 북한주민왕래 및 문화·학술·체육협력사업 등 인적교류사업에
대한 무상지원과, 교역·경제·협력사업 등 경제적 교류사업에 대한 손실보조융자, 북한과
경제협력을 시행하는 사람이 다른 금융기관으로부터 대출받을 때 지급보증을 하는 채무

보증, 다른 금융기관이 남북경제협력사업에 자금을 대출해준 다른 금융기관의 손실을 보전하거나 자금을 지원하는 금융기관지원업무 등이 있다.

남북교류협력에 관한 법률에 의거하여 북한과 교역 및 경제협력사업을 시행하려는 사람은 통일부에 신청한 후 수출입은행을 통해 대출을 받을 수 있다. 금리는 연 6%이다. 또한, 북한과 거래를 하다 손실을 입는 기업에 대해서는 90%까지 보조해준다. 이산가족교류 및 대북비료지원 등이 무상지원에 해당하고 경수로사업 공사비는 3년 거치, 20년 상환방식의 유상대출이다.

상술하면, 1999년까지는 비료·쌀 지원 등과 경수로 건설사업 등에 주로 사용됐으나, 경제·사회문화 분야 교류협력이 활성화되고 이산가족 교류가 성사됨에 따라 지원 분야도 대폭 확대되었다. 또한 대(對)북한 민간단체 지원, 금강산 관광객 경비 지원, 경제협력추진기업에 대한 경제협력자금 대출, 조선향토대백과 공동편찬 등 다양한 사안들도 지출항목에 추가되고 있다. 또한 남북주민의 왕래비용, 문화·학술·체육 분야 협력사업에 소요되는 자금, 민족공동체 회복에 이바지하는 남북교류·협력, 대북지원사업에 필요한 자금의 전부 또는 일부를 무상지원해 준다. 아울러 '남북교류협력에 관한 법률'에 의거 북한과 교역 및 경제협력사업을 시행하고자 하는 사람은 통일부에 신청한 후 필요하다고 인정되면 수출입은행을 통해 대출을 받을 수 있다. 이산가족교류 및 대북 비료 지원 등이 무상지원에 해당하고 경수로사업 공사비는 3년 거치, 20년 상환방식의 유상대출이다. 이 밖에 남한과 북한 간의 교역 및 경제 분야 협력사업의 시행으로 인하여 남한 주민이 입는 손실을 보조해 주는 '손실보조', 북한과 경제협력을 시행하는 사람이 타 금융기관으로부터 대출받을 때 지급보증을 하는 '채무보증', 다른 금융기관이 남북경제협력사업에 자금을 대출해준 다른 금융기관의 손실을 보전하거나 자금을 지원하는 '금융기관지원업무' 등에 남북협력기금(南北協力基金)이 사용된다.[73]

---

[73] 2018년 남·북 정상회담이 세 차례 개최되는 등 남·북 관계가 10년여 만에 복원되면서 일부 부처는 남·북 교류협력 사업을 염두에 두고 2019년도 예산을 짰다. 통일부는 이산가족 교류지원 사업에 전년도 대비 216억 원 증액한 336억 원을 편성했는데, 2018년 연말 국회에서 59억 원을 증액해 395억 원으로 최종 확정됐다. 문체부의 DMZ(비무장지대) 생태평화관광 활성화 사업 예산도 신설돼 당초 12억 원을 책정했다가 국회에서 30억 원 증액돼 42억 원이 배정됐다. 9·19 평양 공동선언 이행 차원에서 예산이 정부안보다 오히려 크게 늘었다. 남·북 문화예술·체육 교류 증대를 기대한 문체부도 예산 확보에 적극 나서 전년 대비 3배 이상 증액된 36억여 원을 편성했다. 하지만 남·북 관계는 2019년 2월 말 베트남 하노이 2차 북·미 정상회담 이후 거의 '올스톱' 상황이다. 남·북 교류협력 사업이 대거 포함된 통일부의 남북협력기금(南北協力基金) 집행률은 2019년 7월 말 기준 5%대에 불과하다. 이산가족 교류지원 예산은 395억 원 중 약 1억9,000만 원만 사용해 집행률이 0.5%이다. 구호지원 예산은 북한 요청이 전무해 집행액이 '제로(0)'이고, 민생협력지원 예산 집행률도 3%에 그치고 있다. 그나마 속도를 낸 게 남북

독일재건은행(KfW)의 기여 사례

독일재건은행(KfW: Kreditanstalt für Wideraufbau)은 1980년대까지 서독의 산업발전을 지원하였고, 1990년대에는 독일 통일에 많은 기여를 하였다. 동독지역 투자활성화를 위하여 산업투자, 주택현대화, 공공부문에 자금을 지원하였고, 중소기업지원, 환경보호지원 등도 담당하였다. 2002년에는 한국의 한국산업은행(KDB) 혹은 <IBK기업은행>과 유사한 중소기업대출은행(DfA)을 흡수·통합해 중소기업 자금지원 기능을 수행하였다.

2000년대에 독일재건은행(KfW)은 그 기능을 더욱 확대하였다. 산업개발을 촉진하고 교육진흥을 지원하였으며 수출지원도 꾸준히 유지하였다. 공기업과 독일통신, 독일우정국 등의 민영화를 지원하고 유럽금융기관들과 함께 프로젝트에 참여하고 개발도상국이나 체제전환국에 대한 협력도 지원하였다. 이 밖에 융자상담, 기업경영에 관한 조언, 사업연계지원 등의 다양한 자문 활동도 추진하였다.

독일재건은행(KfW: Kreditanstalt für Wideraufbau)은 주로 연방 정부가 보증하는 채권을 통해 자본시장에서의 대출 수요의 90% 이상을 제공한다. 독일재건은행(KfW)은 공공기관이어서 법인세를 면제받고 공공 주주로부터 대가 없는 자본을 받아 시중은행보다 낮은 금리와 장기 만기로 시중 은행(기업이나 개인에게 직접 돈을 빌려주지 않고)에게 유동성을 제공한다. 최근 독일재건은행(KfW)은 기존의 기능을 포함하여 다양한 기능과 역할을 담당하고 있는데 예로서 지방기관이나 특수 목적 단체 지원, 통일 관련기구의 관리, 유럽연합 이외의 국가들과의 수출금융 등으로 지원대상 확대 등이다. 참고로, 독일재건은행(KfW)의 역할과 성과를 시대별로 살펴보면 다음과 같다:

1948~1953년 제2차 세계대전 후 독일재건은행(KfW)은 서독 재건을 위한 원조자금을 취급하고 그것을 배분하였다. 당시 시급했던 생활필수품 부문과 주택건설 부문에 자금을 투입하고 원자재 제조 및 에너지 발전 부문에도 투입하였다.

1954~1960년 독일 경제가 어느 정도 안정을 찾게 되어 독일재건은행(KfW)은 성장기반 조성을 지원하는 데 재원을 투입하여 지속적 경제성장을 위해 노력하였으며 낙후된 지역을 지원하고 독일기업의 해외수출을 촉진하였다.

공동 유해발굴 지원 사업이다. 7억3,500만 원 예산 중 4억 가까이 지출돼 집행률(52%)이 가장 높다. 문체부는 2018년 남·북 문화·체육 분야 인적 교류 등을 포함한 사업까지 염두했지만 현재는 이를 학술회의, 기초연구 사업 위주로 진행하고 있다. 문체부 관계자는 "북한 문화예술 분야 기초연구 작업이 부족했던 만큼 향후 남북관계 개선 시 대비한 측면도 있다"며 "예산 집행률도 74%에 이른다"고 말했다. 정부 부처 입장에선 이미 책정한 예산을 불용 처리할 경우 2020년도 예산에선 삭감될 가능성이 큰 만큼 어떤 식으로건 예산을 소진하려고 한다.

1960년대는 국내 경제가 꾸준히 성장함에 따라 독일재건은행(KfW)은 국제사회의 참여에 관심을 갖게 되었다. 국내 산업 관련 업무 외에 개발도상국을 지원하는 업무 등도 담당하였다.

1970년대와 1980년대는 브레튼 우즈 체제 붕괴와 오일쇼크로 세계 경제가 불안해짐에 따라 독일재건은행(KfW)은 국내 경제 지원에 다시 집중하게 되었다. 산업정책 금융 부서를 신설하고 중소기업 지원제도를 시행하였다. 이 밖에 외화자금 조달을 위해 미국에 자회사를 설립하기도 하였다.

1990년대에는 독일재건은행(KfW)이 독일 통일에 많은 기여를 하였다. 독일연방정부를 대신해 옛 동독 부채 승계와 청산을 담당하였으며, 동독지역경제개발 프로젝트를 주도하였고, 동독지역 투자활성화를 위하여 산업투자, 주택 현대화, 공공부문에 자금을 지원하였으며, 중소기업 지원, 환경보호 지원 등도 담당하였다. 아울러 동독지역에 여러 보증기관을 설립하고, 동독국립은행의 중앙은행으로서의 기능 중 일부를 인수하였으며 구 동독의 부채 처리를 지원하였다. 동독 조선산업에 보조금을 지급하고 동독기업들에 대한 자문도 실시하였다.

2000년대에 독일재건은행(KfW)은 그 기능을 더욱 확대하였다. 산업개발을 촉진하고 교육진흥을 지원하였으며 수출지원도 꾸준히 유지하였다. 공기업과 독일통신, 독일우정국 등의 민영화를 지원하고 유럽금융기관들과 함께 프로젝트에 참여하고 개발도상국이나 체제전환국에 대한 협력도 지원하였다. 이 밖에 융자상담, 기업경영에 관한 조언, 사업연계 지원 등의 다양한 자문 활동도 추진하였다.

부록 9

본 연구의 '남·북한 경제통합 모형'

저자는 1989년 「남·북한 산업 및 기술협력의 추진방안에 관한 연구」(한국경제연구원 연구총서, No. 64) 이후 약 30년 동안 '남·북한 경제통합 모형'에 관한 연구를 해 왔다.[74] 상

74) 임양택(1999), "남·북한 5단계 통합모형과 민간 통일운동의 방향: '興民統'을 중심으로", <島山學術論叢>제7집, 서울: 흥사단출판부

임양택(1999), "남·북한 경제통합의 모형과 과제", 통일아카데미 강좌, 사단법인 흥사단민족통일운동본부.

임양택(2000), "남·북한 경제통합의 모형과 과제", 《남북통일과 민족통합》 서울: 흥사단민족통일운동본부 출판부.

임양택(2003), "제3의 남·북한 통일방안과 동북아 평화체제의 구축", 《한반도 평화정착의 과제》 서울: 흥사단민족통일운동본부 출판부.

임양택(2005a), "남·북한 통일방안에의 규범적 접근: 경제통합을 중심으로", 2005 경제학공동학술대회, 2월.

임양택(2005b), "남·북한 통일과 동북아 평화", 흥민통 창립 8주년 기념 특별강연, 흥사단민족통일운동본부, 3월.

임양택(2007), "남·북한 통일과 동북아 평화를 위한 국가경영전략", 흥사단 민족통일운동본부 조찬포럼, 4월.

임양택(2007), "동북아 평화와 남·북한 통일: '포용정책'에서 '포괄정책'으로", 「경제연구」, 제28권 제1호, 서울: 한양대학교 경제연구소.

임양택(2007), "동북아 평화와 남·북한 통일: 5단계 통합론", 「2007 흥사단 통일포럼: 통일지향의 한반도 평화체제 정착과제」, 서울: 흥사단민족통일운동본부.

임양택(2007), "남·북한 통일과 동북아 평화를 위한 국가경영전략", 흥사단민족통일운동본부 창립 10주년 기념 심포지움.

임양택(2007a), "남·북한 통일과 동북아 평화를 위한 국가경영전략", 흥사단 민족통일운동본부 조찬포럼, 4월.

임양택(2009), "'한반도 통일 프로그램'에 관한 연구: '5단계 통합론'과 '동북아 평화조약'을 중심으로", 한국동북아경제학회 춘계국제학술세미나, 배재학당 역사박물관 3층 세미나실.

임양택(2011), 「쿼바디스 도미네: 성장·복지·통일을 위한 청사진」, 파주: 나남.

Lim, Yang–Taek(1997), "A New Proposal for the Reunification of the Two Koreas: Economic Issues", Journal of Asian Economics, Vol. 8, No. 4.

Lim, Yang–Taek(2000), Korea in the 21st Century, Hauppauge: Nova Science Publishers, Inc.

Lim, Yang–Taek(2001), "A New Proposal for a Northeast Asian Peace City for Securing Peace and Cooperation on the Korean Peninsula", The Journal of Global Issues and Solutions, November~

기 모형을 요약하면 다음과 같다:

● 제1단계: 남·북한 관계정상화 및 한반도 평화정착

● 제2단계:
 • 나진·선봉 자유경제무역지대(1991. 12) 및 신의주 특별행정구(2002. 09)의 공동개발
 • 금강산관광사업(2002. 10)의 활성화
 • 개성공업지구(2002. 11)의 활성화
 • 사회간접자본(항로, 도로, 철도, 항만 등)의 공동건설 및 공동이용과 각종 운송수단
   과 제반 편의시설의 상호 제공
 • 인적교류(고향방문단, 경제인, 기술자, 학자 등)의 추진
 • 통상·통신·통행의 자유화
 •「남·북한 경제협력 4대 합의서」하에서 산업·기술협력의 추진:
   − 직접교역의 추진(연불제도, 중개수출시스템, 스윙제도의 도입)
   − 제조업부문의 합작투자사업
   − 남·북 IT 산업의 연계
   − 에너지자원의 공동개발
   − 농·수산물 자원, 광물자원, 관광자원의 공동개발
 • 장단면(長端面) '남·북한 경제특구'의 건설 및 자유무역지대화(관세 및 무역장벽 철폐)
 • 국제경제협력기구(IMF, IBRD, IDA, IFC, ADB 등)를 통한 재원조달

● 제3단계:
 • 관세동맹(상품교역의 자유화 및 공동관세정책)
   → 남·북한 공동시장(남·북한 시장의 완전개방 및 생산요소의 자유이동)
   → 경제동맹(인력, 자본, 재화, 서비스의 완전자유이동)

December Issue, The BWW Society & The Institute for the Advancement of Positive Global Solutions, Vol. I, No. 2.

Lim, Yang−Taek(2002), "A New Proposal for Korea's Reunification", The Journal of Global Issues and Solutions, May~June Issue, The BWW Society & The Institute for the Advancement of Positive Global Solutions.

Lim, Yang−Taek(2010), "Neopragmatic Solutions to the Structural Problems of South Korean Economy, the Korean Peninsula and the East Asian Community", The International Institute for Advanced Studies in Systems Research and Cybernetics, Symposium, Baden−Baden, Germany.

→ 통화동맹(단일 화폐 및 단일 중앙은행의 설립)
• 경제통합(단일 혼합경제체제)

[그림 13] 본 연구의 '남·북한 경제통합 모형'

제1단계: 남북한 관계정상화 및 한반도 평화정착
• 남한의 '남북 교류협력에 관한 법률' 제정 및 공포(1990. 08)
• UN 동시가입(1991. 09. 17)
• 「남북기본합의서: 남북한 화해와 불가침 및 교류·협력에 관한 합의」
  (1991. 12. 13) 및 발효(1992. 02. 19)
• 「6·15 남북 정상회담의 공동선언」(평양, 2000. 06. 15);
• 「경의선(서울–신의주) 철도 연결과 문산·개성 간 도로 개설 합의」(2000. 09. 01)
• 「남·북한 경제협력 4대 합의서」(투자보장, 청산결제, 이중과세방지,
  상사분쟁 해결 등) 조약의 비준 및 발효(2003. 08. 06)
  제4차 6자회담의 「9·19 공동성명」(베이징, 2005. 09. 19);
  제5차 6자회담의 「2·13 공동합의」(베이징, 2007. 02. 13);
  「10·4 남북 공동선언」(평양, 2007. 10. 04)
• 「한반도의 평화와 번영, 통일을 위한 판문점 선언」(2018. 04. 27)
• 「9월 평양 공동선언」(2018. 09. 19, 백화원 영빈관)

제2단계:
• 나진·선봉 자유경제무역지대(1991. 12) 및 신의주 특별행정구(2002. 09)의 공동개발
• 금강산관광사업(2002. 10)의 활성화
• 개성공업지구(2002. 11)의 활성화
• 사회간접자본(항로, 도로, 철도, 항만 등)의 공동건설 및 공동이용과
  각종 운송수단과 제반 편의시설의 상호 제공
• 인적교류(고향방문단, 경제인, 기술자, 학자 등)의 추진
• 통상·통신·통행의 자유화
• 「남북한 경제협력 4대 합의서」하에서 산업·기술협력의 추진:
  – 직접교역의 추진(연불제도, 중개수출시스템, 스위칭제도의 도입)
  – 제조업부문의 합작투자사업
  – 남북 IT 산업의 연계
  – 에너지자원의 공동개발
  – 농·수산물 자원, 광물자원, 관광자원의 공동개발
• 장단면(長端面) '남북한 경제특구'의 건설 및 자유무역지대화(관세 및 무역장벽 철폐)
• 국제경제협력기구(IMF, IBRD, IDA, IFC, ADB 등)를 통한 재원조달

제3단계:
• 관세동맹(상품교역의 자유화 및 공동관세정책)
  → 남북한 공동시장(남북한 시장의 완전개방 및 생산요소의 자유이동)
  → 경제동맹(인력, 자본, 재화, 서비스의 완전자유이동)
  → 통화동맹(단일 화폐 및 단일 중앙은행의 설립)
• 경제통합(단일 혼합경제체제)

2) 남·북한 + 미국의 3각 협력구도: 광물자원 및 유전 공동개발

상기한 배경 및 맥락에서, 한반도의 평화를 정착시키고 남·북한뿐만 아니라 미국에도 바람직한 비전(Vision)은 무엇인가? 그것은 남·북한과 미국이 산업기술협력(産業技術協力)과 북한지역의 광물자원(鑛物資源) 및 유전(油田) 공동개발(共同開發)을 합리적으로 추진하는 것이라고 저자는 확신한다.

여기서 유의할 것은 남·북한뿐만 아니라 미국이 반드시 포함되어야 한다는 점이다. 그 이유는 미국이 상기한 공동개발에 참여함으로써 현대식 채굴 장비 및 기술과 자본을 도입할 수 있을 뿐만 아니라, '정치적 위험'(political risk)로 인한 불확실성을 제거할 수 있기 때문이다.

북한은 국토의 80%가 광물자원 분포지역이다. 예로서 마그네사이트 매장량(30억~40억 톤)은 세계 1위이다. 철, 석회석, 금, 은, 동, 흑연 등 개발 경쟁력이 있는 광종(鑛種)만 20여 개에 이른다.

<한국광물자원공사>가 발표한 '북한 광물자원 통계'에 따르면 북한은 현재 728개 광산에서 42종의 광물(鑛物)을 생산 중이다. 석탄 광산이 241개, 금·구리 등 금속 광산이 260개, 인회석·마그네사이트 등 비금속 광산이 227개이다. 한국광물자원공사가 산출한 북한 광물(鑛物)의 잠재가치는 3,220조 원에 달한다.

2016년 북한의 광물(鑛物) 수출은 14억6,000만 달러(약 1조5,690억 원)로 전체 수출(28억2,000만 달러)의 52%를 차지했다. 광물 수출에서 대중(對中) 수출 비중은 99%, 14억5,000만 달러(약 1조5,583억 원)로 집계됐다.

북한에는 남한 정부가 '10대 중점 확보 희귀금속'으로 지정한 텅스텐과 몰리브덴도 매장돼 있다. 남한에서 소비되는 광물(鑛物)의 절반만 북한에서 조달해도 연간 153억9,000만 달러(약 16조5,396억 원)의 수입대체 효과가 발생한다. 대표적으로 기초 원자재인 철(鐵)의 경우 내수 규모가 231억6,000만 달러(24조 9,271억 원)에 달하지만 자급률은 1%에 불과하다. 이를 철(鐵)의 생산지인 함경북도 무산광산과 황해남도 은율광산에서 수입해서 쓸 경우 운송비 등이 줄어 비용 절감이 예상된다.

참고로, 퉁화강철그룹 컨소시엄은 2005년 2월 아시아 최대 노천 철광인 무산 철광산의 50년 채굴권을 획득했다. 무산 철광산은 총 매장량이 30억 톤, 채굴 가능 매장량이 13억 톤이다. 중국 최대 광물자원 수입회사인 우쾅그룹은 2005년 10월 용등탄광 개발에 착수했다. 용등탄광은 연간 생산량이 300만 톤인 북한 최대 규모의 무연탄 광산이다.

[표 2] 북한의 광물자원과 남한의 내수 규모

광종	남한			북한	내수의 25% 북측 조달 시 가용 연한
	보유 규모 (억 원)	내수 규모 (억 원)	지급률(%)	보유 규모 (억 원)	
금	17,030	24,938	3.46	797,680	133년
동	1,630	42,641	0.0	92,790	9년
아연	22,717	45,703	0.22	260,680	110년
철	22,717	45,703	0.22	3,045,300	267년
몰리브덴	7,470	1,777	1.24	16,670	38년
마그네사이트	–	709	0.0	26,797,320	161,183년
인상 흑연	810	159	0.20	13,314	334년
총계	56,650	124,299	–	31,023,764	

양운철(2012), 『북중 광물자원 교역의 증가에 따른 북한경제의 대중국 종속 가능성에 관한 논의』, 세종연구소.
정우진(2004), 『북한의 광물자원 공급 구조와 남·북한 자원협력 확대 방안』, 에너지경제연구원.
최종문(2017), 『국제기준에서 바라본 북한 광물자원 평가와 개발환경』.

중국 린바오 광산개발공사는 201만6,000달러(18억6,800만 원)를 투자해 평양시 몰리브덴 광산 채굴권을 얻어냈다. 몰리브덴은 비행기, 인공위성 등에 광범위하게 사용돼 전략적 가치가 높은 광물이다.

또한, 산둥궈다황금주식유한공사가 2017년 1월 북한 정부와 50대 50으로 합작해 자본금 800만 유로(100억7,000만 원)의 혜산초금합영회사(합작기간 25년)를 설립했다. 최근 롼허실업이 합작회사의 지분 51%를 매입했다. 혜산 광산은 구리 150만 톤 외에 금 60톤, 은 1만6,000톤 등이 매장돼 1,000억 위안(12조 원) 가량의 가치가 있는 것으로 조사됐다. 만포 아연광산, 회령 금광 등도 중국 기업이 전력과 기계설비를 제공하는 대가로 광산 개발권을 확보하는 합작투자 계약을 체결하거나 추진 중이다. 중국 정부의 동북 진흥정책 등에 힘입어 대북 지하자원 투자는 지속적으로 증가할 것이다.

(1) 희토류(稀土類)

북한지역의 광물자원(鑛物資源) 공동개발(共同開發)을 위한 최고의 전략적 광물(鑛物)은 희토류(稀土類; Rare Earth Elements)이다. '자연계에 매우 드물게 존재하는 금속 원소'라는 의미의 희토류(稀土類)라는 이름이 붙은 이유는 물질의 지구화학적 특성상 경제성이 있을 정도로 농축된 형태로는 산출되지 않고 광물 형태로는 희귀하기 때문이다. 그러나 실제로 희토류(稀土類)는 그 이름에 비해서는 상대적으로 지구상에 풍부하게 매장되어 있다. 일례로, 원자번호 58번인 세륨은 지각 내 함량이 68ppm으로 지각에서 25번째로 풍부한 원소이며, 희토류(稀土類) 중 매장량이 적다고 알려진 툴륨과 루테튬의 경우에도 금(金)보다 200배 이상 매장량이 많다. 단, 원자번호 61번 프로메튬은 예외로, 안정된 동위원소가 없어 자연적으로 채취하기는 어렵다(금강일보, 2019. 05. 21).

희토류(稀土類)는 광물·토양에 극소량 포함된 이트륨 등의 원소를 총칭하는 말로 일반적으로 LCD, LED, 스마트폰, 고화질TV, IT 산업, 전자제품, 레이저와 페인트, 배터리, 자동차, 태양광 발전, 항공우주산업 등에 필수적으로 사용되고 있다. 특히, 전기 및 하이브리드 자동차, 풍력발전, 태양열 발전 등에 있어 희토류가 매우 중요하다. 희토류(稀土類) 영구 자석형 모터 및 발전기는 에너지 효율을 향상할 수 있다. 형광체 및 광섬유의 필수 요소이며, 방사성 차폐 효과도 뛰어나 원자로 제어제로도 사용되고 있다.

희토류(稀土類)가 주목받는 요인은 독특한 화학적·전기적·자성적·발광적 특징과 함께 탁월한 방사선 차폐 효과를 가지고 있기 때문이다. 광(光)섬유 제조에 사용되는 가돌리늄이나 어븀의 미량(微量)만 첨가해도 빛의 손실이 일반 광(光)섬유의 1%까지 낮아진다. 터븀을 사용한 합금은 열을 가하면 자성(磁性)을 잃고 냉각시키면 자성(磁性)을 회복하는 특성을 이용해 정보를 입력·기록할 수 있는 메모리 반도체 등에 이용된다.

놀랍게도, 미국의 해외방송 보이스오브아메리카(VOA)는 2014년 1월 18일, 북한지역에 중국의 6배에 달하는 희토류(稀土類)가 매장돼있을 가능성이 있다고 보도했다: "최근의 지질학 연구에 의하면, 북한에 약 2억1,600만 톤의 희토류(Rare Earth) 자원이 매장돼있을 가능성이 있다. 그 양(量)은 지금까지 세계에서 확인된 매장량의 2배 이상으로, 희토류(稀土類)의 90% 이상을 수출·생산하고 있는 중국 매장량 약 6배에 해당하는 매장량이다." 상기 추정치는 SRE 미네랄스社[75]가 북한 국유기업체인 '조선 천연자원상사(the Korea Natural Resources Trading Corporation)'와의 공동연구 끝에 2013년 12월 내린 결론이다.[76]

---

75) SRE 미네랄스社(영국령 버진아일랜드 소재)는 북한 정주(定州)에서, 조선천연자원과 25년 보장을 받고 희토류(稀土類)의 채굴·개발 합병계약을 맺고 있다.

76) 그러나, 상기한 북한의 희토류(稀土類)의 방대한 매장량에 대해서는 회의적인 의견도 나오고 있다. 우선, 북한자원연구소 최경수 소장은 "그렇게 많은 양은 없다"라고 말했고, 미국 지질조사소는 "코멘트 하기에는 정보량이 충분하지 않다"고 발표했다. 또한, 한국광물자원공사와 북한자원연구소는 2012년, 북한의 희토류(稀土類) 매장량은 698톤에 불과하다고 발표한 바 있다.

미국 지질조사국(地質調査局)의 조사 연구에 의하면, 국가별 희토류(稀土類) 매장량은 중국이 4,400만 톤으로 전(全) 세계의 37.9%를 차지하고 있다. 중국에 이어서 베트남(2,200만 톤, 18.9%), 러시아(1,200만 톤, 10.3%), 인도(690만 톤, 5.9%), 호주(340만 톤, 2.9%), 미국(140만 톤, 1.2%) 등의 순위이다. 한편, 2017년 국가별 희토류(稀土類) 생산량 현황을 보면 중국(12만 톤, 세계 전체의 72% 생산), 호주(2만 톤, 12%), 미국(1만5,000톤, 9%), 미얀마(5,000톤, 3%), 인도(1,800톤, 1.1%) 등의 순위이다.

이와 같이, 희토류(稀土類)가 매장되어 있는 곳은 한정적이고 분리·정련 및 합금화 과정이 어렵기 때문에 생산량이 많지 않다. 그 결과 중국이 희토류(稀土類) 생산을 현재 독점하고 있다. 1992년 중국 장시성을 방문했을 때 덩샤오핑이 "중동(中東)에 석유(石油)가 있다면, 중국(中國)엔 희토류(稀土類)가 있다."라고 말했다.

여기서 유의할 것은 희토류(稀土類)가 가지고 있는 외교적 파급력은 막강하다는 점이다. 이것을 보여주는 역사적 사례는 다음과 같다:

첫째, 2010년 9월 28일 센카쿠 열도(중국명 댜오위다오) 영토분쟁에서 중국이 희토류(稀土類) 수출 금지라는 카드를 꺼내 들자 강경하였던 일본이 사과까지 했었다.[77] 이후 사실상 중단했었던 희귀금속 희토류(稀土類)의 대(對)일본 수출 통관 작업을 재개했었다.[78]

둘째, 최근에 아시아타임즈(2019. 05. 23)는 관영 신화통신의 보도를 인용하면서 중국이 미국의 최근 통상보복에 대한 최후의 한방으로 '희토류(稀土類) 카드'를 만지작거리고 있다고 보도했다. 중국의 '희토류(稀土類) 무기화' 가능성은 시진핑 중국 국가주석이 중국의 대(對)미국 무역협상단 대표인 류허 부총리를 대동하고 중국 최대 희토류(稀土類) 생산·가공 기지인 장시성 간저우에 내려가, 희토류(稀土類) 업체 진리(金力) 영구자석과기유한공사를 시찰했다는 점에서 엿볼 수 있다.

---

77) 당시, 일본은 인근 해역에서 조업을 하던 중국 어선을 영토 침범으로 간주하고 이를 나포하고 중국인 선장을 구속했었다. 이에 중국 정부는 희토류(稀土類) 수출 금지 조치를 꺼내 들었고, 일본 정부는 3일 만에 백기를 들었다. 중국산 희토류(稀土類)가 없으면, 일본 산업 전체가 흔들릴 수 있다는 위기감이 작용했던 것이다.

78) 여기서 유의할 것은 2018년 4월10일 니혼게이사이(닛케이) 신문의 보도내용이나: 와세다대 연구팀이 일본 최동단(最東端) 미나미토리(南鳥島) 섬의 남쪽에 있는 약 2500km² 해역 해저 25개 지점에서 매장돼 있는 희토류(稀土類)를 채집하여 농도를 분석한 결과, 섬희토류가 세계 수요의 730년 분, 레이저 등에 사용되는 이트륨은 780년 분인 것으로 나타났다. 하이브리드 자동차 등에 들어가는 전지 원료인 디스프로슘이 전(全) 세계가 무려 730년 동안 소비할 수있는 1,600만 톤 이상이라는 사실을 처음으로 밝혀 냈다. 이로 인해 일본은 중국에 대한 희토류(稀土類) 의존도가 일부 줄어들 것으로 전망된다.

중국은 2017년 희토류(稀土類) 12만 톤을 채굴해 세계 생산량의 72%를 차지할 정도로 독점에 가까운 생산국 지위를 누리고 있다. 미국은 연간 11만 톤 이상 희토류(稀土類)를 수입량 중 80%가 중국으로부터 수입한다. 따라서 중국 정부가 대(對) 미국 희토류(稀土類) 수출 제한 조치를 할 경우 미국 산업 전반에 미칠 영향은 상당할 것이다.

여기서 유의할 것은 북한이 극심한 전력난을 해결하기 위해 중국에 희토류(稀土類) 광산 채굴권을 넘기는 대신 태양광 발전소를 지어달라고 제안했다는 점이다(조선일보, 2019. 10. 25). 상술하면, 최근 중국희토류산업협회의 홈페이지 '뉴스' 항목에 '북한이 중국과 희토류 광산권을 거래하길 원한다'는 제목의 기사를 올렸다(2019. 10. 24): 중국이 평양 태양광발전소(여의도 면적의 11.4배인 33km2의 부지, 비용량 250만kW, 한국형 최신 원전(1.4GW) 2기에 육박하는 규모, 하루 80여만 가구가 사용할 수 있는 전력량) 건설에 투자(25억 달러, 약 2조9,300억 원)하면 그 대가로 중국은 평양 북부 철산군의 희토류(稀土類) 광산 채굴권을 얻고, 채굴한 광물은 중국이 가져간다는 내용이다(조선일보, 2019. 10. 25).

최근에 미국은 중국의 희토류(稀土類) 생산 및 공급 독점에 대응하고자 자국 매장량 개발과 분리정제 설비 확충을 시작하였다. 예로서 2017년 미국은 2015년 말 조업 중단했었던 마운틴 패스 광구 채굴을 재개했으며, 미국 화학업체가 호주 광산업체와 함께 미국에 희토류(稀土類) 분리정제 합작 공장 건설을 추진 중이다. 물론, 합작 공장이 마운틴 패스 광산 생산량만 처리해도 미국의 연간 수입량 상당부분이 커버될 가능성이 높지만 "관건은 소요 시간"이다.

WSJ(2019. 05. 21)에 따르면, 미국은 2015년 희토류(稀土類) 정련 업체 몰리코가 파산보호신청을 한 뒤 현재 희토류(稀土類) 정련 공장이 한 곳도 없다. 블루라인의 존 블루멘털 최고경영자(CEO)는 미국 유일의 희토류(稀土類) 공장이 될 새 공장이 "미국과 전 세계에 안정적으로 희토류(稀土類)를 공급하게 될 것"이라고 말했다. 이것은 중국의 희토류(稀土類) 생산 체인을 정면 겨냥한 것이다. 블루라인과 합작에 나선 라이너스는 중국을 제외하면, 세계에서 생산 규모가 가장 큰 희토류(稀土類) 업체이다.

아시아·태평양·미국 연구기관(하와이 소재)인 동서문화교류센터(East-West Center)의 스코트 블루스(Scott Blues) 교수는 "만약 북한이 희토류(稀土類) 관련 산업을 시작하여 자국산업을 확립할 수 있으면, 이웃나라와 제휴할 수 있다. 그리고 이미 동아시아에서의 '성가신 존재'로부터 탈피할 수 있다."고 말하였다(미국의 해외방송 VOA, 2014. 01. 18).

그러나 북한산(産) 희토류(稀土類) 거래는 유엔 대북 제재 위반이다. 유엔 안보리는 북한 핵실험에 대한 제재 조치의 일환으로 2016년 3월 채택된 대북 제재 결의 제2270호에서 북한산 희토류(稀土類)와 금, 티타늄 등 광물 거래를 금지했다. 이 때문에 북한이 희토류(稀土類) 광산 채굴권을 중국에 넘길 경우 유엔 제재 위반이 된다.

(2) 유전(油田)

2015년 9월 영국 석유개발회사 <아미넥스(Aminex PLC)> 탐사 프로젝트의 최고책임자로 근무한 영국 지질학자 마이크 레고(Mike Lego)는 석유 분야 지구과학 전문지 'GOX-PRO(지오엑스프로)'에 '북한 석유 탐사와 잠재력'이란 보고서를 발표했다(RFA 자유아시아 방송, 2015. 11. 19). 상기 보고서의 주요 내용은 다음과 같다:

북한의 흥남/원산 앞바다 동한만(東韓灣) 분지에 석유 매장량이 40~50억 배럴로, 남포 앞바다 서한만(西韓灣) 분지에 석유 매장량이 600억 배럴이 각각 추정되며 북한 유전지대에 매장된 약 1,470억 배럴(원화 1경500조 원)의 규모는 이란의 석유 매장량 1,376억 배럴을 능가하여 전 세계에서 3위권에 해당하는 석유 매장량이라고 발표했다(에너지경제신문, 2017. 11. 18).[79]

북한 전역 탐사권을 부여받은 마이크 레고(Mike Lego)는 북한 내 석유·천연가스 매장 가능성이 높은 지역으로 총 7곳을 지목했다. 내륙에는 평양, 재령, 안주-온천, 길주-명천, 신의주 유역까지 5곳, 해안은 서한만과 동해 유역 2곳으로 확인됐다. 마이크 레고(Mike Lego)는 탄성파 탐사를 통해 서한만 유역 3개 지층에선 원유 매장 가능성을, 재령 인근 시추공에서는 직접 추출한 원유를 확인했으며 길주~명천 유역에선 가스 부존 가능성을 확인한 뒤 지표면으로 노출된 두꺼운 셰일층 답사작업을 마쳤다고 밝혔다.

그렇다면 북한은 이 같이 막대한 석유 매장량을 보유하고도 왜 생산을 하지 못했던 것일까? 그 이유는 다음과 같다.

첫째, 기술력의 부족 때문이다. 석유탐사사업에 들어가는 하이테크산업 기반의 기술과 막대한 자본력을 현재 북한의 기술력과 경제상황으로는 감당하지 못한다는 것이다.

---

79) 마이크 레고는 2004년부터 2012년까지 북한 현지에서 직접 자신이 탐사한 내용을 바탕으로 북한의 석유매장 증거를 과학적으로 입증했다. 북한 전역 탐사권을 부여받은 마이크 레고는 북한 내 석유·천연가스 매장 가능성이 높은 지역으로 총 7곳을 지목했다. 내륙에는 평양, 재령, 안주~온천, 길주~명천, 신의주 유역까지 5곳, 해안은 서한만과 동해 유역 2곳으로 확인됐다. 마이크 레고는 탄성파 탐사를 통해 서한만 유역 3개 지층에선 원유 매장 가능성을, 재령 인근 시추공에서는 직접 추출한 원유를 확인했으며 길주~명천 유역에선 가스 부존 가능성을 확인한 뒤 지표면으로 노출된 두꺼운 셰일층 답사작업을 마쳤다고 밝혔다.

둘째, 사업적 신뢰도가 부족하기 때문이다. 외국기업이 북한에서 탐사개발에 성공해 본격적 생산사업을 펼치더라도 투자한 금액에 대한 법적 안전장치가 부족하고, 시추 후 생산된 석유를 가져가는 경우에도 이를 자국으로 가져가는 절차의 안전성을 담보할 수 없다. 따라서 많은 기업이 북한의 석유개발에 참여했다 포기하고 철수한다. 예로서, 영국 석유개발회사 아미넥스(Aminex PLC)는 2004년 북한 노선 원유개발 총회사와 20년간 북한 지역 원유를 탐사하고 개발하기로 계약했었으나 2012년 북한에서 철수했었다.

그러나 김정은(金正恩) 국무위원장은 2016년 5월 제7차 당 대회에서 에너지 중요성을 역설하며 유전(油田)개발에 박차를 가해야 한다고 지시한 바 있다. 이에 중국 국영기업 'CNPC' 소속 시추선 종료하위 17호가 북한의 서한만(西韓灣) 해역에 진입해 5개월간 탐사·시추 작업을 마치고 돌아간 정황이 선박 추적 웹사이트 '마린 트래픽'을 통해 확인됐다.

2018년 북·미(北·美) 협상 과정에서 양측이 북한 남포 앞바다 서한만(西韓灣) 유전을 공동 개발하기로 합의했고, 이에 대해 중국이 강력 반발했다는 언급이 북측 인사로부터 나왔다. 중국의 대북 소식통은 2018년 11월 하순 만난 북한 측 인사가 "미국과 중국 관료들이 양국을 오가며 협상을 하고 있는데, 북한의 자원 문제를 두고 서로 치열하게 다투고 있다"고 전했다.

2018년 비공식 일정으로 중국 사절단 300명가량이 미국을 방문한 데 이어 11월에는 미국 사절단 60명 정도가 중국을 찾았다고 한다. 이에 앞서 양국은 각각 북한과 협상을 벌였는데 이 과정에서 미국은 서한만(西韓灣) 유전(油田)에, 중국은 북한의 광물(鑛物) 지하자원에 각각 관심이 많았다고 북측 인사는 전했다.

따라서 북·미(北·美) 협상 과정에서 북한은 경제 제재 완화를 최우선으로 요구했다. 이에 미국은 경제제재 완화와 관련해 서한만(西韓灣) 유전 개발권을 달라고 요구했고, 북한은 이를 수락했다. 미국은 중국과 협상하는 과정에서 북·미(北·美) 간 서한만(西韓灣) 유전(油田) 개발 합의 사실을 알렸고, 이에 중국은 "절대 안 된다"며 강하게 반발했다. 중국이 내세운 반대의 논거는 서한만(西韓灣) 유전이 중국 유전과 연관돼 있다는 것이다. 서한만(西韓灣) 유전은 중국의 대형 유전과 같은 뿌리이기에 서한만(西韓灣) 유전에서 기름을 빼 올리면 중국의 유전이 말라버린다는 논리다. 서한만(西韓灣) 유전과 같은 뿌리라는 유전은 산둥(山東)성 둥잉(東營)시 일대의 석유산지, 승리(勝利) 유전을 말한다. 승리(勝利) 유전은 헤이룽장(黑龍江) 성(省)에 있는 다칭(大慶) 유전에 이어 중국 제2의 유전이다. 중국은 해저에 있던 승리(勝利) 유전을 개발하기 위해 황하(黃河)의 물줄기를 인위적으로 바꾸기

까지 했다.[80]

산둥성의 소식통에 의하면 황하는 원래 옌타이(煙台)와 웨이하이(威海) 사이로 흘렀는데 중국 정부가 물줄기를 둥잉 쪽으로 틀어버렸다고 한다. 강줄기를 틀어버린 이유는 유전이 있는 바다를 육지로 만들기 위해서였다. 황하(黃河)의 강줄기를 바꾸자 석유를 해상이 아닌 육지에서 채굴하게 됐다. 자연의 흐름까지 바꾸며 기름을 채취하게 되니 중국인들 사이에서는 "황하(黃河)를 지배하는 자가 천하를 지배한다"는 옛 속담이 회자(膾炙)됐다.

서한만(西韓灣)은 중국 랴오둥(遼東) 반도와 산둥(山東) 반도 앞바다와 맞닿아 있다. 서해는 중국에서 황해(黃海)라고 한다. '누런 바다'라는 뜻이다. 황하(黃河)가 싣고 오는 중국 내륙의 황토로 인해 바닷물이 누렇게 물들어 붙은 이름이다. 황해(黃海)는 원래 중국 대륙과 이어지는 육지였다가 빙하기가 끝나면서 해수면이 높아져 바다가 됐다. 모든 해역에 걸쳐 수심이 얕은 대륙붕이 형성돼 있다. 중국은 이 대륙붕 위에 북한 서한만(西韓灣) 유전과 성리(勝利) 유전의 뿌리가 함께 있다고 주장한다. 둥잉 당국은 2018년 8월 성리(勝利) 유전의 석유 매장량 가운데 80%가 아직 추출되지 않았다고 밝혔다. 중국은 나아가 서해 대륙붕의 소유권까지 주장하고 있다. 이런 현실에서 북한이 미국을 끌어들여 유전을 개발한다고 하니 중국 처지에서는 펄쩍 뛸 노릇이다. 게다가 미국의 최신 장비와 기술이 자국 영해 바로 옆으로 들어와 해저를 탐사하는 것도 불쾌할 수밖에 없다.

사실, 북한은 오래전부터 외국의 기술과 자본을 활용해 서한만(西韓灣) 유전을 개발하기 위해 노력해왔다. 북한은 1997년 6월 서한만(西韓灣) 인근에서 시험 시추를 했다. 여기서 뽑아 올린 원유는 450배럴이었다. 원유 생산의 경제성 여부를 판단할 순 없었지만 서한만(西韓灣) 일대의 유전 징후는 확인된 셈이다. 그로부터 4개월이 지난 뒤 북한은 일본 도쿄에서 '조선유전설명회'를 열고 "남포 앞바다 일대에 50~430억 배럴 규모의 원유가 매장돼 있다"고 발표했다.

1988년 11월 고(故) 정주영 현대그룹 명예회장이 방북했고, 김정일(金正鎰, 1941~2011) 국방위원장으로부터 "평양이 기름 더미 위에 올라 있다. 원유를 생산해서 파이프라인으로

---

80) 다칭 유전과 슬리 유전은 중국의 주요 권력 집단 가운데 하나인 '석유방(石油幇·석유 인맥)'과도 관련이 있다. '석유방'은 지금은 해체된 중국 국무원 석유부와 석유학원(현 석유대학) 출신 인맥을 의미한다. '석유방'은 다칭 유전 출신의 '다칭계'와 성리 유전을 기반으로 한 '승리계'가 거대 파벌을 형성해 막강한 권력과 부(富)를 차지해왔다. 후진타오(胡錦濤) 시대 9인 집단 지도체제 가운데 1인이던 저우융캉(周永康) 전(前) 중국공산당 정치국 상무위원은 '석유방'의 좌장 노릇을 했는데, 시진핑(習近平) 시대 들어 부패가 확인돼 2015년 무기징역을 선고받기도 했다. 이처럼 슬리 유전이 권력과 부(富)의 상징이다 보니 여기에 영향을 미칠 수 있는 서한만 유전 개발에 중국은 더욱 민감하게 반응했을 것이다.

가져가라"는 제의를 받았다고 밝혔다. 이는 커다란 반향을 불러일으켰다. 그러나 실행에 옮기진 못했었다. 그 후, 남과 북은 서해(西海) 유전 공동개발 논의를 시작했다.

<한국석유공사>는 2004년 5월 서해(西海) 유전 개발 참여 계획을 공개했다. <한국석유공사> 측은 당시 "경제협력 차원에서 서해와 발해만의 북한 유전 개발과 관련한 자료를 광범위하게 수집하고 있다"며 "특히 서한만(西韓灣) 일대는 원유 매장 가능성이 높은 것으로 보인다"고 밝혔다. 2007년 제2차 남·북 정상회담(노무현 vs 김정일)에서도 북한 유전 공동개발에 대한 논의가 진행됐다. 다만, 서한만(西韓灣) 대신에 동해의 동한만(東韓灣)으로 대상이 변경됐다. 2007년 국회 산업자원위원회 국정감사에서 당시 황두열 <한국석유공사> 사장은 "서해는 북한과 중국 간 원유개발 협정이 맺어진 것으로 알려져 있어 외교적 문제가 될 수 있기에 우선 동해 북부지역의 동한만(東韓灣) 분지 유전 탐사에 착수하는 것을 검토하고 있다"고 말했다. 이후 남북관계가 급랭하면서 이렇다 할 진전은 없었다.

회고해보면, 황두열 전(前) <한국석유공사> 사장이 언급했듯이 북한은 중국과도 서해 유전 개발을 심도 있게 논의했었다. 양측은 2005년 12월 '서해 해저 유전 공동개발 협정'을 맺었고, 2006년 지질조사국은 '서한만(西韓灣) 석유·가스 매장 타당성 평가'를 시행했었다. 중국해양석유총공사(CNOOC)는 서한만(西韓灣) 분지에 600억 배럴의 원유가 매장된 것으로 추산된다며 적극적으로 개발을 시도했었다.

2011년 5월 30일, 김영일 당시 <무역협회> 남북교역투자협의회 고문은 국회에서 열린 토론회 주제발표를 통해 "2010년 북·중 간 서한만(西韓灣) 유전 공동개발 합의가 이뤄진 것으로 보인다"고 주장했다. 그는 "서한만(西韓灣)과 연결된 중국 보하이(渤海)만 대륙붕 유전지대에는 200억 톤에 해당하는 원유가 묻힌 것으로 추정된다"며 "채취 가능량을 매장량 200억 톤의 3분의 1 수준인 70~80억 톤으로 잡는다면 중국이 대략 30년간 소비할 수 있는 분량이기에 경제성이 충분하다"고 말했다.

2014년 3월 북한은 러시아의 타타르스탄 자치공화국과도 석유·가스 매장지 탐사 분야에서 협력하기로 합의했다. '러시아의 소리' 방송은 2014년 3월 루스탐 만나하노프 타타르스탄 대통령이 평양을 방문해 이러한 합의가 이뤄졌다고 보도했다. '러시아의 소리' 방송은 "북한은 석유와 천연가스 자원을 보유하고 있고 타타르스탄 공화국은 매장지 탐사 경험이 있어 타타르스탄 전문가들의 경험이 북한에 적용될 전망"이라고 전했다. 그러나 이 역시 실제로 진척되지는 않았다.

북한은 중국 외에도 호주와 싱가포르 등 여러 나라의 시추업체들과 유전 탐사 및 시추를 추진했다. 이 과정에서 특히 영국, 몽골 측 기업과의 협력이 주목된다. 북한 <조선원

유개발총회사>는 2004년 영국의 석유개발회사 아미넥스(Aminex PLC)와 20년간 원유를 탐사하고 개발하기로 계약했다. 북한은 아미넥스(Aminex PLC)에 북한 전역을 탐사할 수 있는 권한을 부여했다. 앞서 계약을 맺은 호주, 싱가포르 등 업체에는 특정 지역 탐사 권한만 줬기에 상당한 특권이었다. 그러나, 전술한 바와 같이 아미넥스(Aminex PLC)는 북한 진출 8년 만인 2012년 철수했다. 아미넥스(Aminex PLC)가 밝힌 철수 이유는 '북한의 불안정하고 예측 불가능한 정치적 상황'이다.

아미넥스(Aminex PLC)가 철수한 이후 북한이 손잡은 업체는 몽골의 <HB오일>이다. <HB오일>은 2013년 6월 <조선석유개발회사> 자회사인 <원유개발총회사>의 지분 20%를 인수하면서 북한과 합작 사업을 시작했다. 그런데 <HB오일>의 지분 절반 정도는 미국 헤지펀드 <파이어버드 매니지먼트>가 보유하고 있다. <파이어버드 매니지먼트> 관계자는 2016년 1월 <뉴욕타임스>와의 인터뷰에서 "북한에 상당히 많은 양의 원유가 매장된 것으로 믿고 있다"면서 "초기 투자자들이 막대한 수익을 거둘 수 있다"고 주장했다.

그러나 상기와 같은 <뉴욕타임스> 보도가 있은 지 불과 5개월 뒤인 2016년 6월 몽골의 <HB오일>은 사업을 잠정 중단한다고 밝혔고 2017년 1월에는 <조선석유개발회사>와의 모든 직·간접적 교류를 영구히 중단한다고 발표했다. 그 이유는 2016년 12월 미국 재무부 해외자산통제국이 단행한 대(對)북한 독자제재에 <조선석유개발회사>가 포함됐기 때문이다. 결국, <HB오일> 역시 아미넥스(Aminex PLC)와 비슷한 이유로 북한에서 철수했다.

북한의 원유 채취와 관련해 이렇듯 오랜 역사가 있음에도 가시적 성과가 없으므로 북한 유전 개발에 회의적 시각도 적지 않다. 미(美) 국방정보국(DIA) 분석관 출신으로서 미국 싱크탱크 전략국제문제연구소(CSIS) 소속인 조지프 버뮤데즈(Joseph S. Bermudez Jr.)는 2015년 12월 미국의 북한 전문 웹사이트 <38노스>를 통해 북한의 석유와 가스 탐사 관련 보고서를 공개했다. 그는 "북한이 50년간 개발에 매달렸지만, 상업적으로 가치 있는 수준의 석유와 천연가스가 확인되지 않았다"면서 그 이유로 3가지를 제시했다. '중국 등 주변국과의 관할수역 문제', '현대식 채굴 장비와 기술 부족', '자본 부족과 정치적 위험'이다.

조지프 버뮤데즈(Joseph S. Bermudez Jr.)는 북한 유전(油田) 개발 난항의 가장 큰 이유로 중국을 꼽는다. 그는 자원 확보에 매우 공격적인 중국이 대규모 석유와 가스가 매장돼 있는 것으로 추정되는 서한만(西韓灣) 분지에서 북한과 해양경계선 논쟁을 계속하고 있다고 분석했다. 또한 중국이 국제사회의 대북제재를 이유로 북한에 현대식 채굴 장비를 판매하지 못하도록 막고 있다고 주장했다. 상기한 조지프 버뮤데즈(Joseph S. Bermudez Jr.)의 분석은 북한 측 인사가 전한 소식과도 일맥상통한다. 거대한 땅과 인구를 가진 중국은 식량과 에너지원 확보 여부가 사느냐 죽느냐의 문제다. 그래서 사활을 걸고 달려든다. 여기서 유의할 것은 다음과 같다:

여기서 유의할 것은 다음과 같다: 중국이 그렇듯이 미국 역시 영국 아미넥스(Aminex PLC)와 미국계 몽골 기업의 정보를 통해 북한의 서한만(西韓灣) 유전의 가치를 잘 알고 있기 때문에 무척 탐을 내고 있다는 점이다. 북한으로서는 오랫동안 꿈꿔온 유전 개발과 경제제재 완화가 시급하기 때문에 미국의 서한만(西韓灣) 유전(油田) 개발 제안을 대환영했다. 그러나 중국과 무역 분쟁 중이던 미국은 중국과 협상하는 과정에서 서한만(西韓灣) 유전 개발 이슈를 테이블 위로 올려놨다. 하지만 중국은 이를 도저히 용납할 수 없었다.

다른 한편으로, 대한민국은 한 때 '7광구' 개발에 나서면서 산유국(産油國)의 꿈을 꾼 적이 있다. 제주도 남쪽과 일본 규슈 서쪽 사이 해역의 대륙붕이 7광구다. 석유과 가스 매장량이 '흑해 유전'과 비슷한 72억 톤 정도로 추정되고 있다. 한국 정부가 1970년 5월 영유권을 선포하자 일본이 영유권을 주장하고 나서 협의 끝에 1974년 한·일(韓·日)이 공동으로 개발하자는 협정을 맺었다. 한국은 개발에 적극적이었으나 일본이 소극적인 태도를 보였고 중국까지 영유권을 내세우면서 복잡하게 얽혀 개발이 중단된 상태다.

3) 북한(北韓) 산림 및 환경 복구를 위한 남·북한 환경 협력

국토 면적의 70%가 산지(山地)이고, 그 대부분이 산림(山林)인 한국은 산림녹화에서 세계적으로 보기 드문 성공 사례를 만들어냈다는 평가를 받고 있다. 전 세계를 통틀어 국토 전체가 헐벗었다가 성공적으로 복원된 처음이자 거의 유일한 사례다.

환경 분야의 세계적 저술가인 미국의 레스터 브라운 전(前) 지구정책연구소장은 <플랜 B 2.0>이라는 책에서 "한국의 산림녹화는 세계적 성공 사례이며 한국이 성공한 것처럼 우리도 지구를 다시 푸르게 만들 수 있다"며 "박정희(전 대통령)의 결단이 큰 역할을 했다"고 지적했다.[81] 국립산림과학원 배재수 박사와 서울대 규장각 이기봉 박사도 한국 산

---

81) 1960년대 당시 거의 민둥산만 있던 한국에 산림녹화 사업을 추진한다. 이때의 박정희 대통령의 결의를 나타내는 말이 있다. 1964년 서독을 방문했던 박정희 대통령은 당시 서독의 울창한 산림에 충격을 받고, "산이 푸르게 변할 때까지는 유럽에 안 가겠다"라고 선언한다. 이 한마디를 철저히 지켰던 대통령으로 현재 우리가 보는 모든 산의 나무는 이때부터 심고 조성된 산림이다. 이 성과에 대해 환경 분야의

림녹화의 성공 배경을 2006년 '한국 임학회지'에 발표했다. 이들은 "가정용 연료 문제를 해결해야 한다고 일찌감치 판단한 한국정부의 산림 정책과 에너지 정책이 잘 결합했기에 산림녹화 성공이 가능했다"고 밝혔다.

사실 1950년대 초반 한국의 산림(山林)은 최악이었다. 그 요인은 일제(日帝) 수탈과 한국전쟁(1950~1953) 때문이었다. 광복 전인 42년 남한의 나무 총량(입목축적)은 6,500만㎥이었지만 52년에는 3,600만㎥로 줄어들었다. 피란민들의 땔감 소비는 늘었으나 전력·석탄 부족은 심각했다.

이런 가운데 박정희(朴正熙) 정부(1963. 12~1979. 10)는 1962년 제1차 경제개발계획을 세우며 민수용 석탄 공급계획을 포함했다. 1964년에는 35개 도시에 민수용 석탄을 공급하면서 땔감 사용을 막았다. 1965년부터 정부 차원의 대대적인 산림녹화 사업이 진행됐다. 화전(火田)을 정리하고 식목일마다 대통령부터 나서서 나무를 심는 행사를 했다. 1973년 시작된 제1차 치산녹화 10개년 계획(1973~1983)은 4년 일찍 달성했다. 6년 동안(1973~1979) 29억4,000만 그루를 심었다.

2017년 한국의 나무 총량은 9억7,360만㎥이다. 1952년의 27배 규모가 된 것이다. 산지 1㏊당 나무 총량은 154.1㎥로 치산녹화 원년인 1973년 11.3㎥의 13.6배로 늘었다. 유엔 식량농업기구(FAO) 통계자료를 바탕으로 계산해보면, 2015년 기준으로 한국 산지 1㏊당 나무 총량은 148.5㎥로 320.8㎥인 독일이나 352㎥인 스위스에는 못 미치지만 131.2㎥인 미국은 앞질렀다(중앙일보, 2019. 08. 26).

이처럼 산림녹화에 힘쓰는 이유는 인간에게 숲이 필요하기 때문이다. 그렇다면 숲은 인간에게 어떤 혜택을 주는 것일까? 경희대 지리학과 공우석 교수는 최근에 낸 <우리 나무와 숲의 이력서>'(청아출판사)란 책에서 숲의 기능을 크게 7가지로 나눠 제시했다. ①물을 정수하고 저장하는 녹색 댐 기능 ②공기 정화 ③기후 조절 ④생활 물자 공급 ⑤야생 동식물의 서식처 ⑥토사의 침식과 유실 방지 ⑦심신 수양 장소 제공 등이다. 공우석 교수는 책에서 "산에 울창한 숲이 조성되면 숲이 없는 곳보다 30배의 물을 저장할 수 있게 된다"며 "1정보(9917㎡)의 숲은 1년에 78명이 호흡할 때 필요한 18톤의 산소를 공급한다"고 설명했다(중앙일보, 2019. 08. 26).

사실, 숲을 바라보는 것 자체로도 심리적 위안을 얻을 수 있다. 지난 2010년 전남대 연

세계적 저술가인 미국의 레스터 브라운 지구정책연구소장은 <플랜B 2.0>이라는 책에서 "한국의 산림녹화는 세계적 성공작이며 한국이 성공한 것처럼 우리도 지구를 다시 푸르게 만들 수 있다"고 말했으며, "박정희의 결단이 큰 역할을 했다"고 하였는데, 이 말을 인용함으로써 대신한다.

구팀은 국제학술지 '종합 환경과학(Science of Total Environment)'에 게재한 논문에서 도시 풍경과 숲·공원 등 녹지대를 볼 때 뇌의 활성화 부위가 달라지는 것을 확인했다고 보고했다. 30명의 학생 지원자를 대상으로 관련 사진을 보여주며 기능적 자기공명영상(fMRI)을 촬영한 결과, 녹지대 사진을 본 것만으로도 기쁨이나 즐거운 감정에 관여하는 대뇌 변연계가 활성화됐다는 것이다.

도시 열섬현상을 완화하고 미세먼지를 제거하는 기능도 확인된다. 국립공원관리공단은 2017년 7~9월 북한산국립공원 내 서울 종로구 구기동 지역 두 곳에서 초미세먼지(PM2.5) 농도를 측정한 결과, 서울 시내 다른 측정소에서 측정한 값보다 평균 17% 낮았다고 밝혔다.

미국 농무부 소속 연구팀이 2013년 '환경오염'에 게재한 논문을 보면 애틀랜타에서는 도시 지역 나무가 연간 64.5톤을, 뉴욕에서는 연간 37.4톤의 초미세먼지를 걸러내는 것으로 분석됐다. 숲이 미세먼지를 제거함으로써 사람의 건강 피해를 예방할 수 있기 때문에 뉴욕시에서 연간 6,000만 달러(약 655억 원)의 경제적 이익을 숲이 제공하는 것으로 추산됐다(중앙일보, 2019. 08. 26).

(1) 북한의 환경 오염·파괴 실태와 '파괴적' 환경정책

1995년에도 북한이 당(黨) 기관지 <로동신문>과 정부 기관지 <민주조선>을 통해 대대적으로 나무 심기를 독려하였다는 사실은 북한 산림 훼손의 실태를 반증해준다.

'북한식 사회주의' 제도가 인민 대중을 위한 환경 보호 사업을 철저히 실행하는 가장 우월한 체제라고 주장한다. 따라서 북한 인민들은 공해(公害)라는 말조차 모르고 문화 위생적인 환경 속에서 '공해 없는 나라', '인민의 지상 낙원'이 실현되었다고 북한 당국은 주장한다.

그러나, 실상 북한 당국의 선전과는 달리, 산림이 황폐화되고, 공기·물·토양이 오염되어 있다. 우선, 산림 파괴의 실태를 살펴보자. 북한에서의 산림 손상은 어제 오늘의 이야기가 아니다. 1947년 김일성(金日成, 1912~1994)이 산림 조성 사업을 전(全)군중적으로 벌일 것을 주장한 이후, 산림 보호 사업이 국가적으로 추진되었음에도 불구하고 산림의 파괴는 그치지 않았다. 이 결과, 장마 때에는 사태가 나서 산 밑에 있는 밭까지 쓰지 못하게 되었다는 등의 김일성(金日成)의 비판에서 그것을 확인할 수 있다.

산림 파괴는 북한 주민에 의해서만이 아니라 정부 정책에 의해서도 조직적으로 진행되었다. 그 대표적인 예가 김일성(金日成) 스스로 잘못을 인정한 알곡 증산을 위한 '다락밭 건설'이었다. 상술하면, 1976년 김일성(金日成)은 알곡 증산(增産)을 위해 '다락밭' 만들기 투쟁을 대대적으로 벌여 수년 내에 20만 정보의 '다락밭'을 건설하라고 지시하였다. 그러나 김일성(金日成)은 1980년 자신의 상기 지시를 번복하였다:

*"나무를 찍어내고 다락밭을 만들기로 계획한 것은 그만두어야 하겠다. 망탕 나무를 찍어내고 다락밭을 만들다가는 숱한 땅을 못쓰게 만들 수 있다. 나는 나무를 찍어내고 다락밭을 만드는 것은 반대한다"*라며 다락밭 건설이 산림을 황폐화시켰음을 시인하였다. 그 후, 1995년 북한이 당 기관지 <로동신문>과 정부 기관지 <민주조선>을 통해 대대적으로 나무 심기를 독려하였다.

북한의 공해(公害) 현상을 상징적으로 보여주는 것이 함흥 지구의 대기 오염이다. 함흥 지구는 북한의 대표적인 석유화학 도시로서 그 가운데에서 지역의 70%가 공장 지대인 함흥시 흥남 구역에는 흥남비료연합기업소, 흥남제약공장, 2·8비날론연합기업소, 흥남모방직공장 등에서 나오는 염소가스, 일산화탄소 등의 오염 물질로 인해 공해 현상이 심각하다는 것이 귀순자들의 한결같은 증언이다. 이러한 사실은 이 문제 해결을 거의 해마다 강조하고 있음에도 불구하고, 문제가 더욱 심각해지고 있다.

1979년 김일성(金日成)은 다음과 같이 비판하였다: *"함흥에 올 때마다 화학 공장들에서 나오는 유해 가스를 완전히 없앨 것을 강조하였으나 화학 공장들에서는 아직도 유해 가스 냄새가 나고, 그리고 1980년에 또 함흥 지구의 공해 현상을 막을 것에 대한 과업을 주었음에도 불구하고 공장과 기업소의 굴뚝에서 나오는 연기가 시안의 공기를 오염시킨다고 했으나, 당 간부들이 공해 현상을 막기 위한 대책을 세우지 않음은 물론 공장과 기업소의 지배인들은 자기 공장에서 나오는 유해 가스가 어떤 해를 주고 있는지조차 모르고 있다."*

또한, 문평제련소와 원산화학공장 등이 위치한 원산, 김책제철소가 있는 제철 도시인 청진, 북한 최대의 제철소인 황해제철연합소가 있는 송림, 유색금속공업지대인 나진 등도 대기 오염 현상이 심각한 지역이다.

한편, 수질(水質) 오염의 실태 역시 김일성(金日成)의 연설에서 잘 나타난다: *"공장이나 광산들에서 유독성 물질을 내려보내는 문제에 대하여 그렇게 여러 번 강조하였으나, 아직도 유독성 물질을 강에 그냥 내려보내고 있으며 평양염색공장에서 유독성 물질을 그냥 대동강에 내려보내 그전에는 옥류교까지 무리를 지어 올라오던 물고기들이 지금은 만경대 앞까지 왔다가 약 냄새를 맡고 다시 바다 쪽으로 내려간다. 또 황해북도 신평광산을 개발한 후 대동강에서는 숭어를 비롯한 많은 물고기들이 죽어버렸고, 논 가까이에 있는 바닷가에서는 왕새우가 논에 친 농약의 영향으로 잘 자라지 못한다. 그리고 대동강 물을 음료*

수와 관개 용수로 쓰고 있음에도 불구하고 평양시를 비롯한 도시들과 공장 및 기업소들에서 오수(汚水)를 몽땅 흘려보내 대동강 물을 오염시키고 있다."

1986년 제7기 5차 최고인민회의에서 북한은 대동강의 생화학적 산소 요구량은 1.36 mg/ℓ이고, 물 속에 녹아 있는 산소량은 8.3 mg/ℓ라면서 대동강의 깨끗함을 구체적인 수치를 거론하면서 자랑하였다. 그러나 오수와 하수, 폐수에 의해 대동강이 오염되었음은 1989년 김일성의 연설에서 확인할 수 있다: "평양시의 도시 경영 사업에서는 상·하수도 관리 문제, 오물 처리 문제, 공해 방지 문제를 비롯하여 제기되는 문제들이 많다. 평양시 도시 경영 사업에서 어느 한 가지도 제대로 되는 것이 없다."

또한, 북한의 남양, 회령, 무산시 등과 중국의 도문시 등의 철광산, 제철소, 시멘트 공장, 펄프 공장, 화학 섬유 공장에서 나오는 산업 및 생활 폐수로 인해 두만강의 수질 오염도 심각하다. 압록강 역시 북한과 중국 양쪽의 탄광, 시멘트 공장, 그리고 도시에서 나오는 산업 및 생활 폐수에 의해 식수로 사용할 수 없을 정도로 오염되었다. 이들 산업 시설과 도시에서 나오는 폐수와 유독성 물질은 단순히 강과 하천만을 오염시키는 것이 아니라 인근 해양까지도 오염시키고 있다. 그러나 북한은 1992년 북경에서 개최되었던 북서태평양해양환경보존계획(NOWPAP) 제2차 전문가회의에 제출한 보고서에서 북한 측 동해와 서해는 오염도가 기준치 이하로서 깨끗하다고 주장하면서, 다만 함흥과 원산만에서 가끔식 기름층이 형성되었다고 인정하였을 뿐이다.

그렇다면, 북한이 선전하는 북한식 사회주의와 주체사상의 우월성, 그리고 김일성(金日成), 김정일(金正日)의 탁월한 영도에도 불구하고 환경 오염과 파괴가 일어나는 원인은 무엇일까? 그것은 크게 2가지: 북한식 사회주의가 안고 있는 구조적인 비생태성과 북한 체제가 추진했던 정책의 실패로 요약될 수 있다.

첫째, 사회주의 체제에서 사람들은 자율적으로 자기 책임하에 무슨 일을 하려들지 않았으며 특히, 사회적 비용으로 간주되는 환경 오염 문제에 대하여 개인적으로 책임 의식을 느끼지 않았다. 자원과 생산 수단이 국가나 협동 농장의 소유가 되어 주민 각자가 여기에 대한 주인 의식을 가지지 못하기 때문에 환경 친화적인 생산 활동에 관심을 기울일 동기를 가지지 못했다. 또한 생산 활동에 대한 가치 배분이 제대로 이루어지지 못하는 현실에서 주민들이 환경 보호에 자발적인 노력을 기울일 동기도 가지지 못하였다.

둘째, 계획 경제 체제에서 최우선 과제는 계획된 목표량의 달성이다. 이를 위해 주어진 자원의 한계 속에서 운영되는 경제는 단기적으로 성장 위주의 할당량 달성만을 강요하였고 여기에 대한 투자에 가장 우선 순위를 두었다. 따라서 환경 보호적 설비 마련에 대한 투자는 자연히 소홀하게 되었고 그것이 누적되자 환경 보호적 산업 형성을 위한 구조 조정은 더욱 어렵게 되었다.

(2) 남·북한 환경협력

환경 분야에서의 남·북한 협력은 쌍방의 직접 대화를 통해 추진되는 것이 바람직하다. 만약 한반도가 남·북한 주민과 그 후세들이 살아가야 할 삶의 터전이고 남·북한 모두에게 환경 문제가 시급히 해결되어야 할 과제임을 인식한다면, 한반도의 환경 문제 해결을 위한 남·북한 공동 협력은 반드시 필요하다. 남·북한 간에 내재한 정치적, 경제적, 사회 문화적 차이에도 불구하고 환경 분야는 상호 공동 협력을 통한 접근 가능성이 큰 교류 협력의 장이 될 수 있다. 그 이유는 다음과 같다.

첫째, 북한 당국이 시인한 바와 같이 환경 보호가 대중적 운동으로서 극복될 수 있는 상태는 이미 벗어났으며, 이를 위해서 무엇보다 과학화·기술화·현대화가 필요하다. 북태평양 지역협력 프로그램 NOWPAP(Northwest Pacific Action Plan) 제2차 전문가회의에 제출한 보고서에서 북한이 해양 오염의 감시와 측정을 위한 새로운 방법과 기술은 물론 재정적 지원을 요청한 사실은 이를 반증해준다.

둘째, 환경 문제의 국제성을 들 수 있다. 한반도의 대기, 강, 하천 및 해양 오염이 남한에만 피해를 주고 북한을 피해갈 수는 없다. 한반도를 둘러싼 환경 문제는 다소 정도의 차이는 있다고 하더라도 결국 남·북한 모두가 직면하고 있는 이념을 초월한 문제이다.

여기서 유의할 것은 남·북한 환경협력을 양자 간 차원에서 추진하는 것보다 다자간 차원에서 추진하는 것이 더욱 더 효과적일 수 있다는 점이다. 이 경우 남·북한은 물론 중국, 러시아, 일본이 회원국인, 동북아 해양의 지속가능한 보전, 관리 및 개발을 위한 북서태평양지역협력프로그램(NOWPAP: Northwest Pacific Action Plan)[82]이나 기타 환경 보호 관

---

82) 북서태평양지역협력프로그램(NOWPAP: Northwest Pacific Action Plan)은 동북아 해양의 지속 가능한 보전, 관리 및 개발을 위한 지역협력프로그램이다. 유엔개발계획(UNEP)이 연안 및 해양자원의 현명한 이용개발 및 관리를 위하여 1974년부터 추진해온 13개 지역해양 프로그램의 하나로 추진되고 있다. 세계에는 13개 지역해양프로그램(서-중앙 아프리카, 홍해-아덴만, 북서태평양, 남태평양, 카리브해, 동아프리카, 동아시아해, 남아시아해, 남동태평양, 지중해, 쿠웨이트, 흑해, 남서태평양) 있으며, 140여 개 국이 이들 지역프로그램에 참여하고 있다. 1991년 5월 UNEP 제16차 집행이사회 기간 중 한국, 북한,

련 국제 기구가 대화의 무대가 될 수 있을 것이다.

참고로, 북서태평양지역협력프로그램(NOWPAP)에서는 해양쓰레기사업(MALITA)을 2006~2007년에 거쳐 실시하였으며, 아울러 2008~2009년에는 이의 후속사업으로서 해양쓰레기지역협력계획(RAP MALI)을 계획하여 이행해나가고 있다. NOWPAP 방제지역활동센터(MERRAC)는 NOWPAP 지역활동센터의 하나로써, 2005년 NOWPAP 정부간회의에서 해양쓰레기관련 국제협력사업 추진업무를 부여받아 2006년부터 관련 사업을 이행해 나가고 있다. MERRAC은 그동안 해저침적쓰레기 모니터링 방안, 항만수용시설 가이드라인, 해양분야 쓰레기 저감 방안 및 홍보 브로슈어를 개발하였고, 해양쓰레기 워크숍을 개최하여 관련 전문가들간의 토론 및 정보교환을 지원하였다.

그렇다면, 다자간 환경협력을 어떠한 분야와 과정을 통해 추진되는 것이 바람직한가?

첫째, 유엔환경계획(UNEP) 산하 지구환경감시체제(GEMS)의 활동과 관련하여 한반도 내 환경 오염 감시를 목적으로 한 공동 협력을 들 수 있다. 이 경우 한반도 내외의 대기 오염 측정과 감시 활동, 바람, 비, 강물 등을 통해 오염 원천으로부터 멀리 이동하는 오염물질에 대한 감시 활동, 수질에 대한 공동 측정 및 감시 활동, 한반도 주변 해양 환경의 감시 활동, 토양의 물리적·화학적·생물학적 변화에 대한 측정과 감시 활동, 멸종해가는 동식물에 대한 보호 활동 등이 협력 분야가 될 것이다.

둘째, 환경 자원에 관한 공동 연구로서 남북한이 개별적 자원을 서로 독립적으로 연구하는 것이 아니라, 한 지역 자원 체계를 공동으로 연구하는 것이다. 자원 체계라 함은 자원 자체 혹은 주요 자원과 이 자원을 전환하여 최종 생산물로 만드는 데 필요한 생산 설비, 기술, 운송 수단, 정보 등을 의미하는 보조 자원을 포괄하는 개념이다. 따라서 지역 자원 체계 연구는 해당 지역의 사회 문화 체계 및 환경 체계와 밀접한 관련 속에 추진되어야 한다. 구체적으로 자원의 개발과 이용이 해당 지역에 미치는 생태적 영향, 자원에 대한 양·질적 측면에서 장단기적인 수요 전망 등에 관한 연구를 들 수 있다.

셋째, 새로운 에너지 자원에 대한 공동 연구 특히, 지열, 풍력, 태양열, 파도에너지 등

일본, 중국, 러시아 5개국 대표가 모여 북서태평양지역협력프로그램(NOWPAP: Northwest Pacific Action Plan)을 추진키로 합의하였다. 그리고 1994년 9월 서울에서 제1차 정부간회의를 개최, 활동계획(Action Plan)을 채택함으로써 정식으로 출범하였다. 북서태평양 해양 환경을 보호하기 위한 인접국간 협력 강화를 목적으로 한 NOWPAP은 정부 간 회의 개최, 회원국 간 정보 공유, 해양오염 공동 대응 등의 업무를 맡고 있다. NOWPAP 관할 해역은 북위 33°-52°와 동경 121°-143°사이의 회원국 해양 및 연안지역이다.

과 같은 새로운 에너지원에 대한 연구가 포함될 수 있다. 그 외에 비무장 지대의 생태계 조사, 동해의 구소련·러시아의 방사성 물질 투기에 대한 오염 조사, 중국의 공업화에 따른 이동성 대기 오염 및 황사 현상에 대한 조사 등도 공동 협력의 분야가 될 수 있을 것이다.

4) 중국과 남·북한의 공동개발: 간도(間島)지역[83]

본 연구는 '新실용주의적 측면에서 간도(間島)의 '옛' 주인(한국)과 '새' 주인(중국)이 '동아시아 경제공동체'(EAEC: East Asian Economic Community)라는 공동번영의 목표를 지향하면서 평화와 경제협력을 위한 실질적인 윈－윈(win－win) 전략을 제안한다. 간도(間島)지역은 향후 남·북한과 중국의 미래를 개척할 수 있으며, 나아가 동아시아 평화와 경제협력에 크게 기여할 수 있다.

여기서 유의할 것은 보 연구가 상기한 '신(新)실용주의적' 정책방향을 제시한다고 해서 간도(間島)의 영유권(領有權) 문제를 도외시하자고 제안 혹은 주장하는 것은 결코 아니라는 점이다. 역사의 시계바늘은 거꾸로 돌릴 수는 없다. 다만, 과거 역사의 갈등을 해소할 수 있는 공동번영의 방안을 어떻게 찾는가가 '다람쥐 쳇바퀴 돌 듯'한 논쟁 혹은 '벽(壁)보고 외치는 듯'한 주장 자체보다는 더 중요한 것이다.

따라서 간도(間島)라는 실지(失地) 회복이 아니라, 간도(間島) 지역의 한·중(韓·中) 공동개발 프로젝트를 추진함이 보다 실리적이고 가능할 것이며 또한 바람직할 것이다. 21세기 세계화(Globalization)는 '共生回家'(Symbiotic State)를 추구한다. 즉, 영토라는 국경과 심지어 전통적 개념의 민족의 벽(壁)을 뛰어 넘어 동일한 문화권의 공생과 협력을 추구하는 것이다.

우선, 간도(間島)의 영유권(領有權) 문제에 대한 저자의 견해를 밝히면 다음과 같다: 불행히도, 한민족이 간도(間島) 영유권의 역사적 정당성을 제시하면서 아무리 중국 및 세계에 주장 및 호소하더라도, 간도(間島)가 한국에게 환수될 가능성은 전혀 없다. 왜냐하면 간도(間島)는 이미 중국이 실질적으로 행정력을 행사하고 있는 지역이기 때문이다. 이것은 마치 일본이 독도(獨島)를 자기의 영토라고 각종 문헌을 위조하고 엄연한 역사적 사실들을 왜곡하면서 세계 방방곡곡에 홍보하더라도, 한국의 행정력이 실질적으로 행사되고 있

---

83) 임양택(2009a), "역사갈등 해소와 동아시아 평화·협력 방안", 2009 제3회 역사NGO 세계대회 세미나, 근대 변경(邊境)역사와 동아시아 평화협력 방안, 덕성여대 사회교육원 세미나실, 8월 22일.

는 한, 독도(獨島)는 엄연히 한국이 지배하고 있는 대한민국의 영토인 것과 유사하다.

[그림 14] 간도(間島)지역의 위치

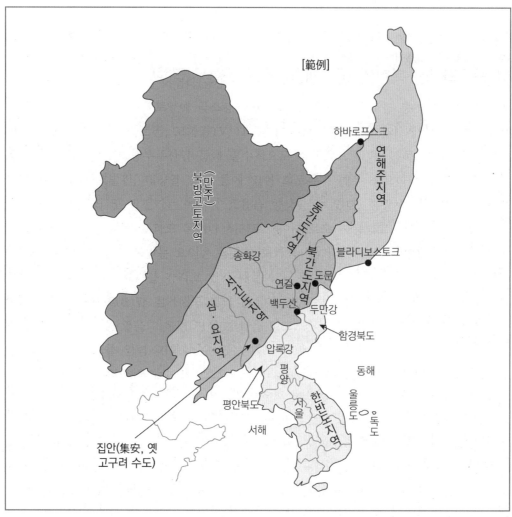

⟨간도지역의 略史⟩

1. 북방고토지역(BC 2333~AD 926) 한(韓)민족이 3,300년 통치.
2. 심양(審陽)·요양(遼陽)지역(1667~1845) 조선 封禁실시, 변책을 설치, 한족(漢族) 출입을 엄금.
3. 西간도지역(1881년 조선 封禁 해제) 1700년부터 조선인 부락이 형성됨.
4. 北간도지역(1881년 조선 封禁 해제) 1872년 東변도 개방 후, 재중(在中) 동포 부락이 형성됨.
5. 東간도지역 1920년 로마교황청이 간도지구를 한국령으로 확인.
6. 알동(斡東) 연해주지역 1860년 '북경조약'으로 연해주를 러시아에 불법적으로 양도.

더욱이, 중국과 북한 사이의 변계조약(1964. 03. 20)이 폐기되지 않는 한, 남한 측의 '간도 환수운동'에 본질적인 한계와 제약이 따를 수밖에 없다. 특히, 정치군사적 측면에서 보면, 중국에게 간도(間島)는 대만(臺灣) 못지않게 매우 중요한 전략적 가치를 갖고 있다. 즉, 간도(間島)는 일본으로 진출할 수 있는 지름길이고 동(東)으로 블라디보스톡과 인접하고 북(北)으로 길림(吉林)에 가까워 북쪽으로 진출하는 데 중요한 지역으로서 동아시아의 세력균형을 유지하는 전략적인 요충지인 것이다.

첫째, 간도(間島)는 좁은 의미로는 「백두산정계비」에서 언급된 두만강 이북과 토문강 이동 지역인 동(東)간도 혹은 북(北)간도를 의미하지만 넓은 의미로는 압록강 이북 지역인 서(西)간도를 포함한 남(南)만주 전체를 의미한다. 간도(間島)의 면적은 「백두산정계비」가 정한 국경을 지도 위에 표시해보면 그 크기는 한반도 전체 면적에 해당한다. 여기에 압록강 대안지역인 서(西)간도까지 포함하면 간도(間島)의 면적은 한반도의 1.5배에 이른다.

둘째, 두만강은 1860년대 선조들이 생존을 위해 만주로, 또한 연해주로 넘어가야 했던 한(恨) 많은 바로 그 강(江)이다. 압록강은 1950년 중공군이 인해전술로 한국 강토를 유린해 넘어오던 원한의 강(江)이다. 두만강 건너가 북(北)간도, 압록강 너머가 서(西)간도, 합하여 간도(間島)지방이라 불린다. 연길과 용정을 중심으로 두 강에서 멀지 않은 모든 도시에서 한글 간판을 볼 수 있고 우리말을 들을 수 있으며 한국 음식을 먹을 수 있다. 연길 시내는 모든 간판이 한글과 중국어 병용이다.

훈춘시 권하(圈厦) 보은동(潛恩洞)은 하얼빈 거사 직전 안중근 의사(安重根 義士)의 은거지(隱居地)이다. 용정에서는 보재 이상설(李相卨) 선생의 자취가 있으며 비운의 민족시인 윤동주(尹東柱) 선생의 모교에는 '죽는 날까지 하늘을 우러러 한 점 부끄럼이 없기를'로 시작되는 서시(序詩)가 새겨진 그의 시비(詩碑)가 있다.

연변은 한국어로 배우고 가르치는 초·중등학교와 연변대학교까지 있어 한족을 뺀 55개 소수민족 중 유일하게 자기 언어로 가르치는 교육체제를 갖춘 특별한 한민족 집거지이다. 이곳 주민들은 한국의 공중파 방송까지 그대로 시청하고 있음을 자랑스럽게 생각한다.

압록강 연안 집안현(集安縣)은 옛 고구려의 수도이나. 소라안 유리십 안에 늠름하게 서 있는 광개토대왕비, 비석도 없는 폐허에 가까운 광개토대왕릉, 장수총(將帥塚)으로 잘못 불리고 있는 장수왕릉, 복원 중인 환도(丸都)성벽, 심한 결로현상(結露現象)으로 벽에 물이 흐르고 있는 고분 벽화 등이 있다.

셋째, 간도(間島)는 중요한 교통로이다. 간도(間島)는 한·중·러 3국의 세력이 접촉하는 완충지대임과 동시에 동서를 장악하고 남북을 제어할 수 있는 잠재력을 구비한 요지다. 따라서 중국은 압록강과 두만강을 따라 러시아 연해주 접경까지 연결되는 1,380km의 동부 변경(邊境) 철도를 신설하여 이미 건설된 동북 지역의 11개 철도와 연결시켜 교통의 중심지로 부각시키려고 하고 있다.

넷째, 간도(間島)는 향후 동아시아 경제권의 중심지가 될 수 있는 곳이다. 간도(間島)는 북(北)으로는 송화강까지, 남(南)으로는 한반도 연안까지, 동(東)으로는 블라디보스토크까지 각각 미치고 있다. 또한, 간도(間島)는 육지와 바다가 인접해 있으며 함경북도 및 러시아 우수리 지역까지 다다를 수 있다. 두만강 남쪽은 산세가 험준하고 토지가 척박하지만 간도(間島)의 지세는 순탄하며 토지가 비옥하다. 또한, 삼림이 울창하여 수렵도 흥성하고 물줄기가 종횡으로 뻗어 있어 어업이나 농업에도 적당한 지역이다. 따라서 러·일전쟁 (1904. 02~1905. 09) 기간 동안 러시아군의 물자 공급지이기도 하였다. 게다가 간도(間島) 지역에서는 금(金)뿐만 아니라 은, 석탄, 구리 및 철광 등의 광석이 풍부하다.

마지막으로, 상기한 간도(間島) 지역의 중국/남·북한의 공동개발 제창과 관련하여, 저자가 평소에 많은 가르침을 받고 있는 김진현(金鎭炫) 선생(現 세계평화포럼 이사장, 경기도 경제과학진흥원 이사장, 대한민국 역사박물관 건립 위원장, 한국무역협회 연구자문위원장; 前 과학기술처 장관, 서울시립대 총장, 동아일보 논설주간)은 다음과 같이 역설한다:[84]

아시아 시대를 맞아 동(東)아시아의 의미와 이것이 우리에게 던지는 문제에 대해서 깊이 고찰할 필요가 있다. '아시아'나 '극동아시아'라는 것은 서양적 개념이다. 단순히 공간적인 의미에서 아시아를 볼 것이 아니라 아시아의 생활 조건에 기반해서, 다시 말하면, 아시아의 생명자원(특히 에너지, 식량, 물)의 문제를 고려하는 방향에서 '아시아'를 사고해야 한다.

'아시아'는 지역의 문제가 아니라 생활권의 문제에 직면하고 있다. 이런 관점에서 히말라야 산맥을 중심으로 엄청난 인구를 가진 중국과 인도를 포함한 히말라야 권(Himalaya Zone)은 아시아 지역의 '생명자원(특히 에너지, 식량, 물) 의존도'를 여실히 보여주고 있

---

84) 김진현, "궁극의 시대─아시아(동양)가 서양의 대안, 지구촌 새 질서(문명)의 주류가 될 수 있는가(아시아 연구자들이 새 지평에서 점검해야 할 명제들)", 서울대학교 롯데국제교육관 소회의실(207호), 2009년 11월 25일(수)를 저자가 요약했다.

다. 중국은 1990년대 초반까지 석유수출국에서 1993년 이후 불과 20년 만에 세계 최대의 석유 수입국으로 전락하였다. 뿐만 아니라 석탄과 같은 다른 에너지 자원이나 콩과 같은 식량 자원 또한 세계 최대 수출국에서 수입국으로 변화하고 있다.

중국뿐만 아니라 한국과 일본 또한 대부분의 자원을 수입에 의존하고 있다. 즉, 아시아는 근대화가 되면서 생명자원을 전적으로 아시아 외의 지역에 의존하고 있다. 미국이 1960년대 이후 세계 최대의 생명자원 수출국에서 수입국으로 변화했던 것이 문명축의 변동을 보여주는 것처럼, 아시아의 생명 자원 의존도는 아시아의 미래 번영 가능성을 제한하고 있다.

세계화(世界化)는 환경 문제와 경제 문제의 세계화(世界化)로 연결된다. 또한, 이것은 생명자원의 부족과도 밀접히 연관된다. 따라서 빈곤 타파의 문제는 단지 국지적(局地的)으로 해결될 수 없는, 세계적 문제가 되었다. 경제성장의 세계화, 그에 따른 생명자원과 환경의 문제, 이것이 바로 우리가 처한 트릴레마(trilemma) 즉 3가지 옵션 중 각각 받아들이기 어려우거나 불리한 어려운 선택인 것이다.

상기 관점에서 '동아시아 공동체'의 문제는 과연 어떤 공동체를 의미하는 것인가?. 이것은 '여러 시간 프레임': 세기의 시간−문명의 시간−역사의 시간−인류학적 시간−고고학적 시간−지질학적 시간−우주물리학적 시간에서 깊히 고찰해 봐야 하는 문제이다. 반도(半島)에 위치한 그리스는 헬레니즘 문화를, 로마는 세계제국을 각각 만들었다. 따라서 적전(敵前) 분열을 방지하는 '정치적 리더십'을 만들 수 있다면 한반도(韓半島)는 동북아(東北亞)를 이끌 중심축이 될 수 있다.

IX

남·북한 국가 지도자에게 보내는 공개서한

세계평화(世界平和)를 위한
신(新)실용주의적(實用主義的) 해법:
동아시아지역의 군사안보와
경제협력을 중심으로

The 'Neopragmatic' Solution to World Peace:
with special focus on Regional Security and
Economic Cooperation in East Asia

01 기본 시각
02 김정은 국무위원장에게 보내는 공개서한
03 문재인 대통령에게 보내는 공개서한

01 기본 시각

　본장에서 서술할 '남·북한 지도자에게 보내는 공개서한'과 관련하여, 우선 저자를 소개한다. 저자는 한평생 연구 및 강의하였던 경제학 교수였으며 '열린 민족주의자'로서 '평화통일운동'을 전개해왔다.[1]

　저자는 김정은(金正恩) 국무위원장 및 문재인(文在寅) 대통령과 이데올로기적 측면에서 어떤 특정 사안에 관한 선악(善惡)과 시비(是非)를 논하고자 하는 것이 아니라는 점을 분명히 밝힌다. 다만, 저자는 '열린 민족주의자'로서 우리 8,000만 한민족의 존립과 발전을 위한 남·북한의 공동 비전(Vision)으로서 본 연구의 '5단계 남·북한 통일 프로그램'(案)을 공개서한(公開書翰)의 형식으로 제시하고자 한다. 상기와 관련된 저자의 '진정성'을 담보하기 위하여, 저자의 공개서한(公開書翰)을 제시하기 전에, 저자의 철학적 시각(脫이데올로기적 新實用主義)과 역사적 시각(한국 민족사)을 서술하고자 한다.

　남·북한 국가지도자에게 보내는 저자의 공개서한(公開書翰)을 작성하기 위하여, 이미 제Ⅶ장: '북한의 핵(核)무기 개발과 핵(核) 협상과정'에서 다음과 같은 문건을 각각 '균형 있게' (남·북한의 입장에서) 평가하였다: (1) 북한의 핵무기 개발 배경: 북한(北韓)의 입장을 뉴욕타임즈(NYT, 2016. 09. 10.) 보도: "North Korea, Far From Crazy, Is All Too Rational"(서울의 소리, 2016. 09. 14), 한겨레(2016. 01. 29): "김정은의 핵실험이 '무모한 장난'이 아닌 이유", 'Statement from Former U.S. President Jimmy Carter on Current U.S.－North Korea Relations: FOR IMMEDIATE RELEASE(August 10, 2017), (2) 북한의 핵무기 보유와 '평화협정' 체결 주장에 대한 남한(南韓)의 비판, (3) 최근 남·북한 합의 사항: 대북 특사(정의용 청와대 국가안보실장)와 김정은(金正恩) 국무위원장의 합의 내용(2018. 03. 05), 한반도의 평화와 번영, 통일을 위한 판문점 선언(2018. 04. 27, 판문점), '9월 평양공동선언'(2018. 09. 19, 백화원 영빈관).

---

1) 한반도 평화(平和) 및 통일(統一)과 관련하여, 저자는 헌법기관인 민주평화통일자문회의 상임위원(2011~2013) 및 경제과학기술위원회 소속 자문위원(2013~2017)으로 역임하였다. 또한, '민족의 스승'이신 도산(島山) 안창호(安昌浩) 선생을 기리는 시민계몽운동 단체인 '흥사단 민족통일운동본부'의 정책연구위원장(1999. 03~2001. 04), 공동대표(2006. 03~2019. 02)로 봉사하였으며 현재 고문으로 위촉되어 있다.

1) 철학적 시각: 신(新)실용주의(Neopragmatism)

우선, 저자가 사상·철학적 측면에서는 '롤지언'(Rawlsian)이라고 밝힌다. 그 이유는 저자가 자유(自由)와 평등(平等)의 통섭(統攝)을 추구한 하버드 철학교수이셨던 존 롤스(John Rawls, 1921~2002)의 「정의론」(1971, 1999), '공정으로서 정의'(1985, 2001), 「정치적 자유주의」(Political Liberalism, 1993)에 크게 공감하기 때문이다.

다시 말하면, 인간은 결코 '돼지'가 아니기 때문에 '소득'만을 필요로 하는 것이 아니라 '사회적 동물'(단순히 '경제적 동물'이 아니라)로서 자유(Freedom)·평등(Equality)·사회연대(Social Solidarity)를 갈구한다. 이것은 인류 사회의 역사적 발전과정(프랑스 혁명, 미국 독립전쟁 등)에서 보듯이 인류의 보편적 가치인 것이다. '사회의 기본구조의 초석(礎石)'으로서 정의(正義)는 자유(自由)와 평등(平等)으로, '정의(正義)의 사전조건'으로서 행복(幸福)은 사회연대(社會連帶)로 각각 나타난다.

본 연구는 자유 vs 평등, 정의 vs 행복, 자원배분의 효율성 vs 소득분배의 형평성, 시장질서('경쟁원리', 경제적 자유) vs 사회질서('보완원리', 사회적 정의)의 상호갈등적 가치들을 조화시킬 수 있는 새로운 '경제철학(經濟哲學)'을 모색하기 위한 시도로서 '신(新)실용주의(Neopragmatism)'를 주창하며 다음과 같이 정의(定義)한다(Yang−Taek Lim, 1978, 2006, 2007, 2010, 2011, 2012, 2014, 2021; 임양택 1981, 1985, 2007, 2008, 2011, 2013, 2014, 2017, 2021)[2]

---

2) 임양택(2008), "'新실용주의' 철학의 논리 구조에 관한 연구−동·서양 철학을 중심으로", 「경제연구」 제29권 제2호, 양대학교 경제연구소, 11월; 임양택(2011), 「쿼바디스 도미네: 성장·복지·통일을 위한 청사진」, 파주: 나남출판사, 11월; 임양택(2013), 「글로벌 경제와 한반도 위기−한국의 비전 및 전략」, 파주: 나남출판사, 11월; 임양택(2017a), "'글로벌 경제철학'을 위한 동·서양 철학의 비교분석", 국제지역학회; 2017년 동계학술대회, 경기대학교 강당, 12월 8일; 임양택(2017b), "새로운 패러다임하에서 경세제민을 위한 신(新)실용주의: 철학과 정책", 한국국제경제학회 2017년 동계학술대회, 고려대학교 경영관, 12월 15일; 임양택(2018), "동아시아의 평화 정착과 경제발전을 위한 신(新)실용주의의 접근방향", 한국경제학회, 2018년 경제학 공동학술대회, 2월 10일; 임양택(2021), 「정의로운 국가와 행복한 사회'를 위한 신(新)실용주의(實用主義) 철학과 정책」, 도서출판 박영사.
Lim, Yang−Taek(2010), "Neopragmatic Solutions to the Structural Problems of South Korean Economy, the Korean Peninsula and the East Asian Community," The International Institute for Advanced Studies in Systems Research and Cybernetics, Symposium, August 2~5, Baden−Baden, Germany.
Lim, Yang−Taek(2011), "Neopragmatism as an Alternative for New Liberalism," The 8th Inha − LeHavre International Conference, Inha University, October 20~21.
Lim, Yang−Taek(2012a), "A Philosophical Foundation for Neopragmatism", The Journal of Global

"신(新)실용주의(Neopragmatism)란 국가 정체성 및 절차적 민주주의를 바탕으로, 대내적으로는 '질서 정연한 자유민주주의 사회'(A Well-Ordered Free Democratic Society)와 '효율적이고 공정한 시장자본주의'(An Efficient and Equitable Market Capitalism)를 구축하여 사회구성원의 '생활권적 기본권'(生活權的 基本權): 직장, 주택, 교육, 의료, 연금을 보장함으로써 인간의 비(非)인간화'(Dehumanization)를 방지하고 인간의 존엄성·자율성·창의성이 발휘되는 '완전고용기반형 복지사회'(A Full Employment-based Welfare Society)를 위한 '정의로운 국가'(A Justice-based State)와 '행복한 사회'(A Happy Society)로 지향하는 '실천 철학'(Practical Philosophy)이며, 대외적으로는 동양(東洋)의 정신적 문화(文化)와 서양(西洋)의 물질적 문명(文明)이 조화(調和)되며 자유 vs 평등, 정의 vs 행복, 시장질서('경쟁원리', 경제적 자유) vs 사회질서('보완원리', 사회적 정의)의 상호갈등적 가치들이 상호보완적으로 융합(融合)될 수 있는 '지구촌 문화공동체'(Global Cultural Community)의 공동번영을 위한 '글로벌 철학'(Global Philosophy)으로서 '인본주의적'(人本主義的, Anthropocentric) 사유 패러다임(인식론적 원리와 존재론적 원리)이다."[3]

요컨대, 본 연구가 주창하는 신(新)실용주의(Neopragmatism)는 자유(自由)·평등(平等)·정의(正義)·행복(幸福)을 주어진 사회경제 시스템에서 동시적으로 추구하는 하나의 철학(哲學)임과 동시에 경세제민(經世濟民)을 위한 정책(政策)이며, 나아가 세계경제 작동 원리를 현존 신(新)자유주의(New Liberalism)와 신(新)금융자본주의(New Financial Capitalism)로부터 신(新)실용주의(Neopragmatism)와 인본자본주의(Anthropocentric Capitalism)로 각각 전환시키고자 하는 '지구촌 문화공동체의 비전(Vision)'이다.[4]

상기한 사회공동체의 보편적 가치를 정립 및 실현하기 위한 철학적 토대로서, 본 연구는 신(新)자유주의(New Liberalism)와 신(新)케인지언(New Keynesian)의 대안적인 '사유 패러다임'으로서 신(新)실용주의(Neopragmatism)라는 새로운 사유(思惟) 패러다임을 제시하였다. 나아가 자유(효율)와 평등(정의)의 상호갈등적 가치들을 철학적으로 조화시키고 사회

Issues and Solutions, November/December.

Lim, Yang-Taek(2012b), Neopragmatism as an Alternative for New Liberalism, The Institue of Business and Economic Research Inha University.

Lim, Yang-Taek(2014), A New Philosophy, 'Neopragmatism' for Korea Reform, The Journal of Global Issues and Solutions: Published by the Bibliotheque: World Wide Society.

3) 임양택(2021), 「정의로운 국가와 행복한 사회」를 위한 신(新)실용주의(實用主義) 철학과 정책」, 도서출판 박영사.

4) 신(新)자유주의(New Liberalism)는 최근에 '글로벌 경제위기'를 야기시켰듯이 미국시민(3억450만 명)뿐만 아니라 세계 인구(67억4,000만 명)를 위한 '금과옥조'(金科玉條)가 될 수 없음이 판명되었다.

경제정책으로 구현할 수 있는 실천철학(Practical Philosophy)을 정립했다. 이로써, 저자는 존 롤스(John Rawls) 교수의 '자유주의적 평등주의' 철학이 실천방법론을 제시하지 않았던 '미(未)완성의 문제'를 해결하려고 나름대로 '영혼의 불꽃'을 밝히는 영광을 갖게 되었다.

2) 역사적 시각: '6번째 민족사적 비극'의 가능성

우선, 본 연구는 한반도의 근·현대사를 잠시 반추해보고자 한다. 왜냐하면 역사(歷史)는 과거 사실들의 기록임과 동시에 미래를 비추어 볼 수 있는 거울이라고 말할 수 있기 때문이다. 현재가 복잡난해하고 미래가 불확실할수록, 과거 역사적 사건들을 반추 및 반성해 보면 많은 시사점과 교훈을 얻을 수 있다.

게오르그 빌헬름 프리드리히 헤겔(Georg Wilhelm Friedrich Hegel, 1770~1831)은 만물(萬物)의 근원은 '절대정신' 즉 일반적으로 일컫는 소위 '역사'(歷史)라고 갈파하였다. 즉, 역사(歷史)란 正 → 反 → 合의 '관념론적인 변증법적 과정'(Idealistic Dialectical Process)을 통하여 스스로 실현되고 완성된다고 주장했었다. 그리고 세계는 하나의 목적 즉 자유(自由)로 향해 나아간다고 역설했었다. 그가 말하는 변증법(辨證法)은 칼 마르크스(Karl Marx, 1818~1883)가 말하는 '유물론적 변증법'(Materialistic Dialectic)이 아니다.

상기한 게오르그 빌헬름 프리드리히 헤겔(Georg Wilhelm Friedrich Hegel)의 '절대정신'은 한국의 역사에서 어떠한 의미를 갖는가? 한국의 역사에서는 과연 헤겔(G.W.F Hegel)의 '절대정신'이 있었는가? 조선(朝鮮)은 자유(自由)로 향해 전진해 왔었는가? 그나마 애써 자위해본다면, 고려시대의 불교 → 조선시대의 성리학(性理學) → 구한말(舊韓末)의 실학(實學), 일제(日帝)로부터 독립하여 자유(自由)를 쟁취하기 위한 독립운동으로 헤겔(G. W. F Hegel)의 유심론적·변증법적 과정을 겪어 왔으나 일본 제국주의에 의하여 모든 것이 무산(無散)되어 버렸다.

다른 한편으로, 한국의 민족사를 개관해 보면, 한국은 5회의 '전환기적 위기'를 겪었다: ① 1200년 전·후인 고려 중기, ② 1400년 전·후인 고려 말~조선 초기, ③ 1600년 전·후인 조선 중기, ④ 1900년 전·후인 조선 말기, ⑤ 20세기 초·중기로 구분할 수 있다. 상기한 '전환기적 위기' 과정에서 가장 혹독한 시련은 5개 사건 즉 ① 임진왜란(1592~1598), ② 병자호란(1636~1637), ③ 국권 피탈(1910. 08), ④ 국토분단(1945. 09), ⑤ 한국동란(1950. 06. 25~1953. 07. 27)이었다.

과거에도 그러하였듯이 현재나 미래에서도, 美·日·中·러의 세계 강대국들로 둘러싸인 한반도는 4強(美·日·中·러)의 '그레이트 게임(The Great Game)'의 무대일 수밖에 없다. 결과적으로, 한반도 주변국(美·日·中·러)은 한국의 운명을 좌우해왔다. 특히, 한민족의 3대 비극 ① 국권피탈(1910년), ② 국토분단(1945년), ③ 한국전쟁(1950~1953)에 대한 美·日·中·러의 책임이 크다. 국권 피탈(1910. 08)은 청·일전쟁(1894. 07~1895. 04)과 러·일전쟁(1904. 02~1905. 09)의 산물이며 한국전쟁(1950~1953)의 근원은 국토 분단이고, 이것의 원인은 미·소(美·蘇) 얄타회담(1945. 02)이다.

한반도에서 '그레이트 게임(The Great Game)'의 측면에서 보면, 청일전쟁(1894. 08~1895. 03)은 일본이 조선을 과거 한반도에서 종주국(宗主國)이라고 주장하고 있었던 청(淸)으로부터 떼어 놓기 위한 북방진출 전략의 일환으로 발발되었다. 또한, 러·일전쟁(1904. 02~1905. 09)은 일본이 러시아의 남진(南進)을 막음으로써 일본의 북방 진출을 위한 발판을 만들기 위한 책략으로서 발발되었다. 그 결과, 대한제국(大韓帝國)의 외교권(外交權)은 일본 제국주의에게 박탈(1905. 11. 17)되었으며, 이어서 대한제국(大韓帝國)의 국권(國權)이 피탈(1910. 08. 29)되었다. 이젠, 한반도는 상기한 5회의 '전환기적 위기'에 이어서 다음과 같은 '6번째 전환기적 위기' 상황이 도래하고 있다. 즉, 북한의 핵무기 문제의 해결방안을 두고 한반도에서 미·중(美·中)의 '신(新)그레이트 게임(The New Great Game)'이 전개되고 있는 것이다.

상기한 지정학적 구조하에서, 한민족의 생존과 번영의 길은 무엇인가? 참고로, 유대인들이 약 1900년(AD 70~1948) 동안 나라 없이 떠돌아다니다가 독일의 아우슈비츠(Auschwitz) 수용소에서 600만 명이 희생된 후 1948년 이스라엘이라는 국가를 세워 중동국가들과 맞서 자국의 안보를 지키고 이스라엘 민족의 부흥을 도모하고 있는 힘은 어디서 나오는 것일까? 그것은 '시오니즘'(Zionism)이라는 철학(哲學)이다.

그렇다면 왜 '한민족'에겐 '시오니즘'(Zionism)과 같은 민족의 역사 철학이 없는가? 물론 '단군사상'(檀君思想), '홍익인간'(弘益人間), '대동사회'(大同社會)가 있지만, 그것을 이루고자 한 '실천철학'(實踐哲學, Practical Philosophy)이 있는가? 이러한 공백(空白)에 끼어들어 온 것이 '외제(外製)'의 사상인 이념(理念, Ideology)이다. 이것은 '한(恨) 민족'의 혼(魂)을 빼앗고 심징을 도려내고 있다.

물론, 일본 역시 지난 40여 년을 거치는 동안 논쟁을 통하여 국가의 존립과 번영을 위한 국가발전 전략은 무엇인가, 그 전략을 어떻게 추진해 나갈 것인가를 고민해 왔다. 예를 들어, 1950년대 초에는 '무역입국'을 계속해 나갈 것인가 아니면 '국내개발'을 위주로 할 것인가 하는 국책(國策)의 선택에 관한 논쟁이 있었다. 1960년대 초에는 '개방 논쟁'이, 1970년대 초에는 '성장의 한계론'에 대한 논쟁이, 1980년 초에는 '일본의 국제공헌'에 대한 논쟁이 각각 일어났다.

상기한 '일본의 선택'과는 대조적으로, '한국의 선택'을 개관해보면, 박정희 대통령(재임: 1967. 07~1979. 10)의 산업화와 경제발전, 노태우 대통령(재임: 1988. 02~1993. 02)의 '북방정책'에 의한 한·소(韓·蘇) 수교(1990. 09. 30) 및 한·중(韓·中) 수교(1992. 08. 24), 김영삼 대통령(재임: 1993. 02~1998. 02)의 민주화와 금융실명제, 김대중 대통령(재임: 1998. 02~2003. 02)의 대(對)북한 '햇볕정책', 노무현 대통령(재임: 2003. 02~2008. 02)의 '동북아 균형자'와 '평화번영정책', 이명박 대통령(재임: 2008. 02~2013. 02)의 '실용주의 정책'과 '비핵(非核)·개방·3,000'을 각각 들 수 있다. 이어서, 박근혜 대통령(재임: 2013. 02~2017. 03)은 창조경제 정책을 국정지표로 삼았다.

그러나, 저자는 이젠 '외제(外製)의 사상인 이념(理念, Idealogy)'을 떠나서 국가와 민족의 생존전략을 위한 스마트한 외교(外交)와 국가개조의 차원에서 자강(自彊)이 필요하다고 강조한다. 여기서 '자강(自彊)'이란 과학기술력(科學技術力)을 배가(倍加)할 수 있는 과교입국(科敎立國)을 위한 교육혁명(敎育革命)이다. 교육혁명(敎育革命)의 요체는 좌우(左右) 이념을 뛰어넘어 자유와 다양성, 기회의 평등과 재능의 실현이다.

3) 이데올로기(Ideology)의 종언(終焉)

인간은 싫든 혹은 좋든 간에 이데올로기(Ideology)에 의해 현실을 파악한다. 올바른 가치와 정확한 분석을 포함하는 이데올로기(Ideology)는 뛰어난 현실인식을 가져오며, 그것에 의해서 사회적 요구에 올바른 실천적 해결의 길잡이를 제공한다. 이와 반면에, 단순한 주관적 원망(願望)이나 비(非)합리적 확신에 크게 의존하는 이데올로기(Ideology)는 일시적으로 폭발적 에너지를 결집할 수 있더라도 그것의 비(非)합리성 때문에 마침내 역사의 흐름을 왜곡하게 된다. 예로서, 독일에서의 나치즘이나 일본의 군국주의를 들 수 있다.

1960년대 초반에 다니엘 벨(Daniel Bell, 1919~2011) 교수는 「이데올로기의 종언(The End of Ideology)」(1960년)을, 그로부터 30여 년 후 프랜시스 후쿠야마(Francis Fukuyama) 교수는 「역사의 종언」(The End of History and the Last Men, 1989년, 2006년)을 각각 출판했다. 이들은 "현대의 급진적인 지식인들에게 기존의 이데올로기들은 더 이상 '진리'가 될 수 없고 이제 설득력을 상실하였다"고 주장하고, 현대 사회에 있어서의 '이데올로기의 종언'을 선언하였다. 이젠, '이데올로기'(Ideology)는 이미 죽었다. 아직도 숨을 쉬고 있는 낡은 '이데올로기'(Ideology)가 있다면 우리는 그 숨통을 철저히 끊어야 한다.

세계적으로 보면, 국제적으로 사회주의 이데올로기와 자유민주주의 이데올로기의 대립을 축으로 하여 미국과 구(舊)소련을 중심으로 하는 양(兩)진영의 내면적 분화가 진행되고 있었으나 구(舊)소련의 붕괴로 사실상 의미를 잃었으며, 또한 중국의 공산당 이데올로기도 마오쩌둥(毛澤東, 1893~1976)의 사망과 덩샤오핑(鄧小平, 1904~1997)의 실사구시(實事求是) 즉 실용주의(實用主義)로서 그 의미를 상실했다.

바야흐로, '이데올로기'(Ideology) 대신에 '문화'(Culture)가 미래의 가치 기준이 되는 시대가 도래하고 있다. 서구 근대과학 문명(文明)은 자원고갈·생태계 파괴·도덕과 인간성 상실·국제범죄의 증가·대량살상무기의 발달 등으로 인하여 한계에 봉착해 있다. 따라서 인류문명사회를 존속 및 발전시키기 위해서는 인류의 공동의 가치기준과 규범을 세우고 공동목표를 정립함으로써 인류는 분열·투쟁·갈등으로부터 벗어나 '지구촌 문화 공동체'(Global Cultural Community)로 지향해야 한다.

그럼에도 불구하고, 20세기 초에는 일본 제국주의의 침략과, 20세기 중반에는 이데올로기(Ideologie) 갈등으로 희생되었던 한반도는 이제 과거보다는 더 심각한 위기상황에 놓여 있다. 왜냐하면 과거 조선(朝鮮)은 미(未)개화된 봉건체제였지만 '1민족·1체제'로 통합되어 있었던 반면에 이젠 한반도는 남·북한으로 분단되어 '1민족·2체제'로 이념 간 갈등을 겪고 있을 뿐만 아니라 북한의 핵무기를 비롯한 대량살상무기(WMD)로 인하여 일촉즉발(一觸卽發)의 안보위기 상황으로 치닫고 있기 때문이다.

오늘날 뒤늦은 이념 간 갈등(좌우 대립)은 게오르그 빌헬름 프리드리히 헤겔(Georg Wilhelm Friedrich Hegel, 1770~1831)의 '대립물의 통일과 투쟁'이라는 '변증적 모순'조차도 제대로 이해하지 못하는 무지(無知)의 소치이다. 모름지기, '변증법적 모순'은 대립(對立)이되 갈등(葛藤)은 아니다. 이것은 모든 사물의 생명과 운동의 원천이며 원동력이다. 이러한 시각에서, 각종 현안문제들을 둘러싼 정쟁(政爭)은 正 → 反 → 合으로 지양(止揚)되어야 한다. 그것은 대한민국의 경우 산업화(産業化) → 민주화(民主化) → 선진화(先進化)로 지향히는 역시의 발진괴징인 깃이다.

오른팔이 있으므로 왼팔이 존재하는 것이고, 왼손잡이(左腕)가 있으므로 오른손잡이(右腕)가 '정상인'으로 인정받는 것이다. 즉, 상대방의 존재가치가 바로 자신의 존재가치인 것이다. 따라서 오늘날에는 사회공학(Social Engineering)에 의해서 '유토피아'(Utopia)를 건설할 수 있다고 믿는 사람은 거의 없으며, 또한 사회공학의 필요성을 철저하게 배격하는 주장도 이제는 설득력을 잃었다.

여기서 유의할 것은 인류 역사상 자본주의(資本主義)의 혜택을 가장 많이 만끽(滿喫)한 국가와 민족은 단연코 한(漢)민족의 중화인민공화국(中華人民共和國)이라는 점이다. 따라서 칼 마르크스(Karl Heinrich Marx, 1818~1883)와 프리드리히 엥겔스(Friedrich Engels, 1820~1895)의 4개 '과학적 사회주의'(Scientific Socialism) 이론: (1) 착취이론(搾取理論), (2) 집중이론(集中理論), (3) 궁핍화(窮乏化)와 경기순환론(景氣循環論), (4) 파멸불가피론(破滅不可避論)은 완전히 '비(非)과학적'임이 실증적으로 명명백백하게 증명한 것이 바로 중국이다.

결과적으로 보면, 소위 '중국식 자본주의'는 칼 마르크스(Karl Heinrich Marx)와 프리드리히 엥겔스(Friedrich Engels)가 예언한 경로에 의해서 파국(破局)으로 향하여 걷고 있지 않을 뿐만 아니라 오히려 진화하고 발전하여 새로운 산업의 혁신을 유도하고 있다. 즉, 그들의 예언과는 달리, 중국의 노동자는 궁핍(窮乏)하지 않으며 오히려 노동자의 경제상태는 상대적으로 크게 개선됐다.[5]

4) 신(新)실용주의적 '남·북한 통합 모형'

본 연구가 남·북한 국가지도자에게 보내는 '공개서한'에 앞서 주장하는 '신(新)실용주의적(Neopragmatic) 남·북한 통합 모형'을 제시하는 이유는, 앞에서 지적한 바와 같이, 우리 민족의 공동 목표를 정립함이 근본적으로 중요하기 때문이다. 간단한 예로서, 일제(日帝)에 항거한 1919년 3·1 운동 당시 '이데올로기'(Ideology)를 외친 것이 아니라 민족의 '자주독립'이었다.

(1) 역대 대통령의 남·북한 통일 정책 기조

지난 수십 년 동안 '우리의 소원은 통일'이라고 초등학교 시절부터 노래 불렀다. 회고해보면, 이승만 정부(1948. 07~1960. 04)는 대한민국이 한반도의 유일한 합법정부이고 북한은 붕괴시켜야 할 '불법 정권'이라는 정책 기조를 견지했다. 이것은 당시 냉전체제하에서 독일연방공화국의 첫 번째 수상이었던 기민당의 콘레드 아데나워(Konrad Adenauer,

---

5) 임양택(2021), 「'정의로운 국가와 행복한 사회'를 위한 신(新)실용주의(實用主義) 철학과 정책」, 도서출판 박영사.

1949~ 1963)의 '동방정책'과 거의 동일하다. 즉, 서독이 정치경제적으로 확고한 우위를 확보하면 동독의 붕괴와 소련의 점령지역 포기를 유도하여 독일의 통일을 도모할 수 있다는 것이다. 이에 따라, 동독의 고립화를 위해 서독의 유일 대표성을 주장하고 '할슈타인 독트린'(Hallstein Doctrine)을 천명했다.

박정희 정부(1963. 12~1979. 10)는 1970년 '8·15선언'을 통하여 남북 간 평화적 선의의 체제 경쟁을 제안하였다. 이어서 1972년 '7·4 남북공동성명'을 통해 '통일의 3대 원칙'(자주·평화·민족대단결)을 제시하였고 1973년 '평화통일 외교정책에 관한 특별선언'(6·23 선언)을 통해 4개항 즉, ① 남북 간 상호 내정불간섭, ② 상호 불가침, ③ 남북한 UN 동시 가입, ④ 대(對)공산권 국가들(유고, 폴란드, 루마니아, 체코, 불가리아, 헝가리, 동독 등)과의 관계 개선을 천명했다.

노태우 정부(1988. 02~1993. 02)는 1988년 북방정책 즉 ① 한·소 국교수립(1990. 09. 30), 한·중 국교수립(1992. 08. 22), 동구권과의 수교; ② 남북한 통일을 위한 '남북한 유엔 동시 가입'(1991. 09. 18), '남북기본합의서' 채택(1991. 12. 13), '한반도 비(非)핵화 선언'(1992. 01. 20); ③ 한민족의 생활문화권을 연변 연해주 등에까지 확대를 표방하였다.

김대중 정부(1998. 02~2003. 02)는 '한반도 문제의 국제화'를 방지하고 남북 당사자 원칙에 입각하여 '햇볕 정책'의 추진을 천명하였으며 '대북(對北) 정책의 3개 원칙' 즉 ① 무력 도발 불용, ② 흡수통일 반대, ③ 화해 및 교류협력 추진을 제시했다. 또한, 남북 정상회담(2000. 06. 13~15)에서 2000년 '6·15 공동선언문'을 통하여 남 측의 '연합 제안'(2국가·2체제·2정부를 유지하면서 남북정상회의·남북각료회의·남북고정의회·공동사무처 구성)과 북측의 '낮은 단계의 연방 제안'(1민족·1국가·2제도·2정부 원칙하에서, 남·북한 각 정부가 정치·군사·외교권을 비롯한 원래의 기능과 권한을 그대로 보유한 채 민족통일기구를 구성하자는 것)이 상호 공통점이 있다고 인정한다고 합의했다.

노무현 정부(2003. 02~2008. 02)는 상기한 김대중 정부(1998. 02~2003. 02)의 대북 포용정책을 계승하고 제2차 남북 정상회담(2007. 10. 02~04)을 통해 8개항 즉 ① 2000년 '6·15 공동선언' 구현, ② 군사적 긴장완화, ③ 신뢰구축, ④ 평화체제 구축, ⑤ 남북 경협 확대 발전('서해 평화협력 특발지대' 설치), ⑥ 사회문화분야 교류 협력 발전, ⑦ 인도적 지원사업 협력, ⑧ 국제문제에서의 공동노력을 합의했다.

이명박 정부(2008. 02~2013. 02)는 대북 정책기로로서 '비핵·개방·3000'을 제시했다. 즉, 북한이 핵무기를 포기하고 대외적으로 개방하면 북한 주민 1인당 3,000달러 소득을 보장하겠다는 것이었다. 그러나 북한 측은 이 제안에 대하여 냉담하였다. 게다가 천안함 사태(2010. 03. 26)로 남북관계는 빙벽(氷壁)처럼 더욱 얼어붙었다.

박근혜 정부(2013. 02~2017. 03)은 '드레스덴 선언'(2014. 03. 28)을 통하여 '3대 통일정책' 즉 ① '한반도 신뢰프로세스'(남북간 신뢰 형성→남북관계 발전→한반도 평화 정착→한반도 통일기반 구축), ② 동북아 평화협력구상, ③ 유라시아 이니셔티브(하산-나진 연결을 통한 남·북·러 협력)를 표방했다. 이를 실천하기 위하여, '3대 통일 구상' 즉 ① 인도적 지원 분제 해결·남북 주민 간의 동질성 회복·'남북 교류 협력 사무소' 설치, ② '동북아개발은행' 설립·'동북아다자안보협의체' 촉진, ③ 'DMZ 세계평화공원' 조성이 제시되었다.

이어서, 박근혜 대통령(당시)은 "통일은 대박이다"라고 선언했는데, 이것은 아마도 남한주민에게 '희망'을 주기 위한 정치적 의도이거나 혹은 '북한 붕괴론'에 관한 '희망적 사고'(Wishful thinking)의 발로였던 것 같다. 그러나 결국, 북한의 제4차 핵실험(2016. 01. 06)으로 인하여 '통일은 대박'이라는 꿈은 산산조각났다. 이러한 경박한 선언은 "통일이 바로 북핵 문제의 근본적 해법"(2016. 01. 22)이라는 잘못된 사고를 반영한 것이었다. 그 후, 박근혜 대통령(당시)은 "당장 급하게 대화하는 것이 중요한 것이 아니라 어렵더라도 북한과 제대로 된 대화를 하기 위한 환경을 조성하는 것이 훨씬 중요하다"(조선일보, 2016. 01. 23)고 말했다. 이것은 북한 정권의 태도 변화가 발생할 때까지 현재의 대북 정책 기조를 유지하겠다는 뜻으로 해석된다.

한편, 문재인(文在寅) 대통령은 2017년 11월 1일 국회 시정연설에서 '한반도 문제 5대 원칙': ① 한반도 평화정착, ② 한반도 비핵화, ③ 남북문제의 주도적 해결, ④ 북핵문제의 평화적 해결, ⑤ 북한의 도발에 대한 단호하게 대응을 밝혔다.

그러나 역대 대통령과 문재인(文在寅) 대통령이 '남·북한 통일을 위한 현실적 성과'는 아무것도 없다. 결과적으로 보면, 모두 미사여구와 정치적 구호였을 뿐이다. 물론, 외세(外勢)의 압력(예 현상유지)으로 대외적 여건이 주어지지 않았다고 그들은 말할 것이다. 그렇다면, 독일은 어떻게 통일을 이루어 낼 수 있었는가? 이와 관련하여, 많은 사실들을 밝힐 수 있지만, 지면(紙面)의 한계로 생략한다. 요컨대, 한민족은 민족통일에 대한 '진실된 통일 철학과 청사진'이 없었다.

(2) 본 연구의 '남·북한 통일 프로그램'(案)

저자의 대안은 2013년도 저서 「글로벌 경제위기와 한반도 위기: 한국의 비전 및 전략」(파주: 나남)에 상세히 논술되어 있다. 저자는 독일 통일을 창출하였던 「동·서독 기본조약」

(1972년)과 헬무트 콜(Helmut Kohl) 총리(서독: 1982~1990; 통일독일: 1990~1998)의 「동·서독 통일 프로그램」(1989. 11. 28)에 대응하여6), '한반도 통일 프로그램'을 제시했다.7)

본 연구의 「한반도 통일 프로그램」(2009. 01. 01)은 [표 3]과 [그림 16]에 압축적으로 저술되어 있다. 본 연구는 남·북한의 UN 동시가입(1991. 09. 17)과 '화해 불가침 교류협력에 관한 합의'(1991. 12. 13) 이후의 민족통일 문제를 접근 및 해결할 수 있는 대안적 통일방안으로서, 북한 측의 '고려연방제 통일방안'과 남한 측의 '한민족공동체 통일방안'에 대응한 '제3의 통일방안'인 '5단계 통합론'을 제시한다.8) 본 연구의 '5단계 남·북한 통합론'은 5단계 즉 ① 남북관계 정상화(Diplomatic Normalization) 및 한반도 평화정착(Peace Settlement in the Korea Peninsula) → ② 경제통합(Economic Integration) → ③ 사회통합(Social Integration) → ④ 군사통합(Military Integration) → ⑤ 정치통합(Political Integration)의 과정을 거쳐 한민족공동체의 통일국가 수립을 위한 단계적 및 점진적 통합 모형이다.

요약하면, 본 연구의 「한반도 통일 프로그램」은 북한이 핵확산금지 조약(NPT: Nuclear Non-Proliferation Treaty)에 가입(1985년)하여 동 조약에 서명(1992. 05)하였으며 1992년 「남북 사이의 한반도 비핵화 공동선언」, 「10·4 남북공동선언」(2007년)을 엄격히 준수하고 6자회담에서 발표되었던 「9·19 공동성명」(2005년) 및 「2·13 공동합의」(2007년), 「한반도의 평화와 번영, 통일을 위한 판문점 선언」(2018. 04. 27), 「9월 평양공동선언」(2018. 09. 19) 의 기본취지를 성실히 실천함을 명시 및 강조한다.

이제, 상기한 본 연구의 「한반도 통일 프로그램」을 과거 김대중 정부(1998. 02~2003. 02)·노무현 정부(2003. 02~2008. 02)의 통일정책과 헬무트 콜(Helmut Kohl) 총리(서독 총리: 1982~1990, 통일독일 총리: 1990~1998)의 「10개항 통일 프로그램」(1989. 11. 28)과 비교해보면 다음과 같은 3가지의 특징을 갖는다.9)

---

6) 독일의 「통일조약」(1990. 09. 12)은 '서독의 기본법'과 베를린·폴란드·체코슬로바키아와의 국경선 문제를 비롯한 독일의 특수 상황을 반영하고 있기 때문에, '한반도 통일조약'(案)에는 참조될 수 없는 성격을 갖고 있다.

7) 임양택(2009), "한반도 통일 프로그램에 관한 연구: '5단계 통합론'과 '동북아 평화조약'을 중심으로", 한국동북아경제학회.

8) 임양택, (1990, 1991, 1992, 1993, 1995, 1998, 1999, 2,000, 2002, 2005, 2007, 2009, 2011, 2013); Yang-Taek Lim, (1997, 2,000, 2002, 2007, 2010).

9) Stephen F. Sjabo(1992), The Week in Germany(1995), 임양택(2009, 2011, 2013)을 참조.

[그림 15] 본 연구의 '한반도 통일 프로그램': 개요

1. 역대 대통령의 남·북한 통일정책 기조
- 이승만 정부 : 한국형 '할슈타인 독트린'(Konrad Adenauer, 1949~1963)
- 박정희 정부 : 1970년 '8·15 선언', 1972년 '7·4 공동성명', 통일의 3대 원칙(자주·평화·민족대단결),
  1973년 '6·23 선언' : '평화 통일 외교정책에 관한 특별선언'
- 노태우 정부 : 소련·중국·동구권과의 수교, '남북기본합의서'(1991. 12. 13) 한반도 비(非)핵화 선언(1992. 01. 20)
- 김대중 정부 : '햇볕정책', 對北정책의 3개 원칙, 제1차 남북정상회담(2000. 06. 13~15), 2000년 '6·15 공동 선언문',
  '사실상(de facto)통일' 추구
- 노무현 정부 : 제2차 남북정상회담(2007. 10. 02~04), 2000년 '6·15 공동선언' 구현
- 박근혜 정부 : 2014년 '드레스덴 선언'과 3대 통일정책(한반도 신뢰프로세스, 동북아 평화협력 구상, 유라시아 이니셔티
- 문재인 정부(2017. 11. 01, 국회시정연설) : '한반도 문제 5대 원칙' ① 한반도 평화정착, ② 한반도 비핵화, ③ 남북 문제의
  주도적 해결, ④ 북핵 문제의 평화적 해결, ⑤ 북한의 핵 도발에 대한 단호한 대응

2. 북한의 핵무기 개발 과정
(4회의 핵 실험; 5회의 장거리 미사일 발사)
- 1993년 '노동 1호(대포동 1호) 발사'
※ 김일성 사망(1994. 07. 08)
- 2002년 고농축우라늄(HEU) 핵폭탄 제조
※ 북한 '핵무기 보유'를 공식 선언(2005. 02)
- 2006년 '대포동 2호' 발사(2006. 07. 05) 및
  제1차 핵실험(2006. 10. 09)
- 2009년 '광명성 2호' 발사 및 제2차 핵실험
  (2009. 05. 25)
※ 김정일 급서(2011. 12. 17)
※ 2012년 4월 수정 헌법 前文에 '핵무기 보유국'임을 명시
- 2012년 장거리 미사일 '은하 1호' 로켓 즉 '광명성 3호'
  (2012. 12. 12) 발사 및 제 3차 핵실험(2013. 02. 12)
※ 2013년 3월 黨 중앙위원회 전원회의에서
  '경제·핵무력 병진 노선' 발표
- 2015년 '잠수함 발사 탄도 미사일'(SLBM)
  해상 발사(3월) 및 수중 발사(5월,11월,12월)
- 2016년 제 4차 핵(수소탄)실험(2016. 01. 06)

3. 북핵위기와 美·中 및 UN의 대응
(6건의 안보리 결의 채택)
- 북한의 NPT 탈퇴, 핵개발 선언
  → 제1차 UN안보리 결의안(1993. 05. 11)
- 제1차 북핵위기 → 1994년 10월 북·미 제네바 합의
- 제2차 북핵위기 제2차 UN안보리 결의안(2006. 07. 15)
- 제3차 북핵위기 제3차 UN안보리 결의안(2006. 10. 14)
- 제4차 북핵위기 제4차 UN안보리 결의안(2009. 06. 12)
- 제5차 UN안보리 결의안(2013. 01. 23)
※ 중국 : 상기 결의안 지지
- 제5차 북핵위기 제6차 UN안보리 결의안(2013. 03. 08)
※ 미국 : 대공미사일 장착한 이지스함 두 척을
  Guam에 파견, THAAD를 갖춘 MD를 설치
※ 중국 : 상기 UN안보리 결의안 적극 지지
미국 John Kerry : 중국 방문(2013. 04. 13)
한반도 비핵화되면 동아시아 MD체제 철수 약속
- 제6차 북핵위기
박근혜 대통령 : 휴전선 對北 확성기 방송 재개
  '5者회담' 제안
UN 안보리 긴급 회의 소집(2016. 01.07)
美 B52 폭격기 무력 시위, ※ 쿠바 미사일 위기 해결
(1962. 11. 20)
對북한 핵무기 통제에 대한 美 John Kerry 국무 장관
vs 王毅 외교부장의 '책임' 공방

4. 북핵 문제 해결을 위한 기존 모형의 한계
- 남아프리카공화국 모형(1993. 01)   • 리비아 모형(2004. 06. 28)
- 인도 모형(2006. 03. 02)   • 이란 모형(2015. 07 타결, 2016. 01. 10 경제제재 해제)

5. 임양택 교수의 '10개항 동북아 평화조약'(案)
- 동북아 안보협력회의'(CSCNEA)   ※ 유럽안보협력회의(CSCE)
- '동북아평화시'   • 아시아-태평양 통화기금(APMF)

6. 임양택 교수의 '한반도 통일 프로그램'(案)   ※Helmut Kohl 수상의 동·서독 통일 프로그램
- 통일 철학(통일의 효용성, 實體, 합리성, 적극성) 및 통일 이념(평화·민주복지사회·개방적 및 창조적 민족공동체)과 접근방법
- 남북한 5단계 통합 :
  제1단계(남북한 관계 정상화 및 한반도 평화 정착) : 1민족·2제도·2국가·2정부
  제2단계(경제 통합) : 1민족·1경제체제·2사회체제·2정치체제·2국가·2중앙정부
  제3단계(사회 통합) : 1민족·1경제체제·사회복지제도·2정치체제·1국가연합·1중앙정부·2지역 '독립'정부
  제4단계(군사 통합) : 1민족·1경제체제·사회복지제도·2정치체제·1연방국가·1중앙정부·2지역 '자치'정부
  제5단계(정치 통합) : 1민족·1경제체제·사회·정치·군사체제·1국가·1중앙정부·8개 지방 '자치'정부 (국호 : 대한민주공화국)

[그림 16] 본 연구의 '남·북한 5단계 통합모형'

제1단계: 남북한 관계 정상화 및 한반도 평화정착
(Diplomatic Normalization of South Korea and North Korea and Peace Settlement in the Korean Peninsula)
- 북한은 핵무기를 비롯한 대량살상무기(WMD)를 불능화 및 완전 폐기, '한반도 비(非)핵화의 남북 공동선언'(1991. 10. 31)을 '한반도 비(非)핵화 협정'의 형태로서 체결 ;
- 미국은 UN 총회 및 안보리에서 북한의 주권 존중과 평화 공존을 천명하고 북한체제의 유지를 보장, 북한 상품의 北·美 간 '정상무역관계' 형태로서 대(對) 미국 수출 가능 보장, 국제금융기구의 대(對)북한 금융지원의 보장;
- 군사적 신뢰구축조치(CBMs)와 무력배치에 관한 南·北·美 3자협정'을 체결,
- 남·북한 및 美·中의 정전협정(1953. 07. 27) 남·북한 및 6者(美·中·日·러)의 '동북아 평화조약'(Northeast Asian Peace Treaty)을 체결
- 동북아의 '평화와 안보 메커니즘'으로서 '동북아 안보협력회의'(CSCNEA: Conference on Security and Cooperation in Northeast Asia)를 창설·가동
- 비무장지대(DMZ) 부근의 장단면(長端面)에 '남북한 경제특구'를 건설, 동 특구로 '동북아 평화시'(Northeast Asian Peace City)로 발전
- '동북아 평화시'에 다자간 지역안보협력체로서 '동북아 안보협력회의'(CSCNEA)를 상주시켜 정례 회의를 개최하고 군사적 분쟁 가능성을 사전에 조정 및 예방

1민족 · 2제도 · 2국가 · 2정부

제2단계: 경제통합(Economic Integration)
- 남북경제공동체, 단일 혼합경제체제, 단일 화폐·금융제도, 단일 중앙은행, 남북한 경제특구의 건설에 의한 상호호혜적 산업·기술협력을 효과적으로 추진하기 위해 국제경쟁력 제고를 겨냥한 민족산업 구조를 재편성
- 관세동맹(상품교역의 자유화 및 공동관세정책) → 남북한 공동시장(모든 시장의 완전개방 및 생산요소의 자유이동)
  → 경제동맹(인력, 자본, 재화, 서비스의 완전 자유이동) → 통화동맹(단일 화폐 및 단일 중앙은행의 설립)
  → 경제통합(단일 혼합경제체제)으로 단계적으로 지향
- 남북 간 통상·통신·통행의 자유화 보장

1민족 · 1경제제도 · 2개 사회제도 · 2개 정치제도 · 2국가 · 2중앙정부

제3단계: 사회통합(Social Integration)
- 남북정상회의, 남북각료회의, 상주 연락대표부, 공동사무처 등의 설치·운영; 재산권 확립, 사법·행정·교육 제도의 통합, 의료·연금·실업보험 등의 사회보장제도의 통합 및 확충

1민족, 1경제체제·사회복지제도, 2개 정치제도, 1국가연합(Confederation), 1중앙정부,
2개 지역'독립'정부 (국호: '대한민주연합국')

제4단계: 군사통합(Military Integration)
- '동북아 안보협력회의'(CSCNEA)에 의한 남북한 군축, 단일 군대명령체계 확립

1민족 · 1경제체제 · 사회복지제도 · 2개 정치제도 · 1연방국가(Federation), 1중앙정부,
2개 지역'자치'정부 (국호: '대한민주연방공화국')

제5단계: 정치통합(Political Integration)
- '남북평의회'에서 '통일헌법'을 제정, 통일헌법에 의한 자유 총선거 → 통일국가의 연방 대통령 및 연방 상·하원 선출
  → 연방 대통령의 국무총리 및 각료 추천, 연방 상·하원 인준

1민족, 1경제·사회·정치·군사체제, 1연방국가(Federation), 1중앙정부,
8개 지방'자치'정부 (국호: '대한민주연방공화국')

[표 3] 본 연구의 '한반도 통일 프로그램'(案)

〈서문〉

우선, 민족통일에 대한 인식 및 접근방법과 관련하여, 한민족은 겸허한 마음으로 다음과 같이 반성하지 않을 수 없다.

첫째, 동·서독은 민족상잔의 비극이 없었던 반면에 남·북한은 6·25 사변으로 약 200만 명 이상의 사상자와 1천만이 넘는 이산가족을 만들었고 45%에 이르는 공업 시설이 파괴되어 경제적 및 사회적 기반의 붕괴를 초래했으며, 이 결과 한민족은 세계적으로 웅비(雄飛)할 수 있는 잠재력을 상실하였고 그 기회를 유실하였다.

둘째, 과거 독일인들은 통일문제를 거론도 하지 않으면서 '기능주의적 접근'(functional approach)[10])을 통해 실리를 추구하며 '민족 동질성'을 회복하려고 노력했었다. 이와 반면에, 한민족은 통일의 어려운 현실은 외면한 채, 통일의 당위성만 강조하고 '통일 지상주의'에 사로잡혀 있었으며 통일의 실리적 측면을 강조하여 '통일 대박론'에 들떠있기만 했었다.
대개, 북한은 '통일 우선정책'을, 남한은 '평화 우선정책'을 각각 선택·추진함으로써 평행선으로 달려 왔다. 심지어, 북한은 교류·공존을 바탕으로 하는 남한의 '민족공동체 통일방안'을 기능주의적 접근으로서 '분단고착화 책동'이라고 비난하였으며, 남한은 북한의 '고려민주연방제 통일방안'을 '적화통일을 위한 전략'이라고 비판하였다. 이 결과, 한반도에서는 통일논의만 무성하였을 뿐, 그 실효를 제대로 거두지 못하였다.

셋째, 이제, 우리 한민족은 상기와 같은 과거의 근시안적 시각과 일방적 자세를 버리고 세계 속에서 한민족이 웅비(雄飛)할 수 있는 발판으로서 '한반도 통일 프로그램'에 따라 한민족의 통일기반을 진지하게 접근 및 조성하고자 한다.

넷째, 상기와 같은 민족통일의 재(再)인식 및 반성과, 후술(後述)할 남·북한 통일에의 새로운 접근방법에 의거하여, 그동안 남·북한이 체결하였던 모든 합의 내용들과 6자회담의 공동성명 내용들을 존중하며 관련 당사국들은 그 내용들을 남·북한이 성실히 수행할 수 있도록 최대한 협력해 줄 것을 촉구한다.

- '7·4 남북공동성명'(1972. 07. 04)
- 남북기본합의서: 남북한 화해와 불가침 및 교류·협력에 관한 합의
  (1991. 12. 13) 및 발효(1992. 02. 19)
- '6·15 남북 정상회담의 공동선언'(평양, 2000. 06. 15);
- '9·19 공동성명'(베이징, 제4차 6자회담, 2005. 09. 19) ;
- '2·13 공동합의'(베이징, 제5차 6자회담, 2007. 02. 13) ;

---

10)   David Mitrany(1943), A Working Peace System, London: Royal Institute of World Affairs.

〈계속〉

● '10·4 남북 공동선언'(평양, 2007. 10. 04)
● '한반도의 평화와 번영, 통일을 위한 판문점 선언'(2018. 04. 27)
● '9월 평양 공동선언'(2018. 09. 19)

〈본문〉

1. 통일철학 및 통일이념과 접근방법

(1) 남·북한 통일철학은 다음과 같다[11]
남·북한 통일은 일시적 과업이 아니라 새로운 역사창조를 위한 지속적 대장정(大長征)이다. 통일은 막대한 비용[12]과 함께 인내와 노력을 필요로 한다.[13] 통일의 비용과 고통이 아무리 큰 것이라고

---

11) 임양택(2007), 「한국의 비전과 국가경영전략」, 파주: 나남, pp. 518~519.

12) 통일을 위해서는 천문학적 비용이 소요된다. 물론, 통일 비용은 정확하게 산출하기가 어렵다. 많은 연구기관들이 통일 후 10년 동안 적게는 371조5,000억 원에서 많게는 3,042조6,000억 원이 소요될 것이라고 추정한다. 최소·최대 편차가 10배 가까이 차이가 발생하는 이유는 북한 근로자들의 임금 수준과 통일 후 사회보장지출 등 예상치 못한 비용 때문이다. 대통령 자문기구 정책기획위원회의 연구에 따르면, 남·북한 통일 비용은 최소 1조2,000억 달러로, 통일 직후부터 일정기간 매년 남한 GDP의 10% 정도가 북한에 지원돼야 할 것으로 예상된다. 한편, 피터 벡(Beck) 미(美) 스탠퍼드대 아시아·태평양센터 연구원은 월스트리트저널 기고(2010. 01. 04)에서 "북한의 소득을 남한의 80% 수준까지 끌어올리려면 향후 30년 동안 2조~5조 달러(약 2,300조~5,800조 원)의 비용이 들 것"이라고 분석했다. 이것은 남한 국민 1인당 4만~10만 달러(약 4,600만~1억1,500만 원)의 통일비용을 분담해야 한다는 의미다. 참고로, 독일 정부는 1989년 베를린 장벽이 붕괴된 후 2008년까지 20년간 '통일 비용'으로서 1조2,000억 유로(2,160조 원)를 부담하였다. 이 통일비용(1조2,000억 유로)은 독일 연간 GDP 2조5,000억 유로(2008년 기준)의 4% 수준이다. 독일의 경우, 서독 주민 4명이 당시 사회주의 국가 중 가장 잘살던 동독 주민 1명을 먹여 살리면 됐지만, 한국의 경우 남한 주민 2명이 세계 최빈국 주민 1명을 먹여 살려야 하는 셈이다. 독일 통일 당시, 동독의 1인당 국민소득은 서독의 40% 수준이었으며 동독 인구는 서독의 4분의 1에 불과했다. 또한, 서독과 동독은 통일 이전부터 긴밀한 경제 교류를 해왔다. 이와 대조적으로, 북한의 1인당 국민소득은 남한의 5%에 불과하고, 북한 인구는 남한 인구의 절반이다. 따라서 북한 주민의 소득을 남한 주민의 소득수준으로 끌어올리려면 동독에 투입한 것보다 더 많은 물적 자원이 필요하다는 것을 알 수 있다.

13) 독일의 경우, 동독 지역의 연금생활자와 실업자 등에게 지원된 사회복지 비용이 절반(6,300억 유로)을 차지했고, 철도·도로·통신망 등 인프라 구축(1,600억 유로)과 농업지원(900억 유로)에도 많은 돈이 지원됐다. 독일 정부의 통일비용 지출액 1조2,000억 유로(2,160조 원)는 베를린 장벽의 붕괴(1989. 11. 09) 당시 예상됐던 1조 마르크(약 475조 원)의 약 4.5배에 해당한다. 그 요인은 동독 주민의 대량 실업 사태에 따른 사회복지 비용 지출이 예상보다 훨씬 많았기 때문이다. 독일 정부는 현재에도 매년 1,000억 유로씩 옛 동독지역에 지원되고 있다. 그나마 독일은 세계 3위 경제대국인 데다 무역수지 흑자액이 연간 1,500억 달러 이상 되는 국가이기 때문에 엄청난 재정적자 없이 막대한 통일비용을 감당할 수 있었다. 그럼에도 불구하고, 독일은 1990년 통일 이후 동독 주민의 소득을 서독의 70%까지 올리기 위해

〈계속〉

할지라도 그것은 결코 분단의 비용과 고통보다 더 클 수는 없다.

분단이 더욱 장기화됨으로써 야기될 민족 동질성의 파괴, 민족의 역사와 문화전통의 단절, 이산가족의 고통 등은 산술적으로 헤아릴 수 없는 민족의 손실임과 동시에 고통이다. 게다가 분단과 대결로 인한 막대한 군사비[14]와 엄청난 기회비용 등을 고려해보면 남·북한 통일은 결코 포기할 수 없는 민족의 과제인 것이다.

그러나 '통일의 당위성'은 민족이 분단되었기 때문에 다시 통합되어야 한다는 현실적 상황에 있는 것이 아니라 '통일의 효용성'에서 찾아야 한다. 그러므로 통일의 가치는 규범(規範)에 있는 것이 아니라 실리(實利)에 있는 것이며, 통일에의 접근은 감상적이 아니라 합리적이어야 하며, 통일을 위한 노력은 소극적이 아니라 적극적이어야 한다.

다시 말하면, 분단이 외세에 의해 저질러졌듯이, 통일도 외세에 의해서 이루어질 것이라고 하는 천재일우(千載一遇)의 '역사적 사건'을 무작정 기다리는 소극적 자세가 아니라, 민족 동질성의 회복을 위한 적극적 노력에 대해 외세도 수긍 혹은 찬성하고 협조할 수 있어야 한다.

그러기 위해서는 남·북한 스스로가 인내력을 갖고 주도면밀한 계획을 세워 공동으로 일관성 있게 착실히 추진할 때, 비로소 역사는 한민족의 편에 서줄 것이라고 믿는다.

결코, 민족 역사의 5대 비극 즉 ① 임진왜란(1592~1598), ② 병자호란(1636~1637), ③ 국권피탈(1910. 08), ④ 국토분단(1945. 09), ⑤ 한국동란(1950. 06. 25~1953. 07. 27)에 이어 6번째 비극이 한반도에서 발생해서는 안 될 것이다.

(2) 한민족의 통일이념은 "평화, 민주복지사회, 개방적 및 창조적 민족공동체"이다.[15]

● '평화'는 평화적 수단을 통하여 분쟁문제를 해결하고 무력 사용을 금지한다는 것을 의미한다.[16] 구체적으로, 기존 「남북기본합의서: 남북한 화해와 불가침 및 교류·협력에 관한 합의」(1991. 12. 13)의 '불가침조약'을 UN 헌장 제2조 4항의 '무력사용 및 무력포기'로 대체하고 가칭 '동북아 평화조약'(Northeast Asian Peace Treaty)을 체결하여 가칭 '동북아안보협력회의'(CSCNEA: Conference on Security and Cooperation in Northeast Asia)를 창설·운용함으로써 쌍방의 무력행사를 근

20년간 2조 달러를 투입했다. 이와 대조적으로, 중앙일보의 여론조사(2010. 09. 09)에 따르면 "비용부담이 있더라도 반드시 통일해야 한다."는 답변은 21.8%에 불과했다. 이런 상태에서 한반도에 위급 사태가 발생하면 엄청난 혼란에 직면할 것임은 자명(自明)하다.

14) 현재 한국의 국방비는 GDP 대비 2.7%(세계 평균 국방비 GDP의 3.5%)이다. 게다가 주한미군의 한국주둔과 관련된 직접비용의 일부(한국인 고용원에 대한 인건비, 군사건설비, 군수지원비 등)인 방위비 분담금은 현재 협상 중이다.

15) 본 연구의 통일이념(평화, 민주복지사회, 개방적 및 창조적 민족공동체)과 대조적으로, 북한의 고려민주연방제 통일방안(1960. 08. 15; 1973. 06. 23; 1980. 10. 10)의 통일이념은 "자주·평화·민족 대단결"인 반면에 남한의 민족공동체 통일방안(1989. 09. 11; 1994. 07. 06)의 통일이념은 "자주·평화·민주"이다. 임양택(1992, 1993, 1995, 1998, 1999, 2000, 2002, 2005, 2007, 2009, 2011, 2013)을 참조.

16) '평화적 통일'은 서독 헬무트 콜(Helmut Kohl) 총리의 「10개항 통일 프로그램」(1989. 11. 28)의 제10항에도 명시되어 있다. 임양택(2009)을 참조.

원적으로 봉쇄한다.[17] 환원하면, 남·북한은 UN 헌장의 목적과 규정을 따르며 남·북한 '지역자치 정부'의 대내·외적 문제에 대한 각자의 독립성·자율성·영토 주권을 존중할 의무가 있다.[18] 그리고 남·북한 간의 관계는 '동북아 평화조약'의 구조 속에서 발전될 것이다.[19]

● 한민족의 '민주복지사회'는 신(新)실용주의(Neopragmatism) 철학[20]에 바탕을 두고 '최대다수의 최대행복을 추구하는 민주사회'와 '자유·평등·연대'를 구현하는 인본주의(人本主義) 사회를 의미한다. 남·북한 간에 동등하게 주어진 권한하에서 '좋은 이웃' 간의 관계발전을 도모한다.[21] 이를 위하여, 상호이익을 위한 경제, 학문과 기술, 교통, 우편, 의료, 문화, 체육, 환경 등 다방면의 교류 협력을 추진한다.[22]

● 남한은 인도적인 분야와 식량·에너지·의료 제공과 같은 부문에서 북한이 남한의 도움이 필요한 경우 북한에 대해 즉각적이고 구체적인 원조를 제공한다. 그리고 남한 정부는 한민족 모두에게 이익이 되는 모든 부문에서 북한과 협력한다. 만약 북한의 정치·경제체제에 '근본적'이고 '되돌릴 수 없는' 변화가 발생한다면 남한은 민족공동체의 일원으로서 모든 지원과 협력을 확대한다.[23]

● '개방적 및 창조적 민족공동체'는 배타주의와 감성주의를 지양하고 합리적 이성주의로써 세계화 (Globalization)에 적극적으로 참여하고 인류문화공동체 건설에 기여한다. 구체적으로, 동아시아 경제공동체(EAEC)[24] 및 아시아-태평양 경제협력체(APEC)는 한반도의 경제발전에 결정적인 역할

---

17) 임양택, "동북아 안보협력체제 서둘러라", 한국경제신문, 2009. 05. 28; 임양택(2013), 「글로벌 경제와 한반도 위기: 한국의 비전 및 전략」, 제Ⅵ장: '동북아 안보협력회의'와 '동북아평화조약(안)', 파주: 나남, pp. 473~540.

18) 이 내용은 「동·서독 기본조약」(1972년)의 제2항과 제4항에도 명시되어 있다. 임양택(2009)을 참조.

19) 이 내용과 대칭적으로, 서독 콜 수상의 「10개항 통일 프로그램」(1989. 11. 28)의 제6항에서 '동·서독 간의 관계는 전체적인 유럽통합 및 동서관계의 구조 속에서 발전될 것이다'라고 명시되어 있다. 임양택 (2009)을 참조.

20) 임양택(2008), "新실용주의 철학의 논리 구조에 관한 연구: 동·서양 철학을 중심으로", 「경제연구」, 제29권 2호, 한양대학교 경제연구소, 11월; 임양택(2021), <정의로운 국가와 행복한 사회를 위한 신(新)실용주의(實用主義) 철학과 정책>, 도서출판: 박영사; Yang-Taek Lim(2010), "Neopragmatic Solutions to the Structural Problems of South Korean Economy, the Korean Peninsula and the East Asian Community", The International Institute for Advanced Studies in Systems Research and Cybernetics Symposium, August 2~5, Baden-Baden, Germany; Yang-Taek Lim(2011), "Neopragmatism as an Alternative for New Liberalism", Inha-LeHarve International Symposium, October 20; Yang-Taek Lim(2012), "A Philosophical Foundation for Neopragmatism", The Journal of Global Issues and Solutions, November/December.

21) 상기 내용은 「동·서독 기본조약」(1972년)의 제1항에도 명시되어 있다. 임양택(2009)을 참조.

22) 상기 내용은 「동·서독 기본조약」(1972년)의 제5항에도 명시되어 있다. 임양택(2009)을 참조.

23) 상기 내용은 서독 콜 수상의 「10개항 통일 프로그램」(1989. 11. 28)의 제1, 2, 3항에도 명시되어 있다. 임양택(2009)을 참조.

24) 저자는 '동아시아 경제공동체'(EAEC:East Asian Economic Community)를 주장한 바 있는데, 그것의 역

〈계속〉

을 할 것이기 때문에, 남·북한은 관련 회원국들과의 유대관계를 공고히한다.[25]

(3) 통일에의 접근방법은 '계급주체사상'이 아니라 '민족공동체 개념'에 입각하여 점진적으로 통일국가로 지향하는 것이다. 구체적으로, 남·북한 주민이 모두 '하나의 민족'이라는 '민족 동질성'을 회복하고 남·북의 갈등구조를 효율적으로 해결하기 위하여, 우선 통신(通信)을 위한 인터넷 및 무선전화 서비스를 개시하며, 조속한 기간 내에 3通(通商·通信·通行)의 자유화를 보장하며[26], 나아가 인적교류(고향방문단, 경제인, 기술자, 학자 등)를 추진한다.

2. 남북한 5단계 통합

남·북한 통일방안은 점진적 접근을 통해 통일국가의 경제·사회·정치 체제와 생활방식을 창출하기 위하여 통일의 중간단계로서 '연합국가'(Federation) → '연방국가'(Confederation)를 가설적으로 설정한 점진주의적 '5단계 통합방안'이다.[27] 즉, ①남북한 관계 정상화(Diplomatic Normalization of South Korea and North Korea) 및 한반도 평화정착(Peace Settlement in the Korean Peninsula) → ②경제통합(Economic Integration) → ③사회통합(Social Integration) → ④군사통합(Military Integration) → ⑤정치통합(Political Integration)의 단계를 밟아 점진적으로 추진한다.

일반적으로 '국가통합'은 문화적으로나 사회적으로 분리된 집단들을 하나의 영토단위로 결합시키고 국민적 정체성을 확립시키는 과정이다.[28] 그러나 대내·외적 상황의 변화에 따라 상기한 단계는 우선 순

사적 배경은 다음과 같다. 동아시아 16개국(아세안 10개국, 한·중·일, 인도·호주·뉴질랜드)은 '동아시아 정상회의'(EAS: East Asian Summit)를 구성하여 2015년까지 한·중·일(韓·中·日)을 포함하는 '동아시아공동체'(EAC: East Asian Community)를 성사시키기 위한 '쿠알라룸푸르 선언'(2005. 12. 14)을 채택했다. 그러나 저자가 주창한 '동아시아 경제공동체(EAEC)'는 일본의 하토야마(Yukio Hatoyama) 前 수상이 주창했던 '동아시아공동체'(EAC)나 이명박 前대통령이 제창한 '신(新)아시아 구상'과는 다르며 105년 전 安重根 義士의 '동양평화론'(東洋平和論, 1910. 03. 15)에 근간을 둔다. 임양택, "동아시아 경제공동체 구현을 위한 제언", 한국동북아경제학회, 2010. 02. 19; 데일리안, 2009. 11. 26 및 2010. 01. 08; 임양택, "안중근 의사의 동양평화론", 성동신문, 2009. 10. 31; 배긍찬(2006) 및 한승주(2005)를 참조.

25) 상기 내용과 대칭적으로, 서독 헬무트 콜(Helmut Kohl) 총리의 「10개항 통일 프로그램」(1989. 11. 28)의 제7항에서는 '유럽공동체(EC)는 전체 유럽발전에 결정적인 역할을 할 것이기 때문에 더욱 강화되어야 한다'고 명시되어 있다.

26) 「남북정상회담」(2007. 10. 02~04, 평양)에서 남·북한의 최고지도자는 3통(通行, 通信, 通關) 문제에 대한 개선방안을 합의하였고, 이 합의사항의 후속조치로서 「제1차 남북총리회담」(2007. 11. 14~16, 서울)은 3통(通)을 위한 구체적 방안에 합의하였다. 그 합의내용은 2008년부터 발효하도록 합의되었는데, 통행(通行)의 경우 출입시간을 현행 일일 9시간에서 15시간으로 확대하고 통신(通信)의 경우 인터넷 무선전화 서비스를 개시한다는 것이었다.

27) 2000년 「6·15 남북공동선언」은 '낮은 단계'의 연방국가 → '높은 단계'의 연방국가 → 통일국가의 방향을 제시하였다. 또한, 서독 콜 수상의 「10개항 통일 프로그램」(1989. 11. 28)의 제5항과 동독의 모드로프(Hans Modrow) 수상의 「4단계 통일방안」(1990. 02. 01)은 모두 과도기적 형태인 '국가연합적 구조'(Confederate Structure)를 거쳐 최종적으로 '연방제'(Federal System)의 형태로 통일을 구현하자는 단계적 통일방안이다.

〈계속〉

위에서 바뀔 수도 있으며, 심지어 어떤 2개 혹은 3개 단계들이 동시적으로 실현될 수 있다.[29]

(1) 제1단계(1민족·2제도·2국가·2정부)의 남북한 관계 정상화(Diplomatic Normalization of South Korea and North Korea) 및 한반도 평화정착(Peace Settlement in the Korean Peninsula)에서는 주(主)교전국(principal belligerents)이었던 남·북한 및 美·中의 정전협정 (1953. 07. 27)을 6者 즉 남·북한 및 美·中·日·러의 '동북아 평화조약'(Northeast Asian Peace Treaty)으로 대체하고 동 조약을 체결한다.[30] 그리고 남·북한 대표부를 각 수도(서울, 평양)에 각각 설치한다.

(2) 제2단계(1민족·1경제제도·2사회제도·2정치제도·2국가·2개 '중앙'정부)의 경제통합(Economic Integration)에서는 단일 혼합경제체제하에서 단일 화폐·금융제도, 단일 중앙은행을 정착시킨다. 특히, 북한지역의 「개성공단」에 이어서, 휴전선 근방(예를 들어 長端面) '남·북한 경제특구'(Special Economic Zone of South and North Korea)[31]를 건설하여 상호호혜적 산업·기술협력[32]을 효과적으로 추진하고, 나아가 통일국가의 국가경쟁력을 제고하기 위하여 민족산업구조를 재편성한다.

● 통일민족국가의 경제체제는 시장경제체제를 근간으로 하되, 시장기능의 실패를 보정할 수 있는 통일정부의 새로운 역할을 뒷받침하는 것이어야 할 것이다. 예로서 국방 및 치안 외에 정보통신 인프라·기술혁신기반·도로·항만·공항·주택·상·하수도 등 사회간접자본의 확대, 인력 양성을 위한 교육 및 훈련에의 투자, 보건 의료 등의 사회복지제도의 확충, 과학기술기반의 확충, 에너지 자원의 확보, 환경보존 등을 들 수 있다. 철도(TCR: Trans China Railway)와의 교통망 연계[33], 러시아 하산(Khasan)-북한 나진(羅津)-한국 부산(釜山)의 물류망 개설, 서(西)캄차카(Kamchatka) 해

28) Myron Weiner(1966), "Problems of Integration and Modernization Breakdowns," In Jason N. Finkle and Richard W. Gable(eds.), Political Development and Social Change, New York: John Wiley & Sons, Inc.

29) 동·서독의 통일은 '화폐·경제·사회 통합'(1990. 07. 01)을 동시적으로 이루었고, 그 다음 정치통합 (1990. 10. 02)을 일구어 내었다.

30) 동·서독 양국과 대독(代獨) 승전국인 미국·영국·프랑스·소련의 외상(外相)이 1990년 9월 12일, 모스크바에서 '베를린과 전체 독일과 관련한 합의서'(즉, '2+4 조약')에 체결하였다.

31) 임양택(1991), "남북한 경제특구의 개발전략에 관한 연구", 「경제학연구」, 한국경제학회, 12월; 임양택, "남·북한 경제특구 설치 서둘러야", 매일경제, 1990. 04. 21, 임양택, "남한내 남·북한 경제 특구 만들자", 데일리언, 2008, 01, 11; 이 특구의 상대적 이점은 바세나르 협정과 같은 다자간 전략물자 수출통제체제, 미국의 1979년 수출관리령(EAR: Export Administration Regulation), 원산지 규정(WTO 규정 제9주) 등에 대한 미국의 승인을 받음으로써 이 특구에서 생산되는 모든 제품들을 전(全) 세계에 자유롭게 수출할 수 있다는 점이다.

32) 임양택(1989), 「남북한 산업 및 기술협력의 추진방안에 관한 연구」, 한국경제연구원 연구총서, No. 64, 5월.

33) TKR과 TSR의 교통망 연계는 러시아의 숙원사업임과 동시에 러시아와 남·북한뿐만 아니라 유엔 아시아·태평양경제사회이사회(UN ESCAP) 교통장관회의에서도 합의(2006. 11)되었다.

〈계속〉

상광구 공동개발 프로젝트, 이르쿠츠크(Irkutck)·사할린(Ostrow Sakhalin)의 석유·가스전 개발, '아시아'의 송유관 및 가스관 건설, 러시아의 대(對)남·북한 전력 공급에 의한 북한의 에너지 문제 해결, 하바로프스크(Khabarovsk) 주(州)에서 러시아 및 남·북한의 농업개발을 통한 북한의 식량 문제 해결 등을 들 수 있다.

(3) 제3단계(1민족, 1경제체제·사회복지제도, 2개 정치제도, 1국가연합(Confederation), 1중앙정부, 2개 지역 '독립'정부)의 사회통합(Social Integration)에서는 남북 정상회의, 남북 각료회의, 항주 연락대표부, 공동사무처 등을 설치·운영하고 재산권 확립, 사법·행정·교육제도의 통합, 사회보장 제도(의료·연금·실업보험 등)를 통합 및 확충한다. 이러한 사회통합 단계에서는 1개의 국가연합 (Confederation)하에 2개의 지역'독립'정부가 존재하며, 국호(國號)는 '대한민주연합국'이다.

(4) 제4단계(1민족, 1경제체제·사회복지제도, 2개 정치제도, 1연방국가(Federation), 1중앙정부·2개 지역'자치'정부)의 군사통합(Military Integration)에서는 '동북아 안보협력회의'(CSCNA: Conference on Security and Cooperation in Northeast Asia)에 의하여 단일 군대명령체계, 남·북한 군축, 군사통합을 추구한다. 이 단계에서의 국호(國號)는 '대한민주연방공화국'이다. '동북아 안보협력회의'(CSCNA)는 유럽의 다자간 안보구조인 유럽안보협력회의(CSCE: Conference on Security and Cooperation in Europe)와 대칭적으로 비교될 수 있다.

(5) 제5단계(1민족, 1경제·사회·정치·군사 체제, 1연방국가(Federation), 1중앙정부, 8개의 지방'자치'정부)의 정치통합(Political Integration)에서는 '남북평의회'에서 '통일헌법'을 제정하고, 남·북한의 자유총선거를 통하여 통일연방국가의 상·하원을 선출하며, 상·하원 의원 수는 인구비례로 한다. 상·하원은 대통령을 선출한다. 상·하원의 임기는 4년 연임으로 하되 대통령의 임기는 4년 중임으로 한다. 대통령은 국무총리를 지명하여 상·하원의 과반수 찬성의 동의를 받아 임명한다. 이 최종단계에서의 국호(國號)는 '대한민주연방공화국'이다.

통일국가의 최종형태는 상·하원의 양원제인 '연방제'이며, 대통령과 남·북한 8개 지방'자치'정부로 구성된다. 연방 정부와 8개 지방'자치'정부의 관계는 '통일헌법'으로 규율된다. 대통령은 외교권, 군사권, 화폐 등을 관할하며 국무총리는 내정(內政)의 대부분을 관장한다.[34]

---

34) 참고로, 독일의 기본법 제65조는 "수상에 의한 정책의 지침 내에서 연방 각료들은 자기 부서의 업무를 수행하고 책임진다"라고 명시하고 있다. 또한, 각료원리에 따라 연방수상은 국정운영일반지침 설정을 넘어 장관에게 특정 정책을 강요하거나 장관을 건너뛰어 고위공무원을 직접 지휘할 수 없고 소관업무에 관하여 장관들의 의사를 무시 혹은 번복할 수 없다.

① 본 연구의 「한반도 통일 프로그램」은 과거 김대중 정부(1998. 02~2003. 02)·노무현 정부(2003. 02~2008. 02)의 '햇볕정책'(Sunshine Policy) 즉 '포용정책'(Engagement Policy)을 '포괄정책'(Comprehensive Policy)으로 흡수함과 동시에, 김대중 정부(1998. 02~2003. 02)· 노무현 정부(2003. 02~2008. 02)의 남·북한 사이의 양자 간(bilateral) 관계에서 남·북한 및 美·中·日·러의 다자간(multilateral) 관계로 각각 전환시켰다. 이것은 남·북한 통일의 실현 방안을 '민족문제'의 차원뿐만 아니라 '국제문제'의 차원으로까지 제고 및 확대시킨 것이다.

② 우선, 헬무트 콜(Helmut Kohl) 총리(서독 총리: 1982~1990, 통일독일 총리: 1990~1998)의 「10개항 통일 프로그램」(1989. 11. 28)과 본 연구의 「한반도 통일 프로그램」을 비교해보면 다음과 같이 크게 2가지의 차이점을 발견할 수 있다:

첫째, 헬무트 콜(Helmut Kohl) 총리(서독 총리: 1982~1990, 통일독일 총리: 1990~1998)의 「10개항 통일 프로그램」은 통일독일이 북대서양조약기구(NATO)에 잔류할 것이며 유럽 안보협력회의(CSCE: Conference on Security and Cooperation in Europe)와의 유대를 약속하고 '유럽공동체'(EC)에 크게 기여할 것이라는 점을 각각 강조함으로써 통일 독일의 막강한 군사력을 위험시하는 주변 유럽 국가들의 '우려'를 불식 및 안심시켰다.

이와 반면에, 본 연구의 「한반도 통일 프로그램」은 본서의 제VIII장: '본 연구의 북한 핵무기 해결방안'에서 제시한 가칭 '동북아 안보협력회의(CSCNEA)'를 한반도 주변 4강(美·中·日·러)과 결성하여 한반도의 평화와 번영을 도모할 것이며 '통일한국'이 '동아시아공동체'(EAC) 혹은 '아시아·태평양 경제협력'(APEC)과 유대를 강화하고 나아가 동 지역경제의 공동번영에 기여할 것을 강조한다.

둘째, 헬무트 콜(Helmut Kohl) 총리의 「10개항 통일 프로그램」은 동·서독 주둔 외국인에 대하여 전혀 언급하지 않았다. 이와 반면에, 본 연구의 「한반도 통일 프로그램」은 남한주둔의 미군 군사력 및 병력에 관하여 명시적으로 언급하고 있을 뿐만 아니라 이것의 역할로서 종전의 남한지역 방위역할이 아니라 한반도 및 동북아 전역의 안보를 담당하는 역할을 맡도록 규정한다.

③ 한편, 헬무트 콜(Helmut Kohl) 총리의 「10개항 통일 프로그램」과 저자의 「한반도 통일 프로그램」의 공통점은 통일을 국가연합(Confederative Structure)을 거쳐 연방제(Federal System)로 지향하며 지역공동체 즉, 헬무트 콜(Helmut Kohl) 총리의 경우 유럽공동체(EC)

를, 본 연구의 경우 '동아시아경제공동체(EAEC)'를 각각 추구한다는 점이다.[35] 이를 위하여, 상기한 두 제안은 공통적으로 원자·생물·화학 무기(ABC: Atomic, Biological and Chemical Weapons)의 생산·보유·사용을 포기하도록 규정한다.

또한, 헬무트 콜(Helmut Kohl) 총리의 「10개항 통일 프로그램」은 1990년 7월 6일의 '런던 선언'(London Declaration: '변화하는 NATO'), 모스크바 회담(1990. 02. 08) 및 코카서스(Caucasus) 회담(1990. 07. 17)에서 헬무트 콜(Helmut Kohl) 총리가 발표한 '10개 조항'에 적시되어 있듯이, 1968년 7월 1일의 핵무기확산금지조약(The Treaty on the Non-Proliferation of Nuclear Weapons), 1990년 8월 30일 유럽의 재래식 전력(CFE: Conventional Forces in Europe)과 전방 주둔의 감축협상 결과를 준수한다고 명시하였다.

---

35) 임양택, "동아시아 경제공동체 구현을 위한 제언", 한국동북아경제학회, 2010. 02. 19; 데일리안, 2009. 11. 26 및 2010. 01. 08.

02 김정은 국무위원장에게 보내는 공개서한

저자는 공개서한(公開書翰)의 형식으로 김정은(金正恩) 국무위원장에게 다음과 같이 충고한다: 아무쪼록, 세계사(단순히 한국사가 아니라)를 길게 바라보고 눈을 크게 떠서 한반도 주변의 동북아 정세뿐만 아니라 유럽과 중동(中東)을 포함한 세계정세를 정확히 파악하며 북한(北韓)의 입지를 면밀히 재(再)평가하기를 바라며, 그러한 바탕하에서 미국과 협상하여 한반도 평화모드로 전환함과 동시에 북한 정권의 안전 보장[36]과 북한주민의 생활수준을 점진적으로 향상시키는 데 모든 지혜와 노력을 경주하기 바란다.

구체적으로, 저자는 김정은(金正恩) 국무위원장에게 본서의 제Ⅷ장에서 논술한 본 연구의 북한의 핵무기 해결방안: '동북아 안보협력회의'(CSCNEA: Conference on Security and Cooperation in Northeast Asia)와 '10개항 동북아평화조약'(Northeast Asian Peace Treaty)과 '신실용주의적'(新實用主義的, Neopragmatic) 남·북한 경제교류/협력을 적극적으로 검토하고 주변 관련국들과 진지하게 논의하며 선도적으로 추진함으로써 자신이 동아시아(특히 '동북아 평화')를 희구한다는 의지를 대외적으로 보여줄 것을 당부한다.

그러하지 않는 경우, 북한의 김정은(金正恩) 국무위원장은 '현대판 극동(極東)의 제로니모'(Geronimo, 1829~1909)의 운명을 답습할 수 있다는 것을 충고한다.

미국 대륙 아파치 부족 전체의 전시(戰時) 추장이었던 제로니모(Geronimo)는 뛰어난 지략과 용맹으로 5천 명의 미군 기병대의 간담을 서늘하게 만들었던 '아메리칸 인디언 최후의 전사'로서 19세기 제국주의 시대의 희생자였다.[37]

---

36) 2018년 3월 6일 김정은(金正恩) 국무위원장을 만난 후 남한 측 특사단이 *"북 측은 한반도 비핵화 의지를 분명히 하였으며 북한에 대한 군사적 위협이 해소되고 북한의 '체제안전'이 보장된다면 핵을 보유할 이유가 없다는 점을 명백히 하였다"*고 발표한 이후 '체제보장'이 다시금 비핵화 협상의 화두로 등장했다. 여기서, '체제안전 보장'은 북·미(北·美) 수교, 북·일(北·日) 수교, 제재 해제, 경제 지원 등을 필요로 한다. 한편, '안전보장'은 북한의 선제공격(先制攻擊)이 없는 한, 남한도 군사 공격을 않는다는 불가침 보장으로서 불가침 '법적' 보장과 이를 뒷받침하는 군사적 신뢰구축과 군비통제조치 등의 평화협정(平和協定)을 체결해야 한다.

37) 1886년 9월 3일 제로니모(Geronimo)가 항복할 당시 아파치 족(族)은 여성과 아이를 포함해 36명에 지나지 않았다. 토벌대 사령관 넬슨 마일스는 제로니모(Geronimo)에게 플로리다에서 잠시 생활한 뒤 반드시 고향 애리조나로 되돌아가게 해주겠다고 약속하면서 항복할 것을 권유했다. 이튿날 공식적으로

실로, 미국 인디언 전쟁(American Indian wars)의 268년 동안의 역사(1622~1890)를 보면, 미국 백인 정착민과 미국 원주민인 아메리칸 인디언 사이의 정복 전쟁은 인디언의 땅을 백인 정착민의 위해 몰수하고 인디언을 정복하고 백인에 동화(同和)시키는 동시에, 인디언 보호구역에 강제 이주시킨 결과로 나타났다. 이 과정에서 영토를 빼앗기고 우월한 총과 대포 등의 무기로 무장한 그들에게 살육당하여 일부 부족은 멸종되고 다른 부족들은 포로가 되어 보호구역에 갇히는 등 온갖 고통을 당하였다.[38)]

인디언들은 앵글로 색슨족에 의해 아메리카 대륙에서 사라졌듯이, 잉카제국은 스페인에 의해 흔적만 남기고 지구상에서 사라졌다. 인류 역사학자 재러드 다이아몬드(Jared Mason Diamond, 1937~현재) 교수[39)]가 그의 저서 <총, 균, 쇠>(Guns, Germs and Steel, 1997년)[40)]에서 16세기 총과 쇠 등 무기를 가진 스페인 정복자가 잉카제국을 멸망시키고

항복한 제로니모(Geronimo)는 1894년 오클라호마의 요새(要塞, fort)로 옮겨졌으며 그는 끊임없이 애리조나로 보내줄 것을 요청했지만 미국 정부는 끝내 수락하지 않았다. 1909년 2월 17일 오클라호마에서 전날 밤 술에 취한 채 인디언 수용소로 돌아가던 중 마차에서 떨어져 차가운 길바닥에서 잠들었다가 급성 폐렴으로 사망했었다.

38) 상기한 미국 군대의 범죄 행위는 영화(예로서 영국과 프랑스가 싸운 '프렌치–인디언 전쟁', French and Indian War, 1755~1763)을 배경으로 한 라스트 모히칸(The Last Of The Mohicans, 1992년)을 들 수 있다. 이 영화는 넌픽션으로서 데이비드 그랜(David Grann, 1967~현재)의 <플라워 문>으로 뉴욕타임스·아마존 베스트셀러로 많이 소개되었다. 데이비드 그랜(David Grann)은 1920년대 오클라호마 오세이지 카운티에서 벌어진 기묘한 연쇄살인을 <플라워 문>에서 다룬다. 아메리카 인디언 중 하나인 오세이지 족의 가슴 아픈 이야기(수많은 원주민들이 독살 당했고, 총 맞아 죽었고, 그러는 와중에 후견인이었던 백인들에게 차례로 재산을 빼앗겼다)는 "미국 역사의 축소판(microcosm)"이라며 "미국인들의 의식에서 삭제된 '악의 역사'를 복원했다"고 말했다. 라스트 모히칸(The Last Of The Mohicans, 1992년)에 나오는 오세이지의 왕(王)이라고 불리던 진짜 악당 윌리엄 헤일이 마치 인디언들의 구조자처럼 행동하면서 뒤에서는 그들을 살해했다. 검은 황금으로 막대한 부(富)를 마련한 오세이지 인디언들을 상대로 살인교사, 독살 그리고 다이너마이트를 동원한 폭살에 이르기까지 상상을 초월하는 범죄가 난무했다. FBI(연방경찰)는 윌리엄 헤일을 모든 범죄의 근원이라고 기소했다.

39) 재러드 다이아몬드(Jared Mason Diamond, 1937~현재) 교수는 캠브리지 대학에서 생리학 박사 학위를 취득했다. 현재 캘리포니아 주립대(UCLA) 의과대학에서 생리학 교수로 재직 중이며, 1964년부터 뉴기니를 주 무대로 조류생태학을 연구하고 있는 조류학자다. 생리학으로 과학 인생을 시작한 그는 조류학, 진화생물학, 생물지리학으로 영역을 확장해나갔으며, 라틴어, 그리스어, 독일어, 프랑스어, 러시아어 등 수개국어를 구사한다. 세계적으로 유명한 과학 월간지 <네이처(Nature)>, <내추럴 히스토리(Natural History)>, <디스커버(Discover)> 등 수많은 고정란에 기고하는 저널리스트이며 이들 과학지의 논설위원도 하는 등 과학 저술인으로도 활약하고 있다. 지은 책으로는 1998년 퓰리처상을 수상한 <총, 균, 쇠>, <제3의 침팬지>, <섹스의 진화>, <문명의 붕괴> 등이 있다.

40) 재러드 다이아몬드(Jared Mason Diamond, 1937~현재) 교수의 <총, 균, 쇠>(1997년)는 문명의 우열을 가리는 주요 요소인 총, 균, 쇠 등을 주제로 인간의 역사를 짚어보는 내용으로, 1997년 발간되어 1998년 퓰리처 상을 수상했고, 그 이후 전 세계적으로 베스트셀러 스테디셀러로 독자들의 사랑을 받아

원주민을 약탈하고, 지배한 것을 시작으로 식민전쟁이 반복되면서 원주민들이 설 땅을 잃었던 것이다.

여기서 저자는 김정은(金正恩) 국무위원장에게 다음과 같은 문제를 제기한다: 미국은 이라크 전쟁(2003. 03. 20~04. 14)이 끝나는 대로 북한에 대하여 선제공격(先制攻擊)을 할 수 있는 모든 법률적 및 물리적 준비가 완료되어 있음에도 불구하고, 여때까지 그것을 단행하지 않고 있다. 왜 그럴까? 그 이유는 미국이 소련의 패망 이후 소멸된 냉전체제(冷戰體制)를 동북아에서 복구하여 '펜타곤 시스템'(Pentagon System)을 존속시키기 위함이라고 저자는 사유한다.

다시 말하면, 북한의 핵(核) 무장은 역설적으로 미국 본토에 위협이 되지 않는 한도 내에서 미국에게 '필요악(必要惡)'인 것으로 간주될 수 있다는 것이다. 북한의 핵무기 포기를 위하여 다각적 노력을 구사하되, 만약 북한이 경제제제로 인하여 자중지란(自中之亂)이 일어나거나 고사(枯死)하면, 그때 대응하면 된다는 것이다.

'펜타곤 시스템'(Pentagon System)[41]이라는 미국 경제시스템의 본질적 특수성(군수산업의 본질적 전쟁 필요성)에 의하여, 북한 정권뿐만 아니라 북한지역 전체가 '희생'될 수 있으며, 나아가 거대한 중국경제도 일격에 주저앉을 수 있다는 것을 김정은(金正恩) 국무위원장은 깊히 숙고해야 할 것이다.

상기한 저자의 충고와 관련하여, 김정은(金正恩) 국무위원장이 특히 유의할 것은 중국이나 러시아는 2001년 9·11 테러 사건으로 유발된 아프카니스탄 전쟁(2001~2014 종전, 테러와의 전쟁은 지속)[42]의 '팀떼기'를 자초하지 않기 위하여, 인도주의적 지원 외의 북한 정

왔는데, 저자는 별 관심을 가지지 못했다가 아마 2012년경에 이 책이 서울대 도서관에서 대출 1순위라는 기사를 보고 관심을 가졌던 것으로 기억한다. 그리고 책을 펼쳐 본 다음 20%도 못 읽고 포기했던 것 같다. 당시에는 일단 이런 류의 주제에 큰 관심이 없었고, 90년대에 이 책이 처음 출간되었을 때보다 이 책의 내용이 이미 대중에게 많이 알려져서일 수도 있었다. 그러나 그것보다는 이 책이 내게는 내용이나 서술 방식, 그리고 나의 부족한 지식에 의하여 읽기에 참 힘들게 느껴졌기 때문이었을 것이다. 2019년 12월 말에 이 책을 다시 집어 든 다음에도 이 느낌은 변함이 없었다. 만약 정독을 고집했다면 아마 한 달은 족히 걸렸을 거라고 생각되지만, 일주일 이내에 읽겠다는 목표를 가지고 잘 이해가 되지 않는 부분은 일단 스킵을 해서 다행히도 며칠만에 읽어낼 수 있었던 것이다. 저자의 해박한 지식의 물결에 뇌가 뻐근해질 정도로 고전했지만 결국 마지막 장을 덮을 수 있어서 역시 뿌듯했다. 최근에 읽은 "사피엔스"의 저자 유발 하라리 교수도 이 책에서 영감을 얻었다고 자신의 책에서 밝힌 바 있다.

41) Jacques R. Pauwels(2017): The Myth of the Good War: America in the Second World War; Gabriel Kolko(2009): World in Crisis: the End of the American Century

42) 아프가니스탄 전쟁은 영국과의 전쟁(1839~1919), 소련과의 전쟁(1979~1989), 미국과의 전쟁(2001~2014)로 짐철되었다. 소련과의 진쟁(1979~1989)은 소련이 아프가니스탄을 1979년에 침공한 것이다. 침

권의 군사적 보호나 개입의 가능성은 극히 희박하다는 점이다.

또한, 저자는 김정은(金正恩) 국무위원장에게 화두(話頭)로서 다음과 같은 질문을 한다: *"엄청난 핵무기를 갖고 있음에도 결코 사용할 수 없으며, 핵무기로 위협할수록 상대 진영의 핵무장을 유발하게 되는 상황에서, 북한이 얻을 수 있는 실익(實益)은 무엇인가요? 국제사회의 제재하에서 고작 약 20억 달러의 외환보유액은 바닥이 드러나고 있는데, 얼마동안 북한경제가 버틸 수 있다고 생각합니까? 더욱이 최근에 '코로나19'로 전 세계 인민들이 공포에 떨고 있는데, 북한 체제를 지켜주고 있는 북한 주민을 구할 수 있는 것이 '핵무기'입니까? 아니면 식량·에너지·코로나19 '백신'입니까?"*

다행히, 김정은(金正恩) 국무위원장이 2018년 4월 20일 노동당 중앙위원회 제7기 제3차 전원회의에서 '4불(不)' 선언: "우리는 이미 더 이상 핵무기를 만들지도, 시험하지도 않으며, 사용하지도, 전파하지도 않을 것이라는 결정서를 채택했다. '경제 건설과 핵무력 건설 병진노선의 위대한 승리를 선포함에 대하여'라는 제목의 결정서에는 *주체 107년 (2018) 4월 21일부터 핵실험과 대륙간탄도로켓(ICBM) 시험발사를 중지할 것*"이라면서 *"우리 국가에 대한 핵 위협이나 핵 도발이 없는 한 핵무기를 절대로 사용하지 않을 것이며 그 어떤 경우에도 핵무기와 핵기술을 이전하지 않을 것"*이라는 내용이 포함됐다. 이어서, 2019년 초 신년사(新年辭)에서 상기한 '4불(不)'을 내외에 선포하고 여러 가지 실천적 조치들을 취해왔다고 선언하였다.

여기서 유의할 것은 김정은(金正恩) 국무위원장이 '4불(不)' 선언을 강조한 것은 미국 등 국제사회로부터 핵(核) 보유국으로 인정받으려는 의도라는 점이다. 현재 국제사회에서 핵보유국으로 공인받은 국가들은 유엔 안보리 5개 상임이사국: 미국, 영국, 프랑스, 중국, 러시아이다. 이들 5개국 외에 비(非)공인 핵보유국은 3개국: 이스라엘, 인도, 파키스탄이다.

공 이유는 소련의 세계 전략 중 일부로서 '허들랜드 전략'(중앙아시아를 점하면 유럽을 정복할 수 있고 유럽을 제패하면 세계를 재패한다)의 실행이었다. 소련의 아프가니스탄 1979년 침공에 대하여, 미국정부가 제2차 세계대전이후 최초로 냉전시기 처음으로 강력하게 대응했었는데, 미국정부의 식량 수출금지 정책을 추진했었다. 결국, 당시 세계 최강의 소련 군대가 미국의 곡물수입에 의존하고 있었던 소련은 아프간 점령 10년만에 1989년 소련 붕괴 직전 아프간에서 군대를 철수시켰다. 한 알의 옥수수가 무기보다 핵전력보다 더 위력적이었던 것이다. 요컨대, 아프가니스탄－소련의 전쟁(1979~1989) 전쟁은 소련 연방 해체의 첫걸음이었고 레이건 정부가 미·소(美·蘇) 간 핵무기 금지조약을 파기하고 미국의 무제한 군비 경쟁에 소련이 손을 들게 된 외교적 군사적 실책이었다. 아프가니스탄－소련의 전쟁(1979~1989) 전쟁에 이어서 미국 역사상 최장기 13년 전쟁인 미국－아프가니스탄 전쟁(전쟁개입: 2001. 10. 07－종전선언: 2014. 12. 28)은 미국은 군사개입으로 당시 테러지원 새력이었던 탈레반 정권을 축출시키고 현 정권인 친미(親美) 민간 정부를 수립하였다. 그러나 테러와 마약 밀매로 인한 세계적인 문제를 일거에 해소하기 위해 다국적군이 계속 작전을 수행하고 있는 상황이다.

이들 3개국이 사실상 핵보유국이 된 요인은 미국과 원만한 관계를 유지하고 있기 때문이다. 특히 상기 3개국(이스라엘, 인도, 파키스탄)은 자신들이 보유한 핵무기가 미국의 안보를 위협하지 않을 것이란 점을 분명하게 미국에 약속했었다.

본서의 제Ⅷ장에서 논술한 바와 같이, 상기한 비(非)공인 핵보유국은 3개국: 이스라엘, 인도, 파키스탄 중에서, 미국과 인도가 「핵 협력협정」(2006. 03. 02)을 체결한 '인도 모형'(2006. 03. 02)을 북한이 요구하는 것은 '논리적으로' 정당하다고 저자는 판단한다. 왜냐하면 '이스라엘 모형'은 특수한 경우로서 핵무기 문제 해결 사례로 전혀 적용할 수 없으며 '파키스탄 모형'(미국이 어쩔 수 없이 암묵적으로 핵무기 개발을 용인한)은 미국이 '파키스탄의 덫'에 걸려들기 때문에 미국이 거부할 것인 반면에 '인도 모형'(2006. 03. 02)은 핵 보유국인 인도와 핵(核) 감시국인 미국의 이해 관계가 서로 합치된 경우이기 때문이다.

그러나 여기서 유의해야 할 것은 미국과 인도가 「핵 협력협정」(2006. 03. 02)을 체결함으로써, 인도는 미국으로부터 '세계 6대 핵 보유국'의 지위를 공인받고 원전(原電)도 건설함으로써 급속한 경제성장에 따른 에너지(전력) 부족을 해결하게 된 반면에, 미국은 인도와 협력을 강화하고 중국을 견제하는 효과를 얻을 수 있게 됐다는 점이다.

최근에 북한은 핵 보유를 전제로 미국과 협상을 통해 경제적 지원이나 관계 개선을 추구하고 있다. 즉, 핵 보유를 기정사실화한 후, 시간이 걸리더라도, 미국과의 관계를 개선했던 인도의 대(對)미국 핵협력협정 체결(2006. 03. 02) 방식으로 해보겠다는 속셈이다. 이와 반면에, 북한이 대(對)중국 포위망에 합류할 가능성이 전혀 없기 때문에, 미국은 핵(核) 포기에 대한 북한의 전략적 결단이 전제되지 않으면 경제제재와 압박을 계속해 나갈 것이다.

다시 말하면, 북한 핵문제 해결방안으로서 '인도 모형'의 적합성 여부는 미국이 인도에 대한 '파격적'인 대우를 해주었듯이 북한에게도 핵확산금지조약(NPT) 체제의 '예외'를 적용할 수 있는가의 여부에 달려 있으며, 이와 동시에 중국이 자국의 심장을 겨누는 북한 핵무기 해결방안으로서 '인도 모형'을 과연 용인할 수 있을까에 달려 있다. 그러나 저자는 상기한 2가지 가능성(미국과 중국의 용단)을 단연코 '제로'(Zero)라고 단언한다.

요컨대, 2001년 9·11 테러 사건의 여파를 감안하면서, 북한의 김정은(金正恩) 국무위원장은 오사마 빈 라덴(Osama bin Laden)의 비극을 자초하거나 그러한 빌미를 제공하지 말아야 한다는 것이다. 이것은 배경이 어떻든 간에 그 결과는 또 하나의 '민족사의 비극'으로 기록될 것이며, 민족화합과 동북아 평화 정착에 크나큰 장애요인이 될 것이라고 저자는 확신한다.

여기서 유의할 것은 다음과 같다: 북한의 핵 미사일은 미국에게 결코 위협이 될 수 없다는 점이다. 왜냐하면 미국의 미사일방어체계(MD)와 사드(THAAD·고고도미사일방어체계) 및 패트리엇 미사일 부대와 레이더 기능은 북한판 이스칸데르 지대지(地對地) 미사일 (KN‒23)처럼 저고도(低高度)로 비행하는 탄도미사일에 대한 강력한 탐지 기능을 발휘할 수 있기 때문이다.[43]

북한의 핵폭탄이 탑재되어 있는 ICBM이 미국 영토로 발사되는 순간, 몇 분 후 미국의 반격으로 북한지역은 '잿더미'로 변할 것이다. 민족 시인 소월 김정식[44]의 시(詩): '영변의 약산(藥山) 진달래 꽃'이 '피바다'가 되면 좋겠는가? 수려한 대동강(大同江)이 피로 물들기를 원하는가? 물론, 서울을 비롯한 남한지역도 '불바다'가 될 것이다. 그 후에는, 한민족이 어떻게 될 것인가?

주지하다시피, 평안도는 일제 강점기 민족 광복운동의 요람으로서 민족의 정기(正氣)와 한(恨)이 서려있는 곳이다. 예로서 1919년 3.1만세운동 당시 민족대표 33인의 한 사람인 남강 이승훈(李承薰) 선생[45]이 가산을 털어 설립한 오산학교(평안북도 정주군), 평양숭실중

---

43) 이것은 '미국의 소리'(VOA) 방송(2019. 08. 12)에 의하면 미국 전략국제문제연구소(CSIS)의 이언 윌리엄스 미사일 방어프로젝트 부국장이 권고한 내용이며, 또한 레우벤 리블린(Reuven Rivlin, 1939~현재) 이스라엘 대통령이 2019년 7월 15일 문재인 대통령에게 북한의 미사일 위협에 대응하기 위한 미사일 방어(MD)용 요격 미사일 필요성을 강조한 바이다.

44) 민족 시인 김소월은 평안북도 구성에서 태어났다. 어려서 아버지를 잃은 김소월은 할아버지 밑에서 성장하였다. 오산학교와 배재고보를 거쳐 도쿄 상대에 입학하였으나 관동대지진으로 중퇴하고 귀국하였다. 당시 오산학교 교사였던 김억의 영향으로 김소월은 시(詩)를 쓰기 시작하였고, 문예지 『개벽』 1922년 7월호에 떠나는 임을 진달래 꽃으로 축복하는 한국 서정시의 기념비적 작품 「진달래 꽃」을 발표하여 크게 주목받았다. 그 후에도 계속 「예전엔 미처 몰랐어요」, 「못 잊어 생각이 나겠지요」, 「산유화」 등을 발표하였다. 나중에 처가(妻家)가 있는 구성군 남시(南市)에서 동아일보사 지국을 경영하다 실패한 후 실의의 나날을 술로 달래는 생활을 하였다. 김소월이 33세 되던 1934년 12월 23일, 부인과 함께 취하도록 술을 마신 이튿날 아편을 마시고 음독자살한 모습으로 발견되었다. 불과 5~6년 남짓한 짧은 문단 생활 동안 그는 154편의 시(詩)를 남겼다. 평론가 조연현은 자신의 저서에서 "그 왕성한 창작 의욕과 그 작품의 전통적 가치를 고려해볼 때 1920년대에 천재라는 이름으로 불릴 수 있는 거의 유일한 시인이었음을 알 수 있다"라고 김소월을 평가하였다.

45) 남강(南岡) 이승훈(李昇薰, 1864~1930)은 평안북도 정주군에서 태어나 일제 강점기에 활동한 교육자이자 민족 대표 33인 중 한 사람 신앙 위에 우뚝 선 민족지도자이다. 대한제국의 개혁, 계몽운동가이자 일제 강점기의 독립운동가, 교육자, 정치가인 도산(島山) 안창호(安昌鎬, 1878~1938)의 강연을 듣고 민족운동에 뛰어들었다. 1907년 서울 상동교회에서 도산(島山) 안창호(安昌鎬)의 발기로 신민회(新民會)가 조직되었다. 이승훈(李昇薰)은 안창호(安昌鎬)가 만든 비밀 조직인 신민회(新民會)에 들어가 활동했다. 그리고 민족의 힘을 기르려면 인재를 길러야 한다고 생각해 평안북도 정주에 신식 학교인 오산학교를 설립했다. 1911년 105인 사건으로 체포되어 고초를 겪었으나 이에 굴하지 않고 1919년 3.1만세운동 당시 민족대표 33인의 한 사람으로 참여하였다. 출옥 후에도 계속해서 교육과 민족운동에 힘썼으며, 그가 세운 오산학교에서 주기철, 함석헌, 백인제 등의 제자들이 배출되었다.

학(崇實中學), 또한, 순교자·민족 운동가로서 신사 참배 반대의 상징적 존재인 소양(蘇洋) 주기철(朱基徹, 1897~1944) 목사[46]가 담임목사로 봉직(1936~1944)했었던 평양 산정현 교회가 자리잡고 있는 곳이 아닌가? 또한, 고당(古堂) 조만식(曺晩植, 1883~1950) 선생[47]은 조선물산장려운동(朝鮮物産奬勵運動) 당시 "조선건국준비위원회 위원장"인 여운형은 손치웅을 파견하여 조만식(曺晩植) 선생에게 남한으로 내려올 것을 권유하지만, '조선(朝鮮)의 간디'는 이를 거절하고 "이 땅 지키다 죽어야지" 하면서 끝내 월남을 거부했었다.

요컨대, 만약 북한의 핵폭탄이 탑재되어 있는 ICBM이 미국 영토로 발사되는 순간, 평양(平壤)을 비롯한 북한 핵무기 기지들에 대한 미국의 대폭격은 북한뿐만 아니라 중국과 러시아에 대한 '경고형 무력시위'가 될 것이다. 이 경우, 중국과 러시아도 미국의 즉각 반격을 도저히 만류할 수 없을 것이다. 이것은 조지 워커 부시(George Walker Bush, 1946~현재; 대통령 재임기간: 2001~2009)은 2001년 9·11 테러[48]에 대한 보복으로 이라크와 전쟁을

---

46) 소양(蘇洋) 주기철(朱基徹, 1897~1944) 목사는 평양 산정현 교회(1936~1944)에서 담임 목사로 봉사하였다. 독립운동가로서 신사 참배 반대의 상징적 존재로서 47세로 순교하였다. 일제 강점기 때, 수많은 목사들의 배교(背敎)와 신사참배 중에도 끝까지 신앙의 절개를 지켰다. 그는 일본의 신사 참배 강요가 절정에 다다를 때 이런 일사각오(一死覺悟)의 결심을 주일 설교를 통하여 나타내었다.

47) 고당(古堂) 조만식(曺晩植, 1883~1950) 선생은 조선물산장려운동(朝鮮物産奬勵運動)을 주도하였다. 1927년 민족의 좌우합일로 결성된 신간회(新幹會)를 주도하였다. 1945년 11월 한국 최초의 "우파 기독교 정당"인 "조선민주당"을 창당하고 초대 총재를 지냈으며, 해방 이후 "평남 건국준비위원회 위원장"으로 활동하였다.

48) 2001년 9·11 테러 사건은 모하메드 아타(당시 33세, AA 11편의 납치 행동대장) 등 19명의 이슬람 극단주의 세력의 동시다발적 항공편 하이재킹과 자살 테러로 인해 미국 뉴욕 맨해튼의 110층 쌍둥이 빌딩인 세계무역센터와 미국 국방부(펜타곤) 건물까지 공격받은 사건이다. 그 배후로서 테러 조직 알카에다의 수장(首長)인 오사마 빈 라덴(Osama bin Laden, 1957. 03. 10~2011. 05. 02)이 지목되었다. 미국은 2001년 10월 말 그가 숨어 있는 아프가니스탄에 대해 전면전 공격과 국제 테러 조직들에 대해 무차별 응징을 선언했다. 수 년간 은신생활을 해온 오사마 빈 라덴은 2011년 5월 파키스탄의 수도인 이슬라마바드 외곽에 있는 한 가옥에서 미군 특수부대의 공격을 받고 사망하였다. 아프카니스탄은 과거 구(舊) 소련과의 전쟁 때 탈레반을 오사마 빈 라덴이 물심양면 지원해 주었기 때문에 그를 지켜야 할 의리가 있었다.
한편, 2001년 9·11 테러를 오사마 빈 라덴(Osama bin Laden)이 일으킨 것으로 미국의 일방적인 주장에 의하여 알고 있지만, 이미 속속들이 증거가 밝혀지고 있는 것이 군산복합체(軍産複合體)와 연결된 미국 내 세력이 냉전(冷戰)을 대신한 대리의 전쟁공포 상황을 조성하기 위한 행동일 가능성이 있는 것으로 드러나고 있다. 가장 중요한 증거는 2001년 9·11 테러와 동시에 탄저균이 미국 내 온갖 중요 시설, 상원의원, 의사당, 대법원 등에 배달되어 온갖 언론에서 난리법석을 떨었던 적이 있었다. 당시, 가장 무서운 생물테러는 천연두라고 공포에 떨었다. 그러나 조사가 진행되면서 그 탄저균이 미국 육군 생물학 연구소에서 흘러나온 것이라는 것이 밝혀지면서 완전히 조사가 흐지부지 되어버렸다. 심지어는 탄저균이 미국 의사당, 대법원, 미국 의회 의원들에게 퍼뜨려진 것은 그곳에서 9·11 테러에 대한 정밀 조사

하였을 때, 중국과 러시아는 침묵하였을 뿐만 아니라 심지어 숨소리도 죽였다는 사실에서도 짐작할 수 있다.

전술한 바와 같이, 미국과 영국의 폭격기 800여 대가 독일 동부의 드레스덴에 대규모 공습(空襲)을 단행(1945. 02. 13) 함으로써 무고한 드레스덴 시민 20~25만 명이 사망했었는데, 이것은 미국과 영국의 당시 소련(蘇聯)에 대한 경고였다. 이어서, 히로시마와 나가사키에 대해 인류 최초의 핵(核) 공격(1945. 08. 06/09)으로 무고한 일본인 20여만 명이 사망하였으며, 그 후 방사능 후유증까지 포함해 총 70여만 명의 일본인이 사망하였는데, 이것 또한 미국의 당시 소련(蘇聯)에 대한 경고였다.[49)]

상기한 역사적 사례는 (1) Jacques R. Pauwels(2017): The Myth of the Good War: America in the Second World War; (2) Gabriel Kolko(2009): World in Crisis: the End of the American Century에 상세히 논술되어 있다.

마지막으로, 김정은(金正恩) 국무위원장에게 당부하고자 하는 것은 국정철학의 변환이다: 즉, 할아버지/아버지의 주체사상(主體思想)에서 벗어나서 본 연구의 신실용주의(新實用主義, Neopragmatism)를 수용하는 것이다. 심지어, 전자(前者)를 역사적 가치로서 더욱 빛내기 위해서라도 후자(候者)의 실천전략이 필요할 것이다.

가 진행되는 것을 막기 위한 조처였다는 소리까지 인터넷에서 흘러나왔다.

이와 같이, 조지 워커 부시(George Walker Bush, 1946~현재; 대통령 재임기간: 2001~2009) 대통령은 당시 확실한 증거가 없는데도 오사마 빈 라덴(Osama bin Laden)을 범인으로 몰아가 아프가니스탄 전쟁을 일으키고 국민의 주의를 9·11테러에서 완전히 해외로 돌려버렸다. 이라크 전쟁이나 북한 침공 시 나리오는 이러한 연장 선상에서 일어나고 있는 것이다.

49) Jacques R. Pauwels(2017): The Myth of the Good War: America in the Second World War. Gabriel Kolko(2009): World in Crisis: the End of the American Century.

03 문재인 대통령에게 보내는 공개서한

　이제, 문재인(文在寅) 대통령(2017. 05~현재)의 임기는 노루 꼬리만큼 남았다. 그 다음으로 누가 다음 대통령이 되더라도 문재인(文在寅) 대통령보다 훨씬 더 험한 길(특히 한국경제의 위기로 인하여)을 걸을 것이라고 저자는 전망한다.[50] 귀천(歸天)을 준비하는 노(老)학자는 역사 발전의 '비용'을 줄이고자 하는 마음으로 다음과 같이 문재인(文在寅) 대통령에게 충고한다.

　2018년 4월 27일, 문재인(文在寅) 대통령과 김정은(金正恩) 국무위원장은 판문점 남 측 '평화의 집'에서 열린 남북정상회담에서 이른바 '한반도(조선반도)의 평화와 번영, 통일은 위한 판문점 선언'을 통해 *"남과 북은 정전협정 체결 65주년이 되는 올해에 종전을 선언하고 정전협정을 평화협정으로 전환하며 항구적이고 공고한 평화체제 구축을 위한 남·북·미 3자 또는 남·북·미·중 4자회담 개최를 적극 추진해 나가기로 하였다."*고 천명했다.

　여기서 유의할 것은, 본서의 제Ⅷ장에서 논술한 바와 같이, 평화협정이나 평화조약이 반드시 평화를 보장하지 않는다는 것을 역사가 증거하고 있다는 점이다. 에리히 프롬 (Erich Fromm)은 그의 저서 <건전한 사회>(The Sane Society)에서 프랑스 작가 빅토르 세르빌리에(Victor Cherbulliez)의 조사결과를 인용하여 BC 1500년부터 1860년까지의 세계 역사에서 영구적인 평화의 보장을 전제로 하는 평화조약(平和條約)이 약 8천 건이나 체결 됐으나 그 효력이 지속되기는 평균 2년 정도에 불과했다(According to Victor Cherbulliez, from 1500 B.C. to 1860 A.D. no less than about eight thousand peace treaties were signed, each one supposed to secure permanent peace, and each one lasting on an average two years!)고 말했다. 현실을 도외시하고 이상주의에 젖은 평화의 약속들이 얼마나 허구(虛構)에 찬 것인가를 단적으로 보여주는 교훈이다.[51]

---

[50] 인양태(2021), <조선(朝鮮)이 망조(亡兆), 대한제국(大韓帝國)이 자멸(自滅), 대한민국(大韓民國)이 위기(危機)>, 도서출판: 박영사, 2021.

[51] 물론, 몇몇 평화협정이 전쟁 재발에 일정 부분 기여한 점이 있다. 예로서 개신교와 로마 가톨릭 간의 대립이라는 종교문제로 발발한 국제전쟁인 '30년 전쟁'의 종전과 함께 1648년 10월 24일 체결된 베스트팔렌조약(Peace of Westfalen, Treaty of Westphalia), 제2차 세계대전 후의 파리강화조약, 1995년 보스니아 헤르체고비나와 크로아티아, 유고슬라비아연방공화국(신유고연방) 간에 체결되어 보스니아 내전을

전형적 사례를 들면, 베르사유 강화조약(Treaty of Versailles, 1919년), 뮌헨 협정(Munich Agreement, 1938. 09. 30), 독일·폴란드 불가침조약(1934. 01. 26), 독·소(獨·蘇) 불가침조약(1939. 08. 23), 베트남 평화협정(1973. 01. 27), 중동(中東) 평화협정(1979년)과 오슬로 평화협정(1993. 12)은 모두 평화를 담보하지 못했다. 특히, 베르사유 강화조약(1919년)은 제1차 세계대전(1914~1918) 이후 독일과 연합국 간에 체결된, 다시는 지구상에서 세계대전이 일어나지 않게 하자는 대표적인 평화협정이었지만 나치 정권의 독일이 배상을 거부하면서 1933년에 파기되었고 병사 900만 명 이상이 사망한 채로 제2차 세계대전(1939~1945)의 발발로 이어졌다. 뮌헨 협정(Munich Agreement, 1938. 09. 30)이 체결된 지 6개월 후 아돌프 히틀러(Adolf Hitler)는 체코를 합병하고 이어서 폴란드를 침공(1939. 09. 01)함에 따라 제2차 세계대전(1939~1945)을 일으켰다. 영·독(英·獨) 불가침조약(1939년)과 독·소(獨·蘇) 불가침조약(1939. 08. 23)은 비준서의 잉크가 마르기 전에 제2차 세계대전(1939~1945)의 발발로 실효성이 없음이 입증됐었다. 전사자는 약 2,500만 명이고, 민간인 희생자도 약 3천만 명에 달했었다.

베트남 평화협정(1973. 01. 27)은 북베트남, 남베트남, 미국 사이에 조인된 베트남 전쟁 종결을 약속한 협정이었지만, 상기 평화협정을 맺은 뒤 남베트남(越南)에 주둔하고 있었던 미군이 남베트남(越南)에서 철수한 지 2년 후 1975년 4월 30일 북베트남(越盟)의 탱크가 남베트남(越南) 수도인 사이공 대통령궁의 철문을 부수고 들어갔으며 남베트남 대통령은 항복했었다. 결국, 베트남 통일의 '비용'으로 600여만 명의 남베트남인이 재교육 수용소로 끌려가 한 명도 살아남지 못했다. 100만 명 이상은 조국을 잃고 보트피플이 돼 바다 위를 유랑해야 했다. 당시, 월맹(越盟)과 베트콩 공산주의자들의 통일전선전략과 위장평화공세 속에 월남(越南) 대학생들이 반미(反美)·반전(反戰) 데모를 벌이고 있었다. '우리는 평화를 원한다', '양키들은 월남문제에 개입할 권리가 없다' 등의 구호를 외쳤었다.

중동 평화협정(1979년)은 미국의 중재로 이집트가 이스라엘의 생존권을 인정하는 대신 시나이 반도를 반환받고 이스라엘과 단독 평화협정을 맺음으로써 전쟁 악순환의 첫 고리를 끊었다. 이 공로로 메나헨 베긴(Menachem Begin) 총리(제6대: 1977~1983)과 안와르 사다트(Anwar Sadat) 대통령(제3대: 1970~1981)은 함께 1979년 노벨 평화상을 수상했다. 그러나 1980년 9월 이란과 이라크 사이에 전투가 일어났으며 지금도 테러나 국지전쟁이 끊이지 않고 있다. 1993년 9월 13일 중동분쟁의 핵심 국가인 이스라엘과 팔레스타인은 '영토

종결한 데이턴평화협정, 2014년 필리핀 정부와 이슬람 반군조직인 모로이슬람해방전선(MILF) 간에 체결되어 40년 이상 지속되었던 내전을 종식시킨 필리핀－모로이슬람해방전선평화협정 등을 들 수 있다.

와 평화의 교환'을 원칙으로 한 '오슬로 평화협정(1993. 12)'을 체결한 이후 지금까지 수차례의 크고 작은 휴전협정과 평화협정을 체결했으나 평화와 공존은커녕 암살과 테러, 군사력을 동원한 보복의 악순환 등 유혈 충돌이 끊이지 않고 있다. 2002년 3월 12일 유엔안전보장이사회는 팔레스타인을 사상 처음으로 국가로 명시하며, "이스라엘과 팔레스타인 양측이 안전하고 공인된 국경 안에서 공존하는 비전을 지지한다"고 결의(안보리 결의 1397호)했으나 허사(虛辭)였다. 2003년 4월, 유엔과 미국, 러시아, 유럽연합(EU) 등 국제사회가 이스라엘과 팔레스타인간의 유혈사태를 종식시키기 위해 '중동평화 로드맵'(road map for Middle East peace)을 마련했었지만 이 역시 휴지조각이 되었다.

그렇다면, 왜 북한은 평화협정(平和協定) 체결을 줄기차게 주장하는가? 그 이유는 평화협정(平和協定)이 체결되면 한·미동맹(韓·美同盟)이 파기되고 주한미군(駐韓美軍)의 주둔 근거가 소멸되기 때문이다. 주한미군(駐韓美軍)이 철수하면 그 결과는 베트남 평화협정(1973. 01. 27) 이후 2년만에 '베트남의 비극'(1975. 04. 30, 共産化)이 재현될 것이 명약관화(明若觀火)하다. 북한의 과학백과사전출판사가 발행한 '백과전서', 북한의 대남선동 기구인 '반제민전', 평양 인민문화궁전 결의 서한은 평화협정(平和協定)의 개념을 '미군 철수'라고 못 박아 놓고 있다.[52]

미국은 "군사적으로 중국과 대립할 때 한국은 어떤 태도를 취할 것인가"라고 묻고 있다. 이에 대한 정답은 "한국의 평화와 안보, 그리고 경제 번영의 최고 정점에 주한미군(駐韓美軍)이 있다"는 것이다. 주한미군(駐韓美軍)은 한반도 평화를 위한 강력한 억지 수단이었고, 동북아의 군사적 균형자로서 분명한 역할을 해왔다. 따라서 한국이 미국의 확고한 군사동맹이라는 점을 분명히 해야 한다. 과거 제임스 카터(James Earl Carter, Jr., 1924~현재) 대통령(민주당, 39대:1977~1981) 시절처럼, 필요한 경우, 주한미군(駐韓美軍) 철수라는 카드도 던질 수 있는 게 미국이라는 점을 한국은 잊어서는 안 된다.

한편, 문재인(文在寅) 대통령은 2017년 11월 1일 국회 시정연설에서 '한반도 문제 5대 원칙': ① 한반도 평화정착, ② 한반도 비핵화, ③ 남북문제의 주도적 해결, ④ 북핵문제의

---

52) 백과전서(1983년 발행)는 평화협정은 쌍방이 서로 상대방을 침범하지 않고, 무력증강과 군비경쟁을 그만두며 미국은 조선의 내정에 간섭하지 않고 통일을 방해하지 않으며, 남소선을 상점하고 있는 미군을 철거시켜 미군이 철거한 다음 조선은 그 어떤 다른 나라의 군사기지나 작전기지로도 되지 않는다는 것을 기본내용으로 하고 있다. 반제민전 논평(2005년 8월 19일자)은 평화체제를 공고히 하고, 미군을 철거하여 민족의 자주와 통일을 성취하자고 선동한다. 평양 인민문화궁전 결의 서한(2005. 08. 13~14)은 정전체제를 평화체제로 전환하고 통일에 가장 큰 장애물로 되고 있는 남조선 강점 미군을 지체 없이 철수해야 한다고 주장한다.

평화적 해결, ⑤ 북한의 도발에 대한 단호하게 대응을 밝혔다. 즉, 국제사회의 대(對)북한 경제제재를 통한 압박에도 참여하지만 대화와 협력을 통한 북핵문제 해결과 한반도의 평화적 관리 노력도 병행하겠다고 천명한 것이다.53)

아무쪼록, 문재인(文在寅) 대통령에게 '뮌헨 협정(1938. 09. 30)의 굴욕'의 전철을 밟지 않아야 한다고 저자는 강조한다. 뮌헨 협정(Munich Agreement)은 제2차 세계대전(1939~1945) 발발 1년 전인 1938년 9월 30일 독일의 수데텐란트(Sudetenland) 병합문제를 수습하기 위해 체결되었으나 평화는커녕 전쟁을 불러온 대표적 사례이다.54)

뮌헨 협정(Munich Agreement, 1938. 09. 30)을 체결한 후, 의기양양하게 런던에 도착한 영국 총리(41대: 1937~1940, 보수당) 아서 네빌 체임벌린(Arthur Neville Chamberlain, 1869~1940)은 군중 앞에서 "영국과 독일 간 분규는 전쟁에 의하지 않고 협상을 통해 해결한다"는 내용의 '평화협정서'를 흔들어 보이며 '평화시대'를 선언했었다. 영국 국민들은 환호했었다. 당시, 윈스턴 처칠(Sir Winston Leonard Spencer-Churchill, 1874~1965; 총리: 1940. 05. 10~1945. 07. 26, 1951. 10. 26~1955. 04. 07)은 "독일에 맞서 군사력을 증강하자"고 주장했었지만 노동당과 자유당은 그를 '전쟁광'으로 몰아세웠다.

윈스턴 처칠(Winston Churchill)은 제2차 세계대전 회고록에서 *"체임벌린은 유럽의 독재자들(히틀러, 무솔리니)과의 화해 관계를 해치고 그들의 심기를 건드리는 어떤 행위도 회피하는 것이 최선의 방책이라고 믿었다. 그러나 국가의 안전, 동포의 생명과 자유가 걸린 문제에서 최후의 수단을 써야 할 때가 오면 무력을 사용하는 일을 피하면 안 된다"*고 일갈했다. 문재인(文在寅) 대통령이 김정은 국무위원장의 눈치를 보면서 대북 정책의 돌파구를 찾으려 한다면 '뮌헨협정 굴욕'의 전철을 밟을 수 있다.

결국, 뮌헨 협정(Munich Agreement, 1938. 09. 30)으로 인해 영국은 아돌프 히틀러(Adolf Hitler, 1889~1945)가 라인지방에 이어 오스트리아, 체코를 집어삼키는 동안 아무런 제지를 하지 못하고 지켜봐야 했다. 제1차 세계대전(1914~1918) 전승국인 영국과 프랑스의 무기

---

53) 예로서 '베를린 구상' 발표(7·6, 독일 베를린) 자리에서 이산가족 상봉행사 재개, 평창올림픽에 북한의 참가, 군사분계선에서의 적대행위 상호 중단, 한반도 평화와 남북협력을 위한 접촉과 대화 재개 등을 북측에 제안하였다. 또한, 북한은 도발을 중단하고 대화의 장에 나올 것을 촉구하고, 이산가족 상봉 및 평창올림픽 등 쉬운 일부터 시작할 것을 북한에 다시 제안(8·15, 72주년 광복절 축사)하였다.

54) 1938년 9월 29일부터 이틀간 독일 뮌헨에서 네빌 체임벌린 영국 총리, 에두아르 달라디에 프랑스 총리, 베니토 무솔리니 이탈리아 총리, 아돌프 히틀러 독일 총통이 자리를 같이했다. 히틀러는 "체코슬로바키아가 수데텐란트에 사는 독일인들을 박해한다"며 수데텐란트 할양을 요구했고, 대화와 타협을 중시하던 체임벌린은 "수데텐란트 양보만이 독일 침공을 막을 수 있다"며 합의문에 서명했다. 뮌헨협정의 비극은 여기서 시작됐다.

력을 확인한 아돌프 히틀러(Adolf Hitler)는 그 후 6개월 만에 뮌헨협정(Munich Agreement, 1938. 09. 30)을 파기하고 체코를 합병했고, 다시 6개월 뒤인 1939년 9월 1일 폴란드를 침공하면서 '황혼의 전쟁'으로 불리는 제2차 세계대전(1939~1945)을 일으켰다.

지금까지 북한은 모든 국제적인 약속을 헌신짝 버리듯이 뒤집어버렸다. 북한은 그들이 스스로 가입하고 서명한 핵관련 국제협약 즉, 핵확산금지조약(NPT)(핵확산금지조약, 1985. 12. 12, 가입), 한반도비핵화공동선언(1991. 12. 31, 서명), 국제원자력기구(IAEA) 핵안전협정(1992. 01. 30, 서명), 북·미(北·美) 제네바기본합의문(1994. 10. 21, 서명), 9·19 공동성명(2005. 09. 19, 서명), 2·13 합의(2007. 02. 13), 10·3 합의(2007. 10. 03), 2.29 합의(2012. 02. 29, 발표) 등을 탈퇴하거나 파기하면서 2006년 10월 1차 핵실험을 시작으로 2017년 9월 3일까지 총 6차례 핵실험을 단행했다.

북한은 핵보유를 헌법에 명시하며 4차 핵실험(수소폭탄 전초단계 실험)에 이어 5, 6차 핵실험까지 하며 핵포기 결사반대를 천명했다. 북한은 핵무기가 한반도에서의 평화를 담보하는 '평화의 무기'라고 강변하고 있다. 그러나 평화협정 체결을 위해서는 핵무기 포기를 포함한 군비통제 등 전쟁억지 장치를 마련하는 것이 반드시 전제돼야 한다.

북한은 자신들의 평화협정(平和協定) 제안을 미국 등 당사국들이 계속 외면해 연평도에 포격을 가했다는 언급을 해 주목되기도 했다. 북한 노동당 기관지 노동신문은 2011년 1월 11일자에서 '현 사태 타개의 근본열쇠'라는 제목의 논평을 싣고 *"대화와 협상을 통해 조선반도에 공고한 평화체계를 마련하려는 우리 공화국의 입장은 일관하다"*면서 *"지난해 유관측들이 우리의 평화협정 체결 제안에 성근한(성실한) 자세로 호응했으면 연평도 포격사건 같은 사태는 발생하지 않았을 것"*이라고 주장한 바 있다.

심지어, 2019년 6월 30일, 김정은(金正恩) 국무위원장은 도널드 트럼프(Donald John Trump) 대통령(45대: 2017~2021)과 판문점에서 '깜짝' 비핵화 협상을 재추진키로 약속해 놓고도 도발을 감행했다. 북한이 발사한 1발은 430km를, 나머지 1발은 690km를 날아갔다. 이 미사일은 일반적인 탄도미사일보다 고도가 낮은 50km로 '북한판 이스칸데르 미사일'로 추정되고 있다. 러시아제(製) 이스칸데르 미사일은 저고도에 회피기동 능력까지 갖춰 탐지가 어렵고 한국이 보유한 패트리어트 등으로써도 요격할 수도 없다고 한다. 남한 전제가 이스칸데르 미사일의 사격권이다. 또한, 북한은 동해에서 핵탄두를 장착한 탄도미사일(SLBM) 여러 발을 발사할 수 있는 신형 잠수함을 공개했다. 탄도미사일(SLBM)은 방어가 사실상 불가능하다.

한국군의 정찰·탐지 능력은 '9·19 남·북 군사합의'로 심각한 구멍이 뚫렸다. '9·19 남·

북 군사합의'는 2018년 9월 19일 체결된 남북간의 군사분야에 대한 합의사항이다. 2018년 3차 남북정상회담에서 문재인(文在寅) 대통령과 김정은(金正恩) 국무위원장이 합의해 발표한 공동 선언이다. 그 주요내용은 육·해·공 완충구역에서 일체의 적대행위를 중지한다는 것이다. 그로부터 1년 후 김정은(金正恩) 국무위원장은 서해 접경 해역에서 해안포 사격을 지휘하였다.

그럼에도 불구하고, 문재인(文在寅) 대통령은 '9·19 남·북 군사합의'를 남북관계에서 가장 중요한 결실이라고 대(對)국민 보고에서 밝혔다. 문재인(文在寅) 대통령은 '미·북 중재자, 촉진자'라고 칭송받았으나 북한으로부터 '겁먹은 개', '삶은 소대가리'라는 막말을 듣고 무시당해도 한마디도 대꾸하지 못했다.

또한, 일본이 한국을 수출절차 우대국(화이트리스트)에서 제외하는 조치를 한 후, 김현종 청와대 안보실 2차장이 '한일군사정보협정(GSOMIA) 폐기'를 언급한 이후 정부 내에서 파기론이 나왔다. 정경두 국방부 장관은 2019년 8월 5일 국회에서 "정부는 (그동안) 내부적으로 한일군사정보협정(GSOMIA)를 연장하는 것으로 검토해 왔지만, 최근 일본이 수출규제 조치를 안보 문제와 연계했기 때문에 (파기를) 신중하게 검토하고 있다"고 말했다. 마침내, 2019년 8월 22일, 한국 정부가 일본의 대(對)한국 수출규제에 대응하기 위해 한·일군사정보보호협정(GSOMIA) 종료를 선언했다.

'한일군사정보협정(GSOMIA: General Security of Military Information Agreement)'이란 박근혜 정부(2013. 02~2017. 03) 시기였던 2016년 11월 최초로 체결된 한·일 간 군사협정으로서 한·일군사정보보호협정(韓日軍事情報保護協定)이다. 그 목적은 동맹국 또는 우방국 간 공동 위협 대상으로부터 정보를 공유하고 안보에 만전을 도모한다는 것이다. 이 협정에는 기본적으로 군사정보의 이용절차, 분류등급, 보호, 획득, 이용과 제공 절차 등 공유 관련 규정 목록을 담고 있다. 북한의 핵 실험, 장거리 미사일 발사 실험 등의 대비책으로 더 확실하고 더 많은 정보가 필요하다. 특히 SIGINT(Signal Intelligence)라 불리는 신호정보, IMINT(Image Intelligence)라 불리는 영상정보가 부족한데, 일본이 24시간 감시체제를 유지하며 이를 풍부하게 가지고 있다. GSOMIA의 효력은 1년이다. 90일 전 어느 쪽이라도 파기 의사를 서면 통보하면 종료된다.

한일군사정보보호협정(GSOMIA) 파기는 사실 미국의 영향력을 끌어들이기 위하여 한·미·일 안보협력의 지렛대인 한·일군사정보보호협정(GSOMIA)를 파기한 것이었지만 실로 졸속하기 없는 술책이었다. 오히려, 미국은 한국의 한·일 군사정보보호협정(GSOMIA) 파기를 한국이 한·미·일 안보협력에서 이탈하고 있다는 인식을 갖고 문재인(文在寅) 정부를 맹렬히, 거칠게 비판 및 비난했다. 미국은 한·일 군사정보보호협정(GSOMIA)는 북한의 핵미사일을 대비하는 데 매우 중요하며, 따라서 한국 정부가 유효기간 만료일 전에 종료 결정을 번복하라고 요구했다. 한편, 중국·북한·러시아는 한·미·일 안보협력 체제에서 한국이 분리되었다고 평가했다. 한국의 한·일 군사정보보호협정(GSOMIA) 파기는 국제적 안보네트워크나 동북아 안보질서 속에서 한국 외교의 고립을 자초하는 것이다. 심지어, 일본의 대(對)한국 수출규제에 정당성을 부여한 셈이 되어버렸다.

바야흐로, 한·미(韓·美) 동맹은 이제 본격적인 파열음을 내는 지경까지 왔다. 이번에도 미국은 안보 보좌관, 국방장관, 대북정책 특별대표가 차례차례 방한(訪韓)해서 "중국의 군사적 팽창, 북한의 핵·미사일 공동 견제에 중요하다"며 '한·일(韓·日) 군사정보보호협정(GSOMIA) 유지' 입장을 전했고 주한 미(美) 대사는 마지막으로 못 박듯 강조했다.

여기서 유의할 것은, 미국이 일본·호주·인도 등과 인도·태평양 전략을 논의할 때에도 한국은 포함시키지 않는다는 점이다. 이와 같은 사태에 대하여, 과거 6자회담 수석대표를 지낸 크리스토퍼 힐 전(前) 미 국무부 동아태 담당 차관보는 VOA에 "최근의 한·미·일 3국 공조체제의 분열은 트럼프 정권이 한국과 일본에 대한 동맹을 글로벌 전략의 핵심이 아닌 지엽적 요소로 간주한 것이 주요 원인"이라고 지적했다.

한편, 중국은 한국을 길들인다고 문재인(文在寅) 대통령을 노골적으로 푸대접하고 문재인(文在寅) 대통령의 특사를 보란 듯이 두 번이나 하석(下席)에 앉혔다. 한국 정부는 이에 항의한 적도 없다. 오히려 사드(THAAD·고고도미사일방어체계) 갈등을 봉합한다며 군사주권 사항인 '사드 3불(三不)': ① 미국의 미사일방어시스템(MD: Missile Defense) 참여, ② 사드(THAAD·고고도미사일방어체계) 추가 배치, ③ 한·미·일 군사동맹을 하지 않겠다는 '3불(三不)' 약속까지 문서로 확인해주었다.

김정은(金正恩) 국무위원장은 2019년 1월 8일 베이징에서 시진핑(習近平, Xí Jìnpíng) 주석과 정상회담을 하고 9일에도 오찬을 했다. 제2차 북·미(北·美) 정상회담을 앞두고 중국의 지지와 지원을 요청했다. 중국은 북핵에 찬성하지는 않지만 북핵보다는 아시아 지역 전체의 패권에 더 큰 관심을 가지고 있다. 북한 핵무기 폐기 여부보다 한·미(韓·美) 동맹 파기나 주한미군(駐韓美軍) 축소·철수가 더 우선한다.

다른 한편으로, 미·일(美·日)이 연합 훈련 등을 통해 사실상 '장악'해온 동해(東海)에서, 중국과 러시아는 2013년 7월, 2020년 8월 20~28일, 2021년 1월 17~20일 연 이어 합동 해상 군사훈련을 실시했다. 미국과 중국의 무역 갈등이 심화하는 상황에서 러시아가 중국과 긴밀한 군사 협력을 과시하고자 일종의 무력 시위를 한 것 아니냐는 관측이 나왔다.

또한, 미국이 이란에 맞서 호르무즈 해협에서 연합 전력을 구성하려는 것에 반대하는 중국이 러시아를 끌어들여 보란듯이 미국을 압박한 것 아니냐는 관측이 나왔다. 특히, 2019년 7월 23일, 러시아 항공우주군 소속 A-50 조기경보기가 독도 영공을 2차례에 걸쳐 무단 침범하여 독도(獨島) 영공을 휘저었다. 한국 공군 전투기들은 영공과 방공식별구역(ADIZ)를 무단 침입한 중국 폭격기에 대해 20여 회, 러시아 폭격기와 조기경보기에 대해 10여 회 등 30여 회 무선 경고 통신을 했으나 응답이 없었다. 중국은 "영공과 방공식별구역(ADIZ)는 한국 영공이 아니다"라고 주장했고, 러시아는 "한국 공군 전투기로부터 위협을 당했다"며 적반하장(賊反荷杖)의 태도를 보였다.

영공(領空)은 개별 국가의 해안선에서 12해리(약 22km)까지인 영해(領海)와 영토(領土)를 아우르는 상공으로서 국제법상 해당 국가의 주권이 인정된다. 방공식별구역(ADIZ)은 각국이 사전에 식별되지 않은 외국 항공기가 자국 영공에 무단 침범하는 것을 미리 막기 위해 영공 외곽에 설정하는 구역이다. 청와대는 성기한 영공 침범사건에도 국가안보회의(NSC)조차 소집하지 않았다. 또한 한국방공식별구역(KADIZ)에서 무단으로 러시아와 연합작전을 한 중국에는 말도 꺼내지 못하고 있다. 한마디로, 중국과 러시아는 대한민국을 '개무시'하는 것이다.

참고로, 김대중(金大中) 대통령(1998. 02~2003. 02)은 "우리나라는 세계에서 외교가 가장 필요한 나라"라고 "외교가 운명을 좌우한다"면서 "우리에게 외교는 명줄"이라고 생애 마지막까지 강조했었다. 그가 연합정부를 구성하여 외교·통일·안보 핵심 직위에 보수인사를 앉히고, 나아가 내부 경쟁세력을 매국·이적으로 낙인찍지 않았기 때문에 가능했었다.

사실, 한국 외교가 난마(亂麻)에 빠진 원인은 민족(民族)과 외세(外勢), 애국(愛國)과 매국(賣國)의 이분법 및 진영 담론이 때문이다. 제발, 한국 정치인 및 지망생들은 전술한 탈(脫)이데올로기 사유패러다임을 갖기 바란다. 그러한 사고하에서는 사법/행정고시 합격한 우수한 두뇌 소유자도 '합리적 이성'을 잃게 된다.

미국과 중국 사이에서 균형외교의 접점을 모색해야 한다. 미국과의 군사동맹인 한국은 지리적으로 너무 가까이 있고 경제적으로 크게 의존하고 있는 중국과의 관계를 의식하지 않을 수 없다. 그렇다면, 대한민국의 생존을 위한 묘수(妙手)는 무엇인가? 그것은 중국과 대만의 '정경분리(政經分離) 원칙'을 한반도에서 적용하는 것이다. 한국의 지정학적 중요성을 제대로 인지한다면, 미국과 중국은 각각 한국의 새로운 정책기조: '정경분리(政經分離) 원칙'을 이해 및 수용해야 한다.

제Ⅳ장: 세계평화(世界平和)를 위한 '신실용주의(新實用主義)'의 해법에서 상술한 바와 같이, 중국과 대만은 한족(漢族) 중심의 민족주의 사상인 '중화사상'(中華思想)을 바탕으로 '일국양제'(一國兩制)라는 현실을 수용하고 정경분리(政經分離) 원칙하에서 3통(通商, 通航, 通郵) → 금융기관(金融機關)의 상호 진출 → 「양안 경제협력협정」(ECFA: Economic Cooperation Framework Arrangement) 체결(2010. 06. 29) → 양안 간 경제통합(Economic Integration)은 추진해오고 있다.[55]

중국과 대만의 관계 개선 과정을 살펴보면, 중국과 대만의 정치·군사적 분쟁은 중국이 1949년 국공(國共) 내전에서 승리한 후, 대만 해방을 위해 해상 교전 및 도서 상륙전 등의 무력 투쟁을 전개했다. 그러나 중국과 대만은 '중화사상'(中華思想)을 바탕으로 정치·군사적으로도 공조한 바 있다. 예로서, 1924년 '중화사상'(中華思想)을 바탕으로 장제스(蔣介石)와 저우언라이(周恩來)가 군벌타도를 위해 힘을 합쳐 황푸군관학교(黃捕軍官學校)를 세웠다. 최근에는 중국과 대만이 일본과의 댜오위다오(釣魚島) 영토분쟁에서 한 목소리를 내며 공조하는 모습을 보였다. 그 후, 중국의 금문도 포격(1958. 08. 23~10. 05)으로 대만(臺灣) 측은 440여 명의 인명 피해가 발생했다. 1967년 무력 충돌 중단 이후에도 중국은 대만을 국제무대에서 고립시키기 위해 1971년 대만(臺灣)의 유엔(UN) 대표권을 접수해 양국 간 정치적 긴장을 고조시켰다. 특히 1996년 3월 대만(臺灣) 총통 선거를 앞두고 대만 해협 미사일 위기로 인해 양국 간 긴장이 고조되었고, 당시 장쩌민(江澤民) 중국 국가주석은 무력 사용 불(不)포기를 천명했다. 그 후에도 2002년 대만(臺灣) 해협 미사일 배치 강화, 2005년 중국의 '반(反)분열국가법' 등으로 정치적 갈등은 지속되어 왔다.

그러나 중국과 대만은 '정경분리'(政經分離) 원칙에 따라 상기한 정치·군사적 긴장 상황에서도 인적·경제 교류는 꾸준히 지속 및 확대되어 왔다. 경제교류와 정치적 통일문제는 별개라는 인식하에, 중국과 대만은 분단 이후 지속적으로 교류 및 협력을 추진하고 있다.

중국과 대만의 관계 개선 과정을 요약하면, 정경분리(政經分離) 원칙하에서 '중화사상'(中華思想) → 정경분리(政經分離) → '일국양제'(一國兩制) → 3통(通商, 通航, 通郵) → 금융기관(金融機關)의 상호 진출 → 「양안 경제협력협정」(ECFA: Economic Cooperation Framework Arrangement) 체결(2010. 06. 29) → 양안 간 경제통합(Economic Integration) 추진이다.

상술하면, 중국의 입장은 '하나의 중국'(One-China) 원칙하에 양안 간 경제협력(經濟協力)을 추진했고, 장기적으로는 대만과의 정치통합(政治統合)을 추구하고 있다. 평화적 협상을 통한 통일 문제 해결을 위해 '일국양제'(一國兩制) 즉 '하나의 국가, 두 개의 제도'를 인정

---

55) 林陽澤(1999), 21世紀 亞洲經濟的 展望与 挑戰, 北京: 中國社會科學院; 임양택(1999), 「아시아의 대예측」, 서울: 매일경제신문사.

하는 통일정책을 시행하고 있으며, 통일 이후 대만에 고도의 자치권을 보장하고 있다. 한 편, 대만(臺灣)의 입장은 2008년 5월 마잉주(馬英九) 총통 취임 이후 독립·통일 논의보다는 대만경제의 경쟁력 강화를 위해 중국과의 경제 교류에 주력했다. 구체적으로, 2008년 마잉주(馬英九) 총통 취임 이후 전면적인 3통(通商, 通航, 通郵)의 실현, 중국 기업의 대만 직접투자, 양안 금융기관(金融機關)의 상호 진출 등이 허용되면서 중국과의 관계 개선을 통한 대만의 지리적 산업적 우위 회복에 주력했다. 업무처리 및 통일정책 추진을 위해 '반관반민(半官半民) 단체'(대만 해협교류기금회; 중국 해협양안관계협회)가 조직되었다. 해협교류기금회(海峽交流基金會, Straits Exchange Foundation)는 대만이 1990년 11월 21일에 설립한 민간 중개기구로 양안의 민간교류사무를 처리한다. 이와 반면에, 해협양안관계협회(海峽兩岸關係協會, Association for Relations Across the Taiwan Straits)는 중국이 1991년 12월 16일 대만의 '해기회'의 교섭상대로 설립한 조직이다. 상기 2개 기구는 수뇌부들의 '왕고회담'과 '장천회담'을 성사시켜 양안 간 교류 협력 제도화를 강화했다. 왕고회담(汪辜會談)은 중국과 대만이 양안 접촉 창구로 각각 설립한 중국 해협회와 대만의 해기회 간의 회담을 말하는데, 중국 해협회 회장 왕다오한(汪道涵)과 대만 해기회 이사장 고전푸(辜振甫)의 성(姓)을 따섰다.

마잉주(馬英九) 대만 총통이 원자바오(溫家寶) 중국 총리에게 2009년 4월 18일 첸푸(錢復) 대만 양안공동시장기금회 고문을 통하여 보낸 구두(口頭) 친서(親書)에서 대만의 대(對)중국 관계에 대한 기본방침(2009. 04. 17)을 다음과 같이 밝혔다:

같은 배로 물을 건너고(同舟共濟) 서로 도와(相互扶持)
협력을 강화하여(深化合作) 미래를 열어가자(開創未來)

이에 대하여, 원자바오(溫家寶) 총리가 해남도(海南島) 보아오 포럼에 참석한 대만 대표단에게 중국의 대(對) 대만 관계에 대한 기본방침(2009. 04. 18)을 다음과 같이 화답했다:

미래를 바라보며(面向未來) 과거에 맺힌 감정을 버리고(捐棄前嫌)
서로 긴밀히 협력하며(密切合作) 손을 잡고 함께 나가자(携手並進)

상기한 해방(解放) 무드를 타고 난징(南京)에서 열린 중국의 「해협양안관계협회」와 대만의 「해협교류기금회」 간 제3차 양안(兩岸·중국과 대만) 회담(2009. 04. 26)은 금융과 직항 등 3개 항에 관한 합의를 이뤘다. 이것은 중국과 대만의 분단 60년 만에 최대 경사라고 평가되고 있다.

이어서, 2009년 7월, 중국의 후진타오(胡錦濤) 주석은 국민당 주석으로 당선된 마잉주(馬英九) 총통에게 2008년 4월 국민당 렌잔(連戰) 주석에게 말하였던 것과 같은 내용으로 축하 전보를 보냈다. 마잉주(馬英九) 총통은 전보를 받은 당일 다음과 같은 16字 메시지를 전보에 담아 화답했다: *"현실을 직시하고 신뢰를 쌓고 다툼을 멀리하고 함께 윈윈(win-win)을 만들어 나가자."*

상기한 두 정상의 기본입장은 결국 '중국은 하나'라는 것이다. 이것은 1989년 11월 9일 '베를린 장벽'이 무너지고 이어서 동년 12월 4일부터 '라이프치히(Leipzig)의 월요일 데모'에서 동독 시민들이 "우리는 한민족이다"(Wir sind ein Volk)를 외쳤던 것을 연상케 한다. 이것이 바로 중국 민족성이고 독일 민족성이다. 이러한 꿈조차 꾸지 못하는 한국인들의 저급한 민족성이 한(恨)스럽다.

더 나아가, 2012년 8월 31일, 대만 중앙은행과 중국 당국이 미국 달러 사용으로 인한 수수료 부담 및 환율 리스크 문제점을 극복하기 위해 '화폐 청산 양해각서'(MOU)를 체결해 양안은 사실상의 '경제통합'(Economic Integration) 단계에 진입하였다. 양안 간 '화폐 청산 양해각서'를 통해 수·출입 거래 시(時) 위안화와 대만 달러로 거래하여, 사실상 양국 간 경제통합으로 볼 수 있다. 양국 간 화폐 청산이 순조롭게 진행될 경우 관세동맹(無관세)도 체결될 것으로 예상되어 양안 간 경제통합(Economic Integration)은 추진될 것으로 전망된다. 참으로, 부럽다. 실로, 그들은 위대한 민족이다.

상기한 정경분리(政經分離)의 원칙은 다음과 같이 적용될 수 있다: 한반도 주변의 강대국들의 '그레이트 게임(The Great Game)'에서, '한국의 선택'은 우선 정치·군사적 측면에서는 '한·미 간 전략적 동맹'이며 경제적 측면에서는 '한·중 간 전략적 협력 동반자'를 유지하면서 북한의 핵무기 보유(선언: 2005. 02; 북한 헌법에 명시: 2012. 04) 문제를 해결하고 한반도의 평화기조를 정착시킬 수 있는 '동북아 집단안보체제'의 구축을 위한 '동북아 안보협력회의'(CSCNEA: Conference on Security and Cooperation in Northeast Asia)를 추진하며, 경제적 측면에서는 이미 체결(2012년)된 한·미(韓·美) FTA와 한·중(韓·中) FTA를 연결하든지 혹은 한·중·일 FTA를 체결하는 것이다.[56]

---

56) 미국은 동북아에서도 막강한 경제적 영향력을 보유하고 있다. 상술하면, 미국의 GDP(2004년 기준)는 동북아 전체의 GDP 규모의 57.9%에 이르고 있으며, 이 규모는 동북아의 다른 5개국의 GDP를 합친 것보다도 크다. 일본경제와 한국경제의 대(對)미국 의존도가 공히 크다. 또한, 미국은 자본주의 체제하에서 가장 경쟁력 있는 다국적 기업군을 보유하고 있다. 2005년 기준으로, 세계 500대 기업중에서 미국이 176개의 기업을 보유하고 있는데 일본(81개), 중국(16개), 한국(11개), 러시아(3개)의 순위로 분포되어 있나. 중국의 경제구조는 사회주의 체제에서 자본주의 체제로 변환되었으나 미국에 대한 중국경제의 의존도가 매우 크다. 미국의 대(對)중국 직접투자(FDI: Foreign Direct Investment)는 2003년 42억 달러로 중국 내 외국인직접투자(FDI)의 8% 수준을 차지하고 있다. 또한, 중국의 대(對) 미국 수출액은 924억 달러인데, 이것은 중국의 전체 수출액의 21% 수준이다. 신생 러시아는 미국과의 군사적 대결을 청산하고 군사력을 바탕으로 유지해온 세력의 주도권을 포기하였고 이미 자본주의 국가로 거의 전환되고 있다. 미국은 러시아 내의 외국인직접투자(FDI)의 35% 수준을 차지하고 있다 & Igor S. Ivanov(2002),

상기한 정치·군사·경제 패러다임의 변화에 맞추어, 한·미(韓·美) '전략적 동맹' 관계 (즉, 한·미 상호방위조약, 1953. 10. 01)와 한·중(韓·中) '전략적 협력 동반자' 관계(한·중 정 상회담, 북경, 2008. 05. 27~30)를 동시에 강화하고 내실화하는 것이 한반도의 평화를 위한 최선의 길이라는 것이다. 따라서 저자가 본서의 제Ⅷ장에서 주창하는 3가지 제안: (1) '동 북아 안보협력회의'(CSCNA: Conference on Security and Cooperation in Northeast Asia), (2) '동북아 평화조약'(Northeast Asia Peace Treaty), (3) '한반도 통일 프로그램'을 각각 참조할 필요가 있다.

전술한 세계의 6개 평화협정(平和協定)들과 대조적으로, 저자의 '10개항 동북아평화조 약'(Northeast Asian Peace Treaty)은 상기 조약을 뒷받침할 선결조건으로서 '동북아 안보협 력회의'(CSCNEA: Conference on Security Cooperation in Northeast Asia)를 남·북한과 한반도 주변국(미·중·러·일)이 동시적으로 체결하고 UN 총회에서 6개 당사국들이 '10개항 동북 아평화조약'(Northeast Asian Peace Treaty)을 선언함으로써 정착될 수 있을 것이다. 저자가 '동북아 평화'를 위하여 제시하는 '동북아 안보협력회의(CSCNA: Conference on Security and Cooperation in Northeast Asia)'는 '유럽안보협력회의(CSCE: Conference on Security and Cooperation in Europe)'와 대칭적인 것이다.

또한, 다자간 경제협력(經濟協力)의 차원에서, 저자는 장단면(長端面) '남·북한 경제특 구'(Yang-Taek Lim: 1997a, 2000, 2002a, 2007b, 2010; 임양택: 1990, 1991, 1992, 1993, 1994, 1995e, 1998, 1999c, 2000, 2002, 2005c, 2007, 2009, 2011, 2013), 북한(北韓) 산림 및 환경 복구 를 위한 남·북한 환경제협력력, 남·북한 + 미국의 3각 협력구도로서 산업기술협력과 광 물자원(특히 稀土類와 油田) 공동개발을 각각 추진할 것을 주장한다. 이것이 북한(北韓) 핵 무기 문제 해결과 한반도 평화 정착을 위한 신(新)실용주의(Neopragmatism)의 해법이다.

나아가, 저자는 신(新)실용주의(Neopragmatism)의 측면에서 간도(間島)의 '옛' 주인(한국) 과 '새' 주인(중국)이 '동아시아 경제공동체'(EAEC: East Asian Economic Community)라는 공 동번영의 목표를 지향하면서 평화와 경제협력을 위한 실질적인 윈-윈(win-win) 전략을 제시한다. 간도(間島) 지역은 향후 남·북한과 중국의 미래를 개척할 수 있으며, 나아가 동 아시아 평화와 경제협력(특히 식량문제 해결)에 크게 기여할 수 있다. 특히, 정치군사적 측 면에서 보면, 중국에게 간도(間島)는 대만(臺灣) 못지않게 매우 중요한 전략적 가치를 갖고 있다. 즉, 간도(間島)는 일본으로 진출할 수 있는 지름길이고 동(東)으로 블라디보스토크와 인접하고 북(北)으로 길림(吉林)에 가까워 북쪽으로 진출하는 데 중요한 지역으로서 동아

The New Russian Diplomacy, Washington, D. C.: The Nixton Center, p 116).

시아의 세력균형을 유지하는 전략적인 요충지이다.

　따라서 중국은 압록강과 두만강을 따라 러시아 연해주 접경까지 연결되는 1,380km의 동부 변경(邊境) 철도를 신설하여 이미 건설된 동북 지역의 11개 철도와 연결시켜 교통의 중심지로 부각시키려고 하고 있다. 중국은 나진항 1호 부두의 독점 사용권을 확보(2009. 10. 07)함에 따라 중국 동북지역의 풍부한 지하자원을 물류비가 저렴한 동해(東海)를 통해 남쪽으로 운송할 수 있게 됐다.

　한국의 입장에서, 간도(間島)라는 실지(失地) 회복이 아니라, 간도(間島) 지역의 한·중 (韓·中) 공동개발 프로젝트를 추진함이 가능성이 높을 것이며 또한 바람직할 것이다. 또한, 중국은 러시아와 협력하여 한반도에 '아시아 파이프라인'을 건설함으로써 북한의 에너지 문제를 근본적으로 해결할 수 있다. 이와 함께, 중국 횡단철도(TCR)를 한반도 종단철도 (TKR)와 시베리아 횡단철도(TSR)를 연계하여 아시아와 유럽을 잇는 한반도의 '물류 중심지'를 건설하는 것이다.

　다른 한편으로, 남(南)중국해는 태평양과 인도양을 잇는 곳으로 세계 해운물동량의 4분의 1인 연간 5조 달러(약 5,800조 원)어치가 이곳을 통과한다. 미국 입장에서 보면 제2차 세계대전(1939~1945) 이후부터 지녀온 해상 통제권(헤게모니)을 빼앗길 수 없다. 남(南)중국해는 중국 원유 수입량의 80%, 한국과 일본의 원유 수입량의 90%가 남(南)중국해를 통과한다. 한국을 드나드는 무역량의 30%, 석유 수입의 90%가 통과하는 생존의 해상교통로이다. 따라서 남(南)중국해는 단순히 휴고 그라티우스(Hugo Grotius, 1583~1645)가 주창한 '항행의 자유'뿐만 아니라 '에너지 안보의 근간'이고 '국가안보'이다.

　그러면 한국은 어떻게 해야 하는가? '항행의 자유'를 확보하기 위한 외교적 노력을 해야 한다. 왜냐하면 한국 경제의 젖줄이나 다름없는 해상수송로에 문제가 생긴다면 무역으로 먹고살아야 하는 한국은 그 어느 나라보다 경제 피해가 막대하기 때문이다. 초강대국 G2 인 미국과 중국이 패권 경쟁을 벌이는 것이라고 손을 놓고 방관할 게 아니라 동아시아 전체를 시야에 넣고 한국이 해상수송로를 자주적으로 지킬 수 있는 해군력을 갖추어야 한다.

　중국이 남(南)중국해에 군사력을 급속히 증강시키고 있지만 미국이 느긋한 이유는 잠수함 전력 때문이다. 따라서 군사력이 월등한 주변국들에 효과적으로 대처하려면 비(非)대칭전력인 잠수함을 집중적으로 증강시킬 필요가 있다. 북한은 한국에 대항해 재래식 무기보다 돈이 덜 드는 비(非)대칭전력에 집중해 효과를 보고 있다. 한국도 무엇보다 3,000톤급 이상의 잠수함에 주력해 동(東)중국해를 넘어 남(南)중국해에 이르는 해상수송로의 물길을 손금 보듯 파악해 나가야 한다.

X

요약 및 결론

세계평화(世界平和)를 위한
신(新)실용주의적(實用主義的) 해법:
동아시아지역의 군사안보와
경제협력을 중심으로

The 'Neopragmatic' Solution to World Peace:
with special focus on Regional Security and
Economic Cooperation in East Asia

01 본 연구의 목적
02 세계평화를 위한 신(新)실용주의적 해법
03 북한 핵무기 문제 해결을 위한
    신(新)실용주의적 해법
04 남·북한 국가지도자에 대한 충고

01 본 연구의 목적

본 연구의 목적은 <가설(假說)> : '민족주의적 헤게모니 → 강대국(美·中)의 신(新)그레이트(The New Great Game) → 세력 균형(Balance of Power) → '협력적 게임 체제(Cooperative Game System)'에 의한 '내시 균형(Nash Equilibrium)' → 탈(脫)이데올로기 문화적 세계주의 → 세계적 공감에 의한 '글로벌 정의(Global Justice)' → '세계평화'(World Peace)를 논리실증주의(論理實證主義, Logical Positivism)의 분석방법에 의거하여 검증(檢證)함으로써 세계평화(世界平和)를 위한 신(新)실용주의적(Neopragmatic) 해법(解法)을 역사적/철학적 시각에서 제시하기 위함이다.

상기 가설(假說)을 검증하기 위하여, 본 연구는 4개 이론: (1) 임마누엘 칸트(Immanuel Kant, 1724~1804)의 『영원한 평화를 위하여』(Zum ewigen Frieden. Ein philosophischer Entwurf, 1795년), (2) 존 내시(John Forbes Nash Jr., 1928~2015)의 '내시 균형(Nash equilibrium)', (3) 요한 갈퉁(Johan Galtung, 1930~현재)의 '적극적 평화'(Positive Peace), (4) 저자(임양택)의 '신실용주의(新實用主義, Neopragmatism)'를 도입한다.

여기서 근본적으로 제기될 수 있는 문제는 세계평화(World Peace)를 위하여 글로벌 정의(Global Justice)를 어떻게 철학적으로, 또한 현실적으로(국제정치학적으로) 관련지을 것인가이다. 우선, 임마누엘 칸트(Immanuel Kant, 1724~1804)의 『영원한 평화를 위하여』(Zum ewigen Frieden. Ein philosophischer Entwurf, 1795년): "만약 평화(平和)를 원한다면, 정의(正義)를 구현하라"(Si vis pacem, paraiustitiam)고 갈파하였다. 그의 도덕론(道德論)에 의하면 전쟁은 악(惡)이며 영구평화(永久平和, Perpetual Peace)야말로 인류가 도달해야 할 의무이다. 그 이유는 전쟁이 인격의 품위를 파괴하고 자유를 손상시키기 때문이다.

그러나 존 롤즈(John Rawls)는 그의 '정의론(Theory of Justice)'에서 '차별화 원리(The Difference Principle)'는 오직 국내의 경우에서만 적용 가능하되 세계적으로는 적용할 수 없다고 수상했다.[1] 이에 대응하여, 알렌 무케넌(Allen Buchanan)과 토마스 쪼게(Thomas Pogge)는 상기한 존 롤즈(John Rawls)의 주장을 정면 비판하였다. 알렌 부케넌(Allen Buchanan)은 정의(Justice)란 국제법상 도덕적 가치로서 인간의 존엄성을 위한 인권(人權)

---

1) John Rawls(1999), The Law of Peoples, Cambridge, MA: Harvard University Press.

이 세계 문화로 확장되어야 한다고, 나아가 평화(平和)를 얻기 위해서는 인권(人權)을 보장함으로써 정의(正義)를 구현해야 한다고 주장했다.[2] 또한, 토마스 포게(Thomas Pogge)는 정의(Justice)는 세계적으로 빈부 격차 문제에 적용되어야 한다고 주장했다.[3]

여기서 본 연구의 기본 입장은 알렌 부케넌(Allen Buchanan)과 토마스 포게(Thomas Pogge)의 주장에 의거하여 정의(正義)는 세계적으로는 적용할 수 있다는 전제하에서 '글로벌 정의(Global Justice)'를 세계적 공감(共感, Empathy)에 합당한 도덕적 가치로, 평화(平和)의 개념은 '전쟁'이 부재한 상태로 각각 규정한다.

상기한 전제하에서, 본 연구는 임마누엘 칸트(Immanuel Kant)의 영구평화론(永久平和論)에 의거하여 국제관계의 윤리가 전쟁의 패러다임으로부터 법적 평화의 패러다임으로, 즉, 국가 간의 정당하거나 부당한 무력사용의 기준을 제시하는 정당한 전쟁의 윤리로부터 평화지향적 법원리의 차원으로 전환될 수 있다고 주장한다.

본 연구는 '글로벌 부(不)정의'(Global Injustice)와 관련된 강대국의 반(反)인류적 죄상(罪狀)에 관한 사례로서 6가지: (1) 아프리카에서 유럽 열강의 죄상(罪狀), (2) 중국의 조선(朝鮮) 수탈과 한국(韓國) 안보 위협, (3) 미국의 일방적 군사행동: 코소보 전쟁(1998년), 아프가니스탄 침공(2001년), 이라크 공격(2003년), (4) 한국전쟁(1950~1953): 미국, 소련, 중국의 책임, (5) 미국 발(發) 글로벌 금융위기: ① 세계 대공황(1929~1939년), ② 2008년 하반기 '글로벌 금융위기'를 야기했었으나 이에 대한 미국정부의 무(無)책임 의식, (6) 미국 도널드 트럼프(Donald Trump) 대통령(당시)의 '파리기후변화 협약' 탈퇴에 관하여 각각 논술하였다.

또한, 본 연구는 저자의 신(新)실용주의(Neopragmatism) 철학을 인류사회의 7가지 주요 당면과제: ① 글로벌 경제위기, ② 에너지·환경 위기, ③ 식량위기, ④ 핵무기 위기, ⑤ 영토분쟁(南중국해의 난사군도, 東중국해의 센카쿠열도, 북방 4개 도서 등), ⑥ '문명의 충돌'과 종교분쟁, ⑦ 이슬람국가(IS) 테러 위기에 대하여 각각 적용하여 세계평화(World Peace)가 정착되고 '지구촌 문화 공동체'(Global Cultural Community)의 공동번영을 추구할 것을 주장한다.

본 연구는 '세계평화'(World Peace)를 위협하는 '21세기 묵시록(Apocalypse)'으로서 4가지: (1) 사무엘 헌팅턴(Samuel Phillips Huntington) 교수의 예언, (2) 브루킹스연구소의 전

---

2) Allen Buchanan(2004), Justice, Legitimacy, and Self-Determination: Moral Foundations for International Law, Oxford: Oxford University Press.

3) Thomas Pogge(2002), World Poverty and Human Rights, Malden, MA: Polity Press.

망, (3) 남(南)중국해에서의 미·중(美·中) 대립과 동(東)중국해에서의 중·일(中·日) 영유권 분쟁, (4) 북한의 핵무기 위협에 관하여 간략히 논술하였다.

본 연구는 세계평화(世界平和)를 위한 '신실용주의(新實用主義)'의 해법: '신(新) 그레이트 게임'(New Great Game) → '협력적 게임'(Cooperative Game)에 의한 존 내시(John Forbes Nash Jr.) 교수의 '내시 균형(Nash equilibrium)' → 세계평화(World Peace) 체제 구축을 제시하였다. 상기한 '신실용주의(新實用主義)'의 해법(解法)은 '정의(正義)'를 강조하는 임마누엘 칸트(Immanuel Kant)의 『영구 평화론』(1795년)과 대조적으로 '협력(協力)'을 강조하였다.

강대국의 '그레이트 게임(The Great Game)'은 19세기 영국과 러시아의 패권(覇權) 경쟁에 이어서 美·中 패권(覇權) 경쟁으로 변모하였다. 우선, 경제적 측면에서는 미국과 중국의 2극 체제(2009. 11. G20 출범 이후~현재) 하에서 미·중(美·中) 환율전쟁과 중국의 일대일로(一帶一路) vs 미국의 인도－태평양 전략의 대립이 전개되고 있다. 한편, 군사적 측면에서는 동(東)중국해 다오위다오(센카쿠 열도)와 남(南)중국해 난사군도(스프래틀리군도)의 영유권(領有權) 분쟁, 쿠릴열도에 대한 러·日과 영유권 분쟁, 한·일 간 독도(獨島) 영유권 분쟁을 들 수 있다.

그러나, 세계평화(世界平和)를 위하여, '신(新)그레이트 게임'(The New Great Game)을 '협력적 게임 체제(Cooperative Great Game)'로 전환해야 할 필요성으로서 (1) 미국 패권주의(覇權主義)의 구조적 한계 (① 이스라엘의 존재와 ② 미국과 이란의 갈등)과 (2) 중국 패권주의(覇權主義)의 도전과 그 한계를 지적한다. 따라서 본 연구는 미·중(美·中) 군사적 갈등을 조율함으로써 협력적 게임 체제'(Cooperative Great Game)에 의한 '내시 균형(Nash equilibrium)'의 도출 가능성을 논술한다. 또한, 본 연구는 요한 갈퉁(Johan Galtung, 1930~현재)의 '적극적 평화'(Positive Peace)를 위한 강대국의 '기후/환경 협력'을 강조한다.

특히, 동(東)아시아에서의 평화를 위하여, 본 연구는 한반도(韓半島)에서 전개되고 있는 '신(新)그레이트 게임'(The New Great Game)과 관련하여 남·북한 및 주변국의 합종연횡(合縱連橫)을 각각 논술한다. 우선, 한반도(韓半島)의 분단과 대립 과정을 美 軍政의 시책과 남한 政情의 혼미 → 反託 운동의 전개와 미소공동위원회(美蘇共同委員會)의 실패 → 남·북한 각자 정부 수립 과정의 순서로 논술한다. 대한민국 정부의 수립 과정은 ① 이승만(李承晚, 1875~1965) 조대 대통령(재임: 1948. 07~1960. 04)의 난톡정부 수립 추진과 김구(金九)와의 노선 분열, ② 남북협상의 과정과 실패, ③ 1948년 5·10 총선 → 1948년 7월 20일 대통령 및 부통령의 선거 → 대한민국(大韓民國) 정부 수립이다. 한편, 북한 인민민주주의(人民民主主義) 공화국 정부의 형성 과정은 ① 제1단계: 토착 공산 및 민족주의 세력과의 연합, ② 제2단계: 공산당의 실권 장악을 위한 연립행정기구 수립, ③ 제3단계: 공산당의 정치권력의 완전장악과 정권수립, ④ 국내파 공산세력 숙청, ⑤ 1956년 8월 종파 사건과 김일성(金日成, 1912~1994) 주석의 독재체제 공고화이다.

다음으로, 남·북한과 주변국의 합종연횡(合縱連橫) 현황에 관하여 다음과 같은 순서로 논술한다: 한·미(韓·美) 관계(군사동맹, 경제적 관계; 한·미 FTA), 중국과 남·북한의 관계, 한·중(韓·中) 관계[역사적 관계, 경제적 관계: 한·중(韓·中) FTA, 정치·군사적 관계], 중·북(中·北) 관계(정치·군사적 관계, 경제적 관계], 중국과 러·일의 관계[중·러 '전략적 동반자' 관계; 중·일(中·日) 경쟁적 관계], 러시아와 남·북한의 관계(한·러 관계, 북·러 관계), 일본과 남·북한의 관계: (1) 한·일(韓·日) 관계: 교역/투자/산업 기술 협력 동향, 최근 일본의 수출무역관리령 개정: '백색국가(화이트 리스트)' 명단에서 한국을 제외, 한·일(韓·日) 신(新)어업협정(1998. 09. 25); (2) 북·일(北·日) 관계이다.

한반도 주변의 강대국(미국, 중국, 러시아, 일본)의 경제적 현황과 군사전략은 다음과 같다: 우선, 미국은 세계 대공황(1929~1933)에 이어서 2008년 하반기 글로벌 금융위기에서 적나라하게 나타났듯이 자본주의 경제구조의 전환기적 위기를 겪고 있다. 미국 경제의 본질적 위기는 재정적자 누증 → 공공부채＋무역적자의 악순환이다. 따라서 새로운 돌파구로서 떠오르는 '아시아 시장'에 진출하기 위하여 환태평양경제동반자(TPP)을 추진했으나 지지부진하다. 미국 대외정책의 본질은 '펜타곤 시스템(Pentagon System)'이다. 이와 관련된 미국의 국방전략은 3가지: (1) 중거리 핵전력 조약(INF) 파기 선언(2018. 10. 22), (2) 전략방위구상(SDI): 미군 우주사령부 창설(2018. 12), (3) '새 미사일 방어 검토보고서'(MDR) (2019. 01. 17)으로 집약된다.

다음으로, 중국은 개혁·개방 이후 제조강국 → 무역대국 → 금융강국(기축통화로서의 위안화)으로, 또한 '군사강국'으로 굴기(屈起)하고 있으며, 대외적으로는 일대일로(一帶一路)와 아시아인프라투자은행(AIIB)을 추진하고 있다. 중국의 일대일로(一帶一路)는 미국의 인도 태평양 전략과 대비된다. 한편, 국내 경제적으로는 3대 딜레마(투자, 재정, 인플레이션)에 빠져 있으며 지방정부의 부채가 과다하고 사회경제적 불균형이 심화되고 있다. 중국경제의 미래에 관하여 비관적 전망도 많이 제기되고 있으나 낙관적 전망(조셉 나이 하버드대 교수와 후안강(胡鞍鋼) 칭화(淸華)대학 교수)도 있다.

러시아는 '소련 부활'을 꿈꾸고 아시아/태평양 지역(특히 한반도)으로 진출을 도모하고 있다. 일본은 '환태평양 시대' 선언하였으며 일본 내 지역경제 통합을 추구하고 새로운 일본형 경제시스템을 모색하고 있다.

02 세계평화를 위한 신(新)실용주의적 해법

본 연구는 실천철학(實踐哲學)인 '신실용주의(新實用主義, Neopragmatism)'의 적용대상으로서 다음과 같은 2가지: (1) 동아시아 지역의 영유권 분쟁과 (2) 북한(北韓) 핵무기 문제의 해결방안을 위한 해법(解法)을 제시한다.

그것은 해당 지역의 천연자원(天然資源)들을 공동개발하여 해당 국가들에게 경제적 혜택을 보상할 뿐만 아니라 인류의 생존과 세계평화(世界平和)를 위한 각종 프로젝트에 투자함이 바람직할 것이다. 예로서, 인류 사회는 심각한 식량위기 상황에 처해 있다. 특히, 아프리카에서만 매년 4천만 명 가까운 인구가 기아(飢餓)로 죽어가고 있으며 굶어죽는 아이가 5초에 1명씩 발생하고 있다. 지구촌 인구가 2050년에는 90억 명으로 전망되는데, 현재의 식량체계로는 인류 전체를 먹여 살릴 수 없다. 따라서 요한 갈퉁(Johan Galtung)의 '적극적 평화'(Positive Peace)를 추구하기 위하여 작물 재배방식을 위한 3가지 즉 안정적인 기후, 풍부한 물, 저렴한 에너지 공급을 위한 인도주의적 투자를 필요로 한다. 이것은 세계평화(World Peace)를 위한 본 연구의 신(新)실용주의적(Neopragmatic) 해법(解法)의 하나이다.

상기한 신(新)실용주의적(Neopragmatic) 해법은 바로 임마누엘 칸트(Immanuel Kant, 1724~1804)의 『영원한 평화를 위하여』(Zum ewigen Frieden. Ein philosophischer Entwurf, 1795년): "평화(平和)를 원한다면, 정의(正義)를 구현하라"(Si vis pacem, paraiustitiam)', 존 내시(John Forbes Nash Jr., 1928~2015)의 '내시 균형(Nash equilibrium)', 요한 갈퉁(Johan Galtung, 1930~현재)의 '적극적 평화'(Positive Peace), 저자(임양택)의 '신실용주의(新實用主義, Neopragmatism)' 철학을 토대로 세계평화(世界平和)를 구현할 수 있는 청사진인 것이다.

(1) 동아시아 지역

동아시아 지역은 최근에 영토분쟁을 겪고 있다. 중국·일본·대만이 동(東)중국해 다오위다오(센카쿠 열도) 영유권 분쟁 및 남(南)중국해 난사군도(스프래틀리군도) 영유권 분쟁, 일본과 러시아 사이에 쿠릴열도 남단 4개 섬들을 중심으로 각각 영유권(領有權) 분쟁이 심화 내지 잠복되어 있다. 또한, 일본이 주장하는 영해(領海)와 배타적 경제수역(EEZ)과 한

·중·일 사이에 방공식별구역(ADIZ)에 따른 분쟁으로 대두될 가능성도 있다. 특히, 중국이 앞마당으로 여기는 남(南)중국해 자유 통항(通航)에 대한 국가적 이해를 내세워 미국이 난사(南沙)군도와 시사(西沙)군도 영유권 분쟁에 개입하였다. 나아가, 미국은 동아시아정상회의(EAS) 참여를 공식화하고, 아세안(동남아국가연합)과의 관계를 강화하고 있다.

상기와 같은 국제분쟁 상황에서, 탈(脫)이데올로기적 및 신실용주의적(新實用主義的, Neopragmatic) 협력(協力)을 위한 구체적 방안은 강대국들(예 미국, 중국, 일본)을 비롯한 관련 국가들이 해당 지역의 천연자원들을 공동개발하여 해당 국가들{예 남(南)중국해의 경우 중국, 베트남, 필리핀, 인도네시아, 말레이시아, 브루나이 등}에게 경제적 혜택을 보상하는 것은 물론이고 세계평화(世界平和)를 위한 각종 프로젝트에 투자하는 것이다. 상기한 해당 지역의 천연자원들은 다음과 같다:

아프가니스탄에 매장된 리튬·철(추정 가치 4,209억 달러)·구리(2,740억 달러)·나이오븀(초전도체의 소재로 사용되는 희귀 금속, 812억 달러)·코발트(508억 달러)·금(250억 달러) 등으로 분석되었다. 또한, 「신(新)그레이트 게임(The New Great Game)」의 저자 루트 클레브먼(Lutz Kleveman)은 카스피 해(海) 연안 국가 중 카자흐스탄과 아제르바이잔에 묻혀 있는 원유량만 사우디아라비아의 4배인 1조 배럴에 달하는 것으로 추산했다. 이어서, 미국 국방부가 종합적으로 작성한 아프가니스탄 광물 자원 보고서에는 "아프가니스탄은 리튬의 사우디(최대 매장 국가)였다. 세계적인 광업 중심지가 될 것이다"라고 적혀 있다고 뉴욕타임스가 보도(2010. 06. 13)했다. 리튬은 휴대전화와 전기자동차 배터리의 주 원료로 그 수요가 폭증하고 있지만 볼리비아 등 극소수 국가에만 매장돼 있는 희귀 자원이다. 리튬 매장량은 아프가니스탄 중서부 가즈니주(州)의 소금 호수 한 곳이 볼리비아 전체(세계 리튬의 약 50% 매장)와 맞먹는 규모이다. 금액으로 환산하면 거의 1조 달러(약 1,224조 원)에 이르는 것으로 추산됐다.

또한, 세계 해운(海運) 물동량의 4분의 1인 연간 5조 달러(약 5,800조 원)어치가 통과하는 남(南)중국해에 매장되어 있는 석유, 가스, 주석, 망간 등 천연자원을 중국해양석유총공사(CNOOC)는 2010년 남(南)중국해 석유 매장량을 230억 톤으로 추산하며 "제2의 페르시아 만"이라고 발표했다. 또한, 동(東)중국해 다오위다오 영유권 분쟁의 요인은 이 지역 주변에서 가스유전이 발견되었기 때문이었다. 중국이 경계선 주변에서 개발에 나서자 일본은 해저로 연결된 부분을 통해 일본 자원이 없어질 우려가 있다면서 공동개발을 요구해 왔었다.

(2) 북한지역

북한 지역에는 철광석·무연탄·마그네사이트·흑연 등 총 220여 종의 광물자원이 묻혀 있고, 동·아연 등 경제성이 있는 광물만도 20여 종이 분포되어 있다. 텅스텐·몰리브덴 등 희유금속과 흑연·동(銅)·마그네사이트 등의 부존량은 세계 10위권으로 추정된다. 또한, 북한 서해(西海)에 매장된 석유가 최대 1경5,800조 원 어치이며, 북한 동해(東海)에 매장된 석유와 가스 9,500조 원 어치이고, 북한 전역에 산재한 희토류는 세계 매장량의 66%, 우라늄은 세계 매장량의 5배가 있다고 분석되었다.

03 북한 핵무기 문제 해결을 위한 신(新)실용주의적 해법

한반도(韓半島)의 경우, 현재까지는 한·미·일 3각 관계를 뒷받침하고 있는 한·미 상호방위조약(1953. 10. 01), 미·일 방위조약(1978. 11 및 1979. 04), 미국의 대만관계법(1979. 04)과, 북·중·러 3각 관계를 뒷받침하고 있는 북·중 우호조약(1961. 07), 북·러 우호조약(2000. 02)이 '절묘한' 세력균형(Balance of Power)을 유지하고 있다. 다행히, 몰타회담(1989. 12. 02~03)에 의 하여 냉전(冷戰)이 종식된 후, 한반도 주변 4대 강국 중에서 특히 미국과 중국은 제1차 미·중(美·中) 전략경제대화(SAED: Strategic and Economic Dialogue, 2009. 07. 27~28, 워싱턴)에서, 또한 G20 정상회의(2011. 11. 11~12)에서 '동북아 안정'을 위협할 수 있는 한반도 위기상황이 발생하지 않도록 상호협력하기로 합의한 바 있다. 그럼에도 불구하고, 천안함 침몰 사건(2010. 03. 26)을 놓고 미국과 중국이 정면 충돌하면서 동아시아에서 미·중(美·中)의 패권(霸權) 경쟁이 노골화되었다. 급기야, 미국의 핵(核) 항공모함 등 20여 척의 전함과 200여 기의 공중전력이 동원된 사상 최대 규모의 한·미(韓·美) 연합훈련이 동해(東海)에서 실시되었다.

1) 기본 방향: '동북아 안보협력회의(CSCNEA)'와 '10개항 동북아 평화 조약(Northeast Asian Peace Treaty)'

본 연구는 북한(北韓)의 핵무기 개발, 북한의 외교 전략과 벼랑끝 전술, 북·미(北·美) 핵(核)협상 과정: 제네바 기본합의서(1994. 10. 21), 2000년 공동코뮤니케(2000. 10. 12), 2005년 베이징 공동성명(2005. 09. 19), 최근 남·북한(南·北漢) 합의 사항: 대북 특사(정의용 청와대 국가안보실장)와 김정은(金正恩) 국무위원장의 합의 내용(2018. 03. 05), 한반도의 평화와 번영, 통일을 위한 판문점 선언 (2018. 04. 27, 판문점), '9월 평양공동선언'(2018. 09. 19, 백화원 영빈관)에 관하여 각각 논술한다.

한편, 북한(北韓) 핵무기 문제의 해결 시도로서, 도널드 트럼프(Donald John Trump) 전(前)대통령(당시)의 대(對)북한 전략의 핵심은 대(對)북한 전략의 핵심적 목표: '인도 모형'(2006. 03. 02) + 북한의 친미화(親美化) + 제2베트남화(化) → '중국 포위망' 구축인 것으로 추측된다. 상기 시나리오에 대한 본 연구의 비판은 다음과 같다: 세계 핵무기 문제 해결 모형들 중에서 '인도 모형'(2006. 03. 02)은 북한이 오랜 기간 동안 소망해온 것이다. 그러나 북한의 친미화(親美化) + 제2베트남화(化)는 역사적으로, 또한 지정학적으로 북한이 도저히 수용할 수 없을 것이다. 설혹, 그러한 가능성이 있더라도, 중국이 북한의 친미화(親美化) + 제2베트남화(化) → '중국 포위망' 구축을 도저히 용인할 수 없을 것이다. 결국, 상기 전략은 도널드 트럼프(Donald John Trump)의 재선(2020. 11. 03)을 위한 정치 이벤트: '북한의 최종적이고 완전하게 검증된 비핵화(FFVD) 진전을 위한 '핵(核) 동결 프로그램'으로서 북한을 핵보유국으로 인정하는 미국의 딜레마('파키스탄의 덫')이다. 또한, 설혹 상기 시나리오가 현실화되었더라도 북한의 핵(核)무기 보유는 '정치군사 대국화'를 노려온 일본의 핵(核)무장을 자극 및 유발할 것이다. 이것은 중국과 일본의 핵(核)무기 경쟁으로 비화될 것이다.

본 연구는 핵무기 문제 해결사례로서 모두 6가지: (1) 남아공화국 모형(1993. 01), (2) 리비아 모형(2004. 06. 28), (3) '인도 모형'(2006. 03. 02), (4) 이란 모형(2017. 07. 14), (5) 파키스탄 모형(미국의 암묵적으로 핵무기 개발을 용인), (6) '이스라엘 모형'(미국이 알고도 덮어준 케이스)에 관하여 각각 논술했다.

따라서 본 연구는 다음과 같이 제안한다: 김정은(金正恩) 국무위원장은 '현대판 극동(極東)의 제로니모'(Geronimo, 1829~1909) 운명을 답습하지 않도록 하기와 같은 신(新)실용주의적(Neopragmatic) 해법을 수용하여 미국의 양해 혹은 지원하에서 중국의 덩샤오핑(鄧小平, 1904~1997) 개방 개혁 혹은 베트남의 '도이도미 개혁'을 수용할 것을 제안한다.

한반도(韓半島) 평화(平和)를 위한 신(新)실용주의적(Neopragmatic) 해법은 다음과 같다: 북한 핵무기 문제를 근원적으로 해결하기 위한 제도적 장치로서 남·북한＋미국·중국＋ 러시아·일본이 본 연구의 '10개항 동북아평화조약'(Northeast Asian Peace Treaty) 체결과, 이를 뒷받침하기 위한 '동북아 안보협력회의'(CSCNEA: Conference on Security Cooperation in Northeast Asia) 설치 및 운용할 것을 UN 총회에서 동시적으로 천명하는 방안이다.

이와 반면에, 남·북한 정상은 판문점 남북정상회담(2018. 04. 27)을 통하여 '정전협정(停戰協定) · 평화협정(平和協定) · 남북연방제 통일 → 주한미군(駐韓美軍) 철수 → 공산화(共産化) 통일을 추구한다. 그러나 본 연구는 상기 방향의 위험성과 남·북한의 평화협정(平和協定)은 허구(虛構)임을 지적한다. 상기 주장을 뒷받침하기 위하여, 본 연구는 인류 역사상 평화조약: (1) 베르사유 강화조약(1919. 06. 28), (2) 뮌헨협정(1939. 09. 30), (3) 독일

·폴란드 불가침조약(1934. 01. 26), (4) 독·소 불가침조약(1939. 08. 23), (5) 베트남 평화협정(1973. 01. 27), (6) 중동 평화협정(1979년)과 오슬로 평화협정(1993. 12)의 허구와 한계를 역사적 자료로써 각각 논술한다.

상기한 6개 평화협정(平和協定)들과 대조적으로, 본 연구의 '10개항 동북아평화조약'(Northeast Asian Peace Treaty)은 상기 조약을 뒷받침할 선결조건으로서 '동북아 안보협력회의'(CSCNEA: Conference on Security Cooperation in Northeast Asia)을 남북한과 한반도 주변국(미·중·러·일)이 동시적으로 체결하고 UN 총회에서 6개 당사국들이 '10개항 동북아평화조약'(Northeast Asian Peace Treaty)을 선언함으로써 정착될 수 있을 것이다. 본 연구가 '동북아 평화'를 위하여 제시하는 '동북아 안보협력회의(CSCNEA: Conference on Security and Cooperation in Northeast Asia)'는 '유럽안보협력회의(CSCE: Conference on Security and Cooperation in Europe)'와 대칭적인 것이다.

참고로, 동·서독이 1972년 기본조약을 체결하고 공존·협력관계를 정착시킬 수 있었던 것은 북대서양조약기구(NATO)와 바르샤바조약기구(WTO) 간의 정치·군사적 균형을 통해서 유럽질서를 안정적으로 유도하고 상기 제도하에서 동독과 서독의 안보가 보장되었기 때문이었다. 환언하면, 유럽의 다자간 안보기구(Multilateral Security Cooperation Organization)인 '유럽안보협력회의'(CSCE)와 북대서양조약기구(NATO)는 탈(脫)냉전 후 유럽지역의 갈등해결과 분쟁예방을 위해서 포괄적 안보(Comprehensive Security)와 협력적 안보(Cooperative Security) 개념을 적용하고 있다. 북대서양조약기구(NATO)는 냉전시대의 집단안보기구였으나 탈(脫)냉전 후에도 해체되지 않고 오히려 구(舊)동구권 국가들을 동 기구(NATO)의 회원국으로 포함시킴으로써 확대되었다.

2) 다자간 경제협력

다자간 경제협력(經濟協力)의 차원에서, 본 연구는 장단면(長端面) '남·북한 경제특구'(Yang−Taek Lim: 1997a, 2000, 2002a, 2007b, 2010; 임양택: 1990, 1991, 1992, 1993, 1994, 1995e, 1998, 1999c, 2000, 2002, 2005c, 2007, 2009, 2011, 2013), 북한(北韓) 산림 및 환경 복구를 위한 남·북한 환경제협력, 남·북한 + 미국의 3각 협력구도로서 산업기술협력과 광물자원(특히 稀土類와 油田) 공동개발을 각각 추진할 것을 주장한다. 이것이 북한(北韓) 핵무기 문제 해결과 한반도 평화 정착을 위한 신(新)실용주의적(Neopragmatic) 해법이다.

나아가, 본 연구는 신(新)실용주의(Neopragmatism)의 측면에서 간도(間島)의 '옛' 주인(한국)과 '새' 주인(중국)이 '동아시아 경제공동체'(EAEC: East Asian Economic Community)라는 공동번영의 목표를 지향하면서 평화와 경제협력을 위한 실질적인 윈-윈(win-win) 전략을 제시한다. 간도(間島) 지역은 향후 남·북한과 중국의 미래를 개척할 수 있으며, 나아가 동아시아 평화와 경제협력(특히 식량문제 해결)에 크게 기여할 수 있다. 특히, 정치군사적 측면에서 보면, 중국에게 간도(間島)는 대만(臺灣) 못지않게 매우 중요한 전략적 가치를 갖고 있다. 즉, 간도(間島)는 일본으로 진출할 수 있는 지름길이고 동(東)으로 블라디보스토크와 인접하고 북(北)으로 길림(吉林)에 가까워 북쪽으로 진출하는 데 중요한 지역으로서 동아시아의 세력균형(Balance of Power)을 유지하는 전략적인 요충지이다.

　　따라서 중국은 압록강과 두만강을 따라 러시아 연해주 접경까지 연결되는 1,380km의 동부 변경(邊境) 철도를 신설하여 이미 건설된 동북 지역의 11개 철도와 연결시켜 교통의 중심지로 부각시키려고 하고 있다. 중국은 나진항 1호 부두의 독점 사용권을 확보(2009. 10. 07)함에 따라 중국 동북지역의 풍부한 지하자원을 물류비가 저렴한 동해(東海)를 통해 남쪽으로 운송할 수 있게 됐다. 한국의 입장에서, 간도(間島)라는 실지(失地) 회복이 아니라, 간도(間島) 지역의 한·중(韓·中) 공동개발 프로젝트를 추진함이 보다 실리적이고 가능할 것이며 또한 바람직할 것이다. 또한, 중국은 러시아와 협력하여 한반도에 '아시아 파이프라인'을 건설함으로써 북한의 에너지 문제를 근본적으로 해결할 수 있다. 이와 함께, 중국 횡단철도(TCR)를 한반도 종단철도(TKR)와 시베리아 횡단철도(TSR)를 연계하여 아시아와 유럽을 잇는 한반도의 '물류 중심지'를 건설하는 것이다.

　　모름지기, 21세기 세계화(Globalization)는 '共生回家'(Symbiotic State)를 추구한다. 즉, 영토라는 국경과 심지어 전통적 개념의 민족의 벽(壁)을 뛰어 넘어 동질적 문화권의 공생(共生)과 협력(協力)을 추구하는 것이다.

04 남·북한 국가지도자에 대한 충고

남·북한의 정치지도자에게 보내는 저자의 공개서한(公開書翰)의 형식으로 한민족의 '공동 비전'으로서 본 연구의 '남·북한 5단계 통일 프로그램: ①준비단계 → ②경제통합 → ③사회통합 → ④군사통합 → ⑤정치통합을 제시하고 남·북한의 특수 상황을 고려한 합리적 대안을 각각 제시했다. 상기 5단계 통일 프로그램에서 가장 본질적이고 효과적인 것은 남북한 경제통합(Economic Integration)이며, 이를 촉진할 수 있는 가장 합리적 방안을 '개성공단'(북한지역 내 위치)의 재가동이 아니라, 본 연구가 20여 년 동안 주장해온 '장단면(長端面, 휴전선 근방의 남한지역 내 위치) 남·북한 경제특구'(South–North Korean Special Economic Zone)를 설치 및 가동하는 것이다. 상기 경제특구(SEZ)는 북한 내 매장되어 있는 풍부하고도 유용한 광물자원의 공동개발과 연계하면 더욱 더 실효성이 높아질 것이다.

1) 김정은(金正恩) 국무위원장

우선, 김정은(金正恩) 국무위원장(1984~현재)에게 보내는 저자의 공개서한(公開書翰) 내용은 다음과 같다: 본 연구의 북한의 핵무기 해결방안: '동북아 안보협력회의(CSCNEA)'와 '10개항 동북아평화조약'(Northeast Asian Peace Treaty)과 '신실용주의적'(新實用主義的, Neopragmatic) 남·북한 경제교류/협력을 적극적으로 검토하고 주변 관련국들과 진지하게 논의하며 선도적으로 추진함으로써 자신이 동아시아 평화(특히 '동북아 평화')를 희구한다는 의지를 보여줄 것을 당부하였다.

본 연구의 '10개항 동북아평화조약'(Northeast Asian Peace Treaty)은 상기 조약을 뒷받침할 선결조건으로서 '동북아 안보협력회의'(CSCNEA: Conference on Security Cooperation in Northeast Asia)을 남·북한과 한반도 주변국(미·중·러·일)이 동시적으로 체결하고 UN 총회에서 6개 당사국들이 '10개항 동북아평화조약'(Northeast Asian Peace Treaty)을 함께 선언함으로써 실효적(實效的)으로 정착될 수 있을 것이다.

본 연구가 '동북아 평화'를 위하여 제시하는 '동북아 안보협력회의(CSCNA: Conference

on Security and Cooperation in Northeast Asia)'는 '유럽안보협력회의(CSCE: Conference on Security and Cooperation in Europe)'와 대칭적인 것이다. 전쟁이 끊길 날이 없었던 유럽은 '유럽안보협력회의(CSCE)'이라는 제도적 장치로써 평화를 구가(謳歌)하고 있으며, 이를 바탕으로 유럽통합(European integration)을 이루었다.

그러하지 않는 경우, 북한의 김정은(金正恩) 국무위원장은 '현대판 극동(極東)의 제로니모'(Geronimo, 1829~1909)의 운명을 답습할 수 있다는 것을 충고한다. 그 배경으로서, 저자는 미국 대외정책의 본질적 특성인 '펜타곤 시스템'(Pentagon System)을 지적하고 그것의 사례{Gabriel Kolko(2009), Jacques R. Pauwels(2017)}로서 2가지: (1) 미국과 영국의 폭격기 800여 대가 독일 동부의 드레스덴에 대규모 공습(空襲)을 단행(1945. 02. 13)함으로써 20~25만 명 사망하였으며, (2) 히로시마와 나가사키에 대해 인류 최초의 핵(核) 공격(1945. 08. 06/09)함으로써 20여만 명 사망, 방사능 후유증까지 포함해 총 70여만 명이 사망했었다는 역사적 사례를 각각 논술한다.

2) 문재인(文在寅) 대통령과 향후 국가지도자

다음으로, 저자는 문재인(文在寅) 대통령(2017. 05~현재)과 향후 국가지도자들에게 한반도 평화를 위한 한국 측의 접근 방향 및 전략으로서 다음과 같이 제안한다:

첫째, 북한이 평화협정(平和協定) 체결을 줄기차게 주장하는 이유는 평화협정(平和協定)이 체결되면 한·미동맹(韓·美同盟)이 파기되고 주한미군(駐韓美軍)의 주둔 근거가 소멸되기 때문이다. 주한미군(駐韓美軍)이 철수하면 그 결과는 베트남 평화협정(1973. 01. 27) 후 불과 2년만에 공산화(共産化)되었던 '베트남의 비극'(1975. 04. 30)이 재현될 것이 명약관화(明若觀火)하다. 북한의 과학백과사전출판사가 발행한 '백과전서', 북한의 대남선동 기구인 '반제민전', 평양 인민문화궁전 결의 서한은 평화협정(平和協定)의 개념을 '미군 철수'라고 못 박아 놓고 있다.

따라서 문재인(文在寅) 대통령과 향후 국가지도자 및 정치인들은 '뮌헨 협정(Munich Agreement, 1938. 09. 30)의 굴욕'의 전철을 밟지 않아야 한다. 상기 협정은 제2차 세계대전 발발 1년 전인 1938년 9월 30일 독일의 수데텐란트(Sudetenland) 병합문제를 수습하기 위해 체결되었으나 평화는커녕 인류역사상 최악의 전쟁을 불러온 대표적 사례이다.

둘째, 미국과 중국 사이에서 균형외교의 접점을 모색해야 한다. 미국과의 군사동맹인 한국은 지리적으로 너무 가까이 있고 경제적으로 크게 의존하고 있는 중국과의 관계를 의식하지 않을 수 없다. 그렇다면, 대한민국의 생존을 위한 묘수(妙手)는 무엇인가? 그것은 중국과 대만의 '정경분리(政經分離) 원칙'을 한반도에서 적용하는 것이다. 한국의 지정학적 중요성을 제대로 인지한다면, 미국과 중국은 각각 한국의 새로운 정책기조: '정경분리(政經分離) 원칙'을 이해 및 수용해야 할 것이다.

중국과 대만은 한족(漢族) 중심의 민족주의 사상인 '중화사상'(中華思想)을 바탕으로 '일국양제'(一國兩制)라는 현실을 수용하고 정경분리(政經分離) 원칙하에서 3통(通商, 通航, 通郵) → 금융기관(金融機關)의 상호 진출 → 「양안 경제협력협정」(ECFA: Economic Cooperation Framework Arrangement) 체결(2010. 06. 29) → 양안 간 경제통합(Economic Integration)을 추진해오고 있다.

중국과 대만의 관계 개선 과정을 요약하면, 정경분리(政經分離) 원칙하에서 '중화사상'(中華思想) → 정경분리(政經分離) → '일국양제'(一國兩制) → 3통(通商, 通航, 通郵) → 금융기관(金融機關)의 상호 진출 → 「양안 경제협력협정」(ECFA: Economic Cooperation Framework Arrangement) 체결(2010. 06. 29) → 양안 간 경제통합(Economic Integration) 추진이다.

에필로그

영국의 성공회 사제이자 시인인 존 던(John Donne, 1572~1631)은 다음과 같은 시(詩)를 읊었다: *"누구도 온전한 섬(島)으로 존재할 수 없나니, 모든 개인은 대륙(大陸)의 한 조각이며, 전체를 이루는 일부이다 … 다른 이의 죽음도 나 자신의 상실이다. 나는 인류에 포함된 존재이기 때문이다. 그러므로 누구를 위하여 종(鐘)은 울리느냐고 묻지 말라! 종(鐘)은 그대를 위하여 울리는 것이다."*

한편, 신라(新羅)시대에서 성덕대왕(聖德大王, 재위: 702~737)의 에밀레 종(鐘)은 아기가 어미를 부르는 애절한 소리는 맥놀이 현상(鐘을 치면 서로 다른 진동을 가진 두 개의 소리가 한꺼번에 어우러져 커졌다가 줄었다를 반복하면서 긴 여운으로 퍼지는 현상)을 위해 일부러 비대칭(非對稱)으로 만들어졌다. 즉, 하늘을 날으는 비천상(飛天像), 보상당초 문양 등이 종(鐘)의 두께를 다르게 하려고 새겼다. 또한, 용뉴(龍鈕, 신종의 머리 부분인 용(龍) 모양의 고리)와 음관(音管, 시끄러운 소리가 빠져나가는 통)이 위로 솟아 있다. 이로써, 에밀레 종(鐘)은 훨씬 은은하고 맑은 종소리로써 국태민안(國泰民安)을 기원한다.

무려 약 1,300년 동안 이 강산(江山)을 지켜 온 에밀레 종(鐘)은 현재 한국인에게 무엇을 일깨워주는가? 아내가 남편을 토막 살인하고 어미가 자식을 죽이고 노(老)부모는 자식들의 경제적 부담을 덜어주기 위하여 자살하는 등 가족(家族)이 산산조각나고, 사회(社會)는 배금주의(拜金主義)와 극단적 이기주의(利己主義)로 황폐화되고, 국가(國家)는 부패한 정치인들의 탐욕·위선·부정으로 속절없이 무너지고 있다. 자유민주주의 국가에서 유일한 희망이 선거(選擧)는 '찢어진 민주주의 깃발'이 되었다. 왜냐하면 민중의 '합리적 이성'은 난무하는 포플리즘(Populism, 인기영합주의)에 의하여 속절없이 무너지고 있기 때문이다.

게다가, 북한은 핵무기를 앞세워 미사일을 쏘아대고 있으며, 한반도(韓半島) 주변의 세계 열강들은 자국의 구조적 모순과 불안을 배출하기 위하여 패권(霸權)을 다투고 있다. 강대국에 둘러싸인 한국은 외교(外交)로 생존해야 하는 나라다. 외교(外交)의 기본은 이념(理念)이 아니라 실리(實利)이다. 그런데 한반도 주변 4강(强): 미·중·일·러에 대한 한국의 외교(外交)가 전부 난맥상이다. 마치, 등대도 없는 캄캄한 바다에 '대한민국(大韓民國) 호(號)'는 키를 잃고 전진(前進)하지 못하고 단지 '좌우(左右)로 흔들리면서' 마냥 표류(漂流)하고 있다.

따라서 무엇보다도 시급한 것은 세계적 과학 유산인 에밀레 종(鐘)을 '우리를 위하여' 울려야 하는 것이다. 음관(音管)을 통하여 '때늦은' 이념 간 갈등을 배출해버리고 경세제민(經世濟民)의 국정철학과 청사진을 용뉴(龍鈕)에 높이 걸고 대한민국(大韓民國)은 비천상(飛天像)처럼 하늘을 날아야 한다. 그러한 소망을 담아, 저자는 본 저서를 역사(歷史) 앞에 바친다.

잠시 회고하면, 미국 유학시절, 조지아주립대학교(Georgia State University) 도서관에서 수많은 장서를 바라보면, 저자 자신이 매우 초라하다는 것을 느끼면서 스스로 부끄러움으로 인하여 남몰래 얼굴을 붉힐 때도 많았다. 그때마다 디모데후서(2:15: "네가 진리의 말씀을 옳게 분별하며 부끄러울 것이 없는 일꾼으로 인정된 자로 자신을 하나님 앞에 드리기를 힘쓰라")를 읊으면서 "아직도 나는 젊으며 얼마든지 훌륭한 업적을 이룰 수 있다"고 자위(自慰)해 왔었다.

어느덧, '만년 청년'이라고 불리웠던 저자가 어언 칠순(七旬)을 넘고 있다. 한동안 세월이 또 흐르고 나면, 모든 사람들이 그렇듯이, 저자도 이 세상의 '소풍'(逍風)을 마치고 하늘의 부름을 받을 것이다. 따라서 저자는 "이 세상에 무엇을 남기고 갈 것인가?" 하고 깊은 회한에 사로잡힌다. 물론, 연구는 학자가 세상을 떠날 때까지 계속해야 하겠지만, 이젠 더 이상의 저서 집필은 물리적으로 힘들 것으로 예감한다.

따라서 본 저서는 저자의 혼(魂)을 바쳐 분만한 '늦깎이 막내둥이'인 셈이다. '한 송이 국화꽃을 피우기 위해 간밤의 소쩍새는 슬피 울었나 보다'라고 읊었던 미당 서정주(徐廷柱) 시인의 '국화 옆에서'란 詩 구절이 저자의 가슴에 절절히 맺힌다.

저자 임양택

주요 참고문헌

박명림(2006), "한반도 정전체제: 등장, 구조, 특성, 변환", 「한국과 국제정치」, 제22권 1호.

배긍찬(2006), "동아시아 공동체 논쟁과 향후 전망: ASEAN＋3와 EAS와의 관계설정 문제를 중심으로", 「주요국제문제분석」, 외교안보연구원, 12월 29일.

서보혁(2009), 「다자안보협력의 제도화 경로: C/OSCE의 경험과 동북아 적용방안 연구」, 「국제정치논총」제49권 2호

임양택(2021), <'정의로운 국가와 행복한 사회'를 위한 신(新)실용주의(實用主義) 철학과 정책>, 도서출판: 박영사.

임양택(2021), <조선(朝鮮)의 망조(亡兆), 대한제국(大韓帝國)의 자멸(自滅), 대한민국(大韓民國)의 위기(危機)>, 도서출판: 박영사.

암양택(2019), "중국의 정치·경제체제의 구조적 변환에 관한 연구: 인민민주주의(人民民主主義)와 국가자본주의(國家資本主義)의 측면에서", 동북아경제학회, [2019 경제학 공동학술대회]: 한국경제학회 일반세션, 2월 14일

암양택(2018a), "정의로운 국가'와 '행복한 사회'를 위한 철학적 기초". 국제지역학회 동계학술대회, 12월 7일, 이화여자대학교 교육관 B동.

임양택(2018b), 「글로벌 금융패러다임과 한국 금융산업: 이론과 정책」, 서울: 한양대학교 출판부.

임양택(2017a), "'글로벌 경제철학'을 위한 동·서양 철학의 비교분석", 국제지역학회, 2017년 동계학술대회, 경기대학교 강당, 12월 8일.

임양택(2017b), "새로운 패러다임 하에서 경세제민을 위한 신(新)실용주의: 철학과 정책", 한국국제경제학회 2017년 동계학술대회, 고려대학교 경영관, 12월 15일.

임양택(2013), 「글로벌 경제와 한반도 위기: 한국의 비전 및 전략」, 파주: 나남출판사.

임양택(2011), 「쿼바디스 도미네: 성장·복지·통일을 위한 청사진」, 파주: 나남출판사.

임양택(2011), 「한국형 복지사회를 위한 청사진」, 서울: 한양대학교 출판부.

임양택(2010), "'한반도 책략': 한·미 '군사동맹'과 한·중 '전략적 협력 동반자'를 중심으로", 2010년 한국동북아경제학회 국제학술심포지엄, 동해그랜드호텔.

임양택(2007a), 「한국의 비전과 국가경영전략」, 파주: 나남출판사.

임양택(2007b), "동북아 평화와 남·북한 통일: '포용정책'에서 '포괄정책'으로", 「경제연구」, 제28권 제1호, 서울: 한양대학교 경제연구소.

임양택(2007c), "동북아 평화와 남·북한 통일: 5단계 통합론", 「2007 흥사단 통일포럼: 통일지향의 한반도 평화체제 정착과제」, 서울: 흥사단민족통일운동본부.

임양택(2007d), "남·북한 통일과 동북아 평화를 위한 국가경영전략", 흥사단민족통일운동본부 창립

10주년 기념 심포지움.

임양택(2007e), 「한국의 비전과 국가경영전략」, 파주: 나남.

임양택(2009a), "역사갈등 해소와 동아시아 평화·협력 방안", 2009 제3회 역사NGO 세계대회 세미나, 근대 변경(邊境)역사와 동아시아 평화협력 방안, 덕성여대 사회교육원 세미나실, 8월 22일.

임양택(2009b), "'한반도 통일 프로그램'에 관한 연구: '5단계 통합론'과 '동북아평화조약'을 중심으로", 한국동북아경제학회 춘계국제학술세미나, 배재학당 역사박물관 3층 세미나실.

임양택(2009c), "한국의 동시베리아·극동지역의 에너지·자원 개발 전략", 「경제연구」, 제30권 제1호, 한양대학교 경제연구소.

임양택(2009d), "동북아안보체제 서둘러라", 한국경제신문, 5월 28일.

임양택(2008), "청의 조선책략과 한국의 4강외교", 조선일보, 10월 8일.

임양택(2007a), "동북아 평화와 남·북한 통일: '포용정책'에서 '포괄정책'으로", 「경제연구」, 제28권 제1호, 서울: 한양대학교 경제연구소.

임양택(2007b), "동북아 평화와 남·북한 통일: 5단계 통합론", 「2007 흥사단 통일포럼: 통일지향의 한반도 평화체제 정착과제」, 서울: 흥사단민족통일운동본부.

임양택(2007c), "남·북한 통일과 동북아 평화를 위한 국가경영전략", 흥사단민족통일운동본부 창립 10주년 기념 심포지움.

임양택(1999a), "남·북한 5단계 통합모형과 민간 통일운동의 방향: '흥민통'을 중심으로", 「도산학술논총」, 제 7집, 서울: 흥사단출판부

임양택(1999b), "남·북한 경제통합의 모형과 과제", 통일아카데미 강좌, 사단법인 흥사단민족통일운동본부.

임양택(1999c), "한반도 평화체제 구축방안 모색", 사단법인 흥사단민족통일운동본부·SBS, 제1회 흥민통 통일심포지엄.

임양택(1999d), 「아시아의 대예측」, 서울: 매일경제신문사.

임양택(1999e), "남·북 경제특구 설치 서둘러야", 매일경제, 4월 21일.

임양택(1998), "동북아 신안보시대의 집단안보체제와 「동북아 평화시」의 제안 및 개발전략", 「한국북방학회논집」, 제4호.

임양택(1995a), 「비전없는 국민은 망한다: 21세기 통일한국을 위한 청사진」, 서울: 매일경제신문사.

임양택(1995b), "비무장지대내 경제특구 개발방안", 「경제교류·협력분야 '95년도 전문가 위촉과제 종합」, 통일원.

임양택(1993), 「제3의 통일방안」, 서울: 매일경제신문사.

임양택(1992a), "남·북한 경제교류의 단계별 추진전략", 한국북방학회.

임양택(1992b), "제3의 남·북한 통일방안과 경제협력에 관한 연구", 한국경제학회.

임양택(1991a), "남·북한 경제특구의 개발전략에 관한 연구", 「경제학연구」, 한국경제학회.

임양택(1991b), "남·북한 경제협력의 단계별 추진전략과 제도적 장치", 한국중소경제학회, 제6회 정기 학술발표회.

임양택(1990), "남·북한 경제특구의 개발전략과 적정지역의 선정에 관한 연구", 한국경제학회 정기학술대회.

임양택(1989), 「남·북한 산업 및 기술협력의 추진방안에 관한 연구」, 한국경제연구원 연구총서, No. 64, 5월.

한승주(2005), "동아시아 공동체로 가는 길"(Road map for an East Asian Community), IRI Review, Vol. 10, No. 2.

한진덕(2004), "동북아 경제통합과 제도화 과정에 있어서의 일본의 정책", 강성학 편, 「동북아의 평화사상과 평화체제」, 서울: 리북.

황경식·박정순 외(2009), 「존 롤즈(John Rawls)의 정의론과 그 이후」, 서울: 철학과 현실사.

홍성우(2005), 「자유주의와 공동체주의 윤리학」, 서울: 선학사.

홍성우(1991), "임마누엘 칸트([Immanuel Kant) 윤리학에 관한 존 롤즈(John Rawls)적 해석", 「역사와 사회」, Vol. 1, No. 6.

홍용표(2003), "동북아 안보경제협력의 이론적 틀", 박종철 외, 「동북아 안보경제협력체제 형성 방안」, 서울: 통일연구원.

홍종호 등(2013), 「환경경제학」, 서울: 도서출판 박영사

〈영문〉

Adam Smith.(1778), Lectures on Jurisprudence, edited by R.L. Meek, D.D.Raphael, and P.G.Stein(Glasgow Edition, 1976), Clarendon Press

Adam Smith.(1776), An Inquiry into the Nature and Causes of the Wealth of Nations, edited by Campbell and Skinner(Glasgow Edition, 1976), Clarendon Press.

Adam Smith.(1759), The Theory of Moral Sentiments, edited by D.D. Raphael and A.L. Bell, Daniel(1960), The End of Ideology, New York: The Free Press.

Bloed, Arie, ed.(1993), The Conference of Security and Cooperation in Europe: Analysis and Basic Document, 1972~1993, London: K.lower Academic Publishers.

Cohen, Joshua.(1986), "Review of Spheres of Justice", Journal of Philosophy Vol.83(August).

Dahrendorf, Ralf(1969), Society and Democracy in Germany, New York: Doubleday Doubleday;

Drennan, William M.(2006), "Military Implications of a Peace Regime for the Korean Peninsula", Working Paper, Atlantic Council Working Group on North Korea.

Duffield, John S.(2003), "Asia－Pacific Security Institutions in Comparative Perspective", In G. John Ikenberry and Michael Mastanduno, eds., International Relations Theory and the Asia－Pacific, New York: Columbia University Press.

Esping－Andersen, Gosta(2002), Why we needs a new Welfare State, Oxford: Oxford University Press.

Esping－Andersen, Gosta(1990), The Three Worlds of Welfare Capitalism, Princeton: Princeton University Press.

Farrell, M. J.(1973), Readings in Welfare Economics, Macmillan St. Martin's Press.

Friedman, Benjamin(2005), Moral Consequence of Economic Growth. New York: Vintage.

Friedman, Milton(1962), Capitalism and Freedon, University of Chicago Press, 최정표 역 「자본주의와 자유」(1995), 형설출판사.

Fry, John(2003), The Helsinki Process: Negotiating Security and CooperatIon in Europe, Honolulu: University Press of the Pacific, pp 156~163.

Hahn, Frank and Martin Hollis(1979), Philosophy and Economic Theory, Oxford Univerity Press.

Hayek, F. A.(1965), "Individualism and Economic Order", In M. Bornstein (ed.), Comparative Economic System, Homewood, Ⅲ.: Richard D. Irwin, Chap. 8.

Hayek, Friedrich A.(1948), Individualism and Economic Order, Gateway Editions.

Hayek, Friedrich A.(1944), The Road to Serfdom, Chicago. 김영청 역 『노예의 길』(1997), 동국대출판부.

Galbraith, John Kenneth(1979), The Nature of Mass Poverty, Havard University Press.

Galbraith, John Kenneth(1973), Economics and The Public Purpose, Houghton Mifflin Company Boston.

Geiger, Frances M.(1978), Welfare and Efficiency, New York:The Macmillan Press.

George, Gilder(1981), Wealth and Poverty, Regnery Publishing.

George, Henry(1879), Progress and Poverty, New York: E.P. Dutton & Company.

Harbermas, Jürgen(1984), The Theory of Communicative Action, Volume I, translated by Thomas McCarthy. Boston: Beacon Press.

Harbermas, Jürgen(1987a), The Theory of Communicative Action, Volume II. translated by Thomas McCarthy. Boston: Beacon Press.

Harbermas, Jürgen(1987b), The Philosophical Discourse of Modernity. translated by Frederick Lawrence. Cambridge: The MIT Press.

Harbermas, Jürgen(1970), Toward a Rational Society, translated by Jeremy Shapiro. Boston:

Beacon Press.

Harrison, A.(2006), "Globalization and Poverty", National Bureau of Economic Research, Working
    Paper No. 12347.

Hausman, Daniel M. and Michael S McPherson(1996), Economic Analysis and Moral Philosophy,
    Cambridge: Cambridge University Press.

Hausman, Daniel M.(1984), The Philosophy of Economics, Cambridge University Press.

Hayek, Friedich A.(1976), "The Mirage of Social Justice", Law, Legislation and Liberty Vol. 2,
    London: Routledge and Kegan Paul.

Hayek, Friedrich A.(1948), Individualism and Economic Order, Gateway Editions.

Hayek, Friedrich A.(1944), The Road to Serfdom, Chicago: The University of Chicago Press. 김영
    청 역 『노예의 길』(1997), 동국대출판부.

Hicks, John R.(1974), The Crisis in Keynesian Economics, Oxford: Oxford University Press.

Hirschman, A. O.(1958), The Strategy of Economic Development, Yale University Press.

Huntington, Samuel P.(1996), The Clash of Civilizations and the Remarking of World Order,
    Simon& Schuster.

Huntington, Samuel P.(1993), "The Clash of Civilization?", Foreign Affairs, Summer.

Iriye, Akira(1990), "Chinese−Japanese Relations, 1945~1990." China Quarterly, No. 124,
    December, pp. 624~638.

Ivanov, Igor S.(2002), The New Russian Diplomacy, Washington, D.C.: The Nixton Center.

Harrison, A.(2006), "Globalization and Poverty", National Bureau of Economic Research, Working
    Paper No. 12347.

Kant, Immanuel(1991), The Metaphysics of Morals, translated by Mary Gregor. Cambridge:
    Cambridge University Press.

Kant, Immanuel(1970), Kant's Political Writings, edited by Hans Reiss. Cambridge: Cambridge
    University Press.

Kant, Immanuel(1964), Groundwork of the Metaphysics of Morals, translated by H. J. Paton. New
    York: Harper and Row.

Kant, Immanuel(1956), Critique of Practical Reason, translated by L.W. Beck. Indianapolis:
    Bobbs−Merrill.

Kaplan, Morton(1957), System and Process in International Politics, New York: Robert Krieger
    Publishing Com.

Lim, Yang−Taek(2014), A New Philosophy, 'Neopragmatism' for Korea Reform, The Journal of

Global Issues and Solutions: Published by the Bibliotheque: World Wide Society.

Lim, Yang－Taek(2012a), "Quo Vadis Domine: A Blueprint for Growth－Welfare－Unification", The Bi－Monthly Journal of Global Issues & Solutions, May－June Issue, The BWW Society & The Institute for the Advancement of Positive Global Solutions.

Lim, Yang－Taek(2012b), "A Philosophical Foundation for Neopragmatism", The Journal of Global Issues and Solutions, November/December.

Lim, Yang－Taek(2012c), Neopragmatism as an Alternative for New Liberalism, The Institue of Business and Economic Research Inha University.

Lim, Yang－Taek(2014), A New Philosophy, 'Neopragmatism' for Korea Reform, The Journal of Global Issues and Solutions: Published by the Bibliotheque: World Wide Society.

Lim, Yang－Taek(2011), "Neopragmatism as an Alternative for New Liberalism", Inha－LeHavre International Symposium, 10. 20.

Lim, Yang－Taek(2010a), "Neopragmatic Solutions to the Structural Problems of South Korean Economy, the Korean Peninsula and the East Asian Community", The International Institute for Advanced Studies in Systems Research and Cybernetics, Symposium, Baden－Baden, Germany.

Lim, Yang－Taek(2010b), "Neopragmatic Solutions to the Structural Problems of South Korean Peninsula and East Asian Community", International Journal of Asian Economics, Vol. 1, No. 1.

Lim, Yang－Taek(2007), "Optimal Economic Growth and Human Capital: Some Implications for the Korean Education System", In George E. Lasker & Kensei Hiwaki, ed., Sustainable Development and Global Community Vol. VIII, Windsor, Ontario: The IIAS (the International Institute for Advanced Studies), pp. 31－43.

Lim, Yang－Taek(2006), "A New Techno－Economic Development Model: The Case of South Korea", In George E. Lasker & Kensei Hiwaki, ed., Sustainable Development and Global Community Vol. VII, Niagara Falls: Coutts Library Services, Ltd.

Lim, Yang－Taek(2004a), "Economic Relationship of China－Korea－Japan and Their Technological Cooperation in the IT industry, " presented at Korea and the World Economy III International Conference held at Sungkyunkwan University, Seoul, July 3－4.

Lim, Yang－Taek(2004b), Asian Economic Cooperation in the New Millennium, Singapore: World Scientific Publishing Co. Pte. Ltd., (Calla Wiemer and Heping Cao와의 共著)

Lim, Yang－Taek(2003), "Industrial and Technological Cooperation between Korea and Japan," paper presented at the International Conference on Korea－Japan Relationship organized by

Pusan National University, June 20.

Lim, Yang−Taek(2002a), "A New Proposal for Korea's Reunification", The Journal of Global Issues and Solutions, March∼April Issue, The BWW Society & The Institute for the Advancement of Positive Global Solutions.

Lim, Yang−Taek(2002b), "Peace and Security on the Korean Peninsula: New Ideas and a Blueprint for Progress", The Journal of Global Issues and Solutions, May∼June Issue, The BWW Society & The Institute for the Advancement of Positive Global Solutions.

Lim, Yang−Taek(2001), "A New Proposal for a Northeast Asian Peace City for Securing Peace and Cooperation on the Korean Peninsula", The Journal of Global Issues and Solutions, November∼December Issue, The BWW Society & The Institute for the Advancement of Positive Global Solutions, Vol. I, No. 2.

Lim, Yang−Taek(2000a), Korea in the 21st Century, Hauppauge: Nova Science Publishers, Inc.

Lim, Yang−Taek(2000b), "A Historical Perspective on the Korean Economic Development", Current Politics and Economics of Asia, New York: NOVA Science Publishers, Inc., Vol. 9, No. 3.

Lim, Yang−Taek(1997a), "A New Proposal for the Reunification of the Two Koreas: Economic Issues", Journal of Asian Economics, Vol. 8, No. 4.

Lim, Yang−Taek(1997b), "An Econometric Study on the Technology Gap between Korea and Japan: the general machinery and electric & electronic industries", Technological Forecasting and Social Change, Vol. 55, No. 3.

Lim, Yang−Taek(1992), "A Study on the Strategies and Anticipated Effects of Economic & Technological Cooperations between South Korea and the Soviet Union", Journal of Behavioral and Social Sciences, Vol. 42, The Research Institute of Social Sciences Tokai University, Kanagawa−ken, Japan.

Lim, Yang−Taek(1990), "Some Directions and Strategies of Economic & Technological Cooperation between USSR and ROK," paper prepared for delivery at the International symposium hosted by Institute for Far Eastern Studies, Moscow, The Soviet Union, August.

Lim, Yang−Taek(1991a), "Cooperation between South Korea and the USSR", Journal of Far Eastern Affairs, January.

Lim, Yang−Taek(1991b), "South Korea−Soviet Union Relationship and Peace in Northeast Asia in the 21st Century: with particular reference to Bilateral Tasks and the Anticipated Effects of Economic Cooperation," paper presented at the Korean−U.S.S.R Friendship Association

Conference on the Role of south Korea and Soviet Union in the 21st Century, Institute of Far Eastern Studies Academy of Sciences of the U.S.S.R, Moscow, February.

Lim, Yang－Taek(1986), "A Study on Korea's Technological Dependence: Technology Transfer from Japan and Technology Diffusion in the Korean Machinery Industry", Korea Ministry of Technology and Science.

Locke, John.(1689/1980), Second Treatise of Government, Hacket.

MacIntyre, Alasdair(1988), Whose Justice? Which Rationality? Notre Dame: University of Notre Dame Press.

Novak, Michael(1994a), "Wealth & Virtue: The moral case for capitalism", National Review, Feb, 18.

Novak, Michael(1994b), Belief and Unbelief: A Philosophy of Self－Knowledge, New York: Macmillan, Co.

Nozick, Robert(1974), Anarchy, State, and Utopia, New York: Basic Books.

Novak, Michael(1994a), "Wealth & Virtue: The moral case for capitalism", National Review, Feb, 18.

Novak, Michael(1994b), Belief and Unbelief: A Philosophy of Self－Knowledge, New York: Macmillan, Co.

Nozick, Robert(1974), Anarchy, State, and Utopia, New York: Basic Books

Novak, Michael(1994a), "Wealth & Virtue: The moral case for capitalism", National Review, Feb, 18.

Novak, Michael(1994b), Belief and Unbelief: A Philosophy of Self－Knowledge, New York: Macmillan, Co.

Nozick, Robert(1974), Anarchy, State, and Utopia, New York: Basic Books.

Macintosh, James(1996), Confidence Building in the Arms Control Process: A Transformation View, Canada: Department of Foreign Affairs and International Trade.

Mack, Andrew and Pauline, Kerr(1995), "The Evolving Security Discourse in the Asia－Pacific", The Washington Quarterly, Vol. 18, No. 1.

Mitrany, David(1943), A Working Peace System, London: Royal Institute of International Affairs.

MacIntyre, Alasdair(1988), Whose Justice? Which Rationality? Notre Dame: University of Notre Dame Press.

Rawls, John(2001a), Justice as Fairness: A Restatement, Cambridge: Harvard University Press.

Rawls, John and Erin Kelly, ed.(2001b), Justice as Fairness: A Restatement, Cambridge, MA: The

Belknap Press of Harvard University Press.

Rawls, John(1999), A Theory of Justice, revised. ed., Cambridge: The Belknap Press of Harvard University Press.

Rawls, John(1995), "Justice as Fairness: Political not Metaphysical", Philosophy and Public Affairs Vol. 14.

Rawls, John(1993), Political Liberalism, New York: Columbia University Press.

Rawls, John(1985), "Justice as Fairness: Political Not Metaphysical", Philosophy and Public Affairs Vol. 14, No. 3.

Rawls, John(1980), "Kantian Constructivism in Moral Theory", Journal of Philosophy Vol. 77, No. 9.

Rothstein, Bo(1998), Just Institutions Matter: The Moral and Political Logic of the Universal Welfare State, Cambridge University Press.

Sandel, Michael J.(2010), Justice: What's the Right Thing to Do?, Farrar Straus Giroux.

Sandel, Michael J.(2005), Public Philosophy: Essays on Morality in Politics, Cambridge, MA: Harvard University Press.

Sandel, Michael J.(1982), Liberalism and the Limits of Justice, Cambridge: Cambridge University Press.

Schumpeter, Iosif. A.(1954), History of Economic Analysis, Oxford: Oxford University Press.

Schumpeter, Iosif A.(1942), Capitalism, Socialism and Democracy, New York: Harper & Row, Harper Colophon, ed.

Schumpeter, Iosif A.(1934), The Theory of Economic Development, Cambridge, MA: Harvard University Press.

Schumpeter, Iosif A.(1933), Business Cycle: A Theoretical Historical and Statistical Analysis of the Capitalistic Process, New York, McGnaw—Hill. INC.

Sen, Amartya(1970), Growth Economics, Penguin Books.

Shambaugh, David(1996), "China and Japan towards the Twenty—First Century: Rivals for Pre—eminence or Complex Interdependence?" In China and Japan: History, Trends, and Prospects, edited by Christopher Howe. Oxford: Clarendon Press.

Stiglitz, Iosif E.(2002), Globalization and Its Discontents, London: W.W. Norton & Co., Inc.

〈중문〉

林陽澤(1999), 「21世紀 亞洲經濟的 展望与 挑戰」, 北京: 中國社會科學院.

임양택(林陽澤)

(한양대학교 경제금융대학 명예교수)

E-mail: limyt@hanyang.ac.kr

학력 및 경력

- 부산중·고등학교 졸업(1967)
- 고려대학교 정치외교학과 졸업(1971)
- 미국 조지아주립대 경제학 박사(1978)
- 미국 유니온대학교 조교수(1978~1979)
- 한양대학교 경제금융대학 교수(1979. 7.~2014. 2.)
- 한양대학교 경제금융대학 학장(2001. 3.~2002. 8.; 2006. 8.~2008. 7.)
- 한국예탁결제원 상임감사(2012. 8. 12.~2014. 10. 29.)
- (사)아시아평화경제연구원 이사장(2012. 8.~현재)
- International Journal of Asian Economics의 편집인(Editor-in-Chief, 2010. 3.~현재)
- 미국 Oklahoma 州의 명예부지사(2002. 7. 25.~2006. 7.)
- 민주평화통일자문회의 상임위원(2011. 6.~2013. 5.) 및
  자문위원(2013. 6.~현재)(경제과학기술위원회 소속)
- 재정경제부 금융발전심의회 위원(1992. 9.~1995. 8.)
- 국방부 정책자문위원(1988. 1.~2005. 2.)
- 보건사회부 국민복지연금실시준비위원(1984. 9.~1986. 8.)

수상

- 한양대학교 「백남학술상」(2002. 5. 15.)
- 미국 BWW Society: 「세계 문제 및 해결 학술상」
  (Global Issues & Solutions Award)(프랑스 파리, 2002. 8. 8.)
- 캐나다 IIAS(International Institute for Advanced Studies
  in Systems Research and Cybernetics): 「우수학술상」
  (Outstanding Scholarly Contribution Award)(독일 바덴바덴, 2008. 7. 30.)

세계평화를 위한 신실용주의적 해법

초판발행	2021년 7월 23일
지은이	임양택
펴낸이	안종만
편 집	최은혜
표지디자인	이미연
제 작	고철민 · 조영환
펴낸곳	도서출판 박영사
	경기도 파주시 회동길 37-9(문발동)
	등록 1952. 11. 18. 제406-3000002510019520000002호(倫)
전 화	02)733-6771
f a x	02)736-4818
e-mail	pys@pybook.co.kr
homepage	www.pybook.co.kr
ISBN	978-89-10-98021-6 93320

* 파본은 구입하신 곳에서 교환해 드립니다. 본서의 무단복제행위를 금합니다.
* 저자와 협의하여 인지첩부를 생략합니다.

정 가   57,000원